조선의약생활사

*이 저서는 2009년도 정부재원(교육부)으로 한국연구재단의 지원을 받아 연구되었습니다(NRF-2009-812-N01100422). 원 과제명은 "조선시대 환자의 의료생활사: 일기 분석을 중심으로"였으나 출판 과정에서 "조선의약생활사: 환자를 중심으로 본 의료 2000년"으로 변경되었습니다.

조선의약생활사

ⓒ신동원 2014

초판 1쇄	2014년 8월 29일
초판 4쇄	2022년 2월 21일

지은이	신동원

출판책임	박성규	펴낸이	이정원
편집주간	선우미정	펴낸곳	도서출판 들녘
편집	이동하·이수연·김혜민	등록일자	1987년 12월 12일
디자인	김정호	등록번호	10-156
마케팅	전병우	주소	경기도 파주시 회동길 198
경영지원	김은주·나수정	전화	031-955-7374 (대표)
제작관리	구법모		031-955-7376 (편집)
물류관리	엄철용	팩스	031-955-7393
		이메일	dulnyouk@dulnyouk.co.kr
		홈페이지	www.dulnyouk.co.kr

ISBN	978-89-7527-005-5(93900)

조선의약생활사

신동원 지음

들녘

■일러두기

이 책에 실린 일부 내용은 선행 논문을 수정, 보완한 것으로서 출처는 다음과 같다.

I. 퇴계 이황의 의학과 의술:

"이황의 의술과 퇴계 시대의 의학", 『퇴계학연구』20, 2010.

II. 조선 전·후기 일기를 통해 본 의약생활의 대 변화:

"조선후기 의약생활의 변화: 선물경제에서 시장경제로―『미암일기』·『쇄미록』·『이재난고』·『흠영』의 비교 분석", 『역사비평』 75, 2006.

IV. 병과 의약생활로 본 정약용의 일생:

"병과 의약생활로 본 정약용의 일생", 『다산학』22, 2013.

V. 조선사회의 의료화: 250년 강릉 약계 자료의 분석:

"조선시대 지방의료의 성장: 관 주도에서 사족 주도로, 사족 주도에서 시장 주도로―강릉 약계(1603~1842)의 조직과 해소를 중심으로―", 『한국사연구』 135, 2006.

VI. 조선 사람들은 왜, 얼마만큼 서양의약에 관심을 가졌을까:

"Korean Medical Discourses on Western Medicine, 1720-1876", 『다산학』15, 2009.

VII. 조선 말 한의의 숫자는 얼마나 되었을까:

"조선후기 의원의 존재 양태", 『한국과학사학회지』 제26권 제2호, 2004.

이 밖에 각 장의 말미에 붙은 연구동향은 "한국 전근대 의학사 연구 동향"(『의사학』19-1, 2010)에 따른 것이다.

책을 펴내며

사람들이 한국 의학의 역사를 공부하는 내게 가장 많이 질문하는 것은 다음 세 가지다. 첫째, 옛날의 의학이 진짜로 얼마만큼 효과가 있었는가? 둘째, 한국의 의학이 중국의 그것과 어떻게 다른가? 이어지는 세 번째 질문이 이 책과 관련된다. 노비들이 병났을 때 약을 썼나요?

나는 의학자가 아닌 역사학자로 자처하면서 첫 질문인 의학의 효과를 내게 묻지 말아달라고 빠져나갔다. 의학의 효과가 없었다면, 지금까지 그 전통이 이어져 내려왔을 리 만무하다. 반면에 모든 의학사 연구자는 서양의학까지 포함된 그 어떤 체계의 옛 의학도 일국의 인구 증감에 영향을 끼칠 정도로 효력을 발휘했다고 믿지 않는다. 그럼에도 의학의 효과를 묻는 것은, 대중들이 가장 궁금해하는 것으로서 의학사 연구자가 내공이 깊어지면 반드시 물어야 할 질문이다.

한국의학과 중국의학의 같고 다름을 알고자 하는 이는 대부분이 의학사적 식견을 갖춘 외국 학자들이다. 그들은 기니, 음양이니, 오행이니, 장부니 하는 비슷한 의학 개념을 사용하는 양국, 더 나아가 일본까지 포함시켜 한중일 삼국의 의학 족보가 궁금한 것이다. 직계인가, 방계

5

인가, 어디서 연결되며 어디서 단절되는가? 이에 대해 답을 제대로 하려면 책 한 권도 부족하다. 의학이론에서부터, 제도, 문화, 풍토 등 제반 사항을 같이 놓고 비교해야 하며, 또 그것도 긴 역사적 흐름 안에서 고찰해야 하기 때문이다. 중국 학자들은 이런 질문을 따로 받지 않는다. 그들은 중외의학교류사 또는 중의학의 세계화라는 간편한 도식으로 정리하면 그만이기 때문이다. 한국의 경우에는, 옛 의학의 독자성과 수준을 무시당하지 않으려면 모든 걸 샅샅이 근거를 들어야 하고, 특히 차이성을 말해야 한다. 이 질문도 회피하기 힘든 것이지만, 나는 내년쯤에 나올 "『동의보감』과 동아시아"라는 책에서 이에 대해 답을 정리할 생각이다.

　"노비들이 병났을 때 약을 썼나요?" 이 마지막 질문은 대중의 역사적 시각이 정치사 중심의 한국사에서 사회사 중심으로 이동하면서 부쩍 많이 받게 된 질문이다. 또 이 질문은 오랫동안 학계를 지배해온 의사 중심의 의학사에서 환자 중심의 의학사로 관점이 이동하는 성격을 띤다. 이 책은 이 질문에 대한 답의 성격을 띤다. 환자들이 누구였는지, 그들은 어떤 치병행위를 이용했는지, 어떻게 의료제도가 만들어지고 작동했는지 이 시시콜콜한 것들은 우리들의 일상을 이루고 있는 것이기도 하며, 우리 옛 조상의 대부분을 이루는 평민과 천민들의 일상 삶과 관련되어 있다.

　이 책은 미시사 서술을 지향한다. 이 책에서는 잘 알려진 인물인 고려 인물 이규보, 조선전기의 이황, 조선후기의 정약용 등의 사례를 통해 한 개인의 병앓이 모습을 일일이 드러내고자 했다. 또 성주 지방에서 의원 노릇을 한 이문건이 남긴 방대한 『묵재일기』 기사를 분석하여 시골에서 이루어진 이문건 식구, 노비들, 이웃의 사족들, 먼 지방의 왕진 등 환자 진료의 전모를 꼼꼼히 드러내고자 했고, 무당, 점쟁이 승려들의 의약활동도 생생하게 읽어냈다. 물론 이 책은 단순히 "그들이 어떻게 살았을까?"를 보이는 데 그치지는 않는다. 환자의 병고에 깔린 인간적 고뇌와 의약생활의 사회구조적 측면, 시대에 따른 변화와 그 동인을 놓치지 않으려고 했다. 무엇보다도, 미시사 서술의 장점인 읽는 맛에 신경을 썼다. 그런 서술 속에서 작은 것을 읽으면서 거시적인 것을 느낄 수 있으며, 내용을 밝히는 학술적 영역과 함께 독자의 공감 소통이라는 인문적 영역이 같이 아우러지기 때문이다.

되돌아보니, 2004년에 『호열자 조선을 습격하다—몸과 의학의 한국사』를 낸 지 꼭 10년이 지났다. 나는 이 책에서 의료제도사와 문화사를 다뤘으며, 이후 과제로 병 개념사와 함께 의약생활사 공부에 주력해왔다. 병 개념사 연구는 지난해에 『호환 마마 천연두—병의 일상개념사』로 일단락 지었으며, 의약생활사 탐구는 아직 부족한 부분이 많이 있지만 일단 이 책 『조선의약생활사—환자를 중심으로 본 의료 2000년』으로 3부작을 마무리한다.

이 연구는 한국연구재단(구 학술진흥재단)으로부터 지원이 없었다면, 쉽지 않았을 것이다. 3년간의 인문저술 지원과 그 이전의 3년 연구교수 지원이 있어서 이 과제를 수행해낼 수 있었다. 재단은 경제적 차원의 지원을 넘어 큰 구상을 가능케 해주었다. 오래전부터 이 책에 관심을 기울여준 도서출판 들녘의 이정원 대표와 박성규 주간에게도 고마움을 표하며, 오랜 기간 집안일에 신경을 제대로 못 써도 묵묵히 참아준 아내와 딸, 아들도 무척 고마울 따름이다.

2014년 여름
카이스트 연구실에서 신동원 씀

2부 조선의약생활지:『묵재일기』속으로

3부 조선시대 의약생활의 대변화

서(序): 왜 의약생활사인가?

생로병사는 인간인 이상 누구나 피할 수 없는 숙명이며, 그 가운데 '병'은 사람들의 일상생활에서 흔히 마주치는 존재다. 병을 앓게 되는 순간 인간은 환자가 된다. 병은 사람의 본연적인 조건, 즉 신체와 관련된 것으로 어떨 때는 생산 활동을 못하도록 하고, 심한 경우에는 거동조차도 어렵게 하며, 더욱 심한 경우에는 사망에 이르도록 한다. 한 사람이라는 개체를 불능과 파멸로 이르게 하는 것이다. 또 그것은 어느 한 사람도 예외 없이 모두에게 해당된다는 점에서 전면적이다. 병을 앓게 되면 환자는 그 병을 치유하기 위해 온갖 대책을 찾아 나선다. 의원을 찾거나 무당을 찾는 일이 가장 대표적인 방법일 것이다. 이처럼 병앓이와 치유와 관련된 행위는 인간 일상생활의 중요한 한 부분이며, 시대적 조건에 따라 그것이 어떠한 모습을 띠었는지를 아는 것은 생활사 연구의 주요 대상이 된다. 그것을 밝힘으로써 역사의 대상이 되는 모든 사람의 의료생활을 파악하게 된다.

우리는 의료행위가 벌어지는 현장에 대해서 두 가지 시각을 가질 수 있다. 하나는 의료행위를 베푸는 사람의 시각에서 보는 것이고, 다른 하나는 의료행위를 찾고자 하는 사람의 시각에서 보는 것이다. 언뜻 보면 전문적 지식이나 방법으로 무장한 사람들의 행위가 더 쉽게 눈에 띈다. 그 전문적 지식이 없다면 어떻게 환자가 병을 고치고 건강을 되찾겠는가. 또 그것이 발달하면 발달할수록 그 혜택이 더욱 커지는 게 아니겠는가. 따라서 현재까지 의학의 역사는 대체로 이 부분에 관심을 집중해왔다. 이와 달리 환자의 처지에서 보면 그것은 자신이 병을 앓고 치유방법을 찾아 나서고 하는 여러 행위 가운데 하나일 것이다. 환자의 의약생활은 수동적으로, 그냥 주어진 조건에 관성적으로 따르는 것이 아니라 생각하고, 고민하고, 결단을 내리는 여러 과정 중의 하나로서 의원이나 병원 등의 의료가 선택된 것이다. 일상생활의 주체는 그 몸의 주체인 환자들이기 때문에 그들의 사고와 행위를 중심에 놓고 거기에 포섭된 의료와 의학을 살피는 것이 당연하다. 그렇게 함으로써 상대적으로 소수인 의료시술자에 대해 절대 다수인 환자, 좀 더 극단적으로 말하면 모든 대중인 환자의 일상생활을 포착해낼 수 있는 것이다.

보통 의학의 역사는 의학지식과 기술의 발전에 초점을 맞추었다. 많은 경우에는 의학 텍스트 분석이나 제도의 역사가 주를 이루었다. 여기서는 인간의 구체적인 활동과 고민, 고통의 모습이 제대로 포착될 수 없었다. 이와 달리 환자의 역사의 관점에서는 구체적으로 낱낱 환자의 병력과 이환의 모습은 물론이거니와 다양한 형태의 의료 추구 행위, 의료의 현장, 간병의 모습 등이 생생하게 포착된다.

그렇다고 해도 의료제도나 의학지식이 완전히 배제되는 것은 아니다. 실제 진료의 현장에서 의학지식이 어떻게 녹여지고 있으며, 의료 추구 행위 가운데 여러 형태의 의료제도들이 어떻게 활용되었는가를 파악할 수 있다. 일반 의학사가 의학지식이나 제도의 특이성에 더욱 많은 관심을 쏟는 것과 달리, 환자 중심의 의학사에서는 실제 환자에게 어떤 종류의 의학지식이나 제도가 유용했는가에 많은 관심을 두게 된다. 그것은 마치 오늘날 환자가 어떤 행위를 하는가를 다양한 각도와 여러 차원의 층위에서 검토하는 것과 같은 형태로 나타나게 된다.

따라서 병앓이를 둘러싼 일상생활의 온갖 측면을 입체적으로 파악할 수 있다. 어떤 질병을 많이 앓았고, 어떤 치료행위를 했으며, 신분이나 계층, 성별, 나이, 지리적 위치 등에 따라 어떻게 달리 대처했고, 구체적인 대처법들의 내용이 무엇인지를 알 수 있다. 한 시대의 특징을 읽어내게 된다면 그것은 그 시대의 '환자 문화'가 될 것이고, 여러 시대를 견주어 살핀다면 그 가운데 연속적인 것과 단절적인 것, 새로운 것의 등장이라는 사실을 통해 하나의 역사, 즉 환자의 일상생활사가 그려질 수 있다.

환자의 역사에 관한 선행 연구들

| 서양학계의 연구 동향 |

1970년대까지 서양에서도 의료의 사회사와 생활사 연구는 거의 무시된 영역이었다. 의학사 연구는 주로 의학의 연대기 작성, 위대한 의학자의 업적, 의학의 임상적 성취, 주목할 만한 의료기관의 역사 등을 기술하는 데 관심을 기울였다. 1980년대 이후에는 이런 의학 내적인 접근법을 지양하는 여러 형태의 새로운 연구 경향이 대두했다. "새로운 문화사적" 접근법, 역사사회학적 접근법, 사회사적 접근법, 여성학적 접근법, 지식사회학적 접근법 등이 그것이다. 이들은 기존의 의학사 연구가 너무 근대지상주의적(휘그주의적)이고 과학주의적이어서 오히려 과학적 의학의 신화를 구축했다고 비판했다. 따라서 새로운 경향의 연구들은 탈신화의 기치를 내걸고 새로운 의학사적 방법론을 택했다. 이들은 한 시대 의학의 전체적인 측면, 즉 과학적 의학과 그렇지 않은 의학의 총체에 대해 관심을 가졌다. 획기적인 의학의 성취에 주목하는 것이 아니라 당대에 지배적이었던 의학과 의료 일반에 대해 관심을 가졌던 것이다. 더 나아가 의학적 지식의 사회문화적 구성이나, 한층 넓은 범위의 이데올로기와 권력의 장(field) 안에서 의학의 역할을 재고했다.

이러한 경향의 대두에는 프랑스 사회사의 아날학파와 지식·권력의 문제에 천착한 푸코의 영향이 컸다. 아날학파의 영향 안에서 여러 의학사학자들은 의학과 의료를 장기 지속적인 사회구조의 일환으로 파악하려고 했으며, 푸코의 영향 안에서 그러한 의학과 의료를 근대 권력이 작동하는 메커니즘의 일환으로 파악하려고 했다. 이러한 새로운 접근법에서는 "사회의 의료화"에 대해 크게 주목했다. 일부 학자는 사회사적 전통에 따라 다양한 의사의 종류와 그들의 행태, 의사와 환자의 관계, 의료의 전문화(professionalization) 등 제반 사회구조와 기능에 관심을 가졌고, 일부 학자는 그러한 "의료화"가 근대 사회의 형성에 지니는 의미를 비판적으로 읽어냈다.

그중에서 특히 내가 주목한 것은 디그비(Anne Digby)(1994년)의 연구다.[1] 그는 17~19세기 영국의 의료사회사를 의술종사자를 중심으로 해서 정리했다. 그는 의료시술자의 숫자, 구성, 지역적 분포와 직업적 특성, 직업적 구조, 지위와 보상, 의술행위의 경제적 콘텍스트, 교육과 시술, 윤리와 에티켓, 의료 주변부와의 경쟁, 의사와 환자의 만남, 의료시술자의 성공 요건, 의료시술자의 수입, 부유층 환자의 의료화, 빈곤층을 위한 의료기관, 여성과 소아 환자 등에 관해 종합적으로 연구했다.

---

1 | Anne Digby, *Making a Medical Living-Doctors and Patients in the English Market for Medicine, 1720-1911*(Cambridge University Press, 1994)

그의 연구는 단지 의학 내용을 잘 밝힌 것에 그치지 않고 17~19세기 영국 사회를 이해하는 데 크게 도움이 되는 것이었다. 스타(Paul Starr)의 저작(1982년)은 더 각광을 받았다.[2] 그는 미국 사회의 다이내믹한 변화의 모습을 미국 의료, 좁게는 미국 의사의 변모를 통해 읽어냈다. 그는 1760년부터 현대까지의 긴 기간 동안 의사 집단이 전문직으로 변화하면서 권력을 쥐게 되는 과정을 잘 보여주었으며, 그 때문에 이 시기 미국 사회를 이해하는 데 가장 좋은 저작의 하나로 손꼽히게 되었다.

이런 분위기 속에서 환자를 중심으로 한 일상생활사 연구서 논문이나 저술이 출현했다. 로이 포터는 *Patient and Practitioners*(1985), "The Patient's View: Doing Medical History of from Below"(1985), *Patient's Progress, Doctors and Doctoring in Eighteenth-Century England*(1989년) 등 일련의 연구를 통해 의학사 연구가 의사가 아니라 환자에 중점을 두어야 한다고 주장했다. 로렐 대처 울리히의 『산파일기(A Midwife's Tale: The Life of Martha Ballard, Based on Her Diary, 1785-1812)』(1991년)는 '환자의 역사' 서술의 절정에 있는 저작이다. 이 책은 18세기 말, 미국 뉴잉글랜드 지역의 할로웰에 살았던 마서 밸러드라는 한 산파가 27년에 걸쳐 쓴 일기를 울리히가 재구성한 저작으로서 1991년 퓰리처상 역사부문 수상작이다. 그는 오랜 일기를 일차 사료로 활용함으로써 그간 공간(公刊)된 텍스트 중심, '의사의 시선' 중심의 의학사와 매우 다른, 18세기 미국 의료생활상을 포착할 수 있었다. 이에 따르면 환자의 고통, 환자의 의료인 선택 네트워크, 준(準)의료인으로서 산파의 구실, 산파와 의료전문직인 의사 사이의 관계 등 미시적인 삶의 영역이 복원되었다. 이 연구를 통해 기존의 의학사 서술에서 강조한 "의학의 빛나는 업적"이라는 것이 시골 지

---

2 | Paul Starr, *The Social Transformation of American Medicine*(Basic Books: New York, 1982)

역인의 일상생활과 직접 연결되기까지에는 엄청난 간극이 있음이 밝혀졌다. 그럼에도 불구하고 그 "의학의 성취"가 일상적인 삶과 완전히 무관한 것은 아니었으며, 교육과 계몽을 통해 끊임없이 일정 부분의 삼투가 이루어졌음도 밝혀졌다. 요점은, 지식의 창출과 확산이 단지 텍스트 안에만 머무는 것이 아니라 삶의 공간에서 물질성을 지닌 행위로 살아났다는 점이다.

환자에 초점을 맞추고 있는 연구는, 과거에도 마찬가지로 의사가 아닌 다수의 환자가 존재했음을 일깨우며, 이들의 모습을 제대로 파악하는 것이 과거의 의료를 올바로 이해하는 데 필수적인 것으로 간주한다. 이렇게 함으로써 의학을 중심에 놓고 환자를 부수적인 것으로 취급하던 이전의 의학사는 완전히 도치되어 환자가 의학사의 주체로서 떠오르게 되었다. 이러한 연구 경향은 최근 서양에서 고도의 독점적인 집단이라 할 수 있는 의사전문주의(medical professionalism)가 크게 비판받고 있는 현실과 맥락을 같이한다.

| 중국과 일본의 연구 |

동아시아 지역에서 "의료의 일상생활사" 연구는 서양에 비해 크게 부진한 편이었는데, 1990년대 후반 이후 새로운 연구가 출현하기 시작했다. 대만 학자 리전더(李貞德, Jen-Der Lee)의 "Childbirth in Early Imperial China"(1996년)라는 제법 긴 논문은 중국 고대에서 출산과 분만을 둘러싼 일상 의료를 꼼꼼하게 짚어냈다. 중국의 소장학자 양뉘엔친(楊念群)은 『再造病人(Remaking Patient), 1832-1985』(2006년)라는 탁월한 저작에서 근대적 전환기의 중국의 변화를, 넓게는 서양 문물, 좁게는 서양의학, 위생의 수입과 실천의 과정에서 정치권력이 환자의 폭넓은 일상생활에 어떻게 영향을 끼쳤는지를 보여주었다. 즉 환자의 신체 속에 스며든 중국 사회의 '근대성'을 읽어낸 것이다. 일본에서는 스즈키 아키라(鈴木昶)가 『江戸の醫療風俗事』(2000년)라는 책에서 에도시대의 일본에서 환자와 의료에 얽혀 있는 온갖 에피소드를 엮어냈다.

| 한국의 연구 동향 |

한국의 경우에는 일기의 분석을 통해 환자의 일상생활을 확인하려는 작업이 여럿 출현했다. 김호의 "18세기 후반 거경사족(居京士族)의 위생과 의료—『흠영(欽英)』을 중심으로"(1998년)는 의료의 일상생활이라는 측면을 파고들었다. 그는 유만주(1755~1788년)라는 한 지식인의 방대한 일기에 담긴 사대부가의 의료생활을 분석하여 18세기 후반 서울 의료 상황의 역동성을 밝혔다. 또 김헌영의 "醫·占·巫: 16세기 질병 치유의 여러 양상"(1998, 역사학 전국대회 발표요지)과 이복규의 『〈묵재일기〉에 나타난 조선전기의 민속』(1999년)에서 묵재 이문건(1494~1567년)의 일기에 풍부하게 담긴 병앓이 기사를 분석하여 무속, 점복, 의학적 치료가 병존하는 조선전기 환자의 일상 의료의 모습을 생생하게 보여주었다.

2001년 김성수는 『묵재일기』를 통해 16세기 향촌 의료 실태와 사족의 대응을 살폈고,[3] 김호는 같은 해에 『미암일기』에 나타난 서울과 지방의 의료 환경을 다뤘다.[4] 2002년 김소은은 『묵재일기』를 통해 16세기 양반 사족의 생활상을 밝혔는데, 그 가운데 의약생활 관련 내용이 일부 포함되어 있었다.[5]

2006년, 신동원은 "조선후기 의약생활의 변화: 선물경제에서 시장경제로—『미암일기』, 『쇄미록』, 『이재난고』, 『흠영』의 비교 분석"이라는 논

---

3 | 김성수, "16세기 향촌의료실태와 사족의 대응—『묵재일기』에 나타난 이문건의 사례를 중심으로", 경희대 사학과 석사논문, 2001, 29쪽.
4 | 김호, "16세기 후반경, 향의 의료 환경: 『미암일기』", 『대구사학』 64-1, 2001, 127-160쪽.
5 | 김소은, "16세기 兩班士族의 生活相 硏究: 『默齋日記』를 中心으로", 숭실대 사학과, 박사논문, 2002.

문에서 16세기 후반에 쓰인 사족의 일기인 유희춘의 『미암일기』나 오희문의 『쇄미록』에 나타난 의약 기사를 18세기 후반 사족의 일기인 유만주의 『흠영』과 황윤석의 『이재난고』의 의약 기사와 비교하여 조선전기와 후기의 의료 생활을 비교했다. 이 연구에 따르면 조선전기에는 서울은 의원과 약이 풍부했으나 그들이 머문 지방인 전라·충청·황해도 지방은 그렇지 못했다. 지방의 의원은 잘 보이지 않고, 지방의 약재는 부족하며, 대부분 서울의 것에 의존하고 있었다. 하지만 조선후기에는 서울은 물론이거니와 지방에서도 적지 않은 의자(醫者)들이 경쟁하고 있으며, 자체적인 약물의 유통이 원활하게 이루어지고 있음을 밝혔다.

2007년 안상우는 동춘당 송준길의 일기를 분석해 그가 앓은 질병과 대응을 연구했고,[6] 2009년에는 문숙자가 무관 노상추의 일기에 담긴 의약생활을 밝히고,[7] 2011년 홍세영이 『미암일기』의 의학 기록을 연구하는 등[8] 최근에도 일기에 담긴 의약생활을 분석하는 연구가 이어지고 있다.

이러한 국내외의 연구 동향으로부터 한국의 의료생활사를 연구해야 할 필요성을 느끼게 되었고, 또 그것을 어떻게 구성할 것인지에 대한 적지 않은 힌트도 얻게 되었다. 현재까지는 이런 일기류 저작 전체를 한데 아우르는 연구가 시도되지 않았기에 이 책을 쓰게 된 것이다.

---

6 | 안상우, "동춘당 일기의 의약기록과 의료인식", 『동춘당 송준길 연구』, 경인문화사, 2007, 491–520쪽.
7 | 문숙자, 『무관 노상추의 일기와 조선후기의 삶, 68년의 나날들, 조선의 일상사』, 너머북스, 2009.
8 | 홍세영, "『미암일기』의 의학 기록 연구", 『민족문화』 36, 2011, 233–271쪽.

책의 주안점

이 책에서는 한국의학사의 모습을 '아래로부터 위로' 이해하는 접근법을 쓴다. 그렇게 함으로써 기존의 제도사적, 학술사적 이해를 넘어서 조선인의 생활로서 의약 분야를 이해하게 된다. 의약생활의 현장을 파악하기 위해서 이 책에서는 다음과 같은 질문을 분석에 앞서 던지고자 한다.

1) 조선 사람들은 어떤 병을 앓았나? 어떤 병으로 많이 죽었나?
2) 병의 원인이 무엇이라고 생각했는가? 그것은 질병별로 어떻게 다른가?
3) 환자가 병을 앓는 과정의 고통은 어떻게 표현되었나? 죽음에 대해서는 어떻게 생각했나?
4) 환자는 어떤 치료 방법을 선택했는가? 또 선택의 기준은 무엇이었는가?
5) 환자에 대해 중앙과 지방의 의료제도는 어떻게 작동했는가?
6) 환자에 대해 의학적 지식이 어떻게 활용되었는가?
7) 의학지식은 어떻게 획득되었으며, 선진 지식을 획득하기 위한 노력은 어떠했는가?

이어서 이상의 질문에 대한 답을 토대로 하여 이 내용을 다시 질병사, 의료사, 의학사라는 세 범주를 포괄해 다음 세 가지 질문을 다시 던지고 이에 대한 답을 모색할 것이다.

1) 시대·지역·신분·성별 등에 따라 앓는 병에 차이가 있었나? 또 질

병관에 차이가 있었나?

2) 시대·지역·신분·성별 등에 따라 의료제도와 치료방법의 차이가 어떻게 달랐는가?

3) 시대·지역·신분·성별 등에 따라 의학지식의 적용은 어떻게 달랐는가?

이런 관점에 따라 환자를 중심으로 파악한 이 책의 조선시대 질병사, 의료사, 의학사 연구 성과는 기존의 연구와 크게 다른 결론을 제시할 것이다. 현장에서 제도로, 제도에서 이념으로 나아가는 방식이기 때문에 법전에 실린 제도, 규범으로 제시된 사상, 의서에 적힌 지식이나 처방의 모호한 집합이 아니라 그런 지식의 총체 가운데에서도 실제로 쓰였거나 더 많은 비중을 차지한 것이 드러날 것이다. 또 이 지식의 총체 범위 가운데 포함되어 있지 않은 것이 새로 밝혀지기도 할 것이다.

이를 토대로 다시 이 책에서는 조선의약생활사의 특징을 도출할 것이다. 조선시대 환자의 의약생활 중 질병사, 의료사, 의학사적인 측면에서 빨리 바뀐 부분은 어떤 부분이고, 장기지속적인 측면을 띠는 부분은 어떤 것인가를 밝히는 한편, 그러한 변화 또는 장기지속에 내재된 동인을 정치, 경제, 사회, 종교, 사상, 국제교류 등의 측면에서 해명할 것이다.

이상의 내용을 탐구함으로써 이 책은 궁극적으로 한국의 역사에서 보이는 인간 보편적 존재로서 환자의 병앓이와 고통 해소 노력을 확인하고, 시대에 따른 사회적, 문화적 존재로서 환자의 병앓이와 고통 해소 노력을 파악해낼 것이다. 더 나아가 시대적 변천에 따라 변했거나, 변하지 않은 특징을 읽어냄으로써 환자의 의약문화에 나타난 '한국성'이라는 고유의 문화적 특성을 밝혀낼 것이다.

책의 구성과 내용

| 1부 한국 고대~고려의 의약생활사 탐색 |

이 책의 1부에서는 한국 고대에서부터 조선전기까지의 의약생활에 관심을 가진다. 왜 고대의학사에 대해 관심을 가지는가 하면 이때 형성된 것이 느슨한 형태의 진전을 이루면서 조선시대까지 의약생활사의 기원을 이루고 있기 때문이다. 이른바 한국의학의 '고대'로서 그 특징이 조선 말까지 이어진다.

'Ⅰ. 한국 고대 의약생활의 탐구'에서는 고대의학사의 형성에 관한 것을 주로 살피며, 말미에 『삼국유사』나 『삼국사기』 등에 단편적으로 나타나는 의약생활사적인 내용을 분석하여 제시할 것이다. 그것은 역병에 관한 기록 검토부터 시작하여, 한국 고대에서 자연적인 의학과 의료제도의 기원, 의(醫)·무(巫)·기도(祈禱)·불교적 치료 등이 혼재된 고대 의약생활의 흔적을 살피고, 마지막으로는 한국 고대사회의 '병' 개념을 알아낼 것이다.

'Ⅱ. 고려 사람 이규보의 의약생활'에서는 이규보의 『동국이상국집』에 담긴 내용을 토대로 하여 고려시대 의약생활을 '밑에서부터 위로' 써나가려고 한다. 비록 조선시대의 일기처럼 상세한 의약생활의 일상을 담지는 않았지만, 이규보가 남긴 시문은 시기별로 매우 풍부한 편이어서, 이전 시기와 다른 총체적인 의약생활상의 확인이 가능하다. 그것은 이규보의 병앓이에 대한 고찰부터 시작하여, 신선에 대한 동경, 무당·판수·성황신에 대한 불신을 살피고, 상약국 같은 의료제도, 의인(醫人), 의서(醫書) 편찬, 약의 수급 형편 등을 검토한 후, 역병과 재앙에 대한 국가의 대책, 더 나아가 중국 송과의 의학 교류를 알아낼 것이다.

2부에서는 조선시대 향촌에서 이루어진 의약생활의 전반을 파악하고자 한다. 이 일이 가능한 건 오로지 묵재(默齋) 이문건(李文楗, 1495~1567년)의 『묵재일기(默齋日記)』 같은 좋은 사료가 있기 때문이다. 그는 41세(1535년) 때부터 일기를 쓰기 시작해 73세(1567년)로 죽기 직전까지 일기를 썼으며, 그 가운데 11년 11개월분이 남아 전한다. 무엇보다도 그는 51세(1545년)부터 경상도 성주(星州) 지방에 유배 간 후 그곳에서 사실상 유의(儒醫) 노릇을 했으며, 자신의 의약생활을 일기에 풍부하게 남겼다. 전체의 약 3분의 1 이상이 질병과 의료 관계 기사라고 해도 과언이 아닐 정도다.[9] 이문건이 남긴 기록은 조선시대 의약생활의 전모를 파악하는 데 근대 이전 최고의 기록이다. 거기에는 환자로서 이문건 자신을 비롯하여 가족, 노비, 이웃의 질병과 대응이 날마다 적혀 있다. 이문건 가족으로는 처, 아들, 딸, 며느리, 손자, 손녀, 조카, 종손자, 손녀사위 등이 포함되고, 노비 수십 명, 자신을 찾아온 이웃 백여 명, 그 가운데는 사또와 관찰사도 포함된다. 심지어 말, 소, 돼지의 병까지도 보인다. 게다가 성주 지역의 의약시술자에 대한 풍부한 자료 역시 그 안에 담겨 있다. 자신을 비롯하여 경상도의 심약(審藥), 성주 지방의 의생(醫生), 약상(藥商), 승의(僧醫), 마의(馬醫)는 물론이거니와 점쟁이 치료, 무속 치료의 장면도 빠짐없이 기록했다. 그는 병증을 비교적 상세히 기록했으며, 병에 쓴 처방명도 다 밝혔다. 병 고칠 때 참고한 의서에 관한 정보도 상당량 존재한다. 뿐만 아니라 이문건에게 약이 들어오고, 환자에게 나가는 사항도 일일이 다 기록되어 있다. 주변의 사망 소식도 일기

---

9 | 김영현, "묵재일기 해제", (『묵재일기』, 국사편찬위원회, 1999). 여기서는 국사편찬위원회 디지털 한국사데이터베이스에 속하는 한국사료총서 제41집 『묵재일기』 상에 수록된 해제를 이용했다.(http://db.history.go.kr/item/level. do?levelId=sa_076_$3exp)

에 꼭 적는 사항 중 하나였다. 그렇기 때문에 이 일기로 조선 향촌 의약생활의 전모를 파악해낼 수 있는 것이며, 그렇기에 2부 전체 내용을 『묵재일기』 분석으로 채우고, 제목을 조선의약생활지(朝鮮醫藥生活誌)로 뽑았다 해도 그다지 이상한 일이 아니다.

'Ⅰ.『묵재일기』, 조선 최고의 의약생활사 기록'과 'Ⅸ. 사대부 이문건의 의학적 배경'에서는 『묵재일기』의 내용을 설명하고, 이문건이 의학을 공부하게 된 배경, 이문건의 의학지식 수준과 성격에 대해 살핀다.

'Ⅱ. 귀한 손주 키우기: 이문건의 양아록(養兒錄)'에서는 조선시대 아이의 탄생과 유년시절에 대해 이문건의 손자 숙길과 그의 자매, 친척 등의 병과 의약생활을 통해 살핀다. 이와 함께 성장하면서 겪는, 공부하기 싫어하고 놀기 좋아하며 음주에 탐닉하는 소년의 '사춘기적 현상'도 보일 것이다. 게다가 가문을 잇는 유일한 남자아이의 무사와 출세를 기원하는 양반 할아버지의 간곡한 마음도 전달할 것이다. 또한 'Ⅲ. 손녀의 병과 치료'에서는 여손인 숙희와 숙녀의 병과 대응을 살필 것인데, 이문건은 이들의 병에 대해서도 꽤 신경을 썼지만, 그것이 손자의 경우와 견줄 만한 정도는 아니었음이 여실히 드러난다. 마지막으로 이문건 집에 와 있던 소년인 종손자 둘과 손녀사위의 병도 여기서 다룬다.

'Ⅳ. 이문건의 아들 온의 정신질환과 불행한 죽음'에서는 청년과 장년층의 나이를 살면서 정신질환으로 고통을 받았던 이문건 아들의 병과 의약생활에 대해 살핀다.

'Ⅴ. 병으로 본 이문건의 일생과 건강관리'에서는 사대부의 삶을 살았고, 실제 의원 노릇을 했던 이문건이 노년에 겪는 병앓이와 의약생활을 집중적으로 다룬다.

'Ⅵ. 여성 김돈이의 생애와 병'에서는 여성의 삶을 산 이문건의 처 김돈이와 며느리 김종금의 병과 의약생활에 대해 알아본다.

'Ⅶ. 이문건 집안 노비의 병과 치병'에서는 이문건 가에 소속된 노비의 병과 대응을 살핀다. 이문건은 전국에 걸쳐 토지를 소유한 재력가로서, 시기에 따라서 적게는 수십 명, 많게는 100명을 넘는 노비를 거느렸다. 일기에는 환자로서 노비가 수십 명 보인다. 노비의 주인 이문건은 이들 노비의 질병에 큰 관심을 가졌으며, 자신이 지니고 있는 의학지식과 약물을 이들 노비에게도 베풀었다. 왜냐하면 노비는 집의 가장 큰 재산인 데다, 병 치료는 그들의 자발적인 복종을 끌어내기 위한 좋은 계기를 제공했기 때문이다. 『묵재일기』에 담긴 노비의 병과 병 치료에 관한 내용은 비교적 풍부해서, 십여 명의 노비의 경우에는 하나마다 스토리를 엮을 정도의 분량이 된다. 이로부터 그동안 전혀 모르고 있던 노비의 의약생활에 대해 전모는 아닐지라도 상당 정도 파악이 가능하다.

'Ⅷ 이문건을 찾아온 이웃 환자들'에서는 의원 이문건을 찾아온 환자들의 병과 그들이 얻어 간 처방, 이문건의 왕진 등의 내용을 살핀다. 이문건은 자기 가족과 노비의 경우뿐만 아니라 자신을 찾아온 성주 고을의 이웃 백여 명에게 처방을 내리거나 약을 제공하고 있다. 그 가운데는 사또와 관찰사를 포함하며, 멀리는 다른 군에서 찾아온 환자도 있으며, 환자가 고위 실력자인 경우에는 스스로 행장을 차려 먼 지방까지 왕진을 가기도 했다. 이런 기록으로부터 성주 고을의 '의원' 이문건의 의료활동 범위를 파악할 수 있다. 게다가 그가 병증을 비교적 상세히 기록하고, 병에 쓴 처방명도 다 밝혔으며, 병을 고칠 때 참고한 의서에 관한 정보도 상당량 존재하기 때문에 이문건 의학의 근거를 따지는 것 또한 가능하다. 이와 함께 『묵재일기』 통계로 16세기의 조선 사람들이 어떤 병을 많이 앓았으며, 또 어떤 병으로 많이 죽었는지를 제시한다.

'Ⅹ. 지방과 서울의 의원(醫員)들', 'Ⅺ. 병점(病占)과 독경을 하는 사람들', 'Ⅻ. 무녀 추월(秋月)과 성주의 무당들', 'ⅩⅢ. 승려의 의약, 점복 활

29

동과 초제(醮祭) 거행'에서는 당시 성주 지방에 존재했던 병을 치료하는 모든 직종에 대해 전반적으로 고찰한다.

| 3부 조선시대 의약생활의 대변화 |

3부에서는 조선시대에 일어난 의약생활의 대변화를 다룬다. 대체적인 특징은 17세기를 전후하여 의약생활의 변화가 있었다. 여기서는 그러한 변화를 확인하고, 그런 변화를 이끈 요인을 밝히고자 한다. 아울러 역병 유행에 대한 조정의 대응과 이에 대한 민간의 반응을 살피며, 조선후기에 등장한 서양의약에 대한 관심도 논의의 장에 올린다.

'Ⅰ. 이황의 편지에 담긴 16세기 서울과 안동의 의약생활'에서는 조선전기의 대유학자인 퇴계 이황(1501~1570년)의 『퇴계집』의 내용 분석을 통해 이황의 의술 정도를 밝혀내는 한편, 더 나아가 이황의 경험으로부터 그 시대의 의학의 단면을 파악한다. 『퇴계집』은 16세기 민간의 의료 상황을 알려주는 우수한 자료집의 성격을 띤다. 이황은 전문적인 수준의 의학자는 아니었지만, 자신의 병과 친지들의 병에 직접 처방을 내리거나 전문적인 의원의 논의에 개입할 정도의 식견을 보였다. 이황이 생전과 사후에 조선 최고의 유학자로 존경받았기 때문에 그의 의술이나 병과 의학에 대한 태도는 그 자신의 개인적인 차원에 머무르지 않고 후학들에게 일종의 귀감으로 구실을 했다. 여기서는 이황의 의술, 양생학과 함께 그의 서한에 담겨 있는 안동과 서울 지방의 의약 네트워크를 파악해낸다.

'Ⅱ. 의약, 선물경제에서 시장경제로: 조선 4대(四大) 생활일기 비교 분석'에서는 조선전기의 두 일기인 유희춘(1513~1577년)의 『미암일기』와 오희문(吳希文, 1539~1613년)의 피난일기 『쇄미록(鎖尾錄)』에 나타난 의약생활과, 조선후기의 두 일기 유만주(兪晚柱, 1755~1788년)의 13년간의 일기 『흠영(欽英)』(1775~1787년)과 '호남 제일선비'로 평을 받았던 이재 황윤석

(黃胤錫, 1729~1791년)이 쓴 37년간의 일기를 비교 분석하여, 두 시기 의약생활의 모습을 확인하는 한편, 두 시기 사이에 벌어진 의약생활의 대변화를 읽어낸다.

'Ⅲ. '정조 때 홍역의 유행: 관과 민은 어떻게 대응했는가?'에서는 1786년 4월~6월 사이에 유행했던 홍역의 대응을 살핀다. 홍역은 17, 18세기 조선의 가장 심각한 전염병이었다. 공교롭게도, 한국의학사 연구사상 드물게 홍역 유행에 대해 풍부한 중앙의 기록, 민간의 일기 기록이 같이 남아 있다. 앞에서 살핀 유만주의 『흠영』, 황윤석의 『이재난고』와 같은 민간 기록과 『일성록』·『조선왕조실록』 등의 관찬 기록이 그것이다. 이때 정조는 유례가 없는 홍역 대책을 펼쳤는데, 그 내용의 일정 부분이 『흠영』과 유만주의 『이재난고』에서 확인된다. 이를 검토함으로써 중앙의 대책이 어떻게 민간에 전달되고 환류되었는지 파악이 가능하다.

'Ⅳ. 병과 의약생활로 본 정약용의 일생'에서는 조선후기를 대표하는 학자인 정약용의 생애를 병과 의약생활이라는 측면에서 살핀다. 현재까지 그의 삶에 대해서는 천주교 신앙으로 인한 고난과 박해, 그의 저술에 나타나는 실용적, 민중적, 애국적 요소에 주로 관심을 보여왔다. 그런 가운데 정약용의 삶과 학문에 대한 연구는 자주 냉철함을 잃어 객관성을 결여할 때가 많았고, 대학자의 인간적인 삶과 학문적 성과를 나란히 보지 못하는 경우가 잦았다. 이와 달리 이 논문에서는 그의 일생을 일상과 정감이라는 관점에서 살피고자 하며, 보편적 인간 누구나 겪는 병과 노쇠, 이에 대응하는 의약의 행적을 추적한다. 그것은 세 가지 차원으로 이루어진다. 첫째, 정약용의 출생에서 사망까지 일생 동안 앓은 병의 흔적을 더듬어 알린다. 둘째, 병고와 노쇠로 표현되는 신체적, 사회적 존재로서 정약용을 드러냄으로써 그의 삶과 학문에 대한 인물사적 이해의 지평을 넓힌다. 셋째, 의약이 그의 삶에서 어떤 위상을 차지했는지를 밝힌다. 즉, 그의 인생에서 의약이란 것은 자신의 보통 병을 다스리고 그를 칭송케 해준 존재인 동시에, 자신의 고질을 고치지 못하는 무력한 존재였고, 그가 원치 않는 명성을 덧씌워준 존재였음을 밝혀줄 것이다.

'Ⅴ. 조선사회의 의료화: 240년 강릉 약계 자료의 분석'에서는 강릉 약계를 하나의 사례로 삼아 그 240년간의 변화를 고찰함으로써, 17세기 이후 전국적으로 의약 소비의 구조가 확립되는 모습을 확인한다. 개인 일기에서는 도저히 파악하기 힘든 의약생활의 구조와 그것의 변화를 살피는 게 이 장의 목표다. 서울에는 비교적 의약이 풍부하나 지방에는 전혀 그렇지 않은 의약의 소비구조는 17세기 들어 서서히 바뀌고 있었다. '계'라는 사회조직체의 방식을 채택함으로써 그러한 시스템의 안정적 구축이 가능했다. 그렇지만 이 시스템이 더욱 진전된 형태의 상업적 약방이 출현하게 되면서 자연스럽게 소멸되었음도 여기서 확인할 것이다. 강릉의 약계는 단지 강릉이라는 한 지역의 지방 의료 상황만 말해주는 것이 아니라 그것이 전국적인 양상을 대표한다는 데 매우 커다란 의의가 있다.

'Ⅵ. 조선 사람들은 서양의약에 왜, 얼마만큼 관심을 가졌을까'에서는 17세기 이후 조선에 등장한 서양의약의 전모를 살핀다. 기존의 연구자들이 이 서양의약의 참신성과 선진적인 성격에 대해 주목했으나, 실제로 개항 이전의 서양의약은 매우 제한적이고 선택적이었으며, 실제 조선인의 의약생활에 크게 관련되지 않았다. 그럼에도 일부의 사람들은 이 새로운 의약에 관심을 두었으며, 그것은 시기에 따라 차이를 보였다. 1700~1791년 기간에는 서양의학이 '참으로 괜찮은 것'이라는 담론이 형성되었다. 1791~1876년까지는 천주교가 사악한 종교로 규정되었기 때문에 서양의학 담론 중 서양과 관련된 부분을 금기로 여기거나 천주교 교리와 관련된 부분을 완전히 부정하고 기술적 측면만 논하는 담론의 성격을 띠었다. 그럼에도 이 시기 여러 학자가 서양의학의 실측성에 매료당했다. 1876년 개항 이후에는 서양의약의 성격이 판이하게 달라졌다.

'VII. 조선말 한의의 숫자는 얼마나 되었을까'는 조선의약생활사 전반의 내용을 의원(醫員)이라는 코드로 종합하는 성격을 띤다. 지금까지 일기를 중심으로 여러 민간 자료를 검토했지만, 그것은 실제 민간에서 의원들이 어떻게 존재했고, 어떤 일을 했는지를 생생하게 말하는 데는 도움이 되었지만, 거시적인 견지에서 그것을 종합적으로 고찰하는 데는 일기류 자료 분석으로는 한계가 있다. 그렇기에 여기서는 여러 관찬 자료와 통계를 중심으로 우리가 지금까지 파편적으로 봐왔던 의료시술자에 대한 내용을 종합해서 보이려고 한다. 전국적인 의약인 통계가 잡힌 1914년의 통계로부터 20세기 초반 의원이 전국적으로 어떻게 존재했는가를 살핀 후, 서울의 의관(醫官), 지방 관아에 딸린 의원과 전문 직업인이 아니면서 의술을 펼쳤던 유의(儒醫)에 대해 알아본다. 다음에는 조선시대 의원의 종류와 전문화, 의원이 되는 길, 의원 내외의 경쟁과 의원 윤리 등의 내용을 차례대로 파악하며, 마지막으로 일제강점기 한의 김영훈이 남긴 6만 명에 달하는 환자 질병 통계로 조선인들이 어떤 병을 많이 앓았는가를 파악한다.

한국의학사 연구 동향

근대 이전의 한국의학사 연구 동향을 어떤 식으로 정리해야 할까? 이에 대해 시대별, 주제별 분류가 필요하다. 나는 1992년 연구에서는 분석 대상의 연구 편수가 많지 않았기 때문에 의학일반, 의학학

술, 보건의료, 약, 질병, 도교양생술 등 단순히 주제별 분류만 했다. 각
각의 주제에 대해 시기별, 즉 해방 이전, 1946~1960년, 1961~1970년,
1971~1980년, 1981~1991년 등에 어떤 연구가 나왔는지 통계를 간략
히 살폈다. 그것을 시기별, 분야별로 정리하면 다음과 같다.[10]

〈표 0-1〉 1991년 이전 한국의학사 연구 동향

	의학일반	의학학술	보건의료	약	질병	도교양생	계
1945 이전	4	13	9	4	2		32
1946~1960	5	7	6	1	5	2	26
1961~1970	2	4	9	3	1	1	20
1971~1980	1	3	11	4	1	2	22
1981~1991	7	4	27	7	6	6	57
계	19	31	62	19	15	11	157

*내용이 중복된 것도 판을 달리하여 발표 시기가 달라진 경우에는 다르게 분류. 경우에 따라서는 한 논저가 두 분야 이상에 걸쳐 분류되기도 함.

이 표에는 근대 이후의 연구도 포함되어 있기 때문에 근대 이전의 연
구 결과만을 말하는 것은 아니다. 대체로 1981~1991년 보건의료 부문
에 관한 연구 대부분이 이에 속한다. 이 부분을 제외한 나머지 120여
편이 대체로 근대 이전의 연구 성과라고 봐도 무방하다. 이 중 미키 사
카에(三木榮)의 글이 31편으로 압도적으로 많고,[11] 김두종이 뒤를 이어

────
10 | 신동원, 「한국 보건의료사 연구 동향」, 『한국보건사학회지』 2-1, 1992, 101쪽.
11 | 이를테면 미키 사카에(三木榮)의 논저들로는 다음과 같은 것들이 있다. 三木榮. 「無冤錄について」, 『中外醫
事新報』 10-12, 1929; 「新註無冤錄考」, 『中外醫事新報』 9, 1931; 「朝鮮版神應經を通して見日鮮醫學の交涉」,
『中外醫事新報』 10, 1932; 「朝鮮醫籍考」, 『中外醫事新報』, 1932.11~1935.9; 「朝鮮醫籍考補遺記」 1~6, 『中
外醫事新報』 1935.11~1944.2; 「朝鮮種痘史」, 『東京醫事新誌』 5-6, 1935; 「山林經濟考」, 『朝鮮』, 1937.3;
「醫方類聚」, 『朝鮮』, 1937.9; 「朝鮮傳染病史」, 『中外醫事新報』, 1937.1~11; 「朝鮮の裁判醫學」, 『書物同好會
會報』 5; 「故事撮要に載せられた八道冊版中の醫書」, 『書物同好會會報』 19; 「朝鮮醫書誌略解」, 『臨床文化』
11-12, 1942; 「鄕藥集成方考」, 『日本醫史學雜誌』 11-12, 1942; 「鄕藥集成方解說」, 『朝鮮學報』, 1942.1; 「朝
鮮梅毒傳來史考」, 『東京醫事新誌』, 1949.5~6; 「安養院藏書中朝鮮醫書」, 『朝鮮學報』, 1951.1; 「李朝における
コレラ流行」 『朝鮮學報』 1953.5; 「朝鮮醫書誌」(大阪: 學術院圖書刊行會刊, 1956); 「朝鮮醫學史及疾病史」(大
阪: 自家出版, 1955); 「朝鮮醫學教育史」, 『朝鮮學報』, 1959.11; 「朝鮮の道教醫學」, 『朝鮮學報』, 1960.11; 「朝鮮

11편,[12] 손홍렬이 10편,[13] 이영택이 4편[14]이다. 그러니까 이 넷의 연구가 양적으로 1991년 이전 한국의학사 근대 이전 연구의 거의 절반 정도를 차지했다. 미키 사카에의 모든 작업은 『조선의서지』(1957년)와 『조선의학사급질병사』(1963년)에 결집되었고, 김두종과 이영택의 성과 또한 『한국의학사 (전)』(1966년)에 편입되었고, 손홍렬의 글 또한 대부분이 『한국 중세의 의료제도연구』에 모아졌으니, 이 네 책이 1990년대 한국의학사 연구의 핵심을 다 담았다고 해도 과장이 아니다. 또한 다른 대다수 연구가 이들

疾病史」, 『日本醫史學雜誌』 復刊1~4; 『朝鮮醫學史及疾病史』(再版)(人阪:自家出版, 1963); 『日鮮中醫學交流史鳥瞰』, 『朝鮮學報』21, 1963; 「許浚의 傳染病學」, 『朝鮮學報』, 1974; 『朝鮮醫事年表』(人阪: 思文閣出版, 1985).

12 | 김두종의 논저는 다음과 같은 것들이 발표되었다. 金斗鐘, 「韓國醫藥의 鼻祖」, 『朝鮮醫藥報』1, 1946; 「日本으로 건너갔던 三國時代 醫學」, 『朝鮮醫報』1~3, 1946; 「韓國醫學史(上・中世篇)」(正音社, 1955); 「우리나라 痘瘡의 流行과 種痘法의 實施」, 『서울大學校論文集』4, 1956; 「世宗大王의 濟生偉業과 醫學의 自主的 發展」, 서울大學校論文集』5, 1957; 「韓國醫學發展에 對한 歐美 및 西方醫學의 影響」(한국학연구소, 1967); 「近世朝鮮의 醫女制度에 關한 考察」, 『亞細亞女性問題研究』1, 1962; 「鄕藥救急方」, 『圖書』5, 1963; 「우리나라의 疾病考」, 『大韓醫學協會誌』4, 1964; 「韓國醫學文化大年表」(探究堂, 1966); 『韓國醫學史 全』(探究堂, 1966).

13 | 孫弘烈, 『朝鮮時代의 醫療制度 1・2』, 『歷史敎育』30~31, 1982~1983; 「朝鮮時代의 醫療制度 3」, 『藍史鄭在覺博士稀壽 東洋學論叢』(동양학논총편찬위원회, 1984); 「韓國古代社會의 醫療制度」, 『淸大史林』4・5합집, 1985; 「朝鮮前期 醫官의 任用과 그 社會的 地位」, 『史叢』30, 1986; 「朝鮮前期의 醫官과 試取」, 『韓國史學論叢』(최영희교수화갑기념논총간행위원회,1986); 「韓國醫療制度史研究(古代~朝鮮中期)」, 경희대 박사논문, 1986; 『韓國 中世의 醫療制度 研究』(修書院, 1988); 「高麗末 鮮初의 醫書의 編纂과 刊行」, 『한국과학사학회지』11, 1989.

14 | 李英澤, 「우리나라에 처음 紹介된 西醫說」, 『서울大學校 論文集』(自然科學)1, 1954; 「近世 朝鮮의 法醫學의 裁判과 無寃錄에 關한 研究」, 『서울大學校 論文集』(自然科學)4, 1956; 「우리나라에서 實用되어 온 身體解剖圖」, 『서울大學校論文集』(자연과학)5, 1957; 「우리나라의 救急治療에 關한 연구: 특히 新撰救急簡易方을 中心으로」, 『서울醫大雜誌』8~4, 1967. 이외에도 나의 1992년도 논문에서 다루지 않았던 이영택의 논문은 다수가 더 있다. 주로 질병사 연구 논문들이다. 이영택, 「당뇨병에 관한 의사학적 연구」, 『서울의대잡지』3~3, 1962; 최진한・이영택, 「우리나라 最古醫書인 鄕藥救急方의 引用文獻에 관한 고찰」, 『종합의학』9~4, 1964; 이영택, 「우리나라 종두사」, 『대한의학협회지』8~3, 1965; 이영택, 「우리나라 매독전래에 대한 역사학적 연구」, 『최신의학』18~12, 1975; 이영택, 「우리나라 나병에 대한 의사학적 연구」, 『중앙의학』31~6, 1976; 이영택, 「우리나라 각기에 대한 의사학적 연구」, 『중앙의학』35~6, 1978; 이영택, 「우리나라 마진에 대한 의사학적 연구」, 『중앙의학』33~6, 1977; 이영택, 「우리나라 두창에 대한 의사학적 연구」, 『중앙의학』38~5, 1980; 이영택, 「우리나라 말라리아(학질)에 대한 의사학적 연구―우리나라 고전의서를 중심으로―」, 『중앙의학』41~5, 1981; 이영택, 「우리나라 천식에 대한 의사학적 연구」, 『중앙의학』43~5, 1982; 이영택, 우리나라 적리에 대한 의사학적 연구, 『중앙의학』45~5, 1983; 이영택, 「우리나라 연성하감에 대한 의사학적 연구」, 『중앙의학』47~5, 1984.

의 작업을 요약하거나 약간 더 부연하거나 하는 정도의 수준을 벗어나지 못했기 때문에 이들의 연구 성과는 거의 절대적이라 할 수 있다.

이영택의 글은 많지 않지만, 그의 장부도(臟腑圖)에 대한 분석, 법의학에 관한 글, 서양의학 도입에 관한 글, 구급의학에 관한 글은 모두 뛰어난 논문들이다. 각 부분에서 미키 사카에의 분석을 뛰어넘는 질을 보였으나, 그는 한국의학사에 대해 많은 논문을 남기지 않았다.

손홍렬의 논문은 박사논문답게 고려시대 의료제도사에 대한 영역에서는 매우 치밀한 실증적인 방법으로 미키 사카에의 연구를 뛰어넘는 모습을 보였다.

1990년대 이전에는 한국의학사 전반을 다룬 논저가 여럿 선보였다. 앞에서 언급한 바와 같이 1977년 노정우는 일반인이 읽기에 난삽한 『조선의학사급질병사』와 『한국의학사』의 맥락을 쉽게 서술한 통사인 "한국의학사"를 제시했다. 1981년 북한에서는 홍순원이 『조선보건사』란 역작을 내놓았다.[15] 이 책은 일견할 때 내적인 의학사 측면보다는 외적인 보건의료사 측면에 초점을 두고 있다는 점이 눈길을 끈다. 사실 미키 사카에나 김두종의 한국의학사 서술은 일관된 스토리로 전개되지 않고, 시기별로 사료를 정리한 수준을 크게 벗어나지 못했다. 이와 달리 『조선보건사』는 유물사관에 입각해서 사회적 토대의 변화에 따른 보건 분야의 변화를 일관되게 설명했다. 그런 태도 때문에 도식적 해석이 나타나는 것은 이 책의 큰 단점이기도 하다. 남한에서 정민성은 이 책의 전근대 부분만 그대로 옮겨 『우리 의약의 역사』라는 이름으로 출간하기도 했다.[16]

1990년대 이후 한국의학사 전체를 아우르는 연구도 다시 나오기 시작하고 있다. 우선 의서 해제에 대해서 살펴보면, 1987년 김신근의 『한

---

15 | 홍순원, 『조선보건사』, 평양: 과학백과사전출판사, 1981. 남한에서 이 책은 1990년 청년사에서 찍어냈다.
16 | 정민성, 『우리 의약의 역사』, 학민사, 1990.

의약사고』, 1996년 최수한의 『조선의적통고』, 신순식이 편집한 『역대한 의학문헌의 고증』, 2000년 이후 현재까지 계속되고 있는 안상우의 한 국의서 해제 등이 나옴으로써 이전 미키 사카에가 『조선의서지』에서 남긴 업적을 뛰어넘게 되었다.[17]

한국의학사 전반에 대해서는 온전한 통사는 아니지만 한국의학사 전 시기를 대상으로 한 대중이 읽기 쉬운 책들이 여럿 선보였다. 1995 년 허정은 한국의학사의 흥미로운 토픽을 뽑아 『에세이 의료한국사』를 펴냈으며, 신동원은 1999년 생로병사 문화 전반을 다룬 『조선사람의 생로병사』를 내놓았다.[18] 통사로는 1995년 한국한의학연구원에서 펴낸 『한국의학사의 재정립』(상·하)이 있다. 이 책은 미키 사카에와 김두종 의 연구에서 미흡한 한의학적 내용의 분석에 더 많은 노력을 기울였다.[19] 2004년 신동원은 한국의학사 전반을 사회와 몸, 의료, 의학으로 나눠 살핀 『호열자, 조선을 습격하다—몸과 의학의 한국사』를 펴냈는데, 비 록 이 책은 온전한 통사는 아니지만 기존의 의학사와 달리 한국 역사 전 시기에 걸쳐 의학과 사회, 의학과 문화, 의학의 근대성 등에 대한 문 제에 천착하는 모습을 보였다.[20]

이런 통사류가 있다고 해도, 위에서 살핀 연구 성과 전부를 읽어 반 영한 통사는 없다. 사실 통사가 필요 없을지도 모른다. 왜냐하면 극히 일부 분야를 제외하고 각 분야로 깊숙이 들어간다면, 이제는 미키 사카

---

17 | 김신근, 『韓醫藥書攷』, 서울대출판부, 1987; 崔秀漢, 『朝鮮醫籍通考』, 中國中醫藥出版社, 1996; 신순식 편, 『역대 한의학 문헌의 고증1·2』, 한국한의학연구원, 1996~1997; 안상우, 『한국의학자료집성1·2』, 한국 한의학연구원, 2000. 안상우는 현재 『민족의학』지에 한국 의서 해제를 계속 연재 중에 있다.
18 | 신동원, 『조선사람의 생로병사』, 한겨레신문사, 1999.
19 | 신순식 편, 『한국의학사의 재정립상·하』, 한국한의학연구원, 1995.
20 | 신동원, 『호열자 조선을 습격하다—몸과 의학의 한국사』, 역사비평사, 2004. 이 책에 대해서는 박윤재의 서평(「의학사, 한국사를 습격하다—『호열자, 조선을 습격하다—몸과 의학의 한국사』, 『역사비평』70, 2005)과 임정혁의 일본과학사학회지의 서평(『科學史研究』46, 2007)이 있다.

에와 김두종의 책이 이전처럼 절대적이지는 않기 때문이다. 각 시기별로 의학사에 대한 수준 높은 단행본이 나와 있고, 각 주제당 심도 깊은 논문이 적지 않다.

1990년대 이전까지의 연구 경향과 비교했을 때, 이후의 한국의학사 연구는 주제의 폭도 넓어지고, 파악한 내용도 훨씬 심화되었다. 또한 이들 연구는 미키 사카에와 김두종 양자 모두에게서 나타나는 현대 의학적 기준이라는 시선에서 훨씬 자유로우며, 미키 사카에의 저작에서 보이는 조선의학의 중국 추종적 발전이라는 식민사관적인 틀에 얽매이지 않고 한국 의학의 자주성을 찾으려 노력했다. 또한 의학, 의료의 제도적 규정에서 더 나아가 사회에서의 그것의 역동적인 기능도 밝혔다.

그렇지만 가치 있는 물음에 답하는 형태의 연구가 얼마만큼 이루어졌는지를 따진다면 그 성과는 아직 많이 미흡한 형편이다. 이를테면 한국 의학의 기원은 어떠하며 한·중·일을 포함한 국제적 네트워크에서 한국 의학의 위상이 어떠했는지, 한국 의학이 주변의 의학과 어떤 점에서 같고 어떤 점에서 다른 전통을 만들어냈는지, 의학과 의료가 민중의 삶에서 어떤 구실을 했는지, 전통사회에서 의학지식이 어떻게 권력으로 작동했는지, 전통사회에서 의학과 여성의 관계가 어떠했는지, 의원의 전문성이 어느 정도였고 의학의 효과가 어느 정도로 여겨졌는지, 의료인이 아닌 환자의 역사가 어떠했는지, 약재의 생산·유통과 활용이 어떠했는지, 역병이 옛 한국 사회를 어떻게 바꿨는지, 이런 많은 부분에서는 아직 명쾌한 해답을 내놓지 못하고 있다. 이 책 『조선의약생활사: 환자를 중심으로 본 의료 2000년』은 바로 이런 문제의식을 어느 정도나마 충족시키기 위한 것이다.

1부

조선의 약생활사 ··

전사(前史)

I. 한국 고대 의약생활의 탐구

머리말

한국 고대의학사 형성에 대한 논의를 펼치려면 우선 자료의 영성(零星)함을 언급해야만 한다. 한국 문명의 역사는 오래되었지만, 문명 초기단계 의학의 역사와 관련된 사료는 매우 적다. 그나마 단편적이다. 현재까지 알려진 사료의 개수는 700년 이전까지의 기록은 채 100개도 되지않는다.

김두종이 정리한 『한국의학대문화연표』(1966)를 통해 숫자를 검토해보자. 김두종은 『삼국사기』, 『삼국유사』, 중국의 한국 관련 기록, 『일본서기』 등을 망라하여 이 연표를 작성했다. 이에 따르면, 기원전 기록으로 신시시대(神市時代) 기록 1개, 고조선시대 6개가 실려 있다. 여기서 신시시대는 『삼국유사』에 실린 전설을 실은 것이고, 고조선시대에 수록된것은 모두 중국·서양의 기록으로 한국과 관련된 것은 없다. 이어서 삼국의 기록이 실려 있는데 700년까지(통일신라 676년부터) 살펴보면 다음과 같다. 모두 57건이다.

기원전 14년~100년: 4건

101년~200년: 4건

201년~300년: 5건

301년~400년: 7건

401년~500년: 7건

501년~600년: 8건

601년~700년: 22건

이런 정도의 사료만으로 한국 고대 의학사 700년, 그 이전의 선사시대까지 포함한다면 최소한 이보다 천여 년이 긴 기간을 다룬다는 것은 매우 쉽지 않은 일이다. 어떤 해석을 내리든 간에 그 해석은 미진하며 취약할 수밖에 없다. 최근에 목간, 고구려 고분벽화 등에서 약간의 사료가 더 발견되기는 했어도 이런 상황이 크게 개선되지는 않는다.

"무엇을 물을 것인가?" 이 점이 한국 고대 의학을 탐구함에 중요하다. 병을 앓게 되면 환자는 그 병을 치유하기 위해 온갖 대책을 찾아 나선다. 이처럼 질병, 치유, 의료제도, 의학학술 등의 분야에 대해 의학의 역사에서는 관심을 둔다. 그래서 이런 질문을 한다. 당시 사람들은 어떤 병을 앓았나? 어떤 병으로 많이 죽었나? 병의 원인이 무엇이라고 생각했는가? 병을 앓는 과정의 고통은 어떻게 표현되었나? 죽음에 대해서는 어떻게 생각했나? 어떤 치료 방법을 선택했는가? 의료 제공을 하는 제도가 존재했는가? 의학적 지식이 어떻게 획득되어 활용되었는가?

자료만 충분하다면, 우리는 한국 고대의 병앓이를 둘러싼 일상생활의 온갖 측면을 입체적으로 파악할 수 있다. 어떤 질병을 많이 앓았으며, 어떤 치료행위를 했으며, 신분이나 계층, 성별, 나이, 지리적 위치 등에 따라 어떻게 달리 대처했으며, 약이나 침 등 구체적인 대처법들의 내용이 무엇인지를 알 수 있다. 또 이를 종합하여 한 시대의 특징을 규정지을 수도 있다.

불행히도 한국 고대 의학사의 탐구는 위의 내용을 종합적으로 읽어내기에는 사료가 너무 적다. 또한 남아 있는 자료도 파편적이고, 깊은 정보를 담고 있지 않는 게 대부분이라서 의학학술, 의료제도, 치유문화 등 그 어느 한 측면이라도 제대로 밝혀내기란 쉽지 않다. 몇몇 단편을 통해 전체를 짐작해야만 하는 상황이다.

그런 한계를 인정하더라도, 일단 여기서는 그 흔적만이라도 파악하고자 한다. 의약생활사 전체를 일관되게 구성하지는 못하더라도 여기에서 드러낸 조그만 흔적들은 역사적 가치가 풍부하다. 그 흔적은 심지어 오늘날까지도 연관된다. 고대의 모든 것이 사멸되어 없어져버리는 것은 아니며 어떤 것은 매우 강한 생명력을 가지고 있어 2천 년이 지난 현대에 이르도록 끈질긴 자취를 보여준다. 이른바 사회사학자 브로델이 말하는 장기지속적 특징을 지닌다.

역병 유행에 관한 기록

한국 고대사에서 의학에 관한 사료만 부족한 것은 아니다. 이 분야의 사료 부족은 한국의 고대 사회를 일러주는 사료 전반의 부실과 관련된다. 첫 번째 이유는 무엇보다도 역사 행위 자체가 없었다기보다는 후대에 사료가 많이 남아 있지 않기 때문일 것이다. 이웃 일본에 비해 한국 고대 관련 자료는 훨씬 빈약하다. 의학 관련 부분의 사료 부족은 당대의 사람이나 후대의 사가들이 이 부분에 대해 관심도가 낮았던 점에 기인하는 바도 크다. 의식적으로 의학에 관한 부분을 특기해놓은 자료는 손꼽을 정도로 희박하다. 대부분의 자료가 중환자의 치료, 불교 치적 강조 등 다른 행위와 관련된 데서 부수적으로 등장한다.

드물게 특정 목적의식을 가지고 서술한 부분이 있는데, 전염병〔疫〕이 그것이다. 12세기 김부식이 편찬한 정사인 『삼국사기』(1145년)에서는 이 '역(疫)'이 역사가가 주목해서 봐야 할 하나의 범주로 인정하여 내용에 포괄했다. 이런 범주의 설정은 김부식의 역사 서술 때 처음 등장한 게 아니라, 그가 활용한 이전의 역사책, 이를테면 『고기』 같은 사료에서도 이를 범주화해 파악했음을 뜻한다. 『한국의학문화대연표』의 통계를 보면 이 시기 '역(疫)'에 관한 기록이 다수를 차지함을 볼 수 있다. 괄호 안의 숫자가 역(疫) 관련 내용이다.

기원전 14년~100년: 4건(2)
101년~200년: 4건(3)
201년~300년: 5건(3)
301년~400년: 7건(3)
401년~500년: 7건(3)
501년~600년: 8건(3)
601년~700년: 22건(0)

이 57건 가운데 '역'에 관한 것이 17건으로 다수를 차지하며, 이 수치는 600년 이전까지의 경우만 따진다면 35건 중 거의 절반에 해당한다. 이 역에 관한 내용을 시기, 나라, 대책 등으로 나누어 제시한다.

이런 기록은 고대 한국에서 고구려, 백제, 신라가 모두 고대국가 체제로 들어선 이후에 역병을 중요한 역사적 현상으로 취급했음을 말해준다. 중국에서 '疫'이란 글자는 은나라 문자인 갑골문에도 보인다. 후

연도	왕조	왕	기사
BC 14	백제	온조왕 4년	4년 봄·여름 가뭄. 기근과 역병이 들다.
AD 22	신라	남해차차웅 5년	사람이 많이 죽다. 겨울 11월에 얼음이 얼지 않다.
120	신라	지마이사금 9년	(춘2월 큰 유성이 월성의 서쪽에 떨어짐. 소리가 천동 같았다.) 3월 경도에 대역(大疫)이 들다.
149	신라	일성이사금 16년	(추8월 패성[星孛]이 천시원(天市垣) 구역에 나타나다.) 동 11월 번개, 경도에 대역이 들다.
172	신라	아달라니사금 19년	2월 경도에 대역이 들다.
203	신라	내해니사금 8년	동 10월 대역이 들다.
229	백제	구수왕 16년	11월 대역이 들다.
256	고구려	중천왕 9년	12월 눈이 오지 않고 대역이 들다.
377	고구려	소수림왕 7년	동 10월 눈이 오지 않고 번개 치고 백성들에게 대역이 들다.
380	백제	근구수왕 6년	대역이 들다.
389	신라	내물이사금 34년	춘정월 경도에 대역이 들다.
471	신라	자비마립간 14	동 10월 대역이 들다.
483	신라	조지(또는 일운)마립간 5년	11월 번개 치고 경도에 대역이 들다.
499	백제	동성왕 21년	동 10월 대역이 들다.
502	백제	무영왕 2년	봄 기근이 들고 또 역병이 들다.
506	백제	무영왕 6년	봄에 대역이 들다.
535	고구려	안원왕 5년	12월 번개 치고 대역이 들다.

한 때 허신(許愼, 58년경~147년경)의 『설문해자(說文解字)』에서는 "疫"을 "백성이 모두 앓는 것[民皆疾也]"이라 하여 이 병이 집단적으로 앓는 것이라 정의했고, 후한 유희(劉熙)의 『석명(釋名)』에서는 "疫은 役也이니 鬼가 있어 疫을 행함을 이름이라."고 하여 이 집단적인 수고스러움을 귀신의 소행으로 믿었다.[21]

---

21 | 김두종, 『한국의학사』, 탐구당, 1966, 52쪽.

위 기사를 볼 때, 『삼국사기』에서는 집단적인 병인 '역'을 우레, 홍수, 가뭄 등과 같은 자연재해 중 하나로 취급한 것을 알 수 있다. 달리 말해 재이(災異)의 하나로 본 것이다. 이는 분명히 유교적 사관을 반영한 것이다. 『석명』이란 책에서도 역(疫)이 '석질병(釋疾病)'에 분류되어 있지 않고 '석천(釋天)' 안에 실려 있어 그것이 천재의 일종임을 분명히 했다.[22] 반고(班固)가 쓴 『한서』 『오행지』는 한나라 때 일어난 자연의 이상현상을 기록한 책으로 이후 역사서 서술의 모범이 되었는데, 김부식도 이 전통을 이어받았다. '역'이 꼭 기록해야 할 천재 중 하나였기 때문에, 『삼국사기』에서 역에 관한 기록은 삼국 초기부터 통일신라 때까지 일관되게 기록되었다. 적어도 6세기까지 역에 대한 국가 차원의 특별한 대책이 보이지 않는 점도 눈길을 끈다. 다른 재앙의 경우와 마찬가지로 소재(消災)를 위해 산천대산(山川大山) 등에 제사 지내는 행사가 행해졌을 것이다. 적어도 이 시기에는 역병의 유행이 의학적 대책과 관련된 점이 보이지 않는다.

자연적인 의학과 의료제도의 시작

고대 동아시아 사회에서 한 시대의 제도나 학술을 정리하는 일은 한 왕조가 끝난 후 지난 왕조의 역사를 서술하는 사관의 주요 임무다. 그렇기 때문에 가장 권위 있는 해석이기도 하다. 천문학이나 의학같이 특별히 하나의 '제도'를 이룬 경우에는 서술의 대상으로 대접을 받았다. 삼국시대, 통일신라의 역사를 다룬 정사인 『삼국사기』에도 이런 특징이

---

22 | 김두종, 『한국의학사』, 52쪽.

나타난다.

『삼국사기』("잡지" 직관 중)에서는 신라의 의학 관련 관직으로 세 가지를 언급한다. 첫째는 '의학(醫學)'이다. 그 내용은 다음과 같다.

> 의학: 효소왕 원년에 처음 두었다. 학생에게 『본초경(本草經)』, 『갑을경(甲乙經)』, 『소문경(素問經)』, 『침경(針經)』, 『맥경(脈經)』, 명당경(明堂經)』, 『난경(難經)』 등의 서적 내용을 가르쳤다. 박사 2인을 두었다.

즉, 효소왕 원년(691년)에 비로소 의학 전문 교육기관을 두었다는 내용이다. 여기서 『본초경』이란 『신농본초경(神農本草經)』을 가리키며 진한시대까지의 본초학 성과를 집약한 것이다.[23] 『갑을경』은 『침구갑을경』으로, 259년 전후 황보밀(皇甫謐)이 편찬한 침구서다. 주로 장부와 경락, 맥진 이론, 수혈(腧穴) 부위, 침구법과 금기, 병인과 병리, 각종 질병의 증후, 침구 취혈(取穴) 등을 논술한 책으로, 침구학 정리가 잘 되어 있다.[24] 『소문경』은 일명 『황제내경소문(黃帝內經素問)』이라 하며 『황제내경(黃帝內經)』의 일부분이다. 진한(秦漢) 이전 중국의학의 업적을 체계적으로 정리하고 있으며, 특히 의학의 기초 이론과 임상 경험을 총괄하고 있기 때문에 역대 의가들이 매우 중시한 책이다. 이 책은 장상(臟象), 경락 등의 인체 해부 생리, 병인, 병리, 진단 곧 변증, 치료, 예방, 양생 및 인간과 자연, 음양, 오행학설의 의학에서의 응용과 운기(運氣) 학설 등 다

---

23 | 원서는 전하지 않고, 『본초경집주(本草經集注)』에 보존되어 있다. 그 내용은 약물 총론을 총괄한 서례(序例) 외에 약물 365종을 상, 중, 하 3품으로 나누어 실었다. 그중 상품, 중품은 각 120종씩이고, 하품은 125종이다. 약물 이론 면에서 약의 군신좌사(君臣佐使), 음양배합, 칠정화합(七情和合), 오미(五味), 사기(四氣) 등의 이론을 제시하였다. 또한 약물의 별명, 성미, 생장 환경과 주치(主治) 등을 소개하였다. 이 책은 꽤 높은 역사적 가치와 과학적 의의가 있지만, 그 내용에는 도가적 기술이 일부 섞여 있는데 소위 '경신연년(輕身延年)', '불로신선(不老神仙)' 이 그것이다.(동양의학대사전 편찬위원회, 『동양의학대사전』 6권, 경희대학교 출판국, 1999, 184쪽)
24 | 동양의학대사전 편찬위원회, 『동양의학대사전』 10권, 238쪽.

방면의 내용을 포괄하고 있다.[25] 『침경』은 『영추(靈樞)』 또는 『황제내경영추경(黃帝內經靈樞經)』이라고도 하며 『소문』과 함께 『황제내경』을 구성하는 책이다. 다루고 있는 내용은 『소문』과 비슷하나 경락과 침구에 대하여 자세하게 논술했다.[26] 『맥경』은 중국 서진(西晋)의 왕숙화(王叔和)가 편찬한 맥학서로, 현존하는 중국 최초의 맥학 전문서다. 이 책은 한나라 이전의 맥학을 집대성한 것인데, 『내경』, 『난경』, 장중경(張中景)의 저작, 화타(華佗) 등의 관련 논술을 뽑아 부문별로 분류해서 맥의 이치를 설명하고 임상의 실제와 연계시켰다.[27] 『명당경』은 『황제명당경(黃帝明堂經)』을 가리키며 현재 알려진 최초의 침구 전문서다.[28] 『난경』은 대략 한대(漢代) 전후에 완성된 책으로, 맥과 경락, 장부. 병증, 침법 등에 관한 81개의 의문점을 해석한 책이다. 이 일곱 개 저서로 통일신라의 의학 생도들은 의학이론, 진맥법, 약물요법, 침법 등을 높은 수준에서 학습했다. 이 의학은 중국 당의 제도를 본받아 설치한 것으로 학습 과목도 그를 따른 것이었다. 아마도 교수 2인 중 1인은 침을, 다른 1인을 약을 맡았을 것이다.

둘째는 "약전(藥典)"이라는 관청이다. 이 관청이 언제 마련되었는지 모르지만, "경덕왕(742~765년) 때는 보명사(保命司)라고 한 적이 있고, 이후 다시 약전으로 복구되었다." 명칭에서 보이듯, 이 기관은 처방에 쓸 약을 맡은 곳으로서 생명의 보전을 맡은 기구였다. 아마도 지방 각지에서 들여온 국산 약과 중국 수입 약을 수납, 보관, 보급하는 기관이었을 것이다. 행정 관리로는 사지(舍知) 2인, 사(史) 6인, 종사지(從舍知) 2인이 근무했다. 책임자인 사지는 경위 17등 관계(官階) 중의 제13등 관계로서

---

25 | 동양의학대사전 편찬위원회, 『동양의학대사전』 5권, 394쪽.
26 | 동양의학대사전 편찬위원회, 『동양의학대사전』 7권, 128쪽.
27 | 동양의학대사전 편찬위원회, 『동양의학대사전』 3권, 280쪽.
28 | 동양의학대사전 편찬위원회, 『동양의학대사전』 11권 503쪽.

520년(법흥왕 7년)의 율령 공포 때 제정된 것으로 추측되며, 4두품 출신이면 받을 수 있는 그다지 높은 관등은 아니었다.

셋째는 공봉의사(供奉醫師)로, 특별히 정원이 정해져 있지 않았다. 일반적으로 의사(醫師)가 존재했을 것인데, 여기서는 그런 의사 중 특별히 '왕에게' 공봉(供奉)하는 의사, 즉 어의(御醫)를 일컫는 듯하다. 언제 이런 제도가 생겼는지, 『삼국사기』는 말하고 있지 않다.

이처럼 소략하지만, 김부식은 신라(신라: 24~676년, 통일신라: 676~935년)의 의료제도가 어의, 의학교육, 약 관리 등을 갖췄음을 정사 안에 담았다. 이 세 가지 특징은 이후 1894년 갑오개혁 이전까지 국가 의료제도의 중추로서 계속 지속되었다.

김부식은 고구려와 백제의 제도에 대해서도 관심을 두었다. 그렇지만 "고구려와 백제의 관직은 연대가 멀리 오래되어 문헌이 드물어 상세히 적지 못했고, 단지 『고기(古記)』와 중국 사서의 기록된 것을 참고했다."[29]고 하였다. 의료제도의 경우 더욱 상세하다. 김부식은 『북사(北史)』를 인용하여 백제 관직 중에 '약부(藥部)'가 있음을 말했다. 이 약부는 이름으로 볼 때, 약을 담당한 기관으로서 신라의 약전에 해당하는 기관으로 추측된다. 고구려의 경우에는 아예 존재가 나타나지 않는다.

중국에서 편찬된 정사에도 중국 주변국의 존재로서 고대 한국의 의료 상황이 일부 포착된다. 중국의 25사 가운데 『주서(周書)』(629~636년 편찬)에는 다음과 같은 백제에 관한 기록이 보인다.[30] 주나라는 선비족인 우문각(宇文覺)이 세운 나라로, 557년부터 581년까지 존속한 나라다. 『주서』에 실린 이 언급은 이후 『북사(北史)』, 『수서(隋書)』에도 비슷하게

---

29 | 『삼국사기』, 「잡지」 9, 직관 하.
30 | 당대(唐代)의 영호덕분(令狐德棻)이 편찬했다. 당 무덕연간(武德年間, 618~627년)에 비서승(秘書丞) 영호덕분은 양(梁)·진(陳)·주(周)·제(齊)·수(隋) 5국의 정사가 편찬되지 않았다는 의견을 올리자, 조칙이 내려져 그 편집을 여러 신하에게 논의하도록 했으나 중간에 끊겨 완성되지 못했다.

언급되어 중국 여러 나라의 백제상 표본이 되었다.

> 백제의 풍속은 말타기와 활쏘기를 중시하고, 경전과 역사책을 애독
> 하고, 글짓기를 잘하고, 공문서 작성에 능숙하고, 또한 음양오행(陰陽
> 五行)을 풀이하고, 송(宋)의 원가력(元嘉曆)을 이용한 역법(曆法)을 정하
> 고, 또한 의학과 약학, 복술과 점술 및 관상 보는 법을 안다. 투호, 저
> 포(樗蒲, 윷놀이와 비슷함) 등의 놀이가 있고, 또 바둑과 장기를 즐긴다.
> 비구와 비구니 등이 있는 절이 매우 많으나 도사는 없다.[31]

위 인용문에서 『북사』의 편자는 6세기 백제의 학술, 천문·의약·점
복술 등 전문적인 학문, 생활과 여가, 불교와 도교 등의 상황을 모두 언
급했다. 모든 것이 다 잘 갖춰진 고급 문화임을 드러낸다. 이 글에 대해,
일본인 한국의학사 대가인 미키 사카에(三木榮)는 "백제에는, 문학어학
(한문), 불교, 철학, 력법, 의약, 복서(卜筮), 점상(占相)의 제 학문이 상당
히 서방 대륙에 따를 수 있을 정도로 발달하고, 또한 불교 및 생활문화
에 있어서도…… 마찬가지로 고도로 발달한 것이 있었던 것"이라 평가
했다.[32] 의학 분야 하나만 단독으로 발달한 게 아니라, 경전과 사서, 천
문학과 점복술 등의 일반적인 학문, 전문적인 학문이 같이 어울려 발달
한 것임을 말한 것이다. 『주서』에서는 백제의 약에 관해서도 언급하였
는데, "기후가 온난하며, 오곡과 여러 과실과 채소와 술, 약품 등이 우
리와 비슷하다."고 적었다. 백제에 여러 종류의 약품이 있고, 그것들이
중국 내지의 그것과 대체로 비슷했다는 것이다.[33] 여기에도 약품 단독

---

31 | 『周書』 卷49, 列傳第41 「百濟」.
32 | 三木榮, 『朝鮮醫學史及疾病史』, 富士精版印刷, 1963, 8쪽.
33 | 三木榮, 『朝鮮醫學史及疾病史』, 11쪽.

이 아니라, 기후와 곡식, 과실과 채소, 술과 반찬 등도 비슷했음을 지적한다.

이러한 기술은 3세기 후반에 편찬된 『삼국지』 "오환·선비·위지동이전"의 분위기와 사뭇 다르다. "위지동이전"에서는 고구려·백제·신라 등과 함께 주변 오랑캐를 분류한 오환(烏丸)족의 병 치료에 대해 실었는데, 그 내용을 보면 아직 의약을 모르는 상태인 것으로 기술돼 있다. 오환족은 고구려 북쪽에 위치한 유목을 위주로 하는 종족이었다.

> 병이 나면 쑥뜸을 쓸 줄 알고 때로는 돌을 데워 몸 위에 올려놓거나 데워진 땅 위에 눕기도 한다. 때로 통증이 있으면 결맥(決脈)을 칼로 찔러 피를 내기도 하며 천지(天地) 산천(山川)의 신(神)에게 기원하기도 하는데 침이나 약은 없다.[34]

동이(東夷)에 관한 기술은 아니지만, 3세기 무렵 중국 주변의 의약 상황이 드러나 있다. 여기에는 아직 의약은 모르지만 뜸을 알고 있으며, 오랫동안 한국에서도 민간에 존재한 방법인 뜨거운 돌로 배를 문지르는 방법, 산천 신에게 기도하는 방법이 실려 있다.

지금까지 살핀 내용이 한국 고대 의약 자체를 역사적 관점에서 관심을 가지고 정리한 모든 내용이다. 기원은 알기 힘들지만 6세기 중엽 백제의 의약이 중국과 엇비슷한 내용—이론이나 약품 등에서—을 보였다는 점, 7세기 후반 통일신라는 당나라 의학제도를 그대로 채택해 실시하는 모습을 보였다는 점, 또 의학교육, 왕실제도, 약 관리 관청을 아우르는 시스템을 완비했다는 점을 확실하게 알 수 있다.

---

34 | 『三國志』 권30, 魏書 30, 「烏丸鮮卑東夷傳」.

의학사 서술에도 기승전결이 필요하다. 어떻게 보면 위에서 살핀 내용은 결에 관한 부분만 포착된 것이다. 어떻게 시작되어 어떤 과정을 거쳐서 그런 과정에 도달하게 되었는지는 알기가 거의 불가능하다. 게다가 그것도 삼국을 따로 본다면 상황은 더욱 어려워진다. 그런 과정을 알기는 요원하나 몇몇 사료는 일종의 화석과 같은 구실을 하여 그 자료가 속한 지층, 달리 말하면 특정 시점의 의료, 의학학술 상황을 일러주는 지표 구실을 한다. 차례대로 파고 들어가보도록 하자.

우선 한국의학사에서 잘 알려진 562년도 기록이 주목을 끈다. 『일본서기』에는 "흠명천황 23년 8월, 오오토모노 사데히코(大伴狹手彦)가 고려를 정벌하여 크게 대파했다. 개선할 때 오나라 사람 지총(智聰)이 그를 수행해 내외전·약전(藥典)·명당도 등 164권, 불상 1구, 기악조도(伎樂調度) 1구 등을 가지고 입조하다. 지총의 아들 선나사주는 효덕천황의 치세에 우유를 헌납하여 和藥使主라는 성을 하사받다. 그가 바친 책으로는 본방서 130권, 명당도 1권, 약절구 1개, 기악 1구 등이었다."(『일본서기』, 권19, 「신찬성씨록」).[35] 이 기사를 보면, 지총은 단순히 한반도를 거쳐서 일본에 도달한 게 아니라, 한반도의 어딘가에서 일을 하다가 '승전' 후 귀국하는 일본 장수를 수행해 일본에 간 것임을 알 수 있다. 미키 사카에는 당시 외교관계를 볼 때, 오나라 출신인 지총이 이미 백제에 와 있었지만 귀화는 하지 않았던 인물로 추정하고 있다. 그가 일본에 가지고 간 책은 『내외전』, 『약전』, 『명당도』 등 의서 164권이며, 이 중 그의 아들이 바친 의서는 130권과 명당도 1권 등이다. 『내외전』은 의학이론서, 『약전』은 본초서, 『명당도』는 침구지침서를 뜻하는 것으로 추정되며, 이 셋을 언급함으로써 당시 의학을 이루는 핵심적인 세 요소를 다 갖춘

---

35 | 三木榮, 『朝鮮醫學史及疾病史』, 8쪽 재인용.

의학 내용이 일본에 상륙했음을 말하고자 했음을 알 수 있다.

이 164권의 구체적인 내용에 대해서 김두종은 그것을 『한서』 "예문지" 와 『수서』 "경적지"를 통해 추정했다.[36] 『내외전』으로는 『한서』 "예문지" 에 보이는 『황제내경』 18권(소문 9권, 침경 9권), 외경 37권(12권본 또는 36권 본) 등을 비롯해 『수서』 "경적지"에 보이는 서진 왕숙화의 『맥경』 10권, 황제81난경(黃帝八十一難經) 2권 등이 포함되었을 가능성이 있으며, 『약 전』으로는 『신농본초』 4권(뇌공집주), 후한 화타제자의 『오보본초』 6권, 『이당지본초경』 1권, 『동군약록』 3권, 『도홍경신농본초경』 3권과 『집 주』 7권, 『명의별록』 3권이, 『명당도』로는 서진 황보밀의 『황제갑을경』 10권, 『명당공혈도』 3권 등이 포함되었을 가능성이 있다고 보았다. 이 숫자만 해도 최대 100권에 육박한다. 이 164 책은 수많은 책 가운데 일 부가 아니라, 중국 사서에 이름이 실린 주요 의학서적 대부분을 뜻한다.

이 책의 성격에 대해서 미키 사카에는 "이들 의방서(醫方書), 침구서 (鍼灸書)는 중국(후기 南北朝)의 것이겠지만, 또한 중국의학이 일본에 전해 진 최초의 사실이지만, 한반도를 경유하여 일본에 수입된 것이어서 당 시 백제에서도 이미 사용되고 있었던 것으로 미루어 짐작할 수 있고, 이 중에 백제 자신의 것(일본의 화방〔和方〕에 해당하는 반도고유방〔半島固有方〕 도 존재한다.)"[37]도 있을 것으로 추정했다. 이처럼 『일본서기』의 편찬자는 6세기 후반 의학지식이 중국(남조의 오)→한반도(삼국)→일본으로 전달 된 것으로 추정했다. 의학지식의 전달은 '서적'을 통해, 그런 내용을 잘 알고 있는 인물의 방문(과 정착)으로 이루어졌다.

553년 백제 성왕 때의 기록(『일본서기』 권19)을 보면 의박사(醫博士)라 는 명칭이 나온다. 의박사는 그 명칭이 시사하듯 교육을 담당한 의학

---

36 | 김두종, 『한국의학사』, 30쪽.
37 | 三木榮, 『朝鮮醫學史及疾病史』, 8쪽.

관리다. 이는 의학교육이 정부의 공식기관 안에서 이루어졌음을 뜻한다. 이 제도는 중국 위(魏)나라의 제도를 본뜬 것으로, 백제와 마찬가지로 고구려나 신라도 비슷한 제도를 운영했을 것이다.

452년 일본에서 백제에 양의를 초청하자 백제에서는 고구려 의사 덕래(德來)를 보내주었다. 이는 다음과 같은 『일본서기』(권19, 雄略主 3년)의 기록으로부터 확인할 수 있다. 그는 일본 난파(難波)에 거하여 자자손손 의업을 행하여 난파약사라는 칭호를 얻게 되었다. 이러한 기록을 통해 서기 5세기 무렵 삼국의 의술 수준이 모두 어느 정도 궤도에 올라 있었음을 짐작할 수 있다.

414년 신라의 김무(金武)라는 양의(良醫)가 일본 윤공제(允恭帝)의 고질적인 다리병을 고쳤다는 기록이 있다. 김무는 한국고대사에서 이름이 보이는 최초의 의원이다. 이로부터 이 무렵 의학을 공부하여 의원을 직업으로 삼는 집단이 존재했음을 알 수 있다. 이전부터 있어왔던 것이리라.

초기 일본천황의 역사에 대해서는 후대의 각색이 있었다는 점 때문에 그것을 해석할 때는 세심한 주의가 필요하다. 『고사기』처럼 연도를 일부러 앞당겼거나 『일본서기』처럼 '임나본부설'을 고의로 심어놓은 것과 같이 후대에 각색이 되었다는 비판을 받고 있기 때문이다. 한국 고대의학사에 대해 이만큼 사료적 가치를 지닌 의학 관련 기록이 없기 때문에, 연구자들은 이런 단서를 달고 있음에도 그것을 인정하고 싶은 '욕망'을 느낀다. 이현숙은 『신라의학사』에서 "일본의 『일본서기』, 『고사기』, 『대동유취방』, 국내의 『삼국유사』 기록을 종합적으로 검토해볼 때, 414년 신라 의사가 일본에서 의술을 펼친 사실 자체가 진실일 가능성이 높다. 아울러 5세기 초 신라에는 일본에 전파될 정도로 효능이 우수한 처방이 존재했다."[38]고 보았다. 의학적 등장인물이나 처방은 본 기사의 실재성을 높이는 구실을 하고 있는데, 그것을 인정하다 보면 그 기사에 담긴 전체 상황을 인정할 수밖에 없게 된다. 위에서 든 562년 '지총'의 경우를 봐도, 그의 존재가 일본의 고구려 정벌에 관련되어 있고 고구려 정벌은 더 넓게 '임나본부설'과 관련된 문맥 속에 있다. 아직 한국의학사 연구에서는 의학 관련 사항만 추출해 바로 해석을 해왔으나, 정치적 맥락을 배제한 해석에는 의문의 여지가 많다.

이상의 내용을 토대로 했을 때, 대략 5세기 초에는 삼국시대의 의학이 상당 정도 궤도에 올라 있었다고 말할 수 있다. 의술을 펼치는 의원이 존재했고, 그 가운데는 의술로 명성을 날리는 인물도 있었다. 김무, 진명, 덕래 등은 일본에 파견되어 이름을 남긴 자들이며, 그보다 뛰어난 의인(醫人)은 국내에 남아 있었을 것이다. 그들은 주로 왕과 귀족의 건강을 지키기 위한 왕실 의료의 틀 안에 존재했을 것이다. 중국에서 보낸 의사건, 국내에서 양성된 의사건 간에, 그들은 어떤 형식으로든 자신의 후계자를 길러냈을 것이다. 아마도 일본에 파견된 의사인 덕래의 후손처럼 자자손손 세업을 잇는 경우가 일반적인 형태가 아니었을까. 그러나 나라의 기틀이 완비되고 의료의 수요가 많아졌다면, 다른 형태의 의학 학습이 필요하게 된다. 의학 전통을 공적 제도 안에서 계승하는 방식이 그것이다.

한국 고대의학이 중국의학의 선진적인 내용을 수용하는 것을 특징으로 하기는 하지만, 그 과정은 일방적이지 않았다. 상호성을 고려하는 게 필요하다. 이를 따지기에 앞서 당시 의학의 구성 성분을 나눠 살피는 게 필요하다. 당시 의학은 크게 이론적인 부분과 임상 실천으로 나

---

38 | 이현숙, "신라의학사연구", 이대 사학과 박사학위논문, 2001, 18-22쪽.

뉘고, 임상 실천에서는 처방, 약, 침법 등이 관계된다. 후한의 반고(班固, 32~92년)가 82년(建初 8년) 무렵에 완성한『한서』"예문지"에서는 의학을 의경(醫經)과 경방(經方)으로 구분한 바 있다. 이 책에서는 의경에 대해 "사람은 혈맥, 경맥, 골수, 음양, 표리에 기본 되며 백병의 본과 사생(死生)의 분(分)이 기(起)함으로써 적당한 침구와 약제를 응용하여야 한다."고 정의했다. 경방에 대해서는 "초석(草石)의 한온에 기본 되어 질병의 천심(淺深)을 헤아리고 약미(藥味)의 자(滋)를 받아 기감(氣感)의 의(宜)에 인하여 오고육신(五苦六辛)을 변하고 수화(水火)의 제(劑)를 치(治)하여 폐(閉)를 통하고 결(結)을 해(解)한다."[39]고 정의했다.

『한서』"예문지"의 정의처럼 중국의 고대의학은 이런 식으로 발전해왔고, 또 이후에도 비슷하게 전개되었다. 이런 전통은 우리가 한족이라 일컫는 종족 외에 주변의 다른 종족도 일찍부터 공유했던 것이다. 의학이론이 어느 지역에서 누가 어떻게 탄생시켜 발전시켰는가는 따지기 힘든 일이다. 대체로 의학은 '제실' 또는 '왕실'을 단위로 제도화하고 거기에 속한 의관이 의학의 진전을 꾀해왔다.『주례(周禮)』는 주공(周公, BC 12세기)의 저술로 간주되어왔으나 현대 학자들은 이 책을 BC 300년경에 무명의 이상주의자가 휘찬(彙撰)한 것으로 추측하고 있는데, 이 책 안에 의학제도가 공식화되어 있다. 춘추, 전국시대에 각 지역의 의자(醫者)가 의학이론을 궁리 또는 발견해내고 다듬어 의학이론을 체계화했다. 의학이 여러 지역에서 다른 전통을 가지고 발전해온 사실은『황제내경』에도 실려 있다. 이 책의『소문』"이법방의론(異法方宜論)"편에서는 동쪽에서 침폄(針砭), 즉 상처를 찢고 고름을 빼내는 돌침법을, 서쪽에서 독(毒), 즉 오늘날의 약 치료법을, 남쪽에서 침(針), 즉 오늘날 자침하는 것

────────
39 | 김두종,『한국의학사』, 31쪽.

과 같은 침법을, 북쪽에서 구(灸), 즉 뜸법을 발전시켰다고 적었다. 이는 앞에서 본 "오환족이 상처를 째는 방법과 뜸법을 알았다."는 내용과 일치한다.

다른 지역에서 발전한 여러 치료법은 전국시대 말~한대에 의학으로 통합되어나갔다. 그것은 대체로 통일국가인 진·한대에 활발하게 이루어졌다. 기·음양·오행 등의 이론에 따라 몸의 오장육부, 병의 원인, 진단법, 경맥, 치료 원칙, 약의 작용, 치료법, 침법 등이 설명되는 식으로 통합되었다. 중국의학사에서 잘 알려진 『황제내경』 즉 『소문』과 『영추』, 『난경』 등이 이론화의 대표적인 책이다. 몸의 해부, 생리, 병리 등의 현상을 이해하고, 각 병증에 대한 침 치료법을 제시했다. 이와 함께 병증에 대한 이해 심화로 『제병원후론』, 진맥에 대한 이론의 체계화인 『맥경』, 약물의 수집, 정리, 이론화 결과물인 『신농본초경』 같은 본초서, 침법을 더욱 발전시킨 『명당도』, 열병에 대한 이해와 방제에 대한 체계적인 의서인 『상한론』 등의 책이 출현했다. 이는 앞에서 살핀 562년 오나라 지총이 일본에 전해준 그런 종류의 책들이다. 414년 일본에 건너가 의술을 펼쳤다고 하는 신라 의사 김무가 공부했던 의학 내용도 대략 이런 책에 기반을 두었으리라 추정된다.

중국 전국 말~한대 의학이론의 전개에 한족 이외의 주변국이 어떤 구실을 했는지는 잘 모르며 이들의 기여를 나타내는 사료는 잘 보이지 않는다. 하지만 병 고치는 방법에 대한 지식은 그렇지 않다. 의학지식 자체가 병을 고치기 위해 중요한 것이었지 이론화 그 자체를 목적으로 삼지 않았기 때문이다. 『황제내경』만 봐도 생리학, 병리학, 진단학 등의 측면에서 이론화는 꽤 체계적이지만, 실제 치료법, 특히 약 치료법은 거의 담지 않았다. 병 걸리기 이전에 몸조심해야 한다는 양생술의 내용이 이 책의 상당 부분을 채우는 것은 '의학의 신뢰도가 매우 높지 않은'

상황의 반영이기도 할 것이다. 그렇기 때문에 한대 한의학은 매우 넓은 지역의 지식, 특히 약초 지식과 효과적인 처방에 관심을 보이는 식으로 진행되었다. 기원전 168년의 것으로 추정되는 마왕퇴에서 발견된 의서 백서는 경맥의 명칭이 『황제내경』과 다른 것으로 보아, 아직 한의학의 이론화가 하나로 통일될 정도로 진행되지 않았음을 보여준다. 아울러 거기에 보이는 수많은 약물적, 주술적 처방과 양생법 또한 이를 얻기 위한 다양한 시도가 존재했음을 시사한다.

이런 맥락에서 고조선 지역의 약재가 중국 책에 보이는 것은 우연이 아니다. 중국 양나라의 도홍경(陶弘景, 452~536년)은 고대 중국의 약물 지식을 총망라하여 『신농본초경』과 『명의별록』, 또 그 주석서 등을 지었는데, 여기에는 〔고〕조선, 현도군, 백제, 고구려 등의 명칭이 약재 10 종의 원산지 표시에 보인다. 본문 가운데는 토사자(〔고〕조선), 단웅계(丹雄鷄, 〔고〕조선), 마륙(현도군) 등이 언급되었고, 주석에는 인삼(백제·고구려), 세신(고구려), 오미자(고구려), 무이(고구려), 곤포(고구려), 오송(고구려), 금설(고구려) 등이 언급되었다(도홍경 편, 『본초경집주(집교본)』, 인민위생출판사, 1994). 이 약물이 고조선의 약물학적 지식을 반영하고 있는 것인지는 불분명하지만, 이에 대한 약초에 대한 지식이 있었으리라는 것을 짐작할 수 있다. 고조선 지역에서 이 약이 난다는 것은 이 지역에서도 이 약을 평가하기 위한 약물 지식을 공유하고 있었음을 뜻한다. 고조선 멸망이 서기 108년이므로 이 이전의 일이다. 이후 중국의 한(漢)은 한반도와 이웃에 한사군을 설치해 직접 통치했으므로, 한의 의학이 더욱더 직접적으로 이곳에서 펼쳐졌을 것이다.[40] 후대의 다른 약초에 대해서도 마

---

40 | 『전, 후한서』 「백관지」 등에 의해, 태의원, 태의령(太醫令), 태의감(太醫監), 태의승(太醫丞), 시의(侍醫), 의대조(醫待詔)(또는 본초대조[本草待詔]), 의공장(醫工長), 의원(醫員)(이상 전한), 태의령, 상약감(尙藥監), 태의약승(太醫藥丞), 태의방승(太醫方丞)(이상 후한)과 같이 관직이 있었던 것을 알 수 있다. 그 위에 또한 조정 이하의 제왕 후국(낙랑도 이것에 비교된다)에도, 그것 상당의 의약의 관이 설치되어 있었던 것이다." (王木裘, 『朝鮮醫學史及疾病

치종지남-각기도

찬가지다. 이 중 인삼이 대표적일 것이다. 예를 들자면 송대의 『증류본초』에서는 "인삼은 백제의 것을 중요하게 여긴다. 모습이 가늘고 굳으며 희고, 기미는 상당(上黨) 산보다 박(薄)하다. 그다음이 고구려산인데 모습이 크나 물렁물렁해서 백제산에 미치지 못한다〔人蔘乃重百濟者 形細而堅白 氣味薄于上黨 次用高麗 形大而虛軟 不及百濟〕."고 하였다. 인삼에 대해서는 고려, 백제

인삼까지 다 정보를 가지고 있었다는 이야기다. 또 그것을 무역한 고구려, 백제 사람들은 당연히 이에 대한 의학적 식견을 가지고 있었을 것이다.

언제인지 시기가 알려지지 않았지만, 고구려 처방(집)인『고려노사방(高麗老師方)』이 당(唐)의 왕도(王燾)가 편찬한『외대비요방(外臺秘要方)』(752년)에서 보인다. 이 책의 18권 각기(脚氣) 부분에 이 글이 실려 있다.[41] 고구려의 노련한 의사가 만들었다는 처방이다. 이로부터 고구려의 독자적인 처방집이 존재했음과, 중국과 주변 의학을 아울러 동아시아 의학이라 이름을 붙일 만한 작업이 이루어졌음을 알 수 있다. 왕도는 당나라 병부〔外臺〕에서 필요한 처방을 광범위하게 모았는데, 이 중에『고려노사방』이 포함된 것이다. 또한 이 처방이 〔중국 의서인〕 "서왕방(徐王方)과

史』, 4쪽).

41 | 三木榮,『朝鮮醫學史及疾病史』, 7쪽.

거의 비슷하다."고 언급하고 있는데, 이로부터 선후 관계가 불분명하기는 하지만, 비슷한 처방을 공유하는 전통이 넓게 존재했음이 추정 가능하다. 이 처방에 실린 '기사회생'이라는 표현으로부터는 효과가 있는 처방 수집이 의서 편찬의 중요 동기였음을 짐작할 수 있다.

일본 의서에도 백제와 신라의 처방 몇몇이 남아 있다. 일본에서는 984년 단파 야스요리(丹波康賴)가 『의심방(醫心方)』 30권을 편찬했는데(이는 중국 수대 손사막이 편찬한 『천금방』에 비견된다.), 여기에 『백제신집방』 처방 하나, 『신라법사방』 처방 셋, 『신라법사류관비밀요술방』 처방 하나가 실려 있다. 이로부터 백제와 신라에도 독자적인 처방집을 낼 만한 수준의 의학이 존재했으며, 그것이 일본에서 편찬한 동아시아 종합의학서 성격을 띠는 『의심방』에 포함되었다는 사실을 알 수 있다.

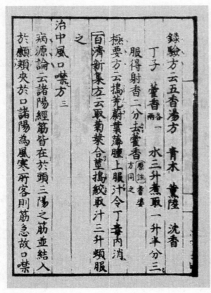
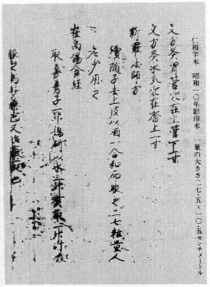

백제신집방(좌)과 신라법사방(우)

신라법사비밀방의 내용
—신라법사비밀방, 노봉방(본초품휘정요로부터)

한국 정력론의 기원은 언제로 잡을 수 있을까? 현존하는 자료로만 추정
한다면 통일신라 때다. 물론 삼국시대에도 의학과 양생이 자못 발달해
있었음을 감안한다면, 그 기원이 이전 시기로 소급되는 것이 당연하겠
다. 일단 남아 있는 자료인 「신라법사비밀방」을 보도록 하자. 「신라법사
비밀방」이란 통일신라의 한 승려가 비밀스럽게 여기는 놀랄 만한 처방
이라는 뜻이다. 무엇이 비밀스럽고 놀랄 만한 일일까? 그 법사가 제
시한 방법에 따른다면 음경이 놀랄 만큼 커지고 쇠몽둥이처럼 단단
해진다는 것이다. 더욱이 몸이 튼튼해지며 기력이 세지고 무병장수
한다는 것이다. 이처럼 신라의 법사는 자신의 방법이 일석삼조임을
강조한다. 즉, 몸 보신의 삼대 요소인 무병, 장수, 정력 보강을 동시
에 보장한다고 말한다. 아래에 원문을 직역하여 옮긴다.(졸고, 『조선
사람의 생로병사』, 한겨레, 1999에서)

"한 번만 (이 묘약을 음경에) 발라봐라. 열 번, 스무 번 마음대로 (성
행위를) 할 수 있다. 40일만 바르면 몸이 점점 튼튼해짐을 느낄 것이
다. 백일 동안 발라봐라. 놀랄 만한 변화가 일어나. 죽을 때까지 손
상됨이 없고 더함만 있어 복과 덕이 만 배나 되고 기력이 일곱 배
나 강해진다. 원하는 것 다 이루고 무병장수하게 된다. 한여름에는
찬 기운이 몸에 솟아 더위를 쫓고 한겨울에 따뜻한 것이 치솟아
사기를 막아 재앙을 물리친다. 바르면 바를수록 나날이 음경이 커
진다. 무게가 반 근 정도 나가고 쇠몽둥이처럼 단단해지고 길이가

3촌(약 30센티미터)이나 된다. ……강해지기 원하는 사람은 이 약을 술로 빚어 늘 마셔라. 길어지기 원하는 사람은 음경 끝에 바르고, 커지기 원하는 사람은 음경 둘레를 골고루 바르라.

이 약은 무엇일까? 바로 노봉방(露蜂房), 즉 말벌집이다.

일본에서 808년에 제가에서 소장하고 있는 고대 약방을 모은 『대동유취방(大同類聚方)』이 편찬되었는데, 여기에는 10건 이상의 신라, 백제, 가야, 고려 등의 처방이 실려 있다.[42] 그렇지만 미키 사카에가 지적하듯, 이 책은 "진본은 소실되어 전해지지 않고, 수종의 현 유포본은 서로서로 적지 않은 차이가 있으며, 기술은 후인이 몰래 끼워 넣은 것에 의한 바가 많아서 학문적 가치가 깊지 않은" 책이다. 그러면서도 이것의 진본을 입증하는 자료가 등장한다면, 그것이 한국 고대의 의방(醫方), 약품(藥品), 의인(醫人)의 수준과 국제적 교류에 관한 양상을 파악하고 더 나아가 일반 역사의 해석에도 기여하리라는 기대감을 제시했다.[43]

수나라 때의 『천금방』, 당나라 때의 『외대비요』에 버금가는 일본의 『의심방』 같은 거질(巨帙)의 의서가 삼국 또는 통일신라에서 나왔다는 기록조차 없다. 지금까지 살폈듯, 삼국은 일본의 고대의학을 전수해주는 구실을 했다고 생각하기 때문에 이 점이 매우 의아스럽게 느껴진다. 남아 있는 것이 없는 것인지, 편찬조차 되지 않은 것인지는 확실치 않다. 현존하는 한국 최초의 의서는 13세기 고려 때 편찬된 『향약구급방』이다. 이보다 앞선 12세기에 편찬된 『제중입효방』은 송대의 의서와 함께 전래되어온 신라의 의서를 같이 참조했다고 하는 기록으로 보아 여

42 | 三木榮, 『朝鮮醫學史及疾病史』, 21–23쪽.
43 | 三木榮, 『朝鮮醫學史及疾病史』, 23쪽.

러 의서가 있었겠지만, 그것은 물론이거니와 『제중입효방』조차도 전하지 않는다. 거질의 의서가 편찬되었다면 그 이름은 남아 있었을 테지만, 그렇지 않은 것으로 보아 삼국판 종합의서는 편찬되지 않았을 가능성이 높다. 이런 사실은 삼국 모두 의학 분야의 정리라는 측면에서 큰 야심을 품지 않았으리라는 것도 암시하지만, 의학적 수준이나 분야 면에서 중국과 큰 차이가 없기 때문에 별도의 종합의서를 만들 필요가 적지 않았느냐는 생각도 품게 한다. 『의심방』과 같은 성격을 띤 대규모의 의서 편찬 사실은 15세기 조선 세종 때 등장한다. 『향약집성방』(85권)과 『의방유취』(266권)가 그것이다.

고대 의약생활의 흔적

지금까지 한국 고대의학의 형성과 성격을 점검하는 데 초점을 맞췄다. 그것도 사료가 없기 때문에 단편적, 심지어는 파편적 이해에 그쳤다. 의약생활을 읽어낼 자료는 이보다 더 심해서, 그야말로 희박하다. 시기적인 변화를 읽어내는 것은 물론이거니와 의약생활이 벌어진 상황에 대한 이해도 불가능할 정도다. 『삼국사기』와 『삼국유사』에 나타난 10여 개의 사료만으로 삼국~통일신라시대 천 년을 가늠해야 하니, 사실상 이 시기 의약생활을 살피는 것은 불가능하다. 최소한 어림짐작만 가능하다.

정사인 『삼국사기』에 나타나는 의약생활 관련 기록으로는 고구려 1개, 백제 0개, 신라 2개, 통일신라 2개 정도의 기록이 있다. 6세기 전 것으로는 기원전 1년 고구려 유리명왕 때의 것 하나밖에 없다. 그것은 다음과 같은 기사다.

가을 8월에 교제(郊祭)에 쓸 돼지가 달아나서, 왕은 탁리(託利)와 사비(斯卑)를 시켜 쫓게 하였다. [그들은] 장옥택(長屋澤) 가운데에 이르러 [교시를] 찾아내어 칼로 그 다리의 힘줄을 끊었다. 왕은 이것을 듣고 노하여 "하늘에 제사 지낼 희생을 어떻게 상하게 할 수 있는가?" 하고, 마침내 두 사람을 구덩이 속에 던져 넣어 죽였다. 9월에 왕은 병에 걸렸다. 무당이 말하기를 "탁리와 사비가 빌미[祟]가 된 것입니다." 고 하였다. 왕은 사람을 시켜 사과하니(謝) 곧 병이 나았다.[44]

　여기서 환자는 유리명왕이며, 의료시술자는 무당이다. 의원의 존재는 보이지 않는다. 물론 승려의 존재도 보이지 않는다. 왕의 병은 무슨 병인지 나와 있지 않지만, 무당은 이 병이 왕이 '구덩이 속에 던져 죽인' 두 사람, 즉 탁리와 사비의 빌미[祟]로 파악했다. 이 글을 보면, 빌미[祟]란 죽은 자의 영혼이 흩어지지 않고 남았다가 자기를 죽인 이에게 해를 끼치는 존재로 표상되어 있다. 그렇기에 무당은 이 빌미에게 사과(謝過)할 것을 권했다. 이 번역문에 보이는 '사과'라는 표현의 원문은 '사(謝)'인데, [억울하게 죽은 원혼을] 달래는' 것이었다. 그것을 달래는 일은 왕자신이 아니라 아랫사람이 맡았다. 그런데 위 번역문처럼 하면, 달래는 일을 한 사람이 무당인지, 아니면 제3의 인물인지 정확치 않으며, 오히려 무당이 아닌 제3의 인물이 이 일을 맡은 뉘앙스를 풍긴다. 다시 원문을 보면 '王使謝之'로 '왕이 그것[빌미]을 달래도록 시켰더니'로 번역이 되며, 이 경우에는 제3자보다는 무당이 이 일을 치렀다는 느낌이 더 강하게 든다. 병의 원인 파악을 무당이 했으니, 빌미를 달래 풀어주는

---

44 | 『삼국사기』 권13, 유리명왕 19년.(여기서 『삼국사기』의 내용은 '네이트한국학' 사이트(http://koreandb.nate.com/history/saki/yoljun)의 번역을 참조하면서 이견이 있는 경우에는 필자가 약간 수정했다. 이하의 『삼국사기』 인용문도 마찬가지다.)

일 또한 무당이 치렀을 것이다.[45]

유리명왕의 병 기사는 당시의 의료 상황을 짐작케 하기 위해 선택된 기사는 아니다. 유리명왕 치세 37년 동안 일어난 기록 중 가려 뽑은 30개 전후의 기사 중 하나로 선택된 데는 그만한 이유가 있다. 이 스토리는 교제에 쓸 희생 돼지의 손상, 그에 대한 과도한 문책, 다시 그로 인한 빌미 병, 왕의 뉘우침을 통한 빌미의 해소가 하나의 연결고리를 이루고 있다. 모든 것이 선정을 지향하는 통치와 관련되어 있다. 위 기록에서는 병의 위중 정도를 말하고 있지 않지만, 전체 기사의 맥락에서 보면 매우 중병이었을 것이며, 그것은 잘못된 통치행위에 대한 왕의 사과라는 형식을 통해 해소되는 성질의 것이었다. 이 경우에는 무당의 행위 자체도 도덕성, 정치성과 무관치 않다.

『삼국사기』에서 다음에 등장하는 기사는 무려 500여 년을 훌쩍 뛰어넘은 528년, 신라 법흥왕 15년 때의 일이다. 이 중간에는 환자의 치료 현장 모습이 전혀 보이지 않는다. 그 기사의 내용은 다음과 같다.

15년(528년) 불법이 처음으로 시행되었다. 일찍이 눌지왕 때 승려 묵호자(墨胡子)가 고구려로부터 일선군(一善郡)에 왔는데, 그 고을 사람 모례(毛禮)가 자기 집 안에 굴을 파 방을 만들어 있게 하였다. 그때 양나라에서 사신을 보내와 의복에 달고 다니는 향[낭]을 보내주었다. 임금과 신하들이 그 향의 이름과 쓸 바를 몰랐으므로 사람을 보내 향을 가지고 다니며 두루 묻게 하였다. 묵호자가 이를 보고 그 이름을 대면서 말하였다. "이것을 사르면 향기가 나는데, 신성(神聖)에게 정성을 도

---

45 | 여기서 보이는 무당의 병 원인 파악이나 치료 장면은 오늘날 우리가 익숙하게 생각하고 있는 무당의 굿과 하나도 다르지 않다. 위 기록은 무당의 치료 장면을 보이는 국내 최초의 기록이며, 그 모습은 시대를 관통하여 지속적으로 보이는 특징이다. 또 무당은 언제인지 밝히기는 불가능하지만 매우 오래전부터 존재해오던 전통과 방법을 계승해서 이 일을 치렀을 것이다.

달하게 하는 것입니다. 이른바 신성스러운 것으로는 삼보(三寶)보다 더한 것이 없으니, 첫째는 불타(佛陀)요, 둘째는 달마(達摩)이고, 셋째는 승가(僧伽)입니다. 만약 이것을 사르면서 발원(發願)하면 반드시 영험(靈驗)이 있을 것입니다." 그 무렵 왕녀가 병으로 죽을 지경이었으므로 [病革], 왕은 묵호자로 하여금 향을 사르고 발원하였더니, 왕의 딸의 병이 곧 나았다. 왕이 매우 기뻐하여 음식과 선물을 많이 주었다. 묵호자가 [궁궐에서] 나와 모례를 찾아보고 얻은 물건들을 그에게 주면서 "나는 지금 갈 곳이 있어 작별하고자 합니다."라고 말하고는 잠시 후 간 곳을 알 수 없었다.[46]

이 기사에서 환자는 왕녀(王女)였고 치료자는 승려 묵호자(墨胡子)였다. 승려 묵호자가 쓴 방법은 환자에게 '향을 사르면서 발원하는' 것이었다. 그 향이란 양나라 사람이 가지고 온 것으로서 "신성(神聖)에게 정성을 도달하게 하는 것"이며, 그 신성함이 불교의 삼보 즉 불타, 달마, 승가와 관련된 것이었다. 이 향과 발원 치료법은 아직 신라에 소개되지 않은 불교가 고구려 승려 묵호자로부터 처음 전해지는 순간과 관련된다. 이 기사에서는 비록 불교와 관련된 향물(香物)을 담은 향낭이 중국으로부터 와 있었지만, 그것의 이름과 효능은 전혀 모른 상태에서 우연히 묵호자가 그것을 알게 되었으며, 또 우연히 그때 마침 병으로 죽을 고비에 있는 왕녀의 병에 그것을 써서 고쳤다는 것이다. 향이란 부처의 신성한 가르침으로 이끄는 매개체로, [부처에게 귀의하겠다는] 환자의 발원과 함께 환자의 병을 치유하는 존재였다.

궁극적으로 이 기사는 왕녀의 병을 낫게 한 것은 향, 발원 이전의 불

46 | 『삼국사기』 권4, 법흥왕 15년.

교의 '신성'임을 말한다. 위 인용문에 이어지는 내용은 신라에서 불교의 공인을 이끌어낸 그 유명한 이차돈의 순교 부분이다. 그 순교의 첫머리가 죽을병을 고쳐낸, 향-발원-신성의 치료법이다. 그렇기에 이 기사는 단지 승려의학이 신라에 뿌리를 내리게 된 장면을 말하려는 게 아니다. 불교 자체가 뿌리를 내리게 되는 그 감동적인 순간의 한 계기로서 불교적 치유의 기적을 놓은 것이다. 이 장면은 1,350년이 지난 후, 기독교 선교사 알렌이 민비의 동생인 민영익의 자상을 서양의 외과 수술로 치료해내는 장면만큼 극적이다.

『삼국사기』에서 다음에 이어지는 기사는 불교가 공인되고 100여 년이 지난 뒤 왕실 진료의 모습이다. 636년, 신라 선덕왕 5년 때의 일이다.

> 5년(636년) 3월에 왕이 병이 들었는데 의술과 기도로 효과가 없었으므로[醫禱無效], 황룡사에서 백고좌회(百高座會)를 열어 [100명의 승려를 모아] 인왕경(仁王經)을 강론케 하고, 100명이 승려가 되도록 허락했다.[47]

이 기사에서 환자는 선덕왕이며, 치료 수단은 의술[醫], 기도[禱], 불교적 대응 등 세 가지다. 왕의 병을 낫게 하기 위해 왕실 소속의 전문적인 의관이 치료에 나섰으나 병 치료에 성공하지 못했고, [하늘이나 산천, 조상신 등 뛰어난 존재에게] 기도를 했으나 이 또한 효과가 없었다. 마지막 수단으로 등장한 것이 백고좌회(百高座會)를 열어서 100명의 승려를 모아서 『인왕경』을 강론케 하고, [불법 융성을 위한 조치로] 새로이 100명을 승려가 되도록 허락했다.[48] 최후의 수단으로 채택한 백고좌

---

47 | 『삼국사기』 권5, 선덕왕 5년.
48 | 『인왕경』의 내용은 불타가 16개국의 임금에게 불과(佛果)와 십지(十地)의 행(行)을 수호하고, 국토를 지키

66

회의 『인왕경』 강론, 불법 융성 조치 등이 효과를 거뒀는지의 여부에 대해서 『삼국사기』는 적지 않았다. 이 기사로부터 읽을 수 있는 사실은 7세기 중반에 중병 치료를 위해 세 가지 수단, 즉 의약적 대책, 기도적 방법, 불교적 방법이 시행되었다는 점이다.

이와 비슷한 방식은 이후에도 여러 차례 보인다. 830년(흥덕왕 5년)에는 왕의 병에 대해 기도와 함께, 이전의 100명보다 50명이 더 많은 150명의 새 승려 허락 등의 조치가 따랐다.[49] 886년 헌강왕 12년에는 왕의 몸이 편치 않아 황룡사에서 백고좌회(百高座會)를 열어 불경을 강설하는 한편, 이전에 보이지 않던 조치인 죄수를 사면하는 조치를 내렸다. 그렇지만 이후 두 사례와 달리 헌강왕은 죽었다.[50] 888년(진성왕 2년) 왕이 병이 들어, 죄수의 정상을 살펴 사형죄 이하를 사면하고 60명에게 승려가 되는 것을 허락하였더니 왕의 병이 나았다.[51] 승려 100명을 모아 함께 독경을 한다는 것은 절대권력자인 왕이 아니면 생각지도 못할 일이다. 이는 처음 불교 공인 때 향기와 발원 정도의 '소박한' 불교적 치료와 차원이 다른 일이다. 이런 대규모 불사를 동원한 치료는 불교 국가였던 고려시대에도, 왕실에서 최후의 수단으로 자주 사용되었다.

『삼국유사』에서 환자에게 의약을 써서 치료하는 장면은 한 차례 보인다. 서기 822년, 통일신라 헌덕왕 18년 때의 일이다. 이 장면은 길기 때문에 전체 내용을 인용하기보다는 골자를 짚는 방식으로 설명하겠다. 이 기사에서 환자는 상대등(上大等) 충공(忠恭)이다. 그를 진료한 사람은 나라를 대표하는 '국의(國醫)' 또는 어의였으며, 그는 충공의 맥을

는 인연을 설하며, 이 경을 지니고 독송한다면 재난이 없어지고 복을 얻을 것이라고 말한다. (『브리태니카백과사전』, 「인왕경」조).

49 | 『삼국사기』 권10, 흥덕왕 5년.
50 | 『삼국사기』 권11, 헌강왕 12년.
51 | 『삼국사기』 권11, 진성왕 2년.

100인 인왕회, 왕비의 병과 의약, 점쟁이, 원효와 금강삼매론 강독(위에서부터 아래로)
출전: 국립경주박물관, 「원효대사」, 2010, 203~204쪽

짚어 "병이 심장에 있는 것"이라 진단했으며, 용치탕(龍齒湯)이라는 탕약을 처방했다. 이 국의는 의학의 정석대로 맥을 짚어서 병의 원인을 알아내어 그에 합당한 처방을 내린 것이다. 『삼국사기』에는 보이지 않지만, 이 용치탕 처방은 북송 때 편찬된 『성제총록(聖濟總錄)』(1111~1118), 원대에 편찬된 『의방대성(醫方大成)』(1321) 등에 남아 전한다. 여러 종의 용치탕이 있기 때문에 어느 것인지 정확히는 알기 힘들지만 모두 오늘날 우리가 용골이라고 알고 있는 용치(龍齒)가 들어간 것으로서, 마음이 불안하거나 그로 인해 식은땀을 흘리는 증상을 치료하는 처방이다.[52] 그러니까 이 처방으로 미루어보아도 이 국의가 환자 충공의 병을 마음의 불안 병으로 보아 치료했음을 알 수 있다. 실제로 『삼국사기』에서도 충공이 "정사당(政事堂)에 앉아 내외 관원을 전형, 선발하고 퇴근하여 병에 걸렸다."고 하여, 이것이 마음이 지쳐서 생긴 병임을 암시하고 있다.

그렇지만 이렇게 약물 치료로 국한될 것 같았으면, 이 기록이 사관의 눈에 띄어 『삼국사기』에 실리지 않았을 것이다. 이 기사, 즉 "녹진열전(綠眞列傳)"의 주인공 녹진은 당시 집사시랑(執事侍郞)으로 있었는데, 왕을 제외한 최고 실력자 상대등 충공의 병 소식을 듣고 집에서 21일간 휴가를 얻어 병 조리를 하고 있는 그를 찾았다. 그는 조리중이라 외부 방문을 거절하는 문지기에게 "환자의 답답한 근심을 풀어드리러" 왔다 하며, 세 차례에 걸쳐 면담을 요청해 가까스로 충공을 보았다. 녹진은 우선 상대등 충공의 병 상태를 확인했다.

녹진이 나아가 말하기를 "듣건대 귀하신 몸이 편안하지 않으시다 하오니, 이는 아침 일찍 출근하고 저녁 늦게 퇴근하여 이슬과 찬바람에

---

52 | 醫學百科 "龍齒湯" (http://big5.wiki8.com/longchitang_66204).

시달려 혈기가 조화를 잃어 몸이 불편하신 것이 아닙니까?" 하니 "그런 정도는 아니다. 다만 어릿어릿하여 정신이 개운치 않을 뿐이다." 하였다. 녹진이 말하였다. "그렇다면 공의 병환은 약이나 침이 필요하지 않고, 지당한 말과 높은 담론으로 한 번 쳐서 깨칠 수 있는데, 공은 들어 주시겠습니까?" 〔충공이〕 말하기를 "그대가 나를 멀리 버리지 않고 특별히 와주었으니, 원컨대 좋은 말을 들려주어 나의 가슴속을 씻어주오!" 하므로, 녹진은 이렇게 말하였다.[53]

여기서 녹진은 병이 이슬이나 찬바람 등 외감의 병 때문에 몸의 혈기를 상한 심한 증상이 아닌가 물었지만, 충공은 "다만 어릿어릿하여 정신이 개운치 않을 뿐"인 가벼운 증상이라 말했다. 녹진은 병세가 그 정도라면 구태여 약석(藥石), 곧 약이나 침을 쓸 필요가 없다고 말했다. 이어서 녹진은 상대등 충공이 정도를 걷지 않고 사심으로써 정사를 펼쳤기 때문에 "나라 일이 혼탁해졌을 뿐만 아니라 그 일을 하는 사람 역시 수고롭고 병들게" 되었다고 진단하면서, 멸사봉공의 정신에 입각해 정사를 펼치라는 충언을 자신의 처방으로 제시했다. 상대등 충공은 녹진의 간언을 받아들이는 순간 〔병이 나아서〕 의관 파견을 사양하고, 바로 정사를 보러 출근했다. 갑자기 조정에 온 충공에게 왕은 "경에게 날짜를 정해놓고 약을 먹으라고 하였는데 어찌하여 조정에 나왔는가?" 물었고, 충공은 "녹진의 말이 약석(藥石)과 같았는데, 어찌 용치탕을 마시는 데 그칠 정도이겠습니까?" 답했다.[54] 백제 동성왕 22년(500년), 간언을 잘 듣지 않는 동성왕에 대해 김부식은 "좋은 약은 입에 쓰나 병에는

---

53 | 『삼국사기』 권10, 흥덕왕 5년.
54 | 『삼국사기』 권45, "열전" 녹진(祿眞) 조.

이로우며, 바른말은 귀에 거슬리나 품행에는 이롭다."⁵⁵고 평한 바 있는데, 이 녹진의 경우는 그와 정반대, 즉 약석(藥石)보다 뛰어난 양약(良藥)의 사례로 『삼국사기』에 실린 것이다.

의학적인 측면에서 볼 때, 상대등 충공의 병 사례는 아직 의약을 쓸 필요가 없는 가벼운 상태이며, 이보다 심한 "혈기를 손상한 병" 정도로 판단되었을 때 의관, 국의, 약석이 개입하게 되었음을 말해준다. 또한 병이 중하지 않기 때문에 이 기사에서는 불교적 대응은 물론이거니와 기도의 방식도 드러나지 않는다.

지금까지 살펴본 환자는 왕, 상대등같이 최고 권력자들이었다. 보통 사람들은 병에 걸렸을 때 어떻게 했을까? 이에 대해서 『삼국사기』는 별로 관심이 없다. 짧은 분량에 핵심 내용을 추려 담는데, 이런 것까지 신경 쓸 여력이 없는 건 당연지사다. 그렇지만 아주 극단적인 경우, 백성의 '효'를 칭송해야 할 필요가 있는 역사 사실 1건에 대해서는 김부식도 지면을 할애했다. 755년, 신라 경덕왕 14년 때의 일이다.

> 14년(755년) 봄에 곡식이 귀하여 백성들이 굶주렸다. 웅천주의 향덕(向德)이란 사람은 가난하여 [어버이를] 봉양할 수 없었으므로 다리의 살을 베어 그 아버지에게 먹였다. 왕이 소문을 듣고 그에게 많은 물품을 주고 마을에 정문(旌門)을 세워 표창하였다.⁵⁶

여기서 웅천주에 사는 향덕(向德)은 가난하여 어버이를 봉양할 수 없었기 때문에 자신의 허벅지 살을 베어 아버지에게 먹인 것으로 나와 있다. 김부식은 또 다시 "향덕열전"을 두어, 향덕이 구체적으로 어떤 일을 했는

---

55 | 『삼국사기』 권26, 동성왕 22년.
56 | 『삼국사기』 권9, 경덕왕 14년.

지 더욱 명확하게 밝혀놓았다.

향덕(向德)은 웅천주(熊川州)의 판적향(板積鄕) 사람이다. 아버지 이름은 선(善)이고 자는 반길(潘吉)이었는데 천성이 온후하고 착해서 마을에서 그 행실을 칭찬하였으며, 어머니는 이름이 전하지 않는다. 향덕 또한 효성스럽고 순하기로 당시에 소문이 났다. 천보(天寶) 14년 을미(경덕왕 14년, 755년)에 흉년이 들어 백성이 굶주리고 더구나 전염병이 돌았다. 부모가 굶주리고 병이 났으며 어머니는 종기가 나서 모두 거의 죽게 되었다. 향덕이 밤낮으로 옷을 벗지 않고 정성을 다하여 편안히 위로하였으나 봉양할 것이 없어 이에 자신의 넓적다리 살을 떼어내어 먹게 하고, 또 어머니의 종기를 입으로 빨아 모두 완쾌시켰다.[57]

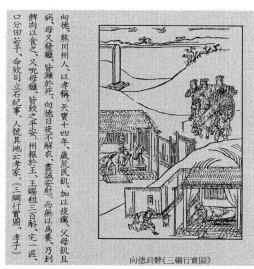

向德封牌《三綱行實圖》

한국삼재도회–향덕 할고

向德, 熊川州人, 以孝稱。天寶十四年, 歲荒民飢, 加以疫癘, 父母飢且病, 母又發癰, 皆瀕於死, 向德日夜不解衣, 盡誠安慰, 乃割髀肉以食之, 又吮母癰, 皆致之平安。州報於王, 王賜租三百斛, 宅一區, 口分田若干, 命攸司立石紀事, 人號其地云孝家。《三綱行實圖》, 孝子》

여기서 환자는 역병에 걸린 부모이며, 그 중 어머니는 심각한 종기인 옹저(癰疽)까지 생겼다. 또한 기근이 들어 극도로 굶주린 상태다. 의원은 존재하지 않으며, 약 처방도 보이지 않는다. 아들인 향덕은 스스로 자신의 다리 살을 베어 먹이는 처방과

---

57 | 『삼국사기』 권48, 열전, 「향덕(向德)」.

함께 종기의 곪은 곳을 빨아내는 방법을 썼다. 인육, 즉 살을 베어 먹이는 처방은 기운을 북돋게 하는 것임과 동시에 악병을 이겨내기 위한 무엇인가 정의하기 힘든 치유의 기운을 암시하고 있다. 당연히 당시의 의서에서는 이런 방법을 싣지 않았으며, 곪은 곳을 빨아내는 방법 또한 의서에 존재하지 않는다. 극단적인 상황에서 효성 깊은 효자가 즉자적으로 생각해내 과감하게 단행한 것이다. 향덕의 사례는 『삼국유사』에도 실려 있는데, 그 내용이 『삼국사기』와 약간 다르다. 흉년이 들어 굶어 죽게 된 상황까지는 같고, 병든 어머니가 종기를 앓았고 그것을 입으로 빨아냈다는 것은 같지만, 아버지의 존재는 보이지 않는다. 또 어머니가 고기를 먹고 싶어 하자 자기의 넓적다리 살을 베어 봉양한 것으로 되어 있다.[58] 하지만 두 기사 모두 향덕이 효자로 인정을 받아 큰 상을 받았음을 기록하였으며, 삼국시대의 최고 효자의 칭호를 그에게 붙였다. 효자비도 세워 그의 효심을 길이 기리고자 했다.

이 비슷한 사례는 향덕 하나만으로 그치지 않는다. 향덕 이후 청주(菁州, 현재의 경남 진주시) 사람인 성각(聖覺)이라는 인물이 "세상의 명예와 벼슬을 좋아하지 않아서 스스로 거사라 칭하고 일리현(一利縣, 현재의 경남 고령군 성산면) 법정사(法定寺)에 머물다가 후에 집에 돌아가 어머니를 봉양하였는데, 늙고 병들어서 채소밖에 먹을 수 없었으므로 다리 살을 떼어내 먹였고 돌아가심에 지성으로 불공을 드려 천도"했다. 여기서도 늙고 병든 어머니를 위해 자기 살을 봉양한 것으로 되어 있다. 이런 소식이 왕에게 들어가자 왕은 웅천주 향덕의 옛일에 따라 이웃 현에서 나오는 조 300섬을 상으로 주었다.[59] 이에 대해 김부식은 『신당서』의 편자인 송기(宋祁)가 한 말을 들어 향덕과 성각의 행위를 평가했다. "잘

---

58 | 『삼국유사』 권5 효선편(孝善篇), 「향득사지할고공친(向得舍知割股供親).
59 | 『삼국사기』 권48 열전, 「성각(聖覺)」.

되었다. 한유의 논이여! 즉 '부모의 병에 약을 달여 먹이는 것이 효이지, 효를 한다고 팔다리의 몸을 훼손하는 것은 듣지를 못하였다. 진실로 이 것이 의에 어긋나지 않는다면 성현이 뭇 사람보다 먼저 했을 것이다. 불행히 이로 인하여 죽게 되면 몸을 망치고 윤리를 끊은 죄가 돌아가니 어찌 가히 그 집을 표창하여 특이함을 표하겠는가?' 비록 그러나 깊은 시골에서 학술과 예의를 갖춘 자가 아니면서 능히 자신을 희생하여 그 부모를 봉양함은 효성스런 마음에서 나온 것이니 또한 족히 칭찬할 만한 일이다. 그러므로 열전으로 쓴다." 이어서 "저 향덕 같은 자는 또한 가히 기록할 자일진저!"라고 썼다.[60]

이는 보통의 일상에서 벌어지는 대책은 아니었다. 기근과 역병이라는 극단적인 상황에서 종기를 빨아내고 인육을 쓰는 일이 벌어진 것이다. 또 이런 정도의 내용이었으니까 향덕의 어버이 치병 사례가 사서에 기록으로 남은 것이다. 그렇지만 향덕의 사례에서 보이는 치병 대책이 위에서 살핀 왕의 경우와 접근법이 매우 다른 점은 인정해야 할 것 같다. 그 대책은 의약도, 기도도, 불교 법력도 아닌 자기 신체의 활용과 희생을 기본으로 한 것이다. 고대 민간에서 의약은커녕 끼니조차 잇기 힘든 경제적인 처지에서 가장 극단적인 치료 대책은 이러한 인신공양이었다. 꼭 경제적인 이유가 아니라도, 난치·불치의 상황에서 이러한 인신공양의 치유 방식은 이후 조선시대까지 계속 그 흔적이 나타난다.

『삼국유사』의 내용에는 『삼국사기』에 보이지 않는 의약생활상이 여럿 더 나타난다. 그렇지만 『삼국유사』에 실린 거의 모든 기사는 신라의 내용을 다루며, 불교적인 대응이 최고라는 사실을 강조하는 맥락을 보인다.

---

60 | 『삼국사기』 권48 열전, 「성각(聖覺)」.

『삼국유사』를 지은 승려 일연(一然)은 법흥왕 때(528년, 법흥왕 15년) 묵호자가 왕녀의 병을 고쳤다는 기사에서, 그보다 252년 앞선 서기 263년(신라 미추왕 때)에 이미 신라에 불교가 들어온 내력을 보완, 설명하고 있다. 일연이 말하기를, 이때 고구려에서 온 승려 아도가 신라에 와 있었는바, 마침 "성국공주(成國公主)가 병이 났는데 무당과 의원의 효험도 없으므로" 미추왕이 사방으로 의원을 구했으며, 법사 아도가 들어가 병을 고쳐서 왕의 신임을 얻었다고 한다. 미추왕이 무엇을 원하느냐고 묻자 그는 절을 세우기를 원했고, 그리하여 신라 최초의 절 흥륜사(興輪寺)가 건립되었는데, 미추왕 사후 나라 사람들이 그를 해치려 하므로 스스로 무덤을 만들고 자진하여 다시 나타나지 않아 불교가 폐했다가, 이후 법흥왕 때 다시 불교가 세상에 드러났다고 한다.[61] 이 기사가 맞는다면, 263년 성국공주가 중병을 앓았으며 의약과 무당이 치료에 나섰으나 효험이 없고, 결국 법사가 그 병을 고친 것이 된다. 사실 여부를 떠나, 이 기사에는 인간의 난치병, 불치병, 죽음을 놓고 최상의 처방을 제시하는 존재로서 불교가 그려지고 있다. 또 불교 전래 이전에 병을 고치는 방식으로 의약과 무당이 존재했음을 말한다.

난치·불치병에 대한 불교적 치유 기적은 계속 이어진다. 고승 원광(圓光, 542~640년)은 의사가 못 고친 왕의 병을 설법으로 고쳤으며,[62] 일곱 살 때 아버지의 종기를 고친 신령스러운 아이 우조(憂助)는 훗날 출가하여 고승 혜공(惠空)이 되었다.[63]

승려로 기적적인 치유를 이끌어낸 대표적인 인물은 밀본법사(密本法師)의 덕행(德行)과 고승 혜통(惠通)이다. 밀본법사는 선덕왕(善德王, 재위

---

61 | 『삼국유사』 권3, 흥법(興法), 「아도기라(阿道基羅)」.
62 | 『삼국유사』 권5, 의해(義解), 「원광서학(圓光西學)」.
63 | 『삼국유사』 권5, 의해(義解), 「이혜동진(二惠同塵)」.

631~647년) 덕만(德曼)의 오랜 병을 고쳤다. 이 병은 홍륜사(興輪寺)의 승려 법척(法惕)이 고치지 못한 것인데, 그가 고쳤다. 그는 약사경(藥師經)을 읽고, 육환장(六環杖)을 침실로 날려 늙은 여우 한 마리와 중 법척을 찔러 뜰 아래로 떨어뜨렸는데, 이후 왕의 병이 나았다고 한다.[64] 밀본법사의 영력은 이에 그치지 않는다. 승상 김양도(金良圖, ?~670년)는 소싯적 '갑자기 입이 붙고 몸이 굳어져서 말도 못 하고 수족도 놀리지 못하는 병'에 걸렸다. 이 병은 귀신에 씐 병이었는데, 무당도 고치지 못하고 법류사(法流寺) 승려의 독경으로도 고치지 못한 병이었다. 그렇지만 법력이 센 밀본법사가 도착하기 이전에 사방에서 대력신(大力神)이 나타나 모든 귀신을 잡아가버려서 밀본법사가 도착하여 경을 읽기도 전에 귀신 병이 나았으며, 이후 김양도는 독실한 불교신자가 되었다고 한다. 7세기 후반 신라의 고승 혜통(惠通) 또한 세 차례 놀라운 치유술을 발휘한 것으로 나와 있다. 먼저 그는 당나라 황실 공주의 병을 주문으로 고쳤고, 신라에 와서 효소왕(재위 692~702년) 왕녀의 병을 고쳤고, 신문왕(재위 681~692년)의 등창을 주문으로 고쳤다.[65] 밀본법사나 혜통의 경우에는 보통의 승려보다 더 높은 법력을 펼친 것으로 등장하는데, 이들은 밀교 승으로 추측된다. 경전 독경 대신에 이들은 주문 등 법술을 써서 병을 고치고 있다.

신라 때 불교적 치유의 대미는 경덕왕(재위 742~765년) 때 한 맹인의 개안 광명이 장식한다. 한기리(漢岐里)에 사는 희명(希明)이라는 여자의 아이는 난 지 5년 만에 갑자기 눈이 멀었는데, 어느 날 그 엄마가 이 아이를 안고 분황사(芬皇寺) 좌전(左殿) 북쪽 벽에 그린 천수관음(千手觀音) 앞에 나아가서 아이를 시켜 노래를 지어 빌게 했더니 멀었던 눈이 드디

64 | 『삼국유사』 권5, 의해(義解), '밀본최사(密本摧邪)」.
65 | 『삼국유사』 권6, 신주(神呪), 「혜통항룡(惠通降龍)」.

어 떠졌다고 한다. 그 노래는 다음과 같다.

무릎을 세우고 두 손바닥 모아,
천수관음 앞에 비옵나이다.
1,000손과 1,000눈 하나를 내어 하나를 덜기를,
둘 다 없는 이 몸이오니 하나만이라도 주시옵소서.
아아! 나에게 주시오면, 그 자비 얼마나 클 것인가.[66]

이는 이후 조선후기 효녀 심청이 아비의 눈을 뜨게 하기 위해 공양미 삼백 석을 바치고, 인당수에 몸을 던져 환생하는 것을 연상케 하는 시구다.

지금까지 『삼국사기』와 『삼국사기』에서 고대인의 의약생활을 더듬어 보았다. 그렇지만 설화를 많이 담은 『삼국유사』는 물론이거니와 정사인 『삼국사기』의 기록 또한 이로부터 그 시대의 일반적인 의약생활을 끌어내는 데 그다지 적합하지 않은 사료임도 확인했다. 그것은 대체로 왕이나 왕녀, 상대등과 같이 최고위층의 사례에 한정되었으며, 그들의 병도 정치적, 종교적인 특수한 맥락에 위치해 있었다. 일반 백성의 경우도 지극한 효심을 표출하는 극단적인 상황만이 이들 역사서에 뽑혀 실렸다. 그렇기에 여기에 보이는 사료에서 추출한 역사상을 일반화하는 것은 매우 위험한 일이다. 위 사료로부터 얻은 정보는 고대사회에서 유력한 치료법으로 자연적인 의학에 바탕을 둔 진단과 처방, 무당굿, 기도, 『인왕경』 독경, 불교적 법술 등이 존재했으며, 중병인 경우 의학보다는 무당, 무당보다는 기도, 이들보다는 독경 또는 주술이 쓰였으리라는 추

---

66 | 『삼국유사』 권3, 흥법(興法), 「분황사 천수대비(芬皇寺千手大悲) 맹아득안(盲兒得眼)」.

론 정도다. 또한 이런 극단적인 사료에서는 불교적인 방법의 등장과 함께 그것이 무나 의와 크게 경쟁했던 것 같은 인상을 주기에 충분한데, 과연 그러했는지 의심스럽다. 그 방법들은 없어지지 않고 여전히 공존하는 모습을 띠고 있기 때문이다.

무엇보다도『삼국사기』나『삼국유사』기록으로는, 고대인들은 질병이 들었을 때 가장 널리 쓴 방법이 무엇이며, 그것이 계층이나 지역별로 어떻게 달리 나타나는지 전혀 파악해낼 수 없다. 일상생활의 의약 대책을 보이는 거의 유일한 사료로는 최근에 발견되기 시작한 목간에 적힌 처방을 들 수 있다. 1984년~1985년 경주 안압지 인근의 월성해자에서 6세기에서 7세기 중엽에 걸치는 약 30점의 목간이 발굴되었는데, 그 가운데 여러 약물 관련 목간이 포함되어 있다. 제22호 목간에는 '천웅(天雄) 2냥(二兩)' '萬[상추] 2냥(二兩)'이라는 글자가 포함되어 있다. 판독하기 힘든 다른 여러 약물과 함께 천웅이란 약재가 포함된 것이다.[67] 또한 11호 목간에도 '복작(卜籍)', 즉 검은 쇠귀나물이 보인다.[68] 이 목간들은 신라에서 실제로 '그 어떤 의학이론에 근거하여' 약재의 처방이 쓰인 사실을 입증한다. 또 이 목간 처방은 극단적인 중병이 아니라 의서에 포함된 각종 질병에 대한 일상적인 처방의 한 단면이다. 궁궐인 안압지의 목간 처방을 내린 의원은 왕실에 봉사하는 공봉의사 같은 존재였을 것이다. 다만 이러한 처방을 받을 수 있었던 계층과 지역은 현재까지는 왕실에 국한되며, 그것의 확장 정도의 파악은 추후 발견될 목간에 기대를 걸 수밖에 없다.

---

67 | 이용현, 『한국목간연구』, 신서원, 2006, 95쪽.
68 | 이용현, 『한국목간연구』, 185쪽.

고대의 병 개념

'병(病)'이란 말은 한국에서 2천 년 전에도 '病'이었지만, 1876년에도 '病'이었고, 1930년도에도 '病'이었고, 오늘날에도 '病'이다. 이 '病'을 우리말 발음으로 분명히 '병'이라 읽고, 이에 경쟁하는 고유어가 따로 없음이 확인되는 건 『훈민정음』(1443)이 창제된 이후의 일이다.[69]

이보다 앞서 『향약구급방』(13세기 중엽)에는 차자 표기 형태로 일부 병명에 대한 속명을 표기했는데, 여기서 '病'에 대해 속명을 따로 표시하지 않았다. 번역 없이 자연스럽게 '病'이란 단어를 쓰고 있다. 이 책에서 민간에서 쓰는 병명을 따로 표기한 것은 오직 여섯 개에 지나지 않는다. 단독(丹毒)에 대해 塑(솔), 발배옹저(發背癰疽)에 대해 包刀(叱?)(보곰돗?), 부골저(附骨疽)에 대해 ᄲᅧ(?)뮈, 우목(疣目)에 대해 斤次左只(근ᄌ자기? ᄂᄌ자기?), 은진(癮疹)에 대해 豆等良只 또는 置等ㅅ只(두드러기), 치초(齒䶟)에 대해 齒所叱史如(니솟시다) 등과 같다.[70] 이런 사실은 '병'이란 단어를 포함한 대부분의 병명이 13세기경에 중국화, 아니 세계화되어 있었음을 뜻한다. 병 관련 고대 국어의 흔적이 남아 있지 않기 때문에 이런 표준화가 어느 시대쯤 이루어졌는지 더 이상 밝힐 길은 아직 없는 것 같다.

언제부터인지 기원을 따지기 힘들지만, '신체의 이상'을 표현하는 명사로 한자어인 병(病)이 확고히 자리 잡았으며, 그것은 오늘날까지 흔들리지 않고 있다. 이 병이란 말이 원래부터 존재하던 신체 이상을 표현한 고유어를 대체한 것인지(아마도 이렇게 생각하는 게 더 타당한 듯하지만), 애초부터 중국과 같이 공유했던 것인지(구별을 따지는 게 별 가치가 없다는 뜻

---

69 | 신동원, 『호환 마마 천연두─병의 일상개념사』, 돌베개, 2013, 38쪽. 이어지는 79쪽의 내용도 이 책에서 빌려왔다.
70 | 남풍현, 『차자표기법연구』, 단대출판사, 1981.

에서) 확실치는 않다.

후한(後漢) 때 허신(許愼, 58년경~147년경)이 지은 『설문해자』에 따르면 '병(病)'이란 것은 '疒'(병들어 기댈 녁)에서 뜻을 따고, 병(丙)에서 음을 따온 것이다. 중국에서 이 글자의 기원은 매우 오래전으로 거슬러 올라간다. 은(殷, BC 1766~1122년경)의 문자인 갑골문에 이 '病'자가 보인다. 병이란 글자는 점을 칠 때 "묻노니 곽(郭)에게 그 병이 있는가?" 또는 "묻노니, 곽이 병으로 죽을 것인가?" 하는 식으로 드러난다.[71] 그 병은 발병한 신체 부위에 따라 목·정수리·눈·귀·코·혀·이·몸·콩팥·발꿈치·무릎·발·발가락·뼈의 병 등으로 나타난다.[72] 구체적인 병명인 연(軟, 눈병의 일종)이나 회(回, 회충 병), 고(蠱, 蠱毒으로 인한 병), 학(瘧, 학질), 역(疫, 집단성 열병) 등도 보인다.[73] 병은 저주 따위 때문에 생긴 것으로 간주하며, 병 치료 자체보다는 갑골문에서는 점서답게 그 병이 나을 것인가 아닌가에 일차적인 관심을 둔다. 이후에 등장하는 동일한 병명이 갑골문에 쓰이고 있다는 사실은 이미 이 무렵에 이후 한자 문화권이 공유하는 '병(病)'과 그것의 여러 표현 방식이 상당 정도 자리 잡았음을 뜻한다.[74]

한국의 경우에는, 현존하는 고대 금석문, 목간 자료를 보면 '病'이란 글자의 사용은 7세기경 첫 확인이 된다. 『삼국사기』나 『삼국유사』의 기록을 보면 훨씬 오래로 거슬러 올라간다. 특히 『삼국유사』에 담긴 한(韓)민족의 건국설화인 단군신화를 보면 "환웅이 홍익인간(弘益人間)하기 위해 하늘로부터 내려와 백성의 생명과 병을 맡았다."[75]는 내용이 보인다. 이처럼 한국의 건국신화에서부터 '병을 다스리는 것'이 널리 인간

---

71 | 야마다 게이지 지음/전상운·이성규 옮김, 『중국 의학은 어떻게 시작되었는가─중국 의학의 기원과 발달』, 사이언스북스, 1999, 28쪽.
72 | 야마다 게이지 지음/전상운·이성규 옮김, 29쪽.
73 | 야마다 게이지 지음/전상운·이성규 옮김, 32-33쪽.
74 | 신동원, 『호환 마마 천연두』, 14쪽.
75 | 『삼국유사』 권1, 기이(紀異).

에게 도움을 주는 나라의 통치행위의 하나로 인식되었다.

『삼국사기』나 『삼국유사』에는 고대인이 이 병의 원인을 어떻게 생각했는지 그 단편이 여럿 존재한다. 인상적인 것들은 모두 귀신이 병을 일으킨다는 것들이다. 앞에서 본 기원전 1년 유리명왕 때 왕의 병은 구덩이 속에 파묻혀 억울하게 죽은 탁리와 사비의 빌미[祟]를 병의 원인으로 보았고,[76] 선덕여왕(재위 631~647년)의 병도 "늙은 여우 한 마리와 중 법척"이라는 일종의 귀신이 일으킨 것이며,[77] 이 밖에 839년 신무왕의 등창도 꿈에 나타난 귀신 이홍의 활을 맞아 생긴 것으로 파악되었다.[78]

이처럼 병을 일으키는 존재로서 귀신은 무속이나 유교, 불교, 심지어는 의학에서도 다 나타난다. 딱 맞는 증거가 없기는 하지만, 도교의 귀신관도 고대사회에 등장한다.

첫 번째 살필 611년 『삼국사기』에 실린 신라 진평왕 때의 찬덕(讚德)의 사례에는 유교적 관념이 묻어 있다. 여기서 병의 원인은 귀신이기는 하나 특별히 역병을 일으키는 여귀신(厲鬼神)의 존재가 나타난다. 신라 가잠성(椵岑城) 현령인 찬덕은 전투에서 백제에게 패한 후 "우리 임금이 나에게 하나의 성을 맡겼는데 이를 온전하게 지키지 못하고 적에게 패하니 원컨대 죽어서 큰 귀신[大厲]이 되어 백제인을 다 물어 죽여 이 성을 되찾게 하겠다! 그러고는 팔뚝을 걷어붙이고 눈을 부릅뜨고 달려 느티나무에 부딪쳐 죽었다."[79]고 했다. 여기서 대려(大厲)란 역병을 일으키는 귀신인 여귀신(厲鬼神)을 뜻할 것이다. 중국의 경우 이 여귀는 제사지낼 후손이 없는 귀신, 비명횡사나 원한을 품고 죽은 귀신인데, 찬덕은 죽어 큰 여귀가 되어 "백제인에게 역질이란 재앙을 주어 복수하겠다."

---

76 | 『삼국사기』 권13, 유리명왕 19년.
77 | 『삼국유사』 권5, 의해(義解), 「밀본최사(密本摧邪)」.
78 | 『삼국사기』 권10, 신무왕 0년.
79 | 『삼국사기』 권4, 열전, 「해론(奚論)」.

는 뜻을 밝힌 것이다.[80] 유교에서는 이 여귀를 자신의 영역 안에 끌어들여 제사의 대상으로 삼았는데, 그런 생각이 찬덕에게 나타나 있다.

두 번째 살필 7세기 중반 승상 김양도(?~670년)의 병 파악에는 무속, 불교적인 귀신관이 동시에 작용하고 있다.

> 또 승상(丞相) 김양도(金良圖)가 어렸을 때 갑자기 입이 붙고 몸이 굳어져서 말도 못 하고 수족도 놀리지 못했다. 항상 보면, 큰 귀신 하나가 작은 귀신을 데리고 와서 집 안에 있는 음식을 모조리 맛보는 것이었다. 혹 무당이 와서 제사를 지내면 귀신들의 무리가 서로 다투어가며 욕했다. 양도가 귀신들에게 물러가라고 명하고 싶었지만 입이 붙어 말을 할 수가 없었다. 아버지가 이름은 전하지 않는 법류사(法流寺)의 중을 청해다가 불경을 외게 했더니, 큰 귀신이 작은 귀신에게 명하여 쇠망치로 승려의 머리를 때려 땅에 넘어뜨리니 피를 토하고 죽었다. 며칠 후에 사자(使者)를 보내서 밀본을 맞아오도록 하니 사자가 돌아와서 말한다. "밀본법사가 우리 청을 받아들여 장차 오신다고 했습니다." 여러 귀신들은 이 말을 듣고 모두 얼굴빛이 변하니 작은 귀신이 말한다. "법사가 오면 이롭지 못할 것이니 피하는 것이 좋겠습니다." 그러나 큰 귀신은 거만을 부리고 태연스럽게 말한다. "무슨 해로운 일이 있겠느냐." 이윽고 사방에서 대력신(大力神)이 온몸에 쇠갑옷과 긴 창으로 무장하고 나타나더니 모든 귀신들을 잡아 묶어 가지고 갔다. 다음에 무수한 천신(天神)들이 둘러서서 기다렸다. 조금 있더니 밀본이 도착하여, 경문(經文)을 펴기도 전에 양도의 병은 나아서 말도 하고 몸도 움직였다.[81]

---

80 | 장인성, 『백제의 종교와 사회』, 서경, 2002, 109쪽–110쪽.
81 | 『삼국유사』 권5, 의해(意解), 「밀본최사(密本摧邪)」.

여기서 보면, 여러 잡귀신이 병을 일으키고 있으며, 큰 귀신 작은 귀신이 존재하며, 귀신을 쫓는 존재로서 무당, 법력 낮은 중, 대력신(大力神), 도력 높은 법사 등이 등장한다.

세 번째로 살필 7세기 말 신문왕의 등창 병 파악에는 단순한 귀신의 존재를 넘어서 불교의 윤회사상이 작용하고 있다. 고승 혜통은 이 등창이 생긴 까닭을 "전생에 재상의 몸으로 장인(臧人) 신충(信忠)이란 사람을 잘못 판결하여 종으로 삼으셨으므로 신충이 원한을 품고 윤회환생(輪廻還生)할 때마다 보복하는 것"으로 파악했으며, 그에 대한 대책은 절을 세워 신충의 명복을 비는 것임을 밝혔다.[82]

그런데 여기서 등장하는 작은 귀신, 큰 귀신, 대력신 하는 데는 도교적인 신관(神觀)이 담겨 있다. 도교에서는 "인간의 세계에 상하존비의 질서가 있는 것처럼 귀신 세계에도 그러한 질서가 있으므로 사람이 주문을 외면서 먼저 자기가 상급신의 대리인임을 말하면 자연계의 하급신은 그 명령에 복종하게 된다."고 믿었다.[83] 또 혜통이 당나라 공주를 고칠 때 펼쳤던 주문 도술[84] 또한 도교적 색채가 짙은 방법으로서 승려가 이런 방식을 자신의 치유 영역 안에 포괄한 것으로 이해해야 할 것이다.

의학의 영역 안에서도 불교적 또는 도교적 주문이 포함되어 있었다. 이런 내용은 『삼국사기』나 『삼국유사』에 보이지 않으며, 앞에서 언급한

---

82 | 『삼국유사』 권6, 신주(神呪), 「혜통항룡(惠通降龍)」.

83 | 장인성, 『백제의 종교와 사회』, 서경, 2002, 121쪽.

84 | 『삼국유사』에서 공주의 병을 일으킨 귀신을 쫓는 주문은 다음과 같다. "이때 당나라 황실에서는 공주가 병이 있어 고종(高宗)은 삼장에게 치료해달라고 청하자 삼장은 자기 대신 혜통을 천거했다. 혜통이 가르침을 받고 딴 곳에 거처하면서 흰콩 한 말을 은그릇 속에 넣고 주문을 외니, 그 콩이 변해서 흰 갑옷을 입은 신병(神兵)이 되어 병마(病魔)들을 쫓았으나 이기지 못했다. 이에 다시 검은콩 한 말을 금그릇에 넣고 주문을 외니, 콩이 변해서 검은 갑옷을 입은 신병(神兵)이 되었다. 두 빛의 신병이 함께 병마를 쫓으니 갑자기 교룡(蛟龍)이 나와 달아나고 공주의 병이 나았다." (『삼국유사』 권6, "神呪", '혜통항룡(惠通降龍)' 조).

신라의 의서 『신라법사방(新羅法師方)』의 "복약송(服藥頌)"에는 이런 내용이 보인다.

> 『신라법사방』에서는 다음과 같이 말했다: 약을 복용할 때는 다음과 같이 모두 주문을 외운다. 동방에 계신 약사유리광불(藥師琉璃光佛)과 약왕보살(藥王菩薩)과 기파의왕(耆婆醫王), 설산동자(雪山童子)에게 귀의하오니 영약을 베풀어 환자를 치료해 사기(邪氣)가 소멸되어 없어지고 선신(善神)이 도와줘서 오장이 평화롭게 되고 육부가 순조롭게 되며, 70만 맥이 저절로 통하고 퍼지며 팔다리의 사지가 강건해지고 수명이 연장되며 언제든지 (가거나 머무르거나 앉거나 눕거나) 제천(諸天)이 보호하여주소서. 스바하(속히 성취해주세요)! 동쪽을 향해 한 번 외우고는 바로 약을 복용한다.[85]

이것이 불교냐 도교냐를 더 따지는 것도 의미 있는 일이겠지만, 여기서는 더 이상 살피지 않는다. 다만 삼국시대에 이웃 중국이나 일본에서와 마찬가지로 이러한 주술 방법을 전문으로 하여 병을 치료하는 전문직인 주금사(呪噤師)가 존재했다는 사실만 언급하고자 한다.[86] 또 제도화 여부와 상관없이 이러한 방식의 치료법이 이후에도 학질처럼 고치기 힘든 병에 오랫동안 계속 작동되었음을 미리 귀띔하고자 한다.

병 개념의 영역에서도 의약생활 영역과 똑같이, 위에서 살핀 내용만으로 당시의 질병관을 일반화한다는 건 매우 위험스러운 일이다. 뽑힌 사례가 극단적인 경우가 대부분이기 때문이다. 최근에 학계에 소개된 원효의 『금강명경소(金光明經疏)』 "제병품(除病品)" 해석에 담긴 의학

---

85 | 한국한의학연구원 편, 『역대 한의학 문헌의 고증 I』, 한국한의학연구소, 1996, 15~16쪽.
86 | 주금사에 대한 내용은 장인성, 『백제의 종교와 사회』, 119~125쪽에 잘 정리되어 있다.

적 내용은 이러한 귀신관이나 그에 따른 주술적 방법의 시행과 사뭇 다른 분위기를 띠고 있다.[87] 지금까지 살폈듯, 한국 고대의학사 기록은 단편적인 수준에 머물러서 의학적 내용의 소화 내지 심화에 관한 기록이 전무했다. 원효의 "제병품" 주석 기록은 사상에 응용된 의학의 '속살'을 보여준다는 점에서 획기적이다. "제병품"에 나오는 원효의 언급은 다음과 같다. 다소 길어도 다 인용한다.

> 4월과 5월에 풍이 생겨나고, 6월과 7월에는 풍이 일어나고, 8월과 9월은 풍이 멸한다. 다음으로 6월과 7월은 열이 생겨나고, 8월과 9월은 열이 일어나고, 10월에서 정월은 열이 멸한다. 다음으로 10월에서 정월은 담이 생기고, 2월과 3월은 담이 일어나고, 4월에서 7월은 담이 멸한다.
>
> 이기(二氣)라고 하는 것은 음양을 말한다. 1년을 크게 나누면 음양일 뿐이다. 앞의 6개월은 양기가 작용하고 뒤의 6개월은 음기가 작용한다. 2기는 각각 삼시에 차별이 있다. 정월과 2월은 양기가 피어나기 시작하고, 3월과 4월은 양기가 왕성하게 작용하며, 5월과 6월은 양기가 마무리된다. 이것을 양기의 삼시차별이라고 한다. 7월과 8월은 음기가 처음으로 일어나고, 9월과 10월은 음기가 왕성하게 작용하며, 11월과 12월은 음기가 마무리된다. 이것을 음기의 삼시차별이라고 한다.
>
> 봄은 목이 왕성한 계절로 그 맛은 시다. 신맛의 음식을 먹는 것은 좋

---

87 | 미키 사카에와 김두종 이후 새로이 발견된 한국 고대의학사 관련 사료 중 최고의 가치를 가진 것은 원효 (617~686년)의 『금강명경소(金光明經疏)』 해석에 담긴 의학적 내용일 것이다. 이 내용은 1994년 김상현이 「집 일금광명경소(輯逸金光明經疏)」란 논문(『동양학』 24집)을 통해 처음으로 학계에 소개하였다. 원효의 원본은 전 하지 않는다. 김상현은 일본 승려 원효(願曉, 835~871년)의 「금광명최승왕경현추(金光明最勝王經玄樞)」의 인용 문을 뽑아 원효가 저본으로 삼았던 「팔권금광명경(八卷金光明經)」의 품(品)에 따라 재구성했다. 그의 논문에는 원효의 의학적 해석을 담고 있는 "제병품(除病品)" 내용이 실려 있다. 이듬해인 1995년 한국의학사 연구자인 여인석, 박형우는 "제병품"에 관해 본격적인 논문 "우리나라 고대불교의학의 한 단면: 원효의 경우"(『의사학』, 4권 2호, 1995)를 썼다.

지 않으며, 만약 신맛의 음식을 먹으면 간이 상하여 병이 생긴다. 여름은 화가 왕성한 계절로 그 맛은 쓰다. 쓴맛의 것을 먹으면 좋지 않으며, 이를 먹으면 심장이 상하여 병이 된다. 가을은 금이 왕성한 계절로 그 맛은 맵다. 매운 것을 먹으면 좋지 않으며, 이를 먹으면 폐가 상하여 병이 된다. 겨울은 수가 왕성한 계절로 그 맛은 담백하다. 담백하게 먹으면 좋지 않으니, 그렇게 먹으면 신장이 상하여 병이 생긴다. 사계(四季)에는 토가 왕성하므로 그 맛이 달라, 단 것을 먹으면 좋지 않으니 이를 먹으면 비장이 상하여 병이 생긴다. 때에 따라 음식을 조심하면 몸을 길러 병이 없을 것이다.

봄에는 수가 물러가고 목이 수를 대신한다. 목이 왕성하면 토가 손상을 받는다. 목은 간을 지배한다. 담은 간의 부이다. 여름에는 목이 물러가고 화가 이를 대신한다. 화가 왕성하면 금이 손상을 입는다. 화는 심장을 지배한다. 소장은 심장의 부이다. 가을에는 화가 물러가고 금이 이를 대신한다. 금이 증가하면 목이 손상을 받는다. 금은 폐를 지배한다. 대장은 폐의 부이다. 겨울에는 금이 물러가고 수가 금을 대신한다. 수가 증가하면 화가 손상을 입는다. 수는 신장을 지배한다. 삼초는 신장의 부이다. 사계는 토가 왕성하다. 토가 왕성하면 수가 손상을 입는다. 토는 비장을 지배한다. 위와 방광이 비장의 부이다.[88]

여기서 원효는 "왜 사람이 병이 드는가?" 이런 보편적인 질문에 대한 답을 모색한다. 이에 대해 원효는 인도의학과 『황제내경』을 결합하여 해석하고 있다.[89] 일단 그는 풍·열·담 등 인도 의학에서 병의 원인을

---

88 | 번역은 여인석·박형우의 것을 따랐다. 여인석·박형우, "우리나라 고대불교의학의 한 단면: 원효의 경우", 『의사학』, 4권 2호, 1995, 4∼5쪽.
89 | 여인석·박형우, "우리나라 고대불교의학의 한 단면: 원효의 경우", 4∼5쪽.

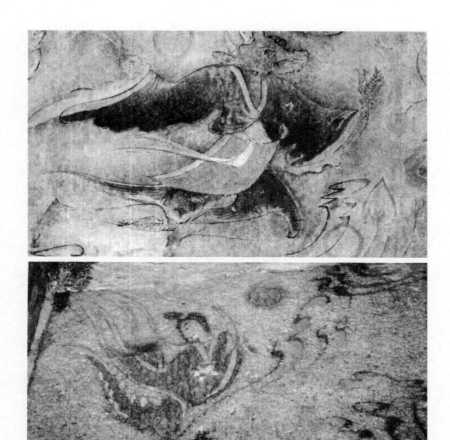

고구려 고분벽화-신농(오회분4호묘, 상), 신선(오회분4회묘, 하)

설명하는 세 가지 기본 개념이 계절에 따라 생겨나고 성해졌다가 소멸하는 것에 대해 말한다. 이어서 음양-오행-계절-오장-육부를 연관 지어 병의 원인과 치료를 설명한다. 이는 『황제내경』의 방식이다. 비록 원효가 구사한 내용이 매우 심오한 부분을 말한 것은 아니지만 그의 해석을 통해 당시 사람들이 불교 의학과 의학경전의 내용을 어느 정도 습득하고 있었고, 그것을 자연과 인체현상을 설명하는 데 활용했는지의 일단

이 감지된다. 이처럼 원효의 설명에서는 초자연적인 것은 일체 배제되어 있고 오직 자연적인 방식으로만 신체의 병을 설명한다.

마지막으로 병의 개념, 더 나아가 생사관과 관련해 사료가 극히 제한되어 있는 현 한국고대사 연구에서 새롭게 주목해야 할 사료는 고구려 고분벽화다. 4세기~7세기에 그려진 것으로 현재 107개가 알려져 있다. 일찍이 미키 사카에는 고분벽화의 연단술을 약간 언급했지만 의학 부분에서는 별로 주목할 내용이 없다고 했고, 김두종은 고구려의 연단술, 신선술에 나타난 장로불사의 사상을 미키 사카에보다 더 주목해서 설명했다. 최근에 전호태의 고구려사 일반, 김일권의 천문사상 등 고구려 벽화 연구가 심화하면서 한국 고대사회를 이해하는 새로운 지평으로서 벽화 내용에 대한 관심이 크게 높아졌다.[90]

이 둘의 연구 성과를 읽으며 도록으로 나온 고구려 고분벽화 전반을 검토할 때, 천문학 외에도 한국 고대의학 이해에 필요한 여러 그림이 존재함을 알았다. 거기에는 이미 잘 알려진 사신도 외에도 연단술과 의학 개념에서 매우 중요한 팔괘도(집안 오희분4호, 6세기경), '삿된 독을 물리치는 벽독의 상[辟毒之像]'(덕흥리 408년), 도교적 인물인 여러 '옥녀상'들(덕흥리 408년), 농업의 신이면서 약초의 신인 '신농상'(오희분4호), 장수와 풍요를 기약하는 듯한 식물(장천1호분, 5세기 중엽), 두꺼비와 달(쌍영총, 5세기 말?), 옥토끼와 달(덕화리1호분), 달과 토끼, 절구, 두꺼비(개마총, 6세기 전반?), '선인과 (불사?) 약'(오희분4호), 신선의 단약(?)(오희분4호), '사슴의 뿔'(삼실총, 5세기 후반?), 비어(飛魚, 안악1호분, 5세기 전반?), "도를 배우는 것이 이루지 못하면 등에 약□을 지고[學道不成 背負藥□]"라는 설명 문구

---

90 | 전호태, 『고분벽화로 본 고구려 이야기』, 풀빛, 1999; 『고구려벽화연구』, 사계절, 2000; 전호태, 『고구려 고분벽화의 세계』, 서울대출판부, 2004; 전호태, 『고구려고분벽화읽기』, 서울대출판부, 2008; 김일권, 『우리 역사의 하늘과 별자리』, 고즈윈; 김일권, 『고구려별자리와 신화』, 2008.

가 딸린 하조(賀鳥)의 상 등이 포함된다. 이 각각의 그림에 대해 신화학적, 박물학적, 연단술적, 의학적 해석을 심화하고, 그것을 시대별로 나눠 고찰하고, 중국의 내용과 비교 고찰한다면, 고대인의 생사관, 질병관 등을 더욱 잘 이해하리라고 본다.

맺음말

원효의 경우에는 『황제내경』의 이해에 불교의학적 측면을 결합시킨 것이지만, 당시의 의관들은 대부분 이런 의학적 근거에 바탕을 두고 자신의 의술을 펼쳤을 것이다. 그런 의학으로 해결할 수 없는 영역, 곧 난치와 불치의 영역에서는 이들 또한 초자연적인 존재를 받아들였다. 또 그런 영역의 담당자는 별도로 존재했다. 이른바 무(巫)가 그들이며, 불교 공인 이후에는 승려가 그들이다.

구태여 시기를 추론한다면, 무가 가장 오래전부터 존재해 있었을 것이며, 동아시아적인 관료제의 채택, 자연적인 의학의 수용 이후에는 의관이 새로이 등장했을 것이다. 그것도 무가 모든 치료 영역을 담당하고 있었는데, 의가 등장하여 그 영역을 뺐었다고 가정하기보다는, 무는 여전히 중병 같은 큰 일을 담당하는 존재였을 것이며, 작은 일을 소소히 도모하며 큰 것을 지향해나가는 의학의 영역이 새로 생겨 보완적인 구실을 했다고 가정하는 편이 더 타당할 것 같다. 『삼국사기』든 『삼국유사』든 의와 무가 겨루는 장면은 하나도 보이지 않는다.

불교적 방식의 대응의 등장에 따라, 『삼국사기』, 특히 『삼국유사』에서는 난치·불치의 상황에서 불(佛)이 늘 무(巫)나 의(醫)보다 뛰어났던 사례를 지적하지만, 이 경우에도 대체가 아니라 보완의 성격이 강하다.

기록에 따르면 환자의 경우, 특히 권력과 재력이 있는 환자는 의(醫)를 써보다가, 무(巫)를 써보기도 하고, 기도(祈禱)를 써보기도 하고, 경전 독송(讀誦)을 써보기도 한다. 불(佛)이 등장하면서 무나 의가 사라지거나 위축된 모습은 전혀 보이지 않는다. 그것은 20세기 서양의학과 문물이 들어와 정착될 때까지의 일반적인 모습이었다. 브로델이 말하는 장기 지속적 측면이 무, 의, 기도, 독경 모두에 강하게 존재한다. 우리는 이런 내용을 이후 전개될 이 책에서 계속 확인할 것이다.

연구 동향

김두종과 미키 사카에의 연구 이후 한동안 한국 고대의 의약에 대해서는 주목할 만한 연구가 보이지 않는다. 오히려 그간 학계에서 주목하지 않았던 이능화의 "조선의약발달사"에서는 이 시기 한민족의 조상과 비슷한 오환족(烏丸族)의 무격 치료와 함께 침·뜸을 의학의 도구로 사용했다는 기록을 들어, 이 무렵 침·뜸 의학이 한민족에게서도 행해졌을 것이라 추정했다.[91] 2004년 나는 "한국의학의 기원"이라는 짧은 글에서 중국 본초서에 등장하는 (고)조선, 백제, 고구려, 신라 등에서 생산되는 약의 존재가 나오는 기록에 대해 이미 기원전 전후 시기에 동북아시아 지역이 약재의 공동 유통권을 형성했다고 주장했다.[92] 나는 이 사실이 곧 이미 중국에서 형성된 한의약이 인근 지역과 함께 공유해나가기 시작했음을 뜻하는 것으로 적극 해석했다. 이 분야에 대해

---

91 | 李能和, 「朝鮮醫藥發達史」, 『朝鮮』 35, 1930.
92 | 신동원, 「한국의학은 중국의학의 아류인가」, 『호열자 조선을 습격하다―몸과 의학의 한국사』, 역사비평사, 2004.

서는 고고학적 성과 등을 활용한 더욱 전문적인 연구가 필요하다. 한편 2003~2004년 양정필과 여인석은 고대 인삼의 기원에 대해 그것이 한반도와 요동 지방을 중심으로 한 인삼이 진짜 인삼이며, 고대 중국 의약서에 기록된 다른 지역에서 인삼이라 부른 것들은 전혀 다른 종류의 식물종임을 고증하고자 했다.[93]

5세기~10세기 의약의 제도화와 관련해서 이현숙의 연구는 독보적이다. 그는 제도의 존재에만 관심을 가진 선행 연구자의 정태적인 태도와 달리, 의학과 의료행위에 대한 역사적 의미를 캐묻는 동태적인 접근 방법을 썼다. 그는 박사논문을 포함한 전후의 논문을 통해서 주로 신라중기, 즉 5세기~7세기경의 보건의료, 의학의 성격을 탐구했다. 우선 그는 5세기 초 신라 의사 김무와 그의 처방인 진명방을 분석함으로써 신라 고유의 전통 처방이 발달했음을 확인했으며,[94] 그 후 신라 통일전쟁기에 신라가 나당연합군의 군진의학을 경험함으로써 의학 수준이 크게 향상되었을 거라고 주장하면서, 그것이 종전 후 692년에 설립된 신라 의학 교육기관인 '의학'의 설립으로 이어졌다고 보았다. 그는 국가의 주도로 시행된 '의학'으로 말미암아 신라의 의학은 무의와 승의가 주역으로 활동하던 이전 시기와 패러다임이 바뀐 것으로 파악했다.[95] 이후 그는 신라 시기 의관이 아닌 민간 의료인의 존재 확인에 나섰으며, 질병사로 범위를 넓혔다.[96] 원래 이현숙의 신라의학사 연구는 신라하대의 중국 『광

93 | 양정필·여인석, 「'중국인삼'의 실체에 대한 비판적 고찰」, 『의사학』 12-2, 2003; 양정필·여인석, 「'조선인삼'의 기원에 대하여」, 『의사학』 13-1, 2004.
94 | 이현숙, 「5세기 초 신라의사 김무와 의학의 발전」, 『사상과문화』 14, 2001.
95 | 이현숙, 「신라의학사연구」, 이화여대 박사논문, 2002; 이현숙, 「신라중대 의료관료의 역할과 지위변화」, 『사학연구』 68, 2002; 이현숙, 「7세기 신라 통일전쟁과 전염병」, 『역사와 현실』 47, 2003; 이현숙, 「신라통일기 전염병의 유행과 대응책」, 『역사와 현실』 48, 2003.
96 | 이현숙, 「신라의 민간 의료인」, 『신라사학보』 4, 2005; 이현숙, 「김유신의 풍병과 신라 통일전쟁기의 질병」, 『신라사학보』 12, 2008.

리방』 도입에 흥미를 느낀 것으로부터 시작되었으며,[97] 신라 사회에서 국가가 의학지식의 민간 유포를 주도했음을 밝혔다. 그렇지만 그는 나말여초 의학의 전반적인 변화에 대한 연구에는 더 이상 천착하지 않았다. 그는 자신의 연구 성과를 바탕으로 해서 한국 의학에서 '중세성'이란 무엇인가, 라는 질문을 던졌다. 즉 고대 의학과 중세 의학을 가르는 틀이 있다면, 자신의 연구 대상이 중세의 것이었다는 것을 의식하면서, 그것의 정체에 대해 탐구에 나선 것이다. 이에 관한 논의는 학회 발표는 있었지만 아직 정식 논문으로 나오지는 않았다.

이미 『삼국사기』의 의약 관계 전반을 분석한 바 있는[98] 여인석은 삼국시대 불교의학의 모습을 잘 천착했다. 그는 박형우와 함께 원효의 일서(逸書) 『금광명경(金光明經)』 「제병품(除病品)」에 대한 주석 단편의 흔적을 일본 승려의 소(疏) 작업 안에서 찾아내는 쾌거를 보였다. 원효는 『소문』 『영추』 등 한의학 전문서적과 전문적인 불교의학을 구사하여 경전을 해석했는데, 이는 현재 알려진 유일한 사례다. 여인석은 한의학과 불교의학을 절충한 신라시대의 병인론을 밝혔다.[99] 더 나아가 그는 삼국시대 불교 교학의 일반적인 치병활동에 대해서도 밝혔다.[100] 또한 양정필과 함께 의학의 토대인 신라 약재 상황을 인삼을 중심으로 밝혔다.[101]

한편, 장인성은 백제를 중심으로 해서 삼국시대인의 질병관과 의료를 천착했다.[102] 그는 무속과 한의학이 뒤섞인 고대인의 질병관과 의료

---

97 | 이현숙, 「신라 애장왕대 唐 의학서 '廣利方'의 도입으로 본 신라 하대의 의학(1)—劉禹錫의 '對淮南杜相公論新羅請廣利方'을 중심으로—」, 『동양고전연구』 13-14, 2000.

98 | 여인석·이규창, 「삼국사기에 나타난 의학 관련 기사의 분석」, 『의사학』 1-1, 1992.

99 | 여인석·박형우, 「우리나라 고대 불교의학의 한 단면: 원효의 경우」, 『의사학』 4-2, 1995.

100 | 여인석, 「삼국시대의 불교교학과 치병활동의 관계」, 『의사학』 5-2, 1996.

101 | 양정필·여인석, 「삼국-통일신라기 인삼의 생산과 대외교역」, 『의사학』 13-2, 2004.

102 | 장인성, 「고대 한국인의 질병관과 의료」, 『한국고대사연구』 20, 2000.

를 선행연구자보다 한 걸음 더 깊이 있게 재구성해냈다. 발해의 의학에 대한 것은 미키 사카에의 연구 영역에서 완전히 빠져 있었던 것으로서, 이정록·김홍균·유원준 등이 최초로 탐색에 나섰다.[103]

---

103 | 이정록·김홍균·유원준, 「渤海醫學에 對한 硏究」, 『한국의사학회지』19-1, 2006.

II. 고려 사람 이규보의 의약생활

고려 사람의 의료생활사는 가능한가?

고려시대의 경우에는 조선시대에 보이는 것과 같은 개인 일기가 존재하지 않는다. 조선시대에는 이런 일기 덕택에 민간 의약생활의 생생한 모습을 포착할 수 있다. 『고려사』나 『고려사절요』 등의 관찬사료는 이전 시기의 『삼국사기』나 『삼국사기』보다는 의약 내용이 풍부하지만, 의약생활을 그려낼 만큼의 자료를 담고 있지 않다. 의료제도, 의료의 사회적 구실 등을 파악할 수 있지만, 그것으로 개개인의 생활이나 특정한 시기의 의약활동을 파악하는 건 거의 불가능하다. 하지만 단 하나의 자료, 이규보의 『동국이상국집』이 있기에 최소한의 의약생활사 집필 시도가 가능하다.

이규보는 '시흥이 나는 대로 시를 써댄 시풍을 지닌' 시인이었다. 그는 "학식은 풍부하였으나 작품들은 깊이 생각한 끝에 나타낸 자기표현이 아니라 그때그때 의식에 떠오르는 바가 그대로 표출되었다."[104]는 평가를 받고 있다. 또한 '한때 나라의 중요한 문서를 도맡아 쓴' 문필가였으며, 다행히도 그는 생전에 방대한 문집이 편집되어 사후 얼마 지나지 않아 그것을 출판한 행운아였다.[105] 이 장에서 나는 그가 남긴 내용을 실마리로 하여 고려시대 의약생활을 '밑에서부터 위로' 써나가려고 한다.

앞에서 살핀 삼국시대~통일신라의 경우에는 이런 성격의 저작이 없어서 여기서 내가 관심을 두는 의약생활 자체를 재구성하는 시도조차 하지 못했다. 다만 고려나 조선시대 때 등장하는 여러 형태의 의약 대응보다 앞선 흔적을 겨우 확인했을 뿐이다. 이와 달리, 『동국이상국집』에는 단일 필자에 의한 개인적 관심으로서 병앓이, 의원과 약재 및 치료법, 연단술과 신선술, 삶과 죽음에 관한 태도 등을 비롯하여 국가의 역병 대책, 성황과 샤머니즘, 불교의식 등에 관한 기사가 풍부하게 존재한다. 그것은 고려시대 의약생활상을 구축하는 기본을 제공한다.

게다가 현재 편찬되어 나온 『고려시대묘지명집성』은 이와 같은 나의 작업에 힘을 실어준다. 이 책은 현재까지 알려진 고려시대의 모든 묘지명을 모은 것이다. 묘지명은 세상을 뜬 인물의 일생을 적는 형식을 띠고 있다. 관직과 성품, 사회활동 등과 함께 병, 죽음과 의약 관련 내용은 묘지명의 주요한 레퍼토리를 이룬다. 따라서 묘지명은 관찬사료나 시문

---

104 | 『한국민족문화대백과사전』, 「이규보」 항목.
105 | 이규보의 『동국이상국집』은 13책 53권으로 이루어져 있다. 아들 함(涵)이 1241년(고종 28년) 8월에 전집(前集) 41권을, 그해 12월에 후집(後集) 12권을 편집, 간행하였고, 1251년에 칙명으로 손자 익배(益培)가 분사대장도감(分司大藏都監)에서 교정, 증보하여 개간하였다. 전집 41권에는 책머리에 이수(李需)의 서문과 연보가 실려 있고, 권1에는 외부(畏賦) 등 6편의 부와 시가 있으며, 권2~18에 시, 권19에 잡저·운어(韻語)·어록, 권20에 전(傳), 권21에 설·서(序), 권22에 잡문, 권23·24에 기, 권25에 기·방문(膀文)·잡저, 권26·27에 서(書), 권28에 서(書)·장(狀)·표(表), 권29에 표, 권30에 표·전(箋)·장, 권31에 표, 권32에 장, 권33에 교서·비답(批答)·조서, 권34에 교서·마제(麻制)·관고(官誥), 권35에 비명, 권36에 뇌서(誄書), 권37에 애사·제문, 권38에 도량재초소제문(道場齋醮疏祭文), 권39에 불도소(佛道疏)·초소(醮疏), 권40에 석도소제축(釋道疏祭祝), 권41에 석도소(釋道疏)의 차례로 되어 있다.(이 책에서는 민족문화추진회[현 고전번역원]에서 번역한 『국역동국이상국집』을 활용했음을 밝힌다. 이하 저자는 생략하고 『동국이상국집』만 표기한다.)

등에서 볼 수 없는 일생과 일상생활에 관련된 중요 정보를 준다. 조선 초 성종의 명으로 편찬된 『동문선』은 내 작업에 또 다른 생기를 불어넣어준다. 이 책은 신라의 김인문(金仁問)·설총(薛聰)·최치원(崔致遠)을 비롯하여 편찬 당시의 인물까지 약 500인에 달하는 작가의 작품 4,302편을 수록했는데, 2/3 이상의 내용이 고려시대 인물의 저작이다. 이 가운데는 의약활동과 관련된 구체적인 글, 제법 긴 글 다수가 실려 있다. 몇 편 남아 있지 않지만 고려속요를 모은 전집은 더 널리 퍼져 있었다는 점에서 그것이 품고 있는 몇몇 의약 내용은 의약문화의 일단을 짐작케 해준다. 이 밖에 장동익이 편집한 중국, 일본 문헌에 담긴 고려국의 대외활동을 담은 책들은 고려시대의 대외 의약활동의 전모를 파악토록 해주었다는 점에서 이 논문의 집필에 크게 도움이 된다.[106] 의학, 의사, 약재의 교역이 어떻게 이루어졌는가를 보여주며, 당시 국제관계에서 고려인이 어떠한 위치에 있었는가를 어느 정도나마 짐작토록 해주기 때문이다.

이런 사료를 통해 위로 올라가면 만나는 것이 『고려사』, 『고려사절요』와 같은 관찬사료다. 대체로 이런 사료에서는 일국 단위에서 이루어지는 핵심적인 의료 관련 사항이 적혀 있다. 거꾸로 말하면, 그것의 구체적인 상황의 단면을 위에서 살핀 여러 자료를 통해 확인할 수 있는 것이라 할 수 있다. 국가와 왕실의료제도, 의학교육과 의사의 등용, 지방의료제도의 운영 등등이 그것이다. 또 다른 형태의 만남은 의학서적에서 이루어진다. 이규보 시대에는 국산 의서로 『향약구급방(鄕藥救急方)』, 『어의촬요방(御醫撮要方)』이 편찬되었으며, 『비예백요방(備預百要方)』 또한 이 무렵 편찬된 것으로 추정되고 있다. 이 셋은 고려시대를 대표하는 3종 의서인데, 이규보의 기록에는 이와 관련된 파편이 여럿 실려 있다.

---

106 | 장동익, 『원대려사자료집록』, 서울대출판부, 1997; 『송대려사자료집록』, 서울대출판부, 2000; 장동익, 『일본고중세 고려자료연구』, 서울대출판부, 2004.

이 의서들의 내용은 고려시대 과거교재로 쓰던 의학서적, 임상에 널리 쓰이던 한대~당·송대 의서와 어떤 부분에서는 연관되어 있다.

이규보의 병 앓이

여기서는 우선 환자의 병앓이를 살피는 것으로부터 시작하기로 한다. 그것은 이규보 자신이 앓은 것부터 이규보가 기술한 주변인의 병앓이, 묘지명 등 다른 곳에 나타나는 병앓이 등으로 확대해나갈 것이다. 어떤 병을 앓았으며, 각 병에 대해 어떤 대응이 이루어졌는지 살핀다. 치료법으로 어떤 것이 쓰였는지 본다. 또 의원들은 어떤 맥락에 있었는지, 의약 이외의 다른 방법이 어떻게 쓰였는지도 본다. 역병의 경우에는 특별한 경우로, 병인론과 여러 형태의 대응을 보며, 특히 국가적인 대책을 살핀다. 연단술과 신선술의 경우에는 실제 행해진 경우는 드물고, 많은 경우가 시적, 문학적 감상의 표출의 모습을 띤다.

『동국이상국집』의 연보에서는 그가 앓던 병, 세 가지를 기록했다. 첫째는 태어난 지 얼마 안 되어 (개성에서) 겪은 악성 종기다. 둘째는 그가 29살 때 경주 지방에서 6월~10월 동안 겪은 한열병(寒熱病)이다. 셋째는 그가 죽던 해인 79세 때 천도한 곳인 강화에서 겪은 안질과 쇠약증이다. 이 밖에도 그는 일생 동안 자신이 크게 앓은 병을 시로 기록을 남겼다. 거기에는 환자의 사회적 처지는 물론이거니와 병을 겪는 환자의 정신 상태가 동시에 표현되어 있다.

| 1세(1168년) 때의 종기 |
『동국이상국집』의 이규보 연보에는 다음과 같이 적혀 있다.

공은 난 지 석 달 만에 나쁜 종기가 온몸에 번져, 여러 가지 약을 써도 잘 낫지 않았다. 가군(家君)이 화가 나서 송악사우(松嶽祠宇)로 들어가 산가지를 던져서 생사(生死)를 점쳤는데 점괘에 '산다' 하였다. 다시 무슨 약을 쓸 것인지를 점치자, 약을 쓰지 않아도 저절로 나을 것이라고 하였다. 이후부터는 다시 약을 붙이지 않아서 온몸이 헐고 터져서 얼굴을 분별할 수 없게 되자, 유모(乳母)는 늘 양쪽 어깨에 흰 가루를 뿌린 다음에 안고 다녔다.[107]

이규보는 태어나자마자 얼마 안 되어 나쁜 종기[惡腫]에 걸렸다. 여러 가지 약을 썼다. 이때 쓴 약은 바깥에 붙이는 외용약이었다. 어떤 약을 썼는지, 점치는 방법이 등장하고 있다. 무슨 약을 써도 낫지 않았을 경우, 즉 중병 또는 위기 상황에서 점치는 방법을 썼다. '송악사우(松嶽祠宇)에 들어간 것을 보니, 산신에게 점을 물었다. 또 산가지(算木)을 던진 것을 보아, 그것은 주역과 관련된 점이었다. 점을 쳐서 두 가지를 물었다. 첫째는 "죽느냐 사느냐" 하는 생사를 물었다. 둘째는 "무슨 약을 써야 할지"를 물었다. 점을 치는 주체는 특별히 무당이나 판수가 아니라 이규보의 아버지였다. 이 사례는 이규보의 집안에서 병에 의약과 함께 점복을 이용했음을 말해준다. 우선 약을 써보다 해결이 안 되었을 때 점복을 썼다.

| 29세(1196년) 때의 소갈병 |

1196년, 나이 29세 되던 해 6월에 이규보는 상주(尙州) 원으로 나간 둘째사위에게 가 있던 어머니를 문안했는데, 이 무렵 이 병에 걸려 10

---

107 | 『동국이상국집』 연보.

월까지 객지에서 병을 앓았다. "연보"에서는 이 병을 한열병(寒熱病)이라 적었다.[108] 이때 이규보는 92편의 남쪽 유람시를 지었는데, 그 가운데 병 앓이가 드러나 있는 것이 10여 편이다. 연보에 병앓이를 특기할 정도로 그것은 그의 생애에서 비교적 큰 사건이었다.

"연보"에서 말한 한열병은 소갈병이었다. "내 문원(文園)의 재주는 없고, 한갓 문원의 병만 얻었다. 오직 낙노(酪奴, 차의 별칭)를 부르는 것만 생각하고 이미 주성(酒聖)에게 중독되는 것은 끊었다."는 시[109]나 "전부터 문원의 병이 있었는데, 무더운 여름에 다시 멀리 유람하노라. 시험 삼아 차 한 잔 마시니 시원한 얼음이 목으로 넘어간다."는 시[110]에서 그것이 소갈병임을 알 수 있다. '문원'은 한대의 문인 사마상여로서 소갈병(消渴病)을 앓았다.[111] 이규보도 이 병을 앓았기 때문에 이렇게 표현했다. 소갈병은 오늘날의 당뇨병에 비견되는 병으로서 목이 타는 증상을 수반한다. 이규보는 그 갈증을 낙노(酪奴), 곧 차로써 씻어낸다고 했다. 차는 그것을 식히는 좋은 음료이자 약이었다.

이규보는 이 병의 원인을 "아지랑이와 장기〔嵐瘴〕"로 파악했다.[112] '남장(嵐瘴)'이란 '산람장기(山嵐瘴氣)'의 준말로서 "산이나 들판에 피어오르는 독한 기운", 즉 바깥의 삿된 기운을 뜻한다. 보통 상한병(傷寒病)이나 역병이 이러한 나쁜 기운 때문에 일어난다고 본다. 객지 여행 중 병에 걸렸기 때문에 이규보는 산람장기 때문에 병이 생겨났다고 본 듯하다.

그는 병 요양을 위해 화개사라는 절에서 기거했다. 그는 자신을 돌보는 절의 주지에게 "잠깐 한가한 즐거움을 얻어 고생스러웠던 수고를 갚

---

108 | 『동국이상국집』 연보.
109 | 『동국이상국집』 제3권. 고율시(古律詩). 남쪽 사람이 보낸 철병(鐵甁)을 얻어서 차를 끓여보다.
110 | 『동국이상국집』 제6권. 고율시 92수. 시후관(施厚館)에서 쉬면서.
111 | 『사기』, 「사마상여전(司馬相如傳)」.
112 | 『동국이상국집』 제6권. 고율시 92수. 시월 이일에 강남으로부터 서울에 들어와 지은 것이 있어 여러 우생(友生)에게 보이다.

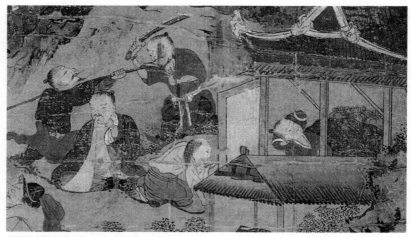

선암사 무화기 감로탱–장기 · 역병 구토 · 와병

으려 하오."라며 시로 고마움을 표했다.[113] 그는 병 때문에 기력이 없어
지팡이에 의지했다.[114] 가마를 타고 거동할 정도로 다리를 쓰지 못했을
뿐 아니라, 몸이 퍽 야위었다. "다리 아파 남여(籃輿)를 타니 도잠의 병이
요, 허리는 띠를 이기기 어려우니 심약(沈約)의 야윔이로다."[115] 그는 8월(?)
17일에 대곡사에 들어갔다. 병을 요양하는 장소를 옮겼는지의 여
부는 분명치 않다. '과하마 타고' 들어가는 모습이 선하다. 이어
그는 "외로운 마을 어느 곳에서 부는지 쓸쓸한 피리 소리, 타향
에서 병을 앓으니 쉽게 슬퍼지는구나."[116]라며 객지에서 병을 앓는 쓰
라림을 토로했다. 병이 계속 낫지 않자 "한 해를 삼분하면 이분은 누웠
으니, 가련하다 차츰 늙어가는 것"이라며 그의 수심은 더욱 깊어갔다.[117]
병 때문에 "거의 반년을 상주에서 머물렀다."[118] 드디어 9월 15일 어버이

113 | 『동국이상국집』 제6권. 고율시 92수. 화개사(花開寺)에 우거(寓居)하면서 당두(堂頭)에게 주다.
114 | 『동국이상국집』 제6권. 고율시 92수. 팔월 삼일.
115 | 『동국이상국집』 제6권. 고율시 92수. 옛사람의 운을 차하여 부질없이 짓다.
116 | 『동국이상국집』 제6권. 고율시 92수. 십칠일에 대곡사(大谷寺)에 들어가다.
117 | 『동국이상국집』 제6권. 고율시 92수. 박군과 최군이 화답하기에 다시 차운하여 답하다.
118 | 『동국이상국집』 제6권. 고율시 92수. 십오일에 여사(旅舍)에서 회포를 쓰다.

가 머무르는 상주를 떠나 서울로 향했다. 전원생활의 한적함을 생각지 않은 것도 아니었지만, 그는 과거는 급제했어도 벼슬을 얻지 못한 상황이었기에 맘이 '대궐'을 향할 수밖에 없었다.[119] 10월에 서울에 돌아왔는데, 오랜 병을 앓은 이규보의 모습은 너무나도 야위어 벗조차 못 알아볼 정도였다.[120]

귀가하는 여정, 이규보는 강가 마을에서 자면서 짐을 검토해보니 "묵은 서적은 다 흩어지고 『약보(藥譜)』와 『다경(茶經)』만 남았다."고 했다.[121] 병중 시련을 은유한 표현이기는 하지만, 이로부터 이규보가 병중에 의약과 차에 큰 관심을 쏟았음을 알 수 있다. '약보'는 『남해약보』라는 책 이름이 있기는 하지만 여기서는 그 책을 말한 것 같지는 않고, 보통 간편 의학서적을 통칭한 것 같다. 『다경』의 경우도 당 때 육우(陸羽)가 쓴 책 이름이기도 하지만 차 관련 다른 서적인지도 모르겠다.

약보와 『다경』이라는 표현 외에 이규보가 의원의 치료를 받았다는 기록은 전혀 보이지 않는다. 의약 책을 보고 스스로 처방을 내렸던 듯하다. 또한 약을 어떻게 구했는가 하는 내용도 알 수 없다. 절에서 스님이 병시중을 들었음만 알 수 있다. 그의 만년 이규보의 시 벗인 이 시랑(侍郎)도 병들자 노 선사에게 의거한다는 내용이 있는 것으로 보아, 당시 사회에서는 와병 때 사찰을 이용하는 풍습이 있었던 것 같다.[122]

차는 술과 함께 이규보가 가장 즐겼던 애호식품이다. 그가 소갈증을 앓았기 때문에 갈증을 식혀주는 차를 특히 더 애용했다. 차가 등장하는 시는 너무 많기에 여기서 일일이 살펴보지 않겠다. 단, 차를 품평한

---

119 | 『동국이상국집』 제6권. 고율시 92수. 구월 십오일에 상주(尙州)를 출발하다.
120 | 『동국이상국집』 제6권. 고율시 92수. 시월 이일에 강남으로부터 서울에 들어와 지은 것이 있어 여러 우생(友生)에게 보이다.
121 | 『동국이상국집』 제6권. 고율시 92수. 강가 마을에서 자다.
122 | 『동국이상국집』 후집 제7권. 고율시 97수. 이 시랑의 화답에 차운하다 2수.

장문의 시 하나만 보도록 한다. 우선 이규보는 옛날에 신농씨 온갖 초
목 맛보고 기혈을 보충하기 위한 의서를 지었지만 유독 차만을 기록하
지 않았고, 온갖 품종과 공효(功效)를 논하지 않았음을 말했다. 이어서
차 판매에 속임수가 많고, 의원조차 차의 품질을 제대로 평가하지 못하
는 세태를 비판했다. 아울러 운봉의 한 선사가 차를 기가 막히게 잘 안
다 했고, 마지막으로 중국 몽산에서 겨울에 딴 차가 상인들에 힘입어 2
월에 도성에 도착하게 된 놀라움을 적었다.[123]

| 30세(1197년) 때의 손병앓이[手病] |

29세 때 중병을 앓았던 이규보는 이듬해인 30세 때 다시 손병을 앓
았다. 이해 중구절(9월 9일) 무렵 "갑자기 오른손에 부스럼을 나게 하여
손 늘어뜨리고 앉은 몰골이 얼어버린 올빼미 같은" 병에 걸렸다. 붓을
찍고 먹 가는 일조차 힘들 정도였다. 그는 손병앓이에 쑥과 침을 쓴 듯
한데, "술에 취해 잠들면 아픈 줄 모르나니, 나의 의원은 쑥찜도 침도
아니로다."라며 역설적으로 침구보다도 술이 최선의 약인 양 읊었다.[124]
그런데, 어찌하랴! 그는 손병앓이 때문에 술을 마셔서는 안 되는 처지
였다. 예로부터 중구절에는 산에 올라 국화를 씹으며 국화주를 마시는
풍습이 있었으나 그는 산에도 갈 수 없었고, 당연히 술도 마실 수 없었
다. "지난해 상주에서 중구절을 지낼 적에 병으로 오래 누워 술을 마시
지 못하고…… 올해는 좋은 모임 꼭 가지려 별렀건만 뉘 알았으랴. 올
해도 또 손앓이로 좋은 시주 모임에 나아가지 못하고 또다시 물 마시고
국화를 씹으니 속됨을 못 면하고 그저 지낼 뿐이로다.……"[125] 이규보는

---

123 | 『동국이상국집』 제13권. 고율시. 옥당(玉堂) 손득지(孫得之), 사관(史館) 이윤보(李允甫), 사관 왕숭(王崇),
내한(內翰) 김철(金轍), 사관 오주경(吳柱卿)이 화답시(和答詩)를 보내왔기에 다시 운을 따라 화답하다.
124 | 『동국이상국집』 제7권. 고율시. 손앓이에 대하여 쓰다.
125 | 『동국이상국집』 제7권. 고율시. 중구일에 손앓이로 나가 놀지 못하다.

손에 부스럼이 생겼으며, 그 상처에 침과 뜸을 썼으며, 약 쓸 때 술을 금하는 금기를 지켜서 그 좋아하는 술을 마시지 못했다.

| 어머니와 누이 간병 |

33세 무렵 전주의 관직이 실패한 후 서울로 가는 길에 이규보의 어머니와 누이가 모두 병들어 있었다. 그는 고사를 인용하여 "어머니 약으로 살 베어 드리고 싶고, 누님 약 달이느라 수염 자주 그을린다."고 자신의 심정을 드러냈다.[126] '자신의 살을 약으로 쓴다.'는 지극한 효성과 '누님 약 몸소 다리다 수염이 탄다.'는 지극한 형제애를 느끼게 하는 구절이다. 서울에 도착한 다음에는 약뿐만 아니라 음식 보양으로 간병했다. 거의 1년 동안 병석에 누운 그의 어머니는 "생선국 먹고 싶다, 회 먹고 싶다"며 찾는 것이 많아서, 홀어머니를 부양하는 이규보는 그것을 맞춰드리려 노력했다. 어느 날 염소고기를 먹고 싶다 하자 그것을 못 구해 발을 동동 구르던 중 천원(天院)의 최종번이 그것을 가져다주자 감격하여 시로 사례하기도 했다.[127]

| 35세(1202년) 때 온천을 찾다 |

35세 때 이규보는 동경(경주)에서 반란을 진압하기 위한 군대에 자원하여 나갔다. 그곳에 있으면서 동래온천을 찾았다. "온천(溫泉) 밑에 욕탕지가 있으므로 목욕은 반드시 여기서 하게 된다."고 적었다. 사람들은 수원 속에 유황 성분이 있다고 말했지만 이규보는 이를 믿지는 않았다. 약 된다는 기분으로 목욕을 하기보다는 객이 한번 목욕해본다는

---

126 |『동국이상국집』 제10권. 고율시. 죽주(竹州)에서 어머니를 가마에 모시고 누님과 함께 서울로 가면서 생질서 정유(鄭孺)에게 보이다.
127 |『동국이상국집』 제11권. 고율시. 천원(天院) 최종번(崔宗藩)이 염소고기의 포를 보내어 병든 어머니에게 드린 것에 사례하다.

심사로 동래온천을 찾았다.[128]

30대 초반 전주목 서기 시절(1199~1200년)의 쇠약병

이규보는 32세 때 정계의 실력자 최충헌에게 잘 보여 그토록 고대하던 벼슬을 받았다. 전주목의 사록과 서기 겸직이 그것이다. 부임 직전일 듯한데, 이해 9월 23일 직후 안부(按部)의 소경(少卿) 이경(李儆)이 그를 자신의 연회에 참석시키고, 이튿날 그에게 녹수(鹿髓)를 보내주었다. 정계의 유력자가 약을 선물로 준 것이었다. 이규보는 그 녹수에 대해 "다시 향기로운 천금의 약을 보내어 노쇠한 육 척의 몸 보호하게 하네. 젓가락 끝으로 살짝 깨니 구슬 가루 흩어지고 술잔에 넣어 녹이니 옥 기름 같구나. 훨씬 더 정신이 좋아짐을 알겠구려. 내 눈엔 관기들이 모두 다 예뻐 보여."라며 고마워했다.[129]

이규보는 전주에 부임하여 근무를 시작했으나, 봉록 액수가 적으며 행정잡무가 번거롭고, 상관·부하는 태만하였으며, 동료들의 중상을 받는 등 그 생활을 고통스럽게 여겼다. 건강 또한 좋지 않았다. 그는 스스로 병객(病客)이라 읊었다.[130] 그는 본초서를 읽다가 자조하면서 정 떨어지는 벼슬을 추구하기보다는 차라리 의원이나 될까 한탄했다.[131] 결국 면직되어 서울에 돌아온 그의 모습은 야윈 어깨에 병든 머리털이 짧고도 성긴 몰골이었다. 차라리 농사꾼 되어 호미 메고 농사나 지으리라 다짐했다.[132]

---

128 | 『동국이상국집』 제12권. 고율시. 박공과 동래(東萊) 욕탕지(浴湯池)로 떠나려 하면서 입으로 부르다 2수.

129 | 『동국이상국집』 제9권. 고율시. 안부(按部) 소경(少卿) 이경(李儆)이 나를 연회 자리에 참석시키고 이튿날 녹수(鹿髓)를 보냈으므로 사례하다.

130 | 『동국이상국집』 제9권. 고율시. 십이월 어느 날 작목(斫木)하러 가면서 처음으로 부령군 변산에 갔다가 그때 마상(馬上)에서 짓다 2수. 제9권 고율시 스스로 자신에게 주는 잡언(雜言) 8수.

131 | 『동국이상국집』 제10권. 고율시. 『본초(本草)』를 읽다.

132 | 『동국이상국집』 제10권. 고율시. 자신을 조롱하면서 서울에 돌아와서 지었다.

여기서 본초는 그가 29세 때 앓으면서 읽었던 약보(藥譜)를 떠올리게 한다. 본초 서적은 그가 외향으로 나갈 때 필수품이었음을 짐작케 한다. 지방에 의원이 없었기 때문일까, 아니면 자신의 의술을 믿었기 때문일까.

| 44세(1211년) 때의 안질 |

그는 마흔넷 때 눈이 침침해진 증상을 호소했다. 봄 안개가 눈을 가린 것처럼 지척에 있는 사람조차 구별하기 힘들 정도였다. 그는 의원을 찾았고, 의원은 그 증상의 원인을 간이 좋지 않기 때문에, 아니면 젊었을 때 등불 아래서 책을 많이 읽었기 때문에 눈이 침침해진 것이라 해석했다. 이에 대해 이규보는 자신의 벼슬이 높지 않아 황제를 보려 해도 볼 수 없고, 가난하여 좋은 옷 입지 못해 귀인을 볼 수 없고, 가난하여 맛난 음식을 먹지 못해 눈이 나빠졌다 하면서 의원의 공부 수준이 낮다고 자조했다.[133] 이 사례로부터 눈병으로 의원을 찾은 사실, 눈과 간이 서로 연관되어 있다는 당시의 의학지식을 엿볼 수 있다.

| 50대 중후반, 지팡이를 짚다 |

몸이 약했던 이규보는 나이가 들수록 병에 시달렸으며, 그에 대한 감회도 더욱 감상적으로 변했다. 50대 중반 어느 때 지인이 보낸 지팡이 선물을 받고는 "한번 늙어 시든 얼굴 다시는 젊어지지 못하나니 백금의 좋은 약인들 어찌 보배가 되리요. 그대가 선사한 지팡이 때문에 힘차게 걷는 몸 되었네."라 읊었다.[134] 감상은 이에 그치지 않고 이튿날에 또 한

---

133 | 『동국이상국집』 제14권. 고율시. 안혼(眼昏)에 느낌이 있어 전이지(全履之)에게 주다.

134 | 『동국이상국집』 제16권. 고율시. 진 소경(陳少卿)이 철쭉장(躑躅杖)을 보내온 이에게 사례하는 권 원외랑(權員外郞) 시에 화답한 것을 차운함. 수문전에서 호종하면서 즉시 읊다.

차례 "게으른 늙은이 마치 흙 인형 같더니 여섯 자 늙은 몸에 점점 힘이 나는구려. 몇 발짝도 지팡이에 의지하거니 내 몸 온통 지팡이에 맡기리."라 읊었다.[135] 또한 병의 아픔을 "육체는 나무 허수아비 같거늘 그 누구의 시킴이뇨, 이맛살 찌푸려 괴로워함이. 사생은 한 꿈인데 무엇을 근심하랴. 몹시 아파 진정 위로할 만하니 하늘이 괴로운 사람 아껴 편히 쉬게 함이리."라고 읊으며 스스로 위안을 삼았다.[136]

┃ 60대 중반, 3년의 장기간 병앓이(1230~1233년) ┃

이규보는 63세(1230년) 때 겨울 멀리 위도로 귀양 갔다가 이듬해 1월 고향인 여주(황려현)로 양이했다. 이해 7월에는 황려(黃驪)로부터 서울로 돌아왔고, 9월에 호병(胡兵)에 대비하기 위해 백의종군(白衣從軍)하여 보정문(保定門)을 지켰다. 65세 때 귀양에서 풀려나 다시 관직에 나아갔다. 이 기간 동안 이규보는 산관(散官)에 있으면서도 달단(達旦, 몽고)에게 통하는 서표(書表)와 문첩(文牒)을 모두 맡아 지었다.[137]

이 무렵 이규보는 심하게 앓았다. 손끝과 입술에 병이 나 아침때까지 베개에 엎드려 밤새 신음했다.[138] 귀양살이가 시작되자 여의고 병든 체질로 장독(瘴毒)을 지탱하기 힘들다 푸념했고,[139] "무더위에 불같은 수심이 겹쳐서 서로 장부(臟腑) 속을 삶는구나. 온몸엔 붉은 땀띠가 일어나고 곤하여 난간에 바람 쐬며 누웠도다. 바람이 불어도 무덥고 불에 부채질하듯 덥구나. 목말라 물 한 잔 마시니 물 또한 끓는 물 같구나. 구역질이 나서 감히 마시지 못하는데 가벼운 천식이 목구멍을 막는구나.

---

135 ┃ 『동국이상국집』 제16권. 고율시. 이튿날 다시 네 수를 지어 보냄. 모두 권군(權君)을 대신하였다.

136 ┃ 『동국이상국집』 제16권. 고율시. 병중에 지어서 벗에게 보임.

137 ┃ 『동국이상국집』 연보.

138 ┃ 『동국이상국집』 제17권. 고율시. 병중에 학사(學士) 김인경(金仁鏡)이 찾아옴을 사례함.

139 ┃ 『동국이상국집』 제17권. 고율시. 이 첨사(僉使) 등 제공이 크게 연회를 베풀어 위로해 준 데 대해 좌상에서 주필(走筆)하여 사례함.

잠들어 잠시 잊고자 하니 또 모기가 덤벼드네. 어찌하여 귀양살이 땅에서 이 백 가지 고통을 당하는고. 죽는 것 또한 두렵지 않다마는 하늘은 어찌하여 나를 궁하게 하는가." 하면서 외지에서 병든 몸으로 무더위를 나는 어려움을 노래했다.[140]

귀양에서 풀려났어도 그의 병고는 그치지 않았다. "병든 지 오래였고, 병상에서 몇 달째 날짜만 헤아렸다." "병든 늙은이는 온통 기운이 빠져 백약을 앞에 놓고 쓴 입맛만 다셨다."[141] "병으로 누워 있으니 숙직하는 것조차 싫었다."[142] "한번 앓은 지 삼 년인데 몸져누워 국록만 썩히네. 물러가려 해도 허락 없으니 하늘이 날 서글프게만 하려누나." 사직서를 내도 허락되지 않아 괴로워했다.[143]

| 70세(1237년)의 병시(病詩)—백낙천과 이규보 |

그의 병시(病詩)는 이후에도 계속되었다. 70세가 되던 해 늦은 봄 병을 앓고 나서는 "풍경이 점점 아름다워 보기 좋은데 병중에 꽃핀 봄철 헛되이 보냈노라."고 읊었다.[144] 병에서 일어나 술자리에서 기생에게는 "술기운에 춤추며 흥겹게 읊으며 약기운에 앓던 몸 날 듯하여라."라고 했다.[145] '병중에서'라는 시는 병의 근원을 깊이 묻는 것으로 바뀌었다.

이규보는 "조물주는 그윽하여 보이지 않으니 무엇으로도 형상할 수 없네. 반드시 스스로 생긴 것뿐이니 나를 병들게 한 자 그 누구이겠나?" 물었다. 우선 유교의 성인(聖人)을 내세워 이렇게 답했다. "성인은

---

140 | 『동국이상국집』 제17권. 고율시. 더위를 괴로워하며.
141 | 『동국이상국집』 제18권. 고율시. 이백순의 사제(舍弟)인 학사(學士) 백전(百全)이 화답하므로 다시 차운하여 보냄.
142 | 『동국이상국집』 제18권. 고율시. 7월 9일 내성(內省)에서 숙직할 때 벽에다 씀.
143 | 『동국이상국집』 제18권. 고율시. 오래 앓음.
144 | 『동국이상국집』 후집 제1권. 고율시 1백 5수. 늦은 봄에 앓다가 일어나다 2수.
145 | 『동국이상국집』 후집 제1권. 고율시(古律詩) 1백 5수. 병이 나은 후 술자리에서 기생에게 주다.

능히 물건을 물건으로 대하여 한 번도 물건의 부림이 되지 않는데, 나는 물건의 사로잡힘이 되어 행동을 내 마음대로 하지 못하고 네 조화의 손에 걸려 이렇듯이 곤하다오." 불교의 공(空)을 들어 또 이렇게 답했다. "사대(四大, 몸을 구성하는 기본 물질인 지(地)·수(水)·화(火)·풍(風)의 네 요소)는 본래 없는 것인데 이들이 어디에서 왔는가. 뜬구름 나타났다가 다시 스러지는 듯 끝내 근원을 알 수 없네. 그윽이 관조하면 모두가 공이니 그 누가 태어나고 늙고 죽는가." 도가의 자연(自然)을 내세워 또 "나는 자연으로 뭉쳐진 몸 본성대로 순리에 따를 뿐이니 저놈의 조물주야 어찌 여기에 관계하랴."고 읊었다.[146]

이런 심각한 고뇌와 함께 병자를 괴롭히는 파리에 대해 "앓는 중에 더욱 심한 병을 만나니 이 미물을 번식시킨 하늘이 원망스럽구나!"라며 일상의 피곤함을 표출했다.[147] 칠순의 이규보에게 치통은 가장 괴로운 것이었다. "사람은 먹어야 살 수 있으며 먹을 때는 반드시 이로 씹는데, 이가 몹시 아파 먹지를 못하니, 하늘이 나를 죽이려는가 보네." 하고 비명을 질렀다. 몇 개를 빼놓고 다 빠졌고, 남은 놈마저 쑤시고 아프고 두통까지 일어날 정도였고, 찬 것 뜨거운 것 먹지 못하고 죽도 식기를 기다려 겨우 먹을 수 있을 정도였다. "이 모두가 늙은 때문이니 그것은 죽어야 비로소 끝나는 것"이라 했다.[148]

70세 때 이규보의 관직은 태자의 선생이면서 과거를 주관하는 지공거를 하기도 했고, 온갖 제문과 외교문서를 도맡아 지었다. 그는 건강 때문에 관직에서 물러나야 할 처지였지만, 경제 문제 때문에 쉽게 퇴직

146 | 『동국이상국집』 후집 제1권. 고율시 1백 5수. 병중에서 정유년 9월.
147 | 『동국이상국집』 후집 제1권. 고율시 1백 5수. 다시 병중에 파리를 미워하여 짓다.
148 | 『동국이상국집』 후집 제1권. 고율시 1백 5수. 다시 이가 아파서.

의사를 밝히지 못했다.[149] 그 후 퇴직원을 냈지만 수리되지 않았다.[150]

이규보는 백낙천의 병중십오수(病中十五首)에 화답하는 형식으로 장문의 병시(病詩)를 지었다.[151] 백낙천도 시벽(詩癖)이 있었고 또 병을 앓는 감회를 장시로 표현했으며 자신처럼 병가를 내었으니, 이규보로서는 감회가 새로웠다. '나뿐만이 아니라 옛 분들도 역시 그러했다. 이건 모두가 오랜 버릇 때문이니 어찌하는 수 없는 것이다.'는 것을 느꼈다. 이때 이규보의 '병의 처음 증상'은 허열, 온몸이 옴 오른 듯 가렵고, 손 떨리는 수전풍(手顫風)이었다. 책상에는 약이 쌓여 있었다. '침상'에서는 옛날 실컷 놀지 못한 것을 후회하기도 하고, 몸은 외로운 구름 같아 절로 떠다닌다는 것을 생각하고, 젊었을 때 득의했으니 병중 시름을 지워준다고 스스로 위안했다. 그 내용을 정리하면 다음과 같다.

- 백낙천의 '문병을 온 사람들'에 대응하여 그는 70세에 쇠약해짐은 재앙이 아니라고 답했다.
- '병중에 다섯 절구를 짓다'에 대응해서는 평소에 시를 빨리 짓는다 뽐냈는데, 오직 병 낫기만 더디다고 한탄한다.
- '숭산 손님을 전송하다'에 대해서는 집안 스님이 남쪽으로 가는 것을 전송하면서 이제 가면 언제 소식 듣고 하늘 저쪽 가면 생사조차 아득하리라 했다.
- '뜸질을 그만두다〔罷灸〕'라는 시에 대응해서는 "자식은 약 들라고 권하나 응하기 싫고 처는 식사 더 권하나 또한 듣지 않는다. 이 몸 봉양하여 어디에다 쓸 것인가. 물거품처럼 모였다가 구름처럼 흩어

149 | 『동국이상국집』 후집 제2권. 고율시. 병중에 짓다.
150 | 『동국이상국집』 연보.
151 | 『동국이상국집』 후집 제2권. 고율시. 백낙천의 병중십오수(病中十五首)에 화답하여 차운하다 병서(幷序).

질 것을."라고 했다.

- '검은 갈기의 흰 말을 팔다〔賣駱〕'란 시에 대해서는 여윈 말을 가슴 아파함으로써 대신했다.
- '유지를 놓아 보내며〔放柳枝〕'라는 시에 대해서는 "젊었을 적 기생과 놀던 일 꿈속 같은데, 어느덧 쓸쓸한 백발노인이 되었도다."로 대신 했다.
- '햇볕 쪼이다 우연히 술잔을 들다〔就暖偶酌〕'란 시에 대해서는 "잠시 취흥에 겨우면 노래해도 좋고 여전히 병객이니 누운들 어쩌하랴."로 대신했다.
- '세모에 사암에게 보내드리다〔歲暮呈思黯〕'라는 시에 대해서는 "다행히도 은퇴한 늙은 대부(大夫) 찾아주셨으니 새벽 날씨 추운데 한잔 안 할 수 있겠소."로 응대했다.

백낙천을 모방하는 것은 계속 이어졌다. 백낙천의 심신문답(心身問答)을 본떠 이규보는 마음이 몸에게, 몸이 마음에게 주는 말을 읊었다. 이규보의 시에서 마음은 몸에게 자신보다 먼저 쇠약해진 것을 묻고, 몸은 마음에게 몸이 마음의 집이 된 것을 다행이라 여기라고 하면서 얼마 안 있어 몸을 남겨두고 하늘로 날아갈 것이라 답한다. 이어서 마음의 집인 몸은 아무것도 아니라 다시 답한다. 특히 "마음이 도솔천으로 날아간 다음에야 더욱더" 그렇다고 한다.[152] 얼마 안 있어 이규보는 유·불·선을 통합하는 시선으로 몸과 마음에 대한 자신의 생각을 이렇게 다시 표현했다.

---

152 | 『동국이상국집』 후집 제2권. 고율시. 또 백낙천의 심신문답(心身問答)에 화답하다.

한평생 도를 배워 무슨 공을 세웠나. 언제나 중도 지켜 계책마다 온편했네. 집 잊은 지 오래되어 마음은 이미 부처인데, 우연히 세상에 났으나 뼈대는 그대로 신선일세.[153]

병가가 허락되자, 이규보는 또 다시 백낙천의 '병가로 백일 동안 정관하여 기쁘다[假滿百日停官自喜]'라는 시에 화답하는 시를 지었다.

늙음과 병에 시달리며 칠순까지 살았는데, 유쾌하게도 이제 퇴임하였네. 허리에 아직 인끈 있으나 잘못 겁내고 머리에 큼직한 건 제쳐 쓴들 어떠랴. 다시는 벽제(辟除) 소리로 동리를 시끄럽히지 않고 틈나는 대로 선물 들고 친척에게 문안드리리. 재상 자리 퇴임하기는 정말 어려운 일이니 은퇴한 산인(散人)이 쓸쓸하다 하지 마오.[154]

71세 1월에 병이 좀 낫자 이규보는 "녹이 있으니 집안 살림 무어 근심되며(반봉[半俸]을 받고 있었기 때문에 이렇게 말했다.) 병 나으니 약 시중도 쉬게 되었네." 하며 병중 기쁨을 노래했다.[155]

병이 나은 것도 잠시, 얼마 안 있어 또 병이 났다. 쇠약한 체질 때문이었다. 고목이 말라 거꾸러질 정도지만 바람 없어 겨우 뽑히지 않고 서 있을 뿐이었다.[156] 정승을 지낸 나이 70세 건강해도 더 바랄 일 없는데, 하물며 병과 늙음 아울러 침노하여, 열흘이면 8, 9일은 병을 앓음에랴! 삶에 싫증을 낸다 하지만 그 자체는 거짓이지만, 이제 조물주의 속

---

153 | 『동국이상국집』 후집 제2권. 고율시. 이 학사(백전)가 다시 앞의 시에 화답해 보낸 것에 차운하다.
154 | 『동국이상국집』 후집 제2권. 고율시. '병가로 백일 동안 정관하여 기쁘다[假滿百日停官自喜]' 라는 시에 화답하다.
155 | 『동국이상국집』 후집 제2권. 고율시. 정월 육일에 병이 좀 나았기에 짓다.
156 | 『동국이상국집』 후집 제3권. 고율시 1백 1수. 병이 다시 나다.

임을 면치 못했으니, 살고 죽는 일을 하는 대로 맡긴다는 뜻이었다.[157]

73세 때, 이규보는 오랫동안 병들어 누워 일어나지 못했다. 이규보는 까물까물 죽어가며 목숨만 붙어 있다고 느꼈다.[158] 이때 이규보는 뱃병을 앓고 있었으며, 육류는 먹기 싫어했다. 그러던 중 이 시랑이 토란을 보내오자 또 다시 시흥이 돋았다. 이 시랑이 집에서 기른 토란이었다. 이규보는 보내온 토란을 국 끓여 먹을 것을 생각하며 이렇게 읊었다. "죽게 된 이 늙은이 많이 알아 무엇하랴. 부지런히 많이 먹어 뱃속이나 편케 하세." 토란이 속을 잘 통하게 하는 속성이 있었기 때문이다.[159] 이 시랑이 답시를 보내오자 다시 이규보는 그의 시에 답했다. "나는 실로 무식자라 품질 어찌 논하랴만 그대 새로 의원 되어 정력에 좋다는 걸 이 늙은이에게 보내주었으니 감사하지 않겠나. 고기를 나눈다면 진평과도 같으리."[160] 그러자 이 시랑은 "특이한 그 맛은 먹어보아 알았지만 약성(藥性)이야 어느 겨를에 정하게 익혔겠나."는 답장을 보내왔다.[161]

이규보의 병을 위안하기 위해 토란을 보냈던 이 시랑은 얼마 안 있어 병에 걸려 절 선사의 방으로 옮겨 요양하다 죽었다.[162] 이규보 또한 죽음을 향해 가고 있었다.

| 단독(丹毒) 유사 질환과 의원, 민간요법(1237년) |

병이 낫자 이규보는 70세 내내 그를 괴롭혔던 병의 자초지종을 시로

---

157 | 『동국이상국집』 후집 제3권. 고율시 1백 1수. 삶에 싫증이 나서 읊다.
158 | 『동국이상국집』 후집 제7권. 고율시 97수. 오랫동안 병들어 누워 일어나지 못하다.
159 | 『동국이상국집』 후집 제7권. 고율시 97수. 이 시랑(李侍郞)이 시(詩) 두 수와 함께 토란 보낸 것에 차운하여 시 세 수로 화답하다.
160 | 『동국이상국집』 후집 제7권. 고율시 97수. 이 시랑(李侍郞)이 화답해 온 세 수에 차운하여 네 수로 화답하다.
161 | 『동국이상국집』 후집 제7권. 고율시 97수. 이 시랑(李侍郞)이 화답해 온 다섯 수에 차운하여 일곱 수로 화답하다.
162 | 『동국이상국집』 후집 제7권. 고율시 97수. 이 시랑의 화답에 차운하다 2수.

정리했다. '병을 치료하는 시 병서'가 그것이다. 이에 따르면, 그는 70세 때 가을 8월 30일부터 병이 들었다. 그것은 단독(丹毒)과 같은 것이었으며, 이로 인해 무려 1백 30여 일을 앓았다. 그 증상은 붉은 소름이 온몸에 돋고, 단독 같은데 단독은 아닌 묘한 질병이었고, 옴은 아니면서 옴처럼 긁으면 매우 시원하면서도 다음에 두 배나 저리고 아픈 것이었다. 통증이 다하면 굳은 모래같이 되었고, 빛깔은 짙은 먹물을 뿌린 듯했다. 다시 긁으면 참기 어려웠고, 긁으면 진물이 솟아나고 곧이어 두드러기가 되는 증상으로 마치 두꺼비 등과 같은 모습이었다. 단독이나 옴 같으면서도 둘 다 아닌 이 질병은 일종의 괴질이었다 할 수 있다.

찾아본 의원 모두 효험이 없어 포기했다. 이규보는 소인의 달콤한 말이 듣기는 좋으나 오히려 군자에게 해가 되듯 의원들의 뭇 처방을 비난했다. 그런데 기적같이 우연히 항간에서 권하는 말을 따라 바닷물을 가져다 목욕을 하니, 그날 밤부터 가렵지 않고 딱딱한 모래알 같은 것도 모두 없어졌다. 이런 일을 겪자 이규보는 즉각 시를 지어 여러 의원들에게 보여주어 그들로 하여금 부끄러움을 느끼게 했다.[163]

이 기록은 당시 정통의학과 민간의 요법 관계에 대해 '촌로의 경험이 용한 의원들보다 더 뛰어난 측면이 있었다.'는 커다란 시사점이 있다. 민간에서는 특별한 의학지식이나 약이 아닌, 민간에서 터득한 경험 처방을 쓰고 있었던 것이다. 이때 이규보는 몽고의 침입으로 강화도로 옮겨 거주하고 있었던 때다. 이규보가 겪었던 질병은 강화도 지방의 풍토병이었을 가능성이 있다. 당연히 그 지방 사람들은 그 병에 '바닷물 목욕'이라는 처방을 잘 알고 있었을 터이나, 일반 의서에 의존하는 의원들은 생소한 병과 그 병에 대한 치료법을 몰랐을 가능성이 있다.

---

163 | 『동국이상국집』 후집 제2권. 고율시. 병을 치료하는 시 병서.

| 74세(1241년) 때의 안질과 죽음 |

44세 때 안혼(眼昏)을 호소한 바 있었던 이규보의 마지막 만년을 괴롭힌 질병은 안질이었다. 병의 고통이 심해지자 그의 시벽 또한 심해졌다.[164] 그는 자신이 앓는 고통을 시시각각 시로 표현했다. 겨울의 눈이 버들개지 같게 보여 잘 구별하지 못한지라 안경을 언급했다.[165] 수십 일 동안 왼쪽 눈을 앓았다. 통증이 약간 뜸해지자 "침침하기가 밝은 달이 월식하는 것 같고 깜깜하기가 먹구름이 덮인 것 같다."고 썼다.[166]

그의 안질은 차차 눈동자 안에 흰 막이 끼는 식으로 악화했다. 의원들이 용뇌(龍腦)라는 약이 좋다고 하여 백방 구하려 나섰지만 어쩌다 겨우 구한 용뇌는 모습만 비슷한 가짜였다. 이규보는 실망이 컸다.[167]

두 눈은 어지러움 증상이 더욱 심해졌다.[168] 눈병의 고통이 심하자 그가 애독한 『능엄경』의 "아픔은 허깨비인 몸뚱이 때문이며, 그 사실을 알면서도 아픔을 느끼는 몸뚱이의 존재"를 들며 자신의 수양 부족을 탓했다.[169] 병이 심해지자 그는 용뇌를 구하기 위하여 정계의 최고 실력자인 최우에게 그것을 요청했다. 그러자 최우는 "천금으로도 구할 수 없는 약을 주고 또 명의(名醫) 구 낭중(仇郎中)까지 보내어 그를 치료토록" 했다. 그는 감읍하여 시를 지어 고마움을 나타냈다.

---

164 | 『동국이상국집』 후집 제8권. 고율시 57수. 객(客)의 물음에 답한 시 병서.
165 | 『동국이상국집』 후집 제8권. 고율시 57수. 눈[雪]을 읊다 2수. 소동파(蘇東坡)의 어사구호(漁簑釣好)와 유서재고(柳絮才高)라 한 시구를 부연하여 시 두 수를 짓다.
166 | 『동국이상국집』 후집 제8권. 고율시 57수. 수십 일 동안 왼편 눈을 앓다가 통증이 뜸해지기에 시를 지어 읊다.
167 | 『동국이상국집』 후집 제9권. 고율시 58수. 눈병이 오래도록 치료되지 못하였는데 남들이 동자(瞳子) 안에 흰 막(膜)이 끼었다고 하므로 이를 개탄하며.
168 | 『동국이상국집』 후집 제9권. 고율시 58수. 삼월 팔일에 족인(族人) 채 중랑(蔡中郎)과 크게 취하여 노래까지 부르다.
169 | 『동국이상국집』 후집 제9권. 고율시 58수. 또 눈병을 슬퍼하다.

용뇌는 진정 백약의 왕으로, 세상에서 손쉽게 얻기 어려운데 별안간
천금 같은 은혜를 받으니 봉투를 떼기도 전 눈이 벌써 환해졌네. 의원
이 막 가난한 집 문 앞에 당도하자 옷차림 갖추지 못한 채 허겁지겁
맞았네. 겨우 한마디 말에 고명한 의술 알겠어라. 창공과 편작과 어깨
를 나란히 할 만하네.[170]

그럼에도 불구하고 그의 눈병이 낫지는 않았다. 그는 눈이 보이지 않
아 봄철 복사꽃 구경을 가지 못하고 "하늘이여, 꽃 피우는 권한은 있으
면서 어찌 나의 눈은 환하게 하지 못하는가." 개탄만 했다.[171] 스스로 봄
이 원망스럽다고 했다.[172] 7~8월에는 안질이 심해 시를 짓지 못했다. 그
는 8월 29일에 시를 짓지 못하는 심정을 "요즈음 왼쪽 눈이 아파서 오
랫동안 시를 짓지 못하였노라. 그래도 오른쪽 눈이 남아 있는데 어찌하
여 시를 짓지 못한단 말인가. 너는 아는가. 손가락 하나가 아파도 온몸
이 괴로워 견디기 어렵단다. 같은 유의 눈이 아픔을 당했는데 어찌 같
이 따라 아파하지 않으랴. 흥취가 다시 어디에서 나와 시를 짓겠는가."
라 읊었다. 며칠 안 있어 이규보는 9월 2일에 세상을 떴다.[173]

| 평생 지은 허물이 사생과 병의 원인 |

이규보는 사생과 수명은 하늘에 달려 있다고 봤다. 그는 네 살짜리 딸
이 갑자기 죽자 "조물주가 이미 내어놓고 조물주가 다시 갑자기 빼앗아
가니 영화와 시듦이 어찌 그리 덧없는가. 변과 화가 속임수만 같구나. 오

---

170 | 『동국이상국집』 후집 제9권. 고율시 58수. 진양공(晋陽公)이 용뇌(龍腦)와 의관(醫官)을 보내어 눈병을 치
료하게 한 것을 사례하다 병서(并序).
171 | 『동국이상국집』 후집 제9권. 고율시 58수. 눈병으로 꽃구경은 못하고 개탄만 하다.
172 | 『동국이상국집』 후집 제9권. 고율시 58수. 박 학사의 화답에 차운하다.
173 | 『동국이상국집』 후집 제10권. 고율시 41수. 칠팔월에는 안질(眼疾)로 인하여 시를 짓지 못하다.

고 가는 것 다 허깨비이니 이제는 그만이야 영원한 이별이구나."라고 읊었다.[174] 여섯 살 난 박생의 아들의 죽음에 대해서도 "오래 살고 일찍 죽는 게 모두 천명(天命)이니 부디 자네는 너무 상심하지 말게나."라고 읊었다.[175]

이규보가 볼 때, 모든 것이 숙명론적이지는 않았다. 장수와 요절은 운명뿐만 아니라 개인의 소행과도 관련되어 있었다. 작은 허물이 쌓여 큰 허물이 되며 그 허물 때문에 몸뚱이가 분쇄되거나 반드시 요절하는 것이었다. 군자는 하늘이 가까이 있다고 여겨 어두운 방에서도 본심을 지키므로 혹 복은 받지 못할망정 위험은 당하지 않지만, 소인은 하늘이 멀리 있다고 여겨 망령되이 허물을 지어 하늘의 재앙을 스스로 부른다. 뒤늦게 후회한들 무슨 소용인가.[176]

신선을 꿈꾸나 신선 되는 불사약은 믿지 않다

이규보의 작품에는 신선술과 연단술에 관한 수십 편의 글들이 있다. 대부분이 장수를 바라는 비유적인 표현들이다. 이런 것들이다.

• "책상에는 『참동계(參同契)』가 있건만 주머니에는 불사약이 없답니다."[177]

• "불사약 훔쳐 먹은 예의 아내 달로 도망한 것 그대는 못 보았나."[178]

---

174 | 『동국이상국집』 제5권. 고율시 44수. 딸아이를 슬퍼하다.
175 | 『동국이상국집』 제8권. 고율시. 박생(朴生)의 아들을 애도(哀悼)하고 겸하여 꿈속의 일을 기록하다 병서(幷序).
176 | 『동국이상국집』 제12권. 고율시. 모든 사람을 풍간한 시.
177 | 『동국이상국집』 제1권. 고율시. 사의(司儀) 윤세유(尹世儒)가 주는 운에 따라 바로 그 자리에서 짓다.
178 | 『동국이상국집』 제1권. 고율시. 선배(先輩) 이양(李陽)이 과거에 떨어져 동쪽으로 돌아가므로 시로써 위로하다.

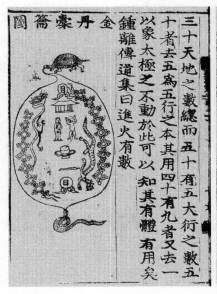

의방유취의 연단도-금단확탁도(좌), 하거도(우)

- "식사가 끝나자 이내 하액주를 따르고, 취한 나머지라 도로 수정염을 갖다 두네."[179]

- "산중 별미로는 삶은 용이균이 좋은데 중 자리라 아예 호형염을 쓰지 않는구려."[180]

- "맛 좋은 술 한 잔이 바로 선약 같아서 이내 창백한 얼굴을 소년처럼 붉게 하네. 만약 신풍을 향하여 늘 곤드레 취한다면 인간 그 어느 날이 신선 아니리요."[181]

- "원하는 건 다만 한번 자미문에 들어가 현원 태상군을 받들어 뵙고 한번 탁약 불어 화기를 고동하여 만인으로 하여금 순수한 기운 마시게 하는 것."[182]

---

179 | 『동국이상국집』 제2권. 고율시. 족암(足庵)의 영 수좌(臨首座)를 예방하다.
180 | 『동국이상국집』 제2권. 고율시. 영 수좌의 화답을 받고 다시 차운하여 화답하다.
181 | 『동국이상국집』 제2권. 고율시. 취중에 써서 문 장로에게 보이다.
182 | 『동국이상국집』 제3권. 고율시. 양 각교(梁閣校)가 반낭(潘閬)의 춘유편(春遊篇)에 화답한 것을 차운하다.

직지사 감로탱—옥황상제

•"게는 금액이고 술은 봉래주(蓬萊酒)로다. 어이하여 약 먹고 신선을 구하랴."[183]

•"계림 선생이 아흔 살을 넘어 두 볼에 흰 수염 눈서리와 같은데 신선의 단약(丹藥) 못 이루어 다리가 둔해 나고 듦에 지팡이를 의지하네."[184]

•"현모하게 적수주(赤水珠)를 탐색하고 그윽이 청구학(靑丘臛)도 토론하였지."[185]

•"손을 만나면 모름지기 술잔을 들면 되는 것인데 무엇하러 신선술 배운다고 환단을 구울 것인가."[186]

•"노선사께서 단약(丹藥) 만드는 법이 훌륭해서가 아니라 청아한 자

183 | 『동국이상국집』 제7권. 고율시. 찐 게를 먹으며.

184 | 『동국이상국집』 제7권. 고율시. 대장(大丈) 김자유(金子由)가 윤학록(尹學錄)에게 주등장(朱藤杖)을 선물로 받고는 나에게 시를 지으라고 하다.

185 | 『동국이상국집』 제9권. 고율시(古律詩). 조 아경 충(趙亞卿冲)이 화답한 시에 차운하다. 아경은 조 상국(趙相國)의 막내아들이다.

186 | 『동국이상국집』 제10권. 고율시. 신유년 오월 한가히 초당(草堂)에서 지냈는데 밭 매고 마당 쓰는 여가에 두시(杜詩)를 읽다가 성도초당시(成都草堂詩)의 운에 따라 한적한 기쁨을 쓰다 5수.

질이 본디 빙옥 같다네."[187]

•"차와 물을 평론하는 것이 불교의 풍류이니 양생하는 천년의 복령
(茯苓)이 필요치 않네."[188]

•"약 안 먹어도 눈썹 검어가고 향수 기름 바른 듯이 낯빛 윤택하네."[189]

•"바라건대 공은 이 나무처럼 향수하시어 선약(仙藥)을 먹지 않고도
동안(童顔)이 되소서."[190]

•"후궁은 아직도 그의 옥체(玉體) 기억하누나. 신선으로 옥황상제 뵈
어 즐거우시리니."[191]

•"먼저 구전단을 주게나. 그렇지 못하면 나 같은 범골로 어떻게 날개
를 꽂을 수 있으랴."[192]

•"선편(先鞭)을 잡은 대사는 이미 부처가 되었지만 단약(丹藥)을 구워
도 나는 아직 신선이 못 되었네."[193]

•"서산의 오색환 얻을 길 막히고 동안도 한번 늙으면 젊어지기 어렵
네. 진짜 선계(仙界)의 과일이라 말하지 마오. 신선 몸이 되도록 해주
지는 못하고 목마름만 풀어줄 뿐이니."[194]

---

187 | 『동국이상국집』 제11권. 고율시. 문 장로의 화답이 아홉 수에 이르렀는데 편마다 모두 지둔한 나를 일깨
우고 책려하였기에 힘써 수대로 갖추어 받들어 올리다.

188 | 『동국이상국집』 제13권. 고율시. 다시 위의 운을 따라 지어 주다.

189 | 『동국이상국집』 제14권. 고율시. 대사성(大司成) 임영령(任永齡)이 재혼(再婚) 때 큰 잔치를 열지 않았다
고 희롱한 금 상국의 시운을 차하여 임공(任公)에게 드리고, 또 이것을 금 상국에게 전해드릴 것을 엎드려 바
라다.

190 | 『동국이상국집』 제16권. 고율시. 승제(承制) 김인경(金仁鏡)이, 귀일 선사(歸一禪師)가 그린 늙은 전나무
[老檜] 병풍을 선사한 규 선사(規禪師)에게 사례하는 시에 차운함 2수.

191 | 『동국이상국집』 제16권. 고율시. 왕태후(王太后)에 대한 만사(挽詞) 태상황모(太上皇母)이다. 왕명을 받고
짓다.

192 | 『동국이상국집』 제18권. 고율시. 시랑 이백전이 꿈에 내가 정승이 된 것을 보았다고 와서 말하고 또 축하
하므로 시를 지어 이를 거절함.

193 | 『동국이상국집』 제18권. 고율시. 강 선배(姜先輩)의 장대 선사(丈大禪師)에 대한 조시(弔詩)에 차운함 병
서(幷序).

194 | 『동국이상국집』 후집 제2권. 고율시. 학사가 내 시에 하답하여 친히 찾아와주었기에 다시 차운하여 화
답하다.

119

- "한가히 금단 다려 신선 공부하는 듯 책력의 수대로 하늘이 수명을 주면 우리 모두 사십여 년 더 남은 셈일세."[195]
- "득의하여 노닐면 바로 신선일세. 백년의 인생살이 그 얼마인가."[196]
- "신선 조상께서는 먹다 남은 것 밭에 심으셨으니 그대는 진정 백양의 자손임을 알 만하구나."[197]
- "한 병의 향기로운 옥액 가져왔네. 부쳐준 감귤 주먹에 가득할 만하고 사온 선약 입으로 맛봤다오."[198]

도교가 문학적 상상력과 비유의 소재로만 쓰였던 것은 아니다. 수양의 일환이기도 했다. "도안(道案)에 분향하며 『황정경(黃庭經)』을 읽으니 하루 종일 대사립 두드리는 사람 없다."[199]는 구절과 같이 이규보는 도안에 분향하며 도교 핵심 경전인 『황정경』을 읽었다. 그는 또 도가설에 밝은 오세문(吳世文)에게 보낸 글에서 『황정경』을 인용하여 "구슬을 결속시키고 정을 단단히 하여 신근을 기르고 옥시와 금약을 항상 굳게 간직한다[結珠固精養神根 玉匙金鑰常堅完]."는 표현을 썼다.[200] 이는 도가의 심신 수양과 관련된 내용이다. 그는 도관에서 수양하고 있는 이 도사에 대해서도 "『황정경』 읽고 나니 화로에 향불 꺼지고 한 마리 청란(靑鸞)이 하늘에서 내려오도다."라고 읊었다.[201]

---

195 | 『동국이상국집』 후집 제2권. 고율시. 이 학사(白全)가 앞의 시에 화답한 것에 차운하다.
196 | 『동국이상국집』 후집 제2권 고율시. 이 학사(백전)가 다시 앞의 시에 화답해 보낸 것에 차운하다.
197 | 『동국이상국집』 후집 제4권. 고율시 98수. 이 시랑(侍郞)이 복숭아를 선사하는 시에 차운하다 8월 13일에 지었다.
198 | 『동국이상국집』 후집 제5권. 고율시 89수. 정 비감(丁祕監) 이안(而安) 이 시 두 수를 지어 내가 보내준 동지력(冬至曆)과 누런 감귤에 대한 감사를 하였고, 겸하여 술을 가져와 위로하매 차운하다.
199 | 『동국이상국집』 제3권. 고율시. 앵계 초당(鸎溪草堂)에서 우연히 쓰다.
200 | 『동국이상국집』 제5권 고율시 44수. 동각(東閣) 오세문(吳世文)이 고원(誥院)의 여러 학사(學士)에게 드린 삼백 운(韻)의 시에 차운하다 병서(幷序).
201 | 『동국이상국집』 제16권. 고율시. 이 도사(李道士)에게 줌.

도교의 수양방법 중 하나인 벽곡(辟穀)에 대해서도 이규보는 현실적인 태도를 드러냈다. "슬프도록 가난 속에 빠져들어서 온 집안 모두가 죽을 먹는다. 진실로 나야 신선이 아니거니 무슨 수로 벽곡을 하겠는가?"[202] 이처럼 그는 가난 때문에 죽을 먹는 것이지 일부러 신선 되려고 벽곡할 수 없다는 심정을 드러냈다. 또 박사(博士) 권경중(權敬仲)이 실제로 벽곡을 실천하고 있었는데, 이규보는 유교의 태도로 벽곡하는 그를 나무랐다. 공자가 주렸다고 하지만 그렇다고 해서 술을 먹지 않았다는 것, 높은 벼슬할 사람이 한갓 신선 되려 벽곡한다는 것, 술에 취하면 바로 신선이라는 것, 벽곡하여 오히려 소나무보다 더 여위어졌다는 것, 이 넷을 그에게 충고했다.[203] 이규보는 벽곡뿐만 아니라 연단에 대해서도 부정적인 입장이었다. "도의 근기(根機)가 미숙해서 아직도 몸에 누린내 나니 부랑하게 우리 따라 술 마시며 방탕하네. 단사(丹砂)를 가지고 나에게 자랑 말게. 자고로 시인들은 모두 신선이라오."라며 속세의 술을 들어 이 도사를 비웃었다.[204]

벽곡의 효과를 인정하지 않았지만, 반면에 이규보는 솔잎이나 거기서 자라는 송이버섯의 효능은 다음과 같이 높게 평가했다. "버섯은 썩은 땅에서 나거나 아니면 나무에서 나기도 한다. 모두가 썩은 데서 나기에 흔히들 중독이 많았다 하네. 이 버섯만은 소나무에서 나 항상 솔잎에 덮였었다네. 소나무 훈기에서 나왔기에 맑은 향기 어찌 그리도 많은지. 향기 따라 처음 얻으니 두어 개만 해도 한 움큼일세. 내 듣거니 솔 기름 먹는 사람, 신선 길 가장 빠르단다. 이것도 솔 기운이라. 어찌 약 종류가 아니랴."[205]

---

202 | 『동국이상국집』 제7권. 고율시. 희 선사(希禪師)가 쌀을 보내준 데 대해 붓을 달려 사례하다.
203 | 『동국이상국집』 제14권. 고율시. 시랑(侍郎) 이미수(李眉叟)가 박사(博士) 권경중(權敬仲)의 벽곡(辟穀)을 나무란 시운에 차하다 3수.
204 | 『동국이상국집』 후집 제1권. 고율시 1백 5수. 이 도사(李道士)를 비웃다.
205 | 『동국이상국집』 제14권. 고율시. 송이버섯을 먹다.

영단과 신선은 이규보에게 고달픈 현실을 초월한 꿈이나 가상세계 안의 존재였다. 그는 "영단(靈丹)에 대한 찬"에서 이러한 자신의 심정을 드러냈다. 꿈에 날아서 하늘에 올라가니 상제께서 붉고 빛나는 신약(神藥)을 주었다. 그것은 연단술로 만든 것이었다. "구정(九鼎)의 운영(雲英)이 붉고 빛난 비단(飛冊紅華)이 서로 어울려 겉은 팔석(八石, 주사·웅황·운모·공청·유황·융염·초석·자황)이 덮이고, 속은 금정(金精)이 담겨서 목화(木火)에서 기운 받고 금(金)에서 넋을 얻은 것이었다. 신단을 먹어야 하는 이규보의 몸 상태는 어떠한가? 속세에서 몸뚱이가 수고스러워 몸의 아홉 구멍이 말라붙고 한질(寒疾)·열질(熱疾)·말질(末疾)·복질(腹疾)·혹질(惑疾)·심질(心疾) 등 여섯 질병이 생겨나 몸을 순환하여 지키는 영기(營氣)와 위기(衛氣)가 잘못되어 초목처럼 시들어 쪼그라질 양상이었다. 하지만 상제가 준 신단을 먹고 나면 어린아이처럼 안색이 좋아지고, 마음이 평온해지고, 팽조처럼 오래 살고, 몸이 튼튼해지고, 겨드랑이에 날개 돋아 하늘로 날아올라갈 수 있는 것이었다.[206]

벽온단(辟瘟丹), 신명단(神明丹), 국화주

이규보는 설날 풍경을 두 차례 읊었다. 먼저 40세 때 대문에 복숭아나무 꽂는 풍습, 폭죽을 터뜨리는 풍습, 벽온단(辟瘟丹)을 술에 타 먹는 풍습을 시로 적었다. 이 셋은 모두 역병을 쫓기 위한 기원을 담은 풍습이다. 이규보는 복숭아나무 꽂는 것을 괴이하다 여겼고, 폭죽 소리로 역병을 쫓기 힘들며, 벽온단도 다 헛말이라 말했다. "술을 마시기 위해

206 | 『동국이상국집』 제19권. 찬(贊). 영단(靈丹)에 대한 찬.

서였노라 했다."[207] 신명단(神明丹)의 경우에는 이규보가 72세 때 먹은 기록이 보인다. 그는 세시풍속에 따라 "닭도 울기 전에 이불 쓰고 앉아서" 신단을 먹었다. "매해 한 알씩 먹었으니 뱃속에는 일흔두 알이 쌓여 창자를 모두 뒤지면 말로 될 정도"라 희롱했다. 이 시로 볼 때, 앞의 벽온단과 신명단은 동일한 약임을 알 수 있다. 신명단은 "1년 온역의 재앙 예방에 주로 쓴다."고 되어 있다.[208] 송대 범성대(范成大)가 편찬한 『오군지(吳郡誌) 권2』에서는 이 벽온단을 폭죽 터뜨리는 행사와 연관 지어 설명하고 있다. 이규보는 이 신명단이 결코 환

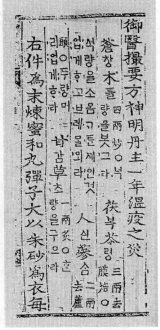

어의촬요방-신명단

동약(還童藥)이 아니며 단지 술 마시기 위해 먹는 것이라 했다.[209]

이와 함께 이규보는 중구절(9월 9일)의 세시풍속과 설날의 세시풍속을 기록했다. 중구절 풍습으로는 앞에서 말한 것처럼 산에 올라가 국화를 씹으며 국화술을 먹는다는 것이었다. 이때 국화를 먹으면 병에 안 걸리고 오래 살기 때문이었다. 9월 9일 중구절에 국화를 약으로 먹는 풍

207 | 『동국이상국집』 제13권 고율시. 수세(守歲).

208 | 『어의촬요방』에 이 신명단이 실려 있다. 이 책에는 또한 벽온신명단이라는 이름도 있는데 둘은 같은 것이다. "들어가는 약은 창출, 복령, 인삼, 감초 등이며 꿀에 개어 환을 만들되 주사로 옷을 입힌다. 매년 새해 초하루 5경초에 경건하게 기도한 후 얼굴은 하늘의 운이 기를 받는 방향(자년에는 자방, 축년에는 축방향이다.)으로 향한다. 따뜻한 술로 씹어 먹는다. 술을 마시지 못할 경우에는 유향(乳香) 탕에 먹어도 괜찮다." (안상우, 『어의촬요 연구』. 한국한의학연구원. 2000. 69~70쪽).

209 | 『동국이상국집』 후집 제5권. 고율시 89수. 기해년 정단(正旦)에 신명단(神明丹)을 마시고 희롱 삼아 짓다.

식물본초-국화주와 포도주

습은 고려 속요인 '동동'에도 적혀 있다. "구월 구일에 아아 약이라 먹는 누런 국화꽃 안에 드니 갈수록 아득하구나."[210] '동동'에는 이 밖에도 5월 5일 단옷날에는 "오월 오일에 아아 단옷날 아침약은 천년을 길이 사실 약이라 바치옵니다."[211]라 하여 장수를 위해 약을 먹는 풍습을 노래했다. '동동'이 백제 때부터 전해온 노래라 하니 이런 풍습은 훨씬 오래전에 생겨 세시문화로 정착했음을 알 수 있다. 이규보는 국화술 먹는 것에 대해서는 아예 '무병과 장수'라는 사실조차도 언급하지 않았다.

무당, 판수, 성황신을 믿지 않다

이규보의 병앓이 가운데 무당이나 판수를 썼다는 기록은 하나도 보이지 않는다. 그는 무당과 판수에 대해 까치 우는 소리 듣고 높은 관직을 바라는 자신의 처지를 두고 "그런데 내 늙을수록 의혹이 많아 영험을 좋아하기 무당 판수 같구나."[212]라 했다. 요행을 바란다고 했으니, 판

---

210 | 박병채 역. 『고려속요집성』, 다운샘, 2008, 38쪽.
211 | 박병채 역. 『고려속요집성』, 37쪽.
212 | 『동국이상국집』 제10권. 고율시. 까치집

수 점에 신뢰를 보내지 않음을 알 수 있다. 진각국사 묘지명을 쓰면서 이규보는 그가 "음란한 무당과 요사스러운 신사(神祠)를 배척하고 헐어 버리기를 좋아한 것"을 높이 평가했다.[213]

이규보는 젊었을 때부터 무당에 대해 부정적인 생각을 가지고 있었다. 그가 살고 있는 동쪽 이웃에 늙은 무당이 있어 날마다 많은 남녀들이 모였는데, 그 음란한 노래와 괴상한 말들이 귀를 불쾌하게 했다. 마침 나라로부터 명령이 내려 모든 무당들로 하여금 도성에서 멀리 옮겨가도록 하는 조치를 내리자 이규보는 이웃의 음란하고 요괴한 것이 없어진 것을 기뻐하면서, 세상이 질박하고 백성들이 순진하여 장차 태고의 풍속이 회복될 것을 기대하면서 "노무편(老巫篇)"이라는 장문의 시를 썼다.

이 시에서 이규보는 고려에는 무당 풍속이 남아 있어 남자 박수, 여자 무당이 있음을 말했다. 그에 따르면 무당과 박수는 자신이 신이 내린 몸이라 하면서 사람들의 생사와 화복을 책임진다고 했다. 그들은 나무 얽어 다섯 자 남짓한 감실을 만들어놓고 입버릇 삼아 스스로 제석천을 섬긴다고 말했다. 또한 무당 집은 온 벽에다 붉고 푸른 귀신 형상을 그리고 칠원(七元) 구요(九曜)의 별들로 표액(標額)했다. 사람들은 서로 어깨를 비빌 만큼 구름처럼 모여 무당굿을 찾았다. 그의 집 동쪽에 사는 무당은 50대로 수염이 반백인 박수로서 고객들에게 목구멍 속의 새소리 같은 가는 말로 때로는 늦게 때로는 빨리 두서없이 지껄였다. 얼굴에는 붉은색 연지 바르고, 북이나 장구를 치며 요란했다. 때로는 펄쩍 뛰기도 했다. 그러면서 그들은 사방 남녀의 식량거리 몽땅 거둬들이고 온 천하 부부의 옷을 모조리 탈취했다.[214] 이런 무당굿 모습은 현대 한국인에게 익숙한 모습과

---

213 | 『동국이상국집』 제35권 비명(碑銘)·묘지(墓誌). 조계산 제2세 고 단속사주지 수선사주 증시 진각국사 (曹溪山第二世故斷俗寺住持修禪社主贈諡眞覺國師)의 비명 병서(幷序).

214 | 『동국이상국집』 제2권. 고율시. 노무편(老巫篇) 병서(幷序).

크게 차이가 없으며, 고대 무(巫)의 굿도 별로 이와 다르지 않았을 것으로
추측된다.

이규보의 「노무편(老巫篇)」

이규보의 「노무편」이라는 시는 무당의 굿에 대해 묘사한, 국내에서 가
장 오래된 기록이다. 여기에 묘사된 굿은 오늘날의 그것과 그다지 다르
지 않으며, 아마도 고대에도 비슷한 방식으로 굿이 펼쳐졌을 것이다.

우리 해동에도 아직 이 풍속이 남아 있어 / 海東此風未掃除

여인은 무당 되고 남자는 박수가 되네 / 女則爲覡男爲巫

그들은 자칭 신이 내린 몸이라 하지만 / 自言至神降我軀

내가 들을 땐 우습고도 서글플 뿐이다 / 而我聞此笑且吁

굴속에 든 천년 묵은 쥐가 아니라면 / 如非穴中千歲鼠

틀림없이 숲속의 아홉 꼬리 여우일레 / 當是林下九尾狐

뭇 사람들이 의혹하는 동녘 집 무당은 / 東家之巫衆所惑

주름진 얼굴 반백 수염에 나이 쉰 살인데 / 面皺鬢斑年五十

구름같이 모여든 남녀 문에 가득히 / 士女如雲屐滿戶

어깨 비비며 목을 맞대어 드나드누나 / 磨肩出門騈頸入

목구멍 속의 새소리 같은 가는 말로 / 喉中細語如鳥聲

늦을락 빠를락 두서없이 지껄이다가 / 囁哢無緒緩復急

천 마디 만 마디 중 요행 하나만 맞으면 / 千言萬語幸一中

어리석은 남녀가 더욱 공경히 받드니 / 駭女癡男益敬奉

단술 신술에 제멋대로 배가 불러 / 酸甘淡酒自飽腹

몸을 추켜 펄쩍 뛰면 머리가 들보에 닿는다 / 起躍騰身頭觸棟

나무 얽어 다섯 자 남짓한 감실을 만들어 / 緣木爲龕僅五尺

입버릇 삼아 스스로 제석천이라 말하지만 / 信口自道天帝釋

제석천황은 본래 육천 위에 있거늘 / 釋皇本在六天上

어찌 네 집에 들어가 한구석에 처할 것이며 / 肯入汝屋處荒僻

온 벽에다 붉고 푸른 귀신 형상을 그리고 / 丹靑滿壁畫神像

칠원 구요로 표액했지만 / 七元九曜以標額

성관은 본래 먼 하늘에 있거늘 / 星官本在九霄中

어찌 너를 따라 네 벽에 붙어 있을 것이며 / 安能從汝居汝壁

생사와 화복을 함부로 이렇다 저렇다 하지만 / 死生禍福妄自推

어찌 우리를 시험 삼아 천기를 거스릴 수 있으랴 / 其能試吾橫氣機

사방 남녀의 식량거리 몽땅 거둬들이고 / 聚窮四方男女食

온 천하 부부의 옷 모조리 탈취하도다 / 奪盡天下夫婦衣

나에게 시퍼런 물 같은 날카로운 칼이 있어 / 我有利劍凜如水

몇 번이나 달려가려다 도로 중지한 것은 / 幾廻欲往還復止

다만 지켜야 할 법이 있었기 때문이었지 / 只因三尺法在耳

어찌 그 귀신이 나를 해칠까봐 못했겠느냐 / 豈爲其神能我崇

동녘 집 무당이야 늙을 대로 늙었으니 / 東家之巫年迫暮

아침 아니면 저녁이라 어찌 오래 가랴만 / 朝夕且死那能久

내가 생각하는 건 이뿐만 아니고 / 我今所念豈此爾

모두를 쫓아내어 민간을 깨끗이 씻으려는 뜻이라오 / 意欲盡逐滌民宇[215]

(출처: 고전번역원 번역본)

---

215 | 『동국이상국집』 제2권. 고율시. 노무편(老巫篇) 병서(幷序).

이규보는 생사와 화복은 무당이 아니라 하늘에 달린 것이며, 제석천이나 7원과 9요 또한 하늘에 있는 것이지 무당이 섬기는 감실이나 집안에 있는 것이 아니라 비판했다. 무당의 짓거리는 어쩌다 요행이나 바라는 사기로 보았다. 위 인용문에 이어서 이규보는 무를 도성에서 몰아내는 조치를 쌍수를 들어 반겼다. 그는 조정에서 이들을 쫓아낸 것을 이전에 위(魏)의 서문표(西門豹)가 강물에 큰무당을 빠뜨린 일이나 고려 의종 때 함유일(咸有一)이 교로도감(橋路都監)을 관장하면서 무당들을 교외로 추방하고 음사(淫祠)를 불 지른 쾌거로 평가했다.[216]

마찬가지 이유에서 이규보는 성황당과 성황신을 섬기지 않았다. 그가 전주 지방에 사록 겸 서기로 갔을 때 당연히 지방 관청에서 지내는 성황제를 지내야만 했다. 그는 마지못해 이 제사를 지냈을 뿐이다. 제사를 지내면서 고기 바치는 것을 금지시켰다. 그 고을에서는 예부터 매월 초하루에 저희들로 하여금 사슴 한 마리와 꿩 또는 토끼를 바쳐 제육(祭肉)에 충당하게 하고, 그런 뒤에 아리(衙吏)들이 공봉(公俸)을 받아서 주찬(酒饌)을 갖춰 성황에 제사를 지내는 것이 하나의 관례였다. 그는 "어찌 나물 끼니로 가난하게 지내는 나로서 달마다 생물을 죽여 귀신을 살찌우게 하기 위해 내 자신의 죄를 더하겠는가. 그리고 귀신도 정직한 귀신이라면 나에게 이런 것을 바라지 않으리라." 하고는 아리(衙吏)들에게 훈계하여 이제부터는 다시 고기를 쓰지 말도록 했다.[217]

역병을 쫓는 의식인 나례(儺禮)에 대해서 이규보는 두 차례 시로 적었다. "기생들 모두 불러 자리에 벌였네. 용고를 태우니 관등(觀燈)처럼 여겨지고, 타고를 마구 두들기니 섣달의 나례(儺禮) 같으며······"[218] "무르익

216 | 『동국이상국집』 제2권. 고율시. 노무편(老巫篇) 병서(幷序).
217 | 『동국이상국집』 제37권. 애사(哀詞)·제문(祭文). 제신문(祭神文) 전주(全州)에서 성황(城隍)에 제사 지내는 치고문(致告文)인데 운(韻)이 없다.
218 | 『동국이상국집』 후집 제8권. 고율시 57수. 이 시랑(李侍郎)이 진양공(晉陽公)에게 드린 여동시(女童詩)를

은 연회에는 조석을 따질 필요 없고, 탈속한 흥취에는 섣달 나례를 지나도 괜찮네."[219]라 했다. 이는 최충헌이 벌인 잔치의 성대함이 나례보다 나았다고 치사한 것이다.

춤으로 역병을 쫓는 의식은 고려속요 "처용가"에 잘 드러나 있다. 이규보 생존 때인 1236년(고종 23년), 복야 송경인은 평소 처용희를 잘하는 것으로 높은 평가를 받았다.[220] 신라 향가의 전통을 이은 이 작품에서는 처용이 춤을 추어 역신(疫神)을 쫓는 것을 노래한다.

처용아비만 본다면 열병신이야 횟감이로다. 천금을 주랴, 처용아비야. 칠보를 주랴, 처용아비야. 천금 칠보도 말고 열병신 잡아 날 주소서. 산이나 들이나 천 리 밖으로 처용아비를 비켜갈지어다. 아! 열병대신의 발원이로다.[221]

신라 때 역신을 쫓은 처용은 고려 때는 춤으로 발전해 역병 구축(驅逐)의 상징이 되었다.[222]

차운하여 진양공에게 드리다 병서(幷序).

219 | 『동국이상국집』 후집 제8권. 고율시 57수. 이 시랑(李侍郎)이 지은 여동시(女童詩)를 다시 차운하다 병서(幷序).

220 | 『고려사』 권23. 세가23. 고종 23년 2월. 박병채 역, 『고려속요집성』, 70쪽.

221 | 박병채 역, 『고려속요집성』, 64~65쪽.

222 | 고려시기 나례에 대한 기록은 비교적 풍부하게 남아 있다. 이제현은 『익제난고』(권4)에서 "옛날 신라의 처용 늙은이, 푸른 바다에서 왔단 말 들었지. 흰 이 붉은 입술로 달밤을 노래하고, 제비 어깨 붉은 소매로 봄바람에 춤추네." 라고 적었다.(박병채 역, 『고려속요집성』, 69쪽). 고려속요 "성황반(城隍飯)" 도 성황신에게 진상하는 것을 노래한다. "동방에 지국천왕(持國天王)님이여, 남방에 광목천자천왕(廣目天子天王)님이여, 나무서방에 증장천왕(增長天王)님이여, 북방산에 계신 비사문천왕(毘沙門天王)님이여,…… 내외에 황사목천왕(黃四目天王)님이여." 앞의 네 천왕은 제석(帝釋)의 4대천왕으로 각기 동서남북 네 방향을 맡았다. 황사목천왕은 역귀를 쫓는 방상씨(方相氏)다. 고종 23년 몽고의 침입 때 온수군에서 이를 대파했는데, 이때 그 군의 성황신이 몰래 도운 공이 있다 하여 더욱 높이 섬겼다는 기록이 있다.(『고려사』 권23. 세가 23년. 고종 23년 9월. 박병채 역, 『고려속요집성』, 195쪽). 고려속요 "대왕반(大王飯)" 또한 성황신을 노래한다. "팔위성황 여덟 성황님은 놀고 쉽니다그려. 물가 계집질이 장하기도 합니다. 그때에 흑모란 같은 많은 여인들이 이 성안에 가득 차어 놀고 계신 대왕님 디러렁다리 라리러디러리." (박병채 역, 『고려속요집성』, 201쪽). 이 노래에는 여덟 성황을 노래했다. 고려속요 "삼성대왕(

129

무당이나 귀신에 대한 이규보의 부정적인 태도는 거꾸로 당시 사람들의 관념과 다른 소수 지식인의 생각에 불과했다. "때에 내가 병에 걸려 잘 낫지 않았으므로 제수를 베풀어서 밝게 고하지를 못하였도다. 아, 슬프다. 액운이 모임이여, 비록 약을 써도 효험이 없도다. 어찌 의사와 무당에게 물어보지 아니하리오마는 여러 가지 지껄여서 괴이한 것이 많을까 두려워하였도다."[223]고 한 승 석천인(1205~1248년)의 경우처럼 그것의 부정은 대단한 용기를 필요로 했다. 공부상서까지 지낸 함유일(1185년 몰)이 일찍이 무당과 점쟁이[瞽史]를 심하게 배척했기에 등주 신사에서 제사를 지낼 때 절하거나 술잔을 올리지 않았다가 담당 관리가 귀신을 가볍게 여겼다고 보고하여 관직에서 쫓겨난 적이 있다.[224]

당시 대다수 사람들은 보통 병이 들었을 때 의원과 무당을 찾고, 기도에 의지했다. 이규보와 동시대 인물인 시인 임춘(林椿)은 황보원에게 제사 지내는 글에서 "근심이 마음에 발하고 종기가 살갗에 침노하는데, 멀어서 형제가 없고 의원과 무당을 구하다가 하루저녁 사이에 죽음에 이르렀으니, 천도(天道)가 무지(無知)하여 차마 이렇게 잘리고 도륙되었다."고 했다.[225] 진광인(晋光仁)은 1186년(명종 16년) 7월 머리에 종기

城人口)"은 역병의 빌미가 되는 장독(瘴毒)을 없애달라는 염원을 담고 있다. "장독을 끊어 없애실까 삼성대왕. 일을 빼앗을까 삼성대왕. 장독이라 재난이라 할진대 장독을 제거하소서.……"(박병채 역, 『고려속요집성』, 207쪽.) 라고 한다. 고려속요 "대국(大國) 1·2·3에서도 더러운 기운인 4백 가지 장난(瘴難)을 없애고자 하는 염원을 담았다.(『고려속요집성』, 209쪽). 고려속요 "나례가(儺禮歌)"는 섣달 그믐날인 제석(除夕)에 잡귀를 쫓는 의식인 나례를 노래한다. 나례는 역병을 쫓는 의식이다. 초라니는 방상씨 가면을 쓰고 "청컨대 역병 쫓으소서." 라는 명령이 떨어지면 역병을 비롯한 잡귀를 쫓는 춤을 펼친다. 노래에 이르기를, "너의 몸이 잡히면 너의 간을 마디마디 내고 너의 살을 도려내고 너의 폐장을 꺼낼 것이니 네가 빨리 달아나지 않으면 쫓는 자의 밥이 될 것이다."고 한다. 정종 6년 11월 무인에 "나례에 오계를 잡아 역병의 기운을 쫓았다."(『고려사』 권64. 예지 18. 계동 대나의[季冬大儺儀]).

223 | 『동문선』 제109권. 제문. 비를 세운 뒤에 단에게 드리는 제문[立碑後譚旦祭文].(『동문선』의 경우, 고전번역원의 『국역동문선』을 참고했다).

224 | 김용선, 『역주 고려묘지명집성(상)』, 한림대학교출판부, 2012, 391쪽.

225 | 『동문선』 제109권. 임춘. 제문. 황보원에게 제사 지내는 글 아버지를 대신하여 행하다.

가 생겨 열흘 쯤 □□□을 겪자, 임금이 의관에게 명하여 약을 내려주
었다. □□□ 달려와 기도하였으나 조금도 차도가 없어서 윤 7월 26(?)
일 세상을 떴다.[226] 임금인 인종(재위 1123~1146년)조차도 병들어 눕게 되
자 "무당과 의원의 방술(方術)을 찾음이 진실로 한 번이 아니며, 신성(神
聖)의 영(靈)에 빈 일 또한 이미 많았다."[227] 이런 경향에 대해 1123년(인종
1년) 고려를 방문했던 송의 서긍(徐兢)은 『선화봉사고려도경』에서 "고려
의 옛 풍속은 사람이 아파도 약을 먹지 아니하고 오직 귀신을 섬길 줄
만 알아, 저주(詛呪)하여 이겨내기를 일삼는다."[228]고 적었다.

■자료

서긍의 『고려도경』 중에 기술된 의약 상황

고려의 의약 상황을 전반적으로 기술한 기록으로는 서긍의 『고려도경』
에 실린 다음 기사가 유일하다.

고려의 옛 풍속은 사람이 아파도 약을 먹지 아니하고 오직 귀신을 섬
길 줄만 알아, 저주(詛呪)하여 이겨내기를 일삼는다. 왕휘(王徽, 문종)
때 사신을 보내어 입공(入貢)하고 의술(醫術)을 구해 간 뒤로부터 사람
들이 점차로 배워 익혔으나, 그 방술에 정통(精通)하지는 못했다.
선화(宣化) 무술년(1118년, 예종 13년)에 사신이 와서 글을 올려, 의직(醫
職)을 내리어 가르쳐주기를 청하므로, 상(上)이 그 건의를 허락하여 드

226 | 김용선, 『역주 고려묘지명집성(상)』, 399쪽.
227 | 동문선 제110권. 소(疏). 속리사 점찰회 소(俗離 占察會疏). 김부식(金富軾)
228 | 『선화봉사고려도경』 제16권. 관부(官府) 약국(藥局).

디어 남줄(藍茁) 등을 고려로 보냈는데, 그런 지 두 해 만에 돌아왔다. 그 뒤부터 의술을 통한 자가 많아져서, 보제사(普濟寺) 동쪽에 약국(藥局)을 세우고 3등급의 관원을 두니, 첫째는 태의(太醫), 둘째는 의학(醫學), 셋째는 국생(局生)이라 하여, 푸른 옷에 나무 홀(笏. 관인이 조정에 들어갈 때 조복에 갖추어 손에 쥐는 것) 차림으로 날마다 그 직에 임했다.

고려는 다른 물화는 모두 물건으로써 교역(交易)했으나, 오직 약을 사는 것은 간혹 전보(錢寶)로써 교역하였다.

이를 보면, 마치 고려 문종(재위 1046~1083년) 이전에는 의술을 전혀 모르다가, 문종 때 사신이 들어가 의술을 구해 간 다음에 의학을 익힌 것처럼 되어 있다. 그 이전에는 저주와 같은 주술적 방법만 있었던 것처럼 묘사하고 있다. 그것은 다소 과장된 것으로 여겨지지만, 고려 문종 이후 송(宋)으로부터 의관들이 여러 차례 와서 선진 의학을 고려인에게 가르쳐주었다.[229] 중국에서도 당나라 의학이 선진적인 송의 의학으로 바뀌었는데, 고려는 적극적으로 송의 의학을 직접 교수라는 방법을 통해 습득했던 것이다. 문종 때는 『(황제팔십일)난경』·『옥천집』·『상한론』·『본초괄요』·『소아소씨병원』·『소아약증병원』·『장중경오장론』·『주후방』 등을 간행하였다. 이런 학습의 결과 고려의 의학 수준이 획기적으로 높아졌을 것이다. 『고려도경』은 또 의료제도로서 의원이 어의인 태의, 그 아래의 관원인 의학, 그 아래의 국생(혜민국의 생도) 등으로 나뉘어져 있음도 말했다. 마지막으로 약을 살 때는 물물 교환이 아니라 화폐를 이용하는 경우가 있었음을 지적하고 있다. (출처: 고전번역원 번역본)

---

229 | 문종 때 3차례, 숙종(1095~1105 재위) 때 두 차례, 예종(1105~1122) 때 두 차례 파견 기록이 보인다. 그 가운데 문종 32년에는 다수의 의인이 포함된 무려 88인이나 고려에 왔다.(김두종, 『한국의학사』, 119쪽).

어의 파견과 상약국과 태의감

추밀의 지위에 있었던 유권(柳權)은 병이 깊어지자 사직원을 냈다. "수족이 저리고 당기어 놀리기 불편하고 지체가 힘이 없어 넘어질 지경"에 이른 풍비병이 원인이었다. 그 원인은 춥고 더운 기후, 안개나 이슬에 촉감된 것으로 파악되었으나, 그는 그것이 부덕의 소치 때문이라 했다.[230] 두 번째 소를 올렸으나 받아들여지지 않았고, 왕은 대신에 어의를 보내 그의 병을 진찰토록 했다.[231] 왕이 풍비병 치료약인 석곡환(石斛丸)을 내려준 데 대해 유권은 은 이규보로 하여금 다음과 같은 사은의 글을 쓰도록 했다.

신 모는 아룁니다.
운운. 천금의 귀중한 약을 특히 구병(救病)의 은혜로 내리시어 6척의 쇠잔한 몸이 이미 갱생의 희망이 있으니, 그 황송함을 어찌하리까. 봉대(奉戴)하여 몸 둘 바를 모르겠습니다. 중사(中謝).
삼가 생각하건대, 신이 전에 풍비병(風痺病)에 걸려 분에 넘친 관직을 사면하였사온바, 몸은 비록 집으로 물러와 휴양하면서 우러러 성상의 은혜에 감사하고 있으나 아직도 병상을 떠나지 못하고 해가 바뀌도록 누웠사오며, 백방으로 치료하여도 낫지 않고 오기(五氣)가 서로 뒤틀립니다.
이 석곡환이란 명약은 실로 『금편(金篇)』의 묘방으로, 정기를 보하며 몸을 이롭게 함이 이미 의서에 나타나 있고, 근골(筋骨)을 장하게 하며 몸을 가볍게 한다는 것을 의원들도 두루 알고 있는 사실이나, 궁

---

230 | 『동국이상국집』 제29권. 표(表). 유 추밀 공권(柳樞密公權)이 사직(辭職)을 청원하는 표(表).
231 | 『동국이상국집』 제29권. 표(表). 세 번째 표.

중의 비장(祕藏)이 아니면 세간에서 쉽게 구하기 어렵습니다. 어찌 성상께서 굽어 미천한 신을 불쌍히 여기시어, 좋은 의원을 명하여 진찰하게 하고 따뜻한 조서를 내려 은혜를 베풀어주실 줄 뜻하였겠습니까. 미처 받들기 전에 다시 생각하건대, 평소에 양생(養生)하는 법을 몰라 이런 중병에 걸렸으니, 제 어찌 나라를 구제하는 말씀을 올려 보탬이 있게 하였으리까. 아무런 공(功)도 없이 하사품을 받자오니 스스로 부끄럽습니다.

부지런히 복용함으로써 이내 신기한 효험을 보아, 장차 한단(邯鄲)의 옛 걸음을 회복하고 안자(晏子)의 앉은뱅이걸음을 면하여 진실로 여생을 보전하면, 어찌 뒷날의 보답함을 잊겠습니까. 운운.[232]

왕이 의원을 보내고 약을 하사하면, 이처럼 감사의 표를 올리는 것이 상례였다. 유공 권은 자신이 쓰기 힘든 형편에 있자 이규보로 하여금 대신 쓰도록 했다.

중신의 질병 때 의관과 약 등을 보낸 기록은 고려시대 묘지명에 여럿 눈에 띈다. 이규보가 태어나기 18년 전인 1150년 현화사 주지인 현화사 주지승 김덕겸이 병이 들자 의종은 어의관(御醫官) 박경단과 최우 등을 보내어 간호하게 하고, 권지승선 상서호부원외랑(權知承宣 尙書戶部員外郞) 김존중에게 명하여 수침향 128냥과 열약 15물을 하사했다.[233] 1160년(의종 14년)에는 최함의 병 때 임금이 어의를 보내어 탕제를 하사하면서 구완을 잘 하도록 위로의 말을 내렸다.[234] 1172년(명종 2년) 김명부의 병 때에도 임금이 중사(中使)에게 명하여 좋은 약을 내려 보내고 또 문안하도

---

232 | 『동국이상국집』 제29권. 표(表). 유공(柳公)이 석곡환(石斛丸)을 하사한 데 대하여 사은하는 표.
233 | 김용선, 『역주 고려묘지명집성(상)』, 175쪽.
234 | 김용선, 『역주 고려묘지명집성(상)』, 289쪽.

록 했다.[235] 1186년(명종 16년) 진광인이 7월 머리에 종기가 생겨 열흘쯤 □□□(缺)을 겪자, 임금이 의관에게 명하여 □□□(缺) 혹은 약을 내려 주었다.[236] 1220년(고종 7년) 조충의 병 때에도 □□□(缺) 의원이 □□□ (缺) 약이 □□□(缺) 종일 문에 이어졌다.[237] 1228년(고종 15년) 최보순이 중서성에 숙직하다가 갑자기 병이 들자 임금이 상방의(上方醫, 御醫)에게 명하여 만금의 양약으로 치료하게 하니, 잠시 뒤에 바로 나았다.[238] 이규 보의 경우(1241년, 고종 28년) 병을 앓게 되자 임금이 의원을 보낸 것이 아 니라 실질적인 통치자인 최우가 의원과 약을 보냈다. 이 또한 임금이 의 원과 약을 보내는 전통을 대신한 것이라 할 수 있다.[239]

묘지명에 보이는 내용은 대체로 임종에 이를 정도의 병환 때 의관 또 는 어의를 파견한 것이다. 한결같은 공통점은 이들이 현직 고위직에 있 거나 바로 직전에 역임했다는 점이다. 임금 또는 정계 실력자의 의약 제 공은 사적인 측면에서 이뤄진 게 아니라 공식 의료제도의 틀 안에서 이 루어진 것이다. 전·현직 고위대신 또는 왕족, 국사(國師) 등에게 의관이 나 어의를 파견했다. 이는 989년(성종 8년)의 조치, 즉 "조야사서(朝野士

상약국 약함

235 | 김용선, 『역주 고려묘지명집성(상)』, 343쪽.
236 | 김용선, 『역주 고려묘지명집성(상)』, 399쪽.
237 | 김용선, 『역주 고려묘지명집성(상)』, 531쪽.
238 | 김용선, 『역주 고려묘지명집성(상)』, 563쪽.
239 | 김용선, 『역주 고려묘지명집성(상)』, 605쪽.

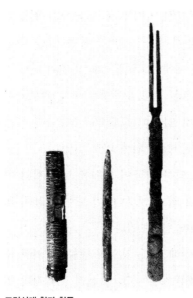

고려시대 침과 침통

庶)의 질병자는 의관과 약물을 얻지 못하여 진료 받지 못하는 자가 많으니 문무관의 질병은 본사(本司)로 하여금 구록(具錄)케 하여 알리면 시어의(侍御醫)·직장(直長)·의정(醫正) 등을 보내어 약을 가지고 가서 진료하도록 하라."[240]는 조치가 이 시기에도 실천되고 있었음을 말한다.

여기서 파견되는 의원의 소속을 보면, 시어의와 직장은 상약국(尙藥局)에, 의정은 태의감(太醫監)에 속한다. 문종 때 확정된 관제[241]에 따르면, 상약국에 속한 시어의(종6품) 2인, 직장(종7품) 역시 2인이었다. 태의감에 속한 의정(종9품)으로 2인이었다. 따라서 문무관의 질병을 이 6인의 의관이 담당했음을 알 수 있다. 아마도 관직의 고하에 따라 시어의, 직장, 의정의 파견이 달랐을 것이다. '임금에게 올릴 약을 짓는 것을 맡는[掌和御藥]' 상약국에서 파견된 시어의나 직장의 경우는 어명을 받들어 나가는 형식이었을 것이고, '의원에 관한 일, 약에 관한 일, 구료에 관한 일을 맡은[掌醫藥療治]' 태의감에서 파견한 의정은 관에서 나간 형식을 취했을 것이다. 이들보다 높은 직책으로는 상약국에는 봉어(奉御, 정6품) 1인에 불과하고, 태의감에는 판사(종3품) 1인, 감(정4품) 1인, 소감(종5품) 2인, 박사(종8품) 2인, 승(종8품) 2인 등이 있었다. 품계가

---

240 | 『고려사』 성종세가 권3. 성종 8년 2월 경진 교(敎).
241 | 『고려사』 권76. 지30 백관1·2.

있는 직책으로 이보다 낮은 직책으로는 상약국에는 의좌(정9품) 2인, 태의감에는 조교(종9품) 1인, 주금박사(종9품) 1인 등이 있었다. 이를 보면, 문무관에게 파견한 의관의 등급이 중간 정도였다고 할 수 있다. 의료기관 전체를 통틀어 가장 높은 직책은 종3품 태의원 판사였다. 상약국의 직장 이하의 의원으로는 의좌(醫佐, 정9품) 2인이 있었는데, 이름에서 말하듯 봉어나 시어의를 보좌하는 구실을 했을 것이다. 이 밖에 상약국에는 침술과 외과술을 맡았을 의침사 2인이 있었고, 약 허드렛일을 하는 약동 2인이 있었다.

상약국의 의관만이 임금의 진료를 담당했을까? 관제 규정을 보면 봉어 1인과 시어의 2인이 이 일을 담당했고, 의좌 2인이 이들을 보조한 것임을 짐작할 수 있다. 직장은 봉의서의 행정 일은 함께 맡았을 것이다. 이 밖에 정식 품계는 없지만 의침사(醫針史)는 주로 침술을 보조했을 것이다. 그렇다면 상약국보다 높은 관직이 수두룩한 태의감에서는 임금의 진료에 참석하지 않았을까? 이는 이치상 받아들이기 힘들다. 의관으로서 당연히 임금의 진료에 참석했을 것이다. 문종 때의 사례를 보면, 그의 풍비(風痹)를 국내의 모든 의관이 고치지 못하자 송에 의관 파견을 요청할 정도였다.[242] 또 공식적인 외교관계가 없었던 일본에도 의관 파견을 요청했다.[243] 이렇듯 왕의 중병은 모든 자원을 동원하는 식으로 이루어졌다. 의관 윤응첨의 이력을 보면 하나의 실마리를 발견할 수 있다. 1219년(고종 6년)에 그는 통의대부 판대의감사(判大醫監事)와 지다방사(知茶房事)를 겸했다. 다방이란 내시와 마찬가지로 궁중 출입이 자유로운 직책으로서 항시 궁중에 머물러야 하는 직책이었다. 아마도 실제로

---

242 | 『고려사』 문종세가9. 춘종 32년 7월 을미 및 문종 33년 7월 정묘조.
243 | 이 일로 일본에서는 의사 파견을 둘러싸고 대단한 논쟁이 벌어지나 문서상의 문제를 들어 거절한다. 파견될 것으로 내정된 의사가 반대했고, 또 의사를 파견했을 때 고치지 못했을 경우의 일이 두려워 그랬다고 한다. 이 사건에 대해서는 장동익, 『일본 고중세 고려자료 연구』, 서울대출판부, 2004, 101-119쪽에 상세히 실려 있다.

지근거리에서 임금의 일상생활을 관리하는 어의의 구실은 이렇듯 시중 드는 형식의 겸직을 통해 이루어졌을 것이다. 조선시대에도 실제 왕을 진료하는 어의는 내의원이나 전의감의 정식 관제에 포함되지 않고 별정 직으로 운영되었다. 『어의촬요방』이 다방에서 썼던 책을 증보했다는 사실도 이런 측면에서 이해된다.

임금과 문무관의 진료 외에도 의원의 양성, 약재의 수급, 역병 구료 등은 국가적인 차원의 일이었다. 이들은 태의원 일반 사무를 관장한 참상직인 판사 1인, 감 1인, 소감 2인 등과 내과 진료 사무를 맡은 의정 2인, 침술과 외과술을 담당한 품계 없는 직책, 즉 의침사 1인, 주금사 2인, 주금공 2인, 의학교육을 담당한 직책인 박사 1인, 조교 1인, 외과술을 가르치는 주금박사(종9품) 1인,[244] 약의 관리를 맡은 승(종8품) 2인[245]으로 이루어졌던 듯하다. 이 밖에 약 허드렛일을 하는 약동 2인, 약 달이는 일을 맡은 주약(注藥) 2인이 있었다. 이런 내용을 보면, 태의감 소속의 품계 있는 의관은 11명, 그렇지 않은 의원이 5명 정도 있었음을 알 수 있다.

이상의 내용을 보면, 12세기 무렵 태의감과 상약국을 합쳐 의관 자리 20개, 품계 없이 침술이나 외과술을 담당한 직책이 7개 등 도합 27개 정도가 있었음을 알 수 있다. 이 밖에 동궁에 약장랑(藥藏郎, 정6품)과 약장승(藥藏丞, 정8품) 등 2인의 의관이 있었다. 예문원에 임시 의관인 2명의 권무의관(權務醫官, 정9품)이 있었다.[246] 문종 때 설립된 동서대비원에는 의관은 없었고, 단지 이속으로 의리(醫吏) 2인을 쓰도록 했다.[247] 1112

---

244 | 주금(呪噤)은 원래 주문을 통해 질병의 원인이 되는 귀신을 쫓는다는 의미의 의술이었지만, 고려의 경우 주금은 침과와 외과를 가리켰다.(이경록, 신동환, "고려시대의 의료제도와 그 성격", 『의사학』 제12권 2호, 2001, 162쪽)
245 | 동궁의 관제를 보면, 약장랑(藥藏郎)과 약장승(藥藏丞)이 있다. 이로부터 태의감의 승을 약 담당자로 보았다.
246 | 『고려사』 권76. 지30. 백관1. 예문관.
247 | 『고려사』 권76. 지30. 백관1. 동서대비원.

년(예종 7년)에 설립된 혜민국에는 1명의 의리조차 없었다.[248] 이상은 도읍이 있는 개경의 경우다. 지방을 보면, 문종 때 3경, 12목, 대도호부, 대도독부 등에 의관(9품)을 두도록 했는데,[249] 대략 17명 정도의 의관이 지방에 있었다고 볼 수 있다. 그렇다면 서울과 지방을 합쳐 품관 41개, 품계가 없는 직책 7명 남짓이 있었던 셈이다.

이규보 시대의 의인(醫人)들, 그들은 누구인가?

이규보는 의술을 펼친 사람의 이름을 알 수 있는 기사 넷을 남겼다.

첫째는 명종 때의 중 일엄(日嚴)이다. 그는 남국에서 온 인물로 자칭 세존이라 하면서 의술로 주목을 끌었다. 사람들이 모두 그가 사람의 질병을 잘 치료하여 비록 맹롱(盲聾)과 풍라(風癩)라 하더라도 즉석에서 낫는다고 전하므로, 경사(京師)에서는 이 소문을 듣고 모두 초빙하려 하였다. 명종은 여러 신하들의 뜻을 거절하기 어려워 먼저 내신(內臣)을 시켜서 그 사실을 알아보게 하였더니, 내신은 돌아와서 소문처럼 아뢰었다. 명종은 부득이 사신을 보내어 그를 맞아오게 한 다음 동성(東城) 밖의 홍법사(弘法寺)에 거처하게 하였다. 그랬더니 경사의 관리나 서민들이 주야로 그 절에 모였다. 그 수효는 무려 1만여 명으로 모두 아미타불(阿彌陀佛)을 불렀는데 그 소리는 10리 밖에도 들렸다. 심지어 공경(公卿)·진신(搢紳) 및 그들의 부인과 규중처녀들까지도 수풀처럼 모여서 모두 머리털을 그의 앞에 깔아 일엄의 발을 딛게 하였으며, 일엄이 먹고 남은 음식이나 목욕한 물을 얻기만 하면 한 방울일지라도 천금처럼 귀

---

248 | 『고려사』 권76, 지30, 백관1, 혜민국.
249 | 이경록, 신동환, "고려시대의 의료제도와 그 성격", 『의사학』 제10권 제2호, 2001, 156쪽.

하게 여겨서 먹지 않는 이가 없었다. 하지만 명종은 그를 왕궁에 초빙하지 않고 강남으로 보내버렸다. 나중에 알아보니, 일엄이라는 자의 의술은 사기였다. 즉, 그는 "만법(萬法)은 오직 마음일 뿐이다. 너희가 만일 부지런히 염불하기를 '나의 병은 이미 나았다'고 한다면 병이 따라서 나을 것이다. 절대 삼가서 '병이 낫지 않았다'고 말하지 말라." 하였다. 이 때문에 소경은 잘 보인다고 말하고 귀머거리는 잘 들린다고 말했던 것이다. 이리하여 사람들로 하여금 혹하기 쉽게 하였으니, 이는 나라의 요괴한 자였을 것이다. 아, 일국을 그르칠 뻔하였다.[250]

둘째는 광릉후 왕원(王源)이다. 왕원은 문종의 아들인 왕족으로 독서, 문장, 의술, 단청 그리기 등에 능했다. 천금으로 책을 사고, 여사(餘事)로 약방문에 정통하여 온갖 약으로 대중을 구제하며, 몸소 약을 지어 사람들에게 덕을 폈다.[251] 그의 의술은 노숙한 의사처럼 높았다.[252]

셋째는 진각국사 혜심이다. 그는 부친이 일찍 죽자, 모친에게 출가(出家)하기를 빌었더니 모친이 허락하지 않고 유업(儒業)을 힘쓰게 하였으나, 항상 경(經)을 외고 주문(呪文)을 읽더니 오랜 후에 득력했다. 음란한 무당과 요사스러운 신사(神祠)를 배척하고 헐어버리기를 좋아했다. 특히 그는 이따금 사람의 병을 치료하여 효험이 있었는데,[253] 일대를 풍미한 승려로서 그가 의술에 어느 정도 조예가 있었음을 이로부터 알 수 있다.

이 밖에 명의(名醫) 구 낭중(仇郎中)이 보인다. 성이 구씨로 벼슬이 낭중인 인물이며, 당시 명의로 유명했던 듯하다. 이규보의 시에서 나타난 의원을 보면, 자신의 병 때 왕진 온 구 낭중은 의관이라 할 수 있다.

---

250 | 『동국이상국집』 제22권 잡문(雜文). 논(論). 일엄(日嚴)의 일을 논함.
251 | 『동국이상국집』 제32권 장(狀). 전주소제(全州所製). 정단하장(正旦賀狀).
252 | 『동국이상국집』 제37권 애사(哀詞)·제문(祭文). 광릉공(廣陵公)에게 드리는 제문 남을 대신해서 지었다.
253 | 『동국이상국집』 제35권 비명(碑銘)·묘지(墓誌). 조계산 제2세 고 단속사주지 수선사주 증시 진각국사 (曹溪山第二世故斷俗寺住持修禪社主贈諡眞覺國師)의 비명 병서(幷序).

왕원은 왕자로서 여기(餘技)로 의술을 배웠으나 실제 시술하면서 이름을 떨친 인물이다. 진각국사 혜심은 당대를 대표하는 승려로서 전문적으로 의술을 펼치지는 않았지만 이따금씩 병을 고칠 정도의 의술을 소유하고 있었다. 전대의 인물인 일엄은 남국에서 온 승려로서 의술이라기보다는 신통함을 위주로 하는 치병 능력의 소유자였다. 이규보 자신도 『본초』 책을 읽으며 자신의 병을 돌볼 정도의 의약 소견을 가지고 있었다. 이 밖에 자신이 사직서를 대필한 유권이 병을 앓을 때 어명을 받고 찾아온 어의들이 있었고, 『신집어의촬요방』을 엮은 의학에 밝은 시중 최종준이 있었다.

묘지명이나 『동문선』, 『고려사』 등에 실린 여러 자료를 더 검토하면 이규보 시대의 의원들에 대해 더 많은 정보를 얻을 수 있다.[254] 이규보는 한 시에서 의원 3대를 뜻하는 삼세의(三世醫)에 대한 세간의 믿음을 드러낸 바 있다. 명리를 버리고 천태종에 귀의한 위지식이란 인물이 있었는데, 그는 산속에서 수도하다가 갑자기 홀어머니가 중병에 걸렸다는 소식을 듣고 먼 길에 발바닥 부풀리며 서울로 돌아와 황급하게 치료할 것을 생각했지만, 금궤에서 비방을 꺼내는 삼세의를 만나지 못했다는 것을 안타까워한 내용이다.[255] 그는 『논어』에서 말한 3대째 가업 명의(名醫)의 존재를 이렇게 비유적으로 표현했다.

이규보와 동시대 인물로 실제 삼세의가 있었다. 1228년(고종 15년) 세상을 뜬 윤응첨(尹應瞻)이 그 사람이다. 고려시대 의관으로 그처럼 이력이 생생하게 남아 있는 인물은 없다. 그가 죽었을 때 벼슬은 통의대부 판대의감사(判大醫監事) 지다방사(知茶房事)였다. 부친은 행대의소감(行大

254 | 송춘영, 『고려시대잡학교육연구』, 형설출판사, 1998, 196-202쪽에는 『고려사』와 여러 금석문 자료로부터 추출한 의약 인물 46명에 관한 정보를 표로 정리해놓았다.
255 | 『동국이상국집』 제8권. 고율시. 시를 재빠르게 써 위 지식(威知識)에게 주다.

醫少監)인 윤공보였고, 조부 또한 행대의소감을 역임한 윤은석이었다. 그는 의술 3대를 장점으로 삼아 나라를 도왔으므로 당시 사람들이 그를 ……(缺)이라고 했다. 이런 내용을 보면, 당시 사람들의 의술 3대에 대한 높은 평가와 그를 배경으로 한 윤응첨의 출세를 짐작할 수 있다. 그는 약과 침을 달라는 요구에 응하기를 게을리 하지 않았고, 부족하면 바로 이를 □□(缺)와 무역(貿易)하여 [해결했다].[256] "사람들의 약석(藥石)의 요구를 게을리 하지 않았다."는 것은 거꾸로 그것을 특기할 정도로 그렇지 않은 것이 일반적 상황이었음을 시사한다. 또 "부족하면 바로 무역하여 [해결했다]."고 함은 고치겠다는 의지와 융통성을 보여주는 동시에, 당시 의원의 약에 대한 사적인 구매, 더 나아가 국제무역까지를 떠올리게 해준다.

윤응첨의 벼슬 이력은 의관의 사회적 지위와 관련하여 많은 정보를 준다.[257] 그의 이력을 보면 세간의 명성을 얻게 되자 어느 핸가 그는 벼슬로 나아가 일단 상약(尙藥) 시어의(侍御醫)에 이르렀다. 1201년(신종 4년)에 상약봉어 의관이 되었고, 1208년(희종 4년)에는 (缺)주목의 부사(副使), 공부시랑이 되었고, 이듬해에는 군기감이 되었다. 1211년(희종 7년)에는 호부시랑, 1212년(강종 1년)에 공부시랑이 되었다. 1213년에 병부시랑과 함께 이전과 같이 지다방사를 겸직했다. 1215년(고종 2년)에는 중대부(中大夫) 판소부감사(判少府監事), 1218년에는 대부경(大府卿), 1219년(고종 6년)에는 통의대부 판대의감사(判大醫監事)와 지다방사를 겸했다. 이런 사실은 순전히 의업을 배경으로 했음에도 각종 경·외직 현직을 넘나드는 데 장애가 없었음을 알 수 있다. 오히려 도움이 되었던 듯 여겨질 정도다. 그 스스로도 "나는 의업을 하는 가문에서 태어나 벼슬하면서 이

---

256 | 김용선, 『역주 고려묘지명집성(상)』, 349쪽.
257 | 김용선, 『역주 고려묘지명집성(상)』, 554–555쪽.

름난 관직을 많이 거치고, 일찍이 수레를 타고 북국을 돌고 남주를 □ □□(缺) 3품의 지위에 올랐으니……"라 하여 대견스럽게 여겼다. 그는 어의(御醫) (缺)자검의 딸과 결혼했는데, 이는 혼인을 통한 의관 집안 사이의 긴밀한 연관을 암시한다.

이규보가 태어나기 28년 전(1140년, 인종 18년)에 세상을 뜬 최사전(崔思全) 또한 삼세의(三世醫), 즉 3대에 걸친 의원으로 가업을 이어받아 의업으로 출세한 대표적인 인물이다. 그의 조부는 상약직장(尙藥直長) 철(哲), 아버지는 장작감(將作監) 정(靖)인데, 모두 의술로 나아가 조정에서 벼슬했다. 사전(思全)이라는 말 자체가 십전(十全)이라는 의술 용어에서 비롯한다. 그는 어려서부터 의술에 정통했으며, 나이 15세 되던 해(선종 1년, 1084년)에 궁궐로 불려 들어갔는데, 선종이 "의원은 마땅히 모든 것을 온전하게 하는 것(十全)을 으뜸으로 삼아야 하는데, 그대가 바로 최고의 의원이 될 것이오."라고 하면서 그의 이름을 사전이라 하고 벼슬을 내려주었다.[258] 그는 이후 어의로 활동했을 뿐 아니라 군기소감(정4품), 병부상서(정3품), 문하시랑동중서(정2품), 문하평장사(정2품) 등 고위직을 두루 겪었다. 최사전이 크게 출세하게 된 데는 외척의 발호로부터 왕정을 회복시킨 공 때문이었다.

이규보와 동시대 인물인 안사열(安社悅) 또한 의가 출신이었다. 그는 일찍이 아버지의 업을 계승하여 집에서 의술을 펼쳐 편작같이 많은 사람을 살렸다. 그는 의업을 펼쳤지만, 관직에 나아간 다음에는 의업이 아니라 옥사와 관련된 직책을 맡았다.[259]

의가 출신으로 의관이 됐던 인물만 있었던 것은 아니다. 그냥 의원에

---

258 | 『역주 고려묘지명집성(상)』, 100-101쪽.
259 | 『동문선』 제109권. 제문(祭文). 안사열에게 제사 지내는 글 매제를 대신하여 행하다.(이 글은 이규보와 동시대 시인인 임춘이 쓴 것이다.)

최사전의 묘지명

머무른 자도 있었고, 여의(女醫)도 있었다. 성은 미지이며 이름이 순성인 인물(1197년 몰)은 복원궁직 □□□(缺)승 동정을 지낸 아버지에게 의술을 배워 매번 침도 놓고 약을 주는 의원으로 평판이 있었다. 그는 환자의 친소를 묻지 않았고, 사람들에게 보수도 받지 않아 인자로 칭송받았다. 그러던 중 집정(執政)의 병을 고쳐 표창으로 순릉 직을 제수 받았고, 이후 봉은사 진전 직으로 옮겼으나 오랫동안 승진하지 못하다 세상을 떴다.[260] 임정의 처는 의가 집안의 딸이었는데, 종기를 앓고 있는 정계의 실력자 최우(崔瑀, ?~1249년)의 병을 고쳤다. 다른 의관들이 치료를 하지 못하고 있었는데, 그가 만든 고약으로 이런 성과를 냈다. 덕택에 남편인 임정이 공부시랑에 제수되었다. 이 기록을 보면, 임정의 처가 집에서 배운 의술을 펼칠 줄 아는 여의였음을 짐작할 수 있다.

예종(1079~1122년)과 인종(1109~1146년) 때 의관인 신안지(愼安之)는

260 | 김용선, 『역주 고려묘지명집성(하)』, 1165쪽.

문종(1046~1084년) 때 송나라로부터 귀화한 의원인 신수(愼修)의 아들로 의술이 유명했다. 그의 처방으로 짐작되는 처방 하나가 『의방유취』 안에 실린 고려의서 『비예백요방(備預百要方)』에 남아 있다.[261] 신안지는 중국인의 후예답게 한어에 능통하여 남조(南朝─송나라)와 북조(北朝─요나라)에 보내는 외교문서 대부분을 작성했으며, 3품 벼슬인 병부상서, 삼사사(三司使), 판합문사(判閣門司) 등을 역임했다.[262] 그의 아버지 신수는 송의 개봉부 사람으로 상선을 따라 왔으며 학식이 있고 의술에 정통했다.[263] 상선을 따라 온 의관으로는 비슷한 시기에 강조동(江朝東)이라는 인물이 있었는데, 왕이 그를 개경에 머물도록 했다.[264] 이 둘 중 하나일 텐데, 문종은 명령을 내려 "이름난 가문의 자제를 선발하여, 가서 그 의술을 배우도록 했다." 이때 수업을 받은 인물로는 이탄지(李坦之. 1152년 몰)도 포함되어 있었다.[265] 그는 35세 때 과거에 급제했는데, 예종 시기에 조광(趙匡) 등이 서경에서 반란을 일으켰을 때, 일종의 군의라 할 수 있는 약원(藥員)으로 대열에 참여했다. 또 검교대의소감(종4품)을 지냈다.[266] 고려의 교육 발전에 크게 이바지한 안향(安珦, 1243~1306년)의 부친 안부(孚)도 의업 출신이다. 그는 홍주 고을의 아전으로 의업(醫業)을 배워 그것으로 과거를 보아 급제하여 벼슬이 밀직부사에까지 이르렀다.

이규보의 시대에 의가 출신이 아니면서도 의술을 배웠던 식자층 여럿이 눈에 띈다. 윤언민(尹彦旼. 1154년 몰)은 내시 검교호부상서 시대복

261 | "理眼風赤澀痒方: 楓葉不以多小, 右以水爛煎, 去滓 停冷洗之. 不過兩三度差. 出愼尙書方."(안상우, "고려 의서 『비예백요방』의 고증". 『한국의사학회지』 13권 2호, 12쪽). 이 내용은 『향약구급방』(順藥23)에도 실려 있다. 여기에 적힌 『신상서방(申尙書方)』은 병부상서를 지낸 신안지가 엮었던 처방집인 것 같다.
262 | 『고려사』 권97. 열전10.
263 | 『고려사』 권97. 열전10.
264 | 『고려사』 문종세가8. 문종 13년 8월 무진조.
265 | 김용선, 『역주 고려묘지명집성(상)』, 192쪽.
266 | 김용선, 『역주 고려묘지명집성(상)』, 194쪽.

소경을 지냈는데, 불교에 관심이 많았고, 의술을 공부하여 질병에 걸린 사람들을 구제하는 것을 일로 삼았다.[267] 김영석(1167년 몰)은 중서시랑평장사(정2품)를 지낸 바 있는데, "일찍이 송과 신라의 의학서적을 보면서 기이하고 중요한 것을 뽑아 책을 만들어 사람들이 편하게 사용할 수 있게 하였는바, 이름하여 『제중입효방』이라 하니 세상에 널리 알려졌다."[268] 의종~신종 때의 인물인 이상로는 승려로부터 의술을 배워 고관의 등창, 의종의 족질(足疾)을 치료하여 효과를 보았다. 대부소경(종4품), 이부상서(정3품)를 역임했다.[269] 의종~고종 때의 인물인 왕면(王沔)은 왕족(광릉후)으로, 의술에 정통했다. 약을 준비해두고 사람을 살리는 것을 자기 임무로 삼았는데, 비록 종기 환자가 찾아온다 해도 꺼리지 않고 치료하여 모두의 탄복을 샀다.[270] 고종~원종 때의 인물로 지문하성사(종2품)를 지낸 정안(鄭晏)은 음양, 산술, 음률과 함께 의약에도 밝았다. 역시 이 시기의 인물로 문하시중(종1품)까지 지낸 이장용(李藏用) 또한 음양, 율력과 함께 의약에도 조예가 깊었다.

이상의 기록을 보면, 이규보 시대의 시술자들로는 전문적인 의관, 승려, 관료, 식자층 등이 망라되어 있음을 알 수 있다. 최소한 의술을 공부하는 자들은 글을 배울 수 있는 처지에 있는 인물들이었다. 의업은 관직으로 나아갈 수 있는 직종임과 동시에 자신과 타인의 병을 돌볼 수 있는 여기이기도 했다. 또한 의업으로 관직에 나아갔다고 해도 다른 현직으로 나아가는 데 별 제약이 없었다. 이는 의학이라는 학문 자체를 경시하는 풍조가 당시 사회에서는 없었다는 것을 뜻한다. 가업으로 의

---

267 | 김용선, 『역주 고려묘지명집성(상)』, 213쪽.
268 | 김용선, 『역주 고려묘지명집성(상)』, 323쪽.
269 | 『고려사』 권122, 열전35. 「이상로전」. 『고려사』 열전에서는 방기라는 항목에 의원 열전으로는 오직 2인만 실었는데, 이상로는 그중 1인이다.
270 | 『고려사』 권90. 열전3. 종실1.

학을 맡거나 승려가 의학을 공부한 일은 이전에도 흔한 일이었을 것이나, 유학적인 관료나 식자층이 기꺼이 의술을 공부한 것은 아마도 고려 이전에 보기 힘든 현상이었을 것이다.

의학으로 출세하려는 자는 태의감, 상약국, 지방 의사 등의 자리를 놓고 경쟁했다. 의원이 되는 길은 네 가지였다. 집안에서 가업으로 배우는 것, 독학, 민간에서 의원에게 학습하는 것, 관에서 설치한 의학(醫學)에 들어가 학습하는 것 등이 그것이다. 위에서 살펴본 사례에 따르면, 가업의 9명, 독학으로 여겨지는 자 8명, 관에서 배운 자 1인, 타인에게 배운 자 1인, 미지 2인 등과 같다. 이와 달리 실제로는 관에서 의학을 공부한 사람이 가장 많았을 것이다. 의학생 규모가 얼마였는지 알려주는 자료는 남아 있지 않다. 중국 당대의 제도나 조선의 제도를 놓고 볼 때, 태의감 생도 수는 대략 20~30인이었을 것이라 추정한 연구가 있다.[271] 지방의 의학에는 이보다 적은 숫자의 학생이 있었을 것이다.

의관이 되는 방법은 과거와 의학 졸업, 천거 등의 방법이 있었다. 의과가 품관(品官)은 물론이거니와 이속(吏屬), 지방의 향리, 서인(庶人)에게도 열려져 있었으므로, 이들은 모두 실력만 있으면 의관이 될 수 있었다. 그것은 신분 상승의 통로이기도 했다. 단, 과거에 급제하지 않은 자들은 예외적인 상황을 제외하고는 승진 때 참상관(종6품 이상)이 될 수 없었다.[272]

의원의 학습을 표준화하는 구실을 한 것은 과거였다. 태의감에서 치르는 의과 시험은 과목이 정해져 있었기 때문에 모든 생도는 이를 필수적으로 공부해야만 했다. 이런 방식을 통해 서울이나 지방, 가업이나 관학 또는 독학으로 의학을 배운 자들이 공통의 기반을 갖추게 되는 것이다.

271 | 송춘영, 『고려시대잡학교육연구』, 141쪽.
272 | 이경록, 신동환, "고려시대의 의료제도와 그 성격", 157쪽.

1136년(인종 14년)에 확정된 의과는 의업〔藥醫〕과 주금업〔咒禁醫, 주로 鍼醫〕 두 과목이었다. 약의는 『소문경(素問經)』, 『갑을경(甲乙經)』, 『본초경(本草經)』, 『명당경(明堂經)』, 『맥경(脈經)』, 『침경(針經)』, 『난경(難經)』, 『구경(灸經)』 등이었다. 『소문경』과 『난경』을 통해서는 의학이론 전반을, 『맥경』을 통해서는 진맥법을, 『명당경』과 『침경』을 통해서는 경락과 침법을, 『구경』을 통해서는 뜸법을 공부했다.[273] 이런 내용을 보면, 약의라 할지라도 의학의 기초이론과 함께 침구법까지도 같이 학습하도록 했음을 알 수 있다. 주금의는 『맥경』과 『명당경』, 『침경』을 통해 맥과 침법을 배우도록 했으며, 『유연자방(劉涓子方)』과 『창저론(瘡疽論)』을 통해 외과학을 익히도록 했다. 『본초경』을 통해 침의라 할지라도 기본적인 약물학을 익혔다. 이런 과목은 대체로 통일신라 때 썼던 과목과 동일하며, 새로이 『유연자방』, 『창저론』, 『구경』만이 새로 들어온 것이다. 이런 의과의 과목은 임상을 본격적으로 펼치기에 앞서서 배워야 하는 기본 과목이었다. 이런 것을 기초로 하여 나중에 본격적인 임상서인 『천금방』, 『태평성혜방』, 『두문방』, 『비예백요방』 등의 내용을 처방할 수 있고 자신의 독자적인 처방을 만들어낼 수 있게 된다.

석곡환(石斛丸)과 궁중 비서 『신집어의촬요방』

위에서 유권이 임금에게 하사받은 약인 석곡환은 『어의촬요방』에 실려 있는 것이다. 이규보는 사은 표를 쓰면서, 그것이 『금편(金篇)』의 묘방으로 정기를 보하며 몸을 이롭게 함이 이미 의서에 나타나 있다는 사실,

273 | 『고려사』 권73, 지27, 선거1. 과목1.

근골(筋骨)을 장하게 하며 몸을 가볍게 한다는 것을 의원들도 두루 알고 있다는 사실, 궁중의 비장(祕藏)이 아니면 세간에서 쉽게 구하기 어렵다는 사실 등을 적시했다. 『금편』이란 금단(金丹)을 만드는 책을 뜻하는데, 그런 책이 있기는 하지만 여기서는 최상의 의서라는 비유로 쓴 것 같다. 오늘날 『의방유취』에 흔적이 남아 있는 『어의촬요』에서 이 석곡환은 공교롭게도 누락된 부분에 포함되어 있어 내용은 모르고 오직 '보익석곡환(補益石斛丸)'이라는 이름만 목록에서 확인할 수 있을 뿐이다.[274]

석곡환은 송대 휘종(재위 1111~1117년) 때 관찬으로 편찬된 200권 규모의 의서인 『성제총록』(권2)의 처방이다. 풍비병 중 하나인 골비(骨痺)를 치료하는 환약이다. 이 책에 따르면, "석곡환방은 신장의 기운이 허한 골비로 몸이 바짝 마르고 허리와 다리가 시고 쓰라리며 음식을 먹어도 맛이 없고 소변이 잦은 증상을 치료한다."고 되어 있다. 들어가는 약은 석곡, 우슬, 속단, 토사자, 석룡예, 육종용, 녹용, 두충, 백복령, 숙건지황, 부자, 파극천, 방풍, 상표초, 궁궁, 산수유, 복분자. 보골지, 필징가, 오미자, 택사, 침향, 회향자, 의이인 등 24가지다. 꿀에 버무려 커다란 환을 만들어 따뜻한 술로 하루에 30개씩 두 차례 복용토록 되어 있다. 『금편』에 실린 약답게 귀한 약들이 많이 들어간 약물이다. 이규보가 두 차례 언급한 바 있는 벽온신명단(辟瘟神明丹) 처방도 이 책에 실려 있다. 인삼을 포함한 4개의 약재로 이루어져 있다.

1226년 추밀상공 최종준(崔宗峻)은 그간 다방(茶房)에서 수집한 약방문 한 질이 오래되어 탈루가 심하자 새로 엮어 『신집어의촬요방』이라 했으며, 임금의 재가를 받아 인쇄토록 하면서 이규보(56세 때)로 하여금 서문을 쓰도록 했다. 이규보는 최종준과 크게 친분이 있었다. 이규보는

---

274 | 안상우, 『어의촬요연구』, 2000, 98쪽.

최종준이 시중이 된 것을 기념하는 시를 썼고,[275] 1232년 이규보의 나이 65세 때 강화 천도 후 어려운 상황에서 그는 이규보를 초대해 맛난 술, 맛난 음식, 좋은 음악을 들려주기도 했다. 그런데 이를 사례하는 편지를 쓰던 중 최종준은 죽었다.[276]

이규보는 이 책이 요긴한 것을 채집하여 위급을 대비하는 성격의 책이라 했다. 옛 성현이 『본초(本草)』·『천금(千金)』·『두문(斗門)』·『성혜(星惠)』 등 모든 방문을 저술해 만백성의 생명을 구제토록 했지만, 권질이 너무 호번하여 열람하기에 곤란했다.[277] 만일 시일이 오래갈 병이면 의원을 찾는 것이 가하고, 모든 서적을 뒤져서 그 방문을 찾는 것도 가능하지만, 만약 갑자기 위급한 중병을 얻었다면 어느 겨를에 의원을 찾고 서적을 뒤질 수 있겠는가? 이런 취지에서 이 책을 펴낸 것이라 했다.

2권으로 된 이 책은 서경유수관이 찍어냈다. 이 책에서 이규보는 의학의 필요성에 대해 이렇게 말했다. "인생은 몸과 목숨을 중히 여긴다. 비록 사생(死生)·수요(壽夭)가 다 하늘에 매인 것이기는 하다. 하지만 만일 몸을 조섭함이 적절하지 못함으로 인하여 질병이 침범하게 된다. 좋은 방문(方文)과 묘한 약으로써 이를 다스려 함부로 목숨을 잃는 것을 막아야 한다. 나라에서 책을 찍어내는 것은 성조(聖朝)에서 백성 보기를 적자(赤子) 보듯 하는 어진 정책이며, 사군자(士君子)가 중생을 널리 구제하는 뜻이기도 하다."[278]

석곡환과 벽온신명단의 처방이 시사하듯, 현존하는 『어의촬요』의

275 │ 『동국이상국집』 후집 제2권. 고율시. 최 상국 종준(宗峻)이 시중(侍中)이 됨을 축하하다.

276 │ 『동국이상국집』 후집 제12권. 서(書). 잔치에 참석케 한 데 대해 최 상국(相國) 종준(宗峻)에게 사은하는 편지.

277 │ 여기서 『본초』는 『신농본초경』, 『천금』은 당의 손사막의 『천금방』, 『두문』은 중국 오대~송 초에 편찬된 것으로 추정되는 『두문방』이며, 『성혜』는 송대에 편찬된 『태평성혜방』을 말한다.

278 │ 『동국이상국집』 제21권 서(序). 새로 엮은 어의촬요방(御醫撮要方)에 대한 서.

132개(133개?)[279] 처방은 다수의 고급 약재를 필요로 한다. 신분과 경제적 능력이 떨어지는 "만백성의 생명을 구제"한다는 이규보의 말과 성격이 다른 것이다. 상당수 처방에는 중국 무역품이 포함되어 있다. 소속명탕은 인삼과 부자, 감초 등 12가지 약재를 썼고, 영보단(靈寶丹)의 경우 우황, 용뇌, 사향 등 30여 가지의 약재를 썼다. 신효무비우황환은 우황, 주사, 용뇌 등 17가지, 지보단(至寶丹)은 진사, 생서(물소뿔), 사향, 우황, 용치 등 고급 약재 12가지를 썼다. 잘 알려진 우황청심원에도 우황과 사향, 인삼 등 26가지 약재가 들어가며, 마사원(摩挲圓)에도 용뇌, 사향, 정향 등 12가지 약재가 들어갔다. 보제(補劑)가 아닌 경우에는 이보다는 흔한 약재를 쓰고 있기는 하지만, 이 처방에 따라 모든 약을 불편함 없이 쓴다고 했을 때 그것은 왕실이나 유력 가문 외에는 불가능했을 정도로 고급 약이 많이 포함되어 있다. 전반적으로 『어의촬요방』은 약제 구득의 어려움 없이 쓸 수 있는 당재, 향재를 망라하여 최상의 처방을 모은 것으로 이해된다.

또한 132개 처방 가운데 다려 먹는 탕약이 33개, 전약이 3개에 불과하며 나머지 96개 처방이 휴대가 가능한 단(丹), 환(丸), 산(散), 고(膏) 등이기 때문에 의원의 도움 없이도 급할 때 바로 쓸 수 있다는 특징을 보인다. 이 점은 이규보의 서문에 보이는 "만약 갑자기 위급한 중병을 얻었다면 어느 겨를에 의원을 찾고 서적을 뒤질 수 있겠는가?"라는 말이 이에 부합된다. 『어의촬요』의 약들은 화급을 다투는 주요 질병에 대해 전문적인 의원의 도움 없이, 별도로 약재를 모을 필요가 없이 약을 복용할 수 있도록 한 맞춤 약의 성격을 띤다. 조선시대에는 납약(臘藥)이 이런 구실을 했다.

---

[279] 안상우, 『어의촬요연구』, 2000, 32쪽. 안상우는 보익석곡환의 경우 처방명만 보이는 것이기 때문에 별도로 처리했다.

용뇌(龍腦) 구약(求藥)과 『향약구급방』의 편찬

이규보가 안질을 호소하던 때는 1241년으로, 몽고의 침입으로 1332년 최우가 도읍을 강화로 옮긴 지 9년이 지난 때였다. 이규보는 안질에 용뇌가 좋다는 말을 듣고 용뇌를 구하러 나섰지만 구하기 힘들었다. 어떻게 겨우 구한 용뇌는 가짜였고, 진짜 용뇌는 실질적인 고려의 지배자인 최우의 하사를 통해서만 얻을 수 있었다.

용뇌가 당약으로 귀한 약재임에는 틀림없지만, 『어의촬요방』에는 용뇌가 들어가는 처방이 다수 포함되어 있을 정도로 처방에서 낯선 것은 아니었다. 그럼에도 용뇌를 구하기 힘든 상황은 강화 천도라는 상황과 무관치 않을 것이다. 이보다 150여 년 전인 1079년, 고려 문종의 풍비병을 치료코자 송에서 한림의관 4인을 포함한 88인의 사절을 보냈는데, 그들은 100종의 약재와 우황 50냥, 용뇌 80냥, 주사 300냥, 사향 50제(臍)를 가지고 왔다.[280]

이 밖에도 선박을 이용한 송과 고려의 사상(私商)들 간에 잦은 교류가 있었기 때문에 차나 당약의 수급에 커다란 문제점이 없었던 것 같다. 1226년 송대의 한 기록에 따르면, 고려와 일본을 비롯한 해외 상인들에 대해 선박세를 대폭 인하하는 조치를 내리고 있다.[281] 이 기록은 강화 천도 이전에 고려 상인의 활동을 보여준다. 송의 상인 또한 고려에 많이 왔다. 1196년 이규보의 한 시는 "중국 몽산에서 겨울에 딴 차가 상인들에 힘입어 2월에 도성에 도착하게 된 놀라움을 적었다."[282] 다소 과장되기는 하지만, 1170년 중국의 한 기록은 고려 상인의 선박이 수백

---

280 | 『고려사』 권9. 문종 33년 7월 신미조.

281 | 장동익, 『송대려사자료집록』, 서울대 출판부, 2001, 344~345쪽.

282 | 『동국이상국집』 제13권. 고율시. 옥당(玉堂) 손득지(孫得之), 사관(史館) 이윤보(李允甫), 사관 왕숭(王崇), 내한(內翰) 김철(金轍), 사관 오주경(吳柱卿)이 화답시(和答詩)를 보내왔기에 다시 운을 따라 화답하다.

척에 달했다고 할 정도로 대규모의 교류가 있었다.[283] 이렇게 교류가 활발하던 시기에는 의서에 적혀 있는 수많은 약재를 송에서 바로 수입할 수 있었기 때문에 용뇌 같은 약일지라도 약재 자체를 못 구해 쩔쩔 매는 현상은 벌어지지 않았을 것이다. 강화 천도 시기에는 모든 것이 비상 상황에 처해졌고, 무역 또한 평상시와 달리 크게 위축되었을 것이다. 나라의 존폐가 백척간두에 서 있는 상황에서 약재 무역 또한 여의치 않았을 것이다.

『향약구급방』이 1236년 강화도에 설치된 대장도감에서 찍혀 나온 사실은 이러한 시대 상황과 무관치 않다. 대장도감은 거란을 물리칠 때 효력을 보았다고 믿어지던 초조대장경(初雕大藏經)이 1232년(고종 19년) 몽고 침략 때 불타버리자, 불력의 힘으로 몽고군을 물리치기 위해 다시 대장경을 파고자 설치한 것이다(1251년 완성). 이때 대장경을 비롯하여 불교 관련 서적이 주로 출판되었으며, 이규보의 『동국이상국집』도 여기서 찍었다. 『향약구급방』은 당약 구입이 어려운 상황에서 향약을 위주로 처방을 구성한 특징을 보인다. 1417년 최사가 『향약구급방』을 중간할 즈음에 윤상근(尹祥謹)은 발문에서 이 책의 편찬 동기를 "만약에 서울과 같은 큰 도시라면 의사라도 있지만 멀리 떨어진 고을이나 벽지에서는 갑자기 매우 급한 병이라도 생기면 의사를 부르기 어려우니 이런 때에 자못 이 책이라도 가지고 있으면 편작과 의완(醫緩)을 기다리지 않고서도 모두 능히 치료할 수 있을 것이다. 이것이 일은 쉬우나 공이 배가 되는 것이며 가장 이롭게 하는 것이 되는 것이다."고 적었다. 그것은 "이 책은 수록한 모든 약물을 모두 우리나라 백성들이 쉽게 알아볼 수 있고 쉽게 구할 수 있는 것으로 했으며, 약을 만들어 복용하는 방법도

283 | 장동익, 『송대려사자료집록』, 서울대 출판부, 2001, 348쪽.

일찍이 경험이 있는 것들로 해놓았기" 때문이었다.[284] 실제로『향약구급방』에는 향약 180종에 대해 속명·약미(藥味)·약독(藥毒)·채취방법들을 알기 쉽게 설명했다.

　약재는 기후와 식생 때문에 한 지역에서 이 180종이 다 생산될 수가 없다. 그것은 전국 각지에서 다 모아야만 하는 것이다.[285] 고려의 의인들은 자신들이 쓰는 약재의 산지를 상식처럼 알고 있었을 것이나, 그것을 알 수 있는 정보는 현재 없다. 지역이 다른 약재를 도읍으로 가져오려고 한다면 그 어떤 시스템이 있어야 할 것이다. 조선전기에는 국가에서 각 군현에 그 고을 특산 약재를 진상하는 시스템을 운영했다. 고려 때는 어떠했는지 불분명하다. 차의 경우처럼 관에서 인력을 징발하여 채취하여 진상했을 것이다. 이규보는 화계에서 생산된 차를 언급하면서, "차 딸 때 관에서 감독하여 노약자까지도 징발하여, 험준한 산중에서 간신히 따 모아 머나먼 서울로 등짐을 져 날랐다."고 적었다. 아울러 "산림과 들판 불살라 차의 공납(貢納) 금지한다면, 남녘 백성들 편히 쉼이 이로부터 시작되리라." 했다.[286] 인삼의 경우도 공물 수납의 기록이 남아 있다.[287] 차나 인삼의 경우처럼 다른 향약재들도 산지에서 공물의 형태로 수취했을 가능성이 높다.

　각 지방 향직으로 규정한 약점사(藥店史)의 주요 임무가 약의 재배, 채취와 상납이었을 것이다.[288] 1018년(현종 9년) 4도호, 8목, 56지주군사, 28진장, 20현령을 설치하면서 고려의 지방행정조직이 완성되었으며, 향직

---

284 |『향약구급방』 발문.
285 | 200년 후에 편찬된 『세종실록』의 "지리지"에서 처음으로 국산 약의 산지 표시를 했다. 이 기록을 토대로 이 180종의 산지를 대략이나마 추정할 수 있을 것이다.『향약구급방』소재 약재의 지역 분포는 추후 연구에 포함시킬 것이다.
286 |『동국이상국집』 제13권. 고율시. 손 한장(孫翰長)이 다시 화답하기에 차운하여 기증하다.
287 |『고려사』 권6. 세가6. 정종2년(1036) 7월. 이경록, 신동환, "고려시대의 의료제도와 그 성격", 158쪽.
288 | 조선시대에는 각 군현에 소속된 향직인 의생(醫生)이 이 일을 담당했다.

제도를 고쳐 주(州)·부(府)·군(郡)·현(縣)의 1,000정(丁) 이상으로부터 100 정 이하 단위에까지 최고 4인에서 최하 1인 향리 가운데 약점사를 뽑아 배치했다.[289] 1051년(문종 5년)에는 약점의 책임을 맡은 정(正)은 향직인 부호정(副戶正), 부정(副正)은 부·군·현의 향리에 준하도록 했다.[290]

후에 살피겠지만, 조선시대에는 중앙에서 각 감영과 군영에 파견된 의원인 심약(審藥)이 각 지방에서 진상하는 약재를 서울로 올리는 일을 맡았는데, 고려 때는 동경, 남경, 대도호부, 각 목, 대도독부 등 주요 행정 거점에 두었던 의사 1인이 그 책임을 맡았을 것이다.

나라의 역병과 재앙에 대한 대책

| 35~37세 때, 군막의 역병 유행과 대책 |

1202년(신종 5년) 이규보의 나이 35세 때, 이해 동경에서 일어난 반란을 진압하기 위한 삼군 정벌이 있었다. 이규보는 "내가 나약하고 겁이 많은 자이기는 하나 역시 한 국민인데 국난을 회피하면 대장부가 아니다."라 하면서, 글 짓는 담당인 수제원(修製員)으로 자원했다. 병부 녹사 겸수제원(兵部錄事兼修製員)이 그의 공식 직책이었다. 그는 1204년 3월까지 종군하면서 전쟁 승리를 위한 의례문들을 지었다. 승리 기원을 도교의 천황, 용왕, 태일, 불교의 부처와 장륙, 조상님인 태조, 산과 바다의 신 등 뭇 신들에게 빌었다. 군막에 역병이 돌자 그를 물리치기 위한 의식을 위한 글도 지었다.

전투를 위해 선주에 머무를 때, 최고 지휘관인 통군(統軍) 상서(尙書)

---

289 | 이경록, 신동환, "고려시대의 의료제도와 그 성격", 156쪽.
290 | 『고려사』 문종 5년 10월조.

김공 모(某)가 갑자기 미질(微疾)에 걸려 기거가 불편한 상황이 되었다. 그 병은 산과 들에서 노숙하면서 바람과 안개를 맞아 일어난 병으로 파악되었다. 따라서 병의 쾌유를 위해 그곳의 바람과 안개를 주관하는 지리산대왕(智異山大王)에게 축원하는 일을 벌였다. 부사(副使)가 제사를 주관하면서 옷 한 벌을 바쳤다. 축원문에서 이규보는 "신통한 힘을 빌려서 보지(保持)하고 구호하여, 김공(金公)으로 하여금 병이 낫는 기쁨이 있게 하여 즉시 건강을 회복"시켜 줄 것을 빌었다.[291]

상서뿐만 아니라 병사들 사이에도 역병이 돌았는데, 군막에서는 여러 신들에 제사를 지냈고, 반야법석을 펼쳤고, 칠귀(七鬼)와 오온신(五瘟神)에게 초례를 지냈다. 여러 신들에게는 "병매(病媒)가 한꺼번에 그치고 재앙의 징조가 발생하지 아니하여, 호랑이 같은 군사를 지휘하여 벌떼처럼 뭉쳐 있는 역적을 소탕하게" 해달라고 빌었다.[292] 질역을 물리치기 위해 성대하게 불교의 의식을 갖추고 이름 있는 승려들을 소집하여, 특별히 군루(軍壘)의 네 모퉁이에서 의식을 7일 동안 펼쳤다. 석가세존이 삼천 대천세계의 자비하신 분 중 최고이며, 십이부(十二部) 불경 중 『반야심경』이 최고라 믿었기 때문에 반야법석을 펼친 것이었다. 이규보는 축원문에 이렇게 썼다.

조금이라도 막힌 것이 있으면 원만히 살피시어 바로 통하게 하여주십시오. 삼가 바라건대 신음 소리가 노래로 변하여 약을 안 써도 병이 낫고, 지친 말은 한번 채찍을 가하면 금방 재빨라져 향하는 곳에 대적하는 자가 없게 되고, 적의 소굴을 모두 뒤엎고 빨리 서울로 돌아가

---

291 | 『동국이상국집』 제38권. 도량재(道場齋) 초(醮)·소(疏) 제문(祭文). 동경 초토병마(東京招討兵馬) 때에 지었다. 지리산대왕(智異山大王)에게 올리는 축원문.
292 | 『동국이상국집』 제38권. 도량재(道場齋) 초(醮)·소(疏) 제문(祭文). 동경 초토병마(東京招討兵馬) 때에 지었다. 상주영(尙州營)을 떠나면서 다시 행하는 제문.

게 하여주소서.[293]

도교에서 말하는 칠귀(七鬼)와 오온신(五瘟神)에게도 축원했다. 병(病)의 경중이 상제(上帝)가 명하는 바이며, 사람의 선악을 참작하는 것은 바로 신의 권한이라고 믿었기 때문이다. 이규보는 다음과 같은 내용의 축원문을 썼다.

모두 국가를 위하여 근로(勤勞)하고 있으니 분명 천심(天心)의 보호가 있으실 터인데, 어찌하여 위중한 병에 걸려 힘차게 돌진하지 못하는 것입니까. 혹 사졸 하나가 그날 조반(朝飯)을 걸러도 오히려 음식을 정지하고 서로 걱정하는데, 더구나 대역(大疫)이 군중에 유행하니 어떻게 가만히 앉아서 차마 보고만 있을 수 있겠습니까. 이에 정결히 제수를 차려놓고 정성 들여 비오니, 부디 모든 종군하는 병사들이 하나도 피곤하다고 하는 사람이 없어, 검은 구름이 개듯 묵은 병이 물러가고 봄눈이 녹듯 더러운 풍속이 맑아지게 하소서.[294]

오온사자상(명)

---

293 | 『동국이상국집』 제38권. 도량재(道場齋) 초(醮)·소(疏) 제문(祭文). 동경 초토병마(東京招討兵馬) 때에 지었다. 질역(疾疫) 물리치기를 비는 반야법석문(般若法席文).
294 | 『동국이상국집』 제38권. 도량재(道場齋) 초(醮)·소(疏) 제문(祭文). 동경 초토병마(東京招討兵馬) 때에 지었다. 칠귀(七鬼)·오온신(五瘟神)에게 올리는 초례문.

이규보는 병란으로 죽은 군사의 시체를 아군과 적군을 막론하고 잘 묻어줄 것을 최고지휘관에게 요청했다. 그것들이 병사의 사기 진작에 큰 도움이 될 것이며, 또한 화기(和氣)를 해치는 나쁜 기운으로 변하지 않을 것이라는 것을 한 이유로 들었다. 이 조치는 받아들여져 전망(戰亡) 해골을 묻게 하였다.[295]

| 41세(1208년) 또는 45세(1212년) 때 역병의 유행과 정부 대책 |

이규보가 한림원에 있을 때(1208년과 1212년 두 차례 있었다) 개경에 역병이 돌았고, 이규보는 그것이 그치기를 비는 의식을 위해 두 편의 소룡도량문(召龍道場文)을 지었다. 부처님께 역병이 해소되기를 빌었다.

이규보는 시령(時令)이 화기를 상하여 온 백성들이 역질(疫疾)에 걸린 것으로 파악했다. 역질은 하늘의 재앙이면서 기도를 통해 피할 수 있는 것이다. 누구에게 기도할 것인가? 부처님의 진승이 가장 오묘한 것이었다. 따라서 동림사에서 부처님께 빌 자리를 베풀어 부처님의 음덕을 빌었다. "진리의 바람이 일어나서 천하가 다 함께 즐겁고 편안하여 음양(陰陽)의 재앙이 없고 백성이 번영하여 모두 인수(仁壽)의 지역에 오르게 하소서." 이렇게 이규보는 역병이 그쳐 백성이 번영하여 나라가 잘되기를 축원했다.[296] 또 다른 소룡도량문에서는 "여래(如來)께서 전염병을 섭수(攝受)하시어 질병에 응하여 약을 써주시며 어진 임금은 사람을 구원하는 정사를 베풀되 마치 자기가 구렁에 빠진 것처럼 간절하게 여기나이다……부처님의 자비에 의탁하여 잘 구원해주실 것을 비나이다."라고 썼다.[297]

---

295 | 『동국이상국집』 제27권. 서(書). 정동군막(征東軍幕)이 도통상서부사시랑(都統尙書副使侍郞)에게 올리는 서(書).
296 | 『동국이상국집』 제39권. 불도소(佛道疏). 한림원에 있을 적에 지었다. 동림사(東林寺)에서 역병(疫病) 그치기를 비는 소룡도량문(召龍道場文).
297 | 『동국이상국집』 제39권. 불도소(佛道疏) 한림원에 있을 적에 지었다. 전염병이 그치기를 비는 소룡도량문.

이 비슷한 사례는 1189년(명종 19년)에도 보인다. 이때 임익돈이 황려의 수령이 되었는데, 바야흐로 부임하자마자 온 경내에 역병이 돌고 있었다. 그는 즉시 몸소 승려와 도사들을 거느리고 『대반야경』을 외우게 하면서 마을을 두루 돌아다녔다. 그러자 사람들이 경쇠 소리를 듣고 마치 술이 깨고 꿈에 깨는 듯하였으며, 이로 인해 점차 차도가 있으면서 병이 나은 사람들이 매우 많았다고 한다.[298]

| **약사도량문(藥師道場文)과 『대장경』 도량 음찬시(大藏經道場音讚詩)** |

이규보는 "약사도량문"과 "약사불 점안하는 소"도 썼다. 그것은 약사전(藥師殿)에서 행하는 향문이었다. 그는 대의왕(大醫王)인 약사불에게 다음과 같이 왕정의 융성과 호국을 빌었다.

경계가 유리(瑠璃)같이 고요한 세계에 대의왕(大醫王)이 계시니 빛은 해와 달보다 밝아서 모든 찰토(刹土)를 비추나이다. 선격(先格, 선조와 같음)으로부터 이 거룩한 부처를 모시고 공양의 의식을 베풀어온 지가 오래되었나이다. 우러러 자비의 음덕에 의뢰하여 그 이익이 넓었으므로 이에 이모(貽謀, 조상이 후손을 위하여 남겨놓은 계책)를 따라, 미묘한 규범을 장엄하게 꾸미고 훈훈한 믿음의 음식을 장만하고 갖가지의 이름난 향을 피우며, 수승한 인연에 의하여 가호하여주심을 바라오니, 크고 아름다운 복을 내리시어 호고(胡考, 장수[長壽])의 기한을 연장하고 이 나라를 안정시켜 길이 융성한 기업을 보전하게 하소서.[299]

---

298 | 김용선, 『역주 고려묘지명집성(상)』, 551쪽.
299 | 『동국이상국집』 제39권. 불도소(佛道疏). 한림원에 있을 적에 지었다. 약사전(藥師殿)에서 행하는 향문(香文).

북홍경원(北弘景院)에서 행한 "진병금경약사도량문(鎭兵金經藥師道場文)"은 변란 때문에 궁중의 창고가 불타고, 우레와 번개가 심한 변고와 관련되었다. 이규보는 약을 담은 채낭(綵囊)을 지닌 약사불에게 빌어 이러한 재앙을 소재토록 빌었다.[300]

순천사에서 행한 약사여래상(藥師如來像)에 점안(點眼)할 때 지은 소(疎)는 어진 정치와 평화를 빌었다. 정계 실력자 아무는 임금으로부터 인정을 받아 나라의 권세를 맡게 되자 순천사를 중건하면서 약사불을 모셨다. 드디어 불상의 눈을 그려 넣게 되었으니, "눈을 치켜들면 팔십종(八十種)의 참된 상을 상상해볼 수 있고, 머리만 돌이켜도 십이원(十二願)의 넓은 자비가 곧 감응되는 듯"했다. 이규보는 "엎드려 원하건대, 성상 전하께서 덕은 오제(五帝, 소호[少昊]·전욱[顓頊]·제곡[帝嚳]·요[堯]·순[舜]와 더불어 육제(六帝)가 되어 끝없는 업을 누리시고, 산악 같은 만세(萬歲)를 삼창하여 불로장생(不老長生)하며, 삼변(三邊)에 전쟁이 없어지고 사해(四海)가 평화를 맞이하여지이다."라며 빌었다.[301]

몽고의 침입이 심해져 이전의 대장경이 다 불살라 없어지자, 없어진 불경을 회복할 겸, 대장경의 법력을 빌려 다시 대장경을 판각하기로 했다. 정유년에 이규보는 "대장경(大藏經)을 판각할 때 군신(君臣)의 기고문(祈告文)"을 썼다. "제불보살(諸佛菩薩)과 천제석(天帝釋)을 수반으로 하는 삼십삼천(三十三天)의 일체 호법영관(護法靈官)에게 기고(祈告)합니다. 심하도다, 달단이 환란을 일으킴이여! 그 잔인하고 흉포한 성품은 이미 말로 다할 수 없고, 심지어 어리석고 혼암함도 또한 금수(禽獸)보다 심하니, 어찌 천하에서 공경하는 바를 알겠으며, 이른바 불법(佛法)이란 것이

300 | 『동국이상국집』 제39권. 불도소(佛道疏), 한림원에 있을 적에 지었다. 북홍경원(北弘景院)에서 행하는 진병금경약사도량문(鎭兵金經藥師道場文).
301 | 『동국이상국집』 제41권. 석도소(釋道疏), 순천사에서 약사여래상(藥師如來像)에 점안(點眼)하는 소.

있겠습니까?······ 원하옵건대 제불성현 삼십삼천(諸佛聖賢三十三天)은 간곡하게 비는 것을 양찰하셔서 신통한 힘을 빌려주어 완악한 오랑캐로 하여금 멀리 도망하여 다시는 우리 국토를 밟는 일이 없게 하여, 전쟁이 그치고 중외가 편안하며, 모후(母后)와 저군(儲君)이 무강한 수를 누리고 나라의 국운이 만세토록 유지되게 해주소서."[302]

대장경이 완성되자 이규보는 다시 『대장경』 도량 음찬시(大藏經道場音讚詩)에서는 대장경 안에 담긴 부처님의 범패로 거란족의 침입을 물리치고 나라를 융성하게 해줄 것을 빌었다. "한 알의 영단(靈丹)이 만군(萬軍)을 이기었네. 화염상(불꽃같이 밝고 선명한 부처의 상) 앞에서 범주 베푸니 금강권 아래 마정이 굴복하네. 성취된 공훈 태산같이 높고 지혜의 거울 달과 함께 걸려 있네. 순식간에 재앙 모두 사라지고, 씻은 듯 오랑캐 소탕하니 강산 맑아졌네."[303]

고려 사람의 의학 지식

| 고려의 사대부들도 송의 사대부처럼 의학을 공부하다 |

사대부가 의학을 공부하는 현상은 중국의 경우, 당대에는 보이지 않고 송대에 비로소 보이는 현상이라는 연구 결과가 있다. 대만학자 진원명(陳元明)은 당대까지는 관방의학의 형태로만 머물러 있었지만, 북송 이후 신유학의 풍토에서 의학을 깊이 연구하는 사인(士人)과 의학에 관심을 지닌 사인들이 등장하여 사인이 의학을 존중하는 풍토가 형성되

---

302 | 『동국이상국집』 제25권. 잡저(雜著). 대장경(大藏經)을 판각할 때 군신(君臣)의 기고문(祈告文). 정유년에 행하였다.
303 | 『동국이상국집』 제18권. 고율시. 왕명(王命)에 응하여 『대장경(大藏經)』과 소재도량(消災道場)을 음찬(音讚)하는 시(詩). 정언(正言)에서 삼품관(三品官)에 이르기까지 지은 것을 모두 붙였다.

었으며, 과거 경쟁의 치열함 때문에 사인이 의원이 되는 경향과 함께, 북송 말기 의학에 정통한 사인이 의학교육을 통한 인재 양성에 뛰어들면서 의술을 펼치는 유의(儒醫)가 생겨났다고 보았다. 가업을 통해 의학을 공부하는 의원뿐만 아니라 독학을 통해 의학을 공부하는 일이 자연스럽게 이루어졌다. 송대의 활발한 의서 편찬사업이 이들의 독서를 도왔다.[304]

고려의 경우에도 비슷한 경향이 있지 않았을까 추측해본다. 이규보 시대의 문신 최유청(1095~1174년)은 "만 권의 서적을 모아놓고 검토와 열람에 전념"했다는 내용이 담겨 있다.[305] 당시 이런 규모의 장서를 한 집안이 소유하고 있었을 정도로 읽어 참고할 책이 많았음을 알 수 있다. 송의 재상을 지낸 범희문(范希文, 989~1052년)은 인명을 살리는 의학이 인명을 살리는 정치와 같다는 말을 한 바 있는데, 이는 유학을 공부한 관료나 지식인이 의술을 공부하는 것이 죄스러운 것이 아니라 자랑스러운 것임을 드러낸 것이다. 이규보가 "『본초』를 읽다"라는 시에서 "정치가 졸렬하니 마음 쓰리고 병만 깊어. 세간의 온갖 일 겪어봐야 아는 것. 반백에 수령 되니 마침내 무용지물. 약방문이나 읽어서 노련한 의원 되고파."[306]라 읊은 것은 송의 재상 범희문의 말과 일통하는 생각이다.

문·무과 합격이 힘들어지자 의과를 선택하는 자가 많아진 송대의 모습이 고려에서도 재현되었는지는 연구의 대상이다. 송에서는 과거 길이 막히자 사대부 지식인이 의관으로 나가기도 했지만 그들이 현직으로 옮기는 것은 쉽지 않았다. 또 의과에 붙는 것조차 쉽지 않아 민간의 사적 영역에 머무는 현상이 벌어졌다. 이들은 서서히 상업적인 경향

304 | 陳元朋, 『兩宋的尚醫士人與儒醫—兼論其在金元的流變』, 國立臺灣大學文學院, 1997, 39~62쪽.
305 | 김용선, 『역주 고려묘지명집성(上)』, 326쪽.
306 | 『동국이상국집』 제10권. 고율시. 『본초(本草)』를 읽다.

을 띠고 있었다. 이와 달리 고려에서는 의업을 선택하여 다른 현직으로 출세하는 사람이 적지 않았다. 조선의 경우에는, 조선 초까지는 의업을 하면서 현직으로 나아간 경우가 있지만 16세기 중엽 이후에는 그런 일이 거의 벌어지지 않았다.

| 고려: 신서적은 빨리 받아들이고 구서적은 꼭꼭 보관하고 |

이규보가 『신집어의촬요방』 서문에서 언급한 책은 『본초(本草)』·『천금(千金)』·『두문(斗門)』·『성혜(星惠)』 등 4종이다. 이 가운데 『본초』는 대략 진한 시기에 수집된 것으로 여겨지는 『본초경』을 가리키며, 『천금』은 약왕(藥王)으로 일컬어지는 7세기 무렵 손사막(孫思邈)이 편찬한 방대한 저서 『비급천천금요방』(30권. 후대에 93권본도 존재)과 『천금익방』(30권)을 가리킨다. 『성혜』(100권)는 북송 때인 992년에 발간된 『태평성혜방』으로 무려 1만여 처방을 싣고 있다. 『두문방』은 대략 3세기경에 편찬된 것으로 알려진 『주후비급방(肘後備急方)』에도 여섯 군데 인용되어 있는 그보다 오래된 의서이나 『예문지』 등에 상세한 정보가 전혀 알려져 있지 않다.[307] 중국의 후대 의서에도 거기에 실렸던 처방만이 수십 개 전할 뿐이다. 아마도 『의방유취』에 그 흔적이 가장 많이 남아 있을 것이다. 이 서문으로부터 지금은 완전히 잊혔지만, 『두문방』이 적어도 고려에서는 『본초경』, 『천금방』, 『태평성혜방』에 필적하는 꽤 대단한 처방서로 인정받았음을 추정할 수 있다.

『태평성혜방』은 송에서 출간된 이후 고려에서 꼭 얻고 싶어 했던 의서였다. 간행된 지 꼭 30년이 지난 1022년(현종 13년)에 송의 황제로부터 이 책을 하사받았다. 신간 의서가 중국으로부터 왔지만, 구간 의서는 거

---

307 | 이는 『CD-Rom 사고전서』 검색 결과임.

꾸로 고려에서 중국으로 갔다. 송의 의관들이 고려에 와서 중국에서는 볼 수 없는 희귀한 의서가 고려 왕실에 있는 것을 보고 크게 놀랐다. 송의 철종(재위 1085~1100년)은 중국에 없는 의서 11종을 고려에서 구하려고 했으며, 고려에서는 그중 하나인 『황제침경』 9권을 송에 보냈다.[308]

『어의촬요』는 위 네 종의 의서 외에 『금궤방』, 『간이방』, 『화제국방』, 『성제총록』 등의 책이 이용된 것으로 추정된다. 이들은 주로 당송 시기의 문헌들이며, 특히 『성혜방』과 『화제국방』이 더욱 중시된 것으로 추정된다.[309] 그렇지만 『의방유취』에 남아 있는 128개 처방 가운데 다른 중국의 의서와 함께 소개되지 않고 단독으로 소개된 처방이 90개에 달하는데,[310] 『의방유취』에서는 이 처방을 『어의촬요』의 기여로 인정한 것이다. 이 내용은 이전의 중국 의서에서 유래된 것일지도 모르고, 이 책의 편찬 이전까지 고려, 통일신라, 삼국시대의 처방일지도 모른다. 한 가지 분명한 사실은, 후대 중국의 대표적인 의서에서는 그 처방을 중시하지 않은 반면 고려의 어의들은 그것을 중시했다는 점이다. 이 같은 『어의촬요』의 사례는 『두문방』의 사례와 함께 의학 처방이 시대적, 지역적으로 어떻게 달라지는지 그 모습을 보여준다.

| 공통 학습을 통한 세계 의학에 대한 튜닝 |

이는 고려의 의학이 세계(중국)와 동일한 의학지식의 지반을 공유하도록 하는 구실을 했다. 고려의 의업 과목은 『맥결』 대신에 『맥경』이 쓰이고 『구경(灸經)』이 새로 추가되었다는 점 외에는 당대의 과목과 완전히 똑같다. 주금과의 경우도 외과학 교과서들이 추가된 점 외에 거의

---

308 | 『고려사』 권10. 선종세가10. 선종 8년 6월조.
309 | 안상우, 『어의촬요연구』, 30-31쪽.
310 | 안상우, 『어의촬요연구』, 33쪽. 36-41쪽.

같다.

반면에 송의 경우에는 휘종 때인 1113~1115년 사이에 새로 마련된 제도는 당대의 그것과 크게 달라졌다. 태의원에서는 『황제소문』, 『난경』, 『(가우보주)본초』, 『맥경』, 『(황제삼부)침구경』 외에 『제병원후론』, 『대소방』, 『상한론』, 『용목술(龍木術)』 등 네 과목을 새로 추가했다. 의학고시에서는 이 외에 『천금익방』을 포함시켰다. 사시(私試)에서는 전문 임상서라 할 수 있는 『외대비요』와 『태평성혜방』까지도 시험 과목으로 올렸다.[311] 엄청난 양의 『제병원후론』, 『태평성혜방』 등의 임상 과목, 그간 중시하지 않았던 상한론, 『천금방』의 대소아과 과목, 새로운 침술 책인 『용목술』 등이 과목에 포함된 것이다.

송대에는 중국의 의원, 의관들이 최소한 아홉 차례 고려에 와서 의학을 가르쳤다.[312] 이탄지는 문종 때 의학을 배운 인물로 그들에게서 "신묘한 기술을 배웠다."고 했다.[313] 1103년(숙종 8년)에는 송 의관 모개(牟介) 등 4명이 와서 여섯 달 동안 의생을 가르쳤고,[314] 1118년(예종 13년)에는 고려의 왕세자가 혈맥과 창종에 관한 전문의사 3~4인 초빙을 송에 요청했고, 송의 휘종은 한림의관(翰林醫官) 대의국(大醫局) 교수사자(賜紫) 양종립(楊宗立), 한림의유(翰林醫諭) 대의국 교수 사자 두순거(杜舜擧), 한림의후(翰林醫候) 대의국 교학(敎學) 성상(成相), 적공랑(迪功郎) 시 대의학록(試大醫學錄) 진종인(陳宗仁), 남줄(藍茁) 등을 파견했다. 이에 대해 김연(金緣)은 송 의원의 파견에 대해서 다음과 같이 감사하는 표를 올렸다.

본국은 산천이 멀리 동쪽 끝에 한정되어 있사오나 관대(冠帶)는 실로

---

311 | 王振國, 『中國古代醫學敎育與考試制度硏究』, 齊魯書社, 2006, 226쪽.
312 | 이에 대한 내용은 송춘영, 『고려시대잡학교육연구』, 55쪽에 잘 정리되어 있다.
313 | 김용선, 『역주 고려묘지명집성(상)』, 192쪽.
314 | 『고려사』 권12. 숙종세가12. 숙종 8년 6월 임자조. 숙종 9년 2월 무신조.

중국에 비길 만하옵고 왕화(王化)가 미치기 때문에 사람들이 비록 염
치는 아오나, 의학을 알지 못하여 병에 걸리면 흔히 단명(短命)한 자가
많아, 항상 마음에 걱정되어…… 뜻밖에도 황제 폐하께옵서…… 해동
(海東)의 풍속이 혹 건강을 잃을까 염려하시어 사신(使臣)을 멀리 보내
시와 중국의 고명한 기술을 내리시며, "가서 가르쳐 듣지 못했던 의술
을 알게 하라." 하옵시니, 화타(華佗)·편작(扁鵲)의 양의(良醫)가 이 나
라 학생들을 지도하여 황제(黃帝)·신농(神農)의 혜택을 동국에 흐뭇하
게 입히셨나이다.[315]

이런 내용을 기초로 하여 송나라 사람인 서긍(徐兢)은 당시 고려의
의약 상황을 다음과 같이 정리했다.

선화(宣化) 무술년(1118년, 예종 13년)에 사신이 와서 글을 올려, 의직(醫
職)을 내리어 가르쳐주기를 청하므로, 상(上)이 그 건의를 허락하여 드
디어 남줄(藍苗) 등을 고려로 보냈는데, 그런 지 두 해 만에 돌아왔다.
그 뒤부터 의술을 통한 자가 많아져서, 보제사(普濟寺) 동쪽에 약국(藥
局)을 세우고 3등급의 관원을 두니, 첫째는 태의(太醫), 둘째는 의학(醫
學), 셋째는 국생(局生)이라 하여, 푸른 옷에 나무 홀(笏, 관인이 조정에
들어갈 때 조복에 갖추어 손에 쥐는 것) 차림으로 날마다 그 직에 임했다.
고려는 다른 물화는 모두 물건으로써 교역(交易)했으나, 오직 약을 사
는 것은 간혹 전보(錢寶)로써 교역하였다.[316]

이 내용을 보면, 이들은 무려 2년씩이나 머무르며 학생들을 가르쳤

---

315 | 『동문선』 제34권. 표전(表箋). 의관을 보내어 교습함을 사례하는 표. IV권 36쪽.
316 | 『선화봉사고려도경』 제16권. 관부(官府) 약국(藥局).

음을 알 수 있다. 송의 휘종 때 의학 개혁의 여파가 고려에도 미쳤음을 짐작할 수 있다. 그들이 가르친 것 가운데는 통일신라~고려로 이어져오던 당대의 의학과는 상당히 다른 새로운 송대의 의학 전통이 들어 있었을 것이다. 이 둘을 조화하는 가운데 새로운 고려의 의학 전통이 만들어졌을 것이다.

약재의 경우, 『향약구급방』을 보면 당시 고려에서 쓰던 향약재들은 대략 이 180종이었다. 여기에 『어의촬요방』에 쓰인 향재나 당재를 망라한 약재, 비슷한 시기에 편찬된 것으로 추정되는 고려 의서 『비예백요방』의 1,000여 개의 처방을 구성하는 약재 등 이 셋을 합친다면, 대체로 13세기 고려 의인(醫人)들이 상용하던 약재 전반이 될 것이다.

연구 동향

1990년대 이후 은근히 연구가 활발한 부분이 고려시대, 즉 10~14세기의 의학 분야였다. 우선 의료제도에 대해서 심화된 연구가 나왔다. 이미숙과 이경록의 두 전문 연구자가 등장하여 손홍렬 이후의 고려시대 의학제도사 연구를 이끌었다. 이미숙은 2001년 고려시대 의관의 임무와 사회적 지위를 꼼꼼하게 살피는 것으로 시작해서, 2002년 중앙 의관의 직제를 다시 분석했으며, 박사논문에서는 의관을 다른 기술관인 역관과 함께 다루면서 고려시대 기술관의 전반적인 상황을 파악하고자 했다.[317] 2001년 이경록은 신동환과 함께 고려시대 의료제도의 전반적인

---

317 | 이미숙, 「高麗時代 醫官의 임무와 사회적 지위」, 『호서사학』 31, 2001; 이미숙, 「高麗 中央醫官의 職制」, 『백산학보』 63, 2002; 이미숙, 「高麗時代 技術官 연구—醫官과 曆官을 중심으로」, 상명대학교 박사학위논문, 2002.

성격을 리뷰하는 것으로 시작하여 고려시대 의료제도사 연구에 뛰어들었다.[318] 그는 특히 선행 연구가 미진한 영역이었던 지방 의료의 실질적인 운영, 대민의료체계의 작동, 구료체제의 실제 작동과 한계 등을 본격적으로 파악해냈다.[319] 이런 성과는 그의 박사논문의 일부분으로 편입되었다.[320] 2007년 신라시대 의학사에서 시대를 넓혀가던 이현숙도 고려시대 의학을 탐구하기 시작했는데, 고려시대 관료제 의료와 민간 의료에 대해 고찰했다.[321]

고려의학사에 관한 연구는 실제 의서 분석이 시도됨으로써 기존의 연구와 질적인 차이를 보이게 되었다. 신순식은 1995년 고려 이전의 한의학 문헌을 포괄적으로 검토했으며,[322] 1996년 송영춘은 원 간섭기의 의학에 대해 탐구했다.[323] 이보다 앞선 1994년 신영일은 현존 고려 의서인 『향약구급방』 전문을 교감, 번역, 출처를 확인한 작업을 함으로써 고려 향약 연구의 새 장을 열게 했다.[324] 또한 『향약구급방』 연구는 향약 명칭을 통해 우리말 어휘의 역사를 연구하는 국어학계에서도 활발하게 이루어졌다.[325] 홍영의는, 서문이나 발문이 없고 15세기 중간본의 서문만 있기 때문에 불분명한 『향약구급방』의 간행 경위에 대해 탐구했다.[326] 2008년 정유웅·김홍균은 『향약구급방』의 입·혀·입술·치아 질

318 | 이경록·신동환, 「고려시대의 의료제도와 그 성격」, 『의사학』 10-2, 2001.

319 | 이경록, 「조선전기의 지방의료제도」, 『의사학』 16-2, 2007; 이경록, 「고려 전기의 대민의료체계」, 『한국사연구』 139, 2007; 이경록, 「고려초기 구료제도의 형성—광종대와 성종대를 중심으로—」, 『대동문화연구』 61, 2008.

320 | 이경록, 「고려시대 의료사 연구」, 성균관대학교 박사논문, 2009.

321 | 이현숙, 「고려시대 관료제하의 의료와 민간의료」, 『동방학지』 139, 2007.

322 | 신순식, 「고려시대 이전의 한의학 문헌에 관한 연구」, 『의사학』 4-1, 1995.

323 | 송영춘, 「원 간섭기의 자연과학—의학을 중심으로—」, 『국사관논총』 71, 1996.

324 | 신영일, 「『향약구급방』의 대한 연구」, 경희대 박사논문, 1994.

325 | 이은규, 「『향약구급방』의 국어학적 연구」, 효성여대 박사학위논문, 1993; 손병태, 「향약 약재명의 국어학적 연구」, 영남대학교 박사학위논문, 1996.

326 | 홍영의, 「고려후기 대장도감간 『향약구급방』의 간행경위와 자료성격」, 『한국사학사연구』, 나남출

환에 대해 고찰했다.[327]

안상우는 『의방유취』 연구 과정에서, 실전되었지만 이 책에 많이 인용되어 있는 고려 의서인 『어의촬요방』을 복원하는 한편,[328] 그동안 중국 의서로 알려진 『비예백요방』이 고려 의서임을 밝혔다.[329] 이로써 겨우 구급방류 의서 1종만 존재하던 고려 의학의 분석 대상이 훨씬 포괄적인 의서인 이 두 책으로 넓혀짐에 따라 고려 의학의 성격 파악에 일대 전기가 마련되었다. 2008년 하정용 등의 연구자는 『어의촬요방』의 더욱 완벽한 복원을 위해 최종준의 일생에 대한 고찰을 시도했으며,[330] 이경록은 『향약구급방』, 『어의촬요방』, 『비예백요방』의 내용을 최초로 검토했다. 그는 『어의촬요방』이 향약 위주의 책이 아니라 고위층을 위한 의서였으며, 새로운 의학인 송대 의학을 수용한 의서임을, 이와 달리 『향약구급방』은 민을 위한 의서로서 내용은 당대 의서에 의존한 의서임을, 『비예백요방』은 향약 위주의 의서이면서도 구급방 차원을 넘어선 일반 의서임을 밝혔다.[331] 고려 최초의 의서로서 단 한 처방만 남아 있는 『제중입효방』에 대해서는 이덕호·김홍균·안상우 등이 연구했고, 송나라의 요청으로 중국으로 보내진 고려의 『침경』의 성격에 대한 연구도 있었다.[332]

고려시대 의료생활사 구축에 관한 연구도 나왔다. 그것이 가능한 이유는 이규보가 남긴 『동국이상국집』에 그의 일생 동안의 의료생활 기

판, 1997.

327 | 정유옹·김홍균, 「『鄕藥救急方』의 口舌脣齒 질환에 관한 고찰」, 『한국 의사학』 21-2, 2008.

328 | 안상우·최환수, 「『어의촬요』 연구」, 『실전의서 복원총서』, 한국한의학연구원, 2000.

329 | 안상우, 「고려의서 『비예백요방』의 고증—『실전의서의 복원』」, 『한국 의사학』 회지 13-2, 2000.

330 | 하정용 외, 「최종준의 연표 작성을 위한 역사적 고찰—『어의촬요방』의 복원을 위한 선행과제—」, 한국한의학연구원논문집 14-3, 2008.

331 | 이경록, 「고려시대 의료사 연구」, 성균관대학교 박사논문, 2009, 251-252쪽.

332 | 이덕호·김홍균·안상우, 「『濟衆立效方』에 관한 『의사학』적 고찰—交效散을 중심으로—」, 『한국 의사학』 21-2, 2008; 眞柳誠, 「『靈樞』와 高麗에 있던 『鍼經』의 비교연구」, 『한국 의사학』 16-2, 2003.

록이 매우 풍부하게 남아 있기 때문이다. 2007년 한국역사연구회에서 펴낸 『개경의 생활사』에서는 "사나운 질병, 열악한 의술"이라는 절을 두어 개경의 의료생활을 짤막하게 스케치했다.[333] 같은 해 신동원은 이규보의 삶을 중심으로 해서, 그의 일생 동안의 병앓이와 치료, 그를 진료한 의원들, 그가 개입된 도교, 불교적 전염병 관리, 고려와 송 사이의 의학 교류 등을 서로 연관 지어 파악했다.[334]

이태진은 향약의 보급과 관련해서 논쟁적인 책을 발표했다. 『의술과 인구 그리고 농업기술』이 그것이다.[335] 그는 고려 중엽 이후 조선 초반까지 인구가 증가했다는 증거를 밝히고, 이 시기 향약의 확산이 그러한 증가를 이끈 요인이라 주장했다. 이에 대해서는 신동원은 의학의 발달을 인구 증가의 요인으로 보는 해석은 심지어 현대 의학 발달의 기여 논의에서도 받아들이지 않는다는 사실을 들어 이를 반박했다.[336]

새로운 고려시대 의학사 연구 동향 가운데 가장 활발한 부분은 고려시대 전염병에 대한 것이었다. 이에 대한 본격적인 연구는 1988년에 김남주가 열었다.[337] 그는 이 박사논문에서 고려시대 전염병 유행을 개관하면서, 고려인의 재이론적 병인 파악을 밝혔다. 송효정은 12·13세기 특정 시기의 역병 유행을 중점적으로 살폈다.[338] 2007년도 『이화사학연구』에서는 고려시대 전염병 특집호를 마련했는데, 여기서 전쟁과 전염병의 관계를 읽어내고, 전염병 해소를 기원하는 관의 도교적, 불교적 치병의 면모를 상세하게 밝히는 한편, 전염병 치료와 권력 관계에 대해 탐구

---

333 | 한국역사연구회 편, 『개경생활사연구』, 휴머니스트, 2007.

334 | 신동원, 「의학과 의술로 본 이규보(1168~1241)의 시대—고려시대 의료 생활사의 모색—」, 2007년 전국 역사학대회 과학사분과 발표자료집, 한국과학사학회 홈페이지 자료실. www.khss.or.kr.

335 | 이태진, 『의술과 인구 그리고 농업기술』, 태학사, 2002.

336 | 신동원, 「향약의술이 인구를 증가시켰을까」, 『역사비평』 61, 2002, 251~264쪽.

337 | 김남주, 「고려시대에 유행된 전염병의 사적 연구」, 서울대 박사논문, 1988.

338 | 송효정, 「고려시대 역병에 대한 연구—12·13세기를 중심으로—」, 『명지사론』 11·12합집, 2000.

했다.[339] 전염병을 비롯한 일반 질병에 대한 연구 성과도 여러 편 나왔다. 2004년 강도현은 고려 말 수입된 성리학적 세계관에 따라 질병을 대하는 방식이 불교·도교적인 데서 성리학적인 것으로 바뀌는 부분이 있음을 보였고,[340] 2006년 박경안은 고려인의 다양한 질병 금기와 그에 따른 질병 대처에 대해 밝혔다.[341] 2007년 이현숙·권복규는 현존 유일 고려 의서인 『향약구급방』을 중심으로 고려 의학의 전반적인 전염병관, 질병관을 분석했다.[342]

339 | 김순자, 「고려시대의 전쟁, 전염병과 인구」, 『이화사학연구』 34, 2007; 이정숙, 「고려시대 전염병과 치병의례」, 『이화사학연구』 34, 2007; 김영미, 「고려시대 불교와 전염병 치유문화」, 『이화사학연구』 34, 2007; 이현숙, 「전염병, 치료, 권력: 고려 전염병의 유행과 치료」, 『이화사학연구』 34, 2007.
340 | 강도현, 「고려 후기 성리학 수용과 질병 대처 양상의 변화」, 서울시립대 석사논문, 2004.
341 | 박경안, 「고려인들의 다양한 금기와 질병을 대하는 태도」, 『역사와 현실』 59, 2006.
342 | 이현숙·권복규, 「고려시대 전염병과 질병관—『향약구급방』을 중심으로—」, 『사학연구』 88, 2007.

2부

조선의 약생활지 : 〈묵재일기〉 속으로

I.『묵재일기』, 조선 최고의 의약생활사 기록

이문건의 생애 개관

이문건의 삶에 대해서는 그의 일기인 『묵재일기』와 사후 출간된 『묵재선생문집』을 통해 상당 정도 파악이 가능하지만, 일기에는 결락된 부분이 많고 문집은 주로 시적 감정, 사상과 생각의 단편으로 채워져 있기 때문에 그의 삶을 파악하기 위한 보조적인 자료에 머문다. 그의 삶의 궤적은 사후 송시열이 쓴 이문건 행장을 통해서 비교적 상세히 파악하는 게 가능하다.[343] 송시열은 그의 할머니가 이문건의 어머니와 외자매라는 인연으로 해서 그의 행장을 지었다.

이를 간추리면, 그의 집안 내력은 성주 이씨로 고려 때 인물인 9대조 할아버지인 이장경(李長庚)을 시조로 하며, 8대조 할아버지는 유명한 이조년(李兆年)이었고, 할아버지가 첨지(僉知) 이숙생(李叔生)이고, 아버지가 정자(正字) 이윤탁(李允濯)인데, 그가 고령 신씨(高靈申氏)와 혼인하여

---

343 | 宋時烈, 「을사이후이화인(乙巳以後羅編人)—이문건 행장(李文楗行狀)」(『국조인물고(國朝人物考)』[편자 미상], 권47, 1501–1502쪽).

1494년(성종 25년)에 이문건을 낳았다. 어머니 신씨는 판관(判官) 신회(申澮)의 딸이며 지군사(知郡事) 신중주(申仲舟)의 손녀다. 송시열은 이문건의 집안 내력이 대대로 벼슬한 현관 집안이었음을 밝혔다.

집안 내력에 이어서 송시열은 이문건의 자질과 사승 내력을 밝혔다. 이에 따르면, "공은 태어나자 남다른 기질이 있어 나이 10여 세에 여러 서적을 널리 통하고 필법(筆法)은 한세상에 묘하였으므로 일시의 동배(同輩)들이 추대하며 복종하지 않는 이가 없었다."고 한다. 또 그는 작은형 이충건(李忠楗)과 함께 조광조(1482~1519년)에게서 공부했다. 그는 계유년(癸酉年, 1513년, 중종 8년) 큰형 이홍건(李弘楗)과 함께 사마시(司馬試)에 합격했다. 그렇지만 사화로 역적으로 몰려 죽은 스승 조광조의 상 때 눈치 보지 않고 감히 장례를 모셨는데, 이 때문에 형은 낙안으로 유배형을 당해 귀양 길로 나서던 중 운명했고, 이문건은 9년 동안 벼슬을 정지당했다.

이후 당화(黨禍)가 조금 풀려 1527년 그는 복권되어 비로소 벼슬길에 나아갔다. 그는 처음에 승문원(承文院)에 예속되었고, 승정원(承政院) 주서(注書)를 거쳐 시강원(侍講院) 설서(說書)로 옮겼다가 사서(司書)로 승진하였다. 인종(仁宗)이 동궁으로 있을 때 그가 가까이에서 오랫동안 모셨으므로 가장 총애를 입었는데, 일찍이 필찰(筆札)과 관영(冠纓)을 하사하여 총애를 표한 적이 있었다. 그의 벼슬살이를 중심으로 이후의 생애를 연도별로 정리하면 다음과 같다.[344]

1528년(중종 23년) 35세. 등제-승문원-증정원 탐주서(耽注書)-시강원 설서-시강원 사서.
1537년(중종 32년) 44세. 반혼(返魂), 사간원 정언(正言). 병조좌랑-리조

344 | 김영현, "묵재일기 해제."

좌랑(佐郞)-사축서(司畜署) 사축(司畜)-이랑(吏郞)-충청도사(忠淸都事).

1544년(중종 39년) 51세. 중종 승하. 홍문관 응교(應敎)로 빈전도감(殯殿都監) 집례관(執禮官).

1545년(인종 1년) 52세. 통정(通政), 승정원 부승지. 을사사화. 조카 휘(輝) 사망. 성주(星州)에 유배.

1566년(명종 21년) 73세. 부인 안동 김씨 몰.

1567년(명종 22년) 74세. 3월, 성주에서 죽음.

1605년(선조 38년). 복권되어 작위를 추증 받음.

승승장구하던 그의 벼슬길은 52세[345] 때 역모사건에 연루되어 갑자기 중단되었다. 1545년 이른바 을사사화가 벌어졌다. 송시열은 이에 대해 "이해에 인종대왕(仁宗大王)이 승하하고 사화(士禍)가 크게 일어나 형의 아들 이휘(李輝)가 수찬(修撰)으로 여러 현인들과 함께 군흉(群凶)들의 무함을 당하자, 이언적(李彦迪)과 같은 여러 현인들이 있었지만 구제하지 못하여 마침내 죽임을 당했고 공[이문건]도 연좌되어 성주(星州)로 귀양을 갔다."고 적었다.[346] 1545년 성주에 귀양 간 후, 줄곧 유배형에서

---

345 | 이문건의 나이를 환산할 때 어떤 책은 51세(김영현, "묵재일기해제"), 어떤 책은 52세(이복규, 『<묵재일기>에 나타난 조선전기의 민속』, 민속원, 1999, 21쪽)로 쓰고 있다. 이 책에서는 이복규를 따랐다. 참고로 이문건의 출생일은 1494년 11월 28일이다.

346 | "을사사화는 을사사화, 정미사화, 무정보감(武定寶鑑) 사건, 이홍윤(李洪胤) 옥사 사건 등 몇 개의 단계를 거쳐 장기적으로 전개되었다. 그런데 이문건이 겪은 을사사화는 장기간에 걸친 을사사화의 첫 사건으로 소윤 세력에 의한 대윤 세력에 대한 첫 공격의 단초가 된 것이었다. 즉, 을사사화는 '택현설(擇賢說)'을 빌미로 경기 감사 김명윤(金明胤)의 고변에 의하여 만들어졌는데, 대윤의 영수인 윤임(尹任)의 사위 이덕응(李德應)의 공초에 봉성군(鳳城君), 계림군(桂林君)이 등장하고 이들이 거론한 택현설에 윤임-곽순(郭珣)-나숙(羅淑)-이휘(李輝) 등이 연루되었던 것이다.…… 즉, 중종 말년에 이미 대소윤의 간극이 생겼으며, 그것은 인종이 적자가 없게 됨으로써 비롯된 것이라고 한다. 거기에 대윤 세력들이 실제로 어떠한 행동 계획을 가졌는지는 모르지만, 경솔하게 택현설을 발설함으로써 소윤 세력들로부터 공격을 받을 빌미를 제공했다. 이 발설의 장본인이 바로 이문건의 조카인 이휘였다. 이휘는 고문을 이기지 못하고 자복함으로써 바로 그 다음날 군기시(軍器寺) 앞에서 능지처참을 당하고 이에 연루되어 이문건도 성주로 유배를 당하게 되었다. 9월 4일 이후의 일기는 조카 이휘가 잡혀서 고문을 당하고 극형에 처해지는 상황에서 긴장되고 처절한 심리적 상태가 극명하게 그려져 있다.(김영현, "묵

풀리기를 고대했지만 그의 생전 이런 일은 일어나지 않았다. 결국 23년 동안 유배지에서 머물다가 1667년에 세상을 떴다. 한 해 앞서 동고동락 하던 이문건의 처가 먼저 세상을 떴다. 이문건은 사후 한참 뒤인 1605년(선조 38년)에 복관되었다.

이문건의 귀양살이 모습에 대해 송시열은 그의 행장에 다음과 같이 썼다.

> 귀양살이하던 23년 동안에 한가함을 좋아하고 고요함을 즐기어 조금도 바깥일에 연루됨이 없었고 온종일 조용히 앉아서 경사(經史)를 탐구하는 데 푹 빠져 있었다. 『주역(周易)』과 『태극도(太極圖)』를 가장 좋아하여 모두 손수 베껴서 완독(玩讀)하고 탐색(探索)하느라 어떤 때는 먹는 것도 기피하기까지 하였으며, 여가가 있을 때는 시를 읊으면서 회포를 달랬다가 더러는 단율(短律)을 짓되 장편(長篇)을 섞기도 하였는데, 절대로 화액(禍阨)으로 곤궁한 것에 시름하거나 두려워하는 형용을 짓는 일이 없었고, 글씨(墨妙)를 구하는 자가 있으면 초서로 쓰기도 하고 해서로 쓰기도 하면서 시원하게 요구에 응해주었다. 일찍이 퇴계(退溪) 이 선생과 영봉서원(迎鳳書院)의 향사(享祀)를 의논하느라 서신을 주고받으며 일을 결정했는데, 그 설화가 매우 많다. 자호(自號)를 묵재(默齋)·휴수(休叟)라 하고 인하여 시를 지어서 그 뜻을 보이자, 퇴계(退溪)·남명(南冥)·청송(聽松)·율곡(栗谷)과 같은 여러 노 선생 및 이름난 사람과 시인들이 모두 그 운으로 화답해서 큰 시집을 만들었는데, 세상에서 보배로 여기는 바가 되었다.[347]

이문건과 부인 김돈이 사이에는 3남 1녀가 있었지만 그중 아들 이온

제일기 해제" .)

347 | 宋時烈, 「을사이후이화인(乙巳以後罹禍人)—이문건 행장(李文楗行狀)」, 1501-1502쪽.

(李熠) 하나만이 20세를 넘겨 살아남았으며, 이온과 며느리 사이에 1남 3녀가 있었는데 그중 1남 2녀가 살아남았다. 그 1남이 [이문건이 손수 쓴 『양아록』의 주인공으로 아명이 淑吉인] 이원배(李元培)다. 장녀[숙희(淑禧)]는 직장(直長) 정섭(鄭涉)에게 시집갔고, 차녀[淑女][348]는 충신인 증판서(判書) 송상현(宋象賢)에게 시집갔다. 이 가운데 숙희와 숙녀의 어린 시절, 숙희와 정섭의 결혼 초 기록이 『묵재일기』에 보인다. 나중에 살펴겠지만, 이문건은 독자가 된 아들, 또한 독자인 손자를 키우며 자손이 끊길까 전전긍긍했지만, 송시열이 쓴 행장에 따르면 "지금 내외손이 너무 많아서 다 기록할 수가 없다."고 적혀 있으니, 그의 생전 근심은 기우에 그쳤음을 알 수 있다.

『묵재일기』는 어떤 책인가

이문건의 『묵재일기』는 일기 종류로서는 의약 내용을 가장 많이 담고 있다. 그의 일기는 비단 의약 분야뿐만 아니라 일상생활에서 벌어지는 각종 경제활동, 여가활동, 자식교육, 가족관계, 주인과 노비 관계 등의 내용도 매우 풍부하다. 그중에 의약 관계는 두드러지게 많은데, 그것은 그가 일기에 담는 항목 중 이 부분을 중요하게 포함시켰기 때문이다. 또한 그가 의학에 대해서 밝았다는 것, 실제로 가족·친지·이웃 등의 질병에 의자(醫者)로서 참여했기 때문이기도 하다.

『묵재일기』의 내용에 대해서는 김영현의 해제에 잘 정리되어 있다.[349]

---

348 | 원래는 세 번째이나 둘째아이 숙복이 일찍 죽음.
349 | 이 책에서 분석으로 삼은 책은 충북 괴산군 문광면 이재인(李在인)의 집에 소장되어 있는 『묵재일기(默齋日記)』 10책을 탈초, 정초하여 국사편찬위원회에서 간행한 것이다.

묵재일기 10책

『묵재일기』 1책과 2책은 복상중(服喪中)이거나 중앙 관료로 활동하던 시기의 것이고, 제3책~제10책까지는 모두 성주에서의 유배생활에 관한 기록이다. 이 중 3책에서 9책까지는 평상적으로 매일매일 썼던 일기 그대로다. 이와 달리, 10책은 요약본이다. 이 요약본에는 9책에 실린 일부분(1563.7.4.~12.30.)과 현존하지 않는 만년의 일기(1564.1.1.~1567.2.16.)의 핵심을 이문건 자신이 요약한 내용이 실려 있다.[350]

『묵재일기』 전 10책의 수록 시기를 보면, 1535년(嘉靖 14년, 中宗 30년) 이문건이 41세 때부터 시작하여 73세로 죽기 수개월 전인 1567년(嘉靖

---

350 | 제3책은 1546년 2월 1일부터 1547년 1월 20일까지 약 1년분이다. 1547년 2월 1일부터 12월 30일까지 11개월분은 缺落되어 있다. 제4책은 10책의 일기 중에서 가장 분량이 적은 것으로, 1548년 1월 1일부터 6월 30일까지 6개월분의 것이다. 이후 1548년 7월 1일부터 1550년 12월 30일까지 1년 6개월분이 缺落되어 있다. 제5책은 1551년 1월 1일부터 1552년 12월 30일까지 2년분이고, 제6책은 1553년 1월 1일부터 1555년 3월 29일까지 2년 3개월분이며, 제7책은 1555년 4월 1일부터 1557년 5월 29일까지 2년 2개월분이다. 이상 5책에서부터 7책까지는 하루도 빠짐없이 이어지는 시기다. 7책 이후에 1557년 6월의 1개월분이 缺落되어 있고 8책으로 이어진다. 제8책은 1557년 7월 1일부터 1559년 4월 23일까지 1년 11개월분이다. 이후 1559년 5월부터 1560년 12월까지 1년 8개월분이 缺落되어 있다. 제9책은 1561년 1월 7일부터 1562년 10월 28일까지와 1563년 7월 4일부터 12월 30일까지의 2년 4개월분이다. 1562년 11월, 12월의 2개월분이 缺落되어 있다. 마지막으로 제10책은 1563년 1월 1일부터 1567년 2월 16일까지 3년 2개월분의 일기 내용을 요약 정리한 요약본이다.(김영현, "묵재일기 해제".)

179

46년, 明宗 22년) 2월 16일까지 총 17년 8개월분이다. 41세부터 일기를 쓰기 시작하였다면, 일기를 쓴 기간은 총 31년분이 되어야 하지만 중간에 缺落된 부분이 약 11년 11개월분 존재한다.[351]

『묵재일기』에 어떤 내용이 담겨 있는가는 현재 기록으로 남아 있는 첫 장을 보는 것만으로도 어느 정도 가늠할 수 있다. 그의 일기 첫 장은 다음과 같이 시작한다.

> 가정(嘉靖) 14년 을미
> 11월 소(小) 무자(戊子) 일기
> 초1일 무오.
> 흐리면서 따뜻했다. ○ 조카 휘(煇)와 함께 산소를 지켰다. 제청(祭廳)에서 초하루 제사를 지냈다. ○ 낮에 한양에 들어갔다. 장례에 쓸 관을 사기 위해서였다. 저동(苧洞) 집에 들렀다. 빈전(嬪殿)께서 병이 들어 피접(避接)하셨다는 좋지 못한 소식을 들었는데, 의원 박첨지가 약을 올리는 것에 대해 의논했다고 한다. 병증을 물어보니 풍습증(風濕)으로 인한 병이라 했다. ○ 괴산에 거주하는 귀천(貴千)이 한양에 올라왔는데, 마금(亇今)을 거느리고 돌아가고 싶어 했다.[352]

여기서 '가정 14년 을미'란 표현은 명나라 가정연간, 즉 명나라 가정제(세종)의 연호로, 가정 14년은 서기로 1535년이고 그것은 조선 중종 치세 30년에 해당한다. 을미는 그해의 간지다. 한 해의 표시에 이어서 '11월 소(小) 무자(戊子) 일기'가 이어진다. 그것은 음력 11월을 뜻하며,

351 | 김영현, "묵재일기 해제."
352 | 初一日戊午 陰暄, ○與煇共守廬, 行朝祭于祭廳. ○向午入洛, 欲賀遷葬棺故也. 入苧洞家, 聞嬪殿有病避接之奇, 朴僉知亦進議藥云云. 卽問之, 則風濕証所致也云云. ○槐山奴貴千上來, 欲率歸亇今也.(『묵재일기』. 1535년 11월 1일자. 이하에서는 각주를 '『묵재일기』, 1535.11.1.' 라는 식으로 표시한다.)

소는 한 달에 29일을 뜻하며, 무자는 이달의 간지다. 한 달이 30일인 경우에는 대(大)라는 표현을 썼는데, 소는 작은달, 대는 큰달에 해당한다. 한 달 단위로 표시했기 때문에 '戊子 日記'라고 했다. 달에 이어서 '초1일 무오(初一日戊午)'를 표시하여 날을 나타냈다. 날은 열흘을 단위로 했는데, 1일~10일까지는 초를 붙였고 나머지 표시방법은 지금과 같다. 날 뒤에도 역시 간지가 붙어 있다. 해, 달, 날에 간지를 쓰는 방식은 당시에 일반적인 관행이었다. 월 아래에는 며칠간의 일을 간추린 일종의 색인을 만들었다.[353] 이 색인은 나중에 해당 내용을 전체 내용을 다 읽지 않고서도 찾아낼 수 있는 구실을 한다.

일 다음에는 (거의) 반드시 첫머리는 날씨를 썼다. 요즘에도 일기를 쓰는 많은 사람들이 날씨를 먼저 쓴다. 일기 첫 장에는 날씨가 "흐리면서 따뜻했다."고 적혀 있다. 날씨에 이어서 자신이 머문 공간을 기입했다. 여기서는 조카인 휘와 함께 어머니 묘를 지키는 사실과 제사 지내는 마루에서 초하루 제사인 삭제를 거행한 일을 표시했다. 이어서 일기는 시간적인 순서대로 자신이 겪은 일을 기록한다. 여기서는 천장에 쓸 관을 사려고 모친의 시묘를 떠나 자신이 거주하는 서울 저동 집에 들렀다가, (자신의 친척인) 빈전이 병 때문에 피접했으며 (의원인) 박첨지가 약을 어떻게 쓸 것인가 의논했다는 말을 듣고서 곧바로 증상이 어떤가 물었더니 풍습증(風濕証) 때문에 생긴 것이라는 말을 들었음을 기록했다. 등장 첫날 일기의 마지막은 자신의 충청도 괴산에 있는 농장에 딸린 노비인 귀천(貴千)이 올라와서 또 다른 종인 마금(亇今)을 거느리고 돌아가려고 했음을 적었다.

이후 이어지는 의약 관련 기사도 이런 생생한 기록의 연장선에 있다.

---

353 | 이 일기의 색인은 다음과 같다. "초하루 제사를 지내다. 관을 사러 한양에 들어갔다. 빈접이 피접하셨다는 말을 들었다. 관을 사다. 무덤을 옮기는 제삿날을 의논하여 정했다."

그는 자신이 앓은 것, 가족과 친지, 노비 등의 중요한 병과 그에 대한 대응을 빠짐없이 기록했다. 또한 그에게 의약을 문의해온 사례를 일일이 다 기록했다. 또 자신이 복용한 약이나 처방을 내린 약에 대해서도 상세히 기록했다. 주변에서 들려오는 병에 관한 소식도 일기에 적었다. 이후 살필 다른 이의 일기도 대체로 이와 비슷한 양상을 띠지만, 『묵재일기』는 그 어떤 일기도 필적하지 못할 풍부한 의약 내용을 담고 있다. 그의 일기는 건강과 질병에 관한 기록을 상세히 적는 것을 원칙으로 삼았다. 이문건의 의학적 식견이 상당한 수준에 있었기 때문에 이런 일기가 가능했으리라.

고통 받는 환자의 모습은 예나 지금이나 비슷하게 나타난다. 우리는 지금까지 『삼국사기』와 『삼국유사』에 실린 왕이나 왕녀, 상대등의 병이나 효자 집안 부모의 병 같은 몇몇 사례와 『동국이상국집』에 나오는 이규보와 그의 가족 몇몇의 병 앓는 모습을 살펴봤다. 이문건의 『묵재일기』를 통해서는 훨씬 많은 환자의 병고를 확인하게 될 것이다. 성별, 신분별, 지역별 고찰이 가능하다. 어찌 보면 환자의 앓는 모습 그 자체를 보이는 것은, 무엇인가를 밝히기 위한 '학문'과 크게 동떨어진 일이다. 왜냐하면 병 앓는 모습 그 자체는 인간인 이상 동서고금이 비슷할 것이기 때문이다. 그렇다 해도 의학사에서는 그들이 어떤 특별한 병을 앓았는가, 어떤 성, 계급, 신분의 사람인가, 아니면 어떤 의학적 대책을 썼는가, 어떤 병인론에 입각해 있는가, 하는 질문들을 던진다. 그것이 시대적으로, 지역적으로, 신분적으로 어떤 특징을 보이는가를 알기 위해서다.

다행히도 이 책은 논문이 아니기 때문에 꼭 "밝혀야" 하는 구속에서 자유로운 구석이 있다. 그래서 나는 특정한, 역사서에 이름을 남기지 못한, 수많은 군상들의 이름을 불러보고, 그들의 병을 일일이 둘러볼 생각이다. 여기서는 가능하면 많은 이들의 이름을 불러봄으로써, 최소한 이런 기회가 아니면 절대 호명되지 않을, 잊힌 다수의 옛 인물 중 일부의 행적이나마 기록으로 남겨보려고 한다.

넓은 눈으로 보면, 한 시대 같은 지역에 살았던 집단의 앓는 모습과 그에 대한 일상적 대응이라는 전모, 적어도 한국사에서는 아직까지 연구된 바가 전혀 없기 때문에 그것을 '드러내는' 것만으로도 큰 역사적 의의가 있을지도 모르겠다. 이런 기술을 통해 태어난 몸 상태, 성, 신분과 계급, 친분의 정도에 따라 병앓이와 대응이 한결같지 않았음이 일정 정도 드러날 것이며, 거기서 인간이면 누구나 겪는 고통의 보편적인 모습을 다시 확인하게 될지도 모른다.

병 앓는 모습을 담은 기사 양으로 볼 때, 가장 많은 사람은 이문건 자신과 그의 처다. 그렇지만 일기나 『양아록』에서 묵재 자신보다 더 신경을 쓰고 있는 존재는 손자 숙길이다. 손녀인 숙희와 숙복, 숙녀의 기록은 상대적으로 훨씬 적다. 정신병을 앓은 아들 온(熅)의 기록은 매우 많은 편이며, 건강한 체질의 며느리 경우는 기록이 희소하다. 이 밖에 가족으로서는 조카, 종손자, 손녀사위가 있는데, 오랜 기간 이문건의 집에 머문 종손자의 병 기록이 많은 편이다. 종의 병앓이 기사도 많이 등장하지만, 그 기사는 수십 명의 종들로 나뉘며 각각의 기록은 가족의 기록에 비해 대체로 소략한 편이다. 그렇지만 이후 일기와 견준다면 노비의 병앓이 기록은 그 어느 일기보다도 풍부한 편이다. 백 명이 넘는 이웃의 병앓이 기록은 앞서 말했듯, 이문건이 성주에서 일종의 의원 노릇을 했기 때문에 일기에 남았다. 이런 부류의 기록은 이후 그 어느 일기에도 보이지 않는다.

환자뿐만 아니라 『묵재일기』에는 당시의 치병시술자에 대한 풍부한 자료가 생생히 담겨 있다. 자신을 비롯하여 심약(審藥), 의생(醫生), 약상(藥商), 승의(僧醫), 마의(馬醫) 같은 의료행위자, 병 고치는 점쟁이, 무당의 활동도 빠짐없이 기록했다. 이에 대해서도 상세히 살필 것이다.

연구 동향

2000년 이후 민간 의약의 실상에 대한 연구는 눈부셨다. 젊은 연구
자들은 기존의 관찬자료를 넘어 일기를 분석했다. 그들은 이문건의 『묵
재일기』, 유희춘의 『미암일기』 등에 담긴 풍부한 의약 기사를 분석했
다. 1997년 이복규는 묵재 이문건(1494~1567년)의 일기에 풍부하게 담
긴 병앓이 기사를 분석하여 무속, 점복, 의학적 치료가 병존하는 조선
전기 환자의 일상 의료 모습을 생생하게 보여주었다.[354] 2000년 김호는
노수신의 병상기록을 검토했고,[355] 2001년 김성수는 이문건의 『묵재일
기』를 분석하여 16세기 전반 향촌 의료의 실태와 사족의 대응을 밝혀
냈고,[356] 같은 해 김호는 『미암일기』 분석을 통해 16세기 후반 서울과
지방의 의약 실태를 파악했다.[357] 김소은은 박사논문으로 "16세기 양반
사족의 생활상 연구—『묵재일기』를 중심으로—"를 냈는데, 의약생활을
포함한 『묵재일기』 전반에 관해 경제, 사회, 문화적인 측면을 정리해낸
노작이다.[358] 2006년 신동원은 『미암일기』, 『쇄미록』의 일기를 분석했
고,[359] 2010년 『퇴계집』의 의약 기사를 분석해 지방의 의료 상황을 파악

---

354 | 이복규, 『묵재일기에 나타난 조선전기의 민속』, 온지학회, 1997.

355 | 김호, 「蘇齋 盧守愼의 病床 기록 『政廳日記』」, 『문헌과해석』 13, 2000.

356 | 김성수, 「16세기 향촌의료 실태와 사족의 대응」, 『한국사연구』 113, 2001.

357 | 김호, 「16세기 후반 경·향의 의료환경: 『미암일기』를 중심으로」, 『대구사학』 64, 2001.

358 | 김소은, "16세기 양반사족의 생활상 연구—『묵재일기』를 중심으로—", 숭실대 박사논문, 2001.

359 | 신동원, 「조선후기 의약 생활의 변화: 선물경제에서 시장경제로— 『미암일기』·『쇄미록』·『이재난고』
·『흠영』의 비교 분석」, 『역사비평』 75, 2006.

했다.[360] 이 연구는 둘 다 이 책에도 실렸다. 이들 연구를 통해 서울에는 의원과 약이 흔하지만, 시골에는 그렇지 않았음을, 많은 경우 약이 하사나 선물 형태로 거래되었음이 밝혀졌다.

---

360 | 신동원, 「이황의 의술과 퇴계 시대의 의학」, 『퇴계학연구』 20, 2010.

II. 귀한 손자 키우기: 이문건의 양아록(養兒錄)

『양아록』 개관

이문건 부부는 가문을 이을 남자아이의 탄생을 엄청나게 고대했다. 다행히 아들이 1546년에 다시 결혼해서 이듬해 아이를 낳았으나 딸이었다. 이문건은 남아를 바랐고, 이후 고대하던 손자를 얻어 유배지에서 기르면서 그에 대해 남다른 애정을 표시했다. 육아일기라 할 수 있는 『양아록』을 지은 것도 대부분이 손자와 관련된 것이다. 『양아록』은 총 60면의 필사본으로 시 37제 41수가 실려 있고, 그 밖의 여러 기록을 담았다.[361] 『양아록』의 서문에서는 이 책을 엮게 된 취지를 다음과 같이 밝혔다.

> 아이 기르는 일을 반드시 기록할 것은 아니나, 기록하는 것은 내가 할 일이 없어서다. 노년에 귀양살이하는데 벗할 동료가 이미 적어졌고, 생계에 별 계책이 없어 생산에 일을 도모하지 못하는 처지였다. 아내

---

[361] 이상주, "이문건의 『양아록』—16세기 한 사대부의 자손양육의 체험적 시편" (이문건 저/이상주 역, 『양아록』, 태학사, 161-162쪽). 이하 각주에서는 『양아록』만 제시한다.

는 다시 고향으로 돌아가 외로이 혼자 지내는 처지에, 오직 손자 아이의 재롱을 보면서 날을 보내며, 한가롭게 서간을 펼쳐 고을의 원 조희(曹禧) 군(君)과 귀양 간 조카 이염(李燿), 그리고 귀양 온 동료 유감(柳堪) 등의 차운 시를 책머리에 부착해, 후일에 즐길 거리로 갖

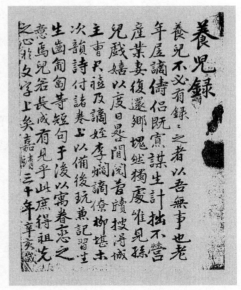

양아록 첫 장

추어놓았다. 아울러 습좌(習坐), 생치(生齒), 포복(匍匐) 등의 단구(短句) 를 뒤에 기록하여, 애지중지하는 뜻을 붙였다. 아이가 만약 장성하여 이것을 보게 되면, 아마 문자상에 나타난 할아버지의 마음을 알게 되리라.[362]

서문에서 밝혔듯 이 기록은 손자의 양육에 초점이 맞춰져 있으며, 전체의 흐름이 그렇게 이어져 있다.[363]

1548년 대를 이을 자손을 낳게 해달라고 빎.
1551년 58세 1세 노년에 득손을 기뻐함(천지신명에게 감사함).
        울음이 시원치 않아 걱정함.

---

362 | 『양아록』, 163~164쪽에서 재인용.
363 | 『양아록』, 165~167쪽.

이·벼룩에 물린 것을 애석해함.

앉는 것을 대견해함.

젖니가 남.

기어 다님.

윗니까지 나서 씹어 먹음.

이질 앓는 것을 탄식함.

장기간의 이질을 걱정함.

처음 일어서기함.

걸음마 연습.

독서하는 것을 흉내 냄.

- •1552년 59세 2세　돌잡히기.
- •1553년 60세 3세　말을 배움.

　　　　　　　　　학질의 고통.

- •1554년 61세 4세　안질.
- •1555년 62세 5세　여름학질로 고생함.

　　　　　　　　　손톱을 다침.

　　　　　　　　　이마를 다침.

- •1556년 63세 6세　천연두를 앓음.

　　　　　　　　　밥을 잘 안 먹음.

　　　　　　　　　손자가 조부를 매우 좋아함.

　　　　　　　　　글자를 가르침.

　　　　　　　　　젖니를 갈게 됨.

- •1557년 64세 7세　아들 이온의 죽음.

　　　　　　　　　되바라져 종아리를 때림.

- •1559년 66세 9세　학업을 게을리 해 뒤통수를 때림.

노루불고기 먹고 탈이 남.

귓병이 남.

귀 뒤에 종기가 생김.

- 1560년 67세 10세 학업을 게을리 해 종아리를 때림.

　　　　　　　　홍역을 앓음.

　　　　　　　　손자의 쉽게 짜증내는 증상을 훈계.

- 1563년 70세 13세 손자 과음에 전 가족이 질책.

- 1564년 71세 14세 손자 과음을 탄식함

　　　　　　　　(과음의 폐해를 지적하여 과음을 경계함).

- 1565년 72세 　　　(손자의 무병장수를 기원하는 축원문)

- 1566년 73세 16세 문장의 독해방식 논의

여기에도 나타나 있지만, 대부분의 내용이 이질·학질·천연두·홍역·
외상 등 병과 관련되어 있다. 이문건에게는 시로 표현된 것처럼 울음 울
고, 홀로 앉고, 기어 다니고, 걸음마를 걷고, 책 읽는 모습을 흉내 내고,
말 웅얼거리고, 글자를 배우고 하는 것 또한 그러했다. 그것은 신체의
생리적인 장성이었고, 정신의 성장이었다. 그렇지만 이문건이 보기에 질
병이 늘 손자의 생명을 위협했으며, 어느 정도 성장한 이후에는 게으름
과 음주가 정신의 성장에 장애가 되었다.

일기에서 어린 손자의 이름은 숙길(淑吉), 길아(吉兒) 등으로 표시되어
있다. 커서는(1556년) 이 아명 대신에 수봉(守封)을 썼다. 이름의 개명에
대해서 이문건은 다음과 같이 밝히고 있다.

손자의 용모는 단아하고 관상이 평범치 않았다. 숙길이라 명명했는데,
성장하면 길(吉)하라고 그렇게 지은 것이다. 방경(邦慶)을 그의 자로 삼

는 것이 좋을 것이며, 다른 한편 자봉(子逢)도 또한 좋다. 얼마가 지난 후에 길자(吉字)를 상고해보니 종사종구(從土從口)라 오행상생의 뜻이 아니었다. 그래서 준숙(遵塾)이라 개명했으며, 자는 희순(希順)이라 했다. 갑자년(1564년) 9월 28일 밤에 개정하고 이튿날 기록한다. 갑자년 10월 11일 다시 수봉(守封)이라 개명하고, 자를 경무(景茂)라 했다. 다섯 번 산가지를 집으니 수봉이 네 번이나 나왔다. 그래서 많은 것을 좋아 개정했다.[364]

손자에 대한 기록은 그의 탄생부터 시작해서 이문건이 죽을 때까지 지속되어 있다. 지금부터는 『양아록』의 본문 내용과 『묵재일기』를 같이 짚어가면서, 16세기 중엽 남자아이의 건강과 질병에 대해 살피도록 한다.[365] 손자의 기록에 그와 비슷한 나이 또래의 소년으로 이문건이 돌본 종손자, 손녀사위의 치병 기록도 덧붙여 살핀다. 이렇게 풍부한 내용은 조선시대 그 어떤 기록에서도 찾아보기 힘들다.

손자 낳기를 하늘에 기도함

이문건은 1545년 조카 휘의 '역모사건'에 연루되어 귀양살이를 시작했다. 순탄대로의 출세를 달리던 그로서는 청천벽력 같은 흉한 액이었다. 귀양살이 중 하나뿐인 아들의 재혼을 성사시켜(1546년), 가문을 이

---

364 | 『양아록』, 20-21쪽. 그는 이문건 사후 다시 한 차례 이름을 이원배(李元培)로 바꿨다.(이복규, 『<묵재일기>에 나타난 조선전기의 민속』, 19쪽).
365 | 이에 대해서는 이미 두 편의 좋은 선행 연구가 있다. 이복규, 『<묵재일기>에 나타난 조선전기의 민속』, 민속원, 1999; 이문건의 『양아록』, 157-193쪽. 여기서는 이 두 글의 성과를 활용하면서 좀 더 꼼꼼하게 시간적 추이와 내용을 서술한다.

어갈 후손을 낳는 발판을 마련했다. 그렇지만 이듬해 아이를 낳았는데, 고대하던 아들이 아니라 딸이었다. 흉한 일이었다. 게다가 쉰여섯인 자신은 매일매일 약에 의존해 살아야 할 만큼 고질에 시달리고 있었다. 특히 피똥이 나오는 치질은 아무리 약을 써도 차도가 없었다.

귀양살이, 손녀딸의 출생, 고질 등이 겹쳐 일어나자 이웃 현에 사는 점쟁이 김자수(金自粹)는 초제(醮祭), 즉 하늘의 옥황상제에게 액을 없애는 제사를 드릴 것을 권했다.[366] 그는 초제에 쓸 향과 촛불, 조각종이에 쓴 초제문을 책 종이 열 두루마리를 내어 썼고, 〔그 대신〕 초제에 참여할 종 만수(萬守)의 옷을 만들었다.[367] 그는 만수로 하여금 초제에 쓸 쌀·옷·종이·촛불·목면·유향 등의 물품을 가지고 가리현에 사는 김자수 집에 가도록 했다. 김자수의 말에 따라서 흉한 액을 피하는 기도를 마련했기 때문이다.[368] 만수는 한밤에 중이 주관하는 초제에 참여했다.[369]

이문건 자신이 쓴 초제문에 보면 그가 어떤 생각을 가지고 초제에 임했는지 잘 나타난다.[370] 그는 "앙화와 얼을 당한 것이 산과 같고, 남은 이 몸의 목숨이 실과 같습니다. 시종, 운수가 정해져서, 가령 그 큰 한계는 도피하기 어려우나, 환란이 때때로 다가올 때 뜻밖의 재앙에서 벗어날 수 있게 해주기를 바랍니다." 앙화와 얼, 언제 죽을지 모를 병고 등을 염두에 두고 그것을 벗어나려는 기도를 하고 있다. 또한 그 큰 것을 운명으로 받아들이고는 있지만 그런 가운데서도 "뜻밖의 재앙"만 피했으면 하는 소망을 드러냈다. 그것은 "근심을 바꾸어 기쁨이 되게 하셔서, 구류를 면하게 해주시고, 죽음에서 돌아 나와 살게 하시어, 무릇 남

366 | 『묵재일기』, 1548.1.8., 1.11.
367 | 『묵재일기』, 1548.1.10.
368 | 『묵재일기』, 1548.1.11.
369 | 『묵재일기』, 1548.1.12.
370 | 『양아록』, 149쪽. 원문 58쪽.

은 목숨을 이어가게" 해달라는 것이었다. 이런 연장에서 그는 손자의
탄생을 빌었다.

> 또한 제가 외롭고 위험하나 돕는 사람이 없으니, 엎어지고 넘어질 때
> 누가 부축해주겠습니까? 제가 병이 들었으나 사내아들이 있으니, 비
> 록 등유(鄧攸)가 아들을 잃은 것과 같지는 않으나, (대를 이을) 실마리
> (손자)가 없기에, 감히 마묵(馬默)이 아이를 얻은 것과 같게 해주시기를
> 바랍니다.[371]

이문건은 자신이 병이 들었지만, 아들은 있으나 아직 그 후사가 없기
에 하늘에 그것까지 빌었다.

고려 때 이규보의 도교적인 축원에 대해 살핀 바 있지만, 조선 초 민
간에서도 이와 같이 액을 쫓기 위해 옥황상제에게 제사를 지내는 일이
계속 이어지고 있었다. 조정에서는 하늘에 제사 지내는 초제에 대한 논
란이 지속되다가 중종 13년(1518년)에 폐지되었지만, 여전히 병의 회복을
비는 기도는 지속되었다. 이런 믿음의 이면에는 옥황상제가 인간의 운명
을 주재한다는 생각이 깔려 있었다. 이문건은 초제문에서 이를 다음과
같이 표현했다. "옥황상제께서 다스리시는 덕이 높고 깊으시어, 항상 어
진 마음으로 세상을 덮으시며 아래를 불쌍히 여기시고, 성신께서는 (옥
황상제를) 모심에 실로 세상일을 잘 짐작해서 권한을 유지하고 있으십니
다. 만물이 (옥황상제에게) 의지해서 살아남음에, 많은 무리들이 (옥황상제
의) 덕을 우러러 봅니다."[372]

---

371 | 『양아록』, 149-150쪽. 원문 58쪽.
372 | 『양아록』, 149쪽. 원문 58쪽.

학수고대하던 손자의 탄생

다른 손녀의 출생 때와는 달리, 손자 숙길이 태어날 때는 기록이 매우 상세하다. 그것은 일기를 매일매일 쓴 것이 아니라 시간이 흐른 후 적었기 때문일 것이다. 짧은 시간이라도 그는 기록할 가치가 높은 부분을 선별해 실었다. 아이의 탄생 그 자체에는 신경을 곤두세웠지만 여아를 낳았을 때는 실망과 무관심 때문에 기록이 적고, 남아를 낳았을 때는 기뻐서 상세히 적었다. 이어서 가문을 이을 귀한 손자의 무병장수를 빌기 위한 각종 조치가 취해졌기 때문에 기록이 더욱 상세한 것이다.

첫째손녀 이후 3년 반 만에 어렵게 찾아온 며느리 태산 여부를 궁금해하던 59세(1551년)의 이문건은 정월 초하루 며느리를 보러 갔다. 배 아래쪽에 약간 진통이 있었지만 기후가 평안했다.[373] 이튿날 태가 동하는 듯 허리에 통증이 있고 자주 측간을 간다고 하여 보안환(保安丸)을 며느리에게 주어 복용토록 하고 부인에게 며느리 태산의 증후를 돌보라고 했다.[374] 이문건은 며느리가 언제 아이를 낳을 것인지 계속 궁금해했으나 태산의 증후가 없자 점쟁이 김자수에게 점을 쳐서 언제 아이가 나올지, 남아인지 여아인지 알아보게 했다. 점 결과 김자수는 "여아이지만 만약에 남자가 나온다면 어미와 잘 맞지 않으므로 반드시 목(木)씨 성인 여종으로 하여금 키우게 해야 하며, 아이가 나오는 날은 자(子), 묘(卯), 유(酉)가 들어간 날이다."라 했다.[375] 점을 본 날은 초4일 임진(壬辰)이었으니까, 다음 가능성이 있는 날은 유(酉)가 들어간 정유(丁酉)날, 즉 1월 9일이었다.

---

373 | 『묵재일기』, 1551.1.1.
374 | 『묵재일기』, 1551.1.2.
375 | 『묵재일기』, 1551.1.4.

영락궁 벽화—세아도

그렇지만 아이는 이튿날인 초5일에 나왔다. "며느리가 진통을 거듭하던 중 진시말(辰時末, 여덟시~아홉시)에 남아를 분만했다. 아이는 살찌고 건강하다."는 소식이 들려오자 이문건은 "기쁘다."면서 감초 달인 물에 주사와 꿀을 타서 아이에게 먹이도록 했다.[376] 며칠 지나 이문건은 또다시 복숭아·자두·매화나무 뿌리를 벗겨 끓여서 아이를 씻겼다.[377]

기다리고 기다리던 손자 탄생이 적어도 이문건에게는 역사적인 사건이었다. 그래서 탄생 과정을 자세히 적었다.

성주성 동남쪽 아래 옥산리에 사는 아전인 배순(裵純)의 집 북쪽 방이 손자가 태어난 곳이다. 늙은 아내 김씨와 여종 돌금(乭今)이 산관(産關)을 하고 있는데, 출산하자 돌금이 배꼽의 탯줄을 자르고 싸맸다. 여종 돌금은 성품이 어질어 [첫 손녀] 숙희(淑禧)를 부지런하고 조심스럽게 돌보았다. 그래서 또다시 돌보아 기르고 더러워진 포대기를 주물러 빨라 명한 것이며, 감초탕을 주어 빨리도록 하라 했더니, 토하지 않는다고 한다. 또 주밀(朱蜜, 주사와 꿀)을 빨리게 하고 오래 지나서

---

376 | 『묵재일기』, 1551.1.4.
377 | 『묵재일기』, 1551.1.8.

젖을 먹였다.[378]

또한 이 기쁨을 칠언율시로 읊조렸다.

천지자연의 이치는 무궁하게 생성이 계속되어,
어리석은 자식이 아들을 얻어 가풍을 잇게 했네.

지하에 계신 선조의 영령들께서 많이 도와주시리니,
인간세상의 뒤이어 올 일들이 다소 잘되어가리라.

오늘 저 어린 손자 기쁜 마음으로 바라보며,
노년에 성인(成人)으로 성장해가는 모습 지켜보리라.

귀양살이 쓸쓸하던 차에 마음 흐뭇한 일이 생겨,
내 스스로 술 따라 마시며 자축하네.
(초6일에 짓다)[379]

원래 이 아이의 이름은 돌림자인 숙(淑)자에 손자 손자를 써서 숙손(淑孫)이라 했지만 다시 '길할 吉'자를 넣어 아이 이름을 숙길(淑吉)로 고쳤다.(1.6.) 성장하면 길(吉)하라고 그렇게 지은 것이었다.[380] 아이가 용모가 단정하고 튼실했기에 이문건은 매우 흡족해했다.(1.6.)[381]

이튿날 이문건은 계집종 눌질개(訥叱介)를 손자에게 젖 먹일 유모로

378 | 『양아록』, 20쪽. 원문 6쪽.
379 | 『양아록』, 18–19쪽.
380 | 『양아록』, 20쪽.
381 | 『묵재일기』, 1551.1.6.

택하도록 했다. 아들이 있고 젖이 많이 나오기 때문에 의논해 정한 것이었다.[382] 다른 계집종 춘비(春非)도 아이를 길러 젖이 나왔지만 젖 상태가 좋지 못하고 그 성격이 사납기 때문에 유모를 시키지 않았다.[383] 그렇지만 눌질개가 젖이 나오지 않는다고 해서 부득이 춘비로 하여금 손자에게 젖을 먹이도록 했다. 눌질개는 자기 아이를 특히 예뻐해서 거짓으로 젖이 안 나온다고 말했던 것이다.[384] 유모 춘비가 아이를 잘 보호하지 못해 밤에 자다가 아이의 얼굴을 눌러 아이가 코고는 소리에 놀라 울어서 잠을 못 자는 일이 벌어져 이틀 동안 춘비를 집 밖으로 쫓아내는 벌을 내렸다.[385] 이로부터 유모의 선정과 관리가 결코 쉽지만은 않았음을 알 수 있다.

조선 왕실의 태 항아리 묻기. 순조의 태봉.
왕손의 태 항아리 묻기 정도에 비해 규모는 작았어도 양반 명문가에서 아이가 건강하고 잘되기를 기원하며 태 항아리를 묻는 정성은 똑같았다.

이문건은 태를 처리하는 데도 앞장서서 신중을 기했다. 남아의 태를 항아리에 넣어 좋은 곳에 묻는 것은 생기감응을 통해 아이의 복을 빌기 위한 풍속이다. 이문건은 아래채에 가서 계집종을 시켜서 아이의 탯줄을 시냇가에 가지고 가

382 | 『묵재일기』, 1551.1.5.
383 | 『묵재일기』, 1551.1.6.
384 | 『묵재일기』, 1551.1.8.
385 | 『묵재일기』, 1551.1.21.

서 깨끗이 씻도록 하고, 항아리 가운데 넣도록 한 후 기름종이로 그것을 잘 싸서 생기가 돋는 방향에 매달아두도록 했다.[386] 이문건은 종 만수(万守)와 귀손(貴孫)에게 태 항아리를 북쪽 산에 가서 묻으라 했으나, 그들이 그것을 새겨듣지 않고 남쪽 산 먼 곳에 묻고 왔다 하여 그것을 마음에 들지 않아 했다.[387] 다시 만수에게 묻은 항아리를 파내어 원래 있던 곳에 두라 했고,[388] 다시 종 귀손에게 태 항아리를 북쪽 산에 가서 남이 보지 않는 곳에 깊이 감추도록 시켰다.[389] 태를 묻은 곳은 석선산 서쪽 마을 태봉 아래의 지역이었다.[390] 태 항아리를 다시 묻는 데 여러 날 걸린 것은 길일을 택하느라 그랬을 것이다.

귀중한 손자가 탄생하자 감초, 주사, 꿀물로 태독을 가시게 하고, 복숭아·자두·매화 뿌리로 목욕시켜 온갖 병을 예방토록 하고 태 항아리를 좋은 자리에 묻어 생기가 넘치는 삶을 고대한 데 이어, 이문건은 천지신명께 또다시 아이의 무병장수를 빌고자 했다. 그는 초제문을 써서 봉투에 넣고, 제수용품을 살폈다.[391] 종 서동(徐同)에게 문어 한 마리를 가지고 가서 점쟁이 김자수에게 언제 초제를 지내면 될지 묻도록 했는데, 27일 새벽에 거행한다고 했다.[392] 김자수가 자기 종을 보내어 아청사(鴉靑絲)를 달라고 해서 보내주었다.[393] 귀손에게 축문과 쌀 닷 말 백목(白木) 한 필, 초 일곱 자루, 향 한 봉지, 아이옷 한 벌, 종이 다섯 권, 기름 다섯 홉 등의 물품을 가리현의 김자수에게 보냈다.[394] 이튿날 새벽 김자

386 | 『묵재일기』, 1551.1.6.
387 | 『묵재일기』, 1551.1.8.
388 | 『묵재일기』, 1551.1.10.
389 | 『묵재일기』, 1551.1.18.
390 | 『양아록』, 20쪽.
391 | 『묵재일기』, 1551.3.25.
392 | 『묵재일기』, 1551.3.26.
393 | 『묵재일기』, 1551.3.25.
394 | 『묵재일기』, 1551.3.26.

천문—북두칠성(좌), 남두육성(우)

수는 산중 사찰의 중을 불러서 아이의 액을 물리치는 초제를 지냈다. 김
자수에게는 사례로 곶감 다섯 꼬치를 보냈다.[395]

 이문건은 하늘에 지내는 제사의 초제문을 직접 썼다. 제사의 주체로
는 아이의 부모인 아들과 며느리를 내세웠다. 이들은 이처럼 우선 옥황
상제의 덕에 힘입어 손자가 태어나 가문을 잇게 되었음을 감사히 여겼
다. 그 내용은 다음과 같다.

 가정 30년 신해년(1551년) 3월 기축 삭27일 을묘, 조선국 경상도 성
 주 동리(東里)에 귀양살이하는 과거에 급제한 경력이 있는 신 이문건

---

395 | 『묵재일기』, 1551.3.27.

의 아들 유학 신 이온 및 그 처 김종금 등은 진실로 두려워하고 진실로 무서워하며 머리를 조아리고 머리를 조아리며 말씀드립니다. 신 등은 천신과 지신께서 (만물을) 주재하시고 (생명을) 생성하시는 덕에 힘입어, 이미 금년 정월 초5일 계사에, 사내아이를 얻게 되어 세대를 잇게 되었습니다. 삼가 오늘 저녁 지금 공손히 분향하고 겸하여 쌀과 폐백을 진설하여 경건하고 정성스럽게 위로 빕니다.[396]

이어서 어린아이의 재액과 질병 일체의 소멸 제거, 무사한 장성을 부탁했다. "삼가 생각하건대, 옥황상제께서 천지를 다스리니, 좌우에 시종하는 자미(紫薇)에 거처하는 대제(大帝), 북극에 거처하는 존신(尊神, 북두칠성), 남두(南斗)의 육사(六司, 南斗六星), 삼백육십일 주행하는 하늘의 전도(躔度)에 있는 별자리들과, 은혜의 복을 구부려 내려주셔서, 신의 어린 아이로 하여금 일체의 재액과 질병을 모두 소멸 제거해주시고, 장성하도록 도와주시면 더 바랄 것이 없겠습니다."[397]

이문건은 가문을 잇는 기쁨과 소망을 계속 절절히 표현했다. "옥황상제와 생명을 주재하시는 성신께서는, 꺾이고 실패하는 것을 슬퍼하고 가련하게 여겨…… 맏아이를 내려주셨으니, 이것이 천세의 경사를 연 것이며, 이것이 가통을 계승하는 것이며, 이것이 공 만복의 근원을 베풀어주신 것"이며, "이미 복을 내리고 이미 주셨으니 모름지기 보살펴주시고 모름지기 사랑해주셔서, 재해가 함부로 침범하는 것을 몰아내고 구제하시어, 능히 성장하게 해주시고 양육하게 해주시어, 수명과 복을 구비해주셔서, 견고하게 응결될 수 있게 해주시면, 즉 영원히 신의 아름다움에 힘입어, 실제로 신령스런 복을 받을 것입니다. 잇고, 잇고 또 잇

396 | 『양아록』, 144쪽. 원문, 55쪽.
397 | 『양아록』, 144쪽. 원문, 55쪽.

고 이어서 가문을 끝없이 보존하고, 자자손손 세대를 유지하여 끊어지
지 않게 하여주소서."³⁹⁸

출생 직후

귀한 자손인 데다, 의술에 밝은 이문건이기에 그는 손자 숙길의 상태
를 거의 날마다 몇 차례씩 체크했다. 울음소리도 그중 하나다.

> 손자는 태어날 때 응애응애 예닐곱 번 울더니,
> 그 후론 울음소리 멈춰 들어보지 못했네.

> 때때로, 태어나던 날처럼 다시 울기 바라는 건,
> 다만 병이 있어 평안치 못해 그런가 걱정돼서지.³⁹⁹

"〔오늘〕 세 차례 손자를 봤다. 역시 감기에 걸렸다. 기침하며 울었
다."⁴⁰⁰ 이런 식으로 이문건은 아이의 울음에 관심을 가졌다. 똥도 중요
하게 관찰해야 할 일이다. "손자가 요즈음 잇달아 진흙 같은 설사를 하
는데 그 색깔이 푸르스름하고 상태는 미끌미끌하다. 하루에 설사를 네
다섯 차례 했다."⁴⁰¹ 재빨리 약 사군자탕(四君子湯)을 달여 숟가락으로 먹
이도록 했는데 잘 먹지 않자 어미가 먹고서 젖으로 전달토록 했다.⁴⁰²

---

398 | 『양아록』, 145쪽. 원문, 55쪽.
399 | 『양아록』, 30쪽.
400 | 『묵재일기』, 1551.3.21.
401 | 『묵재일기』, 1551.5.5.
402 | 『묵재일기』, 1551.5.7.

피부의 색깔도 그가 관심 있게 지켜보는 사항이었다. 어떤 날 아래채에 내려가 손자를 보니 왼쪽 배와 발에 붉은색 거품 같은 것이 생겨 있어 이문건은 이것이 풍열(風熱)의 증상이 아닌가 의심했지만, 오래 보니까 온갖 벌레들이 물어서 생긴 상처였다.[403] 그래서 계집종 돌금에게 이·벼룩에게 물리는 것을 피하기 위해 아이를 안고서 자신이 거처하는 위채에 올라와서 머물도록 조치했다.[404] 이 무렵 이문건은 이·벼룩을 얄미워하는 마음을 시로 읊었다.

보드라운 살결에 피부가 연약한데,
얄밉게도 이, 벼룩이 경쟁하듯 달라붙네.

젖먹이가 고통스러운들 어찌 말할 수 있으리?
온몸에 침을 놓은 듯 붉은 점 보기 민망하네.

조그만 벌레 날카로운 입 가졌으니,
조물주 또한 시기심이 많아서인가?

이, 벼룩을 차라리 내게 오게 하라,
애련타, 젖먹이 물어뜯지 마라.[405]

눈에 붉은 무엇인가가 난 것도 아이가 시령을 앓는 게 아닌가 하여 그를 걱정케 했다.[406] 그러던 차에 검정고양이가 숙길의 왼쪽 눈자위 아

---

403 | 『묵재일기』, 1551.6.1.
404 | 『묵재일기』, 1551.6.2.
405 | 『양아록』, 31쪽.
406 | 『묵재일기』, 1551.6.2.~8.13.

랫부분을 할퀴는 일이 발생했다.[407] 이문건은 계집종 돌금이가 제대로 돌보지 못했다 하여 주먹으로 그의 빰을 두 대, 등을 한 대 때렸다.[408] 이빨이 나는 것은 그에게 즐거운 일이었다. 손자 숙길은 아래에 이가 두 개 나오기 시작했다.[409] 이에 감흥이 있어 시 한 수를 읊었다.

(7월 초 잇몸이 몽그렇게 돋아 오르더니, 보름께 되어 뽀족하게 드러나고, 그믐께 되어 점점 자라났다.)

태어난 지 이제 7개월,
아랫니 두 개가 났네.

젖을 빨며 제 에미 보고 옹알이 하며,
점점 손톱을 잘근잘근 물어뜯는구나.[410]

숙길은 두 달 뒤인 9월 윗니가 두 개 더 났고, 10월 초에 오른쪽 윗니 한 개가 더 났고, 11월 열흘께에는 왼쪽 한 개가 더 났다. 이문건은 "이제 밥을 씹어 먹을 징조이니, 너의 무한 복을 축원하노라."[411]라고 적었다.

스스로 앉고, 기어 다니는 것도 다 이문건에게는 경이로운 일이었다. 하나밖에 없는 손자에게 관심이 지대했기 때문에, 그리고 질병을 비롯한 액운은 인간의 통제 가능 범위를 넘어서 있었기 때문에, 이문건은 점에 용한 사람만 나타나면 숙길의 운명에 대해 물었다.[412]

407 | 『묵재일기』, 1551.8.13.
408 | 『묵재일기』, 1551.8.14.
409 | 『묵재일기』, 1551.7.7.
410 | 『양아록』, 34쪽.
411 | 『양아록』, 36쪽.
412 | 『묵재일기』, 1551.5.27., 6.26.

한 살 때의 위기, 이질

동서양을 막론하고 전염병 예방법을 몰랐던 시절에 가장 사인이 높았던 병증상은 어린아이의 설사, 이질이었다. 이는 장 감염과 관련된 모든 병을 정확히 구별해내지 못했던 때, 겉으로 나타난 증상인 설사, 이질로 병을 통칭했기 때문이다. 숙길은 무사히 백일을 넘기고 이후 큰 탈 없이 자랐지만, 가을에 접어들면서 이질에 걸려 생명에 위험한 때를 겪었다. 이문건은 두 차례에 걸쳐 손자의 이질에 대해 읊었다. 첫 번째 시는 「아이의 이질을 한탄함〔兒痢嘆〕」이고, 두 번째 시는 「오랜 이질을 한탄함〔久痢嘆〕」[413]이다.

"9월 21일 아침, 손자를 안아 무릎에 앉혔네. 방긋 웃으며 아장아장 걷다가, 그때 한 방울 누런 설사를 하네. 이를 대수롭지 않은 일로 여겼더니, 이것이 이질의 시초였다." 손자가 이질에 걸린 첫 상황에 대해서 이문건은 첫 시에서 다음과 같이 썼다. 또한 그는 이질 증상을 자세히 묘사했다.

설사는 밤낮으로 그치지 않고,
점점 붉은색으로 변해가네.
항문이 막혀 똥이 나오지 않아,
괴로워서 보채는 모습 형용하기 어렵도다.
물똥은 끈적끈적 고기 씻은 물 같고,
곱똥은 방울방울 똥을 잘 누지 못하네.
살이 빠지고 안색은 창백해져,

---

413 | 『양아록』, 37쪽.

바라보는 내 마음 절로 슬퍼지도다.[414]

손자의 이질, 설사 진행에 대해 이문건은 "다른 아이라 해서 어찌 이
질을 앓지 않으랴마는, 우리 가문이 박복해서 그런가 두렵기 때문이
다."[415]고 말했다. 박복이 이어져 손이 끊어질지 모를 상황을 지레 걱정
한 것이다. 공교롭게도 손자의 이질이 시작하는 날은 지난달 병으로 죽
은 손녀 숙복을 괴산에 묻은 그날이었다. 게다가 이문건의 처는 괴산에
가 있었고, 아들은 정신병으로 고통스러워했으며, 며느리는 유종(乳腫)
을 심하게 앓고 있었다. 또, 첫 손녀 숙희도 이질을 심하게 앓다가 겨우
회복되는 중이었다. 이처럼 이해 9월, 이문건은 여러 가족의 병을 돌보
면서 나날을 보내고 있었지만, 무엇보다도 손자의 병에 신경을 썼다. 당
시 이문건은 환자인 손자를 아래채가 아닌 자신이 거처하는 곳에 두면
서 돌보고 있었다. 이문건은 자신의 안달을 다음과 같이 표현했다.

> 약물을 쓸 수 없으며,
> 의원이 없으니 다시 누구를 찾아가리?
> 만사를 하늘에 맡긴 채,
> 스스로 여유 있는 체하나 도리어 안달이 나네.
> 무당을 불러 병을 낫게 하라 했더니,
> 날로 차도 있으리라 위로해주는데,
> 할애비의 정은 끝없어,
> 허망 된 말도 귀 기울여 믿는다네.
> 잠시도 염려 놓을 수 없어,

---

414 | 『양아록』, 37-38쪽.
415 | 『양아록』, 38쪽.

왔다 갔다 하며 자주 손자의 얼굴 살펴보네.

어느 날에는 회복되어

무병하게 잘 자랄꼬?

이제 『묵재일기』를 따라서 위의 상황을 좀 더 자세히 살펴보면, 손자의 병은 처음 발병해 설사 후 붉은 피가 섞여 나왔고, 초췌해졌으며, 똥이 잘 안 나와 묵직한 증상이 있었고, 무당을 불러서 굿을 치렀다.[416] 그러니까 첫 시는 대략 9월 24일 또는 25일경에 지었을 것이다.

시에서는 "약물을 쓸 수 없으며, 의원도 없다."고 말했지만, 실제로 그랬던 것은 아니다. 자신의 약장에는 약이 있었고, 그 자신이 성주 지방의 의원 노릇을 도맡아 했기 때문이다. 다만 그는 바로 손자의 병을 낫게 하는 약물이 없음과, 그런 처방을 바로 찾아내지 못하는 솜씨가 없었음을 안타까워했을 뿐이다. 9월 21일 손자의 설사 이질을 보자 이문건은 즉시 사군자탕을 지어 계집종 돌금에게 복용하여 젖으로 약기운을 전달토록 했다. 초췌해지고 똥이 잘 나오지 않고 똥 눌 때마다 울자 그는 소감원(蘇感元)을 잘게 조각으로 만든 후 죽물에 타서 먹였다. 이튿날에도 이질에 복통까지 있게 되자 다시 소감원을 쌀죽에 타서 먹였으나 효과가 없었다.[417]

무당을 불러 굿한 것에 대해서 이문건은 의미심장한 말을 시에 적었다. 무당의 말을 "날로 차도 있으리라 위로해주는" 말로 치부했으며, 안타까운 마음 때문에 "허망 된 말도 귀 기울여 믿는다."고 했다. 조선 초 신흥 사림을 대표하는 김종직의 제자로서 부승지까지 지낸 고위 관료로서 이문건은 유가에서 배척하는 무당의 굿에 대한 공식적인 입장은

---

416 | 『묵재일기』, 1551.9.21., 9.24.
417 | 『묵재일기』, 1551.9.21., 9.24., 9.25.

이러했다. "할애비의 정은 끝없어, 허망 된 말도 귀 기울였다."는 것이다. 다른 뾰족한 수단이 없을 때, 지푸라기라도 잡는 심정의 표현으로 무당굿을 받아들였던 것이다.

손자의 이질은 쉽게 그치지 않고 한 달 이상을 끌었다. 병이 약간 호전되는 기색이 있게 되자 그는 새로운 시로 자신의 감정을 읊었다. "(시월 그믐에 짓다).……한 달이 다 되어 시월이 되었는데도, 설사는 계속되어 차도가 없구나. 어느 때나 좀 나아져 설사 멎게 되고, 습(濕)이 제거되어 비위(脾胃)가 튼튼하게 될꼬? 거의 상서롭고 길한 징조가 보여, 조석으로 자세히 증세를 물어보네. 조바심하는 마음을 드러내지 않으나, 항상 생각하며 잠시도 잊지 않노라."[418] 이 시에 나타난 것처럼 손자의 병은 완전한 회복은 아니어도 차츰 나아져서 "재롱을 떨면서 소리를 지르는" 상태까지 호전되었다.[419] 11월 16일쯤에는 이질이 완전히 나아 아무 탈도 없었다.[420] 이 무렵 숙길은 병의 회복은 물론이거니와 서서 걷기 시작했다.[421] "걸음마하기 시작한 걸 축하하니, 잘못 디뎌 넘어지거나 미끄러지지 마라. 차분히 예의 지키고, 오랫동안 대길하기 바라노라."[422]

다시 치료 과정을 들여다보면, 무당굿을 한 후에도 이문건은 손자의 병증에 따라 계속 약물 처방을 내렸다. 철회(鐵灰, 뿔철 재)를 약간 죽에 탄 후 돌금에게 먹여 젖으로 약효를 전달토록 했으며,[423] 약을 가늘게 환으로 만들어 먹였으나 씹기는 하지만 삼키지 못하자 다시 쇠뿔, 쑥 가루, 더덕 가루를 합쳐 약을 만들어 아이에게 주었다.[424] 약 치료와

418 | 『양아록』, 40쪽.
419 | 『묵재일기』, 1551.11.25.
420 | 『묵재일기』, 1551.11.16.
421 | 『묵재일기』, 1551.11.15.
422 | 『양아록』, 42쪽.
423 | 『묵재일기』, 1551.9.26.
424 | 『묵재일기』, 1551.10.2.

함께 아이를 병가에서 옮겨 남쪽에 사는 기생 흘이(迄伊) 집에 맡겨두기도 했고,[425] 점쟁이 김자수에게 손자의 운명을 점치기도 했다.[426]

숙길은 이후 감기를 앓기는 했지만 대수롭게 지나갔고, 두 살 되던 날, 즉 1552년 정월 5일 돌잔치를 맞이했다. 아이들이 태어나서 가장 많이 죽는 첫해를 무사히 넘긴 것이다. 돌잔치는 성대히 열렸는데, 그는 '돌잡히기' 때 처음으로 붓과 먹을

양아록―돌잡이

집어 들어 "뒷날 진실로 문장을 업으로 삼을 아이가 되려나 보다."[427]와 같이, 할아버지의 마음을 기쁘게 했다. 두 번째는 옥 가운데 금을 가에 두룬 투환(관대)을, 세 번째는 활을, 네 번째는 쌀을, 다섯 번째는 인장을 집었다.[428] 이문건은 각각에 대해 시를 한 편씩 지어서 아이가 관직, 무략(武略), 백성의 지도자 되기 등 각종 복을 누리기를 기원했다.

---

425 | 『묵재일기』, 1551.10.10.~10.15.
426 | 『묵재일기』, 1551.10.17.
427 | 『양아록』, 48쪽.
428 | 『양아록』, 48-51쪽.

세 살 때의 학질

숙길은 두 살 때도 이질을 앓았다. 그래서 사군자탕을 달여 먹이기도 했지만,[429] 낫지 않자 며느리가 무당을 불러서 굿을 하기도 했다.[430] 이후에도 설사가 계속되었다. 몸에 열이 나서 편안치 않자 이문건은 향갈탕(香葛湯)을 끓여 꿀에 섞여 먹이기도 했으나 아이가 토했다.[431] 그래서 돌금에게 먹여 젖으로 제공했다.[432] 이해 4월, 5월에 설사를 했으나 별 탈 없이 지나갔다. 질병이 가벼워서 이문건은 『양아록』에서 이때의 기록을 특별히 기록하지 않았다.

숙길이 다시 큰 병을 앓은 것은 세 살(1553년) 때의 학질이다. 이문건은 자초지종을 다음과 같이 적었다.

> 계축년 윤3월 26일, 처음 아프기 시작했다. 27일 한열(寒熱)이 나고 놀라며 두려워하고 고통스러워하는데, 처음에 학질인지 알지 못했다. 29일 또 고통이 있었다. 4월 초2일, 초4일, 초6일, 모두 몸이 먼저 싸늘해지더니 그 후에 열이 났다. 초8일 나무에 빌고서 좀 멈추는 듯했는데, 다시 11일에서 16일까지 매일 연속해서 음식을 입에 넣지 못했고, 다시 11일에서 16일까지 매일 연속해서 음식을 입에 넣지 않았다. 17일 저녁부터는 곤하게 잠을 잤기 때문에 한열이 있는지 알지 못했는데, 이때부터 멎는 듯하더니, 끝내는 누렇게 뜨고 수척해져, 매우 가련했다. 그래서 탄식하며 여기에 적는다.[433]

---

429 | 『묵재일기』, 1552.1.15.
430 | 『묵재일기』, 1552.1.28.
431 | 『묵재일기』, 1552.2.8.~2.9.
432 | 『묵재일기』, 1552.2.10.
433 | 『양아록』, 53쪽.

이해 1월은 숙길에게 액이 있는 달이어서 이문건은 맹인 은돌(銀突)을 불러 동자경(童子經)을 읊도록 했다.[434] 그럼에도 아이는 병을 다 피하지 못했다. 이문건이 성주를 떠나 며칠 선산(善山) 지역에 놀러 갔다 온 사이,[435] 그는 손자가 26일 몸이 편치 않았고, 27일에 열이 나서 놀라고 두려워하며 통증이 있었는데, 밤새 그치지 않다가 28일 새벽에 그쳤다고 하며, 두 차례나 종을 시켜서 급하게 할아버지를 찾아 나섰다는 말을 들었다.[436] 이튿날 그는 오후에 사또를 만나려고 외출했는데, 종이 찾아와 "숙길이 추워 벌벌 떨며 또다시 열이 나는 것이 학질 같았다."는 말을 듣고, 말을 타고 급히 집으로 돌아와 보니, 손자가 바야흐로 열이 심해고 매우 피곤해했다.[437]

손자의 병이 학질로 판명되자 그는 복채 석수어(石首魚) 열 마리 ·갱필(羹筆) 두 자루와 함께 점쟁이 김자수에게 편지를 띄워 아이의 학질을 구하기 위한 점을 물었다. "흉하지 않으니 사일(巳日)에 그칠 것이라."는 점괘를 보내왔다.[438] 점을 친 날이 무인(戊寅)날이었으므로 다음 사일(巳日)은 사흘 후인 초6일, 16일과 같았다. 점을 치는 한편, 이튿날 맹인 문세공(文世恭)을 동이 트기 전에 불러 기도를 하여 학질을 물리치도록 했다.[439] 그래도 학질이 낫지 않자 문세공을 불러서 집에 묵게 하면서 '학질잡기[捉瘧]'를 하려고 했는데 비 때문에 오지 않았기에,[440] 자신이 학질을 치료하는 방술로 지은 떡을 만들었다.[441] "그렇게 만든 떡을 손자에

434 | 『묵재일기』, 1553.1.15.
435 | 『묵재일기』, 1553.윤3.24.~윤3.28.
436 | 『묵재일기』, 1553.윤3.28.
437 | 『묵재일기』, 1553.윤3.29.
438 | 『묵재일기』, 1553.4.3.
439 | 『묵재일기』, 1553.4.4.
440 | 『묵재일기』, 1553.4.5.
441 | 『묵재일기』, 1553.4.6.

게 먹이는 한편, 그는 '도도원원(圖圖冤冤)' 등의 글자가 쓰인 돌을 손자의 가슴속에 품도록 하고, 돌금으로 하여금 아이를 업고 가서 천변에서 그 돌을 물에 던지고 오라."고 했으나 모두 효과가 없었다.[442] 또다시 나무에 학을 떼려는 기도를 드렸는데, 효과가 있어서 기뻐했다.[443] 또한 약도 지어서 먹였다. 시호이출탕(柴胡二朮湯)을 달여서 어미와 여종 돌금에게 나누어 먹여 젖을 통해 약기운을 전달하였으며[444] 그럼에도 숙길의 학질은 발작을 계속했다. 이 과정에 대해 이문건은 「아이의 학질을 탄식함〔兒瘧嘆〕」이라는 글에서 다음과 같이 표현했다.

> 손자가 세 돌 되는,
> 윤3월 27일에,
> 병을 얻으니 학질이라,
> 먼저 오한이 나다가 그 후 열이 나네.
> 오한이 나면 곧 "아이구, 추워." 외쳐대며,
> 어머니 무릎에서만 맴도는구나.
> 열이 나면 피곤하여 눈을 감고 있으며,
> 조는 듯하고 숨이 가빠지네.
> 때로 다시 물과 먹을 것을 찾아,
> 바싹 마른 목을 축이는구나.
> 하루 간격으로 통증이 다섯 번,
> 연일 6, 7회 나타나네.
> 부모는 매우 불쌍하고 가련히 여겨,

---

442 | 『묵재일기』, 1553.4.6.
443 | 『묵재일기』, 1553.4.8.
444 | 『묵재일기』, 1553.4.14., 4.15.

병을 물리치려 두루 빌어도 보네.

그렇게 했으나 효험은 나타나지 않고,

날이 갈수록 아파서 쇠약해져만 가네.

얼굴은 누렇게 뜨고 살도 빠져,

바라보자니 목이 메는구나.[445]

이런 과정을 겪은 후에 숙길의 학질은 "천행으로 좀 나아졌다."[446] 그렇기에 안도의 한숨을 내쉬며, 할아버지 이문건은 이 시를 짓게 된 것이다. 그렇지만 조심, 또 조심! 그는 손자의 음식 금기에 대해 신경을 썼다. 다시 학질에 걸릴까봐 손자가 찾는 쇠고기와 생과일을 경계하고 있다. "주지 않으면 성내며 울고 보채"는 손자에게 "손자야! 너도 네 아이 키워본 후에라야, 마땅히 절로 [할아비의 마음을] 알게 되리라."[447]고 썼다.

네 살 때의 안질

이문건의 『양아록』에서 학질 다음으로 쓴 병시(病詩)는 눈의 충혈 증상[赤目嘆]이다. 이질이나 학질에 비해 생명을 뺏을 정도의 질병이 아닌 사소한 것이지만, 눈의 통증으로 울어대는 아이를 지켜보는 할아버지의 마음은 쓰라리기만 했다. 숙길의 나이 네 살 때(1554년) 9월 보름이 지난 후의 일이었다.

---

445 | 『양아록』, 53–54쪽.
446 | 『양아록』, 54쪽.
447 | 『양아록』, 55쪽.

안질이 생겨 눈곱이 끼고 눈물이 질질 흐르며,

흰 동자에 핏발이 선 것 같고 까칠까칠하구나.

좀 지나 오른쪽 눈도 또한 그렇게 되고,

아침에 좀 덜해져 좋아했는데 저녁에 더 심해지네.

여종이 업고 다니는데, 두 손으로 제 눈 가리며,

신음하며 울부짖는 가련한 모습, 손에 잡힐 듯하네.[448]

　　이해보다 한 해 앞서서 숙길이 세 살 때 눈에 붉은 종기가 생겨 고름
이 흐를 정도로 고생을 했지만,[449] 이때의 질병에 대해서 이문건은 따로
특기하지 않았다. 오히려 네 살 때의 눈병이 지켜보기에 훨씬 괴로웠기
때문에 시로 그것을 기록했다. 이때의 눈병은 전염성 질환이었던 듯하
다. 이문건은 "비록 이해의 운세로 인해 그렇다 하더라도, 촌사람 중에
환자들 화살같이 많다오."[450]라 적고 있다. 의약을 쓰는 대책은 쓰지 않
았다. 가리[祟], 일종의 귀신이 씌어서 생긴 병으로 파악했으며, "눈이
딱 달라붙어 눈을 뜨지 못하고 밤에 심하게 울자" 맹인 점쟁이에게 방
법을 물어서, 무당을 불러 밥을 허공에 뿌리는 굿을 펼쳐 눈병이 빨리
낫도록 기도했다..[451] 이후 한동안 지나 병이 낫는 듯했으나 이 병은 독
기가 남아[452] 이듬해 3월까지 이어졌다.[453] "검은 동자 흰 동자가 분명 전
과 같지 않았다."[454]

448 | 『양아록』, 57쪽.
449 | 『묵재일기』, 1553.10.16.~10.25.
450 | 『양아록』, 57쪽.
451 | 『묵재일기』, 1554.9.18.
452 | 『양아록』, 58쪽.
453 | 『묵재일기』, 1555.3.25.
454 | 『양아록』, 59쪽.

다섯 살 때의 여름학질[暑瘧]

숙길은 세 살 때에 이어 다섯 살 때(1555년)도 또 한 차례 학질을 심하게 앓았다. 이해 6월 24일부터 이 증상이 있었지만, 열흘이 되도록 그것이 학질인지는 파악하지 못했다.

일기를 보면, 6월 24일 숙길이 열이 있고 통증을 호소하기에 개구리를 구워서 먹이도록 했다. 매우 말랐고, 저녁에는 밥을 조금 먹었지만 입에 들어가자마자 토해버렸다.[455] 배가 당기고 통증이 있고, 더운 열이 많이 나고, 피곤해하며 자려고 하고 밥을 먹지 않자 사군자탕을 약간 권했고, 이에 앞서 찐 여뀌 잎[蒸蓼葉]으로 배를 지졌으나 그치지 않았다.[456] 다시 사군자탕에 향유(香薷)를 가미한 약을 지어 복용토록 했고, 다시 여뀌 잎으로 배를 지지도록 했는데 매우 싫어서 이를 실행하지는 못했다.[457] 이튿날에는 증상이 호전되었는지 종의 아이와 함께 신나게 장난을 치며 놀았고 이 때문에 몸이 상한 것 같았다.[458] 할아버지 곁에서 자던 중 곁에 잘 눕혀두고 부채질을 하고 있는데, 배가 뜨겁고 천둥소리가 나는 듯하고, 손과 발에 다 열이 있었다.[459] 열이 나고 잠을 잘못 이뤘는데, 닭이 울 때쯤 손자의 속이 매우 급한 증상이 나타났고, 배와 등, 손과 발 모두에 열이 심하고, 맥을 짚었더니 둥둥 뛰고 배는 우릉우릉하고 숨소리가 급한 지경이 되었다.[460] 설사도 다섯 차례 하고 몸에 기운이 없어 백출산(白朮散)을 먹였다.[461] 무녀에게 물어보니 구식신

455 | 『묵재일기』, 1555.6.24.
456 | 『묵재일기』, 1555.6.26.
457 | 『묵재일기』, 1555.6.26.
458 | 『묵재일기』, 1555.6.28.
459 | 『묵재일기』, 1555.6.28.
460 | 『묵재일기』, 1555.6.29,
461 | 『묵재일기』, 1555.6.29., 7.1.

(求食神)하는 굿을 해야 한다고 해서 계집종으로 하여금 밥을 하여 기도를 하게 했다.[462] 증상은 차도가 없고 울음이 더 시끄럽고 밥을 먹지 않는 지경이 되어 백출산을 숟가락으로 먹였다.[463] 병이 며칠 동안 다소 소강상태에 있다가 다시 열이 나는데 한증(寒症)을 겸했다. 한증이 그치면 열이 치솟아 몸을 잘 움직이지 못하고 뺨 쪽이 모두 붉고 땀이 흐르는 게 학증으로 의심되기 시작했다. 돌금으로 하여금 이출탕(二朮湯)을 먹여 젖을 내어 숙길에게 먹이도록 했다.[464]

이상의 초기 상황에 대해서 이문건은 『양아록』에 다음과 같이 적었다.

처음 한기가 있더니 이어 열이 나서
온몸이 불덩어리처럼 뜨끈뜨끈
미음도 물리치고 먹지 않아
정신과 기운이 날로 쇠약해져가네.
이미 치료할 시기를 놓쳐
약물 또한 쓰기도 어렵구나.
약을 끓여 유모에게 먹도록 하여
밤에 손자에게 그 젖을 먹이게 하였네.
힘껏 빌어서라도 병을 물리쳐보고자 하니
꺼림칙하고 편벽한 일을 하지 않을 수 없다오.[465]

이를 보면, 이문건은 숙길의 병이 처음에 학질인지 아닌지 분명치 않은 병증이 이어지다가 열흘 지난 후에야 한열이 교차하는 학질 증상이

462 | 『묵재일기』, 1555.7.1.
463 | 『묵재일기』, 1555.7.2.
464 | 『묵재일기』, 1555.7.5.
465 | 『양아록』, 59~60쪽.

분명하게 나타난 것으로 인식했음을 알 수 있다. 이어서 이문건은 이후 7월 21일까지의 진행 상황을 시에다 다음과 같이 적었다.

1도(초5일 정유), 2도(초7일 기해)에는 이미 고통스러워하고
3도(초9일 신축)에는 병세가 다시 더해가네.
4도(11일 계묘)에는 점점 덜한 듯하다가
5도(13일 기사)에는 다행히 차도가 있어라.

이를 보면, 이때 숙길이 앓은 학질은 하루거리[間日瘧, 初瘧]였음이 분명하다. 일기에서도 이런 내용이 더욱 자세하게 확인된다.

"다시 한열 증상이 약하게 나타났는데 지난번보다 덜했다."[466] "손자가 세 번째 학(瘧)을 했는데, 증상이 심각했다. 사시(巳時) 이후에 비로소 발이 차고 조 같은 것이 생겨났고, 몸이 구부러져 잘 펴지 못하고, 머리와 배에 열이 심하고, 몸이 지쳐서 눈을 뜨지 못하고, 어깨와 등이 당겨서 여러 차례 움직이나 그치지 않았다. 오시 이후로는 순열에 땀이 나지 않고 눈을 잘 뜨지 못하고 두통과 헐떡거림이 있고 몸을 잘 펴지 못했다. 오령산(五苓散)에 맥문동(麥門冬)·시호(柴胡)·건강(乾薑) 등을 더 넣어 다려 네 숟갈 꿀에 타서 먹였으나 증상이 가시지 않았다."[467] "손자에게 인삼백호탕(人蔘白虎湯)을 지어 먹였다. 수척한 게 차마 보기 힘들 정도다."[468] "숙길이 사시(巳時)에 다시 학증(瘧證)을 앓았다. 한증이 심하지는 않았지만, 다시 열이 났는데 열이 매우 심했다. 울음소리가 그치지 않았다. 아침에 도인부(桃仁符, 복숭아씨 부적)를 만들어 삼키게 했고,

---

466 | 『묵재일기』, 1555.7.7.
467 | 『묵재일기』, 1555.7.9.
468 | 『묵재일기』, 1555.7.10.

한국삼재도회-학질 쫓는 부적

또 진면부(鎭面符, 귀신 쫓는 부적)를 써서 붙이도록 하고, 잡자(雜字)를 써서 집 안 곳곳에 붙였는데, 효과가 없었다. 더 위에 상해 만들어진 병세는 쫓아낼 수 없었다."[469] "새벽에 지남석을 학질을 앓는 아이의 머리에 매달았다. 쇠스랑을 써서 꾸짖어 말하기를, '若去兒身梗, 當去此梗(만약 아이 몸에 나간다면 이 나뭇가지에 나가라)'라 하면서 아이를 어루만졌더니 아이가 잠에 들어 학증을 보이지 않았다."[470] 이후 학증은 다시 발작하지 않았으나 음식을 잘 먹지 못하고 몸이 쇠약해져 바짝 여위었다.[471] 『양아록』에서는 이를 "이로 말미암아 쇠약해져 고생했는데, 뼈가 두드러져 보이고 궁둥이에 살이 빠졌구나. 입술이 말라 붉은 기가 없어지고, 얼굴은 창백해져 보통 때의 모습이 아닐세."[472]라고 표현했다.

이문건은 이 여름학질의 원인을 더울 때 찬 것 때문에 생긴 것으로 파악했다. 즉 더운 여름날 놀기 좋아하는 손자가 계속 뛰어놀면서 땀이 나고 열이 났는데, 찬물을 많이 마시게 되어 냉기가 비장을 상하게 하고, 그 벽(癖)이 응결되어 학질(瘧疾)이 되어 한열을 교차시키는 학독(瘧毒)을 발생시키며, 비장이 상하게 되어 음식을 잘 못 먹어 여위게 된다는 것[473]이었다. 그렇다면 여름학질의 예방법도 자명한 것이어서, 더운 날

---

469 | 『묵재일기』, 1555.7.11.

470 | 『묵재일기』, 1555.7.13.

471 | 『묵재일기』, 1555.7.16., 7.17.

472 | 『양아록』, 60-61쪽.

473 | 『양아록』, 59-60쪽.

열기를 함부로 내뿜지 않으며, 그런 가운데 함부로 냉수를 많이 마시지 않는 방법이 그것이다. 그렇지만 숙길은 아직 어린아이라 한숨만 나오고, 아이 지키고 보호하는 일이 수월치 않음을 다음과 같이 읊었다.

언제 정신과 식견이 성장하여,
제 몸 제가 보호할 줄 알게 될꼬?
천금 같은 몸을 보존해야 하니,
삼가 안전하게 하고 위험으로부터 보호해야 하리.
지금 아직 어린 나이라서
뭘 보기만 해도 마음이 먼저 따라가니
깨우쳐줘도 이해하지 못하고
꾸짖어도 위엄 보이기 어렵네.
보살피고 기르는 일 진실로 쉽지 않으나,
어찌 감히 어렵다 해서 소홀히 하리요?
늙은 할애비 마음인 까닭에,
날마다 여기에 마음을 두고 있노라.[474]

다섯 살 동자,
손톱을 다치고, 이마가 깨지고, 경기(驚氣)를 일으키고

『묵재일기』에는 단 한 차례씩의 기록밖에는 보이지 않지만, 장난을 좋아하는 다섯 살 사내아이 숙길의 외상 둘, 놀라서 울부짖은 일을 안

---

474 | 『양아록』, 61–62쪽.

타까워하며 세 편의 시를 지었다.

첫 번째는 손톱을 다친 일이다. 일기에서는 "숙길의 왼쪽 엄지손가락 손톱이 채 아물지 않았다. 9월에 생긴 상처가 석 달이 되어간다. 짧은 순간의 실수로 생긴 상처가 이럴 지경에 이르렀으니 한스럽다." 그리하여 "손톱 다친 것을 한탄함(傷爪嘆)"을 짓는다. 『양아록』의 "상조탄(傷爪嘆)"에 따르면,[475] 9월 어느 날 숙길은 나무를 깎아 다듬는 연장인 자귀를 가지고 놀다가 왼쪽 엄지손가락 손톱 가운데를 찍어서 피가 흘렀는데, 사람들이 종이로 싸매주었다. 다쳤다는 말을 듣고 상처를 보려고 했으나 단단히 숨기기에, 여러 날 지난 다음에야 겨우 손가락을 내보이는데 할아버지 이문건은 몸이 떨려 자세히 살펴보기 어려울 지경이었다. 그는 손자의 새 손톱이 자라나지 않으면 어떨까 걱정을 했다. 이후 상처가 아물기는 했지만 다친 손톱 때문에 아파하고 노는 데 지장이 있었다. 가위로 다친 손톱을 살짝살짝 깎아주니 연한 새 손톱이 돋아나고 있었다. 새 손톱이 나는 것을 기뻐하면서 이문건은 온전한 신체 보전이 얼마나 중요한지 곰씹었다.

손가락 하나가 남과 같지 않으니
비록 심한 것은 아니지만 상서롭지 못하지.
하늘이 온전한 육신을 내려주셨는데
잘 보호하며, 조심해야 되지 않겠는가?
손가락에 손톱이 없다면
평생 한이 남아 오래가리라.
옛날에 증자는 수족을 온전히 보존하여

475 | 『양아록』, 65-67쪽.

오랜 세월 아름다운 자취로 추앙받았으니

손자는 모름지기 이런 뜻을 유념해서

털끝 하나라도 감히 훼상치 마라.

이문건은 이 시에서 신체발부수지부모(身體髮膚受之父母)이기 때문에, 손자가 머리카락 하나 손톱 하나의 보존에도 신경을 쓰는 마음가짐을 가지기를 염원하고 있다. 신체 일부를 아끼는 것은 단지 몸에 국한되지 않고, 정신적인 수양과도 연관되어 있다. 이문건은 "어찌 다만 손가락 하나 다친 것만을 애석해하리?" 하면서, "심성이 어진 것보다 중대한 것이 없을지니, 마음을 수양하여 품성을 완성하여" 손자가 "근신하는 마음을 가지고 심성을 매우 견강하게" 되기를 빌었다. 궁극적으로 "선성(善性)을 잘 보존·수양하고 도의를 왕성하게 하여 복과 경사를 무궁하게" 되는 것을 빌었다.

둘째는 이마를 다친 일이다. 11월 숙길은 달리다 넘어져 이마가 상했는데, 또다시 종 억복(億卜)이 던진 물건에 맞아 상처를 입었다. 푸르고 검은 생채기가 코까지 이어졌다.[476] 이런 불상사는 이문건이 집을 떠나 외출하던 중 일어났다.[477] 『양아록』의 「이마 다친 것을 한탄함〔傷額嘆〕」에는 그 사정이 더욱 자세히 적혀 있다.[478] 이문건이 상주목사를 방문하고 돌아와 손자를 창가에 앉히고 이마의 상처를 살펴보니, 상처 부위가 부어오르고 피망울이 불그레했다. 눈두덩이 부어올라 코 옆까지 뻗쳐내려 양쪽 광대뼈가 검붉게 멍이 들어 있었다. "어찌하여 그렇게 됐느냐?" 물으니, "장난하고 뛰어놀다 걸려 넘어졌습니다." 한다. 그것은 말

---

476 | 『묵재일기』, 1555.11.26.

477 | 『묵재일기』, 11.17.~11.26.

478 | 『양아록』, 69~71쪽.

뚝에 이마를 부딪혀서 생긴 것이었다. 이문건은 말뚝에 두골이 다 뚫어질 뻔한 아슬아슬한 상황이 떠올랐다. "혹시 눈이 다친 것은 아닌가" 걱정을 했다. 하필 자신이 외출한 때 이런 일이 일어난지라, "아! 액운이 두렵도다.…… 내가 출타한 지 10일이 지나지 않았는데, 이같이 아이에게 궁벽한 액운이 닥치는가?" 자책도 했다. 다행히도 8~9일 후 검푸른 빛이 겨우 없어지고, 보름이 지난 후에는 딱지가 떨어졌다. 약간 흔적만 남았을 뿐이다. 하나밖에 없는 손자건만, "손자의 성품은 놀기를 좋아하는데, 보통 아이보다 몇 배 앞선다네. 위험이 없는 날이 없으니, 무슨 방법으로 만전을 도모할까?" 이처럼 손톱이 다쳐도, 이마가 깨져도, 손자를 키우는 할아버지의 가슴은 까맣게 타들어갔다. 모든 것이 수습된, 윤11월 10일 밤에 「이마 다친 것을 한탄함」을 지었다.

아이가 "싸리문 안에서 놀다가 놀라서 소리치는 소리를 질렀다."는 말을 듣고서 할아버지 이문건의 가슴이 철렁했다. 같이 놀던 아이들이 손자를 내팽개치고 달아났기 때문에 생긴 일이었다. 화가 난 이문건은 아이를 돌보지 않고 혼자 내버려두게 한 종들의 죄를 물어 지팡이로 때렸다. 종 소근손(小斤孫)과 필이(必伊), 여종 향복(香卜)과 옥춘(玉春)이 그들이었다.[479] 이문건은 이런 일이 발생하게 된 자초지종을 「놀라서 두려워함을 한탄함[驚懼嘆][480]」에서 다음과 같이 썼다.

손자는 체질이 허약한데
놀기를 좋아하고 옷을 잘 벗어젖힌다.
피로하고 땀 흘린 후 바람을 쐬게 되면
맥이 느려지고 경락이 막히네.

---

479 | 『묵재일기』, 1555.12.4.
480 | 『양아록』, 72~74쪽.

왕왕 그런 증세가 발동되면

어두운 곳을 가리키며 겁을 내네.

아이들과 어울려 놀다 헤어지면

혼자 서 있다가 놀라네.

손자가 일 푼 놀라면

할애빈 십 푼 이상 놀라라.

애 보는 자에게 조심시키라고 매번 훈계하지만

어찌 내 맘과 일치하겠는가?

손자의 일거수일투족을 지켜보며 건강을 챙기는 할아버지 이문건을 움직이는 힘의 원천은 이 시의 마지막 구절에 잘 나타나 있다. "쇠퇴해 가는 가문 네가 지탱하여 수천 년까지 이어가게 해야 하리."

여섯 살 때의 두창

여섯 살 난(1556년) 숙길은 두창을 20여 일 앓았다. 숙길이 두창을 앓았을 때, 그만 앓은 것이 아니라 이문건 집안의 어린아이 모두가 두창을 앓았다. 가장 먼저 종의 아이인 소근손, 그다음 억복, 그다음 귀손녀, 그다음 아지, 그다음 만성, 그다음 숙녀, 그다음이 유복이었는데, 다행히 모두 좋아졌다.[481] 『묵재일기』를 보면 손자 숙길은 귀손의 여아 다음에 두창을 앓았다. 이문건의 「두창을 앓은 것을 한탄함[行疫嘆]」에는, 손자 숙길의 두창앓이를 중심으로 해서 이문건 일가, 인근 동네의 두창

---

481 | 『양아록』, 75-82쪽.

앓이를 비교적 상세하게 서술했다. 당시에는 오늘날 우리에게 익숙한 천연두(天然痘)라는 말은 없었고(개항 이후에 등장), 속칭인 마마라는 말도 확인되지 않는다.(19세기 저작인 『오주연문장전산고』에서 확인됨.) 대신에 유행하는 역병이라는 뜻에서 행역(行疫) 또는 그것을 줄여 역(疫)이라 쓰기도 하고, 몸에 콩처럼 솟은 구슬을 나타낸 두창(痘瘡) 또는 두역(痘疫), 두(痘)로 표현했다. 여기서는 이 내용과 『묵재일기』를 함께 고찰하면서, 15세기 중엽의 두창 유행 상황을 파악토록 한다.

「행역탄」은 우선 마을의 두창 유행을 언급했다.

> 병진년(1556년) 봄에서 여름 사이에 역[痘]의 기운이 촌마을에 연달아 발생했는데, 처음에는 가벼운 진창(疹瘡, 피부병)이라더니, 자세히 살펴보니 두역이었다. 먼 곳으로부터 차츰 가까워져 아이들 때문에 두려워했다.

성주목사의 아들이 서울에 과거 시험 보러 갔다가 두창을 앓았다는 소식을 처음 접한 것은 3월 4일이었다. 멀리 떨어진 곳에서 아들이 두창에 걸려 근심하는 목사를 찾아가 위로를 했다.[482] 아직 먼 곳의 이야기지만, 이문건은 두창 소식이 들려오면 귀를 쫑긋 세웠다. 동네 근처에 두역이 발생했다는 이야기를 듣고 이문건의 처가 직접 가서 아이를 보니, 진짜로 두역 환자였다.[483] 이어서 "두역이 바야흐로 이웃 동네[里]에서 성하다고 한다. 이로 인해 신중해져 제사를 거행하지 않았는데, 이는 세간에서 꺼리는 금기이기 때문이다."[484]로 바뀐다. 며칠 안 있어 남

---

482 | 『묵재일기』, 1556.3.7.
483 | 『묵재일기』, 1556.4.11.
484 | 『묵재일기』, 1555.5.4.

리(南里)에서 두역이 발생해 아이가 죽어 어미가 통곡했다는 소식이 들려왔다.[485] 5월 19일은 죽은 여아 제삿날인데 "동네에 역신(疫神)[486]이 있기 때문에 제사를 지내지 않았다."[487]

중국의약-두창을 앓는 아이

급기야 이튿날 이문건 집에 두역이 닥쳤다. "종의 아이 소근손(小斤孫)이 지난 20일부터 몸이 불편하다고 하더니"[488], "얼굴과 어깨에 붉은 점이 적지 않게 생겼는데, 두창으로 의심되었다."[489] 이날 종의 아이 억복(億卜)이도 병을 앓았다. 소근손의 두는 더욱 분명해지고 솟은 알이 많아졌고, 먼저 솟은 놈은 뾰족해졌다. 종 아이의 두역을 가시게 하기 위해 화공 황림(黃琳)으로 하여금 사냥하는 병풍을 그려오라고 했더니 〔그것을 보고〕 잠깐 그쳤다.[490] 억복이도 구슬이 솟았는데, 소근손 것보다 더 많았다. 몸에 열이 나고 누워 있었다. 배꼽 아래에 두가 솟았는데 붉었다.[491] 소근손의 두는 반질반질하며 붉었다.[492] 소근손이 매우 심하게 앓았는데, 차마 볼 수 없을

485 | 『묵재일기』, 1556.5.9.
486 | 이런 금기는 전염을 매개하는 사람의 왕래를 줄이기 위한 경험이, 역신이 다른 신에 대한 제사를 꺼린다는 민속적 개념과 합쳐져 생긴 것이다.
487 | 『묵재일기』, 1556.5.19.
488 | 『묵재일기』, 1556.5.20.
489 | 『묵재일기』, 1556.5.23.
490 | 『묵재일기』, 1556.5.24.
491 | 『묵재일기』, 1556.5.25.
492 | 『묵재일기』, 1556.5.26.

정도였다.[493] 그때 동네 사람인 인손(仁孫)의 집 아이가 두창으로 죽었다는 소식이 들려왔다.[494] 다행히도 소근손은 무사했다. 「행역탄」에서 이문건은 종의 앓이에 대해서도 "5월 20일, 처음에 어린 종이 앓는데, 두 구슬이 매우 다닥다닥 났으며, 밤낮으로 신음 소리가 그치지 않는구나. 고통이 12일~13일 정도 계속되더니, 생기가 제법 돌아오네."[495]라 적었다. 소근손에 이어 종 귀손(貴孫)의 여아가 두역에 걸려 구슬이 많이 솟았다.[496]

이처럼 지척에 두역이 유행했어도, 이문건은 자신의 아이들을 어디로 피신시킨다든지 하는 대응은 하지 않았다. "며느리 생일인데도 역에 대한 금기 때문에 떡을 마련하지 않는"[497] 정도의 대책이 유일했다. 당시 사람들 누구나 그랬던 것처럼 역신이 찾아들지 않기만을 고대했던 듯하다. 그렇지만 두역은 손자인 숙길과 손녀인 숙녀를 빠뜨리지 않고 지나갔다. 이문건은 자신의 일기와 이후 정리한 「행역탄」에서 손자의 두역 진행상황을 상세하게 적었다.

6월 7일, 숙길의 맥이 자주 느리게 뛰며 불편해하자 이문건은 병을 걱정했다.[498] 이튿날 아이 몸에 열이 계속 났다. 이문건은 아이를 데리고 남쪽 정자에 가서 성주목사를 배알했는데, 그때는 더위에 상한 것이라 생각하고 사물탕을 4첩 지었다.[499] 아이가 구토하자 어제 지은 사군자탕을 꿀에 타서 먹였는데, 아이가 매우 싫어하여 잘 삼키지 않았다.[500] 이

493 | 『묵재일기』, 1556.5.29.
494 | 『묵재일기』, 1556.5.30.
495 | 『양아록』, 75~76쪽.
496 | 『묵재일기』, 1556.6.4.
497 | 『묵재일기』, 1556.6.6.
498 | 『묵재일기』, 1556.7.7.
499 | 『묵재일기』, 1556.7.8.
500 | 『묵재일기』, 1556.7.9.

문건은 남쪽 정자에서 먹은 노루불고기에 상한 이후 몸에 열이 나고 몸이 이상한 게 (두)역이 시작하는 것으로 파악했다. 그는 밤잠을 자지 않고 등을 켜두어 몸의 열 때문에 끙끙대는 아이를 돌봤다.[501] 이후 6월 20일까지의 과정이 일기에 상세히 적혀 있다.

- 6월 11일. 팔뚝과 얼굴에 붉은 점이 생겼는데(『행역탄』), 열이 그치지 않고 단지 죽만 먹고 계집종에 업혀 다녔다. 할머니 또한 손자 곁을 지켰다.
- 6월 12일. 붉은 점은 구슬이 되어 솟았다. 밤새워 열 때문에 노곤해 하더니 낮에 겨우 그쳤다.
- 6월 13일. 숙길의 몸에 솟은 구슬은 많지 않았고, 열 때문에 매우 피곤해했다. 새벽에 시루에 떡을 쪄서 역신을 봉양했는데, 여종 돌금이로 하여금 빌도록 했다. 저녁 무렵에는 얼굴, 배 왼쪽 부위, 등에도 구슬이 솟았지만 많지 않았고, 음식도 먹고, 말도 했다.
이날 막내 손녀 숙녀(淑女)가 몸에 열이 났다.
종의 아이 만성(萬成)이 몸에 열이 나고 붉은 병근(病根)이 나타났다.
- 6월 14일. 숙길이 두가 세 차례 솟았는데, 그것이 많지도 적지도 많았으며, 먼저 나온 것에 진물이 잡히고 붉었다.
숙녀가 밤에 놀라 울고 몸에 열이 났으며, 오후에는 놀라 손을 휘젓고 숨이 헐떡거렸다. 급히 아래채에 가서 숙녀에게 청대수(靑黛水)를 투여하고, 다음에 안신환(安神丸)을 썼더니 열이 약간 가라앉았다.
여종 돌금의 아이 유복(遺腹)이 몸에 열이 났다.
만성에게 두가 나왔는데 많지 않다.

---

501 | 『묵제일기』, 1556.7.10., 『양아록』, 76쪽.

•6월 15일. 숙길의 두에 물이 잡혀 윤기가 났고 밤새 끙끙거려 편안치 못했는데, 먼저 나온 구슬에서는 하얀 고름이 나왔고 나중에 나온 것은 반짝거렸다. 때때로 걷기도 하고 때로는 불안해하면서 울어서 애가 탔다.

손녀도 두(痘) 구슬이 솟았는데 그다지 많지 않았다.

유복도 역시 두 구슬이 솟았다.

•6월 16일. 숙길의 두가 바야흐로 윤기가 났다. 나중에 나온 놈들 때문에 움직일 때마다 크게 울어서 과자를 줘 울음을 그치도록 했다.

숙녀의 두 나온 것이 숙길의 모습과 같았다.

만성이 두가 가장 적어서 헤아릴 수 있을 정도고, 유복의 것은 조금 더 많다.

•6월 17일. 숙길의 두 전부가 부어올랐는데, 몸에 열이 나 편치 않고 오랫동안 우는데, 음식을 많이 가리지는 않았으나 온몸에 열나고 끙끙거리는 게 애처로웠다.

계집종 향복(香卜)이 숙녀를 업고 왔기에 보니까 숙길의 경우와 비슷한 정도였다. 향복한테 다시는 아이를 업고서 문밖으로 나서지 말라고 훈계했다.

•6월 18일. 숙길의 두 모두가 고름이 잡혔는데 먼저 생긴 녀석은 입구 쪽에 노란 띠가 있었다. 울고 보채는 데 어찌할 방도가 없었다. 오래 안아달라고 해서 조금도 쉴 수 없었다. 할애비 힘든 것도 모르고, 계속 안아만 달라고 하니 이 어찌 천성이 아니겠는가. 사지와 손, 발의 창이 다 문드러졌는데 건들기만 하면 아파했다. 오후에 임시로 판때기에 기와를 두어 똥을 누도록 했는데, 똥 색깔이 설사는 아닌 누런 똥이었다. 안신환 반 알에 감초를 달여 숙길의 열을 다스리려 했더니 아이가 싫어해 그만두었다.

만성은 두가 겨우 50~60개에 불과했으며, 유복의 두는 숙길의 두보
다 많았다.

•6월 19일. 숙길의 얼굴에 나온 것이 까만 색깔이었고, 가슴과 등에
난 것이 누렇고, 사지에 나온 것은 더욱 덜했다. 새벽에 일어나서 움
직였으며 스스로 눕기도 했고, 먹을 것을 달라고 했다.

숙녀의 구슬이 짓물러 물처럼 반지르르 했다.

만성의 두는 노란색이 되어갔다.

유복의 두 역시 색깔이 붉었다.

•6월 20일. 숙길의 두 중 몸 위에 난 것은 딱지가 잡히고, 사지에 난
것은 고름이 빽빽해 아직 딱지가 지지 않았다.

숙녀의 두는 바야흐로 고름이 잡혔고 두 구슬의 수가 숙길보다 적
었다.[502]

이후의 진행 상황은 순조로웠다. 「행역탄」을 보면, "곪은 언저리가 누
르스름 변하고, 열이 차도가 있어 좀 덜하구나. 돋아난 순서대로 딱지
가 생겼네. 머리 가슴에서부터 넓적다리 무릎까지. 검은 딱지는 손톱으
로 떼어지는데, 그것을 떼어내니 흉터가 볼록 돋아나 있구나. ……7월
초열흘께 오른쪽 턱 아래 물집이 잡히더니, 갑자기 뺨에 연이어 종기가
뾰족이 돋아나는데, 굳고 단단하나 색깔이 붉지는 않네. 사람들이 계절
탓이라고 하지만, 나는 여독이 뭉친 것이 아닌가 두려워, 안신환(安神丸)
을 지어 주고, 간간이 녹두죽을 먹였네. 종기는 곪지 않고 그쳐, 천금처
럼 귀한 손자 무사히 양육하게 되었네."[503]라 했다. 아이들 두역이 다 가
실 때쯤 되자, 집에서는 떡을 빚어 배송굿을 치러서 "역신(이 떠난 것)을

502 | 『묵재일기』, 1556.6.11.~6.20.
503 | 『양아록』, 76~82쪽.

경하했다."[504] 8월 말「행역탄」으로 그때의 상황을 정리하면서, 이문건은 마지막 부분에 "다행히 (자기 집안의) 모든 아이들이 모두 좋아졌다."[505] 고 썼다.

두역을 앓는 아이를 지켜보는 건, 할아버지 할머니로서도 끔찍한 일이었다. 이런 일을 겪으면서 그는 어렸을 때 어머니가 자신에게 해준 "이 몸이 대신했으면 생각했었다."는 말의 뜻을 분명히 이해하게 되었다.

> 일찍이 나의 어머니께서 말씀하셨네,
> "네가 마마 앓는 것은 자못 험악한 액운이다.
> 흉하고 위험한 고비 한 달 남짓 되는데,
> 이 몸이 대신했으면 생각했었다.
> 다행히 구사일생했으니,
> 나의 마음 진실로 망극할 뿐이로다."
> 어머님의 이 말씀을 듣고 매번 스스로 가슴 아파했는데,
> 부모의 은혜 어찌 갚을꼬?
> 지금 이 몸이 스스로 당했으면 하는데,
> 어찌 천성을 거짓으로 꾸미는 것이겠는가?
> 하늘같은 은혜 크고 넓다는 것을,
> 손자를 키워보니 모두 다 알겠네.[506]

아울러 이런 고난을 겪어내며 살아남은, 나중에 자신의 글을 읽을 손자에게 당부의 말을 잊지 않았다. "날마다 바라노니, 다른 병에 걸리

---

504 | 『묵재일기』, 1556.7.2., 7.3.
505 | 『양아록』, 76–82쪽.
506 | 『양아록』, 76–82쪽.

지 않게 하고, 네 자신이 잘 성장하여, 마침내 군자인(君子人)이 되어, 훌륭하고 덕망 있는 가문을 이루게 되면, 생각건대, 응당 아름다운 복 누리고, 쇠퇴해가는 가통을 살려 면면히 이을 수 있으리라."[507] 손자 또한 그 자식의 두창앓이를 지켜보며 자신의 애끓는 마음을 이렇게 이해하게 될 것이다. "차라리 내가 그 고통을 겪지 아이의 고통을 지켜보는 건 차마 못 할 일이다."

두역을 겪고 난 후 큰 근심을 덜었지만, 이문건에게는 또 다른 조그만 근심이 생겨났다. 큰 병을 겪은 후 아이가 밥을 잘 안 먹으려고 하는 문제가 발생한 것이다. 잘 먹고 튼튼해야 잔병도 없는 것인데, 아이는 밥을 물리치기만 하고 어쩌다 떠먹이면 "입에만 물고 있고 씹지를 않는다." 이문건은 화내고 책망한 이후 손자의 품성 때문에 그런 것이 아니라 큰 병을 앓고 난 후 장기와 위가 약한 탓이라 스스로 위안한다.[508] "어찌 많은 것을 바라겠는가? 아이 하나만 잘 전하면 다행이지. 액을 항상 남보다 먼저 당하는데, 이런 일은 나중에 당하면 좋으련만. 아! 운명이 이와 같으니, 허공을 바라보고 휘파람 불며 떨쳐버릴 수밖에."[509]

숙길이 자신을 향한 할아버지의 지극한 사랑을 몰랐을 리 없다. 그는 두창을 앓으면서도 할아버지에게 꼭 안겨 있었다. 또 죽을 먹이는 일, 똥 누이는 일까지도 할아버지가 해달라고 졸랐다. 다섯 살 때 젖을 뗀 이후에는 할아버지와 같이 자면서 품속을 파고들었다. 어쩌다 할아버지가 외출하고 돌아오면 "좋아하며 문에서 맞이하고 깡충깡충 뛰면서" 기뻐했다.[510] 지극히 가는 정에 포근히 오는 정이 있기에, 할아버지의 손자 양육은 단지 가문을 잇기 위한 것만은 아니었다. 아이를 보살

---

507 | 『양아록』, 79–80쪽.
508 | 『양아록』, 「밥 먹기를 싫어하는 것을 한탄함[壓食嘆]」, 83쪽.
509 | 『양아록』, 84쪽.
510 | 『양아록』, 87쪽.

피며 아이의 정을 느끼며, 유배지에서 이문건은 "한 뿌리 한 가지에서 나온 진정 살아가는 이치"[511]를 맛보았다.

아이는 잦은 병을 겪으면서도 커갔다. 이해(1556년)가 거의 저문 날, 12월 23일 숙길은 그간의 젖니가 빠지고 그 자리에 새로운 이가 생겼다. 이날 숙길이 끈을 가지고 씹어서 끊다가 먼저 아랫니 두 개가 튀어나왔다. 끈을 당길 때 문득 밖으로 빠졌는데, 크게 울면서 두려워했다. 여종 돌금이가 달래어 울음을 그치게 하고 살펴보자, 입안에 이미 새로 난 이 두 개가 뾰족이 나와 있었다.[512] 너무 일찍 새 이가 돋는 게 아닌가 하여 걱정했으나, 골수의 성장이 빨라 그런 것이라는 말을 듣고 안심했다. 이문건은 이후에도 숙길의 젖니가 빠지고 새 이가 나오는 데 관심을 기울였다. 『양아록』에서 "이듬해 6월 다시 위 오른쪽 이가 빠졌고, 8월에 또 위 왼쪽 이가 빠지더니, 아래 옆의 오른쪽 이가 또 한 개 빠졌다."고 썼다.[513]

■자료

조선전기의 두창신(痘瘡神) 숭배
―어숙권(魚叔權)의 『패관잡기』(16세기 중엽)로부터

숙길이 두창을 앓던 시기의 두창신 섬기는 것에 대해서 어숙권은 다음과 같은 기록을 남겼다.

---

511 | 『양아록』, 87-88쪽.
512 | 『묵재일기』, 1556.12.23., 『양아록』, 92쪽.
513 | 『양아록』, 96-94쪽.

우리나라 풍속에 두창신을 매우 중요하게 여긴다. 그것에 대해 금기하는 대요는 다음과 같다. "제사, 연회, 방사(房事), 외부인 접촉 등에서부터 유밀(油蜜), 비린내 나는 음식(腥膻), 쓰레기 등의 악취 등을 꺼린다." 이런 것들은 의학 서적에 실려 있는데, 두창이 누에고치처럼 사물에 따라 변화하는 속성을 지녔기 때문이다. 민간에서는 이런 것들은 매우 신중하게 지키며 이 밖에 구애되는 바는 다 적을 수 없다. 진실로 이런 것을 범하면 죽게 되며, 또 거의 죽게 된 자 가운데 10중 6, 7은 만약에 목욕재계하여 기도를 드리면 죽다가도 살아난다고 믿는다. 이러니 더욱 지극히 믿어 두창신을 섬겨 받드니, 집을 드나들 때는 반드시 관을 쓰고 허리띠를 매어 대면한 양 정중히 고하고, 두창이 끝난 지 1, 2년 동안은 오히려 제사도 꺼린다. 비록 사족이라도 풍속에 얽매여 제사를 폐하기까지 한다. 아마도 두신을 꺼리는 행위는 옛날에는 이 정도는 아니었는데, 근년에 나날이 더 심해지니, 만약에 또 40, 50년이 지나면 어떻게 될지 모를 일이다.

어숙권이 걱정했던 대로 40, 50년이 지난 다음에는 두창에 약을 쓰면 두창이 노해 아이를 죽인다는 풍속이 생겨 전혀 약을 쓰지 않는 상황이 되었다. 선조는 약을 쓰지 않고 왕자를 잃었으며, 두 번째로 그런 일이 생겼을 때는 수수방관하는 다른 어의를 제쳐놓고 허준을 시켜 약을 써서 고치도록 했다. 다행히 허준은 성공을 거두었고, 그 결과로 1601년 『언해두창집요』가 편찬되었다.

(허준, 『언해두창집요』, 발.)

일곱~여덟 살 때, 입병을 앓고, 귓병을 앓다

이후 숙길은 일곱 살 때(1557년) 풍열 증상, 설사 증상이 있었지만 큰 탈 없이 지나갔고, 여덟 살 때(1558년)는 치근에 종기가 나서 고생하기도 하고,[514] 감기 기침,[515] 복통(윤7월~8월) 등의 증상이 있었지만, 큰 문제 없이 지나갔다. 그렇지만 이해 12월부터 시작하여 아홉 살 때까지 이어진 혀에 난 종기는 이듬해 4월까지 지속되었고, 이어서 생긴 귀의 종기는 숙길을 크게 괴롭혔다. 열 살 때는 질진(疾疹)을 앓았는데, 이는 어린 숙길이 앓은 마지막 소아전염병이었다.

숙길의 왼쪽 혀에 붉은색의 조 같은 것이 솟아서 밥을 잘 먹지 못하고 밤새 운 것은 이해가 거의 끝나던 날이었다. 이 조 같은 것이 터졌고 밤에 얼굴이 벌겋게 되고 고통스러워하자, 이문건은 죽엽탕(竹葉湯)을 복용토록 하고 안신환 약간을 씹도록 했다. 이날 밤새 소리치며 울자 아침에 지보단(至寶丹) 한 개를 내어 깨물어 먹고 죽엽탕을 복용토록 했다. 아이는 계속 혀에 솟은 것 때문에 괴로워하면서 잠을 잘 못 이뤘다. 청심환 반 알을 씹어 삼키도록 하고, 죽엽탕을 마시도록 했다. 혀의 통증 때문에 공부는 쉬었지만 혀의 통증도 멈추었다. 숙길은 역신을 쫓는 의식인 나례를 좋아해 흉내를 내며 춤을 추면서 노느라 밥 먹을 때도 잊을 정도였다.[516] 그런데 혀에 조그만 돌기가 생기는 증상은 3월 말에 다시 재발했다. 이문건은 이 병이 개불고기를 먹어서 생긴 것이라 단정했다.[517] 뜨거운 고기로 생긴 열 때문에 그렇다고 본 것이다. 이때 쓴 "불고기를 먹은 것을 한탄함[食炙嘆]"을 보면, 이문건의 병인론을 읽을 수 있다.

---

514 | 『묵재일기』, 1558.1.23.~2.27.
515 | 『묵재일기』, 1558.4.5.~4.21.
516 | 『묵재일기』, 1558.12.26.~1559.1.6.
517 | 『묵재일기』, 1559.3.22.

3월 20일 남쪽 정자에 올라

성주목사 휘하의 관리들과 손님을 맞아 노네.

개불고기가 스무 꼬치 남았는데

손자가 내 옆에 앉아 맛있게 먹네.

그 뜨거운 고깃점이 손자의 식성에 맞지 않아서

네다섯 꼬치 먹은 것이 이미 위를 상하게 한 것이라.

진실로 손자의 열이 더 나는 것 같아

절제하며 많이 먹지 말라 타일렀네.

다음날 아침 혓바늘이 오톨도톨 돋더니

그 이튿날 위 잇몸의 허물이 벗겨져 걱정이네.

게다가 입술도 덧나서 입을 벌리기 곤란하여

밥과 국, 짜고 신 것을 먹을 수가 없네.

두려워서 침이나 약을 쓸 수가 없었는데

얼굴색이 누렇게 뜬 모습이 가련하구나.[518]

   침과 약을 쓰지 못했다고 하지만, "물만 먹고 밥을 먹지 못하는" 손자의 기력 회복을 위해 청심환을 먹였다.[519] 또 숙길의 병은 혀뿐만 아니라 입술에도 번졌는데, 이문건은 이 부스럼이 열 때문에 생긴 것으로 보았으므로 "서늘한 약을 조제해 달여서" 먹이도록 했다.[520] 병세가 차츰 나아져 나흘 후에는 입술의 종기가 나았다. 이문건은 열병을 숙길의 고질병으로 보았기 때문에 "손자야! 열병이 본디 너의 고질병이니, 모름지기 술과 불고기를 삼가야 한다."[521]고 당부했다.

518 | 『양아록』, 101~102쪽.
519 | 『묵재일기』, 1559.3.24.
520 | 『묵재일기』, 1559.3.26.
521 | 『양아록』, 101~102쪽.

혀와 입술의 병은 나았지만, 얼마 안 있어 4월 중순경에는 귓병이 생겨 숙길을 괴롭혔다. 이에 앞서 왼쪽 턱 아래 연주창이 생겨 부어올랐지만 만응고(萬應膏)를 붙여서 해결한 적이 있었다.[522] 4월 13일, 숙길이 열이 나고 불편해했는데, 이문건은 그것이 이전에 먹은 개고기 열이 아직 남아 있어서 그런 것이라 여겨서 [열을 내리기 위해] 대성(大成)을 시켜서 냇가에 가서 씻기도록 했다. 이때 한열(寒熱)에 손상되어 귀에 통증이 시작되었고, 귀가 째져서 진물이 흘러 멈추지 않았다. 이문건은 지금까지의 과정을 연속적으로 이해해서 「귓병을 앓음을 한탄함〔病耳嘆〕」(4.18. 작성)에서 다음과 같이 썼다.

"일찍이 불고기 먹어 나쁜 열이 치솟아, 입술과 혀, 턱까지 종기가 생겼네. 장에 아직도 그 여독이 많이 남아 다시 손자를 개울로 데리고 가 씻기네. 한기가 아래로 달리고 열기는 치솟아 위를 치니 밤이 되어서는 몸이 불덩이 같네. 한밤중에 갑자기 '오른쪽 귀가 아프다.' 울부짖어 등잔불을 켜고 약을 썼으나 병이 낫지 않네. 아침에도 밥을 먹지 않고 눈 감고 누워 있으며, 한낮이 되자 귀는 속으로 이미 터졌다네. 누런 진물이 질질 흘러 그치지 않고, 귀가 윙윙 울리고 말소리가 들리지 않는다 하네."[523]

일기에는 약 쓴 것으로 다음과 같은 것들이 적혀 있다. 밤중에 열이 더욱 심했고 새벽에는 오른쪽 귀에 통증이 시작되었는데 고통이 심했다. 등불을 밝혀 청심환을 씹어 먹이고, 만병원(萬病元) 여러 알을 종이에 묻혀 귀에 넣었다. 날이 밝자 다시 영보단(靈寶丹)과 기장쌀 큰 것을

---

522 | 『묵재일기』, 1559.3.29., 4.5.
523 | 『양아록』, 103~104쪽.

234

세 알 먹였으나 아파 지르는 소리가 그치지 않았다.[524] 이후 아이가 통증을 심하게 호소하자 그는 "열을 식혀주는 약을 달여 자주 먹여 귓병의 요인을 제거하려"고 했다.[525] 그가 처방한 약들을 보면, 향소산(香蘇散), 사군자탕(四君子湯), 인삼강활산(人蔘姜活散) 같은 것들이었다.[526] 약을 써도 병에 차도가 없자 이문건의 처는 무당 추월(秋月)을 불러 굿을 했다.[527] 그렇지만 숙길의 귓병은 사라지지 않았으며, 몸의 열도 사라지지 않았다.[528]

이처럼 눈병이든 입병이든 귓병이든 모두가 해결하기 어려운 것이었으므로, 오직 조심, 조심밖에 달리 방법이 없었다. 그래서 이문건은 "낮에는 수건을 항상 손에 감아주었으며, 밤에 잘 때는 진물이 흘러 베개가 더렵혀지네. 냄새나는 고름이 나오는데 고통을 어찌 감당하리? 이로 인해 귀머거리가 될까 두렵도다. 처음에 불고기 먹어 탈 나고, 이어 찬물로 씻어 손상되었으니, 사람의 일은 조심하지 않으면 우환이 생기나니, 고악(苦惡, 고통스럽고 좋지 않은 일)이 그렇지 않은 것이 없으니, 손자야! 후일에 마땅히 경계로 삼으라."고 썼다.[529]

이문건의 일기가 이후 1년 이상 낙장 되어 남아 있지 않지만, 다행히도 『양아록』의 「귀의 종기가 난 것을 한탄함[耳腫嘆]」이 전하고 있어 이후 숙길의 귓병이 어떻게 진전되었는지 파악할 수 있다. 우선 그는 글머리에 자초지종을 썼다.

4월 그믐. [손자의] 귀 뒤에 종기가 생겼다.

---

524 | 『묵재일기』, 1559.4.14.
525 | 『양아록』, 104쪽.
526 | 『묵재일기』, 1559.4.15.~4.18.
527 | 『묵재일기』, 1559.4.21.
528 | 『묵재일기』, 1559.4.23.
529 | 『양아록』, 104쪽.

5월 7일. 〔침놓는 의원〕박인형(朴仁兄)에게 보이니 고름은 없다 한다.

5월 9일. 침으로 째니 고름은 나오지 않고 다만 피만 나왔는데, 아파해서 만질 수 없었다.

5월 17일. 독이 눈꼬리까지 뻗쳤다.

5월 18일. 약을 복용시키니 설사를 하여 홍규(紅葵) 뿌리를 침 맞은 자리에 붙이니 고름이 저절로 흘러내렸다.[530]

이를 보면, 지난 일기에 마지막으로 적힌 4월 23일 이후 숙길의 귓병은 귀에서 진물이 흘러나오는 단계를 넘어 종기로 발전했음을 알 수 있다. 이문건은 이때의 상황을 다음과 같이 적었다. "귀가 통통하게 부어 꼿꼿해졌으며, 귓바퀴 뒤로는 붉은빛이 감돌았다. 그 독이 턱까지 미쳐, 심하게 통증을 느끼며 만지지도 못하게 했다. 온종일 여종 옥춘이가 업고 다니는데, 밤 내내 열이 화끈화끈했다. 잠깐 자다가 갑자기 기침을 하고, 물을 자주 달라고 했다. 쓰라리고 고통스러워 울부짖고, 할아버지를 부르며 오래 붙들었다."

숙길의 종기가 진행되면서 이문건은 언제 침으로 고름을 빼낼 것인가 궁금해했다. 부스럼이 생긴 후 시간이 지나면 안이 곪아서 고름이 맺히게 되고, 그것을 침으로 째서 고름을 빼내는 것이다. 5월 7일, 침의 박인형을 불러서 물었다. "곪았는가, 안 곪았는가?" "아직 곪지 않았습니다." 하고 의원이 답한다.[531] 하루 지나서 다시 불러 살피도록 하니, 〔고름이 맺힌 것 같다고 여겨〕침으로 종기를 쨌다. 고름은 나오지 않고 피가 조금 나왔으나, 아이는 이문건의 넋이 나갈 정도로 아파 울부짖었다. 연일 통증이 심했고, 파리하고 야위어 살갗이 뼛골에 붙을 정도였

530 | 『양아록』, 106쪽, 108쪽.
531 | 『양아록』, 107쪽.

다. 침파(鍼破) 이후 이문건은 여러 차례 약을 바꾸어 통증을 진정시키려 했으나, 약은 효과가 없었다.

5월 17일 오히려 종기는 눈꼬리까지 미쳤는데, 이문건은 약 때문에 병이 더 악화된 게 아닌가 하여 자책한다. 5월 18일 이후, 이문건은 성미가 찬 약을 달여 먹여 위의 열을 낮추기 위해 설사를 시키는 한편, 홍규 뿌리를 짓이겨 침놓은 자리에 붙였다. 이후 고름이 저절로 흘러나오고, 손자가 다시 회생했다. 감격에 겨운 이문건은 "나도 손자도 또한 기뻐하고 좋아했네. 아! 누군들 병을 앓지 않으리? 내겐 유일한 손자이기에 더욱 걱정하는 것이라. 그래서 내 심사를 수고롭게 하여 이를 기록해, 후손에게 보여주고자 하노라."[532]라고 적었다. 그게 5월 20일이었다. 무려 거의 다섯 달을 끈 손자의 병이 완쾌된 것이다.

열한 살 때, 홍역을 앓다

일기가 낙장 된 시기인 1560년, 즉 숙길의 나이 열한 살 때 홍역을 앓았다. 『양아록』에 실린 「홍역을 앓음을 한탄함[紅疫嘆]」에 그 내용이 실려 있다.[533]

2월 8일. 처음 열이 나타났다.

2월 11일. 붉은 좁쌀 같은 반점이 조금씩 나타났다.

2월 12일. 반점이 현저히 많이 나타났다.

2월 13일. 많이 돋아났으며, 비로소 가렵다고 했다.

---

532 | 『양아록』, 108쪽.
533 | 『양아록』, 116–117쪽.

2월 14일. 전신에 두루 많이 돋아났으며 매우 가렵다고 했다.

2월 15일. 붉은 점이 사그라지고 가려움도 줄어들었다.

2월 16일. 비로소 차도가 있었다.

2월 17일. 일어나 돌아다녔다.

2월 18일. 머리를 빗기도 하였는데, 이로부터 평상으로 회복되었다.

"홍역이 다 나았으니 누가 가장 좋아하리요? 흰머리 할애비라지." 붉은 반점이 나타났을 때는 걱정이 많았지만, 이 병은 "발병해서 완쾌될 때까지 열흘"밖에 걸리지 않았다. 또한 약도 쓰지 않았다. 가볍게 지나간 병이었다. 그래서 잊고 있었는데, 이듬해 5월 18일, 문득 그 일이 생각나서 일기를 뒤적여 「홍역탄」을 썼다. 이 홍역은 훗날 17세기 이후에 유행했던, 매우 위험한 병이었던 것과 똑같은 이름의 병은 아니었던 듯하다.

열두 살~열세 살 때, 옆구리 근육통을 앓다

이문건이 시의 소재로 삼지는 않았지만, 낙장 된 이후 다시 보이는 일기에는 열두 살 숙길의 병증이 어김없이 또 보인다. 그는 이해 1년 내내 옆구리 통증, 옻독, 복통 등을 앓았다.

첫 번째 병은 옆구리가 당기는 병이었다. 그는 1561년 1월 옆구리가 당기는 증상이 생겼다.[534] 한동안 괜찮다가, 3월에 다시 재발했다. 최근에 옆구리가 당기는 증상이 더욱 심했기 때문에 이문건은 사군자탕에

---

534 | 『묵재일기』, 1561.1.12.

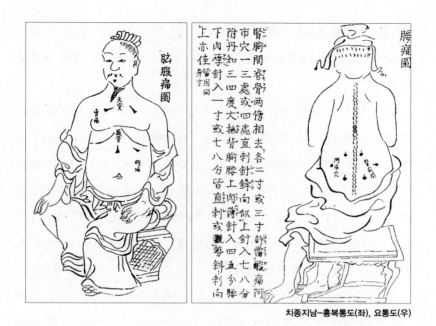

택사(澤瀉)·차전자(車前子)·저령(猪苓) 따위의 약을 가미해 달여 복용토
록 했다.[535] 이번에는 약을 약간 바꾸어 사군자탕에 진피(陳皮)·청피(靑
皮) 등을 가미한 약을 복용시켰는데, 여전히 오른쪽 옆구리가 당기는 것
이 심했다. 밤새 7~8차례 경련이 있었고, 낮에는 4~5차례 꿈틀거렸다.
그는 또다시 사군자탕에 진피·청피 등을 가미한 약을 지어 반 첩 복용
토록 했는데 번열과 뭉친 것이 없어지지 않자, 약성을 새로 보한 것이
좋지 않다고 생각하여 이 약의 복용을 중지했다. 옆구리에서 아래쪽 근
육이 땅기는 증상을 앓을 때는 호흡에 방해가 될 정도였다. 이 통증이
계속되자 이문건은 이번에는 생지황·건지황을 사물탕에 합하고 방풍
(防風)·강활(羌活)·박하(薄荷) 등을 가미한 약을 지어 복용토록 했다.[536]
이런 증상이 열흘 이상 계속되어 기가 쇠약해지자, 이문건은 오령산(五

---

535 | 『묵재일기』, 1561.3.4.
536 | 『묵재일기』, 1561.3.6.~3.12.

芩散)을 지어 복용토록 했다.[537] 손자의 다리 힘이 약해져 오래 서 있지 못하자, 이문건은 다시 의서를 참조하여 청간산(淸肝散)을 지어 복용토록 했다.[538]

약이 전혀 효험 없으매, 이문건은 무당 추월을 불러 물었다. "왜 숙길이 몸이 좋지 않은 것인가?" 이문건은 "지난해 12월 여러 아이들이 깃발을 가지고 성황당 아래에 있을 때 그 곁에 서서 봤는데 홀연히 마음이 동하고 엉덩이가 전율하여 피곤하여 집에 돌아와 누워서 쉰 적이 있는데, 그것이 [이때 병이 씌어?] 의심스러워 그것을 물었던" 것이다.[539] 추월이 와서 계반(雞飯)을 지어서 성황당에서 굿을 펼쳐 숙길의 병에 머물러 있는 것을 풀어주도록 했다.[540]

그럼에도 숙길이 밥을 잘 먹지 않고 근육통이 계속되고 잘 노하자 간에 풍이 들어 생긴 게 아닌가 여겼다. 이후로 익기탕(益氣湯)을 복용했다.[541] 그러던 차에 손자의 몸에서 두통이 나고 오줌을 자주 누고 추위에 떨며 누워서 음식을 먹지 않자, 이후부터는 인삼강활산(人蔘姜活散)을 지어 먹였다.[542] 근육통은 여전했고, 몸이 수척해졌다. 요통이 심해지자 마통탕(馬通湯)을 처방했다. 또 복통을 앓자 팔물환(八物丸)을 복용시켰고, 사물탕에 목향(木香)·건강(乾姜)을 가미한 약을 복용시켰다. 복통에, 근육통에, 두통에, 가슴이 답답한 증상을 앓았다. 아침, 저녁밥 양도 매우 적어서 힘이 없어 여종으로 하여금 업고 다니라 했다. 이 비슷한 증상과 비슷한 대처가 윤5월 초까지 계속 이어졌다.[543]

---

537 | 『묵재일기』, 1561.3.23.~3.26.
538 | 『묵재일기』, 1561.3.26.~4.4.
539 | 『묵재일기』, 1561.4.5.
540 | 『묵재일기』, 1561.4.7.
541 | 『묵재일기』, 1561.4.8.~4.17.
542 | 『묵재일기』, 1561.4.20.~4.26.
543 | 『묵재일기』, 1561.5.8.~윤5.1.

그러던 차에 이번에는 숙길은 옻독까지 올라서 턱이며 목에 좁쌀만한 것이 솟아 가려워했고, 심기를 불편해했다. 옻 독에, 요통에, 밥을 잘먹지 않았다. 며느리가 자기 자식이 푸른 과일과 과자만 먹고 밥을 좋아하지 않아서 복통과 요통이 자주 생긴다고 생각해서 그것을 금하려하자, 숙길이 화를 내며 "피 흘리며 죽어버리겠다." 하자 금하지 못했다. 이 말을 들은 이문건은 "그런 말을 다시 입에 담지 말라."고 크게 꾸짖었다. 옻이 올랐던 자리가 이후 문드러져 부스럼이 되었다.[544]

각종 통증 때문에 몸이 여위어 고생하던 가운데, 이번에는 왼쪽 넓적다리에 변독(便毒)이 생겼다. 그는 변독을 풀고자 영보단과 녹두 모양으로 생긴 설변독환(泄便毒丸)을 먹였더니 설사를 무려 13차례나 했고 회충 5~6마리가 나왔는데, 저녁 무렵 나아져서 걸어 다녔다.[545]

6월 중순부터는 더위를 먹어서 복통이 있었으며 감응환(感應丸)을 복용했다.[546] 복통 약으로 강활산을 복용하기도 했다.[547] 자주 배를 아파하며 마른 구토를 하자 복통약인 길경지각탕(桔梗枳殼湯)을 복용시켰다. 복통은 많이 사라졌지만 근육통은 여전히 남아 있었다.[548] 다시 복통이 있어 길경탕을 복용했다.[549] 옆구리의 근육통을 다스리기 위해 감기탕(甘芪湯)을 복용시켰다.[550] 오른쪽 어깨가 당기는 증상이 해결되지 않은 채로 한 해가 저물었다.[551] 새해 들어서도 자주 옆구리 통증이 있자 사물탕 또는 사물탕에서 다른 약을 가미한 약을 쓰거나 황기탕(黃芪湯)을

---

544 | 『묵재일기』, 1561.윤5.4.~6.1.
545 | 『묵재일기』, 1561.윤5.23.~윤5.24
546 | 『묵재일기』, 1561.6.17.~6.21.
547 | 『묵재일기』, 1561.6.30.~7.2.
548 | 『묵재일기』, 1561.7.13.~7.18.
549 | 『묵재일기』, 1561.10.28.~11.2.
550 | 『묵재일기』, 1561.11.14.~11.20.
551 | 『묵재일기』, 1561.12.9.

보광사 감로탱–뱀에게 물림

계속 복용했지만, 절식을 못 하기 때문에 사물탕 약효는 전혀 없었다.[552] 게다가 13세 소년 숙길은 술을 좋아해 음주를 그치지 않아 몸 안에 열이 많았다.[553] 전해부터 시작한 근육통 때문에 공부를 쉬는 날이 많았다.

『묵재일기』에서 14세 숙길에게 마지막으로 보이는 병은 발바닥에 난 종기였다. 세 발가락에 종기가 생겨 잘 걷지도 못하고 불편해했다. 거머리를 써서 피를 빨아내려 했는데 오히려 가렵고 쓰라렸다. 종기가 딱딱해지자 칼로 생채기를 내고 다시 거머리를 써 빨아내게 했더니 조금 나아졌다. 그 발바닥 부위에 핏덩이가 뭉쳐 있자 침의(鍼醫) 이숙(李淑)을 불러 네 군데를 째서 검정 피를 뺐다.[554] 이후 숙길은 독사를 밟아 뱀에게 물렸지만 다행히도 위험한 지경은 면했다.[555]

열여섯 살 때, 중병을 앓다

『묵재일기』는 17세 때의 손자에 대해서는 짧은 기록 두 개만을 전한다. 전문이 없어지고, 요약본만 남았는데, 여기에는 병증에 관한 것은 거

552 | 『묵재일기』, 1562.1.26.~1.29.
553 | 『묵재일기』, 1562.10.25.
554 | 『묵재일기』, 1563.9.4.~9.17.
555 | 『묵재일기』, 1563.10.21.

의 적혀 있지 않으나 손자의 병에 대해서는 다음 두 기사가 실려 있다.

- [의생] 이윤(李潤)이 와서 숙길의 병증을 진맥했다. 찬 약을 우선으로 쓰라고 했다.[556]
- 안봉(安峯)에서 병든 아이를 위해 하늘에 제사 지냈다.[557]

외부의 의원인 이윤을 불러올 정도였으면, 손자의 병이 결코 가볍지 않은 상태였을 것이다. 이문건은 자신의 가찰인 안봉에서 병든 숙길을 위해 하늘에 제사를 지냈다. 어떤 병인지는 모르지만 초제까지 지낼 정도였으면, 이문건은 이때 손자의 병을 상당한 중병으로 인식했던 것 같다.

이때 제사 지낸 초제문은 『양아록』에도 실려 있지 않아 내용을 알 수 없다. 하지만 전해에 쓴 할머니, 즉 이문건 처의 "액을 쫓기 위해 하늘에 제사 지내는 글[액병양초문]" 안에 담긴 내용을 통해 당시 이문건의 소망을 어느 정도 짐작할 수 있을 것이다. 거기에는 이런 내용이 포함되어 있다.

"엎드려 바라건대, 수명과 운사가 기박하여, 자질을 자못 약하게 타고 나서, 일찍이 자녀를 양육하는데, 모두 중도에 요사했습니다. 우연히 손자를 얻었으니, 거의 나의 말년의 운수 동안에 완전히 보존되어, 결혼 시기까지 가게 되기를 바라고 있는데, 질병과 액운을 지탱하기가 어려울까 두렵습니다. 엎드려 원하건대, 특별히 재생할 수 있게 어지심을 내리시고, 만전의 행운을 모두 이루게 해주소서. 쇠퇴해가는 (운세의) 실마리를 다시 떨치게 해주시어, 연속하여 은혜를 베풀어주시고,

---

556 | 『묵재일기』, 1566.5.22.
557 | 『묵재일기』, 1566.5.26.

늙은 나무에 거듭 꽃이 피게 하고, 잎새마다 흠치르르 윤기 나게 해 주소서."[558]

게으른 손자, 할아버지 가슴을 멍들게 하다

손자 숙길은 나이가 들어 사춘기를 겪으면서 어른의 말을 제대로 듣지 않았다. 여섯 살 되던 때만 해도 아이의 공부에 대해 희망을 품었다. 그는 여섯 살 되던 해 9월에 이미 글자를 배우기 시작했다. 그렇지만 다른 아이들처럼 혀가 짧아 제대로 발음하지 못하고, 심란하여 잘 잊어버리고 잘 외지 못하고, 서툴러 왕왕 실수를 반복하면서도 글을 배우기 시작했다. "손자의 천품은 중간 수준"밖에 되지 않았지만, 이문건은 열심히 지도하여 그의 학업을 끌어올리려 노력했다.[559]

그렇지만 커가면서 그는 어른 말을 제대로 듣지 않는 모습도 보였다. 1557년 9월(일곱 살 때), 노닥이는 말이 잡스럽고 쌍스러워 할머니가 야단쳤더니 되바라진 손자가 반성하지 못하고 분하게 여기며 반항을 했다. 이 모습을 지켜보던 할아버지 이문건은 숙길의 종아리를 때렸다. "일곱 살이면 점차 지혜가 성장할 나이기에 그러지 말라" 한 것이었다. 아이가 눈물을 뚝뚝 흘리자 할아버지는 마음이 아파 더 때리지 못했다. 날마다 "감히 전과 같은 잘못을 저지르겠느냐?"고 물으면, 손자는 "다시는 그렇게 하지 않겠습니다." 한다. 이 말에 이문건은 위안을 삼았다.[560]

숙길이 차차 공부를 열심히 해야 할 나이가 되었기에, 이문건은 열심

---

558 | 『양아록』, 147–148쪽.
559 | 『양아록』, 「글자를 깨우침을 읊음[誨字吟]」, 90–91쪽.
560 | 『양아록』, 97–98쪽.

히 손자를 가르쳤다. 그러나 아이는 할아버지의 뜻을 제대로 따르지 않았다. 여덟 살 때 손자가 학업을 열심히 하지 않았다고 야단을 쳤는데도 조금 있다가 아이들과 어울려 바깥에 놀러 나갔다. 종을 시켜 데리고 왔는데 불손했다. 직접 데리고 들어오면서 "그 뒤통수를 손으로 다섯 번 때렸다." 또 벌로 창 쪽에 서 있으라 하고, 손바닥으로 궁둥이를 다섯 대 때렸다. 엉엉 우는 아이를 보며, 이문건은 가슴이 아팠다. "비록 끝내 태만하여 어리석은 사람 된다 해도 천명으로 이같이 태어났다면 원망하기 어려운저." 이문건은 손자의 게으름에 한탄했다.[561]

손자가 열 살 때(1560년) 단옷날 이문건은 놀기만 좋아하고 공부를 게을리 하는 손자의 종아리를 때렸다. 자초지종은 이렇다. 단옷날 아이들이 그네를 놀기에 숙길도 그네를 타고 싶다고 하여 허락했는데 오랫동안 그네를 탔다. 이튿날도 전혀 책을 읽지 않고 오로지 그네만 탔다. "여러 연으로 구성된 글을 짓지 않으면 그네 줄을 끊겠다."고 으름장을 놓았지만, 글을 짓지 않았다. 그러자 "단칼로 그네를 끊어버렸다." 그래도 분이 다 안 풀려서 이문건은 손자를 불러 혹독히 꾸짖고 종아리를 세차게 때렸다. 손자의 외마디 비명 소리가 터져 나오자, 이문건은 열 대를 때린 후 가슴이 아파 매질을 멈췄다. 그는 "늙은이 마음 또한 울고 싶을 뿐이다."고 글에 썼다. 공부 안 하는 손자를 두고 탄식하기를, "아! 나 또한 장차 어찌 한단 말인가? 자포자기해야지 어찌 할 바 없도다."고 했다.[562]

성질이 급하고 마구 대드는 손자의 성격 때문에 이문건은 계속 골치를 썩었다. 손자가 요통을 앓고 있을 때, 오랫동안 공부를 쉰 것이 마음

---

561 | 『양아록』, 「아이를 꾸짖음[責兒吟]」, 99-100쪽.
562 | 이상은 『양아록』, 「종아리를 때림을 한탄함[撻兒嘆]」, 111-115쪽.

이 불편해서 이문건은 오랜만에 『소학』의 "계고(稽古)"를 가르쳤다.[563] 이튿날 숙길에게 어제 공부한 것을 물어보니 대답을 못 하고 화를 벌컥 내며 뱀 같은 독설을 퍼붓기에 크게 야단쳤고,[564] 「[손자가] 조급히 화내는 것을 한탄함[躁怒嘆]」이라는 시로 표현했다. 그는 "남의 말을 비웃고 능멸하기 일쑤요, 눈을 부릅뜨고 문득 성질을 부리며 욕을 하고, 주먹을 휘두르고 마구 내저었다." 이런 손자의 행실을 보면서 이문건은 "작게는 자신을 욕되게 하고, 크게는 가문을 기울게 할 것"이라면서 훗날을 크게 걱정했다. 그는 자기 손자가 "성장하면서 깨달아 뉘우치고 고쳐서 온순·공손하게 되며, 낮추어 스스로 수양하여 삼가 행동하여 고자(告子)와 증자(曾子)를 따를 것"을 기대했다. 이문건 자기처럼 "동년배 중에서 우뚝 서고 빼어나게 되어 우활하고 거칠게 하지 말 것"을 소망했다.[565]

손자 숙길은 3년이 더 지난 열세 살 때(1563년) 술을 마시고 돌아와 매우 취해 말이 거칠고 횡설수설했다. 이튿날 술이 깰 때를 기다렸다가, 이문건은 꾸짖으며 아이 종아리를 때렸다. 가족이 다 나섰다. 먼저 누나로 하여금 열 대를 때리게 했고, 다음에는 어머니, 그다음엔 할머니가 각각 열 대씩 때렸다. 그리고 이문건은 스무 대를 때려 울화를 터뜨렸다. "매번 과실을 용납해주었더니, 손자의 마음이 점점 오만해져 어기려는 기색이 때때로 나타난다."고 보았기 때문이다. 그는 "손자의 자질이 완악하고 사나워서 그런 것은 아니다."고 믿었으며 잘 교화해서 선도할 수 있으리라 기대했다. "내가 수년 동안 더 살 수 있다면 알기 쉬운 데서부터 설명해주리라." 이렇게 이문건은 자신의 애틋한 맘을 표현했다.[566]

---

563 | 『묵재일기』, 1561.5.15.
564 | 『묵재일기』, 1561.5.16.
565 | 『양아록』, 「조급하고 잘 성내는 것을 한탄함[躁怒嘆]」, 118–122쪽.
566 | 『양아록』, 「술에 취함을 한탄함[警醉嘆]」, 123–128쪽.

그럼에도 손자는 술을 좋아했다. "금년 숙길의 나이 14세, 시골 사람들이 술 권하니 부끄럼 없이 마시네." "늙은이는 자식 잃고 손자에게 의지하는데, 손자는 지나치게 술을 탐내 자주 취하네. 빈번히 취하고 토하는 걸 한탄할 수도 없으니, 기박한 운명이 얼마나 한스러운가." 정월 초하루 술 먹은 손자의 곁을 앉아 지키며, 이문건은 이렇게 자신의 심정을 읊었다.[567] 그의 나이 72세였다.

이튿날 그는 또다시 안타까운 마음을 담아 「소년이 술 마시는 것을 경계함[少年醉酒戒]」을 썼다. 그는 후에 참고하기를 기대하며 "눈물을 흘리며" 이 글을 썼다. "하나밖에 없는 손자를 기르는데, 여러 번 경계하도록 했으나 반성하지 않고 술 취하고 구토하여 밥을 못 먹은 적이 매우 잦았기" 때문에 피눈물을 흘리며 손자를 계도하기 위해 자신의 심정을 글로 남긴 것이다.

"15세가 안 되면 혈기가 안정이 안 되어 장부가 약하다. 예컨대 풀이 처음 싹트고 꽃이 처음 몽우리가 서는데, 불행히 서리와 우박의 재해를 당하면 그 손상이 중하여 시들고 말라 죽는 것과 같은데, 어찌 재앙 없는 것과 더불어 함께 무성하여 아울러 꽃 피우고 열매를 맺겠는가? 술의 해독은 잃는 것이 크고 유익한 점이 적으며 손해가 많고 이득이 적다. 비록 건강한 사람이라도 날마다 술에 취하면 날로 쇠약해지고 달이 가면 사그라져, 마침내는 몸이 나약해져 구제할 수 없다. 하물며 나약한 몸으로 해가 되는 것을 점점 많이 하게 되면, 혈색이 쉽게 파리해지고 기가 쉬 손상되어 돌이킬 수 없는 재앙을 당한다.…… 그 아비와 할애비 된 자는 불쌍해하고 애석해하는 정이 어떻

---

567 | 『양아록』, 「촌에서 술을 마심을 한탄함[飮村酒嘆]」, 129-130쪽.

겠는가? 손상된 것을 약으로 구제하려고 생각하지만 불가능하다. 취한 것을 보면 손상될까 걱정되고, 그 토하는 소리를 들으면 훼손될까 고민되어, 슬프고 슬퍼서 기쁨이 없으며, 근심에 근심되어 뜻을 잃어서 자애지심을 장차 베풀 수 없는데, 자손 된 자는 어찌 그 마음을 합치시켜, 효성스럽게 순종하지 않는가? 술을 절제하고 취하는 것을 경계하여 일신을 보양하는 것은, 자신의 복이 되고 효도 중에서도 중대한 것이 된다."[568]

가문을 잇는 하나밖에 없는 손자는 이문건이 죽기 직전까지도 자신의 생을 집착시켜주는 종착지였다. 혈기왕성한 이 사춘기 소년은 할아버지 뜻을 곧이곧대로 따르는 고분고분한 아이는 아니었다. 그는 16세 되던 대보름날 관례식을 거행해 본격적으로 어른의 반열에 들게 되었다.[569]

『양아록』의 마지막 글은 「할아버지의 조급히 성냄을 한탄함〔老翁躁怒嘆〕」이다. 이문건이 73세(1566년), 손자의 나이 16세였다. 이번에는 공부를 안 해서가 아니라 옛 문장 풀이를 엉뚱하게 추론하고 그것을 고집하는 것을 야단쳤다.

이해 4월 4일, 손자에게 독습을 시켜놓았더니 별 효과가 없어서 저녁에 등불을 켜고 직접 가르쳤다. "司馬溫公論漢家之治終於不古處"라는 대목에 이르자 그는 이를 "한나라의 정치가 고대의 수준에 도달하지 못하고 끝났다는 것이라."라고 풀었다. 그러자 숙길은 그게 아니라 "한나라의 정치는 끝내 고대의 수준에 도달하지 못했다."고 했다. 이문건이 거듭 자신의 해석이 옳다고 하자 숙길이 이에 성질을 부리기에 밤에 그것을 가르쳤다. 〔손자가〕 고집부리고 분격해서 말을 듣지 않자, 이

---

568 | 『양아록』, 131–132쪽.
569 | 『묵재일기』, 1566.1.15.

문건은 그를 야단쳐 경각심을 주리라 결심했다. 이튿날 아침 손자를 불러 앞에 엎드리게 하고 말채찍으로 궁둥이를 30대 때렸다. 놀라 소리를 질러서 더 때리지 않았다. 4월 10일 밤 독습을 하지 않아서 추궁하니까 대답을 안 하자 극도로 화가 나 궁둥이를 때렸고, 4월 19일 공부를 하라고 시켰으나 따르지 않자 "조급하게 화를 내며" 지팡이를 들어 궁둥이를 무수히 때렸는데, 그가 차고 있던 칼이 지팡이에 맞아 부러졌다.

이튿날 이문건은 자신의 조급증을 뉘우쳤다. "어릴 때는 한결같이 어여삐 여기고 안타깝게 생각하여 손가락 한 번도 차마 대지 못했는데, 지금 가르침에 당하여는 어찌 한결같이 조급하게 화를 내며, 이처럼 자애롭지 못하게 되는 데 이르렀단 말인가?" 그의 조급증은 손자의 게으름 때문이었다. "게으름이 심하여 날마다 익히는 것이 겨우 몇 장이다. 서른 번을 읽으라 하면 따르지 않고 혹 열다섯 번이나 혹은 열 번 남짓에서 그만둔다. 비록 숙독하라 독촉해도 끝내 말대로 하지 않으니 어찌 잘못된 것이 아니겠는가? 할애비와 손자가 함께 실수하여 끝날 때가 없으니, 반드시 할애비가 죽은 후에야 그만두게 될 것이다. 아! 눈물을 흘리며 다음을 읊조린다. 내가 진심으로 하나뿐인 손자에게 바라는 건, 시종일관 학문을 완성하여 가문을 일으켜 세우는 것."[570] 이듬해 2월, 이문건은 이런 손자를 남겨놓고 세상을 뜬다. '자식을 못 가르친다.'는 말은 '손자도 못 가르친다.'는 데도 똑같이 적용되는 것 같다. 자손에 대한 높은 기대감이 자손의 부실함을 못 참고 초조와 화를 부추기기 때문이리라.

이문건이 저세상으로 간 지 12년이 흐른 1579년, 공부에 게을러 할아버지의 골치를 썩이던 손자 숙봉(숙길, 준숙)은 사촌형인 노성(현배)과 함께 할아버지 묘소에 비석을 세웠다. 그는 손수 비문을 짓고 글씨

---

570 | 『양아록』, 151~153쪽.

를 썼다. 묵재 연구자 이복규는 이 비문을 보면서, "자신을 애지중지하던 할아버지의 비문을 짓고 쓰면서 수봉이 가졌을 감회가 그 묘소 앞에 서면 지금도 전해오는 것만 같다."고 썼다.[571] 송시열 행장을 보면, 숙길은 첨정(종4품) 벼슬을 역임한 것으로 나와 있다.

종손자 천택의 병과 치료

이문건은 성주에 머물면서, 여러 아이를 자기 집에 머물도록 하여 공부를 가르쳤다. 첫째형 홍건의 아들인 조카 이휘(李輝)의 아들인 종손자 수기(壽祺, 壽基), 둘째형 이충건의 아들 이염(李爛)이 낳은 종손자 노성(老成, 天澤, 성인 이름은 玄培), 손녀사위인 정섭(鄭涉) 등 셋이 그들이다. 이문건은 자기에게 공부하러 온 그들의 질병을 손자의 병 보듯 돌봤다.

1545년 이휘의 역모 사건 이후, 장조카 이휘는 사형 당했고, 이문건은 유배형에 처해졌으며, 둘째형의 아들인 또 다른 조카, 이문건이 일기에서 한림(翰林) 벼슬을 했다 하여 한림이라 부르는 이염네 집도 마찬가지였다. 그의 집은 가난에 찌들어 굶주릴 정도였다.[572]

1551년 1월 이염은 작은아버지 이문건에게 편지를 내어 "[아들] 노성이 소상(小祥)을 치렀으니, 아저씨 계신 곳에 내려 보내어 교육을 시키려고 합니다."라는 뜻을 밝혔다. "[조카] 한림의 심사를 생각해보니, 궁벽한 액이 극치에 달한 것 같다. 연민의 감정이 비할 데 없으니 어찌할거나!" 이문건은 이처럼 자신과 마찬가지로 벼슬에 쫓겨나 몰락한 형님네 집안의 거듭된 불운을 통탄해했다. 여기서 '소상'은, 노성의 아버지 한림

---

571 | 이복규, 『<묵재일기>에 나타난 조선전기의 민속』, 18쪽.
572 | 『묵재일기』, 1547.1.12.

250

이 살아 있었으니까, 노성의 모친이었을 것이다. 가난한 데다가 아직 어린 노성을 돌볼 모친이 세상을 떴으므로, 이염은 이문건에게 자식을 맡길 생각을 했었던 듯하다.[573] 노성(천택)은 이해 9월 무렵에 이문건 집에 와서 공부를 배우기 시작했다. 이때 노성의 나이는 13세였다. "그는 기골이 자못 장대했고 영오했다. 단, 사궁(四窮)하여 확 트이지 못한 것이 단점이었다."[574] 이문건은 종손에 대해 이렇게 평가했다. 그는 1557년 말 무렵까지 이문건 집에 있었으니, 대략 6년 남짓 그곳에 머무른 셈이다. 이 종손은 5년 후인 1562년에 과거에 급제했다.[575]

13세 때(1551년) 9월에 노성은 심한 감기 두통을 앓았다. 감한(感寒), 두통, 오심(惡心)의 증상을 보여서 밥을 잘 먹지 못했고 토했다. 이런 증상에 이문건은 평위환(平胃丸) 한 알을 처방했는데, 두통이 해소되지 않고 적지만 땀을 흘려서 노성을 자기 옆에서 자도록 했다.[576] 왼쪽 머리에 편두통이 있다고 하자 이번에는 정기산(正氣散) 한 잔을 복용시켰는데, 저녁때는 죽을 먹는 등 차도가 있었다.[577] 며칠 지나서는 피똥을 쌌고, 체증으로 변이 잘 안 나와 똥 눌 때마다 울었다. 이문건이 그것을 관찰해보니 처음에는 누런 똥이 보이다가 다음에 피 섞인 오물이 나왔다.[578]

감한(感寒)하여 불편하고 밥을 잘 먹지 못하며 두통이 심한 증상이 여러 날 계속되자, 이문건은 점쟁이 김자수에게 점을 쳤다. 그는 "명일에는 차도가 있을 것이다."고 했다.[579] 낫기는커녕 병증이 더 악화했다. 이문건은 두통, 발열이 계속되고 맥이 자주 뛰자, 17일 새벽에 삼소음

---

573 | 『묵재일기』, 1551.1.7.
574 | 『묵재일기』, 1551.9.21.
575 | 『묵재일기』, 1562.4.5.
576 | 『묵재일기』, 1551.9.28.
577 | 『묵재일기』, 1551.9.29.
578 | 『묵재일기』, 1551.10.2.
579 | 『묵재일기』, 1551.10.16.

(蔘蘇飮)을 지어 달여 먹였더니 증상이 다소 완화했다. 오후에 밥은 전혀 먹지 못하고 오직 찬 것만 찾았으며, 복용한 약도 토했다. 저녁때는 삼소음과 함께 청심원 4분의 1알을 먹였는데 이도 조금 토했다.[580] 이튿날에는 열을 내리기 위해 소시호탕과 청심원을 복용시켰고, 이후 차도가 있어서 공부를 재개했다.[581]

14세 때의 11월, 노성은 학질을 보름 정도 앓았다. 16일, 노성의 학질 증상이 이문건의 눈에 띄었는데, 그것이 흡사 사나운 당학(唐瘧) 같아서 놀랐다.[582] 이틀을 지켜보다가 이문건은 환자의 땀을 내기 위해 시호이출탕(柴胡二朮湯)을 달여서 먹였다.[583] 노성은 매일 학질로 추웠다 뜨거웠다를 반복했다. 열흘쯤 앓고 나자 얼굴색이 누렇게 떴다.[584] 28일, 그에게 자금단(紫金丹) 반 정을 복용토록 했는데, 학질 증상이 심하지 않다고 했다.[585] 자금단 이외에 학질에 늘 그랬듯이 도류지탕(桃柳枝湯)을 달여 먹였다.[586] 이때 노성은 학질을 비교적 잘 치러냈다. 2년 후에 그는 또 한 차례 더 학질을 앓았다. 8월 9일, 천택(노성의 새 이름)이 근래 몸이 좋지 않았는데 이날 낮에 추위에 떨며 두통 증상이 나타났다. 이문건은 이를 학질 증상으로 의심했다.[587] 병으로 그는 공부를 쉬었고, 도류지탕(桃柳枝湯)을 복용하는 한편 복숭아씨에 네 글자를 적어 삼켰다. 그럼에도 열이 그치지 않고 통증이 더 심했는데, 하루씩 걸러 아팠다.[588] 천택은 밥 한 알도 삼키지 못했고 노곤해서 제사에도 참석하지 못했다.

---

580 | 『묵재일기』, 1551.10.17.
581 | 『묵재일기』, 1551.10.18., 10.23.
582 | 『묵재일기』, 1552.11.16.
583 | 『묵재일기』, 1552.11.18.
584 | 『묵재일기』, 1552.11.26.
585 | 『묵재일기』, 1552.11.26.
586 | 『묵재일기』, 1552.12.1.
587 | 『묵재일기』, 1554.8.9.
588 | 『묵재일기』, 1554.8.11.

열을 내리기 위해 시호이출탕을 썼다. 이날은 심하게 앓아 코피를 흘리기도 했다.[589] 8월 21일, 계속 앓아서 열이 심하고 말도 잘 못 했지만, 이 문건은 왜 그런지 까닭을 파악하지 못했다. 마침 이날 저녁에 강언수(姜彦叟)가 왔는데, 〔그에게서〕 학질을 다스리는 방법인 부적이 있다는 말을 들었다.[590] 그는 천택의 쇠약해진 몸의 기운을 북돋기 위해 소시호탕과 보중익기탕을 투여하던 중, 강언수가 학질을 쫓는 부적을 보내왔다.[591] 김자수가 왔기에 천택의 병에 대해 점을 쳤더니 그믐 때 완전히 낫는다고 했다.[592] 천택의 병은 며칠 후 거의 회복했다.[593]

소년 천택은 종기도 앓았고, 계단에서 굴러 떨어져 외상을 입기도 했다. 15~16세 때 그는 허리, 종아리, 무릎, 다리 등 여러 곳에 종기가 생겨서 공부를 하지 못했다.[594] 종기 치료는 오른쪽 다리의 부스럼 부위를 침으로 째내는 것이었는데, 종인 방실(方實)의 애비가 이 일을 했다.[595] 이듬해 여름에는 오른쪽 복사뼈 근처에 종기가 생겨서 일단 영보단(靈寶丹)을 복용시켜 설사를 시켰으나, 차도는 없었다.[596] 그래서 성주의 의생(醫生) 박인형(朴仁兄)을 불러서 침으로 째도록 했다. 그렇지만 박인형은 "이런 종기에는 센 침을 사용해야 하는데, 그러면 피가 모여 종기가 더 심해진다."고 하면서, 대신에 "초 찌기미를 붙여 〔농을〕 풀어내야 한다."고 했다.[597] 17세 때는 계단에서 굴러 떨어져 상처를 입었다. 천택이 사당에 올라가다가 실족해서 넘어진 것이다. 오른손 골절상을 입었으며

589 | 『묵재일기』, 1554.8.15.
590 | 『묵재일기』, 1554.8.21.
591 | 『묵재일기』, 1554.8.22.~8.26.
592 | 『묵재일기』, 1554.9.7.
593 | 『묵재일기』, 1554.9.10.
594 | 『묵재일기』, 1553.5.28.~6.5.
595 | 『묵재일기』, 1553.6.8.
596 | 『묵재일기』, 1554.7.14.
597 | 『묵재일기』, 1554.7.16.

매우 쓰라려했다. 할 수 없이 말을 빌려 타고 집에 도착한 이문건은 "쯧쯧" 하면서 일단 부기를 빼기 위해서 대황(大黃)을 찾아 달여 먹이고, 황토로 다친 부분을 찜질했다.[598] 천택은 대황 약을 마시고서 다 토했다. 이튿날, 흙으로 지진 후 통증이 다소 줄기는 했지만 부기는 가라앉지 않았다. 낮에 김세채(金世綵)가 와서 말하기를 "골절상에는 마땅히 침과 뜸을 써야 한다."고 하면서 침을 꺼내 침을 놓았다. 가장 통증이 심한 부위 두 곳을 쪘으며, 뜸을 각각의 곳에 다섯 장씩 떴다.[599] 사흘 후 천택의 손바닥 골절상은 나았다.[600]

천택이 17세 때 한 달 보름간 앓은 상한(傷寒)에 대해 『묵재일기』에는 제법 상세한 기록이 남아 있다. 상한은 치료하기 힘든 병이었다. 2월 18일 오후에 천택이 상한을 앓기 시작했다. 구토하면서 아무 음식도 먹지 않았다.[601] 이문건은 밤에 여종 삼월(三月)에게 간호토록 했는데, 가서 보니까 오령산 반 첩만 복용한 상태였다. 천택의 맥을 짚어보니 한 숨에 여섯 번에 이를 정도로 빨리 뛰고, 열이 심했다. 일단 소시호탕(小柴胡湯)을 달여서 천택에게 먹였다. 날이 지날수록 머리 아픈 게 눈까지 이어지고, 손은 때로는 찼다가 때로는 열이 났다가 밤새 잠을 못 잤다. 두통이 그치지 않고, 코피까지 흘렸다. 먹은 것을 다 토했고, 밤에는 끙끙거리며 몹시 괴로워했다. 2월 23일에는 병이 매우 심했다.[602]

병세가 호전되지 않자 "소시호탕 수 종지에 매양 청심원 반 알, 지보단(至寶丹) 한 알을 씹어 삼키도록 했는데 전혀 땀을 흘리지 않았다. 다시 삼소음(蔘蘇飮)에 마황(麻黃)·축사(縮砂)·궁궁(芎藭) 등을 가미한 약

---

598 | 『묵재일기』, 1555.1.25.
599 | 『묵재일기』, 1555.1.26.
600 | 『묵재일기』, 1555.1.29.
601 | 『묵재일기』, 1555.2.18.
602 | 『묵재일기』, 1555.2.21.~2.23.

을 달여서 각기 청심원 반 알과 함께 두 차례 나누어 복용토록 했다. 그
럼에도 저녁때는 열이 더 심했다." 이문건은 "함부로 적절하지 않은 약
재를 썼다."고 자책하면서, 부득이 얼음을 취해서 삼키도록 했다. 또 계
속 찬 약인 소시호탕에 대황을 가미한 약을 처방했고, 다시금 사람 똥
세 덩이, 돼지 똥 세 개를 물에 개어 준비해두었다. 김세채(金世綵)를 불
러서 천택을 간호하며 자도록 했다.[603] 그럼에도 병증은 나아지지 않아
서, 어제 준비해둔 똥물[人乾水]에 청심원 반 알을 타서 먹였다. 잠시
깨어난 듯하다가 조금 지나 다시 열이 났다. 얼음물을 타서 오래 복용
토록 하고, 해질 무렵에는 인건수를 주었는데 잘 먹으려고 하지 않았
다.[604] 저녁에는 다시 소시호탕에 대황을 가미한 약을 달였고, 야간에도
먹였다. 천택은 증상이 감소되지 않고, 땀은 내지 못하고, 죽을 먹지도
못하고, 그 어떤 것도 잘 마시지 않으려 했다.

2월 26일에는 증세가 다소 호전되었다. 몸 상태가 화평해지고 늦춰
졌으며 얼굴의 부기도 가라앉았다. 그렇지만 입과 코가 마르고, 혀에
좁쌀 같은 것이 솟고, 얼굴색이 불그스름한 정도로 몸 안의 열이 축적
되어 있어 열을 내리기 위한 처방을 계속 썼다. 이문건은 천택에게 소시
호탕과 녹두죽 등 찬 것을 먹이고, 아예 소시호탕에 죽엽·맥문동·생지
황·지골피(地骨皮) 등을 가미한 약재를 큰 솥에 달여놓았다.[605] 2월 28일
부터 열증이 차츰 가시고, 땀도 젖을 정도로 내고, 맥도 한 호흡에 네
번 정도로 회복되었다.[606] 이문건은 "음식도 제대로 먹고 다른 증상이
없으니 기쁘다."고 적었으며, 이후 아무런 병세도 없었다.[607]

603 | 『묵재일기』, 1555.2.23.
604 | 『묵재일기』, 1555.2.24.~2.25.
605 | 『묵재일기』, 1555.2.26.~2.27.
606 | 『묵재일기』, 1555.2.28.~2.29.
607 | 『묵재일기』, 1555.3.2., 3.6.

이후 천택은 병을 거의 앓지 않았다. 17세 때, 이문건은 천택이 장가를 갈 수 있는지, 김자수에게 점을 쳤다. "내년 정월에 갈 수 있다."는 점괘가 나왔다.[608] 점괘대로 이문건은 천택의 혼사를 의논했다.[609]

종손자 수기(壽祺)의 치병

역모 혐의로 조카 이휘는 사형을 당했고, 그의 처는 노비로 전락하여 조지서(造紙署)에 정속되었다.[610] 남편이 처형당하고 가문이 몰락한 이휘의 처는 날이 갈수록 쇠약해졌다.[611] 그런 가운데 그는 병든 시어머니를 모시고 있었다.[612] 자초지종은 안 나와 있지만 이문건은 종손인 수기를 자기 곁에 두면서 글을 가르쳤다. 수기가 괴산을 들러 성주에 도착한 날은 1552년 4월 7일이었다. 바로 다음날부터 그는 글을 배우기 시작했는데, 사촌형 노성으로 하여금 그에게 『사략(史略)』의 「한기(漢紀)」를 가르치도록 했다.[613] 이를 보면, 열세 살 노성보다 수기가 더 어린 나이였음을 짐작할 수 있다. 이보다 7년 전인 1545년의 일기에 수기가 등장하는 것을 보면, 그의 나이는 최소한 여덟 살은 넘은 상태다. 대략 열 살 전후였을 것이다. 1551년 이문건의 친손자 숙길이 태어났으니, 이문건은 형제 집의 세 명뿐인 남아 셋을 모두 곁에 둔 셈이 된다. 두 형은 오래전에 세상을 뜬 상태였으므로, 자기 집뿐만 아니라 형님 집안까지도 일으켜 세우는 것이 환갑을 바라보는 노인 이문건의 몫이었다. 그는

608 | 『묵재일기』, 1555.8.28.
609 | 『묵재일기』, 1556.1.10.
610 | 『묵재일기』, 1545.11.1.
611 | 『묵재일기』, 1546.12.18.
612 | 『묵재일기』, 1551.12.12.
613 | 『묵재일기』, 1552.4.8.

1561년까지 성주에 머물렀던 것 같다.

수기는 성주에 있으면서 거의 병을 앓지 않았다. 또 병을 앓았어도 가볍게 지나갔다. 그가 학질에 걸려 공부를 안 했다는 기록이 있지만, 병증에 관한 내용이 거의 보이지 않는다.[614] 이후에도 수기가 가장 심하게 앓은 병은 학질이었는데, 이때 이문건은 괴산에 있었기 때문에 단지 전해온 소식을 적었을 뿐이다. "수기가 점학에 걸려서 위태롭다."고 적었다.[615] 이후에 수기의 병으로는 종기, 이질, 감기 등 미미한 질병이 한 줄씩 간단히 보일 뿐이다.

손녀사위 정섭(鄭涉)의 치병

사위 정섭(鄭涉)은 1561년, 이문건의 첫손녀인 숙희(15세)와 혼인했다. 혼례는 성주에서 치렀는데, 그는 이해 11월 3일 성주에 도착했다. 일기에는 정섭의 정확한 나이는 안 나와 있지만, 대략 그와 비슷한 나이였을 것이다. 그는 처가인 성주에 머물면서 이문건에게서 『논어』 등의 글을 배웠다. 이문건의 일기에서 숙희는 시댁에 간 기록은 보이지 않으며, 대신 남편인 정섭이 때때로 서울 집에 다녀왔다.[616] 정섭과 숙희 사이에서 딸이 태어났다.[617]

손녀사위 정섭의 질병 기록도 『묵재일기』에 그다지 많이 보이지는 않는다. 1562년 3월, 그가 두통이 있어서 이문건은 향소산(香蘇散)에 궁궁

614 | 『묵재일기』, 1552.5.6., 5.8.

615 | 『묵재일기』, 1553.10.1.

616 | 김소은, "16세기 양반가의 혼인과 가족관계—이문건의 『묵재일기』 를 중심으로—", 『국사관논총』 97, 2001, 108쪽.

617 | 김소은, "16세기 양반가의 혼인과 가족관계—이문건의 『묵재일기』 를 중심으로—", 『국사관논총』 97, 107쪽.

(芎藭)·창출(蒼朮)을 지어서 달여 먹였다. 두통이 완전히 낫지 않고 몸에 열이 있었기 때문에 약을 먹으며 공부를 쉬기도 했다.[618] 이를 보면, 정섭은 매우 건강한 소년이었던 듯하다.

이문건의 『양아록』에는 손자 숙길과 손녀사위 정섭을 비교하는 대목이 한 차례 보인다. 1563년, 집주인 배인손이 술잔치를 마련해 이문건을 초대하자, 이문건은 사위 정섭과 같이 가려고 했으나 그는 그 자리가 비루하다고 여겨 사양하고, 대신에 불쑥 손자가 따라 나서 같이 술을 먹고 취했다. 그는 손자 "숙길은 아직 비굴함을 깨닫지 못하는구나." 고 탄식했다.[619] 송시열이 쓴 이문건 행장을 보면, 정섭은 이후 직장(直長) 벼슬을 역임했다. 성주에 있을 때도 이미 초시에 합격해 있어서 정생원이라 부르고 있다.[620]

---

618 | 『묵재일기』, 1562.3.24.~3.25.
619 | 『양아록』, 123쪽.
620 | 『양아록』, 123쪽.

Ⅲ. 손녀의 병과 치료

귀한 손자의 경우만큼 병 관리에 지극한 정성을 쏟지 않았지만, 이문 건은 손녀의 병에 대해서도 자세히 기록했으며 크게 신경을 썼다. 손녀 로는 첫손녀 숙희, 둘째손녀 숙복, 셋째손녀 숙녀가 있었다. 이 밖에 외 증손녀 희정(禧貞)의 치병 기록도 몇몇 보인다.

첫손녀 숙희의 탄생과 어렸을 때의 잔병

이문건의 첫째손녀 숙희(淑禧)는 1547년에 태어났다. 가문의 대를 잇 기 위해 아들을 재혼시킨 그 이듬해다. 이문건은 『양아록』에서 숙희에 대해 다음과 같이 적었다.

> 정미년(1547년) 9월 18일 해시에 딸을 낳았는데 숙희라 이름 지었다. 아이는 약질로 태어났으며, 성품이 밝고 명랑하나 조급하고 잘 울었 다. 기유년(1549년) 겨울 천연두에 걸렸는데 이듬해인 경신년(1550년)

정월에 차도가 있었다. 여름이 되어 열병에 걸려 고통을 당하다가 소생했다. 신해년(1551년) 여름 이질에 걸려 위험스러웠으나 다시 소생했다. 계축년(1553년) 8월 풍열을 앓는 것이 경기와 같았는데, 약을 썼더니 차도가 있었다. 이로부터 정신이 전과 같지 않았다. 갑인년(1554년) 5월 또 학질과 열이 나는데 오래 지나서야 차도가 생겼다. 동년 9월에 아랫니를 처음 갈기 시작했다.[621]

이를 보면, 숙희가 약질로 태어나서 병치레가 많았음을 알 수 있다. 세 살 때 두창에 걸렸고, 네 살 때는 열병에 걸려 죽다가 살아났다. 다섯 살 때는 이질에 걸려 소생했고, 일곱 살 때는 풍열(風熱)을 앓아 정신이 약간 이상해졌으며, 여덟 살 때는 학질을 오래 앓았다. 이처럼 숙희는 굵직한 병을 많이 앓았으며, 그런 병 사이에서도 잔병치레 또한 많았다. 『묵재일기』에는 『양아록』에서 말한 첫손녀의 병앓이가 상세히 기록되어 있다. 그렇지만 위 질병 기록 중 두창, 열병 등 네 살 때까지 앓은 큰 질병의 내용은 일기가 빠져 있어 전하지 않는다. 두 살 때(1548년) 몇몇 잔병 기록만 일기에서 보일 뿐이다.

- 손녀가 감기 들어 눈물, 콧물을 흘리면서 심하게 울었다.[622]
- 3월 해인사에 놀러 갔다 왔더니, 집안 식구들은 다 아무 일 없는데, 갓난아이만이 몸에 열이 나면서 편치 않다고 했다.[623]
- 이 애는 여름에 심한 설사 증상이 있었다.[624]

---

621 | 『양아록』, 「가족에 관한 글—아들 온(熅)과 손녀들」, 133–134쪽.
622 | 『묵재일기』, 1548.2.12.
623 | 『묵재일기』, 1548.3.30.
624 | 『묵재일기』, 1548.5.27.

다섯 살 이후의 기록은 거의 남아 있기 때문에 상세히 고찰할 수 있다. 이문건이 정리한 대로 숙희는 이질, 풍열, 학질을 크게 앓았으며, 그 밖에 다른 자잘한 병들도 많이 앓았다.

다섯 살 때, 숙희는 침에 찔려 옆구리에서 피가 흘렀다. 이문건은 아이를 보호했던 여종 억금(億今)의 부주의 탓이라 했다.[625] 감기에 걸려서 음식을 잘 못 먹고 잠도 잘 못 잤다.[626] 눈이 붉게 되고,[627] 몸에 열이 많이 나서 일단 백호탕(白虎湯)으로 다스렸다.[628] 병에 차도가 없고, 두려워하면서 토하고 음식을 먹지 못하자, 억지로 사군자탕에 꿀을 섞어 조금 먹였더니 차도가 있었다.[629] 사군자탕을 먹고 기력을 회복해 밥을 먹게 되니,[630] 할아버지가 기뻐했다.[631] 가을에 이질이 계속되어 괴로워했다.[632] 설사를 계속해 항문이 빠져서 대변을 쉽게 누지 못했다. 소감원(蘇感元)을 먹였더니 역시 변을 잘 못 보는데, 혈리(血痢)가 뚝뚝 떨어졌다. 소감원이 그다지 효과를 보지 못했다. 그러던 것이 약간씩 호전되었다.[633] 감기가 있어 불편한 데 이어, 복통과 딸꾹질을 하며 젖을 잘 못 먹자 사군자탕에 모과(木瓜), 두구(豆蔲) 등을 가미하여 달여 복용시켰다. 이후 기침이 있었지만 이 병은 별 탈 없이 넘어갔다.[634]

일곱 살 때는 4월에 눈병이 있었고 이후 여러 증상이 겹친 병을 앓았다. 흰 눈자위에 거품 같은 것이 생겨서 "먹즙을 붓으로 눈에 넣었더니

---

625 | 『묵재일기』, 1551.2.2.
626 | 『묵재일기』, 1551.3.21.
627 | 『묵재일기』, 1551.6.3.
628 | 『묵재일기』, 1551.6.13.
629 | 『묵재일기』, 1551.6.14.
630 | 『묵재일기』, 1551.6.15.
631 | 『묵재일기』, 1551.6.16.
632 | 『묵재일기』, 1551.9.5.~9.16.
633 | 『묵재일기』, 1551.9.8.~9.16.
634 | 『묵재일기』, 1551.12.21.~12.29.

조금 그쳤다."[635] 눈병에 이어서 5월 초 감기가 있었고, 설사를 하면서 잘 못 먹는 증상도 있었고, 더위 먹은 증상이 있어 토하고 잘 먹지 못하여 여뀌탕에 목욕을 시켰다. 병이 약간 차도가 있는 듯했으나, 몸에 열이 나고 토하고 설사하며 잘 먹지 못해 이문건은 사군자탕에 향곽(香藿)·죽엽(竹葉)·맥문동(麥門冬)을 가미한 약을 복용토록 했다. 더위 먹은 열이 물러가기도 하며 다시 학질처럼 열이 나기도 하여, 오령산(五苓散)과 소시호탕을 섞어 달여 먹였다. 열이 가시어 약을 쓰지 않았으나, 다시 약간 추워 떨며 열이 극에 달하자 통령탕(通苓湯)에 맥문동(麥門冬)과 죽엽(竹葉)을 가미한 약을 달여 복용시켰다. 이 약이 효과가 있어서인지 열이 멈췄다. 그렇지만 숙희의 몸은 여위고 피곤했다. 종 돌금(乭今)으로 하여금 젖을 주도록 하기도 했다. 이후 설사가 시작되어 그치지 않자, 할아버지 이문건은 목향원(木香元) 반 알을 복용토록 했다. 6월 말 병이 나았다.[636]

그런데, 한 달쯤 뒤인 7월 말 숙희는 이문건이 『양아록』에서 말한 풍열의 증상을 앓기 시작했다. 숙희가 까무러쳤다는 말을 들은 이문건은 즉시 달려가 손녀의 눈을 보니 "기가 막혀 있었고, 오른손을 잘 들지 못하고 왼손과 왼발을 떨며, 때로는 얼굴과 코를 긁거나 가슴 위를 두드리거나 하며 맥도가 어지러웠으며 인사불성이었다." 급히 용소합환(龍蘇合丸)을 소변에 개어 숟갈로 떠먹였다. 얼마 후 오른쪽 눈이 감겨져 잘 보이지 않는 것 같아[目則右竅, 猶不知事], 죽엽탕(竹葉湯)을 달여 청심원 한 알을 같이 숟갈로 떠먹였더니 이문건을 알아보는 듯하며, 슬피 울었다. 다시 윗집으로 올라와 이문건은 약재를 살펴 강활산(羌活散)을 짓고 대나무에 불을 써서 죽력(竹瀝)을 취해 강활산에 섞여 복용토록 했다. 얼마 후 약즙을 토해낸 후에 눈을 뜨고서 능히 말을 했다. 그는 아이

635 | 『묵재일기』, 1553.4.23.
636 | 『묵재일기』, 1553.5.7.~6.22.

를 부축해 앉혀서 죽엽 약수를 권하고 죽을 먹였다. 오후에 차차 사물을 알아보며, 맥이 고르게 되었다. 저녁때는 먹을 것을 찾아, 다시 약을 주니 밤에 잠이 들었다. 이문건은 이 증상이 "어제 풍에 강하게 상해서 기가 약해져 열이 일어나서 그렇게 된 것이다."고 하면서 "가련하다. 놀랍고도 놀라운 일이다!"고 감정을 토로했다.[637] 한편 무녀 추월을 불렀는데, 추월은 밥을 허공에 뿌리며 아이의 병을 구하는 굿을 했다.[638] 8월에 접어들면서 숙희의 풍열은 회복되었다.

여덟 살 때 숙희는 학질을 앓았다. 이해 1월 이문건은 숙희의 장래를 위해 맹인 은돌(銀突)을 불러 동자경(童子經)을 독경토록 한 적이 있었다.[639] 이해 5월 숙희는 학질을 심하게 앓았다. 5월 20일, 이문건은 외출 중이었는데 종 아이가 찾아와 여아가 병에 걸렸다는 소식을 전해왔다. 그는 급히 말을 달려 집에 가서 숙희의 병을 진맥했다. "몸이 허해 생긴 열이 바깥 풍에 동한 것으로 몸이 축 처져 있었다. 그는 즉시 청심원 반 알을 물에 개어 먹였다. 환자가 잠시 후 눈을 떴다. 다시 용소합환 세 알을 아이 오줌에 개어 청대수(靑黛水)에 타 먹였더니 잠시 후 담을 토한 후에 말을 했다. 다시 사군자탕을 달이고, 죽력과 합쳐서 복용시켰다. 숙희는 밤에 열이 있어서 잠을 잘 못 잤다.[640] 이 병은 학질로 파악되었으며, 숙희는 이후 며칠간 학질 증상을 앓았다.[641] 『양아록』에서 이문건은 이때 숙희의 학질에 대해 "학질과 열이 나는데 오래 지나서야 차도가 생겼다."고 썼다.

『양아록』에서는 이후 숙희의 병에 대해 언급하지 않았다. 그렇지만

---

637 | 『묵재일기』, 1553.7.22.
638 | 『묵재일기』, 1553.7.22.
639 | 『묵재일기』, 1554.1.15.
640 | 『묵재일기』, 1554.5.20.
641 | 『묵재일기』, 1554.5.21.~5.24.

의방유취-이후발

『묵재일기』에는 그가 여러 잔병을 앓았음이 확인된다. 아홉 살 때는 눈병이 있어 먹즙을 넣어 치료했고,[642] 두통과 인후에서 가래를 내뱉고 목소리가 좋지 않고, 밤에 몸과 머리에 열이 있어서 청심환과 삼소음을 복용했으며,[643] 실족하여 종아리가 까져 피를 흘리기도 했다.[644] 열 살 때는 턱에 종기가 나기도 했고,[645] 오른쪽 귀 아래 붉은 종기가 나서 안신환을 복용했다.[646] 왼쪽 귀도 진물이 흐르는 증상을 앓았다.[647] 열한 살 때는 이질을 앓아서 금련작약탕(芩連芍藥湯) 반 첩을 복용하기도 했고,[648] 또 학질을 앓았다. 학질을 앓으면서 도류지탕(桃柳枝湯)에 벽하단(碧霞丹) 두 알을 먹었으나 효과는 없었다. 다시금 도류지탕(桃柳枝湯)에 복숭아씨 안에 부적을 그려 넣어 달인 것을 삼키도록 하였는데도 통증이 그치지 않았다. 그러자 이번에는 이출탕(二朮湯)을 달여 먹였는데 일단 약간 열이 감소하고, 통증도 가셨다.[649] 열두 살에서 열네 살까지는 약을 먹을 만한

642 | 『묵재일기』, 1555.5.1.
643 | 『묵재일기』, 1555.5.17.
644 | 『묵재일기』, 1555.8.16.
645 | 『묵재일기』, 1556.8.8.
646 | 『묵재일기』, 1556.8.10.
647 | 『묵재일기』, 1556.9.30., 10.2.
648 | 『묵재일기』, 1557.5.5.~5.6.
649 | 『묵재일기』, 1557.7.21.~7.26.

별다른 질병은 거의 앓지 않았다.

할머니 중병 때 숙희의 허벅지 살 봉양

열다섯 살 때(1562년), 숙희는 할머니가 위독하자 할머니 병을 고치려
고 자기 허벅지 살을 베었다. 『삼강행실도』 같은 데서 할고(割股)에 관한
기록이 많이 나오지만, 『묵재일기』에서 실제 할고가 이루어진 현장을
목격할 수 있다. 이해 2월 할머니가 병으로 사경에 처했다. 무녀가 와서
목숨을 구하지 못한다는 말을 하고 돌아갔고, 이문건은 종을 시켜 관
을 준비시켰다.[650] 할머니의 병은 위경에 접어들었고, 숙희는 할머니를
위해 허벅지 살을 베어 바쳤다. 그냥 인육을 먹이는 게 아니라 살을 재
로 만든 후 죽엽수에 타서 복용토록 한 것이었다.[651] 죽어가던 할머니는
소생했다. 그런데 일기의 이 부분은 나중에 채워 넣은 것 같다. 4월 13
일자 일기를 보면 이문건은 이때 이 일을 알았다고 적었다.

앞선 달에 처씨의 병이 위급했던 날, 손녀 희아기(禧阿只)가 허벅지 살
을 베어 바쳤는데, 베어낸 곳이 움푹 파여 새살이 돋아나지 않은 채
부스럼이 아문 일에 대해 돌금(㐇수)이 처씨에게 말을 했고, 처씨가 이
제 처음으로 나에게 [그 사실을] 말하니, 내 마음에 감탄스러움이 그
칠 수 없었으니, 이 어찌 보통 아이가 할 일인가! 지난 무오년에 처가
설사병을 앓았을 때도 손녀 숙희가 그 똥을 맛본 성의가 있었는데,
다시 위곤할 때 날마다 그것을 맛봐 병의 길흉을 징험했으니 비단 허

---

650 | 『묵재일기』, 1562.2.1.
651 | 『묵재일기』, 1562.2.4.

벅지 살을 베어낸 것뿐이겠는가![652]

　또한 이문건은 이 일에 대해 숙희에게 그것이 2월 어느 날이었는지, 또 어떤 방식으로 복용토록 했는지 물었다. 손녀가 부끄러워하면서 답을 하지 않자, 내 다 그 일을 알고 있다며 세 차례 거듭해 물어보니 다음과 같이 답을 했다.

　초나흗날 아침 중청의 북쪽 끝에서 허벅지 살 조금을 베어내어 불에 태워 가루로 만든 후 오시에 죽엽 달인 물에 섞어서 한 차례 올렸습니다. 베어낸 곳에서 피가 많이 나오지 않았으며 사흘 후에는 딱지가 졌습니다.[653]

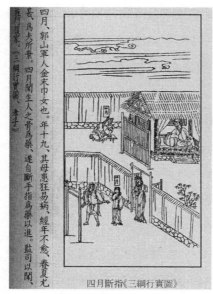

四月斷指《三綱行實圖》

尉遲割股《三綱行實圖》

한국삼재도회-사월 단지(좌), 위소 할고(상)

---

652 ｜ 『묵재일기』, 1562.4.13.
653 ｜ 『묵재일기』, 1562.5.22.

이 말을 들은 할아버지는 "장하구나 손녀야! 사람들이 그 누구도 홀로 어찌할 수 없었는데 위급한 증상에서 다시 소생한 것이 다 까닭이 있었구나! 〔병든 할머니 설사〕 똥을 한두 차례가 아니라 매번 맛을 본 후에 밥을 먹지 않고 비음만을 먹은 후 다시 할머니 병간호에 게으름이 없었으니, 옛사람이 이르는 효성스러운 이로구나. 무엇을 더 덧붙이리요!"[654]라 감탄했다.

삼강행실도-금루상분. 금루어버이 똥 맛을 맛보다. 제나라 사람인 유검루가 아비 병에 똥의 맛을 보아 병을 헤아리고 북극성에 기도하다.

할고 봉양을 한 지 얼마 안 있어 숙희는 감기를 심하게 앓았다.[655] 숙희의 월경도 그치지 않아 이문건은 병 때문이라 여겼다. 그는 소요산(逍遙散)에 서늘한 약을 넣어 달여 손녀에게 복용토록 했다. 죽음에서 소생한 할머니는 허벅지 살을 베어 먹인 효성스러운 손녀를 위해 온 힘을 다해 간호했다.[656] 소요산 복용을 마치자 이문건은 다시 패독산(敗毒散)을 처방했다. 약을 쓰는 동시에 무녀를 불러서 집안의 귀신스러운 물건에 대해 제사를 지내고 숙희의 병 쾌유를 빌었다.[657] 4월 말 몸이 어느 정도 좋아져서 밥도 먹게 되었다.[658]

654 | 『묵재일기』, 1562.5.22.
655 | 『묵재일기』, 1562.4.8.
656 | 『묵재일기』, 1562.4.21.~4.25.
657 | 『묵재일기』, 1562.4.26.
658 | 『묵재일기』, 1562.4.29.

숙희의 임신과 자번(子煩) 증상

이해 4월에 숙희는 입술에 종기가 났다. 이문건은 인동초를 달여 먹이는 한편 거머리를 써서 피를 뽑도록 하고, 녹두죽을 먹여 설사토록 했다. 순종은 나았지만, 6월에 다시 오른쪽 눈꼬리 쪽과 왼쪽 뺨 부위가 다시 가려웠다. 이문건은 거머리를 써서 피를 빨아내도록 하는 한편, 녹두가루를 먹도록 하였다.[659] 그런데 눈꼬리가 계속 가렵고 밥을 먹지 않고 피곤한 증상에 대해 사람들은 임신의 징조로 의심했고, 이문건도 입덧으로 음식을 싫어하는 증상으로 파악했다. 첫손녀 숙희는 그 전해에 정섭(鄭涉)과 결혼한 상태였다. 이해 8월 숙희는 몸에 열이 있고 잠을 잘 못 이루며 밥을 잘 먹지 못했다. 몸이 편안치 못하자 이문건은 혈을 보하는 사물탕에 서늘한 약을 더해 복용토록 했다.[660] 숙희의 증상을 자번(子煩)으로 파악하여, 이문건은 그것을 고치기 위한 약을 처방했다. 이후에도 계속 사물탕에 서늘한 약을 가미한 약을 복용했으나 효과가 없어서 단지 서늘한 약만 먹도록 했지만 병증이 나아지지 않았다. 맥이 잦아지고 밥을 잘 못 먹자 삼소음(蔘蘇飮)을 지어 먹였고, 이후 자번 증상이 약간 그쳤다. 이후에도 계속 서늘한 약을 달여 먹여 회복시켰다.[661]

둘째손녀 숙복의 사망

숙복(淑福)은 이문건의 둘째손녀로 1549년에 태어나서 세 살 때인

---

659 | 『묵재일기』, 1562.6.13.~6.23.
660 | 『묵재일기』, 1562.8.16.~8.17.
661 | 『묵재일기』, 1562.9.8.~9.20.

1551년에 죽었다. 이문건은 『양아록』에서 숙복에 대해 다음과 같이 적었다.

> 경술년(1550년) 정월 천연두에 걸렸는데, 두종(痘種)이 조밀했으나 마침내 무사했다. 용모가 돈실했으며, 장수할 것같이 잔병을 앓지 않았다. 4월이 되어 어미가 또 잉태를 했는데, 가을이 되자 젖이 모자라서 매우 수척했다. 또 타인의 젖은 먹지를 않았으며, 또한 달콤한 꿀물 등도 좋아하지 않았다. 다만 팥죽으로 생명을 유지하여, 살이 붙고, 기어 다니기도 하며, 말을 하기도 했는데, 또 찡찡거리며 울지 않았다. 다만 계속 딸을 낳아 애정이 많이 가지 않았다. 신해년(1551년) 5월 처음 토사를 했는데, 날로 심해져서 차도가 없었다. 약물을 투여해도 효과가 없었으나, 몸이 충실했기 때문에 또한 곧 까무러지지는 않았지만 점차 말라갔다. 8월 초9일 이경쯤에 죽고 말았으니 매우 가련하다.[662]

이문건은 둘째손녀 숙복의 출생에 대해 "계속 딸을 낳아 애정이 많이 가지 않았다."고 솔직한 감정을 표현했다. 바라던 손자는 나오지 않고, 첫째손녀 숙희에 이어 또 손녀 숙복이 태어난 것이다. 이 글에서는 숙복이 두 살 때 천연두에 걸렸다는 것, 이후 몸이 충실하여 잔병에 거의 걸리지 않았다는 것, 세 살 때 토사하는 증상을 심하게 석 달 동안 앓으면서 죽었다는 것이 나타나 있다. 이에 대해 이문건은 어떻게 대처했는지, 『묵재일기』를 검토하면서 살펴보도록 하자. 그렇지만 『묵재일기』에는 숙복의 한 살~두 살 때의 기록이 남아 있지 않으며, 오직 세 살 때인 1551년 1월부터 그가 죽을 때까지의 상황만이 남아 있다.

---

662 | 『양아록』, 「가족에 관한 글—주부와 손녀들」, 136-137쪽.

『양아록』의 기록과 달리 일기에서는 숙복의 설사가 5월이 아니라 6월 중순에 시작되었다. 이때 언니 숙희도 설사를 했다. 언니 숙희는 몸이 불편하고 열이 나서 이후 약을 복용하고 나서 곧 나았지만, 그동안 별일 없었던 숙복은 또 다시 설사를 하면서 몸이 불편했고 음식을 먹지 않고 울기만 했다. 이문건은 숙복의 병을 오랜 물 설사로 진단하면서 사군자탕을 달여 먹였다. 숙복이 눈을 뜨고 앉을 수 있게 되었으나, 목뼈 부위에 통증이 있어서 머리를 잘 들지 못했고, 음식을 먹으려 하지 않고 누워서 피곤해했다. 그런 상태에서 설사가 그치지 않았다.[663]

7월에 들어서도 숙복의 병은 여전히 차도가 없었으며, 비장의 기운이 약해서 음식도 잘 먹지 못해 매우 위험한 상태에 빠졌다. 백출산(白朮散)을 지어 달여 먹였다. 숙복이 피곤해하면서 음식을 먹으려 하지 않기에 억지로 백출산에 다른 약을 가미한 약을 떠먹였으나 울면서 먹으려 하지 않아서 입속으로 들어간 것이 많지 않아 효험을 보지 못했다. 7월 17일, 음식을 먹지 않아 마르고 병은 더욱 심해져 눈도 뜨지 못할 지경이 되었다. 기맥이 거의 느껴지지 않고 살고자 하는 뜻이 없는 것 같았다. 병이 전날보다 더 심해지고 눈을 뜨면 젖을 찾고, 때때로 짜증내며 울어서 때때로 더운물을 먹였으나 맥이 거의 없어서 회생의 가능성이 없어 보였다. 7월 20일, 목의 통증을 호소하며 머리를 바로 들지 못했다. 7월 21일, 잠깐 숙복이 앉아서 먹는 것을 찾는다고 해서 기쁜 마음이 들기도 했다. 음식을 맞아도 늘 보채는데 아픈 곳이 많아서 그랬을 것이며, 하체 부분이 붉게 문드러졌다. 7월 24일, 음식을 먹어도 똥을 자주 누고 소화되지 않은 것이 그대로 나오기도 하며, 손발이 다 찼다. 그것을 치료하기 위해 팔물탕(八物湯)에 아자(呵子), 목향(木香), 육두

663 | 『묵재일기』, 1551.6.17.~6.27.

구(肉豆久)를 가미한 약을 먹였다. 똥을 자주 누고 피곤해하며, 7월 28일 죽조차도 잘 먹지 못하고 어미젖을 빨지도 못하며 뼈마디가 마른 고목 같아서 죽을 것만 같았다.[664]

병이 더 깊어져 무녀 추월을 불러 숙복의 병을 구하는 굿을 하도록 했다.[665] 그렇지만 8월 5일, 설사에 열증까지 겹쳤다. 이빨로 손을 깨무는 것이 몸속의 열이 있기 때문인 것 같았으며, 피골이 상접하고 정신이 혼미한 사경을 헤맸다. 이문건은 오령산(五苓散)에 전호(前胡), 맥문동(麥門冬), 황기(黃耆)를 더한 약을 처방하여 먹였다. 수박〔西瓜〕을 주었더니 즐겨 먹었지만 다시 설사를 심하게 했다.[666] 숙복은 크게 고통스러워했으며 몸 안의 열이 심했다.[667] 병구완을 하던 할머니는 괴산에 집 짓는 일을 감독하러 떠나면서도 눈물을 감출 수 없었고, 엄마도 할머니 따라서 같이 길을 나섰더니 계집종들이 다 울었다. 저녁때 숙복을 보러 가니 맥이 끊어질 듯 끊어질 듯해서 북쪽 집의 방으로 옮겼더니 초경쯤에 숨을 거뒀다. "어린것이 불쌍하도다!" 이문건은 이렇게 울었다.[668] 그는 몸소 아이의 관을 만들어 안에 담았다.[669] 한 달 열흘 후 죽은 아이를 집이 있는 괴산으로 보내어 장사 지냈고,[670] 또다시 죽은 아이를 위한 무당굿을 집의 후원에서 치렀다.[671]

664 | 『묵재일기』, 1551.7.9.~7.28.
665 | 『묵재일기』, 1551.8.4.
666 | 『묵재일기』, 1551.8.5.
667 | 『묵재일기』, 1551.8.8.
668 | 『묵재일기』, 1551.8.9.
669 | 『묵재일기』, 1551.8.10.
670 | 『묵재일기』, 1551.9.21.
671 | 『묵재일기』, 1551.10.15.

셋째손녀 숙녀의 탄생과 두창앓이

이문건의 셋째이자 마지막 손녀인 숙녀는 1555년에 태어났다. 그에 대해서 이문건은 『양아록』에서 다음과 같이 썼다.

> 용모는 그 어미를 닮았으나 목소리가 우렁찬 것이 아름답지가 않았다. 점차 자라면서 용모가 부모나 동생들과 같지 않았다. 1559년 오른손 장지를 잘못 방아공이 아래 치여 손톱이 빠졌는데, 오래 지나서 다시 손톱이 살아났다.[672]

이를 보면, 숙녀가 남자처럼 튼튼했던 것 같고, 잔병치레를 별로 하지 않았음을 짐작할 수 있다. 그렇지만 『묵재일기』에는 숙녀의 탄생, 두창앓이 등이 비교적 상세히 기재되어 있다.

이문건은 셋째손녀의 탄생을 그다지 달가워하지 않았다. "낮에 여아를 낳았다고 한다. 마음이 불만스럽다. 인정이 만족스럽지 못한 때라 하겠다." 또한 매우 상세하게 언급하고 있는 손자 숙길의 출생에 견준다면, 서술이 짧고 쓴 분량도 훨씬 적다. 손녀가 탄생했다는 소식을 들었음에도 그는 바로 달려가지 않고, 낮에 가서 아이를 보고서 이름을 숙녀(淑女)라고 지었다.[673] 점쟁이 김자수에게 새 손녀에 대한 점을 쳤더니 "몸은 곤궁하지는 않을 것이나 자식이 반드시 적을 것이며, 을묘(乙卯)년, 신유(辛酉)년에 횡액이 있을 것"이라 했다.[674] 숙녀는 할아버지를 오랫동안 보지 않았기에 보아도 즐겨 따르지 않았다.[675] 이듬해 돌날 숙녀는

---

672 | 『양아록』, 「가족에 관한 글―자부와 손녀들」, 137쪽.
673 | 『묵재일기』, 1555.1.4.~1.5.
674 | 『묵재일기』, 1555.1.7.
675 | 『묵재일기』, 1555.윤11.13.

돌잡이 때 먼저 쌀을 집고, 다음에 자를 집었다.[676]

숙녀는 두 살 때 6월 13일 밤에 열이 나는 것으로 두창을 앓기 시작했다. 처음에는 두창으로 파악되지 않았는데, 이튿날 밤에 놀라 울고 몸에 열이 났으며, 오후에는 놀라 손을 휘젓고 숨이 헐떡거렸다. 이문건은 먼저 청대수(靑黛水)를 투여하고, 다음에 안신환을 썼더니 열이 약간 가라앉았다. 다시 병 기운은 재발하지 않았지만 두(痘) 구슬이 솟았는데 그다지 많지 않다.[677] 계집종 향복(香卜)이 숙녀를 업고서 이문건을 찾아왔는데, 보니까 숙길의 경우와 비슷한 정도였으며, 향복한테 다시는 아이를 업고서 문밖으로 나서지 말라고 훈계했다.[678] 숙녀의 구슬이 짓물러 물처럼 반지르르했으며, 고름이 잡혔다.[679] 그것이 누렇게 되고, 까만 딱지가 졌다.[680] 숙녀는 두역을 겪은 후 일어나기가 힘들었지만, 이후 딱지가 거의 떨어질 때쯤 걸을 수 있게 되었고, 딱지 진 곳이 거의 다 아물었다.[681] 이 기록을 보면, 손녀 숙녀는 두창을 매우 미약하게 겪은 것임을 알 수 있다. 그렇지만 이문건의 관심은 똑같이 두창을 앓고 있던 손자에게 쏠려 있었다. 송시열의 이문건 행장을 보면, 막내손녀 이숙녀는 송상현(宋象賢)과 결혼했는데, 남편은 나중에 판서 벼슬을 지냈다.

외증손녀 희정(禧貞)

숙희는 정섭과 결혼한 지 얼마 안 있어 잉태했고, 딸 희정(禧貞)을 낳

676 | 『묵재일기』, 1556.1.4.
677 | 『묵재일기』, 1556.6.13.~6.15.
678 | 『묵재일기』, 1556.6.17.
679 | 『묵재일기』, 1556.6.19.~6.20.
680 | 『묵재일기』, 1556.6.21.~6.22.
681 | 『묵재일기』, 1556.6.25.~7.5.

았다.[682] 일기에는 외증손녀 희정의 질병 기록도 여럿 적혀 있다. 그는 태어난 지 6개월쯤 지난 후에 얼굴에 부스럼이 많이 났으며, 오른쪽 귀에 종기가 생겼는데 열독이 얼굴 쪽으로 옮겨가 부스럼이 되었다.[683] 외증조 할아버지 이문건은 "불쌍하다."고 하면서, 의생 이숙(李淑)을 불러서 종기를 째도록 하여 고름을 빼내도록 했고, 그 이후에 회복되었다.[684]

■자료

허벅지살을 베어 먹이는 게 효도인가?
―『성호사설』 권15 인사문 규괘(刲膀)

규괘(刲膀, 제15권 인사문)는 약으로 쓰기 위해 손가락을 자르거나 허벅지 살을 베는 행위에 대해 논했다. 이에 대해서는 조선 학계에서도 찬반양론이 격렬하게 전개되었다. 도저히 아무것도 더 기대할 수 없는 상황에서 자식이 신체 일부를 손상해서라도 병을 고치는 것이 효도의 극치라는 주장도 있었고, 그것이 효도의 과잉이라는 주장도 있었다. 퇴계 이황이 전자를 완곡하게 옹호하는 입장에 있었고, 우성전(禹性傳)은 이에 비판적 입장을 보였다. 이익은 우성전과 같은 입장에 서서 그것이 효도의 폐단이라고 비난했다. 조선후기 국가에서는 단지와 할고 행위자에 대해 효자문과 열녀문을 세우기 일쑤였으며 이익이나 정약용 같은 학자는 그것의 잘못을 맹렬하게 공격했다.

---

682 |『묵재일기』, 1563.2.16.
683 |『묵재일기』, 1563.8.12., 10.26.
684 |『묵재일기』, 1563.10.27., 11.2~11.4.

한퇴지(韓退之)가 호인대(鄠人對)[685]를 지었는데, 탁영(濯纓) 김일손(金馹孫)[686]이 비방하여 다음과 같이 말했다. "지금 의술이 뛰어난 의원이 의학 서적을 뒤져서 '인육(人肉)을 약에 섞어 조제하지 않으면 치료할 수 없다.'고 한다면, 그 말을 허황하다 하여 어머니가 죽어가는 것을 눈뜨고 지켜보기만 할 뿐〔그 의원의〕 말을 좇지 않겠는가?"

퇴계(退溪)가 율곡(栗谷)의 물음에 답하면서 다음과 같이 말했다. "지극히 절박한 처지에서는 남에게 취할 도리도 없게 되어 임시방편으로 조처하지 않을 수 없는 것은 이외에 다른 도리가 없기 때문이다. 차라리 내 몸을 훼손해 어버이의 목숨을 구원하는 것이 어찌 자식 된 자의 지극한 뜻이 아니겠는가?"

추연(秋淵) 우성전(禹性傳)[687]이 다시 이 말을 거론하며 다음과 같이 따졌다. "인육을 써서 사람의 질병을 치료한다 하니 어찌 이런 이치가 있겠는가? 참으로 양의가 있다면 반드시 이런 말은 하지 않을 것이다. 퇴계의 대답을 뒤에 다시 생각해보니 끝내 마땅치 않고, 한창려(韓昌黎)의 논설이 올바르다는 것을 깨달았다."

나는 추연의 생각을 지지한다. 그가 주자의 '거의 비슷하다.'는 말을 해석하기를, "만약 성심으로 이런 일을 하는 것이 이 일로 명예를 구하는 것보다 낫다고 말한 것이다."고 했는데, 그런 행동이 올바르다고 한 것이

---

685 | 「호인대」: 『한창려집(韓昌黎集)』 외집에 실린 글이다. 한퇴지가 중국 섬서성 호현에 사는 사람이 그의 어버이 병에 다리 살을 베어 약으로 바친 것을 보고 논평한 글이다. 그는 어버이 병에 약을 쓰는 것은 옳으나 자신의 몸을 훼손해서 약으로 쓰는 것은 도리어 불효가 된다고 지적했다.

686 | 김일손(1464~1498년)은 조선시대의 문신·학자. 김종직(金宗直)의 문인으로, 김굉필·정여창(鄭汝昌)과 사귀었다. 1486년(성종 17년) 식년시(式年試)에 급제하여 청환직(淸宦職)을 거쳐 사가독서(賜暇讀書)한 뒤 이조정랑(吏曹正郞)에까지 올랐다. 1498년(연산군 4년) 『세종실록』을 편찬할 때, 스승 김종직이 쓴 『조의제문(弔義帝文)』을 사초(史草)에 실은 것이 문제가 되어 죽임을 당했다. 1506년 중종반정 후 신원(伸冤)되어 도승지에 추증되었다. 저서로는 『탁영집(濯纓集)』이 있으며, 「회로당기(會老堂記)」, 「속두류록(續頭流錄)」 등 26편이 『속동문선』에 전한다.

687 | 우성전(1542~1593)은 이황(李滉)의 문인인 조선 중기 문신·의병장. 저서로 《계갑록(癸甲錄)》 《역설(易說)》 《이기설(理氣說)》 등이 있다.

아니므로 추연의 논설이 정말로 당연한 것이다.

인육으로 질병을 치료하는 것 또한 이치가 아주 없는 것이 아닐지도 모른다. 온갖 것이 병을 고칠 수 있고, 때때로 단지(斷指)하여 낸 피로 목숨을 구하는 경우도 보이기 때문에 인육으로 병을 고치는 것이 아무 근거도 없다고 말한다면 사람이 이 말을 의심하면서 믿지 않을 것이다.

사람이 굶주리면 죽고 음식을 먹으면 사는데, 혹 난리를 만나 떠돌아다니다 죽게 될 지경이 되면 그의 자식이 도둑질이든 살인이든 가릴 것 없이 자행할 텐데, 어찌 아비의 목숨을 구하는 것만이 급하겠는가? 자신 한 몸의 이해는 비록 살펴볼 겨를이 없다 하더라도, 어버이의 경우에는 의롭지 않은 방법으로 살리는 것을 결코 탐할 수는 없을 것이다.

옛날 도홍경(양나라 때 인물.『신농본초경』의 저자)이 본초를 연구할 때 약재로 벌레와 물고기 등속을 많이 채취했는데 사람들은 "도홍경(陶弘景)이 신선이 되지 못한 것은 이 때문이다."고 말했다. 이는 비록 반드시 그 때문이라고 볼 수 없지만, 요컨대 생명이 있는 존재를 잔혹하게 찢는 것은 참을 수 없는 것이다. 하물며 자식의 살로 어버이의 병을 고칠 수 있겠는가? 만약 아들이 이 때문에 목숨을 잃는다면 그 부모는 장차 어찌 할 것인가?

효자는 부모의 마음으로 자기 마음을 삼는 것이니, 천리와 인정에 비추어 이로써 단안을 내리는 것이 옳을 것이다. 주자의 말에, "효도는 그 당연한 법칙이 있으니 이에 미치지 못하는 것은 참으로 잘못이지만 만약 이에 지나치게 되면 반드시 다리 살을 베어내는 폐단이 있다." 했으니 이것을 정론으로 삼을 뿐이다.

(출처: 고전번역원 번역본)

IV. 아들 온(熅)의 정신질환과 불행한 죽음

이문건의 아이들

이문건과 그의 처 김돈이는 일생동안 3남 1녀를 두었다. 이문건은 자신의 부인과 자녀에 대한 내용을 다음과 같이 하나의 글로 정리한 바가 있다. "나의 처 김씨는 무릇 남아 셋을 낳았다. 정축년(1517년) 5월에 처음 태기가 있었는데, 태아가 손상되어 8개월 만에 낙태되었다. 다음이 무인년(1518년)에 태어났는데 바로 온(熅)이다. 다음 신사년(1521년) 6월 초 8일에 괴산 집에서 여아를 낳았다. 이름은 정중(貞中)인데, 매우 예뻤으며 두창으로 죽어서 괴산에 묻었다. 갑신년(1524년) 3월에 또 남아를 낳았다. 9개월 만에 아이를 낳았으나, 겨우 하루 만에 버리게 됐다. 기유년(1525년) 8월 24일 신시에 주자동 집에서 여아를 낳았다. 이름은 순정(順貞)인데 자태가 건실하고 좋았으며, 성품도 예민하고 지혜로웠다."[688]

이처럼 3남 1녀를 생산했지만, 둘은 낳은 지 얼마 안 되어 잃었다. 하

688 | 『양아록』, 138-139쪽.

나는 유산, 하나는 두창이 원인이었다. 막내딸은 시집갈 나이까지 살다 죽어서 더욱 애틋해서, 좀 더 자세히 적었다.

> 순정은 자태가 건실하고 좋았으며, 성품도 예민하고 지혜로웠다. 두 살 되던 여름에 평상의 다리에 눌려 이마를 다쳤다. 두창에 걸렸는데 병세가 순조롭지 않았다. 약을 써서 연명했으며 비로소 딱지가 생겼다가 모두 떨어졌다. 내 마음이 기뻐서, 안아주며 뒤뜰에서 놀아주었는데, 불행히 풍에 걸려 왼손이 불수(不收)가 되었다. 이로부터 맥이 불순하고 때때로 놀라 소리 지르고 두려워하는 증상이 있더니, 마침내 간질에 걸렸다. 14, 15세 때 점차 위중해졌는데, 병이 낫기를 기다려 시집보내려고 했으나 끝내 낫지 않았다. 갑인년(1544년) 5월 18일 소공주동에서 죽어서 민부의 집에 맡겨났다. 6월 양주의 노원에 있는 선영 위쪽에 장사 지냈는데, 감정이 너무 비통하여 스스로 멈출 수가 없었다.[689]

막내딸 순정은 그 위험한 두창까지도 무사히 넘겼으나, 풍(風)을 맞아 왼손을 쓰지 못하는 장애가 되었고, 간질까지 겹쳤다. 14, 15세 때 간질이 더욱 위중해져서 20세 때(1544년) 채 시집도 가지 못한 채로 죽었다. 몇 개 안 되지만, 순정은 현존하는 『묵재일기』 초반부에 그 이름이 보인다.

> 순정을 계집종 억금이 업고 왔다.
> 순정에게 줄 신발을 샀다.

---

689 | 『양아록』, 138쪽.

순정이 놀라고 무서워했다.

순정이 두통에 걸려 맥이 자주 뛰고 목에 연주창(連珠瘡)이 생겨 아파했다.

순정의 병이 낫지 않고 밥을 먹으려 하지 않는다.

새벽에 순정을 서소문 집에 보냈다가 저녁 무렵에 비를 맞으며 다시 데려왔다.[690]

여기서는 간질 증상과 관련된 "놀라고 무서워했다."는 내용이 보인다. 그런데 그의 오빠인 온(熅)도 풍열로 생긴 간질을 앓았으니, 이처럼 이문건 부부에게 남은 두 아이 모두가 정상이 아니었다. 아들 온이 1557년 부모에 앞서 사망하니, 이문건과 처는 자신들의 액운이라 여겼다. 이문건은 "일찍이 자녀를 양육하는데, 모두 중도에 요사했습니다.…… 질병과 액운을 지탱하기가 어려울까 두렵습니다."[691]고 썼다.

아들 온의 유년, 청년 시절

이문건 부부의 살아남은 아들 온(熅)은 자가 숙화이며, 아명은 기성(箕星)이다. 그는 1518년 10월 23일에 한성 주자동 집 안방에서 출생했다. 이문건의 나이 24세, 그의 처 나이 21세 때의 일이다. 이문건의 장모인 김씨와 여종 석금이 출산을 도와 아이 온을 받았다. 온은 이문건의 둘째 애였다. 전해에 8개월 된 아들을 유산했기 때문에 사실상 이문건 부부로서는 첫 애였다. 앞에서도 말했지만, 이문건 부부는 3년 후에 여아 정중을 출산했으나 오래 살지 못했고, 또 다시 3년 후에 남자아

---

690 | 『묵재일기』, 1535.12.24., 1536.10.2., 12.4., 윤12.5.~12.6., 1537.3.8.
691 | 『양아록』, 147쪽.

이를 낳았으나 겨우 하루 만에 죽었고, 그 다음 해에 다시 여아 순정을 낳았지만 20년이 지난 1544년 채 시집도 보내지 못한 채 그를 땅에 묻었다.[692] 그러니까 아들 온은 생존한 딸이 죽기 이전에는 살아남은 1남 1녀 중 유일한 아들이었으며, 그 이후부터는 유일한 자식이었다. 그러니 이 부부는 자신의 가계를 잇는 유일한 아들을 끔찍이 위했다. 그런 아들 온도 1557년(40세) 부모보다 먼저 사망했다.[693]

현존하는 『묵재일기』는 1535년부터 시작하므로 아들 온의 질병과 건강관리에 대한 이전의 내용은 나오지 않는다. 일기 이전의 온의 삶에 대한 이력은 이문건의 다른 글인 『양아록』에 짧게 정리되어 전한다.

> 점점 성장하여 예닐곱 살이 되니 보통 사람과 다르지 않았지만 자못 영리했다. 김씨가 괴산에 살았기 때문에 데리고 가서 양육했다. (그 어떤 병에) 전염되어 열병이 심했다가 겨우 소생되었으나, 이로부터 어느 정도[稍] 멍청해졌다.[694]

이를 보면, 온은 어렸을 적 정상적인 아이였으며 매우 똑똑한 아이였다. 그렇지만 이문건의 처가에서 어린 시절을 보내면서 어떤 전염병에 걸려 심한 열증을 앓으면서 후유증으로 똑똑함이 사라지고 바보[痴]가 되었다. 이때 열성 전염병이 무엇인지는 불분명하다.

이후 『묵재일기』에서 아들 온에 대한 첫 기록은 온의 나이 18세 때 (1535년)부터 보인다. 이문건은 기성(箕星, 또는 �)이 전날 공부하라는 것을 하나도 하지 않아서 회초리로 등을 때려서 전날 읽은 것을 다시 공

---

692 | 『양아록』, 138쪽
693 | 『양아록』, 「세계」, 140쪽.
694 | 『양아록』, 133~134쪽. 대체로 이상주의 한글 번역을 따랐지만, 의학적으로 더욱 엄밀히 따져야 할 부분은 새로 번역했다.

부토록 했는데, 형님의 아들 즉 조카인 휘(輝)가 그의 눈을 살폈더니 움푹 들어간 게 밤에 〔수음으로〕 정액을 배설한 게 아닌가 의심을 하여 추궁하자 감출 수 없었다. 그래서 엄금토록 하기 위해 그의 이불을 찢어 그것을 맛보도록 하여 욕보이도록 했다.[695] 그럼에도 기성은 며칠 후 또 다시 설정(泄精)하여 눈이 움푹 들어간 모습을 보였다. 이문건은 크게 꾸짖어 다시 그 더러운 것을 핥도록 욕을 보였다. "개의 성정 같은 것을 어찌 고칠 것인가. 도로아미타불이구나!" 이문건은 이렇게 탄식했다.[696] 이튿날에도 또 수음을 하자 이문건은 크게 꾸짖으면서 옷을 벗기고 맹수보다 사납게 때렸다. 아들의 얼굴과 손에는 맞아서 피가 줄줄 흘렀다. 이처럼 사납게 화를 낸 까닭은 아들이 반성을 하지 않았기 때문이었다.[697] 그럼에도 사흘 후 아들은 또 수음을 했다. "누구를 떠올리며 이렇게 했느냐며 심하게 다그쳐 물었으나" 대답이 없었다. 분노가 뻗쳐 머리의 절반가량을 밀어버리고, 등을 수십 차례 때리고 심문했더니 '종비(宗非)'라고 했다. 이문건은 "미색이 사람의 마음을 잘 음탕하게 만드는 건 비록 〔아들같이〕 어리석은 자라도 면하지 못한다."고 썼다.[698]

이후 『묵재일기』는 10년을 건너뛰어 온의 나이 28세 때(1545년)의 기록으로 옮아간다. 새로 보이는 일기에 따르면, 그는 새해 초 어느 날 야밤에 담증(痰證)을 앓았다. 이 증상이 닷새 후에 재발하자 용뇌환을 복용했다.[699] 윤1월 말 삼경쯤에 아들이 담을 뱉었는데, 담이 두텁고 두통이 있었다고 했다.[700] 2월 초에도 야반 전에 세 차례, 야반이 지난 후 두 차례 담증이 있었는데 가래가 두텁고 아들의 기운이 크게 상해 있었

---

695 | 『묵재일기』, 1535.12.3.
696 | 『묵재일기』, 1535.12.8.
697 | 『묵재일기』, 1535.12.9.
698 | 『묵재일기』, 1535.12.13.
699 | 『묵재일기』, 1545.1.3., 1.8.
700 | 『묵재일기』, 1545.윤1.29.

다.[701] 명의 박세거가 와서 아들의 병을 진맥하기를, "심장과 비장의 맥이 약하다."고 말했다.[702] 다음 달 말에도 아들이 여러 차례 담증이 있었는데, 이문건은 "가련하다."고 했다.[703] 이처럼 아들의 병은 잘 고쳐지지 않는 고질이 되어 있었다. 이 담증이 언제부터 시작했는지 잘 모르지만, 이문건은 『양아록』에서 다음과 같은 기록을 남겼다.

> 성장하여 다시 풍(風)으로 인해 놀라는 증상[風驚證]을 얻어 정신이 더욱 바보 같아졌다[心神轉痴]. 이것은 반드시 부모가 이와 같이 박복하여 그런 것이니, 그 한을 어찌 다 기록할 수 있겠으며, 또한 다시 어찌하리오![704]

여러 기록에 등장하는 풍경증(風驚證), 심신전치(心神轉痴), '담이 위로 뻗쳤다', '정신이 이상했다.'는 내용으로 볼 때, 온의 병은 당시 의서에서 말하는 전간(癲癇)이었음에 틀림없다.[705] 의서에서는 어린아이가 이 병에 걸렸을 때는 간질, 어른이 걸렸을 때에는 전증(癲證)이라고 불렀다.[706] 또 그것은 풍과 관련되어 있는 것으로 파악되었다. 일기에 표현된 '담이 솟구쳤다[上痰]'는 표현은 발작으로 이해해도 될 것 같다. 또한 초청되어 온 명의 박세거는 이 담증에 대해 용뇌환을 처방했다.

장래를 기대하던 유일한 아들의 병에 대한 부모의 근심이 얼마나 컸

---

701 | 『묵재일기』, 1545.2.3.

702 | 『묵재일기』, 1545.2.25.

703 | 『묵재일기』, 1545.3.28.

704 | 『양아록』, 133~134쪽. 대체로 이상주의 한글 번역을 따랐지만, 의학적으로 더욱 엄밀히 따져야 할 부분은 새로 번역했다.

705 | 『동의보감』에서는 전간(癲癇)에 대해 다음과 같이 기술하고 있다. 대체로 많은 경우 담이 심장의 흉격 사이에 맺혀서 생긴다. 마땅히 담을 없애고 심신을 안정시켜야 한다. 만약 정신이 잘 지켜지지 않으면 미친 말을 하고 망령스러운 행동을 한다.(『동의보감』, 내경편, 신문[神門].)

706 | 『동의보감』, 내경편, 신문(神門).

는지는 "이것은 반드시 부모가 이와 같이 박복하여 그런 것이니, 그 한을 어찌 다 기록할 수 있겠으며, 또한 다시 어찌하리오!"는 이문건의 탄식에 잘 나타나 있다.

다시 『묵재일기』 기록은 10년을 건너뛰어 온의 나이 39세(1546년) 때 보인다. 이 중간에(아니면 1535년보다 약간 앞서) 그는 첫 결혼을 했다. 그의 처는 수원의 내등촌에 사는 박옹(朴壅)의 딸이었다. 그렇지만 결혼 직후 얼마 안 되어 그의 처는 딸을 낳다가 죽었고, 딸 또한 같이 죽었다.[707]

아들 온의 결혼에서 죽음까지

비록 전간(癲癇)을 앓고 있었지만, 이온은 후손을 잇는 유일한 아들이었다. 1545년 유배형을 당한 그해 이문건 부부는 아들의 재취를 성사시켰다. 이문건은 유배지로 내려왔지만, 그의 처는 괴산에 머물면서 이듬해 8월 아들을 청주에 사는 김해 김씨 김증수(金增壽)의 딸과 혼인시켰다.[708] 어떻게 전간병 환자를 '멀쩡한' 처녀와 결혼시켰는지 자초지종은 일기에 나타나 있지 않지만, 혼사가 두 결혼 당사자가 아닌 두 가문 사이의 일이었기 때문에 가능했을 것이다. 비록 이문건이 유배를 당한 처지이기는 하지만, 그의 재력과 권력 네트워크는 여전했었다. 김증수 집안은 그의 부친 김세균의 관직이 3, 4품에 달하고, 김증수 또한 청주 출신인 김 승지의 누이와 결혼했으나 관직에는 나아가지 못한 상태였

---

707 | 『양아록』, 133~134쪽. 아들 온의 처가 사망했다는 기록은 다음 일기 내용에 보인다. "성주에 귀양 온 직후 [이문건은] 그 지방의 용한 점장이 김자수(金自粹)가 찾아왔기에 아들의 운명을 점쳤더니, '40 후에 다시 상처(喪妻)할 것'이라는 말을 들었다." (『묵재일기』, 1545.11.1)
708 | 『묵재일기』, 1546.8.29.

다.[709] 김중수는 부승지를 지낸 이문건 가문에 자신의 과년한 딸을 시집보내는 결정을 내렸다. 결혼 직후 아들은 처, 모친과 함께 이문건의 유배지인 성주에 와서 일생을 보내게 되며, 부모의 소망대로 처와의 사이에서 아들 하나, 딸 셋을 낳았다.

아들은 재혼 이후 죽을 때까지 간헐적으로 발작 증세를 보였다. 일기에 나타난 것을 연도별로 정리하면 다음과 같다.

29~30세: 1546년 11월~1547년 1월. (1547년 2월~12월 일기 결.)
31세: 1548년 4월, 5월, 6월. (1548년 7월~1550년 12월 일기 결.)
34세: 1551년 1월, 6월, 8월, 10월, 12월.
35세: 1552년 1월, 2월, 4월, 5월, 10월, 12월.
36세: 1553년 1월, 2월, 3월, 4월, 5월, 8월, 10월.
37세: 1554년 1월, 2월, 5월, 6월, 7월, 8월, 9월, 10월, 11월.
38세: 1555년 2월, 3월, 6월, 7월, 8월, 9월, 10월, 윤11월.
39세: 1556년 1월, 2월, 3월, 4월, 5월, 6월, 8월, 10월, 11월.
40세: 1557년 5월, 6월 사망.

이를 보면, 나이가 들수록 그의 발작 증상이 더욱 자주 발생했음을 알 수 있다.

또한 그 증상이 이후 더욱 심해졌다. 35세~37세 때 그는 갑자기 노해서 노비를 지팡이로 때려서 피를 내기도 했고,[710] 정신이 거의 나간 것 같았으며,[711] 담증 때문에 불편하다고 하면서 거처를 다른 곳으로 옮겨

709 | 『양아록』, 126쪽.
710 | 『묵재일기』, 1552.5.3.
711 | 『묵재일기』, 1552.5.10.

달라고 했다.[712] 담증에다 얼굴과 몸이 붓는 습증까지 생겨서 더욱 위급할 때도 있었다.[713] 그를 구하기 위해서 온갖 약은 물론이거니와 절에 부탁해 구명시식을 펼칠 정도였다.[714] 그의 어머니는 병든 자식을 매일 밤 옆에서 간호했는데, "자식을 사랑하는 마음이 끝이 없었다."[715] 이해 겨우 죽을 고비는 넘겼지만, 온의 병세는 계속 악화했다.

38세 때 그는 더욱 백치가 되어 측간 가는 길을 찾지 못할 정도가 된 적도 있다.[716] 누워있기만 하고 앉지도 못하고, 배고파도 먹지도 않고, 통증도 느끼지 못하고, 자주 머리를 흔들고 눈동자를 굴리며 헤 웃는 것 같은 모습을 보이기도 했다.[717] 그의 어머니는 또다시 무당을 불러 굿을 하기도 했다.[718] 급기야 이문건은 그가 곧 죽을 것이라 여겨 그의 모습을 그려 며느리에게 간직하라고 했으며, 종을 시켜 관을 짜기도 했다.[719] 이해에도 요행히 살아남았지만, 이듬해에도 아들 온의 발작, 부친의 약 제공, 노모의 지극한 간호, 무당의 굿, 승려의 구명시식 등의 모습은 그대로 이어졌다. 그렇지만 온의 병에는 차도가 없었으며, 마침내 나이 40세 때인 1557년 6월에 그는 사망했다. 아들이 죽던 달의 한 달치 기록은 현존하지 않는데, 이로부터 묵재의 심사가 얼마나 괴로웠는지 능히 짐작이 간다.

712 | 『묵재일기』, 1553.3.3.
713 | 『묵재일기』, 1554.6.29.~7.5.
714 | 『묵재일기』, 1554.7.12.
715 | 『묵재일기』, 1554.7.23.
716 | 『묵재일기』, 1555.6.7.
717 | 『묵재일기』, 1555.6.8.
718 | 『묵재일기』, 1555.6.17.
719 | 『묵재일기』, 1555.6.19.~6.20.

아들 온의 병에 대한 여러 치료법

아들 온의 상담(즉 전광, 정신병)에 대한 이문건 가(家)의 대처법은 크게 네 가지로, 약 제공, 병, 무당의 굿, 승려의 구명시식 등이다. 약은 담증을 없애기 위한 것, 담증에 겸해 나타난 여러 합병증에 대응하는 것, 목숨이 경각에 달린 위급을 해결하는 것 등과 같이 나타난다. 귀한 자식이었던 만큼 이문건은 부지런히 온갖 약을 써서 아들의 병에 신경을 썼다. 얼굴이 부은 증상에 대해 오령산(五苓散)을 달여 먹였고,[720] 습증으로 붓고 헐떡거리는 증상이 있자 오령산에 창출·적작약·맥문동 등을 가미한 약을 처방했고,[721] 담이 치솟아 기가 막히고 숨소리가 거칠어졌을 때는 급히 청심원·소합원 등의 약을 찾아서 강활산(姜活散)을 끓인 물에 개어 먹였다.[722] 온이 야밤에 헛소리를 지껄이며 큰 소리를 지르자, 급히 치습탕을 달여 청심환 한 알을 먹였으며, 또 안신환을 복용시켰다.[723] 아들의 병이 위중해서 맥의 기운이 거의 느껴지지 않자 오령산에 차전자·목통·완초·원지·복신·치자 등을 넣어 달여 먹였다.[724] 아들의 멍청함이 더욱 심해지자 지보단(至寶丹) 네 알을 먹인 적이 있다.[725] 그가 죽기 얼마 전 다리에 힘이 없어 잘 걷지 못하고 맥이 지극히 약한 상태가 되자 이문건은 겨우 오령산에 차전자를 가미한 약을 달여 복용시켰다.[726]

아들 온의 간질이 약으로 고치기 힘든 난치병이었기 때문에 이 병에

---

720 | 『묵재일기』, 1551.6.5.
721 | 『묵재일기』, 1554.7.2.
722 | 『묵재일기』, 1554.7.4.
723 | 『묵재일기』, 1555.6.9.
724 | 『묵재일기』, 1555.6.23.
725 | 『묵재일기』, 1556.3.8.
726 | 『묵재일기』, 1557.5.25., 5.27., 5.29.

대해서는 유달리 초자연적인 힘에 의존하고자 했다. 34세 이후 40세로 죽을 때까지 하늘에 대한 제사, 병점, 무당굿 등이 십여 차례 계속 이어졌다. 이문건은 아들이 향후 어떻게 될 것인가를 묻고자 수시로 점을 쳤다. 그 내용은 다음과 같다.

- 점쟁이 김자수가 와서 온의 수명을 물었더니 12월에 액운이 있다고 하여 북두칠성에 제사를 지내라고 했다.(1552.10.9.)
- 근처의 점쟁이에게 점을 쳤는데, 온의 목숨이 불길하다고 했다.(1554.12.14.)
- 맹인 점쟁이 막동(莫同)에게 점을 쳤는데, 액운이 끼었기 때문에 병이 그렇다는 말을 들었다.(1555.6.10.)
- 점을 잘 치는 김자수에게 가서 병을 물으려 했더니 부재중이어서 공쳤다.(1555.6.11.)
- 맹인 마당(馬堂)에게서 점을 쳤더니 죽음에는 이르지 않을 것이라 했다.(1555.6.15.)
- 무녀(巫女)에게 역시 물었더니, 17일 이후 차도가 있을 것이라 했다.(1555.6.15.)
- 김자수에게 아들 병에 대해 점을 치게 하였는데, 점괘로 '산지박(山地剝)', '산수몽(山水蒙)' 괘가 나와서 바로 죽지는 않는다는 말을 들었다.(1556.3.15.).
- 승려 보명(普明)에게 병자의 행년수(行年數)를 물었다.(1556.11.28.)

아울러 아들의 액땜을 위해 안봉(安峯)에서 북두칠성에 초제를 지냈으며,[727] 안봉의 절에서 아들의 병을 구하기 위한 구명시식(救命施食)을 설했다.[728] 무녀를 불러서 굿도 했다.[729] 무당 추월은 "집주인인 배종손 어미의 혼이 빌붙어 온의 병이 심각한 것이라 하여 그 어미를 혼을 내자, 배종손이 화를 내면서 찾아와 따지기도 했다."[730] 이런 의약적 노력, 점복, 무당굿, 초제 등의 방법을 다 썼어도 1557년에는 아들의 병을 구하지 못했다. 죽기 직전 한 달간의 기록이 없기 때문에 어떤 일이 벌어졌

양아록-아들의 죽음을 슬퍼하며

는지 구체적인 사항은 알 수 없다. 전해에 벌어졌던 다급한 일들이 반복되었을 것이다.

이문건은 아들 제문에서 "자신이 김씨 부인과 낳은 여섯 명의 자식 중 다섯은 이미 죽고, 하나 남은 자식이 이제 다시 세상을 떴다."[731]고 썼다. 이어서 다시 「아이의 죽음을 한탄함(遺喪歎)」을 썼다. 이 글은 불쌍한 손자의 처지를 염두에 두며 지은 글이다. "정사년 6월 25일, 병든 애비 죽으매 그 옆에서 곡하네. 애달프고 애달픈 너의 인생, 어린 나이에 아버지를 잃었으니, 훗날까지 아버지 얼굴 자

727 | 『묵재일기』, 1551.11.8.
728 | 『묵재일기』, 1554.7.12., 1556.3.17.
729 | 『묵재일기』, 1555.6.17.
730 | 『묵재일기』, 1556.3.22.
731 | 『묵재선생문집』 하 권6, 7쪽. 『양아록』을 보면 5명의 아이들의 존재가 보이는데 일찍 죽은 아이가 또 하나 있었던 것 같다.

세히 기억하려 애써야 하리라. 손자 나이 겨우 일곱 살 총각, 복상차비 제대로 못 갖췄네.…… 상복을 입히고 앉혀서 곡하게 하니, 두 눈에 마침내 피망울이 맺히는구나.…… 죽은 애비와 너, 너무도 가련하고 불쌍하여, 슬픔에 겨워 때때로 문득 절규하노라."[732]

온(熅)의 운구가 성주를 떠나 괴산으로 향하던 날, 그의 어머니는 "하늘과 땅 다하도록 슬픔이 끝이 없도다."라 했고, 딸 숙희는 "내 누구를 의지하여 살라고 합니까?" 외쳤고, 어린 아들 숙길은 "언제 다시 볼 수 있나요." 하며 울었다.[733]

■자료

귀신 씌운 병

이익의 『성호사설』 제1권 인사문 귀수(鬼祟)는 귀신이 씌인 병으로 일종의 정신병이다. 이익은 귀신 씌운 병을 인정하며 정체가 불확실한 병은 귀신이 농간을 부려 생기는 것이라 보았다. 아울러 귀신 씌운 병을 모르고 보통 병처럼 치료하려고 들었을 때는 잘못 치료하게 되는 우를 범한다고 했다.

내가 젊었을 때 호중(湖中)의 어느 고을에 갔었는데, 그 지방에 귀신병을 잘 다스리는 자가 있었고, 귀신병에 들린 자도 또한 매우 많았다. 내가 이르기를 "이 지방에 귀신병을 앓는 자가 많은 것은 풍토(風土)의 이상(異常) 때문이 아닌가?" 하니, "아니다. 이 지방만 많은 것이 아니라 다

---

732 | 『양아록』, 95-96쪽.
733 | 『묵재선생문집』 "哭子發引" 권5, 5쪽.

른 고을도 그러한데, 사람들이 그것을 깨닫지 못하는 것이다."라고 답하였다.

무릇 귀신의 정상도 사람과 같아서, 강도 같은 것이 있고 절도 같은 것도 있으니, 다만 사람이 귀신을 꺼릴 뿐만 아니라, 귀신 또한 사람을 꺼리는 것이다.

질병이 생기면 즉시 나타나는 것은 강도의 종류요, 숨어서 농간을 부리는 것은 절도의 종류인데, 무릇 증세가 괴상한 것은 십중팔구가 거의 귀신병인 것이다. 혹은 10여 년을 잠복하였다가 나타나는 것도 있고, 혹은 원기가 충실하면 스스로 물러가는 귀신도 있으며, 혹은 귀신병인지 끝내 알지 못하고 죽는 자도 많으니, 참으로 서글픈 일이다.

마침 사족의 부녀자가 젊은 나이에 병으로 신음하는데, 먹는 것은 적어도 살이 빠지지 않았었다. 의원이 말하기를 "이는 귀신병이다." 하고는, 침으로 찌르고 복숭아 가지로 때리자, 귀신이 마침내 실토를 하면서 제법 말소리를 내서 대답을 하니, 아주 괴상하고 허황한 일이었다.

물은즉 "10년 전에 여러 사람과 함께 등불 아래 둘러앉았다가 홀연히 놀라 남의 품 안으로 들어간 일이 있었는데, 10년이 지나도록 아무런 병도 없었다."고 하였다. 의원이 또 말하기를 "이것이 곧 귀신들린 것인데 서투른 의원은 잘 알아보지 못하고 한갓 '담병(痰病)은 사증(邪症)과 비슷하다.'는 말에 끌려서 사람의 목숨을 잃게 하는 일이 얼마나 많은지 모른다."고 하였다.

내가 또 생각하건대, 사람의 기혈(氣血)의 작용이 날로 쇠약해지다가 이상한 절기를 만나면 또한 날로 증세가 더해지는 것이니, 사기(邪氣)가 허약한 틈을 타서 침입하는 것은 이치에 당연한 일이다.

귀신도 지각이 있어 사람을 속이고 농락하기를 좋아하여 간교한 계교를 부려 오직 사람이 그 가운데 빠지지 않을까 걱정하니, 누가 이것을 알아서 추궁할 수 있겠는가? 만약 제대로 다스리지 못한다면 그 속임수에 빠지지 않는 자가 드물 것이다.

또 귀신은 반드시 그 빌미 잡힌 경맥(經脈)을 차단하여 증세를 변환하는데, 서투른 의원이 증세만 보고 치료한다면 도둑은 동쪽에 있는데 서쪽을 치는 것과 같아 원기는 날로 쇠잔하고 귀신의 앙화는 더욱 굳어져 다시는 치료할 가망이 없을 것이다.

이는 비록 병을 치료하는 방술이지마는 말세의 풍속이 약삭빨라 사람을 그르치는 것과 때로는 비슷한 점이 있으므로 이에 기록하는 것이다.

(번역은 민족문화추진회, 『국역성호사설』참조)

V. 병으로 본 이문건의 장년과 노년

『묵재일기』의 의약 기사 중 가장 많은 내용은 이문건 자신에 관한 것이다. 그것은 매우 풍부하기 때문에 이를 통해 일기가 존재하는 기간 동안 그가 일생 동안 어떤 병을 앓았고 어떻게 대처했는지 거의 전모를 파악할 수 있다. 앞에서는 어린아이, 소년소녀, 장년의 병을 살폈는데, 여기서는 노년 남성 이문건의 병앓이가 주로 나타날 것이다.

여묘살이와 병앓이, 42세~43세 때

현존 이문건의 일기 중 첫 부분은 여묘(廬墓)살이 중의 병고다. 이문건은 1535년 정월에 모친상을 당하자 아버지의 묘(墓)를 옮기어 양주(楊州)의 노원(蘆原)에 합장했다. 이때 장손인 조카 이휘와 함께 여묘(廬墓)했으며, 1537년 정월에서야 여묘생활을 끝내고 비로소 신주(神主)를 받

들고 서울 서소문 옛집으로 돌아왔다.[734]

1535년 그는 야외 산소에서 지내면서 몸이 축났고, 계절은 이미 겨울에 접어들었기 때문에 쌀쌀했다. 이런 상태에서 40대 초반 이문건의 몸이 견뎌내지 못했다. 그는 약을 먹으면서 여막을 지켰고, 심해지면 서울 서소문 집에 돌아와서 몸조리를 한 후 나은 기미가 있으면 다시 돌아가 어머니 산소를 지켰다. 그 과정이 일기에 상세히 적혀 있다.

11월 7일의 일기를 보면, 기운이 약해져서 순기산(順氣散)을 복용했다고 적혀 있다.[735] 그는 기가 많이 약해져서 상을 제대로 치를 수 없을 지경이 되었고, 저녁 곡에도 참여하지 못하게 되었다.[736] 기운이 없어 더욱 참기 힘들게 되자 다른 약인 치중탕(治中湯)과 수중금환(守中金丸)을 복용했다.[737] "음식에 상하고 추위에 상해서 매우 불편했기" 때문에 그는 곡(哭)에도 참여하지 못했다.[738] 12월 4일, 추위가 심해지면서 여막을 지킬 때 감한과 해수가 더욱 고통스러웠는데, 집에서 보내온 약이 효과가 없자 일단 복용을 중지했다.[739] 이튿날에는 감한, 해수, 콧물이 심해진 데다 다리에 냉증이 시작되고 저리는 증상이 생겨 고통이 막심했다. 집에서 새로이 인삼순기산(人蔘順氣散) 다섯 번 먹을 분량을 보내와서 즉시 끓이도록 했고, 3복은 술에 침재토록 했다. 이후 그는 계속 약을 먹으며, 당시 효자들이 그러하듯 꿋꿋하게 겨울 산소를 지켰다.[740] 약 덕택인지, 계절이 따뜻한 봄으로 바뀌어서 그런지, 이후 기운이 없고 추위에 떠는 증상은 회복이 되었다.

---

734 | 송시열, "이문건행장", 『국조인물고』, 1501쪽.
735 | 『묵재일기』, 1535.11.17.
736 | 『묵재일기』, 1535.11.21., 11.24.
737 | 『묵재일기』, 1535.11.25.~1536.12.2.
738 | 『묵재일기』, 1535.12.3.
739 | 『묵재일기』, 1535.12.4.
740 | 『묵재일기』, 1535.12.30.

치종지남-배한도

그렇지만 1536년, 또다시 가을바람이 불면서 상한병(傷寒病)이 도졌다. 상한이 시작되었다고 느끼자, 이문건은 이전처럼 우선 순기산으로 다스렸다. 약으로 모공을 열어 땀을 내고자 함이었다.[741] 또 건강을 지키기 위해서 양생 서적에 나오는 방법인 솔잎을 잘게 썰어 빻아서 복용하는 것도 새로 시작했다.[742] 설사와 복통이 심해져 약을 먹었지만 효과가 없자 사태의 심각성을 느낀 이문건은 종 수손(守孫)을 시켜서 의관 박첨지를 찾아가 병에 대해 묻도록 했다. 그는 상한병이라 하면서 삼소음(蔘蘇飮) 처방을 내렸다. 박첨지 집에서 삼소음 3복을 지어왔고 그것을 복용했다.[743] 그는 아파서 혼자 여막을 지키는 가운데 신음 소리를 내며 밤에 잠을 자지 못했다.[744]

큰일 났다 싶어 시묘생활을 접고 이문건은 서울 집에 가서 조리를 했다. 산소는 아들 기성(箕星)을 보내 대신 지키도록 했다.[745] 이튿날 저녁때 겨우 힘을 내어 박첨지를 찾아가 병에 대해서 물었다. 그는 지나친 냉기 때문이라 하면서 부자가 들어간 몸을 덥히는 약인 반총산(蟠葱散)

---

741 | 『묵재일기』, 1536.8.27.
742 | 『묵재일기』, 1536.9.7., 9.9.
743 | 『묵재일기』, 1536.9.7., 9.20.~9.22.
744 | 『묵재일기』, 1536.9.26.
745 | 『묵재일기』, 1536.9.27.

을 처방했다.[746] 그는 박첨지가 처방한 반총산을 복용하기 시작했다.[747] 10월 5일, 병세가 호전되지 않자 말과 함께 사람을 박첨지에게 보내어 모셔오도록 했다. 왕진 온 박첨지는 맥을 짚고서 "냉기가 심하니 반총산을 잇달아 복용하는 게 좋겠다."는 처방을 내리고 돌아갔다.[748] 반총산을 비롯한 여러 약들을 친지들에게 부탁했으며, 얼마 안 있어 그 약들이 속속 도래했다.[749]

약 덕택인 듯 이문건의 병세가 회복되어, 10월 19일 그는 다시 산소에 돌아가 여막을 지켰다.[750] 조카 휘와 함께 여막을 지켰지만, 다시 병세가 악화해 11월 3일부터 집으로 돌아와 몸조리를 했다.[751] 집에서 열흘을 다시 조리한 후, 마지막분 약을 복용한 다음 그는 아직 회복되지 않은 몸을 이끌고 다시 산소 행장을 꾸렸다.[752] 산소에는 눈이 내렸다.[753] 여묘생활은 고달팠다. 산소 복귀 후 복통이 다시 시작되었고,[754] 감한과 해수까지 겹쳤다.[755] 수중금원, 이중탕, 반총산 등의 약을 다시 복용하면서,[756] 배를 소금으로 지지며 버텼지만 병세는 차도가 없었다.[757] 12월 2일, 다시 집에 돌아와 42일을 여러 약과 솔잎 술을 먹으면서 보냈다. 윤12월 13일, 병에서 회복되자마자 그는 또다시 산소로 갔다.[758] 열흘 정

746 | 『묵재일기』, 1536.9.28.~9.29.
747 | 『묵재일기』, 1536.9.30.~10.4.
748 | 『묵재일기』, 1536.10.6.
749 | 『묵재일기』, 1536.10.8., 10.14.
750 | 『묵재일기』, 1536.10.19.
751 | 『묵재일기』, 1536.11.3.
752 | 『묵재일기』, 1536.11.13.
753 | 『묵재일기』, 1536.11.16.
754 | 『묵재일기』, 1536.11.16.~11.23.
755 | 『묵재일기』, 1536.11.24.~11.25.
756 | 『묵재일기』, 1536.11.25.~11.27.
757 | 『묵재일기』, 1536.12.1.
758 | 『묵재일기』, 1536.윤12.13.

도 지나자 또 병이 시작되었으나,[759] 여묘생활이 끝날 날이 얼마 안 남았기 때문에 참고 버텼다. 드디어 열흘 남짓 후인 1537년 1월 6일, 이문건은 만 2년의 어머니 삼년상에 따른 여묘생활을 끝내고 아버지와 합장하는 제사를 지냈다.[760] 두 번 겨울의 모진 바람을 겪어내며, 부모를 여읜 양반집 남자 자손이라면 응당 치러야 할 일을 마친 것이다. 이문건은 이튿날부터는 저동 집에 머물며 지친 몸을 조리했다.

1537년 이문건은 대상을 마친 뒤 4월 1일의 정사에서 사간원 정언(正言)에 임명되어 다음 날 관직 생활을 시작했다. 5월 29일에는 다시 이조좌랑(吏曹佐郞, 정6품)에 제수되었다.[761] 그 후 을사사화에 연루되어 성주로 유배되기 직전인 1545년 8월까지 주로 서울에서 관직 생활을 했다. 유배 직전의 관직은 정3품 승정원 부승지였다.[762] 여막생활을 제외한 서울 의약생활 관련 일기의 실제 분량은 1537년의 6개월, 1546년의 4개월 남짓에 불과하기 때문에 많은 내용이 보이지는 않는다. 말을 타다 떨어져 넓적다리 근육이 상하자 의원 박첨지에게 처방을 물었고, 의관 문세련(文世璉)이 와서 침을 놓아준 기록이 보이며,[763] 하혈 때문에 여러 달 고생한 기록이 보인다. 이 하혈은 귀양살이 중에도 그를 오랫동안 괴롭혔다.

---

759 | 『묵재일기』, 1538.윤12.23.

760 | 『묵재일기』, 1537.1.6.

761 | 김영현, "『묵재일기』 해제" 참조.

762 | 이 시기 일기는 일부분만 남아 있다. 1535년(중종 30년) 11월 1일자부터 시작된 현존 『묵재일기』 1책의 일기는 1537년(중종 32년) 6월 3일자로 끝을 보이며, 2책은 7년 반이 지난 1546년(인종 1년) 1월 1일부터 시작해서 이해 4월 23일까지 존재한다. 그러니까 여막생활을 제외한 서울 의약생활 관련 일기의 실제 분량은 1537년의 6개월, 1546년의 4개월 남짓에 불과하다.

763 | 『묵재일기』, 1537.4.6., 4.15., 4.19., 4.24.~4.29.

성주 유배생활 초반의 병앓이, 52세~57세 때

1545년 9월에 이문건은 을사사화에 연루되어 성주로 유배되었다.[764] 그의 나이 53세 때의 일이다. 이해 9월 16일 성주로 그의 유배 장소가 정해지고, 17일에 서울을 출발하여 처가인 괴산을 들러 28일 성주에 도착했다.[765] 이후 그는 1566년 74세로 죽을 때까지 간혹 수령의 허가를 받아 해인사 유람이나 처가인 괴산에 간 적을 제외하고는 21년간의 거의 대부분을 이곳에서 지냈다. 그는 늘 질병에 시달리면서도 비교적 장수했다. 그곳에는 박첨지, 즉 박세거와 같은 명의가 없었고, 그 자신이 주변에서 가장 의학지식이 풍부한 인물이었다. 풍부한 재력을 바탕으로 해서 그는 약을 구해 자신과 식구, 노비들의 건강을 스스로 챙겼다. 더 나아가 주변인들에게 그 혜택을 나눠주기도 했다.

이문건의 귀양살이 일기 첫머리를 장식하는 그의 병은 역시 서울에서부터 앓았던 복통설사병이었다. 그는 유배 초기 줄곧 냉증, 하혈, 요통 등의 병을 앓았다. 그는 복통이 냉증 때문이라 생각하여 빻은 쑥, 창출 가루, 상단(上丹) 등을 복용했으나 별 효과를 보지 못했다.[766] 결국 이런 병이 몸이 허약해서 생긴 것으로 판단하며, 몸 보양을 위해서 성주의 의생(醫生) 서수정(徐守貞)을 시켜 보정고(補精膏)를 지어 장기 복용했다.[767] 이 약을 복용하면서 그는 발생한 증상에 따라, 즉 인후가 건조한

---

764 | 제2책에는 5월에서 8월까지 동부승지로서의 일기는 빠져 있으나 9월 6일부터 다시 기록하고 있는데, 바로 9월 6일을 전후하여 을사사화가 벌어진 것이다.

765 처음에 그는 성 아래 사장(沙匠) 김옥손(金玉孫) 집에 거처를 정했다가, 얼마 안 있어 관노(官奴) 걸후음(桀厚音) 집으로 이사했다.

766 | 『묵재일기』, 1545.11.3., 11.18., 11.22., 11.24.~1546.1.15.

767 | 『묵재일기』, 1546.1.2., 1.17.~2.12. 이 약의 복용은 9월 11일에 끝났다. 즉, 8개월 10일간의 오랜 기간 동안 이 약을 복용한 것이다.

증상에는 정기산과 수중금환을,[768] 번갈을 치료하기 위해서는 오령산을,[769] 하혈이 심할 때에는 "먹을 갈은 것"을,[770] 요통에는 청아원(靑娥元)을 복용했다.[771] 1546년 6월 말이 되도록 몸의 냉증, 하혈, 요통 등의 병증이 사라지지 않자 이문건은 다시 증상에 따라 다른 여러 약을 복용했으나 병이 잘 낫지 않았다.

그의 일기에는 병증과 처방만을 적고 있지만, 유배형을 당한 후 그의 심리상태는 매우 불안정했다. 유배형을 당한 억울함, 을사사화를 일으킨 소윤(小尹) 집단에 대한 분노, 조카의 처형과 집안의 몰락으로 인한 불안과 두려움 등이 겹쳐 그의 마음은 극도로 지쳐 있었으며, 그것이 신체의 취약함으로 나타났을 것이다. 유배 초기에 병이 잘 낫지 않는 현상이 이와 무관치는 않았을 것이다.

1547년 염병이 돌았을 때 이문건의 대책은 특기할 만하다. 이해 1월 그의 집 근처에 돌림병이 돌았다. "환자가 생겨 3일 동안 고통을 받고 있으며, 그 처가 달아났다."는 말을 듣고 전염을 염려했다. 그는 사또에게 병자를 다른 곳으로 옮겨달라는 청원을 넣었다. 이와 함께 이문건은 의서 처방을 뒤져서 대응책을 찾았다. 붉은 글씨로 역병을 쫓는 글자〔辟瘟字〕를 써서 문의 창에 붙여 염병의 침입을 막고자 했다.[772] 이문건은 염병을 예방하기 위하여 "원범회막(元梵恢漠)"이란 글자를 쓴 것을 복용했다.[773] 서쪽 염병이 든 집에서는 병자가 쓰던 그릇을 깨뜨리고, 머무

768 | 『묵재일기』, 1546.2.14.
769 | 『묵재일기』, 1546.2.29.
770 | 『묵재일기』, 1546.3.18.
771 | 『묵재일기』, 1546.4.1.
772 | 『묵재일기』, 1547.1.26.
773 | 『묵재일기』, 1547.1.27. 원범회막(元梵恢漠)은 도교 경전인 『태상영보정명비선도인경법(太上靈寶淨明飛仙度人經法)』 권5에 보이는 것으로 역병을 쫓는 주문이다.

르던 움집을 불태웠는데, 매우 요란하고 더러웠다.[774] 염병에 대한 이문건과 성주 지방의 주술적인 방법이 여기에 잘 드러나 있다.

1548년(55세) 1월 1일에 새로 시작되는 현존 일기에는 치질에 관한 내용으로 시작한다. 이 전 기록에 보였던 하혈 증상이 이 치질과 관련된 것이었을 것이다. 그의 치질은 진물이 마르지 않고 나왔고, 뿌리가 가셔지지 않았다.[775] 치질이 계속되자 이문건은 이전부터 쓰던 궤각원(槐角元)을 다시 썼다. 치질 증상이 가신 것 같아서 복약을 중지했던 약이었다.[776] 그렇지만 1월 9일, "이날 아침 방귀를 뀌면서 항문 주변이 찌꺼기 때문에 미끄러웠고, 항문을 물로 씻을 때 쓰라린 증상이 있었다. 전날 변이 오랫동안 굳지 않았기 때문이었다."[777] 그는 계속 이런 증상으로 몸이 지쳤고, 치질 약으로 궤각원을 쓰다가 조장원(釣腸元)으로 바꿨다.[778] 치질 치료를 위해 협천(陜川)의 구 봉사(具奉事)에게 편지를 내어 치질에 관한 의학책〔痔經〕을 구했다.[779] 2월 중으로 궤각원, 토사자환 등 여러 약을 복용한 기록이 보이며, 3월 이후에는 치질 기록이 한 차례만 빼놓고 보이지 않는다.[780] 아마도 이 증상이 해결되었기 때문일 것이다.

이문건은 이해 2월 21일부터 30일까지 유배지인 성주의 집을 떠나서 같은 지역에 있는 해인사, 협천 등지를 여행하고 돌아왔다. 여행 중에 그는 더위에 시달렸던 것 같다. 돌아와서 향곽산(香藿散), 삼황원(三黃元), 생맥산(生脈散), 오미자, 오령산 등을 증상에 맞춰 복용했다.[781] 유배지에

---

774 | 『묵재일기』, 1547.1.30.

775 | 『묵재일기』, 1548.1.1., 1.3.

776 | 『묵재일기』, 1548.1.9.

777 | 『묵재일기』, 1548.1.9.

778 | 『묵재일기』, 1548.1.13.~1.14., 1.19., 1.23.

779 | 『묵재일기』, 1548.1.24.

780 | 『묵재일기』, 1548.2.8.~2.20., 3.2.

781 | 『묵재일기』, 1548.3.30., 4.3.~4.5., 4.7~4.8, 5.13.~5.24., 6.13.~6.19., 5.27.~5.30.

서도 자신이 약을 갖추고 있었기 때문에 이문건은 약간의 병 증상만 보여도 약을 처방해 복용했다. 이런 점은 서울 생활 때의 모습과 크게 달라지지 않은 것이다.

건강을 위해 솔잎을 장기 복용하다, 58세~64세 때

이문건의 나이 58세~64세 동안은, 일기에 보이는 기간 중 이문건이 가장 질병에 시달리지 않은 시기다. 그는 큰 병을 앓지 않았으며, 건강 관리를 위해 솔잎 복용 또는 도인술(導引術)이나 머리 빗질 같은 도교적 양생법을 실천했다.

1551년(58세) 이문건의 일기는 복이(服餌)라는 의약생활을 나타내는 표현으로 시작한다. 무병장수를 위해 좋은 약물을 복용하는 것이 복이

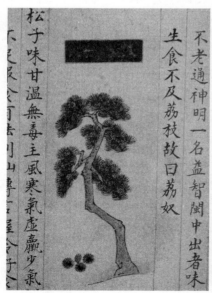

본초품휘정요—솔잎(좌), 송지(우)

다. 전후 맥락으로 보아 그가 복용하고 있었던 약물은 송진과 복령 가루를 꿀에 개어 만든 것이었다. 그는 이 복이를 1552년 3월까지 무려 1년 넘게 오랫동안 실천했다. 가끔씩 복약을 안 한 날을 꼽을 수 있을 정도로 꾸준하게 매일 이 방법을 썼다.

1552년, 이문건은 도인(導引)과 머리 빗질을 시행하기도 했다. 11월 22일자 기록에는 "솔잎 가루를 복용했다. 도인은 하

의방유취의 기죽마기법. 죽마를 타는 형태로 등의 뜸뜰 위치를 찾아서 뜸질하는 방법이다.

지 않고 다만 머리 빗질만 했다."고 적었다.[782] 그는 도인, 솔잎 가루, 빗질 등에 관한 여러 기록을 남겼다. "머리 손질을 했지만 도인은 하지 않았다.", "솔잎 가루는 먹지 않았다. 대략 몸을 펴는 것을 했다.", "사지를 폈다 굽혔다 했다. 머리 빗질도 했다." 등이 그것이다.[783] 도인을 하지 않았을 때는 "솔잎 가루도 먹지 않았다. 오늘은 도인을 하지 않았다. 머리 빗질도 하지 않았다."고 기록했다.[784] 오늘날의 체조와 비슷한 도인을 행한 것은 이때 심하게 앓던 견비통, 요통을 고치기 위한 것이었다.

1553년~1557년(60세~64세)에도 큰 병은 없었다. 여러 잔병 가운데 눈길을 끄는 병은 61세 때 신체 하부에 생긴 옴의 치료다. 이문건은 옴

782 | 『묵재일기』, 1552.11.22.
783 | 『묵재일기』, 1552.12.9.~12.11.
784 | 『묵재일기』, 1552.12.8.~12.9.

이 생기자 우선 만병원(萬病元)을 식초에 개서 병증 부위에 발랐지만 효과가 없었고, 문지르면 쓰라렸다.[785] 만병원이 효험이 없고 가려운 증상이 심해지자, 그는 웅황가루와 호두 껍데기 가루를 섞은 약의 기운을 가려운 부위에 쬐는 방법을 택했다.[786] 이후 옴의 증상이 가라앉았다가 두 달쯤 후 재발하자, 이문건은 비상 가루와 호추 가루 등을 복용하는 한편, 쑥과 약을 태워 넣고 뜨겁게 달군 함을 껴안고 훈증하는 방법을 썼다. 또한 손녀 숙희로 하여금 누워서 발끝에 훈증토록 했고, 손자인 숙길도 자신의 오른쪽에서 훈증토록 했다.[787]

노화는 치통을 수반하다, 62세~66세 때

노년의 이문건을 크게 괴롭힌 병은 치통이었다. 일기를 보면, 이문건은 61세 때 이가 부러졌는데 그때 아교를 이용해서 부러진 곳을 붙인 적이 있었다.[788] 일종의 보철이다. 62세 때는 왼쪽 이에 치통이 있었는데, 잇몸 부분이 썩었고 치심(齒心) 부분의 색깔이 검은 게 많았고 이후 다 빠질 것으로 예상되었다.[789] 이가 다시 크게 문제가 된 것은 윤11월 중순이었는데 충치가 생겼다. 그래서 그는 납비자환(蠟砒子丸)을 제조하여 충치 부분을 훈증하였으나 효과는 없었다.[790] 이후 한동안 치통에 관한 기록은 보이지 않다가, 이듬해 1월에 왼쪽 이 부분에 치통이 있어서

---

785 | 『묵재일기』, 1554.6.14.
786 | 『묵재일기』, 1554.6.19.
787 | 『묵재일기』, 1554.8.8.
788 | 『묵재일기』, 1554.10.9.
789 | 『묵재일기』, 1555.11.8., 11.11.
790 | 『묵재일기』, 1555.윤11.8.~윤11.10.

먹는 데 장애가 될 정도였다.[791]

　치통이 큰 건강 문제로 떠오른 것은 이문건의 나이 65세(1558년) 때의 일이다. 거의 한 해에 걸쳐 치통 기록이 나타난다. 3월에 이가 두세 개 빠졌다.[792] 4월 말에 치통이 심해지자 그는 청위산(淸胃散)을 다려서 복용했다.[793] 6월에는 잇몸의 통증이 매우 심했기 때문에 의생 박인형(朴仁兄)을 불러 침을 맞으려고 했으나 날이 어두워 침을 놓을 수 없었다.[794] 이튿날 이빨이 흔들리는 게 너무 심해지자 이문건 자신이 잇몸 사이의 부은 곳에 침을 놓으려고 했으나 스스로 할 수 없었다.[795] 7월 16일, 이가 흔들린 데서 진물이 심하게 나왔는데, 밥을 먹다가 아픈 이가 쑥 빠졌다.[796] 이문건은 마음이 허탈했다.[797] 거머리를 이용해서 위 잇몸의 피를 빨아내도록 했고,[798] 썩은 치근을 침을 찔러 피를 내기도 했는데 아무런 소용이 없었다.[799] 오른쪽 아래 어금니가 심하게 흔들려 음식 먹는 데 방해가 된 지 오래되었기 때문에 그는 새끼줄을 묶어 확 당겨 그것을 빼냈다.[800] 이해 말에는 오른쪽 이가 부어 쓰라렸고, 또 오른쪽 뺨에도 종기가 나 쓰라렸다.[801]

　66세 때(1559년)의 일기는 4월 말까지밖에 남아 있지 않고 나머지 부분은 낙장 유실되었지만, 여기에는 치아 병에 관한 내용이 상세히 적혀 있다. 이제는 위와 아래, 앞과 뒤의 이가 다 흔들리며 통증이 계속되었

791 | 『묵재일기』, 1556.1.21., 1.23.
792 | 『묵재일기』, 1558.3.21.~3.22.
793 | 『묵재일기』, 1558.4.26., 4.28~4.30.
794 | 『묵재일기』, 1558.6.7.
795 | 『묵재일기』, 1558.6.8.
796 | 『묵재일기』, 1558.7.16.
797 | 『묵재일기』, 1558.7.19.
798 | 『묵재일기』, 1558.7.22.
799 | 『묵재일기』, 1558.7.27.
800 | 『묵재일기』, 1558.윤7.22.
801 | 『묵재일기』, 1558.12.28.

다. 빠지려고 해서 음식을 씹을 수 없을 정도였고,[802] 이의 뿌리에서는 진물이 흘러나왔다.[803] 치통과 함께 가장 서러운 것은 노화였다. 그는 65세 때 마지막 날, "쇠약한 늙은이 기침 가래로 고달파 밤새도록 잠을 이루지 못하고 한밤중에 약간 잠들었다가 일어나니 몸이 매우 무겁고 옷 입기도 힘들었다."고 자신의 심사를 읊었다.[804]

배에 덩어리진 증상과 팔의 마비로 괴로워하다, 68세~69세 때

노년 이문건을 새롭게 괴롭힌 병은 뱃속에 묵직한 덩어리가 생긴 증상과 팔의 마비 증상이었다. 둘 다 쉽게 고치지 못하는 고질의 성격을 띠었다.

68세(1561년) 때 윤5월부터 이문건은 왼쪽 배 안쪽에 단단한 덩어리가 생긴 병을 심하게 앓았다. "누워서 만져보니 단단한 것이 느껴지고 기운이 움직이는 것 같으며, 왼쪽 어깨 안에도 단단한 부분이 있어 통증이 있었으며 중증이 될 것 같은데, 언제부터 시작했는지 모르겠다."고 그는 자신의 증상을 기록했다.[805] 이후 발 안쪽 종아리에도 차갑고 저린 증상이 새로 생겼으며, 배 왼쪽 덩어리 기운이 위의 가슴으로 치고 올라가는 증상을 느꼈다.[806] 왼쪽 어깨에도 술잔만 한 덩어리가 생겨 움직였고, 배의 왼쪽에 생긴 덩어리는 작아지면서 불쑥불쑥 뛰노는 것 같았다.[807] 날이 지나서 왼쪽 어깨의 것은 우는 울림이 그치지 않

---

802 | 『묵재일기』, 1559.1.10., 1.13.
803 | 『묵재일기』, 1559.2.8.
804 | 『묵재일기』, 1558.12.30.
805 | 『묵재일기』, 1561.윤5.12.
806 | 『묵재일기』, 1561.윤5.19.
807 | 『묵재일기』, 1561.6.1.

았고, 기가 발해서 통증 부위가 넓어졌으며, 머리 안쪽 또한 심한 통증이 있었다.[808] 배에 덩어리가 생기자 그는 모든 몸속 덩어리를 풀어헤치는 약인 만병원(萬病元)을 복용하기 시작했으며,[809] 이 약이 별 효과가 없자 다시 새 약인 청갈탕(靑葛湯)을 복용했다.[810] 병은 8월이 되어서도 낫지 않았으며,[811] 이문건은 이 덩어리 병증이 몸기운이 허약한 데서 비롯한 것으로

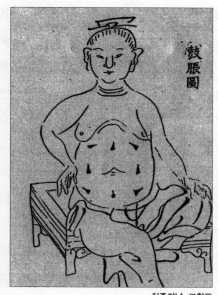

치종지남-고창도

생각했다. 따라서 그는 기운을 북돋기 위해 보중익기탕(補中益氣湯), 익위탕(益胃湯) 등을 복용했다.[812]

배의 덩어리가 그를 괴롭힌 증상은 이듬해에도 계속 보인다. 2월, 그는 왼쪽 배에 덩어리가 느껴졌는데 마치 힘줄을 가로질러 물건이 놓인 듯해서 불편했다.[813] 조중탕이나, 비기환 등 약을 매일같이 먹어도 그 묵직한 증상은 사라지지 않았다.[814] 3월 말, 그는 배가 그득하고 불편하고, 다리에 힘이 전혀 없어 걷고자 하면 넘어져서 지팡이를 짚지 않으면 움

808 | 『묵재일기』, 1561.6.7.
809 | 『묵재일기』, 1561.윤5.27.~6.5.
810 | 『묵재일기』, 1561.6.9.~6.28.
811 | 『묵재일기』, 1561.8.23.
812 | 『묵재일기』, 1561.8.10., 8.16.
813 | 『묵재일기』, 1562.2.18.
814 | 『묵재일기』, 1562.2.20.~2.21., 2.28.~3.19.

직이기가 힘들 정도였다.[815] 환약을 먹어도 변이 잘 내려가지 않고, 뭉친 기운은 안쪽에서 계속 찔러댔다.[816] 뭉친 기운이 막 요동치는데 눌러보면 딱딱한 것이 많았다. 그로 인해 기가 노곤하고 음식을 많이 먹지 않아도 그득해서 지체하기도 힘들 지경이었다.[817] 약을 오래 먹었지만 효과가 없자 한동안 약 먹는 것도 중단했다.[818]

4월, 이문건은 약 대신에 침을 선택했다. 그는 이윤(李潤)이라는 인물이 침으로 덩어리 병을 잘 고친다는 말을 듣고서 그에게 진료를 받아야겠다고 마음먹었다.[819] 그에 앞서 마침 그의 팔 마비 병과 관련해 침놓는 승려인 성헌(性軒)이 오자 그에게 덩어리 기운을 다스려달라고 부탁했다. 성헌은 환자의 오른쪽, 왼쪽 어깨, 옆구리와 복부에 가는 침을 써서 20여개 혈을 찔렀다. 또 용천혈에 침을 놓은 후 뜸 세 장을 떴다. 이문건은 대가로 술과 밥을 보냈다.[820] 성헌은 이후 두 차례 더 와서 배의 덩어리를 없애기 위해 침과 뜸을 놓았다.[821] 6월, 여전히 배에 덩어리가 없어지지 않자 이문건은 판람즙(板藍汁)을 한 사발 마셨으나, 덩어리가 줄어들기는커녕 위만 상해서 더욱 불편했다. 설사를 두 차례 하고 토해내고 싶었으나 토하지도 못했다. "한 대접 냉즙으로 오래 묵은 덩어리를 없애려고 하였으니 어리석음이 심하다."고 자책했다.[822] 6월 27일, 드

---

815 | 『묵재일기』, 1562.3.28.

816 | 『묵재일기』, 1562.4.5.

817 | 『묵재일기』, 1562.4.8.

818 | 『묵재일기』, 1562.4.10.~4.30.

819 | 『묵재일기』, 1562.4.30.

820 | 『묵재일기』, 1562.5.1.

821 | 『묵재일기』, 1562.5.5., 5.9. "사흘 후 성헌이 또 와서 어제 놓았던 부분에 침을 놓았다. 게다가 백회(百會)혈과 주변의 네 혈에 침을 놓았고, 다시 고맹(膏肓)·신수(腎腧)·장문(章門) 등 혈자리에 침을 놓고, 용천(涌泉)혈에 뜸을 세 장 떴다. 그에게 이달 아흐렛날 다시 와서 침을 놓아달라고 부탁했다." (5.5.) "약속대로 아흐렛날 승려 성헌이 다시 와서 침을 놓았다. 그는 백회(百會)혈과 등·배·어깨·허리·오른쪽 팔·두 넓적다리와 발 부위의 30여 개소에 침을 놓았다. 아울러 신정(神庭)혈과 좌우 두 혈자리에 각각 세 장씩 뜸을 놓았다." (5.9.)

822 | 『묵재일기』, 1562.6.4.

감로탱-뜸 치료(좌), 침 구료(우)

디어 침술에 밝은 이윤이 왔다. 그에게 덩어리진 부분을 보였더니, 그는 "가볍지 않은 난치병이다〔非輕難治〕."고 말하면서, 침을 놓지 않고 가버렸다. 날이 저물었기 때문이다.[823] 이튿날에도 그가 왔기에 뜸을 뜨려고 했으나, 뜸뜨기 좋은 날이 아니라고 하여 잠깐 머물다 가버렸다.[824] 사흘 있다가 그가 왔지만, 그는 자신의 작은아버지가 상경해서 돌아가셨다는 말이 전해왔기에 부득이 집에 돌아가서 종과 말을 보내 상(喪)을 맞이해야 한다고 하면서 사양하며 가버렸다.[825] 여러 차례 이런저런 핑계를 댄 것을 보면, 덩어리 병이 난치병이라 파악한 이윤이 일부러 시술을 피한 것 같다. 이문건은 "한스럽다."고 일기에 적었다.[826]

뱃속 덩어리와 함께 어깨의 통증도 만년의 이문건을 심하게 괴롭혔다. 1561년 11월, 그는 변을 보다가 항문이 빠져나왔는데도 어깨 병 때문에 스스로 다시 집어넣지 못하고 종에게 시켜 집어넣는 일이 벌어졌

---

823 | 『묵재일기』, 1562.6.27.
824 | 『묵재일기』, 1562.6.28.
825 | 『묵재일기』, 1562.7.1.
826 | 『묵재일기』, 1562.7.1.

다.[827] 어깨는 근육이 마비되어 손톱으로 긁어도 자극을 느끼지 못할 정도였고,[828] 물건을 집기도 힘들 정도로 악화했다.[829] 설상가상으로 그는 머리 오른쪽 편에 통증을 느꼈는데, 손가락으로 눌러봐도 자극을 느끼지 못할 정도였다.[830] 이문건은 팔의 마비 증상을 간적(肝積)으로 파악했다.[831] 어깨의 통증을 느낄 때부터 가미이진탕(加味二陳湯), 비기환(肥氣丸), 가미팔물탕(加味八物湯) 등의 약을 지어 먹었지만 하나도 소용이 없었다.[832]

약 대신에 침을 맞아보기도 했다. 이문건은 의생 이숙(李淑)으로 하여금 아홉 군데에 침을 찔러 피를 내게 했다.[833] 한 달 뒤에는 침놓는 승려 삼공(三空)을 불러 침을 맞았다. 삼공은 일곱 군데 혈에 침을 놓았고, 또 두 귀 뒤쪽에 있는 10여 혈에 침을 놓았으며, 오른쪽 팔뚝 어깨의 우곡(隅曲), 지삼리(池三里), 신문(神門), 양곡(陽谷) 등의 혈에 쉼 없이 침을 놓을 정도로 노련했다.[834] 침술의 대가로 이문건은

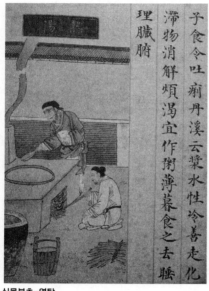

식물본초-열탕

827 | 『묵재일기』, 1561.11.17.

828 | 『묵재일기』, 1561.11.22.

829 | 『묵재일기』, 1561.12.12.~2.16.

830 | 『묵재일기』, 1561.12.19.

831 | 『묵재일기』, 1561.12.17.

832 | 『묵재일기』, 1561.11.19., 11.26., 12.7.

833 | 『묵재일기』, 1561.11.20.

834 | 『묵재일기』, 1561.12.22.

자신이 쓴 시축을 그에게 주었다.[835] 효과는 보지 못했다. 이문건은 다시 여러 약을 복용하는 동시에 "쑥과 파를 찧어서 소금을 합쳐 달군 기와 조각으로 머리 뒤편에 지지는" 방법을 썼는데, 고통이 더욱 심했다. 손자 숙길로 하여금 어깨를 지지도록 했는데 악취가 엄청 심했으며, 땀이 비 오듯 했다.[836] 이튿날 아침에는 술지게미를 먹고 목욕을 세 차례 했으며 식후에는 발을 씻었고 손톱을 깎았다.[837] 팔과 머리의 통증은 69세 때(1562년)도 지속되었다. 통증은 왼팔, 오른팔 다 심했으며, 왼쪽 귀 뒤에도 쓰라린 기운이 치솟아 불편했다.[838] 통증 부위에 침을 맞기도 했지만,[839] 이문건은 자신의 이런 병이 기운이 부족해 생기는 것으로 보아 비기환(肥氣丸)을 꾸준히 복용했으며,[840] 솔잎을 복용하기 시작했다.[841] 약, 침을 썼어도 팔의 통증과 무기력은 개선되지 않았다.[842]

오른쪽 눈을 실명하다, 1563년(70세)

70세(1563년) 때는 실명까지 겹쳤다. 그는 이가 하나 빠져 부동심을 얻지 못했고,[843] 오른쪽 편두통으로 고통스러운 나날을 보냈다.[844] 눈은 이미 전해 5월에 침침해져서 침승 삼공에게 눈을 좋게 해준다는 '관음

835 | 『묵재일기』, 1561.12.22.
836 | 『묵재일기』, 1561.12.23.~12.24.
837 | 『묵재일기』, 1561.12.24.
838 | 『묵재일기』, 1562.1.9.~1.11.
839 | 『묵재일기』, 1562.1.13.
840 | 『묵재일기』, 1562.1.3., 1.4., 1.12., 1.19.
841 | 『묵재일기』, 1562.1.19.
842 | 『묵재일기』, 1562.2.9., 2.17.
843 | 『묵재일기』, 1563.7.16.
844 | 『묵재일기』, 1563.8.11.~8.12.

색과 안맹(자수박물관 감로탱, 좌), 점안도(중국의약, 우)

침' 시술을 받은 적이 있었다.[845] 눈병은 더욱 악화해서 1563년 7월, 오른쪽 눈으로 사물을 볼 수 없었다. 그는 손자 숙길에게 자신의 눈을 문지르도록 했는데, 숙길은 눈동자의 색깔이 푸르다고 답했다. 그는 자신이 한쪽 눈만 뜬 장님이라 생각했다.[846] 이문건은 거울을 들여다봤다. 눈동자 가운데에 흰 것이 생겨 딱 달라붙어 있었다. 그러면서 "이 어찌 천명이 아닌가! 젊었을 때 정기를 아끼지 않은 죄다. 다시 누구의 허물을 묻겠는가? 왼쪽 눈에도 어둑한 꽃이 있으니, 흉한 조짐임을 알 수 있다."고 한탄했다.[847] 이처럼 그는 자신의 실명이 젊은 시절의 탐색(貪色)으로 정기가 고갈되어 생기게 된 것으로 파악했다. 오른쪽 눈이 거의 멀었다.[848]

이문건은 눈병을 회복하기 위해 복명산(復明散)을 복용하기 시작했다.

845 | 『묵재일기』, 1562.5.5.
846 | 『묵재일기』, 1563.9.16.
847 | 『묵재일기』, 1563.9.19.
848 | 『묵재일기』, 1563.9.20.

아무런 효과가 없어서 눈이 어둑한 증상은 여전했다. 그는 "약물이나 의원으로 고칠 수 없다. 평생 [정기 손실을] 범한 소치이며, 모든 독이 피어나 그렇게 된 것이다. 후회가 막급하다."고 적었다.[849] 그는 눈이 멀게 되어 책에 글자를 쓰기도 힘들었다.[850] 오른쪽 눈이 더욱 어두웠고,[851] 왼쪽 눈에도 꽃이 피어 어둑했다.[852] 1563년 마지막 날 그는 「제야를 지키며」라는 시조를 지어 자신의 심사를 다음과 같이 표현했다. "농암(聾岩)에 올라 보니 노안유명(老眼猶明)로라 인사지변(人事之變)함을 산천(山川)인 듯 가(아?)실가 암전모수모구(岩前某水某丘)이 어제 본 듯하여라." (도판 묵재일기 농암가) 귀머거리 암자에 올라 보니, 노안이 오히려 밝다고 한다. 바위 앞에 물과 언덕이 어제 본 것 같다고 한다. 묵재는 자연에 빗대어 신체의 쇠락, 세상살이의 덧없음을 이렇게 노래했다.

이후 71세 이후의 기록은 요약본만 전한다. 약을 주고받은 일만 적었지, 요약본에는 자신의 병에 대해 기록하지 않았다. 단 두 개의 짧은 기록이 보인다. 72세 때 "떨어진 머리카락을 불사르고, 깎은 손톱을 묻었다."[853] 74세 때 "병 때문에 재(齋)를 지내지 못했다."[854] 현존 일기는 2월 16일에 끝나고, 그는 그날 유배지 성주에서 세상을 떴다.[855]

---

849 | 『묵재일기』, 1563.9.23.
850 | 『묵재일기』, 1563.10.24.
851 | 『묵재일기』, 1563.10.30.
852 | 『묵재일기』, 1563.12.15.
853 | 『묵재일기』, 1565.5.22.
854 | 『묵재일기』, 1567.11.28.
855 | 이복규, 『<묵재일기>에 나타난 조선전기의 민속』, 18쪽.

VI. 여성 김돈이의 생애와 병

김돈이는 누구인가

1516년 안동 김씨 돈이(敦伊, 1497~1566년)는 그의 나이 20세 때, 자신보다 세 살 많은 이문건(1494~1567년)과 결혼했다. 그는 김언묵(金彦默, 1472~1506년)의 딸이었다. 그의 집안은 충청도 괴산에 자리 잡고 있었으며, 세조 이래 왕실의 인척 혹은 중앙 관직을 두루 역임한 가문들과 혼인 관계를 맺고 있었던 세도가였다. 김돈이의 고모부인 정세명은 연산군 세자빈의 아버지로서 돈령부정 등을 지냈고, 인종 비인 박씨는 그와 외사촌 간이었다. 또한 김돈이의 남동생 김석(金錫)의 딸 유순(柔順)은 이문건의 조카인 이휘(李輝)와 결혼하여 두 집안은 겹사돈을 이뤘다. 김돈이의 일생 중 주목할 만한 사항을 추려 정리하면 다음과 같다.[856]

1497년(1세) 출생.

---

856 | 이문건 처의 인적사항에 관한 내용은 김소은, "이문건가의 경제 운영과 지출―괴산 입향과 관련하여―", 『고문서연구』 21, 2002, 32쪽 참조.

1516년(20세) 이문건과 결혼.

1517년(21세) 첫 아이(남) 임신 8개월 만에 유산.

1518년(22세) 아들 온(熅) 출산.

1521년(25세) 괴산 집에서 여아 정중 출산(매우 예뻤으나 천연두로 죽어서 괴산에 묻힘).

1524년(28세) 9개월 만에 남아를 낳았으나 겨우 하루 만에 사망.

1525년(29세) 주자동 집에서 여아 순정을 출산.

1544년(48세) 딸 순정 사망.

1545년(49세) 남편이 유배형에 처해지자 집에 남아 살림을 정리함.

1546년(50세) 3월, 친정인 괴산에 내려가 이후 이문건 가의 괴산 정착을 준비함.

10월, 아들을 괴산에서 재혼시키고, 이들을 동반하여 남편의 유배지 성주 정착.

1551년(55세) 1월, 손자 숙길 탄생.

8월, 괴산에서 새 가옥 짓는 일과 죽은 손녀 숙복의 장사를 주관함.

1552년(56세) 9월, 다시 성주로 돌아옴.

11월, 남편이 밤에 기생집에서 잔 것에 대해 질타함.

1557년(61세) 아들의 사망과 사망 이후 괴산에 가서 매장을 주관함.

1561년(65세) 친정인 괴산에 체류. 이때 남편도 두 달 남짓 머묾.

1566년(70세) 사망.

이문건의 처 김돈이는 남편이 귀양 가 있는 동안, 괴산의 처가를 오가며 집안일을 챙겼다. 그는 먼저 유배지로 남편을 떠나보낸 후, 서울 집을 정리하고 친정인 괴산에 가서 경제적 터전을 확고히 다졌다. 50세 때 괴산에 가서 아들을 재혼시킨 것, 55세~56세 때 괴산의 새 집 짓는 일을 주도한 것, 아들의 주검을 괴산에 묻고 온 것 등 잠간의 때를 제외하고는, 그는 성주에서 남편, 아들 내외, 손자와 손녀들과 함께 보냈다. 이문건 부부는 성주 향리인 배순의 집을 개조하여, 상·하간 구조의 가옥에 거주했다.[857] 이문건은 위채에서, 나머지 식구들은 아래채에서 거주했다. 김돈이가 질병이 생기면, 남편 이문건이 약을 처방하고 돌봤다.

서울 살 때의 상한병, 40세 때

『묵재일기』에는 이문건의 서울 살이 기간은 겨우 3년 정도의 분량만 남아 있다.(1535.11.1.~1537.6.3., 1545.1.1.~1545.4.23.) 이 기간 동안에 김돈이는 몇몇 질환을 앓았다.

40세(1536년) 때 여름에 그는 상한병(傷寒病)을 앓았다. 남편이 돌아가신 시어머니의 시묘살이를 하던 중, 그는 7월 중순에 몸이 편안치 못하고 신열이 났다. 심하지는 않았지만, 열흘 후에 다시 재발했다.[858] 이문건은 곧 여막(廬幕)을 나와 집으로 가서 처의 질병을 돌봤다. 그는 서울 집에 머물면서 의관 박첨지(朴僉知) 집을 찾아가 처의 병에 대해 물었다. 박첨지는 이 병을 상한이라 했으며, 삼소음(蔘蘇飮) 처방을 내렸다. 이문건은 집의 약 구입 업무를 담당하는 정학년(鄭鶴年)과 박귀손(朴貴孫)에

---

857 | 김소은, "이문건가의 경제 운영과 지출―괴산 입향과 관련하여―", 『고문서연구』 21, 2002, 35-38쪽 참조. 가끔 친정인 괴산에 머무를 때도 있었다. 처가인 괴산에 새 가옥을 축조하기 위해 부인은 1551년 8월 9일 다시 괴산으로 떠났다. 이듬해 26칸짜리 집의 구조가 완성되자 그것을 확인하기 위해 남편 또한 잠간 괴산을 방문했다.(1552.5.22.~6.6.) 집이 최종 완성단계에 들자 안동 김씨는 9월 초 다시 성주로 돌아왔다. 5년 후에 아들인 온(熅)이 죽자 괴산에 분묘를 조성했는데, 여러 달 동안 괴산에 머물렀다. 또 1561년에는 괴산 집의 개수를 위해 그와 남편은 다시 괴산에 가서 2달여를 머물렀다.(1561.5.20.)
858 | 『묵재일기』, 1536.7.15., 7.26.

게 삼소음 약재를 마련해달라고 부탁했다.[859] 김돈이는 지어 온 약을 복용했으며, 8월 초에 증세가 개선되었다.[860]

이듬해 41세 때, 김돈이는 허리와 다리의 통증〔腰脚痛〕과 함께 생식기에 흰색 액체가 나오는 증상인 백색대하(白色帶下) 증상을 앓았다.[861] 귀손이 구해 온 반총산과 대양비원(大養脾元)을 복용했다.[862]

남편의 유배 직후 종기와 냉증을 앓다, 50세~52세 때

1545년 9월 중순 이문건이 혼자 성주에 유배 와 있을 때, 처 김돈이는 바로 유배지에 합류하지 않고 서울 살림을 정리한 후, 이듬해 3월 아들과 함께 괴산에 내려갔다. 그는 이곳에서 역모 사건에 연루된 이문건 일가의 괴산 정착을 준비하는 한편, 아들의 재혼을 성사시켰다.

8월, 괴산에서 김돈이는 종기를 앓았다. 성주에서 멀리 떨어진 곳이었기 때문에 이문건은 아내의 병세를 오직 편지를 통해서만 알 수 있었다. 8월 5일, 풍으로 생긴 종기를 앓아서 곪은 곳을 쨌으며 그 곁에도 곪은 곳이 있어 처가 매우 고통스러워한다는 처의 편지를 받고서, 이문건은 그 병이 "반드시 마음을 많이 써서 생긴 것"때문이라고 추정했다.[863] 8일 후 다시 처에게서 편지가 왔는데, 거기에는 "종기가 위태로울 정도로 쓰라리며, 겨우 터뜨린 부위가 조금 덜하나 음식을 먹지 못해 여위었고, 정신 또한 멍한 상태"라는 말이 적혀 있었다.[864] 그의 종기는

---

859 | 『묵재일기』, 1536.7.19.
860 | 『묵재일기』, 1536.8.4.
861 | 『묵재일기』, 1537.3.11.
862 | 『묵재일기』, 1537.3.11., 3.13.
863 | 『묵재일기』, 1546.8.5.
864 | 『묵재일기』, 1546.8.13.

엄지손가락에도 났으며, 종기 부위를 째는 식으로 치료를 했다.[865]

괴산에서 아들의 재혼을 성공적으로 치러낸 후, 10월에 김돈이는 아들 온과 며느리를 데리고 성주의 남편 유배지에 살림을 합쳤다. 그는 성주에 도착한 지 몇 달 안 되어 냉증(冷症)을 앓아 고생했다. 땀이 계속 흐르고 몸이 불편했으며, 밥을 잘 먹지 못하고 몸이 붓는 증상이 계속되었다.[866] 복통, 두통이 있었고, 음식이 잘 내려가지 않는 증상도 있었다.[867] 이문건이 볼 때, 이 냉증은 비위가 약한 데다가,[868] 풍랭(風冷)에 상해서 생긴 병이었다.[869] 오랫동안 병세에 차도가 없자 새해 들어서 약을 쓰기 시작했다.[870] 이후 병세가 다소 호전되었지만,[871] 이후 1년 동안 일기 기록이 낙장 되어 보이지 않기 때문에 이때 김돈이의 냉증 진행 상황은 파악이 안 된다.

이 무렵, 유배생활 초창기에 이문건은 기력 쇠퇴와 하혈 때문에 고생하고 있었고, 아들도 담(痰)의 발작을 앓고 있었으니, 젊고 튼튼한 며느리를 제외하고는 모두 환자였다. 그런 가운데 이해 9월 새 생명인 첫손녀 숙희가 태어났다.

일기의 낙장 된 부분을 지나면, 1548년 1월부터 이해 6월 말까지 다시 6개월간의 내용이 보인다. 이 짧은 기간에도 김돈이(52세)의 여러 와병 내용이 보인다. "처는 내 병을 간호하느라 몸이 쇠약해졌는데, 근일 식은땀을 흘리며 피곤해서 몸을 제대로 가누지 못하니 안타깝다."[872]는

---

865 | 『묵재일기』, 1546.8.26., 8.30.
866 | 『묵재일기』, 1546.11.16., 11.21.~11.24.
867 | 『묵재일기』, 1546.12.17.
868 | 『묵재일기』, 1546.12.14.~12.15.
869 | 『묵재일기』, 1546.12.25.
870 | 『묵재일기』, 1547.1.1.
871 | 『묵재일기』, 1547.1.22.
872 | 『묵재일기』, 1548.1.19.

기록을 보면, 그가 몇 년간 지속된 남편의 병 수발 때문에 지쳐 있었음을 알 수 있다.

손가락 종기를 심하게 앓다, 55세~56세 때

낙장 된 부분을 뛰어넘어 다시 내용이 보이는 1551년 1월의 기록에도 곧바로 이문건 처의 병이 보인다. "찬바람을 맞아 생긴 감기로 기침을 하고 두통을 앓아누워서 남사(南舍)의 방으로 나가서 조리를 했다. 근래에 연일 산모를 돌보느라 편히 쉬지 못했다."[873] 여기서 산모란 며느리를 가리키며, 며느리는 1월 5일에 손자를 낳았다. 기다리고 기다리던 손자를 낳은 며느리와 손자를 돌보느라 한겨울에 감기에 걸린 것이었다. 그렇지만 이 감기가 심한 병으로 발전하지는 않았다.

55세의 김돈이는 이해 3월 하순부터 4월 중순까지 손과 손가락에 종기가 생기고, 온몸에 열이 나고, 고통스러운 병을 심하게 앓았다. 당시에 종기가 얼마나 대단한 병이었는지는 김돈이의 사례로 충분히 짐작할 수 있다. 종기 병은 왼쪽 손바닥이 가려워 긁자 붉은 종기가 생기고 열이 나는 것으로부터 시작되었다.[874] 이문건은 대수롭지 않게 여겨 또다시 처가 감기를 앓는 것이라 생각했다.[875] 그래서 감기 치료약인 삼소음(蔘蘇飮)을 달여 복용토록 했다.[876] 그렇지만 처의 병은 쉽게 수그러들지 않고, 그러던 중 간병하던 계집종 억금(億今)이 밤에 방 휘장을 치지 않아 감기가 더 심해졌다고 여긴 이문건은 손가락이 퍼렇게 멍들 정도

---

873 | 『묵재일기』, 1551.1.11.
874 | 『묵재일기』, 1551.3.19.
875 | 『묵재일기』, 1551.3.20.
876 | 『묵재일기』, 1551.3.24.

로 여종을 구타하기까지 했다.[877] 처의 병증은 더욱 심해졌다. 이번에는 소시호탕(小柴胡湯)과 사물탕(四物湯)을 같이 달여 먹였으나, 오히려 이로 인해 배에 찬 기운이 생겨서 처가 매우 불편해했다.[878] 증상이 악화하자 급기야 무녀를 불러 귀신을 달래기도 했다.[879]

그럼에도 병은 계속 악화되었다. 끙끙거리며 신음하고, 심장과 폐에 답답한 열이 있어 음식을 전혀 먹지 못하고, 맥이 위험스러웠다.[880] 헛소리까지 했다.[881] 삼소음, 인삼강활산(人蔘羌活散), 지보단(至寶丹), 청심원 등 여러 약을 썼지만 종기의 열독은 더욱 심해졌다. 점쟁이 김자수를 불러 점을 쳤더니 "정사생(丁巳生) 운수가 위험하고 액이 있는데, 5, 6월에 특히 더 위험하다."는 흉한 말을 했다.[882] 김돈이는 손가락 통증 때문에 크게 소리 지르며 잠을 못 이뤘으며, 승려 보명(普明)이 종기 치료에 웅담이 좋다고 하여 그의 말을 따라서 웅담을 복용토록 했다.[883] 열 손가락 모두에 종기가 났는데, 좁쌀 같은 것, 콩알 같은 것, 꼭지가 없이 붓기만 한 것 등 모양이 하나같지 않았다. 점쟁이 김자수가 권한 대로 무녀를 불러 병 낫기를 빌고, 귀신을 꾸짖었다.[884]

종기는 손과 손가락에만 그치지 않고, 등, 엉덩이, 팔뚝, 허리 등 온갖 곳에 다 붉은 반점이 생겼다. 큰 것은 동전만큼 컸고, 콩만 한 것, 거품 같은 것, 문드러진 것 등 이루 다 말할 수 없을 정도로 다양했는데, 가장 고통스러운 부분은 양 손의 세 번째 손가락 부위였다.[885] 이문건

---

877 | 『묵재일기』, 1551.3.27.
878 | 『묵재일기』, 1551.3.28.
879 | 『묵재일기』, 1551.3.30.
880 | 『묵재일기』, 1551.3.30.
881 | 『묵재일기』, 1551.4.2.
882 | 『묵재일기』, 1551.4.3.
883 | 『묵재일기』, 1551.4.4.
884 | 『묵재일기』, 1551.4.4.
885 | 『묵재일기』, 1551.4.5.

은 계속 웅담 또는 천금누로탕(千金漏蘆湯)을 복용토록 했다.[886] 통증으로 잠을 못 이루자, 새벽에 침으로 종기머리를 쨌는데, 일곱, 여덟 손가락을 다 쨌더니 피는 많이 나오지 않았지만 환자가 다소 시원함을 느꼈다. 이튿날에는 거머리를 썼다. 왼손에 일곱 마리, 오른손에 네 마리를 붙여 종기 부위를 빨아내도록 했는데, 다 빨고 나서 떨어내자 피가 많이 나왔다. 그런 후 처의 몸기운이 크게 허해짐에 삼기탕(蔘耆湯)으로 기운을 북돋도록 했다.[887] 이문건의 처는 신경이 예민해져서, 계집종 가절종(加㘒終)이 설거지를 제대로 해놓지 않자 극히 노해서 종의 머리채를 잡아당기고 구타하기도 했다.[888] 다음 날 밤에는 열을 내리기 위해 월경수(月經水)를 복용했고, 노곤해하며 끙끙거렸는데, 이문건의 처는 새벽에 "죽는 꿈을 꿨다."고 했다. 아침에 녹두죽(菉豆粥)을, 진시(辰時)에 다시 침재한 황벽나무 가루와 사람 똥 등을 물에 개어 한 종지 먹었는데, 반 종지를 토해냈다. 김돈이는 "죽을 때가 되어 더러운 것을 토해내는 것이 아닌가?", "이 열이 그치지 않으니 다시 살아나는 이치가 없으므로 장사나 치르라."는 말을 뱉어냈다.[889] 그렇지만 이날을 고비로 하여, 이튿날부터는 회복되기 시작했다.[890] 4월 16일, 재발 방지를 위해 승려 지일(智一)이 구명시식(救命施食)을 거행했다.[891] 점쟁이 김자수의 권고에 따른 것이었다.[892] 이문건의 처는 병세가 완연히 회복되어 열 손가락의 종기가 다 딱지가 되어 떨어져 나갔다.[893] 이후 더디지만 차츰 회복되었다. 이문건의

---

886 | 『묵재일기』, 1551.4.6.~4.7.
887 | 『묵재일기』, 1551.4.7.
888 | 『묵재일기』, 1551.4.8.
889 | 『묵재일기』, 1551.4.9.
890 | 『묵재일기』, 1551.4.11.
891 | 『묵재일기』, 1551.4.16.
892 | 『묵재일기』, 1551.4.12.
893 | 『묵재일기』, 1551.4.16.

처 김돈이는 한 달 정도 지독한 손가락 종기를 앓은 것이다.

이해 9월에 괴산에 간 이문건의 처는 풍 때문에 생긴 종기인 풍종(風腫)을 앓았다. 김돈이는 일단 그곳에서 종기 부분을 침으로 쟀으며,[894] 이문건은 성주에서 처의 종기 병을 근심하면서 사물탕 여섯 첩을 지어 보냈다.[895] 다행히도 처의 종기는 나았다.[896] 그런데 아직 괴산에 머물러 있는 처의 풍종이 이듬해 4월 다시 재발했다는 소식이 들려왔다. 아내의 편지에는 "풍증이 재발했습니다. 기가 쇠약한데, 어느 한때도 건강한 때가 없습니다."라는 내용이 적혀 있었고, 그것을 본 이문건은 "불쌍하다!"며 탄식했다.[897] 열흘 남짓 있다가 종이 또 소식을 전해왔는데, 이번에는 처의 편지가 없었다. 병 때문에 쓰지 못했기 때문이라고 했다.[898] 성주 집에서는 아들이 정신이 온전치 않고, 처가에서는 처가 병고를 치르고 있어서 우환이 겹쳤다. 가족의 병을 걱정하면서 이문건은 점쟁이 김자수에게 편지를 내어 아들과 처의 병의 예후에 대해 물었다. "부인의 종기에 관한 병점은 흉하니, 가을에야 다시 살 가망이 있을 것이다. 아들은 올해 죽지는 않을 것이다."는 답이 왔다.[899] 그러던 차에, 처의 병이 위태롭지 않다는 반가운 소식에 이문건은 기뻐했다.[900] 오랜만에 괴산에서 처의 편지가 왔는데, 이런 내용이 적혀 있었다.

행차하여 다시 나선 이후에 얼굴 위에 콩만 한 종기가 생겼는데, 차츰 밤처럼 굵어져 얼굴 전체에 열이 심하다오. 7일 후에 쟀는데 누렇

894 | 『묵재일기』, 1551.9.14.
895 | 『묵재일기』, 1551.9.27.
896 | 『묵재일기』, 1551.10.19., 11.1.
897 | 『묵재일기』, 1552.4.27.
898 | 『묵재일기』, 1552.5.9.
899 | 『묵재일기』, 1552.5.13.
900 | 『묵재일기』, 1552.5.25.

고 붉은 나쁜 즙이 흘러나왔고 고름이 잡히지는 않았지요. 이후로 종기 있던 곳이 평복된 듯하나 열은 사라지지 않고 기운이 몹시 피곤하니 걱정스럽네요.[901]

편지를 본 이문건은 이것이 반드시 원래 있었던 종기의 증세인데 떠돌아다녀서 그렇게 된 것이라 생각했다. 이후 이문건의 처는 다시 종기 증세가 발작해 얼굴에 생겼다.[902] 김돈이는 9월 5일 성주로 되돌아왔다. 이후부터 이문건은 처의 병을 돌보면서 상태를 상세히 기록했다. 우선 그는 처에게 팔물탕에 향부자(香附子)를 더한 약을 들게 했다. 이 약은 이전에 괴산으로 보냈던 것인데 먹지 않고 남아 있던 것이다.[903] 처가 복통이 생기자 다리미로 배를 지지도록 했다.[904] 9월 23일, 처가 갈증, 복통과 함께 오심과 목구멍 안에 열이 있었다. 낮에 오른쪽 뺨에 종기가 생겨 째었더니 보랏빛을 띠는 검정 피가 나왔다. 그러면서 괜찮아졌다.[905]

남편의 외도로 분노하고, 자식의 긴 병에 상심하고, 57세 때

1553년 봄, 병자 김돈이는 마음이 불편해 식욕을 잃었다. 아들의 깊은 병과 남편의 외도 때문이었다. 이문건은 이를 "근래 아들의 병에 상심하고, 겨울에 기생을 질투하는 데 상심하여 마음이 극히 피곤해지고, 밥을 먹지 못한다."고 기록했다.[906] 마음이 극도로 상한 상태였기 때문

---

901 | 『묵재일기』, 1552.6.27.
902 | 『묵재일기』, 1552.7.17.
903 | 『묵재일기』, 1552.9.20.
904 | 『묵재일기』, 1552.9.22.
905 | 『묵재일기』, 1552.9.23.
906 | 『묵재일기』, 1553.3.7.

에 김돈이는 옛 병이 낫지 않고, 새 병이 계속 이어졌다. 그는 5월에 두 달 이상 감기로 추위에 떨고 온몸에 열이 나며 오래 누워 있었으며,[907] 삼소음 같은 약을 계속 복용해왔는데도 큰 효과를 보지 못했다.[908] 무당을 불러 굿을 해봐도 그의 열증은 쾌차하지 않고, 온몸에 붉은 좁쌀만 한 점들로 덮였다.[909] 이런 증상에 해수까지 겹쳤다. 삼소음 외에도 이진탕(二陳湯)을 달여 먹였는데도 열흘이 지나도록 이 병증이 차도가 없는 데다, 더위 먹은 병까지 겹쳐서 몸이 더욱 불편했다.[910] 그렇지만 두 해에 걸쳐 그를 괴롭히던 여러 병들이 6월 중순께 약간의 차도를 보였다.[911]

지난해 가을 김돈이는 이문건의 외박으로 인해 화병이 폭발한 바 있었다. 1552년 11월 20일, 이문건은 집에서 성주목사를 비롯한 여러 사족 등과 함께 술을 마셨다. 술에 취하기는 했지만 잠이 들지 않은 상태에 있었는데, 벗 우응(友膺)이 왔기에 그는 다시 옷을 주워 입었다. 아래채에 가서 아이를 잠깐 보고 이상이 없음을 확인한 후, 함께 말을 달려 성령(星嶺)을 넘어 금안촌(金鞍村) 전응건(全應乾)의 집 연회에 참석했다. 그는 술을 마신 후 귀가하지 않고 거기서 하룻밤을 묵었다. 밤이 깊어지자 사람들이 각각 한 방씩 자러 들어갔다. 기생이 방에 있었지만 그는 병에 걸릴까봐 가까이 하지 않았다. 한편 이문건의 처는 날이 깜깜해졌는데도 남편이 오지 않자, 분해서 잠을 자지 않고 길만 쳐다봤다. 화가 나서 종 만수(萬守)와 후생(后生)에게 횃불을 들고 밤길로 남편을 찾아오라고 보냈다. 이문건은 그냥 그들을 돌려보내고, 다시 그 집에 눌

---

907 | 『묵재일기』, 1553.5.4.
908 | 『묵재일기』, 1553.5.8.
909 | 『묵재일기』, 1553.5.8., 5.11.
910 | 『묵재일기』, 1553.5.16., 5.24.
911 | 『묵재일기』, 1553.6.12.

러 앉아 잠을 잤다.[912]

이튿날 이문건의 처는 다시 만수를 보내서 "손자가 몸이 좋지 않다." 하면서 이문건을 급히 찾았다. 이문건은 걱정이 되어 손자 병에 대한 점을 쳤더니, "흉하지 않다."고 나왔다. 집에 도착하자마자 아이를 보러 갔다. "밤새 울고 몸이 좋지 않았다."고 했다. 이문건의 처는 남편을 힐난했다. 그는 성내면서 이렇게 말했다.

멀지도 않은 곳에 있으면서 어째서 밤에 돌아오지 않고 기생을 끼고 남의 집에서 잤소? 어찌 이것이 늙은이가 할 짓이란 말이오? 왜 아내가 상심해서 잠도 못 자고 밥도 못 먹으리라는 것을 생각하지 못한단 말이오?[913]

물론 이문건도 지지 않았다. 같이 으르렁거리며 싸웠다. 김돈이는 기생 종대(終代)를 들먹이며 이문건을 책망했다.[914] 24일 아침, 김돈이는 병든 몸을 이끌고 와서 종 숙지(叔之)에게 들은 말로써 이문건을 다시 다그쳤다.

방금 종 숙지가 말했수다. 종대가 승지께서 몸소 자신을 품었다는 것을 자랑하고, 또 말을 꾸며서 승지를 핑계 삼아 교방에다가 다른 손님은 올리지 말라고 했다고 합디다. 또 말하기를, "승지께서 내게 말씀하셨는데, '기생을 부르는 소리를 들어 마음이 울렁거리는데, 어찌하여 멀리 서 있으면서 네 모습을 보여주지 않는단 말이냐?'라고 했다

---

912 | 『묵재일기』, 1553.11.20.
913 | 『묵재일기』, 1552.11.21.(이복규, 『<묵재일기>에 나타난 조선전기의 민속』, 33쪽 번역문 참조).
914 | 『묵재일기』, 1552.11.21.

고 하는군요. 이와 같은 거짓 수작이 매우 많아 일일이 다 적지 못할 지경이니 놀라운 일이잖소. 마땅히 행수기생을 불러서 종대가 잡소리 하지 못하도록 가르치도록 하고, 이후로 다시는 술시중을 들지 못하 도록 과단 용감하게 처리하소.[915]

처가 이문건의 여자관계를 의심한 것은 그가 전력이 있기 때문이었 다. 한 예로 일기에 언급되어 있듯, 지난 봄 옷감 짜는 계집종인 향복(香 卜)을 희롱한 사건이 그것이다. 그는 자신이 간음하는 마음이 생겨 그런 것이 아니라 단지 적적한 시간을 잊으려고 주사위놀이를 하다가 지나쳐 범한 데 이르렀다고 변명했다. 다른 여종이나 김돈이가 그것을 곧이 믿 지 않았다.[916]

이문건이 행수기녀를 부르지 않자, 그의 처는 극도로 분노해서 밥도 먹지 않고 삐쳐서 저녁 무렵 아래채에 내려가버렸다. 이문건은 계집종 억금이를 시켜서 "자기는 부인을 상심시킨다고 하면 애첩이라도 관계 를 끊어버릴 것이며, 하물며 천한 기생과 애욕 관계에 빠지지 않을 것 이다."는 말을 전하도록 했다. "어찌 사랑하는 기생과 정을 끊어버리겠 는가. 계속 간음하소서."라는 처의 매서운 답이 날아왔다. 이문건은 늘 자기 처가 질투가 심한 성정의 인물이라 여겼다. 이를테면 다음과 같다. "내가 농담 삼아 '기생 가운데 잘생긴 아이가 없다오.' 하면, 처가 노해 서 '종대가 생각나서 그런 것이지요.' 이러면서 책망하기를 그치지 않는 다. 초저녁에 달려나가 아래채로 내려가버렸다. 가히 질투 잘하는 사람 이라 할 만하다."[917] 물론 그의 처는 완전히 달리 생각했다. "그대가 다른

---

915 | 『묵재일기』, 1552.11.24.
916 | 『묵재일기』, 1552.11.24.
917 | 이복규, 『<묵재일기>에 나타난 조선전기의 민속』, 35쪽.

사람에게 정을 주지 않는다면, 내 어찌 질투하오리까? 어찌하여 밥을 먹지 않고 병을 얻으리까?"[918]

외도한 남편 때문에 속상해서 김돈이는 이해 12월까지도 내내 원래 있던 병에다가 음식도 먹지 않아 더욱 쇠약해졌으며 정신도 피로해졌다. 남편 이문건은 쇠약한 마누라를 안타까워하며, 그의 '질투'를 감내하면서 처의 병증에 맞추어 성실히 팔물탕(八物湯), 이진탕(二陳湯), 이중탕(理中湯) 등의 약재로 처의 병을 다스리고, 좁쌀죽, 어육, 쌀죽, 차조기죽 등의 음식으로 처의 기력을 회복시키려 애썼다.[919] 무당을 불러서 굿도 했다.[920] 부인이 종일 밥을 먹지 않고 밤새 누워 끙끙대자, 체면 손상을 무릅쓰고 처가 요구했던 행수(行首)기녀를 불러 "종대(終代)가 다시 술시중을 들지 못하도록 하겠다."는 다짐을 말해주도록 했다.[921] 그럼에도 김돈이의 노여움은 완전히 풀리지 않았다.

병중에도 집의 여인 수장으로서 김돈이가 신경 써야 할 일은 집안의 양잠 일이었다. 당시 사대부가에서는 대부분 자가에서 잠사를 뽑아 사용했고, 이문건 집안에서도 고치 수확 후 바로 고치를 풀어 실을 뽑아냈는데, 이문건의 처는 몸이 아픈 상태에서도 전 과정을 지휘·감독하며 때로는 손수 방적과정에 참여하고 있었다.[922] 이문건 일가는 양잠 경영을 해서 큰 이윤을 남겼다.[923]

918 | 『묵재일기』, 1552.12.8.

919 | 『묵재일기』, 1552.12.9.~12.28.

920 | 『묵재일기』, 1552.12.15.

921 | 『묵재일기』, 1552.12.23.

922 | "처는 손톱이 다 떠 있는 상태라고 한다. 고치를 씻고 끓였다." 남미혜, "16세기 사대부 이문건가의 양잠업 경영에 대한 일 연구—『묵재일기』를 중심으로", 『조선시대사학보』 26, 2003, 165쪽.

923 | 남미혜, 위의 글, 175쪽.

여러 병치레를 하다, 58세~65세 때

김돈이는 58세~65세 때 여러 병치레를 했다. 이후에 닥친 위급함에 견준다면 큰일이 아니라 할 수 있지만, 노년 여성 김돈이의 몸은 늘 병을 달고 살았다.

58세 때는 큰 병은커녕 잔병도 없이 지나갔지만, 59세 때는 안질을 앓기도 했고, 음식을 잘못 먹어 병에 걸려 김자수가 두류산에서 처를 위해 성수제(星宿祭)를 지내기도 했으나 큰 탈 없이 지나갔다.[924] 이해 9월에는 눈자위 위에 종기가 생겨 그것이 눈 아래쪽까지 통증이 이어지고, 귀 앞과 목에 멍울이 생기고, 두통으로 추워 떨면서 혹 눕기도 하고 앉아 있기도 하나 몸이 불편했다.[925] 남편 이문건이 처방해준 영보단(靈寶丹), 포공영(蒲公英), 인동초, 녹두 가루를 복용했지만, 병세가 악화되어 무녀를 불러 기도를 드리기까지 했다.[926] 이문건은 이런 처의 병세를 일기에 상세하게 적었다.

- 다음 날에는 그는 두통에 열이 나고 마음이 답답하고 뱃속이 차서 냉약(冷藥)을 먹지 못했으며, 설사를 두 차례 한 후에 답답증은 조금 그쳤다고 했다. 혹은 그쳤다가 혹은 뻗쳤다가 기후가 일정치 않았으며, 온몸에 통증이 있었는데 허리 부분이 더욱 심했다. 처의 맥을 짚어보니 자주 뛰었기에, 인동초(忍冬草) 끓인 물에 녹두죽을 합쳐 먹이도록 했다.[927]

- 아침에 아래에 가서 처의 병을 봤더니 맥이 자주 뛰고 온몸에 콕

---

924 | 『묵재일기』, 1555.3.24., 4.4.
925 | 『묵재일기』, 1555.9.3.
926 | 『묵재일기』, 1555.9.4.
927 | 『묵재일기』, 1555.9.5.

콕 쩌르는 통증이 있었는
데 허리 부위가 가장 심
했다. 오른쪽 머리에 편두
통이 있었고, 미음을 먹
었는데 모두 체해서 소화
시키지 못했다. 오후에 무
녀 추월로 하여금 기도를
드리게 했더니 얼마 후
좋아졌다고 한다.[928]

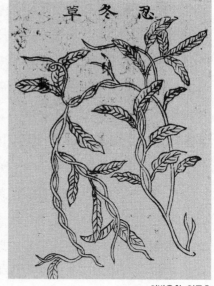

의방유취-인동초

이문건은 며칠 동안 증상을
지켜본 후에 이 병이 풍열과 관
련된 것으로 파악하고, 이에 관한 약인 방풍통성산(防風通聖散)을 처방
해 복용시켰고, 또 부인의 혈을 보하기 위해 사물탕을 지어 먹였으며,
이후 김돈이의 열증이 차도가 있었다.[929] 병세가 회복되는 가운데, 김돈
이는 무당 추월을 불러 아들의 병을 위한 무당굿을 치렀다.[930]

1556년 8월, 육순을 맞은 김돈이는 생일 무렵 병에 시달렸다. 이문건
은 처의 병을 열증으로 판단하여 열흘 이상 팔물탕을 처방했으나, 오히
려 병을 악화시켰다.[931] 다시 서울에서 보내온 사물탕에 맥문동·지골피
·적작약·황기 등을 가미한 약을 처방하는 한편,[932] 무녀를 불러 굿을
했다.[933] 무녀는 병의 빌미로 이문건 자신을 지목했다. 8월 21일, 처의 육

928 | 『묵재일기』, 1555.9.6.
929 | 『묵재일기』, 1555.9.6., 9.9.~9.17., 9.26.~9.28., 10.2.
930 | 『묵재일기』, 1555.윤11.14.
931 | 『묵재일기』, 1556.8.8.~8.18.
932 | 『묵재일기』, 1556.8.19.
933 | 『묵재일기』, 1556.8.20.

순 잔치를 위해 이문건은 기생을 불러 노래를 부르도록 했는데 김돈이는 즐거워하지 않았다. 김돈이의 병은 차도가 없었고, 아들 온의 병이 다시 발작해 생일잔치가 엉망이 되었다.[934] 이문건은 몸이 쇠약한 김돈이를 위해 한동안 계속 사군자탕, 익위승양탕 등을 복용토록 하여 기력 회복에 힘을 기울였다.[935] 61세 때(1557년)는 김돈이는 남편의 일기에 등장할 만한 병을 앓지 않았다. 이는 지난 몇 해 동안 그를 괴롭혔던 만성적인 신체 쇠약이 회복되었음을 뜻한다. 이해 6월 아들이 사망했다.

62세 때(1558년) 김돈이를 괴롭힌 질병은 난치병인 등창[背瘡]이었다. 그는 7월부터 9월 초까지 등창으로 고생했다. 이문건은 등창의 치료과정을 자세하게 기록했다. 이문건은 발병한 지 4, 5일이 지난 후 고름이 잡힐 무렵에야 처의 등창을 인지했다. 처는 때때로 두통 또는 피부의 통증을 호소했다. 이문건은 식초와 소금을 함께 볶은 것을 종처에 붙이도록 하는 한편 개고기를 금식시켰다.[936] 종기와 통증이 없어지지 않자, 그는 녹두죽을 먹여 설사 시키는 방법을 택했다.[937] 여전히 종기 증세가 계속되자, 그는 소금 붙인 것을 떼어내고 대신에 또 다른 하제인 민들레 약재 포공영(蒲公英, 민들레)을 붙이도록 했는데, 고름이 잡혔고 처는 통증을 호소했다. 이문건은 또다시 인동초 달인 물과 녹두 가루를 섞어 투여하여 병독을 설사로 빼내려고 했는데, 처가 설사를 했다. 처의 등에 난 종기의 돌기 껍질이 파괴되어 누런 물이 나오기 시작했는데, 통증이 가슴을 뚫고 온갖 뼈까지 다 쑤실 정도로 처가 아파했다.[938]

이튿날 처가 밤새 못 잤다 하자, 이문건은 고름이 나올 것이라 추정

934 | 『묵재일기』, 1556.8.21.
935 | 『묵재일기』, 1556.10.8., 11.12.~11.25.
936 | 『묵재일기』, 1558.윤7.6.
937 | 『묵재일기』, 1558.윤7.7.
938 | 『묵재일기』, 1558.윤7.9.

하면서 계집종 억금(億今)으로
하여금 부스럼 부분을 누르도
록 했다. 흰 고름이 약간의 피
와 함께 섞여 나오며 그쳤다. 저
녁때 또다시 눌러서 고름을 짜
내도록 했더니 통증이 제법 그
쳤다.[939] 김돈이의 종기는 아직
헐은 데가 없어지지 않고 색이
깨끗지 못했으며 째진 구멍이
잘 갈무리되지 않았으며 고름
이 나오지 않고 고름뿌리가 가
운데 붙어 있었다. 이문건은 다

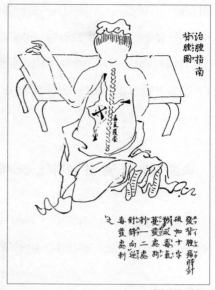

치종지남-배종도

시 인동초와 녹두 가루를 써서 종기 여독을 다스리고자 했으며, 이윽고
종기 터진 구멍으로 흰 힘줄이 반쯤 드러났기에 곤마잎[崑麻葉]을 붙
였다.[940] 이후 통증이 가시고 단지 가려움증만 남았으며, 김돈이는 계속
인동초탕을 복용하면서 9월까지 등창을 다스렸다.[941] 10월 이후에도 김
돈이는 몸이 노곤하여 오래 누워 있을 때가 있었고, 몸의 쇠약 증상은
이듬해(1559년) 초에도 몇몇이 확인된다.[942] 그렇지만 이문건의 일기가 이
해 4월 24일부터 이후 1년 8개월 남짓 낙장이 되어 있어 이 기간 동안
이문건의 처 김돈이의 병력(病歷)에 대해 알지 못한다.

"처의 병 증상이 다소 그쳐서 괴로워하지는 않는다. 어제 하랭(下冷)
하여 오줌을 자주 보았다. 차츰 고기를 먹으나 오늘은 그렇지 않았다고

939 | 『묵재일기』, 1558.윤7.10.
940 | 『묵재일기』, 1558.윤7.11.
941 | 『묵재일기』, 1558.윤7.12.~8.12, 9.1.
942 | 『묵재일기』, 1558.11.2., 1559.4.6.

하더라."[943] 낙장 된 부분이 끝나고 다시 일기가 이어지는 바로 그날부터 이처럼 김돈이의 병이 보인다. 이때 그의 나이는 65세(1561년)였다. 그는 넓적다리 종창, 감기, 해수, 복통, 왼쪽 팔뚝의 붉은 종기 등 여러 잔병을 앓았지만, 그 병들은 큰 문제 없이 지나갔다.

죽을 고비를 몇 번 넘기다, 66세~70세 때

1562년 1월 28일, 김돈이는 마치 귀신 씌운 듯 갑자기 급한 병에 걸려 드러누웠다. 그날 일기에는 이렇게 쓰여 있다.

> 처가 아침에 측간에 나가서 추위에 상해[傷寒] 가래를 토해냈고 들어와서 드러누워 밥을 먹지 못했다. 추위에 떨며 열이 나서 옷을 벗고 좌석에서 고통스럽게 신음하다 다시 가래를 토했다. 그는 말하기를 "애정(愛丁)의 혼이 와서 이렇게 벌벌 떨게[瘧] 되었다. 눈으로 그를 보면 같이 자리한 듯하다."고 했다.[944]

김돈이는 이 갑작스러운 병을 귀신이 씌워 생긴 것으로 파악했다. '사랑스러운' 정(丁)의 혼이 찾아와 그랬다는 것이다. 그런데 전후 맥락이나 이전, 이후 일기에는 애정(愛丁)이 누군지 나와 있지 않다. 이문건의 기록에서 이미 죽은 사람으로서 '정'자(字)가 들어간 인물로는 비록 한자는 다르지만 음이 같은 딸 정중(貞中)이 있다. 그는 40여 년 전(1521

---

943 | 『묵재일기』, 1561.1.7.
944 | 『묵재일기』, 1562.1.28.

년) 두창으로 죽은, 얼굴이 예뻤던 첫째딸이다.[945] 이문건은 즉시 소시호탕을 달인 물에다 용소환 세 알을 복용시키는 한편, 여종 억금을 시켜 밥과 술을 갖춰 기도하도록 했다. 이문건은 기도 모습을 다음과 같이 기록했다. "마치 귀신이 강림한 듯, 머리를 흔들며 손을 휘저으면서 알기 힘든 소리를 계속 지껄여댔는데 혐오스러운 모습이었다. 그 앞에 쌀 됫박을 두었는데, 사람들이 다투어 그것을 들었다 놨다 하니 마치 어떤 물건을 눌러버리는 것 같았다. 미혹스러웠다."[946]

이튿날에도 처의 열병이 해소되지 않고 밥도 못 먹고 누워서 신음하기에, 그는 다시 약을 복용시키는 것과 함께 무녀를 불러서 적삼 주머니에 쌀을 담은 후 빌미 노릇을 하는 귀신에게 기도했다.[947] 2월 1일, 김돈이는 맥이 고르지 않고 느린 맥이 일정치 않고 끊어졌다 이어졌다 하여 위급한 지경에 이르렀다. 이문건은 청심환, 향소산 등 약을 복용시키는 한편, 정신을 안정시키기 위해서 붉은 부적을 그려 방 벽에 붙였으며, 무녀를 불러와 구명(救命) 굿을 펼치도록 했다. 이날 이문건 집에서는 종이 죽어 나갔는데, 무당은 집에 죽은 사람이 있어서 오늘 굿은 안된다고 하여 그를 돌려보냈다.[948] 이후 며칠 동안 김돈이의 병은 위태로웠으며, 향소산, 인삼·천문동·뽕나무 잎을 달인 물, 지보단(至寶丹), 패독산(敗毒散) 등의 약을 각각의 증상에 대응해 썼으나 약효가 없었다. "지극히 걱정스럽고, 걱정스럽다. 어찌 할꼬, 어찌 할꼬." 이문건은 처가 죽을까 걱정하며 이런 말을 되뇌었다. 처는 계속 헐떡거리며 심한 기침을 했고, 맥을 짚었더니 이미 기운이 흩어져 있었다.[949]

---

945 | 『양아록』, 138–139쪽.
946 | 『묵재일기』, 1562.1.28.
947 | 『묵재일기』, 1562.1.29.
948 | 『묵재일기』, 1562.2.1.
949 | 『묵재일기』, 1562.2.3.

2월 4일, 김돈이는 위급한 상황에 처했다. 그는 새벽부터 정신이 혼란해졌고 헛소리를 하며 판단력이 흐려져서 "망극"한 지경에 이르렀다. 이문건은 잇달아 초조하게 무녀와 점쟁이들에게 처의 병 예후를 물었다. 무녀가 와서 "오늘은 몸에 이상이 생기지 않을 것입니다." 하고 내일 굿을 치르겠다고 했는데, 이문건은 또다시 맹인 점쟁이에게 내일이 굿하기에 괜찮은지 묻도록 했으며, "괜찮다."는 말을 들었다. 또 한 차례 이문건은 권동(權同)의 집에 있는 다른 늙은 맹인 점쟁이에게 종을 보내어 처의 병 예후를 묻도록 했다. "열흘이면 차도가 있을 것이다."는 대답이 왔다. 처는 오후 내내 죽을 고비에 처해 있었다.[950] 이날 손녀 숙희는 아무도 모르게 자신의 허벅지 살을 베어내어 태워서 재로 만든 후 죽엽수에 타 할머니에게 봉양했다.[951]

기적이 일어났다. 놀랍게도, 이튿날 김돈이의 병은 '이전에 비해 살아날 길이 있는 것'처럼 호전되었다. 죽을 고비를 넘긴 것이다. 열도 내렸다. 단지 숨이 가빴고 말을 잘 못했고 눈동자 초점이 분명치 않았다. 이날 무녀 추월이 고사를 지냈는데, 처음에는 집 뜰에서 다음에는 상남정(上南亭)에 가서 빌미가 된 귀신에게 제사했다.[952] 이후 김돈이는 열을 내리기 위해 승마시호탕(升麻柴胡湯), 양격산(凉膈散)을 복용했고, 쇠력한 기운을 회복시키기 위해 사물탕, 보중익기탕, 삼소산 등의 약을 복용하면서 병을 다스려나갔다.[953] 김돈이의 병이 회복되자 이문건은 처의 병을 지극히 간호한 여종 향복(香卜)에게 치마를 짜는 베 1건을 상으로 내렸다.

67세 때, 김돈이는 잔병 또는 큰 병을 계속 앓았다. 특히 12월의 병

---

950 | 『묵재일기』, 1562.2.4.
951 | 『묵재일기』, 1562.4.13.
952 | 『묵재일기』, 1562.2.5.
953 | 『묵재일기』, 1562.2.6.~2.10., 2.13.~2.29.

은 심각해서 이문건은 여러 약을 써서 조리했다. 병을 앓는 기록은 『묵재일기』에 많이 보이지만, 여기서는 김돈이와 며느리의 갈등 부분만 살피도록 한다.

몸이 쇠약해 와병하는 중, 김돈이는 며느리와 좋지 않은 일이 있었다. 시어머니가 며느리에게 가정사를 제대로 건사하라고 훈계하자, 며느리가 죽고 싶다며 대들었다.[954] 그러자 시어머니는 화가 치솟아 이문건에게 다음과 같은 말을 했다.

> 처가 말하기를 "며느리가 비루하며 독랄해서 상하의 분별을 알지 못하고 오직 상놈들이 시어머니를 질투하는 습관이 배어 툭하면 (시어머니의) 말을 거역하고, 온갖 능욕을 다하며, 심지어는 '죽어버리겠다'며 부르짖기까지 하는 지경에까지 이르렀다." 하니 불량함이 어찌 이와 같은가. 필시 우리들이 자녀의 분별이 없어서 이런 나쁜 사람을 만났을 것이다. 한탄스럽고 한탄스럽도다.[955]

"아래채에 내려가 처의 병을 보니 어제에 비해 다소 안정이 되어 약물을 복용하지 않았고 단지 대추탕만 올렸으나 거절하고 단지 끓인 물만 먹었다. 어제 일곱 차례 요강에 앉았는데, 때로는 설사한 물이 조금 나왔고, 때로는 찌꺼기물만 방울방울 떨어지다 그쳤다고 한다."[956] (12.30.) 일기에서는 67세 김돈이의 병세에 대해 이렇게 끝을 맺고 있다.

이후 일기는 단지 요약본만 전하며, 병 기사는 거의 실려 있지 않다.

954 | 김소희, "16세기 양반가의 혼인과 가족관계―이문건의 『묵재일기』를 중심으로", 『국사관논총』 97, 2001, 105쪽.
955 | 『묵재일기』, 1563.12.16.
956 | 『묵재일기』, 1563.12.30.

69세 때인 1565년에 짧게 한 줄 쓰여 있다. "처씨 병이 들다."[957] 그렇지만 『양아록』에 실린 "김씨 정사생(丁巳生)의 액병양초문"은 이보다 한 달 남짓 앞서 작성된 것인데, 당시 이로부터 김씨의 중병 상황을 짐작할 수 있다.[958]

널리 포용하고 두루 덮고 계신 하늘의 뜻은, 진실로 사사로이 하는 것이 없으며, 죽음을 피하고 살 수 있는 길을 쫓아가는 것이, 사람 누구나 가지고 있는 정이니, 이것은 모두가 바라는 바입니다. 삼가 변변치 못하게 진설하여, 이로써 신명을 모독하였습니다. 엎드려 바라건대, 수명과 운사가 기박하여, 자질을 자못 약하게 타고나서, 일찍이 자녀를 양육하는데, 모두 중도에 요사했습니다. 우연히 손자를 얻었으니, 거의 나의 말년의 운수 동안에 완전히 보존되어, 결혼 시

양아록—부인초제문

기까지 가게 되기를 바라고 있는데, 질병과 액운을 지탱하기가 어려울까 두렵습니다. 엎드려 원하건대, 특별히 재생할 수 있게 어지심을 내리시고, 만전의 행운을 모두 이루게 해주소서. 쇠퇴해가는 (운세의) 실마리를 다시 떨치게 해주시어, 연속하여 은혜를 베풀어주시고, 늙은 나무에 거듭 꽃이 피게 하고, 잎새마다

---

957 | 『묵재일기』, 1565.5.19.
958 | 『묵재일기』, 1565.4.2.

흠치르르 윤기 나게 해주소서.[959]

쇠퇴해가는 실마리를 다시 떨치게 하고, 늙은 나무에 거듭 꽃이 피게 하고, 잎새마다 흠치르르 윤기 나게 해달라고 빌고 있지만, 어찌 노화와 죽음을 되돌리겠는가. 이듬해 부인이 세상을 떴다. 일기에는 부인의 병과 죽음에 대해 짧게 두 줄이 쓰여 있다.

무녀 추월이 와서, 부인의 기침병이 낫기를 기도했다.
인시(寅時)에 부인이 세상을 떴다. 오후에 목욕시키고 염했다.[960]

김돈이의 나이 70세, 이문건의 나이 73세였다. 이듬해 2월, 이문건도 세상을 떴다.

또 다른 여성, 며느리 김종금(金鐘金)의 병

이문건의 며느리 이름은 김종금(金鐘金)이다. 이문건은 며느리의 인적사항에 대해서도 간단히 적는 세심함을 잃지 않았다.[961] 그렇기 때문에 보통 그냥 '누구 집 며느리'에 불과할 그의 이름과 행적을 파악하는 게 가능하다.

김종금은 1526년에 출생했다. 할아버지는 김세균으로, 1483년 생원

---

959 | 『양아록』, 147~148쪽.
960 | 『묵재일기』, 1565.윤11.9., 윤11.12.
961 | 『양아록』, 「축원문—가문의 번창을 기원하여」, 144쪽.

에 합격했으며, 관직이 삼품에 이르렀다. 아버지 증수는 자가 인보로, 청주[승지 김공 예의 누이] 김씨에게 장가들어 가정을 이루니 자녀가 매우 번성했다. 그는 21세 때(1546년) 자신보다 여덟 살 나이가 많은 자신의 아들 이온과 결혼했다. 결혼 후 딸 셋과 아들 하나를 낳았다. 그는 56세(1591년)로 세상을 떠났다.[962]

김종금은 이온과 결혼해서 1남 3녀를 낳았다. 1546년 결혼 이후 잇달아 아이를 낳았는데, 1547년에 첫딸을, 1548년에 첫아들을, 1549년에 둘째딸을, 1551년 셋째딸을 낳았다. 이 가운데 둘째딸은 1551년(세 살 때)에 죽어서 이후 1남 2녀를 길렀다.[963]

이문건은 며느리에 대해 "자부 또한 혈기가 왕성하여 무병했다."고 썼다. 그의 언급처럼 『묵재일기』에서 며느리의 질병에 관한 기록이 가장 적게 보인다. 또한 중병도 앓지 않았다. 김종금의 질병 가운데 가장 오래 그를 괴롭혔던 병은 26세 때(1551년) 젖에 난 종기 유옹(乳癰)이었다. 이해 그는 1월 손자를 낳았는데, 6월 말 젖이 딱딱해지고 통증이 있었다. 이에 이문건은 파로 문지르는 처방을 내렸다.[964]

이것이 악화한 것인지는 분명치 않지만 이해 8월, 김종금의 왼쪽 유방에 통증이 생기기 시작했다.[965] 이문건은 약방문을 쓸 게 없어서 고민스러워했고[966] 이튿날에는 유두 아래 환부에 기침(蜞針, 방게침?)을 썼다.[967] 다음 날 종기에 고름이 잡혔다고 하므로, 오향연교탕(五香連翹湯)을 써서 치료토록 했다. 이와 함께 침을 놓으려고 했지만 "인신(人神)이

962 | 『양아록』, 146쪽.
963 | 김현영, "묵재일기 해제".
964 | 『묵재일기』, 1551.6.21.
965 | 『묵재일기』, 1551.8.19.
966 | 『묵재일기』, 1551.8.24.
967 | 『묵재일기』, 1551.8.25.

가슴 부위에 있어" 침놓는 날이 아니므로 침을 놓지는 못하고, 다음 날 침을 놓았다.[968] 이문건은 계집종 돌금(乭今)으로 하여금 놋쇠침(鍮針)을 써서 종기 부분을 따도록 했다. 처음에는 피가 조금 나오더니 이어서 고름이 나왔다. 문드러진 곳에 고름과 피가 계속 나오자 창포 뿌리를 발라서 고름을 없애도록 했다. 이날 몸이 회복되어서 비로소 일어나 앉게 되었다. 유옹의 고름이 조금 그치고 단지 바깥 거죽 부분만이 문드러져 계속 통증이 있었기에

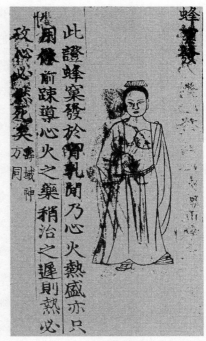

의방유취의 붕과발─여성의 종기

뽕나무잿물방울로 씻고 유발고(油髮膏)를 붙이도록 했다.[969] 여러 날이 지나도록 종처(腫處)가 완전히 아물지 않자 이문건은 약방문을 뒤적여 웅황·활석 가루를 붙이도록 하는 한편, 다시 약방문을 뒤져 고양이털을 불에 그슬려 비비도록 하기도 했다.[970]

며느리 김종금은 몇 년 후 또 유방에 종기가 나는 병을 앓았다. 치료는 약을 써서 종기의 기운을 빼내는 방법을 썼다. 점 잘 치는 김자수에게 병의 예후를 묻기도 했다.[971]

이 밖에 며느리 김종금이 약을 쓴 경우는 두 차례밖에 보이지 않는

968 | 『묵재일기』, 1551.8.26.
969 | 『묵재일기』, 1551.8.27.~8.29.
970 | 『묵재일기』, 1551.9.7.~9.8.
971 | 『묵재일기』, 1553.4.30., 5.3~5.7, 5.8.

다. 그것도 두통이나 복통 등 잔병이었다.[972] 이문건 가족 중 며느리처럼 약을 쓰지 않은 경우는 보이지 않는다. 아직 젊기도 하거니와 그가 특별히 건강한 체질의 소유자였던 것으로 추정된다.

972 | 『묵재일기』, 1554.7.15., 12.13.

VII. 이문건 집안 노비의 병과 치병

이문건은 전국에 걸쳐 토지를 소유한 재력가로서, 시기에 따라 적게는 수십 명, 많게는 100명을 넘는 노비를 거느렸다. 이들 노비의 일부는 외거노비로서 공물을 바치거나 신공(身貢)을 담당했다. 『묵재일기』에서 노비의 질병 관리와 관련해 등장하는 노비는 이런 외거노비가 아니라 주로 집에서 일을 거드는 사환노비였다. 유배지 성주의 사환노비 수는 39명인데, 노가 22명, 비가 17명이었다.[973] 10여 명 내외의 집안 노비는 이문건 일가와 같이 살면서 농사, 잠업, 의복 짓기 등 집안의 경제적인 일과 제사, 심부름, 서신 전달, 손님맞이, 청소, 취사, 유모, 약 달이기 등 각종 허드렛일을 담당했다.[974] 집안 노비의 활동에 대해 연구자 김소은은 다음과 같이 정리했다.

[노비들은] 항상 상전의 측근에 있으면서 손과 발의 역할을 다하였으

---

973 | 이에 대해서는 안승준, "16세기 이문건가의 노비사환과 신공수취』(『고문서연구』 16·17, 1999) 참조.(김용철, "『묵재일기』 속의 여비", 『한국고전여성문학연구』 20, 2010, 49쪽 재인용).
974 | 김소은, "16세기 양반사족의 수입과 경제생활―『묵재일기』를 중심으로―", 『숭실사학』 15, 2002, 71-110쪽 참조.

며, 심한 감시와 질책을 받았다. 게으름을 부리거나, 불씨의 관리에 소홀하거나, 식사 준비의 부실, 손님에게 불결한 음식을 접대하거나, 또한 손자녀의 양육에 주의하지 않을 경우에는 [주인들이] 직접 뺨과 등을 때리는 등으로 심한 체벌을 가했다. 노비의 사환에 있어서 묵재는 매우 엄한 편이었으며, 일기의 많은 부분에서 체벌에 관한 기록을 발견하게 된다. 사대부가의 노비에 대한 처우는 주인의 휼전을 강조하였으나, 각각 가정의 형편에 따라 사형(私刑)에 의해 가혹하게 다루는 경우도 적지 않았는데, 이문건 가의 경우 후자에 해당하였다.[975]

그렇지만 노비의 주인 이문건은 이들 노비의 질병에 크게 관심을 가졌다. 자신이 지니고 있는 의학지식과 약물을 이들 노비에게도 베풀었다. 경제적인 관심과 휼전이 같이 작용했다.

이문건은 사내종인 노와 계집종인 비를 확실히 구별해서 표기했기 때문에 노와 비의 구별은 가능하다. 갓 태어난 노비의 나이는 확인 가능하지만 그렇지 않은 노비의 경우에는 알기 힘들다. 이들 가족은 집에 딸린 방 또는 그 인근에서 같이 살았다.

노비들은 갓 태어난 아이부터 소년, 장년, 노년층까지 아울렀다. 태어나면서부터 평생 노비로 있었으며, 그들은 가정을 꾸리며 아이를 낳았고 자신들의 세대를 이어갔다. "『묵재일기』에서 확인되는 가내 사환비의 출산 기록은 총 19회(유산 2회 제외)로, 이 중 영·유아기에 자녀가 사망한 기록은 총 11회다. 출산과 사망날짜가 확인되는 8건을 살펴보면, 이들의 사망 시기는 1~2세 5건, 7세 2건으로 영아기의 사망률이 매우 높았음을 알 수 있다."[976] 죽음에 이르는 병뿐만 아니라, 노비들은 각

---

975 | 김소은, "16세기 양반사족의 수입과 경제생활―『묵재일기』를 중심으로―", 95쪽.
976 | 이혜정, "16세기 가내사환노비의 동류의식과 저항", 『조선시대사학보』 54, 2010, 132쪽.

종 병에 걸렸다. 『묵재일기』에서는 상당수 노비의 가정이 확인되기 때문에 이 책에서는 우선 노비 가정 별로 살피고, 그것이 파악 안 되는 경우를 나중에 살피도록 한다.

일가를 이룬 노비 가족의 병

| 노 만수와 비 주지네 |

사내종 만수(萬守)[977]와 계집종 주지(注之, 또는 注叱之)[978]는 부부로서 수십 년 동안 이문건 일가를 섬겼다. 둘 사이에서는 아이가 매우 많이 태어나 아홉이나 되었는데, 남아가 여섯, 여아가 하나, 성별 미상이 둘이었다. 그중 태어난 지 얼마 안 되어 죽은 게 확실히 적힌 아이가 세 명이며, 여섯 명은 생존 여부가 적혀 있지 않다. 아홉 아이 가운데 이름을 얻은 아이는 만성(萬成) 하나뿐이다.[979] 부모를 확인하기 힘든 아이들이 여럿 나오는데, 그들은 이 부부의 자손일 가능성이 높다. 이를테면 차동이 아팠을 때 만수가 그를 데리고 밖에 나가도록 했는데, 아마도 그가 부친이어서 그랬을 것이다.[980] 따라서 그를 여기에 포함시킨다.

만수

만수의 경우, 병을 앓은 기록이 네 차례 보인다.

---

977 | 『묵재일기』, 1535.12.30. 최초 기록~1567.1.20. 마지막 기록.

978 | 『묵재일기』, 1547.1.8. 최초 기록~1565.2.29. 마지막 기록.

979 | 이름 없는 남아1(1551.9.15.~9.28.), 萬成(1553.4.4.~?), 이름 없는 남아2(1556.11.13. 사망), 이름 없는 여아1(1558.8.11.~?), 성별 미상의 아이1(1561.4.25.~?), 성별 미상의 아이2(1562.2.30.~?), 이름 없는 남아3(1562.5.27.~?), 이름 없는 남아4(1563.10.5.~1564.1.27.), 이름 없는 남아5(1565.2.6.~?)(이혜정, "16세기 가내사환노비의 동류의식과 저항", 133쪽의 표 참조).

980 | 『묵재일기』, 1562.1.29.

최초의 경우는 변독(便毒)이다. 그는 이 변독 때문에 일어나지 못한 적이 있었는데, 여러 날 앓았어도 잘 낫지 않았다.[981]

둘째, 더위로 인한 두통이다. 그는 이 증상이 생겨서 부득이 맡은 일을 면제받았는데, 이문건은 그에게 영보단을 주어 복용토록 했고, 조금 설사 한 후 약간 차도가 있었다.[982] 이문건은 만수의 병이 더위 먹은 증상 때 문에 몸이 붓게 된 질병으로 파악하여 여뀌탕에 목욕토록 하고 또 오령 산을 복용토록 했다.[983]

셋째, 학질을 앓았다. 그는 괴산에 가 있던 중 학질을 앓아 바로 성주 에 귀환치 못한다는 소식이 인편으로 전해진다. 이문건은 그의 미귀환에 대해 "밉도다, 밉도다."라는 반응을 나타냈다.[984] 그가 나중에 성주에 돌 아온 후 이문건은 그에게 학질약으로 이출탕 네 첩을 지어주었다.[985] 이 를 보면, 그는 학질이 다 낫지 않았는데도 괴산으로 복귀했던 것 같다.

넷째, 여름에 어떤 병을 앓았다. 가슴이 답답해서 소주를 마셨더 니 변이 나오는 것 같았다.[986] 만수는 소주를 먹어 이 병을 없애려고 했 다.[987] 그렇지만 이 병이 잘 낫지 않았으며 겉이 차고 대소변이 안 나오는 증상이 있었다.[988] 만수의 눈이 충혈되고 두통이 심하게 되자 이문건은 아래채에 내려가서 그를 동쪽 집 끝으로 옮기도록 하는 하편, 소시호 탕 2첩을 지어 달여 먹이도록 했다. 저녁에 가서 진맥하니 맥이 자주 뛰 었고, 겉이 찬 증상이 그치지 않았다. 옷을 입히도록 했다. 낮에 갱죽(羹

981 | 『묵재일기』, 1546.7.26., 7.30.
982 | 『묵재일기』, 1548.6.1.
983 | 『묵재일기』, 1548.6.2.
984 | 『묵재일기』, 1557.4.26.
985 | 『묵재일기』, 1557.7.12.
986 | 『묵재일기』, 1558.6.28.
987 | 『묵재일기』, 1558.7.1.
988 | 『묵재일기』, 1558.7.2.

粥)을 많이 마셨다고 한다. 이문건은 "어제 계속해서 소주를 마셨다고 하니, 이미 습랭에 상해서 열이 나려고 할 때 음식이 적절치 못한 것이 이와 같다."며 아랫것의 '부주의'를 힐난했다.[989] 소주는 당시 천한 신분의 사람들에게 만병통치약 같은 존재였는지 모르겠다.

주지

여종 주지의 경우, 많은 기록이 그의 출산과 관련된 것이다. 『묵재일기』에 따르면, 그는 여섯 번 아이를 낳았다. 유산 하나, 생후 사망 하나, 세 살 때 사망 하나, 나머지 2남 1녀가 『묵재일기』가 끝날 때까지 살아 있었다. 주지네 아이들의 생존율은 정확히 딱 절반이었다.

그의 첫 출산은 1551년 9월이었다. 『묵재일기』는 그의 출산에 대해 비교적 상세한 기록을 남겼다.[990] 그가 출산에 가까워져 밤새 진통을 했는데도 아이가 나오지 않자 이문건은 비마자풀을 발에 붙이도록 하고, 또 익모초와 아이의 오줌·유밀(油蜜)·술 등을 섞어서 복용토록 했으며, 진시에 남자아이가 나왔다.[991] 아이를 낳은 지 며칠 안 지나 산모 주지의 머리에 병이 생겼다. 이문건은 궁귀탕을 지어 먹였고, 또 익모초로 환을 만들어 먹도록 시켰다.[992] 이튿날 병이 회복되는 듯했으나,[993] 사흘 후 다시 병이 도졌다. 주지는 방 안에 있으면서도 추워 떨었고, 두통·복통이 잇따라 음식을 전혀 먹지 못하고 계속 고통스러워했다.[994] 이문건은 일단 보안환(保安丸)을 복용토록 하고 궁귀탕에 홍화(紅花)·소목(蘇木)을 가미한 약을 투약했는데, 병이 낫지 않고 환자는 오히려 더 고통스러워

---

989 | 『묵재일기』, 1558.7.3.
990 | 『묵재일기』, 1551.9.15.
991 | 『묵재일기』, 1551.9.14.~9.15.
992 | 『묵재일기』, 1551.9.21.
993 | 『묵재일기』, 1551.9.22.
994 | 『묵재일기』, 1551.9.28.

했다. 엄마가 아프고 불안한 상태에 있자 주지의 아들은 엄마 젖을 먹지 않더니 이른 밤에 죽어버렸다. 놀랍게도, 아이의 배가 돌같이 딴딴하게 붓더니 죽어버린 것이다.[995] 아이가 죽자 주지는 음식을 먹지 않고 슬퍼 울기만 했는데, 이문건이 그의 맥을 짚으니 자주 뛰었다. 이문건은 주지에게 궁귀탕과 익모환을 복용토록 했으며, 며칠 지나서 주지의 병은 나았다.[996]

주지의 둘째 출산에 대해서 『묵재일기』에는 "계집종 주지, 신시에 남아를 낳았다."[997]고만 짧게 기록되어 있다. 산모나 아이 양쪽에 건강 문제가 없었기에 이렇게 간단히 서술했을 것이다. 아이 이름은 만성(萬成)이라 붙였다.[998]

주지의 셋째 출산은 딸이었다.[999] 별다른 기록이 없는 것으로 보아 순산이었던 듯하다.

주지의 넷째 출산은 유산이었다. 그는 아이를 잉태한 지 다섯 달이 되었는데, 음부에 액체가 맺히는 하로(下露)가 있다고 해서, 이문건은 사물탕에 황금(黃芩)·백출(白朮)을 가미한 약을 지어 복용토록 했는데, 다 게워냈다.[1000] 그는 밤에 낙태를 했는데, 태의(胎衣)가 잘 빠지지 않아서 약을 썼는데도 잘 나오지 않았다.[1001]

주지의 다섯째 출산은 순산이었던 듯하다. 그는 진통이 시작되어 밤에 아들을 낳았다.[1002] 그 후 별다른 기록이 없다.

---

995 | 『묵재일기』, 1551.9.28.
996 | 『묵재일기』, 1551.9.29., 10.3.
997 | 『묵재일기』, 1553.4.4.
998 | 『묵재일기』, 1553.4.4.
999 | 『묵재일기』, 1558.8.11.
1000 | 『묵재일기』, 1562.2.29.
1001 | 『묵재일기』, 1562.2.30.
1002 | 『묵재일기』, 1563.10.5.

주지의 여섯째 출산도 아들이었다.[1003] 전후 별다른 기록이 없다.

『묵재일기』에서 출산 기록 외에 주지의 병과 치료에 관한 기록은 많지 않다. 그가 학질을 앓자 복숭아씨를 구해서 복용했더니 과연 그쳤다는 기록이 보이고,[1004] 인후의 후비증(喉痺証)을 앓으면서 목 안 오른쪽, 왼쪽이 모두 붓는 병에 길경탕을 쓰고, 침의 박인형을 불러 침을 놓도록 한 기록이 있다.[1005] 이 두 건 외에, 복통이 있어서 이문건이 지어준 사물탕을 먹고 좋아진 적이 있다.[1006]

만성

만성은 만수와 주지 사이에 태어난 둘째아이로 1553년에 태어났다. 이 아이는 두 살 위인 이문건의 손자 숙길과 같이 놀면서 숙길의 놀림감이 되었던 아이다.

어느 날은 숙길이 나뭇가지로 세 살배기 만성을 때렸는데, 이것을 본 엄마 주지가 놀라 숙길을 잡아서 때린 적이 있었다. 이때 숙길은 크게 울면서 도망갔고, 주지는 아이를 때린 나뭇가지를 부러뜨려 지붕 위로 던져버렸다. 심사가 매우 불편했기 때문이다. 이튿날 아침, 이 일로 주지는 이문건에게 붙들려 갔다. 이문건은 종 자공으로 하여금 주지의 엉덩이 70대를 때려 징계했다.[1007] 비슷한 일이 석 달 후에 또 일어났다. 숙길이 몽둥이로 만성을 때리려 하자 만성이 울었고, 노 귀손이 크게 노하며 몽둥이를 분질러버렸다. 숙길이 이를 고자질하자 이문건의 처는 귀손을 불러 야단쳤고, 이문건은 부러진 몽둥이로 귀손의 등을 십여 대

1003 | 『묵재일기』, 1565.2.6.
1004 | 『묵재일기』, 1557.5.13.
1005 | 『묵재일기』, 1558.10.19., 10.21.
1006 | 『묵재일기』, 1561.8.4.
1007 | 『묵재일기』, 1555.4.16.

감로탱-노비 구타(국립중앙박물관)

때렸다. 때리면서 "자기 뼈가 약해 도리어 통증을 느꼈으니 한탄스럽다."고 느꼈다.[1008] 이 두 사례로부터 당시 주인과 노비 사이의 갈등이 자식을 둘러싸고 흔히 벌어지는 일이었음을 짐작할 수 있다. 아이의 시시비비를 가리기에 앞서 양반주인 자손에 대한 노비의 거친 행동은 그 자체로 징벌의 대상이었다.

만성은 네 살 때 두역을 앓았다.[1009] 그때 숙길, 유복 등 이문건 집안의 다른 아이들도 두창을 앓았는데, 만성의 상태가 가장 좋았다. 몸에 솟은 구슬이 가장 적어서 손으로 셀 수 있을 정도였다. 겨우 50~60개에 불과했다. 그의 병 진전은 순조로워서 두의 색깔이 누렇게 되고, 고름이 잡히고, 곧 병앓이를 끝냈다.

만성은 무럭무럭 자라서 열한 살 때는 이문건의 처 생일잔치에서 다른 아이들인 억복(億卜)·유복(遺腹)과 함께 한바탕 춤을 춰서 사람들을

1008 | 『묵재일기』, 1555.7.19.
1009 | 『묵재일기』, 1556.6.13.

즐겁게 해주기도 했다.[1010]

| 노 야찰과 비 돌금네 |

노 야찰(也札 또는 夜叉)과 비 돌금은 부부지간이다.[1011] 그들 사이에는
사내아이 유복(遺腹)이 확인된다.[1012] 노 야찰은 괴산의 노다.

야찰의 병과 죽음

야찰의 병 기록은 그가 죽던 해인 1552년에 몰려 있다. 야찰이 복통
에 걸려 누워서 일어나지 못한 게 이해 4월 28일이었다.[1013] 야찰의 병이
절로 낫지 않자, 이문건은 그에게 오령산을 지어주는 한편, 소합환 세
알을 먹였다.[1014] 이튿날에는 약을 바꾸어 승마탕을 복용시켰다.[1015] 며칠
후 야찰이 속이 상해서 음식을 전혀 먹지 않으므로, 이문건은 다른 약
인 익기탕(益氣湯)을 지어 복용토록 했으나 효과가 없었다.[1016] 야찰의 병
이 계속 깊어가고 그가 전혀 음식을 못 먹자, 또다시 약을 바꿔 사군자
탕을 지어 달여 먹였다.[1017] 이틀 후 다시 사군자탕에 원지(遠志)·복신(茯
神) 등의 약을 가미해 복용시켰다.[1018]

야찰의 와병은 7월 말까지도 계속되었다.[1019] 8월 9일, 야찰은 기가 완
전히 끊어져서 몸도 움직이지 못하고 말도 하지 못하는 지경이 되었다.

1010 | 『묵재일기』, 1556.6.16., 6.18., 6.21.~6.22.
1011 | 『묵재일기』, 1552.8.17.
1012 | 『묵재일기』, 1551.10.2.
1013 | 『묵재일기』, 1552.4.28.
1014 | 『묵재일기』, 1552.5.1.
1015 | 『묵재일기』, 1552.5.2.
1016 | 『묵재일기』, 1552.5.8.
1017 | 『묵재일기』, 1552.5.10.
1018 | 『묵재일기』, 1552.5.12.
1019 | 『묵재일기』, 1552.7.30.

이문건은 "슬프다."고 적었다.[1020] 7일 후 음식도 못 먹고 말도 전혀 못한 위급한 상태에 도달하자, 저녁 무렵 이문건은 개천가 병막으로 그를 내보내도록 했다.[1021] 병막을 지어 환자를 내보내는 것은 염병 환자나 죽을 지경에 들어 포기한 환자들이 대상이었다. 참고로 이문건 가족들의 경우에는 아무리 병이 심해도 그런 사례는 없었다. 이문건은 노비 방실(方實)과 옥춘(玉春)으로 하여금 병막을 돌보라고 했는데, 야찰은 얼마 안 있어 죽었다.[1022] 야찰의 처 돌금(乭수)이 일단 초장(草葬)을 하고 훗날을 기약해 시신을 아마도 그의 고향인 보은(報恩)으로 옮겨 묻기를 원했으나, 시신을 옮길 인력 문제 때문에 그건 어려운 일이었다. 남편이 죽은 지 7일 후 돌금은 무녀를 불러서 제사를 지냈다.[1023]

돌금

돌금은 손녀 숙희와 손자 숙길을 돌볼 때가 많았다. 손자가 아팠을 때는 심지어 약을 대신 복용하여 젖으로 약기운을 아이에게 전해주기도 했다.[1024] 이는 의서에도 나와 있는 것으로 아이에게 바로 약 먹이는 게 불가능할 때 쓰는 방법이었다.

돌금이 젖이 나오는 것은 젖먹이 아이가 있었기 때문일 텐데, 그 아이가 누군지는 『묵재일기』에 안 나와 있다. 그렇지만 돌금은 1552년 8월, 회임한 지 여섯 달 된 아이가 있었다. 이 아이 이름이 유복(遺腹)일 것이다. 그의 아비 야찰이 임신 중 죽었기 때문에 태어날 때 유복자여서 이렇게 이름 지었을 것이다.

1020 | 『묵재일기』, 1552.8.9.
1021 | 『묵재일기』, 1552.8.16.
1022 | 『묵재일기』, 1552.8.16.
1023 | 『묵재일기』, 1552.8.23.
1024 | 『묵재일기』, 1551.9.21., 9.26., 10.2., 1552.2.11.

돌금은 세 차례나 학질을 앓았다. 1553년 학질을 앓아서 (부적 글씨를 쓴) 복숭아씨를 복용했는데, 그것은 효과가 없었다.[1025] 이 처방은 학질 환자에게 이문건이 늘 쓰던 방법이었다. 이런 양법(禳法)이 효과가 없자 이문건은 이 방법을 그만두도록 했다. 이듬해에 돌금은 또 학질을 앓았다.[1026] 1557년에도 학질을 앓았는데, 하루에 추웠다 더웠다 네 차례나 하자 이문건은 복숭아씨로 치료하려고 했으나 효과가 없었다.[1027]

돌금의 아들은 이문건의 손자, 다른 노의 아들인 만성이 두역을 앓을 때 같이 앓았다.[1028] 이런 역병앓이는 양반, 천민 귀천의 차별 없이 모두 공평했다. 만성의 상태가 가장 좋았고, 그다음이 숙길, 유복이 가장 솟은 구슬이 많았다.[1029] 이해 유복도 다른 아이와 마찬가지로 두역을 잘 겪어냈다.

| 비 유덕, 노 거공, 노 귀손 |

비 유덕(劉德)은 어렸을 때 호남으로부터 데려온 어린 계집종이었다.[1030] 1551년, 유덕이 간통했는가의 여부를 문책하는 기사가 있는 것을 보면 처음 왔을 때 대략 10세 전후였을 것으로 추정된다.[1031]

유덕은 여러 차례 매를 맞았다. 어떤 일인지 분명치 않지만, 유덕은 여종 온금과 함께 이문건의 처와 며느리에 밉보여 회초리를 맞았으며,[1032] 어떤 날은 유덕이 말 먹일 물을 긷지 않아서 회초리 15대를 맞은 적

1025 | 『묵재일기』, 1553.8.3.
1026 | 『묵재일기』, 1554.5.26.
1027 | 『묵재일기』, 1557.5.9.
1028 | 『묵재일기』, 1556.6.14.
1029 | 『묵재일기』, 1556.6.18.
1030 | 『묵재일기』, 1548.1.16.
1031 | 『묵재일기』, 1551.1.10.
1032 | 『묵재일기』, 1551.1.22.

감로탱−부부싸움

도 있었다.[1033]

유덕은 욕먹을 일이 있거나 싫은 일이 있을 때 자주 도망쳤다. 여주인에게 매를 맞을 것을 두려워해 도망가 숨어버려서 찾기 힘든 때도 있었다.[1034] 이때 이문건의 처는 감기몸살로 열이 많이 나서 몸이 좋지 않았는데, 유덕의 은닉 때문에 마음이 크게 동해 병이 더 좋지 않을 정도였다.[1035] 또 유덕은 종 거공(巨公)이 싫다고 하여 도망쳐 깊이 숨어버렸던 적도 있었다.[1036] 이때 그는 일 년 정도 호남 지역에 숨어 있다가 잡혀 왔다.[1037] 그가 거공과 혼인 관계 또는 혼인이 잡혀 있었던 것 같은데 이를 피해 도망친 것이었다. 거공의 존재는 1551년에 처음 일기에 보이는데,[1038] 공납 제공, 지방 심부름, 땔감 마련 등의 일을 했으며 그의 혼인 여부는 일기에 보이지 않는다. 유덕은 다시 붙잡혀 온 이후 언제인지는 분명치 않으

1033 | 『묵재일기』, 1551.9.12.
1034 | 『묵재일기』, 1551.3.23.~3.24.
1035 | 『묵재일기』, 1551.3.25.
1036 | 『묵재일기』, 1552.3.22.
1037 | 『묵재일기』, 1553.3.10.
1038 | 『묵재일기』, 1551.1.18.

나, 귀손과 혼인했다.[1039] "유덕이 간통 후에 반드시 귀손을 싫어한다."[1040]
는 기사로 볼 때, 이 무렵에는 이미 귀손과 혼인해 있었던 것 같다. 이때
간통의 대상이 거공이었는지 누구였는지는 일기에 나와 있지 않다.

유덕은 귀손과 함께 살면서 쌍둥이를 낳다.[1041] 둘 다 여자애였다.
이 아이 중 하나 또는 둘 모두가 이듬해 두역을 앓다.[1042] 쌍둥이 중
선복(先卜)은 일곱 살 때 병에 걸려서 젖을 못 빨 정도가 되더니만 죽었
다.[1043] 또 다른 쌍둥이 후복(后福)도 다음 달 초에 병에 걸려 사경을 헤
매다 죽었다. 귀손이 묻었다.[1044] 불행히도, 쌍둥이 둘을 일곱 살까지 잘
키워놓고 한 해에 다 잃은 것이다.

유덕의 질병 기사는 많지 않다. 1551년 병에 걸려 주인이 준 향소산

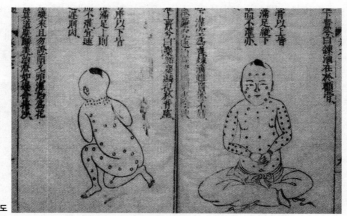

홍두도

1039 | 『묵재일기』에서 귀손은 동명이인이 두 사람 존재한다. 오래전부터 약재 제공 등을 담당한 나이 든 종
귀손이 있고, 1551년 무렵에 같은 또래의 아이 종인 만수·거공·상손·서동 등과 함께[家僮萬守·貴孫·巨公·
尙孫·西同] 보이는 귀손이 있다.(1551.8.9) 여기서 귀손은 몇 해 지나 계집종 유덕과, 만수는 계집종 주지(注之)
와, 서동은 비 가절종(加阝終)과 짝을 이뤘다.
1040 | 『묵재일기』, 1553.5.26.
1041 | 『묵재일기』, 1555.9.26.
1042 | 『묵재일기』, 1556.6.4.
1043 | 『묵재일기』, 1561.5.24.~5.25.
1044 | 『묵재일기』, 1561.윤5.10.

과 승마탕을 먹고 땀을 내는 처방을 쓴 적이 있었다.[1045] 또 1555년 쌍둥이를 낳을 때 그의 산고가 심하자 이문건은 보안환을 처방했는데, 그것은 효과가 전혀 없었다.[1046]

귀손(貴孫)도 앓았던 기록이 거의 없다. 왼손과 등에 붉은 종기가 나고 열이 나서, 이튿날 종기 기운을 빼는 영보단을 복용한 것,[1047] 손가락에 종기가 나서 침으로 째고 버드나무를 태워 연기로 훈증한 것[1048]이 고작이다.

거공의 경우에는 한 차례 치병 기록이 자세히 보인다. 1551년 그는 가슴 답답한 증상을 앓았다. 가슴 아래 무엇인가가 꽉 막혀 있는 것처럼 답답했다. 이문건은 그를 불렀다. 맥을 짚어보니 지나치게 강하면서 자주 뛰는 맥이 나타났다. 그는 일단 거공에게 사향소합환 네 알을 복용시켜 안정시키고자 했다. 또 남자 오줌을 삼키도록 했는데 낫지 않자, 다시 향소산을 갈승탕에 섞어 복용시켜 땀을 내도록 했다.[1049] 며칠 지나서 다시 열이 나자, 이문건은 똥을 물에 탄 인건수 약간을 복용토록 했다.[1050] 이틀 후 아직도 남은 열이 있어, 이문건은 그에게 다시 소시호탕 반첩을 지어 먹였다.[1051]

| 비 춘비, 노 수손, 노 방실, 비 눌질개 |

비 춘비는 방실과 같이 살았다. 춘비는 방실과 함께 살기 전에는 수손과 같이 살았다. 수손이 죽은 후에 외부인인 방실과 함께 살았다. 춘

1045 | 『묵재일기』, 1551.5.2., 5.4.
1046 | 『묵재일기』, 1555.8.7.
1047 | 『묵재일기』, 1553.1.29.~1.30.
1048 | 『묵재일기』, 1558.7.2.
1049 | 『묵재일기』, 1551.4.11.
1050 | 『묵재일기』, 1551.4.15.
1051 | 『묵재일기』, 1551.4.17.

비와 방실 사이에는 아들 검동이 있었다. 방실은 춘비가 죽자 다시 혼인하여 눌질개와 살았다.

이문건의 노비 가운데 춘비(春非)의 질병 기사는 가장 많은 편에 속한다. 춘비는 이문건의 손자 숙길의 유모 노릇을 했다.[1052] 그렇지만 이문건은 처음에는 춘비가 성격이 좋지 못하고 젖이 많이 나오지 않는다고하여 춘비를 유모로 쓰지 않으려고 했었다. 대신에 이문건은 젖이 많이나오고 착실한 눌질개를 유모로 지정했다. 눌질개 또한 이에 동의해서그를 유모로 썼으나 눌질개가 젖이 안 나온다는 핑계로 유모에서 그만두자 할 수 없이 갓난아이 검동을 낳은 춘비를 유모로 썼던 것이다. 뜻밖에도 춘비는 이문건의 손자 숙길이 태어난 1551년 1월부터 비교적 충실하게 유모 구실을 잘 해냈다.[1053]

그런 춘비가 이해 7월부터 종기병을 앓기 시작했다. 이를 치료하기위해 이문건은 가족 돌보듯 최선을 다했다. 왜냐하면 그가 손자의 젖줄이었기 때문이다. 7월 10일, 춘비가 입술에 종기가 생겼다는 말이 들려오자 이문건은 바로 진료에 나섰다.[1054] 이문건이 그의 증세를 보니 유방과 그 주위가 퉁퉁 부어올라 있었고, 춘비는 사지의 뼈가 다 쓰라리다고 했다. 그는 일단 인동초를 달여서 춘비에게 먹였다.[1055] 이튿날 춘비는뺨·목구멍·양 젖·왼쪽 다리 등이 붓고 몸에 열이 나 갈증이 심한 증상을 보였는데, 이문건은 이 병이 습열과 풍을 겸한 병으로 의심하여 오령산을 달여서 복용토록 했다.[1056] 며칠간 약간 차도가 있는 듯 보였지만결국 음식을 전혀 먹지 못하고 심지어 물도 삼키지 못할 정도로 병이

1052 | 이문건의 손자 숙길의 유모에 대해서는 안승준, "16세기 이문건가의 노비사환과 신공수취", 137–142쪽에 상세히 기술되어 있다.
1053 | 안승준, "16세기 이문건가의 노비사환과 신공수취", 139쪽.
1054 | 『묵재일기』, 1551.7.10.
1055 | 『묵재일기』, 1551.7.11.
1056 | 『묵재일기』, 1551.7.12.

악화했다.[1057] 이문건은 자신의 오진을 후회했다.

> 턱과 왼쪽 젖에 붉은 종기가 딱딱해졌고 천돌(天突) 부위에 난 것도 붉은색을 띠고 있으니 반드시 이는 독종(毒腫)이다. 그런데 망령되이 습증의 약을 써서 위급한 지경에 이르도록 했으니 매우 후회스럽다. 억지로 대황(大黃) 가루를 물에 개어 먹이도록 했더니 약간 열독이 빠지는 것 같았다.[1058]

춘비는 턱에도 종기가 났으며, 종기가 목의 좌우로 부종(浮腫)이 되었다.[1059] 이문건은 침을 쓰는 것으로 방향을 바꿨다. 그는 성주목사의 허락을 받아 관에 딸린 침놓는 의생(醫生) 이형(李亨)을 불렀다. 이형은 춘비의 백회혈(百會穴)과 입술 종기 부분에 침을 놨는데, 피는 나오지 않았다. 이형이 창이(蒼耳)즙을 먹이라고 권해서 그것을 먹이려고 했으나 춘비가 먹으려 하지 않았다.[1060]

7월 19일, 춘비의 열은 심하지 않았으나 몸을 잘 움직이지 못했다.[1061] 다시 열이 심하게 도져 몸을 쓰지 못하고, 등 왼쪽의 부스럼이 더 심해져 전혀 몸을 쓰지 못하는 상태가 되었다.[1062] 몸을 움직이지 못하는 데다가 양 다리에도 종기가 생겼고, 음식을 먹지 못하고 겨우 죽물만 먹었다. 이런 고비 후 춘비의 병이 약간 호전되어 종기 증상이 대체로 좋아졌다. 그러나 양 넓적다리는 아직 움직이지 못하는 상태였다.[1063]

1057 | 『묵재일기』, 1551.7.15.~7.16.
1058 | 『묵재일기』, 1551.7.16.
1059 | 『묵재일기』, 1551.7.17.
1060 | 『묵재일기』, 1551.7.18.
1061 | 『묵재일기』, 1551.7.19.
1062 | 『묵재일기』, 1551.7.20.~7.21.
1063 | 『묵재일기』, 1551.7.22.~7.25.

8월 1일, 이문건은 또다시 다른 의생 서수정(徐守貞)을 불러서 침으로 종기를 째도록 했으나, 그가 침을 놓으려고 하지 않아 그냥 돌려보냈다.[1064] 이튿날 다시 의생 이형을 불렀다. 그는 어깨와 등, 엉덩이 종기를 째어 피를 냈다. 고름도 나왔다. 이문건은 독이 빠져나가는 것이라 기대했다.[1065] 이문건은 다시 의술에 밝은 배명장(裵命長)을 불러와서 춘비의 병을 보도록 했는데, 종기 내의 기운이 안에 들어간 상태이며 또 그 기운이 퍼져 넓적다리 바깥에도 종기가 생긴 것이라 하면서, 침으로 독을 빼내야 한다고 했다.[1066] 춘비는 밤에 통곡을 하면서 창종을 고통스러워했다.[1067] 이후 열흘간 춘비의 병에 대한 기록은 보이지 않는다. 춘비의 병이 호전되어 그런 것이 아니라 기록할 겨를이 없어서였을 것이다. 이 무렵 이문건의 처가 괴산 길로 나서고 손녀가 사경을 헤매다 세상을 떴기 때문이다.[1068]

8월 12일, 춘비의 다리 종기 통증은 여전히 심했으며, 유종 부위를 또다시 한 군데 째는 치료를 받았다.[1069] 그의 종기 발생은 왼쪽 겨드랑이까지 확대되었다. 색이 붉지는 않았으나 종기 부위의 통증이 매우 심했다. 춘비의 갓난아이 검동(撿同)이 엄마 젖을 못 먹어 세상을 떴다.[1070] 이문건은 춘비의 열이 심하자 월경수(月經水)를 구해 복약토록 했는데, 춘비는 월경수를 마시고 여러 차례 설사를 했다.[1071] 8월 18일 이후 춘비의 병은 더욱 나빠졌다. 왼쪽 넓적다리, 왼쪽 겨드랑이, 오른쪽 유방

1064 | 『묵재일기』, 1551.8.1.
1065 | 『묵재일기』, 1551.8.2.
1066 | 『묵재일기』, 1551.8.2.
1067 | 『묵재일기』, 1551.8.2.
1068 | 『묵재일기』, 1551.8.9.
1069 | 『묵재일기』, 1551.8.12.
1070 | 『묵재일기』, 1551.8.14.
1071 | 『묵재일기』, 1551.8.15.~8.16.

등 종기 때문에 엄청난 통증에 시달렸으며, 극도로 말라서 피골이 상접할 정도였다.[1072] 춘비의 종기 부분은 이제 다 문드러져 왼쪽 젖, 왼쪽 겨드랑이, 왼쪽 다리 세 곳 모두 흰 고름이 줄줄 흘러나왔고, 새로이 오른쪽 젖에서도 고름이 흘러나오고, 오른쪽 엉덩이에도 고름이 찬 것 같았고, 오른쪽 다리에서도 종기의 통증이 시작되었다. 매우 위태로웠다.[1073] 춘비의 독종은 등까지 옮아가 그는 아파 부르짖었으며, 9월 8일 세상을 떴다.[1074] 두 달 동안 앓다가 세상을 뜬 것이다. 아들까지 죽었으니 모자 동사였다. "쇠고기가 먹고 싶다."는 것이 심한 투병 과정에서 여종 춘비가 내뱉은 작은 소망이었다.[1075] 춘비는 전남편 수손의 무덤에 같이 묻혔다.[1076] 현 남편 방실은 춘비가 죽은 후 사칠일(四七日)날 춘비의 넋을 달래기 위해 굿을 했다.[1077] 방실은 한 달 남짓 지나 비 눌질개(訥叱介)와 혼인했다.[1078]

눌질개는 이문건의 누이네 집 여종이었는데, 1545년 무렵에 이문건 집에 와서 종살이를 하고 있었다. 그는 이해 행역, 즉 두역을 치렀다.[1079] 당시에 보통 두역은 10세 이내에 치렀으므로 이때만 해도 그가 어린 종이었음을 짐작할 수 있다. 눌질개의 나이는 15세 전후가 아니었을까 추측된다. 이런 눌질개는 5년 후인 1551년 젖먹이 아이를 기르고 있었는데, 그 아이의 애비는 누구인지 모른다. 이 눌질개는 성격이 좋고 젖이 좋아 이문건의 손자 숙길의 유모로 채택되었고,[1080] 얼마 안 있어 눌질개

1072 | 『묵재일기』, 1551.8.18.~8.19.
1073 | 『묵재일기』, 1551.8.28.
1074 | 『묵재일기』, 1551.9.8.
1075 | 『묵재일기』, 1551.8.18.
1076 | 『묵재일기』, 1551.9.10.
1077 | 『묵재일기』, 1551.10.6.
1078 | 『묵재일기』, 1551.11.18.
1079 | 『묵재일기』, 1545.윤1.6.
1080 | 『묵재일기』, 1551.1.5.

가 젖이 잘 안 나온다고 속여서 유모 직에서 물러났다는 것은 이미 앞에서 말한 바와 같다.

이때 눌질개가 키우던 아이로 추측되는 아이, 즉 이름이 수명(守命)인 아이는 5년 후에 병으로 죽었다. 아이의 병이 위독해지자 밖으로 아이를 내놓았다가 다시 방에 들였는데, 이튿날 죽어서 땅에 묻었다.[1081] 이 듬해 눌질개가 무당을 불러서 역신을 쫓는 굿을 한 것을 보면, 그에게 는 또 다른 아이가 있었던 것 같다.[1082]

눌질개에 관한 병 기록은 『묵재일기』에서 거의 보이지 않는다. 1551년, 복통 설사 병으로 누워서 일을 보지 못하자, 이문건이 그의 맥을 짚어 진찰한 후 약 향소산을 준 적이 있고,[1083] 학질 열통을 앓는 것 같아 이문건이 처방한 이출탕을 복용한 적도 있다.[1084]

| 비 삼월과 두 딸들 |

계집종 삼월(三月)은 보은의 집에 둔 종이었다. 1545년 성주 유배 후 이문건 집에서 사환비로 일했다. 삼월에게는 향복(香卜), 계향(季香) 등 두 딸이 있었고,[1085] 돌석(乭石)이라는 아들도 있었다.[1086] 아이의 아버지 가 누구인지는 드러나 있지 않다. 계향은 생일이 11월 5일이었는데, 몇 번째 생일인지는 모르지만 그의 생일 때 어미 삼월이 떡을 쪄서 먹였다. [1087]떡 먹인 것을 특기한 것을 보면, 첫 돌이었을 가능성이 있다. 그 전해

1081 | 『묵재일기』, 1555.5.19.~5.20.
1082 | 『묵재일기』, 1556.12.9.
1083 | 『묵재일기』, 1551.4.17.
1084 | 『묵재일기』, 1556.9.30.
1085 | 『묵재일기』, 1546.10.15.
1086 | 『묵재일기』, 1552.2.10.
1087 | 『묵재일기』, 1546.11.5.

에 삼월의 어린 여아가 이질에 걸려서 밥을 먹지 못하자,[1088] 여종 억금 (億今)이 무녀를 찾아 물었더니 종이돈을 공중에 매달아놓고 기도해야 한다고 해서 주인 이문건에게 종이를 요구한 적이 있었다.[1089] 그 아이가 계향일 것이다. 언니가 향복이었다.

삼월

삼월은 종 가운데 가장 여러 차례 병을 앓은 인물 중 하나다. 그가 앓은 병을 보면 다음과 같다.

> 1551년 5월, 복통·학질.
> 1552년 3월, 복통·두통.
> 1552년 6월, 옆구리 종기.
> 1553년 11월, 냉기 복통.
> 1554년 2월, 목의 종기.
> 1554년 9월, 어깨의 통증.
> 1558년 3월, 치통.
> 1558년 6월, 학질.
> 1561년 윤4월, 옻독.
> 1562년 1월, 독감.
> 1562년 5월, 얼굴과 손에 종기.

첫 학질 때 삼월이 몸져눕자 이문건은 승마건갈탕에 향소산을 혼합

1088 | 『묵재일기』, 1546.7.23.~7.24.
1089 | 『묵재일기』, 1546.7.29.

한 약제를 처방해주었다.[1090] 이튿날 일어나기는 했지만,[1091] 삼월은 학질 증세로 매우 고통스러워했다. 뜨거운 열이 심해질 것으로 예측한 이문건은 다시 반화탕(半和湯)을 지어 향소산 한 개와 섞어 복용토록 했다.[1092] 그래도 학질이 낫지 않자 다시 자금정 반 개를 복용토록 했는데, 복통이 더해져 매우 아파했다.[1093] 이처럼 약을 써도 듣지 않자, 이문건은 주술적인 방법으로 바꾸었다. 그에게 빨간 글씨로 쓴 복숭아씨에 학질을 막는 처방을 써서 이튿날 아침에 복용토록 했다.[1094] 게다가 '동쪽으로 향한 버드나무를 끓인 탕〔東向桃柳枝煎湯〕'과 함께 붉은 글씨, '포라구가 귀와 입의 귀신을 참한다.〔呵喇口斬耳口鬼〕'는 주문을 쓴 복숭아씨를 삼키도록 했는데, 이상하게도 그것을 삼킨 후 삼월의 통증이 그쳤다.[1095] 이후에도 삼월이 학질을 앓았을 때도 이 방법을 썼지만 그때는 효과를 보지 못했다.[1096]

삼월의 복통 두통 때도 약을 썼다.[1097] 배가 차며 복통이 있었을 때는 소합환 세 개를 아이 오줌에 개어 먹이고 이중탕(理中湯)으로 속을 다스렸으나 병이 낫지 않자, 다시 온백원(溫白元)을 써서 설사시켰다.[1098] 종기가 났을 때도 약을 썼다. 삼월의 오른쪽 목에도 종기가 나기 시작해 불쑥 솟아서 통증이 있게 되자, 이문건은 그에게 돼지 똥 즙을 2일 동안 먹으라고 처방하는 한편 설사약인 자금정을 써서 설사시키도록 했다.[1099]

1090 | 『묵재일기』, 1551.5.5.
1091 | 『묵재일기』, 1551.5.6.
1092 | 『묵재일기』, 1551.5.9.
1093 | 『묵재일기』, 1551.5.12.
1094 | 『묵재일기』, 1551.5.14.
1095 | 『묵재일기』, 1551.5.15.
1096 | 『묵재일기』, 1558.6.25., 6.27.
1097 | 『묵재일기』, 1552.3.27.
1098 | 『묵재일기』, 1553.11.29.~11.30.
1099 | 『묵재일기』, 1554.2.15.

이날 목의 종기를 침으로 째서 제거했다.[1100] 얼굴에 종기가 났을 때는 침놓는 승려를 시켜서 그 부위를 째도록 했다.[1101]

향복

1552년 무렵, 향복(香卜)은 나이 어린 종이었다. 앞에서 살폈듯, 향복은 이문건 자신이 범한 적이 있어 이문건의 아내가 질색한 적이 있는 그 향복이다. 향복은 주로 위채에 머물면서 이문건을 시중들었다. 이문건은 "내가 근래 무료하여 늘 [향복을] 희롱했다."고 했다.[1102] 그런데 어느 날 누군가 향복과 간통한 사실이 한 달 지나 발각되었다. 이문건은 어린 향복이 누군가 간통한 것에 대해 분노했다.

> 소비 향복을 아래채에서 묵게 했다. 어린 나이에 간통한 것이 미웠기
> 때문이다. 지난 달 밤에 아래채에 내려갔다가 어느 남자에 끌려가 강
> 간당해 어쩔 수 없었다고 한다. 고함을 질러 저항하지도 않았고 또 그
> 남자가 누구인지도 말하지 않으니 그 속을 짐작할 수가 없다.[1103]

향복을 범한 인물은 그 집의 '도령'으로 밝혀졌다. 그는 혈기왕성하고 여색을 밝혀 이문건이 늘 신경을 썼던 조카 노성(이현배)으로 추측되며, 이문건이 향복의 간통 사실에 촉각을 세운 것은 그 일이 자기 집안의 인물과 관련되어 있었기 때문이다.[1104]

향복은 이문건에게 꾸지람을 많이 받았다. 처의 약 시중을 맡고 있

1100 | 『묵재일기』, 1554.2.17.
1101 | 『묵재일기』, 1562.5.10.
1102 | 『묵재일기』, 1552.4.6.
1103 | 『묵재일기』, 1552.3.13. 다른 사람의 향복에 대한 희롱에 대해서는 안승준, "16세기 이문건가의 노비사환과 신공수취", 143쪽-146쪽에 잘 정리되어 있다.
1104 | 안승준, "16세기 이문건가의 노비사환과 신공수취", 144쪽.

을 때 약을 엎는 실수를 해서 크게 야단맞았다. 처의 병에 이문건이 삼소음을 처방해서 아래채에 내려 보냈는데, 향복이 실수로 그것을 엎질러버린 후 그 일을 숨겼다.[1105] 이튿날 그 일이 들통 났다. 약 엎지른 것을 알리지 않았을 뿐더러 그런 일이 없다고 숨겼기 때문에 그는 이문건에게 종아리를 십수 차례 맞았다. 게다가 위채에서는 발로 그릇을 걷어차 깨뜨리고, 등유를 손대다 옷을 더럽히기도 해서 곤장을 네 차례 맞기도 했다.[1106] 또 향복이 매양 밥 먹을 때 자기 엄마에게 대든다는 말을 들은 이문건은 노해서 그를 끌고 와 손으로 가격을 했더니 손등에 멍이 들기도 했다.[1107]

향복은 여러 차례 병을 앓았고 그때마다 이문건은 처방을 내렸다. 향복이 학질에 걸린 일, 목 뒤에 조그만 종기가 난 일,[1108] 더위를 먹어서 뜸을 놓아 나은 일,[1109] 다시 학질에 걸린 일,[1110] 감기로 열이 난 일,[1111] 또다시 학질에 걸린 일,[1112] 귀에 종기가 생겨 누런 물이 흐른 일,[1113] 은진(癮疹)을 앓아 풍으로 인한 열이 심한 일,[1114] 또다시 학질에 걸려 버드나무 끓인 탕과 복숭아씨를 먹은 일,[1115] 야밤에 옆구리에 통증이 있어 숨 쉬기 곤란할 때 아이 오줌에 소합환을 먹이고 소금으로 찜질을 시킨 일[1116] 등이 이문건의 일기에 적혀 있다.

1105 | 『묵재일기』, 1553.5.13.
1106 | 『묵재일기』, 1553.5.14.
1107 | 『묵재일기』, 1553.7.13.
1108 | 『묵재일기』, 1551.5.8.
1109 | 『묵재일기』, 1553.6.8.
1110 | 『묵재일기』, 1553.6.23.
1111 | 『묵재일기』, 1554.2.20.
1112 | 『묵재일기』, 1554.7.27.
1113 | 『묵재일기』, 1554.9.11.
1114 | 『묵재일기』, 1558.6.1.
1115 | 『묵재일기』, 1558.6.10.
1116 | 『묵재일기』, 1563.10.13.

향복은 1556년 말에 여자아이를 낳았는데,[1117] 아이의 몸에 붉은 점이 콩같이 숫은 것이 땀으로 인한 피부병인 한개(汗疥)와 같았다.[1118]

계향

어린 소녀 계향은 1552년 2월 여러 날 동안 두통·복통을 겸한 증상을 앓았다. 몸에 열이 많이 나자 이문건은 그에게 승마탕을 달여 먹였다.[1119] 이때 병은 무사히 넘겼지만, 그해 5월 29일 그는 괴산에 따라간 상태에서 설사병을 앓다가 죽었다. 이문건은 "약으로 구할 수 없었으니, 운명이다."라고 했다. 그는 복통에 음식을 먹지 못하다가 죽은 것이었다.[1120]

돌석

삼월의 아들 돌석은 이문건의 처남인 효갑의 노였다. 1555년 그가 보은을 떠나 성주에 와 있을 때 병을 앓았고, 그 기록이 이문건의 일기에 남은 것이다.

이해 5월 초하루 돌석은 거창으로부터 성주로 돌아왔는데 병을 얻었다. 이날 앓은 병에 대해 이문건은 다음과 같이 기록했다.

> 가슴이 쓰라리고 설사가 날이 갈수록 더 심해졌다고 하는데, 오늘은 기가 위로 치밀어 올랐다고 한다. 그를 위해 진맥을 했더니 맥이 자주 뛰고 간단히 끊어졌다 이어졌다 하는 것이 위급한 증세로 우려되었다. 상한발열인 듯하다. 그래서 소시호탕 두 첩에 대황을 가미한 약을 달여서 먹였더니 기가 치밀어 오르는 증상이 더욱 심했다. 다시 소합환

1117 | 『묵재일기』, 1556.11.12.
1118 | 『묵재일기』, 1556.11.27.
1119 | 『묵재일기』, 1552.2.11.
1120 | 『묵재일기』, 1552.6.2., 6.6.

을 복용시켰고, 또다시 월
경수를, 또다시 얼음물을
복용토록 했다.[1121]

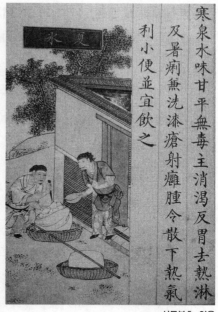

이튿날 돌석의 병은 어제보
다 좋아졌지만 눈을 깜박이면
서 헛소리를 지껄이며 땀이 나
지 않는 증상은 나아지지 않
았다.[1122] 차차 나아지고 있었
으며, 얼음을 먹고 싶어 하여
〔관아에서〕얻어 주었다.[1123] 계
속 열을 내리려는 처방이 날마
다 계속되었다. 열이 계속 남

식물본초―얼음

아 있자 이문건은 그에게 승마갈근탕을 달여 먹였다.[1124] 돌석이 가슴이
답답하고 목구멍에 담이 뭉쳐 있게 되자 이문건은 그에게 사람 똥물〔人
矢水〕을 먹여 설사토록 하는 한편, 청심원 한 알, 지보단(至寶丹) 두 알을
인삼(人蔘)·죽엽(竹葉)을 달인 물에 타서 먹이도록 했다.[1125] 이처럼 종의
약에 인삼을 쓰기도 했다. 이후 돌석은 똥물로 열을 다스렸으며, 20여
일 동안 병 조리한 후 동생과 함께 보은 집으로 돌아갔다.[1126]

1121 | 『묵재일기』, 1555.10.7.
1122 | 『묵재일기』, 1555.10.8.
1123 | 『묵재일기』, 1555.10.10.~10.11.
1124 | 『묵재일기』, 1555.10.12.
1125 | 『묵재일기』, 1555.10.13.
1126 | 『묵재일기』, 1555.11.10.

| 비 옥춘과 노 효원, 소근손과 후생 |

어린 여종 옥춘(玉春)은 1548년 1월부터 이문건 가에서 머무르며 종노릇을 했다. 그의 어미는 진주에 사는 여자 우음덕(亐音德)으로 옥춘을 남겨두고 대구로 갔다.[1127] 옥춘의 아비는 늙은 노비 마동(亇同)인데, 언젠가 와서 아이에게 치마를 준 적이 있다.[1128] 옥춘은 괴산 거주 노비인 효원(孝元)과 짝을 이뤘다.[1129] 이 둘 사이에서는 남아가 둘 태어난 게 확인된다.[1130]

옥춘

소녀 옥춘은 집에서 아이들의 보호, 이문건 아들의 약 시중, 이문건이 거주하는 위채의 관리와 시중 등을 맡았다. 이문건의 일기에서는 병기사보다도 매 맞은 기사가 더 많다. 그가 어떤 일로 체벌을 받았는지 잠깐 살펴보도록 하자.

> 아래채 처가 있는 곳에 갔다. 처가 화가 나 있었는데, 숙희의 어미가 숙희를 여러 차례 구타하여 아이를 크게 울린 일이 온당치 않다고 생각했기 때문이다. 또 말하기를, "옥춘이 숙희가 매 맞을 때마다 고소해하는 모습이다."라고 한다. 나 역시 이 말에 화가 나서 대나무가지를 들고 가서 옥춘의 등을 십여 차례 때렸다.[1131]

1127 | 『묵재일기』, 1548.1.11., 1555.5.8.
1128 | 『묵재일기』, 1555.5.24.
1129 | 이런 사실은 『묵재일기』, 1558.11.29. 기록에서 확인된다.
1130 | 『묵재일기』, 1555.3.23., 1558.12.25. 일기에는 이들의 이름이 누구인지는 나와 있지 않다. 첫째아이는 조산으로서 거꾸로 나오는 도산을 겪었고 둘째아이는 남편 효원이 죽은 후 한 달 있다가 태어난 유복자다. 이 아이를 낳는 산통이 시작되자 아래채 동쪽 방에 산실을 차렸고(1558.12.25.), 이튿날 진통 속에 남자아이가 태어났다. 양수가 적어서 건산(乾産)이었다. 돌금이 애를 받았다.(1558.12.26.). 이 밖에 태가 불편한 적이 있었다는 기록이 있는데(1562.8.11.), 아이가 나온 기록은 보이지 않는다.
1131 | 『묵재일기』, 1551.5.8. 옥춘의 나이는 이 집 딸 숙희(1547년생)보다 열 살 전후로 많았다.

364

계집종 옥춘이 저녁에 서방[이문건의 아들]에게 한 차례 맞은 후 분이 나서 신가음석(申加音石) 가에 숨어버렸다. 처가 옥춘이 도망가 숨은 죄를 물어서 종아리를 때렸다.[1132]

아들 기성(箕星)이 잠을 못 이루고 풍(風)이 동해서 크게 노해 옥춘을 때리려고 했는데 옥춘이 도망쳐 피해버렸고, 마침 그때 만난 주지(注之)를 몽둥이로 피나게 때렸다.[1133]

옥춘이 숙길을 겁박하면서 머리가 벽에 부딪히도록 해 잘린 나무판대기로 그의 등을 가격했다.[1134]

둑 앞에서 손자 길아를 안아주지 않고 걸리게 한 일의 죄를 물어서 옥춘을 때렸다. 또 둑 앞으로 아기를 꾀어낸 죄를 물어 [옥춘의 아들] 소근손을 때렸다.[1135]

손자 길아가 저녁때 섶 문 안에서 놀다가 놀라서 고함을 질렀다. 같이 놀던 아이들이 버리고 가서 그렇다고 했다. 나가서 지팡이로 소근손·필이 등을 때렸고, 또 아이를 버려두고 돌보지 않은 죄를 물어서 향복과 옥향도 때렸다.[1136]

손자 아이가 여러 아이와 함께 활쏘기 놀이를 했다. 아이의 화살이

1132 | 『묵재일기』, 1551.5.9.~5.10.
1133 | 『묵재일기』, 1552.5.3.
1134 | 『묵재일기』, 1555.5.15.
1135 | 『묵재일기』, 1555.5.25.
1136 | 『묵재일기』, 1555.12.3.

손자의 오른쪽 살쩍에 맞아 껍질이 벗겨지고 거의 눈이 상할 뻔했다. 처가 방금 검년(檢年)이 쏜 화살이 손자 아이의 살쩍에 맞은 일을 듣고서는 옥춘이 [이 일을] 일찍 아뢰지 않았다고 해서 노해 구타했다. 또 아기(길아)가 물질을 하도록 꾀어간 억복을 매질했고, 다시 개울에 가서 억천(億千)의 처제를 붙잡아 오도록 했으나 곧 놓아주었고, 검년을 오라고 했다.[1137]

길아가 아침에 측간에 가서 오랫동안 어름처럼 차가운 돌 위에 앉아 있었기에, 옥춘에게 거적을 깔아 아이를 보호하지 않은 일을 꾸짖어 왼쪽 귀 위를 대여섯 차례 구타했다. 잘 돌보지 않아 화가 치솟은 것이 이와 같았다.[1138]

이처럼 옥춘은 아이를 잘 돌보지 않은 일, 물건을 잘 간수하지 못한 일, 다듬이질을 게을리 한 일 등 여러 일로 매를 맞았다. 발작 난 아들을 피해 숨었다 들켜서 혼나기도 했다. 이런 견책은 비단 옥춘의 경우만이 아니었고, 다른 계집종이나 사내종의 경우에도 비슷한 일이 다반사였다.[1139]

옥춘의 경우에는 임신 중 심하게 당해 아이를 조산하고, 또 태어난 아이가 도산(倒産, 거꾸로 나옴)을 겪기도 했다. 이문건은 이에 대해서 자초지종을 매우 자세히 기록했다.

처에게서 정월 3일 저녁의 일에 대해 들었다. 계집종 옥춘이 [종손자]

1137 | 『묵재일기』, 1558.3.9.
1138 | 『묵재일기』, 1558.9.25.
1139 | 노비의 체벌과 그에 대한 노비의 대응에 대해서는 이혜정, "16세기 가내사환노비의 동류의식과 저항", 129-157쪽을 볼 것.

노성의 방에서 등을 켜다 잔을 엎어 책에 기름을 묻혀서 종손자가 크게 노했다. 숙길의 모가 손으로 옥춘을 심하게 때리며 성질을 부렸다. 그랬더니 [옥춘이] 배가 바닥 쪽으로 내팽개치면서 몸에서 궂은 피가 흘러나왔는데, 밤새도록 그러했다. 출산의 기미가 멀었고 초4일에 이르러 배에 통증은 있었지만 아이 나올 조짐은 없었으나 [이처럼] 피가 흘러나와 태 안이 마르게 되어서 태아가 몸을 돌릴 수 없게 되었다. 낮에 이르자 몸이 피곤하다고 하여 약 즙을 복용시켰으나, 출산이 시작되면서 아이가 몸을 돌리지 못해 도산(倒産)이 되어, 푸른색을 띤 아이는 앉아 매달려 턱이 산문(産門)에 걸려 잘 나오지 않았다. 이런 망극할 일이 벌어지자 [처가] 돌금이로 하여금 손을 써서 아이의 턱 걸린 것을 풀어주도록 하니 아이가 나와서 울었다.[1140]

다행히 이 아이는 죽지 않았고, 산모 또한 죽지는 않았다. 이문건은 며느리의 지독함에 대해 "대개 계집종을 심하게 때렸을 때 아이가 이미 떨어져 자세를 잃어서 이 지경에 이른 것이니 훗날을 위해 경계할 일이다. 이런 일을 있었다는 것을 들으니 마음이 크게 상했다. 위태로움에 가깝지 아니한가."고 탄식했다.[1141]

옥춘은 병을 많이 앓지 않았다. 학질 기록이 세 차례 보인다. 한 번은 쫓는 방법을 썼으나 듣지 않았고,[1142] 두 번째 때는 복숭아씨, 버드나무를 다린 '도인유지탕(桃仁柳枝湯)'으로 쫓아내는 방법을 썼고,[1143] 세 번째 때는 이웃집에 피접한 후 곧 나았다.[1144] 이 밖에 감기에 걸려 영보단

1140 | 『묵재일기』, 1555.3.23.
1141 | 『묵재일기』, 1555.3.23.
1142 | 『묵재일기』, 1553.4.23.
1143 | 『묵재일기』, 1558.4.9.
1144 | 『묵재일기』, 1561.4.23.

을 먹고 설사 시킨 적이 한 번 있었다.[1145]

효원

효원(孝元)은 광주 지방에서 아이 때 왔다.[1146] 효원은 성주에 머물면서, 각종 심부름 등을 하며 지냈다. 자라면서 공물 관리 일을 배우기 시작했는데, 노 만수를 따라 호남 지역의 공물을 수거하러 가는 동안 함양·구례·영광·전주·광주 등의 길을 익히기도 했다.[1147] 효원이 언제 옥춘과 맺어졌는지는 분명치 않지만, 첫아이가 태어날 무렵인 1555년보다 한두 해 앞선 시기였을 것이며, 그의 나이는 10대 초반이었을 것이다. 그는 똘똘하고 일을 잘해서 이문건이 매우 아꼈던 종이다.

효원은 1558년 겨울, 한창 젊은 나이에 이문건의 생일에 쓸 물건을 구하기 위해 괴산에 심부름 가던 길에 추위에 상해 죽었다. 그 과정이 『묵재일기』에 소상히 적혀 있다. 11월 27일, 금산에 있는 계집종 온금이의 의모(義母) 집 아이가 급히 달려와서, "효원이 얇은 옷을 입어서 추위에 상해 두통을 앓고 말을 잘 못하며, 위로는 토하고 아래로는 설사를 했습니다. 그저께 우리 집에 왔는데, 매우 고통스러워합니다."라며, 효원이 앓고 있는 소식을 전했다. 효원은 괴산 가는 길에 온금이 의모 집에 머물러 1박했던 것이다. 이문건은 며느리가 따뜻한 솜옷을 안 입혀 보냈기 때문에 추위를 맞아 이런 지경에 이른 것이라 길게 탄식했다. 아울러 그는 이중탕 1첩, 소시호탕 2첩을 합해 지어서 종 만수 편에 보냈다. 또 병을 구하지 못해 그가 죽게 되면 성주로 보내지 말고 괴산에 보

1145 | 『묵재일기』, 1558.3.5.

1146 | 1551년 2월에 무슨 일 때문인지는 잘 안 나와 있지만, 이문건은 괴산의 노 방실에게 후생(后生)을 앞세워 효원 등 세 명을 함께 붙잡아 오라고 했다.(1551.2.4.) 붙잡으러 갔더니 세 아이 중 누이는 이미 죽어 있었고, 효원의 아우 효정은 잘 걷지 못해서 괴산에 두었다. 전후 맥락을 보면, 효원의 아비는 후생이었던 듯하며, "자기 처를 버리겠다."고 하면서 그곳에 머물러 있겠다고 했다.(1551.2.27.)

1147 | 『묵재일기』, 1553.1.6.

내 바로 장사를 지내라고 지시했다. 면실이(面失伊), 최문(崔文) 등도 말을 타고 따라갔고, 동생 소근손도 동행했다.[1148] 그렇지만 효원은 살아나지 못했다. 이문건은 일기에 이렇게 썼다.

효원이 그제 저녁에 죽었다. 만수가 그의 시체를 염장했다고 사람이 와서 전했다. 안타깝다. 죽지 않을 것이 죽음에 이른 것이다. 만약 두 터운 솜옷 한 벌을 입혔더라면 죽지 않았을 것이니 누구를 책망하리 오. 책임이 나와 길아의 어미에 있을 뿐이다. 솜옷을 주지 않은 며느리는 영민하지 못했다. 내 생일로 인해 추위를 무릅쓰고 나서서 바람을 견디며 나아가다 죽은 것이니 이는 반드시 나로 인해 죽은 것이다. 슬픔이 골육이 죽은 것보다 덜하겠는가. 안타깝고 안타깝다. 안타깝고 안타깝도다![1149]

이렇게 며느리와 자기 탓을 했는데, 그의 죽음에 대한 더욱 상세한 내용이 밝혀졌다. 며느리가 얇은 옷을 입혀 보내지 않고 옷을 새로 지어 보냈으며, 효원은 물을 건너다 추위에 상한 것이라는 것이었다.[1150] 전모는 다음과 같았다. 효원이 이달 25일 중모천(中牟川)을 건너다 물이 깊어 배까지 찼는데, 얼음을 깨면서 짐을 서너 차례 옮기는 과정에서 한증을 얻은 것이었다. 불을 피워 몸을 녹였으나 가슴이 답답해서 냉수를 많이 먹었다가 다시 두통을 얻어 병에 시달리게 된 것이었다. 그러다 금산의 인가에 도착해, 26일에 통증이 심해서 녹두죽을 먹었으나 눈과 얼굴이 붉어지고 끙끙댔으며, 27일에 녹두죽을 조금 먹고 신음하다가

1148 | 『묵재일기』, 1558.11.27.
1149 | 『묵재일기』, 1558.11.29.
1150 | 『묵재일기』, 1558.11.29.

저녁나절에 사망한 것이었다.[1151] 남편의 죽음 소식을 접한 옥춘은 곡을 했으며,[1152] 무녀 추월을 불러서 굿을 했다.[1153] 효원을 괴산으로 이장하는 일은 종들이 내켜하지 않았으며, 모두 "가을이 좋다."고 했다.[1154]

소근손

아이 소근손(小斤孫)은 이문건 손자의 놀이 친구였으며, 손자를 가끔 괴롭혀서 매질을 당했다. 1555년 소근손은 숙길을 꾀어서 물놀이를 갔다고 해서 혼난 적이 있으며,[1155] 놀다가 숙길을 버리고 사라졌다고 해서 혼난 적도 있었다.[1156]

소근손도 다른 아이처럼 두역을 겪었다. 얼굴에 붉은 점이 생기고 엉덩이에도 이런 점들이 마찬가지로 생기자, 이문건은 이것이 필시 두역이라 여겼다. 차츰 두창이 진행되어 뾰족 솟고, 반들반들해지고, 매우 심해져서 차마 보기 힘들 정도로 끔직했다. 이 무렵 소근손, 만성, 유복 등 이문건의 어린 종들과 함께 손녀 숙녀, 손자 숙길이 다 두역을 겪었다. 소근손의 두가 더욱 심했다.[1157]

이 밖에 소근손은 학질을 앓았고,[1158] 음식을 먹지 못하고 구토하며 한·열이 교차하는 증상도 앓았는데, 이때 이문건은 똥을 재료로 한 야인건(野人乾)에 자금정(紫金丁)을 물에 개어 복용토록 했다.[1159]

1151 | 『묵재일기』, 1558.12.1.
1152 | 『묵재일기』, 1558.11.29.
1153 | 『묵재일기』, 1558.12.18.
1154 | 『묵재일기』, 1558.12.25.
1155 | 『묵재일기』, 1555.5.25.
1156 | 『묵재일기』, 1555.12.3.
1157 | 『묵재일기』, 1556.5.23.~5.30.
1158 | 『묵재일기』, 1557.4.14.
1159 | 『묵재일기』, 1561.1.9.

후생

효원의 아버지로 여겨지는 괴산 노 후생의 경우에는 학질을 앓은 기록이 나와 있다. 1552년 12월, 그는 학질 증상이 심한 데다 찬 강을 건너서 허리 아래에 습증이 있어서 불편해했다. 후생의 당학(唐瘧)이 오래도록 잘 낫지 않자, 이문건은 그에게 자금정을 복용토록 했는데 효과가 없었고 오히려 통증이 더 심했다. 후생을 괴산에 보내어 학질을 조리하라고 했다.[1160]

| 비 윤개와 노 연수 |

윤개

윤개(尹介)는 1552년에 첫 기록이 보인다. "어린 계집종 윤개가 두통이 있어서 누워 일을 하지 못한다."는 것이 그것이다.[1161] 어리다고 한 것, 일을 하는 것으로 보아 이때 나이가 열 살 전후였을 것이다.

그는 주로 밥 짓는 일을 맡은 계집종이었다. 일에 게을러 야단을 맞은 기록이 여럿 보인다. 밥에 모래가 들어갔다고 회초리 15대를 맞은 적이 있고,[1162] 반찬을 제대로 갖추지 못했다고 하여 오죽 지팡이로 맞은 적도 있다.[1163] 국을 제대로 익히지 않고 내놓았을 때도,[1164] 밥에 든 쥐똥을 발견해 치우지 못했을 때도,[1165] 밥 짓는 일을 게을리 했을 때도, 손자가 배고파하는데 빨리 밥을 차리지 않았다고 해서 매를 맞았다.[1166] 밥

1160 | 『묵재일기』, 1552.12.6., 12.24.
1161 | 『묵재일기』, 1552.5.28.
1162 | 『묵재일기』, 1555.3.5.
1163 | 『묵재일기』, 1555.9.15.
1164 | 『묵재일기』, 1555.10.9.
1165 | 『묵재일기』, 1556.4.1.
1166 | 『묵재일기』, 1563.7.10.

짓는 일 외에도 목욕물을 빨리 데우지 않아 이문건의 종손자 천택에게 구타를 당하기도 했고,[1167] 심지어 숟가락을 빨리 갖다 놓지 않았다고 천택에게 신발짝으로 뺨을 맞기도 했다.[1168]

윤개가 가장 심하게 맞았던 때는 그가 종 억근(億斤)과 밤에 같이 나가서 간통했을 때다. 향복의 사례에서 봤듯 이문건은 나이 어린 여종의 간통을 매우 못마땅해했기 때문에 "주인의 가르침을 위배했다."고 하여 볼기 80대를 때렸다.[1169]

윤개는 새로 이문건의 종이 된 연수(連守)와 혼인을 치렀던 것 같다.[1170] 연수는 원래 이문건과 같은 성씨의 성주 거주 유생 이득전(李得荃)의 노비였는데,[1171] 이문건이 자기 일에 쓰려고 사들였다.[1172] 노비를 사고파는 과정이 『묵재일기』에 다음과 같이 실려 있다. 매매에 앞서 연수의 뜻을 물었다. 그는 "가르침에 따르겠노라."고 승낙했다.[1173] 다음에 지역 유생 이득천(李得天)과 이선(李瑄) 양인이 증인을 서서 매매에 관한 소지를 써서 성주 관아에 고했다.[1174] 노 연수를 사들이는 값은 여러 종류의 질 좋은 비단 세 필, 장지(狀紙) 세 두루마리, 새 달력 하나였다.[1175]

이 둘 사이에 아이가 둘 있었다. 윤개는 첫아이를 낳은 후[1176] 산후병증을 앓았다. 배에 피가 뭉치고 넓적다리가 쓰라려 잘 걷지 못한다고 하여, 이문건은 그에게 궁귀탕에 홍화와 소목을 가미한 약을 복용토록 했

1167 | 『묵재일기』, 1554.12.1.
1168 | 『묵재일기』, 1555.2.2.
1169 | 『묵재일기』, 1557.2.6.
1170 | 『묵재일기』, 1558.9.25.
1171 | 『묵재일기』, 1545.10.5.
1172 | 『묵재일기』, 1558.1.2.
1173 | 『묵재일기』, 1557.12.23.
1174 | 『묵재일기』, 1558.1.2.
1175 | 『묵재일기』, 1557.12.24.
1176 | 『묵재일기』, 1558.9.25.

다.[1177] 이 아이는 나온 지 두 달 만에 갑자기 죽었는데, 아비 연수가 묻었다.[1178] 이후 윤개는 남자아이를 또 낳았는데, 이름이 연송(連松)이었다.

연송은 열 살 때 두역을 앓았다. 이때 어린 종 경환(輕丸)도 두역을 같이 앓았다.[1179] 연송은 비교적 순하게 두역을 앓았는데, 솟은 구슬이 단지 8~9개였으며 아파하지도 않고 먹는 것도 불편해하지 않았다.[1180] 경환의 경우에는 자세하다.[1181] "열이 나고 아파 누워 있으며 두가 솟기 시작하는데 동네의 할미가 말하기를 눈 위를 보면서 빌면 즉각 그친다고 했다."[1182] 경환도 구슬이 8, 9개 솟고 아파하지 않았지만, 솟은 두가 많지도 적지도 않았으며, 며칠 후 두 솟은 부위가 누렇게 되고 밥을 먹기 시작했으며, 다시 열흘 후 딱지가 이미 떨어져 걸어 다닐 정도로 회복되었다.[1183] 윤개의 아들 연송이 두가 딱지가 져 무사히 살아남게 되자 윤개는 무당을 불러 별송굿을 치렀다.[1184]

윤개와 연수의 병 기록은 거의 보이지 않는다. 윤개가 학질에 걸린 것,[1185] 연수가 인후증을 앓은 것[1186]이 전부다.

▎ 비 온금과 그의 남편 종년, 또 다른 비 돌금 ▎

비 온금(溫今)은 이문건의 일기에, 성주 근처 하빈(河濱)에 거주한 비부(婢夫) 돌만(突萬)의 딸로 1546년 무렵 이문건 가에 사환된 것으로 나

1177 | 『묵재일기』, 1558.10.1.
1178 | 『묵재일기』, 1559.1.2.
1179 | 『묵재일기』, 1561.윤5.26.
1180 | 『묵재일기』, 1561.윤5.29.
1181 | 이렇게 이문건은 경환의 두의 진행과정을 일기에 적었다. 그런데 경환이 누구의 자식인지는 분명치 않다.
1182 | 『묵재일기』, 1561.윤5.29.
1183 | 『묵재일기』, 1561.6.1., 6.6., 6.16.
1184 | 『묵재일기』, 1561.7.29.
1185 | 『묵재일기』, 1556.6.13.
1186 | 『묵재일기』, 1559.1.14.

와 있다.[1187] 그러나 나이가 어느 정도인지 확인이 안 된다. 이문건의 아들이 결혼한 후 신부와 함께 성주에 온 무리 중 1인이다.[1188] 이듬해 그는 노 만수와 간통한 일로 이문건의 처에게 벌을 받은 적이 있다.[1189] 온금이 언제 종년과 살림을 차렸는지는 분명치 않으나,[1190] 1551년 8월 온금의 아들이 언급되어 있는 것으로 보아 최소한 1550년에는 혼인하여 홀로 아이를 키우고 있는 상태였다.[1191] 종년은 함양에 거주하는 양인으로 이문건 집에 공물을 바치고 있었다.[1192] 종년에게는 장성한 아들 성년(成年)이 있었으므로,[1193] 아마도 온금과의 혼인은 두 번째 혼인이었을 것이다.

온금의 아이는 둘이었는데, 『묵재일기』에는 둘째아이 억종(億終)이 네 살 때 두역에 걸려 사망한 것으로 기록되어 있다.[1194] 온금은 질병을 앓은 기록이 일기에 거의 보이지 않으며, 1561년 병에 걸려 죽었다. 그의 주검은 초장을 했는데,[1195] 그의 죽음이 흉한 일이라 쉬쉬해서 나흘이 지난 후에야 이문건에게 알려졌다. 이문건은 관 값을 지급했다.[1196]

남편 종년은 온금이 죽은 지 반년 후 이문건의 계집종 돌금을 유혹해 간통했다. 돌금의 남편 야찰은 10년 전에 죽었다. 이문건의 처는 돌금이 종년과 간통한 사실을 듣고서는 크게 증오했다. "계집종이 종년에게 유혹당해 떨어지지 못한다."는 말을 처로부터 들은 이문건도 돌금이

1187 | 이혜정, "『묵재일기』를 통해서 본 16세기 婢夫·奴妻의 삶", 『한국사연구』 147, 2009, 207쪽.
1188 | 『묵재일기』, 1546.10.1.
1189 | 『묵재일기』, 1547.1.8.
1190 | 이 둘의 혼인 상태는 『묵재일기』 1557년 4월 12일자 기사로 확인된다.
1191 | 『묵재일기』, 1551.8.15.
1192 | 『묵재일기』 1557년 4월 9일자 등 여러 기록에서 그가 함양에 거주하는 것으로 확인된다. 온금의 婢夫로 분명히 하는 기록은 1557년 이후다.
1193 | 『묵재일기』, 1546.4.19.
1194 | 『묵재일기』, 1556.11.16.
1195 | 『묵재일기』, 1561.11.3.
1196 | 『묵재일기』, 1561.11.7.

"가증스럽다"고 말했다.[1197] 왜 이문건 부부가 돌금을 증오했는가 하면 그의 행위가 단순한 남녀 관계상의 간통에 머무르는 행위가 아니었기 때문이다. 그때 돌금은 손녀인 숙녀의 유모 노릇을 했었다. 즉, "간통이 유모로서 할 짓이 아니었기 때문이었다."[1198] 이문건의 처가 돌금에게 그 이치를 깨우쳐주자 돌금은 후회하며 부끄러워했으며, 이문건은 종년의 재산을 내어주며 그를 쫓아냈다.[1199] 당시 사대부가에서는 유모는 비록 낳아준 친부모는 아니지만 죽었을 때 상복을 입는 '시마(緦麻)의 복(服)'을 논할 정도로 특별한 존재로 인식되었기 때문에,[1200] 이문건 집안으로서는 유모를 꾀어낸 종년을 결코 용서할 수 없었던 것이다.

| 비 개금과 비부 종금이 |

계집종 개금(介今)은 고부에 사는 계집종 몽이(夢伊)의 딸인데, 아비 작삼(雀三)이 그를 이문건 가에 들였다.[1201] 거기서 개금은 종금이(終金伊)와 혼인했다.[1202] 개금은 밥 짓는 일을 제때 못 해 뺨을 맞은 적이 있고,[1203] 어른 아이 가리지 않고 그들에게 심한 욕을 해대서 이문건에게서 등을 15대 맞은 적도 있었다.[1204] 남편 종금이와 사이가 안 좋았는지, 그를 미워해서 쌀 항아리를 깬 적이 있었고, 그 장면을 목격한 손자 숙길이 이문건에게 일러바쳐서 매 15대를 맞은 기록이 있다.[1205] 개금은 사내아

1197 | 『묵재일기』, 1562.6.24.
1198 | 『묵재일기』, 1562.6.25.
1199 | 『묵재일기』, 1562.6.25., 6.27.
1200 | 이혜정, "『묵재일기』를 통해서 본 16세기 婢夫·奴妻의 삶", 216~217쪽.
1201 | 『묵재일기』, 1551.4.28.
1202 | 『묵재일기』, 1556.4.28
1203 | 『묵재일기』, 1556.2.9.
1204 | 『묵재일기』, 1558.4.25.
1205 | 『묵재일기』, 1562.5.21.

이를 낳았는데,[1206] 그 아이는 출생한 지 얼마 안 되어 배에 생긴 종기로 사망했다.[1207] 비부(婢夫)인 종금이에 대해서는 기록이 많지 않으며, "아이의 말을 타고 달리고 아이의 뺨을 때린" 종금이를 벌하기 위해 처인 개금이 대신 매를 맞은 일이 있었다.[1208]

| 비 가절종과 노 서동 |

비 가절종(加叱終)은 1546년 무렵 이문건 가에 사환된 것 같다. 성주의 귀양살이 초반에 합류한 것이다. 그는 물 긷고 설거지하고 음식 장만하는 일을 했던 것 같은데, 일을 잘하지 못해서 여러 차례 혼난 기록이 보인다. 아침에 일찍 일어나지 않았다고 해서 회초리 10대,[1209] 설거지를 깨끗이 하지 않았다고 해서 이문건의 아들로부터 머리채를 뜯기고 구타를 당한 일,[1210] 물을 긷지 않고 죽에 모래가 들어갔다고 해서 등을 맞은 일,[1211] 국에 파를 넣고 끓이라는 말을 어겨 파를 넣지 않아서 질책 당한 일,[1212] 며느리를 공손히 대하지 않아서 이문건에게 20여 대 맞은 일[1213] 등이 그런 사례들이다. 이러저러한 일로 가절종은 여러 차례 도망쳤던 것 같다.[1214]

가절종은 1561년 딸을 낳았는데 낳자마자 죽었다. 종 서동이 이 아이를 묻은 것으로 보아 그가 남편이었던 듯하다.[1215] 가절종이 앓은 기록

1206 | 『묵재일기』, 1559.2.20.
1207 | 『묵재일기』, 1559.3.7.
1208 | 『묵재일기』, 1556.4.28.
1209 | 『묵재일기』, 1546.11.24.
1210 | 『묵재일기』, 1551.4.8.
1211 | 『묵재일기』, 1551.4.19.
1212 | 『묵재일기』, 1551.4.20.
1213 | 『묵재일기』, 1562.9.17.
1214 | 『묵재일기』, 1563.5.12.
1215 | 『묵재일기』, 1561.11.12. 서동은 1551년 무렵 가동(家僮)이라 불렸던 것으로 보아 10세 전후였던 것 같다.(1551.2.8.) 이로 미루어보면 가절종의 나이도 대략 비슷했으리라 추정할 수 있다.

은 한 차례 보인다. 가슴에 통증이 있어서 이문건으로부터 구통원(九痛元)을 받아 복용했다.[1216]

나이 많은 여종들: 비 억금, 무기, 의금

| 억금 |

계집종 억금(億今)은 이문건이 서울에서부터 부리던 여비로, 성주까지 따라가서 이문건 일가를 섬겼다.[1217] 최초의 기록은 1535년 12월로서, 이때 그는 이문건의 딸 순정(順貞)을 업고서 이문건이 시묘생활을 하는 노원의 산소까지 왔다.[1218] 성주까지 따라간 여비 가운데 가장 나이가 많은 축에 끼었을 것이다. 억금이 죽은 이문건의 딸 순정의 제사를 도맡아 하는 것으로 미루어볼 때, 그는 순정의 유모가 아니었나 추측된다.[1219] 그렇지만 이문건의 일기에서 그의 혼인 기록은 보이지 않으며, 자식의 존재도 나타나 있지 않다. 또 성주에서 젊은 종과 비 사이에 흔하게 벌어진 간통 사건 같은 것도 보이지 않는다.

억금은 기운이 좋았고, 일도 상당히 잘했고, 음식 솜씨도 좋았고, 농장의 타작과 수공 관리도 잘했으며, 무엇보다도 집안의 환자를 돌봐 중요한 질병 수발을 다 들었기 때문에, 여타 종들과 지위가 다른, 반쯤은 이문건의 식구로 편입되어 있었다.[1220] 물론 억금도 다른 노비와 마찬가지로 많이 혼났고 매를 맞았다. 진지 대령을 안 했다고 매를 맞고, 불

1216 | 『묵재일기』, 1554.8.1.
1217 | 『묵재일기』에서 억금에 관한 기록이 적지 않게 보인다. 그렇기에 김용철은 "한 여비의 일생—억금(億今)"을 따로 다룰 정도였다.(김용철, "『묵재일기』 속의 여비", 54쪽~62쪽.)
1218 | 『묵재일기』, 1535.12.24.
1219 | 『묵재일기』, 1548.2.4.
1220 | 김용철, "『묵재일기』 속의 여비", 54~62쪽.

안 땐 일을 방조했다고 회초리를 맞고, 병자 옷의 이를 잡지 않았다고 해서 엉덩이를 맞고, 아이를 잘못 봤다고 매질을 당했다.[1221]

억금의 질병 기록은 별로 보이지 않는다. 서울에 있을 때 복통이 있어서 이문건이 귀손으로부터 약을 구해준 일,[1222] 학질을 앓은 일,[1223] 몸을 떨면서 "모골계(毛骨鷄)가 비리지 않은 것이 네 죄이니 장차 돌아가도록 하겠다."는 신들린 말을 하면서 몸져누운 일,[1224] 토설 증상으로 소금 끓인 물, 마시즙(馬矢汁), 치중탕(治中湯) 달인 약을 먹고 나은 일[1225] 정도가 기록의 전부다.

| 무기 |

비 무기(戊己)는 서울에 있을 때부터 이문건 가를 섬겼던 여종으로,[1226] 성주 유배지에도 따라갔다. 그는 비 삼월(三月), 주지(注之), 의금(義今) 등과 나이 많은 여종 그룹을 이루며 각종 집안일을 도맡았다.[1227]

무기도 다른 종처럼 자주 혼났다. 무기는 술 빚을 때 잘못하여 매를 맞았으며,[1228] 그가 숙직하라는 말을 듣지 않자 이문건은 아이(아마 조카 천택인 듯)를 시켜 등을 30차례 매질을 시키기도 했다.[1229] 비가 왔는데 돗자리와 책을 잘 거두지 않아서 적시게 된 책임을 물어 향복과 함께 회초리를 맞기도 했다.[1230]

1221 | 김용철, "『묵재일기』 속의 여비", 56-57쪽.
1222 | 『묵재일기』, 1536.12.25.
1223 | 『묵재일기』, 1556.6.12.
1224 | 『묵재일기』, 1561.10.9.
1225 | 『묵재일기』, 1562.8.17.
1226 | 『묵재일기』, 1545.윤.20.
1227 | 『묵재일기』, 1551.12.30.
1228 | 『묵재일기』, 1552.5.1.
1229 | 『묵재일기』, 1552.8.30.
1230 | 『묵재일기』, 1554.5.25.

그는 어떤 영문인지는 모르지만 1554년 8월 퇴비(退婢) 상태, 즉 비에서 물러난 상태가 되었다. 1557년 이후에는 괴산에서 살았다.[1231]

무기가 앓은 병으로는 학질과 턱의 종기가 있었다. 그가 학질을 앓았을 때, 이문건은 복숭아씨에 붉은 글씨로 악귀를 쫓는 글자를 붉게 써서 삼키게 하고, 동쪽으로 향한 버드나무 가지를 달여서 먹게 했는데, 이후 학질 증상이 그쳤다.[1232] 턱에 종기가 났을 때는 스스로 째어서 독기의 뿌리가 나오도록 조치했다.[1233]

| 의금 |

의금(義今 또는 쯧今)이 언제부터 여종노릇을 했는지는 분명치 않다. 이전 기록에는 본댁의 여종으로 같은 이름이 있고, 관비 의금도 있지만, 동일한 인물인지는 확인할 수 없다. 그가 성주에서 사환하고 있는 최초의 모습은 1551년에 주지, 무기와 함께 제수 준비를 하는 데서 보인다.[1234] 그는 물 긷는 일을 주로 했다.[1235] 종 귀손이 의금을 희롱하면서 요란을 떨어 둘 모두가 처벌을 받은 적이 있으며,[1236] 그가 황당(荒唐)의 남편과 눈이 맞아 간통한 후 수송하던 옷과 양식을 가지고 도망쳤다가 2년 후 추쇄되어 붙잡혀 온 적도 있었다.[1237] 『묵재일기』에서는 의금의 마지막 사환은 1561년에 확인되며,[1238] 이후에는 외거하면서 공물을 바친 것 같다.[1239] 의금의 병으로는, 가슴 답답한 증세로 소합환 세 알을 아이

1231 | 『묵재일기』, 1557.3.25.
1232 | 『묵재일기』, 1553.6.8., 6.14.
1233 | 『묵재일기』, 1555.3.13.
1234 | 『묵재일기』, 1551.12.30.
1235 | 『묵재일기』, 1551.11.18.
1236 | 『묵재일기』, 1552.1.10.
1237 | 『묵재일기』, 1553.윤3.12, 1555.7.26.
1238 | 『묵재일기』, 1561.3.13.
1239 | 『묵재일기』, 1564.1.7.

오줌에 개어서 복용한 기록 하나가 보인다.[1240]

손자의 놀이 친구들: 종만, 억복, 필이

"이문건 가의 어린 노비들은 주가(主家, 주인집)의 손자 손녀를 돌보는
과정에서 때로 이들은 함께 싸우고 놀면서 자랐다. 이들은 어린 주인과
함께 장난을 치고 놀았지만, 이들한테 놀이는 노비로서의 행동방식을
학습하는 과정이기도 했다. 노비들은 어린 시절부터 주인에게 복종하
는 방식을 교육받았고, 이를 어길 때는 체벌이 뒤따랐다. 한편 나이 어
린 주인 역시 주인으로서의 역할과 노비를 제어하는 방식 등을 자연스
럽게 체화하도록 교육받았다."[1241]

어린 숙길은 공부보다도 놀기를 더 좋아했다.『묵재일기』에 등장하는
손자 숙길의 놀이 친구로는 소근손(小斤孫), 필이(必伊), 억복(億卜), 종만
(終萬) 등이 있다. 소근손의 경우에는 앞에서 살핀 바와 같다.

1556년, 필이는 숙길이 던진 칼에 왼쪽 팔이 맞아서 피를 흘린 적이
있었다. 이문건은 손자를 불러 크게 야단치는 한편, 뽕나무 싹으로 상
처 입은 곳을 발라주면서 다시는 이런 짓을 하지 말라고 했다.[1242] 필이
는 하빈(河濱)에서 데려온 아이로서 1553년 무렵에 성주 이문건의 집에
입주해 있었다.[1243] 1558년 정월 억복은 숙길과 함께 씨름놀이를 하며 놀
았는데, 그가 애써 숙길에게 지지 않으려고 하자 이문건은 그를 불러

1240 | 『묵재일기』, 1551.11.18.
1241 | 이혜정, "16세기 가내사환노비의 동류의식과 저항", 136쪽. 숙길이 노비와 같이 놀면서 성장하는 모습
은 이 논문 136-140쪽에 잘 정리되어 있다.
1242 | 『묵재일기』, 1556.4.18.
1243 | 『묵재일기』, 1553.5.25.

매질하며 그의 불공(不恭)을 벌하였다.[1244] 억복은 부모와 나이가 확인되지 않지만 숙길의 씨름 상대였던 것을 보면, 숙길(1551년생)과 거의 비슷한 나이였을 것이다. 1562~1563년 종만은 숙길과 함께 바가지를 두드리며 이웃집 문 앞에서 구걸하는 걸인의 흉내를 내는가 하면, 공부하다 몰래 도망쳐 나온 숙길과 함께 북을 치며 놀았다.[1245] 종만은 괴산 거주노 순산(順山)의 아들로, 아비의 죽음 이후에 성주 이문건 가에서 사환되었다.[1246]

이에 앞서 소년 억복과 소근손은 음탕한 짓을 하다가 들켜서 혼나기도 했고,[1247] 소근손과 필이는 불을 들고서 바깥방에 들어갔다가 불낼 것을 걱정한 이문건에게 붙들려 종아리 15대씩을 맞은 적이 있었다.[1248]

필이는 아팠던 기록이 여럿 보인다. 특히 그가 앓은 배의 산통(疝痛)에 대해서 이문건은 『묵재일기』에 상세히 적었다. 그는 산통을 한 달 앓으면서 사경을 헤매는 단계까지 갔다. 1563년 7월, 필이의 배 아래쪽의 종기가 날로 커져서 음식을 먹지 못하고 위험한 지경에 이르기도 했다. 이문건이 처방한 산통 약도 소용이 없었다.[1249] 통증이 더 심해지자 이문건은 침으로 종기를 째고자 침을 놓는 의생인 이숙(李淑)을 불렀다. 그는 "고름이 찼다." 하면서 침으로 종기를 땄는데, 누런 고름이 한 됫박 흘러나왔고 매우 고약한 냄새가 났다. 밤에 더욱 병세가 악화해 흉한 징조가 보였다.[1250] 이문건은 다시 종 만수를 시켜 불에 달군 침을 써서

1244 | 『묵재일기』, 1558.1.17.(이혜정, "16세기 가내사환노비의 동류의식과 저항", 137쪽에서 재인용.)

1245 | 『묵재일기』, 1562.1.3., 1563.12.27., 12.29.(이혜정, "16세기 가내사환노비의 동류의식과 저항", 137쪽에서 재인용.)

1246 | 『묵재일기』, 1555.10.5.(이혜정, "16세기 가내사환노비의 동류의식과 저항", 137쪽에서 재인용.) 1553년 괴산 노 순산은 쇠고기를 먹고서 식중독으로 죽었다.(1553.7.17.)

1247 | 『묵재일기』, 1554.6.20.

1248 | 『묵재일기』, 1555.12.19.

1249 | 『묵재일기』, 1563.7.14.

1250 | 『묵재일기』, 1563.7.16.

종기를 쨌는데 이때는 고름이 나오지 않았다.[1251] 종기가 음부에도 생겨나서 필이가 더욱 고통스러워하자, 이문건은 무녀를 불러 굿을 하는 한편 그를 아래채로 옮겼다.[1252] 다행히도 이후 병세가 다소 회복되었는데, 그의 아비가 병세를 보러 왔다.[1253] 8월 10일, 병의 여독이 남아 있다고 판단되자 다시 침으로 4, 5군데 혈을 놓았는데, 필이가 침을 맞으려 하지 않아 강제로 시행토록 했다.[1254] 이 밖에도 필이는 이전에 학질을 앓았는데, 다른 이도 늘 그랬듯이 버드나무를 끓인 것을 복용하고 복숭아씨를 삼켰지만 차도가 없었다.[1255] 심한 옻독을 앓은 적도 있었다.[1256]

억복은 학질과 두역을 앓은 기록이 일기에 보인다. 1555년 그는 학을 앓았는데 한열이 번갈아 가는 증상이 네 차례 계속되자, 이문건은 만병원(萬病元) 두 알을 먹여 효과를 봤다. 이 처방은 찰방 홍흠중(洪欽仲)의 말을 듣고 쓴 것이었다.[1257] 이듬해에는 이문건 가의 다른 아이들과 함께 억복도 두역을 앓았다.[1258]

종만의 경우에는 앓은 기록이 두 개 보인다. 밤나무를 옮기다가 넘어져 나무에 왼쪽 다리가 부러진 골절상을 입었는데, 이때 마의(馬醫) 강순(姜順)이 와서 그의 발을 살펴 천 따위로 묶었다.[1259] 또 그는 열이 있어서 오랫동안 신음한 적이 있었다.[1260]

1251 | 『묵재일기』, 1563.7.17.
1252 | 『묵재일기』, 1563.7.19.
1253 | 『묵재일기』, 1563.8.1.
1254 | 『묵재일기』, 1563.8.10.
1255 | 『묵재일기』, 1558.6.9.
1256 | 『묵재일기』, 1561.윤5.4.
1257 | 『묵재일기』, 1555.8.15.
1258 | 『묵재일기』, 1556.5.23.
1259 | 『묵재일기』, 1561.10.6.
1260 | 『묵재일기』, 1562.1.13.

기타 노비의 병

| 서울의 비 동비와 금금이 |

『묵재일기』에는 서울 기록이 많이 남아 있지 않기 때문에, 노비의 질병 기록도 많지 않다. 여종 동비(同非)와 금금이(今金伊)의 질병 기록이 남아 있다. 동비는 유종(乳腫)이 생겨 이문건에게 와서 약을 구해 갔다.[1261] 이문건은 동비의 병을 고치기 위해 맹인 점쟁이를 불러서 점을 쳤으며,[1262] 침의(鍼醫) 채장손(蔡長孫)을 불러서 동비의 유종 부위를 째도록 했는데 진물이 이미 오래된 상태였다.[1263] 자신의 처방 제시, 난치의 경우 맹인 또는 무녀 초빙, 종기의 경우 고름이 차기를 기다려 침의를 불러 째는 방식은 이후 성주 생활에서도 일관되게 보이는 치병의 패턴이었다. 비 금금이의 경우에는 인후병이 있어서 박하전원(薄荷煎元) 두 알을 복용한 적이 있다.[1264]

| 늙은 종 차동 |

차동(車同)은 기미년, 즉 1499년생으로 늙은 노비다.[1265] 그는 순창(또는 남원)에 사는 노비로 공물을 바치는 존재였으나, 가난하여 공물을 바치지 못한 때가 있었다.[1266] 차동의 처는 아이를 데리고 도망을 갔으며 먹을 것이 없는 그는 이문건에게 와서 스스로 가내노비가 되었다.[1267] 이

1261 | 『묵재일기』, 1536.12.23.
1262 | 『묵재일기』, 1536.12.27.
1263 | 『묵재일기』, 1536.12.28.
1264 | 『묵재일기』, 1537.3.9.
1265 | 『묵재일기』, 1552.1.17.
1266 | 『묵재일기』, 1552.1.17.
1267 | 『묵재일기』, 1554.1.2., 1.27.

후에도 그는 처를 찾으러 남원에 간 적이 있으며,[1268] 결국 나중에 처 언대(彦代)를 데리고 성주에 왔다.[1269]

차동의 죽음 장면이 『묵재일기』에 기록되어 있다. 그는 1562년 겨울, 추위에 상해 병에 걸린 후 죽었다. 죽기 전에 헛소리를 하면서 물을 찾았고, 이문건은 향소산을 달여 먹이는 한편 똥물을 재료로 한 인건수(人乾水)를 갖춰 복용토록 했으나 소용이 없었다. 곧 죽을 것이라 여긴 이문건은 종 만수에게 그를 문밖으로 내치라고 했으나, 종 만수는 죽을 증세가 아니라고 하면서 내켜하지 않았다. 늙은 종 차동은 밤에 약과 쌀밥을 먹고 말을 하더니만, 이른 새벽에 갑자기 죽어버렸다.[1270] 이문건은 관을 사서 그를 염하도록 했으며, 여러 종들이 그를 백저후산(白猪后山)에 묻었다.[1271]

| 괴산의 노 억구지 |

괴산의 노 억구지(億仇知)의 경우, 『묵재일기』에는 쇠고기를 먹고서 식중독에 걸려 발열하며 죽은 그의 사망 사실만 간단하게 언급되어 있다. "노 순산(順山)이 육독으로 이미 죽은 바 있다. 나이가 많이 들어 더욱 애석하다. 또 이 종이 돈이 많은가? 안타깝기 그지없다."[1272]고 이문건은 그의 죽음을 애도했다. 여름에 부패한 고기를 먹고 죽은 것이다. 이런 일이 적지 않았던 것 같다. 억구지의 처도 이듬해 병이 들어서 죽었다.[1273]

1268 | 『묵재일기』, 1556.11.10.
1269 | 『묵재일기』, 1559.2.30.
1270 | 『묵재일기』, 1562.1.26.~1.29.
1271 | 『묵재일기』, 1562.2.1.~2.2.
1272 | 『묵재일기』, 1553.8.24.
1273 | 『묵재일기』, 1559.3.9.

| 어린 여종 절덕사 |

절덕사(叩德事)는 어린 여종이라는 것 외에 다른 정보는 보이지 않는다. 몇몇 야단맞는 기록이 보인다. 1561년 그는 다른 여종 만옥(萬玉) 등과 함께 두역을 앓았다.[1274] 이들이 집 안에서 두역을 앓았기 때문에 이문건은 장인의 제사를 집에서 지내지 않고 안찰(家刹)인 안봉의 절에서 지냈다.[1275] 이들이 무사히 두역을 겪어내자 맹인 여맹(呂盲)을 불러서 길일을 잡은 후, 무녀 추월을 불러서 역신을 보내는 굿을 베풀었다.[1276]

소결

노비의 병에 대해 이처럼 상세하게 기록된 자료는 국내 자료로는 없다. 아마도 외국 자료에서도 이에 필적하는 것이 매우 드물 것이라 생각한다. 이문건은 많은 노비를 거느리면서 그들의 병에 큰 관심을 쏟았다. 새로 태어나고, 다치고, 죽어나가는 과정을 일일이 일기에 남겼으며, 그들이 앓은 병에 따라 때로는 상비약, 때로는 처방약, 때로는 무당굿 등을 쓰도록 했다. 노비들은 자신이 거느리는 존재였기 때문에, 넓게 보면 가족과 비슷했다. 당장 경제적으로도 그들은 농사일, 양잠일, 각종 대소사 허드렛일, 심부름 등을 담당하는 수족 같은 존재였으며, 말이나 소와 달리 인간이었기 때문에 더욱더 정감적 소통이 존재했다. 단, 가족과 비교할 때 그 정감적 교감의 영역은 훨씬 얕았으며, 그것이 치병의 측면에서도 고스란히 드러났다. 가족의 경우에는 사소한 잔병까지도

1274 | 『묵재일기』, 1561.6.21., 7.3.
1275 | 『묵재일기』, 1561.7.6.
1276 | 『묵재일기』, 1561.7.12.~7.13.

주시의 대상이었으며, 병 문제를 해결하기 위해 세심하게 배려하는 한편, 경제적으로도 아낌이 없었다. 반면에 노비의 경우에는 병이 문제로 떠오른 단계부터 관심을 가지기 시작하며, 치병에 쓰는 처방과 약재는 가족의 경우보다 단순한 성격을 띤다. 노비를 외부인과 견준다면 친지·양반의 경우보다는 그들에 대한 처방이 덜 세심하나, 다른 집의 평민이나 노비의 경우보다는 의약 이용이 나은 형편이었다. 노비는 신분적으로 묶인 존재였지만, 이것이 주인에게는 일의 부림과 인신에 대한 최소한의 보호라는 이중적인 의미가 있었다.

위에서 살핀 내용은 주인의 시각으로 정리한 일기의 내용이기 때문에 노비의 치병이 수동적인 모습으로만 그려진다. 간혹 그들 자신의 치병행위가 채록되기는 해도, 그것은 저열한 비웃음의 맥락을 띤다. 역병, 출산, 난치병의 경우 의약을 많이 쓰는 경우와 그렇지 않은 경우가 효과 면에서 별 차이가 없는 것처럼 여겨지기 때문에, 그들이 이문건 같은 양반이 신경을 쓰듯 의약에 관심을 기울이지 않았던 것 같다. 『묵재일기』에 실리지 않은 수많은 병 단계에서 그들은 나름대로의 삶의 방식대로 대처하면서 일상을 살아갔을 것이다. 온갖 통증에 소주를 썼던 것이 대표적인 사례 중 하나다.

Ⅷ. 이문건을 찾아온 이웃 환자들: 어떤 병을 많이 앓았는가

이문건 자신, 가족, 종들을 제외하고 이문건을 찾아온 다른 환자들을 엑셀 파일로 정리했더니 1,070까지 번호가 부여되었다. 혹시 정리가 완벽하지 못해 약간의 부실이 있을 경우를 감안한다 해도, 이문건을 찾아온 환자의 건수가 1천 회를 상회했음을 알 수 있다.

이문건의 일기는 매우 상세한 편이어서 그를 찾아온 인물의 대다수가 정체 파악이 가능하다. 그가 겪은 모든 사안마다 자세히 정보를 실어놓은 건 아니지만, 등장하는 인물 대다수의 경우 어디엔가 그들이 사는 거주지, 자신과의 혈연관계, 주종관계, 교우관계, 향리층, 단순한 이웃 등에 관한 정보를 실어놓았다. 게다가 환자의 성별 파악이 가능한 경우도 많으며, 그들의 질병, 이문건에게서 얻고자 한 것, 이문건이 준약 또는 처방 등도 파악이 가능하다.

이문건을 찾은 환자의 연도별 통계

성주 유배(1545년 9월) 이전에 찾아온 케이스는 12건에 불과하며, 거의 대부분인 1,058건이 성주 유배 이후에 겪은 사례들이다. 한양에서 살 때의 12건은 유배를 떠나기 이전에도 그가 의약활동에 어느 정도 관여했음을 시사한다. 각각의 면면을 살펴보면, 친지들이 와서 감초나 소합환, 박하전, 산조인, 숙지황 등의 약을 얻어 간 내용이 주류를 이룬다.[1277] 그가 친지에게서 약을 얻으러 다닌 것을 감안한다면, 이 사례들이 꼭 이문건이 의원 노릇을 한 사실을 보장하지는 않는다. 그 또한 당시 서울 사람들이 일상으로 행했던 약의 상호부조 활동에 속하는 행위를 했다고 보아도 무방할 정도다. 서울에는 전문 의원들이 많고 약을 구하기가 쉬웠기 때문에, 그 자신이 적극적으로 의약활동에 뛰어든 것 같지는 않다.

성주 지방 유배 이후에는 상황이 크게 달라졌다. 뛰어난 의원이 없고 약재도 많이 부족한 지방에서 생활을 해나가야 했기 때문이다. 그곳에서 1545년부터 죽던 해인 1563년까지 거의 18년 동안 그는 약장을 두고 환자를 진료하기도 했다. 유배 이후에 그를 찾은 환자 수를 연도별로 정리하면 다음과 같다.

이를 보면, 이문건은 유배지 성주에 도착하자마자 이웃에게 의약을 제공하기 시작했고, 이듬해부터 의약 제공을 약간씩 확대했으며, 1561년에는 총 135건, 월 평균 11.2건으로 정점을 보였음을 알 수 있다. 월별 진료건수가 가장 낮은 해는 1545년으로 월 평균 2.0건에 불과했다. 그렇지만 1년치 일기가 다 보이는 1551년~1558년까지의 월별 진료건수

1277 | 『묵재일기』, 1535.12.8., 1536.윤12.24., 1537.3.9., 1545.1.8., 1.21., 2.12., 2.26., 3.5.

연도(개월)	총 건수	월 평균 건수
1545(2개월)	4건	2.0건
1546(1년)	49건	4.1건
1547(1개월)	6건	6.0건
1548(6개월)	32건	5.3건
1551(1년)	87건	7.3건
1552(1년)	76건	6.3건
1553(1년)	74건	6.2건
1554(1년)	70건	5.8건
1555(1년)	72건	6.0건
1556(1년)	67건	5.6건
1557(1년)	84건	7.0건
1558(1년)	74건	6.2건
1559(4개월)	42건	10.5건
1561(1년)	135건	11.2건
1562(1년)	116건	9.7건
1563(6개월)	67건	11.2건
평균(151개월)	1055건	7.0건

는 각 해마다 평균 5.8건~7.1건 사이에서 안정된 모습을 보이며, 1561년 이후에는 더욱 증가하여 9.6건~11.2건으로 껑충 뛴 모습을 보인다. 이렇듯 그의 진료건수가 증가된 까닭은 유배생활이 길어지면서 그가 지역민 비슷하게 정착한 것, 그의 교제 범위가 넓어지고 의술이 한층 더 인정받게 된 것과 무관치 않을 것이다.

1561년 이후에 달라진 양상을 보이긴 하지만, 전 시기 동안의 월 평균은 7건으로 나타난다. 이 수치를 바탕으로 유배 이후 기간 동안 진료

기록이 남아 있지 않은 94.5개월의 진료건수를 추정한다면[1278] 662건이라는 수치가 더 나오게 되며, 따라서 유배지에서 그가 진료한 총 예상 진료건수는 1,717건이 된다. 후반에 갈수록 진료건수가 늘어남을 감안할 때, 실제로는 이보다 더 많은 환자가 그를 찾았을 가능성이 높다.

이 통계는 조선시대 전체를 통틀어 지방 거주 유의(儒醫)가 남긴 유일한 외부 환자의 진료기록이다. 적극적으로 진료에 나섰을 때의 건수가 10건~11건이었음을 생각한다면, 사흘에 1건 남짓 환자를 본 셈이다. 이것을 수입으로 삼았다면, 경제적으로 전업활동 유지와 생계 마련이 불가능했을 것이다. 지방에서 사적인 의원이 등장하지 못하는 결정적인 이유가 이와 관련되어 있을 것이다. 의약에 대한 소비가 낮아서 상업적인 활동의 영역에까지 이르지 못하는 제약으로 작용했다. 당시 이문건이 성주와 인근 지방을 통틀어 가장 의학적 식견이 높은 인물이었다는 점을 감안한다면, 그보다 수준이 낮은 의생을 찾는 비율이 이문건의 경우보다 더 높았으리라 기대하기도 힘들다. 이런 낮은 소비 수준 때문에 지방의 의료시스템은 관아에 약방과 의생을 갖춘 선에서 오랫동안 머물러 있었던 것이다. 17세기 이후에는 지방의 사족들이 약계를 조직해 의원과 약국을 갖추는 등 시스템의 근본적인 혁신이 있게 되는데, 그에 대해서는 이 책의 3부 V장에서 확인하게 될 것이다.

누가 이문건을 찾아왔는가?

의원 이문건을 찾은 환자 통계를 본격적으로 살피기에 앞서 환자들

[1278] | 1548년 하반기 6개월치, 1549년 1년치, 1550년 1년치, 1559년 8개월치, 1560년 1년치, 1563년 6개월치, 1564년 1년치, 1565년 1년치, 1566년 1년치, 1567년 1.5개월치로 총 94.5개월이다.

이 그를 방문하는 모습을, 총 10건의 진료기록이 남아 있는 강(姜)씨 집안 사람 강국로와 강호 등의 사례, 성주 재지사족인 이경명(李景明) 집안의 방문 사례를 통해 짐작해보도록 하자.

강국로(姜國老, 彦叟)와 관련된 인물들은 열 차례 기록이 보인다. 강국로는 이문건과 동갑내기로,[1279] 고령 관아의 관원을 지낸 바 있으며,[1280] 이문건과 잦은 교류가 있었다. 1552년 12월 21일, 그는 배가 그득하고 발이 붓는 증상을 앓자 이문건을 직접 찾아와 상의했으며, 이문건은 부기를 내리는 약인 영보단(靈寶丹) 세 알을 주었다.[1281] 이때를 제외하고는 모두 그의 자식인 강호(姜虎)가 찾아왔다.[1282] 강호는 부친의 항문 치질에 어떤 약을 써야 하는가 물으러 와서 영보단과 웅담을 얻어 갔으며,[1283] 이튿날 또 찾아오자 이문건은 의서를 뒤적여 다른 처방을 찾아내 그에게 알려주었다.[1284] 이문건이 방서를 뒤져 찾아낸 처방에는 보중치습탕(補中治濕湯)이 보인다.[1285] 1553년 1월 2일, 강호는 다시 이문건을 찾아와 부친이 땀을 낸 후 부증이 거의 가라앉았다고 병의 회복을 보고했다.[1286] 1561년 윤5월, 강국로는 위장병을 앓아 배가 더부룩해 변을 제대로 못 보는 증상을 앓았는데, 아들 강호가 찾아와서 문약하자 이문건은 그에게 화미평위환(和味平胃丸) 열 개를 준 적이 있다.[1287] 6월에 또 아버지의 부증이 그치지 않고 몸 안에서 열이 나고 설사가 계속되자 이문건을 찾아와 쓸 약을 같이 논의해서 생맥산(生脉散)을 쓰기로 했는데, 강국로는

1279 | 『묵재일기』, 1546.1.19.
1280 | 『묵재일기』, 1552.9.7.
1281 | 『묵재일기』, 1552.12.21.
1282 | 『묵재일기』, 1552.12.23.,
1283 | 『묵재일기』, 1552.12.17.
1284 | 『묵재일기』, 1552.12.18.
1285 | 『묵재일기』, 1552.12.23.
1286 | 『묵재일기』, 1553.1.2.
1287 | 『묵재일기』, 1561.윤5.15.

감로탱—구병

이날 병으로 죽었다.[1288] 강호는 장인인 정사주(鄭師周)[1289]의 병 때도 이문
건을 찾았다. 장인의 상기(上氣) 증상이 날로 심해지는 데다 열증이 더
해져 그를 찾았는데, 이문건은 의서를 뒤져서 방문을 찾아 그에게 적어
주었다.[1290] 강호 자신도 습병 때 이문건을 찾아 문약했으며,[1291] 병명은
안 나와 있지만 약을 구해 간 적도 있다.[1292] 강호가 특별히 처방이나 약
에 대한 보답을 한 기록은 거의 보이지 않고, 자신의 습병 때 감사의 표
시로 쌀을 보내왔다.[1293]

　　이경명은 성주 지역의 재지사족인데, 관련 기록은 모두 26개가 보인
다. 이경명이 직접 방문하거나 이경명의 조카가 병을 물으러 찾아왔다.

1288 | 『묵재일기』, 1561.6.13. 동갑내기 친구가 죽자 이문건은 이튿날 그를 위해 소식(素食)했다.(『묵재일기』, 1561.6.14.)
1289 | 그는 하빈(河濱)에 거주했는데, 이문건은 대구 여행길에 그의 집에서 머물기도 했다.(『묵재일기』, 1553.3.4.)
1290 | 『묵재일기』, 1556.11.30.
1291 | 『묵재일기』, 1561.9.7.
1292 | 『묵재일기』, 1561.12.25.
1293 | 『묵재일기』, 1555.5.2.

최초의 기록은 1546년 3월이며, 마지막 기록은 1559년 1월이다. 이경명이 직접 찾아오거나 편지를 내어 병을 물은 기록은 20개이고 6개는 조카가 방문한 기록이다. 이들은 자신의 인척인 부친, 형, 어머니, 할머니 등 친척과, 친구인 이급(李伋), 이팽조(李彭祖) 등의 병으로 이문건을 찾았다. 이경명은 의학을 알아서 형의 병 때 이문건에게 와서 약방문의 습증(濕證) 부분을 빌리고,[1294] 형의 옆구리 담증에는 『단계방(丹溪方)』을 빌려 가기도 했으며,[1295] 모친의 병 때 이문건과 같이 쓸 약을 논의해 "삼소음(蔘蘇飮)에다 마황(麻黃)을 가미해 땀을 내는" 처방을 쓰기로 하는 등[1296] 여러 차례 의약(議藥)을 했다. 그의 조카도 역시 의학을 알아서 할머니의 병 때 오령산(五苓散)을 쓰는 것을 같이 논의했으며,[1297] 의서를 빌려 가기도 했다.[1298] 이문건은 이들에게 약 처방을 알려주는 한편, 만응고(萬應膏),[1299] 소합환,[1300] 계령원(桂苓元)[1301] 같은 기성약이나 정향,[1302] 궁궁이[1303] 같은 약재를 소량 주었다. 때로 이문건은 이경명에게서 자신이 없는 약재를 구하기도 했는데, 석고를 약간 얻은 기록이 보인다.[1304]

이 밖에 이경명의 방문 기록에 보이는 이급[1305]도 네 차례 이문건을 찾아와 소합원,[1306] 영보단[1307] 등을 얻어 갔다. 이팽조의 기록도 네 차례 보

1294 | 『묵재일기』, 1551.5.27.
1295 | 『묵재일기』, 1554.6.19.
1296 | 『묵재일기』, 1553.7.28.
1297 | 『묵재일기』, 1553.7.2.
1298 | 『묵재일기』, 1553.7.6.
1299 | 『묵재일기』, 1546.3.24.
1300 | 『묵재일기』, 1552.12.16.
1301 | 『묵재일기』, 1553.7.6.
1302 | 『묵재일기』, 1551.5.27.
1303 | 『묵재일기』, 1552.3.17.
1304 | 『묵재일기』, 1551.4.8.
1305 | 그는 생원으로 북문 밖에 살았다.(『묵재일기』, 1545.10.20.)
1306 | 『묵재일기』, 1548.2.26.
1307 | 『묵재일기』, 1548.5.21., 1551.6.8.

인다. 그는 온백원, 소합환, 보명단 등의 약을 얻어 갔으며,[1308] 소시호탕 처방을 받기도 했다.[1309] 이팽조의 사위는 이호인(李好仁)인데, 그는 장모의 병으로 이문건을 찾았다. 이호인의 기록은 네 차례 보인다. 그의 모친이 1회, 장인이 2회, 장모가 1회다. 이문건에게서 처방을 받아 의생한테 가서 약을 짓기도 했고,[1310] 이문건에게서 시호탕 처방을 받기도 하고,[1311] 그와 상의하여 얼음을 써서 열을 식히는 방법을 구하기도 했다.[1312]

이회명은 이경명의 형으로서, 사람을 보내거나 자신이 직접 찾아와 모친과 윤곤(尹混)[1313]의 처 등 친척, 노비의 병에 다섯 차례 문약 또는 구약했으며,[1314] 그의 친척이 와서 문약한 경우도 두 차례 보인다.[1315]

이렇듯 두 집안의 방문 기록을 통해서 성주 지역 주민들이 어떤 방식으로 이문건의 의술을 활용했는지 살펴보았다. 그런 방식은 이문건을 찾은 다른 환자의 경우에도 마찬가지로 나타난다. 그러면 이제 이문건을 찾은 환자들의 전체 모습을 통계로 살펴보도록 하자. 신분이 가장 중요한 변수였으므로 이에 신경을 써서 표를 작성해보았다.

이 표를 보면, 강국로/강호, 이경명의 집처럼 의원 이문건을 찾은 환자들은 절대 다수가 사족이었음이 짐작 가능하다. 신분별로 보면, 전체

1308 | 『묵재일기』, 1551.12.1., 12.27.

1309 | 『묵재일기』, 1556.12.21.

1310 | 『묵재일기』, 1558.4.15.

1311 | 『묵재일기』, 1562.7.30.

1312 | 『묵재일기』, 1562.8.16.

1313 | 『묵재일기』, 1546.10.12. 윤곤의 차는 호원(浩源)이다.

1314 | 『묵재일기』, 1546.8.13., 1551.1.13., 4.19., 6.18.

1315 | 『묵재일기』, 1551.7.28., 1552.6.18.

1316 | 묵재 이문건이 비교적 신분과 지역을 알 수 있도록 표기했기 때문에 그의 일기에 등장하는 대부분의 인물(지역)까지 파악이 가능하다. 게다가 이미 김소은은 성주 지방의 재지사족, 향리, 중앙파견 인물에 대해 깊은 수준으로 연구했기 때문에 이를 등장인물의 신분과 지역 파악에 보조적으로 활용했다. 그렇지만 일기의 자료만으로는 지역, 신분 규정을 호구단자나 족보의 경우처럼 매우 엄밀하게 규정하기는 사실 불가능한 측면이 있어 이 부분은 다소 추측을 포함하는데, 그렇기 때문에 수치 그 자체보다는 상황의 파악에 더 목적을 두었음을 이해하기 바란다.

1,055건(人이 아니라 件) 중 851건 (80퍼센트)가 사족이고 나머지 204건(20퍼센트)이 향리(32건), 승려(33건), 천민(60건), 평민(35건), 서울에서 볼일 보러 온 자(11건), 기타(33건)이다. 이를 세분화해서 보면 성주의 재지사족(이씨 문중 포함)이 688건(65퍼센트)이며, 확인 가능한 인근 지방의 사족이 15건(1.4퍼센트)이다.[1317] 또 성주의 목사와 판관, 교수가 81건(7.7퍼센트), 인근 지방의 수령이 65건(6.2퍼센트)을 차지한다. 성주의 재지사족 가운데 성주 이씨 친족은 159건 (15.1퍼센트)을 이룬다.

〈표 2-2〉 이문건을 찾은 환자의
신분별/지역별 통계[1316]

신분(지역별)	인원
성주목(星州牧)	952
수령, 판관, 교수	81
이씨 문중	158
사족	530
향리	32
승려	33
천민	58
평민	35
기타	25
성주목 外	103
수령	65
이씨 문중	2
사족	15
서울 거주자	11
천민	2
기타	8
총합계	1055

이런 내용으로 보건대, 단일 성씨별로 이문건을 가장 많이 찾은 이들은 단연 성주 이씨 종친들이다. 158건, 45인(家)이다.[1318] 이문건은 성주 이씨 문열공(文烈公) 이조년(李兆

1317 | 성주 지방의 재지사족과 인근 지방의 사족을 구별하는 데는 다소 어려운 점이 있다. 지역이 밝혀져 있다 해도 이문건이 자주 교류한 인물은 성주 재지사족으로 묶었고, 그렇지 않은 경우에는 인근 지역의 사족으로 간주했다.

1318 | 이 수치를 구체적으로 살펴보면, 李格(9건), 李堅基(2건), 李光曾(1건), 李仅(4건), 李大胤(3건), 李德潤(1건), 李德混(3건), 李德渾(2건), 李得荃(6건), 李得中(4건), 李得天(1건), 李夢辰(2건), 李敏椲(1건), 李敏樹(1건), 李敏楷(2건), 李勃(4건), 李厶(1건), 李士謙(4건), 李瑄(5건), 李成年(3건), 李秀智(3건), 李守誠(3건), 李淳(12건), 李假(1건), 李彦忠(2건), 李璥(12건), 李玉千(1건), 李遇(1건), 李友鷹(4건), 李瑜(2건), 李潤(1건), 李應辰(1건), 李耳(2건), 李珥(1건), 李翌卿(1건), 李翼卿(11건), 李定國(1건), 李楫(1건), 李天瑞(5건), 李忱(7건), 李泰然(3건), 李彭祖(5건), 李浩然(6건), 李好仁(5건), 李勳卿(8건) 등과 같다.

年)의 후손으로서, 유배 이후 많은 동성 양반들로부터 문안을 받았고, 문중 행사인 안봉사(安峯寺)의 영당제(影堂祭)에 적극 참석했으며, 문중의 족보를 모아 직접 족보를 등사하여 작성했고, 가훈 등을 정리했다.[1319] 이들은 재지사족으로서 관향(貫鄕)인 성주 지역을 중심으로 한 공동체적 결속을 가지고 있었고 또한 전 성주 지역에 걸쳐서 각 촌에 골고루 분포하고 있었는데, 이문건은 유배와 함께 이들과 새로운 결속의 기회를 가지게 되었다.[1320] 의원 이문건의 이용에 가장 거리낌 없던 집단이 성주 이씨 친족들이란 점은 혈연(血緣)이 무엇보다도 중시되었음을 뜻한다.

다음으로, 남은 재지사족 530건을 성씨별로 보면, 본관 여럿이 섞인 이(李)씨가 149건(37인)으로[1321] 성주 이씨의 뒤를 이으며, 다시 27개 성씨가 차례를 이룬다.[1322] 이 중 이(李)·배(裵)·여(呂)·백(白)·전(全)·박(朴)씨 등 여섯 성은 성주읍의 일곱 토성에 속하며, 윤(尹)·조(趙)·이(李)·홍(洪)·정(鄭)은 가리현의 토성이고, 도씨는 인근 팔거의 토성이다.[1323] 성주 지역의 재지사족들은 퇴직 관료, 생원과 진사, 좌수와 별감 등의 품관, 기타 유생(儒生) 층으로 구성되어 있었으며, 이문건은 이들을 통해 중앙

1319 | 김소은, "16세기 양반사족의 수입과 경제생활—『묵재일기』를 중심으로—", 157쪽.

1320 | 김소은, "16세기 양반사족의 수입과 경제생활—『묵재일기』를 중심으로—", 159쪽.

1321 | 이 수치를 인물로 따지면 37인이며, 이들 사이의 혈연관계를 다시 따지면 이문건을 찾은 가문은 더 줄어들 것이다. 이용 수치는 다음과 같다. 李家(1건), 李健(2건), 李景明(26건), 李慶延(1건), 李公詮(1건), 李奇男(1건), 李鄧林(1건), 李蒙亨(1건), 李輔卿(4건), 李逢慶(5건), 李士碩(2건), 李守謙(2건), 李淑悅(2건), 李純仁(4건), 李彦卿(1건), 李彦洪(4건), 李佑(1건), 李禹年(3건), 李遇送(1건), 李元澍(1건), 李應奎(1건), 李仁博(8건), 李子雲(4건), 李靜中(11건), 李眞(1건), 李偶(1건), 李忠慶(1건), 李忠俊(2건), 李佖(1건), 李鶴壽(1건), 李倪(2건), 李弘器(7건), 李弘量(5건), 李弘宇(24건), 李煥(2건), 李熙明(11건), 李希雲(3건) 등이다.

1322 | 그것은 다음과 같다. 송(宋)씨 51건(16인), 여(呂)씨 44건(12인), 김(金)씨 39건(19인), 홍(洪)씨 29건(3인), 도(都)씨 26건(5인), 박(朴)씨 19건(10인), 류(劉)씨 20건(8인), 배(裵)씨 20건(9인), 권(權)씨 15건(7인), 우(禹)씨 14건(5인), 최(崔)씨 13건(4인), 정(鄭)씨 9건(8인), 윤씨(尹) 12건(2인), 강(姜)씨 10건(4인), 나(羅)씨 8건(3인), 백(白)씨 8건(3인), 한(韓)씨 8건(2인), 오(吳)씨 6건(3인), 조(趙)씨 4건(3인), 전(全)씨 3건(2인), 신(申)씨 2건(2인), 하(河)씨 2건(2인), 황(黃)씨 3건(2인), 남(南)씨 1건, 손(孫)씨 1건, 유(兪)씨 1건, 허(許)씨 1건 등의 순이다. 이 밖에 여기에 포함되지 않은 나머지 성씨는 다음과 같다. 나씨 8건, 백씨 8건, 한씨 8건, 오씨 7건, 조씨 4건, 전씨 3건, 신씨 2건, 안씨 2건, 하씨 2건, 황씨 2건, 남씨 1건, 손씨 1건, 유씨 1건, 허씨 1건.

1323 | 『세종실록』 지리지, 경상도, 상주목·성주목.

396

의 정치 동향을 전해 듣고 향촌사회를 주도하는 유력자로서 입지를 확고히 다졌다. 한편, 재지사족들은 이문건과의 다양한 학문 교유, 연희와 유희를 통한 교유, 상호부조적인 교유 등을 통해 관아 사이의 갈등 조정 등 사회적, 정치적 목적을 달성했다.[1324] 그들은 중앙에서 파견되어 온 지방관과 동등한 사회적 배경을 가지고 인맥, 학맥으로 연결되어 있는 이문건을 통해 자신의 청원을 도모하여 원활하고 효과적인 결과를 얻어낼 수 있었다.[1325] 게다가 이문건은 수준 높은 의술의 제공이라는 매력까지 가지고 있었다.

성주 출신은 아니지만 성주에 부임해 온 목사와 판관, 교수와 교관 등은 모두 이문건의 의약 자문을 받았다. 김소은이 정리한 바에 따르면, 이문건의 일기에는 1545년부터 1564년까지 10명의 성주목사 이름이 보이고, 판관의 경우에는 1558년까지 7명의 이름이 보인다. 현 분석 자료에서는 성주의 경우 1546년~1563년까지의 진료 기록이 보이며, 판관의 경우에는 1548년~1562년까지의 진료기록이 보인다. 목사는 주로 사송, 옥사, 향시, 진제 등의 일을 담당했으며, 판관은 각종의 역을 부과하고 공납을 관장했다.[1326] 교수 또는 교관은 지방 생도의 교육을 위해 중앙에서 파견한 자로 3인의 이름이 보인다. 이전에도 밝혔듯, 관아에 딸린 의생이 있었음에도 이문건을 또다시 찾은 것은 이문건의 의학이 그들보다 높다고 간주했기 때문이다. 성주의 목사와 판관, 교수가 81건(7.7퍼센트)인데, 이문건이 유배지에 있을 때 성주에 온 모든 수령과 판관이 그의 의약 이용의 단골이었다. 이문건에게 의약을 물으러 오거나, 말을 대령해 모셔 갈 때는 거의 대부분 관아에 속한 의생(醫生)들이 이

1324 | 김소은, "16세기 양반사족의 수입과 경제생활―『묵재일기』를 중심으로―", 159-173쪽.

1325 | 김소은, "16세기 양반사족의 수입과 경제생활―『묵재일기』를 중심으로―", 155쪽.

1326 | 김소은, "16세기 양반사족의 수입과 경제생활―『묵재일기』를 중심으로―", 154쪽.

일을 맡았다. 지방에 내려온 수령과 판관 모두가 이문건과 우호적인 관계를 맺은 까닭은 그가 중앙의 요직 출신으로서 식견이 대단하다는 점뿐만 아니라, 낯선 지방에서 통치를 시작하는 관리들에게 그는 "성주 지역의 제반 사정에 대해 환하게 알고 있었으므로, 향촌 세력의 농간을 경계하는 지방관에게는 객관적인 조언자의 존재로서 인식"[1327]되었기 때문이다. 외지에서 건강을 살피는 일은 매우 중요한데, 이문건은 수령관이나 수행 가족에게 지역 의생이 제공하지 못하는 고급 의약지식을 제공했다.

이문건의 의술에 대해서는 외지인, 특히 주변 고을에 부임해 온 수령들도 관심을 가졌다. 65건(6.2퍼센트)을 차지한다. 자기 고을에서 해결하려다가 안 된 경우에는 이문건을 찾아와 처방을 묻거나 심지어는 직접 그에게 먼 길 왕진을 부탁하기까지 했다. 이들로는 경상 지역의 곤양(昆陽, 현 경상남도 사천), 경산(慶山, 대구 인근), 금산(金山, 경북 김천), 대구(大丘), 삼가(三嘉, 경남 합천), 안음(安陰, 경남 함양 지역), 울산(蔚山), 의령(宜寧), 지례(知禮, 경북 김천 지례), 청도(淸道, 경북 최남단), 하동(河東, 경남 서남단), 하양(河陽, 경북 경산 부근), 함양(咸陽, 경남 함양) 등이 있고, 경상도와 인접한 강원도 삼척(三陟)과 충청도 황간(黃澗, 충북 영동군) 등이 있다. 이 가운데 특히 주목할 사항은 세 차례의 먼 길 왕진이다. 그는 유배 중이었으므로, 임의로 성주 지역을 벗어날 수 없었지만 관청의 허락을 받아 인근 지역의 여행도 가능했다.

인근 지방의 사족은 일기에서 확인 가능한 경우만 15건(1.4퍼센트)이다. 인근 지방의 수령을 제외하고 이웃 지방에서 온 환자들은 모두 48명인데, 아마 이들 대부분은 사족으로 간주해야 할 것이다.

1327 | 김소은, "16세기 양반사족의 수입과 경제생활—『묵재일기』를 중심으로—", 155쪽.

사족을 제외한 나머지 이용자는 다 합쳐도 25퍼센트를 넘지 않는다. 그 가운데 향리, 의생이 32건(3.0퍼센트), 성주 이씨의 가찰(家刹)인 안봉의 절에 있는 승려가 33건(3.0퍼센트), 노비 중 이문건의 노비인 인손 3건, 자공 5건, 종손 7건, 서복 2건, 유덕 1건 등을 차지하며, 다른 노비들도 이문건이 잘 아는 사족의 노비였을 것이므로 이들의 이용이 다소 높이 나타나는 게 이해된다. 평민으로 여겨지는 성주 지방의 이웃이 35건(3.3퍼센트), 노비와 천민 등이 58건(5.4퍼센트)이다. 성주 지방의 향리 층은 32건(3.0퍼센트)이다. 향리 층은 경제, 신분, 의술 등 여러 측면에서 이문건과 관련을 맺었는데, 이런 연분으로 해서 이들도 이문건을 찾았다. 이 밖에도 이문건이 잘 알고 있던 기생 4건, 점쟁이 여맹 5건, 무녀 추월도 3건으로 나타나며, 목수, 철을 다루는 이 등이 그를 찾았다. 순수하게 동네 할머니라 적힌 경우는 단 한 차례에 불과하다.

이상의 내용을 보건대, 이문건을 찾아온 환자들은 대부분 그가 잘 알고 지냈던, 주로 성주에 거주한 사족들과 그에 부속된 사람들이었다. 간혹 이문건이 특별히 이름을 적을 필요가 없어 동네 사람이라 적은 경우는 채 10건을 넘지 않는다. 이런 사실은 다음 두 가지 결론으로 이어진다.

첫째, 사족을 제외한 성주 인구 구성의 절대 다수를 차지하는 평민이나 그 이하 층, 심지어 향리 층까지도 이문건에게 병을 물으러 오지 않았다는 사실이다.

둘째, 이문건에게 진료를 묻는 사족의 수가 1~2백에 달하는 것으로 봤을 때 아마도 성주 거주 사족의 집안은 거의 예외 없이 이문건의 의약을 이용하는 대상으로 포함되었을 것이다.

그렇다면 평민 이하의 사람들은 의약을 어떻게 이용했을까? 성주 관아에 딸린 의생이 운영하는 약방을 이용했을까, 아니면 이용을 별로 안 하는 길을 택했을까? 양 극단은 아니었겠지만, 시골에서 의약을 이용하지 않는다는 여러 자료를 종합해보면 후자에 더 가까운 쪽의 모습을 띠었을 것으로 추측된다.

지금까지 살핀 내용에 성주 지방의 호수와 인구수를 대입하면 지방 의약 이용 실상을 더욱 생생하게 포착할 수 있다. 비록 『묵재일기』보다 100여 년 전의 통계이기는 하지만, 『세종실록』 「지리지」에는 호수와 인구수가 다음과 같이 적혀 있다.

> 본주(本州)의 호수는 1천 4백 79호, 인구가 5천 8백 7명이며, 가리(加利)의 호수는 2백 99호, 인구가 9백 24명이요, 화원(花園)의 호수는 3백 20 단(單) 1호, 인구가 1천 3백 60 단(單) 1명이며, 팔거(八莒)의 호수는 3백 47호, 인구가 1천 4백 80 단(單) 1명이다.[1328]

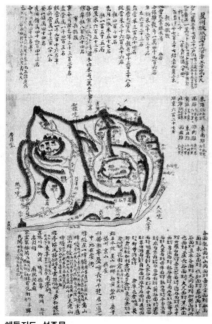

해동지도—성주목

논의를 위해 별 변동이 없다고 가정한다면(실제로는 변동이 있었겠지만), 성주 전체의 호수는 2,807호이며, 이 가운데 200여 호가 묵재의 의원을 찾았던 계산이 나온다. 관적에 파악된 인구수 9,573명 가운데 성주 고을에 의원이 묵재와 의생 둘을 합쳐서 셋이 존재했으니 인구 3,000명당 의원 1인이 존재한 셈이 된다.

1328 | 『세종실록』, 「지리지」, 경상도 상주목·성주목.

지역과 관련된 마지막 통계로, 성주 읍내 지역에서 범위를 넓혀 성주 바깥 거주자의 방문도 살펴볼 수 있다. 우선 성주목의 경우에는 952건 중 213건의 지역을 파악할 수 있다. 읍내가 34건으로 가장 많고, 안봉이 34건, 하빈 16건, 화원 15건, 가천과 막동이 10건, 약목, 초빈동, 화원, 협천 등이 8건이며, 나머지는 1~6건 정도의 이용을 보인다. 성주의 전 지역에서 이문건을 찾아왔다고 보아도 무방할 것 같다. 특별히 표기되어 있지 않은 726건의 대다수는 이문건과 가까이 있어서 특별히 언급할 필요가 없는 읍내 거주자였을 가능성이 크다.

성주 외에서 이문건을 찾은 건수는 103건으로 그 대부분이 성주와 가까운 지역이다. 대구가 33건으로 가장 많고, 경산이 20건으로 뒤를

〈표 2-3〉 이문건을 찾아온 환자의 지역 통계

신분(지역별)	인원	신분(지역별)	인원
가리현(加利縣)	5	안봉(安峯)	34
가조현(嘉祚縣)	1	약목(若木)	8
가천(伽川)	10	우봉(牛峯)	2
광대원(光大院)	3	원당(元堂)	1
금산(金山)	3	읍내(邑內)	43
금안촌(金鞍村)	2	지례(知禮)	1
대가곡(大家谷)	4	초계(草溪)	2
대표(大浦)	4	초전동(草田洞)	8
두리곡(頭里谷)	6	담촌(椹村)	1
막동(幕洞)	10	팔거(八莒)	8
모동(幕洞)	3	하빈(河濱)	16
상주(尙州)	1	협천(陝川)	8
선산(善山)	6	화원(花園)	15
협천(陝川)	1	회인(懷仁)	2
수모산(首母山)	1	흑수촌부동 (黑水村釜洞)	3
신령(新寧)	1		

잇는다. 나머지는 고령 14건, 삼가(三嘉, 경남 합천) 7건, 안음(安陰, 경남 함양 지역) 6건에 이어 거창 4건, 청도(淸道, 경북 최남단) 3건, 함양 3건, 밀양 2건, 삼척 2건, 영천 2건, 의령 2건, 예안·울산·진주·창녕·하동·하양(河陽, 경북 경산 부근), 현풍 등이 각 1건이다. 서울에서 왔다가 이문건을 찾은 기록도 11건이 보인다. 대체로 외부에서 온 이는 그 지방의 수령이었으며, 그렇지 않을 경우는 성주와 가까운 지역에 거주하는 사람들이었다. 이는 지역성이, 또 지역적 거리에 따른 이문건과의 친분 관계의 친소(親疏)가 이문건의 의약을 이용하는 뚜렷한 기준이 되었음을 뜻한다.

병을 앓은 환자의 성별 파악도 상당 정도 가능하다. 성별 파악이 가능한 663건을 표로 정리해보았다.

〈표 2-4〉 이문건을 찾아온 환자의 성별 통계

성별	건수
星州牧	587
남	394
여	193
星州牧 外	76
남	61
여	15
총합계	663

파악된 전체 환자 이용 663건 중 남성 환자가 455건이며, 여성 환자는 208건이다. 이 통계가 정확히 무엇을 뜻하는지는 읽어내기가 쉽지 않다. 하지만 이를 보면 모친, 부인 등 여성 환자의 병으로 의원을 찾은 빈도가 결코 낮지 않았음을 말해주는 동시에, 반대로 그 비율이 남성의 1/3 정도로 낮은 점에서 여성 환자의 경우 의원 이용의 문턱이 상대적으로 높았음을 시사한다. 성주목의 경우(394:193)보다 외부 지역(61:15)에서 더 현저히 떨어짐을 볼때, 집안 여성 환자의 질병에 대해 의약 이용이 적었다는 추측이 어느 정도 가능할지 모르겠다. 그렇지만 통계의 모집단 수가 적고 통계의 일관성이 확보되어 있지 않기 때문에 섣불리 단정하기는 힘들 것 같다.

이문건을 찾은 환자의 진료 유형

이문건을 찾아온 환자들은 자세히 나눠보면 진료 형태의 유형에 따라 다섯 가지로 구분된다. 이문건이 통계 목적으로 항목을 잡은 게 아니어서 아주 엄밀한 건 아니나, 이런 분류는 대체로 일관성 있게 표기되어 있어 여기서는 그 표기를 기준으로 삼았다. 진료 형태별 환자 건수는 다음과 같다.

첫째 유형은 문약(問藥), 즉 자신이 원하는 약을 구하는 경우다. 환자는 자신이 어떤 병을 앓고 있는지 알고 있으며, 어떤 때는 자신에게 필요한 구체적인 약까지 사전에 알고 있기도 하다. 즉 오늘날 약국에 가서 "감기약 주세요." 또는 "쌍화탕 주세요." 하는 것과 비슷하다. 문약(問藥)은 389건(37.0퍼센트)을 차지한다.(약간의 중복이 있기도 하다.) 이 중 220여 건이 "쌍화탕 주세요." 유형이고, 160여 건이 "감기약 주세요." 유형이다. 이로부터 환자가 의원을 찾기 전에 병과 약에 대한 지식을 상당히 가지고 있었다는 것, 그런 요청에 바로 응할 정도로 통상적인 사용 처방이 존재했다는 것을 알 수 있다.

〈표 2-6〉처럼 이들이 이문건에게 특정 약재를 요구한 것이 53건, 특정 환약

〈표 2-5〉 이문건을 찾아온 환자의 진료 형태별 통계

진료 형태	개수
문약	389(36.5%)
문병	514(48.2%)
의약	103(9.7%)
왕진	33(3.1%)
의서대출	24(2.3%)
기타	2(0.2%)
합계	1,065(100%)

〈표 2-6〉 이문건을 찾아온 환자의 문약 유형

구약	건수
특정 약재	53
특정 환약	74
처방약	11
특정 병에 쓸 약	86
단순 약	2
기타	14
합계	240

을 요구한 것이 74건, 특정 처방약을 요구한 것이 11건, 특정 병에 쓸 약(환자 자신이 병을 알고는 있으나, 쓸 약은 이문건의 지시에 따름)이 86건, 단순히 약 증여 같은 것이 2건, 분류가 애매한 것이 14건이다. 이 통계는 많은 경우 환자가 자신의 병과 필요한 약을 알고 있었음을 보여준다. 이는 단지 사족의 경우뿐만 아니라 평민·천민의 경우에도 마찬가지였다. 배가 더부룩할 때는 영보단을 쓰며, 가슴이 울렁거릴 때는 청심환을 쓴다는 사례가 대표적이다. 한편 약을 구하러 온 사람이 구하지 못한 경우는 29건에 불과한데, 이는 찾아오는 사람이 이문건이 당연히 자신이 구하는 약을 구비하고 있다는 것을 알고 있었음을 뜻한다.

둘째, 문병(問病)으로서 자신이 걸린 병에 대해 알고자 하는 경우인데, 이문건은 대부분 그 병에 대한 처방까지를 같이 다룬다. 오늘날 병의원에서 의사가 하는 진료행위와 동일하다. 이문건은 자신이 약을 가지고 있으면 내줄 경우도 많았으나, 약을 가지고 있지 않은 경우에는 처방전만 내렸다. 문병은 514건(48.2퍼센트)이다. 이 중 465건이 처방이 적혀 있으며, 395건에 대해서는 제공한 약의 이름이 표기되어 있다.

셋째, 의약(議藥)으로서 환자 측과 이문건이 같이 어떤 처방을 쓸지를 의논하는 경우다. 의학적 식견을 가진 사람들이 의원과 처방의 깊숙한 부분까지 논의하는 건 오늘날과 크게 다르다. 의약(議藥)은 103건(9.7퍼센트)이다. 이문건에게 와서 의약을 한 인물로는 40여 명이 있다. 의원과 더불어 환자의 병과 약 논의가 가능한 것은 환자가 의학지식을 상당 수준 갖추고 있었기 때문이다. 이런 인물이 40여 명씩이나 존재했다는 것은 의미가 심장하다. 비록 성주 지방의 정식 의원은 두셋에 불과했지만, 스스로 의학을 익혀 최소한의 처방과 약에 대해 이해할 수 있는 존재가 이보다 훨씬 많았음을 뜻하기 때문이다. 의원도 맘대로 약을 처방하기보다는 상호 논의를 통해 처방을 썼을 경우 더 나은 처방을 찾아내는 데 도움이 될뿐더러, 혹시 잘못되어 생기는 의약 사고 때도 책임을 면제받게 된다. 조정에서도 어의들 사이, 또 왕과 어의 사이, 어의와 민간에서 초빙되어 온 의원 사이의 의약(議藥)이 활발했는데, 이런 모습이 향촌에서도 그대로 보이는 것이다.

넷째, 왕진이다. 이문건이 왕진을 가는 경우는 흔치는 않았지만, 왕진 때는 보통 의약(議藥)이 같이 이루어진다. 왕진은 총 33건(3.1퍼센트)에 불과하다. 또 이문건이 왕진을 나간 경우는 지방관 이외의 경우에는 찾기 힘들다. 대부분이 성주 지방의 수령과 판관, 교수, 이웃 수령의 병 때 왕진을 나갔다. 이는 의원 왕진이 신분과 관련되어 있음을 강력히 시사한다. 재지사족이 병이 아무리 중하다 하더라도, 승지를 지낸 이문건을 초빙하지는 않았다. 환자가 방문하거나 그의 친지가 의원 이문건을 방문해 처방 또는 약을 얻어 갔다. 수령이나 판관의 경우에도 자신이나 가족의 병 때 많은 경우 왕진 대신에 관에 소속된 의생(醫生)을 보내 병과 약을 논의토록 했다. 병이 심각하다고 생각했을 때만 왕진이 이루어졌다. 예외적으로 다소 먼 지역인 경산(1561년 2월)과 안음(1555년 4월)의 경우 그곳 수령의 요청으로 왕진을 갔다.

다섯째, 의서 대출이다. 환자 측은 자신에게 필요한 매우 구체적인 정보를 스스로 찾고자 할 때, 이문건으로부터 그가 소장한 의서를 빌렸다. 의서 대출은 25건(2.3퍼센트)이다. 그가 대출한 의서는 이미 이문건의 의학적 배경에서 봤던 책들이 대부분이다. 다음과 같은 책들이다.

의서 대출을 보면, 성주목사, 이경명 등 19명이 의서를 빌려 갔다. 의서 대출은 처방을 같이 논한 것과 비슷한 차원이면서도 한 단계 위의 행위다. 왜냐하면 이들은 이문건에게서 빌린 책으로 자기가 필요로 하는 구체적인 병에 관한 지식과 그에 대한 처방을 스스로 찾았기 때문이다. 반대로 이문건도 『의학강목』 같은 의서를 다른 이에게 빌려서 참고

의서	개수	의서	개수
구급방(救急方)	1	영검(永鈐)	1
단계(丹溪)	3	의방(醫方)	1
달학방(疸瘧方)	1	의안방(醫眼方)	1
득효방(得効方)	1	의학집성(醫學集成)	5
명의(明醫)	2	혈법도(穴法圖)	1
본초(本草)	3	한국량(韓國椋) 본초(本草)	1
식료(食療)	1	화제(和劑)	1
신응경(神應經)	2	활인심방(活人心方)	1
		총합계	25

하기도 했는데, 이는 당시에 의서를 빌려주고 빌려오는 방식이 일반적인 진료방식 중 하나였음을 일러준다.

이문건 환자들이 앓은 병

이문건은 자신이 돌본 환자의 병증을 기록할 때가 많았다. 대략 456 건에서 병증이 파악된다. 이처럼 단일한 인물에 의해 비교적 일관성 있게 병증이 기록된 경우는 조선전기의 경우 『묵재일기』가 유일하다. 이 기록을 통해서 이 시기의 엄밀한 질병 통계를 구축하는 건 불가능한 일이지만, 당시 사람들이 어떤 병을 많이 앓았는지에 대한 일종의 상황 파악 정도는 가능할 것이다. 현재까지 조선시대에서 특정 집단의 병앓이를 일러주는 통계가 전무한 실정에서 이런 정도의 파악이라도 대단한 가치를 띤다. 일단 다음 표를 보도록 하자.

<表 2-8> 이문건을 찾은 환자의 병증 통계

병증	건수	병증	건수	병증	건수
종(腫)	63	산(産)관련	12	복병(腹病)	6
동(疼)	55	소변(小便)	11	갈증(渴証)	5
열(熱)	34	기증(氣証)	10	곽란(霍亂)	5
학(瘧)	24	두(痘)	10	목병(目病)	5
이질(痢疾)	22	식상(食傷)	10	치병(痔病)	5
부기(浮氣)	22	습증(濕証)	9	서증(暑証)	4
심질(心疾)	17	황달(黃疸)	9	담병(痰病)	3
풍(風)병	17	괴증(塊證)	7	현증(眩証)	3
한(寒)병	17	역(疫)	7	감모(感冒)	2
산(疝)	12	천증(喘証)	7	치(齒)관련	2
창(瘡)	12	해수(咳嗽)	7	기타	22
총합계	456				

여기서는 병증을 유사성에 따라 34개의 병증으로 구분해봤다. 가장 많은 항목을 차지한 것을 순서대로 다시 정리해보면 1위가 종기(63건)이며, 2위가 통증(55건), 3위가 열병(34건), 4위가 학질(24건), 5~6위가 이질과 부기(浮氣)(각 22건), 7~9위가 심질, 풍병, 한병(각 17건)이며, 그다음으로 산증(疝), 부스럼[瘡], 출산 관련(각 12건), 대소변 관련 병(11건), 기증(氣証)과 두창, 식상(食傷)(각 10건), 황달과 습증(각 9건), 괴증(塊證), 역병, 천증(喘証)(각 7건)이 뒤를 잇는다. 이보다 적은 병증으로는 복병(腹病)(6건), 갈증과 곽란, 눈병, 치질 등(각 5건), 서증(4건), 담병, 어지럼증(각 3건), 감기와 치아 관련 병(각 2건) 등이 있다.

이문건이 말한 병증은 자신이 읽은 의서에 바탕을 둔 것이겠지만, 분류하기 어려운 여러 종류의 통(痛)과 열(熱)이 의외로 많은 비중을 차지한다. 당시 의서에서 '통'과 '열'을 하나의 범주로 내세운 경우는 없다. 이문건은 자신이 '통'과 '열'로 표기한 질병을 당시의 병증에 거의 완벽하기 대응시킬 수 있었으리라고 생각되지만, 일기는 정확한 병 분류에 관심을 둔 게 아니라 병의 가장 대표적인 특징, 특히 환자의 앓는 모습을 기록하는 데 주안점을 두었다. 그렇기 때문에 여러 병증으로 생기는 몸의 현상인 '통'과 '열'의 분류에 많은 항목이 들어간 것이다.

앞의 표를 보면, 이문건의 진료 범위는 넓어서 오늘날의 내과, 외과, 안과, 치과, 비뇨기과 등의 전반적인 질병을 다 다뤘음을 알 수 있다. 이문건을 찾아온 환자에 대해 이문건 자신이 명확하게 인식한 질병으로는 외과적 질병인 종기, 산증, 부스럼, 치질 등(합 147건, 32퍼센트)이 있고, 출산 관련 12건도 명백하며, 눈병과 치아의 병(합 7건)도 명백하며, 두창(10건)과 역병(7건) 등의 전염병도 비교적 분명하게 인식한 병이었다.(3.7퍼센트.) 나머지 병은 모두 내과 질환(273건, 59.9퍼센트)이라 할 수 있다.

그것을 다시 보면, 성주의 주민들은 학질, 심한 설사인 이질, (오늘날의 지식의 따르면 혈액 순환이 잘 안 되어) 몸이 부은 병, 마음의 병인 심질, 중풍 같은 풍병, 추위에 상한 병, 대소변에 문제가 생긴 병, 몸 안의 기운이 조화롭지 못해 생긴 병, 음식을 잘못 먹어 생긴 병, 황달, 팔다리 운동이 원활치 않은 병, 몸에 덩어리가 생긴 증상, 헐떡거리는 증상, 배탈, 갈증, 더위 먹은 병, 담(痰)이 생긴 병, 어지럼증, 감기 따위의 병으로 이문건을 찾아왔다. 이 중에 심질은 일종의 정신성 질환이라 할 수 있다. 단일 질병으로 눈에 띄는 병이 학질인데, 이후 조선 말인 1885년에 제중원을 찾은 환자에게서도 학질은 가장 많은 질병이었다. 이는 조선 내내 학질이 질병의 대표 격이었음을 시사한다. 종기와 부스럼 등의 외과 질환이 유난히 많은 것은 당시의 불결한 위생 상태와 관련되어 있다.

「묵재일기」 속의 질병 사망 유형

  조선이나 그 이전 시대의 사망 유형 통계를 얻어내기는 매우 힘들며, 사실상 거의 불가능하다. 그럼에도 여기서는 매우 거칠지만 이와 비슷한 시도를 해볼까 한다. 이태진 교수는 과감하게 여말선초의 인구 변화를 의약의 보급과 관련지어 파악했다. 그는 당시 향약의 보급 확대로 인구가 증가했다는 대담한 가설을 내놓았는데,[1329] 나는 이에 대해 회의적인 입장에 서 있다.[1330] 그렇지만 사망 통계를 산출하려는 시도와 의약의 기여를 평가하려고 하는 이 교수의 자세는 높이 평가한다. 이 장에서는 『묵재일기』에 나타난 사망 기록을 통해 당시 어떤 병이 가장 큰 문제였는지를 간단히 짚고자 한다.

  이문건은 주변에서 들려오는 자신의 지인들에 대한 사망 소식을 수많이 수록했으며, 그 가운데 상당수(129건)는 사인을 밝혔다. 이 자료로 통계학적으로 정확한 사망률을 추정하는 건 불가능하더라도, 당시 사

감로탱-죽음의 유형들

1329 | 이태진, 『의술과 인구 그리고 농업기술』, 태학사, 2002.
1330 | 신동원, 「향약의술이 인구를 증가시켰을까」, 『역사비평』 61, 2002

람들이 어떤 병으로 많이 죽었는지를 어렴풋하게나마 짐작하는 게 가능하다. 아직까지 이런 내용에 대한 정보가 전무하기 때문에 양상이라

〈표 2-9〉『묵재일기』 속에 등장하는 사망 유형 통계

사망 유형	건수	사망 유형	건수	사망 유형	건수
역(疫)	33	산(産)관련	7	학(瘧)	2
두(痘)	16	한(寒)병	7	곽란(霍亂)	1
이질(痢疾)	12	부기(浮氣)	6	천증(喘証)	1
종(腫)	12	기증(氣証)	3	치병(痔病)	1
열(熱)	8	식상(食傷)	3	풍(風)병	1
산(疝)	7	동(疼)	2	기타	7
		총합계	129		

도 제시하는 것이 전무한 것보다는 낫다는 판단에 따른 것이다.

사망 유형은 환자의 질병 유형보다 한결 분류가 정확하다. 당시 사람들이 사인 추정의 근거에 대해 공유하는 그 어떤 것이 있었기 때문일 것이다. 앞 표를 보면 압도적으로 다수를 차지하는 것이 역병(33건)이며, 두창(16건)이 그 뒤를 잇는다. 이 둘을 합하면 전체의 40퍼센트다. 다음으로 많은 사망건수를 보이는 것이 종기다. 종기는 병 발생도 많았고, 이로 인한 사망도 높았던 병이었다. 이와 함께 이질도 역시 중요한 사인의 하나였다. 오늘날의 지식으로 비춰볼 때, 위생환경의 열악함과 비위생적 생활풍습으로 미생물 감염이 만연했기 때문에 이처럼 많이 죽은 것이다. 출산 시 사망도 7건으로 적지 않다. 이는 당시 출산 때 산모와 아이가 죽는 비율이 꽤 높았음을 일러준다. 이 역시 감염이 주원인이었을 것이다. 학질은 많은 사람이 앓아 끔찍한 고통을 안겨주었지만, 사망은 2건에 불과해 상대적으로 죽는 경우는 적었다. 열병이 8건, 한병은 7건이다. 오늘날의 지식으로는 이 병들은 주로 감염질환으로 의

감로탱 −임산모자구사

심되는 것들이지만, 『묵재일기』에서는 그것을 몸에 나타난 증상, 열이 심하게 나는 증상과 벌벌 떠는 증상 등으로 표현했다. 고환이나 음낭이 커지면서 아프거나 아랫배가 켕기며 아픈 증상을 보이는 산증(疝症)과 몸 안 기운의 순환이 잘 안 되어 몸이 부은 부기 증상으로 죽은 경우도 많았는데, 이 병이 당시에 많이 발생했고 또 많이 사망에 이르게 한 병이었음을 알 수 있다. 식중독의 경우에는 버섯을 잘못 먹고 죽은 경우(3건)로, 천민의 경우 상식 부족으로 이런 일이 벌어졌다.

IX. 사대부 이문건의 의원 노릇

이문건, 유의의 길로 들다

이문건은 어머니의 병을 돌보면서 의학을 공부했다. 송시열이 쓴 이
문건의 행장에는 "[이문건의 부친] 정자공(正字公)이 일찍 세상을 떠나
고 백씨(伯氏)와 중씨(仲氏)도 잇따라 세상을 뜨자 공[이문건]"이 홀로 모
부인(母夫人)을 봉양하였다. 모부인이 항상 질병이 많아 공이 직접 탕제
(湯劑)를 다려 올리되 오랠수록 더욱더 게을리 하지 않았다. 이로 말미
암아 의방(醫方)에도 정밀하여 활인(活人)을 매우 많이 하였다."[1331]는 말
이 적혀 있다. 이를 보면 그가 모친의 사망 이전(1535년, 그의 나이 42세 때)
부터 의술을 익혔음을 알 수 있다.

현존하는 이문건의 일기가 마침 1535년부터 시작하므로, 이 무렵 그
가 얼마만큼의 의학 수준에 있었는지 어렴풋하게 자료를 더듬을 수 있
다. 한양 거주 시절 그는 여러 차례 병을 앓았으며, 그때마다 순기산(順

1331 | 송시열, "을사 이후 화를 입은 사람—이문건 행장(乙巳以後罹禍人—李文楗行狀)", 『國朝人物考』(편자 미
상), 권47, 1501–1502쪽.

영락궁 벽화-의학 공부

氣散), 치중탕(治中湯), 수중금환(守中金丸) 등의 처방약을 복용했다. 이때의 처방이 자신이 내린 것인지 다른 의원이 내린 것인지는 분명치 않으나, 많은 경우 특별히 다른 의원의 존재가 보이지 않기 때문에 자기에게 흔히 걸리는 병에 대해서 자가 처방도 내렸던 것 같다. 그렇지만 병의 상태가 좋지 않을 때는 내의원 의관인 박첨지〔朴世擧〕를 찾아가 약을 물었다. 어떤 때는 침의로 여겨지는 의관 문세련(文世璉)이 와서 뜸을 떠주기도 했다.

이 무렵 그가 의학에 관심을 가진 여부를 판단하는 몇 기록이 보인다. 이설지(李說之)라는 사람에게 빌려준 의서 『난경(難經)』을 환수한 것,[1332] 『어약원방(御藥院方)』 인쇄본을 공전을 주고 찾아온 것,[1333] 그가 유배형을 받자 예조에서 그에게 빌려주었던 『식요(食要)』를 회수한 것[1334] 등이 그것이다.

1332 | 『묵재일기』, 1535.12.20.
1333 | 『묵재일기』, 1545.3.24.
1334 | 『묵재일기』, 1545.9.13.

『난경』은 이른바 중국 고대의 명의인 편작이 지었다고 가탁되는 책으로, 의학적으로 어려운 질문 81개를 들고 그에 대해 설명을 해놓은 것이다. 의서 중 가장 핵심적인 책 가운데 하나다. 『어약원방』은 중국 송·금·원 세 왕조에서 쓰던 처방을 1338년 원대에서 편찬해낸 것이다. 모두 14문 1,068 처방으로 구성되어 있는데, 내용을 보면 풍을 다스리는 것, 상한(傷寒), 일체 기(氣)에 관한 병, 담음(痰飮), 허손을 보하는 것, 몸에서 열이 많이 나는 것[積熱], 설사와 이질, 인후·입·치아 병, 눈병, 얼굴을 씻는 약[洗面藥], 종창·부상·골절을 치료하는 방법, 부인과 소아 잡병을 포함한다.[1335] 이 책은 조선 세종 때의 의학 취재 시험에서 그 이름이 보이며, 미키 사카에(三木榮)는 이 책이 중종~명종 때 출간된 것으로 보았다.[1336] 그런데 『묵재일기』에서 공전을 주고 인쇄본을 가져온 것을 보면, 정확히 1545년(인종 원년)에 인쇄된 것임을 알 수 있다. 『식요(食要)』는 음식으로 몸과 병을 돌보는 방법을 모은 것일 텐데, 조선 초 이와 관련된 서명의 3책 중 하나일 것이다.[1337]

위 3종의 의서와 함께 이문건은 『주역참동계(周易參同契)』란 책도 박인성(朴仁誠)에게서 되돌려받았는데,[1338] 이 책은 한나라 때 위백양이 지은 연단술(煉丹術) 책자로 주역의 상수학적 이치와 해 달의 운행, 연단에 쓰이는 약재와 연성 때의 불기운[火候]을 결합한 심오한 내용을 담은 책자다. 이 책으로 실제 건강과 장수를 위해 내단(內丹) 수련을 했든 안 했든 조선 초의 많은 지식인들이 이 책을 애호했는데, 그의 경우도 마찬

1335 | 한의학대사전편찬위원회, 『한의학대사전』(의사문헌편), 동양의학연구원 출판부, 1985, 155쪽. 임상 응용에 상당한 가치가 있다고 한다.

1336 | 三木榮, 『朝鮮醫書誌』, 學術圖書刊行會, 1973, 228~229쪽.

1337 | 세종~세조 때 의관인 전순의(全循義)가 지은 『식료찬요(食療纂要)』, 우찬성 손순효(孫舜孝)가 성종에게 올린 『식료찬요(食料撰要)』, 중종 때 좌의정을 역임한 성세창(成世昌)이 지은 『식물찬요(食物纂要)』 등이 그것이다.(三木榮, 『朝鮮醫書誌』, 58~59쪽.)

1338 | 『묵재일기』, 1535.12.20.

가지였던 것 같다.

이문건이 벼슬을 하던 한양에서는 그의 경제 상태가 좋았을뿐더러 그의 곁에는 인척인 인종 비의 건강을 챙기는 어의 박세거(朴世擧) 같은 명의가 있었기 때문에, 많은 경우 구태여 자신이 처방을 내릴 필요가 없었다. 자신의 의학적 지식은 모친이나 가족의 병을 진료하는 의원과 약을 의논(議論)할 때 요긴하게 효과를 발휘했을 것이다.

소장 의서를 통해 본 이문건의 의술 수준과 성격

52세(1545) 때 이후 경상도 성주 유배 시절에는 이런 양상이 확 달라졌다. 시골이라 내로라하는 명의가 없었으며, 자신의 의학적 식견을 뛰어넘는 의원이 거의 없었기 때문이다. 이문건은 유배지에 자신뿐만 아니라 처와 아들, 노비를 데려와 같이 살았기 때문에 자신이 직접 의술을 펼쳤다. 유배 이후 그의 일기에는 70세(1563년) 때까지 의서들의 존재가 보인다.

이문건은 『묵재일기』 제7책(1551~1552년의 일기) 마지막 여백에 자신의 도서 소장목록을 기록했는데, 여기에는 의서 10종이 기록되어 있다.[1339]

『단계방(丹溪方)』
『본초연의(本草衍義)』 16 무량재좌간(無量在座刊)
『득효방(得效方)』 12
『의학집성(醫學集成)』 6

1339 | 이복규, "『묵재일기』 부대기록에 대하여", 『동방학』 3, 1997, 39쪽.

『화제(和劑)』6

『구급이방(救急易方)』1

『본초(本草)』12권 (『(본초)연의』16. 성주에 있음.)

『영류검방(永類鈐方)』12권

『간이방(簡易方)』8

『연수서(延壽書)』1

　　『단계방(丹溪方)』은 『단계선생의서찬요(丹溪先生醫書纂要)』를 지칭한다. 이문건은 "『당간단계방(唐刊丹溪方)』4책"을 빌려준 적이 있는데,[1340] 이 책은 명의 의사 노화(盧和)가 주진형(주단계)의 처방 요점을 정리해 1481년에 출간한 것이다. 본래 2권 2책본이 가장 일반적인 형태였으나 4책 4권본도 있었으며, 이 4권본은 1545년 조선에서도 내의원에서 찍어낸 바 있다.[1341] 이 책은 중풍, 상한, 온역에서 시작하여 손상, 부인, 소아증에

불암사 감로탱-의원의 병자 진료

1340 | 『목재일기』, 1552.12.11.

1341 | 三木榮, 『朝鮮醫書誌』, 227쪽.

이르기까지 모두 78문인데, 내과 잡병이 위주이고, 겸하여 각과 병증이 있다. 논설이 간요하고, 방치가 상세하며, 의안이 부록되어 있다.[1342]

『본초연의』는 『연의본초』라고도 하는데, 송대 구종석(寇宗奭)이 1116년에 간행한 것이다. 이 책에는 작자의 약재 감별과 약물 응용의 오랜 실천 경험에 근거하여, 470종의 약물에 대하여 상세한 변석 논술을 가했다. 책 가운데에 많은 약물의 진위 우열을 감별하는 방법을 제시했으며, 일부의 실제 병례를 통한 약물 응용의 범위를 넓혔다.[1343] 조선에서 이 책은 1430년(세종 12년) 의학의 취재 교재로 선택되었으며,[1344] 1456년(세조 2년)에는 시중에 책이 희소하다 하여 내의원 소장 책을 찍어서 각 읍에 보내도록 조치한 바 있다.[1345]

이문건은 『본초』(12권)를 적었다. 『본초연의』 이외의 책인 것은 확실하지만, 이 책이 어떤 본초인지 분명치는 않다. 아마도 고려 때부터 조선 초까지 가장 널리 쓰인 이 본초서는 『증류본초(證類本草)』일 것이다.[1346] 이 책의 정식 명칭은 『대관경사증류비급본초(大觀經史證類備急本草)』이며, 줄여서 『대관본초(大觀本草)』라고도 했다. 『증류본초』, 『대관본초』는 더 줄여서 『본초』라 불렀다. 이 책은 방대한 약재에 관한 정보를 담고 있고, 체계적으로 약물이론을 설명하고 있으며, 경전과 사서에 나타난 약재까지도 증상별로 참고할 수 있게 한 데다가 무엇보다도 그림

1342 | 『한의학대사전』(의사문헌편), 40쪽.

1343 | 『한의학대사전』(의사문헌편), 82쪽. 『본초연의』는 보통 20권짜리 책인데 이문건 소장은 16권이다. 三木榮의 『朝鮮醫書誌』에도 16권 『본초연의』에 대한 정보는 실려 있지 않다.(三木榮, 『朝鮮醫書誌』, 195쪽).

1344 | 세종 12년 경술(1430년, 선덕 5년) 3월 18일(무오) 상정소에서 여러 학의 취재에 있어 경서와 여러 기예의 수목에 대하여 아뢰다

1345 | 세조 2년 병자(1456년, 경태 7년) 8월 26일(계해) 전의감 제조 강맹경이 의서를 보급하는 일에 대해 아뢰다

1346 | 三木榮, 『朝鮮醫書誌』, 194쪽, 246쪽. 단, 고려 때 원판을 조선에서 찍은 것도 31권이므로 이문건 소장 12권과 권수가 다르다. 이문건 소장은 필사본이 아니었을까 추정된다. 인쇄본에 있는 도판을 제거하면 분량이 확 줄어들기 때문이다.

이 실려 있어 학습에 크게 도움이 되는 책이었다.[1347]

『득효방』(12)은 원대 위역림(危亦林)이 지은 것으로 원래 이름은『세의득효방(世醫得效方)』이며 1345년에 간행되었다.[1348] 이 책은 1430년(세종 12년)에 취재 시험 과목이 되었으며, 1455년(단종 3년, 세조 원년)에 조선판 인쇄 발행이 있었고, 성종 때 반포된『경국대전』(1484)에 의학 취재와 의과(醫科)의 정식 과목이 되어 조선전기에 가장 널리 익힌 필수 의서였다.[1349]

이문건 소장『의학집성(醫學集成)』(6권)은 명대 의사 우단(虞摶, 1438~1517년)이 지은 책자다. 후에 나온『동의보감』(1613년)의「역대의방」에 이 책 이름이 보이나, 이곳 이외의 국내외 문헌에서는 이 책의 이름이 보이지 않는다. 후술할 우단의 또 다른 저서『의학정전』(1515년)은 조선에 수입되어 가장 널리 읽힌 책 중 하나였다.

『화제(和劑)』(6)는『태평혜민화제국방』이다. 이 책은 송대 태의국의 편으로 1078년 이후에 초간된 것이다. 송대 태의국 소속 약국의 일종의 제제약 처방집이다.[1350] 이 책은 고려 때부터 조선중기까지 방제의 기준이

1347 | "이 본초서는 송의 당신미(唐愼微, 약 1056~1093년)가 편찬한 것으로 32권의 거질이다. 대략 1,558종의 약과 3,000여 개의 방문, 1천여 조의 방론을 증상별로 나눠 실었다. 약물의 주치(主治), 귀경(歸經), 산지, 채수(採收), 포구법(炮灸法)들이 실려 있으며, 약마다 그림이 실려 있다." (吳楓·高振鐸 編,『中華古文獻大辭典 醫藥卷』, 196쪽).

1348 | "이 책은 작자가 그의 5대째 가전의방에 근거해서 편성한 것이다. 책의 순서는 원대(元代)의 의학 13과에 의한다. 내·외·부·아·오관 및 상과 등 각 류 질병의 맥·병·증·치(脈病證治)를 분별 기술했다. 작자는 질병 분류를 비교적 세밀히 하였다. 채택한 역대 및 가전 제방의 수량이 많을뿐더러 대개 경험으로 익힌 방법을 근간으로 하여, 상당한 참고 가치가 있다. 골상과(骨傷科) 병증의 치료에 특히 많은 발휘가 있다." (『한의학대사전』, 의사문헌편, 124쪽). 조선 초에 출간된 『득효방』의 권수는 모두 20권인데, 이문건 소장은 12권이다.

1349 | 三木榮,『朝鮮醫書誌』, 173쪽.

1350 | "송대에 여러 차례 증수 수정 간행됨에 따라 서명과 권수도 여러 차례 조정되었다. 권수에도 5권본, 10권본이 있어서 같지 않다. 현존하는 통용본은 제제(製劑) 약방제(藥方劑)를 각종 풍병[諸風], 상한(傷寒), 기로 인한 병 일체[一切氣], 담음(痰飮), 각종 허증, 고랭, 적열, 설사와 이질, 눈병[眼目疾], 인후구치(咽喉口齒), 잡병, 창종, 상처와 골절, 각종 부인병 및 소아병을 14문 788방으로 나누어 정리했다. 모두 민간에서 상용되는 유효한 처방을 수록하여 그 주치, 배오 및 구체적 수제법을 기술했는데, 이 일부는 널리 전파되어 임상방서에 미친 영향이 크다." (『한의학대사전』, 의사문헌편, 321쪽).

되는 책으로서 의자(醫者)의 필수 서적이었다.[1351] 당연히 의학 취재나 의과 과목 중 하나였으며, 이문건도 이 책을 활용해 처방을 내릴 때가 많았다.

『영류검방(永類鈐方)』(원대, 1316년)은 22권 규모의 책으로 원대의 이내계(李逎季)와 이중남(李仲南) 지은 책으로, 상한, 온갖 잡병, 부인과, 소아과 등에 대한 의학이론, 진맥법, 치료법, 방제 등을 폭넓게 모아놓은 종합의서다.[1352] 이 책은 1456년(세조 2년) 지방 보급 의서 목록에 들어 있던 것이며, 세종 때(1438년) 진주목에서 찍은 판본이 현전한다.[1353] "고금의 의서를 수집하여 조목을 잘 나누어, 제과의 처방과 약을 보기에 일목요연하기 때문에" 이 책을 찍어냈다고 한다.[1354]

『간이방(簡易方)』(8)은 1489년(성종 20년) 때 윤호(尹壕), 임원준(任元濬), 허종(許琮) 등이 편찬한 『신찬구급간이방(新撰救急簡易方)』(8권)이다. 『구급간이방』은 세조 때 편찬된 『구급방』(1466년)을 업그레이드한 것이다. 한글 번역도 딸려 있다. 이전의 『구급방』이 약재 중에서 중국에서 나는 것을 포함하고 있어서 백성들이 쉽게 구할 수 없다는 문제점을 안고 있기 때문에 향약 위주의 의방을 찬집하여 민간에 새로 보급하기 위해 새로 낸 책이 『신찬구급간이방』이었다. 내의원 제조(內醫院提調) 영돈녕(領敦寧) 윤호(尹壕) 등이 이 책을 지어 바치자 성종 임금은 많이 인출하여 서울과 지방 모든 고을에 반포하여 민간의 소민(小民)들도 모두 이 책을 얻을 수 있도록 하면 좋겠다는 견해를 냈다. 그에 따라 내의원에서 찍

1351 | 三木榮, 『朝鮮醫書誌』, 187쪽. 미키 사카에가 본 것만으로도 임진왜란 전에 나온 것이 8종이었다고 한다.(三木榮, 190쪽).
1352 | 한국한의학연구원, 『의방유취』 인용문헌 해제 참조. 또 이 책을 들여다보면, 크게 네 부분으로 구성되어 있다. 시식첩법(施食帖法), 간편하고 효험 있는 방제 10가지 부류를 모아 수록한 것, 영보탁인경법(靈寶度人經法), 육맥을 진찰하는 법 등이 그것이다.
1353 | 三木榮, 『朝鮮醫書誌』, 184~185쪽. 현전하는 판본은 22권으로 이문건 소장 12권과 권수가 다르다.
1354 | 미키 사카에, 『조선의서지』, 185쪽.

은 의서를 각 도에 내려 보내 감사로 하여금 도에서 찍어서 민간에 널리 보급토록 했다.[1355] 이런 경위를 가진 책을 이문건도 소장한 것이다.

『구급이방(救急易方)』(1)은 명의 조계부(趙季敷)가 편찬한 구급의서(1권 1책)인데, 1484년 평양부에서 인간했다. 이 책에는 오절사(五絶死), 목매달아 죽는 경우, 물에 빠져 죽는 경우, 한여름철 무더위로 죽는 경우, 고독(蠱毒)으로 죽는 경우, 약초 독, 중풍, 두통, 소갈(消渴), 대소변 불통, 각종 눈병, 귀의 통증, 물건을 잘못 삼킨 경우 등 150증의 치료법을 실었고, 게다가 부인병 29증, 소아병 52증을 추가했다.[1356]

이런 의서 외에 이문건 소장 문서에는 『연수서(延壽書)』(1)가 들어 있었다. 이 책은 원대 이붕비(李鵬飛)가 편찬한 책으로, 양생법을 하늘의 이치를 따르는 것, 땅의 이치를 따르는 것, 인간의 이치를 따르는 것, 신선이 세상을 구하는 양생법, 신선이 세상 사람의 섭생에 무지함을 경고하는 것 등 5편으로 이루어져 있다. 이 책은 조선에서 자기 수양, 사친 효양을 위해 널리 행해졌다.[1357]

일기를 보면, 1545년 유배지 거주 이후 이 목록이 작성된 1552년 동안 위의 10종 외에 서명이 비교적 분명한 의서 8종이 더 보인다.[1358]

첫째는 『직지맥(直指脈)』이다.[1359] 유배 직후에 그는 가천(伽川)에 거주

1355 | 성종 20년 기유(1489년, 홍치 2년) 5월 30일(정해) [원전] 11집 479면; 성종 20년 기유(1489년, 홍치 2년) 9월 21일(병자) [원전] 11집 519면; 성종 20년 기유(1489년, 홍치 2년) 9월26일(신사) [원전] 11집 520면.

1356 | 三木榮, 『朝鮮醫書誌』, 199-200쪽.

1357 | 三木榮, 『朝鮮醫書誌』, 193쪽.

1358 | 서명 확인이 안 되는 것도 여럿 보인다. 『집성방(集成方)』 1권, 방서(方書) 1권, 목질(目疾) 부방(付方), 『의방(醫方)』 1권, 『구급방』 1권, 방문책(方文冊) 부(附) 습증(濕証) 3권 등이 그것이다. 이문건 소장 의서로 헤아리건대, 『집성방』과 『의방』은 모두 『의학집성』인 것 같으나, 목질(目疾) 부방(付方)과 방문책(方文冊)은 어떤 의서인지 정확한 고찰이 힘들다. '집성방'이란 이름이 들어간 것으로 『향약집성방』이 있지만, 그것은 85권이라는 거질 의서이기 때문에 『집성방』 1권이란 것과 부합하지 않는다.

1359 | 『직지맥』의 본 이름은 『직지방론의맥진경(直指方論醫脈眞經)』으로서 중국 송나라 때 양사영(楊士瀛)이 지은 것이다. 이 책은 맥을 진찰하는 총괄 부분(삼부구후론, 장부부위론, 진후론, 맥병소식론, 맥병역순론)과 맥결 부분(장부의 위치를 정함, 일곱 가지 표맥(表脈)의 증상, 여덟 가지 이맥(裏脈)의 증상 등과 수맥(祟脈, 귀신 씌운 병의 맥)과 절맥[絶

하는 충의의(忠義衛) 김환(金渙)의 서울 상경 길에 편지를 부탁하면서 다른 두 책과 함께『직지맥(直指脉)』1책을 한양 댁에 전달해줄 것을 요청한 기록이 보인다.[1360] 조선전기 의학의 취재 과목으로 매우 중시되었다. 이 책은 조선 초 1543년(중종 38)에 간행되어 나온 것이었으니,[1361] 바로 얼마 전에 간행되어 나온 따끈따끈한 책이었다.『묵재일기』에는 이문건이 환자를 진료할 때 맥의 상태를 논하는 장면에 나오는데, 이는 그가 맥까지 짚어 병을 헤아리는 전문가적 의원 수준에 도달해 있음을 시사한다.

둘째는『신응경(神應經)』이다. 이 책은 침구 전문서로서 이문건의 일기에서 기록이 1546년에 처음 보인[1362] 이후 심심찮게 등장한다. 이 책은 1425년 중국 명나라의 진회(陳會)가 편찬하고 유근(劉瑾)이 보완한 것으로, 침과 뜸뜨는 자리 119혈을 취해서 가결과 삽도로 편성한 책이다.[1363] 조선에서는 일본인 翟良心이 바친 이 책을 반색하며, 1474년(성종 5년)에 처음 간행했다.[1364] 거의 모든 병에 대한 침구 시술이 가능하도록 한 이 책은 이문건이 지방 생활에서 침술에도 관심을 기울였음을 말해준다.

셋째는 동인도(銅人圖)』다. 1551년 2월 진주판관 이승서(李承瑞)가『신

脉]을 논함) 등으로 구성되어 있다.

1360 | 『묵재일기』, 1545.10.28.

1361 | 三木榮, 『朝鮮醫書誌』, 175–176쪽.

1362 | 『묵재일기』, 1546.4.24.

1363 | 『신응경』의 구체적 내용은 절량법(切量法), 보사직결(補瀉直決), 취혈도설(取穴圖說), 온갖 종류의 풍병, 상한, 가래와 꺽떡거림, 해수, 여러 적취, 복통, 창만, 심비위(心脾胃), 마음에 삿된 것이 들어 생긴 정신병 전광, 곽란, 학질, 종창, 땀, 마비, 치질, 대변, 퇴산불알, 소변, 안면, 인후, 이목, 구비, 흉배협, 수족과 옆구리, 부인, 소아, 창독, 잡병 등 제병 배혈(配穴), 침구금기(鍼灸禁忌) 등과 같다.(『한의학대사전』, 의사문헌편, 141쪽. 三木榮, 『朝鮮醫書誌』, 196쪽).

1364 | 三木榮, 『朝鮮醫書誌』, 195쪽. 임진왜란 이후 이 책이 사라져서 김육이 주도하여 다시 찍어냈다. 새로 인쇄한 발문에서 김육은 "의가(醫家)에서 사람을 치료해 구하는 방법에는 침과 약이 균등하게 쓰입니다. 그런데 약은 혹 구하기 어려운 약재가 있는 데 비해 침은 몇 촌 길이의 쇠바늘일 뿐입니다. 그런데도 능히 그 법술(法術)을 다하면 다 죽은 자도 다시 살려내는 효과가 있으니, 침이 쓰이는 효과가 크다고 하겠습니다. 『신응경』 한 책은 침술의 오묘한 요지(要旨)를 가장 잘 적어놓은 책입니다. 그런데 병란이 끝난 뒤에는 이 책이 아주 드물어졌습니다. 이에 세상에서 이 침술을 배우고자 하는 이들은 모두 스스로 베껴서 공부하고 있습니다."(『잠곡유고(潛谷遺稿)』 제9권, 발(跋), 새로 인쇄한 신응경(神應經)의 발문)라 하며 대단히 높게 평가했다.

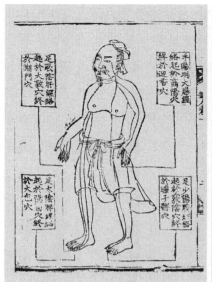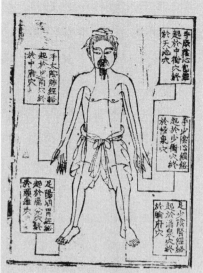

조선판 신간보주동인수혈침경도경―동인도

응경』 1권과 함께 『동인도』 2권을 보내왔다.[1365] 『동인경』의 정식 명칭은 『신간보주동인수혈침구도경(新刊補注銅人腧穴鍼灸圖經)』이며, 중국 송대 왕유일이 최초로 제작한 인체 모형의 동인(銅人)에 새겨진 경락도를 중심으로 한 침구서다.[1366] 조선에서는 1431년(세종 13)에 처음 찍어냈고 1543년(중종 38년)에 새로이 또 찍어냈는데, 의학 취재와 과거 과목에 포함되어서 조선 내내 가장 일반적인 침구 학습서 구실을 했다.[1367] 이문건의 침술이 『신응경』과 함께 이 『동인도』에 근거했음을 짐작할 수 있다.

넷째는 『명의잡저(明醫雜著)』다.[1368] 이 책은 1502년 명나라의 왕륜(王

1365 | 『묵재일기』, 1551.2.17. "晋判 李承瑞氏送銅人圖二·神應經一."

1366 | 구체적인 내용으로는, 24경락과 독·임맥의 그림이 실려 있고, 각 경맥에 대한 제가(諸家)의 설이 일목요연하게 정리되어 있다. 책의 내용이 매우 간요(簡要)하기 때문에 후세의 의가가 중시했다.(한의학대사전편찬위원회, 『한의학대사전』, 의사문헌편, 1985, 43쪽).

1367 | 三木榮, 『朝鮮醫書誌』, 180쪽.

1368 | 『묵재일기』에서 이 책은 『명의방(明醫 方)』 1권(1552.7.29., 8.1.), 『명의저(明醫 著)』 (1552.10.4.), 『명의집(明醫集)』 (1555.3.27.), 『명의(明醫)』 (1556.8.25.) 등으로 표기되어 있는데, 모두 『명의잡저』를 가리킨다.

編)이 편찬한 1권짜리 책이다. 이 책이 포괄하는 병증으로는 발열, 노채(勞瘵), 설사, 이질, 해수, 담음 등의 내과 잡병과 산부인과, 눈, 귀, 코, 치아 등의 병, 풍병(風病), 소아에게 생기는 온갖 병들이다.[1369] 왕륜의 자서에 따르면, 이 책은 "병증에 따라서 약을 쓰도록 했는데, 궁벽한 시골에서 이름 없는 의자(醫者)라도 참고해서 병을 다스리도록 한 책이다."[1370]고 했는데, 이 점 때문인지 이문건은 성주에서 스스로 이 책의 인쇄를 담당했다.[1371]

다섯째는 『달학방(疸瘧方)』이다. 이는 1550년 조정에서 간행해서 각도의 군현에 내려 보낸 『황달학질치료방(黃疸瘧疾治療方)』이다. 글자 그대로 황달과 학질을 치료하는 처방집이란 뜻인데, 줄여서 『달학방』이라 한 것이다. 이에 대해 『조선왕조실록』에서는 "이 방문(方文)을 보니 치료법이 간단명료하다. 각도 주부 군현(州府郡縣) 및 첨사(僉使)·만호(萬戶)에게 이미 아뢴 바에 따라 인출(印出)하여 반포하도록 명하였다. 그러나 궁벽한 시골의 백성들은 두루 구해 보지 못할 것이니 감사 및 주부(州府) 등 큰 고을에서 인출하게 하여 경내의 백성들에게 나누어준다면 그 치료 방법에 이익 되는 바가 많을 것이다."[1372]라 적었다. 이런 조치에 따라 이 『달학방』이 성주에도 내려왔고, 그것을 다시 성주에서 찍은 것인지 이문건이 이를 필사한 것인지는 분명치 않으나, 그도 소장하게 된 것이다.[1373] 이문건이 학질 치료 때 단골로 썼던 약 처방과 주술적 방법은 이 『달학방』에 근거했을 것이다.

여섯째는 『양로서(養老書)』(2책)다. 이 책은 우효선(禹孝先)의 책으로,

1369 | 『한의학대사전』, 의사문헌편, 64쪽.
1370 | 丹波元胤, 『中國醫籍考』, 人民衛生出版社, 1983, 745쪽.
1371 | 『묵재일기』, 1552.10.4.
1372 | 『조선왕조실록』, 명종 5년 경술(1550, 가정 29년) 11월10일(기해).
1373 | 『묵재일기』, 1551.1.12.

이문건은 1546년 12월 이 책을 그로부터 빌린 후 이듬해 1월에 반납했다. 빌렸을 때 필사를 마쳤는지는 분명치 않지만, 1556년에는 자기 소장으로 이 『양로서』를 가지고 있다.[1374] 『양로서』의 원 제목은 『수친양로신서(壽親養老新書)』(1권)로, 중국 송대 진직(陳直)이 편찬한 1권을 원래 정현(鄭鉉)이 3권을 덧붙여 4권으로 증보한 것이다. 이 책에는 각종 양생법, 노년 보건 처방, 식치(食治) 처방 등이 담겨 있다.[1375] 조선에서는 활자본으로 중종(재위 1506~1544년)~명종(재위 1545~1567년) 무렵에, 정판본(整版本)으로 명종~선조(재위 1567~1608년) 초기에 찍혀 나왔는데,[1376] 이문건이 본 것은 이 두 종 가운데 하나였을 것이다.[1377] 이 책에서는 따로 분석을 하지 않았지만, 『묵재일기』에 보이는 수많은 식치(食治) 방법은 바로 이런 책에서 유래했을 것이다.

일곱째는 『구급방』 1권이다. 이는 권수가 일치하는 『구급이방(救急易方)』일 가능성이 높으나, 정확히 이름이 똑같은 1466년(세조 12년)때 인쇄하여 지방에 배포한 바 있는 『구급방』임을 배제할 수 없다.[1378] 이 『구급방』은 취재 과목 중 하나였으며, 허준의 『언해구급방』(1468)이 나오기 전까지 구급의서로서는 조선에서 가장 널리 활용된 것이었고, 조선에서 편찬한 『구급방』은 향약 위주로 했다.[1379] 이 점에서 이 『구급방』은 중국 의서인 『구급이방』과 성격이 판이하다.

여덟째는 『치경(痔經)』이다. 이 책은 이문건이 치질로 고생하면서 협

1374 | 『묵재일기』, 1556.8.25.

1375 | 『한의학대사전』, 의사문헌편, 135쪽.

1376 | 三木榮, 『朝鮮醫書誌』, 243쪽.

1377 | 『수친양로서』 1책 1권은 본도 조선에서 찍혀 널리 유통되었는데(三木榮, 『朝鮮醫書誌』, 243쪽), 책 수는 다르지만 이문건 소장이 이 책이었음도 배제하지 못한다.

1378 | 조선왕조실록』, 세조 12년 병술(1466년, 성화 2년) 6월 13일(임자). 이 밖에 구급방이란 이름이 들어간 책으로는 세종 때 재간한 『향약구급방』, 김정국이 펴낸 『촌가구급방』(1538년) 등이 있다.

1379 | 三木榮, 『朝鮮醫書誌』, 58쪽.

천(陝川)의 구 봉사(具奉事)에게 부탁한 책을 그가 인쇄하여 보내준 책이
다.[1380] 중국이나 조선의 의서 가운데 『치경(痔經)』이란 이름이 들어간 책
은 보이지 않는데,[1381] 이 말이 들어간 불교 서적으로 당의 삼장법사가
번역했다는 불경 『불설요치병경(佛說療痔病經)』이 있다. 이 책은 『고려대
장경』 안에 포함되어 있으며, 의학적 대책이 아니라 치질 병을 낫게 하
는 주문이 담겨 있다.[1382] 이문건은 오랫동안 치질로 고생하면서 약을 썼
는데 잘 낫지 않자 이런 방법을 시도한 게 아닌가 한다.

1553년(60세) 이후의 일기에도 지금까지 살핀 책들이 계속 등장하나,
다시 새로운 책 4종이 보인다.[1383] 『활인심법(活人心法)』, 『의학정전(醫學正
傳)』, 『의안방(醫眼方)』, 『침구치질방(針灸治疾方)』 등이 그것이다.

『활인심법』은 명나라 주권(朱權)이 저술하여 14세기 말에 간행된 양
생서(養生書)로 『신간경본활인심법(新刊京本活人心法)』또는 『구선활인심방
(臞仙活人心方)』이라고도 한다.[1384] 이 책은 2권으로 구성되어 있다. 상권
은 양생법(養生法)에 관한 것으로 치심(治心), 도인법(導引法), 거병연년육
자법(袪病延年六字法), 보양정신(保養精神) 및 보양음식(補養飲食) 등의 내용
이 실려 있다. 하권에는 의학에 관한 내용으로 '옥급(玉笈)' 26가지 처방
과 '가감영비(加減靈秘)' 18가지 처방을 집록(集錄)하여 놓았다. 조선에서
는 1554~1585년 사이에 나주, 경주, 진주 관아에서 목판본으로 찍어
냈으며, 민간 사대부에서 널리 읽혔다. 이문건의 경우가 이를 증빙하며,
후술하겠지만 이황이 이 책을 직접 필사한 것이 남아 있다. 이 책은 미
병(未病)을 추구하는 양생이 이미 병든 후에 치료에 나서는 의학보다 중

1380 | 『묵재일기』, 1548.1.24., 1548.2.13.

1381 | 丹波元胤, 『中國醫籍考』, 三木榮, 『朝鮮醫書誌』를 비롯한 어느 책에서도 이 이름의 의서는 없다.

1382 | 고려대장경연구, 고려대장경지식베이스.(http://www.sutra.re.kr) 참조.

1383 | 이 밖에도 『약방(藥方)』 2권, 『명의방(名醫方)』이 보인다. 『약방(藥方)』 2권은 이미 소장하고 있던
책인 『어약원방』 2권으로 추정되며, 『명의방(名醫方)』은 『명의방(明醫方)』일 것이다.

1384 | 한국한의학연구원, 『의방유취』 인용문헌 해제.

요하다는 견해를 담고 있다.

우단의 『의학정전(醫學正傳)』(1515년)은 국내에 수입된 지 얼마 안 된 8권 규모의 종합의서였다.[1385] 이 책은 선학이 밝히지 않은 51개의 문제를 논의한 다음 임상 각과에서 늘 보이는 병증을 나누어 서술했다. 증상별로 문을 나누어 각 문은 먼저 증상을 논하고, 다음에는 맥법과 처방을 일목요연하게 제시했다.[1386] 이문건은 이 책에 깊은 관심을 나타냈다. 1556년(63세) 1월 그는 성주의 사또에게서 『의학정전』 8권을 구해 가지고 왔으며,[1387] [붓글씨에 능한] 자신이 표지에 책 제목을 써주기도 했고,[1388] 여러 차례 빌려 오고 찾아갔으며,[1389] 사또 부인의 병에 이 책을 참고하여 처방을 내렸다.[1390] 마침내는 사람을 시켜 이 책을 베끼게 했다.[1391] 이 책은 조선에서는 1531년에 첫 인쇄가 있은 후 자주 찍혀 나왔으며, 조선 내내 가장 중요한 의서로 구실했다.[1392] 이문건의 사례는 『의학정전』이라는 책이 국내에 들어와 민간에서 막 퍼지기 시작하는 모습을 보인다. 후술하겠지만, 퇴계 이황이 서울에서 벼슬살이할 때 서울의

1385 | "증상을 서술할 때 총론은 『황제내경』의 요지를 제강으로 하고, 증치(證治)는 주진형의 학술 경험을 본으로 했다. 맥법은 『맥경』에서 취택하였으며, 상한, 내상, 소아병의 분별은 장중경(張仲景), 이고(李杲), 전을(錢乙)을 따라서 치료의 원리와 방법 이해의 신뢰성을 부여했으며, 여기에 가전 및 개인의 학술경험을 덧붙였다."(吳楓·高振鐸 編, 『中華古文獻大辭典 醫藥卷』, 133쪽).

1386 | 『한의학대사전』, 의사문헌편, 227쪽. 여기에는 중풍, 상한, 온역, 반진, 내상, 더위 먹음, 습증, 조증, 화열, 울증, 담음, 해수, 천식, 학질, 곽란, 설사, 이질, 구토, 딸꾹질, 게워냄, 신물, 트림, 체함, 창만, 적취, 노손(勞損), 노극(勞極), 어지럼증, 두통, 위완통, 복통, 요통, 협통, 온갖 기운, 산기(疝氣), 통풍, 위증(痿證), 온갖 충, 마비, 이·목·구·치아·비 병, 혈증, 치루, 땀나는 증상, 치병(痓病, 온갖 풍병), 궐증(厥證, 마비 증상), 전광(미친병), 사수(邪祟, 귀신 쐬운 병), 정충(가슴 울렁거리는 증상)과 건망증, 소갈과 같이 오줌이 좋지 못한 병, 오줌에 정액이 섞어 나오는 증상, 임질, 대변 막힌 증상, 황달, 가려움증, 여풍(癘風, 전염성 나쁜 기운에 맞은 병), 파상풍, 각종 부인 질병, 각종 소아 질병 등이 있다.(虞摶, 『醫學正傳』, 목차.)

1387 | 『묵재일기』, 1556.1.10.

1388 | 『묵재일기』, 1556.1.13.

1389 | 『묵재일기』, 1556.5.16., 1557.2.29., 1557.7.10.

1390 | 『묵재일기』, 1557.9.3.

1391 | 『묵재일기』, 1558.7.3., 1559.1.14.

1392 | 三木榮, 『朝鮮醫書誌』, 217~218쪽. 영조 때 『속대전』부터 의학 취재와 의과 과목이 되었다.(『大典會通』, "禮典" 醫科初試.)

의관이 내린 '비해분청음'이라는 낯선 처방을 만나 당황했는데, 이 신방이 『의학정전(醫學正傳)』의 것이었다.

『의안방(醫眼方)』은 눈병을 치료할 때 활용했다. 그의 일기에는 자신이 가지고 있던 이 책을 다른 사람에 빌려준 기록 둘이 보인다.[1393] 이 책은 명의 고정신(顧鼎臣, 1473~1540년)이 편찬한 의서[1394]로 팔물해독환(八物解毒丸), 이물탕(二物湯), 임신 중 다섯 금기 등을 기술하고, 독서 때의 눈을 관리하는 양생법, 눈을 좋게 하는 안마법, 조유법(照乳法), 뜸법, 눈병을 치료하는 각종 처방, 눈을 씻는 방법, 조염법(照鹽法) 등을 담고 있는데, 조선에서는 1540년(중종 35년) 경주부에서 이 책을 인간했다.[1395] 이 문건은 자신이 죽기 직전에 겪은 실명 때 여기에 실린 처방을 응용했을 것이다.

마지막으로 살필 것은 『침구치질방(針灸治疾方)』이다. 이는 중국 의서가 아니라 침놓는 승려 삼공(三空)의 침술을 담은 경험방 10여 장 방문이다. 그는 이를 성주목사에게 말해서 개간(開刊)하고 싶어 했다.[1396] 한편 이문건은 그에게 『신응경』을 익히게 했으며,[1397] 새로 인쇄된 『신응경』을 그에게 주기도 했고, 삼공은 보답으로 은침을 내놓기도 했다.[1398]

지금까지 살폈듯, 승의(僧醫) 삼공의 침구서 『침구치질방(針灸治疾方)』를 제외한 나머지 20여 종의 의학 서적이 이문건이 소장했거나 빌려서 참고한 책이었다. 그것을 분야별로 보면 다음과 같다.

　　의학경전: 『난경』

――――
1393 | 『묵재일기』, 1558.4.26., 1558.6.11.
1394 | 원 제목은 『곤산고공의안론병방(崑山顧公醫眼論幷方)』이다.
1395 | 三木榮, 『朝鮮醫書誌』, 209쪽.
1396 | 『묵재일기』, 1562.1.1.
1397 | 『묵재일기』, 1562.1.13.
1398 | 『묵재일기』, 1562.3.6.

종합의서: 『어약원방』, 『단계방』, 『득효방』, 『화제국방』, 『의학집성』, 『영
　　　　　류검방』, 『명의잡저』, 『의학정전』

　　　진맥서: 『직지맥』

　　　구급의서: 『구급이방』, 『간이방』(『구급방』)

　　　전문의서: 『의안방』, 『달학방』, 『치경』

　　　본초서: 『경사증류대관본초』, 『본초연의』

　　　침구서: 『신응경』, 『동인도』

　　　양생서: 『주역참동계』, 『식료찬요』, 『연수서』, 『양로서』, 『활인심방』

　　이 책을 보면, 이문건은 임상진료에 필요한 제반 무기를 다 갖췄음을
알 수 있다. 『난경』에는 인체의 이해를 비롯한 의학의 핵심이 담겨 있
었고, 9종의 종합의서는 송대부터 명대에 이르는 중요한 의서를 망라
한다. 본초는 당연하거니와, 그는 진맥과 침구도 학습하여 진료에 활용
했다. 전문적인 부분으로는 안과와 학질 치료에 관한 내용을 심화했고,
난치인 치루에 대해서는 불경까지도 관심을 가졌다. 시골 생활에 필요
한 구급의서로 2종 또는 3종을 갖춰 대비했으며, 몸의 건강관리를 위한
여러 양생 서적을 읽었다.

　　그가 구한 책들 중 중국본임을 명시한 『단계방』을 제외한 나머지는
모두 조선 초에 활발히 진행된 의서 인쇄사업의 결과물이었다. 1430년
(세종 12년)에 25종의 의서를 의학 취재의 과목으로 정했는데, 그 가운데
『직지맥』, 『화제방』, 『어약원방』, 『본초연의』, 『동인경』, 『난경』, 『득효방』
등 8종이 포함되어 있었다.[1399] 1456년(세조 2년)에 의서를 내의원과 각 도

───
1399 │ 21종의 의서 총 목록은 다음과 같다. 『직지맥(直指脈)』·『찬도맥(纂圖脈)』·『직지방(直指方)』·『화
제방(和劑方)』·『상한류서(傷寒類書)』·『화제지남(和劑指南)』·『의방집성(醫方集成)』·『어약원방(御藥院方)』
·『제생방(濟生方)』·『제생발수방(濟生拔粹方)』·『쌍종처사활인서(雙鍾處士活人書)』·『연의본초(衍義本草)』·
『향약집성방(鄕藥集成方)』·『침구경(針灸經)』·『보주동인경(補註銅人經)』·『난경(難經)』·『소문괄(素問括)』·

428

의 읍에서 찍어내도록 했는데, 이 가운데도 『화제방』, 『득효방』, 『영류검방』, 『본초연의』, 『동인경』 등의 책이 들어 있었다.[1400] 1543년(중종 38년)에는 『동인경』과 『직지맥』을 인간했다.[1401]

이문건 소장 의서의 상당 종류가 조선에서 의학 취재나 의과(醫科)에서 교재로 쓰던 것이었다.[1402] 『경국대전』(1484)에서는 혜민서의 의학 생도나 내의원·전의감·혜민서의 의관들이 승진 고과를 위해 배워야 할 책으로 『찬도맥』, 『동인경』, 『직지방』, 『득효방』, 『부인대전』, 『창진집』, 『태산집요』, 『구급방』, 『화제방(지남)』 등 9종을 규정했는데, 이문건은 이 중 『동인경』, 『득효방』, 『구급방』, 『화제방』 등 4종의 의서를 소장했다. 진맥 서적을 보면 『찬도맥』에 대해서는 다른 진맥서인 『직지맥』 책을 가지고 있었으며, 부인과 전문서인 『부인대전』, 외과 처방 전문인 『창진집』, 해산과 육아를 다룬 전문서인 『태산집요』는 소장하지 않았다. 이로부터 그의 의술이 더 심화한 산과, 부인과, 외과 영역까지 들어가지 않았음을 알 수 있다. 『직지방』의 경우, 못 구해서 그런 게 아니라 대신할 의서가 있었기 때문에 안 구한 것일 가능성이 높다.[1403]

『성제총록(聖濟總錄)』·『위씨득효방(危氏得效方)』·『두씨전영(竇氏全嬰)』·『부인대전(婦人大全)』·『서죽당방(瑞竹堂方)』·『백일선방(百一選方)』·『천금익방(千金翼方)』·『우마의방(牛馬醫方)』.(『조선왕조실록』, 세종 12년 경술(1430년, 선덕 5년) 3월 18일(무오).

1400 | 『화제방(和劑方)』·『득효방(得效方)』·『영류검방(永類鈐方)』·『향약집성방(鄕藥集成方)』·『연의본초(衍義本草)』·『동인경(銅人經)』·『가감십삼방(加減十三方)』·『복약수지(服藥須知)』·『상한지장도(傷寒指掌圖)』 등의 의서를 찍어냈다.(세조 2년 병자[1456년, 경태 7년] 8월 26일[계해] 전의감 제조 강맹경이 의서를 보급하는 일에 대해 아뢰다.)

1401 | 조선왕조실록』, 중종 38년 계묘(1543년, 가정 22년) 7월 16일(기미).

1402 | 조선전기의 의학교육에 대해서는 손홍렬, "한국의료제도사 연구(고대−조선초기)"(1986)의 4장(조선전기의 의료제도) 2절(의학교육과 의학교과서)에 잘 정리되어 있다. 조선전기를 보면, 시험서 외에 많은 의서를 읽었음을 알 수 있다(214−232쪽). 그러나 조선후기에는 이와 달리 학습 의서와 시험 의서가 동일했던 것으로 추측된다. 그것은 혜민서에서 관리하고 있던 의서의 종류와 시험과목이 동일했다는 점을 통해 짐작할 수 있다.(『惠局志』, 27장.)

1403 | 18세기 문헌에도 이름을 보이는 『득효방』과 달리, 한국고전번역원 검색시스템에서 이 책은 1472년(성종 3년) 마지막 기록 이후 안 보이는데, 이런 사실과 무관치는 않을 것이다.

이문건 소장 의서로 볼 때, 몇 가지 특징이 드러난다. 첫째, 『소문』, 『영추』, 『상한론』 같은 의학 경전이 보이지 않는다는 점이다. 『의경』 중에는 『난경』이 유일하게 보인다. 『상한론』은 중국이나 일본과 달리 조선시대 내내 별도의 책으로 읽히지 않았던 책이다. 상한병을 다루는 게 없지는 않았지만, 다른 의서에 나오는 상한 관련 부분을 읽었다. 『소문』과 『영추』가 보이지 않는 것은 그가 이론적인 부분보다 임상 실용을 더 중시했기 때문이다. 또 그가 활용한 종합의서를 보면, 의학 취재나 과거용 책자와 동일하게 그것의 의학적 특징은 대체로 단순해서, 처방이 이론을 추구하기보다는 실용적이며, 처방에 들어가는 약재도 소수인 편이다.[1404] 셋째, 구급을 중시했다. 이는 그가 성주라는 시골에 거주하게 된 것과 무관치 않을 것이다. 넷째, 양생에 적지 않은 관심을 기울였다. 다섯째, 치질 같은 난치병에는 불경 의학까지도 읽어 실천했다.

이 넷보다 더 중요한 특징은 향약 관련 의서가 보이지 않는다는 점이다. 『묵재일기』에는 향약 관련 내용이 적지 않게 나오므로 그가 향약을 무시하지 않았음을 알 수 있다.[1405] 그렇지만 그는 국산 약으로만 꾸린 『향약집성방』 같은 처방 의서를 선호하지 않았던 것 같다. 일찍이 성종 때(1479년) 병조참판 김순명은 국내 의원이 『향약집성방』 대신에 『화제방』 같은 중국 의서를 선호함을 지적한 바 있다.

> 병조참판(兵曹參判) 김순명(金順命)이 아뢰기를, "세조 조(世祖朝)에 『구급방(救急方)』을 찬집(撰集)하였으나, 그 약재(藥材) 중에서 중국에서

1404 | "이에 비해 후기의 의학은 의학이론에 적극적인 관심을 가져 『소문』의 내용을 중시하고, 금원시대에 활발히 전개된 의학이론을 수용했다. 또한 그들과 그들의 계승자인 명대의 의학자가 제시한 복합처방을 선호했다." (김남일, "『향약집성방』의 인용문헌에 대한 연구", 『진단학보』 87호, 1999, 212쪽.) 김남일은 『향약집성방』에 대해서 말하고 있으나, 소수 처방의 원칙은 『향약집성방』이 주로 인용하고 있는 『태평성혜방』, 『성제총록』에서도 나타나는 것이다.
1405 | 『묵재일기』에서 향약(鄕藥), 향재(鄕材) 검색어로 총 21건이 보인다.

나는 것은 백성이 쉽게 얻을 수 없으니, 향약(鄕藥)의 의방(醫方)을 찬집하여 민간에 널리 펴기를 청합니다." 하니, 임금이 말하기를, "우리 나라 백성의 성질은 중국과 다르니, 향약의 효험이 더욱 속하지 않겠는가?" 하자, 승지(承旨) 이경동(李瓊仝)이 아뢰기를, "『향약집성방(鄕藥集成方)』이 전에 이미 찬집되었으나, 근자에는 『화제방(和劑方)』을 즐겨 쓰기 때문에 행해지지 않습니다. 또 우리나라 사람이 찬집한 『본초(本草)』에는 그 이름만을 적고 그 형상을 그리지 않았으므로 사람들이 알 수 없으니, 당본(唐本)에 따라 다시 찬집하기를 청합니다." 하니, 임금이 말하기를, "그리 하라." 하였다.[1406]

이렇듯 민간에서는, 구급 같은 상황이 아닐 때는 향약 의서 대신에 고려 때부터 계속 써왔던 『화제방』, 『득효방』 같은 중국 의서가 더 익숙했기 때문에 그것을 사용했다. 그렇다고 해서 사용하는 약을 당재(唐材)로 한 것은 아니었다. 중국 의서에서 추린 대부분의 처방은 국내에서 쉽게 구할 수 있는 약들로 구성되어 있었다. 일부러 이런 부분만 골라 낸 의서를 쓸 필요가 없이, 민간의 의원들은 중국 의서 가운데 향약 처방만으로 가능한 것을 골라 약을 썼기 때문에 중국 의서와 국산 의서의 차이가 실제 현장에서는 그다지 크지 않았다.

이 밖에도, 이문건은 새로운 의서에도 촉각을 기울이고 있었다. 금원사대가의 4인의 명의 중 마지막 인물로 높은 평가를 받은 주진형의 『단계선생찬요』나, 그의 의학을 계승한 명대 학자 우단의 『의학집성』, 『의학정전』 같은 최신 새 책을 읽고 임상에 응용했다.

전문적인 분과 영역까지 깊이 들어가지 않았지만, 이문건의 의술은

1406 | 『조선왕조실록』, 성종 10년, 기해(1479년, 성화 15년), 2월 13일(경자).

당대 민간에서 이룩할 수 있는 최대치에 가까웠다고 봐도 무방할 것이다. 후술하겠지만, 이황도 의술을 펼치기는 했지만 이문건만큼 의서를 많이 소장하지 않았던 것 같고, 또 펼친 의술의 빈도도 훨씬 낮았을 것으로 추정된다. 역시 후술하겠지만, 동시대 인물인 미암 유희춘의 경우 이문건과 마찬가지로 여러 서적에 대한 관심과 함께 의학서적에도 지대한 관심을 가졌으며 다수의 의서를 소장하고 있었다. 『묵재일기』에 등장하는 박세거와 같은 서울의 의관(醫官)은 이문건보다도 더 많은 종합의서를 참고하고, 부인과 소아과 등 전문 분과에 대한 지식을 더 쌓았을 것이며, 최신 의학지식의 수용과 활용에도 더욱 민감했을 것이다.

이문건의 약장과 약의 공급처

이문건은 처방만 내리는 의원에 국한하지 않고, 집에 상당한 약을 갖춰 일종의 약방을 운영했다. 특히 그의 유배 기간 동안에는 그의 약장이 더욱 충실했다. 여기서는 유배 이전과 유배 이후를 나누고, 유배 이후에 연도별로 약이 들어오는 것을 살핀다.

1535년에는 11월과 12월 사이에 약재가 온 것이 두 건 보인다. 상보(相甫)가 인삼을 보내온 것,[1407] 본택에서 인삼순기산 5복을 가져온 것 등이다.[1408] 이 짧은 기간 동안에는 이문건 집안에 약재의 공급이 어떠한지 잘 드러나지 않는다.

1536년의 경우에는 20여 건이 보이므로, 대체적인 흐름의 파악이 가능하다. 가장 약재를 많이 공급하는 사람은 이문건의 종인 박귀손(朴貴

1407 | 『묵재일기』, 1535.11.20.
1408 | 『묵재일기』, 1535.12.5.

孫)이다. 이문건은 집에 약이 필요할 때는 귀손을 시켜 가져오도록 한 경우가 많았다. 그는 수중금환 100환,[1409] 삼소음,[1410] 반총산 10복(도인을 더해),[1411] 이중탕 1복(구매),[1412] 그의 아들을 시켜서 부자 1냥,[1413] 수중금원 80환(계지와 복령을 더해),[1414] 그의 아들을 시켜서 반총산 10복[1415] 등의 약을 가져왔다. 또한 이문건은 집안과 친지에게서 약을 구해 왔다. 본댁에서는 소합환과 호추, 생강[1416]과 치중탕 10복[1417]을 얻었다. 조카 두성의 집에서는 장비원 160환을,[1418] 청성군에게서도 수종의 약을 구했고,[1419] 정학년에게서는 삼소음 5복을,[1420] 박댁에서는 삼소음 3복,[1421] 중수 집에서는 반총산 6복을,[1422] 용회에게서는 이중탕 4복을,[1423] 김맹훈에게는 장비원 25환을[1424] 구했다. 아마도 한양에서는 늘 이런 식이었을 것이다. 다른 친지 중 환자가 있을 때는 이문건 가를 비롯한 각 집에서 약간씩 가지고 있던 것을 서로 부조했을 것이다. 이해에 구매는 한 차례 보이는데, 귀손이 이중탕 1복을 사 가지고 왔다.[1425] 아마도 근처의 의원 집에서 구해 왔을 것이다. 그렇지만 이런 사례가 친지의 제공 건수보다 훨씬 적

1409 | 『묵재일기』, 1536.5.24.
1410 | 『묵재일기』, 1536.7.29.
1411 | 『묵재일기』, 1536.9.28.
1412 | 『묵재일기』, 1536.9.21.
1413 | 『묵재일기』, 1536.9.28.
1414 | 『묵재일기』, 1536.10.8.
1415 | 『묵재일기』, 1536.10.14.
1416 | 『묵재일기』, 1536.12.12.
1417 | 『묵재일기』, 1536.12.13.
1418 | 『묵재일기』, 1536.5.24.
1419 | 『묵재일기』, 1536.6.19.
1420 | 『묵재일기』, 1536.7.29.
1421 | 『묵재일기』, 1536.9.21.
1422 | 『묵재일기』, 1536.10.8.
1423 | 『묵재일기』, 1536.10.8.
1424 | 『묵재일기』, 1536.10.14.
1425 | 『묵재일기』, 1536.9.28.

보유뇌공포제편람–제약도

었음은 당시 한양에서도 매약 방식이 일반적이지 않았음을 말한다.

1545년 8월 이후 유배지에서는 의약 공급 방식에 차이가 있게 되었다. 우선 1545년 후반기 기록으로는 세 가지가 보인다. 괴산의 노 억년이 상단(上丹) 한 봉지를 보냈으며,[1426] 한양의 종 귀손이 토사자(兎絲子) 한 봉지를 보내왔고,[1427] 한양의 의관 박세거(朴世擧)가 수중금환(守中金丸) 50개를 보내주었다.[1428] 이는 이문건이 냉병을 앓고 있었기 때문에 보내온 것이다.

1546년에는 모두 30개의 약 공급 기록이 보인다. 이해에도 전해와 마찬가지로 한양과 괴산에서 약이 왔다. 이문건은 이해 2월 종 수손을 서울에 보내 약물을 구해 오도록 조치했고,[1429] 한 달 후에 그가 약을 가지고 돌아왔다. 그 약에는 반총산(蟠蔥散), 청아원(靑娥元), 오금산 같은 첩약과 복령(茯苓), 연자(蓮子) 같은 단약이 포함되어 있었다.[1430] 괴산에서는 길재(吉哉)가 수중금환 15개를 보내왔고,[1431] 부인이 행인(杏仁) 한 주

1426 | 『묵재일기』, 1545.11.25.
1427 | 『묵재일기』, 1545.11.25.
1428 | 『묵재일기』, 1545.12.2.
1429 | 『묵재일기』, 1546.2.27.
1430 | 『묵재일기』, 1546.3.29. 이 중 청아원, 반총산, 오금산은 웅부(熊府)의 장인에게 얻은 것이다.
1431 | 『묵재일기』, 1546.1.20.

머니, 백랍(白鑞)과 천초(川椒) 약간을,[1432] 또 천초 약주머니와 육화탕(六和湯) 등의 약을 보내 왔다.[1433] 이런 기록은 이문건의 약장을 채우는 약의 주요 출처가 서울과 괴산이었음을 말해준다.

이 두 가지 외에 성주 관아 등 지방 관아가 또 하나의 주요 약 공급원이었다. 승지를 지낸 이문건이 늘 성주목사나 이웃 고을의 수령, 또는 경상도관찰사 등과 개인적인 친분 관계를 유지했기 때문이다. 그는 약이 필요하거나 부족할 때 성주의 목사에게 부탁했다. 첩약이나 환약의 경우에는 성주 관아에 딸린 의생이 지어 왔다. 성주 의생 서수정(徐守貞)이 보정고(補精膏)를 조제해 가지고 왔으며[1434] 오금산(五苓散) 4복을 지어 왔다.[1435] 이문건은 자신의 하혈을 다스릴 요량으로 송연묵(松烟墨)을 구했으며,[1436] 성주 관아에서 계금원(桂苓元)을 구해 얻었으며,[1437] 토사자환을 만들기 위해 필요한 토사자와 당귀를 성주목사에게 부탁해 얻었다.[1438]

그밖에 이미 친분이 있던 문경의 현감 조양필(趙良弼)은 백복령(白茯苓)과 인삼(人蔘)을 보내온 적이 있으며,[1439] 그로부터 산약(山藥)을 구하기도 했다.[1440]

주변 사람에게 약을 구하기도 했는데, 대부분이 지인이었다. 유경(柳顥)으로부터 산약을 얻었으며,[1441] 무선(戊先), 이극무(李克茂), 이은경(李殷卿), 최경약(崔景若) 등이 마늘이나 파, 생강 등을 보내왔다.[1442] 이 밖에

1432 | 『묵재일기』, 1546.1.20.
1433 | 『묵재일기』, 1546.6.18.
1434 | 『묵재일기』, 1546.1.2.
1435 | 『묵재일기』, 1546.2.28.
1436 | 『묵재일기』, 1546.3.23.
1437 | 『묵재일기』, 1546.6.17.
1438 | 『묵재일기』, 1546.9.4., 9.6.~9.7., 9.12.
1439 | 『묵재일기』, 1546.3.5., 9.12.
1440 | 『묵재일기』, 1546.9.6.
1441 | 『묵재일기』, 1546.2.3.
1442 | 『묵재일기』, 1546.4.4.~4.5., 4.25.

그의 종으로 추정되는 거을호미(巨乙乎未)와 주인집으로부터 황심(黃心)을 얻기도 했고,[1443] 성주 거주인으로부터 황심을 제공받기도 했다.[1444]

매약은 두 차례가 보이는데, 가루약(末藥)을 매입한 적이 있고,[1445] 성주 읍내에서 이중탕 2복을 구득(아마도 매입)했다.[1446]

지금까지 살폈듯, 유배지 성주에서 그의 약재는 이전에 한양에서 했던 것처럼 박귀손이 자신에게 할당된 약재 신공(身貢)을 지속했으며, 아직 처와 가족이 머물고 있는 처가(妻家) 괴산에서 왔으며, 수령과 친분을 활용하여 성주나 이웃 고을에서 가장 약이 풍부한 관아로부터 약을 공급받고, 또 그곳에 딸린 의생(醫生)의 도움을 받았다. 경우에 따라서는 성주 거주 지인으로부터 일정 정도의 약재를 공급받았으며, 흔치는 않지만 이웃으로부터 얻거나, 읍내에서 구입하기도 했다. 읍내 구입처는 아마도 사적인 수준에서 약을 파는 의생 집이었을 가능성이 높다. 이런 양상은 이후에도 지속되는 특징이다.

이문건은 몇 가지 약재나 소유하고 있었을까? 위에서 언급된 약재로는 상단(上丹), 복령(茯苓), 연자(蓮子), 행인(杏仁), 백랍(白鑞), 천초(川椒), 토사자, 당귀, 백복령(白茯苓), 인삼, 산약(山藥), 마늘, 파, 생강, 황심(黃心) 등 15가지 약재다. 또 외부에서 공급한 첩약으로는 반총산(蟠蔥散), 청아원(靑娥元), 오금산, 육화탕(六和湯), 계금원(桂苓元), 이중탕 등 6개가 있고, 고약으로는 의생이 조제해 온 보정고(補精膏), 자신이 의생을 불러 만든 토사자환이 있다. 이 밖에도 1546년도의 일기에는 박하전원, 순기원, 오미자환 등이 더 보이는데, 박하전원, 순기원, 오미자환 등은 이미 조제된 것을 가지고 있었을 것이다. 이와 달리 그는 새로운 환인 토사

1443 | 『묵재일기』, 1546.9.9.
1444 | 『묵재일기』, 1546.1.17.
1445 | 『묵재일기』, 1546.3.2.
1446 | 『묵재일기』, 1546.8.19.

자환의 직접 제조에 나섰다. 『득효방』에 실린 약재를 보면, "토사자, 굴〔牡蠣煆〕, 육종용(肉蓯蓉), 오미자, 녹용, 오징어뼈〔桑螵蛸〕, 구운 닭 오장〔炙鷄胵胵〕 등과 같아서 부족한 토사자 외의 약을 더 갖추고 있었음을 짐작할 수 있다. 이런 약들이 집 안에 놓인 그의 조그만 약장을 채웠을 것이다.

이문건의 유배생활 중 의약 공급 기사가 가장 많은 해는 1551년 32건, 그다음이 1555년 26건, 1561년 18건 등의 순이며, 나머지 해는 1년 기록이 전부 있을 때는 11건~17건의 약 공급 기사가 있다.[1447] 여기서는 일단 기록이 풍부한 1551년, 1555년, 1561년, 세 해를 집중 검토한다.

1551년의 32건 중 14건이 한양에서 보내온 약재다. 특기할 점은 이 해 4월~5월 사이에 부인의 병이 심해졌기 때문에 이문건은 서울에 약을 구하러 사람을 보냈다는 점이다. 4월 14일에 서울에서 가주 인손이 약물을 보내왔고,[1448] 4월 18일에는 여종 저비가 보낸 약재, 전효선(全孝善)이 보낸 감초, 신동지가 보낸 5종의 약재와 사서를 구입한 활석(滑石)이 도착했고,[1449] 27일에는 남백순령공(南伯順令公)이 사서 보낸 향약재 4종, 권길재(權吉哉)가 보낸 향약재 여러 종과 퇴과(退果) 한 주머니, 이문응(李文應)이 보낸 납약 4종, 김군택(金君擇)이 보낸 택사(澤瀉)와 황금(黃芩) 약간, 김제갑이 보낸 약재 여러 종이 도착했다.[1450] 이 때 많은 약재를 서울에서 구하려 했던 것은 이문건 부인의 중병 때문이었다. 물론 이 시기에 성주 의생 이형(李亨)에게서 지모(知母) 두 개를 구하고,[1451] 성

1447 | 1547년 1건, 1548년 15건, 1552년 23건, 1553년 17건, 1554년 16건, 1555년 26건, 1556년 16건, 1557년(1~4월) 9건, 1558년 13건, 1559년(2월) 1건, 1561년 18건, 1562년 17건, 1563년 12건, 1564년 12건, 1565년 11건, 1566년 17건, 1567년(1월) 3건 등이다.
1448 | 『묵재일기』, 1551.4.14.
1449 | 『묵재일기』, 1551.4.18.
1450 | 『묵재일기』, 1551.5.27.
1451 | 『묵재일기』, 1551.4.7.

주목사에게도 약재 여러 종을 구했지만,[1452] 대다수의 약을 서울에서 구한 까닭은 부인의 병 치료에 들어가는 약재가 성주에서 구하기 힘들었거나 양이 충분치 않았기 때문이었을 것이다.

이때를 제외하고는 2월에 제갑(悌甲)은 다른 해에도 그랬듯이 납약을 보내주었는데 12종이나 되었고, 9월 달에도 목향원(木香元) 7개, 황련(黃連) 2전을 보내왔다.[1453] 3월에는 서울의 여종 저질(豬叱)이 약재 한 봉지와 감초(甘草), 진피(陳皮), 복령(茯苓) 등의 약을, 신원량(申元亮)이 인삼 한 봉을 보내왔다.[1454] 성주의 판관은 약을 보내주었고,[1455] 감사도 약재 여러 종을 그에게 주었다.[1456] 이 밖에 친지가 그에게 약을 주었는데 군석이 약재 4종을,[1457] 이춘양(李春陽)이 산약(山藥) 한 상자를,[1458] 오령공(午令公)이 소합환(蘇合丸)·용뇌(龍腦) 15개, 사향(麝香) 20개를 주었고,[1459] 한개(韓玠)는 감초 약간을,[1460] 용손(龍孫)은 더덕을,[1461] 심자온(沈子溫)은 숙지황 한 봉지를,[1462] 유무회(柳無悔)는 당귀 한 봉지를 보내왔다.[1463] 주목할 점은 그가 약을 구하는 범위가 넓어져서 경주부의 자정령공(子淨令公)은 백범(白凡), 방풍(防風) 등의 약을 보내주었고,[1464] 진주의 대(大)는 녹각

1452 | 『묵재일기』, 1551.6.14.
1453 | 『묵재일기』, 1551.2.28.,
1454 | 『묵재일기』, 1551.3.2.
1455 | 『묵재일기』, 1551.1.30., 8.8., 9.23., 10.19.
1456 | 『묵재일기』, 1551.12.14.
1457 | 『묵재일기』, 1551.2.4.
1458 | 『묵재일기』, 1551.2.28.
1459 | 『묵재일기』, 1551.2.2.
1460 | 『묵재일기』, 1551.3.4.
1461 | 『묵재일기』, 1551.3.7.
1462 | 『묵재일기』, 1551.11.21.
1463 | 『묵재일기』, 1551.12.30.
1464 | 『묵재일기』, 1551.7.7.

을,[1465] 대구에서는 구하는 약재를[1466] 보내주었다는 사실이다. 이런 모습은 한양에서 친지에게 약을 구하는 방식과 비슷한데, 다른 점은 구해야 할 지역의 범위가 훨씬 넓다는 점이다. 이 시기 매약은 한 차례 보인다. 위에서 제시한 서울에서 매입한 활석 사례 하나뿐이다.

1555년의 경우, 약은 서울에서 온 것과 지방관으로부터 얻은 것 두 가지만 보인다. 1551년과 달리 이해에는 성주 주변에서 약을 얻은 사례는 전혀 보이지 않는다. 괴산의 처와 가족이 성주에 와 있었기 때문에 특별히 괴산에서 오는 약재의 존재도 보이지 않는다. 6월과 7월 초에 약 부탁과 구득 기사가 많이 보이는데, 이는 아들의 병 때문이었다.

서울에서 온 약 사례는 9건이다. 다른 해처럼 1월 초 박귀손이 약을 사서 보내주었고, 월말에는 김제갑이 보낸 납약 1종, 용뇌안신환 21알 등의 약재가 도착했다.[1467] 또한 서울 사는 친구 한수(韓脩)가 중국에서 무역해 온 약재 한 봉지를,[1468] 인척인 인종비 박대비가 3월에 용뇌안신환 70알,[1469] 8월에 안신환 40알을 보내주었다.[1470] 10월에는 종 후필이 서울에 다녀오면서 이세영의 아들이 사서 준 품질 좋은 약재와 황해감사가 보내준 약물, 숙모인 신씨가 보내준 박계(朴桂) 한 봉을 가지고 왔다.[1471] 이 밖에 성주 의생 이형(李亨)이 서울에서 사 가지고 온 약을 구입하기도 했다.[1472]

이해에도 이문건과 친분이 있는 지방 수령과 관찰사가 계속 약을 대

1465 | 『묵재일기』, 1551.12.26.
1466 | 『묵재일기』, 1551.11.20.
1467 | 『묵재일기』, 1555.1.23.
1468 | 『묵재일기』, 1555.1.28.
1469 | 『묵재일기』, 1555.3.13.
1470 | 『묵재일기』, 1555.8.16.
1471 | 『묵재일기』, 1555.10.6.
1472 | 『묵재일기』, 1555.5.13.

주었다. 이문건은 성주목사에게 죽력(竹瀝)을 부탁했으며,[1473] 이와 별도로 사또는 지보단 1환, 인삼청심환 1냥, 녹두 가루(菉豆末)와 인동초(忍冬草) 등의 약재를 주었다.[1474] 경상감사도 3월에 사향소합원 20환, 청심원 4환, 온백원 100개, 자보단 4개 등의 납약[1475]을, 9월에 향약 6종, 이중탕(理中湯)에 계(桂)를 더한 약 2복을 주었다. 감사를 수행하는 심약(審藥)도 백출(白朮)·감초(甘草)·강활(羌活)·황련(黃連) 등의 약을 주었으며,[1476] 이에 앞서 자신이 가지고 있던 사향을 이문건을 통해 길수(吉壽)의 것과 바꾸기도 했다.[1477] 인근 고을의 수령도 약재를 보내왔다. 협천의 수령 적옹영공(積翁令公)은 새로 캔 택사(澤瀉) 한 움큼[1478]과 인삼과 별도의 약 3종을 보내왔고,[1479] 상주목사인 흠중(欽仲)은 약재 7종을 보내주었다.[1480]

1561년의 양상도 비슷한데, 1월에 서울에서 귀손이 약을 가지고 왔고,[1481] 김제갑이 2월, 5월, 9월에 약을 보내왔고,[1482] 서울의 지인인 오경부영공(吳敬夫令公) 순초(順初)가 약을 주었다.[1483] 이문건은 경상감사에게 부탁해서 약재 6종을 구득했으며,[1484] 성주의 사또에게 게 웅담을 비롯한 약재를 두 차례 얻었다.[1485] 평안감사 김방실(金邦室)이 약재 4종을 보

1473 | 『묵재일기』, 1555.1.22.
1474 | 『묵재일기』, 1555.2.28., 6.11., 6.25., 9.4.
1475 | 『묵재일기』, 1555.3.8.
1476 | 『묵재일기』, 1555.3.9.
1477 | 『묵재일기』, 1555.1.21.
1478 | 『묵재일기』, 1555.6.26.
1479 | 『묵재일기』, 1555.7.2.
1480 | 『묵재일기』, 1555.6.29.
1481 | 『묵재일기』, 1555.1.19.,
1482 | 『묵재일기』, 1555.2.16., 5.25., 9.8.
1483 | 『묵재일기』, 1555.2.15., 2.16.
1484 | 『묵재일기』, 1555.2.6.
1485 | 『묵재일기』, 1555.7.2., 11.26.

내주었으며,[1486] 괴산의 수령 또한 약물을 보내주었다.[1487] 성주 지방 의생 이형(李亨)은 침향(沈香)으로 [이전에 빌려주었던 어떤 것에 대한] 값으로 받았고[償我],[1488] 위령산(威靈仙)을 취했다.[1489] 서울과 지방에서 온 두 케이스가 아닌 것으로, 이문건의 안찰(安刹)에 거주하는 보명(普明)이 산약(山藥) 한 상자를 보내온 것이 있다.[1490]

이 밖에 약재 공급과 관련해서 1556년에 주목할 한 가지 사례가 더 있는데, 그것은 서울에서 약을 가지고 와서 파는 약상(藥商)의 존재다. 성주에 약을 팔러 온 이름이 송장기(宋長己)라는 약상은 그의 아버지 귀인산(貴仁山)이 바로 내의원 약고직(內醫庫直)이 된 인물이다.[1491] 귀인산은 이문건에게 늘 약을 대주는 박귀손(朴貴孫)의 아래 직책에 있던 인물이다. 이런 관계를 보면, 박귀손 역시 약에 밝았으며, 내의원 같은 관아에 속한 인물이었을 가능성이 높다. 이문건은 송장기에게서 감초(甘草)·진피(陳皮)를 각각 3냥씩 사는 한편,[1492] 서울의 길재(吉哉), 제갑(悌甲), 현배(玄培) 등에게 편지를 내어 내의원 고직인 그의 부친에게서 약을 샀는지를 물었다.[1493]

이 밖에도 서울에서 온 매약인은 이전에도 보이는데, 1552년 이세영(李世榮)이란 자가 중국산 약 수십 종이 들어 있는 한 주머니를 보내온 적이 있다. 이문건은 가지고 온 자에게 식량 한 말을 주었다.[1494] 이자는 이듬해에 성주 관아에 들러 약을 팔았던 것 같은데, 족친의 말에 따르

──────────
1486 | 『묵재일기』, 1555.1.18.
1487 | 『묵재일기』, 1555.1.29.
1488 | 『묵재일기』, 1555.8.20.
1489 | 『묵재일기』, 1555.11.18.
1490 | 『묵재일기』, 1561.3.9.
1491 | 『묵재일기』, 1555.8.23., 8.24.
1492 | 『묵재일기』, 1555.8.20.
1493 | 『묵재일기』, 1555.9.23.
1494 | 『묵재일기』, 1552.5.7.

면 약재를 비축해 부자가 된 인물이었다.[1495] 1554년, 이문건은 이세영에게 약재를 사서 보내줄 것을 부탁했으며,[1496] 성주의 의생 이형이 그 약을 가지고 왔다.[1497] 1555년에는 서울에서 이형 역시 약상인 이세영의 아들에게서 약을 사서 이문건의 종인 후필에게 준 적이 있다.[1498] 1558년의 일기 기록에는 이세영의 아들 이인수(李仁壽)가 남쪽 지방에 약채(藥債)인 당참목(堂參木)을 받으러 다니기도 했다.[1499] 이처럼 『묵재일기』에는 서울의 약상으로서 송장기, 이세영, 그의 아들 이인수 등이 지방의 매약과 관련해 활동하고 있었음을 보여준다.

이문건은 단지 처방만 내리는 게 아니라 환약을 짓는 일 같은 복잡한 경우가 아니면 직접 약을 다뤘다. 이미 유배 이전에도 종에게 약절구를 가지고 오라고 한 적이 있으며,[1500] 솔잎을 잘라서 가루를 내는 작업을 직접 하기도 했다.[1501] 유배 이후에는 한결 그런 작업이 잦아졌고, 본격화한 모습을 보인다. 유배 초기인 1546년 기록만 본다면, 그는 산약을 직접 볶았으며,[1502] 은행 알인 행인(杏仁)을 넣은 행인탕(杏仁湯)을 손수 베어들게 하는[浸之] 일도 했다.[1503] 생강을 심기도 했고,[1504] 하수오(何首烏)를 법제하기도 하고,[1505] 대추와 꿀을 버무려 손이 갈라진 병에 쓸 약을 만들기도 하고,[1506] 산약을 절구로 찧어 가루를 만들기도 했

1495 | 『묵재일기』, 1553.3.26.
1496 | 『묵재일기』, 1554.7.8.
1497 | 『묵재일기』, 1555.7.27.
1498 | 『묵재일기』, 1555.10.6.
1499 | 『묵재일기』, 1558.4.22., 1562.2.28.
1500 | 『묵재일기』, 1536.1.2.
1501 | 『묵재일기』, 1536.9.7.
1502 | 『묵재일기』, 1546.2.3.
1503 | 『묵재일기』, 1546.3.3.
1504 | 『묵재일기』, 1546.4.8.
1505 | 『묵재일기』, 1546.9.5.
1506 | 『묵재일기』, 1546.10.22.

다.[1507] 약을 찧고, 썰고, 볶고, 좋지 못한 약을 골라내고, 달고, 첩약을 짓고, 일부 약초를 키우고, 거두는 일 등 의원이 하는 일 거의 대부분을 스스로 했다. "약물을 손으로 다스리는 일은 내 평생 맡은 일인가? 어찌 그칠 수 있겠으며 다시금 이와 같으니 껄껄 웃음이 나는구나."[1508] 라 하며 자신의 처지를 기술했다. 평생 했다는 말에서 그의 의술이 유배 이전부터 이 일을 해왔음을 알 수 있다. 어느 날은 약재를 살펴보니, 강활(羌活)이 벌레가 생겨 못 쓰게 되었고, 당귀에도 벌레가 들고, 천궁(궁궁이)도 역시 벌레가 생겼다. 꼼꼼히 살피지 않아 귀한 약재들이 이런 결과가 생겼다며 그는 씁쓸해했다.[1509] 쥐가 행인을 훔쳐 먹자 관리를 잘못했다고 여종 주덕(注德)을 때리기도 했다.[1510] 이문건은 죽기 직전까지 약재 일을 일기에 적었는데, 마지막 대목은 "남치원(南致遠)이 당약(唐藥) 3종을 보내왔고, 권길재(權吉哉) 역시 감초(甘草)와 진피(陳皮) 등의 약재를 보내왔다."고 적혀 있다.[1511] 그가 세상을 뜨기 16일 전의 일이다. 그의 약 관리는 유배 직후부터 이렇게 죽기 직전까지 끊임없이 지속되었다.

이문건이 성주에서 의원 노릇을 할 수 있던 것은 그가 임상에 필요한 의학지식을 갖췄기 때문이며, 적지 않은 약재를 구비할 수 있었던 넉넉한 경제력 덕분이었다. 게다가 그는 유배생활 중이었기 때문에 고상한 경륜을 펼칠 기회가 없었고, 자기 몸과 가족의 건강을 추슬러야 하는 처지에 있었다. 의원과 약이 부족한 외지에서 그의 의술은 지역사회에서 그의 권위를 유지시켜주는 구실을 했다.

1507 | 『묵재일기』, 1546.12.6.
1508 | 『묵재일기』, 1546.9.7. "手治藥物, 是吾平生所分之事乎; 何可已而復自如是, 可呵."
1509 | 『묵재일기』, 1556.7.23.
1510 | 『묵재일기』, 15563.10.18.
1511 | 『묵재일기』, 1567.1.30.

연구 동향

그간 조선전기의 의서에 대해서도 적지 않은 연구가 나왔다. 1996년 이후 김호는 『동의보감』이 등장하기까지 『향약집성방』에 대해 연구했고, 그것은 박사논문에 담겼다.[1512] 2001년 강연석과 안상우는 『향약집성방』에 실린 실전 향약의서의 특징을 분석했고, 이 책의 「제해문(諸咳門)」 내용을 구체적으로 분석함으로써 조선전기 향약 의학의 특징을 추출했고, 이 둘은 2005년 중국 본초서인 『경사대전본초』에 실린 향약 본초에 대해서 고찰했다.[1513] 한편 중국 학자도 『향약집성방』의 가치와 특색에 대한 자신의 견해를 제시했다.[1514]

『의방유취』에 대해서는 1999년 신순식의 연구도 있었지만,[1515] 2000년 안상우의 독보적인 연구가 빛났다. 그의 연구는 『의방유취』의 등장 배경, 편찬과 교정 작업, 학술상의 특징, 조선전기 『의방유취』의 활용, 이후 『동의보감』에 끼친 영향 등을 밝힌 사실상 『의방유취』에 관한 첫 본격적인 논문인데, 특히 일본 궁내성 소장 진본 『의방유취』를 국내 학자 중 처음으로 분석의 대상으로 썼다.[1516] 이후에도 그는 『의방유취』 추출 실전 의서의 복원과 함께 구체적인 내용에 대해서도 탐구를 계속했

1512 | 김호, 「『향약집성방』에서 『동의보감』으로」, 『한국사시민강좌』, 일조각, 1995, 16쪽; 김호, 「여말선초 '향약론'의 형성과 『향약집성방』」, 『진단학보』 87, 1999; 김호, 「허준—향약의 전통 위에 조선의학 집대성—」, 『한국사시민강좌』, 일조각, 2002, 30쪽.

1513 | 강연석·안상우, 「『鄕藥集成方』을 통해 본 朝鮮前期 鄕藥醫學」, 『한국의사학회지』 15-2, 2002; 강연석·안상우, 「『향약집성방』「諸咳門」에 나타난 조선전기 향약의학의 특징」, 『한국의사학회지』 16-1, 2003; 강연석·안상우, 「『重修政和經史證類備用本草』에 나타난 鄕藥本草에 대한 考察」, 『한국의사학회지』 17-2, 2004.

1514 | 李志庸·曹云, 「略述『乡药集成方』价值与特色」, 『한국의사학회지』 20-2, 2007.

1515 | 신순식, 「『의방유취』의 편찬인물」, 『의사학』 8-2, 1999.

1516 | 안상우, 「『의방유취』에 대한 의사학적 연구」, 경희대대학원 박사논문, 2000.

다.[1517] 2007년 중국 학자의 『의방유취』에 대한 평가도 있었다.[1518] 『의방유취』의 분과학에 관한 연구들도 여럿 나왔다.[1519]

한국의학사 연구에서 미지의 영역이었던 『의림촬요』 연구는 김홍균이 열어젖혔다. 그는 2000년 박사논문으로 『의림촬요』의 저자, 판본, 구성, 인용문헌을 검토했으며, 그것이 이전 의서인 『향약집성방』과 어떤 점에서 같고 다른지 밝혔는데, 그의 연구를 통해 『동의보감』의 성격이 더욱 분명해지는 수확도 있었다.[1520] 이 밖에 안상우는 『의림촬요』의 주요 판본과 국제 교류에 대해 살폈고,[1521] 차웅석, 김남일 등은 『의림촬요』의 구체적인 내용 분석을 통해 중국 의서와 이 책의 다른 점, 이 책만의 성취 등을 밝혔다.[1522] 그 외에 2004년 김호종은 17세기 전후 대표적인 유의인 유성룡의 의학에 대해 살폈다.[1523]

1517 | 안상우·최한수, 「『醫方類聚』 치법편의 구성과 특징」, 『한국의사학회지』 14-1, 2001; 안상우, 「『醫方類聚』의 編纂과 朝鮮前期 醫書」, 『한국의사학회지』 14-2, 2001; 김대형·안상우, 「『의방유취』에 인용된 '오장육부도'의 저자와 편제에 대한 고찰」, 『한국의사학회지』 16-1, 2003.

1518 | 盛增秀, 「试论『医方类聚』的編纂特点」, 『한국의사학회지』 20-2, 2007; 盛增秀, 「中韩日朝传统医学交流中的丰硕成果—写在『医方类聚』及中韩传统医学文献研究研讨会即将召开之际」, 『한국의사학회지』 20-2, 2007.

1519 | 조선영·차웅석·김남일, 「朝鮮 前·中期의 消渴 인식에 관한 연구—『醫方類聚』 및 『東醫寶鑑』을 중심으로—」, 『한국의사학회지』 18-2, 2005; 이가은·안상우, 「『醫方類聚』에 인용된 『保童秘要』의 本草 고찰을 통해 본 朝鮮 前期 小兒醫學」, 『한국의사학회지』 20-1, 2007; 김영곤·안상우·김남일, 「『醫方類聚』에 인용된 『理傷續斷方』의 서지연구」, 『한국의사학회지』 20-1, 2007; 王英·江凌圳, 「『医方类聚』对中医方剂学的贡献」, 『한국의사학회지』 20-2, 2007; 竹剑平, 「试论『医方类聚』采辑养生文献的特色和价值」, 『한국의사학회지』 20-2, 2007.

1520 | 김홍균, 「『의림촬요』와 『동의보감』의 비교연구」, 『한국의사학회지』 13-1, 2000; 김홍균, 「『의림촬요』의 『脇痛門』에 關한 小考」, 『한국의사학회지』 13-2, 2000; 김홍균, 「『醫林撮要』의 『歷代醫學姓氏』에 대하여」, 『한국의사학회지』 13-2, 2000; 김홍균, 「의림촬요의 의사학적 연구: 저자·판본·구성·인용문헌을 중심으로」, 경희대 박사논문, 2000; 김홍균, 「『鄕藥集成方』과 『醫林撮要』의 比較考察」, 『한국의사학회지』 14-2, 2001.

1521 | 안상우, 「『醫林撮要』의 주요판본과 고대의학교류」, 『한국의사학회지』 17-2, 2004.

1522 | 조선영·차웅석·김남일·유원준, 「『醫林撮要—三消門』의 의학적 성취」, 『한국의사학회지』 19-1, 2006; 김헌·김남일, 「'否' 卦의 활용을 중심으로 본 『醫林撮要』 속의 易學思想—『醫學正傳』과의 비교를 중심으로」, 『한국의사학회지』 21-1, 2008.

1523 | 김호종, 「서애 유성룡의 의약 분야에 대한 인식」, 『역사교육론집』 33, 2004.

이 시기 중국과 조선의 의학 교류에 관한 연구가 몇 편 나왔다. 양영준·안상우는 유명한 명대 의서인 공정현의 『만병회춘』의 조선판 『증보만병회춘』의 내용과 체제에 대해 연구했고,[1524] 양영선은 조선 의서 『의림촬요』의 내용에 나타난 중국과 조선의학의 교류를 다뤘다.[1525]

조선의 독특한 외과술을 담고 있는 임언국의 『치종지남』에 대한 본격적인 연구도 나왔다. 1996년 신좌섭 등은 일본에 남아 있는 『치종지남』을 중심으로 조선시대 치종학 전반을 분석했고, 2001년 이규근은 조선중기 치종술에 대해 다뤘다.[1526] 2007년 서지연·김남일은 임언국의 외과이론이 후대에 미친 영향을 전반적으로 검토했고,[1527] 박상영·안상우는 『치종지남』의 여러 판본을 통해 그것의 전승 관계를 따졌다.[1528]

구급의학에 대한 여러 연구가 있었다. 1967년 이영택의 구급간이방 연구[1529] 이래 한동안 연구가 없다가, 앞에서 언급했듯 1999년 신동원이 허준의 『언해구급방』에 대해 분석했고, 2003년 이상원 등이 재차 한의학적 입장에서 『언해구급방』에 대해 살폈고,[1530] 정순덕 또한 한의학의 입장에서 『구급방』 전반을 고찰했다.[1531]

법의학에 관한 연구는 1956년 이영택의 조선 전반의 법의학에 대한

1524 | 양영준·안상우, 「朝鮮醫書 『增補萬病回春』에 대한 研究」, 『한국의사학회지』 19-2, 2006.

1525 | 梁永宣, 「朝鮮 『医林撮要』及其所載中朝医学交流史料的研究」, 『한국의사학회지』 20-2, 2007.

1526 | 신좌섭·기창덕·황상익, 「조선시대 치종학에 관하여: 그 발전배경과 치종전문서의 내용 분석(1)」, 『의사학』 6-2, 1996; 신좌섭·기창덕·황상익, 「조선시대 치종학에 관하여: 그 발전배경과 치종전문서의 내용 분석(2)」, 『의사학』 7-1, 1998; 이규근, 「조선중기 治腫術의 발달」, 『장서각』 6, 2001.

1527 | 서지연·김남일, 「任彦國의 의론이 후대에 미친 영향―『治腫秘方』과 『醫林撮要』 『東醫寶鑑』 『田園必考』 『鍼灸經驗方』 『宜彙』 『治腫方』 『鍼灸集成』을 중심으로」, 『한국의사학회지』 20-2, 2007.

1528 | 박상영·안상우, 「『治腫指南』의 여러 판본을 통해 살펴본 傳存 경위 연구」, 『한국의사학회지』 21-1, 2008.

1529 | 이영택, 「우리나라의 구급치료에 관한 연구: 특히 신찬 구급간이방을 중심으로」, 『서울醫大雜誌』 8-4, 1967.

1530 | 이상원·차웅석·김남일, 「허준의 『諺解救急方』에 관한 研究」, 『한국의사학회지』 16-2, 2003.

1531 | 정순덕·김남일·차웅석, 「의사학적으로 살펴본 『救急方』」, 『한국의사학회지』 21-2, 2008.

고찰이 있었으며, 1996년 법의학자 문국진의『무원록의 세계』에 대한 번역본이 나왔다.[1532] 2002년 김호는 조선 초『신주무원록』의 간행과 검시 절차에 대해 연구했고, 계속해서 조선후기의 법의학에 대해 연구했다.[1533]

양생법에 관한 연구는 의학사 연구자의 연구도 있었지만, 도교 연구자, 체육학 연구자 등의 연구도 많았다.『동의보감』의 도교적 성격을 밝히기 위한 노력과 연관되어 도교 양생술에 대한 연구가 여럿 있었다. 1990년 손찬식은『동의보감』공동 편찬자의 1인인 정작의 형이자『동의보감』에도 인용되어 있는 '정북창방'의 저자인 정렴의 내단사상의 정·기·신론에 대해 고찰했고,[1534] 1992년 윤창렬은 한의학과 연관된 도교의학에 대해서 고찰했다.[1535] 김낙필은 1996년 조선시대 정·기·신론의 전개 과정을, 2003년에는 정렴의 내단사상을 깊이 연구했고, 2005년에는 권극중의 내단(內丹) 사상서인『주역참동계주해』의 내용을 분석했다.[1536] 한편 손홍렬은 이황이 손수 베낀 명대의 양생 의서인『활인심방』을 중심으로 조선시대 선비의 양생관을 고찰했다.[1537] 2005년 김성수는 16~17세기 양생서 편찬의 배경을 탐구했고, 이 시기를 대표하는 저작인 정유인의『이생록』의 내용을 분석했다.[1538]

이 시기 수의학에 대해서는『신찬집성마의방』의 전체 내용을 독어로 번역하고, 그 내용을 분석한 천명순의 박사논문이 있다.[1539]

1532 | 문국진, 『고금무원록』, 고려의학, 1996.
1533 | 김호, 「『신주무원록』과 조선전기의 검시」, 『법사학연구』 27, 2003.
1534 | 손찬식, 「북창 정염 연구—생애와 사상을 중심으로—」, 『어문논집』 29, 1990.
1535 | 윤창렬, 「도교의학에 관한 연구—한의학과 연관된 부분을 중심으로—」, 『대한원전의사학회지』 6, 1992.
1536 | 김낙필, 「조선시대 도교 정·기·신론의 전개 양상」, 『도교의 한국적 변용』, 아세아문화사, 1996; 김낙필, 「북창 정렴의 내단사상」, 『도교문화연구』 19, 2003; 김낙필, 『조선시대의 내단사상—권극중의 도교철학적 사유와 그 전개』, 대원출판, 2005.
1537 | 손홍렬, 「조선시대 선비의 양생관과 퇴계 『활인심방』」, 『백산학보』 70, 2004.
1538 | 김성수, 「16~17세기 양생서 편찬과 그 배경」, 『한국사상사학』 24, 2005; 김성수, 「정유인의 『이생록』 연구」, 『경희사학』 24, 2006.
1539 | Myung Sun Chun, 新編集成馬醫方, Doctoral Dissertaion (Ludwig-Maximilians-Universität München, 2003).

X. 지방과 서울의 의원(醫員)들

『묵재일기』는 16세기 중반 지방의 의생(醫生)이 어떤 존재였고, 어떤 일을 했는지 구체적으로 알려주는 유일한 사료다. 이 일기에는 이문건이 유배생활을 한 성주목에서 실제 활동하는 의생이 여러 명 보인다. 일기에 등장하는 기간을 적으면 다음과 같다.

조평석(趙平夕): 1545.12.11.(한 차례)

배명장(裵命長): 1545.11.30.~1562.2.22.

서수정(徐守貞): 1546.1.2.~1551.8.2.

이형(李亨): 1551.4.7.~1566.5.27.

박인형(朴仁兄): 1553.5.7.~1561.윤5.20

이숙(李淑): 1561.7.24.~1563.11.3.

이윤(李潤): 1562.4.30.~1566.5.22.

이들은 성주목 관아에 소속되어 있을 때는 의생(醫生)이라는 명칭으로 불렸던 것 같다. 『묵재일기』에서 조평석은 1545년 11월 단 한 차례 상경하는 기록만 보이므로,[1540] 이 무렵 후로 의생의 일을 떠났던 것 같다. 배명장은 16년 3개월 동안 존재가 확인되지만, 그가 관아에서 제약을 한 기록은 1552년 2월이 마지막이고 나머지는 공적인 일을 수행했던 것 같지는 않다. 이형도 1566년 5월 말까지 일기에 등장하기는 하지만, 그가 공적인 일을 수행하는 모습은 1563년 10월까지만 보인다.[1541] 의생 박인형이 1561년 윤5월 20일에 사망했는데, 그 직후부터 의생 이숙(李淑)의 이름이 보인다. 박인형 대신에 이숙이 새로 의생 일을 시작한 것으로 짐작된다. 이런 점을 고려할 때, 성주 관아에서 동시에 의생 일을 했던 사람은 대체로 2인이었던 것 같다. 간혹 세 사람이 겹치는 기간이 있어도 한두 달 짧은 기간에 불과하다. 그러므로 이문건이 유배지에 처음 도착했을 때는 조평석과 배명장이 의생 노릇을 했고, 조평석이 물러난 자리는 서수정이 잇고, 배명장과 서수정이 물러난 자리는 이형과 박인형이 계승하고, 박인형 사후에는 이숙이 잇고, 물러난 이형 자리는 이윤이 계승하는 식이다. 이름으로 보건대 이형, 이숙, 이윤은 서로 같은 집안의 관련 있는 인물이었을 개연성이 높다.

이들이 어떤 일을 했는지는 대략 파악이 가능하다. 이문건의 일기는 당연히 자신과 연관된 점에서 이들의 활동을 적고 있다. 여기서는 한 차례밖에 기록이 없는 조평석을 제외한 나머지의 활동을 인물별로 살핀다.

의생 배명장의 진료기록은 두 차례 보이는데, 모두 외과적 처지와 관련된 부분이다. 이문건이 자신이 돌보는 사찰의 승려 지일(智一)의 인후병에 의생을 요청하자 그가 가서 병을 돌봤고,[1542] 이문건의 여종 분비

1540 | 『묵재일기』, 1545.12.11.
1541 | 『묵재일기』, 1563.10.27.
1542 | 『묵재일기』, 1548.5.26.

중국의약—떠돌이 의사의 침뜸

의 창종(瘡腫)을 치료하러 와서 침을 놓아 독기를 빼내었다.[1543] 약과 음식과 관련해서는 그가 와서 청근(菁根)과 생밤,[1544] 당귀,[1545] 은구어(銀口魚),[1546] 감초 약간,[1547] 인삼과 진피(陳皮)[1548] 등을 바쳤다. 이렇게 약재와 식품을 바친 것은 그가 의생 이전에 이 문건 집안에 경제적으로 연관되어 공물을 바치는 존재였기 때문이다. 단, 그가 진료를 행한 것은 목사의 승인 아래 이루어졌다. 그렇기에 지방 거류민의 진료 요청을 받아들인 수령의 지시를 따라 진료에 나서는 것이 의생의 주요 업무 중 하나였음을 짐작할 수 있다. 사또의 명을 받아 서울에 가서 약재를 사 오는 것이 그의 또 다른 업무였다.[1549] 관찰사가 있는 진주감영에 가서 사또의 납약을 제조하거나 구해 오는 일도 맡았고,[1550] 인근 지역인 함양에 가서 수령 부인의 병세를 알아 오는 일도 많았다.[1551]

의생 서수정은 침놓는 진료 1건 외에는 모두 제약(製藥)과 관련된 일

1543 | 『묵재일기』, 1551.8.3.
1544 | 『묵재일기』, 1548.1.6.
1545 | 『묵재일기』, 1548.4.2.
1546 | 『묵재일기』, 1551.7.25.
1547 | 『묵재일기』, 1552.1.20.
1548 | 『묵재일기』, 1552.2.9.
1549 | 『묵재일기』, 1551.20.
1550 | 『묵재일기』, 1552.2.10., 2.24.
1551 | 『묵재일기』, 1554.11.25.

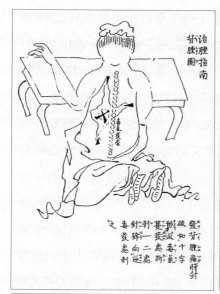

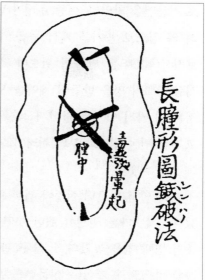

**침의의 종기 치료: 치종지남의 배종도(상좌), 이농종형도침파법(상우),
복부하침도(하좌), 배수자침도(하우)**

451

로 이문건을 찾았다. 여종 춘비가 턱 부위에 종기가 생겼을 때 그가 불려 와 침으로 종기를 째서 독을 빼냈다.[1552] 서수정은 이문건이 부탁한 보정고(補精膏)를 만들어 왔으며,[1553] 오금산(五苓散) 4복을 지어왔으며, 시랑(侍郎)의 명을 받들어 제약을 도우러 오기도 했다.[1554] 불려 온 서수정은 세 가지 약재를 달아서 쇠절구로 찧어 가루로 만들어 합제를 하고, 이튿날 아침(巳時)부터 저녁(戌時)까지 약탕기에 넣어 끓여서 고약 고는 일을 마쳤다.[1555]

여러 의생 가운데 이형에 관한 행적이 『묵재일기』에 가장 많이 남아 있다. 그는 다른 의생이 했던 것처럼 이문건이 여종 춘비의 입술에 난 종기 병에 침을 놓았다.[1556] 물론 관에 요청한 진료를 사또가 받아들여 그의 명으로 온 것이다. 이문건은 별감 최우(崔祐)의 약 조제를 이형에게 부탁했는데, 그는 약 이출탕(二朮湯) 3복 거리를 만들어 가지고 왔으며, 약값으로 쌀 1말을 받았다.[1557]

이형은 역시 다른 의생이 했던 것처럼 서울에 가서 약을 사 가지고 왔다. 1554년 7월 1일, 이문건은 쌀을 진상하러 서울로 올라가는 그에게 약값 네 필과 부채 다섯 개를 주면서 서울의 이세영에게서 약재를 사 오라고 부탁했다. 이형에게는 수고비로 부채 하나, 쌀 세 되, 감장(甘醬) 한 사발을 주었다. 그는 7월 26일에 서울로부터 돌아왔으며 이세영에게서 산 약을 주었는데 단, 강활은 구하지 못했다.[1558] 그는 이듬해 5월에도 서울에 갔고, 이때도 이문건은 그에게 약을 구해달라고 부탁했

1552 | 『묵재일기』, 1551.8.2.
1553 | 『묵재일기』, 1546.1.2., 1.5., 3.6.
1554 | 『묵재일기』, 1546.3.6.
1555 | 『묵재일기』, 1546.3.5., 3.6.
1556 | 『묵재일기』, 1551.7.18., 8.2.
1557 | 『묵재일기』, 1552.10.6., 10.8.
1558 | 『묵재일기』, 1554.7.1., 1555.5.13.

감로탱-의원진료

다.[1559] 의생 이형이 서울에 갈 때 이문건의 약만 사 가지고 오지는 않았을 것이고, 관아에서 소요되는 것과 여러 청탁자가 부탁한 약, 자신이 팔약을 한꺼번에 구입해 돌아왔을 것이다. 의생이 구해 오는 약재는 앞에서 본 것처럼 서울의 약상이 가져오는 약재, 각 집에서 개별적으로 서울에서 구해 오는 약재와 함께 지방에서 약재를 갖추는 핵심 통로였을 것이다.

의생 이형은 성주에서 이문건에게 약재를 대는 일을 자주 했다. 성주목사가 사향소합환 열 개, 청심원 세 알을 주고,[1560] 이문건이 관에 부탁해서 사또의 명으로 약을 가지고 온 경우,[1561] 안동 판관이 준 약을 전달해준 경우[1562]도 보이지만, 대부분은 의생의 개인적인 차원의 일로서 이문건에게 약재를 제공했다. 그는 1551년 지모(知母)를 놓고 간 이후,[1563] 위

1559 | 『묵재일기』, 1555.5.13.
1560 | 『묵재일기』, 1565.2.2.
1561 | 『묵재일기』, 1551.6.14.
1562 | 『묵재일기』, 1557.2.6.
1563 | 『묵재일기』, 1551.4.7.

령선(咸靈仙), [1564] 시호(柴胡)와 건갈(乾葛), [1565] 청심환과 소합환, [1566] 향약재 5~6종, [1567] 인삼, [1568] 당귀 석 냥 남짓, [1569] 오미자(五味子)·토사자(兎絲子)·행인(杏仁) 등, [1570] 순기산, [1571] 당귀 세 묶음, [1572] 감초와 생지황, [1573] 약재 6종, [1574] 소합환 90·청심환 4개, [1575] 백작약 [1576] 등을 이문건에게 주었으며, 마지막 기록으로는 1565년 백출과 당귀 [1577] 를 놓고 온 것이 보인다. 이에 대해 이문건은 술을 대접하기도 했으며, [1578] 소금 한 되를 주기도 했다. [1579] 또한 이형은 그에게 와서 자신의 지위에 관한 청탁을 하고 있다. [1580] 거꾸로 이형이 이문건에게 약을 가져가기도 했는데, 그는 우황(牛黃) 1전 반과 파두(巴豆)를 빌려 갔으며, [1581] 택사(澤瀉)를 구해 가기도 했다. [1582] 이 밖에 이문건은 서울에서 온 권적(權適)이 상한발열로 오래 고생하자 소시호탕(小柴胡湯加大黃)을 그에게 사도록 한 적이 있고, [1583] 대구 사는 사람이 구하는 소시호탕과 사군자탕도 의생 이형에게 사도록 했다. [1584]

1564 | 『묵재일기』, 1561.11.18.
1565 | 『묵재일기』, 1562.2.3.
1566 | 『묵재일기』, 1562.2.5.
1567 | 『묵재일기』, 1562.3.4.
1568 | 『묵재일기』, 1562.8.26.
1569 | 『묵재일기』, 1562.10.2.
1570 | 『묵재일기』, 1563.10.25.
1571 | 『묵재일기』, 1563.10.27.
1572 | 『묵재일기』, 1563.11.4.
1573 | 『묵재일기』, 1563.12.17.
1574 | 『묵재일기』, 1564.1.23.
1575 | 『묵재일기』, 1565.2.2.
1576 | 『묵재일기』, 1565.3.11.
1577 | 『묵재일기』, 1565.5.27.
1578 | 『묵재일기』, 1562.10.2., 1563.11.4., 11.17.
1579 | 『묵재일기』, 1563.10.25.
1580 | 『묵재일기』, 1558.12.12.
1581 | 『묵재일기』, 1562.1.9.
1582 | 『묵재일기』, 1563.9.12.
1583 | 『묵재일기』, 1562.1.9.
1584 | 『묵재일기』, 1562.4.12.

성주 관아에는 의원(醫院), 즉 약방이 딸려 있었던 것 같다. 이문건의 일기에는 "성주의 수령이 말을 보내 맞이해서 들어가 진찰했는데, 밤마다 열이 나고 잘 먹지 못한다고 했다. 그와 더불어 바둑을 두었다.……나는 의원(醫院)에 숙소를 정하고 싶었는데……"[1585]라는 구절로 미루어 관아 안에 의원이 있었던 것으로 추정된다. 이곳은 의생이 근무하는 곳으로, 사람들에게 약을 주거나 파는 일도 담당했을 것이다. 이문건에게 온 많은 약재의 출처가 이곳이었을 것이다. 이문건은 윤대승(尹大升)이 와서 약을 묻자, 방문을 주면서 의원(醫院)으로 돌아가 〔약을 구할 것〕을 권하는 대목이 일기에 남아 있다.[1586]

때때로 의생 이형은 성주목사와 가족의 병 때 명령을 받아 이문건에게서 처방을 구해 얻어 갔다. 1553년 목사의 아내가 각궁반장(角弓反張)의 병을 앓았는데 이문건에게 처방을 묻자 이문건은 육즙(肉汁) 처방을 내렸으며,[1587] 1558년 사또의 어지럼증에 대한 약을 물어 오자 청심환과 소합환 처방과 함께 의서를 뒤져 이진탕(二陳湯)에 시호(柴胡)·승마(升麻)·방풍(防風)을 더해 담을 다스리라는 처방을 내렸다.[1588] 1561년 목사 황준량의 병 때 십신탕(十神湯) 처방을 내렸으며,[1589] 1562년 4월 사또의 병에는 보중익기탕 처방을 내렸고,[1590] 7월 학질에도 그에게 처방을 물어 왔고,[1591] 1563년 사또의 옆구리 병에도 의생 이형을 보내 처방을 물어 왔다.[1592] 이런 사례로 보건대, 이문건의 의학적 수준이 시골 의생보다 한

1585 | 『묵재일기』, 1546.10.2.
1586 | 『묵재일기』, 1555.8.9.
1587 | 『묵재일기』, 1553.4.9.
1588 | 『묵재일기』, 1558.3.7.
1589 | 『묵재일기』, 1561.6.26.
1590 | 『묵재일기』, 1562.4.5.
1591 | 『묵재일기』, 1562.7.1.
1592 | 『묵재일기』, 1563.10.27.

결 높게 평가받았음을 알 수 있다. 앞에서도 봤듯, 이문건은 침을 놓거나 종기를 째는 진료에만 의생을 활용했다. 그렇다고 의생들이 처방을 안 했던 것은 아니다. 그들은 전문적인 약의 조제를 담당할 정도의 의학적 식견을 갖추고 있었다.

다른 의생의 기록은 짧은 편이다. 의생 박인형의 경우에도 목사의 허락을 받아 이문건 집에 와서 침을 놓았으며,[1593] 약을 가지고 와 팔았으며,[1594] 이문건이 다른 사람에게 부탁 받은 약제를 지어주었다.[1595] 서울에 간 기록은 보이지 않는다. 의생 이숙도 이문건이 목사의 허락을 받아 집에 와서 뜸을 뜨거나 침을 놓았고,[1596] 약제를 지어다 주고,[1597] 환약을 만들기도 했다.[1598] 의생 이윤도 침을 놓았으며,[1599] 손자 숙길의 증상을 진찰하기도 했다.[1600] 그는 이문건에게서 『난경』과 『본초』 같은 의서를 빌렸다.[1601] 학습 겸 참고용이었을 것이다.

지방 관아에는 의생(醫生)보다 낮은 존재로 약간(藥干)이 있었다. 이문건은 약간에게서 약을 빌리기도 했고,[1602] 성주목사에게 약간 네 명을 빌리는 허락을 받아 나무와 잡재(雜材)를 채취하기도 했다.[1603] 약간이 하는 일은 〔아마도 의생의 지휘를 받아〕 약을 채취하고 관리하는 일이었음이라 짐작되나 정수(定數)는 밝혀져 있지 않다.

누가 의생이 되었는가? 의생은 일종의 촌민에게 할당된 일종의 직

1593 | 『묵재일기』, 1558.6.7.
1594 | 『묵재일기』, 1553.5.7., 1561.1.25., 2.27.
1595 | 『묵재일기』, 1559.3.17., 1561.1.24., 2.10.
1596 | 『묵재일기』, 1561.7.24., 1561.12.20., 1562.3.1., 1563.7.16., 9.17., 11.3.
1597 | 『묵재일기』, 1561.12.2.
1598 | 『묵재일기』, 1561.12.3.
1599 | 『묵재일기』, 1562.4.27., 4.30., 6.28.
1600 | 『묵재일기』, 1566.5.22.
1601 | 『묵재일기』, 1562.8.11.
1602 | 『묵재일기』, 1554.9.5.
1603 | 『묵재일기』, 1562.2.12.

역(職役) 형태를 띠었다. 지방에 의생을 둔 전통은 매우 오래되어서 고려 초에도 조선시대의 의생과 비슷한 제도가 보인다.[1604] 지방민의 구료를 위한 제도였다. 조선에서도 1429년(세종 17년) 고을의 의생과 무격(巫覡)으로 하여금 각 고을의 민호의 병을 맡도록 했다.[1605] 각 고을의 평민들은 직역이 할당되었는데, 의생도 그중 하나였다. 『경국대전』(성종 15년, 1484년)에 따르면, 지방의 각 도호부, 목, 군·현에는 수령의 건강을 책임지는 약방이 설치되어 있었으며, 의학을 학습하는 생도가 딸려 있었다. 각 지방 관아에서 의학은 유학, 한학(중국어), 율학, 여진학, 왜학 따위와 함께 설치되어 있었으며, 유학·율학과 함께 꼭 갖춰야 할 학문 분야로 규정되었다. 『경국대전』 이후 조선의 법령에서는 지방 관아에 딸린 의생 수를 각 지역의 규모에 따라 규정했다.[1606] 부(府)에는 16인, 대도호부와 목(牧)에는 14인, 도호부는 12인, 군에는 10인, 현에는 8인을 두도록 규정했다. 이런 규정과 달리 성주읍의 예로 보면, 원래 의생이 14인이 있어야 하지만 2인이 상시 활동을 했다. 의생이 되기 위해 학습하는 생도까지 염두에 둔다면, 이에 몇 명 더 추가될 것이다. 지방 관아가 이 규정을 엄격히 지켰는지는 불분명하다. 1590년 평양의 경우, 평양감영에는 총 34명의 의생이 등록되어 있었다.[1607]

[1604] 『고려사절요』 제2권, 성종 문의대왕(成宗 文懿大王), 기축 8년(989년), 송 단공 2년·거란 통화 7년.

[1605] 『조선왕조실록』, 세종 11년 기유(1429년, 선덕 4년), 4월 18일(계사).

[1606] 『大典會通』, "禮典", 生徒. 여기에 딸린 의생은 의학을 학습하는 생도인 동시에 지방의 의술을 책임지는 하급 의원이라고 할 수 있다. 정식 관직을 받은 것은 아니었지만 이들은 관에 소속되어 있으면서 관아와 관아 주변, 더 나아가 그 고을의 의료를 책임졌다. 규정대로 다 채워져 있다고 했을 때, 각 지방의 의생 수는 총 3,286명으로 경기도 350명, 충청도 488명, 경상도 688명, 전라도 534명, 황해도 234명, 강원도 260명, 함경도 296명, 평안도 436명 등이다. (각 지역 정보는 조선후기 기록인 『대전회통』 "외관직"에 따랐다.)

[1607] 평양에서는 중앙에서 파견되는 심약이 머무는 곳인 심약당(審藥堂)과 평양 거주민에 대한 의약 제공을 담당했을 것으로 추측되는 전매국(典賣局)이 딸려 있었다. 여기의 34명은 『경국대전』에서 규정한 16인의 의생(醫生) 수 2배를 웃도는 것이다.(『平壤志』 1, 公署 [이수건, 『조선시대 지방행정사』, 민음사, 1989, 231쪽에서 재인용]). 평양과 달리 1678~1786년 경상도 단성현의 경우는 규정된 의생 수보다 실제 의생 수가 훨씬 적었다. 규정대로 한다면 이곳에는 8명의 의생이 있어야 하나, 실제 호적대장에 적힌 수치는 1678년 3명, 1717의 1명에 불과했

이들이 누구에게 의술을 배웠는지의 여부는 불분명하다. 이문건이 이들에게 책을 빌려주었어도 의학을 가르치지는 않았다. 1469년(예종 1년)에는 양성지가 상소를 올렸는데, 그 가운데 다음과 같은 내용이 포함되어 있었다.

신이 보건대, 신민(臣民)이 임금[輦轂]의 밑에 있으면서, 의사(醫師)가 있어 그 약(藥)을 맡고 의원(醫員)이 있어 그 병(病)을 진단하니, 진실로 사람마다의 큰 행복입니다. 외방의 각 관에 이르러서는 비록 의생(醫生)이 있다 하더라도 다만 그 수를 채울 뿐이고, 비록 심약(審藥)이 있다 하더라도 어찌 사람마다 구제받을 수 있겠습니까? 빈궁한 마을의 백성들이 뜻밖에 질병에 걸리면 심하게 괴로워하는 상황을 귀와 눈으로는 차마 보고 듣지 못할 것입니다. 신이 보건대, 율학(律學)의 생도(生徒)는 매 주(州)마다 1인씩 맡아서 취(取)하니, 빌건대 이 예에 의하여 매 현(縣)에서 1인, 군(郡)에서 2인, 도호부(都護府) 이상에서 3인씩을 취하여 전의감(典醫監)에 소속시켜서, 1년이나 3년간 의서(醫書)를 강독(講讀)하고 의사(醫事)를 학습하게 하여, 각기 산관(散官)을 제수하여서 임시로 그 맡은 일을 알게 하고, 『향약집성방(鄉藥集成方)』 등을 주어 이루게 하소서. 그리고 전조(前朝) 의사(醫師)의 예에 의거하여 아무 관[某官] 심약(審藥)이라고 칭하고, 특별히 그 집의 요역(徭役)을 감면하며, 향약(鄉藥)을 사용하여 한 고을의 백성을 구하여 그 성과가 있는 자는 그 자급을 더하고, 감사(監司)로 하여금 포폄(褒貶)하

다. 1750년과 1786년에는 아예 1명도 없다. 물론 의생과 관련된 의생보(醫生保)가 1717년에 9명(1명은 사노의생보임), 1750년에 2명, 1786년에 1명이 있는 것으로 보아 의생 관련 사항이 전무하지는 않았다.(이준구, "시기별 호주의 신분·직역 일람", 『조선후기 신분직역변동연구』, 일조각, 1997, 261~274쪽). 하지만 이 시기 의생과 의생보의 관계가 어떠했는지 정확한 실상을 알지 못한다. 1914년도 통계를 보면, 평양은 등록 의생 수가 114명이었고, 단성은 0명이었다. 이런 수치는 대체로 대도시에 의원이 집중하고 벽촌의 경우 의원이 없게 된 이전의 상황을 반영하는 것이라 본다.

게 하며, 3년 만에 체대(遞代)하게 하소서. 이와 같이 하면 왕정(王政)은 이에 막대해져서 인수(仁壽)의 강역(疆域)에 사는 이 백성들을 구제할 수 있을 것입니다.[1608]

여기에는 의생의 교육이 지방의 규모에 따라 수 명을 뽑아 서울의 전의감에 보내고 그곳에서 가르치도록 하는 방식이 언급되어 있다. 그런데 이런 방식이 당장 채택되었던 것 같지는 않다. 1490년(성종 21년)에서야 이런 방식이 채택되었던 것 같다. 성종이 스스로 "여러 도(道) 여러 고을로 하여금 연소(年少)하고 글을 이해하는 자 약간 명을 뽑아서 경중(京中)의 의사(醫司)에 보내어 의술(醫術)을 배우도록 하고, 그 학업(學業)이 이루어지기를 기다려 본 고을로 돌려보내어서 그 의술을 전(傳)하게 한다면, 외방에도 의술에 정통(精通)한 자가 있게 될 것으로 여겨진다."[1609]며 이 방법의 시행을 명하고 있다. 광해군 때(1612년)의 기록을 보면, "외방(外方)의 의생(醫生)은 이름만 배속해놓고서 모두 외방에 있으면서 학업을 하지 않기 때문에 재주를 이룬 자가 한 명도 없습니다."[1610]고 하는 것을 보면, 임진왜란 이후에는 이런 방식이 유명무실해져 있음을 짐작할 수 있다.

지방민의 구료와 함께 의생의 주요 업무는, 약을 캐는 약부(藥夫)와 함께 그 지방에 나는 각종의 약재를 철따라 채취하고 관련 지식을 서로 전수, 학습하기 위해서였다. 이들은 중앙 의사(醫司)에 올리는 공물과 각 영(營)의 공물 수요를 담당했다.[1611] 물론 이들이 모두 진상용 약재를 마련하는 것은 아니었으며, 지방민에게 의무적으로 할당된 약재를 들이

1608 | 『조선왕조실록』, 예종 1년 기축(1469년, 성화 5년) 6월 29일(신사).
1609 | 『조선왕조실록』, 성종 21년 경술(1490년, 홍치 3년) 3월 10일(임술).
1610 | 『조선왕조실록』, 광해군 4년 임자(1612년, 만력 40년) 10월 6일(병인).
1611 | 『조선왕조실록』, 인조 4년 병인(1626년, 천계 6년) 윤6월 6일(병오).

고 감별하고 감독하는 일을 같이 했을 것이다. 이문건의 일기에도 자주 등장하는 황준량(黃俊良, 1517~1563년)이 충청도 단양군수로 있을 때 그 지방의 의약재 진상의 문제를 해결해달라는 상소를 올렸는데, 거기에는 "약 이름도 모르는 무지한 촌백성들에게 생판으로 판출하여 내게 하므로 포목을 가지고 가서 사게 되니 하소연할 데 없는 불쌍한 백성들이 감내할 일이 아닙니다. 그중에서도 가장 어려운 것은 웅담(熊膽)과 사향(麝香), 백급(白芨)과 인삼(人蔘), 복령(茯苓)과 지황(地黃)입니다. 1백 필의 포목을 가지고도 이 약재 한 가지를 준비하기가 어려운 데다가 거기에는 모두 인정물(人情物)까지 있으므로 힘이 미치지 못하는 실정입니다. 그리고 아울러 배정된 우황(牛黃)은 백성들이 내게 되니……"[1612]라 하여 촌민에게 할당된 진상 약재의 과부담이 지적되어 있었다.[1613]

촌에서 의생이 주도하여 모은 약재는 중앙에서 내려온 심약(審藥)이 관리했다. 혜민서에서는 전국 팔도에 종9품 외관직으로 심약을 파견했으며, 이들은 각 도의 감영 또는 병영에 머물면서 각 관아의 의료와 함께, 그 지역의 약재 수급과 의학교육을 맡았다. 심약의 숫자는 각 도의 규모에 따라 1명에서 3명까지 차이가 있었다.[1614] 각 도 관찰사는 자신 관할의 목·주·군·현을 순찰하면서 세금과 약재를 비롯한 진상품을 수집하여 중앙으로 올리는 일을 했는데, 심약은 관찰사를 수행하면서 관찰사의 건강을 돌보는 한편, 이런 약재 관련 일을 돌보았다.[1615] 이문건의 일기에도 심약 기록이 10여 차례 보이는데, 그중 여러 심약의 이름이 보인다. 이윤량(李閏樑)은 감사가 이문건에게 내려준 납약제 9종과 향재 4

1612 | 황준량, 『금계선생문집(錦溪先生文集)』 卷之七, 外集 疏, 「丹陽陳弊疏」 a_037_144a.

1613 | 의생 시스템 전반의 개혁에 대해서는 조선후기 유형원이 저술한 『반계수록』(1652~1770년)에 실려 있다. 유형원, 磻溪隨錄補遺卷之一 郡縣制.

1614 | 조선후기의 『대전통편』을 보면 경상도, 전라도, 함경도가 3인, 충청도, 황해도, 평안도가 2인, 강원도가 1인이었다.

1615 | 심약이 관찰사를 수행하면서 행하는 궤적은 『미암일기』에 상세히 나온다. 이 책 3부의 Ⅱ를 참조할 것.

종을 가지고 왔으며,[1616] 선의유(宣義維)는 향약재 5종을 전달하고,[1617] 안혜(安憓)는 문안 와서 약재 4종을 주었으며,[1618] 안광익(安光翼)은 굴 한 상자를 보내왔다.[1619] 심약들의 방문은 바로 경상도 지역에 내려온 관찰사들이 이문건과 친분이 있었기 때문에 때로는 병문안으로, 때로는 감사의 명령에 따라 약을 전달하러 이루어진 것이었다.

심약과 의생의 일을 비롯한 지방 의료의 메커니즘은 1497년(연산군 3년) 실록에 잘 드러나 있다. 지방 관아에서 중앙에 약을 공납하는 일 〔藥令〕을 맡은 심약령(審藥令)은 방서(方書)를 읽을 줄 알고 또 부지런하고 근신한 자를 택해서 차견(差遣)하도록 했다. 각 도에서 필요한 당재(唐材)는 중국 가는 인편에 무역해서 들이도록 하고, 각 도에서 나는 향약은 방문(方文)에 따라 채취하도록 하고, 각 도에서 나지 않으나 다른 도에서 나는 약재는 나는 지역을 정해서 역(驛)을 통해 수송해오도록 했다. 관찰사는 여러 고을의 거리를 따져서 일정 장소를 마련해 여러 고을의 의생(醫生)과 글 아는 자를 모아 치료방법을 강습시키며, 경력(經歷), 도사(都事), 수령(守令) 등 높은 품관의 관리를 감독관으로 두어 의생(醫生)의 진료 실적을 평가하여 포폄하도록 하고, 의생과 심약 중 치료효과가 높은 자는 자급(資級)을 올려주거나 물건으로 상을 주거나 세금을 면제하는 특전을 내리도록 하며, 감독자가 이를 소홀히 하면 관찰사나 동급의 유수가 처벌토록 했다.[1620]

다른 기록을 보면, 지방에서 활동한 의서습독관이 있었다. 이문건과 비슷한 시기 경상도 안동 지방에서는 의서습독관으로 침술을 익힌 사

1616 | 『묵재일기』, 1552.5.12.
1617 | 『묵재일기』, 1554.9.9.
1618 | 『묵재일기』, 1565.8.11.
1619 | 『묵재일기』, 1567.1.12. 안광익은 나중에 내의원 어의가 되었으며, 허준이 그를 보조하여 선조의 병 진료에 참여한 적이 있다.(선조 8년 을해[1575년, 만력 3년] 2월 15일[갑신].)
1620 | 『조선왕조실록』, 연산군 3년 정사(1497년, 홍치 10년) 9월 29일(정묘).

대부 송간 이정회(李庭檜, 1542~1613년)가 돌아다니며 침술을 시술하는 장면이 남아 있다. 이정회는 이황(李滉)의 문하에서 수학한 인물로 1577 년부터 1612년까지 25년간 일기(『송간일기』)를 썼으며, 이 기간 동안 안 동에서 가족과 친지, 이웃에 침술을 시술했다. 그의 일기에는 그가 침 술을 시술한 기록이 302회 적혀 있다.[1621] 의서습독관 제도는 사대부들 의 의술을 진작시키기 위해서 세종 때 만든 제도였다. 의서습독관은 사 족 가운데 나이가 어리고 총명한 자를 뽑아 의학을 학습케 하여, 그것 에 능통하게 되면 현관(縣官) 또는 의사(醫司)의 주요 직책을 맡기는 제 도였다.[1622] 습독관 정원은 세종 때 9인, 단종 때(1454년) 15인이었다가 세 조 때(1462년) 30인으로 늘어났으며[1623] 그것이 19세기까지 계속되었다. 이문건의 일기에 이 의서습독관의 존재는 확인되지 않는다.

지금까지 살핀 인물들이 『묵재일기』에 등장하는 성주 지방에 근거를 둔 의원 전부였다. 이들 존재 외에는 의원 이인상(李仁祥)과 서울에서 온 의인(醫人) 김세장(金世章)이 몇 차례 보인다. 서울 의원 김세장은 1546년 성주목사의 진찰을 위해 특별히 초청된 인물이었다.[1624] 1563년 도만호 (都萬戶)의 처가 병이 중해서 약을 물어왔는데, 이문건은 이인상을 찾아 가라고 말했다.[1625] 그가 1580년(선조 13년) 어의(御醫)로 실록에 모습을 보 이는 것으로 보아, 관찰사를 수행하는 의관인 심약(審藥) 또는 공무나 사적인 일로 이 무렵 잠시 성주를 들렀던 인물이었던 듯싶다.[1626]

이문건의 일기를 보면 성주 지방에는 말을 다루는 의원인 마의(馬醫)

1621 | 김성수, "16세기 향촌의료실태와 사족의 대응─『묵재일기』에 나타난 이문건의 사례를 중심으로", 경 희대사학과 석사논문, 2001, 29쪽.

1622 | 『조선왕조실록』, 『端宗實錄』 13, 1년 25일자.

1623 | 손홍렬, "한국의료제도사 연구(고대─조선초기)", 경희대 사학과 박사논문, 1986, 195~198쪽.

1624 | 『묵재일기』, 1546.10.9., 10.12.

1625 | 『묵재일기』, 1563.12.1.

1626 | 『조선왕조실록』, 선조 13년 경진(1580년. 만력 8년) 11월 27일(계사).

도 1인 존재했다. 그의 이름은 강순(姜順)이었다. 그에 관한 기록은 10여 차례 보인다. 이문건의 어린 말이 눈병을 앓았을 때 그를 불렀는데, 그가 와서 말 눈의 기름 막을 제거해주었다.[1627] 큰 암말이 먹이를 먹지 않을 때는 말이 노증(勞証)에 걸린 것으로 진단했다.[1628] 그는 말의 발 근육에 문제가 생겼을 때,[1629] 말이 목을 잘 움직이지 못했을 때,[1630] 누워서 잘 일어나지 못했을 때,[1631] 와서 치료했다. 그는 주로 침술을 써서 치료했으며, 보답으로 부채를 선물로 받거나,[1632] 말의 병 차도가 약간 있을 때는 술을 받아 가기도 했다.[1633] 마의가 고치지 못해 말이 죽게 되었을 때는 이문건 집에서 무당을 불러 극적인 회생을 위한 기도를 드리기도 했다.[1634] 마의 강순은 노(奴) 종만(終万)이 밤나무 기둥에 깔려 정강이가 골절이 생겼을 때 불려 와서 세심히 환자를 살펴 골절 부위를 묶는 조치를 취한 적도 있다.[1635]

한양의 의원들

이문건이 성주에 유배 오기 전에는 한양의 여러 의원이 그의 일기에 보인다. 그와 가장 밀접한 관계가 있었던 의원은 의관(醫官) 박세거(朴世擧)였다. 그는 이문건의 인척인 빈전(嬪殿) 박대비의 병 때 약을 올렸던

1627 | 『묵재일기』, 1557.3.23.
1628 | 『묵재일기』, 1558.3.17.
1629 | 『묵재일기』, 1561.5.3.
1630 | 『묵재일기』, 1561.11.17.
1631 | 『묵재일기』, 1562.4.20.
1632 | 『묵재일기』, 1562.4.16.
1633 | 『묵재일기』, 1562.4.18.
1634 | 『묵재일기』, 1562.4.17.
1635 | 『묵재일기』, 1561.10.6.

인물로,[1636] 『묵재일기』에는 흔히 박첨지(朴僉知)라 적혀 있다. 첨지는 정 3품 무관직이나 흔히 의관을 대우하는 한 방식으로 활용되었다. 이문건은 자신을 비롯한 집안의 병 문제에는 거의 대부분 박첨지를 찾아가 처방을 물었다. 그의 현전 일기가 시작된 지 얼마 안 지난 1536년부터 1545년 그가 유배를 떠나오기 직전까지 이런 기록이 보인다.[1637] 박세거는 귀양 떠나는 이문건에게 무명 1동(一同)을 주었으며,[1638] 유배 중인 이문건에게 수중금환(守中金丸) 50개를 보내주기도 했는데,[1639] 이로부터 그가 이문건과 상당히 가까운 관계였음을 짐작할 수 있다.

박세거는 중종(재위 1506~1544년)과 인종(재위 1544~1545년)의 가장 신뢰받는 어의였다. 단적인 예로 1545년 인종은 "박세거가 잇달아 진찰하였으므로 내 증세와 약을 알고 있으니 다른 의원을 번거롭힐 것은 없다. 박세거로 하여금 들어와 진찰하게 하라."[1640]고 할 정도로 높이 평가받았다. 그렇지만 그는 아버지의 죽음에 식음을 전폐하면서 생긴 병으로, 1545년 6월 인종이 죽자 "급하게 부르는데도 들어가지 않고 제대로 약물을 갖추지 못한" 책임을 물어 견책되었다.[1641] 그렇지만 7월 10일 그는 자리를 뜨지 않고 지키면서 인종의 임종을 지켜본 것으로 확인이 되어 일이 무마되었다.[1642] 그는 이해 12월 여전히 어의로서 인종 왕대비의 병을 진찰했다.[1643] 그렇지만 이듬해 5월 적모가 죽었는데도 죽음을 숨긴 죄로 처벌을 받았다. 이런 사정은 다음 기록에 잘 드러나 있다.

1636 | 『묵재일기』, 1535.11.1.

1637 | 『묵재일기』, 1536.7.29., 9.21., 9.28., 10.5.~10.7., 12.7., 1537.4.15., 4.24., 1545.2.25.

1638 | 『묵재일기』, 1545.9.14.

1639 | 『묵재일기』, 1545.12.2.

1640 | 『조선왕조실록』, 인종 1년 을사(1545년, 가정 24년) 6월 26일(정사).

1641 | 『조선왕조실록』, 명종 즉위년 을사(1545년, 가정 24년) 7월 10일(경오).

1642 | 『조선왕조실록』, 명종 즉위년 을사(1545년, 가정 24년) 10월 26일(을묘).

1643 | 『조선왕조실록』, 명종 즉위년 을사(1545년, 가정 24년) 12월 23일(임자).

간원이 아뢰기를, "첨지(僉知) 박세거(朴世擧)는 그의 적모(嫡母) 송씨(宋氏)가 금년 2월에 은진(恩津)에서 죽었는데, 식록(食祿)을 탐하여 숨기고 발상(發喪)하지 않았을 뿐만 아니라 뻔뻔스럽게 지금까지 그 직에 머물러 있으며, 사람을 적매(嫡妹)의 집에 보내어 절대로 누설하지 말라고 했습니다. 박세거는 본래 근본이 미천하였지만 직품(職品)이 가의대부(嘉義大夫)에 올랐습니다. 그런데 강상(綱常)에 관계되는 죄를 범했으니 금부(禁府)에 하옥하고 치죄(治罪)하여 인륜(人倫)을 바로잡으소서." 하니, 아뢴 대로 하라고 답하였다.[1644]

이에 앞서 박세거가 연로한 사람이므로 "형신(刑訊)하지 말고 사간(事干)을 추열(推閱)하라."는 어명이 있었지만,[1645] 적모의 죽음을 숨겼다는 죄로 치죄된 것이다.[1646] 박세거는 이미 1529년에 동반 서용이 결정되었을 때 명분을 파괴한 것이라 하여 사헌부에서 격렬하게 반대한 적이 있었지만,[1647] 조사해보니 내의원 제조 장순손(張順孫)이 그를 내의원에 천거할 때 그와 동류이며 하자가 없다는 말이 있었기에 없던 일로 되어버린 적이 있었다.[1648] 그와 견줄만 한 의원이 없었고 왕의 총애가 지극했기 때문에, 이후 그의 신분 문제는 별 문제 제기 없이 지나갔다. 하지만 인종 사후 적모의 죽음이라는 계기와 함께 그에게 불행이 닥친 것이다. 이문건은 그가 적모의 상 때 참여하지 않은 소문을 일기에 적었으며,[1649] 이듬해 박세거가 전년 가을에 세상을 뜬 것을 기록했다. 그의 죽음에

1644 | 『조선왕조실록』, 명종 1년 병오(1546년, 가정 25년) 5월 1일(병진).
1645 | 『조선왕조실록』, 명종 1년 병오(1546년, 가정 25년) 5월 1일(병진).
1646 | 『조선왕조실록』, 명종 1년 병오(1546년, 가정 25년), 5월 2일(정사).
1647 | 『조선왕조실록』, 중종 24년 기축(1529년, 가정 8년) 5월 2일(병신).
1648 | 『조선왕조실록』, 중종 24년 기축(1529년, 가정 8년) 5월 3일(정유).
1649 | 『묵재일기』, 1546.5.20.

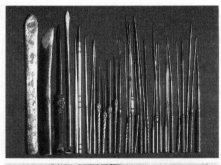

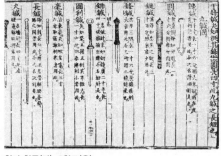

침과 침통(좌), 9침도(우)

대해 "슬프도다, 슬프도다." 애통해했다.[1650] 적모의 상을 감춘 죄는 중죄에 속하는 것으로서 그는 태형을 받았을 것이며, 이 후유증으로 인해 가을에 세상을 떴을 것이다.

서울 시절, 박세거 이외의 의원으로는 침을 놓는 의관(醫官) 문세련(文世璉)이 보인다. 이문건이 당시 사간원의 정언으로 근무하던 중이었으므로, 문세련은 이 관청의 약방에 속한 의관이었을 것이다.[1651] 이후 문세련은 부승지 이문건에게 찾아와서 통진관(通津官, 통진 지방의 수령직)을 구하는 일을 부탁하기도 했다.[1652]

1650 | 『묵재일기』, 1548.1.7.
1651 | 『묵재일기』, 1537.4.19.
1652 | 『묵재일기』, 1545.3.1.

■자료

의원정심규제(醫員正心規制)

최근에 1461년(세조 7년)에 쓰인 '한국의 히포크라테스 선서'라 할 수 있는 「의원정심(醫員正心規制, 의원이 바른 마음을 가져야 하는 규칙)」가 발굴되어 큰 흥미를 끌고 있다.[1653] 15세기 전반의 의료 상황을 일러주므로 여기에 옮겨 싣는다.

의원정심규제
김수온(金守溫, 乖崖, 栻虎集)

광묘(光廟) 병자(丙子: 1456년)에 공(이석형)이 전라감사로 부임하여 도의 전역을 순회하며 민정을 상세하게 살피던 중 한때 강진의 만덕사(萬德寺)에 잠깐 머물며 여독를 푸는 한편 만경루(萬景樓)에 올라 풍경을 감상하던 차 이 지방에서 들려오는 바 만덕사 부처가 지극히 영험이 있다고 하여 인근의 환자 집안 운집하여 부처에게 치성 공양하기를 날마다 그치지 않으며, 심지어는 소요 사태가 생겼는데, 수다한 인파가 주거니 받거니 시끄럽게 굴었다. 그들의 대화 중에 들려오는 바, 인접한 보성현에 의원 장덕(張德)이 거주했는데 다른 의원은 없었다. 그래서 환자가 내방하여 대우가 소홀하면 교

1653 | 이 글이 알려지게 된 경위를 보면, 2012년 서울의대 정형외과의 이준기 교수가 집안 종친회의 어떤 분이 자기 집안의 유학자이자 명신인 저헌(樗軒) 이석형(李石亨, 1415~1477년)과 친구였던 김수온(金守溫, 1410~1481년)의 시문집인 『식우집(栻尤集)』에 이석형이 정한 의사윤리와 관련된 내용이 실려 있다는 것을 알려주었고, 이준기 교수는 이 내용의 진위를 알기 위해 서울대병원의 역사문화센터에 문의를 해 왔다. 병원 역사문화센터에서는 다시 내게도 진위를 가려달라는 요청이 왔는데, 원문을 확인한 결과 이 글이 1456년에 쓰인 것이 틀림없음을 답변해주었다. 연대 고증은 『조선왕조실록』, 세조 7년 신사(1461년, 천순 5년) 5월 25일(갑자), 성종 8년 정유(1477년, 성화 13년) 2월 8일(정축)의 두 기사를 이용했다.

만하기가 무쌍이어서 일반 환자는 오랜 시간 접견하지 않으며, 종사자로 제약하여 과다하게 돈을 받아 챙겨 착취하는데도 달리 되돌리지 못했다. 때로는 아리따운 부녀가 오게 되면 괴상한 말과 이상한 말로 심정을 경동케 하거나 감언으로 유혹하여 농락하기를 일삼았다. 또 무리하게 치부하여 금력으로 본 읍의 관속배와 결탁해 있어서 다수의 향민이 억울한 일이 비일비재하고 피해가 막심했으며, 어떤 이가 그것을 참지 못해 억울함을 관에 호소하면 도리어 가해자가 유리하게 되어 피해가 막심하여 원성이 차차 고조되어 이루 말할 수 없는 정도에 이르렀다. 이에 공(公)은 사실을 세밀하게 조사한 후에 장덕의 죄상을 법에 의거해 공정하게 처리하였으며 이때 경험한 일로 후에 공이 대사헌의 직책을 맡았을 때(1461년) 의원이 민간에서 술업을 펼침에 정상의 도에 어긋나지 않도록 하는 것에 대해 깊이 고찰하여 「의원정심(醫員正心規制, 의원이 바른 마음을 가져야 하는 규칙)」을 만들어 전국에 훈시 선포했다. 그 후 병술년(1466년)에 공이 팔도체찰사(八道體察使)가 되어 전국 각지 전역을 순회할 때 공이 직접 [의원을] 훈시 교화했다.

「의원정심(醫員正心規制, 의원이 바른 마음을 가져야 하는 규칙)」

저헌(樗軒) 이석형(李石亨) 대사헌 때

1. 의(醫)라는 것은 갈고닦음에 게을리 하면 안 되고, 심사숙고하여 잘못을 저지르지 말라.
2. 의원(醫員)은 환자를 어떤 조건이나 빈부 고하에 따라 차별 대우하지 말며, 최선을 다한 성실한 진료에만 힘써라.
3. 의술은 인술이다. 혜택을 베풀어 사람을 구제하는 것은 장사치의 도리가 아니니, 의술을 축재의 수단으로 삼지 말라.

4. 의도(醫道)는 바르고 곧은 것이니, 진료 중에 [얻은] 병의 원인이
   나 병으로 인한 허물에 대해 비밀을 보장하며 어느 누구에게도
   발설치 말라.
5. 의를 공부하는 사람은 세간에서 존경받는 사람이다. 늘 성인(聖
   人)의 마음으로 사람을 대하며, 교만하지 말고, 치료를 빙자해
   다른 이익을 얻도록 하지 말라.

이 기사를 보면, 보성 지방에서 의술을 독점하던 장덕이란 인물의 부도
덕한 의원 노릇이 생생히 그려져 있다. 또 용하다는 부처님 상을 찾아
온 강진 지역의 환자의 모습도 잘 그려져 있다. 이석형의 「의원정심규제」
의 내용은 환자의 신분에 막론한 진료, 환자의 진료 중에 얻은 비밀 유
지 등의 측면에서 「히포크라테스 선서」와 닮아 있다. 그렇지만 이런 내
용은 세조 당시에 편찬 중인 『의방유취』에도 실려 있던 것이며, 1463년
세조는 「의원정심규제」와 비슷한 취지의 「의약론(醫藥論)」을 써서 당시
의 그릇된 의원들의 윤리를 질타했다.

■자료

병이 사람을 죽이지 않고
약이 사람을 살리지 못하는 것일까?
—『성호사설』 제14권, 인사문

의(醫. 제14권 인사문)는 당시 의술의 정밀치 못함을 논했다. 서적이 많아
지고 의서가 번잡해진 데서 그 이유를 찾았다. 이와 함께 이익은 서울에
는 의약이 많지만 시골에는 의약이 거의 없다는 의료 현실도 지적했다.

의약이 없어서 방치해두거나, 의약이 있지만 잘못 써서 효과를 거두지 못하는 것은 모두 의료 허무주의의 근본이 된다. 이익은 그것이 의약 그 자체에 문제가 있다기보다는 그것을 신뢰하지 않거나 잘못 쓰는 데 있다고 보았다.

세상 사람들이 말하기를, "병이 사람을 죽이지 않고 약이 사람을 살리지 못한다."고 한다. 하지만 실제는 그렇지 않다. 병 때문에 사람이 죽는 것이고 약 때문에 사람이 사는 것이다. 그렇지 않다면 병을 조심하는 마음가짐과 병을 고치려는 노력이 어떤 원칙을 좇을 수 있겠는가?
서울의 경우 그곳은 의원과 약이 수없이 모인 곳이다. 병이 들면 곧 의원(醫員)을 찾아가고 의원을 찾아가면 바로 약을 쓴다. 병에 차도가 없으면 못 고칠 병이라서 그런 것이라 하며, 차도가 있으면 의술의 효과 때문이라 하면서 '이렇게 치료하지 않았더라면 상태가 크게 악화했을 것'이라 여긴다.
시골의 경우에는 병의 증상이 극심하든 그렇지 않든 간에 한결같이 의원을 찾아 약을 쓰지 않고 좌시만 할 뿐이다. 때로는 살 수 있을 것으로 여겨졌는데도 죽은 자가 많을 것이다.
반드시 서울 사람이 많이 장수를 누리는 것이 아니고 시골 사람이 많이 일찍 죽는 것이 아니다. 때로는 그대로 내버려둔 자는 아무런 일도 없고 열심히 의약을 찾은 자가 병에 걸린다. 이는 단지 의약이 효과가 없는 정도가 아니라 때때로 목숨을 빼앗기까지 한다. 그래서 '고치려 하지 않는 것이 중간 정도의 의원(醫員)이 된다.'는 것이다.
이는 다름이 아니다. 병에 깊고 얕음이 있고 약에 좋고 나쁨이 있으며, 의술(醫術)이 그 요점을 잃기 때문이다. 열기(熱氣)가 극도에

470

이르면 한기(寒氣)와 흡사하고, 한기가 극도에 이르면 열기와 흡사한데, 이를 구별하지 못하고 함부로 약을 쓰면 그것이 도리어 사람을 죽이는 것이다.

의학의 요점을 아는 자는 다음과 같이 말했다. "애당초 화제(和劑)는 그 처방이 세 가지에 지나지 않았다. 기(氣)를 보하는 데는 사군자탕(四君子湯)을 쓰고, 혈(血)을 보하는 데는 사물탕(四物湯)을 쓰며, 담(痰)을 없애는 데는 이진탕(二陳湯)을 썼다.[1654] 각각의 처방에는 모두 네 가지 약재만이 들어갔을 뿐인데, 후대의 사람들이 이에다 다시 도와주는 약[佐藥], 이끌어주는 약[使藥] 등을 더 넣거나 빼도록 하여 약성(藥性)이 약하거나 강한 약 다수를 처방에 더 넣었다.[1655] 병의 진찰은 정밀하지 못하고, 약 쓰는 것이 그에 합당하지 않고, 약재를 조합하는 것은 많고 가리는 것은 적으며, 병의 근본을 다스리지 못하고 겉만 고치니 십중팔구 헛된 것이다! [그것이] 넓은 산야(山野)에서 토끼 한 마리를 잡으려는 것과 무엇이 다르겠는가?"

나는 "[쓸모없는] 서적들이 많아져서 유도(儒道)가 쇠퇴하고 의학이론이 번잡해져서 의술이 어지러워졌다."고 생각한다. 이처럼 정밀히 살피고 가리지 못하고 의술이 무익(無益)하다고 하는 것은, "물이 불을 이기지 못한다는 말"과 똑같은 것이다.

1654 | 사군자탕에는 인삼, 백출, 복령, 감초가 들어가며, 사물탕에는 숙지황, 백작약, 당귀, 천궁이 들어가며, 이진탕에는 반하, 귤피, 적복령, 감초가 들어간다.

1655 | 君臣佐使(군신좌사): 방제(方劑)의 조성은 일정한 규칙을 따른다. 군, 신, 좌, 사의 배합이 그것이다. 「군」약은 방제 중에서 주증(主證)을 치료하며, 주된 작용을 하는 약물로서 필요에 따라 1종 혹은 수종을 쓸 수 있다. 「신」약은 주약을 협조하여 치료 작용을 일으키는 약물이다. 「좌」약은 주약을 협조하여 겸증(兼證)을 치료하거나 혹은 주약의 독성이나 사나운 성미(性味)를 억제하는 약물이다. 「사」약은 각종 약이 질병 소재 부위에 도달하도록 인도하거나 각 약의 작용을 조화시킨다.

XI. 병점(病占)과 독경을 하는 사람들

이문건은 자신과 가족의 병이 어렵다고 판단하거나, 이들이 장래에 어떻게 될지 알아보려고 여러 점쟁이들과 접촉했다. 그 가운데는 적지 않은 맹인 판수도 포함되어 있었다.

유배 이전 한양에 살 때 점쟁이로는 맹인 김영창(金永昌), 이갑(李甲), 맹인 종이(終伊)라는 인물이 보인다. 김영창은 외척 신온(申溫)의 집 근처에 사는 늙은이로,[1656] 이문건이 부모의 묘를 이장하고자 할 때 길흉을 점쳐주었다. 그는 "원추리가 뜰에 생기니 가하다."는 점 풀이를 내놓았다.[1657] 유배 이후에도 이문건은 서울 가는 인편에 자기 손주들의 운명을 그에게서 점치기도 했는데, "모두 다 좋다. 직접 길러도 무방하다. 3세 무렵에 두창을 앓는다."는 점괘를 보내왔다.[1658] 이갑의 경우, 1537년 어느 날 이문건이 설지(說之)의 이농 증상 때문에 이갑을 찾아 문복(問卜)하려 했으나 출타 중이어서 못 만나고 오자, 이틀 후 말을 보내어 그를

1656 | 『묵재일기』, 1537.3.25.
1657 | 『묵재일기』, 1535.12.25.
1658 | 『묵재일기』, 1551.5.27.

불러와 점복과 지리(地理)에 관한 사항을 물은 적이 있었다.[1659] 이런 기록을 보면, 맹인 점쟁이 김영창은 길흉을 점치는 복사(卜師)였으며, 이갑은 점복과 함께 풍수까지도 아는 복사 겸 지관이었을 가능성이 크다. 맹인 종이는 이문건의 딸 유중(柔中)이 위독했기 때문에 불려 와서 동자경(童子經)을 읽었다.[1660] 이름으로 보아 여자인 듯 보이는 이 맹인은 점복을 위주로 하는 김영창이나 이갑과 달리 독경을 업으로 했던 것 같다.

성주 유배 후 이문건의 일기에서 가장 많이 등장하는 점쟁이는 성주군 가리현(加利縣)에서 살던 김자수(金自粹)란 인물이다.[1661] 『묵재일기』에서 그는 1545년 9월에 첫 등장하여 1666년 11월까지 21년 동안 100여 차례 등장한다. 이문건은 그를 복생(卜生)이라는 표현을 썼는데,[1662] 그의 신분은 양반이었으며 시(詩)와 글씨, 음악에도 높은 관심을 보였다. 그는 성주의 수령이나 좌수가 주관하는 모임에 참여하여 같이 여흥을 즐겼으며,[1663] 글씨 잘 쓰는 이문건의 글씨를 여러 차례 요구해 얻어 가기도 했다.[1664]

1545년 9월 28일, 유배지인 성주에 막 도착한 이문건은 〔점치는〕 김자수가 관아에 있다는 말을 듣고, 행년의 운수가 어떠한지 알고 싶어서 그에게 편지를 보내 불렀더니 새벽녘에 그가 왔다.[1665] 성주로 유배된 조치가 내려진 것이 9월 16일이다. 그가 한양을 출발하여 20일 처갓집인 괴산에 들른 후 23일 출발하여 막 성주에 들어온 게 29일이었고, 이튿날인 10월 1일에 성주에 거처를 정하게 되었으니, 그의 유배 후 첫날이

1659 | 『묵재일기』, 1537.2.21., 2.24.
1660 | 『묵재일기』, 1537.1.16.
1661 | 『묵재일기』, 1552.11.4.
1662 | 『묵재일기』, 1551.1.4.
1663 | 『묵재일기』, 1552.12.22., 1553.3.22.
1664 | 『묵재일기』, 1546.2.17., 1552.12.22.
1665 | 『묵재일기』, 1545.9.29.

점치기

자신의 운명을 묻는 것부터 시작했다고 해도 지나친 말이 아니다. 이때 그는 자신의 사주를 점칠 것을 부탁했던 듯한데, 10월 5일에도 아직 팔자를 추산하지 못했다는 말이 왔고,[1666] 10월 9일에는 붓 하나, 먹 하나, 종이 세 묶음을 그가 사는 가리현의 권농의 아들을 시켜 김자수에게 전하며 사주를 뽑아줄 것을 부탁했으나,[1667] 김자수는 감사의 팔자를 막 뽑고 있어서 겨를이 없다고 했다. 이문건은 속히 뽑아줄 것을 재촉했다.[1668] 이를 보면, 낯선 유배생활에 들어간 이문건이 불안한 마음에 자신의 사주를 빨리 알아보려고 했던 것 같다. 김자수가 매화점을 봤는데, "좋지 않다. 해를 거듭하면서 따라서 움직인다〔示其辭不好矣, 編年則隨後推送〕." 는 점괘를 내놓았다.[1669] 11월 2일에 이문건은 김자수를 만났고 김자수는 일이 많아서 팔자를 추산하지 못했다고 했으며, 이문건은 그에게 아들 온(熅)의 운명을 점치게 했는데 "마흔 후에 다시 상처를 하게 된다." 고 했다.[1670] 이후 이문건은 자신과 아들, 손자 등 주변의 사주팔자를 김자수에게 부탁해보았다.[1671]

1666 | 『묵재일기』, 1545.10.5.
1667 | 『묵재일기』, 1545.10.9.
1668 | 『묵재일기』, 1545.10.15.
1669 | 『묵재일기』, 1545.10.19.
1670 | 『묵재일기』, 1545.11.2.
1671 | 『묵재일기』, 1546.2.13., 1551.1.9., 1.11., 4.3., 4.12., 10.7., 10.17., 11.8., 12.25., 1555.1.7., 8.28., 9.2.,

사주팔자 외에도 김자수는 출산, 질병에 관한 점을 쳤다. 1551년 며느리가 아이를 낳을 때, 이문건은 아이가 잘 안 나오자 언제쯤 아이가 나올지, 여자인지 남자인지 궁금해서 김자수를 불렀다. 그는 점을 쳐서 "여아를 얻을 듯합니다. 만약에 사내를 낳으면 어머니와 잘 맞지 않을 것이니 반드시 목(木)자가 들어간 성씨를 쓰는 여종에게 맡겨서 양육해야 합니다. 낳는 시간은 자시·묘시·유시에 낳을 것입니다."[1672]라고 했다. 점괘와 달리, 태어난 아이는 손자였으며 태어난 시간은 진시 끝 무렵이었다.[1673] 1551년 4월 3일, 이문건의 처가 병증이 위독하게 되자 김자수는 그의 병이 어떻게 될지 병점(病占)을 쳤다. 그는 "흉이 많고 길이 적습니다. 정사(丁巳)년 출생한 사람[이문건의 처]은 운수가 험난하고 액이 끼어 있는데, 특히 5월과 6월이 위험합니다."[1674]고 점괘를 풀이했다. 김자수는 4월 12일 다시 점을 쳤는데, "병자는 내일 오(午) 방향의 지역으로 나가는 게 좋겠고, 정사년생은 구명을 위해서 하늘에 제사 지내는 게 좋겠다."는 견해를 제시했다.[1675] 이해 10월 이문건은 손자의 이질 병에 대해 김자수에게 점을 쳤으며,[1676] 계집종 주지(注之)의 병에 대해,[1677] 아들 온의 고질의 액을 해소하기 위해,[1678] 처의 종기 병에 대해,[1679] 손자의 학질 병에 대해,[1680] 며느리의 병에 대해,[1681] 천택(天澤)의 병에 대해

1556.3.16.
1672 | 『묵재일기』, 1551.1.4., 이복규, 『<묵재일기>에 나타난 조선전기의 민속』, 85쪽 번역 참조.
1673 | 『묵재일기』, 1551.4.5.
1674 | 『묵재일기』, 1551.4.3.
1675 | 『묵재일기』, 1551.4.12.
1676 | 『묵재일기』, 1551.10.1., 10.7.
1677 | 『묵재일기』, 1551.10.6.
1678 | 『묵재일기』, 1551.11.6., 11.8., 1552.5.12., 1556.3.15.
1679 | 『묵재일기』, 1551.5.12., 5.21.
1680 | 『묵재일기』, 1553.4.3.
1681 | 『묵재일기』, 1553.5.8.

수락산 흥국사 감로탱−독경과 지관

서,[1682] 중병으로 처의 목숨이 위독할 때[1683]도 점을 쳤다. 이 모든 경우는 의약으로 해결이 되지 않는 상황에서 치러진 것이다.

김자수의 병점 행위 중 주목할 것은 환자의 구명시식(救命施食)에 관한 것이다. 이문건은 처, 아들, 손자의 중병 때 여러 차례 구명시식 행사를 치렀는데, 이 행사를 치를지의 여부, 치를 날짜의 선택 등을 김자수에게 맡겼다.

김자수의 점치는 방식은 세 가지가 확인된다. 첫째는 위에서 살핀 사주팔자 방식이다. 둘째는 위에서도 잠깐 언급된 주역에 따른 역리 해석이다. 김자수는 며느리 출산에 궁금해하는 이문건에게 글자를 부르라고 요구했고, 이문건이 수(手)자와 풍(風)자를 부르자 점을 쳐서 풍뢰익(風雷益)을 다시 얻어 출산 시기를 해석했다. 여기서 풍뢰익을 얻기 위해서 글자를 부르게 하는 방식은 일종의 호자점(呼字占)이라 할 수 있다.[1684] 이 밖에도 김자수는 특정 글자를 가지고 이를 회의문자(會意文字)처

───
1682 | 『묵재일기』, 1554.9.7.
1683 | 『묵재일기』, 1555.4.4.
1684 | 『묵재일기』, 1551.1.4. 이복규, 『<묵재일기>에 나타난 조선전기의 민속』, 85쪽.

럼 쪼개어 해석하는 방식인 파자점(破字占)도 선보였는데, 그는 노성(老成)의 병에 대해 '늙을 노(老)'자를 점친 후 "노성의 병이 내일쯤 차도가 있을 것이라."는 해석을 내렸다.[1685]

판수 독경

김자수 외에도 성주에는 여러 맹인 점쟁이의 존재가 보인다. 영산 온정역에 사는 맹인(盲人) 문세공(文世恭), 여씨(呂氏) 성의 맹인 은돌(銀突), 맹인 얼당(亇堂), 막동이란 이름의 맹인[莫同盲], 맹인 마당(馬堂), 맹인 박경손(朴經孫) 등이 그들이다.

1551년 6월 이문건은 영산(靈山)에 사는 맹인이 미래 일을 잘 맞춘다는 말을 듣고,[1686] 귀손과 자공 등 종을 시켜 그가 사는 영산의 온정역(溫井驛)에 복채로 쌀 두 말을 가지고 가서 아이들의 운명을 묻도록 시켰다.[1687] 이와 함께 자신이 괴산에 집을 짓게 될 일의 길흉과 아내의 운수도 함께 물었다. 종들이 찾아가서 쌀을 주고서 점을 쳐본 결과, "부인이 괴산에서 8월에 가면 길하고, 올해 안에 집을 짓는 것 또한 길하며, 남자 손자 팔자가 좋고, 여자 장손녀 또한 좋고, 둘째아이는 매우 좋지는 않은데 갑인생(甲寅生) 임자년(壬子年)은 좋고 무술생(戊寅生)이면 반드시 다시 사내아이를 낳을 것이다."는 말을 듣고 왔다. 이문건은 "나머지 다른 말들은 천박한 말로서 들을 가치가 없다. 대개 술수에 통하지 못하

1685 | 『묵재일기』, 1551.10.17. 이복규, 『<묵재일기>에 나타난 조선전기의 민속』, 84-85쪽.
1686 | 『묵재일기』, 1551.6.24.
1687 | 『묵재일기』, 1551.6.26.

며 단지 헛소리만 하는 자다."라고 그의 술수 수준을 평하였다.[1688] 영산에 사는 맹인은 문씨 성이었는데, 그가 관아에 왔다고 해서 이문건은 그를 불러 팔자 등을 물었다. 문씨는 문자를 잘 해독하지 못하고 간혹 우연히 맞추는 정도였지만, "[이문건이] 13년 동안 이곳에서 유배생활을 할 것이다."고 하자 이문건은 보답으로 그에게 쌀 한 말과 술을 주어 보냈다.[1689] 맹인 점쟁이의 이름은 문세공(文世恭)이었으며, 이문건은 그에게 학질 귀신을 쫓는 의식을 부탁하기도 했고,[1690] 다시금 그에게 손자들의 운명과 자신의 한 해 신수를 점치게 했다.[1691]

1552년, 손자 숙길이 액이 끼었기 때문에 맹인 은돌(銀突)을 불러 동자경을 읽도록 했다. 그의 성은 여씨였던 것 같으며, 이문건의 일기에 적혀 있는 여은두을(呂銀豆乙)[1692]과 동일인일 것이다. 이문건은 여맹(呂盲), 맹사(盲師) 등으로 그를 지칭했다. 그는 1554년 손녀 숙희를 위해서 동자경을 읽었으며,[1693] 1557년 이문건의 손자 생일을 맞이하여 그의 집에 와서 동자경을 읽고, 며칠 후 집에 낀 액을 없애고자 도액경(度厄經)을 읽기도 했고,[1694] 이문건의 손자 숙길의 병에 대해 점을 치기도 했고,[1695] 안찰 승려의 병점을 치기도 했고,[1696] 역신을 쫓는 길일을 잡아주기도 했고,[1697] [인근에 역병이 돌았을 때 역기가 들어오지 못하도록] 중청에서 독경을 하고, 병막 바깥에서는 지신경(地神經)을 읽기도 했고,[1698]

1688 | 『묵재일기』, 1551.7.2.

1689 | 『묵재일기』, 1553.윤3.6.

1690 | 『묵재일기』, 1553.4.1., 4.4.~4.5.

1691 | 『묵재일기』, 1553.5.24.

1692 | 『묵재일기』, 1561.12.7.

1693 | 『묵재일기』, 1554.1.15.

1694 | 『묵재일기』, 1557.1.5., 1.10.

1695 | 『묵재일기』, 1561.3.8.

1696 | 『묵재일기』, 1561.3.17.

1697 | 『묵재일기』, 1561.7.12.

1698 | 『묵재일기』, 1561.12.7.

독경을 하기도 했다.[1699]

맹인 얼당(乻堂)은 1554년 손자를 위해 동자경을 읽었고,[1700] 아들 온을 위해서도 독경을 했다.[1701] 맹인 막동(莫同)과 마당(馬堂)은 아들을 위해서 점을 쳤다.[1702] 이 밖에 외부의 맹인 박경손(朴經孫)이 성주에 들어와서 점을 치기도 했고,[1703] 늙은 맹인 진연손(陳延孫)이 와서 점을 치기도 했다.[1704]

이문건의 집안을 드나드는 맹인 점쟁이들은 점을 쳐주고 복채를 받았는데, 위에서 언급된 것처럼 때로는 쌀 한두 말, 팥 한 말, 종이 한 권, 부채 한 자루, 술대접 등을 제공받았다. 이 밖에도 자주 소주나 환약 같은 약을 얻어 갔다.[1705]

지금까지 살핀 점복자들은 한양의 김영창(金永昌)과 같은 복사(卜師), 성주의 김자수같이 점을 전문적으로 하는 복생(卜生), 점도 치고 독경도 하는 맹인 점쟁이, 사주팔자를 볼 줄 아는 승려 등이다. 관상감에는 점복을 담당하는 관원이 존재했는데,[1706] 김영창 같은 인물이 그런 정도의 수준급이었을 것이다. 지방 곳곳에는 김자수와 같은, 양반이면서도 점을 전문가 급으로 보는 사람이 존재했을 것이다. 그런데 애초에 김자수처럼 특별한 취급을 받는 존재는 그리 흔치는 않았던 것 같다. 복사 김영창을 포함하여 맹인 점쟁이들은 점과 독경을 유일한 생업으로 삼았다는 점에서 다른 복사나 승려와 다른 존재였다. 조선 초 세종 때 맹인

1699 | 『묵재일기』, 1563.2.4., 1567.1.3.

1700 | 『묵재일기』, 1554.1.5.

1701 | 『묵재일기』, 1554.1.9.

1702 | 『묵재일기』, 1555.6.10., 6.15. 막동과 마당은 발음이 비슷한 것으로 보아 같은 인물인지 모르겠다.

1703 | 『묵재일기』, 1558.4.19.

1704 | 『묵재일기』, 1563.1.13.

1705 | 『묵재일기』, 1555.5.3., 1561.3.8., 1563.12.5.

1706 | 관상감에는 역수(曆數)를 담당하는 관리를 두었으며, 『경국대전』에서는 점치는 일을 담당하는 명과학이 규정되어 있다.(신동원, 『호열자 조선을 습격하다』, 역사비평사, 2004. 155쪽).

에게 점복을 직업으로 삼게 하자는 논의가 있었으며, 성현의 『용재총화』에는 "우리나라의 명과류(命課類)는 모두 맹인에게 맡긴다."(권8)는 내용이 실려 있다.[1707] 성주와 인근 지방의 맹인 점쟁이들은 이런 정책이 16세기 중반 민간에 깊이 뿌리 내려 있었음을 확인해준다.

■자료

기도는 과연 병 고치는 데 효과가 있는 것인가?
─이익 『성호사설』 제21권 경사문 병도(病禱)

병도(病禱, 제21권 경사문)는 병이 들었을 때 기도하는 것에 대해 논했다. 이익은 진심을 다해 귀신에 빌면 하늘이 도와주어 나을 때가 있다는 입장을 드러냈다. 기도를 해도 낫지 않은 경우는 이미 수명이 한정되어 더 늘일 수 없기 때문이라 했다. 이익은 주공과 공자의 사례를 들어 그것의 정당함을 논했다.

명(命)은 하늘의 일정한 한도가 있어서 보탤 수도 줄일 수도 없다. 사람이 백세를 사는 이가 없는 것은 이 명이 일정하기 때문이다. 어떤 사람은 남에게 해침을 당해서 일찍 죽고 어떤 사람은 무엇을 걱정하다가 일찍 죽기도 하기 때문에, 생명을 망각하고 욕심을 부리다가 죽는 것을 군자(君子)는 부끄럽게 여긴다.

주역 대유(大有)괘의 구오(九五) 효사에 "하늘에서 도우면 길(吉)하여 이롭지 않은 것이 없다."고 했는데, 공자는 이를 해석하기를, "하

1707 | 신동원, 『호열자 조선을 습격하다』, 154-155쪽.

늘이 도와주는 것은 순종하기 때문이고 사람이 도와주는 것은 신실하기 때문이다. 이 신실함을 행해서 순종함을 생각하므로 '하늘에서 도우면 길하여 이롭지 않은 것이 없다.'고 한 것이다." 하였다. 신실함과 순종함을 지극히 하면 하늘도 또한 도와주는데 하물며 귀신에 있어서랴.

이 귀신이란 사람을 병들게 하고 사람을 죽이기도 하는 이치가 있기 때문에, 또한 사람을 도와주기도 하고 사람을 살리기도 하는 도(道)가 있다. 무왕(武王)이 병들었을 때 주공(周公)이 귀신에게 빌었으니 이치에 없는 것을 어찌 성인(聖人)이 하였겠는가? 공자가 병들었을 때 자로(子路)가 귀신에게 빌기를 청하니 공자는, "내가 빈 지 오래다."라고 하였다.

성인은 평소부터 신실함을 행하고 순종함을 생각하는 범위가 크고 귀신에게 비는 마음도 보통 사람과 다르기 때문에 하늘도 진실로 남모르게 도와주었을 것이다. 그런데도 한 죽음을 면하지 못하는 것은 이 일정한 대한(大限)을 넘어갈 수 없기 때문이다. 성인도 또한 광(匡) 땅에서 두려움을 당했을 때 이르기를, "문왕(文王)이 이미 죽었으나 문(文)이 여기에 있지 않느냐. 하늘이 이 문을 없애려 한다면, 나중 죽는 나로서 이 문에 참여할 수 없지만, 하늘이 이 문을 없애려 하지 않는다면, 광인(匡人)이 나에게 어쩔 수 있겠느냐."라고 하였다.

성인은 평생에 이 문과 관계가 지극하여 사람으로서는 능히 해칠 수 없게 되었으니, 이것은 하늘이 도와주었다는 증거다. 성인이 병들었을 때 비는 것은 이와 같았을 뿐이다.

(번역은 민족문화추진회, 『국역성호사설』 참조)

장님 조직 명통시(明通寺)
—분류 오주연문장전산고 경사편5 논사류1
명통시(明通寺)에 대한 변증설(고전간행회본 권47)

우리나라의 맹인(盲人)은 해서(海西, 황해도를 가리킨다)의 봉산(鳳山)·황주(黃州) 등지에서 많이 살고 있다. 세상에 전하는 말에 의하면, 해서에는 땅이 꺼지는 재변이 있기 때문에 맹인이 많다고 하는데, 그 말이 사실이다. 맹인은 사민(四民, 사[士]·농[農]·공[工]·상[商])의 열(列)에 끼지 못하여 의식(衣食)을 해결할 방법이 없으므로, 그들은 으레 역복(易卜, 역리[易理]에 의한 점[卜])을 배우고 겸하여 경문(經文)[1708] 또 주문(呪文)을 외어 생활을 영위하는데, 사제(師弟) 간의 질서가 매우 엄중하다. 그들은 항상 산통(算筩)과 점대[策]를 휴대하고는 서로 지팡이를 짚고 길거리에 다니면서 '신수들 보시오[問數].'하고 외치는데, 그 소리가 마치 노랫소리와 같기 때문에, 사람들이 가만히 앉아서도 맹인이 지나가는 것을 알 수 있다. 그들을 불러서 점을 보면 그들은 양식[糈][1709]을 받는 것으로 본업(本業)을 삼는다.

우리 국조(國朝)에 들어와서 맹인 점쟁이에 대해서는, 홍계관(洪繼寬)·유은태(劉殷泰)·함순명(咸順命)과 합천 맹인(陝川盲人) 등을 맹인 점쟁이의 시조(始祖)로 친다.[1710]

1708 | 도경(道經)이나 불경(佛經) 따위를 말하는데, 이것을 외어서 잡귀를 몰아내고 병을 다스린다.

1709 | 옛날에 곡식을 주고 점 본다는 말이 있는데, 정림(亭林) 고염무(顧炎武)가 여기에 대해 해석하기를 "옛날에는 돈[錢]이 널리 쓰이지 않았으므로, 『시경(詩經)』·『서경(書經)』 같은 책에 모두 돈에 대한 글이 없으며, 점 보는 사람도 곡식을 사용하였다. 한(漢)나라 초기에도 그러하였는데, 『사기(史記)』 일자전(日者傳)에 의하면 '점을 보아서 설령 맞지 않을지라도 한번 받은 곡식은 빼앗기지 않는다.' 했다." 하였다.

1710 | 홍계관에서 합천 맹인에 이르기까지가 모두 야사(野史)·패승(稗乘)에 나타나 있지만, 자세한 설명을 붙일 겨를이 없으므로 그만두고 상고가 되는 대로 다시 기록하려 한다. 그러나 홍계관은 쥐[鼠] 한 마리를 다섯

아무리 숭품(崇品, 종일품의 별칭)의 재상(宰相)이라 할지라도 맹인을 만났을 때는 '너'라는 천한 말로 대하지 않고, 중인(中人, 우리나라에서 양반(兩班)도 아니고 상인(常人)도 아닌 사람의 칭호다) 정도로 대한다. 간혹 살다가 실명(失明)하여 앞을 보지 못한 사람도 남의 안방에 드나들면서 점을 보고 신수를 보곤 하니, 이야말로 해괴망측한 일이다.

대체로 맹인들은 길을 다니는 데 있어 밤낮을 가리지 않고 또 한 번도 가보지 않은 두메산골이라도 한 번만 들으면 척 알고 평소 다니던 곳처럼 잘 찾아가곤 하여 눈이 밝은 사람보다 도리어 낫다. 그들이 자녀(子女)를 낳았을 경우에는 손으로 만져만 보고도 곱고 미운 것을 알며, 조그마한 칼을 손에 쥐고 종이를 잘라 인형(人形)을 조각하는 데도 오체(五體, 머리와 수족)가 온전하여 치수도 틀리지 않게 한다. 그리고 부싯돌을 치고 담배를 썰거나, 투전(投箋, 지패(紙牌)의 이름이다.)·골패(骨牌)·쌍륙(雙陸)·장기(將棋) 등의 놀이에도 일반인과 다를 것 없이 잘한다.

여자 맹인 또한 바느질과 길쌈하는 일이 눈 밝은 여자보다 오히려 낫다. 정신이 한번 이른 곳에는 형체가 없는 것을 마음으로 보아서 백체(百體)에 보이는 눈이 있다. 속담에 '장님은 상상으로 눈을 삼고 손으로 본다.' 하였으니, 그 말이 거짓이 아닌가 보다. 또한 석가(釋迦)가 이른바 육근(六根, 안[眼]·이[耳]·비[鼻]·설[舌]·신[身]·의[意])이 서로 작용한다는 것

마리라고 하였다가 사형을 당하게 되었을 무렵에 쥐의 배를 갈라서 실험해보기를 원하므로, 그 쥐를 잡아서 배를 갈라보니 새끼 네 마리가 들어 있어 과연 어미 쥐와 합해서 다섯 마리였다. 이리하여 세상에서 그를 신복(神卜)이라 하였다.

상공(相公) 잠곡(潛谷) 김육(金堉)의 『필담(筆談)』에, "임오년 무렵에 성 이성(成以性)이 합천군수(陜川郡守)로 있을 때, 어떤 맹인(盲人)이 소송(訴訟)을 제기하였기에 그 일을 처리하고 나서 그에게 '네가 점을 칠 줄 아느냐?' 하고 묻자, 그가 '조금 배웠습니다.' 하였다. 그래서 국운(國運)의 길흉(吉凶)을 말해보라 하니 그가 '명월 4월 아무 날, 서방(西方)에서 군사를 일으키면 동북방에서 다시 이를 이어 크게 군사를 일으킴으로써 왕실(王室)이 교체될 것입니다.' 하였다. 이성(以性)이 '이런 요망스런 말을 어디서 하느냐?' 하며 빨리 그 맹인을 내쫓도록 하였는데, 과연 갑신년(인조 22년, 1644년)에 이르러 이자성(李自成)이 산서(山西)에서 반란을 일으켰고 이어 청인(淸人)이 쳐들어옴으로써 명(明)나라 의종(毅宗)이 순절(殉節)하고 명나라가 종말을 고하였으니, 그 날짜도 틀리지 않았다." 하였다. 그러나 근래에는 시원찮은 점쟁이만이 있을 뿐이다.

이 아닌가 싶다.[1711]

상고하건대, 허백당(虛白堂) 성현(成俔)의 『용재총화(慵齋叢話)』에 다음과 같이 적혀 있다. "도시[都] 복판에 명통시(明通寺)가 있었는데, 장님들이 모이는 곳이었다. 장님들은 초하루와 보름에 한 번씩 모여 경문(經文)을 외며 축수(祝壽)하는 것을 일삼았는데, 그중에 높은 사람은 당(堂)으로 들어가고 낮은 사람은 문(門)을 지키면서 겹문에 창[戟]을 세워놓으므로 사람이 마음대로 들어가지 못한다."

지금 도성(都城) 안의 남쪽, 영희전(永禧殿) 열성(列聖)의 영정(影幀)을 봉안(奉安)한 궁(宮)이다. 그 뒷골목 하마비(下馬碑)의 건너편에 이른바 맹청(盲廳)이라는 것이 있으니, 이것이 바로 옛날 명통시가 아닌가 싶다. 이

1711 | 유산(酉山) 원호문(元好問)의 『속이견지(續夷堅志)』에, "평양(平陽)에 사는 가씨(賈氏)라는 늙은이는 눈을 보지 못하면서도 불상(佛像)을 잘 조각하여 불상의 상호(相好)가 단정 엄숙하였다. 그는 불상을 만들 때 맨처음 목재(木材)를 앞에 세워놓고 손으로 매만져 모형을 구색하다가 마음에 깨달은 바가 있으면 자귀를 바람처럼 휘둘러 조각하였다. 또 조주(潮州)의 장님 중[僧]은 먹물을 입으로 뿜어서 그림을 그렸고, 그림 위에 오색(五色) 물감을 포치할 때도 입으로 뿜어서 하였다. 모 제거(毛提擧, 제거는 송나라 때의 관명)의 집에, 큰 나무 밑에 범한 마리가 쭈그리고 앉아 있고 그 옆에는 푸른 색깔의 작은 범 한 마리가 누워 있는 그의 그림이 소장되어 있는데, 범의 눈이 마치 금빛처럼 번쩍거렸다. 조막착(趙邈齪, 송나라 때의 화가로 범을 특히 잘 그렸다 한다.)도 이보다 나을 수 없다." 하였다.

왕사진(王士禛)의 『지북우담(池北偶談)』에, "송강(松江)에 사는 동자(童子) 당훈(唐勛)이 5세에 장님이 되었는데, 12세 되었을 때 지은 시(詩)가 썩 좋은 것이 많았다. 그의 선대(先代)에 자(字)가 중언(仲言)인 여순(汝洵)이란 사람도 장님인 데다 시에 능하여 당시(唐詩)에 주(注)를 달았다. 그리고 영평(永平)의 맹원보 웅필(孟元輔熊弼)이 젊어서 장님이 되었는데, 글 읽기를 좋아하고 한번 들은 것은 다 외었으며, 일찍이 당인(唐人) 50가(家)의 시(詩)를 선집(選集)하였으니, 이 또한 기이한 사람이다." 하였다.

신돈복(辛敦復)이 말하였다. "처사(處士) 학산(鶴山) 김성침(金聖琛)이 5세 되던 해에 두진(痘疹)을 앓다가 두 눈을 다 못 보게 되었는데, 천성이 매우 슬기롭고 영리하였다. 그의 아버지가 서전(書傳)을 가르쳐 문리(文理)가 트인 후에는 날마다 남이 읽는 소리를 듣고 따라 읽었는데, 한번 들으면 대번에 외곤 하여 군서(群書)를 박람하였다. 그는 글 짓는 것이 남의 표본이 될 만하고 시 또한 청절(淸絶)하였다. 그의 저서에 『잠와집(潛窩集)』 2권이 있다. 그의 아내 홍씨(洪氏)는 만적(晩迪)의 딸로 잠와(潛窩)보다 나이 한 살이 위인데, 그 역시 5세에 장님이 되었다. 그러나 뛰어난 효행과 훌륭한 행실이 있었다. 『소학(小學)』·『내훈(內訓)』 및 다른 서책(書冊)을 배웠는데, 한번 읽은 것은 잊지 않았고 시도 잘 지어서 시가 매우 청절(淸絶)하였다. 잠와와 결혼한 이후 50여 년 동안 해로하면서 집안을 다스리고 자녀들 교육시키는 데 모두 법도가 있어 훌륭한 사범(師範)이 되었으니, 이는 참으로 전대(前代)에 듣지 못했던 일이다."

사천(槎川) 이병연(李秉淵)이 이를 위해 이인전(異人傳)을 지은 이외에는 우리나라 제가(諸家)들의 저술(著述)을 많이 보지 못하였으므로 우선 생략해두었다가 견문(見聞)을 얻는 대로 기록하려다.

미 시(寺)라 칭하였으니, 이는 곧 관서(官署)의 호칭인데, 장님에게 관청(官廳)을 설치할 리가 없고 보면, 시(寺)라 이름한 것은 알 수 없는 일이다. 이를테면 국(局)이라는 것도 관사(官舍)의 명칭인데, 내의원(內醫院)을 약국(藥局), 훈련도감(訓鍊都監)을 훈국(訓局)이라 하고, 비변사(備邊司)를 비국(備局)이라 한 유와 같다. 개인 점포(店鋪)에서도 약을 팔면 문득 약국이라 호칭한 예(例)와 같은 것이 아닌가 싶다. 맹인을 세속에서 판사(判事)라 호칭하니, 판사는 바로 각사(各司) 장관(長官)의 호칭인데, 장님에게 이 호칭을 쓰는 것은 외람된 일이다. 아무튼 이미 판사라고 칭해왔기 때문에 그들이 모인 청(廳)도 시(寺)라 칭했나 보다.

임금이 능침(陵寢)을 알현(謁見)하기 위해 거둥할 때는 어가(御駕)가 궁궐 밖으로 나갈 때나 돌아올 때 여러 맹인이 으레 도포(道袍)를 입고 떼를 지어 성 밖으로 나가 어가를 공경스럽게 전송하고 공경스럽게 맞아들이는 등, 조사(朝士) 사마(司馬)와 반열(班列)을 같이하니, 매우 해괴한 일이다. 어느 때의 법을 본받아서 그러는지 알 수가 없다. 그러나 삼대(三代, 하〔夏〕·은〔殷〕·주〔周〕) 시대에는 장님을 시켜 시(詩)를 외고 북〔鼓〕을 두드리게 하였으니, 시를 외어 바른 일을 말하고, 북을 두드려 일식(日食)·월식(月食)을 막았다고 한다. 이는 『주례(周禮)』에서 상고할 수 있다. 그들은 또 악(樂)을 맡았기 때문에 우리나라에서도 이를 본받아 장님을 악원(樂院)에 예속시켜두고 내전(內殿)에서 진연(進宴)할 때면, 맹인에게 눈 화장을 하고 악기(樂器)를 들고서 연주(演奏)하도록 하였으므로, 여기에 빙거하여 반열에 참여시켜서 어가를 전송하고 맞아들이는 것이다.

시(寺)의 호칭을 명통(明通)이라 한 것도 우의(寓意)이고 보면, 이 또한 맹인 스스로가 호칭한 것은 아닌 듯하다. 여기에 대한 고사(故事)가 반드시 있을 것이나, 상고할 만한 사적(事蹟)이 없다. 맹인이란 혼돈세계(渾沌世界) 속에서 사는 사람으로 그 욕망은 오직 명통(明通, 눈이 밝게 뜨이는 것)에 있으므로, 그 청(廳)을 그렇게 이름한 것이다. 그러나 맹인이란, 눈은 뜨이지 않았으나 마음으로 사물을 보고, 또 귀는 어둡지 않아서 밖의 소리를 환히 들을 수 있어 이주(離朱)의 밝은 눈과 사광(師曠)의 밝은 귀에 다름이 없으니, 어째서인가. 이는 다름이 아니라, 의사(意思)가 전일(專一)하여 정신이 흩어지지 않기 때문이다. 명통(明通)의 의의(意義)도 여기에 있는 것이 아닌가 한다.

(고전번역원 번역본 『오주연문장전산고』 참조)

XII. 무녀 추월(秋月)과 성주의 무당들

　　이문건의 일기에는 성주 정착 이후부터 무당의 존재가 보이기 시작하여 그가 죽기 직전까지 지속된다. 이문건의 일기에서 무가 누구인지에 대한 정보는 구체적이지 않다. 어떤 때는 무(巫) 추월(秋月), 화원 거주 무(巫) 사월(四月)이라 명기할 때도 있지만, 많은 경우는 단지 무(巫)가 굿을 했다는 정도로 표현하고 있어서 점쟁이의 경우처럼 인물의 정체를 정확히 파악하기가 힘들다. 이는 그만큼 무(巫)란 직업은 점쟁이 직업보다도 이름을 일일이 밝히지 않는 더 낮은 존재였음을 뜻한다.

　　이문건의 일기 중에서 무녀 추월은 기록이 제법 풍부하기 때문에 어느 정도 행적이 추적 가능하다. 추월이라는 이름이 첫 등장하는 것은 1551년 7월의 기록이다. 이문건의 손녀 숙복(淑福)의 위급한 병 증상 때 구명(救命)을 위해 불려 왔다.[1712] 이런 굿 기록에 이어 자주 추월의 모습이 등장한다. 아마도 이에 앞서 나타나는 몇몇 기록에 나타나는 무녀도 추월이었을 것이며, 이후에도 특별히 이름을 명기하지 않은 채 등장하

1712 | 『묵재일기』, 1551.7.29.

통도사 감로탱—사무신녀

는 무(巫)의 경우도 마찬가지일 것이다.

추월의 어머니는 무녀로서 전라도 출신이었다.[1713] 이로 보아 추월이
세습무였음을 짐작할 수 있다. 추월의 남편 이름은 정억수(鄭億守)이
며,[1714] 둘 사이에 난 아들이 있었다. "병사(兵使)에게 어머니 병이 중해
모셔야 한다."는 정사(呈辭)를 올리는 것을 보면 정억수는 군(軍)과 관련
된 일을 했던 것 같다.[1715] 아들이 천연두에 걸리자 아버지 정억수는 이
문건에게 약을 구하러 와서 무가산(无價散) 약간을 얻어 갔으나 이튿날
죽었다.[1716] 추월은 여러 차례 이문건에게서 약을 얻어 갔으며,[1717] 이문건
에게 호두나 감, 좁쌀, 떡 등을 자주 갖다 바쳤다.[1718] 이문건 집안의 굿
을 거의 도맡아 하고, 그들과 이문건의 잦은 왕래 사실을 보면 이문건
과 무당 추월의 집이 가까운 관계를 유지했음을 짐작할 수 있다.

1713 | 『묵재일기』, 1561.10.9. 이복규, 『<묵재일기>에 나타난 조선전기의 민속』, 64쪽.
1714 | 『묵재일기』, 1555.윤11.14.
1715 | 『묵재일기』, 1563.10.4.
1716 | 『묵재일기』, 1556.11.6.
1717 | 『묵재일기』, 1552.1.23., 1561.10.9.
1718 | 『묵재일기』, 1555.11.1., 1566.7.14.

1561년 9월, 무당 추월은 성주의 속현인 화원현(花園縣)의 현리(縣吏)에게 뇌물을 받은 일이 있었다. 이 일이 발각되어 그는 옥에 갇히고[1719] 곤장을 이틀 연속 맞아 병이 심한 상태가 되자, 남편의 부탁을 받은 이문건이 목사에게 석방을 건의했다. 그렇지만 사또는 뇌물 수수가 관을 모독한 행위라 하여 허가하지 않았다.[1720] 다시 이문건은 목사에게 편지를 내어, "무녀 추월이 [뇌물을 받고 허락 없이] 성주 지역을 벗어난 죄를 묻지 말아달라."는 편지를 [목사가 얻고자 했던] 초서 첩(帖) 다섯 동(同)과 함께 보냈다.[1721] 그렇지만 추월은 10월 초까지 석방되지 않았고,[1722] 남편이 추월의 흉비통으로 이문건에게 약을 얻으러 온 것을 보면 12월에는 풀려난 것 같으며,[1723] 이듬해 2월 건강한 모습으로 굿할 일을 상의하러 이문건을 찾아왔다.[1724] 1563년에는 목사가 추월의 무안(巫案)을 삭감해주었는데,[1725] 이는 무안에 적힌 무세(巫稅), 즉 무당이 내는 세금의 감면을 의미할 것이다.

무당이 내는 세금은 고려 때부터 존재했던 것 같으며, 조선에서도 이를 이어서 세종 때(1426년)는 각 관과 각 마을 백성들 집 가까이에 무당을 살게 했다. 무당이 집집을 나누어 맡게 하여 만일 열병이 있는 집이 있으면 그 고을 수령이 의생과 무격으로 하여금 살피고 구제하고 치료하게 하고, 혹시 치료를 생각지 않으면 그에 따라 죄를 주고, 1년이 다 되어서 사람을 많이 살린 자에게는 무세를 감하고 혹은 부역을 덜게 하는 조

1719 | 『묵재일기』, 1561.9.17
1720 | 『묵재일기』, 1551.9.20.
1721 | 『묵재일기』, 1561.9.24.
1722 | 『묵재일기』, 1561.10.9. 그래서 그의 어미가 와서 굿을 대신 치렀다.
1723 | 『묵재일기』, 1561.12.2.
1724 | 『묵재일기』, 1562.2.4.
1725 | 『묵재일기』, 1563.4.25.

치를 내린 바 있다.[1726] 1517년(중종 12년) 중종은 백성들에게 무격(巫覡)의 음사(淫祀)를 금하도록 했으나, 그렇게 되면 거기서 나오는 세금으로 운영되는 귀후서(歸厚署, 장례 담당 관서)와 동서활인서 운영이 어려워진다고 하여 무세를 철폐하지 못했다.[1727] 뿐만 아니라 민간에서는 여전히 무사(巫事)가 근절되지 않았다. 『묵재일기』의 기록으로 미루어보아, 세종 때의 기록처럼 무당은 관아에 적을 두고 있으며, 성주 고을을 대상으로 하여 의생과 함께 지역민의 질병을 구료했음을 알 수 있다. 또 그들은 벌어들이는 수입의 상당 부분을 세금으로 냈다.[1728] 『묵재일기』에는 새로 무안(巫案)에 오르는 무녀에 대한 기록도 보인다. 1561년 6월, 성주 지방의 홍씨 성 양반가의 여종 사월(四月)이 무안에 올랐던 것 같다. 이문건은 홍씨 댁의 부탁을 받아 사월을 무안에서 빼달라는 청탁을 성주목사에게 넣었는데, "덕인(德人) 집의 일이므로 특히 그렇게 하겠다."는 답을 얻었고,[1729] 관아의 서원(書員)은 사월을 무안에 올리지 않았다.[1730] 1517년 『조선왕조실록』에는 "[수령이] 참 무격(巫覡)이 아니라도 거짓으로 무안(巫案)에 붙여서 그 세를 거두니, 이런 것은 그치게 해야 한다."[1731]는 내용이 보인다. 여종 사월이 무안에 오른 것이 이와 유사한 사례였던 것으로 추정된다.

무당이 어떤 일을 했는지는 『묵재일기』에 남아 있는 수십 개의 사례로 확인이 가능하다. 그것을 연도별로 짚도록 한다.

이문건이 1545년 9월 성주에 온 뒤로 한동안은 그의 가족이 무당 치

1726 | 이능화, 『조선무속고』, 백록출판사, 1983, 72쪽.

1727 | 이능화, 『조선무속고』, 76쪽.

1728 | 조선후기 기록인 『만기요람』(1808)에서는 무세가 1인당 경기도에서는 32필, 충청도에서는 3동 26필, 전라도에서는 8동 15필, 경상도는 10동 22필, 강원도는 1동 11필, 함경도는 2동 29필로 나타난다.(이능화, 『조선무속고』, 81쪽.)

1729 | 『묵재일기』, 1561.6.24.

1730 | 『묵재일기』, 1561.6.26.

1731 | 『조선왕조실록』, 중종 12년 정축(1517년, 정덕 12년) 9월 23일(병신).

수락산 흥국사 감로탱-병자와 무당굿

료를 받은 적이 없다. 다만 1546년 7월 여종 삼월의 어린 딸이 이질에 걸려 밥을 먹지 못하는 병에 걸렸을 때, 다른 여종 억금이 무녀를 찾아가 병을 물은 적이 있었다. 이 무당은 종이를 공중에 매달아놓고 굿을 했다.[1732] 이해 10월에는 이문건이 묵고 있는 주인집에서 [그가 거주하고 있는] 내청(內廳)에서 굿을 한다고 하자, 이문건은 이를 거절하면서 무녀를 꾸짖은 적도 있다.[1733]

1551년에는 무려 여섯 차례나 무당을 불렀다. 이해 3월 이문건은 아내의 병에 스스로 무당을 불렀다. 처가 병을 오래 앓으면서 차도가 없고, 맥박에 힘이 없고 배가 차고 변이 묽고 매끈하여 일어나 앉을 수가 없는 병 증상이 지속되자, 그는 이 병이 "귀신에 씌어서 그런 병"이 아닌가 여겨 [직접] 특별히 용하다는 명성이 있지 아니한 무녀를 불러 귀신을 대접토록 했다.[1734] 단순한 난치가 아니라 병이 오래 지속되며 잘

1732 | 『묵재일기』, 1546.7.29.
1733 | 『묵재일기』, 1546.10.1.
1734 | 『묵재일기』, 1551.3.30.

안 낫는 것이 귀신의 빌미[崇] 때문이라 생각하여 귀신을 쫓는 직업인 무(巫)를 찾은 것이다. 이에 앞서 이문건은 각종 의약 처방을 시도하고 있었다. 며칠 후 점쟁이 김자수가 점괘를 뽑았더니 "무녀가 기도하여 풀고, 귀신을 꾸짖어야 한다."고 나와, 이문건이 이를 따라 행했다.[1735] 이 대목은 당시 점과 무가 서로 연관되어 있었음을 시사한다. 7월에는 세 살 난 둘째손녀인 숙복(淑福)이 오랜 설사와 음식을 못 먹는 병이 깊어져 죽기 직전의 상황이 되자, 무녀 추월을 불러왔다.[1736] 굿에도 불구하고 숙복은 세상을 떴으며, 10월에 다시 죽은 아이를 위한 굿을 치렀다.[1737] 이에 앞서 9월, 한 살인 손자 숙길의 똥에 피가 섞여 나오고 그것도 잘 안 나오자 무당을 불러서 굿을 치른 바 있다.[1738]

1552년에는 세 차례, 1553년에는 두 차례, 1554년에 두 차례, 1555년에 다섯 차례, 1556년 세 차례 무당을 불렀다.

1552년 1월, 숙길의 이질이 잘 낫지 않자 이문건의 며느리가 무당을 불렀다.[1739] 8월, 죽은 노비의 넋을 위로하기 위해 7일이 되던 날[1740] 9월 행차에 앞서 행운을 비는 굿을 했다.[1741]

1553년 5월, 이문건은 처의 병이 깊어지자 무당을 불러 기도했고,[1742] 아이의 병을 낫기 위해 무당 추월을 불렀는데 추월은 밥을 허공에 던지는 의식을 펼쳤다.[1743]

1554년 9월, 손자 아이의 눈병이 빨리 낫기를 빌기 위해 맹인 점쟁이

1735 | 『묵재일기』, 1551.4.4.
1736 | 『묵재일기』, 1551.8.4.
1737 | 『묵재일기』, 1551.10.15.
1738 | 『묵재일기』, 1551.9.24.
1739 | 『묵재일기』, 1552.1.29.
1740 | 『묵재일기』, 1552.8.23.
1741 | 『묵재일기』, 1552.9.5.
1742 | 『묵재일기』, 15553.5.8.
1743 | 『묵재일기』, 1553.7.22.

의 말을 따라 이문건은 무당을 불렀고,[1744] 10월에는 아들 온의 병이 심상치 않다는 맹인 점쟁이의 점괘가 있자[1745] 아래채에서 안사람이 떡을 준비해 무당을 불러 굿을 펼쳤지만 이문건은 굿 하는 데를 들여다보지 않았다.[1746]

1555년 3월, 맹인 점쟁이 막동의 말을 따라 무녀를 불러 귀신에게 기도했으며,[1747] 이와 함께 안봉에서 구명시식(救命施食) 초제를 지내기도 했다.[1748] 6월, 아들의 정신병이 측간을 찾지 못할 정도로 심각해지자[1749] 10일, 이문건은 무당을 불러서 이 병을 일으키는 귀신의 빌미를 달랠 수 있는가를 물었다.[1750] 17일, 이문건의 처가 무녀를 불러서 굿을 했는데 무당은 "망극의 괴로움을 풀고자 했다."[1751] 7월에는 손자가 여위어 시름시름 앓자 무당이 구식신(求食神)할 것을 권하매 여종으로 하여금 밥을 마련해 빌도록 했다.[1752] 9월에는 이문건 처의 요통과 두통이 심하자 무녀 추월을 불러 기도했는데, 추월은 "열흘쯤 지나면 괜찮아지리라."고 전망했다.[1753] 11월에는 아들의 병이 심해져 무녀 추월을 불러 굿을 했다.[1754]

1556년 3월, 무녀 추월은 이문건의 아들을 위해 굿을 했는데, 종손(終孫)의 죽은 어미를 〔승지댁 서방의 병의 빌미라고 하여〕 꾸짖었던 것 같다.[1755] 그러자 종손의 동생 등이 추월의 집에 가서 그를 잡아와 이 일

1744 | 『묵재일기』, 1554.9.18.
1745 | 『묵재일기』, 1554.15.14.
1746 | 『묵재일기』, 1554.12.17.~12.18.
1747 | 『묵재일기』, 1555.3.13.
1748 | 『묵재일기』, 1555.3.17.
1749 | 『묵재일기』, 1555.6.7.
1750 | 『묵재일기』, 1555.6.10.
1751 | 『묵재일기』, 1555.6.17.
1752 | 『묵재일기』, 1555.7.1.
1753 | 『묵재일기』, 1555.9.6.
1754 | 『묵재일기』, 1555.12.14.
1755 | 『묵재일기』, 1556.3.22.

을 따졌는데, 〔굿을 지켜본 모든 이들이〕 이는 무녀가 지어낸 말이라 했다.[1756] 7월에 추월을 불러 굿을 했다. 이는 이문건 집에서 아이들이 두창에 걸려 죽지 않은 채 역신이 물러간 것을 축하하기 위한 이른바 송신 굿이었다.[1757] 8월, 이문건 처의 열증이 의약으로 해결이 되지 않자 이문건은 무녀를 불러 병의 빌미에 제사토록 했는데, 그 빌미로 바로 가주, 즉 이문건을 지목했다.[1758]

1557년 7월, 아들이 죽은 후 시름에 잠긴 이문건의 아내를 위해 아래채에서 무녀 추월을 불러 굿을 했다. 아들이 죽은 지 49일이 되던 날 야제(野祭)를 지냈는데, 이때는 속현인 화원(花園)의 무녀가 와서 굿을 치렀다. 아래채, 위채 할 것 없이 굿 때문에 시끄러웠지만, 이문건은 그 소리를 들으며 집 안에 머물러 있었다.[1759] 이 화원의 무녀는 추월과 같은 사람이었던 것 같다. 화원의 무녀는 이듬해 남편이 옥에 갇혔을 때 석방해달라는 청원을 이문건에게 넣은 바 있는데,[1760] 몇 달 뒤에 추월이 와서 "사람들이 전하기를 석방의 은혜를 입었다고 하기에 왔다."[1761]고 하고 있기 때문이다. 이로부터 추월의 집이 속현인 화원에 있었음을 짐작할 수 있고, 화원의 관리에게 뇌물을 받은 것 또한 그의 거주 지역과 연관이 있음을 알게 된다. 이 밖에도 이문건의 일기에는 이웃에서 굿을 했던 가천(伽川)의 무녀 막근(莫斤)이란 이름도 보인다.[1762]

1558년 4월 이문건은 추월을 불러서 집안의 재괴(災怪)를 없애기 위

1756 | 『묵재일기』, 1556.3.25.
1757 | 『묵재일기』, 1556.3.22.
1758 | 『묵재일기』, 1556.8.20.
1759 | 『묵재일기』, 1557.8.14.
1760 | 『묵재일기』, 1558.윤7.5.
1761 | 『묵재일기』, 1558.11.13.
1762 | 『묵재일기』, 1557.9.23.

해 귀신에게 제사하는 일을 맡겼으며,[1763] 11월 종 필이가 죽었을 때 인손 등이 그를 위해 굿을 했으며,[1764] 12월 충직한 종 효원이 죽자 추월을 불러 굿을 했다.[1765]

1559년에는 괴산 행차에 앞서 굿을 했으며,[1766] 손자의 귓병이 약을 써도 낫지 않자 추월을 불러 굿을 했다.[1767]

1561년 4월에는 손자 숙길이 이상한 병에 걸렸는데, 성황당에서 놀다 귀신에 씌운 것이라는 말이 있어 추월을 불러 성황당에서 굿을 했다.[1768] 7월 12일에는 종의 집 아이들이 천연두를 무사히 치르자 송신 굿을 치렀다.[1769]

1562년에는 여섯 차례 무당굿 기록이 보인다. 1월 말 이문건의 처는 갑자기 급한 병에 걸렸는데, 그녀는 이 병이 "애정(愛丁)의 혼이 와서" 일으킨 것이라 여겼다. 그래서 여종 억금이를 시켜 일단 밥을 마련해 기도토록 했고,[1770] 무녀에게 물어서 적삼 주머니에 쌀을 담아 귀신 빌미에게 빌었으며,[1771] 무녀가 불려 왔지만 죽은 사람이 있어서 구명(救命) 굿을 못 한다 하여 돌려보냈고,[1772] 며칠 후 추월이 와서 처음에는 집, 나중에는 상남정(上南亭)에 가서 귀신 빌미에게 제사를 지냈다.[1773] 다음 달에 이문건의 처는 많이 회복되어 무당굿을 직접 관장하기도 했다.[1774] 이

1763 | 『묵재일기』, 1558.4.15.
1764 | 『묵재일기』, 1558.11.10.
1765 | 『묵재일기』, 1558.12.18.
1766 | 『묵재일기』, 1559.2.2.
1767 | 『묵재일기』, 1559.4.21.
1768 | 『묵재일기』, 1561.4.5., 4.7.
1769 | 『묵재일기』, 1561.7.12., 7.29.
1770 | 『묵재일기』, 1562.1.28.
1771 | 『묵재일기』, 1562.1.29.
1772 | 『묵재일기』, 1562.2.1.
1773 | 『묵재일기』, 1562.2.5.
1774 | 『묵재일기』, 1562.3.11.

해 4월에는 말이 중병에 걸리자 무당을 불러서 굿을 했으며,[1775] 집안의
귀물(鬼物)에 제사 지내는 한편, 손녀 숙희의 병에 제사를 지냈다.[1776] 이
밖에도 숙희의 또 다른 병에도, 이문건 처의 병이 심해졌을 때도, 무녀
추월을 불러 굿을 했는데 밤새도록 굿판이 그치지 않았다.[1777]

1563년에는 네 번의 무녀 굿이 있었는데, 이문건은 아래채의 무당굿
을 피해 자기 거처에 머물렀으며, 손녀사위 정섭(鄭涉)도 '요사한' 소리
를 피해 이문건의 거처 쪽으로 옮겨 머물렀다.[1778] 1564년에도 두 차례
굿 기록이 보이고, 1565년에는 두 차례, 1566년에는 두 차례 굿 기록이
보인다. 11월 부인이 기침병에 걸리자 무녀 추월이 빌러 왔는데, 이것이
『묵재일기』에 보이는, 이문건 집안과 추월의 20년 인연의 마지막 굿 기
록이다.[1779] 이에 앞서 며칠 전에 고령(高靈)의 여자 맹인 무녀인 솔래(率
來)가 와서 일을 묻기도 했다.[1780]

지금까지 무녀의 굿을 살폈는바, 몇 가지 특징이 나타난다. 첫째, 이
문건 자신을 위해서는 단 한 차례의 굿도 벌어지지 않았다는 점이다.
둘째, 그렇다고 해서 이문건이 무당굿을 완전히 부정한 것은 아니고, 처
와 아들, 손주의 병, 귀신 씌운 병으로 간주되는 경우, 두창을 무사히
치른 것을 축하하기 위한 송신 굿, 집안의 액땜을 위한 굿, 행차 때 안전
을 비는 굿 등은 스스로 나서 결정하기도 했다. 셋째, 그럼에도 무녀를
불러 치르는 굿은 많은 경우 아래채에서 처와 며느리 등의 여성들이 주
로 담당했다. 그것의 '요사한 소리'를 싫어하여 이문건은 굿 현장을 피
하는 경우가 종종 있었고, 손자사위 정섭은 완전히 그것을 혐오했다. 넷

1775 | 『묵재일기』, 1562.4.17.
1776 | 『묵재일기』, 1562.4.4.26.
1777 | 『묵재일기』, 1562.7.19., 9.13, 10.23.
1778 | 『묵재일기』, 1563.7.19., 10.21.
1779 | 『묵재일기』, 1566.11.9.
1780 | 『묵재일기』, 1566.11.5.

째, 성주 지방, 적어도 이문건의 거주지에서 이루어진 굿은 〔거의〕 모두 무녀 추월이 담당했던 것 같다. 추월이 옥에 갇혔던 특수한 상황에서 그의 어미가 굿을 대신한 적이 있었을 뿐이다. 다섯째, 거의 모든 무(巫) 기록은 무녀와 관련된 것이었다. 『묵재일기』에는 남자 무인 박수무당〔覡〕이 단 한 차례 보일 뿐이다.[1781] "동네 사람들이 박수무당이 용하다 하여 내가 불러 쌀 한 되와 술을 주어 현배(玄培) 등의 일을 물었는데, 말하는 바가 신령스럽지 못했다."는 내용이 그것이다.[1782] 여섯째, 간혹 이웃 고을인 가천이나 고령의 무녀 존재가 보이기도 한다. 일곱째, 무당은 관의 무안(巫案)에 올라 철저하게 관리되었다.

마지막으로, 무와 의의 관계에 대해 다시 한 번 짚을 필요가 있겠다. 『묵재일기』를 보면, 무와 의는 서로 경쟁적 관계에 있다기보다는 보완적 관계를 유지했다. 점의 경우도 마찬가지다. 두통, 복통, 소화불량 등 고치기 쉬운 병에는 무당도 약을 찾을 정도로 약을 이용했다. 그렇지만 약이나 침으로도 소용이 없게 되면, 새로운 대안으로 무당을 찾게 된다. 그럴 경우에도 무당은 병의 빌미를 찾아내 그것을 해결해주는 치병의 방식을 띤다. 『묵재일기』의 치병 패턴을 보면, 몸에 나타난 증상을 보고 이문건이 바로 의약적 판단을 하여 약을 처방하고, 외과인 경우에는 침의를 불러 침을 놓으며, 이런 것이 무력하다고 느낄 때는 주술적 방법, 독경, 무당을 찾는 방법을 썼다. 더 위중한 경우에는 하늘에 제사를 지냈다. 의약과 무당을 양자택일의 경우로 봐서는 안 될 것이고, 구체적으로 사례마다 나타난 모습을 제대로 파악하는 것이 더 중요하다. 우리는 지금까지 『묵재일기』를 통해 그런 상황을 생생하게 잘 목격했다.

1781 | 이복규, 「<묵재일기>에 나타난 조선전기의 민속」, 64쪽.
1782 | 『묵재일기』, 1561.5.17.

무(巫)의 폐단
―이익,『성호사설』 제7권 인사문 무(巫)

무(巫, 제7권, 인사문)는 무당의 기원과 내력을 논한 것이며, 이익은 사람
이 질병과 상사에 있을 때 귀신을 섬기는데 두어 달 먹을 양식을 허비하
는 것을 한탄했다. 여기에는 조선 사대부의 무에 대한 인식이 엿보인다.

『국어(國語)』에 "정신이 집중된 자에게 신명이 집히니, 남자에게 집
힘을 격(覡)이라 하고 여자에게 집힘을 무(巫)라 한다." 하였는데,
요즈음 세상에 여무(女巫)가 국내에 퍼져 있으되 그에게 집힌 귀신
은 모두 요사한 마귀의 종류다. 민속이 그것으로 풍악을 삼고 기도
하여 신사(神事)라 하되 법으로 능히 금하지 못한다. 금하지 못할
뿐만 아니라 오히려 권장하는 편이다. 대개 무녀들에게 부세를 물
려 관에서 그 물건으로 이득을 보는데, 무녀들의 재물이 어디에서
나겠는가? 이는 모두가 기도하는 데에서 나는 것이다. 그래서 금하
기 어려운 것이다.

『주례(周禮)』에 무관(巫官)을 세운 것은, 뜻하건대 옛날에도 귀도(鬼
道)를 숭상하여 재앙이 있으면 반드시 빌었기 때문이라 여겨진다.
지금 국가의 사전(祀典)에 무(巫)를 쓰지 않으니 그 의식이 극히 온
당한 것이라, 마땅히 물리쳐 끊기를 겨를하지 못한 것인데 또 어찌
부세를 받기까지 하는가? 이미 부세를 받고 또 그 귀신 섬기는 것
을 처벌하여 많은 속전(贖錢)을 받아 관에서 이득을 보니 이는 금
하는 것이 아니요, 그 본의는 전포(錢布)를 거두어들이는 데 있는
것이다. 그리하여 가까운 서울에서부터 먼 고을에 이르기까지 모

두 주무(主巫)가 있어 마음대로 출입하므로 민풍이 퇴폐해진다. 무(巫)란 모두 신이 와 집힌다고 하는데, 이는 곧 사람이 부르는 것이지, 귀신이 억지로 붙는 것이 아니다.

옛날에는 격(覡)이 있고 무(巫)가 있었는데, 지금은 여무(女巫)만이 있어 안팎에 출입하니, 이는 사람들에게 친근하여 이득을 취함에 있어 남자가 여자만 못 하기 때문이다. 그러므로 남무(男巫)가 드디어 없어지게 된 것이다. 내가 사는 마을에 귀신에게 비는 모임이 있었는데, 그중 어떤 백성의 아내 한 사람이 갑자기 몸에 신이 내렸다 하여 몸을 떨며 황당한 말을 하면서 드디어 늙은 무당을 따라 스승으로 섬긴다 하기에, 내가 그의 남편을 불러 깨우치고 또 스승으로 섬기는 것을 금하게 하였더니 귀신이 떨어져 마침내 평민이 되었다. 이로 보아 법으로 능히 금할 수 있음을 알 수 있다. 지금 들으니 도성 안에는 하루 동안에도 귀신을 먹이는 자가 무수히 많은데 한 번 먹이는 비용이 적지 않게 든다고 하며, 시골에도 질병이 있거나 상사가 있으면 귀신을 먹이는 데 소비하지 않는 자가 없어 걸핏하면 두어 달 먹을 양식을 소모시킨다고 한다. 이 어찌 애석한 일이 아니겠는가?

(출처: 고전번역원, 『국역성호사설』 번역문)

XIII. 승려의 의약, 점복 활동과 초제(醮祭) 거행

　이문건의 일기에는 치병에 승려가 여러 모습으로 등장한다. 이들은 침을 놓기도 했고, 점을 치기도 하며, 하늘에 지내는 제사를 주관하기도 했다. 그들이 의약을 시술하는 모습은 보이지 않는데, 당시 처방 구성에 필요한 약재를 사찰에서 구비할 수 없었던 경제적 사정과 무관하지 않은 듯 보인다. 불교가 억압된 조선에서 성주 같은 지방에서 사찰이 의약을 풍부히 갖춘다는 것은 상상하기 쉽지 않다. 반면에 침은 9침만 갖추면 되는 매우 간편한 의술 도구였다. 『묵재일기』에는 침술을 익혀 시술하는 두 명의 승려가 보인다.

　침승(針僧) 삼공(三空)은 성주에 거주하는 인물이었는데, 이문건은 두통이 심했을 때 그를 불러 침을 놓도록 했다. 삼공은 침술을 익힌 지 오래되었다고 하면서, 두통이 나타나는 부위 일곱 혈과 두 귀 뒤 습한 기운이 모인 곳 10여 구멍에 침을 놓고 난 후 다시 어깨 부위 여러 혈에 침을 놓았는데, 침놓는 게 막힘이 없었다. 그는 이문건에게서 절구를 써

보광사 감로탱-떠돌이 승려

달라고 해서 가지고 갔다.[1783] 그는 이듬해 5월까지 가끔 들러서 이문건에게 침을 놓았다.[1784] 앞서 보았듯, 삼공은 자기의 침술을 담은 『침구치료방』10장을 목사에게 부탁해 인간할 생각을 비치기도 했으며, 이문건에게서 침술 서적 『신응경』을 받아 가기도 했다.[1785] 그는 응안혈(應眼穴)을 관음혈(觀音穴)이라 하면서 일체의 눈 질병을 치료할 수 있다고 말하기도 했다.[1786] 이로 미루어 그의 침술법이 불교의학과 관련이 있었음을 짐작할 수 있다. 어떤 날 그는 협천(陜川)에 사는 하씨 성의 아무개와 같이 와서 하씨 부친의 병에 대해 이문건에게 문약하기도 했다.[1787]

의학을 익힌 승려인 의승(醫僧) 성헌(性軒)이란 존재도 삼공이 등장하는 것과 똑같은 시기인 1562년 5월 초에 보인다.[1788] 그도 이문건의 눈 어둠증을 고치기 위해 여러 차례 침을 놓았으며, 이웃 사람인 인손의 집

1783 | 『묵재일기』, 1561.12.22.

1784 | 『묵재일기』, 1562.5.5.

1785 | 『묵재일기』, 1562.1.1., 1.13.

1786 | 『묵재일기』, 1562.5.5.

1787 | 『묵재일기』, 1562.5.15.

1788 | 아마도 삼공과 성헌이 같은 인물일지도 모르겠다.

에 가서 침을 놓기도 했고,[1789] 여종 삼월의 종기를 째기도 했다.[1790] 침술에 대한 보답으로 이문건은 그에게 흰쌀 두 말을 보내주기도 했다.[1791] 또한 성헌은 침 치료를 위해 이문건의 집에서 묵기도 했다.[1792] 이웃 박인온(朴仁溫)이 아버지 병에 대해 물으러 오자 성헌을 보내 침을 시술토록 한 적도 있다.[1793] 이런 침승 성헌이 전날 순강(順工) 등 세 명의 동네 사람에게 구타를 당한 적이 있었는데, 이문건은 승려와 순강을 불러 사정을 파악했는바, 중이 무례하게 굴어서 때렸다는 것이었다.[1794] 이문건은 이 사건을 성주목사에게 고발했다.[1795] 삼공과 성헌은 당시 승려가 침술을 익혀 동네를 돌아다니며 시술하는 승려의 존재가 있음을 말한다.[1796]

점을 치는 승려의 존재도 여럿 『묵재일기』에 보인다. 승려 법행(法行), 보명(普明), 도매(道梅), 복명승(卜命僧) 도원(道圓) 등이 그들이다. 법행은 지리(地理)와 명수(命數)를 이해하는 인물로서 이문건 아들의 사주를 보면서 "짧지 않을 것", 처의 경우에는 "험난한 일이 있을 것", "갑술생은 수가 5, 4로 험난함이 심해서 이른바 천교흉종(天絞凶終)이라" 추산했다. 그의 설은 수를 위주로 했으나 별점[星命]에는 정통하지 않았다.[1797] 보명도 팔자를 볼 줄 알아서 이문건은 그에게 무인생의 팔자를 보도록 했는데, 수가 오래 살고 말안장을 부여잡는 수이기 때문에 벼슬 추증이 있을 것이고, 근년에는 흉한 일이 없을 것이라는 점괘를 내놓았다.[1798]

1789 | 『묵재일기』, 1562.5.2., 5.5., 5.9.
1790 | 『묵재일기』, 1562.2.16., 5.5
1791 | 『묵재일기』, 1562.5.10.
1792 | 『묵재일기』, 1562.5.8.
1793 | 『묵재일기』, 1562.5.11.
1794 | 『묵재일기』, 1562.5.10.
1795 | 『묵재일기』, 1562.5.11.
1796 | 『송간일기』를 보면, 안동 지방에는 의서습독관인 이정희 같은 유생의 침의 활동도 보인다.
1797 | 『묵재일기』, 1545.10.29.
1798 | 『묵재일기』, 1555.1.6.

그는 또 병든 이문건 부인의 운수에 대해서 "정사생은 거의 흉함을 면할 것이며, 무인생도 말해[午年]에 수가 불길하지 않다"는 추산을 내놓기도 했다.[1799] 승려 도매도 역시 사주를 볼 줄 알아서, 이문건은 자신, 아들, 두 손녀, 조카, 형님, 손자, 처남 등의 팔자를 그에게 다 물어보았다.[1800] 이문건은 얼마 지나지 않아 도매에게 손녀사위인 정섭(鄭涉)의 팔자를 물었다.[1801] 복명승 도원이 이문건을 찾아오기는 했지만, 그가 점을 친 사실은 『묵재일기』에 따로 기록되어 있지 않다. 맹인 점쟁이와 달리, 승려들은 병점이나 독경은 하지 않고 모두 사주팔자를 점쳤다. 『묵재일기』의 기록에 따르면, 의학과 마찬가지로 당시 사주팔자 공부가 승려에게 비교적 흔한 일이었던 것 같다.

승려들은 목숨이 왔다 갔다 하는 상황, 또는 대가 끊길 위기 상황에서 초제(醮祭)를 거행했다. 아들이 사경을 헤매던 1551년, 1554년, 1556년에 초제를 지냈고,[1802] 1566년에는 병든 손자를 위해 초제를 지냈다.[1803] 초제는 성주 이씨의 안찰인 안봉사의 승려가 담당했다. 구명시식은 수

1799 | 『묵재일기』, 1556.11.28.
1800 | 『묵재일기』, 1561.윤5.14. 승려 보명이 점친 기록은 다음과 같이 매우 상세히 남아 있다. "승 도매가 일찍 나섰기에 외판(外板)에서 그를 대면하여 팔자를 물었다. 그러자 그는 갑인생은 최대 79세까지 살 것이다, 정사생은 73세에 위험한 액이 끼었고, 숙희는 운명이 좋으며 아들이 있어 요절하지 않은 자는 일찍 결혼이 가하며, 정가(鄭家) 아들의 명은 흉하지 않으나 단 때때로 원망하고 성내는 마음이 깊어 여섯 가지 해로움이 처를 괴롭힐 것이라 했는데 의심스러웠다. 또 김가(金家)의 아들, 우가(禹家)의 것을 물으니 모두 괜찮다고 말했다. 김은 과거에 합격할 것이라 했다. 규성(奎星)의 팔자를 물으니 신유(辛酉)의 운은 해칠 수 없으며 금년에는 아무런 일도 없어서 가히 임술(壬戌)의 운을 보할 것이라 했다. 노성(老成)의 경우에는 해(亥)가 들어간 때에 급제할 것이며 자식이 있을 운명이라 했다. 한림(翰林)은 병인년(丙寅年)에 사면될 수라 했으며 내 경우에는 임술년(壬戌年)에 기쁜 일이 있을 것이라 했고, 숙길(淑吉)은 15세 이전에 작은 병들이 잦을 것이나 이를 지나면 해침이 없고 일찍 통달할 명운을 누릴 것이라고, 숙녀(淑女)의 운수는 좋아서 시집가서 아들을 낳을 것이라 했고, 김계안(金繼女)은 장수할 것이며, 막내아들 성길(成吉)의 명도 좋다고 했으며, 제갑(弟甲), 인갑(仁甲), 장억(長億) 등도 모두 좋다고 했다. 권상(權常)의 명도 좋은데, 서넛 아들이 과거에 합격할 운이라 했다. 같이 아침밥을 먹었고, 그는 한 사발 찬 술을 대접받은 후 총총히 관아를 향해 떠났다."
1801 | 『묵재일기』, 1561.윤5.22.
1802 | 『묵재일기』, 1551.11.8., 1554.7.12., 1556.3.17.
1803 | 『묵재일기』, 1566.5.26.

명을 관장하는 하늘의 북두칠성에게 제사를 지내는 초제였다. 이문건
은 축문을 자신이 썼으며, 이 제사를 지내기 위해 쌀 다섯 말, 백목(白
木) 한 필, 초 일곱 자루, 향 한 봉지, 옷 한 벌, 종이 다섯 묶음, 기름 다
섯 홉 등의 물품을 준비했다.[1804] 이 초제는 언제나 자신이 돌보는 안봉
(安峯)의 절에서 그곳의 승려들이 거행했다. 초제는 흉사가 있을 때 지내
는 도교적인 의식으로 고려와 조선 초에는 소격서(昭格署)에서 이를 거
행했는데, 유교 국가를 표방하면서부터 이에 대한 유생의 강한 반대가
있어 중종 때 폐지 논의가 활발했으나 철폐되지는 않았다.[1805] 『묵재일
기』의 기록이 그것을 보여주는 단적인 예다. 또한 1563년, 명종도 아들
낳기를 기원하며 산천에 사람을 보내 초제를 지내기도 했다.[1806] 도교 의
식을 행하는 도관(道觀)이란 공간과 의식 주재자인 도사(道師)가 존재하
지 않았기 때문에 절에서 승려가 이 의식을 거행했다.

지금까지 살폈듯, 『묵재일기』를 보면 승려는 본질상 삶과 죽음과 관
련되며 죽음과 고통의 구제 외에 지방민의 의약생활에도 어느 정도 밀
접하게 관여하고 있었던 것 같다. 여러 승려가 자신의 건강을 돌보기
위해서, 또 약간의 보시를 통한 생활의 밑천 마련으로서 침술을 배워
시술했던 것 같다. 그런 승려 가운데 후대에 침술로 유명한 사암도인 같
은 인물이 배출되었을 것이다.

1804 | 『묵재일기』, 1551.3.28.
1805 | 『조선왕조실록』 중종 25년 경인(1530년, 가정 9년).
1806 | 『조선왕조실록』, 명종 18년 계해(1563년, 가정 42년) 12월 2일(병오).

왕자 탄생 때 궁중의 초제
—성현, 『국역 용재총화』 제2권

조선 초까지는 도교 사원인 소격전을 두어서 도교 식으로 하늘에 드리는 제사, 즉 초제를 올렸다. 유교 사대부들은 도교 제사를 맹렬히 반대했는데, 그럼에도 왕실에서나 민간에서는 임진왜란 이전까지 오랜 전통을 지닌 초제를 계속 지냈다. 『묵재일기』는 민간에서 초제는 도교 사원이 아닌 안찰에서 지냈음을 보여준다.

궁중에서 왕자가 탄생하면 권초의 예[捲草之禮, 산실(産室)에 깔았던 거적자리를 걷어치우는 예(禮)]라는 것이 있는데, 탄생한 날 다북쑥으로 꼰 새끼를 문짝 위에 걸고, 자식이 많고 재화가 없는 대신에게 명하여 3일 동안 소격전(昭格殿)에서 재(齋)를 올리고 초제(醮祭)를 베풀게 하는데, 상의원(尙衣院)에서는 5색 채단을 각각 한 필씩 바쳤고, 남자면 복건[幞頭]·도포·홀(笏)·오화(烏靴)·금대(金帶)요, 여자면 비녀·배자(背子, 덧옷)·혜구(鞋屨) 등의 물건을 노군(老君) 앞에 진열하여 장래의 복(福)을 빌었다.

밤중에 제사가 끝나면 헌관이 길복(吉服)을 입고 사람을 시켜 포단(布段)과 관복(冠服)을 메게 하여 앞세우고, 궐내에 가서 방문 밖에 이르러 탁상에다 진열하고는 향불을 피우고 재배하면 내인(內人)이 받아들여 갔으며, 헌관은 다북쑥 새끼를 걷어 푸대 속에 넣어 이것을 옻칠한 함에 넣고는 붉은 보자기에 싸서 문밖으로 나가 조심스럽게 그 함을 봉한 다음, 내자시(內資寺)의 정(正)에게 주면 정하게 이를 받들고 가서 그 사(司)의 창고에 넣어두는데, 만약 여자면 내섬시(內贍寺)에서 이를 주관하였다.

갑인년(1494년) 봄에 원자(元子)가 탄생하실 때 내가 헌관이 되어 행사를 맡았다. 대개 소격서(昭格署)는 중국 도가(道家)의 행사를 모방하여 태일전(太一殿)에서 칠성(七星)과 제숙(諸宿)을 제사 지내는데, 그 상(像)은 모두 머리를 풀어헤친 여자 모양이었다. 삼청전(三淸殿)에서는 옥황상제(玉皇上帝)·태상노군(太上老君)·보화천존(普化天尊)·재동제군(梓潼帝君) 등 10여 위를 제사 지냈는데 모두 남자의 형상이었다. 그 외에 안팎의 여러 단(壇)에는 사해용왕(四海龍王)과 신장(神將)과 명부시왕(冥府十王)과 수부(水府)의 여러 신을 모셔 위패에 이름을 쓴 것이 무려 수백이었다. 헌관과 서원(署員)은 모두 흰옷에 검은 두건으로 재를 올렸고, 또 관(冠)을 쓰고 홀(笏)을 들고 예복을 입고 제사를 지냈으되 제전(祭奠)은 과실·인절미·차(茶)·과자·술이며 분향백배(焚香百拜)한다. 도사류(道士流)는 머리에 소요관(逍遙冠)을 쓰고 몸에는 얼룩얼룩한 검은 옷을 입으며, 경쇠[磬]를 24통(通) 울리고 난 뒤에, 두 사람이 도경(道經)을 읽고 또 축사(祝辭)를 푸른 종이에 써서 태우는데, 그 하는 일이 어린애 장난과 같았지만 조정의 벼슬아치가 헛되이 발사(祓祀)를 받드니, 한 번 제사지내는 데 드는 비용이 너무도 많았다. 내가 시를 지어 말하기를,

남궁의 학사 머리가 희뜩희뜩한데 / 南宮學士髮星星

흰 옷에 검은 두건 쓰고 부지런히 신령께 비는구나 / 白服烏巾苦乞靈

오히려 동료들이 비웃을까 두렵도다 / 却怕朋僚爭指笑

노군이 와서 노자의 뜰에서 예하도다 / 老君來禮老君庭

하였다.

(출처: 고전번역원, 『국역용재총화』 번역문)

3부

조선시대 의약생활의 대변화

I. 퇴계 이황의 의학과 의술

머리말

내가 퇴계학연구원으로부터 처음 청탁을 받을 때 주제는 퇴계 선생 (이하에서는 존칭을 생략하고 이황이라 호칭함)의 과학 내용을 정리해달라는 것이었다. 한국과학사의 눈으로 봤을 때, 딱히 이황의 과학이라 할 만한 내용이 잘 떠오르지 않았기 때문에 나는 그 제의를 수락하지 않았다. 또 아직 내가 잘 모르는 어떤 심오한 것들이 기다릴지도 모르지만, 그 부분이 내 능력 바깥에 있다고 생각했기 때문이다.

주자학의 창시자인 주희의 경우에는 그가 매우 폭넓게 천문, 지리, 의학, 양생 등 구체적인 과학 분야의 논의를 통해 자신의 자연관, 더 나아가 심성론을 전개했고, 풍부한 자료가 그의 글에 남겨 있다. 주희의 자연관과 과학 내용 전반에 대해서는 김영식의 훌륭한 연구 성과가 나와 있다.[1807] 주희 이후 주자학의 최고 대가로 평가 받는 이황에게서

1807 | Yung Sik Kim, *The Natural Philosophy of Chu Shi 1130-1200*, American Philosophical Society, 2000. 국내번역본은 『주희의 자연철학』(예문서원, 2005)이다.

그의 자연관과 자연과학 분야에 대한 관심은 충분히 기대할 만한 것이다. 그렇지만 주희의 성리학을 깊이 천착했음에도, 이황은 자연과학의 여러 분야와 자연관 전반에 대해 별도의 깊은 논의를 펼치지는 않았다.

물론 이황은 주자의 자연학을 대체로 비교적 깊고도 정확하게 파악하고 있었다. 그렇기에 이황은 자신의 미진한 일부분에 대해서만 더 깊이 공부하는 모습을 보였다. 『퇴계집』에 보이는 혼천의, 기삼백(朞三百)에 관한 논의가 대표적이다. 이에 대해서는 이미 구만옥이 연구한 바 있다.[1808]

이황이 실제로 혼천의를 제작하여 이치를 따지고 상수학의 깊은 내용을 일일이 공부하는 모습을 통해, 우리는 그가 성리학 이해를 위해서라면 어려운 공부를 마다하지 않았고, 또 천문학과 수학을 깊은 수준에서 이해해냈음을 짐작할 수 있다. 그럼에도 그는 자신이 이해한 부분의 내용을 체계적으로 정리하여 책으로 펴낸다든가 따로 요약하여 저작으로 남기는 일은 하지 않았다. 바로 이런 태도 때문에 그가 천문학이나 수학 등의 분야에서 해박하고도 깊은 지식을 소유했음에도 불구하고, 자연학과 과학 제 분야에 대한 그만의 성취를 연구의 대상으로 삼기에는 힘들게 되었다.

이황의 과학을 쓰기 힘들다고 하니까 원고 청탁자는 내게 "퇴계의 양생학을 정리해주면 어떻겠냐?"는 의사를 보였다. 이황이 『활인심』이라는 양생술 책을 손수 베낄 정도로 아끼고 몸소 실천했다는 이야기는 이미 알려져 있다. 또 양생이란 일종의 몸과 마음의 수양법으로 유학자가 늘 행해야 할 일이기도 했다. 『퇴계집』을 봐도 자신의 몸과 마음을 지키기 위한 양생에 대한 담론이 넘쳐난다.

『퇴계집』에는 구체적으로 도인법을 행하는 장면이 나오기도 한다. 이

1808 | 구만옥, "朝鮮前期의 算學 정책과 교육", 『人文學硏究』 11, 경희대학교 인문학연구원, 2007; 구만옥, "기삼백과 선기옥형론", 『韓國儒學思想大系 XII: 科學技術思想編』, 한국국학진흥원, 2010. 이어지는 이황의 혼천의와 상수학 내용은 구만옥 교수의 연구를 정리한 것이다.

509

황은 "나는 가끔 심화염상(心火炎上, 심장의 화 기운이 위로 타오르는 증상)의 증세가 발작"한다면서 "고방(古方)에 따라 용천혈을 문질러서 온몸에 땀이 나도록 했더니 여축 없이 즉시 나았"다고 말했다. 이어서 그는 형의 사위인 민시원에게 "아마도 신수(腎水)가 올라가서 심화(心火)를 소멸시키는 데는 이 방법보다 좋은 것이 없을 듯하니 한번 시험해보는 것이 어떻겠"느냐고 권하기도 했다.(『퇴계전서』 18권, 78쪽.) 용천혈을 문지르는 방법은 송대 진직(陳直)이 지은 것을 원대의 추현(鄒鉉)이 증보한 『수친양로신서』(1307년)에 나오는 방법이다.[1809]

일찍이 여러 연구자가 이황이 베낀 『활인심방(活人心方)』에 관심을 나타냈다.[1810] 원래 퇴계가 베낀 책은 명의 황족인 주권(朱權, 1378~1448년)이 쓴 책으로 상하 두 책이다. 판본에 따라 『(구선)활인심(臞仙活人心)』, 『활인심법(活人心法)』, 『구선활인심방(臞仙活人心方)』 등의 이름으로 불렸다. 국내에서 이 책은 세종 때 편찬이 시작되어 성종 때 완간된 『의방유취』(1477년)에 편입되었으며, 『동의보감』(1613년)에도 널리 인용되었다. 이 두 책 사이는 이황의 생존 시기(1501~1570년)와 정확히 일치한다. 그러니까 주권의 책은 발간된 지 얼마 되지 않아 국내에 수입되어 여러 의서의 소재로 활용되는 한편, 이황 같은 선비들의 많은 관심을 끌었다.

이황은 『활인심』 상하 두 권 중 상권만 베꼈다. 의서를 손수 베끼는 것은 간행본을 구하기 힘들 때 흔히 있었던 일이다. 베낀 목적은 분명하다. 직접 활용하기 위해서였다. 이황이 베낀 부분에는 8장의 도인도까지 포함되어 있다. 이 그림에 따라 실제 양생에 응용했을 가능성이

1809 | 『의방유취』, 제204권 「양성문」 6에서 확인함. 『수친양로신서』에는 비슷한 시기에 미암 유희춘이 복용한 희렴환 처방도 실려 있고, 후대 정약용의 건강법인 신수혈(身兪穴)을 문지르는 방법도 실려 있다. 이로 보아 이 책이 조선 사대부 양생법의 주요 출처 중 하나였음을 짐작할 수 있다.

1810 | 이희대, "퇴계선생의 수적 '활인심방'", 『퇴계학보』 제4권, 퇴계학연구원, 1974; 최봉근, "『활인심방』과 퇴계철학, 그 의학과 철학의 만남", 『한국양명학회 논문집』, 제5호, 2006 등의 논문이 대표적이다.

높다. 『동의보감』에는 그림은 생략되어 있지만, 이 도인법을 실천하는 방법을 자세히 실어놓았다. 또한 『활인심방』이 제시한 각종 방법도 실었다. 『동의보감』이 널리 이 양생법을 독자인 선비에게 알리려 했던 것의 의도를 볼 때, 이미 책을 구한 사람은 이 책이 제시하는 각종 방법을 탐독하며 실천했음을 쉽게 짐작할 수 있다.

문제는 이황이 이 『활인심』을 베끼는 데 그쳤다는 점이다. 이황은 이 책에 대한 자신의 견해를 밝히거나 그 내용을 학술적으로 더 발전시킨다거나 하는 일은 하지 않았다. 나 같은 역사학 전공자로서는 난감한 일이다. 그의 양생 실천이 이 책과 구체적으로 어떻게 관련되는가를 말할 수 없었기 때문이다. 다만 사상에 관심이 있는 학자는 이 양생법과 이황의 수양법, 더 나아가 사유구조와 어떤 관련이 있는지를 물을 수 있을 뿐이다. 그의 활인심 양생법과 '경(敬)'의 수양과 연관성을 밝히는 연구가 그것이다.

이황의 의술

이황의 편지를 보면, 병과 의학 이야기가 많이 나온다. 그것을 알고 있었기 때문에 나는 혹시 "퇴계의 의술" 정도라면 내가 할 이야기가 어느 정도 있을 것이라며, 원고 집필 청탁을 받아들였다. 그렇지만 사료들이 모두 단편적이어서 많은 분량을 쓰기 힘들 것이라는 단서를 달았다. 비록 이황이 전문적인 의학자는 아니었지만, 그 같은 거유(巨儒)가 상당한 의학적 식견을 가졌다는 점이 흥미로웠다. 그 정도만으로도 인간 퇴계를 이해하는 데 조그마하나마 도움이 되리라는 판단도 섰다. 아직까지 누구도 이황의 의술을 다루지 않았기 때문에 첫 작업이라는 의의도

〈표 3-1〉 이황의 처방

환자(관계)	병 증상	처방	때	출전 (『퇴계전서』)[1812]
김사인(문인)	이질	약쑥, 생강, 솥 밑의 검댕가루	1565	18권 110쪽
아노(종)	눈병	도체탕, 활혈탕		18권 120쪽
교(조카)	족통. 이 병이 "뱃속으로 다시 들어가 상기 등의 증세를 발하니 심중해"질 것	음식을 먹을 수 있도록 해야 할 것	1570	18권 123쪽
혜(조카)	산기(疝氣) 번열	반총산	1569~1570 사이	18권 129쪽
신예종의 누이	중풍 열 증상	청심원 4알을 야건수에 타 복용	1560 또는 1561	18권 138쪽
동생		청심원 3알, 소합원 7알	1563	18권 253쪽
손자?		팔물원, 보중치습탕		18권 155-156쪽
연분(집안 식구)	부스럼	바르는 약(1복은 참기름에 타서, 2복은 적류를 다린 물에 타서 바름)		18권 166쪽
준(아들)	낙상	사물탕	1559	18권 244-246쪽
의령(고모? 장모?)		보중익기탕이 적합함		19권 188쪽
준(아들)	감기	순기산, 정기산		18권 161쪽
자신	이질	우슬탕		18권 180쪽
며느리	유종?	침, 뜸은 조심해야 하고 사물탕이 적절한지는 잘 모르겠음		19권 153쪽
이간(문인)	상한 혼현증	땀내는 약보다는 냉약을 쓰면 어떨지. 청심환 2알	1568	18권 91쪽
이운장(문인?)		보명원, 소합원	1563~1565 사이	18권 95쪽
이운장(문인?)		문동청폐음 6복	1568~1569 사이	18권 99쪽
선도(손자)		보안환이 해당약	1567	18권 271쪽
자신	목의 담울	약을 구해 처방		19권 234쪽
자신	물에 빠져서 생긴 풍한	순기산, 도체산		20권 3-4쪽
손자며느리	태기로 인한 병	육군자탕		19권 240쪽

있을 것 같았다.

이황의 편지를 보면, 병과 의학 이야기가 많이 나온다. 『퇴계전서』를 보면, 이황이 처방을 내리는 경우는 다음 표에 정리된 것과 같이 대략 20건 정도가 보인다.[1811]

다음 표를 보면, 이황이 여러 증상에 대해 처방을 내렸음을 알 수 있다. 병 증상을 보면 이질, 상한, 어지럼증, 감기, 족통, 태기 등 내상 계통의 질병과 낙상, 종기, 눈병 등을 포괄한다. 처방은 대체로 잘 알려진 탕제와 산제, 구급약인 납약이 주종을 이룬다. 탕제로는 도체탕, 활혈탕, 팔물원, 보중치습탕, 사물탕, 보중익기탕, 문동청폐음, 육군자탕이 눈에 띄고, 산제로는 반총산, 순기산, 정기산, 도체산 등이 눈에 띈다. 납약으로는 청심원, 소합원, 보안환 등이 보이고, 단방 계통으로 약뜸과 생강, 솥 밑의 검댕가루 처방도 있다. 대체로 그의 편지에 남아 있는 처방은 비교적 흔히 발생하는 질병에 대해 잘 알려진 처방들이다.

『퇴계집』에는 이황이 처방을 내릴 때 무엇을 참고했는지를 알려주는 몇몇 기록이 있다. 『향약구급방』, 『구급방』, 『화제(국방)』, 『의방』 등이 그의 문집에 등장한다. 이황이 처방을 찾는 모습은 김사원에게 보낸 편지에 그 일단이 보인다.

이질을 앓는다니 걱정입니다. 해당되는 약이 여기에도 없으니 안타깝습니다. 그런데 『구급방』에 보면, 약쑥 삶은 것을 생강과 함께 찧어서 같이 달여서 뜨거운 것을 먹는다 했고, 또 앉은 검정가루(솥 밑의 검댕가루)를 미음으로 해서 두 돈을 마신다고 했습니다. 그래서 약쑥과 생

1811 | 이 글에서는 퇴계학연구원에서 펴낸 『퇴계전서』 (아세아문화사, 1996)를 주요 텍스트로 분석했다.
1812 | 여기서는 퇴계학연구원이 펴낸 『퇴계전서』의 권수와 쪽수만을 제시했다.

강을 보내드리니 한번 시험해보기 바랍니다. 이만 그칩니다.[1813]

이를 보면, 이황은 『구급방』을 참고로 했음을 알 수 있다. 이 『구급방』은 언해가 딸려 있어 『구급방언해』라고도 하는데, 세조 때(1466년 무렵) 처음 간행되었으며, 이후 성종 때 9권으로 증보되어 『구급간이방』(1489년)으로 발간되었다. 『퇴계집』에는 백초상말(百草霜末)이란 약에 대한 한글 '솓미틔거믜영ᄀᆞᄅ'라는 한글 이름이 적혀 있다.

『향약구급방』의 경우에는 자신이 직접 처방하는 근거로는 나오지 않는다. 손 현감 부인의 병이 위중하다는 말을 듣고, "궁벽한 고을이어서 의약을 구하기 어려운 것이 절박"하다고 하면서 『향약구급방』을 참조하면 어떤가 하는 견해를 제시할 뿐이다. 아울러 이 책이 자신의 집에도 있었지만 누가 빌려 가서 없기 때문에 보내지 못한 것을 안타까워했다.[1814] 『향약구급방』은 고려 때인 1236년 무렵 간행된 의서이며, 1417년(태종 17년) 경상도 의흥현에서 재간한 바 있다. 『향약구급방』은 시골에서 쉽게 구할 수 있는 국산 약재로만 처방을 구성했다는 특징이 있다.

다른 책 이름은 1548년 이황이 단양군수로 떠나면서 그곳에서 쓰기 위한 것이었다. 단양군수로 부임할 때 그는 고향에 있는 아들 준으로부터 『의방』[1815]과 『화제』[1816]의 책을 받았다. 『의방』이란 책에 해당하는 것으로는 1493년(성종 24년) 내의원 주부 허저가 지은 3권짜리 『의방요록』이 있다. 의서로, 내의원에서 간행한 것이다. "심히 관람하기에 편리"하다는 기록이 있다. 『의방』이 들어간 책으로는 『의방유취』(1477년)가 있기는 하지만 그건 너무나도 방대하고 30질밖에 찍지 않았기 때문에 한갓

1813 | 『퇴계선생전서유집(내편)』 권4, 서, '김경인(사원)에게 답함' (『퇴계전서』 18권, 110쪽, 원문 45b).
1814 | 『퇴계선생전서유집(내편)』 권2, 서, 『퇴계전서』 18권, 22쪽.
1815 | 『퇴계선생전서유집(외편)』 권5 서, '아들 준에게 보냄' (『퇴계전서』 19권 120쪽).
1816 | 퇴계선생전서유집(외편)』 권5 서, '윤강중·흠중·단중에게 보냄' (『퇴계전서』 19권, 120쪽).

진 시골에서 볼 만한 성격의 책은 아니었다. 『화제』라고 하는 책은 『태평혜민화제국방』을 가리킨다. 이 책은 『동의보감』에서도 『화제』로 인용되어 있다. 이 책은 1078년 송대 태의국에서 펴낸 처방집으로, 이후 여러 차례 증보되었다. 5권본, 10권본이 존재한다. 조선에서는 핵심 과거 과목 중 하나였다. 모두 민간에서 자주 쓰는 유효한 약방을 모은 것이다. 앞의 두 구급방 종류의 책과 달리 『의방』과 『화제』 두 책은 모든 일반적인 병에 대한 처방을 고루 모아놓은 특징을 보인다. 이황은 바로 이런 책들에 의거하여 위의 표에 보이는 처방을 내린 것이다.

이황이 언제부터 의술을 배웠는지는 알기 힘들다. 위에 제시한 기록에서는 단양군수로 떠나던 48세(1548년)에 이미 여러 의서를 곁에 두고 있었음을 알 수 있다. 약관의 시절에 벗들과 함께 영천의 의원(醫院)에서 공부를 했다고 하는데, 그때 의학도 공부했는지 모른다.[1817] 그가 천문학이나 상수학을 공부하는 것처럼 의학을 공부하는 모습은 문집에 자세히 나오지 않는다.

이와 달리 의학을 응용하는 모습은 자주 보이며, 대체로 그 내용은 문집의 별집에 담겨 있다. 학문을 논하는 내용보다 일상생활이 묻어 있는 편지 가운데 섞여 나온다. 주로 1550년대 중반 이후의 모습이 대부분이다. 이를 보면 아마도 40세 전후 무렵 그가 의학을 본격적으로 공부한 게 아닌가 추측해본다. 그가 처방을 내린 사람을 보면, 자신과 가족, 친척과 문인들이 주류를 이룬다. 아마 자신과 이웃을 구료하기 위해서 이황은 의술을 공부했을 것이다. 그가 거처한 경상도 시골에는 의원이 없었기 때문이다. 그의 문인인 우성전이나 유성룡도 그런 환경에서 의술을 공부해 펼쳤다.

1817 | 『퇴계선생언행록』 권2, 유편(『퇴계전서』 17, 73쪽).

이황은 거유이기 때문에 그의 학문적 성취에 비한다면 의술은 전혀 내세울 만한 것이 아닐지 모른다. 하지만 그는 스스로 의술을 배워 약한 자기 몸을 지켰다. 더 나아가 그 지식으로 가족과 친지, 이웃의 병을 성심껏 돌보았다. 이런 점에서 그는 인(仁)을 실천하는 유의(儒醫)라 해도 무방할 것이다. 또 이런 태도 때문에 그의 문집에 담긴 수많은 편지들이 당시의 그 어느 문헌보다도 풍부한 의학적인 내용으로 가득 차 있는 것이다.

이황이 남긴 놀라운 기록: 16세기 중후반 조선의 의료 상황

| 서울의 명의들 |

『퇴계집』에는 16세기 조선의 의료시스템을 알려주는 최고의 사료가 남아 있다. 이에 필적할 만한 것으로는 이문건(1494~1567년)의 『묵재일기』, 유희춘(1513~1577년)의 『미암일기』, 오희문(1539~1613년)의 『쇄미록』만이 있다.[1818] 이 세 일기에는 16세기 의료 상황을 알려주는 풍부한 내용이 담겨 있다. 『퇴계집』의 관련 사료의 수는 이 세 일기에 실린 것보다 적지만, 세 일기에는 나오지 않는 상세한 의약 관련 기사가 실려 있다. 그것을 통해 우리는 당시 조선의 지방과 서울의 의료시스템이 어떻게 작동했는지 생생하게 파악할 수 있다.

『퇴계전서유집(내편)』 권3 편지 부분에는 1553년 이황이 친형의 사위인 민(서경)시원에게 보낸 편지들이 모여 있다. 이 중 16통의 편지가 민시원의 아들이자 자신의 제자이기도 한 민응기의 질병에 대한 처치를 담

1818 | 『묵재일기』의 의학에 대해서는 김헌영의 "醫·占·巫: 16세기 질병 치유의 여러 양상"(1998. 역사학 전국대회 발표요지)과 이복규, 『<묵재일기>에 나타난 조선전기의 민속』(민속원. 1999) 등이 있다. 『미암일기』와 『쇄미록』의 의학에 대해서는 신동원, "조선후기 의약생활의 변화: 선물경제에서 시장경제로—『미암일기』· 『쇄미록』·『이재난고』·『흠영』의 비교 분석"(『역사비평』 75. 2006)이 있다.

고 있다. 당시 이황은 성균관 대사성으로 서울에서 벼슬살이를 하고 있었고, 민응기는 순흥(현 경북 영주)에 있었다. 우선 자초지종은 이러하다.

형의 사위인 민시원의 아들, 즉 형의 외손인 민응기가 고약한 병에 걸려 죽어가고 있었다. 그는 민씨 집안에서 가장 장래가 촉망되던 아들이었다. 그러자 민시원은 서울에 있는 이황에게 의원의 처방과 약물을 부탁했다. 병이 심각해지자 민응기는 지방의 의원에게 뜸질을 받았으나 병이 더욱 악화했다. 한편 부탁을 받은 이황은 여러 의원을 만나 처방을 얻었고, 또 민시원이 미리 보내준 약값으로 의원이 처방한 약재를 마련해 그것을 순흥으로 내려 보냈다. 병은 이듬해까지도 질질 끌었으나, 처방과 약 덕분인지 병이 호전되었다.

이 사례는 1553년 무렵 지방의 난치병 환자가 어떻게 병을 고쳤는가를 잘 보여준다. 이는 당시 경상도 지방에는 난치병을 고칠 만한 실력을 갖춘 전문가가 없고, 또 의원이 내린 처방에 쓸 약재조차 없었음을 말해준다. 여기서 지방 의원이 등장하는데 그는 약보다는 뜸질을 했으나 병을 오히려 악화시켰다. 이와 달리 서울에는 수준 높은 의원이 있었고, 그들이 내린 처방에 쓸 약재를 구할 수 있는 곳이었다.

서울에서 이황은 여러 의원을 만났지만, 이름이 드러나 있는 사람은 넷이다. 안판서, 손사균, 조성, 유지번 등이 그들이다. 이황이 접한 네 명의 의원은 장안 최고의 의원들이었다. 안판서는 서울에서도 최고의 명의로 손꼽히는 인물이었다.[1819] 당시 판서이자 의술이 뛰어난 유의(儒醫)로 안씨 성을 가진 인물은 안현밖에 없다. 손사균은 안판서도 인정하는 의원으로서 (혜민서의) 전매의관 자리에 있었다.[1820] 조성은 혜민서

1819 | 『퇴계전서』 18권, 67쪽.
1820 | 『퇴계전서』 18권, 67쪽.

또는 전의감의 의학교수에 임명될 정도의 실력파였다.[1821] 유지번은 내의원의 어의였다. 이황이 서울의 쟁쟁한 의원을 모두 찾아다녔다는 것은 그가 제자인 민응기의 병에 얼마만큼 크게 신경 썼는가를 잘 말해준다. 이 일이 가능했던 것은 그가 존경받는 학자로 성균관 대사성이라는 직책에 있었기 때문이었다. 이로부터 지방에서 서울 명의의 처방을 얻기 위해서는 서울의 '끈'이 얼마나 중요했는지 짐작이 가능하다. 그 비슷한 모습은 유희춘의 『미암일기』에서도 줄곧 확인된다.

안현은 일찍이 의술에 뛰어남을 인정받아 1544년 중종의 병환 때 특차되어 내의원 의관과 함께 왕의 진료를 보기도 했다. 당시 내의원 책임자인 내의원 제조는 "신들은 전연 의술을 모르나 병조참의 안현(安玹)은 의술에 정밀하고 견문이 넓어서 경험한 바가 보통 의원과는 다릅니다. 약방에 항상 출사하여 함께 의논하게 하소서."라면서 그에 대한 추천 이유를 밝혔다.[1822] 그는 약리에 밝았기 때문에, 이후 항상 출시하여 왕의 진료에 참가했다.[1823] 이를 보면, 그의 의술이 최고 어의의 수준 또는 그 이상의 평가를 받았음을 알 수 있다. 1550년(명종 5년)에는 병조판서와 함께 내의원 제조를 겸하였다. 그 후 이조판서를 지냈으며, 이황이 그를 찾던 때인 1555년에는 우찬성 벼슬에 있었다.[1824] 1560년에 죽었는데, 그의 졸기에는 "의약(醫藥)에도 정통하여 사람을 살리는 데 힘쓰니

1821 | 『퇴계전서』 18권, 68쪽.
1822 | 『중종실록』, 1544년(중종 39년) 10월 27일자. 이 글에서 『조선왕조실록』의 내용은 국립고전번역원의 온라인 사이트(www.minchu.or.kr)의 내용을 참고했다.
1823 | 『중종실록』, 1544년(중종 39년) 11월 1일자.
1824 | 1560년에 죽었는데, 그의 졸기에는 "안현은 성품이 공근(恭謹)하고 검소(儉素)하며, 국가를 위해 힘써 일하되 게을리 하지 않았으며, 항상 예법으로 몸을 단속하였고, 물건을 주는 사람이 있으면 아무리 하찮은 것이라도 취하지 않았으며, 편지를 써서 사사로운 일을 청한 적이 없었다. 집에서는 청빈(淸貧)하여 자신에게는 박하게 하였으나 형을 섬김에는 예절을 다하여 처음부터 끝까지 차이가 없었고, 의약(醫藥)에도 정통하여 사람을 살리는 데 힘쓰니 많은 사람들이 혜택을 입었다." (1560년, 명종 15년, 3월 9일자)고 되어 있다.

많은 사람들이 혜택을 입었다."는 내용이 들어 있다.[1825] 사람을 살리는 데 힘을 쓰는 안현의 한 단면이 『퇴계집』에 남아 있는 것이다.

안현의 지위가 높았기 때문에 이황도 그를 찾는 것을 조심스러워했다. 한 번 방문해서 처방을 얻어 와 그 처방대로 약물을 지어 보냈지만, 지방 의원의 뜸질 때문에 그 약을 써보지도 못하고 다시 부탁하러 가는 상황이 되었다. 이황은 "안판서가 일찍이 이 증상을 알고 또 약을 지시하였기 때문에 이번에도 꼭 판서께 다시 물어보려고" 몸소 집에까지 찾아갔다. 그러나 그가 근무를 보러 나가고 없었기 때문에 발길을 돌리면서 "재상의 집에 감히 누차 나아가지 못"였다고 했다.[1826] 자기가 직접 가는 대신에 의관을 시켜 편지로 내어 의견을 묻도록 했다. 편지에는 이런 내용이 포함되어 있었다.

풍기 유생 민응기는 모의 친형님의 외손입니다. 집이 서원 곁에 있어서 공부에 뜻을 두어 글을 잘하더니, 불의에 중병을 얻었습니다. 전번에 김중문이 서울에 올라왔을 적에 영교(令教)를 받들어 약을 사 보낸 적이 있습니다만, 그 약이 도착되기 전에 섣부른 의원이 함부로 뜸질을 하여서 그만 병세가 위중하게 되었습니다. 다시 황급히 달려와서 약을 묻기에 모가 오늘 낮에 몸소 문하에 나아갔습니다만, 뵙지를 못하고 물러나왔습니다. 감히 다시 나아갈 수도 없고 사생이 걸린 질병이어서 마음은 몹시 절박하여 삼가 의관을 보내는 바이오니, 엎드려 바라건대 살릴 수 있는 길을 제시하여주십시오. 황공하고 사죄로움을 견디지 못하겠습니다.[1827]

1825 | 『명종실록』, 1560년(명종 15년) 3월 9일자.
1826 | 『퇴계전서』 18권, 67쪽.
1827 | '안판서에게 보내는 편지(별지)', 『퇴계전서』 18권, 68–69쪽.

안현의 집을 다시 찾아가던 날 그가 부재중이자, 이황은 곧 전매의관 손사균을 찾았다. 그는 안판서가 인정하는 명의였으며, 또 이전에 민응기의 증상을 그에게도 물은 적이 있었기 때문이다. 전매의관이란 혜민서에 설치된 약국에서 약 판매를 담당하는 의관을 말한다. 당시 조선에서 서민이 약을 살 수 있는 공인 약국으로는 오직 혜민서 약국만 있었을 뿐이다. 이곳에는 당약을 담당하는 의관 2인, 향약을 담당하는 의관 2인이 있었는데, 벼슬은 종9품 참봉이었다.[1828] 이를 보면 손사균은 혜민서에 속한 종9품 참봉이었음을 짐작할 수 있는데,[1829] 막 명성을 쌓아가던 중이라 하겠다. 이황이 손사균을 찾았지만 그 또한 외출 중이라서 만나지 못했다. 그렇지만 이후에 계속 자문을 받은 듯하다.[1830]

안현과 손사균을 만나지 못해 하루를 허비한 이황이 이튿날 찾은 인물은 어의 유지번이었다. 그는 도적산 30첩과 안신환 1제를 처방했다. 유지번은 1536년(중종 31년) 무렵 전의감 또는 혜민서의 하급 의관에 있었지만,[1831] 1542년(중종 37년)에는 내의원 당하관 3품인 정의 벼슬에 있었다.[1832] 1544년에는 내의원 3인자의 위치에 올라 있었으며,[1833] 1546년에는 의과 출신으로 당상관에 오르기도 했으며, 1553년 무렵에는 수의(首醫) 또는 어의 중 2인자의 위치에 있었다.

유지번에게 자주 처방을 의논했지만, 그가 어의면서도 실직 벼슬인 위장(衛將)을 맡고 있었기 때문에 위장으로 숙직 들어간 날에는 또 다

1828 | 이후의 기록이지만 『혜국지』(1778년)의 내용을 따랐다. 신동원, 『호열자 조선을 습격하다—몸과 의학의 한국사』, 역사비평사, 2004, 193쪽.
1829 | 손사균은 10년 후인 1564년 내의원 주부(종6품) 직에서 양예수와 함께 종5품 판관 직으로 올랐다.
1830 | 『퇴계전서』, 18권, 74쪽.
1831 | 『중종실록』, 1536년(중종 31년) 12월 14일자.
1832 | 『중종실록』, 1542년(중종 37년) 10월 5일자.
1833 | 『중종실록』, 1544년(중종 39년) 11월 5일자.

른 의관인 조성에게 문의했다.[1834] 조성에 대해서 이황은 잔주로 "성은 생원인데, 의술이 정교하여 의교수(醫敎授)를 제수 받을 만큼 유명함"이라고 적어놓았다.[1835] 조성은 의약(醫藥)·율려(律呂)·산수(算數) 등의 학문에 정통한 인물로, 의학교수에 천거되었다. 조성에 대해 당시 기록은 "지금 의약을 정통하게 아는 자가 더욱 없는데, 조성은 의술에도 정통합니다. 만약 그에게 녹봉을 넉넉히 주고 의사(醫司)의 관원 중에서 두뇌가 명석하여 배울 만한 자를 선발하여 가르치게 한다면 어찌 명의(名醫)가 나오지 않겠습니까."고 적었다.[1836] 의학교수는 전의감 또는 혜민서의 의학 공부를 맡은 직책이기 때문에 의관 중에서도 특히 학식에 뛰어난 인물이 임명되었다. 또 그만큼 중요했기 때문에 그 직책은 임시적이지 않고 임기가 보장되었다.[1837] 그는 일찍이 '나는 세상에서 쓸모가 없다. 남을 구하는 공효(攻效)는 단지 의술로만 이룰 수 있다.' 하고는 의학에 힘써 깊이 통달했다. 그가 살린 자가 매우 많았다.[1838]

이 네 인물 외에도 이름이 나오지 않는 몇몇 의관이 보인다. 안판서를 만나지 못한 날, 이황은 편지를 써서 안판서가 잘 아는 의관을 시켜 편지를 전달하려고 했다. 아마도 손사균이나 조성 중에 한 명이었을지도 모른다. 그렇지만 그 의관은 편지 전달을 사양했다. 왜냐하면 자신이 인사 청탁을 목적으로 고위 관리인 안판서를 찾아간다는 오해를 사지 않으려 했기 때문이다.[1839] 유희춘의 『미암일기』를 보면, 허준을 비롯한 여러 의원들이 그를 찾아오고 그중 허준과 김영국이 인사 청탁하는

1834 | 『퇴계전서』 18권, 67-68쪽.
1835 | 『퇴계전서』 18권, 68쪽.
1836 | 『명종실록』, 1551년(명종 6년) 10월 2일자.
1837 | 신동원, 『호열자 조선을 습격하다』, 188쪽.
1838 | 『명종실록』, 1552년(명종 7년) 6월 22일자.
1839 | 『퇴계전서』 18권, 68쪽.

모습을 보인다.[1840] 당시에는 의관 자리가 많지 않은데 관직 후보자는 많았기 때문에 벼슬을 돌리는 방식의 인사시스템이 불가피했다. 이황의 기록으로부터 당시 고위직에 대한 인사 청탁이 흔했음을 짐작케 한다. 그렇지만 안판서는 인사 청탁을 매우 싫어했던 것 같다. 그의 졸기에는 "항상 예법으로 몸을 단속하였고, 물건을 주는 사람이 있으면 아무리 하찮은 것이라도 취하지 않았으며, 편지를 써서 사사로운 일을 청한 적이 없었다."는 내용이 보인다.[1841]

월령의관의 존재가 보인다. 월령의관이란 성균관 소속 의관이다. 월령의는 달마다 성균관생의 건강을 체크하는 의원으로, 의관 중 최하의 신분이다. 월령의는 감옥에도 두었다. 이황이 대사성으로 근무할 때는 이 월령의를 마음대로 부를 수가 있었다. 그렇지만 대사성에서 물러나 한직에 있었을 때는 맡은 일은 가벼워졌지만 관청에 딸린 의관이 없었다.[1842]

대사성 이황이기 때문에 위에서 든 것처럼 쟁쟁한 유희, 어의, 의관을 상대할 수 있었다. 그렇지만 그들을 부르거나 만나거나 하는 일이 쉬운 것은 아니었다. 이황은 다음과 같이 말한다.

무릇 세상에서 말하는 명의(名醫)란 네댓 사람에 지나지 않는 데다 모두 대신들의 명령으로 해서 동분서주하고 있기 때문에 이것을 핑계 대며 불러도 오지를 않거니와, 친히 찾아가보아도 만나기가 어렵습니다.…… 그저께도 다방면으로 찾아보았으나 끝내 의원의 얼굴은 보지 못하고 문자로 증세를 써 보내어 질문한바, 보내온 답신이 너무도 마

1840 | 신동원, "조선후기 의약생활의 변화: 선물경제에서 시장경제로— 『미암일기』 · 『쇄미록』 · 『이재난고』 · 『흠영』의 비교 분석", 『역사비평』 75, 2006, 353쪽.
1841 | 『명종실록』, 1560년(명종 15년) 3월 9일자.
1842 | 『퇴계전서』 18권, 75쪽.

음에 들지 않았습니다.[1843]

"고위 대신의 명령으로 동분서주하고 있다."는 것은 『미암일기』에서
도 확인된다. 왕의 사부인 유희춘은 자신과 가족의 병이 생겼을 때, 양
예수, 안덕수, 허준 같은 당대의 명의를 부르고 있다.[1844] 성균관 대사성
보다 높은 실직은 또 얼마나 많은가? 그들 자신, 그들의 가족과 지방 친
척들의 병을 보기 위해 어의를 비롯한 의관들이 부지런히 움직였던 것
이다. 벼슬과 재력에 따라 상대할 수 있는 의원의 수준이 달랐을 것은
자명한 일이다. 그렇다 해도 삼의사 소속 의관 수는 대략 80명 정도였
다. 내의원 의관 38명 남짓, 전의감 소속 의관 26명 남짓, 혜민서 소속
의관 13명 남짓이었다.[1845] 유의와 벼슬 대기 중인 숫자를 헤아린다면 이
보다는 몇 배 더 많았겠지만, 조선전기에는 이들이 인구 20만의 서울에
존재하는 전체 의원 수였다. 지방의 중병 환자들은 이들의 처방을 기대
하며 서울로 사람을 보내 처방과 약을 얻어 갔다. 이들 중 최고 수준급
의원은 이황이 말한 대로 "네댓 명에 불과"했기 때문에 그들의 처방을
얻는 것은 더욱 어려운 일이었다. 그런 가운데, 늘 순조로운 건 아니었
지만, 이황도 직접 방문을 하거나 편지를 내어서 그들의 처방을 얻어낸
것이다. 이황의 경우도 어디 민시원의 부탁 하나에 그쳤을까?

쌍화탕은 가물(價物)이 부족하여 지어 보내지 못하니 안타깝습니다.
그런데 이처럼 병이 위중하니, 인정이 있는 사람이라면 다들 마음이
잡히지 않을 것입니다. 더구나 나의 마음이겠으며, 또한 군의 어머님

1843 | 『퇴계전서』 18권, 71쪽.
1844 신동원, "조선후기 의약생활의 변화: 선물경제에서 시장경제로—『미암일기』·『쇄미록』·『이재난고』
·『흠영』의 비교 분석", 『역사비평』 75, 2006, 353쪽.
1845 | 신동원, 『호열자 조선을 습격하다』, 182-193쪽.

의 마음이겠습니까? 그러니 내가 어떻게 귀찮아하겠습니까? 다만 올해는 의경에 계신 장모께서 4월에 병을 얻어 지금까지 심해지기만 하고, 조카 재는 사경을 헤매고 있고, 준의 처 또한 온갖 합병증으로 고생하고 있는데, 거기에 여러 곳에서 연속하여 약을 구하니, 나의 졸한 성격에 어떻게 매양 구하여 얻을 수 있겠습니까?[1846]

집안에 온통 환자들이며, 그들의 처방과 약을 일일이 서울에서 구해 고향으로 내려 보내고 있다. 그런 와중에도 그는 권사흠의 위급한 병에 대한 약을 사서 지방에 보내고 있다.[1847]

| 처방: 고방과 신방의 갈등 |

『퇴계집』에는 민응기에 대한 서울 명의가 내린 처방이 상세히 실려 있다. 나는 아직까지 조선전기의 민간 기록 중 이와 같이 자세한 처방의 흐름을 담은 기록을 본 적이 없다. 『조선왕조실록』에는 왕이나 왕비의 경우에는 상세한 내용이 보이기는 하지만, 『퇴계집』의 기록이 그보다 덜 상세한 것은 아니다. 이황은 안판서에게 민응기의 병 증상을 상세히 기록한 편지를 냈다.[1848]

이 내용을 보면, 민응기가 소변이 잦고 탁하며, 피곤하여 기운이 없는 일종의 임질 증상을 앓았음을 알 수 있다. 처음에는 호장근이란 약을 써서 고림(膏淋) 증상을 완화시켰으나 병을 완치시키지는 못했다. 아마도 병이 대단한 것이라 여기지 않았던 것 같다. 그러나 병이 5, 6년 지나며 더욱 심해지자 비로소 서둘러 서울의 명의를 찾게 된 사정이 나타

1846 | 『퇴계전서』 18권, 73쪽.
1847 | 『퇴계전서』 18권, 77쪽.
1848 | '안판서에게 보내는 별지', 『퇴계전서』 18권, 69–70쪽. 이에 대해서는 김성수, "조선시대 의료체계와 『동의보감』", 경희대 박사논문, 2006, 117–123쪽에 잘 정리되어 있다.

나 있다.[1849] 이황이 안판서를 찾아가 얻은 처방은 오령산(五苓散) 30첩, 비해분청음(萆薢分淸飮) 20첩, 복령환(茯苓丸) 약간이었다.[1850] 그런데 서울에서 보낸 이 약이 도착하기 전에 민응기의 병은 더욱 악화돼 있었다. 지방의 의원이 뜸질을 권해서 몸의 여러 곳에 뜸을 떴다.[1851] 약이 도착한 후 응기는 가져온 오령산을 30첩 모두 복용했다. 비해분청음과 복령환은 복용하지 않았다. 그런데 뜸뜬 후 오령산을 먹으면서 새로운 증상이 생겨났다. 설사, 소화불량, 기침과 상기, 온몸이 떨리고 땀이 남, 대변 건조, 몸이 야위고 나른함 등이 그것이었다. 배꼽 위가 빵빵해질 때는 더러 삼황원, 활석, 산치인 등의 약을 쓰기도 했다.[1852] 이렇듯 병이 더 심해지자 민시원은 부랴부랴 다시 이황에게 편지를 낸 것이다.

이황은 이런 부작용이 지방 의원의 부질없는 뜸질 때문에 생긴 것으로 여기면서, 안판서에게 어떻게 해야 할지 물었다.

오령산을 지금 연이어 써도 되겠습니까? 도리어 해롭지나 않겠습니까? 비해분청음 역시 써서 될지, 안 될지 모르겠습니다. 복령환은 어

1849 | "그 병을 처음 얻었을 적에는 소변이 잦으면서 뿌옇고 탁하더니 그만 고림(膏淋)을 이루었음. 호장근(虎杖根)을 복용한바, 고림은 조금 나았으나 역시 뿌옇고 탁한 채 찾으면서 시원스레 나오지 않고 잘금잘금 나오는 소변이 마치 석회를 탄 것 같았음. 이같이 5, 6년을 지속해오다가 금년에 들어와서 더욱 심하여지면서 점차 피곤하고 기운이 없어짐." (『퇴계전서』 18권, 69쪽)

1850 | "김중문이 영교(令敎)를 받들어 사 보낸 약은 오령산(五苓散) 30첩, 비해분청음(萆薢分淸飮) 20첩, 복령환(茯苓丸) 조금인바, 이상의 약이 도착하기 전에 시골 의원이 부질없이 침질과 뜸질을 가하였음." (『퇴계전서』 18권, 69쪽)

1851 | "뜸질을 한 곳은 고황유(고황수가 맞음―필자, 膏肓兪) 150장, 신수 60장, 비수·방광수·소장수 각 27장, 삼리·복류혈 각 17장이라고 함." (『퇴계전서』 18권, 69쪽)

1852 | "뜸을 뜨고 나서 사흘 만에 비로소 오령산을 복용하여 30첩까지 복용한바, 마실 적마다 소변이 잠시는 시원스럽다가 금세 다시 갑갑하여지는가 하면, 더러는 며칠씩 설사를 하며 배꼽 밑은 푹 꺼지고 배꼽 위는 빵빵하여짐.(이럴 때는 더러 삼황원, 활석, 산치인 등을 씀) 또 음식을 먹어서 위장이 찰 때인즉 배꼽 밑에 열이 몰려서 발산되지 않아, 기침이 나며 상기가 되어 온몸이 뒤흔들리고 다리와 발이 떨리는가 하면, 간혹 위장이 비어서 허기가 날 적인즉 배꼽 밑 방광·기충혈 사이에 열이 끓어올라 불덩이같이 뜨거우면서 온몸이 떨리고 그 기운이 치켜 올라가서 명치끝이 몹시 답답하면서 머리 밑에 땀이 흘러내림. 또 매일 한밤중에 한 번씩 보는 대변이 매우 건조하고 음식을 먹지 못하여 몸이 야위고 나른함." (『퇴계전서』 18권, 69쪽)

느 처방에서 나온 것입니까? 속의들이 처방을 알지 못하니 우러러 절
박한 노릇입니다. 심신을 안정시키고 열을 내리고, 소변을 뚫어줄 약
을 적어 보내주십시오.[1853]

이 글에서 이황은 오령산과 비해분청음이란 약재의 성격에 대해서는
어느 정도 알고 있는 듯 보인다. 그렇지만 안판서가 내린 복령환 처방에
대해서는 자신도 잘 모르고 또 주변의 의원도 잘 모르고 있기 때문에
처방의 근거를 묻고 있다. 안현은 처방을 낼 때 매우 엄격했다. 이황은
자신이 전해 들은 증상을 빽빽이 적어 세 차례씩이나 그에게 편지를 냈
지만, 안현은 처방을 내지 않았다. 민시원이 일러준 증상이 너무나도 장
황한 데다가 서로 모순되는 부분이 있다고 보았기 때문이었다. 안현은
이를 꼼꼼하게 짚으면서 함부로 처방을 내리지 않았다.[1854] 이전에 내린
처방이 잘 듣지 않아서 더욱 조심스러웠는지도 모른다. 우선 안판서가
내린 오령산과 분청음 처방이 적절한지 아닌지의 여부를 다른 의원들에
게 알아보려고 했다. 어의 유지번에게 물으려 했으나 그가 위장(衛將)으
로 숙직에 들어갔기 때문에 더 자세히 못 물었다. 다른 의원에게 물었
으나 모두 답변을 하지 않았다. 의학교수 조성 또한 이 두 처방이 어디
서 나온 것인지 알지 못했다. 뜸뜨는 것에 대해서도 유지번, 조성은 모
두 답을 주지 않았으나, 일반 의관은 "뜸질은 결단코 안 된다."고 말했
다. 이 대목을 보면, 다른 의원, 특히 안판서 같은 인물의 판단에 대해
모든 의원들이 매우 조심스러워했음을 알 수 있다.

어의 유지번은 안판서와 다른 처방을 냈다. 도적산 30첩과 안신환 1
제가 그것이다. 이황은 이렇듯 여러 의관을 만나면서 자신이 판단하게

1853 | 『퇴계전서』 18권 70쪽.
1854 | 『퇴계전서』 18, 76쪽.

526

된 것을 답장에 적었다.

> 혼자서 생각도 하여보고 일반 의원들에게 물어도 보았지만, 도적산으
> 로 열을 다스려서 열이 낮아진즉 분청음을 쓰는 것이 꼭 좋을 것이라
> 합니다. 오령산의 경우는 너무 많이 써서는 안 될 듯합니다. 이것을 너
> 무 많이 쓰게 되면 설사로 탈수가 너무 심하여서 사람이 마르지 않을
> 까 싶습니다.…… (의관들은) 결단코 뜸질은 안 된다고 합니다. 전번에 이
> 미 잘못되었는데, 이제 어찌 또 재차 잘못을 범할 수 있겠습니까?[1855]

이황은 뜸질이 잘못된 처방이며, 안판서가 내린 처방 중 오령산이 설
사로 인한 탈수의 부작용을 일으킨다고 보아서 많이 쓰면 안 된다고 생
각했다. 도적산으로 열을 다스린 후 분청음을 쓰는 게 좋다고 권했다.
안신환 또한 타당하다고 생각해서 약을 짓도록 했다.[1856]

안판서가 처방을 머뭇거리자 이황은 어의 유지번에게 처방을 의뢰했
다. 그는 이 병이 생긴 이유를 "체질이 너무 허약하여 신기(腎氣)가 패탁
하여지면서 수화(水火)가 조화를 이루지 못한 증상인데, 거기다가 뜸질
을 가하므로 그때 화독이 응어리져서 이 지경에 이른 것"으로 파악하
면서 "승양산화탕(升陽散火湯)을 복용하여 화기를 제거하고 나서야 고칠
수 있다."고 했다.[1857] 『동의보감』에 따르면, 이 승양산화탕은 금원사대가
중 1인인 이고(이동원)의 처방이다. 이고는 몸의 비위의 기운이 약해 병
이 생기기 때문에 그것을 보해주는 방식의 치료를 강조했다. 병을 직접
공격하는 대신 보약을 제시하는 방식이다. 유지번은 민응기 병 치료의

1855 | 『퇴계전서』 18권, 68쪽.
1856 | 『퇴계전서』 18권, 67쪽.
1857 | 『퇴계전서』 18권, 72쪽.

잘못을 언급하면서 "삼황원 등의 내한 약만으로 치료하다가는 화기가 도리어 거세지므로 되지 않고, 또 애당초 보신도수(補腎導水)의 약만으로 완만히 치료하였어야 옳았다."는 견해를 제시했다.[1858]

유지번의 약이 효과가 있다는 전갈이 오자, 그는 "화기를 흩은 뒤에 보양하는 약"인 쌍화탕과 보음환이라는 약 처방까지 아울러 제시했다.[1859] 조성에게 이 두 처방, 즉 쌍화탕과 보음환에 대해 물은 것을 보면, 유지번이 내린 처방인 것 같다. 조성은 반드시 이 두 처방을 같이 써야 효험이 있다고 했다. 대체로 이런 증세는 원기가 허손하고, 또 화울(火鬱)이 달아서 생기는 것인데, 쌍화탕으로 원기를 보하고, 복령·택사·목통(으름덩굴)을 가미하여 수도를 통하게 해서 음기를 보하면 크게 수그러들기 때문이라 했다.[1860] 아울러 이황은 자신이 들은 몸을 보하는 처방인 이황원(『득효방』이나 『직지방』에 나오는) 처방을 한번 시험해보라고 권하고 있다.[1861]

지금까지 살폈듯 이황이 의원의 처방을 일일이 확인하는 데서는 그의 학문적 태도가 엿보인다. 그는 근거의 타당성을 무엇보다 중시했다. 이황은 처방의 출전을 확인하고, 또 그 처방의 약성을 확인한 후 약을 쓰려고 했다. 그렇지만 당시 의계의 풍토는 그렇지 않았다. 이황은 그런 풍토를 이렇게 비판했다.

> 지금의 의술이 다 신방(新方)을 쓰므로 지난날 고방(古方)의 약과는 전혀 달라서 대개가 의문스럽고 또 병중의 소재를 선뜻 분명히 말하여 주지를 않아서 더더욱 사람을 속 타게 합니다.(민서경에게 답함, 『퇴계전서』 18권, 71쪽.)

1858 | 『퇴계전서』 18권, 72쪽.
1859 | 『퇴계전서』 18권, 73~74, 78쪽.
1860 | 『퇴계전서』 18권, 76쪽.
1861 | 『퇴계전서』 18권, 80쪽.

병증의 소재를 선뜻 말해주지 않는 것은 대체로 어느 시대에나 흔한 일이다. 여기서 이황이 말하는 신방과 고방의 관계는 무엇을 뜻하는지 분명치 않으나, 그의 시대에 처방의 경향이 크게 바뀌고 있음을 말해준다. 『동의보감』을 통해 알아보면, 안판서가 내린 처방 가운데 오령산은 장중경의 『상한론』, 복령환은 원대 위역림의 『득효방』, 비해분청음은 우단의 『의학정전』의 처방이다. 이 가운데 이황이 낯설어했던 것은 복령환과 비해분청음 두 가지다. 아마도 그가 출처를 몰라서 계속 묻고 다녔던 두 처방은 신방에 속하고, 알고 있었던 처방은 고방에 속할 것이다. 그가 단양군수로 갈 때 챙겼던 『화제국방』은 송대에 나온 것으로 고방의 대표적인 책이었을 것이다. 이런 사실은 이황의 양생학 부분에서 살핀 기록, 즉 송대의 원작으로 원대에 증보된 『수친양로신서』를 고방(古方)으로 명기한 것과 모순되지 않는다.

중국의학사를 볼 때, 흔히 공격을 중시하는 송대까지의 의학을 고방, 금원대 이후 이고와 몸의 음 기운의 보양을 중시하는 주진형의 의학을 신방으로 보는 전통이 있다. 『동의보감』(1613년)에는 신방의 전통이 매우 강하게 수용되었는데, 『퇴계집』에 드러난 약간의 자료는 신방이 실제로 의계에서 어떻게 정착해나가는지 단면을 보여주는 사례일 것이다. 이 정도의 정보만으로 이 문제를 엄밀히 따지기는 어렵지만, 이로부터 서울의 어의나 의관 중심으로 금원 사대가, 특히 이동원과 주단계의 처방과 그것을 추종한 명대 의학의 신서적이 선호되고 있었으며, 그것이 이전 의학책에 의거한 지방의 의학과 약간의 갈등 관계에 있었음을 어느 정도 짐작할 수 있다. 국내 의서에서 새 의학은 윤지미가 감관을 맡았던 『의림촬요속집』에서 본격적으로 정리되었으며,[1862] 『동의보감』에서

1862 | 김홍균, "양예수", 『역대의학인물열전』, 한국한의학연구원, 2007, 153쪽.

고방과 신방이 절충, 종합되었다. 『퇴계집』에 실린 기록은 이와 같은 조선전기 핵심적인 의학 경향의 흐름을 포착케 하는 매우 중요한 사료다.

| 약 구입의 어려움 |

처방도 중요하지만, 그 못지않게 중요한 게 약의 구입이었다. 이황은 여러 의원을 찾으면서 의원에 대한 그 어떤 종류의 보수도 언급하고 있지 않다. 인술 차원에서 처방에 대해 보수를 지불하지 않는 것은 조선 사회의 관행이었다. 다만 병이 회복되었을 때 그에 대해 사례하는 것이 보통이었다. 약의 경우는 이와 철저하게 달랐다. 구입할 때 돈이 드는 현물이었기 때문이다.

약값은 민시원이 그때그때 부쳐왔다. 『퇴계집』을 보면, 당시 약을 살 때는 쌀을 화폐로 썼다. 그런데 쌀은 부피가 크고 무게가 나갔기 때문에 시골에서는 그보다 가볍고 부피가 작은 무명을 부쳐왔다. 그러면 부쳐온 무명을 쌀로 바꾼 후 다시 약재를 구입했다. 또 그중 일부는 운송료였다. 다음은 약 구입이 이루어지는 과정을 적은 대목이다.

> 보내온 무명 두 필로는 쌀 여덟 말 여섯 되를 사들인바, 다시 재면서 여섯 되는 축이 났습니다. 이 중 서 말 일곱 되로는 두 가지의 약재를 사고, 서 말로는 부탁하신 기타의 약재를 샀으며, 나머지 한 말 서 되는 돌아가는 사람의 양식으로 주었습니다.[1863]

때로는 부쳐온 약값이 부족하거나, 제때에 약값을 못 부치는 경우도 있었다. 민시원 쪽에서는 서울에서 적당히 변통하여 보내주지 않음을

1863 | 『퇴계전서』 18권, 67쪽.

다소 섭섭해하기도 했던 것 같다. "좀 꾸어서라도 해보지 않냐"는 원망도 섞여 있다. 심지어는 월 이자를 줄 테니까 어떻게 해보라는 말까지도 했다.[1864] 이에 대해 이황은 이렇게 변명했다.

> 나는 국록을 먹고 있는 처지라 가난타령을 할 수도 없습니다. 그러나 그 속을 들여다보면 쌀독이 바닥나기 여러 번이니, 도저히 힘이 미치지 못합니다. 그래서 부득이 전에 두 번에 걸쳐 보내주신 약값을 모두 받아서 지어 보냈던 것입니다. 스스로 마련해서 구급하여 드리지 못한 것이 부끄럽습니다. 보내오신 편지에, 월 이자를 빌려서 쓰라고 했는데, 타처에서 이자 돈을 낸다는 것은 내 힘으로는 어렵습니다. 만일 우리 집을 두고 한 말이라면 이건 너무 나를 몰라주는 말씀입니다. 내가 어떻게 남의 병을 이용하여 이자놀이를 할 수 있겠습니까?[1865]

타처에서 돈을 꾸기가 힘들뿐더러 어떻게 이자놀이를 할 수 있는가? 이황은 자신이 수곡의 정사를 수리할 때 쓰려고 했던 무명 9필 중 3필을 떼어서(꾸어서) 쌀 15말을 바꿔 민응기와 가족의 약을 사는 데 보충했다.[1866] 이렇듯 서울에서 고위 벼슬살이를 한다고 해도 쉽게 약값을 변통치 못하는 게 당시의 현실이었다. 시골에서 아무리 중병으로 생사지경을 헤맨들 서울의 높은 관직과 끈이 닿아 있지 않고 경제력이 뒷받침하지 못한다면 수준 높은 의약을 이용하는 게 불가능했다.

약이 없어서 약을 못 사는 경우도 적지 않았다. 이황은 그러한 어려움을 자주 호소했다.[1867] 당약은 물론이거니와 향약 또한 구하기가 매우

1864 | 『퇴계전서』 18권, 73쪽.
1865 | 『퇴계전서』 18권, 73쪽.
1866 | 『퇴계전서』 18권, 73쪽.
1867 | "지금은 약재가 아주 품귀하여 값이 비쌀 뿐만 아니라 약재를 구하기조차 더욱 어렵습니다." (『퇴계전

어려웠다. 심지어 당약을 구하려고 중국에 사신으로 다녀온 의관을 직접 찾기도 했다. 몇 달 지나서 사기는 했지만 모두가 조금씩에 불과했다.[1868] 특히 보음환에 들어가는 당약재는 구하기도 힘들고 돈도 안 되었는데, 북경에서 갓 돌아온 의원이 정면(情面)을 보아 약을 주기도 했다.[1869] 약재를 살 때도 자신이 속한 관청인 성균관에 약방이 있는 경우에는 그래도 사정이 나았지만, 그 관직을 물러났을 때는 더욱 어려웠다.[1870]

이황은 어디서 약을 구입했을까? 자신이 속한 기관에 약방이 있는 경우 가장 손쉬웠고, 그렇지 않다고 해도 자기가 부리는 의관이 약을 구입해 왔다.[1871] 『퇴계집』을 보면, 이황이 구하는 약재를 모두 한데 잘 갖춘 약방은 없었고, 약방이 딸린 각 관청과 여러 의원의 집에서 필요한 약재를 하나하나씩 모으고 있다. 이것이 1553년~1554년 무렵 약재가 가장 풍부하다는 서울의 상황이었다.

이해는 특별한 시기였기 때문에 이런 상황을 조선초기의 일반적인 현상이라고 보기에는 힘든 측면이 있다. 왜냐하면 1540년대 후반부터 기근과 역병이 창궐하여 나라 살림이 매우 궁핍해졌기 때문이다. 1550년, 1552년에는 약재 같은 일부 품목을 제외하고는 북경 무역을 일체 중단시킬 정도였다.[1872] 심각한 기근에 대처하기 위한 책인 『구황촬요』가 출간된 것도 1554년의 일이었다. 이런 상황에서 당약은 물론이거니와 향약까지 구하기 힘들어졌고, 가격이 폭등했던 것이다.

서』 18권, 70쪽.); 안신환 역시 겸용하는 것이 마땅하다고 하기 때문에 조제하려 하고 있으나 황련을 미처 구하지 못하여 한꺼번에 지어 보내지 못하니, 무척 아쉽습니다.(『퇴계전서』 18권, 72쪽.); 쌍화탕은 가물이 부족하여 지어 보내지 못하니 안타깝습니다.(『퇴계전서』 18권, 73쪽.); 보음환은 약재를 구하기가 더욱 어렵다고 합니다.(『퇴계전서』 18권, 74쪽.)

1868 | 『퇴계전서』 18권, 75쪽.
1869 | 『퇴계전서』 18권, 78쪽.
1870 | 『퇴계전서』 18권, 76쪽.
1871 | 『퇴계전서』 18권, 75~76쪽.
1872 | 『명종실록』, 1550년(명종 5년) 2월 27일자; 『명종실록』, 1552년(명종 7년) 4월 21일자.

| 지방에서 남성 의원과 여성 환자의 내외 문제 해결 |

『퇴계집』에는 약물 치료 외에도 침 치료를 수반한 외과적 처치에 대한 기록도 적지 않다. 특히 종기에 대한 외과적 처치에 대한 모습이 상세하다. 이황은 며느리의 유종(乳腫)이 재발하자 그것을 염려하며 의학 대응을 조언하며 때로는 약물을 보내고 있다. 이를테면 다음과 같다.

> 명복 등이 가져온 편지는 잘 보았다. 몽의 어미는 전의 증상뿐만 아니라 다른 증상이 새로 겹쳤다고 하니 몹시 마음이 쓰인다. 침이나 뜸을 해볼 수도 있지만 만일 혈을 제대로 잡지 못하면 효과만 없는 것이 아니고 도리어 그 때문에 우환이 생길 수도 있으니 절대로 가볍게 할 일이 아니다. 사물탕은 맞는지 모르겠고 또 갑자기 지을 수도 없다. 타당한 방법을 알아서 잘 처리하여라.[1873]

이황의 며느리는 1569년 7월에 유종을 오래 앓고 있었지만, 대단한 것은 아니었다.[1874] 그러던 것이 1570년 재발하여 상황이 심각해졌다. 그의 며느리는 손자인 안도가 봉화에서 병수발을 들고 있었고, 이황은 도산서원에 있었다.[1875] 안도는 어머니의 병을 고치기 위해 약수탕 치료를 다녀오기도 했다.[1876] 그래도 병의 차도가 없자 의원을 불러 침을 놓아 종기를 터뜨려야 할 일을 고민하는 상황이 되었다. 종기가 완전히 곪지 않은 상태에서 종기를 터뜨리는 것은 매우 위험한 상황이었기 때문에 조심스러울 수밖에 없었다. 이런 상황에서 이황은 의학사적으로 매우 가치가 높은 기록을 남겼다.

1873 | 『퇴계전서』 19권, 153쪽,
1874 | 이황 지음/정석태 옮김, 『안도에게 보낸다』, 들녘, 2005, 246쪽.
1875 | 이황 지음/정석태 옮김, 『안도에게 보낸다』, 281쪽.
1876 | 이황 지음/정석태 옮김, 『안도에게 보낸다』, 281쪽.

이달 27일에 부친 편지를 받아보고 네 어머니의 병이 차도가 없음을 알게 되었다. 침으로 종기를 터뜨려야 할지도 결정하지 못했다니 몹시 걱정된다. 노계상 의원이 온 뒤에 침을 놓기로 결정했느냐? 안동에 있는 서울 의원은 그곳에 왔느냐? 침을 놓아 종기를 터뜨리는 일은 금수억이 하느냐? 이 사람은 먼 친척이 되니 이처럼 급한 때에 침을 놓게 해도 무방할 것 같구나. 그러나 다른 의원들과 잘 의논한 다음 침을 놓게 하는 것이 좋을 것이다.[1877]

이 기록에서 내가 주목하는 것은 두 가지다. 하나는 의원들의 존재다. 여기에 보이는 노계상이란 의원은 이황이 이름을 그냥 부르는 것으로 봤을 때, 봉화나 안동 인근 지역의 지방 의원이었을 것이다. 그는 지방에서 의학을 업으로 삼고 있는 인물이었다. 민응기의 병 때 침·뜸질을 했던 지방 의원과 동일하거나, 비슷한 성격의 침의였을 것으로 짐작된다. 그와 구별되는 의원이 서울 의원[京醫]이다. 이 경우에는 그가 안동에 정착한 것인지, 잠깐 머문 것인지는 분명치 않다. 이황은 "이런 훌륭한 의원을 만난 것은 천만다행이다. 아무쪼록 그의 말에 따라 치료하는 것이 좋을 것이다."[1878]라 했는데, 여기서 의원은 아마도 서울 의원을 가리키는 것으로 그가 잠시 이곳에 와 있었던 것임을 짐작케 한다.

다른 하나는 환자인 며느리와 남자 의원 사이의 내외 문제다. 이황은 "침을 놓아 종기를 터뜨리는 일은 금수억이 하느냐? 이 사람은 먼 친척이 되니 이처럼 급한 때에 침을 놓게 해도 무방할 것 같구나."며 자신의 견해를 제시하고 있다. 이황은 며느리가 금씨 성이었기 때문에 같은 성씨의 수억이가 외간 남자가 아니기 때문에 내외에서 비교적 자유롭다

1877 | 이황 지음/정석태 옮김, 『안도에게 보낸다』, 284쪽.
1878 | 이황 지음/정석태 옮김, 『안도에게 보낸다』, 288쪽.

는 생각을 내비친 것이다. 그가 "이처럼 급한 때"를 강조한 것은 친척간이라도 내외가 완전히 자유롭지 못함을 시사한다. 남자 의원, 여성 환자의 내외 문제를 해결하기 위해 태종 때부터 의녀제도를 두어 내의원과 혜민서에 배치했지만, 그것이 시골까지 퍼져 있던 것은 아니었다. 이런 형편에서도 내외 문제를 비껴나가기 위한 권도로서 친척 남자의 시술을 용인했던 것이다. 같은 시대, 같은 지역의 인물인 이정회는 의서습독관으로서 자신의 누이에게 침을 놓고 있다.[1879] 심지어 형수의 유종에도 침을 놓고 있다.[1880] 조선전기 예와 병의 충돌 문제는 첨예했지만, 이황의 기록은 그 문제에 대한 지방 사족의 구체적인 해결 방안을 담고 있다는 점에서 매우 소중하다.

맺음말: 이황의 '활인심'

지금까지 살핀, 이황의 의료 관련 기록에 나타난 당시의 의료 상황을 보면 기존에 밝혀져 있지 않거나, 밝혀졌더라도 그것보다 훨씬 구체적인 단면이 드러나 있다. 첫째, 지방에는 실력 있는 의원은 물론이거니와 처방에 쓸 약이 거의 없었다. 서울의 경우에는 약들이 있었지만 그 또한 한군데서 쉽게 구하기 힘들었고, 여러 의원이나 관청을 통해 처방에 필요한 약을 모았다. 둘째, 서울에는 수준 높은 의원이 있기는 했지만 명의로 손꼽히는 사람은 손가락에 꼽을 정도였고, 그들은 매우 바빠서 고위 관직의 끈이 없으면 진료를 받기 힘들었다. 셋째, 당시 서울의 의관들은 새로운 처방을 선호하여, 그것에 대한 지식이 없고 전통적인

1879 | 이정회, 『송간일기』 (성문출판사, 1998), 1577.3.29., 4.6.
1880 | 이정회, 『송간일기』 (성문출판사, 1998), 1579.8.29., 8.30.

옛 처방에 익숙한 이황을 당황스럽게 만들었다. 넷째, 남자 의원과 여자 환자 사이의 내외 문제에 대해서, 의녀가 없는 지방에서는 의술을 아는 환자의 친척인 남성을 이용해 풀고자 했다.

의약 상황과 함께, 이황은 16세기 지방의 전염병 유행 상황을 비교적 상세하게 기록했다. 아마도 그의 역병 기록은 동시대를 살았던 이문건(1494~1567년)의 『묵재일기』와 더불어 쌍벽을 이룬다고 볼 수 있을 것이다. 이황의 기록에는 지방에서 두창을 비롯한 역병이 돌고, 그에 대처하는 지방민의 모습이 생생하게 담겨 있다. 보통 『실록』에서는 지방민의 숫자만 기록되어 있을 뿐이다. 이황의 기록 중 외방에서 벼슬살이를 하고 있는 아들 준에게 편지를 보낸 1556년의 상황이 가장 상세하다. 이를테면 아들 준에게 보낸 다음과 같은 편지에서는 역병으로 끙끙 앓는 지방의 실태가 잘 드러나 있다.

> 올 겨울은 날씨가 차고 따스함이 평상과 달라서 이곳은 돌림병이 많이 발생하였다. 오천은 잇달아 두 초상이 난 후 언우 형제는 피해 있고 거인은 전염되어서 모두 두 번이나 누워 앓았으며, 신중은 아직도 회복되지 않았는데 자못 위급하다고 한다. 돈서 또한 현풍에서 상처를 하였으니 어찌 이런 일이 또 있단 말이냐? 온계의 읍내 등처에도 모두 그렇고 의산 집도 역시 앓고 있다. 장차 어떻게 될지 몰라 몹시 두렵다. 지삼이 피해 있는 곳과 본댁은 모두 무사하다니 이것은 기쁘다. 나도 지금은 별다른 증상은 없다.[1881]

이처럼 집집마다 역병이 돌고, 사람들은 병을 피해 역병이 돌지 않은

1881 | 『퇴계전서』 19권, 222~223쪽.

지역으로 피출을 간다. 『퇴계집』에 실린 전염병 분석은 결코 쉽지 않기 때문에 나중에 별도의 연구를 기약할 수밖에 없다.

다만 여기서 한 가지 지적하고 싶은 것은 역병과 예에 관한 부분이다. 지방 여성 환자의 진료 문제에서도 예와 병의 문제가 부닥쳤지만, 역병 대처에서도 비슷한 문제가 발생했다. 두창이 돌면 제사를 지내지 않는다는 사실은 이황과 동시대 인물인 어숙권의 『패관잡기』에도 잘 드러나 있다. 실제로 이황도 비슷한 고민을 했다.

> 그런데 온계는 천연두가 극심해서 빙이 남녀 두 아이를 차례로 잃었으니 너무도 상서롭지 못한 일이다. 아래위 마을에서 지금 한창 앓고 있는 자들이 많은데, 이런 와중에서 제사를 지내려니 지극히 미안하다. 그러나 우리 집은 편안하니 제사를 지내지 않을 수 없다. 그래서 고산에서 지내되 전적으로 우리 집에서 맡아서 지내고 다른 집들은 참석하지 말도록 해야 할 것이다.[1882]

이를 보면, 어숙권의 『패관잡기』의 기록과 약간 뉘앙스가 다르다. 어숙권의 기록에서는 '두창신이 다른 신에게 제사 지내는 것을 좋아하지 않기 때문에 두창의 보복을 두려워해 제사를 지내지 않은 식'[1883]으로 기술되어 있지만, 이황의 글은 집에 사망자가 있고, 또 제사 때 전염을 염려하여 제사를 지내지 않았음을 나타내고 있다. 여기서는 직접 피해가 없는 한 꿋꿋하게 조상의 제사를 지내려는 이황의 태도를 엿볼 수 있다.

장사와 제사 때 역병이 크게 돈다면 피해야 되는가? 역병이 하도 자

1882 | 『퇴계전서』 18권, 216쪽.
1883 | 어숙권, 『패관잡기』 제2권, '두창신(痘瘡神)'.

주 도니까 이런 문제가 실제로 매우 중요한 사회의 문제가 되었다. 이에 대해 이황은 분명한 입장을 가지고 있었다.

오직 부모의 장사를 지낼 때는 피하지 않아야 할 것 같은데, 퇴계가 이에 대해 다음과 같이 말했다. "피한 자가 반드시 사는 것이 아니요, 피하지 않은 자가 반드시 죽는 것이 아니다. 하지만 피하는 것은 사는 방도이고, 피하지 않는 것은 죽는 방도이다. 이런 상황에 처했을 때 장사와 제사를 누구에게 부탁하려고 자신을 사지에 몰아넣어야만 하는가? 대체로 부모가 숨이 끊어지기 전에는 병을 구제하는 것이 중하고 내 몸을 돌보는 것이 경하지만, 이미 무덤에 묻힌 다음에는 부모가 다시 살아날 수 없으니 곡하고 슬퍼하는 것이 경하고 내 몸 돌보는 것이 오히려 중하다."[1884]

이황의 예에 대한 입장은 이와 같았다. "생명을 살리는 것 우선, 산 자 우선의 원칙"이다. 퇴계의 의학, 의술, 병에 대한 태도는 단지 자신의 삶에만 국한되지 않았다. 그가 조선 최고의 유학자로 인정받는 순간, 그를 추종하는 제자들이 그의 학문을 계승하는 순간, 1599년에 간행된 그의 문집이 널리 읽히게 된 순간, 그가 『퇴계집』에 남긴, 병과 의학에 관해 남긴 수많은 언행과 실천이 후대 조선 사대부에게 귀감이 되어버렸기 때문이다. 공교롭게도 그것은 퇴계 자신이 직접 유묵으로 남긴 '사람을 살리려는 마음', 즉 '활인심(活人心)' 한마디로 요약된다.

1884 | 이익, 『성호사설』, 제14권 인사문, '피려(避癘)'.

부모의 역병 사망 때 요소를 지켜야 하나 피해야 하나?
──『성호사설』 피려(避厲, 제13권 인사문)

피려(避厲, 제13권 인사문)는 역병의 유행과 예절 도리의 문제를 심각하게 다룬 글이다. 이러한 태도는 성리학적 오륜 질서 때문에 갈등하는 지식인 사회의 일면을 보여준다. 역병이 들었을 때, 친한 친구 사이, 부모 형제 사이에 피하는 것이 올바른 것이냐 아니냐는 것이 그 논쟁의 핵심이다. 이에 대해 이익의 입장은 단호하다. 이익은 아무리 부자지간이라 해도 살아남는 것이 자손의 도리라고 보았다. 성호사설은 우선 옛 고사를 다음과 같이 다룬다.

"유곤(庾袞)이 말하기를, '내 성품이 병을 두려워하지 않는다.' 하면서 마침내 형의 죽음을 구제하니, 사람들이 말하기를 "[내] 처음으로 역병이 전염하지 않을 수도 있음을 알게 되었다." 이 말은 『소학(小學)』 가운데 실려 있는데, 나는 유곤의 처사가 마땅할 수도 있다고 생각해본다. 아우가 만일 멀리 피한다면 누가 형의 죽음을 구하겠는가? 그가 [역병을] 두려워하지 않는다고 말한 것은 듣기 좋으라 말한 것으로 사람들의 뒷말을 막으려 한 것이다. 역병을 두려워하지 않을 수 있는가? 피하지 않으면 많이 전염되고, 전염되면 많이 죽는다.

예전에 고을의 원이 되어 몸소 백성의 병을 구제한 자가 있는데, 그 또한 다행스럽게도 [죽음을] 면했으나 요컨대 [그것은] 올바른 처사가 아니다.

이어 『성호사설』에서는 이미 본 바 있는, 바로 위에서 언급된 퇴계의 말을 인용한 데 이어서 『예기』를 들어 자신의 입장을 최종 정리했다.

> 『예기』에서 말하기를, "죽은 자를 보낼 때도 하지 않아야 할 것이 있고, 생명을 회복하는 데도 절도가 있어야 한다."고 했다. 그러므로 장사 후 3일이 되면 먹고, 병이 있으면 반드시 술과 고기를 먹으니, 이는 백성에게 죽음으로 삶을 해치지 말고, 슬퍼하되 몸을 위태롭게 하지 말 것을 가르친 것이니 그 의리가 당연하다. 하물며 역병이 사람을 죽이는 것이 병과(兵戈)와 같아서, 혹 열 사람이면 아홉이 죽으니 어찌 피하지 않을 수 있는가?
>
> 근래에 몸소 친구의 병을 구제하여 벗은 살고 자기는 죽은 일이 있었으니, [이는] 경중의 분별에 어두운 것이다. 평생 친구라서 괄시할 수 없다고 한다면, 친속과 노복을 부려서 둘이 다 온전하게 하여야 타당하다 할 수 있을 것이다.

연구 동향

조선시대에 들어서는 보건의료, 의학 상황이 한결 명료해지고 정연해지는 느낌을 받는다. 이것은 새 왕조인 조선이 건국하면서 유교이념에 입각한 제도 정비와 크게 관련이 있다. 또한 현존 자료가 비약적으로 크게 늘면서 생긴 일종의 착시현상도 작용했을 것이다.

이른바 『경국대전』으로 대표되는 조선 의료제도의 면모와 성격에 대해서는 미키 사카에, 김두종이 전반적으로 잘 밝혔다. 이어서 손홍렬이 더욱 꼼꼼하게 중앙의료기구, 의원의 지위, 의서 편찬 등을 살폈고,[1885] 김호 또한 조선전기의 대민 의료 상황과 의서 편찬을 밝혔다.[1886] 조선 전·후기를 아우르지만, 1999년 이규근의 중앙의료기구에 관한 연구는 법전에 규정된 제도 탐구를 넘어서, 내의원·전의감·혜민서의 실제 운영의 모습을 잡아냈다는 점에서 크게 가치가 있다.[1887] 2003년 김성수의 중앙의료기구에 대한 연구는 『경국대전』에 규정되지 않은 각 관청에 설치된 약방의 확대 과정을 밝혔다는 점에서 이전의 연구와는 다른 연구의 지평을 넓혔다.[1888] 이 시기 의원과 그들의 사회적 지위에 대한 연구로는 허준을 중심으로 그것을 살핀 신동원의 책 『조선사람 허준』(2001)[1889]과 2002년 박경련의 논문이 있다.[1890]

이 시기 의녀에 대한 연구는 기존의 성과를 훌쩍 뛰어넘는 것이 나왔다. 1994년 박선미는 조선시대 전 시기를 통해 의녀제도의 설치 동기, 교육, 실제 운영 등에 대하여 포괄적이면서도 깊게 연구했다.[1891] 2008년 이민호·안상우는 성종대의 의녀인 장금과 귀금을 중심으로 '전문 의료'의 활동을 밝혔다.[1892]

이 시기에 또한 그동안 전혀 논의되지 않았던 전통사회의 의료 윤리

1885 | 손홍렬, 『한국 중세의 의료제도 연구』, 수서원, 1988; 손홍렬, 「고려말 선초의 의서의 편찬과 간행」, 『한국과학사학회지』 11, 1989; 손홍렬, 「조선 중기의 의료제도—의료제도의 변천과 의서의 편찬·간행 및 대외 외교를 중심으로—」, 『한국과학사학회지』 15-1, 1993.

1886 | 김호, 「조선전기 대민 의료와 의서 편찬」, 『국사관논총』 68, 1996.

1887 | 이규근, 「조선시대 내의원에 관한 연구—직제변천과 기능을 중심으로—」, 『박물관보』 9, 1996; 이규근, 「조선시대 의료기구와 의관—중앙의료기구를 중심으로」, 『동방학지』 104, 1999.

1888 | 김성수, 「16·17세기 중앙의료기구의 운영실태」, 『서울학연구』 20, 2003.

1889 | 신동원, 『조선사람 허준』(한겨레신문사, 2001).

1890 | 박경련, 「조선시대의 의원 및 의업의 사회적 지위에 관한 소고: 허준의 경우를 예로 하여」, 『의사학』 11-1, 2002.

1891 | 박선미, 「조선시대 의녀교육연구」, 중앙대 박사논문, 1994.

1892 | 이민호·안상우, 「朝鮮前期의 '專門醫女'에 관한 연구—成宗代의 醫女 長德과 貴今을 중심으로—」, 『한국의사학회지』 21-1, 2008.

에 대한 글들이 몇 편 발표되었다. 2000년 신동원은 고대부터 현대까지 한국의 의사윤리 전반을 검토했으며,[1893] 2003년 황임경과 황상익은 세조의 「의약론」을 분석했다.[1894] 2004년 신동원은 한국 전통의학의 의사윤리와 생명윤리를 검토했으며,[1895] 중국학자 쉬런차오(施仁潮)는 『의방유취』에 담긴 의덕의 성격을 논했다.[1896]

1893 | 신동원, 「한국 의료윤리의 역사적 고찰」, 『의사학』 9-2, 2000.
1894 | 황임경·황상익, 「세조의 「의약론」에 관한 연구」, 『의사학』 12-2, 2003.
1895 | 신동원, 「한국 전통의학의 의학윤리와 생명윤리—조선시대 의서를 중심으로—」, 『종교문화비평』 5, 2004.
1896 | 施仁潮, 「精诚习业乃为大医—从『医方类聚』看一脉相承的中医医德观—」, 『한국의사학회지』 20-2, 2007.

II. 조선 전·후기 일기를 통해 본 의약생활

머리말

환자의 역사를 살필 때 가장 좋은 자료는 물론 개인 문서들이다. 이런 개인 문서들로는 환자의 일기, 서한문, 병록(病錄)이나 약 구입대장 등이 포함된다. 나는 이 가운데 가장 가치 있는 사료는 한 개인이나 가문이 오랜 기간에 걸쳐 병앓이를 풍부하게 기록한 일기라고 생각한다. 이미 미국의 학자 울리히가 이런 일기류를 분석해『산파일기』라는 탁월한 연구 성과를 낸 바 있었다. 조선의 경우에 '산파일기'처럼 의료생활을 풍부하게 담고 있는 일기 저작이 꽤 많이 남아 있다. 그간 일기류를 검토한 결과 나는 그 일기들이 시대와 지역에 따라 다양하며, 각 일기들에 환자의 병앓이와 치유행위에 관한 정보가 담겨 있음을 보게 되었다. 현재 알려진 대표적인 일기로는 다음과 같은 것들이 있다.

- 16세기: 『묵재일기』(경상도 경주), 『송간일기』(경상도 안동), 『미암일기』 (서울, 전라도 담양), 『쇄미록』(충청도, 평안도)

- 17세기: 『계암일록』(경상도 안동), 『매원일기』(경상도 예안), 『과헌일기』(경상도 예안), 『동춘당일기』(충청도 대전)
- 18세기: 『흠영』(서울), 『이재난고』(서울, 전라도 고창), 『도재일기』(전라도), 『계일헌일기』(전라도), 『청대일기』(경상도 안동),
- 18세기 말~19세기 초: 『노상추일기』(경상도, 서울, 함경도)
- 19세기~20세기 초반: 『구례유씨일기』(전라도 구례), 『심원권일기』(경상도 울산)

이런 일기를 모두 검토해보았는데, 모든 일기가 병앓이와 치병 관련 기사를 싣고 있었다. 그렇지만 대부분의 일기는 관련 기록이 그다지 많지 않았으며, 16세기 일기로는 이미 분석한 이문건의 『묵재일기』와 함께 『미암일기』, 『쇄미록』에 의약생활 내용을 일러주는 자료가 풍부하게 담겨 있었고, 18세기 일기로 『흠영』과 『이재난고』가 다른 일기에 비해 압도적으로 양이 많았다. 따라서 이 네 일기를 선택해 조선의 의약생활을 파악코자 한다. 16세기와 18세기라는 시기적 단절이 있기 때문에 비교, 고찰함으로써 한 시대적 특징 또는 시대를 아우르는 의약생활의 특징을 포착해낼 수 있다.

『미암일기』는 조선중기의 학자이며 문신인 유희춘(柳希春, 1513~1577년)의 친필 일기초(日記草)로, 17세기의 사회상을 알려주는 가장 좋은 사료로 인정받아왔다. 원래는 14책이었으나 실본으로 11책이 남아 있고, 일기의 일부는 필자의 문집인 『미암집』에 초록, 기재되어 있다. 현재 남아 있는 것은 1567년(선조 즉위년) 10월 1일부터 1577년 5월 13일, 죽기 전일까지의 약 10년 동안 친필로 쓴 일기다. 발간된 책은 모두 5책으로 이루어져 있다. 이 일기는 이문건의 『묵재일기』에 이어 매우 풍부한 의약생활 내용을 담고 있어서 우리가 2부에서 살핀 내용을 여러 측면에

서 보완한다.[1897]

『쇄미록』은 조선시대 임진왜란 당시의 전란 사실을 기록한 오희문(吳希文, 1539~1613년)의 피란일기로, 유희춘의 『미암일기』와 함께 16세기 조선 사회의 생활상을 가장 잘 그린 일기로 평가받고 있다. 『쇄미록』은 오희문이 한양을 떠난 1591년(선조 24년) 11월 27일부터 충청도 장수·예산·임천, 강원도 평강을 전전하다 환도한 다음 날인 1601년 2월 27일까지의 만 9년 3개월간을 기록하고 있다.

『흠영(欽英)』 24책은 18세기 말 유만주(兪晩柱, 1755~1788년)가 지은 일기로, 18세기 말 서울의 생활상을 가장 잘 보여준다는 평가를 받고 있다. 그는 1775년(영조 51년)부터 시작하여 1787년(정조 11년)까지 13년 동안 일기를 썼다. 그의 일기에는 자신이 창작한 시문, 그날의 행적과 소회(所懷), 동시대 문장가의 글, 독서한 책의 내용 중 흥미로운 구절을 초록(抄錄)한 것, 경향(京鄕)의 동향, 집안 대소사(大小事), 조보(朝報)의 내용을 초록한 것 등 자신의 주변은 물론 나라 안팎의 모든 일이 관심의 대상으로 기록되었다. 이와 함께 유만주의 일기는 이 시기 서울의 의약 생활을 생생하게 잘 담고 있다. 유만주는 일생의 대부분을 서울에서 지냈다. 30 평생에 아버지 유한준의 임지인 평양과 충청도 비인 등지를 잠시 방문한 것을 제외하면 거의 모든 생애를 서울에서 지냈다.

『이재난고(頤齋亂藁)』는 18세기 후반 황윤석(黃胤錫, 1729~1791년)의 일

1897 | 『미암일기』 가운데 내가 뽑은 의약 관련 기사는 대략 570개 정도다. 의약 관련 기사는 일기가 시작하는 날부터 시작해서 일기가 끝나기 직전까지 보인다. 이 가운데 환자가 분명하게 명시되어 있는 기사가 223개, 병 증상이 나타나 있는 기사가 151개, 치료법에 관한 기사가 104개다. 의원이 나타나 있는 기사는 203개, 약에 관한 기사가 196개, 양생법 기사가 11개, 의서에 관한 기사가 57개다. 환자 기사 223개 가운데는 유희춘 자신이 69개, 직계 가족 51개, 친지 84개, 종 5개, 왕실 6개, 말의 병 6개, 기타 2개 등이 있다. 유희춘이 처가·친척·친구·제자·부하 등 타인 또는 그 집안의 병에 개입한 경우가 45개다. 치료법 관련 기사 104개 중에는 약물 복용 기사 80개, 침 기사 7개, 뜸 기사 1개, 홍화 끓인 물 목욕 기사 9개, 초수 목욕 기사 1개, 찜질 기사 1개, 약물(사상자) 씻어주기 기사 2개 등이 있다. 그밖에 무당치료법 관련 기사 2개가 있다.

기로, 매우 방대한 내용을 담고 있다. 황윤석은 10세부터 63세로 죽기 이틀 전까지 듣고 보고 배우고 생각한 각종 학문과 일상생활을 일기에 적었다. 일기에는 의약과 관련된 내용도 매우 풍부하게 담겨 있으며, 현재까지 알려진 바로는 그것이 18세기 후반 조선 사회 사대부가의 의약생활을 가장 잘 알려주는 최고의 기록이다. 황윤석은 1759년(영조 35년) 진사시에 합격하였으며, 1766년에 은일(隱逸)의 선비 추천 케이스로 장릉참봉(莊陵參奉)에 임명되고, 뒤이어 사포서(司圃署)의 직장·별제를 거쳐 익위사의 익찬이 되었으나 곧 사퇴했다. 1779년(정조 3년)에 목천현감이 되었다가 다음 해에 사퇴했고, 1786년 전생서(典牲署)의 주부를 거쳐 전의현감(全義縣監)이 되었다가 그 다음 해에 다시 사퇴했다. 이런 이력 때문에 그는 고향인 전라도 흥덕과 서울을 자주 오갔으며, 지방 수령으로 충청도 지역인 목천과 전의에서 생활하기도 했다. 이것이 고스란히 그의 일기에 담겨 있어서 18세기 후반 조선 사회 여러 지방의 생활상을 전한다.

이 네 일기는 모두 사대부가 썼다는 점, 그렇기 때문에 조선 사회 구성원의 다수를 차지했던 그 이하의 사람들의 목소리 또는 이야기는 간혹 등장할 뿐이지 전면적이지 않고, 그것 또한 일기를 쓴 사람의 눈으로 파악된 것에 불과하다는 한계점이 있다. 게다가 네 일기에 의약 관련 기사 내용이 일기 작성자 각각의 집필 원칙, 경험의 강도, 심정에 따라 달리 결정되었다는 한계점이 있다.

이런 점을 감안한다 해도 네 일기의 분석과 비교 방식의 강점이 희석되는 것은 아니라고 본다. 다른 어떤 연구 방식보다도 개개인의 구체적이고 생생한 의약생활에 관한 정보를 읽어낼 수 있고, 그것을 바탕으로 하여 한 시대 의약생활의 특징을 더 설득력 있게 파악할 수 있다. 더 나아가 일기에 실린 의약생활의 전체 내용을 시기별·지역별로 검토하여 귀납하는 방식을 통해 미시적인 측면을 살펴보고 종합하는 게 어느 정도 가능하며, 두 시기를 비교하여 변화된 모습을 파악하여 시대적 특징을 밝혀내는 실마리를 찾게 된다. 이것은 매우 중요하다. 이런 비교를 통해서 미시사 연구가 단지 생활의 단면만을 파고들어가는 데 그치지 않고, 의약생활의 특징을 거시적으로 통찰할 수 있기 때문이다.

『미암일기』에 보이는 약의 출처와 유통

『미암일기』에서 약을 주고받는 방식이 드러난 기사는 모두 196개다. 그 가운데 유희춘이 구한 약의 출처를 알 수 있는 기사는 모두 119개다. 그것은 ① 개인 사이의 상납과 하사 27회, ② 의정부 약방·중추부 약방·예조 약방·충훈부 약방·혜민서 등 중앙의 의약 담당기관 또는 의원이 제공한 것 52회, ③ 의원 허준에게서 받은 것 10회, ④ 지방의 관아나 개인에게서 받은 것 30회 등이다. 유희춘이 약을 보내는 기사는 모두 72회다. 그중 서울에서 지방으로 요청하거나 보낸 것이 28회, 지방에서 지방으로 요청하거나 보낸 것이 17회, 서울에서 서울이나 불명의 곳으로 요청하거나 보낸 것이 합해서 27회 등이다. 이 가운데 약값을 지불했음이 드러나는 경우는 10회다.[1898]

『미암일기』가 『묵재일기』보다 상세한 부분은 관아에서 관원에게 제공한 약 부분이다. 유희춘은 1568년~1569년, 1571~1574년 사이에 한양에 머물면서 사헌부 장령, 홍문관 응교와 지제교, 홍문관 부제조와 우부승지, 중추부 동지, 승문원 제조, 봉상시 제조, 예조참판, 동지경

1898 | 약이 온 경로와 약값 지불의 경우에 중복이 5회 보인다.

연, 도총부 당상관과 홍문관의 실제 최고 자리인 정3품 부제학, 종2품 대사헌, 정3품 당상관 직인 형조참의 등 관직을 역임했다. 벼슬할 때의 일기 기록이 거의 남아 있지 않는 『묵재일기』에 비해 『미암일기』에는 관아에서 의약을 제공한 내용이 다수 존재하기 때문에 구체적인 운용 방식의 파악이 가능하다. 관련 기사는 다음과 같다.

- •1568년
- -7월 4일: 윤사인이 기효사물탕을 보내옴.
- -8월 7일: 권사예 선생에게 호박고를 보냄. 부(府)의 약색리가 보내온 것임.
- -8월 10일: 사인사에서 약 수 종을 보내옴.
- -8월 11일: 창덕궁에서 청심·소합·보명환을 가지고 옴.
- -8월 14일: 약색리가 약 궤짝을 가지고 옴.
- -8월 15일: 관아의 약을 외인에게 주는 것을 금지토록 하는 논의가 있었음.
- - 8월 17일: 약색리와 약 무역 논의.
- - 8월 20일: 사인사에서 평위원을 보내옴. 그것을 권득경에게 보냄.
- -9월 2일: 의정부에서 현토단 반 제를 보내옴.
- -10월 27일: 처의 병에 쓸 평위산·평위환을 윤사인 근수에게 요청함.
- -10월 29일: 사인이 평위산을 보내옴.
- •1569년
- -6월 1일: 처의 역절풍에 쓸 호골이 사인사에서 옴.
- -6월 9일: 나사원 기절에 쓸 약을 보냄. 나사원의 집에서 문풍강활산을 요청해옴. 사인사에서 구해줌.
- - 6월 20일: 사인사에서 이진탕을 보내옴.

- 윤6월 18일: 나사침의 처 기절, 약을 보내줌. 통기구풍탕을 사인사 에서 구해 보내줌.

유희춘은 1568년 8월 6일 의정부의 검상이 되었고, 이날 이후 의정 부 약방과 관련을 맺었다. 검상(정5품)은 4품인 사인과 함께 약방을 비 롯한 의정부의 실무를 책임지는 관리였다. 의정부 소속의 약방을 관리 하는 직책이면서 동시에 그곳 약방 의약의 혜택을 입는 존재였다. 마찬 가지로 9월 이전에 그는 홍문관 응교·사헌부 집의(執義) 등의 위치에 있 었기 때문에, 그 관청의 사인이 관리하는 약방의 혜택을 입었다. 약색리 (藥色吏)에게서 약을 확인하거나 약의 무역을 결정하는 모습은 그곳 관 리자의 모습이고, 나머지 사항은 모두 소속기관의 약방으로부터 혜택 을 입는 모습이다.

유희춘은 이후에도 이런 각종 기관에 직접 소속되어 있거나 전직자 대우를 받아 각 소속 관아의 의원이나 약방과 관련을 맺었다. 이후의 기록에서는, 그가 고향인 담양에 가 있을 때도 현직 또는 전직이라는 이유로 각 관아에서 약을 내려 보내는 것을 볼 수 있다. 당시에는 삼의 사, 즉 내의원·전의감·혜민서 외에 의정부·병조·예조·도총부·충훈부 ·중추부 등에도 약방이 설치되고 의원이 딸려 있었다. 이렇게 각 기관 으로 약방과 의원이 분화되어나간 것은 조선 초와 다른 현상으로, 중앙 관아의 줄기찬 요구가 관철된 것이다.[1899] 그 혜택의 범위는 자신과 가족 등에 한정되었을 것이지만, 유희춘은 친지에 쓸 약까지도 사인사에서 구한 모습이 보인다. 그렇지만 각 관아에 있는 약의 수요는 정해져 있기 때문에 공짜가 아니었다. "외인에게 약을 주는 것을 금지한다는 논의가

1899 | 김성수, 「조선시대 의료체계와 『동의보감』」, 경희대 박사논문, 2006, 28쪽.

있었다."[1900] 는 기록이 이를 말해준다.

자신이 속한 관청에 약방이 있을 때는 그곳을 이용했지만, 그렇지 않은 경우나 돈이 많이 드는 환약을 제조할 때는 별도의 방법을 이용했다. 1568년 유희춘은 자신의 건강을 지키기 위해 대공천포환을 지었는데, 전의감 참봉인 김영국에게 그것을 부탁했으며 약값으로 쌀 두 말 값을 주었다.[1901] 또 유희춘은 친지인 나사침의 아들에게 쓸 약인 위령탕을 짓기 위해 허준과 논의했고, 그 값으로 일단 백미 3두를 주었다.[1902] 아마도 그 약은 조제된 후 나주로 보내진 듯하며, 나주에서는 약값으로 쌀 12두를 보내왔다.[1903] 또한 유희춘은 허준을 통해 친척인 송군직에게 보내기 위해 성심산·소시호탕을 도합 10첩 구매했는데, 그 값은 쌀 1두 5승이었다.[1904] 이처럼 약재에 대해 약값을 지불한 것을 보면, 자기 집안의 몫이 아니라 남을 위한 것일 때는 약 구매에 들어간 비용을 서로 계산했다. 이런 모습은 3부 I에서 봤듯이, 서울에서 관직 생활을 하던 퇴계 이황이 고향 안동의 약 부탁 거간 노릇을 한 데서도 확인된다.

관아에서 구하거나 스스로 비용을 들여 약을 짓거나 하는 경우 외에도, 서울의 유희춘에게는 개인적인 차원에서 다수의 약이 선물로 들어왔다. 대표적인 것이 여러 곳에서 답지한 납약이다. 1572년 12월에는 그에게 권(경력)영, 최(도사), 유(정랑)대유, 이(참의)린, 병조판서, 형조판서가 납약을 보내왔다.[1905] 1573년 말~1574년 초 사이에는 의금부(판사) 박

1900 | 『미암일기』, 1568.8.15. 이 장에서 『미암일기』 내용의 번역은 담양향토문화연구회에서 번역한 『미암일기』(1996)를 주로 참고했음을 밝힌다.
1901 | 『미암일기』, 1568.3.26. 목재 이문건의 경우에도 유배지 성주에서 환약을 지을 때는 그 지역 의생(醫生)에게 약값을 따로 지불했다.
1902 | 『미암일기』, 1570.6.30.
1903 | 『미암일기』, 1570.7.6.
1904 | 『미암일기』, 1570.8.23.
1905 | 『미암일기』, 1572.12.13.

(사재), 예조참판 이의검, 승정원, 병조판서 강사상, 형조참의 윤두수 등이 유희춘에게 납약을 보내주었다.[1906] 납약이란 납일, 곧 동지 후 세 번째 미일(未日, 『지봉유설』에 따름)에 납설수(臘雪水)로 지은 약을 뜻하며, 청심환·안신환·포룡환 등 기성 구급상비약을 가리킨다. 송구영신할 때 새해의 건강을 기원하는 뜻을 지니며, 실제로 갖가지 응급 상황 때 요긴한 약이

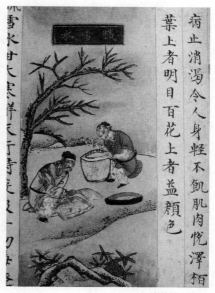

식물본초-납설수

다. 죽은 자도 살린다는 청심환 같은 납약은 설날 최고의 선물이었다. 이 납약은 조선 초에는 내의원·전의감·혜민서 등 의사(醫司)에서만 제조되었지만, 16세기 후반에는 의정부·육조 등 중앙의 여러 기구로 제조가 확대되었고, 18세기에는 말단 관아와 군영까지 약의 제조가 확대되었다. 『미암일기』에서 단일 항목 중 가장 많이 등장하는 기사가 이 납약의 증여다. 『미암일기』에서는 위에서 아래로, 아래서 위로, 중앙에서 지방으로, 처가와 친지로, 스승과 친구에게로 다양한 유통이 보인다.

지방에서도 여러 차례에 걸쳐 귀한 약재가 유희춘에게 보내졌다. 유희춘이 강원감사에게 꿀과 인삼을 요청하자,[1907] 그는 강원 심약 구징을 통해 꿀 3승과 인삼 1근을 보내왔다.[1908] 운봉의 수령인 신세림은 인삼

1906 | 『미암일기』, 1573.12.19., 12.20., 12.25., 1574.1.3.
1907 | 『미암일기』, 1572.9.17.
1908 | 『미암일기』, 1572.11.28., 12.13.

을 보내왔고,[1909] 위진현령 정구수는 자초를 그에게 보내주었다.[1910] 유희춘은 또 치통에 쓸 녹용을 선천군수와 영변군수에게 부탁하기도 했고, 인산(첨사) 이육은 녹용 4개를 보내주었다.[1911]

이렇게 약재를 받는 한편, 유희춘은 서울의 지인과 지방의 가족·지인에게 약을 보내기도 했다. 1571년 11월에서 1572년 사이에 유희춘이 약을 보낸 것은 3건으로, 하나는 사인사와 중추부에서 약이 중복되자 그중 하나를 노(도사)의 집에 보낸 것이며, 다른 둘은 남원의 누이와 참봉 박홍원 숙부에게 납약을 보낸 것이다.[1912] 1573년에는 약물을 요청받거나 보낸 것이 13건이며, 그 가운데 납약을 보낸 것이 4건, 요청받은 것이 9건이다. 1574년에도 이전 해와 비슷하게 납약 2건을 포함한 11건이 오고갔다.

유희춘은 고향 담양에 머물러 있을 때도 자신과 집안, 주변의 의약을 챙겼다.[1913] 그는 담양에 살면서 서울을 오갔기 때문에 서울에 없는 기간에는 담양에 머물렀다. 또 그의 소실이 해남에 살고 있었고 그의 일가친척이 전라도 지방에 두루 걸쳐 살았기 때문에 『미암일기』에는 전라도 여러 지역의 의약생활이 폭넓게 나타나고 있다. 그의 일기에 계속해서 보이는 약제 이름이나 지인의 약 청탁을 볼 때, 지방에서도 유희춘은 비교적 풍부한 약재를 소장하고 있었으며 약의 부족을 크게 느끼지 않았던 것 같다. 그가 쓰는 약재 대부분은 서울에서 왔다. 자신이 근무했던 기관으로부터 약을 구했던 것이다. 이 밖에 많은 경우, 아는 사이에 약재를

1909 | 『미암일기』, 1573.1.3.
1910 | 『미암일기』, 1573.5.1.
1911 | 『미암일기』, 1573.7.22., 7.29., 8.1.
1912 | 『미암일기』, 1571.11.26., 1572.12.15., 12.20.
1913 | 『미암일기』에 나오는 유희춘의 전라도 생활은 1567년 11월 25일~1568년 1월 15일간의 1개월 20일, 1569년 10월 14일~1570년 4월 24일간의 6개월 12일의 고향 생활과, 1571년 3월 12일~10월 14일간의 전라도 관찰사 생활, 다시 1575년 10월~1577년 10월까지 2년간의 고향 생활 등으로 나뉜다.

주고받는 형태로 문제를 해결했
다. 여기에 포함되지 않은 꿀이
나 녹용 같은 약재는 곧바로 생
산지에서 공급받았다. 주로 신
분과 지위를 활용해서 특산지의
통치관을 통하는 형태였다.

고위 관직자인 유희춘은 서
울에 있을 때나 지방에 있을 때
나 자신과 집안, 주변의 의약생
활을 챙기는 입장에 있었다. 특
히 약재가 부족한 지방에 대해
서는 약을 대주는 중간 고리 구

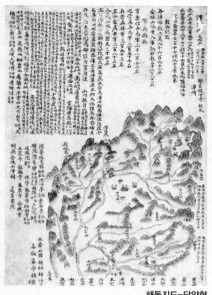

해동지도-담양현

실을 했다. 그것이 가능했던 것은 그의 관직 덕택이었다.

『미암일기』에 보이는 의료시술자들

『미암일기』는 『묵재일기』보다 많은 의료시술자 기록이 보인다. 의원
의 존재가 보이는 기사는 203개이며, 30명의 의원 이름이 보이는데, 이
들을 분야별로 본다면 약의(藥醫) 23명, 침의 1명, 의녀 3명, 마의(馬醫) 3
명 등이다. 이 밖에 이름이 표시되지 않은 의원 가운데 종기의(腫氣醫)와
의생의 존재가 보인다. 의원을 지역별로 보면, 30명 가운데 23명이 서울
거주이며, 지방의 경우에도 심약 4명은 서울에서 파견한 자들이다. 따
라서 순수한 지방 의원은 3명이라 할 수 있는데, 여기에 지방의 의생을
더 추가할 수 있을 것이다.

서울에 올라와 있는 동안 유희춘은 적지 않은 의원과 접촉했다. 때로는 자신과 가족의 병을 돌보기 위해, 때로는 지인의 병을 돌보기 위한 청탁으로, 때로는 의원이 정계의 실력자인 그를 인사차 찾아왔다. 우선 젊은 의원인 허준이 여러 차례 그를 방문했다.[1914] 그의 방문은 인사차 방문의 성격을 띠었다.[1915] 방문 때 책을 바치기도 했다.[1916] 특히 그가 선물한 책인 『노자』·『문칙』·『조화론』, 『좌전』 10책과 중국 서책인 『모시』 등은 값진 책으로서 선물을 받은 유희춘이 "아주 고맙고 또 기쁘다."고 흡족해할 정도였다.[1917] 유희춘은 그에게 답례로 부채를 선물했다.[1918] 이렇게 관계를 맺은 허준에게 유희춘은 자신의 가까운 지인 나사훤의 중풍을 진맥토록 부탁했으며,[1919] 처의 설종, 자신의 면종에 대한 진료를 맡겼다.[1920] 이 밖에도 그는 허준을 자신의 지인인 신흔, 송순을 진맥토록 했으며, 나사침의 아들인 나덕명의 약재를 그와 함께 상의하기도 했다.[1921] 이런 일련의 과정 안에서 유희춘은 허준의 의술을 높이 평가했던 듯하며, 마침내 허준을 내의원 의관으로 천거하는 편지를 이조판서에게 내기도 했다.[1922]

『미암일기』에는 수많은 인물이 유희춘을 찾아오는데, 인사 청탁의 경우가 많이 눈에 띠며 의정부 약방의 의원인 김언봉이 그런 경우에 속한다. 그는 처음 인사 온 이후 유희춘 딸의 병에 쓸 약을 그와 상의했

1914 | 『미암일기』는 젊은 허준의 모습이 보이는 최초의 기록이다.
1915 | 『미암일기』, 1568.1.29., 2.20., 4.7., 6.24., 7.17.
1916 | 『미암일기』, 1568.2.22., 4.20.
1917 | 『미암일기』, 1568.2.22.
1918 | 『미암일기』, 1568.6.24.
1919 | 『미암일기』, 1569.6.6.
1920 | 『미암일기』, 1569.6.23., 6.29.
1921 | 『미암일기』, 1569.7.2., 7.15.
1922 | 『미암일기』, 1569.윤6.3.

다.[1923] 유희춘은 김언봉에게 지인인 민기문의 병과 나사훤의 중풍 치료를 부탁하기도 했다.[1924] 잠시 관직을 놓은 상태에 있었던 김언봉은 이런 인연을 엮어 유희춘에게 관직에 붙여달라는 청탁을 했다.[1925] 허준이나 김언봉 등 의원의 진료에 대한 유희춘의 경제적 보답은 거의 보이지 않는데, 넓게 본다면 아무런 대가가 없었던 것은 아니다. 인사 청탁 등 가부장적

치종지남─면종도

질서 틀에서 자신의 지위를 확보하는 데 필요한 무형의 도움이 그 대가였기 때문이다.

『미암일기』에는 어의인 명의 안덕수와 명의 손사균이 유희춘의 병을 진료한 기록이 보인다. 크게 명성을 얻었던 양예수도 그의 진료에 등장한다. 이처럼 어의들이 그의 초청을 받아 온 것은 그가 벼슬이 높고 왕의 사부였기 때문이다. 안덕수는 유희춘의 담병을 진료했는데, 그는 심연자음과 생맥산의 복용을 처방했다.[1926] 명의 손사균은 아마도 관아에서 우연히 만난 듯한데, 그는 유희춘의 맥을 짚어보고 "오래 살 맥"이라는 덕담을 펼쳤다.[1927] 양예수의 기록은 여러 차례 보인다. 유희춘은 자

1923 | 『미암일기』, 1568.8.5., 1569.9.10., 9.25.
1924 | 『미암일기』, 1569.6.4., 1569.6.6.
1925 | 『미암일기』, 1569.8.12.
1926 | 『미암일기』, 1568.3.16.
1927 | 『미암일기』, 1568.6.1.

신의 갈증병을 고치기 위해 명의 양예수를 초빙했으며, 자신의 병에 차도가 있자 양예수의 처방에 대한 감사의 표시로 부채와 농어를 보냈다.[1928] 양예수의 처방에 따라 김언봉이 부지런히 약을 사인사로부터 지어 왔다.[1929] 양예수는 또 유희춘의 부탁을 받아 나사침의 아들과 박(판서)순의 병을 돌보았다.[1930] 이들 외에도 유희춘은 내의(內醫) 박강에게는 그의 조카 광문의 병을 치료할 방법을 물었고,[1931] 명의 이공기를 불러 병든 친구인 김(정랑)의윤(大叔)의 병을 돌보라고 보냈고,[1932] 내의 석수도와 견림도 유희춘의 요청에 따라 그의 지인인 나사훤의 중병의 진료를 돌봤다.[1933] 이처럼 내의원의 어의들 다수가 유희춘의 부름을 받아 진료를 담당했다. 어의들은 왕실의 병을 돌보는 공적인 사무 외에도, 고관대작 등의 부름을 받아 사적인 진료를 행했다.

『미암일기』에는 내의원 어의 외에도 여러 의관들의 모습이 눈에 띈다. 도총부 의원 심세신, 예조 의원 김윤공과 최실, 성균관 월령의, 중추부 약방 김수연, 혜민서 의원 이억년, 훈련원 의원 심안신, 중추부 약방 심수관, 혜민서 의학교수 김복희 등이 그들이다.[1934] 이 가운데 새로 알게 된 혜민서 의원 이억년과 이전에 전라관찰사를 지낼 때 심약으로 수행했던 김복희를 제외한 나머지 의원들은 모두 각 관아에 딸린 의원들이었다. 유희춘의 관직이 여러 기관으로 옮겨졌거나 겸직을 했기 때문에 그와 관련된 관아의 약방으로 상관을 받든 것이다. 이 밖에도 예조

1928 | 『미암일기』, 1570.4.29., 5.5., 5.11.

1929 | 『미암일기』, 1570.4.30., 5.1., 5.26., 6.24., 8.3.

1930 | 『미암일기』, 1570.6.28., 7.28.~8.1.

1931 | 『미암일기』, 1568.6.28.

1932 | 『미암일기』, 1568.7.28.

1933 | 『미암일기』, 1569.6.6.

1934 | 『미암일기』, 1573.3.18., 4.1., 6.11., 7.25., 9.1., 9.2., 12.2.

약방 자리를 청탁한 안옥,[1935] 종기를 전문으로 치료하는 의원과 침 잘 놓는 평을 받는 고기라는 자가 보인다.[1936]

의녀의 존재도 주목을 끈다. 1568년 8월과 9월 사이에 유희춘의 딸이 면종을 앓자, 의녀 선복이 와서 침을 놓았다.[1937] 또 처가 역절풍을 앓을 때 노의녀 사랑비가 와서 병을 돌보았다.[1938] 이 의녀는 또한 처의 설종 때도 침을 놓았다.[1939] 중앙 고위 관직에 있었던 유희춘 집안의 여성은 이처럼 여성 의료인인 의녀들이 돌봤다. 약의 경우에는 남자 의원과 상의를 했지만, 직접 신체 접촉이 필요한 진맥이나 침구는 의녀가 전담했다. 『미암일기』에서 유희춘이 고향에 내려가 있었을 때는 의녀의 존재가 보이지 않는다.

■자료

관찰사와 심약(審藥)

유희춘은 1571년 3월부터 이후 6개월 동안 전라도관찰사로 활동했다. 그는 관찰사로서 심약을 대동하면서 전라도 각지를 돌았다. 6개월 동안 무안, 전주, 익산, 임피, 김제, 부안, 흥덕, 고창, 광주, 해남, 강진, 순천, 임실, 완산, 나주, 함평, 무장 등의 순으로 각 고을을 순행했다. 그의 행적을 따라 각 곳의 의약 상황을 살필 수 있는데, 그가 들른 곳의 의약 상황이 드러나기도 하고, 관찰사와 심약의 의약활동을 엿볼 수도 있다.

1935 | 『미암일기』, 1573.9.8.
1936 | 『미암일기』, 1573.3.2., 3.3., 3.12.
1937 | 『미암일기』, 1568.9.26., 10.11.
1938 | 『미암일기』, 1568.6.1.
1939 | 『미암일기』, 1568.6.23.

『미암일기』는 심약의 업무를 온전히 파악토록 하는 유일한 기록이다.

지방 관아의 의료제도는 중앙 관아의 연장선에 있었다. 중앙의 전의감과 혜민서에서는 각 감영과 병영, 제주도, 유수(留守)지, 통영(統營)에 심약 또는 월령의(月令醫), 구료의(救療醫)를 파견하여 약재의 진상과 그 지방 군민(軍民)의 구료를 담당토록 했다. 심약은 전의감과 혜민서에서 번갈아 가며 각 도의 감영과 병영에 파견되었다. 제주의 경우는 특산물이 있었기 때문에 특별히 선정되었다. 전국 각 감영의 심약 수는 총 15명이었다.[1940] 관찰사 유희춘이 심약을 대동하여 각 관아를 순행하며 공적, 사적 임무를 수행하는 모습은 『미암일기』에 잘 드러나 있다.[1941]

1571년 3월 14일, 그가 수원에 들렀을 때 설사가 났는데, 수원부사는 그에게 이중탕을 지어주었다. 3월 19일, 충청도 이산(尼山)에 도착했을 때 전라도병사와 전라도사가 보낸 심약이 인사차 마중 나왔다. 3월 21일, 전라도 관할인 여산에 도착해서 그곳 동헌에서 심약, 의생(醫生)과 율생(律生)을 포함한 아전 모두가 참석한 행례를 치렀다. 옥과(현 곡성)에서 심약을 시켜 송(사재)순을 문안케 했다.

4월 1일, 용안(익산)에 들렀을 때 순무어사 유도가 평위산을 줄 것을 요청해왔다. 4월 7일, 순천에서 양반인 참의공의 직계손으로서 의생의 역을 지고 있는 유원호를 역에서 면제하는 조치를 취했다. 4월 28일, 무안의 수령이 80세가 다 된 의원 김원우의 대자를 장으로 쳐서 죽인 사건을 처리했다. 아마도 의원 김원우는 민간의 의원이 아니었을까 추측된다.

5월 10일, 전주에서 봉안사(奉安使)가 수행하는 의원을 시켜 문안 오자 심약을 시켜 문안케 했다. 5월 15일, 전주에서 의원 남응명을 불러 주석

1940 | 경기 1, 충청도 2(감영 1, 병영 1), 경상도 3(감영 1, 병영 2), 전라도 2(감영 1, 병영 1), 제주 1, 황해도 2(감영 1, 병영 1), 강원도 1(감영), 함경도 2(감영 1, 남병영 1), 평안도 2(감영 1, 병영 1) 등과 같다.(『경국대전』 이전[吏典], 역사연구실, 『역주경국대전』, 한국정신문화연구원, 1985, 86~94쪽.)

1941 | 날짜를 본문에 표기했기 때문에 각 내용에 대한 주를 따로 표시하지 않는다.

을 펼치고, 붓, 먹을 주었다. 선세의 인연 때문이었다. 남 의원은 전주부에 딸린 의원이 아니었나 추측해본다.

6월 1일, 심약 황몽희의 임기가 차서 새로운 심약 김복희가 서울에서 왔다. 그는 김근의 아들인데 의술이 정민하고 마음쓰임이 근신한 사람이었다. 이튿날 김복희가 인사 왔고, 떠나는 심약에게 술과 노자를 주었다. 심약의 임기는 1년이었다.[1942] 3일, 심약을 보내 봉안사를 광주로 가서 문안케 했고, 속목 11필을 서울 내의원의 허준에게 보내 당약재를 사도록 했다. 아마도 이는 전주부에서 쓸 당약재를 내의원에서 구입하려고 했던 것 같다. 5일, 각 고을의 약재가 오자 그것을 봉하여 6월 7일에 진상했다. 이는 관찰사로서 서울로 진상할 약재를 수합하여 봉한 조치를 뜻한다. 18일, 또 심약을 해남군수에게 보내어 그를 치료토록 했다.

7월 9일, 유희춘은 익산에서 심약을 시켜 89세인 소(동지)세검의 안부를 묻도록 했다. 12일에 임피에 도착했을 때 유희춘은 임질기가 있음을 느꼈다. 13일, 심약 김복희가 치료약을 지었다. 15일, 김제에 도착했을 때 서울에서 허준이 2향을 보내왔다. 22일, 심약 김복희가 같이 잤는데, 그는 도내에서 듣고 본 약방문에 대해서 유희춘에게 이야기했다. 23일, 고창에서 무장의 유(로)옥정의 외손 김린이 와서 외조부가 이질의 증세를 앓는다고 고하자 약을 주었다. 26일, 진원에 도착했을 때 의원 박한무가 『직지방』 중 빠진 부분이었던 5권을 가지고 왔고, 유희춘은 냉기 때문에 이중탕을 복용했다. 27일, 광주에 도착했는데 이후 유희춘의 몸이 좋지 않았다.

8월 2일, 운내의 모가 곽란 증세가 있다고 해서 심약을 보내어 치료토록 했다. 9일, 해남에서 윤달지로부터 박한무의 묘방인 희첨(진득찰)에

1942 | 『六典條例』, 「禮典」, 典醫監(경문사 영인본 『六典條例』(하), 1979, 846쪽). 단, 제주의 경우에는 2년이었다.

대해 들었다. 또 심약 김복희가 모친의 병 때문에 하직하고 서울로 돌아가므로 박한무를 가심약으로 대차했다. 13일, 가심약 박한무가 인사를 왔으며, 순천에서 조카인 광룡이 낙마했다는 소식을 듣고 즉시 청심환과 도체산의 약을 보냈다. 19일, 순천부사가 곽란증이 났기에 웅담을 조금 보냈다. 26일, 곡성에서 처가 혈림을 앓고 있다는 편지를 받았고, 유희춘은 그 병이 자신의 임질에서 전염된 것이라 생각했다.

9월 4일, 임실에 도착한 유희춘은 박한무로 하여금 황구의 가죽으로 자리를 만들도록 했다. 6일, 완산의 약재 진상 서류에 서명했다. 7일, 웅담 1부를 문갑에 두었다. 15일, 설사 때문에 화로에 데운 쇠붙이로 배를 문질렀다. 16일, 설사 때문에 평위산을 복용했다.

10월 1일, 나주에 도착했는데 새 심약 강맹헌이 서울에서 왔다. 11일, 함평의 약재와 봉약월령을 진상하는 계본을 봉했다. 심약 강맹헌이 퍽이나 조심성이 있고 경험이 있었다. 13일, 그는 우황 1부를 복용하기 위해 궤에 넣었다. 15일, 무장에서 전라감사에 체직되고 대사헌에 임명된 사실을 들었다. 그날, 관례에 따라 수행했던 심약에게 속목 4필을 주었다. 17일, 진시에 서울로 출발하니 심약 등이 관례에 따라서 같이 동행했다.

위의 일기 기록을 보면, 중앙에서 각 도에 파견한 심약이 하는 일은 지방 약재의 진상을 책임지고, 관찰사의 건강을 돌보는 일 두 가지였음을 알 수 있다. 게다가 심약은 관찰사의 명에 따라 타인의 진료도 담당했으며, 이 밖에도 지방의 유력자들을 사적으로 진료하기도 했다. 관찰사 유희춘은 의약을 이용하는 데 별 장애를 느끼지 않았지만, 지방에 따라 약방이 없는 경우가 있어서 처방약을 얻는 데 어려움을 겪기도 했다.

임진왜란 피난민 오희문의 의약생활

『쇄미록』에서 내가 뽑은 기사는 218개다. 여기에는 오희문의 가족들이 오랫동안 영양실조로 인한 각종 질병을 앓으면서도 아무런 치료법도 쓰지 못하고 병고에 신음하던 내용을 담은 수많은 기사는 포함시키지 않았다. 218개 기사 가운데 약 이용을 보이는 기사는 47개이며, 종의 경우에는 단 한 차례도 나타나지 않는다. 침을 사용했다는 기사는 43개다. 이 가운데는 종에게 침을 놓았다는 6개의 기록이 포함되어 있다. 기복에 관한 기사는 7개이며, 온천 이용 기사 2개, 약 채취 기사 1개, 역병에 걸린 종을 냇가 병막으로 옮기도록 한 기사 1개다.

『쇄미록』에 약을 청탁하거나 받은 기사는 17개다. 약이 온 것 가운데 7건이 아들의 친구인 함열태수로부터 온 것이었다. 1593년 오희문은 장녀를 함열태수의 후취로 시집보냈는데, 이후 가족의 생계뿐만 아니라 집안에 병이 생길 때마다 그에게 우선 약도움을 청했다. 2건은 오희문의 친지인 조(임피)에게서 온 납약이다.[1943] 다른 지방의 관직으로 나간 아들도 두 차례 약을지어 보내왔다.[1944] 이 밖에 지인인 김(부솔)창일에게 약을 부탁

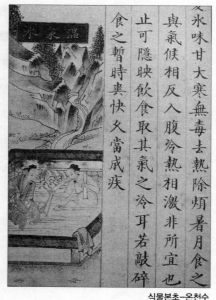

식물본초-온천수

[1943] | 『쇄미록』, 1596.9.24., 9.25.
[1944] | 『쇄미록』, 1592.11.26., 1597.1.19.

민속도록—아사

했으며,[1945] 어사 문홍도가 천문동을,[1946] 채억복이 당귀를 보내왔다.[1947] 또한 손녀를 얻자 산모의 궁귀탕에 쓸 천궁과 당귀를 직동(直洞)에 부탁하려고 했으며,[1948] 현 사람이 처의 병에 익위승양탕 5첩을 지어 왔다.[1949]

오희문은 가족과 지인에게 약을 보내기도 했다. 떨어져 있는 모친의 병에 아들 윤겸을 시켜 팔물원을 지어 보내도록 했으며,[1950] 누이에게 산삼 30개를 보냈고,[1951] 손자의 역질을 막기 위한 면홍환 50알을 신천태수(윤겸)로 하여금 태수의 동생 윤함의 집으로 보내도록 했다.[1952] 또한 임천태수의 습병에 자신이 잡은 거북을 보냈으며,[1953] 이별좌가 청심환 반알을 요청해오자 그것을 보내주었다.[1954] 1596년에 강원도 평강 수령인

1945 | 『쇄미록』, 1597.3.16.
1946 | 『쇄미록』, 1599.3.18.
1947 | 『쇄미록』, 1599.4.15.
1948 | 『쇄미록』, 1597.8.28.
1949 | 『쇄미록』, 1598.6.5.
1950 | 『쇄미록』, 1599.3.19.
1951 | 『쇄미록』, 1598.3.30.
1952 | 『쇄미록』, 1599.12.30.
1953 | 『쇄미록』, 1595.10.8.
1954 | 『쇄미록』, 1596.11.17.

아들의 집에 간 이후로는 집안에 다소 여유가 생겼으며, 아울러 가족의 질병에 약물을 보내고 있다.

약의 채취에 관한 기록은 두 차례 있다. 임란 직후 산속에 피난 가 있으면서 약으로 쓰기 위해 오미자 5~6말을 딴 적이 있으며,[1955] 온 가족이 학질로 신음할 때 아무런 대책도 없던 상태에서 치료약에 쓰기 위해 뽕나무껍질을 벗기러 간 적이 있었다.[1956]

약의 구입에 관한 기록도 두 차례 있다. 1597년 1월 충청도 임피에서 아들의 임지인 강원도 평강으로 이사를 가던 중 수원 부근에서 딸의 병이 위독해지자 아들 윤함을 시켜 서울에 가서 양예수에게 문약하고 약을 지어 오도록 했으며,[1957] 1599년 처의 병 때 평강의 의원인 이은신을 서울에 약을 사러 보냈다. 그는 서울에서 어의 허준과 이공기에게 문약하고 내의원 고직에게서 약을 사 가지고 왔다.[1958]

『쇄미록』에는 의원이 모두 13명 보인다. 그중에는 의원 5명, 마의 4명, 의녀 1명, 침의 3명, 종기의 1명, 의생 1명이 포함되어 있다. 이들의 활동은 오희문이 머물렀던 지방과 밀접하게 관련되어 있다.

『쇄미록』에는 기복 치료에 관한 내용도 16건 보인다. 그 모습은 이문건의 『묵재일기』에서 보였던 것과 상당히 흡사하다. 『쇄미록』의 기복 치료 가운데 병귀신 쫓기가 12건, 맹인 판수의 병점이 4건이다. 귀신 쫓기는 주로 학질을 떼기 위해 펼쳐졌는데, 절반인 6건이 이에 해당된다. 이밖에 복통에, 홍역에, 두통·고열에, 딸의 중병에, 아들의 역병인 시령(時令)에, 귀신 쫓는 방법을 시행했다.[1959] 학질에 걸렸을 때는 다른 특효약

1955 | 『쇄미록』, 1592.9.12.
1956 | 『쇄미록』, 1593.9.20.
1957 | 『쇄미록』, 1597.1.28.
1958 | 『쇄미록』, 1599.1.2., 1.11.
1959 | 『쇄미록』, 1593.1.6., 4.3., 9.20., 1596.12.18., 1597.1.16., 1600.7.15.

이 없기 때문에 귀신 쫓는 방법을 시행했으며, 다른 병의 경우에도 중병이 들어 의약의 힘이 미치지 않을 때 기복을 펼쳤다. 기복은 무당에 의한 것이 두 차례,[1960] 중의 독경이 두 차례 포함되어 있었다.[1961] 무당과 중을 부른 것은 모친의 결정이었던 듯하며, 오희문은 그것이 소용없는 짓, 가소로운 일이라는 태도를 보였다.[1962]

유희춘의 『미암일기』에서도 무당 관련 기록은 집안 여자와 관련된 것이었다. 사대부 양반가라 해도 무당이나 중을 불러 치료를 부탁하는 것은 집안사람의 몫이었다. 그것은 왕실에서도 마찬가지였으며, 일반 민가에서도 마찬가지였다. 1663년 박진희가 지은 『두창경험방』을 보면 두창에 걸린 아이를 놓고 무속 치료를 고집하는 사대부 집안의 아내와 그것을 반대하는 남편의 대립이 보이는데, 아내가 승리하고 있다.[1963] 아이의 중병에 결사적으로 무속을 주장하는 아내 또는 모친의 의견을 속으로 비웃을 수는 있지만, 그것을 이겨내기는 힘든 일이었을 것이다. 일기에 무속 관련 내용이 적게 나오는 이유는 반드시 그 집안에 그것이 없거나 적었기 때문이 아니라, 그것이 안사람의 일이었기 때문일 수도 있다. 병점(病占)은 4차례 있었는데, 이 또한 중병 때 이루어졌다. 병점은 오희춘이 치게 했으며, 판수인 이복령이 이를 담당했다. 무당이나 독경과는 달리, 오희문은 병의 예후를 묻는 병점에 대해서는 부정적인 태도를 보이지 않았다.

오희문이 충청도 임천에 살던 4년 동안(1593년~1596년)의 일기에 가장 많이 등장하는 의원은 임천 관아 소속이던 학침의(學鍼醫) 복지였다. 그는 관아의 여종으로서, 서울에서 내려온 의관 김준에게서 의술을 배

1960 | 『쇄미록』, 1593.1.6., 1600.7.15.
1961 | 『쇄미록』, 1596.12.18, 1597.1.16.
1962 | 『쇄미록』, 1596.12.19., 1600.7.15.
1963 | 박진희, 『두창경험방』 서.

우고, 또 내의원의 침의 허임 등에게서 점혈과 시침을 배웠다.[1964] 복지는 24차례 오희문의 집에 들러 처와 두 딸의 질병을 침으로 돌봤다.[1965] 이와 함께 남자 환자도 돌봤는데, 덕(노)의 경우와 황보경의 아들 경우가 그것이다.[1966]

임천 지방의 의원으로는 침의 이기종, 의관 김준과 침의 남궁생원이 보인다.[1967] 이기종은 임천에서 멀지 않은 곳에 살았던 충청 지역의 침의였다. 김준과 남궁생원은 함열태수의 병을 돌보기 위해 외부에서 불려온 인물인 듯하다. 김준은 의관이라는 명칭을 사용한 것으로 보아 중앙 관아에 소속된 의원이었거나 심약이었을 가능성이 크다. 남궁생원은 충청 지역에서 침술을 펼쳤던 인물인 듯하다. 『쇄미록』에는 또 허임이 함열 관아에서 왔다는 기사가 보이는데, 그는 오희문의 처가 병에 걸렸을 때 그곳에 들러 복지에게 침놓을 경혈의 위치를 일러주었다. 그는 아버지가 관노인 천출이었지만 내의원 의관의 신분으로서 양반에게 굽실거리지 않았던 듯하다. 오희문은 양반인 자신이 그와 동등한 입장에서 상견례를 치른 것을 뒤에 알고는 매우 분해하고 있다.[1968]

임천 주변에는 마의의 존재가 둘 눈에 띈다. 『쇄미록』에는 이 시기 말병의 치료 상황이 상세히 기록되어 있는데, 여기서 언급되는 인물 중 하나는 함열 관아에 딸린 마의술에 익숙한 관노였으며,[1969] 다른 하나는 예산의 마의로 한산에서 갓을 만들던 인물이었다.[1970] 지방의 마의는 모

1964 | 『쇄미록』, 1596.6.23., 1596.11.1.
1965 | 여의 복지의 진료 사항은 다음과 같다. 1596년 4월 28일: 딸 단아의 병. 1596년 6월 23일: 처의 병. 1596년 8월 29일~9월 24일: 처의 병. 1596년 9월 25일~10월 5일: 딸의 병. 1596년 10월 8일~11월 30일: 처의 병.
1966 | 『쇄미록』, 1596.8.23., 1596.10.11.
1967 | 『쇄미록』, 1593.11.25., 1596.1.28.
1968 | 『쇄미록』, 1596.11.1., 11.3.
1969 | 『쇄미록』, 1595.6.18.
1970 | 『쇄미록』, 1595.6.26.

마경초집언해-마의

두 천한 신분으로서 마의술, 특히 침법을 배워 지방에서 시술하는 존재였다.

의원에 대한 보수의 기록은 거의 없다. 오희문 처의 병을 복지가 침을 주어 고친 것을 가상하게 여겨 그에게 상으로 은어 2두름, 생치 1마리를 준 것과, 마의에게 수고비로 술을 준 것 정도가 고작이다.[1971]

오희문 가족의 강원도 평강 시절(1597~1600년)은 아들이 그 지방 수령이었던 관계로, 임란 중이었지만 생활 처지가 나쁘지는 않았다. 평강 지역에서 오희문 가족이 가장 빈번하게 접촉한 의원은 이은신이었다. 그는 오희문 모친의 상한 발에 침을 놓고, 향노가 종기 병에 걸리자 침으로 그것을 파종하기도 했으며, 오희문의 부탁으로 서울 내의원에 가서 허준·이공기를 만나 약을 묻고 그곳의 고직에게서 약재를 사 와 조제하기도 했다.[1972] 하지만 그가 처방을 내린 경우가 없는 것으로 보아, 그는 침을 놓거나 약을 조제하는 정도의 의술만 가지고 있었던 듯하다. 이 밖에 침술에 능한 광주 토당에 사는 문억의 이름이 한 차례 보이는데, 그는 인근 지역에서 침술로 행세하는 자였던 듯하다.[1973] 중앙의 의관으로는 내의원의 허준과 이공기가 보인다.[1974] 그들은 지방에

1971 | 『쇄미록』, 1596.11.9., 1595.7.26.
1972 | 『쇄미록』, 1599.9.22., 1598.8.7., 8.10., 1599.1.11.
1973 | 『쇄미록』, 1598.9.8.
1974 | 『쇄미록』, 1599.1.11.

서 온 환자의 자문에 응하고 약재의 수요를 채워주고 있었다.

평강현의 전반적인 의약 형편과 관련한 기록은 3개 보인다. 지방에는 의약이 없다는 기사도 두 건 있다. 1597년 6월 평강에서 처가 단독(丹毒)에 걸리자 "시골에는 의약이 없다."고 호소하고 있는데,[1975] 이튿날 그는 속방에 따라 문어를 먹었다. 같은 해 득녀했을 때 당귀와 천궁을 쉽게 구하지 못한 것[1976]이나 일부러 서울에 약을 사러 간 것도 이 때문이었다. 또한 오희문의 종인 옥춘의 흉통에 "궁벽한 시골에 의약이 없"기 때문에 아무런 약을 쓰지 못했고,[1977] 종 향비의 종기 병 때도 아무런 의약 대책을 쓰지 못했다. 그 이유는 "종기를 다루는 의원이 돈이 적다고 힘을 다하지 않고 또 약을 내어주지도 않기" 때문이었다.[1978] 이런 기사들은, 경제력 있고 지위가 높은 지역의 양반은 의약 자체가 부족한 현실 때문에 서울까지 가서 문약하고 약을 사 와야 했고, 경제적 능력이 떨어지는 사람은 미미하게 존재하는 지역의 의약조차 이용할 수 없었던 현실을 보여준다.

오희문이 겪은 의약생활의 특징은 지방 의약의 열악함, 임진왜란이라는 전쟁기의 피폐함, 지방 떠돌이 생활이라는 3가지 상황이 중첩되어 있다. 피난생활 중 매일매일 끼니 걱정, 추위 걱정하는 처지에 의약을 챙긴다는 것은 지난한 일이었다. 따라서 오희문 자신이나 가족이 병에 걸려도 별 처방 없이 견뎌내야 했을 뿐 뾰족한 대책이 없었다. 다행히 이런 처지를 벗어날 때도 있었다. 오희문의 집안이 좋아 친척과 지인이 지방관으로 있었기 때문에, 그들의 도움을 받아 약을 얻어 오거나 의원을 불러올 수 있는 경우가 그 하나였다. 이런 궁핍한 처지는 그의 아들

1975 | 『쇄미록』, 1597.6.7.
1976 | 『쇄미록』, 1597.8.28.
1977 | 『쇄미록』, 1598.1.20.
1978 | 『쇄미록』, 1599.1.6.

이 지방의 수령이 되어 같이 생활하게 되면서 완전히 벗어날 수 있었다.

『미암일기』와 『쇄미록』에 공통적으로 나타나는 특징은 서울과 지방의 현격한 차이다. 서울은 의약이 풍부했으나 전라·충청·황해도 지방은 그렇지 못했다. 그래도 고위 관직을 역임하고 있던 유희춘의 경우에는, 지방에 머물고 있다 해도 끊임없이 서울의 관아나 여러 지인을 통해 약재를 공급받았기 때문에 의약생활에 큰 어려움을 느끼지 않았다. 반면에 지방 떠돌이 신세의 오희문은 크나큰 어려움을 겪었다. 아마도 전쟁 기간이 아닌 평상시에도 경제적으로 궁핍한 하층민의 의약 이용은 오히려 전쟁기의 오희문보다 더 어려웠을 것이다. 『미암일기』에서와 마찬가지로 『쇄미록』에서도 약의 수급은 상납과 선물, 하사가 일반적인 형태였다. 그것은 보답이 없는 자선행위는 아니었다. 약재의 주고받음은 훨씬 넓은 교환의 성격을 띠었으며, 대가는 쌀·음식·종이와 먹 등의 유형적인 것에서부터 인사 추천이라는 무형적인 것을 망라했다. 대가가 돈 비슷한 형태로 지불되었을 경우에는 화폐 대신에 쌀이 사용되었다. 이런 사실은 16세기 말에 약이 독자적인 경제적 품목 또는 상품으로 확고하게 자리 잡지 못했음을 의미한다.

『흠영』과 『이재난고』로 보는 18세기 후반 서울의 의약생활

내가 『흠영』에서 유만주의 13년 생활을 대상으로 의약 관련 기사를 뽑은 것은 전체 395개다. 거의 모두가 가족—자신, 부친, 모친, 아들들, 딸, 처—에 관한 기사이며, 다른 사람의 진료가 기록되어 있는 것은 거의 없다. 전체 기사 가운데 약을 쓴 기사가 242개로, 전체 기사의 61%를 차지한다. 침을 쓴 기록은 2건이며, 뜸을 쓴 기록이 3건, 찜질이 1건,

소금물로 씻기 2건 등이
있다. 이 밖에 아이의 두
진(痘疹) 때 전신(錢神)했다
는 기록이 한 차례 등장
한다.[1979] 이는 거의 모든
경우에 약을 썼으며, 침은
별로 쓰지 않았음을 뜻한
다. 다른 치료법은 물론이
거니와 무속이나 기양의
방법은 거의 쓰지 않았다.

　의원과 약국이 등장하
는 기사는 179건으로, 전

『흠영』에 나오는 양예수.

체의 45%를 차지한다. 이는 그와 그의 가족에게 질병이 생겼을 때, 최소
한 절반 정도는 의원 또는 약국을 찾아 문제를 해결했음을 뜻한다. 서울
에서는 약을 구하는 데 장애를 보인 기사가 하나도 없고, 돈 때문에 걱
정을 하는 기사도 전혀 보이지 않는다. 의원과 약국이 보이지 않고 처방
만 보이는 많은 경우에는 유만주 자신의 의학지식에 근거하여 대처가 이
루어진 듯하다. 그는 의학을 공부한 사람으로, 의원과 논병과 논약의 토
론을 벌이기도 했으며, 의원이 내린 처방을 놓고 『동의보감』의 내용을 토
대로 이치를 따지기도 했다. 그가 『동의보감』을 살펴 논약한 경우는 모
두 13건이나 된다.

　『흠영』에 등장하는 의원은 중복을 포함해서 43명이다. 이들 가운데
지방의 의원은 10명이며, 나머지가 서울의 의원이다. 지방의 의원 중 영

1979 | 『흠영』, 1785.12.6.

의(嶺醫, 영남의 의원), 충의(忠醫, 충청도에서 온 의원), 호의(湖醫, 호남에서 온 의원) 등은 서울에 올라와서 활동한 것으로 추정된다. 아마도 경의(京醫)가 지방에 내려가는 것보다는 지방 의원이 서울로 올라오는 예가 더욱 많았을 것이다. 영업 환경이 좋았기 때문이다.

서울의 의원은 전문화되어 있어서, 약의·침의·종의(腫醫) 외에도 소아과의·부인과의·두의(痘醫) 등이 있었다.[1980] 실제로 이 가운데 유만주는 소아의와 부인의, 두의(痘醫, 1786.5.3.)를 찾았다. 이 밖에 안의(眼醫)도 있었다.[1981]

유만주는 의원들의 관직 여부를 거의 표시하지 않았다. 아마도 영의(營醫, 군영의 의원) 정도가 지방 관아에 딸린 의원임을 알 수 있을 뿐이다.[1982] 다른 의원은 거의 모두가 관의가 아닌 사의(私醫)였을 것이다. 특히 동네를 표시하고 있는 의원은 각 동네에 포진하면서 의술을 펼친 의원들이었을 것이다. 유만주가 서울에서 꽤 많은 의원을 찾아다니는 것을 보면, 그가 의원을 선택할 폭이 넓었음을 알 수 있다. 또한 병세가 심각했을 때는 동시에 여러 의원을 이용하고 있다. 그의 아들이 병에 걸려 죽게 된 1786년 5월에는 의김(醫金, 김씨 성의 의원), 수서의 종백, 의정(醫丁, 정씨 성의 의원), 의홍(醫洪, 홍씨 성의 의원), 의한(醫安, 안씨 성의 의원), 의서(醫徐, 서씨 성의 의원) 등 6인의 의원을 이용했다.

유만주가 찾았던 의원은 많은 경우 자신의 약국을 가지지는 않았던 듯하다. 대부분이 처방만 내렸을 뿐이며, 유만주는 그들이 내린 처방을 가지고 약국에 가서 약을 구입했다. 때로는 약국에서 오래 복용할 환약을 제조하기도 했다. 약국을 운영하면서 의학 이치에 밝은 오도형 같은

1980 | 『흠영』, 1871.8.8.
1981 | 『흠영』, 1781.11.18., 1783.6.12., 1783.6.12., 1786.1.20.
1982 | 『흠영』, 1783.2.7.

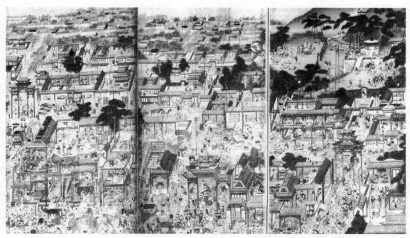

인물은 처방을 내리면서 약도 조제하고 있었다.[1983] 이를 보아 그가 양쪽을 겸업했다고 볼 수 있을 것이다.

약국은 다섯 곳이 나타난다. 유만주는 약국 중 한국(韓局, 한씨 성의 약국) 1차례, 동국(洞局) 1차례, 약림(藥林, 임씨 성의 약국) 7차례, 명국(明局) 11차례, 형국(洞局)을 2차례 이용한 기록을 남겼다.[1984] 유만주는 당시 약국들이 가장 많이 몰려 있던 구리개 근처 명동 소재의 약국〔明局〕을 가장 많이 이용했으며, 품질이 좋은 약재를 구입하고자 할 때는 의학 이치에 밝은 오도조(吳道調)의 약국을 이용했고, 급하게 약재를 살 때는 동네 근처의 약국인 동국(洞局)을 이용한 듯하다.[1985]

―――
1983 | 『흠영』, 1780.8.12., 1784.12.19.
1984 | 이런 이름을 보면, 약국의 경우에는 많은 경우 아직 상호를 내걸고 운영하지는 않았던 것 같다.
1985 | 김호, "18세기 후반 거경 사족의 위생과 의료—『흠영』을 중심으로", 『서울학연구』 XI, 113~144쪽.

한양가 속의 약방 풍경

—한산거사(閑山居士, 조선조 헌종, 1844년)

한양가는 한산거사라 하는 인물이 지은 것으로 여러 관청과 거리 풍경 등 19세기 전반 서울의 이모저모를 읊었는데, 그 가운데 구리개 약방의 모습이 다음과 같이 묘사되어 있다.

구리개 좌우 집에 신농유업(神農遺業) 써 붙이고
각색 약이 다 있구나. 수세제중(壽世濟衆) 하리로다.

인삼(人蔘)·사삼(沙蔘)·현삼(玄蔘)이며, 황련(黃蓮)·황금(黃芩)·황백(黃柏)이며,
진피(陳皮)·청피(靑皮)·대복피(大腹皮)며, 감초(甘草)·자초(紫草)·하고초(夏枯草)며,

우황(牛黃)·타황(駝黃)·구황(狗黃)이며, 웅담(熊膽)·구담(狗膽)·사담(蛇膽)이며,
침향(沈香)·정향(丁香)·당사향(唐麝香)과 용뇌(龍腦)·용안(龍眼)·용골(龍骨)이며,

소합환(蘇合丸)·광제환(廣濟丸)과 태을환(太乙丸)·소침환(燒鍼丸)과
청심환(淸心丸)·안신환(安神丸)과 포룡환(抱龍丸)·만응환(萬應丸)과

운모고(雲母膏)·우황고(牛黃膏)며, 오독고(五毒膏)·신이고(神異膏)며,

제충단(除蟲丹)·옥추단(玉樞丹)과 벽온단(辟瘟丹)·자금단(紫金丹)과

옥설(玉屑)·금설(金屑)·진주설(眞珠屑)과 은박(銀箔)·금박(金箔)·호박
설(琥珀屑)과
민강(閩薑)·귤병(橘餠)·금전병(金箋餠)과 녹용고(鹿茸膏)·경옥고(瓊玉
膏)로다.

상백초(嘗百草) 제만민(濟萬民)은 염제씨(炎帝氏) 공덕일세.
물중지대(物重地大) 장할시고 제왕의 도움일다.

유만주의 『흠영』에는 약 구입에 관한 기사가 55개 나타난다. 모든 것
은 구매였다. 또 약을 구매할 때는 쌀이 아닌 화폐를 쓰고 있다. 『흠영』
에는 약값이 표시되어 있기도 한데, 익원산 3첩에 10문,[1986] 굴강차에 10
문,[1987] 회생산 2첩에 30문[1988] 등 싼 약값에서부터 환제 제작가 12냥 9전
6푼[1989]까지 다양하게 나타난다.

『흠영』을 보면 많이 짓는 일반 탕제는 규격화되어 있고 대략 약값이
정해져 있었다는 인상을 받는다. 10문~30문 정도의 약값은 보통 서울
사람이 이용하기에 크게 부담이 없는 약값이었다. 약값은 살 때마다 매번
지불하는 것이 아니라 일정한 시기 동안 계속 지어 먹고 한 번에 갚는 방
식을 채택했던 듯하다. 이는 관료나 지주로서 봉급 지불이나 쌀 수령 등
의 시기에 맞추려 했기 때문이었을 것이다. 유만주의 경우에는 1785년 10
월 28일, 봄부터 그때까지 먹은 탕제 값 5냥 93문을 일괄 변제하고 있

1986 | 『흠영』, 1778.7.16.
1987 | 『흠영』, 1778.7.30.
1988 | 『흠영』, 1778.7.17.
1989 | 『흠영』, 1783.11.3.

다. 약국에서는 약재를 팔 뿐만 아니라 환자가 가져다 준 약으로 환제나 탕제를 제조하기도 했다.[1990] 이럴 때는 따로 공전을 받았다.[1991]

서울 토박이인 유만주와 달리, 황윤석은 전라도 선비로서 한양에는 과거를 보러 오거나 잠깐 동안 머무르면서 하급 관직 일을 수행한, 서울에 연고가 없는 인물이었다. 이런 점은 지방에서 벼슬살이하러 온 모든 양반층의 경우에도 해당한다. 이 책에서 다룬 16세기 인물인 안동의 이황, 담양의 유희춘 등이 다 그러했다. 다른 이들처럼 황윤석도 서울에서 벼슬살이를 하기 위해 임시 거처를 정했으며, 식구들이 따라오지는 않고 금봉이라는 몸종 한 명만이 시중을 들었다.[1992]

황윤석은 줄곧 대과를 보기 위해 한양에 왔지만 번번이 낙방했다. 호남 제일 선비라는 말을 들었지만, 수많은 정보를 가지고 인맥으로 엮인 경화사족을 당해내지 못한 것이다. 과거를 보러 왔을 때 병을 앓는다면 참으로 난처한 상황에 빠지게 된다. 과거 길에서 그의 병앓이 기록은 1759년, 1764년, 1778년에 확인된다.

1759년(31세) 9월~10월, 과거를 보기 위해 상경했던 황윤석은 두통, 담증 등의 병을 앓았다. 치료법을 보면, 전체 22개 기사 모두가 한약 처방과 관련되어 있으며, 침·뜸이나 다른 방법은 쓰지 않았다. 한약 처방에는 병 치료를 위해 닭을 사 먹는 것, 동변(童便)을 받아 먹는 것 등 4개의 기사가 보인다.[1993] 그가 이때 겪은 서울의 의료 관행은 유만주의 『흠영』에서 확인되는 것과 비슷하며, 이후 상경했을 때의 모습과도 동일한 것이다.

1990 | 『흠영』, 1784.4.29.
1991 | 김호, "18세기 후반 거경 사족의 위생과 의료—『흠영』을 중심으로", 『서울학연구』 XI, 122쪽.
1992 | 이지양, "한양생활과 수종하인", 자료집 「제7회 학술발표회 『이재만록』 완간 기념 이재학의 재양상」, 2014년 6월 13일 전북대학교, 38쪽.
1993 | 『이재난고』, 1759.9.20., 10.10.~10.13., 9.26.

이때 서울에서 그가 이용한 의자(醫者)로는 김군길, 홍(도사)일성, 조영유 등 3명이 보인다. 김군길은 황윤석의 병에 소합·목맥 등의 약재를 가지고 찾아왔다.[1994] 조영유는 황윤석의 병에 계탕(鷄湯)을 쓰라는 식이요법을 제시했는데, 황윤석에게 약을 판 것[1995]을 보면 약국을 운영하던 인물로 추정된다. 이 시기 황윤석의 병에 본격적인 처방을 내리는 인물은 홍일성이다. 그는 황윤석의 병록도 작성했고, 그의 병세를 살펴가면서 사물도담탕, 가미보중익기탕, 가미맥문동탕 등의 처방을 제시했다.[1996] 이런 것으로 볼 때, 홍일성은 전문적인 의원이라고 할 수 있다. 황윤석은 그가 병록을 작성하자 대가로 2냥을 지불했다.[1997] 이는 의원의 왕진비, 처방비를 포함한 것이었을 것이며, 의원이 현금으로 보수를 받았음을 일러준다. 그가 받은 돈이 200전의 규모인 2냥이었음을 볼 때, 상당한 규모였음을 알 수 있다. 황윤석은 홍일성의 처방을 받아 약은 김군길을 시켜 약국에 가서 구입했다.[1998] 약국에서 그가 사 온 약제 또는 약재의 값은 사물도담탕 3첩에 4전 5푼, 가미보중익기탕 3첩에 3전, 가미맥문동탕 5첩에 4전 5푼, 편뇌 2푼에 6전 등이고, 조영유가 보낸 약재의 값은 2냥이었다.[1999] 황윤석은 모든 약제 또는 약재를 현금으로 구입했다.

『미암일기』에서도 그랬듯, 『이재난고』에서도 처음에 등장한 의약생활의 양상이 그가 일기를 쓴 전 시기를 관통하는 특징을 보인다. 잠깐 서울에 머무는 동안에 그는 자신의 병 치료를 위해 시중의 의원과 약국을 찾았다. 처방전을 써준 의원에게는 2냥의 돈을 냈고, 약국에서도 돈

1994 | 『이재난고』, 1559.9.27.
1995 | 『이재난고』, 1559.10.10.
1996 | 『이재난고』, 1559.9.29., 9.30., 10.3., 10.8.
1997 | 『이재난고』, 1559.9.29.
1998 | 『이재난고』, 1559.9.29.
1999 | 『이재난고』, 1559.9.30., 10.8., 10.22.

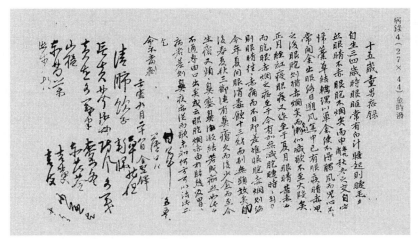

19세기 초 金時澈 병록(한국정신문화연구원, 『고문서집성』—의성김씨천상각파편 3」 7

을 내고 약을 구입했다. 이런 모습은 16세기 후반의 일기인 『미암일기』 나 『쇄미록』에 보였던 양상과 크게 달라진 것이다. 16세기 말에는 대체로 모든 약이 관아를 중심으로 흘러나왔지만, 18세기 후반의 서울에서는 시중의 약국이 이를 대신했다.

의원이 병 고친 대가로 쌀을 비롯한 여러 현물을 받는 것은 이전에도 있던 일이지만, 병 고치기 전에 처방을 내리면서 돈을 받는 모습은 아직까지 다른 자료에서 찾아보지 못했다. 또 그 액수가 무려 2냥(2,000닢)이나 되었다. 처방을 내린 홍도사가 명의라서 그랬는지 병이 까다로워서 그랬는지는 확인이 되지 않는다. 처방을 내린 의원에 대해 도사(都事, 종5품)라는 표현을 쓰고 있는 것으로 보아, 그는 이 관직에 있거나 지낸 인물이었으리라 짐작된다. 몰락 여부는 알 수 없지만, 그러한 관직을 역임한 인물이 의술로 생업을 하는 모습은 이 시기 서울 의원의 구성이 다양했음을 뜻한다. 관직으로 보아 양반 신분의 의자였을 홍일성이 의술의 대가로 돈을 받는 모습을 통해, 이 시기의 의술이 병 고친 고마움의 대가를 받는 인술의 영역에서 벗어나 하나의 상품으로 자리 잡았음을 알 수 있다. 또 양반이 의술로 돈을 버는 일종의 상업행위를 꺼리지 않게 된 시대적 분위기도 느낄 수 있다. 『이재난고』에는 지방을 떠도는 의객(醫客)이라는 존재가 자주 눈에 띄는데, 떠돌이 훈장의 경우처럼 그들에게서도 몰락한 양반의 호구지책이 느껴진다.

과거에 낙방한 후 4년 반이 흐른 1764년 4월 말, 황윤석은 다시 대과를 보기 위해 서울에 올라왔다. 상경 길에 그의 눈병이 크게 도졌다. 과거 시험에 지장을 받을 정도였다. 이 시기에 등장하는 9개의 의약 기사는 모두 이 눈병과 관련된 것이다. 그는 눈병을 침으로 고치려고 했다.[2000] 그래서 서울에 도착하자마자 홍덕동의 의자(醫者) 한(주부)을 찾아갔으나 만나지 못했고, 대신에 일단 김진태의 집에 가서 침을 맞았다. 이튿날에는 홍덕동의 한주부를 만날 수 있었고, 연속 사흘 침을 맞았다.[2001] 한(주부)은 침 외에 용뇌를 바르는 처방을 내렸으나 효과가 없었다.[2002] 한편 남(장령)은 안질에 백반이 좋다는 처방을 내렸고, 홍(도사)의 사촌인 홍(上司)에게서 백반을 구입했다.[2003] 이상의 내용을 볼 때, 황윤석은 안질의 치료를 위해 여러 의자를 찾았고, 침을 맞거나 용뇌·백반 따위의 안약을 바르는 등 여러 치료법이 그에게 처방되었음을 알 수 있다. 의원으로 한(주부)을 애써 찾은 것을 보면, 그가 안질에 밝은 의원이었음을 짐작할 수 있다. 침을 놓았던 김진태는 그보다 명성이 떨어지는 인물이었다. 한주부가 침을 놓는 것 외에 용뇌 처방을 내린 것을 보면, 단순한 침의(鍼醫)라기보다는 침술을 위주로 하는 안의(眼醫)에 가까운 인물이었을 것이다. 주부는 종6품의 벼슬인데, 한주부는 그 벼슬을 역임한 인물이었을 것이다. 남(장령)은 장령(정4품) 관직에 있거나 역임

2000 | 『이재난고』, 1564.4.29.
2001 | 『이재난고』, 1564.4.30.
2002 | 『이재난고』, 1564.5.3.
2003 | 『이재난고』, 1564.5.4.

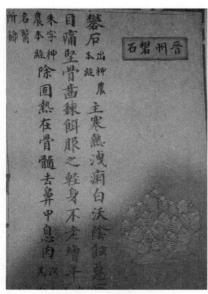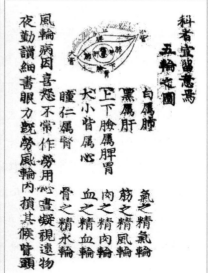

본초품휘정요-백반석(좌), 의방유취-오륜도(우)

한 인물로, 전문적인 의원이라기보다는 의학지식을 갖춘 사대부에 가까
웠던 것으로 추측된다. 홍(상사)은 백반을 팔았던 것으로 보아 약국을 운
영한 인물로 추정된다. 홍(도사)이나 그의 사촌인 홍(상사)이 모두 의약 관
련 일을 하고 있는 것을 보면, 가계가 이런 일에 종사하는 직업에 속했을
가능성도 있다. 황윤석의 일기에는 그가 침을 받고 지불한 돈은 적혀 있
지 않다. 다만 용뇌 약간의 값으로 10전, 백반의 값으로 1전이 적혀 있
다. 침 맞는 값은 없거나 약의 경우보다 훨씬 낮았음을 짐작할 수 있다.
눈병으로 고생하던 황윤석의 과거 결과는 당연히 낙방이었다.

　　50세 때 과거를 보러 서울에 온 황윤석은 자신도 병을 앓았고, 말
도 병을 앓았다. 약은 동반(東泮)의 사람을 불러와서 침도 맞고 약 처방
도 받았다.[2004] 말의 병 때도 마의를 불러 침과 약을 주었다.[2005] 그는 약

2004 | 『이재난고』, 1778.5.17.
2005 | 『이재난고』, 1778. 윤6.17.

을 먹으면서도 약주머니가 점점 비어가는 것에 근심을 표시하기도 했다.[2006] 돈이 넉넉하지 않았기 때문이다. 이 시기에 주목되는 기사로는 약계에 관한 내용이다. 그는 약계를 하는 김선달이라는 사람에게 약을 구입했는데, 그 약계는 부하 근처에 있었으며 중국 약재를 전문으로 하는 약계였다.[2007] 약계는 16세기 후반의 일기에서는 전혀 나타나지 않는 용어였다.[2008] 앞에서 살핀 것처럼, 『미암일기』에서는 관찰사인 유희춘이 심약을 대동하고 지방을 돌면서 각 고을에 할당된 약재의 진상을 직접 챙겼다. 17세기 대동법 실시 이후에는 직접 진상 방식이 폐지되었고, 국가에 대한 약재의 수납이 약계를 하는 공인의 몫으로 넘겨졌다. 여기서 상업적 이윤이 창출될 여지가 생겼다. 북경 무역 약은 더욱 이문이 많이 남는 장사여서, 이에 눈독을 들이는 약계가 속속 생겨났다. 1653년의 한 기록을 보면, "혜민서·전의감에서 약을 파는 것은 이미 폐지되었고, 사적으로 각 시장과 동리마다 약계를 열어 이익을 도모하는 자가 매우 많아 각 아문의 약방 이외에서 사적인 약계를 일절 금하도록 한다."는 내용이 있다.[2009] 이를 보면, 서울에서는 이미 오래전부터 사약계가 생겨나 매약업을 행하고 있었음을 알 수 있다. 노모의 부탁 때문에 할 수 없이 때마다 과거를 보러 오는 황윤석은 결국 대과에는 급제하지 못했다.

대신에 지방 선비 추천 케이스로서 한양에 올라와 낮은 벼슬을 수행하기는 했다. 1768년 8월~1771년 5월(2년 9개월) 사이에 의영고 봉사(종8품), 종부시 직장(종7품), 사복시 주부(종6품) 등 하급 관직을 역임했고, 1786년 4월부터 두 달 동안 전생서 주부(종6품)를 지냈다.

2006 | 『이재난고』, 1778.6.29.
2007 | 『이재난고』, 1778.7.1.
2008 | 약계의 형성과 변천에 대해서는 이 책의 3부 V를 참조할 것.
2009 | 『승정원일기』, 효종 10년(1653년) 2월 8일(기사).

이 시기 서울 생활에서 황윤석이 겪은 가장 큰 의약 문제는 말의 병이었다. 1578년 9월 1일부터 10월 2일까지 한 달이 넘도록 황윤석이 타고 다니는 말의 병이 있었고, 마의가 십여 차례 와서 침을 놓고 불에 달군 쇠로 말의 병을 치료했다. 마의의 이름은 양정희였다.[2010] 불에 달군 쇠를 쓰는 방법은 효과가 있어서 사례를 했다.[2011] 그는 마의의 주채(酒債)로 1전 또는 2전 2푼을 지불했다.[2012] 십여 차례 왕진 중 마의가 수고비〔酒債〕를 받은 것은 이 두 차례뿐이다. 말 병의 치료가 효과를 보였을 때 액수가 더 컸던 것으로 나타나 있다. 노비의 병 치료와 말 병 치료에 대해서도 특별히 언급할 필요가 있다. 흔히 좋은 진료의 영역에서 가장 소외된 존재로 여기기 쉬운데, 이미 『묵재일기』 분석을 통해 그렇지 않다는 사실을 본 바 있다. 말의 경우는 의약이 더 절실했다. 그것이 가장 유력한 교통수단이었기 때문이다. 따라서 모든 일기에는 말의 병에 유달리 세심한 신경을 쓰는 내용이 나온다. 말의 병을 다루는 마의 또한 전문화되어 있었다.

서울에 온 황윤석이 가장 관심을 뒀던 의약 사항은 아우의 혹병인 영류(癭瘤)를 치료할 수 있는 인물을 찾는 것이었다. 그는 이 분야의 명의에 대해 촉각을 세웠고, 유명한 의원을 만날 때마다 치료법을 물었다. 우연히 찾아온 종의(腫醫)인 함평 구룡동 이진희와 동생의 병을 논했고,[2013] 명의를 추천받기도 했다. 또 장릉 남쪽 풍기에 거주하는 의원이 이 분야의 신의로 평가받고 있다는 말을 들었다.[2014] 임(醫)태희라는 의원이 영류에 능하다는 추천을 받기도 했다.[2015] 유덕필은 그에게 찾아온

2010 | 『이재난고』, 1786.4.20.
2011 | 『이재난고』, 1578.10.1.
2012 | 『이재난고』, 1578.9.15., 10.2.
2013 | 『이재난고』, 1768.10.2., 10.5., 10.11.
2014 | 『이재난고』, 1768.3.16.
2015 | 『이재난고』, 1768.3.15.

객이었는데, 그와도 동생의 병을 논했고 그가 내린 상세한 처방을 받았다.[2016] 난치병인 동생의 혹 문제는 이 시기에 국한되지 않고 이후에도 줄기차게 그의 일기에 등장한다. 의원에 관한 정보를 얻거나,[2017] 아우의 병이 나을지의 여부를 묻는 병점으로 답답함을 풀고자 했다.[2018] 어떤 이는 그에게 영광 법성포에서 명성을 날리던 의원을 추천했는데, 이 의원은 당재(唐材)만을 써서 만든 거핵소독산을 특효약으로 썼다. 이 의원은 일찍이 그의 약을 먹고 병이 나은 김(판서)시묵이 무려 300냥이라는 거액을 쾌척했을 정도로 대단한 의원이라고 했다. 하지만 황윤석 아우의 경우에는 단 3냥으로도 병을 고칠 수 있으리라고 했다.[2019, 2020]

황윤석의 서울 생활 일기에는 다른 곳에서 볼 수 없는 기록이 있다. 성문 밖 역병 환자를 수용하는 사설 병막(病幕)에 관한 기록이 그것이다. 서울에서 역병이 돌자 황윤석은 역병에 걸린 자신의 노 금봉이를 성 밖으로 보내는 조치를 취했다.[2021] 병자를 성 밖으로 격리하는 것은 당시 역병 대책의 일반적인 관행이었다. 하지만 병막을 이용하는 것은 공짜가 아니었다. 무려 돈 3냥을 주고 공명첩을 사야만 했다. 병막 관리자는 역병 환자에게 음식을 공급했다.[2022] 병막은 활인서에서 관리토록 되어 있었으나, 역병 환자가 넘쳐나서 다 수용할 수 없었다. 그런 가운데 경리약방인(京吏藥房人)이 사설 병막을 쳐서 돈벌이에 활용했다. 사설

2016 | 『이재난고』, 1768.4.8.

2017 | 『이재난고』, 1769.8.14., 8.28., 9.23., 1770.4.19.

2018 | 『이재난고』, 1769.8.28.

2019 | 『이재난고』, 1771.4.16.

2020 | 당시 의료비 지불 시스템은 같은 병에 대한 치료비라도 환자의 경제적 처지에 따라 차이를 두는 방식이었다. 부자에게는 많이 받고 빈자에게는 조금 받았다. 1885년 민영익의 병을 치료한 알렌의 경우 무려 10만 냥을 받았다. 김원모 완역, 『알렌의 일기』, 1885.1.27., 단국대출판부, 1991, 431쪽.

2021 | 『이재난고』, 1769.11.24.

2022 | 『이재난고』, 1769.12.3.

병막은 활인서보다 시설이 뒤떨어지면서도 이용 가격은 훨씬 비쌌다.[2023] 이 기사로부터 민간의 사설 약방이 주체가 된 의약의 상업화가 단지 약물의 판매에 그치지 않고 환자 수용공간인 병막에까지 확장되고 있었음을 짐작할 수 있다.

18세기 후반 저작인 『흠영』과 『이재난고』에 나타난 서울의 의약생활을 보면, 유만주와 황윤석은 질병에 거의 예외 없이 약을 이용했으며, 절반 정도는 의원과 상의해 약을 지었다. 그들이 찾은 의원은 사적인 영업을 하는 의원들이었으며, 전문화되어 있었다. 1750년대 서울에는 약뿐만 아니라 의원도 풍부했다. 따라서 유만주가 서울의 최고급 권세가는 아니었지만, 부친이 형조참의까지 지낸 그의 집안은 경제적으로 의약을 구입하는 데 별다른 장애가 없었다. 약의 구입은 철저하게 현금으로 계산되었다.

16세기 말 유희춘의 서울 생활과 비교해볼 때, 18세기 후반 유만주의 의약생활은 큰 공통점이 존재한다. 가장 큰 공통점은 서울에는 비교적 약재가 풍부하고 의원이 많았다는 점이다. 또 집안에서 무속적 치료를 자제하여 쓰고 있지 않다는 점도 둘 사이의 공통점이다. 유학 사대부가로서의 입장이 관철되어 나타난 것이다. 이와 달리, 유희춘보다 약간 앞선 인물인 이문건 집안을 보면, 중병 때 예외 없이 무속이나 점복에 의지했으며, 또 국가적인 차원에서 금지했던, 옥황상제에 제사 지내는 도교적인 초제(醮祭)까지 거행하고 있었다.

이전의 일기와 『흠영』의 경우에는 공통점보다는 차이점이 더 뚜렷하게 부각된다. 『미암일기』에 등장하는 의원의 대다수가 관의(官醫)였던데 비해, 『흠영』에 등장하는 의원은 대부분이 민간의(民間醫)들이다. 또

2023 | 『이재난고』, 1769.11.24.

한 이들 민간의 사이의 경쟁은
치열했던 듯하며, 16세기 말에
비해 안과·부인과가 생겼을 정
도로 상당 정도 전문화가 진행
되어 있었다. 약재 구입의 양상
은 완전히 바뀌었다. 사여나 선
물의 형태가 아니라 매매의 형
태를 띠고 있으며, 그것도 쌀이
아니라 화폐를 썼다. 이는 민간
에 등장한 수많은 약국이 16세
기 말 전의감이나 혜민서, 각 중
앙 관아에 딸린 약방이 했던 일

병자 움막

을 완전히 대신한 것이라 볼 수 있다. 심지어 동서활인서의 업무인 역병
환자를 도성 밖으로 격리하여 수용하는 병막의 운영조차도 사설 약국
들이 상업적으로 담당한 모습이 보이기까지 한다.

현감 황윤석의 의약생활

1779년 12월~1780년 6월까지와 1786년 7월~1787년 4월까지, 황윤
석이 충청 지방의 의약생활에 대해 남긴 기록은 가치 있는 것이 꽤 많
다. 그가 목천과 전의의 수령으로 근무하면서 이 두 곳을 비롯한 충청
지역 주변의 의료 상황 전반을 기술하고 있기 때문이다. 또 수령이 되면
서 가족이 함께 살게 되어, 그의 의약 관련 기사는 가족 전반의 의약생
활에까지 확장되어 있다.

황윤석이 목천현감으로 벼슬살이하던 이 시기의 의약 관계 기사는 72건이다. 가족들이 합쳐서 같이 생활했다. 그가 생활했던 목천에는 의원이 한 명도 없었고, 약국만 하나 있었다.[2024] 따라서 그는 이웃 지방의 의원을 이용했다. 그가 불러온 의원은 전의의 의원 홍이풍(8건), 직산의 의원 박진환(3건), 천안의 명의 이세주(2건), 천안의 관의원 주(주부)(1회), 인근의 의학에 밝은 사람 정영생(1건), 천안 관아의 의녀 모춘정(5건) 등이었다. 그는 자신과 가족의 병 치료를 위해 주변에 있는 유능한 의원 모두를 활용했다. 물론 현감이라는 그의 위치 때문에 가능했던 일이다. 위의 의원을 보면, 천안에는 최소한 관아에 딸린 의원 1인과 민간에서 명성을 날리는 의원 2명이 존재했다. 직산·전의의 의원은 여기에 적힌 인물이 유일한 의원이었을 가능성이 높은데, 그들은 민간의 의원이었다. 의학에 능한 정(생)은 정식 의원의 대접을 받지 않는 사대부가의 인물로 추측된다.

홍(의)은 병을 고친 대가로 쌀을 받은 적도, 닭 2마리를 받은 적도 있었다.[2025] 약값과 달리 진료의 비용은 병의 회복 여부와 관련되며, 그것도 현금이 아닌 정성의 대가라는 관행이 여전히 중시되고 있다. 하지만 약값은 지불되었다. 목천에 원래부터 있었던 약방은 진(생)약국 하나였는데, 그가 재임하는 기간 중에 약국이 하나 더 생겼다. 신세욱이 만든 약방이 그것이다.[2026] 황윤석은 모든 제약을 진생약국에서 했으며, 목천을 떠나기 전까지 그가 진생약국에서 지어 온 약값 총계는 9냥 5전이며, 따로 지은 익원명 약값은 9냥이었다. 약값은 모두 관청에서 지급했다.

이 밖에 황윤석의 모친과 소실, 딸의 병은 의녀 모춘정이 도맡아 살폈다. 그는 내의원에서 은퇴한 의녀로, 천안 관아에 매여 있었다. 그는

2024 | 『이재난고』, 1780.3.1.
2025 | 『이재난고』, 1780.5.18., 6.16.
2026 | 『이재난고』, 1780.3.22.

침을 놓는 한편, 무당으로서 굿도 치러냈다.[2027] 모춘정은 병을 고친 대가로 쌀 2말, 메주 5동이, 쇠고기 1근을 받았다.[2028]

전의군의 현감(종6품)으로 있던 10개월 동안의 의약 관련 기사는 51개다. 그가 충청 지역에 다시 왔을 때, 이전에 있었던 홍이풍, 천안의 이세주, 천안 의녀 모춘정 등이 이 지역의 핵심 의료인이었다. 황윤석 가족이 새로 이용한 의원은 두풍(頭風)의 특효약 처방을 가졌다는 김두추가 유일하다.[2029] 이 지방에 거주하는 의원은 아니었지만 의객(醫客) 이형희도 있었다. 의객이라는 명칭에서 알 수 있듯, 떠도는 의원이었을 가능성이 높다. 그는 침술에 능했다.[2030] 황윤석은 여전히 그가 다스리는 전의 지방의 의원인 홍이풍을 가장 많이 찾았고(6건), 이세주도 2번 찾았다. 천안 의녀는 소실의 병을 돌봤다(1건).

이 시절 약 제공은 토박이 약국이 아니라 경약상(京藥商) 김규진이라는 인물이 주로 맡았다.[2031] 그는 "의학의 이치와 약을 쓰는 이치를 아는 자"였다.[2032] 경약상이라는 명칭으로 볼 때, 그는 서울 약을 지방에 갖다 파는 약상이었을 것이다. 『묵재일기』를 보면, 16세기 후반에도 경약상의 존재가 나타나 있다.

지방 수령을 지내던 시기, 황윤석의 의약생활은 이전 서울 생활의 궁핍함을 완전히 벗어났다. 그는 지방의 수령으로서 인근의 의원을 쉽게 이용할 수 있었다. 또 관아에서 약값을 지불했기 때문에 약 구입의 경제적 어려움도 없었다. 이런 점은 오희문이 그의 아들이 수령이 된 후 같이 살게 되면서 처지가 나아진 것과 똑같다. 또한 황윤석이 수령이라

2027 | 『이재난고』, 1780.6.13.
2028 | 『이재난고』, 1780.2.4.
2029 | 『이재난고』, 1786.8.30.
2030 | 『이재난고』, 1786.12.27.
2031 | 『이재난고』, 1787.3.2., 3.29., 4.6., 4.11.
2032 | 『이재난고』, 1787.7.12.

경기감영도-신설 약방

는 위치에 있었기 때문에, 집안 여성들은 특별히 의녀를 이용할 수 있었다. 이것은 물론 인근 지역인 천안에 의녀가 있었기 때문에 가능한 일이었다. 오희문의 『쇄미록』에서도 충청 지방의 의녀 지망생이 눈에 띄었는데, 이처럼 지방에도 은퇴한 의녀나 의녀 지망생이 있어서 그 지방의 사대부 집안 아녀자를 돌보았다.

황윤석이 수령을 지냈던 목천에는 의원이 한 명도 없었으나, 전의에는 한 명이 있었다. 이웃 직산에는 의원 한 명이 있었고, 천안의 경우에는 큰 고을이었기 때문에 관아의 의원 외에 민간의 의원, 심지어는 의녀까지 있었다. 이 밖에 각 고을을 떠도는 의객의 존재가 눈에 띤다. 약국은 천안은 물론이고, 전의·목천에도 있었다. 목천의 경우 그가 재임하는 동안 새 약국이 개설되기도 했다. 이 밖에 서울 약을 가져다 파는 매약상이 있었다. 이처럼 18세기 후반 충청 지방에는 민간의 의원과 약방이 생겨나고 있었다.

『이재난고』로 보는 18세기 후반 전라 지방의 의약생활

황윤석의 고향 생활에 관한 일기는 다섯 차례에 걸쳐 있다. 시기별로 훑어가며 황윤석 일가가 앓은 병과 치병에 관한 내용을 살피도록 한다.

첫 번째, 1754년 4월~1758년 7월까지 4년 남짓의 기간으로, 의약 관련 기사는 7개로 적으며 특별한 내용은 없다. 아산(阿山)에 갔을 때 그곳의 이씨 성의 의원이 처방을 내린 것,[2033] 종기 때 파종했다는 것[2034] 등 치료법이 나와 있는 경우다.

두 번째, 1760년 9월~1764년 4월까지 3년 7개월간의 기간으로, 모두 8개의 의약 관련 기사가 있으며, 별 내용이 보이지 않는다. 의원으로 송촌의 김씨 성의 의원, 장성(長成)의 의원, 진(생)경아, 김(군)회주, 이(상사)가 보이며, 환약을 만든 김소명이라는 이름이 보인다.

세 번째, 1771년 7월~1778년 4월의 6년 9개월간으로 25개의 의약 관련 기사가 있다. 그가 부친의 병 때문에 서울의 관직을 사직하고 돌아온 때다. 여러 의원이 확인되며, 그 가운데는 몰락 양반의 모습이 보이기도 하며, 지방 약값에 대한 값진 정보가 담겨 있다. 이 시기의 일기에는 의원으로 김경간, 박사한, 명의 임응회 등이 보이는데, 이 중 김경간이 주목된다. 그는 토박이 의원이 아니라, 사대부 출신이었으나 가사가 빈곤해서 의술을 팔러 내려온 사람이었다. 의원 노릇을 하며 생계를 꾸렸다.[2035] 이는 몰락 양반이 지방의 의원 노릇을 했음을 확인해주는 소중한 기록이다. 박사한의 경우 의약 처방의 제공과 함께 아우가 앓는 혹[瘻瘤]병의 예후를 묻는 병점을 치기도 했다.[2036] 황윤석 자신도 병점을 치곤 했는데, 황윤석의 경우에는 관직의 등용 여부를 초조해하면서 점쳤고, 일상적인 일의 진행이 궁금할 때도 자주 주역 점을 쳤다. 황윤석은 부친의 학질 때 쓴 약값을 적어놓았다. 가미팔미환은 향가(鄕價) 6

2033 『이재난고』, 1574.4.18.

2034 『이재난고』, 1754.8.24.

2035 『이재난고』, 1772.8.21.

2036 『이재난고』, 1772.8.21.

해동지도–고창현

냥 8전이었고, 가미소요산은 매향가 3전 남짓이었다.[2037] 가미팔미환은 환제로 지어 오랫동안 복용할 것이기 때문에 약값이 결코 녹록치 않았다. 향가라는 표현을 쓴 것으로 보아 약제의 값이 서울가와 시골가가 달리 형성되어 있었음을 알 수 있다. 또 중요한 처방의 약값이 어느 정도 표준화되어 있음도 알 수 있다.

네 번째, 1781년 1월~1786년 3월까지 흥덕 생활 시기에는 108개의 의약 관련 기사가 몰려 있다. 노모의 위독과 사망, 임신한 딸의 위독, 가족 전체의 잦은 병앓이 등이 잇달았기 때문이다. 노모의 병 치료를 위해서는 복협에서 불러온 조연록,[2038] 장성 토천리의 퇴속자(退俗者)인 황(풍헌)몽일이 침을 놓았다. 이 중 황몽일은 종기의 명의로 알려져 있었다.[2039] 흥덕에 종기의가 없었기 때문에 다른 지방에서 종기의 또는 침의를 불러왔다. 또한 떠돌이 매약상인 박광원이 처방을 내리기도 했다.[2040] 모친의 병이 죽음을 목전에 둘 정도로 위독해지자, 황윤석은 의약을 포기했다. 대신에 거의 매일 묘당에 나아가 북두칠성에 기도했다. 황윤석이 의약을 버리고 병 낫기를 기도한 것은 이 경우가 유일하다. 모친의 병이 인간의 힘으로 어찌할

2037 | 『이재난고』, 1771.10.22.
2038 | 『이재난고』, 1781.4.25.
2039 | 『이재난고』, 1781.5.27.
2040 | 『이재난고』, 1781.11.8.

수 없게 되었다는 한계를 느꼈기 때문이었을 것이다. 북두칠성은 수명과 관계되기도 하며, 모친과 관련되기도 한 별이다.

모친을 여읜 지 얼마 지나지 않아서 임신 중인 큰딸이 심한 병에 걸렸다. 모친을 여읜 황윤석은 딸의 병을 고치기 위해 최선을 다했다. 우선 좋은 의원을 찾아 나섰는데, 딸을 진료했던 의원이 무려 8명이나 됐다. 법주동에 사는 이(君)관진, 조애, 외동 사는 의원 강주직, 남원 사는 의원 임응회, 초산에 사는 의원 김찬, 침놓는 박(君)황중, 고부 성포 산곤리 김회의 아들인 의원 김씨, 행정의 의원 이겸제 등이 그들이다. 황윤석은 딸의 병을 고치기 위해 귀한 약재의 사용에 돈을 아끼지 않았다. 산삼이 특효약이라는 처방이 나오자 이를 구하러 나섰다. 정읍 시세가로 산삼은 생삼 1근 또는 건삼 5푼에 8냥의 고가였다.[2041] 생삼을 구하는 것은 여의치 않았기 때문에[2042] 건삼을 썼던 듯하다. 약은 고창 또는 산곤리의 약국에서 지어 왔다.[2043] 딸의 병이 심각해지자 황윤석은 박황중을 시켜 병점을 묻기도 했고, 자신이 직접 주역점을 치기도 했다.[2044]

천문―일월성신, 북두칠성

2041 | 『이재난고』, 1782.8.8.
2042 | 『이재난고』, 1782.8.25., 1783.1.28.~1.29.
2043 | 『이재난고』, 1782.10.24., 1783.2.5.
2044 | 『이재난고』, 1783.1.28., 1783.2.1.

이후 가족의 질병이 잦았는데, 치료 때 이용한 의원과 약국에 적지 않은 변화가 있었다. 원래 이용하던 강주직, 김의, 박황중 외에 의원 김회주가 새로 약국을 개설했고,[2045] 고창에 새로운 의원인 서종상이 등장했다.[2046] 또한 황윤석은 장성 주타리에서 순창으로 옮겨 온 침법에 능한 조정삼과 무장의 의원 이익검을 찾았다. 침술에 능한 조정삼은 병을 고친 대가로 돈 2냥과 종이 1속을 받았다.[2047] 이 밖에도 이 시기에 관아 의객(醫客)의 존재가 눈에 띈다.[2048] 약국으로는 김회주 약국 외에 나주 약방[2049]과 약매상인 부안 길오리에 있는 이희도 약방을 이용했으며,[2050] 약을 팔러 다니는 태인, 두월의 매약상인 김(君)의 존재도 보인다.[2051] 이처럼 새로 약국이 들어서고 의원이 들어오고 의원이 지역을 옮기고 매약상이 약 팔러 돌아다니는 모습은, 이 시기 지방에서 약의 구매와 수급이 활발하게 이루어지고 있었음을 말해준다.

마지막 벼슬살이를 마치고 고향으로 돌아온 이후 1787년 5월~1791년 1월까지 의약 기사는 모두 90개다. 불과 1년 2개월 동안 고향을 떠나 있었지만, 이후 황윤석이 자주 찾는 의원은 완전히 바뀌어 있었다. 이전에 봤던 인물로는 매약상 박광원만 보일 뿐이며, 나머지는 모두 새 인물이다. 정읍의 의원 전광영과 초산의 또 다른 의원 전애, 유(君)상곤, 임응회의 아들인 남원의 의원 임씨, 고부 당세리의 김(生), 서울의 의원 차동지, 조(君)달록, 탑서의 의원 신씨, 금암의 의원 김씨, 육(生), 손(君)후천, 의성의 의객(醫客) 윤광흡, 동쪽에서 돌아온 조해수 등이 새로 보

2045 | 『이재난고』, 1783.11.26.
2046 | 『이재난고』, 1785.1.2.
2047 | 『이재난고』, 1785.1.10.
2048 | 『이재난고』, 1784.윤3.27.
2049 | 『이재난고』, 1783.9.20.
2050 | 『이재난고』, 1758.4.8.
2051 | 『이재난고』, 1785.6.16., 1786.2.18.

인다. 황윤선은 이 중에서 정읍 약방 주인인 전광영을 가장 많이 이용했으며, 그가 죽었을 때는 친히 그의 죽음을 애도하는 만(輓)을 짓기도 했다.[2052] 새로 보이는 인물 가운데는 부친의 가업을 이은 의원인 남원의 임(의)도 보인다. 윤광흡은 의객(醫客), 차동지는 서울에서 온 의원(京醫)이었고, 조해수는 동쪽 지방에 갔다가 다시 돌아온 인물이었다. 약의 조제는 정읍의 약방이나 초산의 전애가 운영하는 약방에서 주로 했다. 이와 함께 영암에서도 약을 지어 왔고,[2053] 전주에서도 지어 왔다.[2054]

황윤석이 흥덕에서 했던 의약생활의 가장 큰 특징은 그가 다양한 의원과 약국을 이용했다는 사실이다. 이는 새로 의원과 약국, 매약상이 등장했기 때문이기도 하지만, 황윤석이 더욱 나은 의원을 찾기 위해 노력했기 때문이기도 하다. 그는 좋은 의원을 찾기 위해 먼 지역을 가는 것을 마다하지 않았다. 이른바 지방의 명의에 관한 소문은 지방의 명의 찾기와 관련되어 있다. 이를테면 일찍이 황윤석이 종부시에 근무할 때, 강진 사는 사람인 김(군)문갑이 찾아와서 그에게 강진·해남 지방의 소문난 명의에 대해 이야기해준 적이 있었다. "강진군 북면 군자리에 사는 명의는 중풍 전문이며, 강진군의 이구는 신침으로 이름을 날렸다. 이구의 아들 진원은 아비에 미치지는 못하지만 역시 신침으로 평가를 받았으며, 그 술법이 같은 군의 보암면에 사는 윤사혁에게 전해졌다. 그는 해남 청계면 방축리 내로 이사해서 집에 약방을 설치했는데, 술법이 신묘할뿐더러 환자에게 겸손하고 성심성의를 다한다."[2055]는 내용이었다. 이런 식으로 "누가 어느 병을 잘 본다고 하더라." 하는 소문들이 널리 퍼져 있었으며, 황윤석은 대략 사방 수십 리 이상의 범위를 의약 이용

2052 | 『이재난고』, 1789.1.28.
2053 | 『이재난고』, 1789.11.30.
2054 | 『이재난고』, 1790.5.6.
2055 | 『이재난고』, 1769.12.21.

생활권으로 두었다. 게다가 먼 곳에서 오는 전문적인 약상들의 존재는 그 범위를 더욱 넓혀놓았다. 의원의 입장에서 본다면, 서로 경쟁이 치열했음을 뜻한다.

이밖에도 황윤석은 새로 생긴 풍습을 기록했다. 그가 장릉 참봉의 관직을 받고, 고향을 떠나 서울로 가는 도중, 황윤석은 금구지역을 지나며 곳곳에 나부끼고 있는 두기(痘旗)를 보았노라 적고 있다.[2056] 두창을 앓는 환자의 집에서 깃발을 달아 집에 환자가 있음을 알리는 것이라 했는데, 이전에는 없던 풍속이 새로 생겼음을 밝힌 것이다. 민속학에서 역병가에 새끼줄을 매단다든가, 문에 호랑이 부적을 붙인다든가 하는 풍속을 말하는데, 어떤 것은 그 전통이 매우 오래 전으로 거슬러 올라가지만, 어떤 것은 이처럼 생긴 지 얼마 안 되는 것도 있다. 두창 환자 집에 깃발을 다는 것은 눈에 금방 표시가 나기 때문에 환가의 출입을 삼가게 하는 데 합리적 방식이었다 할 수 있다.

맺음말: 선물경제에서 시장경제로

지금까지 확인한 것처럼 18세기 후반의 일기에서 보이는 현상은 서울뿐만 아니라 경기, 충청, 전라 등의 지방에서도 나타나는 것으로서, 전국적인 현상으로 보아도 무방할 것이다. 이는 『미암일기』나 『쇄미록』에 나타난 의약생활과 크게 달라진 것이다. 고을마다 의원이 부족하고, 관아를 통해 약을 확보하여 그것을 관직, 혈연, 친분 등 인적 네트워크를 통해 자원이 분배되는 16세기 후반의 모습을 찾아보기 힘들다. 대신

2056 | 『이재난고』, 1778.10.26.

에 의원의 영업화와 약재시장이 그것을 대신했다.

나는 네 가지 일기의 분석에서 가장 두드러진 특징이 16세기 후반과 18세기 후반에 뚜렷이 구별되어 나타나는 "의약의 상업화"라고 본다. 다르게는 의약의 지방 확대라고 말할 수도 있겠다. 하지만 서울에서도 의원 사이의 경쟁이 격화되고 전문화가 이루어지게 된 이면에는 상업화라는 동기가 숨어 있다. 이런 특징에 미치지는 못하겠지만, 적어도 사대부의 일기에서는 조선전기와 달리 기복적, 무속적 치료에 관한 언급이 적어졌다는 점, 서울과 지방에서 상류층을 위한 의녀가 존재했다는 점도 주목할 부분이다. 종이나 말에 대한 치료, 침술이나 외과술의 활용, 북경 약의 유행, 명의에 대한 소문, 비싼 보약의 제조, 납약의 상하 유통 등 자잘한 것도 조선후기 의약생활을 이해하는 데 중요한 사실들이다.

지금까지 읽어온 많은 독자는, 아마도 읽으면서 의문을 더 품게 되었지만 아직 해결되지 않은 그 무엇이 있음을 질문하려 들 것이다. 선물경제에서 시장경제로 양상이 바뀐 점은 분명히 알게 되었지만, 그러한 변화를 이끈 요인은 무엇인가 하는 의문이 그것이다. 아울러 빈 시기인 17세기~18세기 초반에는 어떤 일이 있었는지를 알고 싶어 할 것이다. 이 일기 분석만으로는 그 모든 것에 대해 답을 내릴 수 없다. 다만 상업화라는 이런 변화의 모습이 의약 분야에서만 일어난 것이 아니라는 점만을 자신 있게 말할 수 있을 뿐이다. 일반 역사에서 밝혔듯, 대동법의 등장 이후 일어난 시장의 활성화라는 큰 조류가 의약 분야를 예외로 남겨두지 않았다고 볼 수 있다.

또한 수많은 의원의 존재를 가능케 한 양반의 증가 또는 몰락을 특징으로 하는 신분체계의 변화를 고려의 대상으로 삼아야 할 것이다. 초등교육 분야와 함께 의약 분야가 새로이 등장한 '몰락한 지식분자'를 흡수할 몇 안 되는 분야였기 때문이다. 오늘날 의약 분야는 공급이 수요를 창출하는 분야로 알려져 있듯, 조선후기 사회에서도 의약 종사자의 증가가 수요를 창출해냈을 가능성이 있다. 종합하면, 조선후기 의약생활의 변화는 조선 사회 전체의 변화와 관련된 현상이라 할 수 있다. 그 요인에 대한 분석은 약령시를 비롯한 의료경제사적 연구나 신분사 연구를 통해 본격적으로 이루어질 수 있을 것이다.

■자료

왜 의약이 없는 시골 사람이 더 빨리 죽지 않는가
—『성호사설』 제14권 인사문 의(醫)

「의」의 전문은 다음과 같다.

A. 세상 사람들이 말하기를, "병이 사람을 죽이지 않고 약이 사람을 살리지 못한다."고 한다. 하지만 실제는 그렇지 않다. 병 때문에 사람이 죽는 것이고 약 때문에 사람이 사는 것이다. 그렇지 않다면 병을 조심하는 마음가짐과 병을 고치려는 노력이 어떤 원칙을 좇을 수 있겠는가?

B. 서울의 경우 그곳은 의원과 약이 수없이 모인 곳이다. 병이 들면 곧 의원(醫員)을 찾아가고 의원을 찾아가면 바로 약을 쓴다. 병에 차도가 없으면 못 고칠 병이라서 그런 것이라 하며, 차도가 있으면 의술의 효과 때문이라 하면서 '이렇게 치료하지 않았더라면 상태가 크게 악화했을 것'이라 여긴다. 시골의 경우에는 병의 증상이 극심하든 그렇지 않든 간에 한결같이 의원을 찾아 약을 쓰지 않고 좌

시만 할 뿐이다. 때로는 살 수 있을 것으로 여겨졌는데도 죽은 자가 많을 것이다.

C. 반드시 서울 사람이 많이 장수를 누리는 것이 아니고 시골 사람이 많이 일찍 죽는 것이 아니다. 때로는 그대로 내버려둔 자는 아무런 일도 없고 열심히 의약을 찾은 자가 병에 걸린다. 이는 단지 의약이 효과가 없는 정도가 아니라 때때로 목숨을 빼앗기까지 한다. 그래서 '고치려 하지 않는 것이 중간 정도의 의원(醫員)이 된다.'는 것이다.

D. 이는 다름이 아니다. 병에 깊고 얕음이 있고 약에 좋고 나쁨이 있으며, 의술(醫術)이 그 요점을 잃는 때문이다. 열기(熱氣)가 극도에 이르면 한기(寒氣)와 흡사하고, 한기가 극도에 이르면 열기와 흡사한데, 이를 구별하지 못하고 함부로 약을 쓰면 그것이 도리어 사람을 죽이는 것이다. 의학의 요점을 아는 자는 다음과 같이 말했다. "애당초 화제(和劑)는 그 처방이 세 가지에 지나지 않았다. 기(氣)를 보하는 데는 사군자탕(四君子湯)을 쓰고, 혈(血)을 보하는 데는 사물탕(四物湯)을 쓰며, 담(痰)을 없애는 데는 이진탕(二陳湯)을 썼다.[2057] 각각의 처방에는 모두 네 가지 약재만이 들어갔을 뿐인데, 후대의 사람들이 이에다 다시 도와주는 약[佐藥], 이끌어주는 약[使藥] 등을 더 넣거나 빼도록 하여 약성(藥性)이 약하거나 강한 약 다수를 처방에 더 넣었다.[2058] 병의 진찰은 정밀하지 못하고,

---

2057 | 사군자탕에는 인삼, 백출, 복령, 감초가 들어가며, 사물탕에는 숙지황, 백작약, 당귀, 천궁이 들어가며, 이진탕에는 반하, 귤피, 적복령, 감초가 들어간다.

2058 | 君臣佐使(군신좌사): 방제(方劑)의 조성은 일정한 규칙을 따른다. 군, 신, 좌, 사의 배합이 그것이다. 「군」약은 방제 중에서 주증(主症)을 치료하며 주된 작용을 하는 약물로서, 필요에 따라 1종 혹은 수 종을 쓸 수 있다. 「신」약은 주약을 협조하여 치료 작용을 일으키는 약물이다. 「좌」약은 주약을 협조하여 겸증(兼症)을 치료하거나 혹은 주약의 독성이나 사나운 성미(性味)를 억제하는 약물이다. 「사」약은 각종 약이 질병 소재 부위에 도달하도록 인도하거나 각 약의 작용을 조화시킨다.

약 쓰는 것이 그에 합당하지 않고, 약재를 조합하는 것은 많고 가리는 것은 적으며, 병의 근본을 다스리지 못하고 겉만 고치니 십중팔구 헛된 것이다! [그것이] 넓은 산야(山野)에서 토끼 한 마리를 잡으려는 것과 무엇이 다르겠는가?" 나는 "[쓸모없는] 서적들이 많아져서 유도(儒道)가 쇠퇴하고 의학이론이 번잡해져서 의술이 어지러워졌다."고 생각한다. 이처럼 정밀히 살피고 가리지 못하고 의술이 무익(無益)하다고 하는 것은 "물이 불을 이기지 못한다는 말"과 똑같은 것이다.

이 기사의 A 부분은 의약의 효과에 대한 문제 제기다. "사람의 목숨은 병과 약에 달려 있는 것이 아니라 하늘의 명에 달려 있다."는 세간의 주장을 소개하고, 그에 대해 이익은 그렇지 않다는 반론을 펴고 있다. 이런 내용을 이익이 하나의 주제로 문제 제기한 것을 볼 때, 당시에 의약 무용론이 세간에 매우 널리 굳게 뿌리 박혀 있었음을 짐작할 수 있다. 달리 말해 의약의 사회적 신뢰성이 확고하지 못한 상태에 있었음을 알 수 있다.

B 부분은 서울[京師]과 시골[鄕間]의 의약 상황과 의약 이용 관행, 의약 이용의 논리 등을 적은 것이다. 우선 이 부분은 서울의 경우에는 의원[醫]과 약[方]이 모여 있는 곳으로 병이 들면 의원을 찾고 의원은 또 약을 쓰지만, 시골에서는 병의 경중에 상관없이 좌시하고만 있을 뿐이라는 사실을 전달해주고 있다. 서울에 의원과 약이 모여 있다는 표현을 쓴 것으로 보아, 서울에는 의약이 풍부하지만 지방에는 의약이 없어서 좌시하고 있는 것임을 알 수 있다. 이는 이 시기 서울과 그 외 지역의 의약 격차가 말할 수 없을 정도로 매우 컸음을 말해주며, 시골의 의약 상황이 거의 없는 것과 마찬가지였다는 것을 말해준다. 이런 현실적 차이 외

에 이 부분은 서울 사람은 의원과 약이 풍부해서 이용하는 것일 뿐 아니라 그것이 하나의 관행으로 굳어져 있고, 시골에서는 단지 없을 뿐만 아니라 이용하지 않는 것이 하나의 관행으로 자리 잡혀 있었음도 말해준다. 여기서 이익이 지역만 말했지 계층을 논하지 않았음도 주목할 필요가 있다. 비록 현실에서는 시골에 사는 양반이 서울에 사는 평민보다 의약 이용 가능성이 더 컸을 터이지만, 이 부분은 서울 상층과 시골 상층, 서울 하층과 시골 하층 사이의 의약 이용 욕구와 경향에는 커다란 차이가 존재했음을 암시한다. 또한 이 부분은 서울 사람들의 의약 효용에 대한 인식을 드러내준다. 즉 그들은 의약을 쓰면서 병에 효과가 있으면 의약 덕분으로 돌리며, 효과가 없으면 의약의 잘못이 아니라 병이 중했기 때문에 그런 것이라 생각했던 것이다. 이와 함께 시골 사람도 약 쓸 상황에 약을 썼으면 목숨을 건질 수 있었을 것이라는 이익의 생각을 담았다.

C 부분은 의약을 이용하지 않는 자의 논리를 잘 보여준다. 이 부분은 이 시기 의약이 서울과 시골의 사망률 차이를 느끼게 해줄 만큼의 변수가 되지 못했음을 지적한다. 그렇기 때문에 의원과 약을 많이 찾는데도 죽게 되고, 그렇지 않은데도 오래 사는 패러독스가 생겼으며, 많은 사람들이 이런 패러독스를 의약의 효용을 진지하게 인정하지 않는 근거로 삼고 있었다.

D 부분은 길지만, 당시의 의약 관행에 대한 이익의 비판을 담고 있다. 그는 의약은 목숨을 건져주게 하는 것이지만, 잘못된 의약은 그렇기는커녕 목숨을 빼앗기까지 한다고 보았다. 올바른 의약이란 번잡한 이론을 버리고 간략하면서도 효험 있는 처방을 쓰는 것이라는 게 성호의 입장이었다.

시골에는 의원도 없고 약에 대한 지식도 부족하다
—『성호사설』제8권 인사문 의약(醫藥)

의약(醫藥, 제8권 인사문)에서는 용의살인(제9권 인사문) 조와 마찬가지로 수준 낮은 용의가 의약을 잘못 쓰는 폐단을 지적했다. 그렇다고 해서 의약 그 자체가 무용한 것으로 생각해서는 안 된다는 것이 이익의 입장이다. 수명은 정해져 있는 것이지만, 의약은 그 한계 내에서 효력을 보일 수 있으며, 그것이 성인이 의약을 창안한 목적이라는 것이 이익의 입장이다. 또한 그는 질병에도 경중이 있고 기혈도 경중이 있으며 약에도 경중이 있기 때문에, 그것을 잘 헤아려 쓴다면 적절한 효과를 볼 수 있다고 주장한다. 이 가운데 의약 사정을 나타내는 부분은 다음과 같다.

옛말에 "약이 사람을 살릴 수 없고, 병이 사람을 죽일 수 없다."고 하였다. 약이 과연 도움이 있다면 왕공(王公)들은 명의(名醫)와 좋은 약이 옆에 있으며, 약을 갈고 달이는 것이 집사자가 서둘러 하여 올리니 낫지 않을 병이 없을 듯하다. 먼 시골의 가난한 백성은 침질과 뜸질을 알지 못하고 음식도 제때에 먹지 못하며, 약의 묵은 뿌리가 밭에 있으나 초자(炒煮)하는 방법을 모르니, 마땅히 나을 병도 낫지 않을 듯하다. 그러나 혹은 살기도 하고 혹은 죽기도 하여 왕공과 가난한 백성의 수요가 비슷하니, 이것이 허탄한 술수의 설이 판을 치게 된 이유다.

이 기사의 내용은 위 기사보다 당시 지방의 의약 상황에 대해 좀 더 분명한 정보를 준다. 왕과 대신들이 좋은 의원과 명약을 끼고 산다는 점은 동일하나, 지방의 사정에 대해서는 위의 기사보다 더욱 명확한 표현을 쓰고 있다. 즉 먼 시골의 가난한 백성이 침질과 뜸질을 알지 못하며, 밭에 있는 약초도 지식이 없어서 쓰지 못하고 있다는 사실이다. 게다가 가난하여 끼니를 제대로 연명하지 못하는 상황까지 기술했다. 즉 경제적 형편의 어려움, 의약을 쓸 수 있는 경제력의 부재와 함께 약초에 대한 지식까지 없는 지방의 빈한한 민중의 처지를 묘사하고 있는 것이다.

■자료

값비싼 수입약을 억제해야 한다
─『성호사설』제6권 만물문 은화(銀貨)

이「은화」기사는 국제 무역에 돈이 새나가는 것을 논의하고 있는데, 전반부에서 길게 비단 같은 사치품을 사기 위해 조선의 은화가 중국으로 빠져나간다는 점을 지적한 연후에 끝부분에서 당약재 무역의 실정과 서울의 의약 상황을 기술했다. 의약 관련 부분 내용은 다음과 같다.

A. 우리나라에서 사들여 오는 물품 중에 가장 해로운 것은 비단이다. 이 외에도 좋은 약이니, 식품이니, 이상한 장난감이니 하는 모든 물건을 한량없이 수레로 실어 들이는바, 이 소중한 은화를 잠깐 동안에 써버리니 어찌 애석한 일이 아니겠는가? 나의 생각에는, "비록 병에 쓰는 약품일지라도 못 사 오도록 막아야 된다."고 여긴다.
B. 지금 서울 사람은 걸핏하면 달여 먹는 보약을 사들이지만, 저 먼

지방 두메산골에 사는 백성들은 의원과 약방이 어디에 있는 줄도 모르고, 병이 들면 누워서 앓기만 하다가 혹 죽기도 하고 살기도 한다.

C. 이 보약을 먹고 죽는 이나 병만 앓다가 죽는 이나 결국 따지고 보면 죽는 것은 누구나 할 것 없이 똑같지마는, 약이 병에 이로운지 해로운지도 잘 모르는 의원에게 속아서 잘못 죽는 사람이 오히려 많을 것이다. 하물며 우리나라에서 생산되는 약품만 갖고도 얼마든지 사람을 구제할 수 있음에랴? 지금 듣건대, 교광(交廣)에서 나는 육계(肉桂)와 천촉에서 나는 주사(朱砂)는 북경 저자에도 이미 절품이라 하니, 30년~50년 전과 비교하면 사람들이 병들어 죽는 수효가 점점 더 많아진다고 하겠는가? 이는 절대로 그렇지 않을 것이다.

이 인용문 중 A 부분은 중국의 연경사를 통해서 당약재 수입이 왕성하다는 것을 지적했고, B 부분에서는 서울과 지방 먼 곳과 산골의 심각한 의약 격차를 지적했고, C에서는 국산 약으로도 병을 고칠 수 있는데도 의원에게 속아 비싼 무역품을 쓰는 풍조를 지적했다. 이 기사는 「의약」 기사에서 지적한 내용 중 서울/지방의 의약 격차를 거듭 서술한 것이며, 서울의 약제가 값비싼 당약재를 많이 사용한 것임을 지적하는 것이다.

연구 동향

최근 조선후기 의료제도 연구 중 가장 주목할 부분은 의약생활사 부분의 성과다. 1996년 신동원은 조선후기 민간 의료의 성장이 조선후기 의료 변화를 읽어내는 핵심이라는 주장을 제기했고,[2059] 김대원은 성리학적 교화 이념이 의료 확산의 영향을 끼쳤고, 『산림경제』 같은 간편 유서의 유행도 지방의 의료 확산을 읽어내는 지표라고 보았다.[2060] 1998년 김호는 유만주의 일기인 『흠영』을 분석해 18세기 조선 사회의 의료 일상생활이라는 측면을 밝혀냈다.[2061] 그는 유만주(1755~1788년)라는 한 지식인이 남긴 방대한 일기에 담긴 사대부가의 의약생활을 분석하여 18세기 후반 서울 의료 상황의 역동성을 밝혔다. 2006년 신동원은 16세기의 일기인 『미암일기』, 『쇄미록』과 18세기 일기인 『이재난고』, 『흠영』을 비교 분석하여 조선전기와 후기의 의약생활을 비교했다.[2062] 이 연구에 따르면 의약이 거의 없던 조선전기와 달리 조선후기에는 서울은 물론이거니와 지방에서도 적지 않은 의자(醫者)들이 경쟁하고 있으며, 자체적인 약물의 유통이 원활하게 이루어지고 있음이 드러났다. 또 신동원은 240년 동안 지속된 강릉 약계의 자료 분석을 통해 240년 정도로 오래 존재한 약계 기록을 토대로 하여, 강릉 지역의 사족이 만든 계 형태의 의료 제공이 지역 의료의 환자 진료문제 해결을 위해 등장했다가 상업적인 약점이 생기면서 사라지게 된 과정을 밝혔다.[2063] 의약의 확대와

2059 | 신동원, 「한국근대 보건의료체계의 형성, 1876~1910」, 서울대 박사논문, 1996.

2060 | 김대원, 「18세기 민간의료의 성장」, 『한국사론』 39, 1998.

2061 | 김호, 「18세기 후반 居京 士族의 위생과 의료—『欽英』을 중심으로」, 『서울학연구』 11, 1998.

2062 | 신동원, 「조선후기 의약 생활의 변화: 선물경제에서 시장경제로—『미암일기』·『쇄미록』·『이재난고』·『흠영』의 비교 분석」, 『역사비평』 75, 2006.

2063 | 신동원, 「조선시대 지방의료의 성장: 관 주도에서 사족 주도로, 사족 주도에서 시장 주도로—강릉 약계(1603~1842)의 조직과 해소를 중심으로—」, 『한국사연구』 135, 2006.

관련된 약재시장의 등장과 변천에 대해서는 1984년 홍순두의 『대구약령시』와 1986년 권병탁의 『약령시연구』 등이 주목된다.[2064] 1990년대 이후 조선후기 약재의 국제 교류에 관한 연구가 몇 편 나왔는데, 특히 인삼 교역의 문제에 대한 연구가 눈길을 끈다.[2065]

2064 | 홍순두, 『대구약령시』, 약령시부활추진위원회, 1984; 권병탁, 『약령시연구』, 한국연구원, 1986; 권병탁, 『대구약령시』, 영남대출판부, 1986.

2065 | 吳星, 「19世紀 韓日兩國의 傳統社會와 外來文化」, 『朝鮮後期 人蔘貿易의 展開와 蔘商의 活動』, 한일합동학술회의, 1991; 정성일, 『朝鮮後期 對日貿易』, 신서원, 2000.

III. 정조의 홍역 대책: 혁신인가, 복고인가

머리말

이 글은 17~19세기 조선에서 가장 무서운 소아전염병으로 인식되었던 홍역에 대한 국왕 이산(정조, 1777~1800년 재위)의 국가적 대책을 살피고, 그것의 성격을 논하고자 한다.

조선에서는 몸 전반에 난 붉은 반점 때문에 홍역이라 불렀으며, 그 반점이 깨알보다도 더 작은 마의 씨앗 같다고 해서 마진(麻疹)이라고도 했다. 홍역(마진)은 이전부터 존재한 두창, 정체 파악이 분명치 않게 역려라고 묶인 역병과 함께 3대 역병의 하나로 자리 잡았다. 홍역은 17세기 중반 이후 10년~20년을 주기로 계속 찾아온 공포의 역병이었다. 1668년에 첫 대유행이 보고되었고, 1707년(숙종 33년)에는 수십만의 사망자를 냈고, 1730년에는 서울에서만 사망자 1만을 낼 정도였다. 1752년 이른바 임신년과 1775년 을미년의 홍역 대유행의 공포는 정조를 비롯한 당시 사람들의 뇌리에 깊숙이 박혀 있었다.

국왕 이산은 조선후기의 개혁 군주로 평가받는 인물이다. 그는 즉위하자마자 왕실도서관인 규장각을 설치하여 수많은 국내외 문헌을 모으는 한편, 그곳에서 유능한 인재 풀을 운영했다. 조선의 고질적인 당파 파벌의 폐해를 줄이는 탕평책을 전임 왕에 이어 계속 추진했으며, 농업·상업·군사·복지 등 제반 분야의 개혁을 추동했다. 특히 이 논문과 관련된 분야인 복지 대책으로 흉년에 버려지거나 굶주린 아이를 위해 "자휼전칙(字恤典則)"(1883년)을 제정했으며, 이 논문에서 중요하게 다뤄지는 구언(求言), 즉 국정 현안에 대해 대신, 사대부, 지역민에게서 지식과 방법을 얻어내려는 전례 없는 시도를 하기도 했다. 1799년 그가 내린 "권농정구농서윤음(勸農政求農書綸音)"이 매우 유명하다.

"드디어 올 것이 왔다!" 다시 10년이 지난 후인 1786년 4월 홍역 유행의 기미가 보이자 많은 사람들이 이렇게 생각하며 두려움에 떨었다. 왕인 이산의 경우도 마찬가지였다. 그가 재위 과정 중 일관되게 보인 혁신의 방식이 당연히 홍역에 대한 국가 대책에서도 드러났다. 그것은 어떻게 드러났는가? 그는 오늘날의 눈으로 보면 상반되는 두 가지 형식의 혁신 또는 강화를 지시했다. 한편으로는 전례를 찾기 힘들 정도의 홍역 환자에 대한 적극적인 국가의 개입과 홍역을 치료할 수 있는 지식을 전국 백성들로부터 구하라고 지시했다. 다른 한편으로는 그간 형식이 해이해져 있는, 전염병을 일으키는 귀신에게 지내는 제사를 원칙에 맞춰 철저하게 진행할 것을 지시했다. 전자에만 초점을 두는 연구자가 있다면, 그는 왕 이산의 홍역 대책의 근대성을 칭송할 것이다. 거꾸로 후자에만 관심을 두는 연구자는 그의 정책이 매우 복고적임을 주장할 것이다. 서로 모순된 듯 보이는 이 두 측면을 어떻게 한 틀로 설명할 수 있을 것인가? 이 논문이 정성 들여 씨름해야 할 주제다.

이 글에서는 오늘날의 내가 이를 섣불리 평가하기에 앞서, 당대인이 받아들인 인식을 잠깐이나마 엿보고자 한다. 물론 왕의 지시와 담당 관청의 시행에 대해서는 매우 상세한 일지 기록인 『정조실록』이나 『일성록』을 통해 추적할 수 있다. 이와 함께 비교적 한국사에서 드문 경우인데, 왕 이산의 정책이 시행되던 바로 그날그날의 민간 행적이 일기에 남아 있다. 서울 유력 가문에 속한 유만주(俞晩柱. 1755~1788년)의 일기인 『흠영(欽英)』, 관청의 말단 관원으로 막 서울에 올라온 황윤석(黃胤錫. 1729~1791년)이 남긴 일기 『이재난고(頤齋亂藁)』가 그것이다. 이 일기에는 정조가 내린 지시 중에서 어떤 것은 담겨 있고 어떤 것은 빠져 있다. 이 논문에서는 그것들 사이의 상호 관계를 검토하면서, 1786년 홍역 유행에 대한 국가의 대책과 민간의 반응을 포착하려고 한다. 그리하여 왕 이산이 내린 홍역 관리를 위한 국가통치술의 콘텍스트를 좀 더 분명히 밝히고 싶다.

정조, 특단의 응급시스템 가동을 명하다

4월 12일, 유만주는 "시증(時症)이 급박하고 괴이하다고 한다."는 시중의 말을 들었다. 그런 후 이튿날 "자신의 집 상하 두 행랑에서 홍역 환자가 발생했다."고 적었다.(4.13.) 조정에서는 4월 14일, 도승지 이경양(李敬養)이 의학적 대책을 마련할 것을 건의했다.

근래에 홍진이 경중과 외방에 두루 번지고 있는데, 어리석고 어두운 백성들이 그 병에 맞는 약제를 모르고 있습니다. 조정에서 진념해야 하는 도리에 있어서 구제해서 살리는 대책이 있어야 하겠습니다. 신의 뜻에는 전의감(典醫監)과 혜민서(惠民署)로 하여금 거기에 알맞은 약제

의 처방을 강구하여 여러 도에 반포하게 하는 것이 좋을 듯합니다.[2066]

이런 대책에 대해 정조는 조정(朝廷)에서 이 일을 논의하도록 했으며, 6일이 지난 4월 20일 조정의 논의 결과가 왕에게 보고되었다. 일단 전의감·혜민서에서 약제 처방을 마련해 지방에 보내는 일이 타당치 않음을 말했다. 그 이유로 아직 지방에서 홍역 대책을 요구하는 보고가 없는 데다가, 홍역이 계절을 타고 유행하며 시시각각 변하는 유행병이므로 먼 지방에서는 풍토와 기질이 서로 같지 않기 때문에 "증세에 따라 변통하지 못하고" 서울에서 보낸 약을 쓰게 한다면 오히려 해가 된다는 논리를 들었다.[2067] 따라서 홍역 대책은 도성에 국한되었고, 한성부가 이 일을 맡았다. 정조는 양반이나 상민, 천민을 막론하고 매우 가난하여 약물을 스스로 마련할 수 없는 사람들에 대해서 그들의 청원이 들어오면 전의감이나 혜민서에서 의원을 파견하고 약을 지급하라는 조치를 내렸다. 이런 조치와 함께 정조는 왕실용 약제인 안신원(安神元) 27,000환(丸)을 대궐 내외 각처에 하사하여 두루 공급하게 하는 한편, 홍역 대책을 체계적으로 시행하기 위한 절목(節目)을 해당 관청인 전의감·혜민서·한성부 등에서 논의해 만들어 올리라는 지시를 내렸다.[2068] 비싼 약재가 많이 들어가는 안신환을 자그마치 27,000환이나 지급하라고 한 사실은 전례가 없던 일로, 정조의 조치가 단지 시늉에 불과하지 않았음을 뜻한다. 또 운영 절목을 만들라는 지시도 이전의 관행을 넘어서서 홍역에 대처하겠다는 의지를 피력한 것이다.

2066 | 『국역조선왕조실록』 정조 10년, 4.14.

2067 | 『국역일성록』, 정조 10년, 4.20.

2068 | 『국역일성록』, 정조 10년, 4.20.

4월 22일, 정조의 지시에 따라 홍역 치료를 맡은 두 기관인 전의감과 혜민서에서는 10개 조항으로 된 "홍진구료절목(紅疹救療節目)"을 마련해 올렸다. 그 내용은 다음과 같다.

① 전의감과 혜민서의 담당 구역: 서부(西部)·북부(北部)·중부(中部)의 큰길 이서(以西)는 전의감이 주관하고, 동부(東部)·남부(南部)·중부의 큰길 이동(以東)은 혜민서가 주관하도록 했다.

② 의원 차출과 활동: 두 기관에서는 각각 의술 솜씨가 뛰어난 의원 3인씩을 뽑아 하루 종일 전의감 또는 혜민서에 근무하면서 가벼운 환자의 경우에는 증세를 물어서, 중한 환자는 가서 진찰하여 처방과 약을 지급토록 했다.

③ 약의 지급 대상과 문서화: 반드시 가난한 사람에게만 지급토록 했다. 왕진과 약의 지급은 반드시 문서에 기록토록 했다.

④ 임금의 전교와 구료절목의 홍보: 한성부에서 반드시 이를 한문과 한글로 번역하여 방곡에 붙이도록 했으며, 단 한 사람이라도 이를 인지하지 못한 사례가 적발되면 담당 관리를 논죄한다.

⑤ 소용되는 환제(丸劑)나 탕액(湯液) 등의 약물 마련: 우선 전의감과 혜민서의 공물(貢物) 가운데서 마련토록 하였고, 부족한 수량은 진휼청에서 별도로 지원토록 했다.

⑥ 약 지급의 부정 방지: 가난한 사람이 아닌 사람이 허투루 약을 꾸며 받았을 경우에는 중한 죄로 처벌하며, 환자의 경우에는 미리 관아에 고하여 확인 도장을 받아놓았다가 약이 필요한 경우에는 이를 근거로 하여 약을 받도록 한다. 왜냐하면 이번 조치는 매우 드문 은택이기 때문이다.

⑦ 의원에 대한 보상: 녹봉을 받지 않는 의관의 경우에는 진휼청의

여역(癘疫) 구료 지침에 따라 식량과 반찬을 지급토록 했다.

⑧ 약물 지급 문서의 상부 보고: 전의감과 혜민서에서 지급한 약물을 날마다 기록하여 5일 동안 사용과 재고 통계를 제조에게 보고토록 한다.

⑨ 왕진 전용 말의 확보: 의관이 왕진할 경우, 병조로 하여금 청파(靑坡)와 노원(蘆原) 두 역(驛)의 역마 각 1필씩을 준비하고 양료(糧料)까지 지급하여 주야로 양의사(전의감, 혜민서)에 대기시키도록 했다.

⑩ 홍역 환자 기록: 병을 진찰하여 증세를 논한 건수, 지급한 약물의 환(丸), 첩(貼) 수, 약을 쓰지 않은 건수 등을 일일이 기록한 후 5일 간격으로 초록(抄錄)하여 보고토록 한다.

⑪ 근무 의원의 사적 진료 허용: 차출된 의관이 이미 이전부터 왕래하며 간병한 곳이 있었다면, 이 일로 인하여 그만두지 않도록 하되, 공무용 말을 타지는 못하도록 하며, 이를 핑계로 근무 태만인 경우 논죄토록 했다.

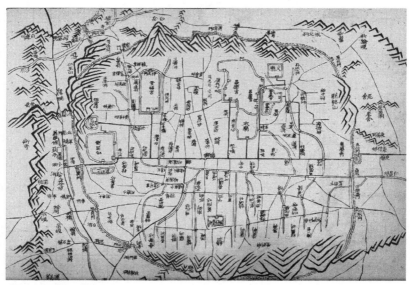

대동여지도-도성도, 한성 5부

⑫ 의원의 대기: 전의감 또는 혜민서의 의관이 왕진을 나갔을 때 환자가 찾아올 수 있으므로 모두 다 비우는 일이 없도록 하며, 3인 중 1인이 번갈아 가며 대기토록 한다. 또 병을 진찰하는 일 외에 이유 없이 외부에 나갔다가 적발된 자는 엄중하게 처벌토록 했다.

이렇게 "홍진구료절목"에서는 홍역을 치료하기 위한 관아의 선정, 의원의 차정과 할 일, 약의 지급, 약재 재원 마련, 왕진 지원, 사업 홍보, 문서 통계 작성과 보고 등을 망라했으며, 그것은 매우 구체적이었다. 오늘날 식으로 말하면 '응급구료시스템'의 구축인 셈이다.

이 절목의 시행은 며칠 안 되어 문제점이 드러났다.[2069] 4월 27일, 시행 닷새 만에 처음으로 올라온 보고에는 "닷새 동안 첩약(貼藥)을 지급한 곳이 수십 건을 넘지 않고, 환약을 지급한 것도 겨우 몇 사람밖에 되지 않았다." 이는 많은 사람의 질병을 진료하여 구제하려는 원뜻에 부합하지 않았다. 그 원인을 살펴보니, 관아에 가서 환자 증명을 받아야 하는 절차 때문에 환자가 바로 의원을 보지 못하는 일이 발생했던 것이다. 또 일이 많아지기를 꺼려하는 전의감과 혜민서 의관의 태만에도 의심의 눈초리가 모아졌다. 게다가 바깥에서 진료하는 일을 핑계 대면서 홍역 대책에 소홀히 하는 의관의 존재도 보고되었다. 그렇기 때문에 정조는 "가서 진료하고 와서 문진한 횟수도 너무나 적으니, 의원을 두고 역마를 마련해둔 본뜻이 과연 어디에 있단 말인가. 다시 이 같은 뜻으로 양의사를 신칙하라."는 지시를 내렸다. 이와 함께 환자 등록 제도를 폐지할 것을 명하였다. 정조는 해당 관청의 요식적인 홍역 대책 운영을 심하게 질책하면서, 제대로 운영할 것을 강력하게 주문했다.

2069 | 『국역일성록』, 정조 10년, 4.27.

닷새마다 보고를 올리라는 정조의 명이 있은 후에 환자와 치료자 수, 약 제공에 관한 보고가 13차까지 올라왔다. 심지어 동궁이 홍역으로 죽었을 때도 보고 시스템은 지속되었다. 이런 보고 덕택에 구체적 환자 통계가 가능하다.

총 진료건수: **6,685**건(전의감 2,232, 혜민서 4,457). 외래: **93.3%**, 왕진: 6.7
총 홍역 환자 수: **8,174**명(소아 남: 4,766명[58.3%], 소아 여: 2,714명 [33.2%], 성인 남: 349명[4.3%], 성인 여: 345명[4.2%])

환자의 경우, 소아, 성인, 성별로 다음과 같이 추이까지 파악이 가능하다.

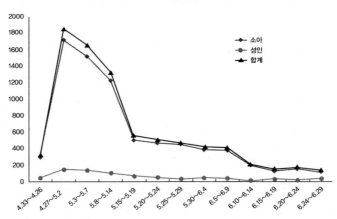

〈그림 3-1〉 1786년 홍역 환자 수(단위 명/날짜)

이 그림을 보면, 홍역은 첫 보고가 있은 직후인 4월 27일~5월 2일 사이에 피크를 이루었고, 6월 19일까지 크게 감소한 후 차차 감소하다 6월 29일 무렵에 종식되었음을 알 수 있다. 또 소아전염병답게 희생자의 대부분은 소아였다. 그렇지만 사망자 통계는 잡히지 않았다.

약 제공의 경우도 확인이 가능하다. 약방문 제공은 총 5,363장이었고, 투약은 첩약 7,781, 안신환 4,547환, 우황고 825환이었다. 미상 11건이다. 앞서 밝혔듯, 안신환과 우황고는 매우 값비싼 납약에 속하는 것으로, 역병 때 이 약들을 일반 백성에게 지급한 것은 파격적인 일이다. 애초에 양의사 의관이 이를 가능하면 지급하지 않으려 했으나 정조의 질책 이후 본격적으로 지급되었다. 정조는 통 크게도 이전의 어떤 임금도 하지 않았던 일을 내탕금을 내어 완수했던 것이다. 그야말로 유례없는 일이었다.

정조, 홍역에 대한 처방을 전국에 묻다

4월 22일, "홍진구료절목"의 발표와 함께 정조는 "서울과 지방에서 솜씨 좋은 홍역에 대한 양의의 처방을 구하라."는 신칙을 내렸다. 이 또한 유례가 없었던 일이다. 위에서 어의 또는 의관이 마련한 의학 서적이나 처방이 아래로 내려가는 게 일반적인 일이었지, 밑에서 위로 올라오는 경우는 처음이었다. 홍역 처방에 대한 구언(求言)의 필요성에 대해 정조는 다음과 같이 밝혔다.

> 대체로 홍역의 발생은 전적으로 중운(中運, 하늘의 운행, 즉 목·화·토·금·수의 간지 순환 중 특별한 해)의 객기(客氣, 그 다섯 기운 중 특정한 하늘의 기운)로 말미암은 것이고 그 치료하는 방법도 한결같지 않은데, 증세가 이미 다르기 때문에 약을 쓰는 방법도 따라서 달라지는 것이다. 예로부터 의술에 정통한 의인(醫人)들은 반드시 운기(運氣)를 우선으로

삼았으니, 홍역이 발생하기 전에 미리 두루 쓰일 처방을 만들어 앞으로 쓸 것에 대비하는 경우도 있었고, 홍역이 이미 발생한 뒤에 그 세운(歲運)을 살피고 시후(時候)를 참작하여 하나의 처방을 만들어내어 만백성들에게 돌려 보인 경우도 있었다. 올해의 홍역도 하나의 운기인데, 서울과 지방의 의술을 업으로 삼는 숱한 사람들 중에 어찌 유독 이러한 처방이 없고 이러한 사람이 없겠는가.[2070]

정조는 홍역이라는 질병이 운기 때문에 생긴다고 보았다. 즉 중운의 객기로 인해, 임신년(壬申年, 1776년)이나 병오년(丙午年, 1786년) 같은 해에 홍역이 생겼다고 본 것이다. 정조의 생각으로는 운기가 순환하는 성격을 띠므로 이미 유행할 해에 맞춘 처방을 마련하는 것이 가능하고, 병의 유행 때 그 처방을 쓸 수 있으리라는 생각이었다.

■자료
이익이 정리한 당대인의 마진의 원인에 대한 생각
──『성호사설』 제10권 인사문 마진(麻疹)

마진(麻疹, 제10권 인사문)은 『성호사설』의 전체 의학기사 가운데 가장 가치 있는 내용을 담고 있는 것으로 평가받고 있다. 이 기사는 마진 곧 홍역이 조선에서 현종 때부터 시작해서 12년 주기로 유행했음을 지적하고 있는데, 그것이 오늘날 면역학에서 말하는 집단면역학 이론에 부합되는 내용이기 때문이다. 집단면역학에 따르면 처음 대유행이 있게 되

2070 | 『국역일성록』, 정조 10년, 4.22.

면 항체가 없는 사람이 다수 죽게 되고, 죽지 않은 사람은 이 병에 항체가 생기기 때문에 집단적 수준에서 한동안 대유행이 없다가 면역력이 없는 새로운 사람이 많이 탄생하게 되어 잠재적인 유행 풀(pool)이 형성되면 다시 대유행이 있다는 것이다. 아마도 12년 무렵 또는 그 전후의 시기가 집단면역력의 형성과 소멸의 대략적인 한 사이클이 형성되는 것이라 볼 수 있다. 물론 성호 이익은 현대적 해석과 달리 12라는 숫자에 주목하여 각 해가 속한 간지의 음양오행의 변화로 그것을 설명하고 있다. 그럼에도 불구하고 그 현상의 주기성을 읽어낸 통찰을 깎아내릴 필요는 없을 것이다.

A. 역(麻疹, 마진)이라는 병이 옛날에도 있었으나 크게 유행하게 된 것은 현종(顯宗) 무신년(戊申年, 1668년) 때부터 비롯했다. 경신년(1680년), 임신년(1692년)을 거치면서 꼭 1기(紀) 12년을 주기로 한 번씩 유행했다. 그 가운데 신년(申年)이 아닌 해에는 유행하지 않았기 때문에, 사람들은 "이 병은 신년에만 유행하는 것"이라 여긴다. 1기(紀)는 목성이 하늘을 한 바퀴 도는 주기인 12년을 말한다. 다시 임신년으로부터 14년을 지나 병술년(1706년)과 정해년(1707년) 사이에 크게 유행했으며, 또 12년을 지나 무술년(1718년)과 기해년(1719년) 사이에 유행했고, 또 10년을 지나 기유년(1729년)과 경술년(1730년) 사이에 크게 유행했다. 이때 이후부터는 1기 정도를 주기로 유행하지 않아서, 22년이 지난 임신년(1752년)에 크게 유행하여 많은 사람이 죽었다.

B. 그 사이에 12년을 기준으로 볼 때 혹 더디기도, 혹 빠르기도, 혹 전혀 없기도 한 것은 오성(五星, 금·목·수·화·토성)의 운행에 빠르고 느림, 순행과 역행이 있어서 그해의 운기(運氣)가 세거나 약했거

나, 늘어지거나 당겨져서 그런 것이다. 그러나 10간(干)과 12지(支)가 각각 순환, 교대하면서 하늘의 오행 기운인 오운(목·화·토·금·수)과 기후의 여섯 가지 삿된 기운인 육기(六氣, 풍·한·서·습·조·화)의 쇠퇴함과 왕성함에 차이가 있게 되므로 [이런 점을 고려하지 않고] 치료하는 방법을 일률적으로 적용해서는 안 된다. 하늘의 운행이 목의 기운에 속할 때는 사람의 오장 가운데 간이 목의 기운에 속하므로, 어머니의 태 안에서 받은 뜨거운 독이 간장 안에 잠재되어 있다가 이 [하늘의] 기운에 촉발되어 불이 나무를 태우는 것 같이 분출되는 것이다. 이때 병의 증상으로는 비장의 기운이 허할 경우가 많다. 목의 기운이 성해서 [비장이 속한] 토의 기운을 치기 때문이다. 이를테면 소아의 경풍(驚風)이 그것으로, 이는 간의 [목의] 기운이 토에 속한 비장으로 들어갔기 때문에 생긴 것이다.

C. 그 치료하는 방법은 풍한(風寒)을 조심하여 피부의 땀구멍을 소통시켜 반점(癍點)이 빨리 나오도록 하면 이는 절반을 넘은 것이다. 피부는 폐에 배속되는데, 폐는 금의 기운에 속한다. 폐의 금 기운이 발동하면 간의 목 기운이 안에 쌓여서 담(痰)이 되며, 기침이 심하면 이는 가장 위험한 것이다. 어떤 이는 인삼(人蔘)을 써서 효과를 봤고, 어떤 이는 야건(野乾)을 써서 효과를 봤으니, 그 이치를 알기 어렵다. 어떤 이는 말하기를 "두창의 돌기(痘)는 장(臟)에서 비롯되고, 홍역의 삼씨만 한 돌기(疹)들은 부(腑)에서 생기는데, 장이란 깊은 속[陰, 음]이고 부란 그보다 바깥[陽, 양]이기 때문에 마진의 돌기가 겉에 생기며 열이 극성한 것이다. 이럴 때는 돼지오줌 즙을 써서 그 열을 내리도록 하면 발반(發癍)이 제대로 되어 걱정이 없다."고 한다. 내가 일찍이 시험해보았더니 과연 그러하였는데, 이

방법은 『약천집(藥泉集)』[2071]에 적혀 있다. 나는 또 생각해보니, 양기 (陽氣)의 열이 피부 밖으로 표출되지 못하면 반드시 속의 장(臟)으로 되돌아갈 것이므로, 장(臟)의 기운을 보하게 되면 그 열이 발동하지 않게 될 것이다. 그렇기 때문에 인삼을 써서 장을 보하는 효과는 보통 장(臟)에 생긴 병을 고치는 것과 똑같으리라. 혹 반점이 보였다 없어졌다 할 때는 금은화(金銀花)를 물에 달여서 용뇌(龍腦) 1리(釐)와 진사(辰砂) 3푼(分)에 섞어 달인 후 따뜻한 상태에서 복용하면, 얼마 안 가서 땀이 제대로 흐르고 반점이 온몸에 나타나게 된다. 이런 치법은 모두 의가(醫家)로서 마땅히 익혀두어야 할 것이다. 이 마진이라는 병은 운기(運氣)에 따라 생기는 것으로 증상이 한결같지 않기 때문에 이를 기록하여 사람들로 하여금 자세히 살펴 알 수 있도록 했다. 이 밖에 삶은 닭도 비위(脾胃)의 기운을 보하는 것으로, 세상 의원들은 닭조림 액인 계고(鷄膏)를 만드는 기묘한 방법을 개발했다. 닭의 껍질·꽁무니·머리·창자·피·기름을 모두 제거한 후 [고기만을] 물에 깨끗이 씻어 잘게 썬다. 먼저 옹기 항아리 속에 조그만 그릇을 엎어놓고 고기를 그 위에 담고 여러 겹으로 싸맨다. 그것을 사기접시로 덮어서 가마솥 안에 넣고 물을 부어 오래 달이면, 닭고기의 진액은 다 흘러내리고 고기는 아무 맛이 없게 된다. 이 계고의 효력은 삶은 닭에 비하면 훨씬 좋다. 모든 비장의 허증[脾虛症]에 다 복용할 만하다.

마진(홍역)이라는 질병은 다른 기사인 「역귀」의 핵심 주제였다. 거기서는 단지 마진이 새로 생긴 역병으로서 자연의 이치에 불과하며 기복을 배

2071 | 1723년(경종 3년)에 간행된 남구만의 시문집으로 34권 17책이다. 이 중 소차와 서계에는 시정(時政)의 득실에서부터 농정(農政)·해방(海防)·공부(貢賦) 등에 관한 건의와 진언이 다수 있다.

제하고 잘 피하는 것이 상책임을 제시했지만, 이 「마진」에서는 한 걸음 더 나아간 모습을 보인다. 우선 그 유행 사실을 역사적으로 고증하여 조선에서 그것이 12년을 주기로 유행했음을 발견했다.(A 부분.) 또 이 주기에 주목하여 그 병의 유행 원인을 귀신이 아닌 천체 운행의 이치인 운기론으로 설명함으로써 "자연의 이치"를 해명코자 했다.(B 부분.) 또 홍역에 걸맞은 여러 의가의 의약 처방과 자신의 경험을 소개했다.(C 부분.) 이런 내용을 통해 보건대, 17세기 후반~18세기 후반 동안에 홍역의 유행이 조선 사회의 가장 큰 전염병 문제로 대두되었음을 짐작할 수 있다. 이익이 거듭 이 주제에 관심을 가진 것은 그에 대한 방증이라 할 수 있다.

■자료

역병은 귀신이 일으키는 것인가?
─『성호사설』제6권 만물문 역귀(疫鬼)

「역귀」기사의 전체 내용은 다음과 같다.

A. 이천(李梴)의 『의학입문(醫學入門)』에 이르기를, "두창(痘瘡, 天然痘)이 주(周)나라 말엽과 진(秦)나라 초기 사이에 처음 생겨났다."고 했는데 근거가 뭔지 알 수 없다. 아마도 그것이 생겨난 지는 그렇게 오래되지 않았을 것이다. 사람이 태어난 기질은 예와 지금이 같을 텐데, 어째서 옛날에는 없고 후세에 와서 있게 되었을까? 사조제(謝肇淛)는 이르기를, "오랑캐 지역에도 두역(痘疫)이 있으며 근래에 유행이 더욱 심한데, 혹자는 소금 식용에 그 혐의를 둔다. 왜냐하면 옛날에 오랑캐는 그저 소나 양의 젖만 먹었는데 중국과 교통

하게 되면서부터 소금을 먹기 시작했으며, 그 이후부터 두창이 유행하게 되었기 때문이다."고 했다. 그렇다면, 중국 사람이 소금을 먹게 된 것 또한 주나라 말기부터인가?

B. 요즈음 와서는 또 홍역(紅疹)이 크게 유행하는데, 이는 생겨난 지가 아직 백 년도 되지 않는다. 기운의 흐름이 변하는 것은 자연의 이치이니 괴상할 게 뭐 있는가? 모든 종류의 역병은 모두 귀신이 부리는 것이다. 이를테면 역려와 두창이 옮아 퍼지는 것은 마치 지각이 있는 것 같다. 길을 가다가 우연히 만나는 자에게는 잘 통하지 않으나, 친척과 처갓집 문안 때는 잘 통해 두루 전염시킨다. 대개 귀신의 행동은 사람의 행동과 비슷하다. 어리석은 백성은 귀신에게 이리저리 빌기를 잘 하는데, 이는 무식한 짓으로 권장할 일이 못 된다. 요점은 행동을 삼가서 귀신을 피하는 데 있을 뿐이다.

이 기사의 A 부분은 새로운 역병이 생기는 이치를 말했다. B 부분은 새로운 역병인 홍역의 등장에 따른 대책을 논했다. 18세기 전후는 이전에 경험하지 못했던 홍역이 대유행하던 시기였는데, 이 부분을 보면 사람들이 그 병이 생겨난 이치를 잘 몰라 괴상하게 여기며, 귀신에게 비는 대책이 널리 행해졌음을 알 수 있다. 이러한 상황에 대해 이익은 그 병이 괴상한 게 아니며 다른 역병이 생겨난 것과 동일한 것인 자연의 이치에 불과한 것으로 파악했으며, 귀신에게 비는 것이 아니라 그것을 잘 피하는 것이 핵심 대책임을 짚었다. 이것은 무속을 거부하는 사대부로서의 입장 표명이며, 역병을 피해 전염을 막는 현실 대책에 대한 지지이기도 하다.

전국을 다 뒤진다고 하면 그러한 의술에 밝은 의원과 그들의 처방이 있을 것이라고 가정하여, 이러한 명령을 내린 것이다. 이런 조치의 이면에는 서울 의관이 경험 부족으로 홍역에 대한 똑 부러진 처방을 제시하지 못하리라는 생각이 깔려 있다. 이윽고 조선 역사상 최초로, 전국 민간에 대해 "사족(士族)이나 향품(鄕品), 고방(古方)이나 신방(新方)을 따질 것 없이 운기(運氣)에 정통하여 처방을 만들어낸 사람이 있으면 영읍(營邑)에 와서 바치게 하고 그것을 경사(京司)에 올려 보내라."[2072]는 조치가 떨어졌다. 대략 서울에 붙은 방문, 지방에 보낸 통지문에는 이런 말이 적혀 있었다.

서울과 지방의 의술을 업으로 삼는 선비는 그 스스로 자랑하는 것을 부끄럽게 여기고, 비방을 감추고 있는 천민(賤民)들은 스스로 와서 고하기 어려워할 것인데, 만일 가로막혀 아뢰지 못하는 폐단이 있다면 이는 조정에서 우리 백성을 위해 부지런히 자문하는 본의가 아니다. 옛날에, 일실(逸失)된 서적을 구하면서 가져오는 사람에게 벼슬을 제수한 일이 있었으니, 백성들을 천수를 누리게 할 좋은 처방이 있어 써 본 결과 뚜렷한 효과가 있을 경우, 그 공로가 어찌 일실된 서적을 가져와 바친 것과 비교할 수 있겠는가.[2073]

홍역 처방을 구하는 조치를 내린 지 한 달 남짓 지나서야 영남 칠곡의 유학 박상돈의 "진역방"과 충북 진천의 사족 남기복이 올린 처방이 올라왔다.[2074] 전의감과 내의원에서 검토한바, 그것들은 중국의 홍역 처방에서 뽑은 것으로서 박상돈의 처방이 더욱 믿을 만하다고 판단하여 그것만 채택해 5월 29일에 각 도에 내려 보냈다.[2075]

이러한 구언(求言)의 경우도 이전의 왕 때는 보지 못했던 조치다. 정

2072 | 『국역일성록』, 정조 10년, 4.22.
2073 | 『국역일성록』, 정조 10년, 4.22.
2074 | 『국역일성록』, 정조 10년, 5.27.
2075 | 『국역일성록』, 정조 10년, 5.29.

조는 10여 년 후에는 농사에 관한 구언을 전국 각지의 선비에게 요청한 바 있는데, 이보다 앞서 홍역 대책 때 이런 방식의 정치를 선보였다. 홍역은 10년 주기 또는 그 이상의 주기로 한때 유행하고 사라지는 질병인 데다 의원들이 연구를 꺼리는 전염병이었다. 정약용은 『마과회통』(1797년)에서 "슬프다. 병든 사람에게 의원이 없는 지 오래되었다. 모든 병이 다 그렇지만, 홍역이 더욱 심하니 어째서인가. 의원이 의원을 업으로 삼는 것은 이익을 위해서다. 홍역은 대개 수십 년 만에 한 번 발생하니, 이 홍역 치료를 업으로 해서 무슨 이익 되는 것이 있겠는가. 업으로 삼으면 기대할 만한 이익이 없다고 하여 하지 아니하며, 환자를 만나서는 치료하지 못하는 것이 또한 부끄러운 일인데, 더구나 억측으로 약을 써서 사람을 죽게 하는 것은 아, 잔인한 일이다."[2076]고 썼다. 또한 이 병이 너무 빠르게 전염되어 속수무책이며 미리 약재를 갖춰놓고 대비하지 않으면 안 되는 병이라 썼다. 정조의 인식도 이와 같았다. 서울의 의원이 홍역 치료에 대한 경험이 없기 때문에 전국의 경험을 들어보려 한 것이다.

정조, 전염병에 대한 제사를 더욱 엄격히 하다

홍역 유행에 대한 첫 조치는 위에서 살핀 의약적 대책이 아닌 전염병 신에 대한 제사인 여제(厲祭)의 거행이었다. 의약 대책보다 열흘 앞선 4월 10일, 조정에서는 홍역 대책에 대해 숙고했고, 정조는 곧바로 여제 시행을 지시했다.[2077]

여제는 고려시대 때까지는 보이지 않던 제도이며, 조선 건국 직후인

2076 | 정약용, 『마과회통』 서.
2077 | 『국역일성록』, 정조 10년 병오(1786년), 4월 10일.

1403년 명나라 "홍무예제(洪武禮制)"(1370년)를 받아들여 의식으로 삼은 것이다.[2078] "홍무예제"에는 다음과 같은 내용이 적혀 있다.

(황제의 성지에 이르길)······ 이러한 고혼들은 죽어서 의지할 곳이 없어 정백이 흩어지지 않고 맺혀 음령이 된다. 어떤 이는 초목에 빌붙고 어떤 이는 요괴가 되어 달밤에 슬피 부르짖고, 비바람이 몰아칠 때면 흐느낀다. 무릇 사람을 만나면 밝은 세상을 간절히 그리워하나 혼은 아득하여 돌아갈 곳이 없다. 시신은 길바닥에 내동댕이쳐져 썩어가지만 마음은 불안하게도 제사를 바라고 있다. 말이 여기에 미치니 애처로움에 연민의 정을 감출 수 없다. 그리하여 천하의 유사에게 신칙하여 시향(時享, 계절에 따른 제사)에 따라 제사 지내게 하고 본처의 성황신으로 하여금 이를 주관하도록 하였다.[2079]

여제의 대상은 무사귀신(無祀鬼神), 즉 '제사를 올릴 사람이 없는 귀신'이다. 이들이 원귀가 되어 각종 재앙, 특히 역병을 일으킨다고 보았기 때문이다. 명에서는 원래 있었던 무사귀신에게 제사 지내는 전통에 더하여 민간이나 도교적인 성황신(城隍神)을 수용함으로써 무사귀신을 통솔하는 제사의 또 다른 주체로 내세웠다. 성황은 해당 지역의 억울한 죽음과 산 자의 선악을 감찰하는 일을 한다. 명에서는 경성에 성황신에게 알리도록 하고, 왕국에서는 국려(國厲), 부(府)와 주(州)에서는 군려(郡厲), 그리고 현에서는 읍려(邑厲)라는 명칭으로 도성의 북쪽에 단을 만들어 여제를 지내도록 했다.[2080] 조선에서 여제에 대한 규정은 성종 때

2078 | 이욱, 301쪽-306쪽.
2079 | 『대명회전』(서울대학교 소장, 이동양등편, 명판 정덕 4년) 권87, 厲祭조, "고성황문".
2080 | 이욱, 307쪽-311쪽.

완성된 『국조오례의』(1474년, 성종 5년)에 따라 확립되었는데, 이에 따르면 여제는 여타의 제사와 달리 두 개의 제사로 구성되어 있다. 성황제와 여제가 그것이다. 또 제단은 동서남북 등 네 곳으로 구성되어 있었다. 거행하는 의식 순서를 보면, 처음에는 여제가 있기 사흘 전에 남단에서 성황신을 모시고 언제 제사가 있을 것이라고 아뢰는 '발고제'를 거행하고, 발고제 이후 사흘 째 되는 날 본제사인 여제를 북교 여단에서 지내게 된다. 이때 성황신 신위를 모셔와 북쪽 남향하고 단 아래에 성황보다 낮은 존재로 여제의 대상이 되는 무사귀신 15위를 좌우로 마주 보게 하여 배열했다.[2081] 열다섯 무사귀신의 신위에는 전쟁터에서 죽은 귀신, 처녀귀신, 수레에 치어 죽은 귀신, 범에 물려 죽은 귀신, 물에 빠져 죽은 귀신, 담이 무너져 죽은 귀신 등을 비롯한 열다섯 종류의 억울한 죽음 등이 포함되어 있다.[2082] 발고제 때 성황신을 발동하여 이들을 끌어오게 함으로써 여제 때 한곳에 모은 이 15종 귀신에 대한 원혼을 풀어주게 된다.

정조는 여제 실시에 관한 예제를 엄격히 거행하려고 했다. 그 엄격한 원칙이란 원래 명나라 태조 때부터 실시되었지만 조선에서는 그대로 시행해오지 않던 사항들의 회복이었다. 그는 여제(厲祭)를 지내기 하루 이틀 전에 날을 가려 향(香)을 받게 하고, 성황(城隍)에 고하는 것을 응당 행해야 하고, 성황에 대한 발고제(發告祭)를 지낸 후 다시 서울의 네 부와 중앙에서 여제를 지내도록 하고, 지방 고을에서도 일체로 제사를 지낼 것을 지시했다. 그동안 성황발고제를 생략한 것, 서울의 다섯 곳이 아니라 북쪽의 제단에서만 거행하던 여제를 모든 곳에서 지낼 것을 지시했다.[2083] 이어서 축문은 예문관에서 짓도록 했으며, 제사를 주관할

2081 | 이욱, 305쪽.
2082 | 이욱, 『조선시대 재난과 국가의례』, 창비, 2009, 299–386쪽 참조.
2083 | 『국역일성록』, 정조 10년 병오(1786), 4월 10일.

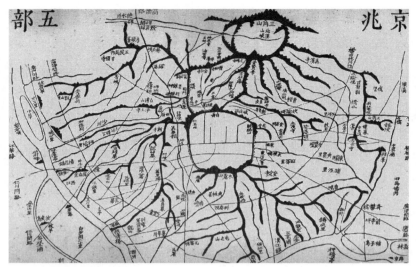
대동여지도 경조부 중 북단과 남단

헌관으로는 성황단의 경우에는 중신을 차출하고, 여단의 경우에는 음관(蔭官) 중 4품 이상의 벼슬아치를 뽑아 보내도록 했다.[2084]

정조는 자기 스스로 다음과 같은 축문을 짓기도 했다.

나라에 백신이 있으나 우리 성황을 으뜸으로 하니 오직 그 명하는 바는 재앙과 상서라네. 요기를 쓸어내고 역질을 물리쳐서 수천 리를 둘렀거늘 어찌 재앙을 일으키기를 봄부터 시작하게 했던가. 이수(二豎, 병을 일으킨 요괴)가 화기(火氣)를 타자 많은 백성들 질병을 앓게 되니 죽어나가는 재앙이 없음을 보장해야 할 것인데 점차로 전염됨은 어찌 된 것인가. 사람과 신을 한결같이 보자면 내 백성의 명을 주관하나니 북망산(北대山) 줄기가 길게 뻗었거늘 널리 새로운 땅을 보살피네. 마침내 유명을 이루어 모두 태화(太和)로 돌아가게 하니 정결한 희생으로 제사

2084 | 『국역일성록』, 정조 10년 병오(1786), 4월 10일.

를 드리고자 길일을 택했다네. 이에 크게 부르니 넓고 아득한 들판인데 사방에서 많이 이르러 취하고 배부르게 하니 흙으로 빚은 제기와 흙을 구운 술 단지일세. 지난밤 크게 비가 내려 통쾌하게 요기[沴瘟]를 씻어냈으니 오랜 수를 누리도록 하여 나의 백성을 보우하라.[2085]

이것이 우리가 관심을 가지고 있는 홍역에 대한 여제문인지는 불분명하지만, 4교의 여단에서 거행하는 형식을 택하고 있으므로 이때의 것 또는 그 이후의 것으로 추정된다. 이 축문에서는 국가 통치자로서 나라의 재앙이 해소되기를 염원하는 그의 생각을 읽을 수 있다. 왕이 직접 축문을 쓴 경우는 흔한 일이 아니며, 이전의 것으로는 중종(재위 1506~1544년)의 여제문이 알려져 있다.

옛 여제의 형식을 복구하는 조치에 취해, 홍역에 대한 정조의 여제 거행에 혁신이 담겨 있음을 간과해서는 안 된다. 홍역이라는 역병을 대상으로 여제가 실시된 것은 이때가 처음이기 때문이다. 그는 "과거의 사례 가운데 적실하게 근거로 삼을 만한 것이 별로 없으나 지금부터 참작해서 제도를 정해도 안 될 것은 없다."고 말한다.[2086] 원래 여제의 대상이 되는 유행병은 역려, 온역, 당독역 등이 있었으며, 두창(천연두)은 여제의 대상이 아니었고, 피부에 이상 증상을 보이는 질병인 홍역도 두창과 마찬가지로 여제의 대상이 아니었다. 그렇지만 정조는 "지금 홍역(紅疫)이 매우 심하게 유행한다고 하니, 민간에서는 필시 전염될 것을 걱정하고 있을 것이다. 어찌 가만히 앉아서 말끔히 가시기를 기다리고만 있어서야 되겠는가. 홍역을 물리치기를 비는 제사를 조금도 늦출 수가 없다."고 보면서

2085 | 이산, 『홍재전서』 제21권 제문(祭文) 3 "사교(四郊)의 여단(厲壇)에 재앙을 물리치기를 비는 제사를 드리기 이틀 전 성황(城隍)에 고하는 글". 민족문화추진회 번역본 참조.
2086 | 『국역일성록』, 정조 10년 병오(1786), 4월 10일.

홍역을 여제의 대상으로 포함시켰다.[2087] 백성의 걱정을 들어 과감하게 관행을 깨는 왕 정조의 통치술의 일면이 엿보이는 부분이다.

정조의 대책 중 민간에서 관심을 보인 것과 그렇지 않은 것

1786년 홍역 대책을 보면, 정조는 내탕금을 내어 빈궁한 백성에게 값 비싼 약재 제공을 가능케 했다. 또한 방역 사업에 대한 철저한 지침을 마련해 전의감과 혜민서의 방역 활동을 원활하게 했다. 진료자 통계가 닷새 기준으로 엄격하게 집계되었고, 최선의 의학 정보 획득을 위한 광범위한 구언과 소통 노력을 펼쳤다. 또 다른 전염병 대책인 여제도 역사상 처음으로 홍역을 대상으로 하여 실시되었으며, 그것도 엄격한 표준을 복구한 후 집행되었다. 정조의 이런 조치가 민간에서 어떻게 받아들여졌을까? 전반적인 내용을 살필 사료가 없지만, 유만주의 일기 『흠영』과 황윤석의 일기 『이재난고』의 내용을 통해 그 일단만을 짐작코자 한다.

이 둘 모두 관심을 가진 부분은 왕이 지방에서까지 홍역 처방을 얻으라고 내린 조치다. 이 조치가 발표된 바로 그날, 유만주는 일기에 이렇게 적었다. "홍역이 크게 유행하므로 임금께서 서울과 지방 양의(良醫)의 처방을 강구하는 교시를 내렸다."[2088] 황윤석도 유만주보다 닷새 늦은 4월 27일 "근일 홍진과 두역(痘疫)이 크게 유행하므로 임금께서 걱정하셔서 특별히 중외에 널리 명의의 비방을 구해 추천해 올리라는 명을 원근에 내렸다."[2089]고 적었다. 도성은 물론이거니와 이 내용은 지방 행정 연락망

2087 | 『국역일성록』, 정조 10년 병오(1786), 4월 10일.
2088 | 『흠영』, 1786.4.22
2089 | 『이재난고』, 1786.4.27

을 통해 신속히 지방에도 알려졌고, 그 결과 여러 명이 처방을 올렸다. 이로부터 적어도 지식분자에게는 이 조치가 큰 관심거리가 되었음을 알 수 있다. 국왕이 그들에게 참여의 길을 요청한 사안이었기 때문이다.

이를 제외하고 왕의 조치에 대해 이 둘의 일기에서는 큰 관심을 두지 않았다. 그렇다고 조정에서 일어난 홍역에 대한 담론 자체가 적었던 것은 아니다. 1786년 5월 3일부터 차기 왕이 될 동궁이 홍역을 앓기 시작했는데, 그 추이에 대해서는 실시간 중계를 방불할 정도로 높은 관심을 자신들의 일기에 적었다. 둘의 일기를 통해 동궁의 발병에서부터 사망까지의 과정, 그 이후의 처리 과정이 수십 차례 이상 생생히 적혀 있다. 이처럼 "동궁의 홍역 이환(罹患, 병에 걸림)과 사망"에 관한 소식은 시시각각 도성의 주민들에게 전달되고 있다. 왕과 왕비, 동궁의 동향은 늘 백성들의 관심거리였다. 더욱이 이들의 병이 완쾌되면 세금 탕감, 경범죄 죄수 석방 같은 은총의 조치가 따르기도 했고 특별 과거 시험이 치러지기도 했기 때문에, 이런 이해관계 속에서 그들은 더욱 왕실의 동정에 귀를 기울였다. 유만주의 일기에서도 동궁의 회복에 따른 특별한 과거인 경과가 정해졌음을 적고 있다.[2090]

정조가 유례없이 공을 들였지만 고가의 의약 제공과 엄격한 환자 진료와 관리에 대해서, 유만주나 황윤석은 이를 특기하지 않았다. 유만주 집안에서는 홍역 환자가 생겼지만, 그의 집이 가난하지 않았기 때문에 조정에서 내린 조치와 무관했다. 아들을 비롯한 집안의 홍역 환자를 구료하기 위해서 그는 직접 사적인 의원을 찾아가고 약방에 들러 약을 샀다. 황윤석은 가족을 떠나 서울에 혼자 올라와 있었으며 자신은 홍역에 걸리지 않았기 때문에, 정조의 의약 조치는 그에게 해당 사항이 아

2090 | 『흠영』, 1786.5.7

니었다. 다만 지방에 퍼져나가는 홍역 소식을 들으며, 집안 어린아이들이 홍역이 걸리게 될까 걱정을 심하게 했다.

황윤석의 일기에는 천민의 홍역에 대한 인식을 일러주는 중요한 정보가 담겨 있다. 동궁이 죽은 다음 날인 5월 13일, 고향인 홍덕에서 정씨 성의 종〔鄭奴〕이 올라왔는데, 그는 지체 높은 자의 죽음에 대해 자신의 입장을 다음과 같이 개진했다.

> 서울로 오면서 성환역을 지나면서 홍진이 있다는 말을 들었나이다. 또 봄부터 서울에 두창이 있었고, 잇달아 홍역이 있었고, 홍역 이후에는 반드시 남은 열과 회충으로 인한 통증이 있어서 이 때문에 많이 목숨을 잃었습죠. 여항에서는 약물을 얻지 못한 자가 오히려 복이 되었으며, 약물이 많은 재상가는 화가 되어 여증으로 곡뒤치기〔打腦〕, 모도뛰기〔渾跳〕, 물그럼보기〔直視〕, 세마디소리〔三聲〕 따위로 폭사하는 자가 한둘이 아니었다고 합디다. 이 병에는 오직 소주와 건포를 쓰면 구할 수 있었는데 말입죠.[2091]

"여항에서는 약물을 얻지 못한 자가 오히려 복이 되었으며, 약물이 많은 재상가가 화가 되었다."는 종의 말에서는 일종의 아이러니가 느껴진다. 의약이 풍부하다고 해서 항상 도움이 되지 않으며 오직 소주와 건포만 있으면 된다는 말에는, 늘 의약이 부족한 자신들의 처지가 꼭 불쌍하지만은 않다는 생각이 담겨 있다. 조선의 의약 기록에서는 찾아보기 힘든 종의 목소리가 정노의 언급에 담겨 있다. 그들 또한 그들 나름대로 자신의 처지와 자신의 처지에서 행하는 치료방식의 정당함을

2091 | 「이재난고」, 1786.5.13

생각하는 존재였던 것이다. 이로부터 비싼 약을 하사하는 왕의 조치를 무색케 하는 천민의 의식이 당대에 공존했으며, 의약에 대한 생각이 긍정적인 면만 존재했던 것은 아님을 짐작할 수 있다.

정조가 유례없이 공들인 엄밀한 여제의 실시에 대해서 두 일기 모두 관심이 없다. 정조는 전대 왕들에 비해 반듯한 체제를 갖춘 예제(禮制)의 회복과 홍역이라는 질병에 대한 여제의 거행 등에 통치자로서 대단한 의미를 부여했지만, 사대부나 백성들에게 그것이 커다란 관심을 끄는 행위가 아니었던 듯하다. 여제는 왕이나 지방의 수령들이 응당 해야 할 루틴으로 인식되었을 가능성이 높다. 아무리 대변화라고 해도 루틴 안에서의 변화이기 때문에 주목을 끌지 못한 것이다. 오히려 서울 시민들은 이 병의 유행에 대해 "사람들이 한결같이 3월에는 무덤을 움직이는 것을 옛날에는 금기로 여겼는데, 지금은 이를 지키지 않아서 홍진 여러 증상이 이와 같이 심한 것"[2092]이라는 인식을 가지고 있었다. 무사귀신이 루틴 안에서 굳어진 상징적인 존재로 굳어진 데 비해, 금기를 깨고 무덤을 옮겨서 생긴 원혼의 작동이라는 더욱 직접적인 원인을 서울 시민들은 생각하고 있었던 것이다.

정조의 홍역 대책, 혁신인가 복고인가

걱정과 달리, 1786년 홍역은 큰 피해 없이 지나갔다. 정조의 홍역 대책이 효과적이었기 때문은 아니다. 무슨 이유인지는 정확히 밝히기 힘들지만, 1775년 홍역 이후로 한국에서는 이 병의 기세가 한풀 꺾여 이

2092 | 「이재난고」, 1786.4.27

전과 같은 끔찍한 대유행은 없었다. 홍역 병균의 독력이 약화하는 세계 질병사의 경향이 19세기 조선에서도 나타났다고 보아야 할 것이다.

홍역의 원인에 대한 정조의 인식은 두 가지가 공존했다. 하나는 의학에서 말하는 운기론적인 입장이다. 병이 하늘 기운의 운행에 따라 주기성을 가지게 되므로 그것을 파악해 미리 처방을 만들어 병에 대비한다는 생각이다. 이런 생각에 입각해 전국적으로 처방을 구하는 조치를 내렸다. 다른 하나는 역병이 제사 드릴 이 없는 원혼이 일으키며 그 원혼을 달래줌으로써 역병을 해소한다는 입장이다. 그는 이런 생각을 홍역이라는 질병에까지 확대했으며, 더욱 엄격한 매뉴얼을 복구하여 그 효과를 보겠다는 생각을 했다. 질병관이라는 측면에서 봤을 때 오늘날과 같이 자연적/초자연적인 구분이 국왕 정조에게는 없었다.

국왕 정조는 오직 제대로 된 통치의 규범을 모든 방면에서 보이려 했으며, 그것은 의료 분야에서도 마찬가지였다. 그에게서 제대로 된 통치의 규범이란 선현이 보인 유교이념의 실현을 뜻했다. 그것은 여제의 시행과 같이 예제(禮制) 회복에 집착하는 데서나 고가의 약을 하사하고 의약행정을 다잡는 데서나 똑같이 적용되었다. 여제는 통치자가 백성들의 고통을 심각하게 느끼고 있다는 것을 말해주는 구실을 하는데, 정조는 이전의 관행을 그대로 따르는 데 그치지 않고 엄격한 실시, 대상의 확대, 자신의 여제문 작성 등을 통해 그런 생각을 백성들에게 발신했다. 대민 의료기관인 전의감, 혜민서 등 정부기관의 약 제공에 그치지 않고, 안신환 같은 왕실 소요의 고가 약을 내주는 광폭 정치, 역마를 활용하는 응급시스템과 5일을 기준으로 한 엄격한 보고체제의 운영과 아들의 죽음에도 쉬지 않고 직접 챙기는 의료행정에 나타난 멸사봉공적 정신, 직접 신하와 백성들에게 홍역 처방을 묻는 대담한 소통은 선대왕에게서 쉽사리 찾아보기 어려운 측면이다. 조선전기의 세종(재위

1418~1450년)과 성군으로 추앙받는 정조의 국가통치술이 의약 분야에서도 이렇게 잘 드러나 있다.

마지막으로, 논문 제목에서 언급한 "정조대의 전염병 대책, 혁신인가 복구인가"라는 물음에 대해 잠깐 논의해보려고 한다. 거시적으로 볼 때, 정조가 펼친 위와 같은 홍역에 대한 방역 대책은 이전의 방식을 계승한 것이면서도 그것을 훨씬 능가하는 성격의 것이었다. 이를 혁신이라 부를 수도 있겠다. 이런 혁신은 의약 제공과 정보 획득의 측면에서도, 심지어 여제의 대상을 홍역으로 확대하는 데서도 나타났다. 그렇지만 그것은 유교적 인정(仁政)의 실현이라는 가치를 넘어서지는 않았다. 오늘날의 눈으로 볼 때는 양립하기 어려운 운기론과 귀신론이 정조의 정책에서는 아무런 갈등 없이 존재하고 있다. 귀신론에 따른 대책을 더욱 철저히 하기 위해 옛 제도를 복구하는 일이 벌어졌다. 우리의 눈이 아니라 정조의 눈으로 본다면, 새로운 것을 추가해내는 일뿐만 아니라, 그것을 추진하는 이면에 깔린 옛 정신의 회복도 혁신이었다.

연구 동향

의학 정책도 그랬지만, 정조 때의 의학도 특별한 관심을 끌었다. 정조 자체의 의학에 대해서는, 1999년 김호가 정조가 편찬한 『수민묘전』에 대해 분석하는 한편 강명길의 『제중신편』의 간행을 정조의 의료 정책 속에서 파악했고,[2093] 김선형·김달래는 정조의 의학관을 살폈다.[2094] 『제

2093 | 김호, 「정조 찬 수민묘전」, 『문헌과 해석』 8, 1999; 김호, 「정조대의 의료 정책과 『제중신편』의 간행」, 『한국의사학회지』 12-2, 1999.
2094 | 김선형·김달래, 「정조의 의학관」, 『의사학』 18-2, 2009.

중신편』의 의학적 내용은 주로 지창영이 분석했다. 그는 1999년『제중신편』에 나타난 의학사상을 탐구했으며,[2095] 박사논문에서『제중신편』의 체제, 내용, 특징을 분석했고,[2096] 더 나아가『제중신편』의 인용방식[2097]과『동의보감』과의 비교 연구를 수행했다.[2098] 한편 이정화는『제중신편』 중의 '양로'와 '약성가'의 성격을 파악했다.[2099]

한국질병사 전반에 관한 것으로는 미키 사카에의『조선질병사』(1962년)가 있다. 이 책에서는 전염병을 비롯한 주요 질병 전반을 다뤘다.[2100] 전염병사 일반에 대해서는 2009년 대한감염병학회에서 펴낸『한국감염병사』가 고대부터 현대에 이르는 감염병 전반을 다뤘다. 조선시대 전염병 전반에 대해서는 1984년 변정환의 박사논문이 다뤘고,[2101] 조선후기 전염병 유행 기록 전반에 대해서는 2001년 이규근이『조선왕조실록』의 내용을 분석했다.[2102] 2001년 신동원은 조선시대의 역병과 방역을 짧게 리뷰했다.[2103] 조선시대 전염병에 대한 제사인 여제에 대해서는 2000년 이욱이 그것의 대상과 기능에 대해 연구했고, 왈라번은 중국에서의 여제와 조선의 여제에 대해 비교 분석했다.[2104]

두창에 대해서는 1935년 미키 사카에의 "조선종두사(朝鮮種痘史)"의

2095 | 지창영·김남일, 「『제중신편』을 통해 살펴본 강명길의 의학사상」, 『한국의사학회지』 12-2, 1999.
2096 | 지창영, 「『제중신편』의 의사학적 고찰」, 경희대 박사논문, 2003.
2097 | 지창영, 「『濟衆新編』의 인용방식에 대한 연구」, 『한국의사학회지』 21-1, 2008.
2098 | 지창영, 「『제중신편』과 『동의보감』의 비교 연구」. 『한국의사학회지』 21-2, 2008.
2099 | 이정화, 「『濟衆新編』의 「養老」와 「藥性歌」에 관한 연구」, 『한국의사학회지』 22-2, 2009.
2100 | 대한감염병학회, 『한국감염병사』, 아카데미나, 2009.
2101 | 변정환, 「우리나라 조선시대의 역병에 관련된 질병관과 구료시책에 관한 연구」, 서울대 박사논문, 1984.
2102 | 이규근, 「조선시대 후기 疾病史 연구: 『朝鮮王朝實錄』의 전염병 발생 기록을 중심으로」, 『국사관논총』 96, 2001.
2103 | 신동원, 「조선시대의 역병과 방역」, 『전통과현대』 17, 2001.
2104 | 이욱, 「17세기 여제의 대상에 관한 연구」, 『역사민속학』 9-1, 2000; 이욱, 「조선시대 국가 사전과 여제, 종교연구」 19, 2000; B. 왈라번, 「조선시대 여제의 기능과 의식」, 『동양학』 31, 2001.

본격적인 연구[2105] 이후 1956년 김두종의 종두법에 대한 고찰[2106]이 있었다. 1990년대 들어 1993년 이꽃메는 두창의 유행에 대해 살폈고, 1993년 전종휘는 전날의 마마와 그 예방을 회고했고,[2107] 김옥주는 조선 말두창의 유행과 민간의 대응을 파악했고, 권복규 등은 정약용의 우두법 도입에 미친 천주교 세력의 영향에 대해 살폈고,[2108] 신동원은 종두법 전반을 정리했다.[2109] 홍역에 대해서는 이미 다룬 정약용의 『마과회통』에 관한 것 외에 그의 스승인 이헌길의 『마진방』에 대한 연구가 있고,[2110] 콜레라에 대해서는 1989년 신동원이 조선후기 콜레라 유행을 다뤘다.[2111] 이부영은 1970년 정신병에 대해 다룬 바 있다.[2112]

왕들의 사인에 대한 관심도 여러 글로 나타났다. 2001년 윤룡환·윤창렬은 조선중기 왕의 질병과 사인을 연구했으며,[2113] 2004년 김훈은 효종의 사인에 대해,[2114] 2005년 인조의 질병에 대해 고찰했다.[2115] 이보다 앞서 이덕일은 정조를 비롯한 조선 왕들의 독살 사건에 대해 다뤘으며,[2116] 2002년 강영민은 조선 왕들의 생로병사 전반에 대한 책자를 냈다.[2117]

2105 | 三木榮, "朝鮮種痘史", 『東京醫事新報』 5·6, 1935.
2106 | 김두종, 「우리나라 두창의 유행과 종두법의 실시」, 『서울대논문집』(인문사회학 4), 1956.
2107 | 전종휘, 「전날의 마마와 그 예방」, 『의사학』 2-2, 1993.
2108 | 이꽃메, 「한국의 우두법 도입과 실시에 관한 연구」, 『한국과학사학회지』 15-2, 1993; 김옥주, 「조선 말기 두창의 유행과 민간의 대응」, 『의사학』 2-1, 1993; 권복규·황상익, 「조선 전기 역병에 관한 민간의 대응」, 『의사학』 8-1, 1999.
2109 | 신동원, 「한국 종두법의 역사」, 『한국문화사상사대계 3』, 영남대출판부, 2003.
2110 | 최진우, 「夢叟 李獻吉의 마진방에 관한 연구」, 경희대 석사논문, 2007.
2111 | 신동원, 「조선말 콜레라의 유행, 1821-1910」, 『한국과학사학회지』 9-1, 1989.
2112 | 이부영, 「한국 민간의 정신병관과 그 치료: 무속사회의 정신병관」, 『신경정신의학』 9, 1970.
2113 | 윤룡환·윤창렬, 「『朝鮮王朝實錄』에 나타난 朝鮮中期帝王들의 疾病과 死因硏究」, 『한국의사학회지』 14-1, 2001.
2114 | 김훈, 「朝鮮時代 孝宗의 질병 및 死因에 관한 考察」, 『한국의사학회지』 17-2, 2004.
2115 | 김훈, 「朝鮮時代 仁祖의 疾病에 관한 考察」, 『한국의사학회지』 18-2, 2005.
2116 | 이덕일, 『누가 왕을 죽였는가』, 푸른역사, 1998.
2117 | 강영민, 『조선왕들의 생로병사』, 태학사, 2002.

Ⅳ. 병과 의약생활로 본 정약용의 일생

소인(小人)은 앓기만 하면 약을 먹고
대인(大人)은 병이 고황에 들어도 즐기느니
이쪽은 혹 자양(滋養)을 바라다가 깎이었는데
저쪽은 청한(淸閒)을 찾아서 확 트인다.
(정약용, "약로명(藥罏銘)")[2118]

머리말

다산 정약용(1762~1836년) 하면 무엇이 떠오를까?[2119] 대부분의 한국인은 조선후기를 대표하는 실학자 상을 떠올린다. 『목민심서』와 『경세유표』 같은 저작과 함께. 한국에서 가장 정평 있는 백과사전의 정약용항목을 들춰본다. 『한국민족문화대백과사전』(1991년)의 내용을 소개하고 싶지만 너무 길어서 그 내용을 다시 잘 압축한 『브리태니카백과사전』 한국판(1994년)의 내용을 보이는 것으로 대신한다. 이 사전에서는 그를 다음과 같이 평가한다.

유형원(柳馨遠)·이익(李瀷)의 학문과 사상을 계승하여 조선후기 실학

[2118] 정약용, 『다산시문집』 제12권, 명(銘), 약로명(藥罏銘). 이하 『다산시문집』 이라 표기한다. 특별한 언급이 없는 한 이 참고문헌은 한국고전번역원(www.minchu.or.kr)의 온라인 자료를 이용했음을 밝힌다.

[2119] 다산이란 호는 이하에서는 특별한 경우가 아니면 쓰지 않는다. 조선시대에도 모든 공식문서에서는 그의 호가 아니라 이름을 썼다. '다산'은 정약용의 여러 호 가운데 하나로 특정 시기에 쓰이던 이름이기 때문에, 일생을 다루는 이 논문 같은 경우 통칭으로 쓰는 데 역사성에 문제가 있다. 게다가 다산이라 호명하는 순간, 의식하든 안 하든 이미 이 이름에 투영된 강한 이미지에서 연구자가 자유롭지 못하게 된다.

을 집대성했다. 실용지학(實用之學)·이용후생(利用厚生)을 주장하면서 주자 성리학의 공리공담을 배격하고 봉건제도의 각종 폐해를 개혁하려는 진보적인 사회개혁안을 제시했다.[2120]

이는 1934~1938년에 신조선사에서 『여유당전서』를 펴낸 이후 본격화한 정약용에 대한 핵심적인 연구를 압축한 것으로, 오늘날 많은 사람이 가지고 있는 정약용 상과 정확히 일치한다. 정약용에 대해 얼마나 많은 연구가 나왔는지는 2012년에 다산학술문화재단에서 정리한 연구 목록을 봐도 실감이 난다. 가히 일군(一群)의 학문을 이루고 있어 그것을 다산학(茶山學)이라 부르는 게 하나도 이상하지 않다. 한국의 역사 인물 가운데 이만큼 학계의 관심과 조명을 받아본 인물이 있을까? 세어 보지는 않았지만, 세종이나 퇴계도 이에 필적하지 못할 성싶다.

일찍이 정약용(1762~1836년)은 "자찬묘지명"(광중본, 집중본)(1822년)[2121] 과 "다산연보"(1830년)에서 자신의 일생을 스스로 정리했다.[2122] 거기에서 그는 자신의 출생 신분과 학업, 관직 진출과 좌절, 학문과 저술 활동의 추이를 중심으로 삶을 회고했다. 그것이 너무 소략해서 정약용의 4대 후손 정규영은 정약용의 다른 글로부터 행적을 가려 뽑아 보완을 했다. 그 결과 버젓한 연보가 드디어 만들어졌다.[2123]

2120 | 『브리태니커백과사전』, "정약용" 항목, 1994.
2121 | 다산시문집 제16권, 묘지명(墓誌銘), "자찬묘지명(自撰墓誌銘)" 광중본(壙中本); "자찬묘지명(自撰墓誌銘)" 집중본(集中本).
2122 | 정약용은 69세 때(1830년) 자신의 약력을 친필로 정리하여 『다산연보』라 이름했다. 이 연보는 정약용 자신이 스스로 정리한 것이라는 점에서 다른 어떤 연보보다 사료적 가치가 크다. 놀랍게도 그의 일생을 다룬 저작에서 이 연보가 거의 활용되고 있지 않다. 이 연보는 김상홍의 『다산 정약용 문학연구』(단국대출판부, 1985)의 부록(445-461쪽)으로 실려 있다.
2123 | 『사암선생연보』는 송재소가 국문으로 번역해 세상에 널리 알렸다.(송재소, 『사암선생연보』, 『다산시연구』, 창작사, 1986, 191-358쪽). 이 연보는 정약용이 1822년에 직접 쓴 두 "자찬묘지명(自撰墓誌銘)"(壙中本과 集中本)과 『다산연보』를 확충한 것이지만, 확충 과정에서 신뢰를 의심할 대목이 포함되어서 이용할 때 꼼꼼한 검토가 필요하다.

20세기 들어 식민지와 근대화 시대에 선각적인 연구자들은 정약용에게서 실사구시적, 민중적 요소를 발견하고 그것을 형상화해 후진적인 한국을 일깨우는 사표(師表)로 삼고자 했다. 정약용 사후 그의 학문이 각광을 받은 분야는 다산이 가장 자긍했던 경학 분야가 아니라 『목민심서』, 『흠흠신서』, 국방과 관련된 "민보의(民堡議)", 의학서, 아동교육서, 박물학 등 경세와 실용서 분야였다.[2124] 여기서 더 나아가 경세학과 실용의 연장에서 다산의 경학을 '민중적 경학'이라 하여 규정한 1930년대 정인보의 경우에는 "경학을 본으로 하고 경세를 말로 파악하는" 다산 자신의 평가와 달리 학문의 본말을 거꾸로 뒤집었다.[2125] 식민지 상황에서 실학을 제창해야 하는 시대적 요청에 따라 정약용이 이렇게 호출되었던 것이다. 그 호출은 1960년대~1990년대 근대화 시대에 절정을 이루었다. "자찬묘지명"에서 보인 극적인 삶과 학문이 경세와 실용, 더 나아가 정약용의 민중애(民衆愛)와 애국을 위주로 하는 극적인 사상과 활동이 결합된 거대 서사가 완성되었다.

그럼에도 "은근히 화가 났다. 어째서 이 많은 자료들이 여태껏 한 번도 주목을 못 받았을까? 그 많은 대가들은 그동안 무얼 했나? 이미 정리되고 번역된 자료만 가지고, 한 말 또 하고, 말만 슬쩍 바꾸는 도돌이표 공부가 어째서 이제껏 용인되었을까? 전공으로 나누고, 영역으로 갈라 자기 함몰에 빠져 있는 한 학문의 발전은 없다. 무엇보다 다산 선생께 송구하고 무참했다."[2126]는 말이 나오게 된 까닭은 무엇일까. 여기서 말하는 '도돌이표 공부' 자세 때문인가, 자료의 부족 때문인가, 아니면 연구 시각과 방법의 단순함 때문인가, 그것을 강요한 식민지적 근대의 극복이

2124 | 고동환, "19세기 후반 지식세계의 변화와 다산 호출의 성격", 『다산과 현대』 제4·5합본호, 2012, 25–48쪽.

2125 | 고동환, "19세기 후반 지식세계의 변화와 다산 호출의 성격", 2012, 35쪽.

2126 | 정민, 『다산의 재발견』, 휴머니스트, 2011, 6–7쪽.

라는 절실한 시대의 요청 때문인가. 정약용의 삶과 학문에 대한 연구는 자주 냉철함을 잃어 객관성을 결여할 때가 많았고, 대학자의 인간적인 삶과 학문적 성과를 나란히 보지 못하는 경우가 잦았다. 너무나도 자주, 때로 인생을 논할 때도 극적인 장면을 부조(浮彫)하고 싶은 욕망을 자제하지 못했고, 때로 학문을 논할 때는 재단(裁斷)의 유혹을 떨치지 못했다.

이와 접근법을 달리하여 만약 가계, 학업, 벼슬길, 저술과 학문적 성취, 애국과 애민에 관련된 사항과 함께 정약용이란 인물에 대한 일상적인 내용을 그의 일대기에 추가하면 어떨까? 그가 어느 동네 어느 집에서 살았는지, 수입과 지출은 어떠했고 여인과 어떤 사랑을 나누었는지, 어떻게 자식을 가르쳤는지, 지인과 만나 어떤 시를 짓고 교류를 나눴는지, 노비와 이웃 사람과 어떻게 정을 나눴는지 등의 일을 나란히 살피는 것이다. 그렇게 되면 대사상가 정약용의 면모와 함께 인간 정약용의 모습이 생생히 살아나게 될 것이다. 무성한 가지와 푸릇푸릇한 잎사귀를 거느린 나무는 몸통과 큰 가지 뼈대만 우람한 나무보다 한결 생동감이 넘치게 마련이다.

최근에 나온 정약용에 관한 저작은 한결같이 이전에는 주변적이라 생각했던 요소들에 깊은 관심을 기울인다. 그의 가정교육, 제자 양성, 가족애, 승려와의 교류, 차(茶)에 대한 사랑, 잊힌 소실(小室)과 딸 등으로 연구 주제를 확대하며, 그 또한 다른 사람과 마찬가지로 오욕과 칠정을 지닌 인간이었음을 드러내준다.[2127] 그리하여 그간 생애의 고난과 학문의 성취, 시대를 이끈 선구자적 지식인이라는 단선적인 상에서 벗어나 더

2127 | 최근 정약용의 일생을 다룬 저작으로는 다음 같은 노작(勞作)들이 쏟아져 나왔다. 박석무, 『다산 정약용 유배지에서 만나다』, 한길사, 2003; 이덕일, 『정약용과 그의 형제들』, 김영사, 2003; 김상홍, 『아버지 다산』, 글항아리, 2010; 금장태, 『다산평전 백성을 사랑한 지성』, 지식과교양, 2011 (이 책은 2005년에 나온 『실천적 이론가 정약용』 [이끌리오]을 제목을 바꿔 재간행한 것임); 차벽, 『다산의 후반생』, 돌베개, 2010; 정민, 『삶을 바꾼 만남—스승 정약용과 제자 황상』, 문학동네, 2011; 정민, 『다산의 재발견』, 휴머니스트, 2011.

욱 입체적인 다산 정약용의 상을 구축하는 길이 활짝 열리기 시작했다.

이처럼 일상과 정감을 읽어내는 관점은 새로 나타난 시도 중의 하나다. 여기서는 커다란 인생의 흐름 가운데, 순간순간 삶의 일상이 포착된다. 아울러 보통 인간과 인간 사이의 공감 확보가 가능하다. 운이 좋을 때는 이런 일상에서 그의 학술 및 사상과 만나는 지점을 발견하는 횡재를 얻기도 한다. 여기서 내가 관심을 두는 "병과 건강으로 본 정약용의 일생"이라는 주제는 이런 연구의 흐름과 궤를 같이한다.

정약용이란 인물의 연대기에 그가 일생 동안 겪은 질병과 노쇠, 이에 대응하는 의약이라는 행적 한 항목을 더 추가하면 어떨까? 그는 스스로 고질을 푸념하면서 연구를 했고, 연구를 함으로써 정신 집중이 가능해진 동시에 삶의 의욕을 불태울 수 있다고 했다. 또한 스스로 의약을 배워 자신의 병을 관리하고 여러 방법을 통해 건강을 지켜내려 했다. 몸은 병과 노쇠를 겪는 주체인 동시에 그의 학문을 가능하게 한 토대였으며, 몸과 병을 관리하는 것은 매일매일 실천해야 할 일상이었다. 게다가 그는 자신의 의약과 학문이 좁게는 가족과 이웃, 넓게는 나라와 세상을 더욱 밝게 해주는 것으로 믿었다. 아직까지 이를 연구의 대상으로 올린 것이 하나도 없기 때문에 이 논문을 쓰게 되었다.

이 논문에서 나는 세 가지 작업을 시도한다. 첫째, 정약용의 출생에서 사망까지 일생 동안 앓은 병의 흔적을 더듬어 알린다. 둘째, 정약용에 대한 병고와 노쇠에 나타나는 신체적, 사회적 존재로서 정약용을 드러냄으로써 그의 삶과 학문에 대한 인물사적 이해의 지평을 넓힌다. 셋째, 의약이 그의 삶에서 어떤 위상을 차지했는지를 밝힌다.[2128] 정약용의

[2128] | 이 논문은 의학사적 관점으로 다산의 의학과 의술을 살핀 선행 연구에 대한 현 단계에서의 수정과 인물사적인 확장이기도 하다. 정약용의 의학에 대한 선행 연구로는 다음과 같은 것들이 있다. 三木榮, 『朝鮮醫學史及疾病史』, 228-9쪽; 三木榮, 『朝鮮種痘史』(東京醫事新報 第2928.33.36號拔刷, 1935); 최익한, "종두술과 정다산 선생", <동아일보>, 1940.2.29.~3.5.; 학원 철학연구소, 『탄생 200주년 기념 론문집 다산 정약용』,

경우 조선시대에 살았던 그 어느 누구보다도 이와 관련된 기록이 풍부한 편으로 그의 일생 전반을 고찰하는 게 가능하다.[2129] 다행히도 그가 남긴 시문과 편지 대부분은 저술 연대 고증이 가능하며,[2130] 최근에 새롭게 발굴된 자료는 그것이 없었다면 성긴 상태를 면하지 못했을 상당 부분의 틈을 메워준다.[2131]

병과 건강으로 본 정약용의 생애

| 유배 이전의 병, 1세~40세 |

유배 이전 정약용의 병앓이 중 가장 눈길을 주어야 할 부분은 그가 냉혹한 자연조건, 즉 절반 이상이 죽어나가는 천연두, 홍역, 역병 등의

푸른숲, 1989; 홍문화, "의·약학자로서 다산의 사상 및 업적", 『다산학보』 제1집, 1978; 도널드 베이커 저/김세윤 역, "정약용의 의학론과 서양의학", 『조선후기 유교와 천주교의 대립』, 일조각, 1997; 김호, "조선후기 '두진(痘疹)' 연구: 『마과회통』을 중심으로", 『한국문화』 17, 1996, 155-167쪽; 김대원, 「정약용의 의학론」, 『과학사상』 33, 2000년 여름호, 135-152쪽; 신동원, "유의의 길: 정약용의 의학과 의술", 『다산학』 10, 2007, 179-185쪽; 서봉덕, "『마과회통』의 의사학적 연구", 경희대 한의대 박사논문, 2009.

2129 | 조선시대 인물의 병과 의약생활을 살핀 연구로는 다음과 같은 것들이 있다. 김호, "18세기 후반 거경 사족의 위생과 의료—『흠영』을 중심으로—", 『서울학연구』 11, 1998, 113-144쪽; 김호, "16 세기 후반경향의 의료 환경: 『미암일기』", 『대구사학』 64-1, 2001, 127-160쪽; 김성수, "16세기 향촌의료실태와 사족의 대응—『묵재일기』에 나타난 이문건의 사례를 중심으로", 경희대 사학과 석사논문, 2001, 29쪽; 김소은, "16세기 兩班士族의 生活相 硏究: 『默齋日記』를 中心으로", 숭실대 사학과 박사논문, 2002; 신동원, "조선후기 의약생활의 변화: 선물경제에서 시장경제로—『미암일기』·『쇄미록』·『이재난고』·『흠영』의 비교 분석", 『역사비평』 75, 2006, 344-391쪽.

2130 | 정약용이 남긴 시의 시기별 고증 내용은 송재소·심경호의 『정본 여유당 전서1 시집』(다산학술문화재단, 2013) 해제의 부록 부분에 실려 있는데, 이 글에서는 이를 참조하여 그의 시작(詩作) 연도를 확인했다. 또 간찰의 시기별 고증은 박철상, "간찰로 본 다산의 일상—『여유당전서』 미수록 간찰을 중심으로"(다산학술문화재단 편, 『여유당전서미수록 다산간찰집』, 2013, 286-291쪽)을 참조했다.(이하 『다산간찰집』으로 줄인다.) 특별히 밝히지 않은 간찰의 연대 고증은 이 책에 의거했다.

2131 | 2013년 초 다산학술문화재단에서 『다산간찰집』(2013)에 120통의 간찰을 묶어 번역해 펴냈다. 신조선사 편찬 『여유당전서』에 실린 간찰이 220여 통인데 새로 모은 간찰이 120통이나 되니 대단한 분량이다. 새 발굴 편지는 미수록 또는 일부 내용 삭제 등 문집 편집자의 손을 타지 않았으므로 생생하다. 박철상, '해제', 『다산간찰집』, 5쪽.

피해를 무사히 극복했다는 점이다.

당연히 정약용도 누구나 다 앓는다고 해서 조선 초에 백세창(百世瘡)이라 불렀던 천연두를 앓았다. 그는 2세 때(1763년) 이 병을 앓았다.[2132] 7세 때(1768년) 그는 자신의 호를 삼미자(三眉子)로 삼았는데, 천연두를 순조롭게 앓아서 곰보가 된다든지 하는 후유증도 없었으나 오직 오른쪽 눈썹 위에 흔적이 남아 눈썹이 셋으로 나뉘어졌기 때문에 이렇게 부른 것이다.[2133] 이처럼 정약용은 천연두를 매우 순조롭게 치러냈다.

목숨이 왔다 갔다 하는 위기는 정약용의 나이 14세 때(1775년) 찾아왔다. 정약용은 1775년(을미년, 영조 51년)에 홍진(紅疹)을 앓았다.[2134] 당시 사람들은 홍진을 달리 마진(麻疹) 또는 홍역(紅疫)이라고도 했다. 이해의 마진은 임신년(1752년)의 마진과 함께 당대인에게 끔찍한 기억을 심어준 대역병이었다. 정약용은 자신이 이 병을 앓아 죽을 뻔했지만 명의 몽수(蒙叟) 이헌길(李獻吉, 1738~1784년) 덕택에 살아났음을 밝힌 바 있다.[2135] 조정의 기록을 보면, 이해 7월에 홍역의 대유행이 있었다.[2136] 이때 앓은 마진에서 구해준 것을 감사히 여겨 정약용은 "몽수전"을 지어 그의 행적을 찬양하는 한편, 몽수 이헌길의 마진학을 확장하여 거작인 『마과회통』을 지었다.[2137]

2132 | 정약용, 『다산연보』, 1쪽.

2133 | 정규영, "사암선생연보", 정문사, 1984, 1쪽. 다산학술문화재단 홈페이지를 비롯해 여러 책에서는 두 살 때, 일곱 살 때 천연두를 앓은 것이라 소개한다. 이는 옳지 않다. 『다산연보』에는 일곱 살 때 천연두 이환 기록이 실려 있지 않고, 일곱 살 때 기록은 "오른쪽 눈썹 위쪽에 갈래가 생긴 것"이라는 '삼미자(三眉子)'의 유래를 설명하기 위해 이전의 천연두 후유증을 언급한 것이다.

2134 | 정약용, 『다산연보』, 1쪽. 여기서 정약용은 '경홍진(經紅疹)'이라는 말을 썼다.

2135 | 『다산시문집』 제13권, 서(序), 마과회통 서(麻科會通序).

2136 | 『조선왕조실록』, 영조 51년, 을미(1775년, 건륭 40년) 7월 19일(갑자). 고전번역연구원 온라인 자료 이용. 이하 『실록』과 『승정원일기』도 마찬가지로 이 사이트의 자료를 활용했음을 밝힌다.

2137 | 신동원, "유의의 길: 정약용의 의학과 의술", 앞의 책, 180~182쪽. 『마과회통』의 편찬 동기와 관련해 『사암선생연보』의 해당 내용은 잘못을 담고 있다. 이 연보에서는 『마과회통』이 홍역을 치료하는 처방을 모은 책이라 하면서 그것이 "공의 여러 아들들이 연이어 홍역[紅疹]으로 요절을 하였으므로 공이 처방을 수집

천연두, 마진 이외에 정약용은 어린 시절 큰 병은 없었던 듯하다. "머리에 서캐와 이가 많고 또 부스럼이 잘 났다."는 기록을 보면, 그는 어린 시절 자주 피부 잔병을 겪었다. 정약용이 12세 때, 스무 살의 나이로 아버지에게 시집온 서모(庶母)가 그의 몸과 잔병을 잘 관리해주었다. 정약용은 15세 때 장가들기 전까지 서모가 그를 매우 아껴서 "손수 빗질해주고 또 그 고름과 피를 씻어주었다."고 회고했다.[2138]

죽을병은 아니었지만 젊은 시절 정약용은 오랫동안 와병 조리해야 할 중병을 몇 차례 앓았다. 병고와 와병생활의 지긋지긋함의 흔적이 그가 지은 시에 남아 전한다.

15세 때(1776년)는 병명을 밝히지는 않았지만 한 달 동안 앓았다. "시골집에서 병석에 누워[田廬臥病]"라는 시에서 그는 당초에 남은 책 공부를 끝내려고 했지만 병이 덮쳐 그렇지 못함을 안타까워하면서 소나무 앞에서 약을 달이는 모습과 머리 손질을 남의 손에 맡기는 자신의 처지를 그렸다. 이 시를 짓게 된 주된 동기는 전해에 이어 또다시 자기 병을 고쳐준 이헌길에게 감사하기 위함이었다.[2139] 이해 2월에 그는 장가를 가서 서울에 터를 잡았는데, 11월에 고향에서 이렇게 병을 앓았다.[2140]

이해 그는 서울에서 과거 공부를 하다가 고향에 내려와 몇 되의 피를 토하는 중병을 앓다가 석 달 만에 나았다.[2141] 그는 "꿱꿱 소리 칠십일을 계속해서 토"했다. 그는 배 타고 서울에 가서 여러 의원을 찾아다

하여 이 책을 완성"한 것으로 간주했다.(『사암선생연보』, 95쪽) 정약용 스스로 『마과회통』을 짓게 된 동기에 대해서 "자신의 생명을 구한 이몽수의 뜻을 잇기 위함"이라 밝혔고, 정약용의 자식들은 홍역이 아니라 천연두로 죽었기 때문에 정규영의 판단은 잘못된 것이다.

2138 『다산시문집』 제16권, 묘지명(墓誌銘), 서모(庶母) 김씨(金氏)의 묘지명.

2139 『다산시문집』 제1권, 시(詩), 시골집에서 병석에 누워[田廬臥病].(당시에 이헌길[李獻吉]이 구해준 약을 먹고 병을 앓은 지 30일 만에 나았는데, 11월이었다.)

2140 금장태, 『다산평전』, 25쪽.

2141 『다산시문집』 제1권, 시(詩), 겨울에 배를 타고 미음에 갔다가 병을 얻어 서울로 들어가다[冬日乘舟到渼陰 得病入京].(이때 몇 되의 피를 토하고 석 달 만에 나았다.)

녔으나, 결국에는 성이 장(張)이고 이름이 덕해(德海)인 사람의 처방을 얻어 병을 고쳤다. 그는 장덕해의 처방에 따라 약 한 첩을 먹고 바로 병세가 호전되어, 그 뒤에는 고향 소내의 집에 머물며 12월 내내 스무 첩을 계속 먹은 후 병을 완치했다. 병이 낫자 그는 잉어노래[鯉煙篇]를 지어 그에게 바쳤다. "속의(俗醫)는 거침없이 붓대를 놀리누나. 병이 아니 나으니 그 무슨 소용이리." 하면서 용의(庸醫)를 비웃는 한편, 정약용은 장덕해가 부마를 따라 중국 연경에 갔을 때 비술을 배워온 게 아니냐며 그의 처방을 선방(仙方)이라 추켜세웠다.[2142]

30세 때(1791년) 11월과 12월에 걸쳐 정약용은 한 달 동안 감기 두통으로 심하게 고생했다. 그는 장난삼아 두통가[巓疾歌]라는 시를 지어 자신의 병고를 표현했다.[2143] 그의 두통은 쿡쿡 계속 찌르다가 다시 빙빙 돌고 돌아 송곳 끝이 찌르듯 굴대가 돌아가듯 금방 갔다 다시 와서 빙빙 돌다 또 찔러서 머리통이 구름 연기 낀 것처럼 멍했다. 정약용은 자신의 고통을 "하늘 본뜬 두개골을 네 와서 쿡쿡 찌르니 하늘 장차 뚫어질 판"이라 읊었다. 의원은 그의 두통이 "혈해(血海)가 허해 풍사(風邪)가 머리통을 점거했다."고 보았으나, 그는 의원의 견해를 일축하며 "아니야, 아니야, 정녕 귀신의 장난이거니" 노래했다. 그렇기에 "묵은 뿌리 썩은 잎 달이는 걸 그만두고 약쑥 심지 주먹만큼 크게 비벼 뭉치어 귀신 소굴 지져 부셔 도망가게 해"달라고 빌었다. 이 시에는 정약용이 앓은 두통의 통증과 지긋지긋한 복약 생활이 잘 드러나 있다. 훗날 유배생활, 해배 이후의 생활에서 병과 몸의 노쇠를 풍자한 익살스러운 시적 모티브가 이미 젊은 시절의 시에서부터 잘 나타나 있다.

2142 | 『다산시문집』 제1권, 시(詩), 잉어 노래를 지어 장생에게 주다[鯉煙篇贈張生].(이름은 덕해[德海]다. 이때 장생의 약 한 첩을 먹고 병이 나았다. 그 뒤에 소내에 있으면서 계속 스무 첩을 먹었는데 12월이었다.)
2143 | 『다산시문집』 제2권, 시(詩), 장난삼아 두통가를 지어 의사에게 보이다[戱作巓疾歌示醫師].(이때 감기에 걸려 한 달이 지나서야 나았다. 11월에서부터 12월까지 끌었다.)

36세 때(1797년) 늦겨울 그는 심한 독감[沴疾]을 앓았다. 그가 황해도 곡산(谷山)의 부사로 재임하던 때의 일이다. 이 유행병은 사신이 왕래하는 서로(西路)를 타고 곡산에 들어왔는데, 정약용도 이 병에 걸렸다. 읍의 노인네들이 이 병에 걸리면 반드시 죽게 되는 병이었다. 그는 새해가 시작될 때도 이불 속에서 신음했다. 병중임에도 그는 주민들에게 치료를 권하고, 미곡으로 그 위급함을 구휼하며, 또 주인 없는 시체를 장사 지내주었다.[2144] 조정의 기록을 보면, 1798년 늦겨울에 윤행지질(輪行之疾)이 유행하여 서울과 지방에서 20만 8천여 명이 죽은 것으로 보고되어 있다. 정조는 성 내외의 빈자를 구료하고 장사 치를 수 없는 사람을 장례 지내라는 명령을 내렸으며,[2145] 곡산부사 정약용도 이런 정신을 투철히 이행했다. 정약용이 여질(沴疾)이라 말한 병은 겨울철의 윤행지질, 곧 오늘날의 독감 또는 인플루엔자로 추정되는 병이다.[2146] 독감에 앞서 1790년(29세) 서울에 마진이 유행했는데, 이미 이 병을 앓은 바 있던 정약용은 아무런 일도 없이 그 유행을 넘겼다. 독감 이후의 병 기록으로는 39세 때(1800년) 눈병을 앓았다는 편지가 전한다.[2147]

비록 자신의 병은 아니지만, 정약용은 가족의 병고와 그에 대한 자신의 감회를 적었다. 가족의 병 경험은 이후 그의 의약활동과 무관하지 않다.

20세 때(1781년) 아내가 임신 중에 학질에 걸려 3월부터 7월까지 무려 백여 일 동안이나 끙끙 앓았다. "으스스 한기 돌 땐 살갖이 싸늘하고 열이 펄펄 끓을 땐 간장을 조리는 듯"이라며 한열을 반복하는 처의

2144 | 정약용, 『여유당전서』(신조선사판) 제1집, 시문집 제16권, 문집, 묘지명.
2145 | 『조선왕조실록』 正祖 51卷, 23年(1799년 己未/청 가경(嘉慶) 4年) 1月 13日(壬申). 전염병이 유행하자 진휼청으로 하여금 구활토록 하다
2146 | 위의 곳.
2147 | 『다산간찰집』, 191쪽.(1800.9.16.) 이하에서 간찰의 인용처와 편지를 쓴 때를 괄호 안에 병기한다.

증상을 애처로워하면서, 정약용은 "귀신은 약속한 듯 네 어찌 찾아오며 복성은 온 성안을 어찌 두루 못 비추나." 하며 푸념하고, "이제 장차 한 뿌리 동삼을 가지고서 문밖으로 귀신 몰아 평안을 얻고지고."라며 아내의 병 회복을 기원했다.[2148] 이때 그의 처를 치료한 의원은 이씨 성을 가진 의원이었다. 5년 전 그의 중병을 고쳐준 이헌길(李獻吉)이었는지도 모르겠다.

정약용은 자식이 11명이었는데, 이 중 7명이 세 살 이전에 병사했다.[2149] 정약용은 죽은 아이에게도 다 흔적을 남겨주어야 한다는 특별한 의식이 있었기 때문에 이들에 대해 상세한 기록을 남겼다.[2150] 그의 자식의 사망을 정리하면 다음과 같다.[2151]

- 1780년(정약용 19세): 미상, 태어나지 못하고 태아 상태에서 사망.
- 1781년(정약용 20세): 장녀, 여덟 달만에 출산되어 나온 지 나흘 만에 사망.
- 1791년(정약용 30세): 3남, 만 2살이 겨우 지나 두옹(痘癰, 천연두로 생긴 부스럼)으로 사망.

2148 | 『다산시문집』 제1권, 시(詩), 학질 쫓는 노래를 지어 이 의원에게 보이다[截瘧詞示李醫].(이때 아내가 임신 중 학질에 걸려 3월부터 7월까지 백여 일 동안이나 앓았다.)

2149 | 정약용의 자식 중 10명은 정실인 풍산 홍씨 부인(1761~1838년) 사이의 소생이고, 하나는 강진 유배 때 맞은 소실 소생이다.(김언종, "다산의 세계(世系)와 지친들", 『다산학』 21, 2012, 233~234쪽.) 정약용 자신은 "자찬묘지명"에서 태중에 죽은 아이와 나중에 소실에게서 난 아이를 제외한 6남 3녀를 자신의 자식이라 말한다.

2150 | 김상홍, "다산의 자녀 '광명' 연구", 『한문학논집』 16, 1998, 309쪽.

2151 | 임신 중에 죽은 아이는 김언종의 앞 논문, 213쪽을 참고했고, 장녀~5남의 죽음은 정약용의 『다산연보』를 참조했다. 장녀(10쪽), 3남(7쪽), 4남과 5남(14쪽) 등이다. 6남은 『사암선생연보』(134쪽)을 참조했다. 어려서 일찍 죽은 자식에 대해서는 김상홍의 위 논문에 잘 정리되어 있다.(306~325쪽.) 단, 아이의 사인에 관한 내용 중 여러 부분에서 『다산연보』는 김상홍의 견해와 다르다. 김상홍은 아이를 묻을 때 쓴 광명을 토대로 사인을 정리했지만 주증과 후유증을 병렬로 늘어놓아 오해의 소지가 있다. 그리하여 김상홍은 3남은 천연두와 종기로, 4남은 천연두와 아감창으로, 6남은 홍역·천연두·종기를 동시에 앓다가 죽은 것으로 간주했다.(310~311쪽.) 그렇지만 정약용은 스스로 모든 사인이 천연두임을 분명히 밝혔다.

- 1794년(정약용 33세): 2녀, 태어난 지 22개월여 만에 천연두로 사망.

- 1798년(정약용 37세): 4남, 태어난 지 22개월 만에 천연두로 사망.

- 1798년(정약용 37세): 5남, 태어난 지 열흘이 지나 미처 이름도 짓기 전에 천연두로 사망.

- 1802년(정약용 41세): 6남, 세 살 때 두진(痘疹)으로 사망.

이를 보면, 하나는 태어나기 전에 죽었고, 태어난 아이 중 둘은 각각 4일과 10일 만에 죽었고, 셋이 두 돌 안팎에 죽었고, 하나는 세 살 때 죽었다. 1898년에는 4남과 5남 둘을 열흘 사이에 동시에 잃었다.[2152] 이 중 정약용은 3남의 죽음에 특히 자책했다. 왜냐하면 그의 죽음이 그의 부재 때 벌어진 일이며, 설상가상으로 자신이 기생을 끼고 술 수작을 할 때 이런 일이 생겼기 때문이다.[2153] 산 애보다 죽은 애가 곱절이나 되는 것을 기억하며, 정약용은 "아아, 내가 하늘에 죄를 지어 잔혹함이 이와 같으니, 어찌할 것인가." 통곡했다.[2154] 다행히도 장남 학연(1783년생)과 차남 학유(1786년생)가 1788년에 천연두를 순조롭게 마쳤다. 그가 27세 때(1788년)의 일이다. 정약용은 감격에 겨워 "작은아이 말 배워도 그대 아니 기뻐했고, 큰아이 글자 배워도 그대 아니 믿었었지. 완두창을 이겨내자 골격 이제 변하여 오늘에야 의젓이 두 아들을 두었구나."라 읊었다.[2155]

잃은 자식 여섯 중 다섯의 사인이 천연두였으니, 그가 1790년 후반부터 일생 동안 종두법에 보인 큰 관심은 이런 비참한 가족사와 무관하지 않을 것이다.

2152 | 정약용, 『다산연보』, 14쪽.
2153 | 김상홍, 앞 논문, 314쪽.
2154 | 『다산시문집』 제17권, 묘표(墓表), 농아(農兒)의 광지(壙志).
2155 | 『다산시문집』 제1권, 시(詩), 완두가(豌豆歌).(이때 두 아이가 천연두를 마쳤다.)

| 유배 시기의 병과 노화, 40세~57세 |

정약용의 의약생활과 건강관리는 1801년 유배 이후에는 상황이 크게 달라진다. 그가 유배를 간 곳은 경상도 장기(長鬐, 1801년 3월~1801년 11월)와 강진(康津, 1801년 11월~1808년 8월)이었다. 그곳에서 그는 가족과 사회로부터의 고립감, 억울하게 모함을 받았다는 분노, 외딴 객지 생활에서의 가난, 바닷가의 이질적인 풍토 등 자연환경, 사회경제환경, 심리적 상황, 육체적 상태 모두 열악한 처지에 놓여 있었다. 게다가 그곳은 서울에 비해 좋은 의원이 없고 약재도 충분히 갖춰지지 않은 벽지였다. 그곳에서 정약용은 생활 기반을 마련해야 하고, 자기의 몸과 병 관리를 스스로 해야 하고, 단순히 육체를 보존하는 것 이상의 삶의 동기를 찾아야 하는 형편이었다.

그는 방대한 유학을 모두 정리하겠다는 저술 의욕을 삶의 원동력으로 삼았다. "유배되어가서 생각하기를 '소싯적에는 학문에 뜻을 두었으나 20년 동안 세로(世路)에 빠져 다시 선왕(先王)의 대도(大道)가 있는 줄을 알지 못하였는데 지금 여가를 얻게 되었다.' 하고 드디어 흔연히 스스로 경하하였다."는 "자찬묘지명"의 기록이 이를 말한다.[2156] 게다가 그는 틈틈이 시문을 지어 자신의 심사를 달랬다. 이 밖에도 여러 일상적 측면이 있겠지만, 이 논문에서는 그의 병, 고질, 노쇠와 저술을 병렬해서 살핀다.

유배 시기 정약용이 스스로 자신의 일생과 병을 연관 지어 반추한 대목은 오직 한 차례가 보인다. 그것은 두 편의 "자찬묘지명"에는 보이지 않고, 아들에게 가계를 설명하면서 당부하는 글에 나타난다.

2156 | 『다산시문집』 제16권, 묘지명(墓誌銘), "자찬묘지명(自撰墓誌銘)" 집중본.

나는 가경(嘉慶) 임술년(1802년, 순조 2년) 봄부터 곧 저서하는 것을 업으로 삼아 붓과 벼루만을 곁에다 두고 아침부터 저녁까지 쉬지 않았다. 그 결과로 왼쪽 어깨에 마비증세가 나타나 마침내 폐인의 지경에 이르고, 안력(眼力)이 아주 어두워져서 오직 안경에만 의지하게 되었는데, 이렇게 한 것은 무엇 때문이었겠느냐?[2157]

40세 때(1801년) 유배를 간 후로 정약용은 작심하고 저술 활동에 몰두하게 되는데, 하루 종일 쉼 없는 집필 활동으로 인해 왼쪽 어깨가 마비되는 증상이 나타났고, 이어서 시력까지 나빠져 안경 없이는 활동하지 못하는 지경이 되었다. 또 유배 이후 차츰 건강이 악화해 폐인이 될 지경에 이르게 되었으며, 그런 증상은 이전에는 나타나지 않았던 것임을 밝혔다. 딱 하나밖에 보이지 않는 공식적인 회고지만, 이 기록은 정약용의 학문 활동이 병이나 건강과 밀접한 함수관계에 있었음을 시사한다.

1801년 3월, 장기에 도착해 봄을 나자마자 정약용은 곧바로 사지가 뒤틀리는 중풍〔癱瘓〕을 앓았다. 그는 자신의 병이 북녘 태생이 남쪽 외지의 음식에 적응을 잘못해서 생긴 습병, 특히 바닷가에서 잘 생기는 병이 심해져 중풍으로 발전한 것이라 여겼다. 비방인 창출술을 먹었으면 하고 바랐지만 그것은 헛된 소망이었다. 귀양지 장기에서 머무는 집은 살 깨무는 빈대 통에 잠을 잘 수가 없고, 벽에는 지네가 다녀 사람을 놀라게 하고, 작은 벌레들이 돌아다니며 깨무는 그런 곳이었다.[2158] 또 바깥 지형과 기후는 어떠한가. 지대가 낮아 갠 날도 습한 나쁜 기운이 자욱하고, 산골이 넓어 바람이 많은 곳이었다. 그런 곳에서 병들어

2157 | 『다산시문집』 제18권, 가계(家誡), 두 아들에게 보여주는 가계.
2158 | 『다산시문집』 제4권, 시(詩), 기성잡시(鬐城雜詩) 27수(3월 9일 장기[長鬐]에 도착하여 그 이튿날 마산리[馬山里]에 있는 늙은 장교[疤校] 성선봉[成善封]의 집을 정하여 있게 됐다. 긴긴해에 할 일이 없어 때로 짧은 시구나 읊곤 하였는데 뒤섞여 순서가 없다.)

머리털이 올올히 짧아지고, 수심 섞인 시는 글자마다 궁상맞을 지경이었다.[2159]

그는 3월에 장기에 도착하자마자 『이아술(爾雅述)』 6권과 "기해방례변(己亥邦禮辨)"을 지었고, 여름에는 성호 이익(李瀷)이 모은 1백 마디의 속담에 운을 맞춰 『백언시(百諺詩)』를 지었다. 이어서 1803년에는 봄에 "단궁잠오(檀弓箴誤)", 여름에 "조전고(弔奠考)", 겨울에 "예전상의광(禮箋喪儀匡)"을, 1804년에는 "아학편훈의(兒學編訓義)"를 완성했다.[2160] 급작스러운 유배와 낯선 생활, 심리적 충격, 몸의 고질에도 아랑곳없이 이런 저술을 한 것일까, 그런 모든 것을 잊기 위해서 저술에 매진한 걸까.

44세 때(1805년) 12월 28일, 한 해가 또 저물 즈음 귀양살이 5년째의 정약용은 늙어가는 자신의 심사를 시로 지어, 찾아온 장남 학가(學稼, 이후 學淵으로 불림, 1783~1859년)에게 보여준 적이 있다.

하늘 이치도 수레바퀴와 같고 만물도 바람 속을 달리는 건데 나 혼자서만 노심초사하며 늙어가는 걸 이리 애석히 여긴단다. 눈이 어두운 지 벌써 반년이고 근육이 시어 손 하나도 못 쓰면서 ……(중략) 아직도 바라는 건 더 늦기 전에 돌아가 강상의 어부 되는 것이고 전적 속에 온 힘을 다 쏟아 백세 이후나 보자는 것인데 옥환은 오래도록 소식 없고 시들은 버들에 갈바람만 부는구나. 죽어갈 날인들 얼마나 남았으랴.[2161]

2159 | 『다산시문집』 제4권, 시(詩), 사형의 서찰을 받고[得舍兄書].(이때 중형이 강진[사남][康津] 신지도[薪智島]에서 귀양살이하고 있었음.)

2160 |이후 등장하는 정약용의 저술은 일일이 인용처를 제시하지 않겠는데, 모두 송재소 번역본 정규영의 『사암선생연보』를 따른 것이다.

2161 | 『다산시문집』 제5권, 시(詩), "학가를 데리고 보은 산방에 있다가 드디어 섣달 그믐이 되었다. 그믐날 밤에 마음이 서글퍼져서 별 생각 없이 이렇게 읊어 아이에게 보였다[將學稼在寶恩山院 遂値歲除 除之夜心緒 怊悵 率爾成篇示兒]."

또 한 해가 저무는 그믐날, 마음이 울적해 그는 별 생각 없이 이런 시를 읊었다. 눈이 반년 전부터 어두워지기 시작했고, 손 근육이 편치 못한 상태에서 훗날의 평가만을 기다리며[俟] 오로지 책을 읽고 저술하는 것으로 시름을 잊을 뿐이었다. 만년 정약용 자신이 가장 선호한 호가 사암(俟菴)이었음을 잘 느끼게 해주는 시다. 이해 그는 "아학편훈의(兒學編訓義)"를 지었고, 이듬해에는 "정체전중변"(일명 "기해방례변") 3권, "승암문답(僧菴問答)"을 이루었다.

46세 때(1807년) 봄에는 옴[疥瘡]으로 고생했다. 부스럼 때문에 제자의 부친 장례에 참석하지 못할 지경이었다.[2162] 그는 자신이 앓고 있는 옴이 잘 낫지 않고 고질이 되자 몸뚱이를 차 볶듯이 찌고 쬐기도 하고, 데운 물에 소금을 타 고름을 씻어내기도 하고, 썩은 풀 묵은 뿌리로 뜸을 떠보는 등 온갖 방법을 다 써봤다. 그래도 낫지 않자 의서를 뒤적여 손수 신이고(神異膏)를 만들어 피부에 발라서 병을 고쳤다. 이때 그가 벌집을 진하게 배이게 걸러 거기서 즙을 짜내고, 뱀허물을 재가 안 되게 살짝만 볶은 다음 단사를 넣어 만든 신이고의 제법은 『동의보감』에 기술된 내용과 동일한 것이다.[2163] 마침 형 정약전도 비슷한 병을 앓고 있었던 듯, 정약용은 동병상련의 마음으로 형에게도 이 신이고를 부쳤다.[2164] 앓고 난 후 정약용은 4월 3일 백련사에 가서 놀았는데, 지팡이 짚고 누대에 올라 석양을 바라보며 자신의 늙음을 또 다시 공감했다.[2165] 스스로 병이 많아 살아 있는 사람으로 자처하지 않았다.[2166]

2162 | 『다산간찰집』, 59쪽.(1807.3.)
2163 | 어떤 글에서는 이 신이고가 정약용의 독창적인 처방이라 간주하는데, 이는 잘못이다. 명대 의서 『의학정전』을 인용한 『동의보감』 처방은 그 내용이 정약용의 그것과 동일하다.
2164 | 『다산시문집』 제5권, 시(詩), 유합쇄병을 부쳐온 운에 화답하다[和寄餾合刷甁韻].(내가 앓고 있는 고질적인 옴이 근래에는 더욱 심해 손수 신이고[神異膏]를 만들어 바르고는 나았으므로 이를 자산[玆山]에게도 나누어 주었다.)
2165 | 『다산시문집』 제5권, 시(詩), 사월 삼일 백련사에서 놀다[四月三日游白蓮社].
2166 | 『다산간찰집』, 155쪽.(1807.11.3.)

이해 여름에는 더위를 먹어 폐에 가래가 있었고 그 증상은 이후에도 지속되었다. 그는 귤껍질을 조각내어 삼켰더니 폐에 기운이 소통함을 느꼈고, 1냥을 계속해서 씹었더니 더위 먹은 증상이 없어지면서 폐의 가래가 없어졌다. 이 처방은 『본초』에도 적혀 있지 않던 것으로, 우연히 읽은 『설부(說郛)』라는 책에서 얻은 것이다.[2167] 이렇게 옴과 서증(暑症)으로 고생하면서도 그는 『상례사전(喪禮四箋)』 50권과 "예전상구정(禮箋喪具訂)" 6권을 이루었다.

47세 때(1808년)는 치통이 생겼다. 쇠한 몸에 이까지 병이 나서 혼자 울다가 신음하다가 딸꾹질에 구역질에 대낮에도 이불 끼고 방구석에 엎드려 있었다. 그럴 즈음 제자 일행이 술을 들고 와서 회를 떠서 술판이 벌어져, 몸이 괴로운 가운데 삶의 위로가 있었다. 배부르고 취한다고 병이야 나으랴만 당장의 괴로움을 이렇게 즐겨 잊었다.[2168] 그렇다고 치통이 사라진 건 아니었다. 그는 단것을 먹을 때 시린 치통은 벌레 때문에 생긴 것, 바람 맞아 심해진 치통은 풍 때문에 생긴 것이라 생각했다. 그는 의서가 제시한 대로 먼저 파두(巴豆), 천초(川椒)를 물어봤지만 열 때문에 치통이 더욱 심해졌다. 파와 마늘을 익혀 머금어보았으나 역시 열 때문에 이가 더욱 아팠다. 그러다 찾아낸 것이 황련(黃蓮) 처방이었다. 이것을 쓰자 하룻밤이 지나 일단 통증이 사그라졌다.[2169]

치통이 있던 그해 봄에 그는 다산(茶山)으로 거처를 옮겼으며, 저술에 박차를 가했다. 『주역』의 어려운 부분을 들추어 모색한 "다산문답" 1권, "제례고정(祭禮考定)", 『주역심전(周易心箋)』, "독역요지(讀易要旨)" 18칙, "역례비석(易例比釋)", "춘추관점(春秋官占)" 보주(補注), "대상전(大象

2167 | 정약용, 『의령』, "잡설7". 『의령』의 내용은 김대원이 『한국과학사학회지』 15권 제2호(1993. 225-245쪽), 16권 1호(1994. 132-157쪽)에 정리한 번역과 영인본 내용을 참조했다. 이하도 마찬가지다.
2168 | 『다산시문집』 제5권, 시(詩), 군보가 술을 들고 찾아주다[群甫攜酒相過].
2169 | 『의령』, "잡설7".

傳)"과 "시괘전(蓍卦傳)"의 주해, "설괘전(說卦傳)" 정정, 『주역서언(周易緒言)』 등이 이때의 저술이다. 이듬해에는 "예전상복상(禮箋喪服商)" 『상례외편(喪禮外篇)』 12권을 완성했고, 『시경강의(詩經講義)』를 산록(刪錄)했다.

49세 때(1810년) 그는 병치레를 하는 자신과, 그에 익숙해져 다소 삶에 달관한 자신의 모습을 시로 읊었다. "송풍루 잡시(松風樓雜詩)"가 그것이다. 이 시에서 그는 산에 사니 모든 게 다 자연스럽고 평화롭다 말한다. 그 가운데 "약절구는 자주 찧어 이끼 낄 새가 없지만 차 다리는 일은 드물어 화로에 먼지 앉았지."라는 구절은 차보다 약 먹는 일이 많다는 사실을 과장한다. "귤피차 때로 다려 병든 허파 기 돋우고 새로 빚은 송엽주로 마른 창자 축여주지." 하면서 "산에 살면 조용하고 여유가 있어 배고프거나 병들어도 산에 그대로 산다."[2170]고 한다. 이 시구처럼 실제로 그는 귤피차로 병든 허파를 다스렸다.[2171] 시심으로만 본다면 이는 앞에서 살핀 "두통가"보다 달관의 묘미가 더 느껴지며, 12년 후 쓸 "노인일쾌사"에 나타난 초탈의 경지를 예감케 한다. 이해 그는 병이 많아서 스스로 병수(病叟, 병든 늙은이), 병척(病戚, 병든 인척)이라 표현했다.[2172] 그는 봄에 『관례작의(冠禮酌儀)』와 『가례작의(嘉禮酌儀)』, 겨울에 『소학주관(小學珠串)』을 이루었다.

병으로 힘들게 한 해를 넘기면서(50세, 1811년) 봄기운이 깊어져 고질병이 다소 호전됨에 안도했다. 하지만 그것도 잠깐, 이해 겨울 정약용은 형에게 보내는 편지에서 자신이 풍병, 즉 중풍을 심하게 앓고 있음을 아뢴다. 풍병의 뿌리가 깊어져 입가에는 항상 침이 흐르고 왼쪽 다리는 늘 마비 증세를 느끼고, 머리 위에는 얼음 위에서 잉어 낚는 늙은이의

2170 | 『다산시문집』 제5권, 시(詩), 송풍루 잡시(松風樓雜詩).
2171 | 『의령』, "잡설7".
2172 | 『다산간찰집』, 155쪽(1807.11.3.), 157쪽(1810.10.11.).

솜털 모자를 쓰고 있고, 혀가 굳어져 말이 어긋난 자신의 심각한 병세를 말한다.[2173]

흑산도에 유배되어 있던 정약전은 동생이 풍병(風病)이 있음에도 건강을 돌보지 않고 하늘과 땅 사이 일의 연구에만 몰두하는 것을 꾸짖으며, 당장 이런 연구를 중단하고 수양하기를 권했다.[2174] 또한 건강 유지를 위해〔손발을 굴신(屈伸)하며 호흡을 가다듬는〕도인술(導引術)의 시행을 권했다. 이에 대해 정약용은 이런 수양방법이 자신에게 소용이 없다고 답했다. 왜냐하면 고요히 앉아 마음을 맑게 하고자 하고 보면 세간의 잡념이 천 갈래 만 갈래로 어지럽게 일어나 오히려 무엇 하나 제대로 파악하지 못할 정도가 되기 때문이었다. 오히려 그는 저술 활동을 하면 더 마음이 집중되고 안정된다고 했다. 도인법에 대해서는 이 방법은 분명히 유익한 점을 잘 알지만 게으르고 산만하여 하지 못한다고 답변했다. 그는 겨울에도 "여전히 병으로 엎드려 있었다."[2175] 그런 가운데서도 그는 이해 봄에 "민보의(民堡議)", 겨울에『춘추고징(春秋考徵)』12권을 이루었다.

정약용이 남긴 기록을 보면 장기에 머무를 때부터 보이기 시작한 이 풍병은 오랫동안 고질이었음이 분명하다. 52세 때(1813년)는 더위에 문을 열어놓고 자다가 풍병(風病)이 또 더해졌다.[2176] 이해 겨울, 그는 제자 이강회(李綱會), 윤동(尹峒)의 도움을 받아『논어고금주(論語古今注)』40권을 완성했다.

53세 때(1814년)는 몸에 마비가 와서 붓을 잡을 수 없었다.[2177] 그럼에

2173 |『다산시문집』제20권, 서(書), 중씨께 올림 신미(1811년, 순조 11년, 선생 50세) 겨울.
2174 | 위의 곳.
2175 |『다산간찰집』, 165쪽.(1811.12.21.)
2176 |『다산간찰집』, 111쪽.(1813.7.14.)
2177 |『다산간찰집』, 105쪽.(1814.8.12.)

도 이해 그의 저술 작업은 계속되어 여름에 『맹자요의(孟子要義)』, 가을에 『대학공의(大學公議)』 3권, 『중용자잠(中庸自箴)』 3권, 『중용강의보』를 이루었고, 겨울에는 『대동수경(大東水經)』을 완성했다.

54세 때(1815년)는 봄에 "심경밀험(心經密驗)"과 "소학지언(小學枝言)"을 짓는 외에 특별한 저술을 남지지 않았다. 바다를 격하고 유배의 고초를 같이 나누던, 서신 왕래로 학문의 깊은 경지를 같이 나누던 형의 죽음과 무관하지 않은 것 같다. 이해 6월에 중형 정약전이 죽었다는 소식을 들었다. 그는 "인정으로나 의리로나 애통하여 살고 싶은 생각이 없습니다. 모질게도 목석처럼 구차히 지금까지 살아남아 있는데, [형의 유배지 흑산도인] 현주(玄洲)의 [형의 시신을 운구하는] 상선(喪船)이 조만간 육지에 당도하는데도 찾아가 곡을 할 수도 없으니 제 마음을 더욱 억제할 수 없습니다."고 심사를 토로했다.[2178] 9월, 그는 "약을 써봤으나 병의 뿌리가 깊어서 약의 힘이 미치지 못해 자리에서만 이리저리 왔다 갔다만" 할 뿐이었다.[2179] 그럼에도 이듬해(1816년) 봄에는 형과 같이 이치를 따지던 악(樂)에 관한 저술인 『악서고존(樂書孤存)』을 완성했다. 정약용에게서 저술 활동은 원대한 것을 이루리라는 욕망의 결과물만은 아니었다. 쓸쓸한 유배지에서 살아남기 위해, 아니 아직 죽지 않았기에 해야 할 하루하루, 시시각각의 일상이었다.

56세 때(1817년) 가을에 『상의절요(喪儀節要)』를 완성하고 나서 『방례초본(邦禮艸本)』(후에 『경세유표』로 개명)을 시작했는데, 끝내지 못했다. 겨울에는 병이 점점 더 고질(痼疾)이 되어 오랫동안 요에만 누워 있었다.[2180]

57세 때(1818년) 3월 9일자 호의선자에게 보낸 편지에서는 "나는 아

───
2178 | 『다산간찰집』, 175쪽.(1816.8.1.)
2179 | 『다산간찰집』, 103쪽.(1815.9.14.)
2180 | 『다산간찰집』, 13쪽.(1817.12.3.)

직 큰 병이 없다네."[2181]라고 하여 병에 약간 호전이 있었던 듯하다. 이해 봄에 『목민심서』가 이루어졌고, 여름에는 『국조전례고(國朝典禮考)』2권이 완성되었다. 8월에 이태순(李泰淳)의 상소로 관문(關文)을 발하여, 그는 유배지 다산을 떠나 14일에 비로소 열수(洌水)의 본집으로 돌아왔다.

| 해배 이후 노쇠와 초탈, 57세~75세 |

57세 때 해배 직후 집에 와서 그는 자신의 부재 18년간 살림을 도맡고 아이들을 키워낸 부인 홍씨와 이미 장성한 아이들을 다시 만났다. 해배 이후의 기록은 고질의 심화, 신체의 노쇠, 기대했던 벼슬길의 포기, 형제를 비롯한 주변 인물의 죽음 등으로 인한 운명 순응의 모습이 주종을 이룬다.

해배되어 집에 돌아온 정약용은 미처 끝내지 못했던 저술을 완성한다. 58세(1819년) 여름의 『흠흠신서(欽欽新書)』, 겨울의 『아언각비(雅言覺非)』3권 집필 완료가 그것이다.

59세(1820년) 8월, 한 편지에서 그는 이례적으로 "저는 병 없이 밥이 오면 밥을 먹고 옷이 오면 옷을 입습니다."[2182]라며 병고가 없음을 말하고 있다. 그건 그의 고질이 나았다는 게 아니라 그 외에 특기할 다른 병이 없다는 것이었다. 같은 달, 그는 집의 가난에 겹쳐 강진에서 올라온 딸과 그 어미에 대한 일로 심하게 마음병을 앓았다. "어린 딸의 일로 마음에 병이 하나 생겼는데 어떤 결말이 날지 모르겠습니다. 내 나이가 이처럼 많으니 남에게 정절을 지키라고 강요할 수도 없는 노릇인데, 여러분들의 의견은 어떤지 모르겠습니다."[2183] 유배지 다산초당에서 자신

2181 | 『다산간찰집』, 99쪽.(1818.3.9.)
2182 | 『다산간찰집』, 209쪽.(1820.8.3.)
2183 | 『다산간찰집』, 209쪽.(1820.8.9.)

의 수발을 들던 젊은 소실(小室)과 자신의 마지막 피붙이 딸에 대한 그의 인간적 고뇌가 엿보인다.[2184] 이해 9월, 그는 자신을 병제(病弟, 병든 아우)라 칭하며 "몸의 병은 날로 고질병이 되어 근육과 뼈가 늘 아프니 안타까울 뿐입니다."라 했다.[2185]

회갑이 되던 이듬해(1821년) 8월, 그는 돌아온 뒤로 더욱 쇠약해졌다고 말한다.[2186] 이 편지 이후 얼마 안 있어 집안을 지탱하던 맏형 정약현이 세상을 떴다. 사형 또는 유배를 모면한 그는 서제 정약횡과 함께 가문을 이끌었다.[2187] 정약용은 형의 죽음을 "너무나 그리워한 나머지 간폐(肝肺)가 모두 썩어 문드러졌다."고 애통해했다.[2188]

1820년 이후 그의 저술은 이전처럼 활발하지 않다. 그 이유는 61세 때(1822년) 지은 "자찬묘지명"에 잘 드러나 있다.

용(鏞)이 적소(謫所)에 있은 지 18년 동안에 경전(經典)에 전심하여 『시(詩)』·『서(書)』·『예(禮)』·『악(樂)』·『역(易)』·『춘추(春秋)』 및 사서(四書)의 제설(諸說)에 대해 저술한 것이 모두 2백 30권이니, 정밀히 연구하고 오묘하게 깨쳐서 성인의 본지(本旨)를 많이 얻었으며, 시문(詩文)을 엮은 것이 모두 70권이니 조정에 있을 때의 작품이 많았다. 국가의 전장(典章) 및 목민(牧民)·안옥(按獄)·무비(武備)·강역(疆域)의 일과, 의약(醫藥)·문자(文字)의 분변 등을 잡찬(雜纂)한 것이 거의 2백 권이니, 모두 성인의 경(經)에 근본하였으되 시의(時宜)에 적합하도록 힘썼다.[2189]

2184 | 정약용 일가의 버림에 대한 홍임 모의 애절한 사연은 임형택이 발굴한 '남당시'에 잘 담겨 있다.(임형택, "신발굴자료 「남당사」에 대하여: 다산초당으로 돌아온 여자를 위한 노래", 『민족문학사연구』 20, 2002, 431~448쪽.)
2185 | 『다산간찰집』, 215쪽.(1820.9.4.)
2186 | 『다산간찰집』, 219쪽.(1821.8.3.)
2187 | 김연종, 앞의 책, 222쪽.
2188 | 『다산시문집』, 221쪽.(1822.윤3.14.)
2189 | 『다산시문집』 제16권, 묘지명(墓誌銘), "자찬묘지명(自撰墓誌銘)" 광중본.

이를 보면 저술 활동이 뜸한 것은 병고나 다른 이유 때문이 아니라, 그 스스로 원대한 꿈을 이뤘기 때문이라 자처했기 때문임을 알 수 있다.

62세(1823년) 여름, 날씨가 더운 계절에는 좀 괜찮다가 서늘해지면 풍병의 통증이 심해지기 때문에 "서늘한 바람이 불고 차가운 비가 내리면 병이 날까 걱정"한다.[2190] 이해 승지 후보로 낙점되었다가 얼마 후 취소되는 실망스러운 일이 있었다.

64괘와 같은 64세 때(1825년)는 목숨이 쇠약하여 살날이 얼마 남지 않아 송장처럼 쓰러져 있었다고 한다.[2191] 이듬해에는 다리가 마비되는 증세를 보이는 연각병(軟脚病)이 점점 고질이 되어 누워 있기만 한다 했다.[2192]

67세 되던 1828년, 정약용은 자기와 같이 늙고 병든 친구 송옹(淞翁) 윤영희(1761~1828년)의 집을 방문하여 서로 시를 주고받으며 둘의 인생에 대한 동병상련을 나눴다. 윤영희가 "뜨락의 풀 절로 자라지 누가 언제 심었으랴. 문만 열면 산이 다가오네. 부르지를 않아도. 사람의 질병은 생명과 함께 존재한지라 흐르는 물 뜬구름처럼 일체 뜻대로 지낸다오."라 하자,[2193] "노병을 고치자니 명의 화타와 창공이 도망하네. 우선은 육체와 함께 머물렀다가 이 넋이 어느 날에 날아오를런고. 이미 당연한 이치를 알았기에 미진한 마음이 전혀 없어라.", "술을 탕약에 타서 함께 마시고 시와 질병으로 똑같이 끙끙"거리고, "세속의 그물은 도피할 수 있으나 몸의 굴레는 벗을 계책이 없다고 하며 질병은 시명(時命)에 맡겨버리니 참으로 한 몸이 가볍다."라고 응수한다.[2194] 이렇듯 병고, 더 나아

2190 | 『다산간찰집』, 223쪽.(1823.7.11.)
2191 | 『다산간찰집』, 225쪽.(1825.1.26.)
2192 | 『다산간찰집』, 231쪽.(1826.12.16.)
2193 | 『다산시문집』 제6권, 시(詩), 송파수작(松坡酬酢) 열수가 단오일에 부친 시에 차운하다[次韻洌水端午日見寄] 송옹(淞翁).
2194 | 『다산시문집』 제6권, 시(詩), 송파수작(松坡酬酢) 범석호가 병중에 지은 시 십이 수를 차운하여 송옹에게 보이다[次韻范石湖病中十二首簡示淞翁].

가 삶의 집착을 넘어 자연으로 귀의하는 심사를 내비치면서도, 정약용은 자신의 병이 단순한 노쇠가 아니라 다리 마비 병임을 분명히 했다. 다리가 마비되면서부터 밖을 안 나가는데 온갖 병이 오가는 가운데 마비는 한결같고, 무릎 닿은 자리는 뚫어질 지경이라고, 방 안에만 머물러 있는 꾀죄죄한 자신의 모습을 묘사한다.[2195] 이해 겨울, 그는 문득 죽음을 예감했는지 제자에게 보낸 편지에서 "나는 오래지 않아 죽을 것이니, 부고를 듣는 날에 너는 연암과 함께 산속에서 한차례 울고 이야기 좀 나누다 그쳐야 할 것"[2196]이라 말하기에 이른다.

이미 송장이 되었다느니, 죽을 날이 얼마 안 남았다느니 하면서도 정약용은 거의 일흔 무렵까지 왔다. 전년에 자신을 따르던 서제(庶弟) 정약횡이 죽었다. 69세(1830년) 2월 어느 날, 주변을 둘러보니 형제도 친구도 살아 있는 사람이 새벽별처럼 드물고, 자신은 몸이 마비되고 기력이 다 떨어져 고통스러워 슬픔에 젖었다.[2197] 그는 몇 년 전부터 체증이 심해져서 다병(茶餠)의 힘으로 겨우 그걸 다스려왔다.[2198] 이렇게 병든 몸이었기에 그는 수년 동안 문밖을 나가지 않고 집에서 겨우 요양만 할 정도였는데, 조정에서 그를 불렀다. 그는 세자 중병의 진료에 참여하기 위한 의약동참(議藥同參)으로서 부호군(副護軍) 직으로 탁척서용되었다. 해배 이후 관직에 다시 등용되기를 줄곧 기다려온 정약용에게는 62세 때(1823년) 승지 낙점까지 갔다가 취소된 이후 문관 직으로 서용되지 못하고 이렇게 의약동참을 위한 부호군 직으로 임명되었다. 부호군은 종4품 무관직이나 조선후기 특별한 직위가 없는 이를 궁중에 들이기 위한 관직으로 활용되었다. 이튿날 새벽 그는 다른 의관과 함께 세자의 진료에 참여

2195 | 『다산시문집』 제6권, 시(詩), 송파수작(松坡酬酢) 세 번째.
2196 | 『다산간찰집』, 79쪽.(1828.11.12.)
2197 | 『다산간찰집』, 233쪽.(1830.2.1.)
2198 | 『다산간찰집』, 235쪽.(1830.10.15.)

脚背發
壽域神方
手足背疽

此證得於消渴病發于足指者名曰脫疽

의방유취-각배발(발등)

했으나,[2199] 세자는 이날 운명했다.[2200] 이해 효명세자가 승하했을 때 그는 국상(國喪)에 참여했다가 병이 더해져, 귀향하자마자 석 달 동안 저승문턱을 드나들 정도로 앓았다. 게다가 발등에 부스럼까지 나서 고통스러워했다.

이 발등의 종창은 이듬해(1831년)에도 지속되었다. 1831년 3월, 인척 형에게 보낸 한 편지에서 그는 "저 또한 근래에 셋째동생이 세상을 떴는데, 이제 또 누이가 죽었습니다. 마음은 다 문드러졌고, 병도 따라서 생겼습니다. 발등의 종창은 반년이니 되었고 설사로 고생하고 있으니 요즘

괴로움이 어떻겠습니까?" 하고 자신의 병고를 토로했다. 아우에 이어 이 무렵 누이가 또 죽었던 것이다. 문득 되돌아보니 이제 자신의 형제 6남 3녀 형제 중에 모두가 다 죽고 자신과 제체공의 서자 채홍근에게 시집간 것으로 추정되는 누이하고 둘만 살아남아 있었다. "누이님 보십시오. 몇 사람 중에 해로(偕老)하는 사람은 우리 두 집뿐이니 이상하지 않습니까?"라고 새삼스러워한다.[2201]

2199 | 『국역조선왕조실록』, 순조 30년 경인(1830년, 도광 10년) 5월 5일(신유). [원전] 48집 344면. 정약용, 『다산연보』, 461쪽("初六日 人參").

2200 | 정약용의 의약동참에 대해 최익한은 1955년의 저작 『실학파와 정다산』(청년사, 1989, 449쪽)에서 정약용을 음해하기 위해 반대편이 그를 의약동참에 끼워 넣었다가 세자와 왕의 사망 후 낭패를 뒤집어씌울 요량이었으며, 그것을 간파한 정약용이 일부러 시간을 끌어 회피했다는 식의 해석을 제시했으나, 여기서 본 것처럼 이는 사실 근거가 없다. 1830년 정약용은 『다산연보』에서 자신이 1823년 승지로 낙점되었다는 사실에 이어 부호군으로 탕척서용된 것을 맨 마지막 기사로 적어놓았다. 아마도 이해 자신의 탕척서용, 완전한 의미의 정치적 복권이 계기가 되어 스스로 『다산연보』를 작성한 것 같다.

2201 | 『다산간찰집』, 239쪽.(1831.3.10.)

656

벗 윤영희에게 보낸 시에서도 표현했듯 만년의 정약용은 고질을 천명(天命)이라 생각하여 순순히 받아들이는 게 군자의 도리라고 생각했다.[2202] 몸은 고통스럽고 마음은 괴롭지만 천명이라 생각하기에 그는 담담하게 노쇠한 삶을 받아들였다. 거기서 머물지 않고, 늙은이라 유쾌한 일이 여섯 가지나 된다는 자랑을 반어적(反語的)을 노래했다. 1832년(71세)에 지은, 노인이 되어 그래서 유쾌하다는 것을 읊은 "노인일쾌사" 여섯 수가 그것이다.

■ 자료

정약용의 「노인일쾌사(노인되어 유쾌한 일)」 여섯 수중 네 편:
민둥머리, 치아 빠짐, 눈이 어두워짐, 귀먹음
—정약용, 『다산시문집』 제6권, 시, 송파수작(松坡酬酢)

첫 번째

늙은이의 한 가지 유쾌한 일은 / 老人一快事
민둥머리가 참으로 유독 좋아라 / 髮鬤良獨喜
머리털은 본디 군더더기이건만 / 髮也本贅疣
처치하는 데 각각 법도가 달라 / 處置各殊軌
예문 없는 자들은 땋아 늘이고 / 無文者皆辮
귀찮게 여긴 자들은 깎아버리는데 / 除累者多薙
상투와 총각이 조금 낫기는 하나 / 髻卝計差長

2202 | 『다산간찰집』, 237쪽.(1830.10.24.)

폐단이 또한 수다하게 생기었고 / 弊端亦紛起

높다랗게 어지러이 머리를 꾸미어라 / 龍嵸副編次

쪽 짓고 비녀 꽂고 비단으로 싸도다 / 雜沓筓總縋

망건은 머리의 재액이거니와 / 網巾頭之厄

고관은 어이 그리 비난을 받는고 / 罟冠何觸訾

이제는 머리털이 하나도 없으니 / 今髮旣全無

모든 병폐가 어디에 의탁하리오 / 衆瘼將焉倚

감고 빗질하는 수고로움이 없고 / 旣無櫛沐勞

백발의 부끄러움 또한 면하여라 / 亦免衰白恥

빛나는 두개골은 박통같이 희고 / 光顱皓如瓠

둥근 두상이 모난 발에 어울리는데 / 員蓋應方趾

널따란 북쪽 창 아래 누웠노라면 / 浩蕩北窓穴

솔바람 불어라 머릿골이 시원하구려 / 松風洒腦髓

말총으로 짠 때 묻은 망건일랑 / 塵垢馬尾巾

꼭꼭 접어 상자 속에 버려두나니 / 摺疊委箱裏

평생을 풍습에 얽매이던 사람이 / 平生拘曲人

이제야 쾌활한 선비 되었네그려 / 乃今爲快士

두 번째

늙은이의 한 가지 유쾌한 일은 / 老人一快事

치아 없는 게 또한 그 다음이라 / 齒豁抑其次

절반만 빠지면 참으로 고통스럽고 / 半落誠可苦

완전히 없어야 마음이 편안하네 / 全空乃得意

한창 움직여 흔들릴 적에는 / 方其動搖時

가시로 찌른 듯 매우 시고 아파서 / 酸痛劇芒刺

침놓고 뜸질해도 끝내 효험은 없고 / 鍼灸竟無靈

쑤시다가는 때로 눈물이 났었는데 / 鑽鑿時出淚

이제는 걱정거리 전혀 없어 / 如今百不憂

밤새도록 잠을 편안히 잔다네 / 穩帖終宵睡

다만 가시와 뼈만 제거하면은 / 但去鯁與骨

어육도 꺼릴 것 없이 잘 먹는데 / 魚肉無攸忌

잘게 썬 것만 삼킬 뿐 아니라 / 不唯吞細纍

큰 고깃점도 능란히 삼키거니와 / 兼能吸大臠

위아래 잇몸 이미 굳은 지 오래라 / 兩齶久已堅

제법 고기를 부드럽게 끊을 수 있으니 / 頗能截柔膩

그리하여 치아가 없는 것 때문에 / 不以無齒故

쓸쓸히 먹고픈 걸 끊지 않는다오 / 悄然絶所嗜

다만 턱이 위아래로 크게 움직여 / 山雷乃兩動

씹는 모양이 약간 부끄러울 뿐일세 / 嗑嗑差可愧

이제부터는 사람의 질병 이름이 / 自今人病名

사백 네 가지가 다 안 되리니 / 不滿四百四

유쾌하도다 의서 가운데에서 / 快哉醫書中

치통이란 글자는 빼버려야겠네 / 句去齒痛字

세 번째

늙은이의 한 가지 유쾌한 일은 / 老人一快事

눈 어두운 것 또한 그것이라 / 眼昏亦一快

다시는 예경 주소 따질 것 없고 / 不復訟禮疏

다시는 주역 괘사 연구할 것도 없어 / 不得研易卦

평생 동안 문자에 대한 거리낌을 / 平生文字累

하루아침에 깨끗이 벗을 수 있네 / 一朝能脫灑

급고각 판본은 가증스럽기도 해라 / 生憎汲古板

자디잔 글자를 티끌처럼 새겼는데 / 蠅頭刻纖芥

육경은 교외로 나갔거니와 / 六卿郊外去

재윤은 어느 때에 걸 것인고 / 再閏何時掛

슬프다, 경문의 주석을 엿보건대 / 嗟哉望經注

후인들은 옛사람 본만 따라서 / 後人依樣畫

송나라 이학 반박할 줄만 알고 / 唯知駁宋理

한대의 오류 답습함은 수치로 안 여기네 / 不恥承漢註

이젠 안개 속의 꽃처럼 눈이 흐리니 / 如今霧中花

눈초리를 번거롭게 할 것 없고 / 無煩雙決眥

옳고 그름도 이미 다 잊었는지라 / 是非旣兩忘

변난하는 일 또한 게을러졌으나 / 辨難隨亦懈

강호의 풍광과 청산의 빛으로도 / 湖光與山色

또한 안계를 채우기에 충분하다오 / 亦足充眼界

네 번째

늙은이의 한 가지 유쾌한 일은 / 老人一快事

귀먹은 것이 또 그 다음이로세 / 耳聾又次之

세상 소리는 좋은 소리가 없고 / 世聲無好音

모두가 다 시비 다툼뿐이나니 / 大都皆是非

헛 칭찬은 하늘에까지 추어올리고 / 浮讚騰雲霄

660

헛 무함은 구렁텅이로 떨어뜨리며 / 虛誣落汚池

예악은 황무한 지 이미 오래이어라 / 禮樂久已荒

아, 약고 경박한 뭇 아이들이여 / 憬薄嗟群兒

개미가 떼 지어 교룡을 침범하고 / 矗矗螘侵蛟

생쥐가 사자를 밟아 뭉개도다 / 喞喞鼹穿獅

그러나 귀막이 솜을 달지 않고도 / 不待纊塞耳

천둥소리조차 점점 가늘게 들리고 / 霹靂聲漸微

그 나머지는 아무것도 들리지 않아 / 自餘皆寂寞

낙엽을 보고야 바람이 분 줄을 아니 / 黃落知風吹

파리가 윙윙대거나 지렁이가 울어 / 蠅鳴與蚓叫

난동을 부린들 누가 다시 알리오 / 亂動誰復知

겸하여 가장 노릇도 잘할 수 있고 / 兼能作家翁

귀먹고 말 못해 대치가 되었으니 / 塞黙成大癡

비록 자석탕 같은 약이 있더라도 / 雖有磁石湯

크게 웃고 의원을 한 번 꾸짖으리 / 浩笑一罵醫

(고전번역원, 「국역다산시문집」 번역문)

"늙은이의 한 가지 유쾌한 일은 민둥머리가 참으로 유독 좋아라." 머리가 빠져 대머리가 된 노인 정약용의 모습이 그려진다. "이제는 머리털이 하나도 없으니 모든 병폐가 어디에 의탁하리오. 감고 빗질하는 수고로움이 없고 백발의 부끄러움 또한 면하여라. 빛나는 두개골은 박통같이 희고 둥근 두상이 모난 발에 어울리는데 널따란 북쪽 창 아래 누웠노라면 솔바람 불어라 머릿골이 시원하구려." 물론 상투와 망건도 필요 없어 단지 몸의 자유뿐만 아니라 세속의 속박에서도 자유롭다고

한다.[2203]

　치아 없는 게 그다음이다. 절반만 빠지면 참으로 고통스럽고 완전히 없어야 마음이 편안하다고 한다. 민둥머리에 이어 이가 다 빠진 늙은이 정약용의 모습이 그려진다. 이가 다 빠져버려 치통이 없으니, 턱을 위아래로 움직여 씹는 모양이 아름답지 않기는 하지만 잘게 썬 것, 큰 고깃점도 우물우물 다 삼키는 게 가능하다. 그리하여 "이제부터는 사람의 질병 이름이 사백네 가지가 다 안 되리니 유쾌하도다! 의서 가운데에서 치통이란 글자는 빼버려려야겠네." 하며 익살부린다.[2204]

　노인 되어 눈 어두워지는 것도 통쾌한 일이라 한다. 평생 문자 볼 필요가 없어져 눈초리를 번거롭게 할 것 없을뿐더러 옳고 그름의 시비 또한 가릴 일 없다. 다만 강호의 풍광과 청산의 빛만으로 안계를 그득히 채우면 된다고 한다.[2205]

　귀먹는 것 또한 늙은이의 유쾌한 일. 왜냐하면 시비 다툼, 헛 칭찬, 모든 무함에서 자유롭기 때문이다. 이리도 좋은데 귀 잘 들리라 의원이 내린 자석탕(磁石湯) 같은 처방이 무슨 소용일까. 한바탕 의원을 꾸짖는다.[2206]

　대머리, 이빨 빠짐, 시력 악화, 청력 상실에 이어 노인의 유쾌한 일 여섯 중 나머지 둘은 무엇인가. 붓 가는 대로 말을 마음대로 쓰는 것,[2207] 하수만을 골라 바둑 두어 승부욕이 아니라 심심풀이만 즐기는 것 등이 그것이다.[2208] 이윽고 그는 "이제는 민둥머리에 치아도 다 빠져버리고 마음 하나만 그대로 죽지 않은 때로세. 주검은 악물(惡物)이 아니라 곧 돌

2203 | 『다산시문집』 제6권, 시(詩), 송파수작(松坡酬酢) 노인의 한 가지 쾌사에 관한 시 여섯 수를 백향산의 시체를 본받아 짓다[老人一快事六首效香山體].

2204 | 『다산시문집』 제6권, 시(詩), 송파수작(松坡酬酢) 두 번째 [14].

2205 | 『다산시문집』 제6권, 시(詩), 송파수작(松坡酬酢) 세 번째 [5].

2206 | 『다산시문집』 제6권, 시(詩), 송파수작(松坡酬酢) 네 번째 [3].

2207 | 『다산시문집』 제6권, 시(詩), 송파수작(松坡酬酢) 다섯 번째 [3].

2208 | 『다산시문집』 제6권, 시(詩), 송파수작(松坡酬酢) 여섯 번째 [2].

아가는 거로세. 이미 인사(人事)는 허깨비처럼 내던져버리었고 유독 세월은 번개같이 빠름을 기뻐하노라."[2209] 라 읊었다. 서른 살 때 유배 이전의 "두통가", 마흔아홉 살 때 유배지에서의 "송풍루 잡시"에 이어 일흔한 살의 노인네 정약용의 자유로움은 이렇게 "노인일쾌사"에서 최고조에 달한다. 급기야 "형체는 본디 겉인데 어찌 몸이 따로 있으랴."[2210] 라하며 자신이 빌린 몸조차 잊는다.

일흔둘(1833년) 이후의 편지에서도 정약용은 자신의 병과 노쇠를 늘 언급한다. 이해 초겨울 추위에 병이 들어 누워만 있었다.[2211] "이 늙은이는 남은 것이라곤 피골(皮骨)이고, 이어져 있는 것은 오직 실오라기 하나같은 목숨뿐이니 사는 게 말이 아니"라 한다.[2212] 이듬해(1834년) 가을에는 설사로 힘없이 쓰러져 있다 열흘 만에 겨우 나았는데 실낱같은 숨이 곧 끊어질 듯했다.[2213] 그런 가운데 73세(1834년) 11월에는 순조의 병 진찰에 참여하라는 조정의 부름을 받기도 했다.[2214]

74세(1835년) 봄에 새로 책을 짓는 일은 하지 못하고 이전에 지은 저술 개정 작업을 했다. 봄에 『상서고훈(尙書古訓)』과 『지원록(知遠錄)』을 개수(改修)하고 합하여 모두 21권으로 만들었고, 가을에는 다산에 있을 때 『상서』를 읽으면서 매색(梅賾)의 잘못된 이론을 잡아서 논술했던 『매씨서평(梅氏書平)』을 개정했다. 겨울에는 오랫동안 기침으로 쓰러져 있었다.[2215]

75세 때(1836년) 2월에는 갑작스런 곽란(癨亂)을 앓아 겨우 죽다가 살

2209 | 『다산시문집』 제7권, 시(詩), 우세화시집(又細和詩集) 차운을 이미 다하였으나 회포를 다 풀지 못하여 또 이 시를 써서 잇다[次韻旣盡 懷不能已 又書此足之].
2210 | 위의 곳.
2211 | 『다산간찰집』, 241쪽.(1833.11.8.)
2212 | 『다산간찰집』, 245쪽.(1834.9.23.)
2213 | 『다산간찰집』, 247쪽.(1834.10.4.)
2214 | 『승정원일기』, 순조 34년 11월 13일(갑술). 원본2308책/탈초본115책(13/37).
2215 | 『다산간찰집』, 251쪽.(1835.12.22.)

아났다.[2216] 이해 회혼을 앞두고 그는 두풍(頭風)으로 고생하면서, 자신이 죽기 엿새 전에 인척 형에게 보낸 편지에서 "죽는다는 것은 아침에 생겼다가 없어지는 버섯처럼 덧없는 것입니다. 생각한들 무슨 도움이 되겠습니까? 생활하면서 스스로를 지켜야 합니다." 하며 죽음이라는 천명을 받아들일 마음의 준비를 했다.[2217]

정약용은 아내와 결혼한 지 60주년이 되던 해 2월 22일, 결혼 60주년인 회혼일(回婚日)에 족친과 문생이 다 모여 왁자지껄하던 날 아침 진시(辰時, 오전 7시~9시경)에 세상을 떴다. 후손이 정리한 『사암선생연보』에서는 그의 임종을 이렇게 적었다.

> 1836년 헌종 2 병신 75세.
> 2월 22일 진시에 공이 열상의 정침에서 생을 마쳤다.
> 이날은 공의 회혼일이어서 족친이 모두 왔고 문생들이 다 모였다. 이보다 앞서 4일에 약한 증세가 있었는데 21일에는 뚜렷이 회복될 희망이 있었지만 공은 이미 죽을 때가 된 줄을 알고 여러 가지 지시하는 것이 평소와 같았다. 22일에 편안히 세상을 떠나셨으니 진시 초각이었다.[2218]

이미 그는 자신의 시신 처리에 대해 자손들에게 상세하게 당부해놓았고, 그가 정한 상례 절차가 갖추어졌다.[2219] 이에 따라 시신은 염습, 수의 입히기, 입관, 정해진 묘역에 하관 등의 일이 행해져 그는 다시 자연의 품으로 돌아갔다.

2216 | 『다산간찰집』, 285쪽.(1836.2.2.)
2217 | 『다산간찰집』, 253쪽.(1836.2.16.)
2218 | 『사암선생연보』, 353쪽.
2219 | 『사암선생연보』, 353-355쪽.

의약생활로 본 정약용의 생애

| 의학에 대한 관심의 태동 |

유배 이전 정약용은 자신과 가족의 중병 때 항상 이헌길, 장덕해, 이의(李醫) 같은 의원들의 처방을 얻어 병을 진료했다. 남양주 소내에 있을 때는 일부러 의원을 찾아 서울 길로 나서기도 했다. 자신이 직접 진료에 참여한 기록은 보이지 않는다. 전문적인 의원이 주변에 흔히 있었기 때문에 특별히 의술을 익혀야 할 계기가 있었던 것 같지는 않다. 그럼에도 유배 이전의 행적 가운데 그가 『마과회통』(1897)을 저술한 것과 종두법 시술에 대한 관심(1800)은 특기할 만하다.

정약용의 의학 공부가 언제부터 비롯했는지는 분명치 않으며, 그가 『마과회통』 초고를 마무리 짓던 1797년(36세) 무렵 그의 의학이 크게 무르익었음이 분명하다.[2220] 정약용은 이 책을 완성한 후, "내가 이 책을 만든 것이 몽수(蒙叟)를 저버리지 않을 뿐만 아니라, 참으로 범문정(范文正)에게도 부끄럽지 아니할 것이다."[2221]는 자신의 포부를 밝혔다. 여기서는 유의(儒醫)의 대표자인 송대의 재상을 역임한 범문정(范文正)을 언급함으로써 자신의 연구가 구활의 은혜를 갚는다는 데 그치지 않고, 사대부의 소(小) 정치의 일환이었음을 확실히 했다. 정약용을 아낀 군주 정조 이산은 1790년 4월 서울의 마진 유행 때 민간에 처방집을 구언(求言)한 바 있다.[2222] 어찌 보면, 『마과회통』은 7년 전 정조가 내린 구언에 대한 정약용 식의 답이다.

2220 | 정약용의 의학 학습 시작에 관한 논의는 신동원, 앞 논문(179~185쪽)을 볼 것.
2221 | 『다산시문집』 제13권, 서(序), 마과회통 서(麻科會通序).
2222 | 『국역일성록』, 정조 10년, 5.27.

1799년(38세) 정약용은 천연두 예방법인 종두법의 실시 방법을 구체적으로 알게 되었다. 전해에 5남, 3년 전에 4남, 5년 전에 차녀를 천연두로 잃은 바 있다. 그런 상태에서 종두법은 그의 시선을 확 끌었을 것이다. 그는 이듬해 비슷한 시기에 종두법에 대해 관심을 가진 박제가와 만나 그것을 조선에서 실행에 옮길 방법을 모색했고, 마침내 자신이 가지고 있던 청의 정망이(鄭望頤)가 쓴 『정씨종두방(鄭氏種痘方)』과 박제가가 가지고 있던 전겸(錢謙)의 『의종금감(醫宗金鑑)』의 종두법 내용을 종합해 외부의 도움 없이 독자적으로 종두법을 시술할 수 있는 방법을 마련했다. 1800년 박제가가 포천현감으로 나갔을 때 그곳에 사는 이종인(李鐘仁)에게 이 방법을 전했고, 그해 이종인이 드디어 종두법에 쓸 양질의 두묘(痘苗), 즉 백신을 얻는 데 성공했다. 이후 이종인이 종두법을 퍼뜨려, 19세기 중엽에는 근세(近歲)에 종두하지 않는 자가 없을 정도라는 말이 있을 정도로 널리 퍼졌다.[2223]

이처럼 정약용은 당시 가장 큰 질병 문제 두 가지, 마진과 두창에 대해 깊숙이 관여했다. 마진에 대해서는 조선의 의계(醫界), 더 나아가 중국의 의계조차도 시도하지 않은 광범위한 분석과 종합 연구를 하여 『마과회통』이라는 저작물을 내놓았고, 천연두에 대해서는 국내 최초로 예방법인 종두법에 대한 정보 획득과 그것의 실현화를 위한 방안을 짜냈다. 개인의 관점에서 볼 때, 이 두 병은 정약용 자신의 병 이환과 자식들의 잦은 병사(病死)와 관련되는바, 그는 연구 과정을 통해 상당 수준의 의학적 식견을 쌓았다. 그리고 더 넓게 보면 그것은 치자(治者) 지식인으로서, 조선 사회의 당면 과제에 맞닥뜨려 씨름하는 자세이기도 했다.

현존하는 정약용의 일반적인 임상처방 첫 기록은 39세(1800년) 때의

2223 | 이에 대해서는 신동원, 앞 논문(186~188쪽)을 볼 것.

것이다. 이해 그는 음식을 삼키지 못하는 병인 반위(反胃)에 대한 자신의 견해[反胃說]를 내놓았다.[2224] 이해에 판서 이정운(李鼎運)이 이 병에 걸린 지 한 달이 넘었을 무렵, 그는 소내(苕川, 현 남양주)에 있다가 그를 방문했다. 그가 보니 환자는 뼈가 앙상하고 피부는 검었으나 정신과 의식은 오히려 똑똑하고 분명했다. 환자를 치료한 다른 의원들이 약방을 가벼이 바꾸어 황련·건갈 따위의 찬 약을 써 환자의 원기가 손상되자 바로 인삼, 반하 등 열약을 쓰고 있었다. 정약용은 다른 의원과 달리 반위라는 질병은 약을 쓰되, 효과를 보기 위해서는 조금씩 약을 늘려가면서 꾸준히 사기를 몰아내야 하는 병으로 보았다. 그는 "'천천히[徐]'와 '오래도록[久]'이라는 글자뿐"이라는 자신이 제시한 원칙에 입각해, "이 병에 매일 인삼 1냥쯤과 정향(丁香) 한 돈쯤을 달여 한입에 한 번씩 마신다면 십일 후에 반드시 효험이 있을 것"이라 했다. 이런 내용을 보면, 이 무렵 정약용의 의학과 임상 능력이 다른 전문 의원의 잘못을 평가할 만한 수준에 도달해 있음을 알 수 있다.

| 유배 시기의 의원 노릇, 40세~57세 |

자신이 틈틈이 배운 의술을 이렇게 요긴하게 써먹으리라고, 정약용은 유배 이전에 결코 생각지 못했을 것이다. 40세 때(1801년) 서학에 연루된 죄로 의원과 약이 신통치 않은 곳으로 귀양을 떠나게 되었다. 귀양지에서 가장 신경을 써야 할 부분은 건강 챙기기였다. 정약용의 의술에 관한 대부분의 내용은 그의 유배생활 중에 집중적으로 보인다. 그는 귀양지 장기에서 의학 공부에 대한 열망을 담은 시 두 편을 지었다.

"고국 산하가 왜 이리 험할까. 타향 세월도 빠르기만 하네. 의안(醫案)

2224 | 『의령』, "반위설".

의 이치나 정밀하게 익혀 이약(餌藥)으로 목숨 보존이나 하리."[2225] 여기
서 의안이란 설립재가 저술한 것이라 밝혔는데, 이는 곧 명나라의 설기
(薛己, 호 立齋, 1488~1558년)가 지은 『설씨의안(薛氏醫案)』을 가리킨다. 또
그는 "병들었기에 장기(張機) 학설을 익히고 배가 고파 육우(陸羽)의 경
은 버렸었다."라 읊었다.[2226] 장기는 『상한론(傷寒論)』을 쓴 중국 한대 장
중경(張仲景, 150~219년)을 말하고, 육우(733~804년)는 『다경(茶經)』의 저
자로 중국 당나라 때의 인물이다. 귀양살이로 굶주려 몸이 여위었기에
정신은 맑게 하나 기운을 위축시키는 차를 마시지 않고, 장기(瘴氣)를
비롯한 대기의 삿된 기운이 일으키는 병을 깊이 살피고 뛰어난 이론과
처방을 담은 『상한론』을 연구해 목숨 보전에 신경을 쓰겠다는 것이다.

이렇게 의약 공부에 신경을 쓰던 차인 1801년, 그는 귀양지인 경상
도 경주 부근의 장기(長鬐)라는 곳에서 그곳 주민의 요청에 따라 『촌병혹
치(村病或治)』라는 간편 의서를 지었다. 그는 이 책에 대해 "그 의서 중에
서 비교적 간편한 여러 처방을 뽑아 기록하고, 겸하여 『본초(本草)』에서
주치(主治)의 약재[君臣]를 가려 뽑아서 해당 각 병목(病目)의 끝에 붙였으
며 보조 약재[佐使]로서 4~5품에 해당되는 것은 기록하지 않았고, 먼
곳에서 생산되거나 희귀한 약품으로서 시골 사람들이 그 이름을 모르
는 것도 기록하지 않았다.…… 상편(上篇)은 주병(酒病, 술병)으로 끝마감
하고, 하편(下篇)은 색병(色病, 여색에 관한 병)으로 끝마감하였으니, 또한 세
상을 깨우치고 건강을 보호하는 나의 깊은 의미를 붙인 것이다."[2227]고 적
었다.

위 인용문을 보면, 이 책이 주병이나 색병 같은 병증을 쭉 나열하고,

2225 | 『다산시문집』 제4권, 시(詩), 적력(寂歷). 1801년 4월 26일경 장기에서 씀.
2226 | 『다산시문집』 제4권, 시(詩), 살짝 취함[薄醉]. 1801년 5월 장기에서 씀.
2227 | 『다산시문집』 제13권, 서(序), "촌병혹치 서(序)".

각 병증에 해당하는 간편한 처방을 제시하였으며, 각 병증의 끄트머리에 『본초』에 실린 약 가운데 치료 보조 약을 빼고 주치와 관련된 약을 선별해 제시한 것임을 알 수 있다. 게다가 약재는 시골 사람이 아는, 주변에서 쉽게 구할 수 있는 것만 실었다.[2228] 이런 작업에서 드러나는 정약용의 의학 수준은 어느 정도일까? 이런 의서를 짓기 위해서는 병증에 대한 전반적인 이해, 믿을 만한 처방을 선별해내는 능력, 약재의 효능과 산지에 대한 식견이 불가결하다. 게다가 세속의 많은 의서들이 "약재의 성질과 기운을 구별하지 아니하고 차고 더운약을 뒤섞어 나열함으로써 이쪽과 저쪽이 서로 모순되어" 도저히 효험을 볼 수 없다는 비판[2229]은 그의 의학적 식견이 상당한 수준에 있었음을 알게 해준다.

의술 공부에 대한 관심은 귀양지를 장기에서 강진으로 옮겨 간 다음에도 계속되었다. 1802년(42세) 2월, 자식들이 의서를 베껴서 인편에 부쳐왔다.[2230] 1804년 4~5월 무렵 강진에 머물던 정약용은 흑산도에 유배된 형 정약전에게도 "옛적에는 그림을 좋아했는데, 지금은 의서를 공부하라고 권하고 싶다."는 당부를 전했다.[2231]

정약용의 의약 처방은 『의령』에 그 흔적이 보인다. 그 기록 중 연도가 표기된 것이 있는데, 앞에서 살핀 46세 때의 더위 먹은 증상과 47세 이후의 치통에 관한 대책이다. 서증(暑症)에는 귤피차를 처방했으며, 치통에는 황련을 특효약으로 썼다. 물론 그가 시도한 방법이 의서에 나오지 않는 자신의 독창적인 것은 아니다. 의학 책에 실린 여러 방법을 시도하여 효험을 본 것을 재확인한 것이다.

2228 | 신동원, 앞 논문, 2007, 190–191쪽 참조.
2229 | 『다산시문집』 제13권, 서(序), "촌병혹치 서(序)".
2230 | 『다산시문집』 제4권, 시(詩), 새해에 집에서 온 서신을 받고[新年得家書]. 임술년(1802년) 봄(강진에 있었음). 정민, 『한밤중에 잠깨어』, 문학동네, 2012, 200쪽 번역 참조.
2231 | 『다산시문집』 제4권, 시(詩), 일곱 그리움[七懷] 중씨(씨氏)를 생각하며.

최근 정약용의 의학지식이 엿보이는 편지도 여럿 발굴되었다. 그는 제자 황상의 돌림감기[輪感]의 증상에 대해 갈증과 열이 있는지를 묻고, 열이 있으면 풀어주어야 한다면서, 먹은 음식이 원인이 되는 식상(食傷)이 있는지, 오한(惡寒)과 발열(發熱)이 왔다 갔다 하는지 증상을 꼬치꼬치 묻고 있다.[2232] 또 "해가 진 뒤부터는 추위 움츠러들다가 밤중이 되면 비로소 열이" 나는 자신의 병을 축일학(逐日瘧)으로 진단하여 정시음(正柴飮)이라는 처방약 두 첩을 복용했으나 바로 낫지 않자, 다시 약방문을 [약방에] 보내어 그대로 쓰거나 가감해서 지어 오라고 하고 있다.[2233] 또 무슨 병인지는 안 나와 있지만, 정약용은 병이 점점 깊어지자 인삼 먹는 것으로 버티면서 자신이 쓸 처방에 들어가는 다섯 가지 약재를 제자 산석(山石)에게 구해 올 것을 부탁하고 있다.[2234]

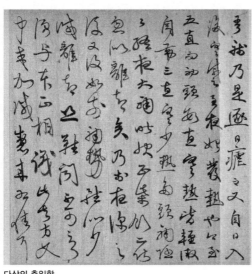

다산의 축일학

이 밖에 유배 시기 정약용의 임상 능력이 확인되는 대목이 『목민심서』에서도 한 군데 보인다. 그가 강진에 있을 때인 1809년과 큰 기근이 있었던 1814년의 다음 해 봄에 온역이 크게 유행했는데, 그는 이미 중국과 조선의 온병(瘟病) 유행 때 혁혁한

2232 | 『다산간찰집』, 35쪽.
2233 | 『다산간찰집』, 37쪽. 정시음(正柴飮)은 『동의보감』이나 이후 『방약합편』에도 보이는 정시호음(正柴胡飮) 처방으로 추정된다.
2234 | 『다산간찰집』, 53쪽.

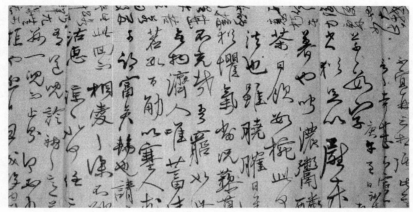

다산간찰집-다산의 의원 노릇

효험을 냈던 '성산자(聖散子)' 처방(13세기 송대 소식(蘇軾)의 처방임)을 내주어 "이루 헤아릴 수 없을 정도로 많은 사람을 살렸다."고 했다. 그는 이 처방에 들어가는 약 가운데 '생(生)부자'가 '포(炮)부자'로 바뀌면 효험이 없다는 것을 지적할 정도로 지식의 정확한 활용을 강조했다. 아울러 지역의 기후 차이로 인한 차이를 고려해야 하며, 기근 후의 역병은 "몸이 쇠약해진 상태인지라 찬 공격 약을 무리해서 써서는 안 되고 몸을 따스하게 보해주는 방식을 택해야 한다고 했다. 좋은 처방이 있다 해도 그것을 대량 생산할 수 없다면, 역병 대책으로서는 부족할 수밖에 없다. 대량 생산을 위해서는 그 처방이 경제적이어야만 한다는 조건이 붙게 되는데, 정약용은 이 점을 고려하여 성산자가 "약 1첩에 겨우 7전 정도"면 된다는 점을 강조했다.[2235]

　최근에 발견된 정약용의 간찰에는 유배지에서 정약용이 아예 의원 노릇을 하다시피 할 정도의 상황에 놓여 있었음이 확인된다. 강진 유배 생활을 한 지 9년 정도가 지난 1810년(49세)의 한 편지에는 이런 내용이

2235 | 정약용, 『목민심서』 3, "애민육조", 관질. 신동원, 앞 논문, 202쪽 참조.

생생하게 담겨 있다.

임삼(任三)이가 아이를 보내 병을 진찰케 하려는 생각이 있던데, 만일 이 한 아이만으로 그친다면 왜 꼭 거절하겠습니까? 요즘 문득 의원(醫院)이 되어 사람들을 응대하기가 아주 괴롭습니다. 만약 이 길이 열리면 더욱 편안할 리가 없을 것입니다. 다시 잘못된 계획을 세우지 말고 증세를 자세히 적어 다음 편에 부치게 하는 게 좋겠습니다. 대저 늙은이가 이렇게 힘써 사양하니 두 번, 세 번 억지로 하지 않는 게 옳습니다. 이 뜻을 말해주면 좋겠습니다.[2236]

이 편지를 보면 "당시 다산과 알고 지내던 사람들은 다산에게 환자를 보내 치료를 부탁하곤 했던 것"을 알 수 있다. 또 너무 많은 사람들이 부탁을 해오자 의원(醫院)을 열게 생겼다며, 병세만 자세히 적어 보내면 좋겠다는 당부를 했다.[2237] 다른 한 편지에서는 주변에서 부탁한 처방을 마지못해 내준다는 내용을 담았다. "동생이 말한 것은 여기 약방문을 찾아써 보냅니다. 본래 아는 게 없는데 잘못 알려져 이렇게 곤욕을 치르니 우스울 뿐입니다. 다음부터는 서로 곤란하게 하지 말았으면 합니다."[2238]라며 적극적으로 약 처방 발부를 거부하는 의지를 드러냈다.[2239]

그렇지만 그는 자신이나 제자의 질병 때 스스로 의원 노릇을 하고 있다. 제자에게 보내는 한 편지에서는 "내 병은 아직도 그대로다. 오늘은 꼭 보러 오기를 간절히 바란다. 여기 보내는 약방문은 두 첩을 지어

2236 | 『다산간찰집』, 159쪽.
2237 | 박철상, "간찰로 본 다산의 일상─『여유당전서』 미수록 간찰을 중심으로", 『<여유당전서> 미수록 다산간찰집』, 10─11쪽.
2238 | 『다산간찰집』, 199쪽.
2239 | 박철상, 앞 논문, 11쪽.

네가 직접 가지고 오면 좋겠다. 다른 아이가 보러 오려 하거든 내일 네가 들어가 약을 지어 부쳐주는 게 좋겠다."[2240]고 하여 자신의 병에 쓸 처방을 내렸으며, 제자 안석(安石)의 병세에 대해서는 자신에게 와서 "병증을 자세히 상의하는 게 좋겠다."고 한다.[2241] 이런 간찰을 볼 때, 정약용은 유배지 강진에서 자신의 병과 제자, 이웃의 병에 대해 의원 구실을 했고, 또 용하다는 소문이 나서 의원(醫院)을 낼 정도로 많은 환자가 약 처방을 문의해왔음을 짐작할 수 있다. 물론 그는 처방만 내릴 뿐이며 약은 별도로 약포에서 지었다.[2242]

| 해배 이후의 의약생활, 57세~75세 |

만년의 정약용 의술에 대한 내용은 조정의 평가로부터 두 차례 확인이 된다. 앞서 살폈듯, 69세 때인 1830년 5월 5일 세자가 위독하자 정약용은 부호군으로 정치적 복권을 하여 세자의 중병에 동참했다. 내의원의 추천 이유는 "방외(方外)에서 의술에 정통한 사람을 진료에 활용한 이전의 전통"에 따라 "평소 의학 이치에 익숙한[素嫻醫理]" 전 승지 정약용과 전 감찰 강이문을 들인다는 것이었다.[2243] 73세 때(1834년) 정약용은 또 한 차례 왕인 순조의 중병 진료에 참여하라는 부름을 받았다. 11월 13일, 내의원에서는 탕제를 올릴 때 의학이론에 정통하고 평소 이름이 난[精通醫理, 素有名稱] 행부호군(行副護軍) 정약용, 행부사과(行副同果) 박제안, 종기 치료에 이름이 있어 많이 효과를 봤다고 하는 유학 임계운을 의약 동참에 넣을 것을 건의해 허락을 받았다. 그렇지만 이날 갑자기 왕이 죽

2240 | 『다산간찰집』, 71쪽.
2241 | 『다산간찰집』, 73쪽.
2242 | 『다산간찰집』, 37쪽.
2243 | 『승정원일기』 1830년 5월 5일, 2249책 11장 3면.

었기 때문에 정약용은 실제 진료에 참여할 기회조차 얻지 못했다.[2244]

정약용이 의리(醫理)에 정통하여 이름을 얻었다는 것은 그가 유배 후에도 세자나 왕의 진료에 뽑힐 정도로 세간의 높은 평가를 받았음을 말한다. 그렇지만 그의 의약생활을 보여주는 사료는 별로 없다. 최근에 발굴된 간찰을 보면 그에게는 여전히 많은 이들이 처방을 물어왔고 그것은 그가 죽기 직전까지 계속되었음이 짐작 가능하다. 간찰 둘이 이와 관련이 있다.

69세 때(1830년) 집안의 형님이 그에게 처방을 자세히 물어왔다. "임신환(壬辰丸), 육린주(毓麟珠) 등"의 약을 쓰면 효과가 있느냐는 내용이었던 듯하나, 정약용은 이에 대해 "약이 비록 효과가 있기도 하지만 나이가 이렇게 많은데 어찌 쉽게 기력을 회복"하겠느냐며 운명에 순응하는 것이 처방임을 상기시킨다.[2245] 이해 10월에도 누가 손자의 병록(病錄)을 보내와서 처방을 묻자 그 병이 약으로 고치기 힘든 난치병임을 지적하고 나서 마지막 수단으로 "만일 신침(神針)이 있다면 혹시 한번 시험해볼" 것을 말한다.[2246]

74세(1835년)에는 집안 형의 풍병에 대해 약치(藥治)와 침구를 처방으로 내놓았다.

풍비(風痺)로 마비가 오는 증세는 침 맞고 뜸뜨는 것만 한 게 없습니

2244 | 『승정원일기』 순조 34년 11월 13일(갑술) [원본] 2308책/탈초본115책(13/37). "사암선생연보"의 기록은 『승정원일기』와 차이가 난다. 『승정원일기』에서는 11월 13일 그가 의약동참 행부호군에 임명된 것으로 적혀 있다. 그렇지만 "사암선생연보"에서는 11월 12일에 명을 받아 출발하여 13일 새벽에 동점문을 들어갔으나 왕의 환후가 매우 위독하여 백관들이 곡반으로 달려 나갔고, 그 이튿날 고향으로 돌아온 것으로 기술했다.(송재소 번역, 『사암선생연보』, 353쪽.) 이 연보의 기록보다 우리는 정약용의 의약동참 결정을 내린 11월 13일자 『승정원일기』의 기록을 따라야 할 것이다.

2245 | 『다산간찰집』, 233쪽.(1830.2.1.)

2246 | 『다산간찰집』, 237쪽.(1830.10.24.)

다. 약치(藥治)와 식치(食治)는 인삼과 녹용을 넣은 대보탕과 소고기와 낙지가 들어간 음식만 한 게 없습니다. 형께서 능히 이것들을 마련할 수 있겠습니까? 앉아서 용(龍)의 고기를 말하는 것은 쓸데없는 일입니다. 풍을 다스리는 것은 칠혈(七穴)에 뜸을 뜨는 게 제일 좋습니다. 내가 다산(茶山)에 있을 때 하던 걸 어찌 보지 못했단 말입니까?[2247]

하면서, 그는 자신이 다산에서 행했던 칠혈(七穴)의 처방을 따를 것을 강력하게 권했다.[2248] 이 간찰로부터 그가 유배 이후 얻은 풍병 또는 풍비(風痺)를 칠혈에 뜸을 놓는 방법으로 다스려왔음도 드러난다.

유배 후 정약용의 의약활동 중 세세한 내용이 아니라 꼭 기억해야 할 세 가지 사례가 있다.

하나는 1821년(60세 때) 조선을 덮친 콜레라에 대한 대응이다. 조정에서는 정체 파악을 못해 괴질(怪疾)이라 부른 이 병은 그의 형 정약현(71세)의 목숨을 앗아간 역병이다.[2249] 그는 중국 사신 편에 처방을 부탁하여 받아냈으며, 현재 알려진 문헌 중 1821년 국내의 첫 콜레라 유행과 관련된 처방은 정약용이 언급한 두 처방이 유일하다.[2250] 이후 그는 이 병을 '사진(痧疹, 중국의학계에서는 콜레라를 痧라고 했음)'으로 판단하여 마진의 중국문헌 자료를 뽑아 『마과회통보유』에 실었다.[2251] 이 사례로부터 마진을 위시한 정약용의 전염병학이 그의 인생 후반기에도 계속 확장 보완되고 있었음을 엿볼 수 있다.

2247 │ 『다산간찰집』, 249쪽.(1835.5.6.)
2248 │ 『동의보감』은 송대 왕집중(王執中)의 저서 『침구자생경(鍼灸資生經)』을 인용하여 중풍을 치료하는 일곱 혈을 말했는데, 그것은 백회(百會), 이전발제(耳前髮際), 견정(肩井), 풍시(風市), 삼리(三里), 절골(絶骨), 곡지(曲池) 등과 같다.(『동의보감』 "잡병편" 풍문.)
2249 │ 『다산시문집』 제16권, 묘지명(墓誌銘), 선백씨(先伯氏) 진사공(進士公)의 묘지명.
2250 │ 신동원, 앞 논문, 203쪽.
2251 │ 『麻科會通』 6 麻科會通補遺 痧疹醫案.(『여유당전서』 제7집, 의학집성 제6권, a_286_515d.)

그의 우두법에 대한 지식 획득도 마찬가지 사례다. 『마과회통』 6권에는 "신증종두기법상실(新證種痘奇法詳悉)"이라는 7쪽 분량의 짧은 글이 실려 있다. 이 글은 스탄튼(Thomas Stanton)이 쓴 『신증종두기법상실(新證種痘奇法詳悉)』(1828년판 규장재〔奎光齋〕 중간본)을 옮겨 실은 것이다.[2252] 그가 우두법을 시술했는지의 여부는 자료가 없어 판명하기 힘들지만, 그가 우두법이라는 남이 관심 가지지 않은 부분까지, 서학이라는 금기에 얽매이지 않고 정보를 수집하여 책에 담아내려 했다는 사실은 분명하다.[2253]

마지막은 정약용 집안의 인삼 재배다. 그의 집안은 유배 이전이나 유배 중에도 빈곤을 벗어나지 못했다. 66세(1827년) 무렵부터 정약용은 아들과 함께 인삼 재배를 하여 성공을 거두었다. 그 후 집안 살림에 다소 여유가 있게 되었다.[2254] 이런 성공에는 평소 의약에 깊은 관심을 가지고 약초를 재배해온 그와 아들의 의약지식이 크게 작용했음에 틀림없다. 자기는 물론이거니와 아들 학연과 서제 약횡이 의원 노릇을 했고[2255] 집안 경제를 회복케 해준 것이 의약이었으니, 이래저래 의약은 정약용의 일생과 떼기 힘든 인연이었다.

의약생활 낙수(落穗)

의원 정약용의 이모저모는 그가 "자찬묘지명"(집중본)에서 자신의 저술 중 맨 마지막에 언급한 『의령(醫零)』 1권에 담겨 있다. 의령(醫零)이란

2252 | 김두종, '우리나라의 두창의 유행과 종두법의 실시', 『서울대학교 논문집』 인문사회학 4집, 1956, 31-49쪽.
2253 | 신동원, 앞 논문, 205쪽.
2254 | 차벽, 『다산의 후반생』, 『돌베개』, 361-363쪽.
2255 | 정약횡의 의원 노릇은 김언종, 앞 논문, 231-232쪽을 볼 것. 그는 의원으로서 비장(脾臟) 활동을 했다.

말은 "의학에 관한 영세(零細)한 내용"이라는 뜻이다. 그가 의원 노릇을 하면서 실제 경험하거나 각종 책의 의학적 내용을 참고한 것 가운데 기록으로 남길 만한 것들을 추려 실은 것이다. 『의령』은 크게 의론(醫論), 의설(醫說), 옛 처방을 모은 것(集古), 다시 추가한 처방인 속집(續集) 등 네 부분으로 구성되어 있다. 이 중 전편에는 의학이론을 실었는데, 그 내용은 이미 소개되어 있기에 여기서 다루지 않는다.[2256] 다만 정약용이 기록한 인면창 내용이 흥미로워 여기에 싣는다.

■자료

인면창론
— 『의령』

인면창이란 세상 사람들이 괴상하게 여기는 병으로 귀신 씌운 것 때문이라 생각한다. 나는 이 병을 보지 못했으나 이치를 헤아려본다면 괴이할 게 없을 것이다. 사물의 겉은 밝고 맨들맨들하며 안은 어둡고 검은 것은 물건을 비추면 거울 같은 속성을 띤다. 부스럼 겉이 반들반들하나 뿌리는 검정색 고름이 잡혀 있으니, 거기에 사람 얼굴을 비추면 반드시 형태가 드러난다. 사람이 얼굴을 찡그리면 그 상도 얼굴을 찌푸리며, 웃으면 역시 웃는다. 사실 이는 하나의 작은 거울이니, 어찌 이상할 바 있으리오. 이 인면창은 곧 흑정(黑疔)이다. 부스럼이 검은 것은 모두 독이 치성해서 그런 것이다. 이를 다스리려면 마땅히 두창의 흑정을 다루는 것과 같은 법을 써야 한다. 놀래서 잘못 조치하면 안 된다.

2256 | 『의령』에 대해서는 김대원, "정약용의 의령"(서울대학교 석사논문, 1991)을 볼 것. 한의학계에도 『의령』에 관한 연구가 나왔는데, 서봉덕, "『의령』으로 본 정약용의 의학사상"(경희대 석사논문, 2003)이 그것이다.

여기서 관심을 가지는 부분은 후편의 소소한 내용들이다. 전편의 내용은 비록 단편적이기는 하지만, 병의 외감(外感), 내상(內傷), 허실(虛實), 운기(運氣) 등 한의학의 굵직한 내용을 점검 비판하는 내용들이다. 이에 비해 후반부의 것들은 그렇지 않다. 이 후반부 내용은 어떤 기준으로 선택된 것일까? 이미 앞에서 더위 먹은 증상의 귤피차, 치통에 대한 황련 경험방 제시에서 봤듯, 정약용은 실제 의약생활의 경험과 의학에 대한 사유를 모아 『의령』을 이뤘다.[2257] 그가 자신이 경험했거나 책에서 찾아낸 좋은 처방을 권하거나, 일상에서 약재를 처리할 때 조언이 되는 자잘하지만 꼭 필요한 내용들이다.

그는 우선 민간에서 쓰는 여러 효험 처방을 모아 제시했다. 두창의 효과적인 치료법과 예방법, 옻올랐을 때〔漆瘡〕효험 있는 처방이 여기에 실려 있다.[2258] 먼저 두창 치료를 전문으로 하는 의원들은 두더지를 약으로 쓴다고 한다. 그들은 두더지의 창자와 내장을 제거한 후 푹 고아서 농축액을 두창 초창기 환자의 열을 내리는 데 쓴다. 정약용은 이 방법이 매우 좋다고 평가한다. 왜냐하면 두창 병이 약을 써서 잘 고치지 못하는 까닭은 부스럼 안쪽이 워낙 단단하여 약의 기운이 거기까지 잘 미치지 않기 때문인데, 정약용은 두더지의 잘 뚫는 성질로 이 약의 센 기운이 부스럼 부위까지 미쳐 작용을 한다고 본다. 잘 뚫는 약으로 천산갑이나 사향 같은 약도 있지만, 진기를 흩트리는 성질을 가진 이런 약과 달리 두더지는 몸의 기운을 보해주는 성질도 같이 가지고 있기 때문에, 그는 두더지를 두창을 치료하는 최상의 약으로 간주한다.

두창의 예방법으로 그는 두 가지 방법을 제시했다.[2259] 하나는 인분

2257 | 김대원, "정약용의 의령", 4쪽.
2258 | 『의령』"잡설4".
2259 | 『의령』"잡설4".

에 담가둔 달걀 복용 예방법이다. 정약용은 두창이 어머니의 뱃속에서 태독(胎毒) 때문에 생기는 것이라 믿었으며, 이 태독을 흩트리는 방법이 있다고 보았다. 그는 달걀은 닭의 태에서 생긴 것으로 가정하며, 그렇게 나온 달걀을 입춘 때 인분 항아리에 넣어 보름 후인 우수 때 꺼내어 아이의 나이에 따라서 1~3개를 복용함으로써 두창을 일으키게 하는 태독을 없앨 수 있다고 보았다. 인분에 빠진 달걀은 분의 기운이 스며들어 본성이 바뀌어 태독을 푸는 약효를 보인다는 것이다. 그런데 이 예방법에 이어 정약용은 "종두법을 널리 행하도록 하여 누구도 아무 일도 없도록 해야 한다."고 적고 있다. 이 방법보다 종두법이 더 효과적인 방법임을 말하고 있는 것이다.[2260]

옻오른 증상, 즉 칠창(漆瘡)에 대해서는 자신이 목격한 방법, 청소유(淸蘇油, 세속에서 말하는 들기름) 1작(勺, 1홉의 1/10, 18ml 정도)을 술에 섞어 복용하는 것을 권했다.[2261] 즉시 효험이 있다고 했다. 이는 일상에서 흔하게 생기는 옻독에 대한 적절한 처방이다.

이 밖에도 각종 병증에 대한 단품 처방을 소개했다. 몸 붓는 병에 청소유(淸蘇油)를 쓰고, 발찌(髮際, 머리털이 난 부분과 그렇지 않은 곳의 경계 부위)에 난 종기에 사슴뿔을 쓰라고 한다.[2262] 목구멍이 부어 아프고 막혔을 때는 박꽃 위를 나는 나방 분말을 약으로 만들어 쓰고, 물사마귀에는 화살대를 태워 얻은 찌끼를 응축하여 연고로 만들어 바르고, 수두(水痘)에는 달걀 흰자위를 채운 밀가루 떡을 환부에 붙이라고 한다.[2263] 인후 통증에는 백합, 이미 말한 것처럼 폐의 가래에는 귤껍질 조각 씹

2260 | 『의령』 "잡설4".
2261 | 『의령』 "잡설4".
2262 | 『의령』 "잡설5".
2263 | 『의령』 "잡설6".

기, 치통에는 황련을 씹어 머금기가 최상의 방법이다.[2264] 피똥 싸는 이질에 메기 회가 좋고, 요통에는 두충(杜冲)이란 약재로 만든 술을 건조시킨 후 찧은 가루를 쓰라고 한다.[2265]

정약용은 자신이 저술하면서 본 많은 책에 등장하는 효험 처방을 가려 모아 『의령』에 실었다. 송(宋)의 신기질(辛棄疾, 1140~1207년)의 사례를 들어 음낭이 부어오른 병에 율무를 처방으로 쓰고, 송 고종(高宗)의 사례로부터 설사 증상에 오이가 좋다는 것을 말했고, 신기질의 사례로 머리 뒤의 부스럼 병에 풍시혈(風市穴)에 뜸을 뜨는 처방을 권했다.[2266] 설사병에 냉수 처방은 윤선도(尹善道, 1587~1671년)의 사례이고,[2267] 심열(心熱), 즉 가슴이 답답하여 번민이 지속되는 증상에 자기 오줌이 좋다는 처방은 정협(鄭協, 1561~1611년)의 사례다. 정약용이 자기 오줌 처방에 대해 "비장과 위가 허약하고 피와 원기가 약한 경우에는 보하는 약 중에 이를 일정량 넣어야 한다."는 명나라 명의 이천(李梴)의 설을 덧붙였다. 이 밖에도 고래 기름을 쓴 등불을 밝히며 밤에 책을 읽다가 눈병이 생긴 원탁(元鐸)이 3년 동안 눈을 감는 방법을 써서 완쾌한 사실과, 새우젓을 먹고 복통을 심하게 앓은 황해도의 어떤 사람이 소주를 먹어 그것을 게워내 병을 고친 사실,[2268] 굶주림을 면하게 해주는 토사자(免絲子)의 효과와 이로 인해 등창이 생기는 부작용을 고치는 인동덩굴 즙 처방을 수록했다.[2269]

정약용은 나중에 모은 사례로 『의령』의 "속집(續集)" 다섯 항을 꾸몄다. 첫째, 귀가 먹먹한 증상인 이롱(耳聾)에 독을 없앤 전갈 가루를 쓰

2264 | 『의령』 "잡설7".
2265 | 『의령』 "잡설8".
2266 | 각각 『의령』 "집고1·2·3"과 같다.
2267 | 『의령』 "집고4".
2268 | 『의령』 "집고6".
2269 | 『의령』 "집고5".

라고 하며, 책을 보는 안력을 기르는 데는 구기자 기름이 좋다고 했다. 도끼에 상한 상처에는 밤 껍데기를 갈아 만든 가루가 좋고, 후비(喉痺)와 유아(乳鵞)에는 청개구리·두꺼비껍질·봉모초(鳳毛草)·서리 맞은 매실 등을 섞어 만든 약을 권했다.[2270] 둘째, 출산 때 생긴 부인병에 홍화 끓이는 증기로 낫게 한 사례, 이질에 연뿌리로 효험을 본 송나라 효종의 사례, 병든 눈에 생긴 붉은 독기에 우렁이와 황련을 섞어 낫게 한 사례를 제시했다.[2271] 셋째, 정약용은 자신의 해수(咳嗽)에 효험을 본 경험방을 소개했다. 씨 뺀 탱자[香橼]를 술과 모래를 넣어 끓여서 꿀과 함께 먹는 방법이었다. 넷째, 그는 기침을 멎는 약으로 남쪽을 향한 어린 뽕나무를 달인 물을 추천했다.[2272] 다섯째, 그는 여러 잡병에 대해 효험이 있다고 하는 단방(單方)을 소개했다. 나력(瘰癧, 임파절에 멍울이 생기는 병)에는 돌고래 회가 좋고, 옴에는 쥐 세 마리를 구어 먹는 것이 좋으며, 눈이 흐린 증상에는 머루 즙을 안약으로 넣으면 좋다고 했다. 머루 즙 안약의 경우, 정약용은 이에 자기의 경험을 적었다. 외가 해남 백련동에 사는 윤씨의 일곱 살 난 아들이 눈에 생긴 흰 예막에 백약이 효과가 없었는데, 어떤 촌 부인이 가르쳐준 이 방법을 썼더니 열흘 만에 나았다는 것이다.

지금까지 정약용이 제시한 처방은 대체로 단약(單藥) 중심이다. 이는 단지 그가 벽지에 유배된 상태라서 이런 처방을 제시한 것이 아니다. 철저하게 자신의 의학관에 근거한 것이다. 의학에 대한 그의 생각은 "의설(醫說)"에 잘 담겨 있다.

2270 | 『의령』 "속집1". 이롱의 경우를 제외한 모든 내용은 중국 송대 인물인 조진(趙溍)의 『양아만필(養痾漫筆)』에서 인용한 것이다.
2271 | 『의령』 "속집2".
2272 | 『의령』 "속집3".

옛날 의학(醫學)은 『본초(本草)』를 전문으로 습득하였다. 때문에 모든 초목의 성(性)·기(氣)·독(毒)·변(變)의 법제를 강구하여 명확하게 알지 못하는 것이 없었다. 그래서 병에 대해 약을 쓸 때 혹 병의 원인이 한 가지뿐이어서 단 1성(性) 단 1독(毒)으로 치료할 수 있다면 한 재료를 사용하고, 혹은 병의 원인이 많아서 얽히고설켜 풀기 어려운 것은 여러 가지 재료를 사용하여 조제해서 치료하게 하였다. 그러므로 기술도 정밀하고 효력도 빨랐는데 후세에는 『본초』를 익히지 아니하고 오로지 옛 처방만 왼다. 예를 들면 팔미탕(八味湯)은 온보(溫補)하는 것인 줄로만 알고 승기탕(承氣湯)은 양사(涼瀉)하는 것인 줄로만 알고서 곧장 전방(全方)을 뽑아 사용하기를 마치 한 가지 재료 사용하는 것처럼 하니, 어떻게 일일이 병에 적중할 수 있는가? 그러므로 이렇게 말한다. "소학(小學)이 폐하여지자 문장(文章)이 일어나지 않고, 『본초』가 어두워지자 의술(醫術)이 정밀하지 못하다."[2273]

이처럼 의학의 본령에 대해 약성을 일차적으로 생각했기 때문에, 그는 수많은 약재가 들어가는 약을 함부로 쓰는 걸 반대했다. 또한 많은 약재가 들어가는 청심환이나 소합원 같은 명약을 원 효능대로 쓰지 않고 만병통치약 비슷하게 쓰는 걸 비판했다. 그는 많은 사람들이 청심환이 30여 가지 약재를 합쳐 하나의 환(丸)으로 만들었기 때문에 각 약의 효력을 다 합친 효과를 보인다고 믿어 죽은 사람도 살리는 약으로 믿고 있지만, 사실 청심환은 단지 몸의 열을 서늘하게 식히는 데서 효과를 내는 약일 뿐이라 말한다.[2274] 또한 서역 수입품인 소합향나무의 진에다 다른 비싼 재료를 많이 섞어 만든 소합원의 경우에는 가짜가 많기 때

2273 | 『다산시문집』 제10권, 설(說), 의설(醫說).
2274 | 『의령』 "잡설2".

문에 잘못 쓰면 부작용이 크다고 말하면서, 차라리 이 약 대신 쉽게 구할 수 있는 단품 약을 쓰라고 권한다. 생강, 초과(草果, 생강과에 속하는 여러해살이풀), 곽향(藿香), 목향(木香), 산사(山査), 지실(枳實) 등의 약이 그것이다.[2275]

■자료

이익의 의약론
─『성호사설』제17권 인사문 본초

본초(本草, 제17권 인사문)에서는 복잡해지고 관념화한 약물이론을 비판했다. 원래『신농본초경』이 막 만들어질 때에는 약리가 단순했지만, 이후에는 너무 번잡해져 알기도 힘들게 되었고 효과가 없게 되었다는 것이 이익의 입장이다. 이런 이해 방식은 정약용에게서도 그대로 나타나는 특징이다. 이익은 간단한 약이 효과가 있는 것은 그 약효가 전일하기 때문이라 하며, 시골의 경험을 수집하는 것이 중요하다고 보았다. 중국과 달리 국내에서도 독자적인 경험이 있으며 그것을 잘 활용하는 것 또한 의미 있다고 보았다. 이를테면 월경수나 미역 따위는 국내에서 중요하게 여긴 처방이라는 것이다.

『신농본초경(神農本草經)』에서는 본초의 맛을 보았다. 만물이 마침내는 먹고 마시는 도(道)에 속하기 때문에 맛을 중요하게 여긴 것이다. 하지만 [초목의] 뿌리·싹·꽃·잎의 모양과 색깔이 각기 다르기 때문에 그것을 잘 구별해야 한다.

2275 | 『의령』 "잡설3".

그 뒤에 진(晉)의 도홍경(陶弘景)은 신농씨의 뜻을 이어 충(蟲)·어(魚)·금(金)·석(石) 등의 약성을 따로 편찬했다. 한 가지 약재의 쓰임이 여러 가지로 다르게 적용되니, 사람들이 무엇에 근거하여 어떤 약성이 올바른지를 가려내겠는가? 그러기에 나는 그것을 크게 신뢰하지 않는다.

그 뒤에 주진형(朱震亨)[2276]과 공신(龔信)[2277] 등은 가장 뛰어난 양의(良醫)로 일컬어졌는데, 그들이 늘어놓은 많은 처방은 차차 더욱 번잡해졌다. 비유컨대, 마치 말이 간결하지 못하면 혼란스럽고 깨닫기 어려워서 올가미를 넓게 펼쳐놓고 토끼를 잡으려는 실수와 같은 것이다.

내가 일찍이 의원에게 들은 말은 다음과 같다. "옛날의 처방은 모두 간결하여 혈을 보하는 데는 사물탕(四物湯)을 주로 하고, 기운을 보하는 데는 사군자탕(四君子湯)을 주로 하며, 담(痰)을 내리는 데는 이진탕(二陳湯)을 주로 한다. 처방에 약재가 더욱더 추가되었고, 더 추가될수록 더욱 어지러워졌다." 의가(醫家)들은 마땅히 이 점을 먼저 알아야만 처방이 근거가 있게 될 것이다.

[게다가] 병의 증세를 어렵게 잘 진찰했더라도 병이 오래되면 증세가 혼란스러워지므로 증상에 따라 잡스럽게 치료하다가는 도리어 근본을 손상할 수 있을 것이니, 어찌 효력을 바랄 수 있겠는가?

시골에서는 의술이 전혀 없기 때문에 단지 "어떤 약재가 어떤 병을 다스린다."는 말만 듣고 한 가지 약재로만 병을 치료하는데 이따금씩 크게 효험을 본다. [이는] 약의 힘이 전일한 때문이다.

근자에 백합꽃 한 종류가 나왔는데, 꽃은 흰 색깔이고 모양은 작은 병과 같으며, 한여름 가물 때에 바야흐로 꽃이 활짝 핀다. 어떤 의원이 이

2276 | 주진형(1281~1358년)은 원대의 저명한 의학자로 흔히 호를 단계라 부름. 이동원, 유완소, 장자화 등과 함께 금원사대가라 불리며, 그의 학설은 조선시대에 가장 큰 영향을 끼쳤다.
2277 | 명대의 의학자. 그의 아들 공정현과 함께 의학의 일가를 이뤘다. 저서로는 『고금의감』이 있다.

것을 목구멍 병에 써서 효과를 보았는데, 여러 의서를 뒤져보아도 이런 설명은 없었다. 다만 말하기를, "백합은 지렁이다. 이것으로 목구멍 병을 치료한다."고만 했다. 이에 이 약을 어린아이의 거위배앓이[蚘腹痛] 치료에 적용시켜본다면, 사람마다 찾아와 구하면서 좋은 처방이라고 하니, 이런 사례도 관심을 두어 살펴볼 필요가 있다.

또 여자의 월경수로 열(熱)을 다스리고 미역[海藿]으로 산부(産婦)의 성약(聖藥)으로 삼는 것은 우리나라 풍속의 중요한 방법이나 의서(醫書)에는 보이지 않는다. 이는 다른 나라에는 없고 우리나라에서만 전해진 것이리라.

실제 임상을 했던 인물답게 정약용은 약의 제법에도 많은 관심을 기울였다. 본초에 관한 수많은 내용이 『아언각비』에 적혀 있으며, 그 내용은 이미 분석한 바 있기에 여기에서 다시 다루지는 않고[2278] 『의령』에 실린 세 사례만 살피도록 한다. 첫째, 정약용은 부자를 법제하는 방법을 상세히 다뤘다. 독성이 매우 강한 부자를 법제하는 것이기 때문에 그 방법이 매우 상세하다. 정약용은 우선 감초를 이용해 법제하는 방법을 말한 다음, 맛을 보면서 법제가 제대로 되었는지 판단하도록 하고, 부자 약성의 강도에 따라 투약 때 분량을 달리해야 하는 것에 대해 말했다.[2279] 둘째, 갈기 힘든 물소 뿔을 가는 방법, 유향(乳香)과 몰약(沒藥)을 가는 방법, 약재 맥문동에서 목질(木質) 부분을 뽑아내는 방법도 실었다.[2280] 셋째, 광물성 약인 웅황을 쓰는 방법에 대해 말했다.[2281]

정약용은 의약생활에서 늘 부딪히는 일상적인 문제에 대해서도 탐구했

2278 | 신동원, 앞 논문, 199~200쪽 참조.
2279 | 『의령』, "제부자법(製附子法)".
2280 | 『의령』, "집고2".
2281 | 『의령』, "집고3".

다. 우선 그는 탕약을 어느 정도 끓여야 적절한지에 대해 깊이 고민했다.

> 탕약을 반쯤 끓이는 데 기준이 되는 것이 없다. 가라앉음과 뜨는 것
> 으로 그 흔적을 보겠는가. 끓고 용솟음치고, 뛰어오름으로 누가 그
> 바름을 알겠는가. 기(氣)가 서로 합하여 어리고 훈훈하여 습기가 있는
> 것으로 누가 그 흔적을 보겠는가. 장차 저울을 들어 그 평(平)함을 얻
> 겠는가.[2282]

정약용은 "약이 약 되는 까닭은 오직 [약의] 성질[氣]과 맛[味]이 있
기 때문인데, 만일 약을 달여서 김으로 기미가 누설된다면 약효가 떨
어지거나 없어지게" 된다고 보았다. 그래서 그는 약효를 유지시키는 가
장 좋은 방법은 약을 끓이지 않는 특별한 방법을 쓰는 것이며, 차선의
방법은 끓이되 기가 누설되지 않도록 하는 방법이라 했다. 그는 끓이지
않고 별도로 약효를 내는 방법이 있다고 했지만, 『의령』에는 싣지 않았
다. 차선의 방법인 끓이되 기가 누설되지 않도록 하는 방법은 소주 내
리는 중탕 방식이다. 약탕기 안에 얇은 구리로 된 조그만 그릇에 찬물
을 채워두고 젖은 종이로 약탕기 입구를 다 덮은 후 약을 달이게 되면,
약을 달일 때 생긴 증기가 찬 구리 그릇에 접촉하면서 이슬로 맺혀 다
시 물방울로 약탕기에 돌아오게 되기 때문에 김의 누설이 없게 된다.
이 방법은 서양 지식인 "약로기(藥露記)"에 실린 내용과 동일하다. 단, 현
『의령』 책자는 한강의 수해로 인한 책의 낙장 때문에 이 부분을 확인할
수 없다.[2283]

2282 | 『의령』 "전약설(煎藥說)".

2283 | 이와 함께 그는 "전약설(煎藥說)"에서 약효를 최대한 유지하게 하는 탕약의 정도, 술로 약을 달이는
방법, 인삼 달이는 방법, 출산에 쓰는 인삼 등도 다뤘는데, 전문이 다 남아 있지 않다.

이런 비슷한 문제의식은 술 달이는 법, 인삼 달이는 법 등에도 드러난다.[2284] 그는 약 달일 때 술과 물을 같이 넣어 달이면 술의 효과를 볼 수 없다고 말한다. 왜냐하면 달일 때 술의 기운이 다 날아가거나 약 찌꺼기에 술이 스며들기 때문이다. 그러므로 약에 술기운이 배이게 하려면 약을 달여 찌꺼기를 제거한 후 술로 조절하여 복용토록 하는 것이 정답이라 한다. 인삼의 경우도 비슷하다. 다른 약의 용량을 많이 쓸 때 인삼 한두 돈을 넣어봤자 인삼 즙은 모두 다 약재에 스며들거나 약을 짜는 베에 묻게 되어 비싼 인삼의 낭비가 있게 된다. 마땅히 약과 인삼을 따로 달인 후에 섞어서 복용토록 하면 이런 폐단이 없게 된다.

　　정약용은 약을 복용하는 방법에 대해서도 논했다. 약을 복용하는 최선의 방법은 약효가 서서히 내려가도록 목구멍에 약을 한 번 머금어 삼키는 것이라 했다. 보통 의서에서는 지금까지 살핀 세 가지 사항과 같은 것은 거의 다루지 않는다. 이는 『의령』의 독특한 측면이다.

　　의약생활의 이모조모를 담은 의령(醫零)이 의학〔醫〕에 관한 나머지〔零〕를 뜻한다면, 정약용에게서 나머지가 아닌 부분은 무엇일까? 『의령』에 실린 글들은 파편의 성격을 띠며, 거기에 등장하는 병은 예사롭지 않은 경우가 많고, 그가 제시한 처방 또한 특별한 것들이 대부분이다. 그는 다른 의서에 실려 있지 않거나, 자신이 읽은 일반 서적에서 찾아냈거나, 자신이 징험한 내용만 이 책에 실었다. 그러니까 이 책에 실린 파편적 지식은 그가 펼친 임상지식 중 다소 극단적인 위치에 존재한다. 최근에 알려진 간찰에 언뜻언뜻 보이는 처방은 『의령』에 실린 것보다 일반적으로 흔히 쓰던 처방들이다. 그것은 그가 이미 언급한 『상한론』, 『설씨의안』을 비롯한 보통의 의서에 담긴 것들이다. 두 아들에게

2284 | 『의령』 "잡설".

4~5년 가르치면 이치를 꿰뚫게 해주겠다는 보통 의약의 내용이 이에 해당한다.[2285] 『의령』에 낙수(落穗)된 그런 것들로 정약용의 의학 수준과 의약생활의 전모가 규정되는 게 아니라, 그런 부분을 고려함으로써 그의 의학 수준과 의약생활의 본령이 넓고 깊었다는 것을 가늠하게 된다.

정약용의 건강관리법

정약용은 자신이 직접 실천하는, 아니면 매우 가까운 주변에서 시행하는 건강관리법에 관한 내용도 『의령』에 실었다. 정약용의 의약생활 관점에서 보면 매우 소중한 기록들이다.

"신수혈(腎兪穴)"에서는 정약용이 자신 있게 추천하는 건강법을 실었다. 신수혈(腎兪穴)이란 몸 뒤쪽 꽁무니뼈에서 척추를 따라 올라가다 보면 움푹 파인 곳이다. 그곳의 경락이 몸 안의 신장(腎臟)과 연결되어 있다고 해서 신수혈이라는 이름이 붙었다. 정약용은 이곳에 10장 이상 뜸을 뜨는 방법으로 명문(신장 두 개 중 한쪽)의 화(火) 기운을 북돋아 각종 병을 이겨낸다고 했다. 정약용은 이 방법이 추위를 당하여 생긴 복통, 정기가 약해져 뱃속이 차게 되어 삭지 않은 음식을 설사하게 되는 증상, 이질로 뒤가 묵직하고 아랫배가 쑤시고 아픈 증상, 남자의 외생식기가 차게 되어 신낭(腎囊)이 습에 사기가 든 병증 등에 효험이 있다고 했다. 또 소년이라도 몸이 차서 신낭이 찬 사람도 이 방법의 적용 대상이다. 뜸을 뜨는 방법은 아니지만, 자신이 아는 이폐양(李蔽陽)은 오랫동안 건강했는데 "아침에 일어나면 손으로 이 신수혈을 10여 차례 문질러 열

2285 | 『다산시문집』 제21권, 서(書), 두 아들에게 부침.

을 낸 방법을 썼기 때문이라 했다." 정약용은 마침 자신이 앓고 있는 증상이 찬 기운 때문에 생긴 이질이 아닌가 여겨서, 이 방법에 대한 관심을 다시 환기시키고 있다. 그는 이 신수혈에 뜸을 뜨는 방법이, 세상 사람이 많이 시행하고 있는 배꼽에 뜸을 뜨는 방법보다 더 신통하다는 점을 강조했다.

신수혈 뜸법에 이어, 정약용은 추위에 상했을 때 자신이 곧바로 대처하는 방법을 제시한다. 정약용은 추위에 상해서 병이 생겼을 때〔傷寒〕에는 곧바로 몸의 찬 기운을 흩어야 하며 그렇지 않으면 큰 병이 된다고 했다. 그래서 그는 손발이 마르고 차며 정신과 원기〔神氣〕가 겁약(怯弱)하여 이 병에 걸렸다 싶으면 항상 곽향정기산(藿香正氣散)을 복용한다고 했다. 만약에 이로써 낫지 않으면 약을 약간 바꾸어 불환금정기산(不換金正氣散) 한 첩을 지어 먹으면 반드시 3~4차례 방귀가 나오면서 뱃속이 시원해지고 정신이 맑아짐을 느낀다고 했다. 때로 병증이 약할 때는 마른 생강을 씹어 체증(滯症)을 씻어 내리거나, 뜨거운 차를 마셔 가슴을 뚫게 하여 풀었다. 이어서 감기에 대처하는 자신의 노하우를 말하고 있지만, 이후의 글이 없어져서 정약용의 방법을 더 이상 고찰하지 못한다.

정약용은 이수광(1563~1628년)의 『지봉유설』을 인용하여 이른바 복이(服餌) 건강법의 폐해에 대해서도 여러 기록을 남겼다. 그는, 노경린(盧慶麟, 1516~1568년)은 철액(鐵液, 철가루를 탄 물)을 늘 복용했는데 해가 지나서 정신이 아득해져 죽었고, 이해수(李海壽, 1536~1599년)는 하수오(何首烏)를 항상 복용했는데 악창(惡瘡)이 생겨 죽었고, 송영구(宋英耈, 1555~1620년)는 송엽(松葉)을 늘 복용했는데 역시 악창에 걸려 죽었다고

적었다.[2286]

정약용의 건강관리법 가운데 주목할 것은 그가 술과 색을 크게 경계했다는 사실이다. 앞에서 말했듯, 그는 『촌병혹치』를 지을 때 술병과 색병을 각기 상권과 하권의 끝에 두었다. 이로 볼 때, 정약용은 유자(儒者)로서 절제와 수양을 중시했음을 알 수 있다. 정약용이 강진 유배 중 둘째아들 학유(學游, 1786~1855년)의 음주를 걱정하는 편지에서, 술은 나라를 망하게 하고 가정을 파탄시키거나 흉패한 행동을 보이게 할 뿐 아니라 온갖 나쁜 술병의 원인이 된다는 점을 말한다.

제발 천애일각(天涯一角)에 있는 이 애처로운 애비의 말을 따르도록 하여라. 술로 인한 병은 등창이 되기도 하며 뇌저(腦疽)·치루(痔漏)·황달(黃疸) 등 별별스런 기괴한 병이 있는데, 이러한 병이 일어나게 되면 백약(百藥)이 효험이 없게 된다. 너에게 빌고 비노니, 술을 입에서 끊고 마시지 말도록 하여라.[2287]

이처럼 정약용은 아들에게 "너희들은 내가 술을 반 잔 이상 마시는 것을 본 적이 있느냐." 물으면서 자신은 결코 반 잔 이상 마시지 않았음을 강조했다.[2288] 그가 술을 완전히 부정한 것은 아니어서 "참으로 술맛이란 입술을 적시는 데 있는 것"이라 했다.[2289]

술과 달리 차는 정약용이 거의 일생 동안 즐긴 식품이었다. 정약용에게서 차는 단순한 기호식품이 아니라 건강관리법의 일환이었다. 그는

2286 | 『의령』, "집고4".
2287 | 정약용, "학유에게 부치노라", 『유배지에서 보낸 편지』(정약용 지음/박석무 편역), 창비, 2006, 93~94쪽.
2288 | 위의 곳..
2289 | 위의 곳.

갈증을 식히고 체증을 내리는 차의 효능뿐만 아니라 '차가 정기를 침식해 기운을 줄인다.'는 단점도 잘 인식하고 있었지만,[2290] 유배지에서나 해배 이후에도 소화기능이 좋지 않아서 늘 차를 복용했다.

언제인지 시기가 불분명하지만 그는 늘 차를 탐내어 약물 삼아 마시고 있는데, 그것이 막힌 것을 소화시키고 뱃속에 생긴 덩어리를 제거하기 때문이라고 했다.[2291] 유배지에서 그는 때때로 혜장스님에게 차를 구걸했다. "더부룩한 체증이 아주 괴로워 이따금씩 술 취하면 못 깨어나네. 스님의 숲 속 차 도움을 받아 육우(陸羽)의 차 솥은 좀 채웠으면. 보시하여 진실로 병만 나으면 뗏목으로 건져줌과 무에 다르리."[2292]라는 차 구걸 시가 남아 전한다. 최근에는 1830년(69세)에 강진에 차를 부탁한 편지가 새로 보고되었다. 여기서 그는 "몇 년 전부터 체증(滯症)이 더욱 심해져서 쇠잔한 몸뚱이가 의지하고 있는 것은 다병(茶餅)뿐"이라 하면서 구체적으로 자신에게 맞는 차를 요구하고 있다. 그것은 거친 게 아니라 "모름지기 세 번 찌고 세 번 말려 아주 곱게 빻은 다음 다시 반드시 샘물로 고르게 반죽하고 진흙처럼 푹 찧어 소병(小餅)으로 찍어낸" 것이었다.[2293] 정약용의 차 마시는 습관은 10대 중반부터 시작되어 유배 이전에도 차를 즐겨 마셨으며 유배생활에서는 더욱더 차를 즐겼다.[2294] 그의 유배지가 차가 많이 나는 다산(茶山)이었고, 그의 제자 18인은 스승 정약용이 유배에서 풀려 강진을 떠날 무렵 다신계(茶信契)를 만들어 끈끈한 우의를 결속시키는 한편, 스승에게 차를 지속적으로 공급하는 장치

2290 | 『다산시문집』 제5권, 시(詩), 혜장 상인에게 보내 차를 빌다[寄贈惠藏上人乞茗].
2291 | 정약용, 승려 아암에게 차 주기를 청하는 편지(1805년 겨울 강진), (송재소·유홍준·정해렴 외 옮김, 『한국의 차 문화 천년2』, 돌베개, 2009, 65쪽).
2292 | 『다산시문집』 제5권, 시(詩), 혜장 상인에게 보내 차를 빌다[寄贈惠藏上人乞茗].
2293 | 『다산간찰집』 235쪽.(1830.10.15.)
2294 | 정약용의 차 음용에 관한 논문으로는 박말다, "차인(茶人) 정약용 연구", 목포대 석사논문, 2009; 류건집, "정다산의 차에 대한 정신", 계명대 차문화연구소 학술심포지엄, 2010, 65-81쪽 등이 있다.

를 마련할 정도였다.[2295]

　술과 차에 이어 담배가 등장한다. "육우(陸羽)가 남긴 다경(茶經)도 좋고 유령(劉伶)의 주송(酒頌)도 특이하거니와 담바고[淡婆今]가 지금 새로 나와서 귀양살이하는 자에게 제일이라네." 정약용은 "귀양살이 잠자리가 늘 편치 못하고 하루하루 더디 더디 갈 때" 담배만큼 무료함을 덜어주는 게 없다고 한다. "가만히 빨아들이면 향기가 물씬하고 슬그머니 내뿜으면 실이 되어 간들간들"이라는 시구에는 정약용의 노곤한 일상이 생생히 묻어난다.[2296] 언제부터 정약용이 담배를 즐겨 피웠는지는 불확실하나 유배 이전에도 담배 장면을 읊은 몇몇 시구가 보인다. 그렇지만 "약방문도 완전히 쇠한 뒤에는 효험이 없고 담배 맛은 홀로 누웠을 때에 유독 깊어라."[2297], "보리 가을 저문 날에 산기운 설렁한데 하릴없이 담배만 피며 밤새 잠 못 이루노니"[2298], "시냇가에서 담배 한 대를 꺼내 피우며 푸른 두어 산봉우리를 멀리 마주하노라."[2299] 해배 뒤 노년 때 읊은 이런 시에는 담배 연기를 뿜어내는 정약용의 모습이 포착된다.

　담배의 폐해 또는 효능에 대해 정약용의 입장은 긍정적이었다. 어떤 사람이 폐해가 커서 이를 금해야 한다고 하지만, 정약용은 '그것이 담(痰)을 다스리고 장기(瘴氣)를 막고, 속을 덥게 하고 충(蟲)을 죽이는 공이 빈랑(檳榔)보다 낫다.'는 중국의 명의 장개빈(張介賓)의 설을 들어 금해서는 안 된다는 입장을 보였다. 다만 농사지을 땅을 담배가 차지하는

2295 | 정약용, "다신계 절목". 송재소·유홍준·정해렴 외 옮김, 『한국의 차 문화 천년2』, 돌베개, 2009, 83–89쪽.

2296 | 『다산시문집』 제4권, 시(詩), 담배[煙].

2297 | 『다산시문집』 제6권, 시(詩), 송파수작(松坡酬酢) 홀로 누워 세 수를 지으면서 장난삼아 방옹의 시체를 썼다[獨臥三首戲爲放翁體].

2298 | 『다산시문집』 제7권, 시(詩), 천진소요집(天眞消搖集) 여름날 전원의 여러 가지 흥취를 가지고 범양 이가의 시체를 모방하여 이십사 수를 짓다[夏日田園雜興效范楊二家體二十四首](신묘년).

2299 | 『다산시문집』 제7권, 시(詩), 경의 뜻을 읊은 시[經義詩] 숙부를 모시고 용문사에서 노닐다[陪叔父遊龍門寺].

것은 막는 것이 필요하다고 했다.[2300]

정약용의 건강관리 중 마지막으로 살필 부분은 치심(治心)과 도인(導引, 몸의 굴신 운동)의 실천에 관한 것이다. 앞에서 말했듯, 1811년(50세) 정약용은 중풍을 앓았으며, 이 사실을 안 정약전은 건강을 돌보지 않고 하늘과 땅 사이 일의 모든 것을 파헤치려 연구에만 몰두하는 동생을 꾸짖으며 당장 '헛된' 연구를 중단하고 몸 건강을 챙기기 위해 수양하기를 권했다.[2301] 구체적으로는 도인술 실천을 권했다. 이에 대해 정약용은 도인법이 "분명히 유익한데 게으르고 산만하여 할 수 없을 따름"이라고 답변했다. 이듬해에는 "육경(六經)에 대한 연구가 일단락되어 방 하나를 깨끗이 소제하고 아침저녁으로 노력하는 가운데 틈을 내어 도인법에 유념하리라."는 편지를 형에게 내기도 했다. 그렇지만 곧 책 읽고 쓰는 습관을 버리기 어려워 다시 문묵(文墨)을 일삼게 되었다.[2302] 도인법을 시행하지 못한 것이다. 오히려 새벽부터 밤늦도록 매일같이 규칙적으로 행한 연구가 그의 몸과 정신을 지탱해주는 원천이었다.

형이 동생의 몸 병과 학문 병을 걱정해 도인과 수양을 권한 반면, 동생은 형이 육류를 먹지 못해 기운을 잃었다는 처지를 안타까워하면서 개고기 보양법을 권했다. 정약용은 흑산도 섬의 들개를 덫을 놓아 잡는 방법, 개고기를 삶는 요리법을 상세히 적어 보내는 한편, 개고기 요리에 쓸 들깨 한 말을 부쳤다. 정약용은 만약 자신이 흑산도에 있다면 5일마다 한 마리씩 삶아 먹으리라고 했다. 5일마다 한 마리, 1년 3백 66일에 52마리의 개를 삶으면 충분히 고기를 계속 먹을 수가 있다는 계산이었다. 그러면 형이 기운을 회복해 건강한 생활을 하리라 기대했다. "우

2300 | 『다산시문집』 제9권, 소(疏), 성지(聖旨)에 부응하여 농정(農政)을 논하는 소.
2301 | 『다산시문집』 제20권, 서(書), 중씨께 올림(신미년 겨울).
2302 | 『다산시문집』 제20권, 서(書).

선 티끌이 묻지 않도록 달아매어 껍질을 벗기고 창자나 밥통은 씻어도 그 나머지는 절대로 씻지 말고 곧장 가마솥 속에 넣어서 바로 맑은 물로 삶습니다. 그러고는 일단 꺼내놓고 식초·장·기름·파로 양념을 하여 더러는 다시 볶기도 하고 더러는 다시 삶는데 이렇게 해야 훌륭한 맛이 나게 됩니다."[2303]라는 개고기 요리법은 초정 박제가에게서 얻은 것으로, 유배지 강진에서 정약용이 어떻게 건강 유지를 위한 영양 보충을 했는지 짐작케 해준다.

자신의 몸을 지키기 위해서 의약을 열심히 찾고 여러 건강법도 시행했지만, 만년의 정약용은 이런 방법으로도 어쩌지 못하는 상황이 있었음을 잘 알고 있었다. 그는 여러 차례에 걸쳐 의약으로 안 되는 것이 있으며 천명에 따를 것을 말한다. 2절에서도 살폈듯 노인 정약용은 의약이 고질과 노쇠를 막지 못하며, 운명에 순응하여 마음을 비우는 것만이 최선이라는 생각을 하고 있었다.

맺음말

정약용에게서 의약은 무엇이었는가. 그는 30대 후반 『마과회통』(1797년 초고)을 내놓을 무렵 높은 경지에 올라 있었다. 그가 갈고닦은 의술은 예기치 않은 18년간의 유배(40세~57세) 동안 자신의 삶을 지켜주는 중요 수단이 되었다. 게다가 귀양지에서 제자와 이웃의 병을 돌봐주는 데 활용되어 그가 인심을 얻는 데 톡톡한 구실을 했을 것이다. 더 나아가 그는 난치 전염병에 대한 지속적인 관심이나 자기가 효험을 본 처방

2303 | 『다산시문집』 제20권, 서(書), 중씨께 올림 신미(1811년, 순조 11년, 선생 50세) 겨울.

을 남김으로써 자신의 의술을 세상과 같이 나누고자 했다. 이 글에서는 다루지 않았지만, 그의 의약 경험과 타 학문으로부터 얻은 의학적 식견은 기존 의학지식 체계의 전반을 재검토하는 계기를 제공한다.[2304] 정약용 자신은 의약을 어떻게 생각했을까? 아직 젊은 36세 때 그는 의약은 황제(黃帝)의 가르침에 따른 소도(小道)로서 직접 인명을 구하는 것이므로, 정치를 잘 펼쳐 천하의 인명을 구하는 대도(大道)와 같이 가치 있는 일이라 보았다. 벼슬에 나아가서는 선정(善政)이요 물러나서는 인술(仁術)이라는 것은 정계에서는 명재상이요 물러나서는 유의(儒醫)로 칭송받은 송대(宋代) 범희문(范希文)이 몸소 보여준 것이었다.[2305]

유배 이전에 이처럼 말했지만, 말이 씨가 되듯 그는 4년 후 관직에서 쫓겨나 가혹한 유배생활을 겪는 가운데 거의 의원 노릇을 하게 되었다. 강진의 귀양살이 중 정약용은 두 아들에게 보낸 편지에서 "내가 만일 하늘의 은혜를 입어 살아서 고향으로 돌아가게 된다면 모두 경사와 예악, 병농(兵農)과 의약의 이치를 꿰뚫게 하여 4~5년 안에 문채를 볼 만하게 할 수 있을 것"[2306]이라 했다. 이 말은 그의 의술이 높은 경지에 올랐음과 그가 의약을 중요한 학문의 하나로 생각했음을 드러내준다. 두 아들에게 "생지황(生地黃)·반하(半夏)·길경(桔梗)·천궁(川芎) 따위"의 약초 재배를 권장한다는 점에서 그가 말한 의약은 일상적, 실천적 성격을 띠었다.[2307]

정약용은 자신이 유배 중이라서 할 수 없이 의약에 침잠한 것이지, 다른 학문을 폐하고 의약에 종사해 의원이 된다는 생각은 전혀 하지

2304 | 신동원, 앞 논문, 195-198쪽.

2305 | 『다산시문집』 제13권, 서(序), 마과회통 서(麻科會通序).

2306 | 정약용, 『여유당전서』, 다산시문선 제21집, 서(序), "두 아들에게 부침(4)" (정약용 지음/박석무 편역, 『유배지에서 보낸 편지』, 창비, 2006, 178-179쪽).

2307 | 위의 곳.

않았다. 이런 태도는 장기 귀양살이 중인 49세 때(1810년) 정약용이 큰 아들 학연(學淵, 1783~1859년)에게 보낸 편지에서 확인된다. 편지에는 "무 릇 사람들 중에 높은 벼슬이나 깨끗한 직책이 있는 사람, 덕이 높고 학 문이 깊은 사람도 의술에 대하여 터득하고 있지만 그들 스스로 천하게 의원 노릇을 하지 않고, 병자가 있는 집안에서도 바로 찾아가 묻지 못한 다. 세 차례 네 차례의 간곡한 부탁을 받고 위급하여 어쩔 수 없는 경우 에야 겨우 한 가지 처방을 해주어 귀중한 처방으로 여기게 하는 정도라 야 옳다."[2308]는 내용이 적혀 있었다. 여기서 정약용은 의약을 부정하는 게 아니라, 아들이 경망스럽게 의술을 매개로 고관대작 집에 드나들며 아버지 해배를 위한 청탁 운동을 하는 사실에 분개한 것이다.[2309] 정약 용은 의학이 경세에 필요한 학문이라는 것을 인정하기는 했지만, 그것은 어디까지나 말학(末學)에 지나지 않는 것으로서 선비가 업으로 삼을 학 문은 아니었다. 영리를 목적으로 해서는 물론 안 되는 것일 뿐만 아니라, 처방도 아무 병이나 함부로 내주는 것이 아니고 위급할 때 서너 차례 사 양을 한 후 마지못해 펼쳐야 하는 것이었다.[2310] 이런 내용을 보면, 유배 지에서 쇄도하는 환자들의 처방전 요구에 대해 의원(醫院)을 열게 되었 다며 다시 부탁하지 말아달라는 정약용의 손사래가 이해가 된다.

최근에 유배 직후인 59세 때(1820년) 그가 족형에게 보낸 편지가 발견 되었다. 이 편지에는 정약용이 그 무렵 자신의 고질과 의원 노릇, 의약 의 한계에 대해 어떤 생각을 했는지 잘 나타나 있다.

2308 | 위의 곳.

2309 | 위의 곳.

2310 | 신동원, 앞 논문, 207쪽. 정학연의 의술은 세간에 명성을 떨쳤는데, 69세 때(1830년) 정약용의 편지를 보 면 그도 아들의 의술을 높이 평가하고 있음이 드러난다.(박철상, 『다산간찰집』, "해제", 12-13쪽) 당대 인물인 이 상적(李尙迪, 1804~1865년)은 정학연의 의술에 대해 의국(醫國), 즉 나라를 구할 만한 수준이라 표현했다.(김영진, "유산 정학연의 생애와 저작에 대한 산고", 『다산학』, 83쪽. 이 논문은 정학연의 학문 전반을 잘 보여준다.)

늘 화농(化膿)으로 고생하신다니, 어찌 군자가 덕을 함양하여 천명을 순순히 받아들이는 도리이겠습니까? 증자(曾子)가 자하(子夏)를 책망한 일을 비록 감히 흉내 내려는 것은 아니지만, 대저 마음을 편히 하고 기운을 내려 천명을 따르고 이치를 깨닫는 것이 지금의 병을 치료하는 방법이지, 썩은 나무뿌리나 풀뿌리로 고칠 수 있는 게 아닙니다.…… 제 일생은 마갈궁(磨蝎宮)이라 단지 '허무'라는 두 글자뿐입니다. 범문정공(范文正公, 范仲淹)의 소원을 제가 감히 얕보는 것은 아니지만 실로 마음에 둔 적이 없습니다. 저는 고향이 돌아온 뒤로:…… 몸의 병은 날로 고질병이 되어 근육과 뼈가 늘 아프니 안타까울 뿐입니다. 이만 줄이며 답장을 올립니다. 경진년(1820) 9월 4일 병제(病弟) 정용(丁鏞) 배(拜).[2311]

이 편지는 내용이 복합적이기 때문에 분석이 필요하다. 첫째, 의약의 한계를 지적하는 것으로, 족형의 고질도 의약으로는 못 고치는 것이기 때문에 단념하고 천명을 따를 것을 권한다. 둘째, 자신의 인생을 평하는 것으로, 그가 이리저리 운명에 시달리는 하늘의 별자리 마갈궁(磨蝎宮)에 속한지라 이룬 것 없는 '허무'라 말한다. 셋째, 의약에 대한 입장에 관한 것으로, 원래부터 자신이 의학에 본뜻이 없었음을 분명히 한다. 족형이 정약용에게 낸 편지는 알 길이 없지만, 답장 내용을 보건대 그는 정약용의 의술에 대해 송대의 유의(儒醫) 범중엄 운운하며 그에게서 처방을 얻으려 했던 것 같다.

이에 대해 정약용은 "범문정공(范文正公, 范仲淹)의 소원을 제가 감히 얕보는 것은 아니지만 실로 마음에 둔 적이 없습니다."고 잘라 답했다.

2311 | 『다산간찰집』, 215쪽.(1820.9.4.)

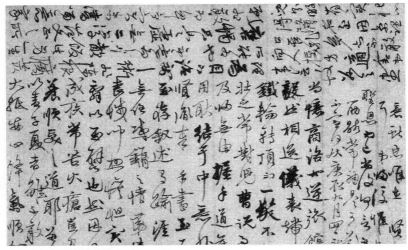

다산간찰집 유의 정약용 원문

넷째, 자신의 고질에 관한 것으로, 귀향한 후에도 자신이 고질병으로 여전히 근육과 뼈가 아프다는 사실을 말한다.

이 편지는 노년 정약용의 처지를 매우 잘 드러내준다. 그는 해배 후 강하게 정계 진출을 소망하고 있었지만 잘 이루어지지 않았다. 그런데 사람들은 오히려 어려운 처지 때 닦은 의약으로만 그를 찾고 그의 의술을 칭송한다. 정약용은 이게 못마땅했다. 공교롭게도, 10년 후 그가 그 토록 고대하던 탕척서용도 승지(承旨) 같은 현관(顯官)이 아니라 의약 관련 의약동참(醫藥同參) 부호군이었다. 게다가 몸의 마비 병도 고질이 되어 고통스러웠는데, 그는 의약이 자신의 고질을 해결해주지 못함을 절절이 깨닫고 있었다. 고질에 계속 의약을 찾는 족형에게도 그는 단념하라고 충고를 했다.

의약이란 그에게 양면적이었다. 일면으로 그것은 자신의 보통 병을 다스리는 존재였고, 그의 높은 수준을 칭송받는 존재였다. 다른 일면으로 그것은 자신의 고질에 무력한 존재였고, 그가 원치 않는 명성을 덧씌

위준 존재였다. 그러니 의약은 정약용의 인생 역정 속에서 신체적으로 나 정치적으로나 소인과 대인 사이에 낀 계륵이었다.

이런 처지에서 정약용은 매달리기보다는 벗어나려고 했다. 의약으로 못 고치는 병은 천명에 순응하는 자세로 연연하지 않고자 했고, 정치적 역경은 운명이려니 했다. "소인〔小體〕은 앓기만 하면 약을 먹고 대인〔大體〕은 병이 고황에 들어도 즐기느니 이쪽은 혹 자양(滋養)을 바라다가 깎이었는데 저쪽은 청한(淸閒)을 찾아서 확 트인다."[2312]는 "약로명(藥鑪銘)"은 이런 운명의 순응과 관련이 있다. 그것은 패배주의로 빠지지 않는다. "약로명"과 대(對)를 이루는 "약사명(藥篩銘)"에서 정약용은 다음과 같이 말한다. "거친 것은 받아들이지 않고 빠져나갈 길을 굳게 지켜, 수많은 구멍이 널려 있지만 거친 것이 빠질 구멍은 뚫려 있지 않다. 요란을 피우며 빠져나가기를 바라기보다는 용감하게 물러서서 곱게 가는 것이 좋으리라."[2313] 이는 거칠지만 자신이 거물(巨物)이기에, 억지로 촘촘하고 좁은 기준(基準)인 약(藥) 체 구멍을 빠져나가기를 포기한다는 다짐이다.

병과 수명으로 본 정약용의 인생은 어땠을까? 어렸을 때 천연두와 마진의 끔찍한 역병을 무사히 치렀고, 1821년의 괴질 유행도 별 탈 없이 보냈다. 그렇지만 유배가 시작되면서 앓기 시작한 풍증(風症)으로 인한 몸의 마비 증상은 죽을 때까지 안고 살았다. 정약용은 이런 풍증이 바닷가 풍토와 자신의 몸을 혹사해가면서 저술에 몰두한 데 기인한다고 생각했다. 형 정약전이 그에게 할 일을 줄이고 도인(導引) 같은 수양법에 신경 쓰라고 권하자, 학문에 몰두하지 않으면 잡념이 생겨 오히려 생을 추스르기 힘들다고 답했다. 학문은 몸의 고질을 일으켰고, 그 고질이

2312 | 『다산시문집』 제12권, 명(銘), 약로명(藥鑪銘).
2313 | 『다산시문집』 제12권, 명(銘), 약사명(藥篩銘).

붓을 놀리는 것을 비롯한 일상 활동에 커다란 장애가 되었지만, 하루 하루 달라지는 학문적 성취는 그의 생명을 지탱시키는 활력의 심지였다. 의약은 몸이 더 망가지지 않도록 하여 그 불꽃을 유지시키는 구실을 했다. 그에게서 고질, 의약, 학문, 수명은 딱히 역(逆)도 아니고 정(正)도 아닌, 서로 미묘한 함수관계를 이뤘다.

유배 이후 관직은 일찍 꺾였고 몸은 오랜 기간 고질로 괴로운 가운데서도, 정약용은 75세의 장수를 누렸다. 일찍이 38세 때, 그는 병조참판 오대익(吳大益)의 71세 향수를 축하하는 글을 지은 바 있다.[2314] "사람이 삶을 연장하고 수를 늘이기를 원하는 것은 무엇 때문인가. 세상에 있는 여러 가지 복의 즐거움을 수(壽)를 하지 않으면 누릴 수 없기 때문이다."는 첫 문장부터 예사롭지 않다. 정약용은 장수가 긴 생애 동안 복을 누리는 전제 조건이라 보았다. 그는 복에는 '열복(熱福)'과 '청복(淸福)'이 있는데, 열복은 높은 벼슬길을 하는 것이요, 청복이란 수명을 늘이는 약초를 기르며 산승이나 신선처럼 세상사의 시끄러운 것을 듣지 않고 사는 것이라 했다. 그는 열복을 얻은 자는 많지만 청복을 얻은 자가 드물며, 바로 오 참판공이 이 청복을 누렸다는 점을 축수(祝壽)의 골자로 삼았다.

이를 기준으로 본다면, 오대익보다 4년이나 더 장수한 정약용은 열복을 얻었을까, 청복을 얻었을까? 벼슬길이 중간에 꺾여 온갖 고난을 겪었으니 열복은 분명 아니다. 노년에 산승이나 신선처럼 마음과 몸의 해탈을 언뜻 맛보았으니 청복에 가깝기는 하나, 모든 것을 초탈 못 하고 스스로 사암(俟菴)이란 호를 지어 후대의 평가를 기다린다고 했으니 정녕 청복도 아니다. 두 아들 이름에 자신의 소망을 새겼듯, 배움〔學〕

2314 『다산시문집』 제13권, 서(序), 병조참판(兵曹參判) 오공 대익(吳公大益)의 71세 향수를 축하하는 서(序). (기미년〔1799년〕에 지음.)

의 연못[淵]에 깊이 빠져 한없이 노닐었으니[游] 학복(學福)을 누렸다고 나 할까? 무덤 속에 묻으라는 "자찬묘지명"에다 그는 이런 말을 적었다. "경계하고 공경하여 부지런히 힘쓰고 힘써서 몸이 늙어지는 것도 모르는 것이 하늘이 용(鏞)에게 내려준 복이 아니겠는가. 육경(六經)을 정연(精研)하여 미묘한 이치를 깨치고 통했도다. 소인이 치성해지니 하늘이 너를 옥성(玉成)시켰네. 거두어 간직하고 장차 훨훨 노니련다."[2315]

보론_ 종두법의 성과와 한계

조선후기 사회에서 가장 주목할 만한 의학적 성과를 낸 것은 의심할 여지없이 종두법(인두법과 우두법)이다.[2316] 예방접종이라는 간단한 방법으로 수많은 생명을 구했기 때문이다. 미키 사카에는 일찍이 이 주제에 관심을 가지고 "조선종두사"[2317](1935)라는 논문을 통해 그것의 전체적인 윤곽을 제시했다. 이후 김두종은 "우리나라의 두창의 유행과 종두법의 실시"[2318](1956년)라는 논문을 통해 중국 국경 근처에서 우두법이 실시되고 있었다는 점을 새로 발굴한 것을 추가했다. 신동원은 종두법 실시의 역사적 성격을 되짚어보고(1996년), 인두법과 우두법의 기술적 측면을 논하면서 종두법의 도입, 실시에 대한 현대 연구자의 근대주의적인 시각을 비판하였다(2000년).[2319]

2315 | 『다산시문집』 제16권, 묘지명(墓誌銘), "자찬묘지명(自撰墓誌銘)" 광중본.
2316 | 종두법에는 소의 두창 고름을 이용한 우두법과 사람의 두창 고름을 이용한 인두법 두 가지가 있다. 우두법은 인두법에 비해 효과와 안전성이 큰 것으로 인식되어왔다.
2317 | 三木榮, "朝鮮種痘史", 『東京醫事新誌』, 1935년 5~6월호.
2318 | 김두종, "우리나라의 두창의 유행과 종두법의 실시", 『서울대학교 논문집』 인문사회학 4집, 1956.
2319 | 신동원, "한국근대보건의료체계의 형성, 1876~1910", 1996; 신동원, "한국 우두법의 정치학—계몽된 근대인가, '근대'의 '계몽'인가—", 『한국과학사학회지』 제22권 제2호, 2000.

미키 사카에는 조선의 인두법이 정조 14년 박제가에 의해 처음으로 중국에서 수입되었으며, 정약용과 박제가가 그것의 실시를 같이 궁구했으며, 이후 박제가가 이를 이종인에게 전해주었으며, 이종인이 그것의 보급을 위해 순조 14년에 『시종통편』을 지었으며, 그 후 나라 전체에 유포된 것으로 정리했다. 그는 제너가 창안한 우두법에 대해서는 정약용이 최초로 이에 관심을 가졌으나, 우두 백신을 채취하는 기술상의 난점과 서학 탄압의 분위기 때문에 그것이 널리 퍼지지 못했다고 정리했다.

미키 사카에와 김두종 같은 학자나 실학에 관심을 가진 많은 학자들은 인두법보다는 우두법에 더 많은 관심을 두었다. 미키 사카에는 조선에서 이웃 중국이나 일본처럼 우두법이 정착하지 못한 이유가 쇄국 정책 때문이라는 해석에 비중을 두었다. 그의 해석은 19세기 들어 조선 사회가 무력해졌다는 그의 일반적인 한국의학사관과 부합하는 것이다. 더 나아가 개항 이후 일본의 도움을 받아 비로소 우두 기술 문제를 해결한 지석영을 조선 우두법의 창시자로 대접하려는 생각과 연결된 것이다. 이와 달리 김두종이나 최익한 등은 정약용이 최초로 우두법을 실시했다는 사실을 입증하려고 노력했다. 인두법보다는 우두법이 더 '빛나는 꽃'이라 생각했고, 그것이 조선후기 사회의 드높은 '실학적 정신'을 대변하는 것이라 가정했다.

나는 이와 다른 입장을 세웠다. 좀 더 근대적인 요소를 찾아 부각시키기에 앞서 인두법과 종두법이 조선 사회에 얼마나 큰 영향을 끼쳤는가를 물어야 한다고 생각한다. 나는 물론 우두법이 인두법에 비해 더 안전하면서도 효과가 있고, 더 정밀하며, 대량 접종이 가능한 방법이었음을 부정하지는 않는다. 두 방법의 기술상의 우열이 엄연히 존재한다고 해도 인두법을 기대 이하로 깎아내리고 우두법을 기대 이상으로 추켜올리는 것은 올바르지 않다. 세계사적으로 봤을 때, 인두법은 우두법과 함께 두창의 예방에 매우 크게 기여했다. 19세기를 통해 국내에서도 우두법이 수입되기 이전에 상당한 정도로 보급되어 있었으며, 그것은 두창의 발생률 저하에 영향을 크게 끼칠 만한 수준이었다.

나는 이 점이 조선후기 의학이 조선인에게 베푼 가장 큰 혜택, '실학' 이었다고 본다. 이는 외국에서 전래된 지식을 효과적으로 이용함으로써 이루어진 것이었으며, 그 성취에 박제가·정약용·이종인 같은 지식인과 의인(醫人)의 노력이 빛을 발했다.

하지만 개항 이전 종두법의 한계는 두 가지 측면에서 분명하다. 첫째 는 위에서 언급했듯이 인두법보다 더 효과가 있고 안정적인 우두법이 정착하지 못한 것이다. 이미 이웃 나라에 그 효과가 잘 알려져 있는 것 이었기 때문에 그 한계는 더 크게 느껴진다. 서학 탄압이라는 분위기가 그것의 정착에 결정적인 장애 요인이 되었다. 이보다 더 큰 한계는 기 술로서의 우두법 그 자체에 있기보다는, 시술을 장려하고 강제하는 장 치의 결여에 있었다. 서양에서 우두법이 효과를 본 것은 국가가 나서서 의무 접종을 실시했기 때문이다. 그 정도는 아니라 해도 비슷한 시기의 이웃 일본의 경우처럼 우두법을 학습하는 교육 체계를 세우지도 못했 다. 그것을 학습하고 시술하는 것은 전적으로 민간의 사적 의료 활동으 로 머물러 있었다.

연구 동향

조선후기 의학 경향의 전반에 대해서는 2005년 신동원이 "'험'을 중시한 의학 경향"으로 정리했고,[2320] 2000년 손홍렬은 조선후기 의서 편찬의 전반을 다뤘다.[2321] 2003년 김남일은 학술적 측면에서 중국의학의 토착화 과정 전반의 성격을 찾아내고자 하는 한편, 2004년 그것을 한국 한의학의 학술 유파의 갈래로 파악해내고자 했다.[2322] 2006년 서소영은 박사논문의 주제로 고대부터 현대까지 중국의학의 한국화 과정 전반을 대담하게 그려냈다.[2323]

조선후기 의학자 중 가장 많이 연구된 것은 정약용의 『마과회통』과 『의령』이다. 정약용의 저작이 연구자의 관심을 크게 끈 것은 그것이 '근대성'를 담고 있다고 보았기 때문이다. 1963년 미키 사카에는 정약용의 『마과회통』에 대해 "계통적인 과학적 방법으로 편술한", 조선 마진학의 대성이며, 동아시아 마진서(麻疹書)의 최고봉으로 평가했다.[2324] 1980년 홍문화는 "『마과회통』은 중국의 한의학의 추종에 그친 것이 아니라, 독자적 체계에 의한 집대성임을 입증하여주고 있다."고 평가했다. 1990년 베이커는 "『마과회통』의 대부분이 다산이 홍역과 천연두의 여러 특징에 관한 상반된 견해들을 참고서적들로부터 발췌하여, 더 단순하고 이론적으로 덜 복잡한 것을 선호하는 입장에서 자신의 소견을 제시한 것이었다. 그가 기준으로 삼은 것은 실제 경험에 의한 경험주의보다 '오컴

2320 | 신동원, 「조선후기의 의학과 실학」, 『韓國實學思想硏究』, 연세대국학연구원 편, 2005.

2321 | 손홍렬, 「조선후기의 의서편찬」, 『충북사학』 11~12, 2000.

2322 | 김남일, 「우리나라 전통의약기술의 중국의학 수입후 토착화에 대한 연구」, 『한국의사학회지』 16-1, 2003; 김남일, 「韓國韓醫學의 學術流派에 관한 試論」, 『한국의사학회지』 17-2, 2004.

2323 | So Young Suh, "Korean Medicine between the Local and the Universal: 1600~1945", Doctoral Dissertation, UCLA, 2006.

2324 | 三木榮, 『朝鮮醫學史及疾病史』, 大阪:自家出版, 1963, 228~229쪽.

의 면도날(즉 '다른 모든 것이 동일하다면 가장 간결한 설명이 최선의 설명이다.'라는 오컴의 경제법칙)'의 합리성에 있었다."고 보았다.[2325] 즉, 경험주의적이라기보다 문헌학적이라는 것이었다. 1996년 김호는『마과회통』의 저술에서 정약용은 미신적이고 허황된 의론을 배척하고 경험적이고 객관적인 이론을 종합한 의학가의 모습의 보여주었다."고 평가했다.[2326] 2000년 김대원은『마과회통』이 이전의 마진학을 집대성해놓은 책임에는 틀림없지만 임상에 활용하기에는 불편한 책이며, "철저하게 문헌에 의존하는 글쓰기와 학문 정신의 결과가『마과회통』"이라 폄하했다.[2327] 2007년 신동원은 이를 부정하면서 그런 방식의 연구 방식은 정약용의 다른 분야에서도 나타나는 일반적인 고증학적 방법에 따른 것이라 주장했다.[2328] 2008년 가와하라 히데키는 정약용의『마과회통』을 꼼꼼히 분석해 의학적 특징을 도출하는 한편 그동안 이 책이 과대평가되어왔다고 주장했다.[2329] 한편 2006년 최진우·안상우는 이헌길의 마진서의 판본을 비교 고찰했으며,[2330] 서봉덕은 박사논문으로『마과회통』전체 내용을 일일이 검토했다.[2331]『의령』에 대해서는 1991년 김대원이 번역하고 분석했고,[2332] 2003년 서봉덕 등이 의학사상을 중심으로 다시 분석했다.[2333]

조선후기 양생법에 관한 연구는 2002년 이진수의『한국양생사상 연구』가 주목된다. 그는『이양편』,『동의보감』,『주역참동계연설』,『보양

2325 | 홍문화, 「의·약학자로서의 다산과 사상과 업적」, 『다산학보』 1, 1978, 90~91쪽.
2326 | 김호, 「조선후기 '두진' 연구―마과회통을 중심으로―」, 『한국문화』 17, 1996, 183쪽.
2327 | 김대원, 「정약용의 의학론」, 『과학사상』 33, 2000, 146쪽.
2328 | 신동원, 「儒醫의 길, 정약용의 의학과 의술」, 『다산학』 10, 2007.
2329 | 가와하라 히데키, 「정약용의 과학저작」, 『다산학』 13, 2008.
2330 | 최진우·안상우, 「夢叟 李獻吉의 痲疹書 판본 비교 고찰」, 『한국의사학회지』 19-2, 2006.
2331 | 서봉덕, 「『마과회통』의 의사학적 연구」, 경희대 박사논문, 2009.
2332 | 김대원, 「『의령』에 나타난 다산 정약용의 '의'에 대한 태도」, 『한국과학사학회지』 13-1, 1991; 김대원, 「정약용의 의령1·2」, 『한국과학사학회지』 15-2-16-1, 1993~1994.
2333 | 서봉덕·김남일, 「醫零으로 본 정약용의 의학사상」, 『한국의사학회지』 16-2, 2003.

지』 등 조선 전·후기의 대표적인 양생서 분석을 통해 양생사상의 전반적인 흐름을 정리했다.[2334] 한편 2001년 김훈은 조선시대 왕들의 질병과 온천욕에 대해 연구했고,[2335] 임진강·김남일은 한국의 추나의학 전반에 대해 고찰했으며,[2336] 김호는 조선 왕실의 식이요법 전반을 분석했다.[2337]

2334 | 이진수, 『한국 양생사상 연구』, 한양대출판부, 1999.
2335 | 김훈, 「朝鮮時代 임금들의 溫泉浴과 疾病」, 『한국의사학회지』 14-1, 2001.
2336 | 임진강·김남일, 「한국 전통추나의학에 대한 의사학적 고찰」, 『한국의사학회지』 20-2, 2007.
2337 | 김호, 「조선의 食治 전통과 王室의 食治 음식」, 『조선시대사학보』 45, 2008.

V. 조선 사회의 의료화: 250년 강릉 약계 자료의 분석

머리말

"지금 서울 사람은 걸핏하면 달여 먹는 보약을 사들이지만, 저 먼 지방 두메산골에 사는 백성들은 의원과 약방이 어디에 있는 줄도 모르고, 병이 들면 누워서 앓기만 하다가 혹 죽기도 하고 살기도 한다."[2338] 이는 이익(1681~1763년)이 『성호사설』에서 한 말로, 18세기 전후 무렵 서울과 지방의 의료 상황을 단적으로 짚고 있는 것이다. "한성을 위한 조선"이라는 말이 있듯이 거의 모든 의약 자원은 서울에 집중되어 있었으며, 지방에서는 그렇지 않았다. 16세기 말 유희춘(1513~1577년)의 저작인 『미암일기』를 보면, 지방에서 의약을 구하기 위해 서울의 유력자인 유희춘에게 부탁을 하고 있으며, 그는 자신의 신분을 활용해 의관들의 자문을 얻는 한편, 자신이 속한 관청의 약방을 통해 그들의 약을 구해주고 있다.[2339] 비슷한 시기인 임진왜란 중 충청 지방의 의료생활을 담고

2338 | 이익, 『성호사설』 제6권, 만물문, 「銀貨」
2339 | 신동원, "조선 후기 의약생활의 변화: 선물경제에서 상품경제로", 『역사비평』 75, 2006, 358-

있는 일기인 오희문(1539~1613년)의 『쇄미록』에서는 그가 혈연과 친분 관계를 활용해서 지방 관아의 의원과 약재를 이용하는 대목이 자주 눈에 띈다.[2340] 두 일기에 나타난 지방의 의약생활은, 지방에는 의원과 약재가 부족하고 그것의 이용은 지방의 관아를 활용해 이루어지며 중요한 약은 서울로부터 구해 오는 모습을 띠고 있다. 서울의 궁궐과 관아는 각 지방에 할당한 진상 약재나 중국과 일본 등에서 무역해 온 약재의 최종 목적지였다. 이렇게 모인 약의 다수는 궁궐과 혜민서·전의감, 각 관아의 약방을 통해 서울에서 소비되었고, 그중 일부가 지방의 관아나 서울의 유력자를 통해 지방에서 소비되었다.

이러한 의약의 소비구조는 17세기 들어 서서히 바뀌고 있었다. 서울에 견줄 만큼은 아니었다 해도 "지방에 아무것도 없다."는 상황은 벗어나고 있었다. 서울의 유력자나 지방 관아에 연줄을 대어 약재를 임시변통하는 방식을 떨치고, 지방에서도 약재를 안정적으로 확보해 운용하는 방안을 모색했다. 이 글이 소재로 삼은 강릉 약계의 등장은 이러한 지방 의료 상황의 변화와 관련되어 있다.

강릉의 약계는 강릉 지역에서 1603년부터 1842년까지 240년 동안 지속되었다. 강릉의 약계는 1603년(선조 36년) 사족이 운영하고 강릉부의 지원을 받는 형태로 조직되었다. 이후 1691년(숙종 17년) 무렵 상당한 정도로 외형의 성장을 보였다가, 19세기 전후 무렵 유명무실해진 뒤, 1842년(헌종 8년)에 완전히 폐지되었다.

강릉 약계에 관한 향토문서는 방동인과 이규대가 편찬한 『(영동지방)향토사연구자료총서』(1987)를 통해 세상에 선을 보였다.[2341] 약계의 운영

362쪽.

2340 | 신동원, "조선 후기 의약생활의 변화: 선물경제에서 상품경제로", 362-368쪽.

2341 | 방동인·이규대, 『(영동지방)향토사연구자료총서』 1, 관동대학교, 1989. 이하 이 서지 사항을 『향토사연구자료총서』 1로 줄인다.

전반은 이 책 안에 담긴 「약계입의(藥禊入議)」라는 문서와 그것의 부속 문서라 할 수 있는 1635년의 완의(「乙亥五月十六日入茶禮時完議」)와 1648년 (戊子) 12월 날짜로 기록된 24조의 「범례」 조항을 담은 문서를 통해 파악할 수 있다.[2342] 「약계입의」는 약계를 조직한 시기와 창설 동기를 담았고, 25개의 「범례」 조항은 약계의 운영방식을 담았다. 이 「범례」 조항은 약계 창설 때 정한 내용과 운영하면서 생긴 문제점, 그것의 보완 등의 내용을 담고 있다.

강릉 약계에 관한 선행연구로는 이규대(李揆大)의 "조선후기 약국계의 일고찰"(1988년)이라는 논문이 있다.[2343] 이 논문은 강릉 지역 약계의 등장, 확장, 쇠퇴, 운영방식 등을 밝혔는데, 향촌사회사적 입장에서 강릉이라는 향촌사회의 조직과 운영에 주된 관심을 두었다. 상대적으로 조선의학사에서 이 약계가 어떠한 위치에 있는지에 대해서는 관심을 적게 가졌는데, 내 연구는 그것을 밝히는 데 초점을 둔다. 강릉의 약계는 단지 강릉이라는 한 지역의 지방 의료 상황만 말해주는 것이 아닌 듯하다. 그 약계는 홀로 고립되어 나타난 것이 아니라 17세기 이후에 나타난 조선 사회 의료시스템의 대변화를 이끈 약계의 유행이라는 흐름 속에 있었기 때문이다. 따라서 이 논문에서는 강릉 약계의 등장, 운영방식의 변화, 소멸의 과정을 살피면서 그것이 조선 의료시스템의 변화와 어떤 관련이 있는지를 논할 것이다.

이 연구는 1603년 강릉 약계의 등장을, 지방에서 관직과 신분에 입각한 친연 관계에 따라 임시변통적으로 운영되었던 조선전기의 관의료 중심의 시스템을 무너뜨리고, 약계를 통해 의원과 약재를 확보한 지방

2342 | 『향토사연구자료총서』 1, 244-251쪽. 여기에는 거의 동일한 내용을 담고 있는 문서가 두 개 있는데, 이 둘의 내용을 시대 순으로 종합해서 고찰했다.
2343 | 이규대, "조선후기 약국계의 일고찰", 『又仁金龍德博士停年紀念史學論叢』, 又仁金龍德博士停年紀念史學論叢刊行委員會, 1988, 263-290쪽.

의 사족이 자신들의 건강을 위한 더욱 안정적인 의료시스템을 구축한 것으로 가정한다. 또한 1842년 강릉 약계의 폐지를, 이 시기 조선을 지배했던 영리를 추구하는 상업적인 의료시스템이 강릉에까지 퍼져 기존의 사족 중심의 의료체계를 붕괴시킨 것으로 가정한다. 아울러 이런 변화가 조선후기 '계'라는 사회조직체의 유행, '효행'과 '인술'을 앞세운 유학자들의 유교적인 의학관의 교화, 영리를 추구하는 약재시장의 형성 등의 요인과 밀접하게 관련되어 있다고 본다.

이 글의 두 번째 절에서는 강릉 약계의 등장 동기와 소멸의 이유를 통해 조선 지방의료시스템의 변화를 다룬다. 세 번째 절에서는 강릉 약계의 조직과 운영을 분석하여 그것이 사족 중심의 향촌 지배적 성격을 띠었음을 논한다. 네 번째 절에서는 강릉 약계의 의학, 의료적 측면을 분석하여 그것이 서울의 것을 모방하는 식으로 이루어졌으나 규모와 수준의 측면에서 다소 떨어지는 것이었음을 논한다. 다섯 번째 절에서는 강릉 약계를 전국 약계의 흐름 속에서 고찰하여 관 의료에서 완전한 민간 의료시스템으로 바뀌는 조선 의료제도 발달의 단계를 밝힌다. 마지막으로 조선후기 약계의 성장이 이 시기 경/향의 문제, 더 나아가 사회의 발달 단계에서 어떤 역사적 의미가 있는지를 찾는다.

강릉 약계의 등장과 소멸

강릉은 서울에서 말[馬]로 7일 거리에 위치한 벽지(『고사촬요』)로서 삼국시대 이전부터 조선시대까지 중요한 행정지역이었다. 신라 선덕여왕 때는 소경(小京)으로 대접을 받았으며, 고려 원종 때는 경흥도호부가 되었고, 공양왕 이후부터는 강릉대도호부가 되었으며, 조선시대에는 안동, 영변, 창원, 영흥 등과 함께 5대 도호부 중 하나로서 정3품 직의 지방 관아였다. 강원도라는 명칭에서 드러나듯 강릉은 원주와 함께 조선의 동쪽 행정구역을 대표했다.

강릉 지역의 의료 상황을 보면, 17세기 초반 무렵 그 지역의 의료 상황이 어떠했는지를 잘 알려주는 사료는 없다. "대도호부에는 14명의 의생(醫生)을 둔다."는 『경국대전』의 규정이 있을 뿐이다. 이 수치는 개성부(開城府)나 강화부(江華府) 같은 부(府)의 16인보다 적지만, 목(牧)과 같은 수치로서 도호부의 12인, 군의 10인, 현의 8인보다는 많은 것이다.[2344] 이로부터 강릉이 중요한 행정지역이었기 때문에 그에 걸맞은 대접을 받았음을 짐작할 수 있다. 의생은 그 이름에서 보이듯, 의원이나 의관(醫官)보다 등급이 낮은 의학생도의 준말이라 할 수 있는데, 관아에 딸린 여러 직역 가운데 하나였다. 이들은 의학을 익혀 낮은 수준의 시술을 하거나 중앙에 올릴 약재의 관리를 맡았다. 이처럼 강릉 대도호부에는 14명의 의생을 두도록 되어 있었으나, 이 수치가 실제로 잘 지켜졌는지, 또 이들이 그 지역의 의료를 얼마만큼 맡아 해결했는지는 잘 알 수 없다. 의원의 존재 못지않게 중요한 것은 처방에 쓸 약의 확보였을 터인데, 이 부분에 대해서 『경국대전』은 아무런 규정도 하지 않았다. 1603년 강릉에 약계를 만들게 된 동기로 "이 지역에 의약이 전혀 없었기 때문"[2345]이라는 점을 들고 있는 것을 보면, 의생이라는 존재 가치가 미미했고, 관아에 약방이 없었거나 있었다고 해도 잘 가동되지 않았음을 짐작할 수 있다.

강릉 지역은 아니지만, 비슷한 시기 강원도 평강 지방 관아의 의약 실정을 파악할 자료가 있다. 오희문의 일기인 『쇄미록』이 그것이다. 이

2344 | 『경국대전』 예전 「生徒」.
2345 | 「藥稧入議」 『향토사연구자료총서』 1, 243b~244a.

일기에는 임진왜란 때 피난살이 중 겪은 일상이 잘 나타나 있다. 오희문의 아들이 강원도 평강 지방의 수령이 되자 같이 살았는데, 수령의 처지에 있으면서도 "궁핍한 시골에 의약이 없다."고 하면서 서울에 가서 약을 지어 오고 있다.[2346] 임란 때문에 열악해진 것이라 생각할 수도 있지만, 필자는 그런 상황을 강조하지 않고 벽지라서 그런 것임을 말하고 있다. 임란 직전 유희춘의 『미암일기』의 경우에도 전라도 담양, 나주 등의 지방에서 서울의 유희춘에게 의약을 부탁하는 모습을 심심찮게 볼 수 있다.[2347] 이런 모습은 대체로 17세기 전후 지방의 의약 형편이 좋지 못했음을 말해준다.

강릉의 약계는 이런 상황에서 만들어졌다. 「약계입의」는 약계가 만들어진 시기와 창설 동기에 대해 다음과 같이 적고 있다.

> 사람이 질병에 걸리는 것은 피하기 어려운 것이다. 그렇기 때문에 옛적에 성현이 의학과 약물을 창제하여 사람이 갑작스럽게 죽는 것을 구제토록 했는데 그것은 빛나는 전통을 이루었다. 하지만 우리 강릉부는 대관령 바깥쪽 구석진 곳에 위치해 있어 의원도 없고 약도 없어 질병이 생기게 되면 비록 어버이를 지극히 섬기는 효자라고 해도 속수무책으로 어찌할 바 모르고 천명만 기다리고 있을 따름으로 달리 무엇을 논할 수 없었다. 이에 지금 약국을 세워 사람의 목숨을 살리려는 뜻에 우리 동지들이 힘을 모았도다. 범례는 아래와 같다.
> —황명(皇明) 만력(萬曆) 기원(紀元) 31년 계동(季冬) 17일 지(識)[2348]

2346 | 신동원, "조선 후기 의약생활의 변화: 선물경제에서 상품경제로", 366쪽.
2347 | 신동원, "조선 후기 의약생활의 변화: 선물경제에서 상품경제로", 362-368쪽.
2348 | 「藥稧入議」 『향토사연구자료총서』 1, 243b~244a.

이를 보면, 강릉의 약계가 1603년 12월 17일에 처음 만들어졌으며, 그 동기가 열악한 의료 현실을 타개하기 위한 데 있었음을 알 수 있다.

여기서 '효'의 실천을 강조하고 있다는 사실을 주목할 필요가 있다. 이는 단지 말만 그렇게 내세운 것이 아니었다. 실제로 초창기 강릉의 약계는 지급 대상을 계원의 어버이로 국한했다. 부모의 병을 고치려는 행위는 가장 숭고한 행위인데, 의약을 못 구해 어버이 병에 속수무책인 것은 참기 힘든 불효로 인식됐음직하다. 조선은 건국 이후 유교 국가를 표방하면서 삼강오륜의 실천을 그 무엇보다도 중요하게 여겼고, 그중에서도 '효'의 실천은 최고의 가치였다. 소아교육에 널리 활용된 『삼강행실도』(1434년)에서는 약을 바쳐 부모의 목숨을 구한 행위를 효행의 으뜸으로 칭송했다. 『신증동국여지승람』(1530년)을 보면 강릉의 효자도 소개되어 있는데, 3명의 효자 중 2명이 이런 케이스다.[2349] 이성무는 어머니 병에 걸려 생선을 먹고 싶다고 하자 동생들과 함께 한겨울 냇물에서 그것을 구하고 있었는데 갑자기 얼음이 풀려 생선이 뛰쳐나오자 그것을 어머님께 드려 병을 고치게 한 행위로 효자의 반열에 올랐다. 나라에서는 이 일을 장려하여 그 자손들을 복호(復戶)하게 했으며, 성무의 조카는 과거에 급제했다. 최응록은 아버지가 미친병에 걸리자 단지(斷指)하여 약에 타서 그 아버지의 병을 낫게 했다는 효행으로 효자 이름을 올렸다. 약국을 꾸리는 일이 엄청난 재원이 필요한 것임에도 불구하고, 또 투자비용 대비 효과가 뚜렷치 않음에도 불구하고, 강릉 사족이 약계를 조직하게 된 데는 이처럼 '효행의 실천'이라는 이념이 큰 몫을 했다. 즉, 다소 극단적인 해석이 될 수도 있겠지만, 변화하기 힘든 의약시스템의 대변화를 이끌어낸 동력이 바로 '효행'이라는 유교이념이었다고 볼 수 있다.

2349 | 『신증동국여지승람』 권44, 강릉대도호부, 「효자」.

계의 지급 대상이 어버이에서 계원 자신과 처자까지 확대된 것은 1648년의 일이었다. 1년에 5차례에 한해서 가족에게도 약을 지급토록 한 것이다. 물론 계를 타는 범위 밖에서 자신과 가족을 대상으로 하는 약계의 이용이 있었겠지만, 계의 지급 대상을 가족으로 확대한 것은 의약 제공의 주된 이념의 변화를 담고 있다는 점에서 큰 의미가 있다. 약계가 여유가 있게 되었다든지 약값이 싸져서 그렇게 되었다든지 하는 드러나 있지 않은 이유가 있을 수도 있지만, 현상 자체만으로 볼 때 '효행 실천을 위한' 약계가 '보통의 질병 문제를 해결하기 위한' 약계로 전화한 것임이 분명하다. 이러한 강릉 약계의 사례는 한정된 의약 자원의 상황에서 그것의 해결 노력이 단숨에 막 이루어진 것이 아니라, '효행'이라는 우선순위를 기준으로 한 순차적인 과정이었음을 시사한다. 그 이행이 강릉 지역에서는 무려 45년이 걸렸다.

1603년 설립된 강릉 약계는 200년 정도 잘 운영됐지만, 19세기 전후 무렵 어느 시기에 유명무실해졌고, 1842년 폐지되기에 이르렀다. 「신수 참동계첩전말(新修參同契帖顚末)」이라는 문서는 그간의 사정을 다음과 같이 적었다.

참동계라는 것은 옛적에 소위 약계라는 것인데 이제 우리 유(후)창근이 계의 창설을 명한 것이다. 이 읍에는 옛날에는 약을 갖춰놓은 것이 없던 곳으로 질병이 생겼을 때 속수무방이었다. 선배들이 이를 걱정으로 여겨 서로 재물을 내어 계를 만들었고, 서울에서 약을 사 가지고 오고 산에서 약초를 캐어 각종의 약을 비축하여 위기상황을 구제하고 제중하는 일을 하도록 했는데 이름하여 약계라 했다. ……중년 이래로 우리 지역 내에 사적인 약국이 거듭 생겨 약제를 쓰기에 어려움이 없게 되었기 때문에 약재를 치웠으나 약계라는 이름은 계

속 남아 있었다. ……옛적에는 역(易)에 약이 있어 모두 그것을 바라
는 올바른 행동이었는데, 이제 서울과 지방에서 약국이라 말하는 것
은 천한 사람의 농단과 다르지 않다고 하니 졸연 그런 말을 들으니 어
찌 아연해지지 않겠는가?[2350]

여기서는 약계를 해소하게 된 이유로 두 가지를 들었다. 사적으로 운
영되는 약국이 계속 생겨서 시중에서 약재를 구하기 쉬워졌다는 점과
약국이 사대부의 일이 아닌 천한 장부의 일로 여겨지게 된 점 등이 그
것이다. 이런 이유 때문에 향약처럼 이념적 성격이 강한 신분적 조직체
인 사족 중심의 약계가 무너지게 된 것이다. 대신에 그 자리에 오로지
경제적 행위의 소비 대상인 영리를 추구하는 사설 약방이 들어섰다.

강릉 약계의 성격: 사족 중심의 지방 의료시스템

| 사족 중심의 계원 |

강릉 약계 계원의 규모는 1635년에 이루어진 '완의(完議)' 조항을 통
해 알 수 있다. 그 내용을 보면 "계원은 25명을 넘었을 때 새로 들이는
것은 이미 꽉 찼으므로 허락하지 않을 일"[2351]이라 하여 그 규모가 25명
이었음을 말해준다. 이는 최초에 입안했을 때의 것으로 추정되는 규정
의 내용에 한계를 지은 것이다. 최초의 「범례」 조항에 따르면, "이 약계
는 생명을 구하기 위해 만든 것이므로 계원 이외의 사람 중 어버이의
병, 자기의 병 때문에 또는 생명을 구하는 데 뜻을 둔 경우에 계원으로

2350 | 「新修參同契帖顚末」 『향토사연구 자료총서』 1, 281b~282a.
2351 | 「乙亥五月十六日入茶禮時完議」, 『향토사연구자료총서』 1, 244b.

들어오는 것을 막지 않는다."[2352]고 했기 때문이다. 하지만 원하는 자가 계속 생겼고 그렇기 때문에 정원을 분명히 해야 할 필요가 생겼으며, 이 완의는 그 결과였다고 할 수 있다.

계원이 되는 사람은 주로 그 지역의 사족 유지들이었다. 계를 처음 만든 사람들로부터 1692년까지 계원 90명을 한정해서 분석해보면, 57명이 감찰·사예·찰방·호군 등의 품직을 가지고 있었으며, 생원이나 진사가 15명, 유학이 12명, 불명자가 6명으로 나타난다.[2353] 이는 당시 강릉 지방에 거주하던 유력 가문인 강릉 최씨, 강릉 김씨, 강릉 박씨, 삼척 심씨, 안동 권씨 등을 망라한 것이었다. 계원은 사후에도 형제나 자손에게 계속 이어져 내려갔다. 기존의 계원과 신분과 관등이 비슷한 소수에게만 추가로 계원이 되는 것을 허락했다.[2354] 계원은 1년에 두 차례 봄과 가을에 정기 모임을 가졌다. 이 모임에서 중요한 사안을 결정했는데, 뚜렷한 이유 없이 불참하는 자에게는 벌칙을 내렸다.[2355]

강릉을 대표하는 25인의 사족이 연합해서 계를 꾸렸다는 사실은 이 약계의 운영비가 만만치 않았음을 뜻한다. 약재 유통구조, 즉 시장이 형성되어 있지 않은 상태에서 약국을 운영하기 위해서는 약국 스스로가 수많은 처방에 들어가는 향약재와 당약재를 골고루 갖춰 마련해야 했기 때문이다. 약이 떨어지면, 주변에 다른 건재상 같은 곳이 있어 약을 쉽게 얻을 수 없는 노릇이었다. 또 지방에서 약을 구할 수 있다고 해도 그 가격은 일반적으로 서울의 2배로 비쌌다.[2356] 왜 지방에 약방이 쉽게 생길 수 없었는가 하는 까닭은 이런 요인에서 찾을 수 있을 것이다.

2352 | 「약계입의 범례」(이하 「범례」로 줄인다) 1조. 『향토사연구자료총서』 1, 244b.
2353 | 이규대, "조선후기 약계의 일고찰", 265-266쪽.
2354 | 이규대, "조선후기 약계의 일고찰", 271-275쪽.
2355 | 「범례」 17조. 『향토사연구자료총서』 1, 246a.
2356 | 「범례」 20조. 『향토사연구자료총서』 1, 246b.

경제적으로 약국 운영에 들어가는 수많은 약재를 일일이 갖춰놓기 힘들고, 설상가상으로 지방의 약값이 서울보다 곱절 비쌌기 때문이다. 17세기 초 강릉 지방 약계의 사례는 지방 유력 사족 전체가 힘을 합쳐서야 겨우 이런 경제적 제약을 극복할 수 있었던 것임을 일러준다.

| 약국의 경영 |

강릉 약계에서 계를 운영하기 위한 자금의 확보에 대한 상세한 규정은 현존하는 이 시기 문서에서 보이지 않는다. 다만 각 리(里)에서 내놓은 쌀을 모아서 모본으로 삼아 빌려주고 그 이자 비용으로 약값을 비롯한 각종 운영자금을 마련했다.[2357] 또한 계원 이외의 약 제제 또는 계원의 이용 한도 밖의 약제는 약값을 받았으며, 그것을 운영비로 충당했다.

하지만 이런 방식의 운영이 늘 원활치는 않았던 듯하다. 1648년 완의에서는 약계가 빌려준 쌀의 이식금 환수 문제가 제기되었다. 빌려간 쌀을 갚지 않는 자들이 적지 않았다. 어떤 자는 빌린 쌀을 여러 해 동안 갚지 않은 것이 많아져 10가마에 이르렀는데도 갚지 않았다. 아무리 독촉을 해도 거두어들일 수 없을 정도였다. 따라서 약계에서는 상환하지 않는 정도가 심한 자를 관에 고해서 그 이름을 환자[還上] 대상으로 삼는 조치를 내리기에 이르렀다.[2358]

계원이 허위로 약을 타내는 것도 운영에 장애가 되었다. 특히 1648년 이후 약물 제공의 범위를 계원과 그 가족에게까지 확장한 후로 다른 사람의 병을 가지고 자기 가족의 병인 양 꾸며 다섯 번 한도 내에서 약을 타내는 일이 빈번히 발생하여 약계의 운영을 어렵게 했다. 이를 막기 위해 약계에서는 망령되게 자신이 쓸 약을 다른 사람에게 옮겨준 경우

2357 | 「범례」 4조. 『향토사연구자료총서』 1, 245a.
2358 | 「범례」 21조. 『향토사연구자료총서』 1, 246b.

에는 계에서 축출시키는 극단적인 처방을 내놓았다.[2359] 또한 약계 임원의 부정을 막기 위한 조치도 마련되었다. 만일 계장, 유사가 조약을 따르지 않고 함부로 약료를 낭비하거나 약국의 물품을 사적으로 썼을 경우에는 갈아치운 후 징벌을 내리도록 했다.[2360]

병자호란 같은 특수 상황 때는 약국의 운영이 더 어려웠다. 보통 때 당약의 경우 서울과 강릉의 약값 차이는 2배였는데, 병자호란 같은 병란 때는 무려 10배나 뛰었다. 호란 때문에 중국 무역이 안 이루어졌고, 그에 따라 서울의 당약재 값이 천정부지로 솟았기 때문이다. 당연히 지방인 강릉은 벽지에 있기 때문에 그보다 훨씬 더 비쌌다. 이렇게 약값이 뛰자 약을 지어 가서 약값을 갚지 않는 경우가 생겨나 약계의 재정 운영에 큰 지장을 주었다. 따라서 극단의 조치가 필요했다. 약값을 내지 않는 경우에 약을 지어주지 않도록 했으며, 약 짓는 생도들이 만일 인정에 얽매이거나 계원의 협박이 무서워 이 규칙을 따르지 않는다면 받지 못한 약값 모두를 생도가 지도록 했다.[2361] 이런 조치와 함께 약값도 올렸다. 생약(生藥)과 숙약(熟藥, 기성처방약)의 경우에는 관원과 계원, 비(非)계원 할 것 없이 모두 『고사촬요』에 적힌 값의 두 배를 내도록 한 것이 그것이었다.[2362]

2359 | 「戊子12月日契中申明入規」, 『향토사연구자료총서』 1, 250b~251a.
2360 | 「범례」 16조. 『향토사연구자료총서』 1, 246a.
2361 | 이상 「범례」 20조. 『향토사연구자료총서』 1, 246b.
2362 | 「범례」 6조. 『향토사연구자료총서』 1, 245a.

『고사촬요』에 실린 약값

조선시대 자료 중 시중 약값에 대한 정보를 폭넓게 싣고 있는 자료로는
두 가지가 있다. 하나는 『고사촬요』이며, 다른 하나는 『만기요람』(1808
년)이다. 『만기요람』에는 전국 각지에서 공물로 올라오는 약재의 공납가
가 적혀 있으며, 『고사촬요』는 혜민서에서 매긴 생약재 가격과 기성약
인 숙약(熟藥)의 값을 싣고 있다. 이 숙약가는 혜민서(惠民署, 醫司)에서
향약의 수납과 투약을 담당한 어느 이름 모를 의사(醫士)가 남긴 것으
로, 주치증과 복약법 및 원가를 적어둔 것이다.[2363] 어숙권의 『고사촬요』
는 1554년(명종 9년)에 처음 간행된 이후에 계속 보완되어 출간되었는데,
그것은 1636년(인조 14년) 이전판 『고사촬요』에는 실려 있으나 이 판본
부터는 삭제되었다. 여기서는 국립도서관 소장 안정복 수기가 담긴 『고
사촬요』(1585년, 선조 18년) 자료에 실린 약값을 분석했다.[2364] 여기에 실
린 내용은 어숙권이 처음 수집하여 실은 생약가와 숙약가가 그대로 실
린 것으로 추정된다. 1636년 이후 판본에서 혜민서 약값이 빠진 까닭은
임란 이후의 경제적인 변동과 함께 민간 약계의 성장에 따른 관 의료의
위축과 관련되어 있을 것이다. 이 생약, 숙약가는 17세기 이전 혜민서와
서울의 약값을 일러주는 매우 소중한 기록이다.

생약재의 경우, '생약 매 1냥 당 국내의 약재 값〔生藥每一兩本國價値〕'이
라 하여 중국 약재의 값이 조선에서 얼마나 하는가를 매긴 것이다. 그러
므로 대부분의 약이 수입 약인 당약재(唐藥材)의 값이다. 물론 이 가운

2363 | 어숙권, 『고사촬요』 상(안정복 일기본, 국립도서관 소장), 「숙약1복가치(熟藥 一服價値)」 154쪽; 안상수,
「고의서산책」 132 『熟藥治要服法』 攷事撮要 2, 『민족의학신문』, 2003.4.19.
2364 | 김치우, "고사촬요(攷事撮要)의 판종고(版種考)", 『한국비블리아』 권1, 1972, 123~129쪽, 135쪽.

데는 국내에서도 산출되는 것도 있으나, 국내 산출이라도 수요 부족 또는 품질 좋은 것을 중국에서 구입하는 경우가 있었다. 여기서는 140종의 약재를 가격이 비싼 순으로 배열했다. 가장 비싼 것은 사향 1냥에 면포(綿布) 2필이었으며, 호박(琥珀)이 1냥에 쌀 1말 3되, 서각(물소뿔)과 백화사(白花蛇)가 1냥에 면포 1필에 쌀 2말 5되, 침향(沈香)과 주사(朱砂)가 1냥에 면포 1필에 쌀 1말, 부자·대모(거북등)·천웅(天雄)·안식향·오사(烏蛇)·진주·해마·완청(莞靑)·소합유(蘇合油)·합개(蛤蚧)가 1냥에 면포 1필, 경분·석웅황·석자향 등이 1냥에 쌀 4말, 백단향·강사(礓砂)·목향··망초·석종유·강진향 등이 1냥에 쌀 3말로 뒤를 이었다. 그 아래로 용골(오늘날의 화석)이 1냥에 쌀 2말, 비상과 유황이 1냥에 쌀 1말 반 되, 향료인 육종용과 전갈이 1냥에 쌀 1말 3되, 계피와 몰약이 1냥에 쌀 1말, 감초·후추·수은이 1냥에 쌀 반 말, 울금, 백복령이 1냥에 쌀 4되였으며, 심풍등(尋楓藤)과 사함석(蛇含石)이란 약재가 1냥에 쌀 2되였다. 이런 약이 비싼 까닭은 그것이 먼 거리를 이동해 온 무역품이었기 때문이다. 감초 같은 경우도 중국 수입품이었는데, 바로 이런 사정 때문에 그것이 들어간 처방약이 싸기가 힘들었다. 이를 보면 조선 초 나라에서 향약 연구에 큰 관심을 쏟았던 이유가 바로 비싼 약값을 낮추기 위한 데 있었음을 알 수 있다. 그럼에도, 『고사촬요』에서는 비싼 당약을 대신할 "향마황(鄕麻黃), 산치자(山梔仁), 강활(羌活), 석고(石膏), 궁궁(芎藭) 같은 자국산 약재를 대용하면 크게 약값을 낮출 수 있다."[2365]고 지적하고 있지만, 이는 역설적으로 그럼에도 사람들이 비싼 당재를 선호함을 증빙한다.

숙약의 경우에는 266종의 기성 처방이 실려 있으며, 1회분 약값이 적혀

2365 | 안상우, 「고의서산책」132 『熟藥治要服法』 攷事撮要 2.

720

있다.[2366] 생약재를 가격 순으로 실은 것과 달리, 숙약은 병증을 기준으로 실어놓았다. 당연히 실용성을 기준으로 한 것이었다. 병증은 풍·한·서·습·조·화로 시작하여, 내상과 허로를 거쳐 각종 종기와 외상, 소갈, 황달, 학질 등의 잡병과 부인과 소아에 관한 병 순으로 실려 있다. 이 가운데 앞에서 살핀『묵재일기』나 여러 일기 등에 자주 보이는 약의 값을 살피면 다음과 같다.

〈표 3-2〉『고사촬요』의 기성 처방 약값 사례

처방명	약값	병증
청심원	쌀 8되(1환)	제풍(諸風)
보명단	쌀 2되(1환)	제풍(諸風)
인삼순기산	쌀 1되 5홉(1회분)	제풍(諸風)
지보단	쌀 1되 5홉(1환)	제풍(諸風)
곽향정기산	쌀 1되 8홉(1회분)	상한(傷寒)
인삼패독산	쌀 9홉(1회분)	상한(傷寒)
삼소음	쌀 8홉(1회분)	상한(傷寒)
생맥산	쌀 1되(1회분)	서증(暑症)
익원산	쌀 2되 1홉(1회분)	이질
양격산	쌀 1되 7홉(1회분)	화열(火熱)
도적산	쌀 1되(1회분)	심열(心熱)
보중익기탕	쌀 1되(1회분)	내상(內傷)
용뇌소합원	쌀 1되 2홉(1환)	제기(諸氣)
십전대보탕	쌀 1되 1홉(1회분)	허(虛)
쌍화탕	쌀 1되 4홉	허(虛)
팔물탕	쌀 1되 4홉	허손(虛損)
분심기음	쌀 2되 9홉	심증(心症)
만병원	쌀 1되 (1錢)	적취(積聚)
온백원	쌀 9홉 (1錢)	적취(積聚)
이진탕	쌀 1되 6홉(1회분)	담음(痰飮)
구통원	쌀 1되(3환)	심통(心痛)
이중탕	쌀 1되 2홉(1회분)	복통

2366 | 안상우, 「고의서산책」 132 『熟藥治要服法』攷事撮要 2.

처방명	약값	병증
발운산	쌀 9홉(1회분)	안질
박하전원	쌀 3홉(10환)	인후
청위산	쌀 5홉(1회분)	치통
반총산	쌀 1되 4홉(1회분)	산증(疝症)
오령산	쌀 7홉(1회분)	제림(諸淋)
방풍통성산	쌀 5되 8홉	창양(瘡瘍)
자금단	쌀 1되 5홉(1정)	창양(瘡瘍)
사물탕	쌀 8홉(1회분)	혈증(血症)
청심연자음	쌀 2홉(1회분)	소갈(消渴)
시호이출탕	쌀 8홉(1회분)	학질
궁귀탕	쌀 1되 7홉(1회분)	부인
보안환	쌀 5홉(1환)	부인
소아청심원	쌀 6홉(1환)	소아
사군자탕	쌀 6홉(1회분)	소아
황기탕	쌀 5홉(1회분)	소아

조선 초에 기성약에 대한 약값이 형성되어 있었다는 점이 흥미로운 사실이며, 또 무려 266종이나 마련되어 있었다는 점은 놀라운 일이다. 이는 거의 모든 중요한 병증에 대해 상용약(常用藥)이 갖추어졌음을 뜻하며, 더 나아가 환자가 의사의 처방 없이, 또는 의사의 처방을 받아 약방에 가서 이런 약을 쉽게 구매할 수 있게 되었음을 뜻하기 때문이다. 중국 송대에 창설된 혜민국에서도 기성 약재를 팔았으며, 그런 전통이 고려 초 개경에 수입되어 정착되었고, 이 전통이 조선 초까지 이어져 온 것이다. 비싼 당약이 들어간 경우에는 청심원은 1알에 쌀 8말이었지만, 부인병 약인 보안환은 1알에 쌀 5홉, 아이 병 때 널리 쓰는 사군자탕은 1회분에 쌀 5홉, 청심연자음은 1회분에 쌀 2홉으로 한결 쌌다. 그럼에도 어떤 처방약이든지 1회분 또는 1알에 쌀 2홉을 상회했다. 당시 많은 사

람들의 경제 형편으로는 피 같은 쌀과 소량의 약을 바꾸는 것이 여의치 않았을 것이다.

이런 다수의 처방을 민간에서 구매할 수 있는 것은 서울에 한정된 것이었으며, 지방에서는 약재의 공급과 구매력 등의 이유 때문에 이마저도 조건이 되지 않았다. 성주 지방에서 묵재 이문건의 약방 구실도 흔한 일이 아니었다. 이문건은 자신이 지은 처방에 대해 대가를 직접 받지 않았으나, 약을 타 가는 주민들은 때때로 꿩이나 물고기, 여러 과일을 갖다 바쳤다.

| 약계의 조직 체계 |

계를 운영하는 책임자에 관한 정보는 「약계입의」 말미에 적힌 서명란을 통해 알 수 있다.[2367] 이를 보면 계수(契首) 1인, 그 아래 계장(契長) 2인, 그 아래 유사(有司) 2인이 있고, 그 아래 의관(醫官) 1인과 직위가 적히지 않은 이름 다섯이 의관과 나란한 위치에 있다. 강릉부에 5현이 딸려 있었던 것으로 보아 이 다섯이 각 현의 계 사무를 맡은 5현유사(五縣有司)인 듯하다. 따라서 이 조직은 강릉 전 지역을 대상으로 한 방대한 것이었음을 알 수 있다.

계의 총책임자는 계수였는데, 이 직책은 향소(鄕所)를 맡은 재지사족의 우두머리라 할 수 있는 좌수(座首)가 맡았다. 계장 2인과 유사 2인은 계원들과 향소의 임원이 함께 후보를 선출하여 관아에 알려 관에서 임명 여부를 결정했다. 각 현과 면의 일을 맡은 5현유사와 각면유사(各面有司)는 계장과 유사가 협의하여 뽑았다.[2368] 약재의 수급, 출납, 저축미 관리 등의 실무는 2명의 유사가 맡았다. 그중 1인은 강릉의 약국 사무를 관장했고 다른 1인은 서울에서 당약재와 강릉에서 나지 않는 약재 구

2367 | 「약계입의」, 『향토사연구자료총서』 1, 244a.
2368 | 「범례」 18조. 『향토사연구자료총서』 1, 247a.

입 사무를 맡았다. 이들은 한 해 걸러 돌아가며 이 일을 맡았다.[2369]

계수가 계원의 의지로 선출되는 것이 아닌, 자동 임명직이었다는 점,[2370] 또 약계의 지역적 운영이 강릉 지방의 향소를 바탕으로 하고 있다는 점 등의 사실로부터, 이 약계가 단지 강릉 지역 유지의 단순한 친목계가 아니었음을 알 수 있다. 이는 약계가 강릉 지역 사족의 향촌 운영이라는 차원과 관련되어 운영된 조직이었음을 뜻한다.

| 약계의 혜택과 차별 |

약계 초창기에는 약계의 혜택을 받는 사람은 주로 계원 어버이들이었다. 계의 규약에 따르면 계원 어버이를 위하여 월마다 1복(服)을 제공하게 되어 있었다.[2371] 이를 보면, 앞에서 말했듯 의약이 없는 지역에 의약을 갖추도록 하는 것의 일차 목적이 가족이 병 걸렸을 때 의약을 찾는 구실보다도 어버이의 건강을 지키기 위해 다달이 보약을 제공하는 것이 주된 목적이었음을 알 수 있다.

계원의 어버이와 함께 계의 책임자인 계장, 계의 사무를 맡은 유사도 계를 타는 대상이었고, 계원의 어버이 경우와 마찬가지로 월 1복을 지급했다. 이는 그들의 수고비를 대신하는 성격으로 이해할 수 있다. 이 밖에 부(府)의 관인의 경우에는 4~5복(2~3복)[2372] 이내에서 약값을 받지 않았다.[2373] 물론 수령을 비롯한 관인은 서울에 가서 약을 지어 올 수 있는 능력이 있었겠지만, 강릉 약계의 경우는 바로 지척에서 약을 지을

2369 | 「범례」 8조. 『향토사연구자료총서』 1, 245b.

2370 | 이규대, "조선후기 약계의 일고찰", 275쪽.

2371 | 「乙亥五月十六日入茶禮時完議」, 『향토사연구자료총서』 1, 250b~251a.

2372 | 약계의 범례는 두 종류가 전하는데, 이 부분에서만 두 문서에 차이가 있다. 한쪽에서는 비록 府官이라도 4~5복이라 하였고 다른 쪽에는 府官이라도 2~3복이라고 했다. 후자의 경우는 더 사정이 나쁠 때의 상황일 것이며, 의약 사정이 극히 악화된 병자호란 직후에 작성된 것으로 추정된다.

2373 | 「범례」 5조. 『향토사연구자료총서』 1, 245a.

수 있는 유리한 상황을 만들어주었다. 관인에게 약값을 받지 않는 것은 "강릉부에서 약전(藥田)을 제공"[2374]했기 때문이었을 것이다. 또한 약계가 강릉 전체를 대상으로 하는 향촌 사족 전체의 사무였기 때문에 여러 부문에서 관의 협조가 필요하기도 했었을 것이다. 약계에서는 이처럼 관인에게 일정 한도 내에서 약을 무료로 제공함으로써 관아까지도 자신의 사무에 포섭해냈다.

계를 타지 않는 경우에는 약값을 지불했다. 그것은 시세에 따랐을 것인데, 처지에 따라 차등이 있었다. 이 약재 값은 『고사촬요』에서 정한 생약가와 숙약가를 기준으로 삼았는데, 계원이라도 부모의 병이 아닌 경우, 계장이나 유사라도 한 달에 1복을 넘어서는 경우에는 숙약과 생약의 값을 평소보다 1배를 더해서 2배의 약값을 내야 했다. 부의 관리라도 5~6복을 넘어선 경우에는 2배를 지불해야 했고, 비계원의 경우에는 무조건 2배를 지불했다. 비계원의 경우에는 이 약계를 이용할 수 있다는 혜택과 더 많은 대가를 치러야 한다는 부담을 동시에 안았다.

| 약계의 향촌 지배적 성격 |

이 계가 강릉 지방의 유력 사족 중심으로 운영되었기 때문에 이에 배제된 자, 아마도 덜 유력한 사족이나 일반 향촌민들은 다른 약국이 없는 상태에서 이 약계에 의존할 수밖에 없는 처지에 있었다고 할 수 있다. 이런 점에서 이 약계는 우대의 형식으로 관원을 약계 안에 포섭해낸 것과 함께, 비계원 향촌민에 대한 의약 통제(social control) 기능을 하고 있다는 점에서 사족의 향촌 지배의 성격을 띠었다고 할 수 있을 것이다. 강릉 지방의 유력 가문을 망라한 사족 25명이 만든 이 약계는 단

[2374] 「범례」 10조. 『향토사연구자료총서』 1, 245b.

지 친분 있는 사족이 질병을 상호 구제한다는 데 머물지 않았다. 그 수장을 강릉 사족의 총책임자로 하고, 강릉 지역을 넷으로 나누어 관장하고, 계원뿐만 아니라 비계원에게까지도 의약을 공급하려 했다는 점에서 그것은 일종의 총체적인 민간 의료시스템의 성격을 띠었다. 경쟁자가 없었다는 점에서 유일무이한 것이기도 했다.

관의 도움을 받도록 되어 있었고, 관에 대한 의약 제공을 우대했다는 점은 관-민 공조의 성격을 띠는 것이기는 하지만, 어디까지나 그것은 민간인 사족이 주도하고 관은 보조적인 구실을 하는 데 불과했다. 이런 의료시스템은 이전에 볼 수 없었던 것으로, 사족의 성장이 '효'의 실천을 내세우며 '인술'인 의약의 영역에까지 확장된 것으로 볼 수 있다. 조선시대 지방의료제도 발달사의 관점에서 볼 때는, 관직의 친분 관계에 입각해서 운영되었던 임시변통적인 시스템이 무너지고, 대신에 사족의 이념과 경제력, 그들 자신의 의학지식에 입각한 새로운 형태의 안정적인 지방의 의료시스템이 들어선 것으로 볼 수 있다.

강릉 약계를 통해본 서울-지방의 의학과 의료

강릉의 「약계입의」와 그 부속문서는 17~18세기 지방의 의원, 약재 관리 상황, 의학처방의 출처를 종합적으로 알려준다는 점에서 매우 가치가 높은 문서다. 현재까지 이처럼 상세하게 한 지방의 의약 상황을 종합적으로 알려주는 자료는 학계에 보고되어 있지 않다.

| 약국의 구성 |

약국에는 의원, 약의 관리를 맡은 약간(藥干)과 고직(庫直), 의생(醫生)

이 딸려 있었다. 의원은 진료를 담당하는 직책이었고, 약간은 약의 채취와 법제 등을 다루는 직책이었고, 고직은 약과 쌀의 저장과 관리를 맡은 직책이었고, 의생은 의학을 습득하는 학도였다. 이런 방식은 중앙 관아의 전의감이나 혜민서의 약방과 비슷한 성격을 띠며, 이렇게 함으로써 질병 구료, 약국의 운영, 의학의 전습이 동시에 이루어질 수 있었다. 조선전기 지방 관아의 운영방식도 이와 같았는데, 17세기 초반 강릉에서는 사족의 약계가 주체가 되어 이런 일을 맡았다.

약계에서는 약국의 안정적 관리를 위해 거기에 딸린 약간과 고직, 의생에 대해 특별한 조치를 취했다. 약간과 고직은 부에서 정했으며, 그들은 군(郡)을 다른 곳으로 옮길 수 없었다. 만일 문제가 생겼을 때는 새로 뽑아 충원했다. 이들은 늘 약국을 지켜야 하는 존재였기 때문에 신임 부사나 정지사·동지사 등이 왔을 때를 제외하고는 아무리 큰 손님이 와도 불려 나가지 않도록 했다.[2375] 의생은 관에 고해 다른 직역을 면제토록 했으며, 연소한 생도 가운데서 뽑아 의약 학습의 효과를 높이도록 했다.[2376]

강릉 약계의 의원은 누구였을까? 이들에 관한 구체적인 정보는 이 시기 문서에 등장하지 않는다. 그들이 직장, 사과, 허통, 진사 등의 품직을 가지고 있는 것으로 보아, 재지사족의 계원 가운데 의학에 밝은 사람을 의관으로 차정한 듯하다.[2377] 대체로 사족이 이 일을 맡았다고 할수 있다. "옛적에는 역(易)에 약이 있어 모두 그것을 바라는 올바른 행동이었는데……"라는 말에서도 드러나듯, 17세기만 해도 지방에서 의학을 펼치는 것을 천한 행위로 여기지 않았다. 이런 사실은 17세기에 들

2375 | 「범례」 9조. 『향토사연구자료총서』 1, 245b.
2376 | 「범례」 11조. 『향토사연구자료총서』 1, 245b.
2377 | 이규대, "조선후기 약계의 일고찰", 277쪽.

어 본격화한 서울 지역 의원(醫員)의 "중인화(中人化)" 현상과 다소 차이가 있는 것이다. 대략 중인 집안은 16세기부터 형성되기 시작했으며, 17세기 전반기까지 약 50% 정도의 중인 집안이 이때 형성되었다.[2378] 이때까지 지방에서는 전문지식만을 가지고 생활을 영위하는 집단이 활약하지 않았고, 여전히 의학이라는 학문은 지식계층인 사족의 일이었던 듯하다. 약계의 의원은 의관(醫官)이라 불렸는데, 이 말에서는 계의 의학을 맡은 직책을 높이고자 하는 뜻이 담겨 있다. 의관의 급료는 따로 정해지지 않았고, 의생, 약간, 고직 등의 직책과 함께 약국 운영에 이윤이 생겼을 때 헤아려 지급되었다.[2379] 이런 사실은 의관이 처방은 내리되 전문적으로 의업에 매이지 않았음을 시사한다.

| 약재의 확보 |

약국을 운영하기 위해서는 안정적인 약재의 확보가 필수적이었다. 강릉의 약계는 여러 방식으로 약재를 확보했다. 강릉 지방에서 채취한 것, 약전(藥田)에서 스스로 생산한 것, 다른 인근 지방에서 사 온 것, 중국에서 당약재를 구하는 것이 그것이었다. 이 밖에도 계원 가운데 당약재나 향약재를 얻은 자는 일체 약국에 보내어 약국에서 쓰도록 했으며, 계원이 아닌 사람의 약재도 받아들였다.[2380]

강릉 지방에서는 약초가 거의 100여 종이 생산되고 있었기 때문에, 계절에 따라 채취할 때를 놓치지 않고 그것을 거두어들였다. 이때는 계원들이 각기 장성한 노비 1인을 차출토록 했다. 이와 함께 관찰사와 인

2378 | 김양수, 「조선후기 사회변동과 전문직 중인의 활동」, 『한국 근대이행기 중인연구』, 서신원, 1999, 178-179쪽.
2379 | 「범례」 12조. 『향토사연구자료총서』 1, 246a.
2380 | 「범례」 7조. 『향토사연구자료총서』 1, 245b.

약두구리(상좌), 약볶이(상우), 양작두(하좌)

근 읍에 정문(程文)을 내어 도내 약재를 확보했다.[2381] 한편 따로 부에서
는 약전(藥田)을 제공하여 그 지방에서 나는 약재를 생산토록 했는데,
씨앗을 뿌리고 관리하는 일은 약간과 고직이 맡았다.[2382] 당약재와 강릉
주변 지역에서 산출되지 않는 약재는 서울에서 사들였다.[2383] 당약재의
무역에 쓸 짐 값과 짐말 값은 복물(卜物)의 무게를 헤아려 약국 저축 쌀
과 포로 제급(除給)했다.[2384] 중국에서 구할 약재는 반드시 중국으로 가
는 사신을 만나보고 간곡히 부탁하는 방식으로 확보했다(10조).

이 밖에 약국에서는 약첩을 싸는 종이는 약국이 저축하고 있는 쌀과
포로 바꾸어 갖추었고(15조), 약저울·약궤짝·작두 등의 확보도 소홀히

2381 | 「범례」 11조. 『향토사연구자료총서』 1, 245b.
2382 | 「범례」 10조. 『향토사연구자료총서』 1, 245b.
2383 | 「범례」 4조. 『향토사연구자료총서』 1, 245a.
2384 | 「범례」 19조. 『향토사연구자료총서』 1, 246a.

하지 않았다. 파손되면 고쳐 쓰고, 잃어버리면 징벌토록 했다(16조).

| 의학 처방의 원천 |

1603년 약계를 만들면서 약국 안에는 병을 치료하고 약을 채취하는데 꼭 필요한 『본초』, 『의학정전』, 『화제국방』 등과 기타 의약 서적을 구해서 약국 안에 비치해두었으며, 강릉 지역에서 구할 수 없는 것은 서울에서 구해 왔다(3조).

여기서 『본초』란 『대관본초(大觀本草)』를 가리키는데, 이 책의 정식명칭은 『대관경사증류비급본초(大觀經史證類備急本草)』이며, 달리 『증류본초(證類本草)』라고도 한다. 이 본초서는 송의 당신미(唐愼微, 약 1056~1093년)가 편찬한 것으로, 32권의 거질로서 대략 1,558종의 약과 3,000여 개의 방문, 1천여 조의 방론을 증상별로 나눠 실었다. 이 책은 방대한 약재에 관한 정보를 담고 있고, 체계적으로 약물이론을 설명하고 있으며, 경전과 사서에 나타난 약재까지도 증상별로 참고할 수 있게 한데다가, 무엇보다도 그림이 실려 있어 학습에 크게 도움이 되는 책이었다.[2385] 『의학정전』은 1515년 명대의 우단(虞搏)이 편찬한 8권의 종합의서로서, 선학이 밝히지 않은 51개의 문제를 논의한 다음 임상 각 과에서 늘 보이는 병증을 증상별로 문을 나누어 각 문에서 먼저 증상을 논하고, 다음에는 맥법과 처방을 일목요연하게 제시한 임상 책이다. 『화제국방』은 송 정부가 내놓은 공식적인 대민 처방집으로 처방에 들어가는 약재도 소수인 실용적인 의서였다.

이 3종의 책은 모두 『경국대전』이 규정한 의과(醫科)나 의학 취재의 시험 과목에 드는 의서들이다. 『경국대전』에서는 진맥서인 『찬도맥』, 침

2385 | 신동원, "조선후기 의원의 존재 양태", 『한국과학사학회지』 제26권 제2호, 2004, 227쪽.

구서인 『동인경』, 임상이론을 갖춘 처방집인 『직지방』과 『득효방』, 부인과 전문의서인 『부인대전』, 두창 전문서인 『창진집』, 태산 전문서인 『태산요록』, 간단 구급처방집인 『구급방』, 간편 처방집인 『화제국방』, 본초 기본서인 『본초』 등 9종의 의서를 시험서로 규정했는데,[2386] 강릉의 약계는 이 가운데 『본초』, 『의학정전』, 『화제국방』 등 세 의서를 필수로 갖춰놓고 다른 의서를 보완토록 했다. 이런 사실로 미루어볼 때, 강릉의 약계에 필요한 의학지식은 중앙의 의과나 의학 취재의 과목을 따르면서도 그것보다 간편한 형태를 띠었다고 말할 수 있다. 아마도 이런 양상은 비슷한 시기 조선 사회의 경/향의 차이에 따른 의학의 차이를 반영하는 것이라 볼 수 있을 것이다.

1613년 『동의보감』의 출간 이전에는 지방 의학계에 그 영향이 매우 컸던 것으로 보인다. 「약계입의」의 부록에서는 『동의보감』의 대출을 명문화하면서 금지시켰다. 이를 위반할 때는 유사가 엄중하게 처벌토록 할 정도였다.[2387] 아마도 이런 조치는 『동의보감』의 인기가 높아서 빌려가는 일이 속출하면서 약을 지을 때 참고할 수 없게 되자 내려졌을 것이다. 이런 사실은 조선의 의학계가 얼마만큼 깊이 "동의보감화"했는지를 단적으로 보여주는 사례다.

17세기 이후 조선 약계의 두 경향

강릉의 약계와 비슷한 성격의 약계가 얼마나 일반적이었을까? 이와 관련된 사료는 매우 적다. 현재 한국역사정보종합시스템 등을 비롯한

2386 | 『經國大典』, 禮典, 「醫科初試」
2387 | 「범례」 22조. 『향토사연구자료총서』 1, 247a.

여러 역사사료 검색시스템을 검색해볼 때, 겨우 둘만이 발견될 뿐이다. 하지만 이 둘은 17세기 약계의 전반적인 경향을 추론할 수 있는 결정적인 단서를 제공한다.

그중 하나는 강릉 약계와 유사한 사례로서 홍우원(洪宇遠, 1605~1687년)의 문집인 『남파선생문집』에 실려 있는 '약계서(藥契序)'이다. 이에 따르면 이 약계는 "궁핍한 벽촌"에서 약을 얻기 힘든 상황을 타개하기 위해 유지재(兪之才)와 경원로(慶元老) 등 2인이 뜻을 같이하는 50인과 함께 곡식을 내어 계를 조직했으며, 온갖 약을 사서 갖춰 지역민에게 제공토록 하는 조직이었다. 홍원우는 "자신이 글쓰기를 그만둔 지 오래됐다."고 하면서도 그들의 약계 결성의 취지가 '어진 사람의 뜻'이라며 기꺼이 약계의 서문을 썼다. 아울러 50인이 뜻을 한데로 하여 잘 운영해 나갈 것을 당부했다.[2388]

이 「약계서」에는 이 약계가 언제, 어디에서 만들어진 것인지 나와 있

홍원우 남파선생 문집-약계서

지 않다. 홍원우의 지방생활을 보면, 그는 1649년(45세) 예안현감, 1660년(56세) 공주목사, 1669년(65세) 고성군수를 역임했으며, 1680년(76세)~1687년(83세)에는 유배를 당해 함경도 명천에 머물렀다.[2389] 이 가운데 함경도 귀양살이 중

2388 | 홍우원, 『南坡先生文集』 卷10, 雜著, 「藥契序」.
2389 | 『한국문집총간 해제』, 남파선생문집 해제.

이 글을 썼을 가능성이 높다. "내가 글을 폐한 지 오래됐다."는 말에는 홍원우가 노년에 건강이 좋지 않은 상황에서 이 글을 쓴 것임이 암시되어 있다. 또 이 글은 "궁핍한 벽촌"이라는 표현을 담고 있다. 만약 이 약계가 함경 지방에서 조직된 것이라면, 그것은 1680년대의 것이라 할 수 있다. 만일 아니라 해도 대략 1649~1687년 사이 강원도나 충청도 또는 다른 어느 지역에서 조직된 것이라 할 수 있다.

이 약계는 어떤 측면에서는 강릉 약계와 비슷하며, 어떤 측면에서는 다르다. '계를 통해 약을 갖춰 벽지의 질병사에 대응한다.'는 이념과 방식은 강릉 약계의 그것과 동일하다. 또 약계의 결성 시기도 17세기로서 강릉 약계와 비슷하다. 하지만 강릉의 약계처럼 '효'를 전면에 내세우지는 않았다. 또 뜻을 가진 50인이 사족인지의 여부가 분명치 않으며, 기존 향촌의 조직이나 관과 연계된 것은 아니었던 것 같다. 그럼에도 불구하고 이 사례로부터 벽지의 약계가 강릉에만 존재했던 특수 조직이 아니었으리라는 추정이 가능하다.

1659년도 『승정원일기』에 실린 한 기사는 한 지역의 약계 결성이 아닌, 17세기 중엽 약계의 만연을 보고하고 있다. 그 기사의 내용은 다음과 같다.

또 계(啓)에 따르면, "근래에 사적인 영업이 성해 공적인 업무가 폐하게 된 것이 이루 헤아릴 수 없을 정도로 많다고 하는데, 이를테면 각 시장과 각 동리의 사약계(私藥契)가 사기를 쳐서 이익을 도모하는 자가 매우 많아 혜민서·전의감에서 약을 파는 규칙이 거의 폐지될 정도에 이르렀습니다. 이에 약값이 매우 치솟아 그 폐가 이루 헤아릴 수 없습니다. 청컨대 각 아문의 약방 이외의 사약계를 일절 금지토록 하

시옵소서." 하니, 상이 말하기를 "계(啓)대로 하라."고 하셨다.[2390]

    이 기사는 다음 두 가지 내용을 담고 있다. 첫째, 민간의 약계가 많아져서 혜민서·전의감의 약 판매가 거의 폐지될 정도에 이르렀다는 사실이다. 민간의 약계가 어느 정도냐 하면 각 시장과 각 동리마다 있을 정도로 많았다. 이 기사에서 혜민서와 전의감이 언급되어 있는 것으로 보아, 이 약계는 서울과 주변의 상황을 말한 것일 가능성이 높다. 하지만 『미암일기』에서 지방에서도 서울에 약을 사러 오는 기사가 자주 눈에 띄는 것을 보면 혜민서나 전의감의 고객, 또는 그의 경쟁자인 각 장과 동리의 사약계를 반드시 서울과 그 주변 지역에만 한정시켜 볼 필요는 없을 듯하다. 둘째, 이들 민간의 약계가 영리를 도모했다는 사실이다. 이 두 가지를 함께 고려하면, 17세기 중반 영리를 목적으로 하는 민간 약계의 성장으로 조선 건국 이후 줄곧 유지되어온 혜민서, 활인서, 각 중앙 관아 약방 등의 약 판매 독점체제가 무너지고 있었음을 추론할 수 있다. 특히 서울의 경우 18세기 후반쯤 되면 민간의 약국이 즐비했다.[2391] 1659년 『승정원일기』 기사 이후 지속된 사약계 성장의 결과일 것이다. 사약계가 어느 정도 흐르면서 약포의 형태로 전화했을 것이다.[2392]

    『승정원일기』에 적힌 사약계와 벽지의 약계는 성격이 비슷하면서도 다르다. 벽지의 경우 비록 영업행위를 안 한 것은 아니지만, 그 지방의 열악한 상황을 극복하기 위한 '인술(仁術)'의 염원이 강했다. 사약계의 경우에는 '인술'을 내세운 측면은 분명치 않으며, 약을 장사해서 이익을

2390 | 『승정원일기』, 효종 10년 2월 8일(기사) [원본] 154책/탈초본8책(23/30) 1659년 順治(슌치/順帝) 16년.

2391 | 18세기 말 서울의 활발한 의약의 모습은 김호, "18세기 후반 거경 사족의 위생과 의료―『흠영』을 중심으로―", 『서울학연구』 XI, 1998, 113-144쪽에 잘 드러나 있다.

2392 | 민간에서 약방을 약계라 부르는 전통은 20세기 초 신문인 <제국신문>(1900년 3월 15일자)에서도 확인할 수 있다. 이 신문은 똑같은 내용을 매우 쉬운 한글로 풀어쓴 <뎨국신문>을 발행했는데, 약종상을 '약계하는 사람'들로 풀어쓰고 있다.

남기는 일에 충실했다. 이 두 종류 약계의 선후 관계가 어떤지는 불분명하지만, 중요한 공통점이 있다. 하나는 서울과 도시에서부터, 하나는 벽지에서부터 17세기 조선의 의료시스템을 새로 짜는 주체 노릇을 했다는 점이 그것이다. 그 결과로 서울의 의약은 다양화, 전문화되었으며, 벽지에는 없었던 의료시스템이 구축되었다.

이제 서울이나 지방 할 것 없이, 의약이 중앙 관아나 관직의 연줄을 통해 얻을 수 있는 신분 의존적 재화에서 경제적 능력에 따라 시장에서 살 수 있는 재화로 탈바꿈하고 있었다. 벽지의 경우 서울보다 성숙이 더뎌 '인술' 이념을 내세운 사족 또는 지방 유력자의 의약 지배라는 형태를 띠었다. 하지만 19세기 초 강릉 약계의 소멸에서 드러나듯, 벽지에서도 영리를 목적으로 하는 약계 또는 약방이 유교적 이념을 앞세운 사족의 약계를 무력화시켰다. 이런 현상은 서울에서 사약계가 혜민서와 전의감의 대민 의약 부문을 무너뜨렸던 것에 견줄 수 있다. 이는 상업화의 기운이 벽지의 의약까지를 지배하는 힘이 된 것을 뜻한다. 따라서 18세기 말쯤 되면 서울이나 지방 할 것 없이 신분 의존적 의료시스템

대신에 경제적인 구매 방식의 의료시스템이 작동하고 있었다. 이런 양상은 황윤석(1729~1791년)의 『이재난고』에서 잘 드러난다. 그의 일기에는 서울과 경기의 관직 생활, 충청 지역의 수령 생활, 전라 지역의 사족생활이 폭넓게 담겨 있는데, 의약 이용은 하나같이 약방에서 약을 사는 경제적인 구매 방식을 띠고 있다.[2393]

맺음말

정리한다면, 강릉 약계는 17세기 초 어떻게 해서 벽지에 사족이 중심이 된 민간의 의약시스템이 구축되었고 또다시 19세기 전후 무렵 그것이 영업을 위주로 하는 전국적인 시스템 안에 포섭되었는지를 보여주는 훌륭한 사례라 할 수 있다. 의료의 측면에서 강릉의 약국 운영방식은 이전에 중앙 관아에서 시행하던 약국의 운영방식을 모방한 것이었다. 의학의 경향과 수준이라는 측면에서, 강릉의 의학은 중앙의 의과나 취재의 교재 범위 안에 있었으며, 내의원 출간물인 『동의보감』의 출현 이후에는 그것을 충실히 따르는 모습을 보였다. 이처럼 강릉의 의약은 서울의 그것을 모방하여 성장했지만, 지방의 의약은 수적인 측면에서 서울보다 훨씬 규모가 작았고, 수준은 떨어졌다. 따라서 강릉 약계의 성장은 절대적으로 열악했던 벽지에 의료시스템을 구축했다는 의의가 크지, 그런 결과로 경/향의 차별을 근본적으로 극복하는 토대가 만들어진 것으로 보기는 힘들다.

위의 논의의 연장으로서 반드시 물어야 할 질문은 "17세기 이후 강

2393 | 신동원, "조선후기 의약생활의 변화: 선물경제에서 시장경제로" (『역사비평』 75)를 볼 것.

릉 지역, 더 나아가 조선 사회의 의약시스템을 근본적으로 바꾼 변화의 주요 원인이 무엇일까?" 하는 점이다. 이 논문에서는 그것이 사회조직인 '계'라는 측면, 인술이라는 유교이념의 측면, 약물의 잉여와 이익 추구라는 경제적인 측면 등 세 가지 요인이 관련되어 있음을 보였다.

무엇보다도 '계'라는 특수 조직의 형태가 없었다면, 이런 변화가 불가능했을 것이다. 한의학은 수백 종의 약을 갖춰놓고 처방을 하도록 되어 있다. 약장 안에 들어가는 자주 쓰는 약재만 해도 100여 종에 이른다. 또 한의학은 동아시아, 더 나아가 인도와 아라비아 지역 출산 약재까지도 처방의 대상으로 삼아 발전했으며, 생지황·숙지황·감초 같은 필수적인 약재조차도 국내에서 자생하는 것이 아니었기 때문에 수입해 써야만 했다. 이런 의학의 특성 때문에 번듯한 약방을 갖추는 것은 경제적으로 쉽지 않은 일이었다. 왜 중앙이 아닌 지방에서 약방을 운영하기가 힘들었는지 그 까닭은 여기에 있었다. 여러 사람이 힘을 합쳐 경제적인 문제를 해결하는 방식인 '계'는 값비싼 약국 운영의 문턱을 낮추는 효과적인 방안이었다.

'계'라는 조직체가 왜 의약 분야에도 적용되었는지는 설명이 필요한 부분이다. "왜 병들었을 때 꼭 약을 써야 하는가?" 현대인에게는 당연한 듯 보이는 이 질문은 조선후기 사람들에게는 그렇지 않았다. 이익의 『성호사설』에서는 지방 사람들이 의약을 잘 이용하지 않으려 한다고 했다. 그들은 "서울에는 약이 많고 지방에는 약이 적은데도 꼭 서울 사람이 더 건강하고 오래 살지 않는다."고 했다. 이런 논리를 깨기 위해 이익은 "의약의 효과는 좋은데 의원의 수준이 떨어지거나 약 처방이 잘못됐기 때문에 그런 것"이라 하며 무던히도 노력하고 있다.[2394] 또 하멜은

2394 | 이익, 『성호사설』 제6권, 만물문, 「銀貨」; 『성호사설』 제14권, 인사문 「醫」

"지방 사람들이 약 대신에 무속이나 점쟁이에 의존한다."[2395]는 관행을 기록에 남겼다. 이런 분위기 속에서는 이익을 포함한 여러 유학자들은 "병이 들었을 때 의약을 써야 한다."고 꾸준히 주장했다. 성리학적 질서의 확대로 인해 정부에서도 무속을 비롯한 미신적 치료행위를 금하려 했고, 무당을 도성 밖으로 쫓아내는 조치도 여러 번 있었다. 이와 함께 조선의 향촌사회를 지배하는 향약, 향규나 각종 계가 이런 이념을 심화시켰다.[2396] 사족들이 중심이 된 강릉 약계와 지방 유력자가 중심이 된 홍원우가 말한 약계는 이런 움직임과 관련이 있다. 강릉의 약계는 '효행의 실천'이라는 측면에서 의약의 절실함을 호소하여 '어버이' 우선의 계로 출발했다. 또한 그것은 홍원우가 말한 약계와 마찬가지로 좀 더 넓은 의미로서 유교적인 '인술' 이념을 품고 있다. 벽지에도 의약이 꼭 있어야 하며 약계가 필요하다는 생각은 이러한 교화의 영향으로 이해할 수 있을 것이다.

하지만 이로써 대변화를 다 설명해내는 것은 왠지 부족하다. 약계는 한 지역의 일이 아니어서 약재 전반의 흐름에 관한 물질적인 토대를 논의의 대상에 올려야 한다. 서울과 지방의 수많은 약계들, 그것이 이익을 추구했건 유교이념을 실천하기 위한 것이었건 간에, 그것들은 어떻게 그 많은 약들을 구할 수 있었을까? 국산 약의 경우는 어떠하며, 중국 무역 약의 경우는 어떠했을까? 관아에 진상할 약 이상의 약재가 얼마만큼이었으며 그것이 어떠한 경로로 민간에 흘러나왔는지는 추후 밝혀야 할 과제이지만, 약계의 성행은 바로 이 '잉여'를 바탕으로 해서 이루어지고 있었던 것은 사실이다. 적어도 의약의 측면에서 볼 때, 17세기 이후 19세기 내내 전국적으로 의약의 소비가 많아지고, 그럼으로써 유

2395 | 헨드리 하멜, 이병도 역, 『난선제주도난파기―부 조선국기』, 일조각, 1981, 91쪽.
2396 | 김대원, "민간의료의 성장", 서울대 국사학과 석사학위논문, 1998, 49쪽

통이 활발해지고, 값이 싸지는 선순환 구조를 만들어낸 것만은 분명한 것 같다. 대다수 진상 약재를 쌀로 바꾸도록 한 대동법의 실시가 17세기에 이루어졌다는 점에서, 약계의 성행과 대동법 실시의 시기가 겹친다는 것은 꼭 우연만은 아닐 것이다. 게다가 약재시장이 조선후기 재배에 성공한 인삼과 당약재의 대량 수입과 관련되어 있다는 점에서 이 문제는 동아시아적인, 더 넓게는 세계 약재시장의 흐름까지 연결하여 파악할 성질의 것일지도 모른다.

끝으로, "17세기부터 19세기까지 지속된 의약 부문의 성장이 이 시기 조선 사회의 이해에 어떤 의미가 있을까?" 하는 점을 묻고 싶다. 1603년 강릉 약계의 등장은 사족의 의료가 봉건적인 연분 관계에 따른 의료시스템을 대신했고, 이어서 19세기 전후 무렵 이익 추구를 앞세운 상업적인 약계는 이 사족 지배의 의료를 대신했다. 적어도 의약 분야에서는 17세기 이후 20세기에 이르도록 의약의 확산이 꾸준히 이루어지고 있었다. 그런데 의약은 다른 상업 분야와 달리 '합리적인 자연과 인체에 대한 지식'과 관련된 분야다. 한의약의 확산은 의료의 무(無)이용 또는 무속적, 종교적 의료를 차츰 벗어나는 것을 뜻한다. 따라서 "신분의 굴레를 떨치는 의약의 상업화", "자연적 지식에 기반을 둔 한의약의 확산" 이 둘을 함께 고려하여, 이 약계 성장의 사례로부터 17세기 이후 조선 사회가 경제적인 측면에서나 지식적인 측면에서나 모두 이전보다 더 합리적인 사회로 나아가고 있었다고 말한다면 지나친 비약일까?

VI. 조선 사람들은 왜, 얼마만큼
서양의학에 관심을 가졌을까

지금부터 90년 전에 비로소 우두하는 법이 서토(西土)에서 창안되었으니 생명을 구하는 것이 셀 수 없을 정도이다.…… 오늘날 오대양을 가로질러 모든 백성들은 이 법에 의지하여 한 사람도 천연두에 상하는 자가 없었다. 우리만이 동쪽에 치우쳐 있어 들음이 적었으나 다행히도 성운을 만나 개명함이 날로 더해가게 되었다. 진실로 백성을 편리하게 하고 나라를 이롭게 하는 방법이 있으면 본받아서 행하지 않음이 있어서는 안 된다.

('고종의 전교(傳敎)', 「우두절목(牛痘節目)」, 규장각 도서번호 21389, 1885.)

머리말

1700~1885년 사이에 조선 사회에 떠돌던 서양의학에 관련된 담론들로는 어떤 것들이 있었을까? 1700년이란 조선에서 서양의학 담론이 등장하는 시기이며, 1885년이란 서양의학이 담론의 수준에서 벗어나 실행으로 옮겨지는 시기다. 나는 왜 시기에 관심을 가지는가? 조선에서 서양의학의 본격적인 실천이 있기 전에 어떤 상황이었는지 궁금했기 때문이다. 1876년 개항 이전과 개항 이후를 같이 다루는 이유는 단지 담론만 떠돌았다는 공통점 때문만이 아니다. 이전의 담론과 이후의 담론이 양적, 질적으로 엄청난 차이가 있어, 그 차이를 통해 두 시기 담론의 성격을 더욱 명확히 파악할 수 있기 때문이다. 나는 왜 '서양의학'이라는 말 대신에 '서양의학과 관련된 담론'이라는 표현을 쓰는가? 당시 조선 사회에서 떠돌던 서양의학의 내용이 파편적 지식의 모습을 띠었기 때문이다. 한국의 속담을 쓴다면, 당시 조선인들 사이에 떠돌던 서양의

학이란 "장님이 코끼리 다리를 더듬는" 수준이었다. 다리를 더듬어 코끼리의 전모를 알아낼 수 없듯, 이 시기 서양의학 담론의 파편을 다 모은다 해도 그것만으로 서양의학의 전모와 정수를 결코 알아낼 수 없었다. 그렇지만 당시의 조선인들은 당시의 조선인들은 더듬이를 쫑긋 세워 서양의학과 관련된 정보를 얻었으며, 매우 제한된 그 정보를 토대로 하여 서양의학에 대한 이미지를 만들어냈다. 즉, "조선적 서양의학"이었던 셈이다.

이 서양의학 담론은 어떻게 평가해야 할까? 많은 학자들은 그것의 이질성을 선진성으로 판단하여 갈채를 보냈다. 현대 연구자들은 숙명적으로 "얼마나 독창적인 새로운 시도가 있었는가?"에 관심을 가져야 한다. 언뜻 보아도 이 시기 조선 사회의 서양의학 담론은 기존 의학의 담론과 크게 달랐다. 늘 똑같은, 반복적인, 지루한 듯 보이는 한의학 관련 사료와 달리 서양의학 담론에는 발화자의 흥분과 열망이 묻어 있었고, 날카로운 비판정신이 번득였다. 그것은 존재 그 자체만으로도 관심을 끌기에 충분한 주제였다. 이러한 서양의학 담론은 근대의 조짐으로 해석되어서, 근대 서양의학의 내용을 척도로 하여 그것에 근접할수록 높은 점수를 받았다. 반면에 그들은 서양의학 담론의 사회적 맥락, 역사적 울림, 심지어 그 담론들의 시기별 특징의 파악조차도 진지하게 탐구하지 않았다.

나는 많은 선행 연구자와 달리 이 담론들의 시기별 특징, 역사적 울림, 사회적 맥락을 따진 후 이에 입각해서 그 담론을 평가하고자 한다. 이를 위해서는 다음 네 가지 작업이 필요하다. 첫째, 이 시기 유통되던 서양의학 담론 전체를 연구의 대상으로 올려야 한다. 둘째, 이 담론의 발화자가 이 담론을 통해 말하고자 하는 메시지를 분석한다. 셋째, 이 담론들이 위치한 텍스트 내 비중을 분석함으로써 이 담론들이 발화자에게서 얼마만큼 의학적으로, 사상적으로 중요한 관심사였는지 알아본다. 넷째, 이 담론들의 원 출처인 중국과 일본의 문헌에서 어떤 내용이 뽑혔는지를 분석함으로써 발화자의 선택이 어떤 식으로 이루어졌는지를 파악한다. 이를 바탕으로 하여 나는 이렇게 선택된 서양의학 담론이 우연히 뽑힌 것이 아니라 당시 18~19세기에 걸쳐 인민 다수가 의약을 이용하게 된 "조선 사회의 의료화"라는 현상과 개항 이후 진행된 위생을 앞세운 "문명화"와 깊이 연관되어 있음을 주장할 것이다.

나는 1700~1885년의 서양의학 담론을 1700~1791년, 1791~1876년, 1876~1885년 등 셋으로 나누어 살필 것이다. 1876년 개항이라는 조건은 19세기 조선 사회의 가장 큰 상황의 변화였다. 따라서 서양의학 담론도 이런 조건의 차이가 뚜렷하게 반영된다. 1891년은 정조가 사대부가 천주교를 믿어 제사를 지내지 않는 사건을 보고 충격을 받아 왕실도서관인 규장각의 천주교 관련 도서를 모두 태워버린 해이며, 이후 1800년 정조가 죽자 새로 등장한 보수정권은 1801년 대대적인 천주교 박해를 가했고 이런 정책은 개항 때까지 지속되었다. 이런 사실로 해서 서양의학 담론이 위축되고 변화된 모습을 띠기 때문에 1891년을 하나의 전환점으로 삼았다. 1700~1791년의 기간에는 서양의학이 '참으로 괜찮은 것'이라는 담론이 형성되었다. 1791~1876년까지는 천주교가 사악한 종교로 규정되었기 때문에 서양의학 담론 중 서양과 관련된 부분을 금기로 여기거나 천주교 교리와 관련된 부분을 완전히 부정하고 기술적 측면만 논하는 담론의 성격을 띠었다. 특히 서양의학의 실측성이 주목되었다. 1876년 개항 이후에는 서양의학은 '문명화'에 꼭 필요한 수단이라는 담론이 지배적이었다.

조선에서의 초기 서양의학 담론의 특징: "참된 것"1700~1791

조선에서 서양의학 담론의 출현은 천문학 분야보다 늦었으며, 관심의 정도도 그보다 훨씬 미약했다. 최초로 등장하는 것이 이익(李瀷, 1681~1763년)이 "천주실의발(天主實義拔)"을 썼던 1720년대로 추정된다. 1700~1791년 사이의 서양의학 담론으로는 단편적인 기사 총 10건이 있으며, 이 중 7건에 서양의학에 대한 경험이나 의견이 피력되어 있다. 그것은 이익 2건, 신후담(愼後聃, 1701~1762년) 2건, 박지원(1737~1805년) 1건, 박제가(1737~1805년) 1건, 안정복(1712~1791년) 1건, 이의현(李宜顯, 1669~1745년) 1건 등이다. 관심 주제로 보면, '지각과 도덕을 담당하는 기관이 뇌인가 심장인가' 하는 뇌주설/심주설 논쟁이 2건, 서양의 의학과 약재에 대한 관심이 5건이다.

| 신체의 중심기관은 뇌인가, 심장인가? |

18세기 일부 조선 학자가 중국에서 들여온 서학 서적에 담긴 의학이론을 보고, 그것이 자신들이 알고 있던 인체생리학과 크게 다르며, 한의학의 인체관과 결합된 성리학적 인체관에 도전하는 것임을 알아차렸다.[2397]

이익의 "서국의(西國醫)" 기사는 조선 최초로 이를 다뤘다. 이익은 독일인 선교사 아담 샬(湯若望, 1591~1666년)의『주제군징(主制群徵)』을 읽었는데, 이 책은 뇌주설(腦主說), 즉 '뇌가 인체의 감각과 지각, 인간의 도덕적 판단 일체를 결정하는 기관'으로 규정하고 있었다.[2398] 그것은 로마시

2397 | 도널드 베이커 저·김세윤 역, "정약용의 의학론과 서양의학",『조선후기 유교와 천주교의 대립』, 일조각, 1997, 310~311쪽.
2398 | 조선후기 서양의 뇌주설에 관한 전반적인 논의는 김성준, "18·19세기 조선에 전해진 서구 腦主說과 惠岡 崔漢綺의 대응"(고려대 과학학협동과정 석사논문, 1999)을 볼 것.

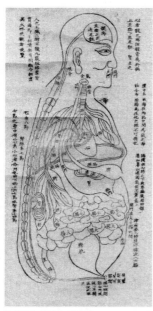

의학강목 해부도-심주설

대 갈렌의 생리학 내용이었다.[2399] 이에 따르면, 사람의 신형(身形)이 뼈와 살로 구성되며, 그것이 반드시 열을 근본으로 하여 생기며, 피는 자양이 되고, 기(氣)는 동각(動覺)이 되며, 몸의 모든 기관은 뇌의 주재를 받는다는 것"이었다. 이에 대해 이익은 뇌가 온몸에 퍼져 있는 근(筋)과 낙(絡)의 즉각적인 반응〔覺〕을 지배하는 기관이라는 측면은 수긍했지만, 생각이 따르는 행위〔知〕는 심장의 지배를 받는다고 주장했다.[2400] 이익은 이런 내용이 "다루는 범위와 언어가 그것과 엄청나게 달라서 완전하게 이해할 수 없다."고 고백하면서도 "이상〔서양인〕의 설을 살펴볼 때, 중국 의가(醫家)의 그것과 견주어보면 훨씬 자세하고 정밀함을 느낄 수 있어 버릴 수 없다."[2401]고 말했다. 이는 이익이 이 설을 존중한 까닭은 그것의 옳고 그름보다도 정교한 서술에 있었음을 말한다.

2399 | 이영택, "우리나라에 최초로 소개된 서의설", 『서울대학교논문집』, 1954, 209-210쪽.
2400 | 李瀷, "서국의(西國醫)",(안정복, 『성호사설유선(星湖僿說類選)』, "인사편" 1.)
2401 | 李瀷, "서국의(西國醫)",(안정복, 『성호사설유선(星湖僿說類選)』, "인사편" 1.)

■자료

서국의(西國醫)

—안정복, 『성호사설유선(星湖僿說類選)』, 인사편 1 서국의(西國醫)

서국의(西國醫, 『성호사설유선』 인사편 1)는 국내 최초로 서양의학을 소개한 글이다. 일단 이익은 아담 샬(중국명 湯若望. 1591~1666년)이 『주제군징(主制群徵)』에 실은 갈렌의 서양생리설을 그대로 옮겼다. 고대 로마시대 갈렌의 생리학을 소개한 그 내용은 크게 네 부분으로 구성되어 있다. 첫째는 생리 원칙이다. "뼈가 있고 살이 있어서 몸의 형체가 갖추어진다. 그러나 반드시 열을 근본으로 해서 피가 생기고, 기운을 기르고, 행동과 사고를 할 수" 있으며, "몸의 모든 기관은 뇌의 주재를 받는다는 것"이었다. 둘째는 혈액이다. 음식이 간에서 혈액으로 화하며 그것이 온몸을 돌아 생명 활동을 영위케 하는 메커니즘을 말했다. 셋째는 호흡이다. "호흡으로서 새로운 공기를 흡입하고 묵은 공기를 내뱉는" 것이다. 넷째는 뇌척수신경계다. 뇌는 몸 전체의 신경근육을 관장하는 중심 기관으로서 감각의 원천이다.

이익은 이 생리설에 대해 "검토해보건대, 중국의가의 설에 비해 훨씬 세밀하여 소홀히 할 수가 없다."고 평가했다. 이익이 어떤 점에서 이 설이 중국의학보다 세밀하다고 했는지 분석을 내놓지는 않았지만, 그가 느낀 점은 쉽게 헤아릴 수 있다. 각 신체기관의 실체가 분명하며, 각 신체기관 사이의 유기적 연결이 뚜렷했기 때문이다. 이에 대비되는 한의학의 생리학은 오장육부의 설이라 할 수 있는데, 그것은 관념적이고 추상적인 오행의 전변 과정에 꿰어 맞춰진 듯한 논리를 띠었다.

이익은 생리설을 칭찬했지만, 모든 것을 그대로 추종하지는 않았다. 그는 뇌가 감각의 중추임을 인정했지만, 사고의 중추라는 아담 샬의 주장에 동의하지 않았다. 이 주장은 동아시아 사상체계의 핵심적인 가정인 "심장이 사고의 주체"라는 설에 강력하게 도전하는 것이었기 때문이다. 마찬가지 맥락에서 이익은 서양 생리설의 외연인 '기독교적 영혼'을 인정하지 않았다.

한의학에서는 심장을 마음과 정신 활동이 머무는 기관으로 간주했고, 성리학에서는 이런 가정에 입각해서 인간의 본성을 논했다. 서양의 뇌주설(腦主說)은 이에 대한 도전을 의미했다. 그것을 받아들이는 순간, 한의학의 토대는 물론이거니와 성리학 전체의 전제가 흔들리게 된다.

조선후기의 여러 학자가 서양의 새로운 설에 관심을 가지면서도 이 주장을 선뜻 받아들이지 못한 근본적인 이유는 여기에 있다. 사실, 이러한 태도는 조선 실학 유학의 융통성과 경직성을 동시에 보이는 것이다. 즉, 서양의 해부생리학을 자신의 신유학 도덕규범의 근본 가정을 위협하지 않는 범위 안에서 그것을 수용한 것이기 때문이다.

탕약망(湯若望)[2402]의 『주제군징(主制群徵)』에서는 다음과 같이 말했다. "뼈가 있고 살이 있어서 몸의 형체가 갖추어진다. 그러나 반드시 열을 근본으로 해서 피가 생기고, 기운을 기르고, 행동과 사고를 할 수 있다. 여기에서 하나만 결여되어도 사람이 될 수 없다."

사람 몸 안에서 세 가지 주요 기관을 군주(君主)로 삼는데, 심(心)·간(肝)·뇌(腦)가 그것으로 다른 몸의 기관은 모두 이들의 명령을 받는다. 이제 피가 생기게 되는 것을 논한다면, [그것은] 반드시 음식의 소화에서 비롯한다. 먹은 음식은 먼저 이에서 씹히고 위 주머니를 거쳐서 가장 거친 것이 동맥[大絡]으로 돌아간다. 이보다 정미한 것은 간장에 올라가서

2402 | 탕약망(1591~1666년)은 중국 명(明)나라 말기부터 청(淸)나라 초에 걸쳐 포교와 천문역산(天文曆算)을 위해 활동한 예수회 신부로, 본명은 아담 샬(Johann Adam Schall von Bell)이다.

피를 만들며, 그중 거친 것은 찌꺼기가 된다. 여기에서 비장은 정미한 것을 보존하고 거친 것을 나누는 작용을 한다. 담은 몸에 해를 끼쳐 고통을 주는 모든 물질을 거두어들이는 작용을 한다. 신장은 아직 소화되지 않은 것을 흡수해서 저장한다. 비장, 담, 신장이 비록 모두 피를 풍성하게 하는 기관이지만, 간처럼 홀로 [음식물을 피로] 변화시켜 체성(體性)의 기운을 갱생시키지는 못한다. 그렇기 때문에 간이 소중한 것이다. 간이 몸 안과 통해서 절반쯤 변화한 음식을 거두어 차차 본력(本力)을 따라 완전히 변화하여 피로 만들고, 피의 정미한 부분이 거듭 변해서 혈로(血露)가 되는데, 이것이 소위 체성(體性)의 기운이다. 이 기운은 가장 정미해서 온갖 혈맥과 통하고 온갖 드나드는 구멍을 열며, 피를 끌어 온몸을 돌게 한다. 또 본혈(本血)의 1~2분(分)이 동맥[大絡]을 거쳐 심장에 들어간다. 먼저 우심실로 들어가며 다음에 좌심실로 이동한다. [거기서] 차차 정미해져서 절반이 변하여 혈로(血露)가 된다. 이것이 소위 생양(生養)의 기운이다. 이 기는 정미한 피를 온몸에 돌 수 있도록 하여 원열(原熱)을 보존토록 한다. 또 이 혈로(血露) 1~2분(分)이 동맥[大絡]을 거쳐 뇌(腦) 속으로 올라간다. 또 변해서 더욱더 정미해져서 동각(動覺)의 기운이 되어, 다섯 감각기관과 팔·다리·머리·몸뚱이 등 사체(四體)가 감각하고 지각할 수 있도록 하여 각각 맡은 바를 행하게 한다.

[어떤 이가] 물었다. "몸에서는 반드시 피와 위의 세 기운이 두루 돌아야 하는 것은 어찌된 까닭입니까?" [탕약망이] 답했다. "사람의 몸에는 원래 습[한 기운], 열[기운]의 두 가지가 세를 이루고 있는데, 열이 늘 습을 없애는데 쉴 때가 없다. 만일 [습함을] 자양하여 없어진 것을 보충하지 않는다면 살갖과 살이 말라버리고 몸이 타버릴 것이다. 그러므로 피로써 자양(資養)하는 것이다.

피는 혈관으로 흐른다. 혈관을 총괄하는 것이 낙(絡)이다. 낙은 간(肝)으로부터 두 개가 나와 하나는 위로, 하나는 아래로 가서, 각기 차차 가는 핏줄로 나뉘어 정미해진다. 안으로는 장부로, 밖으로는 살갗과 살까지 관통된다. 통하지 않는 곳이 없고 그 수는 헤아릴 수 없이 많다. 혈관의 모습은 마치 베틀과 같다. 그 실 중 어떤 것은 바로 가고 어떤 것은 비끼거나, 가로로 간다. 바로 간다는 것은 피의 기세로 매끄럽게 이끄는 것이고, 비낀다는 것은 피가 머물러 물러나지 않는 것이고, 가로로 가는 것이란 피를 보내서 나아가도록 하는 것이다.

혈관의 힘은 또 피를 잘 보존하여 손상되어 허물어지지 않도록 한다. 피가 담(痰)을 만났을 때는 그것을 이겨내 잘 흐르도록 하고, 담(膽)과 만났을 때는 응고되지 않게 하며, 체성(體性)의 기운과 만났을 때는 혈관의 구멍을 열어 그것을 인도하여 꽉 막히지 않게 한다.

심장으로부터 나온 것 또한 두 개의 대락(大絡)〔곧 동맥과 정맥〕이 있다. 하나는 위로, 하나는 아래로 간다. 다시 가늘게 나뉘어져 몸을 통하는 것이 간(肝)의 낙(絡)과 같다. 간의 낙과 다른 것은 간의 핏줄은 피를 주행시키면서 피를 보존시키지만, 심장의 핏줄은 오로지 열의 기운과 생양(生養)의 기운을 이끄는 길에 불과할 뿐이다. 심장은 호흡으로써 새로운 공기를 들이고 묵은 공기를 내보내는데, 곧장 온몸으로 퍼져나가게 한다. 그러면 혈관이 여기에 응하는데, 잠깐이라도 응하지 않으면 곧 한·열의 여러 증상이 생긴다. 의원(醫員)이 반드시 삼부(三部)의 약동하는 형세로 병의 원인을 알게 되는데, 그것은 이 때문에 가능한 것이다.

뇌(腦)에서는 감각과 지각의 기운을 발산하는데 그 쓰임은 힘줄을 부리는 데 있다. 뇌와 몸의 거리가 멀기 때문에 힘줄을 끌어서 온갖 지체(肢體)에 도달할 수 없으므로, 다시 목의 마디〔頸節〕와 등의 척수〔脊髓〕로 뇌와 연결시켜 하나가 되도록 하여 두루 미치도록 한다.

뇌의 거죽〔皮〕은 내층(內層)과 외층으로 나뉜다. 내층은 부드럽고 외층은 견고해서, 먼저 본기(本氣)를 보전하고, 또 [힘줄의] 시원이 된다. 힘줄이 뇌로부터 나온 것이 육우(六偶)다. 일우(一偶)만이 목[頸]을 지나가슴 아래 이르러서 위구(胃口) 앞에 드리우고, 나머지는 모두 정수리 [頂] 안에 들어 있어 눈·귀·코·혀·피부 등 오관(五官)에 기운을 인도하여 때로는 움직이게 하고 때로는 느끼도록 한다. 또 등의 척추를 따라 힘줄 삼십우(三十偶)가 나온다. 각각에 가는 핏줄이 있어 곁으로 나뉘어가서 살갗이나 살 그 어느 곳에도 미치지 않은 데가 없다. 그것이 살갗에 인접해 있는 곳은 약간 변하여 부육처럼 되어 살갗으로 여겨진다. 이 핏줄을 통해서 기운이 살갗에 들어와 온몸에 충만해져 미치지 않는 곳이 없게 된다.

힘줄의 모양은 속이 비어 있고, 바깥에는 거죽이 있다. 뇌에 합류하여 뇌와 온몸을 연결하는 요체가 된다. 즉, 심장과 간에서 발단되는 핏줄도 그 모습을 닮아서 본체(本體)의 정(情)을 온몸에 전한다.

대체로 심장·뇌와 간, 이 세 가지의 기관은 정해진 한계가 있다. 심장은 반드시 힘줄과 핏줄의 형세를 빌려야만, 그것이 몸과 서로서로 연결되어 그 소임을 다할 것이다. 그렇지 않다면 7척의 몸뚱이에서 저 세 가지가 어떻게 영위(營衛)되어 각 지체를 생양(生養), 동각(動覺)시켜 영험 있도록 하겠는가?"

이상[서양인]의 설을 살펴볼 때, 중국 의가(醫家)와 그것과 견주어보면 훨씬 자세하고 정밀함을 느낄 수 있어 버릴 수 없는 것이다. 단, 다루는 범위와 언어가 그것과 엄청나게 달라서 완전하게 이해할 수 없다. 대체로 죽지 않고 생명이 있는 것이 몸 안에 액체가 있어 따뜻한 상태를 유지하고 있는데, [그 진액이] 말라서 차가워지면 문득 죽게 된다. 사람이 태어날 때 부모로부터 받는 것이 두 가지 있는데, 이른바 열과 습의 두 가지 기운이 그것이다. 열이란 본열(本熱)이며, 습이란 진액이다. 그 생명체를 자양하는 것이 피다. 피는 먹은 음식으로부터 생긴다. 먹은 음식은 위에 가서 찌꺼기는 대소변으로 나오고, 정미한 것은 간으로 옮겨가서 피가 된다. 심장은 불과 같다. 기운을 데워 생명을 유지시킨다. 만약 이 것이 없다면 간 또한 붉은 색의 피를 연성(煉成)할 수 없을 것이다. 그렇기 때문에 피를 만드는 것은 간이지만 피를 유통시키는 것은 심장이다. 모든 생물은 동각의 기운이 있고, 생양의 기운이 있다. 생양에는 따뜻한 열이 필수적이다. 풀과 나무와 같이 따뜻한 열이 없고 그 생명의 기운이 자재하는 것은 이른바 [식물의] 체성(體性)의 기운이다. 대체로 피가 간에서 생긴다. 습한 기운이 따뜻하게 데워지면 술을 데울 때 생기는 이슬 같은 것이 생기는데, 그 기운이 다시 맹렬하면 이 이슬이 진액이 된다. 이 기운이 이른바 [동물의] 체성의 기운이다. 피가 몸을 두루 돌아다닐 수 있는 것은 이 때문이다. 시험 삼아 침으로 살갗을 찌르면 피가 액체와 함께 나오니, 이로 증험할 수 있다. 피의 거친 것이 살갗과 살을 자양하는데, 기운이 그 가운데 있다. 그것을 자양하는 공로는 심장의 따뜻한 열에 있으니, 이른바 생양의 기운이라 하는 것이 그것이다.

사람의 머리는 마치 나무의 뿌리와 같다. 물을 주면 가지와 잎이 무성해지듯 잘 먹으면 온갖 부위가 살이 찌니 이로 징험할 수 있다. 머리의 근본이 골수(骨髓)에 있고 힘줄이 뇌에서 총괄하여 온몸에 퍼지므로 뇌가 한 몸의 가장 중심인 기관임을 알 수 있다. 힘줄의 힘은 온갖 부위를 운동할 수 있게 하며 그 기운이 뇌에서 비롯하는 것은 자명할 것이다.

단, "느낌[覺]" 한 글자에 대해서 첨언한다면, [이는] 유가에서 말하는 것과 같지 않다. 힘줄이 살을 움직이는데, 힘줄은 살에 연결되어 있어 살이 바깥의 물질을 만지면 재빨리 움직이게 되는데, 힘줄이 하지 않는다면 어찌 그것이 가능할 것인가? 뇌가 있어 물질을 접촉할 때 깊이 생각하지 아니하고 바로 움직이도록 하니 [서양인의 학설처럼] 뇌가 그렇게 하는 것이다. [하지만] 어떤 물질이 닿아서 그런 일이 발생했다는 것을 지각하게 하는 것은 [뇌가 아니라] 심장 때문이다. 그러므로 감각은 뇌에서 비롯하지만, 지각은 심장에서 비롯한다는 [유가에서 주장하는] 이치가 또한 옳다.

　이익의 제자인 신후담도 스승인 이익처럼 서양의학의 뇌주설에 대해 논했다. 그는 스승과 달리 서학 전반을 매우 비판적으로 보았다. 이익의 뇌주설 논의보다 신후담의 '뇌주설' 논의에는 "영혼과 기억의 담당 기관이 뇌실(腦室)"이라는 내용이 더 포함되어 있었다. 그것은 예수회 선교사 프란시스 삼비아시(Francis Sambiasi, 1592~1649년)의 『영언여작(靈言蠡 勺)』이라는 책에 담긴 내용이었다. 신후담은 스승처럼 뇌가 감각의 중추임을 인정했다. 하지만 그와 달리 서양의학의 뇌주설 이론에 대해 호의를 표하지 않았다. 그는 심장이 아니라 뇌를 인간의 정신활동과 관련된 기억의 장소로 보는 것은 근거가 없는 것이라 단정했다.[2403] 심지어 서양인이 말한 뇌실이란 것도 이미 『내경』에서도 말한 천곡(天谷), 달리 말해 도교에서 말하는 뇌의 니환궁(泥丸宮)과 동일한 것으로 파악했다.

| 서양의 의료제도와 약에 대한 관심 |

　서양의약에 대한 관심은 이 시기 서양의학에 관해 가장 많았던 담론이다. 이에 관한 초창기 기록으로는 이의현의 것과 이익의 것을 들 수 있다. 최초의 기록은 1732년 이의현이 중국 천주당의 선교사로부터 서양약 2종을 받은 사례다. 아마도 선교사가 먼저 주지는 않았을 것이고, 이의현이 서양약에 대해 궁금해하자 선교사가 준 것이리라. 이의현은 이에

2403 | 신후담, 『벽위편』, '서학변' 13하 54~55쪽. 김성준, "18·19세기 조선에 전해진 서구 腦主說과 惠 岡 崔漢綺의 대응", 고려대 과학학협동과정 석사논문, 1989, 12~13쪽.

대해 별도의 소감을 남기지 않았다.[2404] 이익은 『성호사설』의 '오약망(鄔
若望)'이라는 기사에서 서양인의 약재 연구를 호감 있게 기술했다. 이 기
사에 따르면, 명 희종(熹宗) 연간에 중국에 와서 의술로 이름을 날린 서
양인 오약망(鄔若望)이 있는바, 그는 중국의 본초 8천여 종을 연구했다고
하는데 그것이 세상에 번역되지 않았다고 한다.[2405] 이에 대해 이익은 "거
기에는 반드시 기묘한 처방과 색다른 약재가 포함되어 있어서 사람에게
크게 유익한 것이 많았을 것"이라 추측하면서, 그것이 세상에 퍼지지 못
한 사실을 안타까워했다.[2406] 이익의 제자인 안정복(1712~1791년)은 "역병이
유행할 때, 시체를 태워 그 냄새로 역병을 쫓는다는 서양의 방역법이 타
당한 이치가 있다."고 하면서 서양의학에 우호적인 느낌을 표현했다.[2407]

　서양의학의 처방과 약에 대한 기대감은 청나라 문물을 적극적으로
배우자는 것을 모토로 삼은 '북학파'의 저작에서 더욱 적극적으로 표현
되어 있다. 1780년 중국 사행 길에 나섰던 박지원(1737~1805년)은 중국
기행문인 『열하일기』에 포함된 "금료소초(金蓼小抄)"라는 처방집에서 서
양 처방을 구하려고 했던 사실을 적었다. 그는 연행 길에서 효과가 있다
고 전해 들은 네덜란드 의서의 일본 판본인 『소아경험방(小兒經驗方)』, 또
다른 한역서인 『서양수로방(西洋收露方)』을 얻으려고 시도했다.[2408] 그는
"우리나라 의방이 많지 않고, 약재 또한 풍부하지 않아서 모두 중국에

2404 ｜ 도날드 베이커 저·김세윤 역, "정약용의 의학론과 서양의학", 『조선후기 유교와 천주교의 대립』, 일
　　조각, 1997, 307쪽.
2405 ｜ 오약망(鄔若望)은 누구인가? 『성호사설』의 '오약망'과 같은 기사인 안정복의 『성호사설유선』의
　　'본초'에서는 '오약망' 대신에 '탕약망'을 쓰고 있다. 하지만 이는 서양 물정에 밝지 못한 데서 생긴 오해
　　다. 중국에서 본초 연구를 한 사람은 탕약망이 아니라 등옥함(P. Joannes Terrenz. 1576~1630)이었다. 『성호사
　　설』의 '오약망' 기사에 보이는 것과 같은 테렌즈의 유사한 활동이 『제경경물략(帝京景物略)』에 보인다.(馬
　　伯英·高晞·洪中立 著/정우열 역, 『中外醫學文化交流史』, 電波科學社, 1997, 353쪽.)
2406 ｜ 이익, 『성호사설』, 제10권 인사문, '오약망'
2407 ｜ 안정복 저·홍승균 역, 『국역순암집』 3, 민족문화추진회, 1996, 46쪽.
2408 ｜ 三木榮, 『朝鮮醫學史及疾病史』, 222-3쪽.

서 얻어 쓰고 있다. 늘 진짜가 아님을 걱정하고, 널리 알지 못한다. 참된 약이 아니면, 병을 낫게 할 수 없다."는 인식을 가지고 있었다. 1778년에 연행사 일원으로 중국에 다녀왔던 박제가도 비슷한 생각을 했다. 그는 "약상들이 모리를 위해 국내의 약도 이루 말할 수 없이 속이는데 무역약이야 말할 것도 없으며 그렇기 때문에 국내 의술을 믿을 수 없다."고 했다. 또 그도 서양 경험방을 얻으려 했으나 실패했다. 박제가는 박지원보다 한 걸음 더 나아갔다. 그는 일본의 약 관리와 구라파의 철저한 의학 공부와 약 관리법의 장점을 칭찬했다. 즉, 그는 '일본이 외국 약재를 교역할 때 명의로 하여금 철저하게 약재를 검사하게 한다는 점', '서양에서 가장 높은 학문으로 의학을 공부하여 그 의술이 매우 정밀하다는 점', '고약이나 달인 약 가운데 정미한 부분을 취하고 찌꺼기를 버린다는 점' 등을 높이 평가했다.[2409]

신후담은 서양의학 교육제도에 대해서도 부정적이었다. 그는 천주교는 물론이거니와 서학 전반을 맹렬하게 공격했다. 서양의 의학교육에 대해서도 "의학은 천한 기술인데 서양에서는 이를 대학에서 가르친다."고 비판했다.[2410]

이상에서 살핀 것처럼 1700~1791년 사이의 서양의학에 관한 담론을 보면, 신후담을 제외하고는 관심을 가진 자 모두가 우호적인 입장을 보였다. 그들은 서양의학 생리설의 정교함, 연구자의 우수함, 처방의 탁월함, 높은 수준의 의학 공부, 약 관리의 철저함 등을 높이 평가했다. 반면에 중국과 의학이론, 의학교육의 수준, 조선의 약재 유통 등에 문제점이 있다고 보았다.

2409 | 박제가, 『정유집』 부 "北學議" 內編 '藥'.
2410 | 김성준, "18·19세기 조선에 전해진 서구 腦主說과 惠岡 崔漢綺의 대응", 고려대 과학학협동과정 석사논문, 14쪽.

서학 탄압기의 서양의학 담론의 특징:
"측정할 수 있는 것"1791~1876

1891년 이후 조선에서는 서학의 탄압이 있었다. 1791년 사대부 집안에서 천주교를 믿어 제사를 거부한 일이 벌어지자 정조는 규장각에 소장되어 있는 천주교 관련 책자를 모두 불살라버렸다. 이 가운데는 아담 샬의 『주제군징』과 테렌스 쉬렉(Johann Terrenz Schreck, 1576~1630년)의 인체해부학 책인 『태서인신설개(泰西人身說槪)』가 포함되어 있었다. 그러던 중 1800년, 개혁 군주인 정조 사후에 천주교에 더욱 적대적이었던 정권이 들어서게 되었다. 1801년 1월, 정순왕후는 사학(邪學, 천주교)을 엄금하고 뉘우치지 않는 자에게는 반역죄를 적용토록 했다.

천주교의 금지와 탄압 시기에 서양의학과 관련된 인물로는 정약용(1762~1836년), 이규경(1788~1860년), 최한기(1803~1879년), 정동유(1744~1808년), 조재삼(미상. 19세기) 등 5인을 들 수 있다. 이들은 철저한 배격 또는 은폐의 입장을 택함으로써 종교적 거부를 분명히 했다. 자연에 대한 서양학문에 대해서는 실용의 차원에서 접근했다. 정약용은 천주교에 호감을 가졌던 이유로 1800~1818년 귀양살이를 했다. 유배 이후 정약용은 서양의학과 관련된 다섯 가지 기록을 남겼다. 이규경은 자신의 호를 5대양 6대주를 뜻하는 오주(五洲)라 지었을 정도로 조선 밖의 세계에 관심이 높았는데, 단편 기록 10개를 남겼다. 이규경의 벗인 최한기는 그보다 훨씬 더 서양의학에 관심을 가졌다. 아마도 17세기 이후 당대까지 서양의학 전반에 대한 관심을 보인 인물로는 최한기가 유일하다고 할 수 있다. 그의 관심은 1866년에 펴낸 『신기천험(身機踐驗)』에 집약되어 있다. 이 책은 영국인 선교의사 홉슨(1816~1873년)이 쓴 한역(漢譯) 서양 5종 의서인 『전체신론(全體新論)』, 『내과신설(內科新說)』, 『서의약론(西醫略論)』, 『부영신설(婦嬰新說)』, 『박물신편(博物新篇)』을 저본으로 삼은 것이다. 정동유는 19세기 초반에 편찬한 『주영편』에서 한의학의 오행이론을 비판하는 한 편의 기사를 썼으며, 조재삼은 19세기 저작인 『송남잡지』에서 '양인의학'을 소개했다.

이상의 내용은 뇌주설/심주설 논쟁이나 동서양 인체구조에 관한 비교 등의 의학적 내용, 서양의 약과 치료법에 대한 관심, 서양의학을 기반으로 한 한의학 비판, 서양의학의 '실측성'에 대한 주목 등 네 가지로 나누어 살펴볼 수 있다. 그것은 이전보다 한 걸음 진전된 내용을 보인다.

| 몸의 구조와 생리에 관한 논의 |

의학 논쟁 가운에 '뇌주설/심주설' 논쟁 또는 관심은 정약용과 이규경에게서 보인다. 정약용의 『의령』은 유배 이후에 쓴 글을 모은 것이다. 이 책의 초고에는 『주제군징』을 인용한 '뇌론(腦論)'이 들어 있었지만 발간을 준비하는 단계에서 이 기사에 대해 "삭제할 것"이라는 표시를 달았다. 서학적 요소를 드러내지 않기 위해서 검열했던 것 같다. 이규경은 "체내외총상변증설"이라는 글에서 『주제군징』이 제기한 뇌주설의 문제를 다뤘다. 그는 선대의 학자처럼 뇌가 신체의 감각과 반응의 중심이 된다는 설이 옳다고 보았다. 또한 신후담처럼 도교의학에서 '뇌'가 정신(精神)의 중추라고 본다는 사실을 근거로 들었다. 신후담에게서 보지 못했던 또 다른 근거로 청대 문헌인 『희조신어(熙朝新語)』에 실린 "뇌를 다친 청대의 제소남(齊召南)이라는 인물이 백치가 된 사실"을 들었다.[2411] 이런 사례로부터 서양 선교사가 제기한 문제에 대해 전통 문헌과 새 문헌의 사례로 변증하려는 이규경의 태도를 읽을 수 있다. 이규경은 이익이나 신후담처럼 몸의 주

2411 | 이규경, 『오주연문장전산고』 권19 "人體內外總象辨證說" 561하−562상.

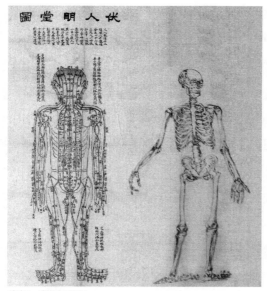
명당도-서양의 골격도

재자를 심장으로 단정 짓지도 않았다. 성리학의 수호라는 측면보다는 박물학적 관심 그 자체에 관심이 있었기 때문이다.[2412]

이규경은 동서양의학의 인체해부구조에 대한 비교 논의를 펼쳤다. 이는 20세기 이전의 조선에서 동서양 인체의 해부구조의 비교에 관한 유일한 논의다. 우선 그는 『물리서』나 영일옥(甯一玉)의 『석골분경(析骨分經)』을 봤지만 그것들은 골육의 대강만 말했을 뿐 미진하다고 하면서 상대적으로 매우 상세한 아담 샬의 『주제군징(主制群徵)』의 내용을 길게 소개했다. 『주제군징』에서는 인체의 전체 골격에 이어 얼굴의 길이와 너비를 설명했고, 이어서 몸뚱이의 내부로서 골(骨)·장(腸)·근(筋)·맥(脈), 육과(肉果), 골도(骨度) 등을 상세하게 설명했다. 하지만 나중에 한의학 서적인 『난경』을 읽으면서 이규경은 『난경』의 내용이 탕약망의 설명보다 상세하다고 느꼈다. 이 책에는 몸 안의 오장육부의 무게, 위치, 다른 기관과의 연결, 사람의 신장과 뼈의 길이 등이 『주제군징』의 분량만큼 상세하게 설명되어 있었다. 이규경은 자신의 추가 논의에 대해 "탕약망의 『주제군징(主制群徵)』에 비교하여도 인신골개(人身骨槪)에

2412 | 이규경, 『오주연문장전산고』 권19 "人體內外總象辨證說" 561하-562상.

대해 이보다 자세하고 해박한 것이 없다. 늦게야 이 글을 취하여 열람하고 매우 기특하게 여긴 나머지, 다시 이 설을 지어서 『주제군징』의 소루한 점을 보충한다."[2413]고 했다.

이규경은 어느 것이 더 옳고 그른가를 따질 수 있는 능력이 없었다. 자신이 느낀 상세함을 기준으로 삼았을 뿐이다. 두 의학체계 모두에 대해 일부러 의심을 품는 자세도 없었다. 따라서 두 이질적인 체제가 단순한 병렬의 형태로 한 글 안에서 병존할 수 있었다. 이규경은 그 진실을 밝힌다는 데 변증의 목적을 두지 않았다. 다만 학자로서 인형(人形)의 내경(內景)·외경(外景)의 장부(臟腑)와 골육(骨肉)이 어떻게 되어 있는지는 전혀 알지 못하면서도 앉아서 천문(天文)·지리(地理)나 담론(談論)하는 학자들의 자세를 못마땅하게 여겼다.[2414]

| 서양의 의료와 약에 대한 관심 |

이전 시기와 마찬가지로 서양의 의약에 대한 관심은 여전히 존재했다. 정약용은 『의령』의 "약로기(藥露記)"에서 중국 책인 『안문사요기(安文思要紀)』를 인용하여 서양의 의술을 간략히 적었다. 이 기사에는 서양의 의사가 내과, 외과로 나뉘어 있다는 사실, 약종상이나 약제사의 존재, 초목과 금석 약재, 병의 진단법과 치료법 등이 간략히 실려 있다.[2415] 이 기록은 자신의 벗인 박제가가 말한 것과 크게 다르지 않다. "서양의 의사들이 화학약품을 써서 유리병에 들은 〔오줌색을〕 진단하는 실측의 방법이 드러나 있고 진주분말을 약으로 쓴다."는 좀 더 구체적인 내용이 들어 있다. 또 이 비슷한 내용이 조재삼의 『송남잡지(松南雜識)』 '양인

2413 | "인신장부골도변증설(人身臟腑骨度辨證說)", 『오주연문장전산고』 권49, 597-8쪽.

2414 | 이규경, 『오주연문장전산고』 권19 "人體內外總象辨證說" 561하-562상.

2415 | 김대원, "정약용의 의령", 서울대학교 과학사 및 과학철학 협동과정 석사논문, 1991, 67쪽 번역 참조.

의학(洋人醫學)'에도 실려 있다.[2416] 조재삼과 달리 정약용은 서양을 직접적으로 지칭하는 언급을 적지 않았으며, 그의 총서 발간 때도 이 기사는 포함되지 않았다. 이 밖에 정약용은 일본 책인『화한삼재도회(和漢三才圖會)』를 인용하여 홀란드 사람이 외과치료에 능숙하다는 말을 한 적이 있다.[2417]

이규경은 서양의약 중 '약로(藥露)'에 큰 관심을 보였다. 그의『오주연문장전산고』에는 이와 관련된 기록이 7개가 보인다. '물극생변증설(物極生變辨證說)'은 서양의학에서는 "의약과 진맥의 변화를 기기로 재는 데 오줌이나 약 방울의 극(極)함을 측정한다."는 내용이다.[2418] "노유변증설(露油辨證說)"에서는 서양의 장미향수를 비롯한 각종 기름과 약재, 과일,

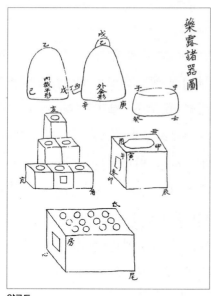

약로도

채소 등의 증류 제조법의 내용을 남회인(南懷仁, P. Ferdinandus Verbiest, 1623~1688년)의 『서방요기(西方要記)』, 웅삼발(熊三拔, Sabbathinus de Urisis, 1575~1620년)의 『태서수법(泰西水法)』 등의 책을 들어서 소개했다.[2419] 그중 남아메리카의 한 나무에서 나는 나무진인 발이살마(拔爾撒摩)는 상처에 바르면 하룻밤 사이에 상처가 아물고, 두창병에 바르면 반점이 생기지 않으며, 시체

2416 | 조재삼, 『송남잡지』, "양인의학(洋人醫學)".
2417 | 『다산시문집(茶山詩文集)』 제22권, 잡평(雜評), '유영재(柳泠齋) 득공(得恭) 필기(筆記)에 대한 평(評)'.
2418 | 이규경, 『분류오주연문장전산고』, 人事篇/論學類, 博物 0328항.
2419 | 이규경, 『분류오주연문장전산고』, 人事篇/服食類, 香油 0537항.

에 바르면 천년 동안 썩지 않는다고 했다. "양주변증설(醸酒辨證說)"에서는 소주와 포도주를 비롯한 각종 증류주류를 소개했다.[2420] 특히 이런 술을 만들 때 맑은 것은 병을 치료하는 데 쓸 수 있으며 찌꺼기는 술로 쓴다고 했다. "새포도양(賽葡萄醸), 용연향변증설(龍涎香辨證說)"에서는 서양의 포도주 제법을 소개했다.[2421] "수화기제로변증설(水火旣濟爐辨證說)"에서는 증류기기인 이 솥의 구조를,[2422] "연약로기변증설(煉藥露器辨證說)"에서는 증류하는 법[2423]을 상세히 설명했다. "술수의약변증설(術數醫藥辨證說)"에서는 실제 관측에 의거하지 않는 천문, 풍수, 의약을 비판했다.[2424]

서양의약에 대한 관심 중 절정은 우두법의 도입과 실시일 것이다. 우두법은 인두법과 함께 조선에서 가장 중요한 건강 문제였던 두창의 효과적인 예방과 관련된 의술이었기 때문이다. 정약용은 조선 최초로 서양에서 유래한 우두법을 자신의 책 안에 포함시킨 인물이다. 그것은 홍역 전문서인 『마과회통』의 권말 부록으로 딸려 있는 7쪽 분량의 "신증종두기법상실(新證種痘奇法詳悉)"이라는 책이다. 이 책은 스탄튼(Thomas Stanton)이 1828년에 한역한 책이다.[2425] 그 내용을 보면, 종두법의 유래, 접종 방법, 접종 성공 여부를 확인하는 법, 접종 후 금기사항 등과 함께 소아의 접종 부위와 접종 기구에 대한 그림이 실려 있다. (도판 15-8, 15-9) 정약용은 자신이 소장한 책의 우두법의 개요를 적기는 했지만, 그것을 실제로 실행했는지는 말하지 않았다. 위의 "종두변증설"에는 "헌종 을미년(1835년), 중국의 선비가 다시 일종의 기방(奇方)을 내놓았는데 정

2420 | 이규경, 『분류오주연문장전산고』', 人事篇/服食類, 酒麵 [0569]항.
2421 | 이규경, 『분류오주연문장전산고』', 人事篇/服食類, 酒麵 [0585]항.
2422 | 이규경, 『분류오주연문장전산고』', „ 人事篇/器用類 什物 [0693]항.
2423 | 이규경, 『분류오주연문장전산고』', 人事篇/技藝類 醫藥 [0757]항.
2424 | 이규경, 『분류오주연문장전산고』', 人事篇/技藝類, 陰陽, [0849]항.
2425 | 김두종, '우리나라의 두창의 유행과 종두법의 실시', 『서울대학교 논문집』 인문사회학 4집, 1956, 31–49쪽.

약용이 이를 간직하고 있다고 들었다."[2426]는 기록이 실려 있다. "종두변증설"에서는 1854년경 황해도 평안도 일원에서 우두법을 시행하고 있다는 전문(傳聞)을 실었다.[2427] 이 기록에 따르면, 당시 우유 즙을 사용하는 것과 우유 딱지를 사용하는 방식 등 두 가지 방법이 쓰이고 있었다. 이 방법이 어디서 유래했는지는 알 수 없다. 정약용 같은 사람이 봤던 한역 서양의서를 보고 배웠는지, 아니면 이미 중국에서 시행되고 있던 것이 국경을 넘어 조선에까지 전해졌는지는 불분명하다.

서양의학의 '실측성'에 대한 주목

이규경은 "술수의약변증설(術數醫藥辨證說)"에서 참된 의학이 실측과 관련되어 있음을 암시했다.[2428] 그는 "의술을 펼치는 자가 운기를 가리지 못하고 진찰에 밝지 못하고 망령되게 처방을 쓰고 투약을 한다면 병을 고치기는커녕 목숨을 앗을 것이다. 병을 진맥하는 것이 매우 어렵기 때문에 먼저 험기기(驗氣器, 온도계)와 파려험뇨(玻璨驗溺, 유리병 오줌진단법)를 배워 한열과 허실을 알아야 한다. 운기를 측정하기 어렵기 때문에 음청절기량표(陰晴節氣兩表, 날씨표)와 험조습기(驗燥濕器, 습도계)를 취해서 마땅히 운기가 어떠한가를 알아야 병의 표본을 예측할 수 있다. 약이 이미 여러 종이지만 효과를 보기 어렵기 때문에 옛 처방이 귀한 것이며, 단방을 써서 병에 효과가 있는 것을 찾아내어 이슬을 추출해 쓸 수 있다. 이러한 여러 법은 북경이나 왜관에서 구해 쓸 수 있을 것이다."라고

2426 | 이규경, 『오주연문장전산고』, 인사편, 기술류, 의약, "종두변증설".
2427 | 이규경, "종두변증설", 『오주연문장전산고』 권11, 376-7쪽.
2428 | 이규경, 『분류오주연문장전산고』', 人事篇/技藝類, 陰陽, [0849]항.

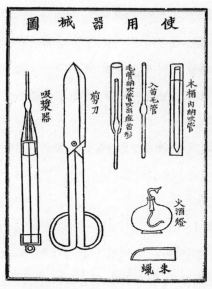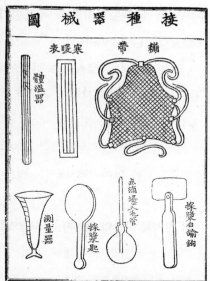

제영신론-우두법에 쓰인 기구들

하면서 가장 본격적으로 의학을 논했다. 여기서는 서양의 대기측정기구, 온도계, 오줌 진료기기, 약 만드는 기구 등 서양의학의 측정법을 긍정적으로 평가했다. 이규경은 이 기사에서 복서나 별점을 치는 자들은 [서양의 천문학처럼] 역법 추보를 제대로 해야 하며, 풍수를 하는 자들은 [서양의 지리가처럼] 지남침을 써서 방위를 정확히 해야 하며, 의학을 하는 자는 [서양의 의학처럼] 정확한 측정에 기반을 두어야 함을 강조했다. 이로부터 이규경이 서양의학의 상세한 서술 그 자체보다도 '실측성'을 높이 평가했음을 알 수 있다.

이규경의 벗인 최한기(1803∼1879년)는 그보다 훨씬 체계적인 논리를 펼쳤다. 그의 관심은 홉슨의 5종 한역 의서를 기본으로 하여 자신의 의학사상을 담은 1866년에 펴낸 『신기천험(身機踐驗)』에 집약되어 있다. 책 제목 자체가 '몸이라는 기계[身機]의 작동 원리를 몸소 천험(踐驗)'한다는 뜻이다. 『신기천험』에서 최한기는 "측정될 수 있는 기의 작용을 통해 우주, 자연, 인체가 하나로 소통한다."는 자신의 기학(氣學) 체계에 부합하는 인체관을 제시하였다.[2429] 최한기는 홉슨의 의서를 통해 몸의 부위와 몸을 규정짓는 법칙이 물리적 실체를 지니며 실측될 수 있다는 사실을 깨달았다. 또한 그것이 온도계, 현미경 등의 기기를 통해 계측될 수 있음을 깨달았다.

실측성이란 다른 서양학문인 수학, 천문학, 기기학에서 잘 보였던 것이며, 그것은 의학 부문에서도 엿보이는 것이었다.

| 한의학 비판의 근거가 된 서양의학 |

새로운 서양의학에 대한 지식은 한의학이론의 비판의 근거가 되기도 했다. 정동유(鄭東愈, 1744~1808년)는 서양 사람의 말을 인용하여 한의학의 오행에 입각한 오장의 보사(補瀉) 이론이 옳은지에 대해 회의를 나타냈다. 그는 "중국의 의술은 오로지 오행의 설만 적용하고 있기 때문에 병을 고치지 못한다."는 서양인의 말을 인용하여 오장의 오행배속이라는 개념 자체를 의심하였다.[2430] 이렇게 한의학의 핵심 이론인 오장의 상생상극 보사 이론의 문제점을 지적했지만, 정동유는 "이 설을 폐해야 할 것인가? 진실로 모르겠다."는 정도로 의문을 표시하는 데 그쳤다.

정약용의 한의학이론 비판에서 서양의학의 구실은 정동유의 그것보다 훨씬 적극인 모습을 띠었다. 그는 오행과 육기(六氣, 외감(外感)인 풍(風)·한(寒)·서(暑)·습(濕)·조(燥)·화(火)등 6가지 삿된 기운)의 범주를 비판하는 데 서양의 지식을 활용했다. 정약용은 이 "육기가 같은 무리가 아닌데 동일한 범주로 취급"하는 것을 비판했다. 즉 한서(寒暑)는 자

2429 | 최한기의 기학과 의학에 관해서는 여인석·노재훈, "최한기의 의학사상", 『의사학(醫史學)』 제2권 제1호, 1993, 69–78쪽; 신동원, "최한기의 기학과 의학", 한의학연구소, 1995를 볼 것.

2430 | 정동유 저/남만성 역, 『주영편』 상, 을유문화사, 1971, 169–170쪽.

연운행의 때와 관련된 것이고, 조습(燥濕)은 물정(物情)의 형(形)이고, 화(火)는 원물(元物)의 본체이고, 풍(風)은 원물로 인해 생겨난 황사와 같은 종류의 것이었다. 두 개는 계절과 관련된 것이고, 두 개는 물(物)의 기본적인 모양이고, 나머지는 물의 본래의 모습과 그것으로 인해 생겨난 것이다.[2431] 이런 비판의 이면에는 서학의 영향을 받은 한(寒)·열(熱)·조(燥)·습(濕) 등을 내용으로 하는 그의 4정(四情) 이론이 깔려 있다.[2432] 이 사정 이론은 갈렌 생리학의 핵심적인 내용으로, 인체를 구성하고 있는 4체액 사이의 균형이 깨지면 병이 생긴다는 이론과 관련된 것이다. 정약용은 육기의 범주상의 잘못을 지적하면서 한의학의 전통적인 외감론에 대해 회의를 표하면서, 체내 4정의 편패(偏敗)로 병이 발생한다고 주장했다. 이러한 논의와 별개로 정약용은 근시와 원시가 생기는 이유로 전통적인 견해인 "음기 또는 양기의 부족 때문에 근시와 원시가 생긴다."는 견해를 부정하고, "안구가 돌출하면 가까운 것을 잘 볼 수 있고, 안구가 평편하면 먼 것을 잘 볼 수 있다."는 견해로 대신했다.[2433] 여기에서도 서양의학의 영향이 드러나 있다.

한의학 비판에 가장 마지막에 서 있으며, 가장 통렬한 견해를 제시한 인물은 최한기였다. 그는 오행과 오장육부의 기능을 연결하는 것을 "견강부회"한 억측이라 하여 이를 부정했다. 그는 "기의 빛 그림자만 보고 기의 형질은 보지 못하였다. 또 오운육기를 으뜸으로 삼아 간지와 상생상극의 이론을 부회하며 사시의 순환만을 보고 지구의 자전과 공전, 그리고 해와 뭇 별들이 서로 조응함은 보지 못해 허무에 허무를 더하

2431 | 정약용, "醫零" '육기론1(六氣論).' 김대원, "정약용의 의학론", 『과학사상』 33, 2000년 여름, 136-7쪽.
2432 | 베이커, "정약용의 의학론과 서양의학", 314-315쪽; 김대원, "정약용의 의학론", 136쪽.
2433 | 정약용, "의령", '근시론.'

였다."[2434]고 보았으며, 더 나아가 "음양오행 등 방술에 의학이 부회했기 때문에 (한)의학이 천기(賤技)로 전락했다."고 주장했다.[2435] 그는 "형태가 있고, 만질 수 있으며, 측정할 수 있는" 의학을 주장하면서, 서양 선교 의사 홉슨이 제시한, 서양의 근대 해부학, 생리학, 병리학 등의 체제를 그대로 받아들였다. 반면에 그는 한의학의 해부, 생리, 병리에 관한 내용은 그런 의학에 부합하지 않는 것으로 간주하여 부정했다.

최한기는 서양의학의 약점을 공격하고, 그것을 극복할 수 있는 새 의학체계를 모색했다는 점에서 정약용과 달랐다. 그는 치료술로서 서양의 약의 초라함을 비판했다. 중국과 조선의학의 경험과 약재가 그에 대한 대안이 된다고 생각했다. 다만 그것은 "유형, 유질, 유측"의 기준을 통과한 연후에 그런 자격을 획득할 수 있다고 하였다. 그는 "자기 나라에서 상용하는 탕(湯)·산(散)·화(和)·제(劑)를 생극의 부회를 떨쳐버리고, 약성의 절용(切用)을 시험하였으니, 분류 기준[門]이 많을 필요가 없었다. 보약, 피를 감(減)하는 약, 수렴약(收斂藥), 잡약(雜藥), 외치약(外治藥) 등이다."라고 말했다. 여기서 기준은 서양약의 기준인 다섯 가지를 뜻하며, 실험 대상이 되는 것은 중국 또는 조선의 수많은 약재들이었다.[2436] 최한기의 의학은 그의 뜻대로 열매를 맺지 못했다. 이는 최한기 자신이 구체적인 '과학' 내용을 개발하는 데 뛰어들 생각이 전혀 없었기 때문이다.

2434 | 『신기천험』 범례. 물론 한의학이론체계에 대해 비판적인 인식은 가지고 있었지만, 『신기천험』을 저술하기 이전에 최한기는 한의학이론에 철저히 비판적인 태도를 가지고 있지는 않았다. 여인석·노재훈, "최한기의 의학사상", 1993, 73쪽.

2435 | 『신기천험』, 범례.

2436 | 『신기천험』, 범례.

조선후기 서양의약 담론의 콘텍스트

| 한역 서양의학 관련 서적 중 조선에서 활용된 것들 |

지금까지 살펴본 서양의학 담론의 출처는 대부분이 중국의 한역서들이다. 조선에서는 서양인이 직접 의술을 전수하거나 책자를 번역한 경우는 없었다. 조선인이 스스로 번역한 사례도 보이지 않는다. 이익과 이규경의 경우 '뇌주설'과 '골도설' 논의에 주로 참고한 책은 『주제군징』이었다. 이익의 제자인 신후담은 '뇌주설' 논의에 이 책 외에 프란시스 삼비아시(Francis Sambiasi, 1592~1649년)의 『영언려작(靈言蠡勺)』을 더 참고했다. 서양의 의과대학에 관한 정보는 쥴리우스 알레니(Julius Aleni, 1582~1649년)의 『직방외기(職方外紀)』로부터 얻었다. 박제가의 서양 의과대학에 관한 지식은 역시 이 『직방외기』로부터 얻었던 것으로 추측되며, 박제가와 이규경의 약로(藥露)에 관한 정보는 남회인(南懷仁, Ferdinandus Verbiest)의 『서방요기(西方要記)』, 웅삼발(熊三拔, Sabbathinus de Urisis)의 『태서수법(泰西水法)』 등으로부터 얻었다. 이와 달리 정약용의 약로에 관한 기록은 중국 책인 『안문사요기(安文思要紀)』를 인용했다. 조재삼의 '양인의학'에 관한 출처도 이와 크게 다르지 않았을 것이다. 정약용의 근시와 원시의 광학원리의 출처는 아담 샬의 『원경설』로 추측되며, 그의 우두법은 스탄튼(Thomas Stanton)의 『신증종두기법상실(新證種痘奇法詳悉)』로부터 얻었다. 최한기의 경우에는 홉슨(1816~1873년)의 5종 한역(漢譯) 의서인 『전체신론(全體新論)』, 『내과신설(內科新說)』, 『서의약론(西醫略論)』, 『부영신설(婦嬰新說)』, 『박물신편(博物新篇)』 등으로부터 얻었다. 정약용이나 정동유 등이 오행 대신에 사행설을 언급하고 있는데, 이는 알레니의 『서학범』 같은 책으로부터 얻은 정보일 것이다.

일본 책으로는 정약용이 『왜한삼재도회』로부터 화란인이 외과술에 능하다는 정보를 얻은 것이 유일하다. 박지원은 중국의 사신 일행을 따라 갔을 때 중국에 나도는 일본판 화란 저작『소아경험방』을 얻으려 했지만, 그것을 구하지는 못했다.

이상의 내용 중 전문적인 의학 서적이라 할 수 있는 것은 2종에 불과하다.『신증종두기법상실』과 홉슨의 5종 한역 의서가 그것이다. 이로부터 적어도 1830년대 이전까지 조선에서는 전문적인 서양의서와 관련된 내용을 학습하거나 거론하지 않았음을 알 수 있다. 이 2종 의서의 성격은 이전의 서양의학 관련 저작과 크게 차이가 있다. 이전 저작이 예수회 선교사의 번역물로 갈렌 의학에 입각해 있는 것이라면, 이 두 저작은 개신교 선교사의 번역물로서 근대 서양의학의 내용을 담고 있는 것이다.

위의 '서양의학' 관련 내용은 수입한 책에 담겨 있는 서양의학 내용 전체를 다룬 것이 아니다. 책 내용 중 일부만이 논의되어 있을 뿐이다. 이를테면, 웅삼발(熊三拔, Sabbathinus de Urisis)의『태서수법』에서는 약로에 대한 기록 외에도 "히포크라테스의 사행설에 근거하여 인류 신체 운동의 원리, 체액 생리학과 병리학, 사람과 자연의 관계 등을 논하고 있지만"[2437] 조선의 학자 중 이규경은 약로에 관한 여러 내용에 관심을 두었고, 박제가나 정약용은 거기에 실린 단편적인 정보만 논의의 대상으로 올렸을 뿐이다. 다른 책에서도 종교적인 목적에서 생리학을 다룬 대목들이 다수 존재하지만, 조선 학자의 관심은 거기에 미치지 않았다. 1791년 정조가 불사른 규장각 소장 서학서의 목록에는 테렌스 쉬렉(Johann Terrenz Schreck, 1576~1630년)의 전문적인 해부서인『태서인신설개』가 들어 있었지만, 이미 언급했듯 조선의 학자 중 그것을 언급한 사람은 없

2437 | 馬伯英·高曦·洪中立 著/정우열 역,『中外醫學文化交流史』, 電波科學社, 1997, 372-3쪽.

다. 예수회 선교사의 저작 중 의학의 내용을 풍부하게 담고 있는 『성학추술(性學觕術)』과 대표적인 의학서인 『인신도설』은 수입 목록에도 보이지 않는다.

이런 사실은 조선 학자들이 서양의학 전반을 체계적으로 수집하여 정리하고 학습한다는 목적을 가지지 않았음을 뜻한다. 그들은 대체로 서양의학의 필요성의 대강을 주장하고, 서양 특효약의 발견과 수입에 관심을 두었다. 일부 사람들은 그것을 무기로 하여 한의학이론 비판의 근거로 삼기도 했다. 즉, 그들은 제한된 관심을 충족시키는 일부 서양의학 내용을 선택했던 것이다. 중국과 비교한다면, 중국에서는 서양인 스스로 번역 사업에 종사하고 실제 의술에 종사했기 때문에 조선보다 훨씬 풍부한 서양의학 관련 담론이 존재했다. 조선은 중국보다 정보량에서 훨씬 떨어졌으며, 또 그 정보도 자신의 관심에 부합하는 것만이 선택되었기 때문에 조선의 서양의학 담론은 훨씬 적었다.

| 조선 학자들의 의약에 대한 관심 중 서양의학 관련 담론의 비중 |

위에서 언급한 조선 학자들의 학문적, 의학적 관심 속에서 서양의학 담론이 차지하는 비중도 크지 않았다. 이익의 『성호사설』은 3,057건의 기사가 수록된 방대한 유서(『성호사설유선』은 이를 추린 것이며, 새로운 내용이 일부 들어가 있기도 하다.)인데, 그 가운데 서양에 관한 기사가 60건을 넘지 않으며, 그중 서양의학 관련 기사는 4건, 『성호사설유선』의 내용까지 합해도 5건에 불과하다.[2438] 의학 관련 기사를 보면 대략 30건이므로 그 가운데 1/6을 차지하는 셈이 된다. 이규경의 『오주연문장전산고』의 경우도 비슷해서 1,400여 종의 기사 가운데 서학 관련 내용이 80여

2438 | 박성래, "『성호사설』 속의 서양과학", 『진단학보』 59, 1985, 178쪽.

종이며, 106개의 의약 관련 기사 가운데 서양의약 기사는 9개에 지나지 않는다. 박제가의 서양의학에 관한 기록은 그가 지은 『북학의』 내용 가운데 단 하나가 유일한 서양의학 관련 기록이며, 정동유의 '사행론에 입각한 한의학 비판', 조재삼의 '양인의학'이나 안정복의 '서양역병' 기록도 유일한 것이다. 박지원의 기록도 유일한 것으로서, 그가 편찬한 중국 책에서 뽑은 경험처방집인 "금료소초"의 서문에 언급되어 있는 단편 기록이다. 정약용의 경우에도 그가 편집한 본격적인 홍역 전염병 의서인 『마과회통』의 부록으로 붙은 "의령"의 43개 기사 중 4개와 "신증종두기법상실"이라는 7쪽짜리 글 1개가 전부다. 유일한 예외가 있다면, 홉슨의 책 전체를 자신의 책 『신기천험(身機踐驗)』 저술에 활용한 최한기일 것이다. 그렇지만 이도 조선의 학자 중 가장 책을 많이 썼다는 최한기의 수백 권 저작 중 9권 6책일 뿐이다. 그는 자연과학 분야에서도 천문, 지리, 의학, 수학, 농학, 기기학을 망라한 책을 썼으며, 이 책은 그 가운데 의학에 관련된 책자다.

위의 인물 중 전문적인 의원이라 할 만한 인물로는 정약용밖에 없었다. 이익, 신후담, 이규경, 최한기는 거의 벼슬과 담을 쌓은 학자였으며, 안정복·박지원·박제가 등도 당대를 대표하는 문인이었다. 정약용은 유학 전반에 대한 관심을 책으로 담아낸 학자로서, 장년 이후 귀양살이라는 특수한 처지에 놓이게 되면서 자신의 몸을 돌보기 위한 수단으로 의술의 연마에도 힘을 써서 당대의 대표적인 유의의 반열에 올랐다. 의학적 식견이 높은 만큼 그는 그 누구보다도 한의학의 술수적 측면을 논리적으로 잘 비판했다. 위에서 말한 바와 같이 사행을 중심으로 하는 서학의 생리설은 한의학의 술수적 측면을 비판하는 밑거름이 되었다. 그렇다 해도 그는 한의학 체제 전반을 비판한 것은 아니었다. 오직 오행을 기계적으로 적용하는 한의학의 상응적 이론을 비판했을 뿐이다.

서양의학의 면모를 가장 넓게 본 인물은 최한기였다. 그는 홉슨의 5종 의서를 통독하면서 서양의학의 해부학, 생리학, 치료술, 부인과학, 소아과학, 약물학 등의 전체적인 모습을 보았다. 거기서 그는 서양의학 내용 전체에 대해서 이해하지는 못했을지라도 그것의 상세함과 그것이 실험을 통해 확립된 것임을 읽었다. 인체와 자연에 대한 지식에 비해 치료술과 약재의 수준과 가짓수가 떨어진다는 것을 느꼈다. 서양의학의 생리학을 바탕으로 하여 그는 한의학의 견강부회한 오행이론을 비판하는 한편, 부족한 치료술을 중국과 조선의 본초로 보완하면 좋겠다는 생각을 했다. 이는 서양의학을 단지 우호적 감상만으로 접근하거나, 한의학의 술수적 측면을 신랄하게 비판만 하던 전대의 인물이 보인 태도에서 한 걸음 더 나아간 것이다. 최한기는 동서양 의학의 '윈-윈' 절충을 시도했다. 그렇지만 사상가 최한기는 서양의학의 상세함에 걸맞은 효용 있는 본초학의 확립이라는 '과학' 분야에 뛰어들지는 않았다. 대신에 그는 이러한 상상의 의학을 자신이 꿈꾸는 우주와 인간, 인간과 인간이 하나로 통일되는 기학의 세계를 구성하는 중요한 학문의 하나로 위치 지었을 뿐이다.

| 조선후기 서양의학 담론의 사회적 파장 |

　　위에서 살핀 다양한 텍스트의 다양한 문맥 안에 들어 있는 사안을 한데 엮어 평가하는 것은 무리일 것이다. 나는 역사라는 연못과 그 연못에 던져진 사건이라는 돌멩이로 비유하여, 개항 이전 서양의학 담론의 역사성을 살펴보려고 한다. 이런 관점에서 봤을 때, 대다수는 미수에 그쳤다. 가장 풍부한 내용을 담은 최한기의 『신기천험』은 1970년대에 비로소 세상에 알려졌다. 정약용의 "의령"이나 이규경의 『오주연문장전산고』 또한 20세기에 들어서야 인간되었으므로, 당시에 읽은 사람이 거의 없었다고 볼 수 있다. 박지원의 『열하일기』는 필사본으로 읽히다가 1901년에 인간되었으며, 박제가의 『북학의』는 1778년 정조에게 바쳐졌지만 정조는 오히려 1791년 서학 책을 불사를 정도로 서학에 반감을 가지게 되었다. 이익의 『성호사설』과 신후담의 『서학변』은 울림이 있는 책이었다. 『성호사설』은 많은 학자들이 읽은 책이며, 특히 긍정적이든 부정적이든 서양의학에 관심을 가진 후학인 안정복, 신후담, 정약용들이 이 책의 서학 관련 내용을 읽고 자신의 생각을 밝혔다. 신후담의 『서학변』은 조선에서 서학을 반대하는 논의의 선봉으로서, 많은 서학 반대자들이 그의 주장에 공감했다. 서양의술 가운데 우두법만이 유일하게 시술된 것이었다. 정약용의 시술 여부는 불확실하지만, 조선의 북쪽 지역에서 일부 시행되었다. 한의학 시술자들은 하나도 이런 서양의학 담론의 생산과 유통에 관여되어 있지 않다. 이런 사실은 이 담론들이 실질적으로 의학체제의 변화에 아무런 기여도 못 했음을 뜻한다.

연못에 던져진 사실과 무관하게 돌멩이의 크기, 즉 사상의 농밀함이라는 측면에서는 여러 가지 사항이 주목할 만하다. 정약용의 우두법 정보 습득(1828~1935년 사이)은 일본(1841년)보다도 빠른 것이다. 이로부터 최소한 조선 학자의 신정보 습득에 관한 욕구를 읽을 수 있다. 정동유, 정약용, 이규경, 최한기 등으로 이어지는 한의학의 술수적 측면에 대한 비판은 이전에 볼 수 없는 것이었다. 여기서 서양의학 담론은 날카로운 비판의 원천이 되었다. 이와 같은 비판은 조선의 전체 의학사에서 유례가 없는 것이었다. '뇌주설/심주설' 논쟁은 한의학·도교의학의 인체적 측면에 바탕을 둔 성리학적 세계관을 비판하는 한 지점을 형성했다. 또한 이 분야는 이익-신후담-정약용-이규경-최한기 등 서양의학 담론 관련자 중 가장 많은 이들이 관심을 가졌던 주제였다. 최한기의 동서의학 절충론은 그중에서도 돋보인다. 최한기는 중국(조선)과 서양의 두 의학

체계를 검토한 후 둘의 절충을 시도했으며, 그것을 자신의 방대한 기학 체계에 위치 지었다. 이 과정에서 그는 홉슨의 의서에 묻어 있는 서양의학의 신학적 내용을 거두어내기까지 했다. 동아시아의학과 서양의학이라는 두 이질적인 체제가 부딪히는 지점에서 심각한 고민이 있을 수밖에 없었는데, 최한기는 그것을 회피하지 않았다. 동아시아 전체를 통틀어 최한기의 작업은 주목받을 만한 가치가 있다.

개항 이후 서양의학 담론의 성격: "문명화에 필요한 것"1876~1885

개항 이전의 서양의학은 구체적인 수준의 문제가 아니라 담론상의 떠돎이었기 때문에 이 시기 서양의학과 한의학이 실제 현장에서 대결하는 일은 일어나지 않았다. 일부 식자층이 서양의술의 필요성을 주장하고 한의학의 일부 이론을 비판하고는 있었지만, 한의학 시술자들에게 그것은 아직 '강 건너 불'이었다. 개항 이후에는 그 흐름이 확연히 달라졌다.

1876년 개항이 되고 이듬해인 1877년 5월 조선에서는 일본에 수신사를 파견하였다. 얼마 후 화륜선을 타고 일본에 도착한 김기수 일행은 일본의 근대 위생을 실지로 체험하였다. 그들은 일본 황실, 일본 정부 부서와 함께 조폐국, 박물원, 구육원(救育院), 철도, 전선, 인력거 등 제반 '근대 제도와 시설'을 둘러보았다. 이 가운데는 청결, 위생에 관한 부분도 포함되었다. "도로는 가지런하고, 뜨락은 정초하며, 큰길에는 가끔 움푹 파인 곳이 있는데 정자(井字)로 된 판(板)으로 문을 만들고 계단을 만들어 덮어놓았다. 이는 아마도 오물을 흘려보내는 구덩이 같았다.”[2439] 는 내용이 그것이다. 이렇듯 김기수는『일동기유』에서 자신이 일본에서 체험한 청결 상태를 기술하였지만 그것이 곧바로 조선 정부의 위생에 대한 관심 또는 위생제도의 채택으로 이어지지는 않았다. 단지 일본의 상황을 보고하는 여러 사항 중 일본에 대한 인상을 정부에 보고한 것에 지나지 않았다.

그렇지만 개항 후 몇 년이 흐른 뒤인 1880년의 수신사, 1881년의 문물시찰단, 1882년의 수신사절단의 경우는 달랐다. 이때는 일본 근대 문물의 실체를 좀 더 분명하게 견학하고 필요한 것을 도입하고자 하는 강한 의도를 가지고 있었다. 1881년 신사유람단의 일원으로 참가한 박정양(朴定陽) 역시 단순한 견문을 넘어서 훨씬 상세한 일본의 보건의료, 위생제도를 조사하였다. 그는 일본의 지리, 면적, 호구 수, 도쿄와 교토, 요코하마, 오사카, 나가사키 등 도시의 실태, 외교 관계, 개항장, 정체(政體), 군제, 형법, 재정, 철도, 생산물, 풍습 등에 대한 매우 상세한 정탐 보고서를 정부에 올렸는데, 이에는 일본의 보건의료, 위생 관련 제도가 포함되어 있었다.[2440] “일본 내무성 직장(職掌) 사무”라는 보고서에서 박정양은 인구 관리를 목표로 한 일본의 중앙 위생국 조직과 전국 차원의 위생 조직과 함께 그 조직을 규정한 법령과 활동을 상세하게 조사하여 복명하였다.[2441] 여기에는 환경위생 사업, 전염병 관리, 의료인 면허, 약의 제조와 판매, 병원, 사회구호 사업 등 근대 보건의료가 망라되어 있었다. 이는 당시 일본에서뿐만 아니라 서구에서 시행되었던 보건의료에 관한 거의 모든 내용을 포괄한 것이었다.

2439 | 김기수, “일동기유”, 67쪽.
2440 | 이광린(李光麟), ‘해제(解題)’, 『박정양전집(朴定陽全集)』 1, 아세아문화사, 1984, 30쪽.
2441 | 『박정양전집』 5, 아세아문화사, 1984, 93쪽.

1881~1882년에 일본을 방문했던 일부 관료는 조선 내 근대 위생의 실천을 심도 있게 논의하였다. 이는 보고를 목적으로 한 평면적인 박정양의 복명서보다 한 걸음 더 나아간 것이다. 김만식, 박영효, 김옥균 등이 그 논의의 주체였다. 이들은 깊은 논의를 통하여 "우리나라에서 오늘날 급히 해야 할 일은 농업을 일으키는 일보다 더 급한 것이 없고, 농업을 일으키는 요점은 실로 전답에 거름을 많이 주는 데 있다. 전답에 거름을 부지런히 주면 더러운 것을 없앨 수 있고, 더러운 것을 없애면 전염병도 없앨 수 있다."는 논리를 깨치게 되었다. 그리하여 "(이 모든 것이 결합되어 있는 치도 사업이) 국가에 이롭고 백성들에게 편리한 것"[2442]이기 때문에 "사실에 토대를 두고…… 시급히 시행해야 할 것"[2443]으로 파악하였다. 사업 시행을 위하여 김옥균이 대표로 "치도약론(治道略論)"과 "치도약칙(治道略則)"을 쓰게 되었는데, 이 저작은 정연한 논리체계를 보이고 있다는 점에서 1880년대 전반기 위생론의 절정을 이룬다.[2444] 김옥균은 위생의 실천을 '문명화'로 파악했다.

일본을 방문한 사람들의 위생제도, 병원 등 근대 문물의 경험에 대해 조선 정가의 일각에서는 이른바 '개화 상소'로 호응하였다.[2445] 1880년 수신사 김홍집이 일본에서 가지고 온 『조선책략』 등의 책자 내용과 조선 정부의 개화 움직임을 둘러싸고 찬반 논쟁이 1881~1882년에 격렬하게 벌어졌을 때 개화 정책을 지지하는 일부 세력은 이를 지지하는 상소를 올렸는데, 이들은 공통적으로 서양의 농상, 무기, 기기, 의약 등을 채택할 것을 주장하였다. 이 같은 취지를 담은 상소문 20여 건 중 서양의

2442 | 김옥균(金玉均), "치도약론(治道略論)", 『한국의 근대사상』, 을유문화사, 1984, 89-90쪽.
2443 | 김옥균, "치도약론", 1984, 89쪽.
2444 | "치도약론"에 관한 전반적인 내용은 신동원, "김옥균의 보건사상", 『한국보건사학회지』, 제1권 제1호, 1990을 볼 것.
2445 | 이완재(李完宰), 『초기개화사상연구(初期開化思想研究)』, 민족문화사, 1989, 195-228쪽에 실린 개화 상소; 이광린, "개화사상연구", 『한국개화사연구』, 1993, 47-56쪽.

약의 채택과 관련하여 주목되는 것은 직강(直講) 박기종(朴淇鍾)과 전적 (典籍) 변옥(卞鋈)의 상소문이다. 박기종은 "농업, 의약의 경우 묘방과 신술로서 부강·구제의 도에 유익한 것"[2446]이기 때문에 정부에서 채택해야 한다고 하였고, 변옥은 "기용(器用)의 이익과 의농(醫農)의 묘(妙)는 인도에 해가 되지 않으면서 민산(民産)에 유익함이 있는 것이므로 배워서 본받아야 한다."[2447]고 주장하였다. 여기서 주목되는 사실은 이들이 서양의약의 채택을 서양 기계의 도입과 같은 차원의 일로 생각했다는 점이다. 물론 위 상소문에 보이는 의약이 곧바로 서양의 보건의료, 위생의 제도라고 단정 짓기에는 모호하지만, 국내에서 서양의약을 채택해야 한다는 일부 여론은 그 존재만으로도 중요한 의미를 지닌다. 그것이 1882년 조선 정부의 우두법의 실시 노력, 1883년 '개화당'의 환경위생 사업의 실시와 같은 맥락에 있기 때문이다.

개화 상소의 모호한 의약론에 비해 1883년 10월에 창간되어 이듬해 10월까지 36호를 낸 관보의 성격을 띠는 〈한성순보〉는 근대 보건의료, 위생론의 성격과 내용을 분명히 하였다.[2448] 〈한성순보〉 중 근대 보건의료, 위생과 관련된 기사를 추려본다면, '서울의 우두 전문 회사인 보영사(保嬰社) 소개', '일본 관의원 소개', "각 항구에 마땅히 서의학당(西醫學堂)을 설립해야 한다는 논설", '일본 의사 카이로세(海瀨敏行) 소개', "우두의 내력을 논함", "만국위생회", "영국의 정신병원", "서양의 인구 기록 책자", "일본 의사 카이로세(海瀨敏行)의 오진 행위에 대한 변명", '김옥균의 "치도약론"', '홍콩의 환경위생 사업', '아편의 해독을 다룬 금연

2446 | 직강(直講) 박기종(朴淇鍾)의 상소문, 『승정원일기』 고종 19년(1882년) 9월 5일자. 이완재, 『초기개화사상연구』, 민족문화사, 1989, 201쪽.
2447 | '전적(典籍) 변옥(卞鋈)의 상소문', 『승정원일기』, 고종 19년 10월 7일자. 이완재, 『초기개화사상연구』, 민족문화사, 1989, 216쪽.
2448 | <한성순보>의 근대 과학 소개 전반에 걸친 논의는 박성래(朴星來)의 "한성순보와 한성주보의 근대과학 수용노력", 『신문연구』 36, 1983, 39~73쪽을 볼 것.

론', '원산, 부산에 설치된 일본 의원 소개' 등이 있다.[2449] 치료의학과 관련해서는 "각 항구에 마땅히 서의학당(西醫學堂)을 설립해야 한다는 논설"(1884.3.27)이 주목된다. 이 글은 중국 신문을 인용하여 서양의학을 가르치는 기관의 필요성을 역설하였다. 즉, 서양의학은 외과술을 장기로 하며 그것이 군대에 요긴하기 때문에 각 항구에 서의학당을 설립하여 재주 있고 영리한 생도들을 선발하고 서국(西國)의 명의를 초청하여 교습을 시키자는 주장을 소개한 것이다. 처음에는 간단한 구급법을 수개월 동안 가르치고 어느 정도 기틀이 잡히면 수준 높은 의사를 양성해 나라의 의료를 담당 지울 수 있다는 것이었다.[2450] 이 기사는 비록 중국의 논의였지만, 국가가 서양의술을 채택해야 하는 이유와 방법을 잘 보여주는 사례다.

이상에서 살핀 〈한성순보〉의 위생론, 치료의학에 관한 기사는 조선 정부의 보건의료, 위생에 대한 정책 의지를 반영하고 있다. 즉 그것은 1882년부터 시행에 착수하여 1885년에 본격적으로 확대를 본 우두법, 1883년에 한성부에서 실시된 환경위생 사업, 1885년에 설립된 국가병원인 제중원 등의 설치와 맥락을 같이하는 것이다. 이런 점을 고려한다면 〈한성순보〉는 근대 위생에 관한 내용을 일반 대중에게 계몽하고 조선 정부가 실시하거나 곧 실시할 보건의료, 위생제도의 정착을 위한 여론의 환기를 담당했다고 볼 수 있다. 이전 시기와 달리 서양의 의학과 위생학이 부국과 강병의 필수적인 학문으로서 자리매김하고 있는 것이다.

'서양의학' 관련 담론이 임금에게서도 나오는 상황이 되었다. "지금부터 90년 전에 비로소 우두하는 법이 서토(西土)에서 창안되었으니 생명을 구하는 것이 셀 수 없을 정도다.…… 오늘날 오대양을 가로질러 백

2449 | <한성순보>의 서양의약 관련 기사는 신동원, 『한국근대보건의료사』, 한울, 1997, 55-57쪽을 볼 것.
2450 | <한성순보>, 1884.3.27.

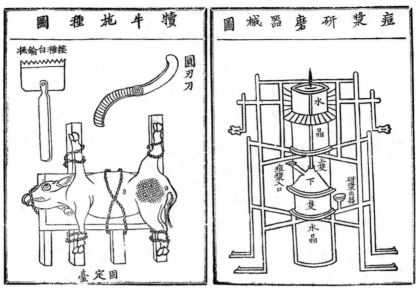

제영신론-개항 이후의 우두법

성들은 모두 이 법에 의지하여 한 사람도 두(痘)에 상하는 자가 없었다. 우리만이 동쪽에 치우쳐 있어 들음이 적었으나 다행히도 성운을 만나 개명함이 날로 더해가게 되었다. 진실로 백성을 편리하게 하고 나라를 이롭게 하는 방법이 있으면 본받아서 행하지 않음이 있어서는 안 된다."[2451] 또 서양 외교를 담당하는 최고 기관에서는 최초의 서양식 병원을 설립하면서 다음과 같은 방문을 전국 곳곳에 붙였다. "본 아문에서 시병원 한 곳을 설립하였는데, 북부 재동 외아문 북편 두 번째 집에 위치한다. 미국 의사 안련(安連)을 맞아들였으며, 아울러 학도와 의약 제 도구를 갖추었다. 오늘 18일(양력으로는 4월 3일)부터 시작하여 매일 미시(未時)에서 신시(申時)까지 병원 문을 열어 약을 줄 것이다. 해당 의사의 학술은 정교하고 우량한데, 특히 외과에 뛰어나서 한번 진료하면 신통

2451 | 『우두절목(牛痘節目)』 (규장각 도서번호 21389), 1885, 1–2쪽.

한 효과를 보여준다. 본 병원에는 남녀가 머물 병실이 있으니, 무릇 질병에 걸린 자는 본 병원에 와서 치료할 것이며, 약값은 국가에서 갖추어 대줄 것이다. 이를 잘 알겠거든 의심치 말고 치료를 받으러 올 것."[2452] 이 두 기록에는 "문명화"의 의지가 잘 드러나 있다.

개항 이후 서양의학 담론의 운반자는 조선인만이 아니었다. 1876년 일본은 조선을 무력 개항시킨 직후인 1876년에 부산, 1879년에 원산, 1883년 인천에 거류지를 조성하였고 거기에 서양식 병원을 설치하는 한편 서양의 위생방역 조치를 시행했다. 특히 그곳의 서양식 병원은 조선인 환자를 유치했다. 일본 측은 자신의 조선에 대한 서양의학 부식 노력을 문명화의 일환으로 파악했다. 즉, 스스로 병의 고통 혹은 생래(生來)의 장애를 의술로 치료하는 것을 보고, 따라서 그들과 우리의 장단점을 비교하는 마음이 생겨서 개화에 유도하는 데 일조가 된다는 것이었다. 또 그것은 조선의 문명화에 도움이 되는 동시에 "황국의 위덕(威德)을 감패(感佩)"하는 데 도움이 된다고 했다.[2453] 이렇듯, 문명화의 도움이라는 측면과 함께 일본 세력의 조선 침투를 용이하게 해주는 수단으로서 서양의료가 자리 잡고 있었다. 1883년 이후 조선이 서양의 각국과 통상조약을 맺은 이후 미국에서는 선교사를 파견했는데, 그 가운데는 선교 의사도 포함되어 있었다. 그들도 기독교 선교와 의료 활동이 조선의 문명화에 기여하는 것이라고 파악했으며, 서양인들 스스로 의료 활동이 조선인을 기독교로 이끄는 미끼라는 것을 잘 알고 있었다.[2454]

그런데 조선 정부에서도 일본 측에 유학생을 보내 의학을 공부하거나 선교 의사를 초청해 서양의학의 기틀을 다지겠다는 생각, 즉 용일(用

2452 | 『통서일기』 1, 1885년 2월 18일자(양력 4월 3일자), 188-9쪽.
2453 | 『부산부사원고(釜山府史原稿)』 5권, 164-5쪽.(김승태, "일본을 통한 서양의학의 수용과 그 성격", 『국사관논총』 제6집, 1989, 230쪽에서 재인용).
2454 | 『알렌의 일기』, 1885년 3월 31일자, 75쪽, 458쪽.

日)과 용미(用美)의 전략이 있었던 것이기 때문에, 개항 이후 '서양의학'을 둘러싼 지형의 형성은 어느 한쪽의 일방적인 주도라기보다는 조선 정부가 떠안은 근대화라는 과제와 조선에 대한 열강의 제국주의적 활동 사이의 정치외교적인 힘의 협력과 갈등의 모습을 띠면서 진행되었다. 이후 서양의학의 파급과 심화의 양상은, 바깥에서 판단할 때는 한마디로 "문명화 과정"이라 규정할 수 있지만, "누구를 위한", "어떠한 형태의 문명화인가" 하는 목표의 설정이라는 측면에서는 세 주체 사이의 입장이 확연히 달랐다.

맺음말

조선인이 서양의학 담론에 관심을 가지던 시절, 조선에 온 서양인은 조선의 의학과 의료 상황에 대해 무엇을 보고 느꼈을까? 1653년 조선에 표류되어 와서 13년간 억류생활을 한 홀란드의 하멜(Hendrick Hamel)의 기록과, 개항 이후 1884년 조선에 온 최초의 서양인인 미국 해군 소속 외과의 우즈(George W. Woods)의 언급을 통해 그들이 파악한 조선 의료 상황의 단면을 엿보도록 하자. 하멜은 다음과 같이 썼다. "그들은 병이 들 때엔 자국산 약초를 복용하는데, 보통 백성들은 그것을 잘 알지 못하고, 모든 의원은 거의 상류 인간에 쓰여진다. 그리하여 의원을 쓸 형편이 못 되는 빈민들은 〔그 대신〕 맹인(판수) 복자(卜者)를 쓰곤 하니, 이들(맹복자)에 대하여는 절대의 신용을 바치어, 이를 따라 도처로 내〔川〕와 바위를 넘어, 특히 우상 신전에 나아가 〔거기서〕 귀신에게 원조를 빈다."[2455] 이 말은 그보다 2백여 년 후에 조선에 도래한 우즈의 다음 언급에 나타난 상황과 크게 다르다. "조선인들은 중국인들과 마찬가지로 의약 소비자의 나라이며, 약국들이 매우 많다. 조선인들 사이에 미신 의료는 중국보다 훨씬 낮으며 일본과 비슷하다."[2456] 이들은 조선에서 이루어진 서양의약에 관한 논의에는 관심이 없었지만, 그 대신 조선의 의료 상황에 대한 자신들의 인상 또는 조사 보고를 남겼다.

하멜의 기록과 우즈의 기록 사이에는 200여 년의 시간적 격차가 있으며, 이 두 가지 기록을 평면 비교하는 것이 무리함에도 불구하고, 상이한 기록을 통해 적어도 다음 한 가지 중요한 사실을 추론할 수 있다. 17세기 중반에는 지체 높은 사람은 의약을 이용할 수 있었고, 보통 백성과 천민은 그에 대한 지식도 없고 또 그것을 쓸 형편도 못 되어 대신에 점복을 주로 이용했지만, 1884년의 조선에서는 조선인 다수가 합리적 의학을 널리 이용하는 것으로 되어 있다는 점이다. 이 두 기록 중 하멜은 의료화가 시작되던 무렵의 기록이며, 우즈의 기록은 그것이 상당히 진행된 이후의 기록으로서 이 시기 조선 사회에 주목할 만한 의료화가 진행되었음을 시사한다.[2457] 이런 대변화 과정에서 대규모 의원이 양성되고 약재시장이 활발해졌으며, 효과 있는 간편 처방의 모색이 있었다. 그런 가운데 의원의 자질 문제, 약재의 사기 문제, 의학의 효용 문제 등이 일상화되었다. 이런 조선의 문제점을 지적하고 대안을 찾는 방식

2455 | 헨드리 하멜 저/이병도 역, 『난선제주도난파기—부 조선국기』, 일조각, 1981, 91쪽.

2456 | Fred C. Bohm and Robert R. Swartout ed., Naval surgeon in Yi Korea (university of California Press, 1984), p.119.

2457 | 이에 대해서는 다음을 볼 것. 신동원, "조선후기 의료의 존재양태(Medical Practitioners in Korea from the late 17th Century to the 19th Century)", 『한국과학사학회지』 26권 2호, 2004; 신동원, "조선후기 의약 생활의 변화: 선물경제에서 시장경제로—『미암일기』·『쇄미록』·『이재난고』·『흠영』의 분석", 『역사비평』 75호, 2006년 여름호; 신동원, "조선시대 지방의료의 성장: 관 주도에서 사족 주도로, 사족 주도에서 시장 주도로—강릉 약계(1603~1842)의 조직과 해소를 중심으로—", 『한국사연구』 135, 2006년 12월.

으로 자연스럽게 외국의 좋은 점에 대한 주목이 있게 되었다. 이 시기 서양의학 담론의 대부분은 바로 이런 문제점과 연관되어 있었다.

박지원과 박제가가 서양과 일본의 약재 관리 시스템에 관심을 둔 것은 조선에서 유통되는 국산 약재와 무역 약재를 믿기 힘들다고 보았기 때문이었다. 또 서양의 대학에서 의사를 양성하는 시스템에 대한 관심의 이면에는 조선의 의원 양성 시스템의 문제가 깔려 있다. 박지원은 스스로 경험방을 엮었으며, 정약용도 경험방에 관심이 많았다. "금료소초" 서문에서는 새로운 효과 있는 정보를 얻기 위한 박지원의 열성을 잘 읽을 수 있다.

아마도 수학이나 천문학 분야에서 서양인들이 이룬 놀라운 성취가 의약 분야에 대한 기대감을 높이는 데 일조했을 것이다. 조선의 학자들이 단편으로 읽은 서양의학은 한의학보다 분명히 정밀한 측면이 있었으며, 그런 것이 치료법에서도 발견되리라 믿었다. 서양에서 발명한 우두법이 확실한 증거였다. 학문 차원에서 한의학의 술수적 측면을 배격한 것은, 서양의학으로부터 배운 정밀한 인체관, 측정 가능성과 효험 입증이라는 측면과 동전의 양면을 이룬다. 정약용, 이규경, 최한기의 눈에는, 측정되거나 효험 검증을 거치지 않은 술수적 측면은 더 이상 용납될 수 없었던 것이다.

1876년 이후 10년 정도 유포되기 시작한 새로운 서양의학 담론은 매우 짧은 시기였음에도 불구하고, 이전 150년간의 서양의학 담론과는 양과 질, 역사적 파장이 엄청나게 달랐다. 그것은 이전처럼 학문에만 국한되지 않았고, 산발적이지 않았으며, 정치의 흐름을 탔다. 조선인, 서양인, 일본인 등이 행위자가 되어 서양의학과 관련된 실제 담론을 생산해내며 그것을 실천에 옮겼다. 이 모든 담론과 활동을 하나로 묶은 것은 '위생(衛生)'이라는 개념이었고, 그것은 문명으로 이끄는 가장 중요한 사항 중 하나였다.

이런 문명화의 담론 속에서 이후 서양의학은 조선의 서양의 전염병 방역, 병원의 설립, 외과술의 이식뿐만 아니라 조선후기 사회에 꾸준히 사회를 의료화시켰던 한의학까지도 그 자장권 안으로 포섭하면서 새로운 지형을 짜 나갔다. 그것은 단지 의학의 영역에만 그치지 않았다. 더 나아가 위생과 문명의 이름으로 조선인을 규정짓던 상투나 의복, 생활 습관의 변화까지도 요구했다. 이런 문명화 과정은 모든 사람들에게 장밋빛 과정만은 아니었다. 생계를 위협받게 된 무당과 종두의들은 우두의사에게 저항했고, 조선의 인민들은 낯선 서양인과 일본인의 의술에 대해 강한 반감을 품었다. 상투가 잘린 유생은 치욕 때문에 목숨을 끊기도 했다. 인민은 전체의 위생을 위한다는 명분 아래 경찰력의 감시하에 놓이게 되었다. 19세기 후반 문명화에 따른 조선 사회의 서양 위생 실천은 전통/현대, 주체/식민, 민족/제국의 세력이 얽힌 정치적 투쟁과정과 다름이 없었다.

연구 동향

조선후기 실학과 관련해서 서양의학 수용에 관한 내용이 적지 않게 나왔다. 일찍이 미키 사카에(三木榮)의 『조선의학사급질병사』(1950년 등사 초판, 1963년 인쇄판)에서 현재 우리가 접할 수 있는 대략적인 윤곽이 그려졌다. 이후 1954년 이영택은 "우리나라에 처음으로 소개된 서의설(西醫說)[2458]"에서 이익의 『성호사설유선』에 담긴 서양의학 내용을 분석

2458 | 이영택, 「우리나라에 처음으로 紹介된 西醫說」, 『서울大學校論文集(自然科學)』 1, 1954.

했고, 1966년 김두종은 『한국의학사(전)』에서 미키 사카에의 책에 없는 최한기의 의학 내용을 간략히 소개했다. 이후 한동안 잠잠했던 조선후기 서양의학의 수용에 관한 연구가 1990년대에 들어 좀 더 본격적인 모습으로 등장했다. 이전의 연구가 주로 조선후기 저작에 등장하는 서양의학에 관한 정보의 소개에 국한되었다면, 이 시기의 연구는 그 성격에 대한 논의로 심화했다. 그 선두에 서 있는 학자는 베이커다. 그는 실학자의 각종 저작에 서양의학의 내용을 검토하여 이익, 박지원, 박제가 등 '실학자'들의 조선의료계 비판과 효과 있는 서양 치료술의 모색, 좀 더 근본적인 문제 제기로서 정동유와 정약용의 한의학이론 자체에 대한 비판을 정리했다.(1990년)[2459] 각각의 소재는 거의 모두 선행 연구자들도 봤던 것이지만, 위와 같은 일관된 흐름으로 "실학과 의학"을 정리한 최초의 논문이라고 할 수 있다. 그의 관심은 단지 의학 분야에 관심을 둔 것은 아니었다. 그는 기존의 실학 연구가 내세운 '실학의 근대성' 전체를 부정하는 논리를 의학 분야에서 찾으려 했다.(330쪽.) 한편 김대원은 정약용의 『의령』을 연구하면서 그 안에 담긴 서의설과 그에 근거한 한의학 비판에 관한 내용을 분석했으며(1991년),[2460] 최근의 논문에서는 정약용의 "서학이 단지 서학이기 때문에 추종한 사대주의적인 것에 지나지 않았다."고 하면서, 정약용 의학의 근대성을 높이 평가하는 기존의 연구를 비판했다.[2461]

위의 "실학적" 흐름과 다소 이질적인 인물이라 할 수 있는 최한기의 의학에 관해서는 여러 연구가 나왔다. 1993년 여인석·노재훈은 최한기의 의학 내용을 깊이 분석하여 최한기가 근거로 삼은 서양 의사 홉슨의

2459 | Donald Baker. "Sirhak Medicine: Measles, Smallpox, and Chong Tasan", Korean Studies, 1990, p.14.
2460 | 김대원, [정약용의 『의령』」, 서울대대학원 석사논문, 1991.
2461 | 김대원, 「정약용의 의학론」, 『과학사상』 33, 2000.

한역서와 최한기의 『신기천험』에 나타난 차이점을 밝히는 한편, 그 차이가 최한기의 통일된 기학적 의학체계의 건설에서 비롯한 것임을 분명히 했다.[2462] 1993년 이현구는 최한기 기학의 전체 체제와 의학의 관련성을 연구했고,[2463] 1995년 신동원도 최한기의 "기학적 의학의 특성을 논하는 한편, 그의 동서의학에 대한 태도를 논의했다.[2464] 1999년 김성준은 조선에 전해진 서구 뇌주설(腦主說)에 대한 최한기의 대응을 분석했고, 김성수는 서양의학의 수용에 따른 성호학파의 인체관의 변화를 밝혔다. 2009년 신동원은 17세기~19세기 서양의학 수입 전반에 대해 다뤘는데, 당시 수입된 서양의학의 범위가 넓지 않고 이해 수준도 높지 않았지만, 그것이 조선 사회에서 필요로 하는 약의 관리, 새로운 특효약의 기대감 등 당시 조선 사회의 수요에 따라 취사선택된 것임을 밝혔다.[2465]

2462 | 여인석·노재훈, 「최한기의 의학사상」, 『의사학』 2-1, 1993, 69-78쪽.

2463 | 이현구, 「崔漢綺 氣學의 成立과 體系에 關한 硏究: 西洋 近代科學의 流入과 朝鮮後期 儒學의 變容」, 성균관대학교 박사논문, 1993.

2464 | 신동원, 「최한기의 기학과 의학」, 『제3의학』 2-1, 1997.

2465 | Dongwon Shin, 「Korean Medical Discourses on Western Medicine, 1720-1876」, 『다산학』 15, 2009. 이 17장의 영문 번역 논문이다.

Ⅶ. 조선 말 한의의 숫자는 얼마나 되었는가?

1914년의 의약인 전국 통계

의원의 수와 인구 대 의원의 비율을 아는 것은 의료사회사 연구의 출발점이라 할 수 있다. 이에 하나 덧붙인다면, 의술이 얼마만큼 효과를 보였을까 하는 점이다. 그것은 평균수명의 증가나 사망률·발생률·유병률의 감소 등의 지표로 표현될 수 있는 것이다. 유감스럽게도, 조선후기의 의료를 논하면서 한 사회의 의료 이해에 가장 핵심이 되는 이 두 가지 사항의 어느 것도 확실하게 논할 수 없다. 후자의 경우 의학이 전체 역사에 얼마만큼 영향을 끼쳤는가를 보여주는 핵심 요소지만, 그것을 따지는 것은 이 논문의 관심 영역이 아니다. 이 부분은 블랙박스로 남겨둔 채 전자 곧 의원(醫員) 수의 규모와 전국적 분포가 이 연구의 관심이다. 즉, "(설사병을 고칠 수 있는 능력을 가졌던들) 의학이 소수의 전유물에 불과하다면 그것이 도대체 어떤 의미가 있는 것일까?" 하는 것이 나의 문제의식이다.

조선시대에 의원 수의 파악은 국가의 주요 관심사가 아니었다. 관심이 있었던 것은 중앙으로 올려 보낼 약재의 가짓수와 총량이었다. 각 지방에 필요한 통계를 작성할 때 의원 수가 조사항목으로 들어가지는 않았다. 서양의 경우에도 18세기 절대주의 국가에서야 비로소 "인구를 관리하여 국가를 부강하게 한다."는 이념에 따라 국가 차원의 의사 수 통계를 집계한 것을 생각할 때, 조선의 상황이 그다지 이례적인 것은 아니었다. 이렇듯 직접적인 전체 통계가 없기 때문에 부득이 이후 시기의 통계를 활용할 수밖에 없다. 다행히도 1914~1915년 사이에 의생 면허 등록이 있었으며, 이것이 이루어진 시기는 이 논문이 다루고 있는 시기와 그다지 멀리 떨어져 있지 않다. 이 통계에 포함된 의원 다수가 이전 시기에 형성된 사람들이기 때문이다.

『조선총독부통계연보』에 집계된 1914년도 한 해 공식 등록 의생 수는 5,827명이다. 이는 내가 『관보』에서 직접 집계한 5,887명과 약간 차이가 있는 것이다. 통계연보의 수치로 조선인 인구 1만 명당 의생(의원) 수를 계산할 수 있다. 이해 공표인구 15,621만 명을 기준으로 할 때 의원 수는 인구 1만 명당 평균 3.75명(내가 집계한 것을 기준으로 할 때는 3.77명) 정도의 수준이다.

『조선총독부관보』에서는 1914년~1915년 두 해 동안 의생면허자를 등록했는데, 이 두 해 동안에 면허를 획득한 사람에 한해 죽을 때까지 개업할 수 있는 영구면허를 부여했다. 『관보』에서는 그들의 출생 연도, 본적지, 거주지를 명기했다. 우선 그들의 연령을 보도록 하자. 1914~1915년도 두 해 동안 『조선총독부관보』에 의생면허를 획득한 사람(총 6,045명) 중 연령을 알 수 있는 6,007명을 연령별로 보면, 20대 481명, 30대 1,510명, 40대 1,712명, 50대 1,412명, 60대 755명, 70대 130명, 80대 7명 등이다. 이를 보면, 40대 이상이 전체의 67%, 50대 이상이 46%에 달한다. 보통 어느 나이 때부터 의원 노릇을 시작하는지 통계를 알 수 없지만, 20대 정도에 시작한다고 가정한다면 30년 이상 의원 활동을 한 사람이 거의 절반에 달한다고 볼 수 있다.

거주지가 중요한 지표인데, 그 정보가 바로 이들이 개업하고 있는 위치를 나타내기 때문이다. 1914년도 『관보』에 등록된 의생 가운데 주소가 분명치 않은 1명을 제외한 5,886명을 도별(道別)로 살펴보면 다음과 같다.

〈표 3-3〉 일제 초 전국 각 도별 의생 수 통계(『조선총독부관보』, 1914)

700명 이상	함남(792명), 경남(769명)
600~700명	경북(620명)
400~500명	평북(593명), 평남(549명), 경기(422명)
300~400명	함북(347명), 전남(322명)
200~300명	경성(298명), 전북(292명), 강원(248명), 충남(226명), 충북(218명)
200명 이하	황해(190명)

이를 보면 의원이 가장 많은 도의 순서는 함남, 경남, 경북, 평북, 평남, 경기, 함북, 전남, 경성, 전북, 강원, 충남, 충북, 황해 등임을 알 수 있다. 그런데 이 수치는 각 도의 절대적인 의원 수를 뜻할 뿐이다. 각 도의 인구비율을 고려하면 그 양상이 크게 달라진다. 경성부와 각 도의 조선인 인구통계는 『조선총독부통계연보』(1914년)를 이용했다.

이 통계를 보면, 각 도별 인구 1만 명당 의원의 분포는 1.55명(황해)~15.92명(경성)을 이룬다. 전국 평균인 3.75명(또는 3.77명) 이상인 곳은 경성, 함남, 함북, 평남, 평북, 경남, 경북 등 8곳이며, 평균 이하인 곳은 충북, 경기, 전북, 강원, 충남, 전남, 황해 등 7곳이다. 흔히 서울의 경우 경기에 포함시켜 통계를 내기도 하기 때문에 이럴 경우 경기는 4.48명(의원 서울 298명, 경기 422명 합해서 720명, 도 전체 인구는 1,608,786명)으로 서울 단독으로 따졌을 때보다 확 줄어들게 된다. 사대문 안 서울을 경기와 분리하여 따로 집계했을 때는 인구 1만 명당 의원 수가 15.92명이 된다. 이는 평균치의 4배 이상이다. 서울이 다른 곳보다 월등히 높은 것은 이미 18세기 전후에도 확인되는 것이다. 성호 이익은 "서울에는 의원과 처방이 수없이 모인 곳"이라고 적었다.[2466]

이러한 지역적 분포의 차이는 약종상의 존재를 고려하면 크게 줄어든다. 약종상은 약을 파는 일로 개업을 허가받았지만, 처방 진료의 관행 또한 인정받았기 때문에 실제 진료의 측면에서는 의생(의원)과 크게 다를 바가 없었다. 1914년 현재 약종상 수는 8,154명이며, 이 가운데 조선인 약종상은 7,601명이고, 한약만을 취급하는 한약종상 수는 7,500명 전후로 추정된다.[2467] 조선인 약종상을 지역별로 살펴보면(괄호 안은 전체 약종상 수다.) 경기 1,134(1,215)명, 충남 362(388)명, 충북 390(418)명, 전남 594(637)명, 전북 822(881)명, 경북 928(994)명, 경남 777(833)명, 황해 236(253)명, 평남 495(530)명, 평북 491(526)명, 강원 419(449)명, 함남 611(655)명, 함북 342(366)명 등이다.[2468]

따라서 의생과 약종상을 합쳐서 도별 인구 1만 명당 의약인 수를 구하면 다음과 같다.

약종상을 고려했을 때, 인구 1만 명당 도별 의약인 수는 가장 낮은 황해 3.48명부터 가장 높은 함북 14.00명까지 분포되어 있다. 최고와 최저 사이의 격차는 4배 정도로, 의생 수 비율인 4.6배보다 다소 감소한

2466 | 李瀷, 『星湖僿說』 14, 人事文, 「醫」 (『국역성호사설』 V, 민족문화추진회, 1977, 310쪽).

2467 | 『조선총독부통계연보』, 1914. 조선인 약종상 중에는 100명 전후로 추정되는 양약종상이 포함되어 있다. 한약종상의 지역 분포만 따로 정리한 내용을 아직 발견하지 못했기 때문에 도별 통계가 나와 있는 양약종상을 포함한 수치인 8,154명(조선인 한약종상, 조선인 양약종상, 외국인 약종상)의 통계를 조선인 약종상 7,601명(조선인 양약종상 100명 남짓 포함하나 이 수치는 무시함)의 비율로 다시 환산하여 각 도별 조선인 (한)약종상 수를 계산토록 한다.

2468 | 약종상의 지역별 수치는 徐丙協, 『共進會實錄』, 博文社, 1916, 537-538쪽을 참고한 것이다.

모습을 보인다. 또 함북, 강원, 충남, 전남, 황해 등 5곳을 제외한 나머지 8지역이 8.70명~12.67명 안에 모여 있어 지역별 격차가 줄어들어 있다고 볼 수 있다. 열악한 지역에서도 황해(3.48명)를 제외한 나머지 세 지역이 5.22~6.41명으로, 상태가 좋은 지역과의 차이가 2배 이하로 줄어 있다. 이러한 사실은 지역별로 봤을 때 약종상이 의생을 보완하는 성격을 지녔다는 것을 시사한다.

〈표 3-4〉 각 지열별 인구 1만 명당 의약인(의생+약종상) 수

지역	의약인 수	지역	의약인 수
함북	14.00명	평북	9.55명
함남	12.67명	충북	8.70명
경기(경성 포함)	11.52명	강원	6.41명
전북	10.58명	충남	5.74명
경남	10.36명	전남	5.22명
평남	10.04명	황해	3.48명
경북	9.74명		

의생, 약종상 외에도 한의약 시술자로는 침구술 영업자와 안마술 영업자가 있었으며, 이들의 존재 또한 과거의 유산이다. 1914년도 통계를 보면 침구술 영업자 수는 369명, 안마술 영업자는 203명이다. 이들은 한의약 시술자의 각 도별 추세에 심각한 영향을 줄 만한 수치는 아니라고 할 수 있다. 이들의 지역적 분포를 보면, 경기(132), 충남(4), 충북(6), 전남(51), 전북(6), 경북(16), 경남(82), 황해(9), 평남(41), 평북(8), 강원(1), 함남(11), 함북(2) 등과 같은데, 경기, 경남, 전남, 평남 등 네 지역에 심하게 편중되어 있다. 안마술 시술자의 수는 경기(74), 충남(3), 충북(7), 전남(14), 전북(11), 경북(12), 경남(50), 황해(1), 평남(12), 평북(5), 강원(0), 함남(9), 함북(5) 등인데, 경기와 경남의 두 지역이 절대 다수를 차지하

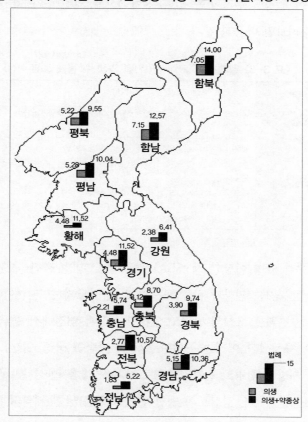

〈그림 3-2〉 각 지역별 인구 1만 명당 의생 수와 의약인(의생+약종상) 수

며, 나머지 지역은 10여 명 이하이고, 강원도의 경우에는 한 사람도 없는 것으로 나타났다.[2469]

1914년도 『관보』 통계로부터 의원의 부(府)·군(郡) 지역별 통계에 대한 좀 더 자세한 정보를 얻을 수 있다. 이를 통해 1914년 현재 의원은 제주도, 울릉도와 같은 섬, 북쪽의 국경 지대 등 전국 각지에 자리를 잡고 있었음을 알 수 있다. 각 군의 지역별 분포를 결정짓는 요인은 이 통계

2469 | 徐丙协, 『共進會實錄』, 博文社, 1916, 537-538쪽.

789

를 통해 어느 정도 추정할 수 있다. 전체적으로 의원 수가 30명 이상인 경우만 추려보면 다음과 같다.

〈표 3-5〉 일제초 부(府)·군(郡)별 의생 수 통계(30명 이상)

101명 이상	경성(298), 북청(170), 갑산(161), 평양(114)
51~100명	울산(82), 정주(79), 의주(77), 용천(74), 창원(73), 경성(67), 명천(67), 영변(66),
30~50명	김해(50), 삼수(49), 영일(49), 통영(48), 정평(47), 함안(46), 신흥(46), 밀양(45), 용강(43), 진주(42), 안주(42), 의성(42), 무산(42), 곡성(40), 수원(40), 성주(40), 성진(40), 순천(40), 정읍(39), 상주(38), 고성(38), 대구(38), 익산(37), 길주(37), 단천(36), 안변(36), 선천(35), 중화(35), 남원(33), 합천(33), 양산(32), 성천(32), 강릉(32), 강화(32), 용남(31), 고양(30), 진남포부(30)

의원 수가 51명 이상인 시·군 가운데 경성, 평양, 울산, 창원, 부산, 함흥, 청주 등지는 인구가 많고 도시의 발달 정도가 큰 지역이다. 의주, 정주, 용천 지역은 도시의 발달도 있지만 국경과 인접해서 중국과의 약재 무역이 주로 이루어지는 곳이다. 함경도 지방인 북청, 갑산, 경성, 명천, 영변 지방은 함경도 산간지방으로 예부터 녹용, 산삼 등 국내 주요 약재 대표 산지였다. 경상도의 영천 인근 지역은 남한 지역의 대표적인 약재 산지라 할 수 있다. 대구, 의성, 무산 등도 이로써 설명 가능하다. 부산과 인근 항구는 일본과의 약재 무역을 담당하는 곳이며, 따라서 의원 수가 많다. 이상의 내용을 보면, 의원의 수효가 특히 많은 곳은 도시가 발달한 곳, 교통의 요지, 대량 약재 산지, 중국·일본과의 무역 중심지 등임을 짐작할 수 있다.

이와 반대로 의원 수가 극히 미미한 군도 다수 존재한다. 의원 수가 5명 미만인 부와 군은 강원도 25곳 중 9곳, 경기도 38곳 중 19곳, 경남 31곳 중 6곳, 경북 44곳 중 22곳, 전남 34곳 중 14곳, 전북 29곳 중 16곳, 충남 39곳 중 26곳, 충북 18곳 중 8곳, 평남 21곳 중 1곳, 평북 24곳 중

24곳, 함남 18곳 중 1곳, 함북 13곳 중 2곳이며, 황해 20곳 중 4곳 등이다. 이러한 사실은 위에서 말한 세 가지 요건에 들지 않는 경우에는 의원이 별로 없었음을 알 수 있다. 부와 군 가운데 1명도 없는 군은 경기(11), 강원(2), 충북(8), 충남(17), 전북(16), 전남(14), 경북(22), 경남(6), 황해(4), 평북(4), 평남(1), 함북(2), 함남(1) 등이다.[2470] 이러한 실정을 볼 때, 아마도 면 단위로 따져 들어가면 의원이 한 명도 없는 무의면이 적지 않았을 것이라 생각할 수 있다. 그런 곳 중 상당수는 약종상이 메웠을 것이다.

약종상은 주로 약을 파는 존재였지만, 의원과 약업의 구별이 모호한 편이었기 때문에 약간의 의학지식을 가지고 진료를 하는 경우가 태반이었다. 약종상은 서울 같은 대도시에서는 제법 큰 약국을 경영하면서 치부를 하기도 했지만, 지방에서는 의원조차 없는 곳에서 간신히 약을 팔면서 생계를 부지하는 것이 일반적이었다. 앞에서 말한 바와 같이 19세기 말의 고이케(小池正直)가 지적하고 있는 지방의 약방이 그것이다.[2471] 이런 약방은 읍·면 규모의 지역에 위치해 있으면서 싼 약을 팔았다. 이런 데서 약을 지어주는 부류는 의원이 아니라 약종상이었다.

이런 약종상은 18세기가 되도록 분명하게 성장해 있지 않았다. 하멜은 서민이 약을 이용하지 않고 판수를 흔히 찾는다고 했다.[2472] 18세기 말의 저작인 이익의 『성호사설』에서도 비슷한 상황을 지적한 바 있다.[2473]

이를 보면, 조선후기 사회에서는 도시와 농촌, 신분의 차이, 경제력의 차이에 따라 의료 이용의 차이가 있었음을 알 수 있다. 이 셋이 모두 좋지 않은 쪽으로 겹친 지방의 서민은 의약을 잘 이용할 수 없는 처지에

2470 | 이 경우 행정구역이 재편되면서 통계가 잡히지 않은 경우도 있기 때문에 이 점을 감안해야 할 것이다.
2471 | 小池正直, 『鷄林醫事』, 1888, 53–54쪽.
2472 | 헨드리 하멜 저/이병도 역, 『난선제주도난파기—부 조선국기』, 일조각, 1981, 91쪽.
2473 | 李瀷, 『星湖僿說』 14, 人事門, 「醫」.

있었던 것이다. 하지만 강릉 약계의 소멸 사례가 말해주듯 지방의 약방은 18세기~19세기를 거치면서 크게 성장한 것으로 보인다. 이익의 『성호사설』을 보면, "시골에는 의원과 약이 없어 요절하는 사람이 많다."[2474]고 했는데, 19세기 말의 기록에서는 지방에 이런 약방이 곳곳에 있다고 말하고 있기 때문이다. 1914년 통계에서 이들의 숫자는 7,500여 명 수준이었으며 전국에 골고루 분포하고 있었다. 또 이들은 주로 의료시설이 낙후된 벽지에서 "초근목피의 약재를 팔면서 생계를 유지했다."[2475]

조선시대 법전에 규정된 중앙의 의관과 의생 수

1914년 통계 이전에 각 지역에 의원이 얼마나 있었는가를 시계열적으로 알려주는 자료는 없다. 다만 알 수 있는 것은 『경국대전』, 『대전회통』, 『육전조례』 등 법전에 규정된 의원과 의생(醫生)의 수다. 지방 군현에 배정된 의생 수는 실제로 그 규정이 지켜졌는지 확인하기 힘들지만, 각 고을의 규모에 따라 의원이 어느 정도 존재해야 하는지에 대한 국가의 생각을 읽을 수 있다.

19세기 후반 내의원·전의감·혜민서에 소속된 현직 의원 수는 의관(醫官), 양반 출신으로 의학을 공부하는 의서습독관, 의학생도, 의녀를 합쳐서 대략 250여 명 정도의 규모였다. 이들은 대부분이 서울에 있었다고 볼 수 있다.

1866년에 편찬된 『육전조례』에 따르면, 왕실과 최고위직 대신의 진

2474 | 李瀷, 『星湖僿說』 14, 人事門, 「醫」.
2475 | 朝鮮總督府 警務總監部, 『朝鮮衛生法規類集』, 1917년, 274쪽.

료를 맡은 내의원에는 50명 정도의 의원과 의녀가 딸려 있었다.[2476] 내의원 의원으로는 내의(內醫)와 어의를 합해 12명(+알파), 침의(鍼醫)가 12명, 외부의 의원으로 왕실의 진료에 참여하는 의약동참(醫藥同參)이 12명이 있었다. 내의의 경우 12명은 당하관 품계를 지녔으며, 그 이상은 특별히 신분이 상승하여 당상관이 된 의원들로 따로 정원이 없었다. 한 왕대에 특별히 당상관 의원이 된 자가 그렇게 많을 수 없었으므로 아무리 많아도 10명을 초과하지는 않았을 것이다.

고위 관리와 상급 의학교육을 맡은 기관인 전의감에 소속된 의원과 생도 수는 대략 100명 정도였다. 전의감에는 정식 품계를 받은 의학 교관 3명, 중인 신분의 의생(醫生) 50여 명과 양반 출신의 의학습독관 30명, 행정직 의원 10명 정도가 있었다.[2477]

하급 관리와 대민의료를 책임진 혜민서에는 행정직 의관 7명, 의학 교관 3명, 감옥담당 의원 3명, 침의 1명, 생도 62명, 의녀 30명 등 의원과 의생을 합쳐 100여 명 정도의 규모였다. 『육전조례』를 보면 혜민서에는 실직 의관으로 종6품 주부 1원, 종6품 의학교수 1원, 종7품 직장 1원, 종8품 봉사 1원, 정9품 의학훈도 1원, 종9품 참봉 4원 등 9원이 있었다.[2478] 이와 함께 산원(散員) 의관으로 치종교수(治腫敎授) 1원, 위직(衛職) 2원, 형조월령의(刑曹月令醫) 1원, 사헌부월령의 1원(장무관 겸), 내국월령의 2원, 침의 1원 등 여덟 자리가 있었다.[2479] 이 밖에 아직 정식 자리를 얻지 못한 의원인 총민(聰敏), 권장(勸獎)이 각 15자리가 있었으며[2480] 이보다 아래인 생도가 62명 있었고, 의녀 31명이 소속되어 있었다.[2481]

2476 | 『六典條例』, 「禮典」, 內醫院. (경문사 영인본 『六典條例』 (하), 1979, 813–814쪽).

2477 | 『六典條例』, 「禮典」, 典醫監.

2478 | 『惠局誌』 (全 7361), 8장.

2479 | 『六典條例』, 「禮典」, 惠民署.

2480 | 『六典條例』, 「禮典」, 典醫監.

2481 | 『惠局誌』 (全 7361), 12쪽.

구료기구인 활인서에는 혜민서에서 파견된 의원 2명만이 있었다. 활인서는 한성의 동쪽과 서쪽 두 군데에 설치되어 있었으며, 동활인서에 1인, 서활인서에 의원 1인이 배속되어 있었다.[2482]

관에 소속된 의원의 수는 『경국대전』에 규정된 규모와 비슷했다. 정식 관직의 변동은 미미했으며, 혜민서에 딸린 의생은 『경국대전』의 30명에서 『속대전』 이후 62명으로 32명이 증가했고,[2483] 혜민서에 딸린 의녀는 『경국대전』에서는 70명이던 것이 1750년(영조 26년) 40명으로 줄어들었으며, 1778년(정조 2년)에 또다시 31명으로 줄어들었다.[2484]

혜민서와 활인서는 1882년에 혁파되었고, 이후 다시 부활되지 않았다. 개항 이후 조선은 새로운 국제 질서에 편입됨에 따라 이전과 같은 정치체제의 유지가 불가능해졌다. 1882년 임오군란 이후 고종은 대궐 내에 기무처(機務處)를 설치하고, 난 후의 수습과 체제 정비를 단행했는데, 혜민서와 활인서의 혁파가 이에 포함되었다. 혜민서와 활인서는 없앴고, 혜민서의 관리와 생도는 모두 전의감에 소속토록 했으며, 활인서의 관리는 예조에 복속시켰다.[2485] 일단 혜민서의 의생은 전의감에 붙여 취재와 과거에 불이익이 없도록 조처했지만,[2486] 당연히 의학생도 규모의 위축이 뒤따랐을 것이다.

1894년 갑오개혁 때는 전의감마저 폐지되었다.[2487] 전의감에 속했던 일부 업무는 내의원에 통합되었다.[2488] 전의감에서 맡았던 일이 얼마만

2482 | 『六典條例』, 「禮典」, 活人署.

2483 | 원래 『경국대전』에서는 의학생도 수를 30명으로 규정하였으나, 『속대전』에서는 32명이 증가한 62명이 되어 『대전회통』 발간 때까지 계속되었다.(『大典會通』, 「禮典」, 生徒.)

2484 | 『惠局誌』(个7361), 12장.

2485 | 『고종실록』 권19, 고종 19년 12월 30일자.

2486 | 『고종실록』 권20, 고종 20년 1월 23일자.

2487 | 국회도서관, 『한말근대법령집(韓末近代法令集)』 1, 1970, 3쪽.

2488 | 「초기(草記)」, 개국(開國) 503년 7월 18일자, 『의안(議案)』(상), 서울대도서관영인본, 1991, 26-7쪽.

큼 내의원에 이첩되었는지는 불분명하지만, 1894년 7월 22일 반포된 궁내부 관제에서 전의감을 통합한 내의원의 사무가 '왕실의 건강과 어약(御藥)의 관장'으로만 나타나는 것을 볼 때 전의감에서 담당해오던 의학교육의 업무가 완전히 사라졌음을 짐작할 수 있다. 또한 개혁의 일환으로서 과거 자체가 폐지되었기 때문에 관에서 의관을 양성하고 임용하던 전통적인 제도가 완전히 사라졌다고 말할 수 있다.

전의감을 통합한 형태를 띠었지만 내의원의 기능은 오히려 상당히 축소되었다. 개혁된 내의원을 규정한 「궁내부 종정부 종백부 관제」를 보면, "내의원(은) 왕실의 건강과 어약(御藥)을 관장하고 (전의와 함께) 제조(提調) 2원, 태의(太醫) 8원, 침의(鍼醫) 8원, 의약동참(醫藥同參)은 3員을 넘지 않는다." 로 규정되었다.[2489] 이를 1867년의 『육전조례』 규정과 비교하면, 그것이 얼마나 위축되었는지 쉽게 알 수 있다. 내의원 사무의 책임을 맡은 당상관의 경우 3원에서 2원으로 줄었고, 의관 수도 12원에서 8원으로 줄었고, 침의 또한 12원에서 8원으로 줄었으며, 의약동참의 경우도 12원에서 3원 이하로 대폭 축소되었다. 1895년에는 더 줄어서 어의는 이전의 태의 8원에서 전의 3원 이하, 전의보 5원 이하로 재조정되었고, 의약동참도 1원 더 줄었다.[2490]

18~19세기 관의 의학교육은 1876년 개항 이후 커다란 변화를 겪었다. 1882년 혜민서가 혁파되면서 관의 의학교육은 전의감이 홀로 떠맡게 되었고, 1894년 과거가 폐지되면서 국가 차원에서 한의학을 시술하는 의원을 양성하는 일이 끊기게 되었다. 대신에 1885년 제중원이 설립되면서 1886년~1890년 사이에 서양의학을 공부하는 생도 16명을 뽑아

2489 | 「초기(草記)」 개국 503년 7월 22일자, 『의안(議案)』, 28-9쪽; 『한말근대법령집(韓末近代法令集)』 1, 68-71쪽.
2490 | 「1895년 4월 2일 포달 제1호 궁내부관제」, 『관보』 1895.5.20.

795

교육시킨 적이 있지만 실패로 돌아갔고, 1895년 의학교를 설립하는 계획을 세웠고,[2491] 1899년 서양의학을 위주로 한 관의 의학교가 설립되어 한 해 50여 명 규모의 의학생을 양성하기 시작했다.[2492] 반면에 한의학을 전문으로 하는 국가교육기관은 만들어지지 않았으며, 따라서 한의학은 민간의 영역에 맡겨지게 되었다.

의관(醫官)의 축소가 한의 인력에 어떤 영향을 끼쳤는지 알기 힘들다. 하지만 조선후기 내내 민간의 의약이 성장하고 있었으며 그것이 관 의료의 축소를 가져온 한 요인이기도 했다. 일례로 혜민서에 딸려 있었던 민간인에게 약을 파는 약방인 전매청(典賣廳)이 일찍이 폐지 상태에 있었다.[2493] 민간에서는 그곳 대신에 구리개에 있는 약방으로 약을 사러 가면 됐기 때문이다.

1914년 통계를 보면, 서울의 의생 수는 298명이었다. 19세기 후반 서울의 관에 딸린 의원 수는 의녀를 합쳐서 250명, 의녀를 제외하면 200명 정도의 의관과 의생이 있었으니, 의관이 아닌 민간의 의원까지 고려한다면 1914년도 등록 의생 수가 이전보다 크게 많다고 보기 힘들다. 아마도 서울의 경우에는 오래전부터 서울의 경제력으로 유지할 수 있는 의원의 수가 포화 상태에 있었던 것이 아닐까 추측해본다.

지방 관아의 의원

지방의 의원은 혜민서에서 파견한 심약과 지방 관아의 의원과 의생

2491 | 신동원, 『한국근대보건의료사』, 한울, 1997, 175–176쪽.
2492 | 제중원의 의학교육에 대해서는 신동원, 『한국근대보건의료사』, 96–104쪽을, 갑오개혁기 의학교 설립에 대해서는 위의 책 175쪽을, 대한제국의 의학교의 설립과 운영에 대해서는 위의 책 250–279쪽을 볼 것.
2493 | 『惠局誌』(奎7361), 11장.

으로 이루어져 있었다. 혜민서에서는 전국 팔도에 종9품 외관직으로 심약(審藥)을 파견했으며, 이들은 각 도의 감영 또는 병영에 머물면서 각 관아의 의료와 함께, 그 지역의 약재 수급과 의학교육을 맡았다. 심약의 숫자는 각 도의 규모에 따라 1명에서 3명까지 차이가 있었다. 조선후기의 『대전통편』을 보면 경상도, 전라도, 함경도가 3인, 충청도, 황해도, 평안도가 2인, 강원도가 1인이었다.

지방의 각 도호부, 목, 군·현에는 수령의 건강을 책임지는 약방이 설치되어 있었으며, 의학을 학습하는 생도가 딸려 있었다. 각 지방 관아에서 의학은 유학, 한학(중국어), 율학, 여진학, 왜학 따위와 함께 설치되어 있었으며, 유학·율학과 함께 꼭 갖춰야 할 학문 분야로 규정되었다. 『경국대전』 이후 조선의 법령에서는 지방 관아에 딸린 의생 수를 각 지역의 규모에 따라 의생 수를 규정했다. 부(府)에는 16인, 대도호부와 목(牧)에는 14인, 도호부는 12인, 군에는 10인, 현에는 8인을 두도록 규정했다.[2494] 여기에 딸린 의생은 의학을 학습하는 생도인 동시에 지방의 의술을 책임지는 하급 의원이라고 할 수 있다.

정식 관직을 받은 것은 아니었지만 이들은 관에 소속되어 있으면서 관아와 관아 주변, 더 나아가 그 고을의 의료를 책임졌다. 규정대로 다 채워져 있다고 했을 때, 각 지방의 의생 수는 총 3,286명으로 경기도 350명, 충청도 488명, 경상도 688명, 전라도 534명, 황해도 234명, 강원도 260명, 함경도 296명, 평안도 436명 등이다.[2495]

지방 관아가 이 규정을 엄격히 지켰는지는 불분명하다. 1590년 평양의 경우, 평양감영에는 총 34명의 의생이 등록되어 있었다.[2496] 또한 그

2494 | 『大典會通』, 「禮典」, 生徒.

2495 | 각 지역 정보는 『대전회통』 「외관직」에 따랐다.

2496 | 『平壤志』 1, 公署 (이수건, 『조선시대 지방행정사』, 민음사, 1989, 231쪽에서 재인용).

곳에는 중앙에서 파견되는 심약이 머무는 곳인 심약당(審藥堂)과 평양 거주민에 대한 의약 제공을 담당했을 것으로 추측되는 전매국(典賣局)이 딸려 있었다. 여기의 34명은 『경국대전』에서 규정한 16인의 의생(醫生) 수 2배를 웃도는 것이다. 평양과 달리 1678~1786년 경상도 단성현의 경우는 규정된 의생 수보다 실제 의생 수가 훨씬 적었다. 규정대로 한다면 이곳에는 8명의 의생이 있어야 하나, 실제 호적대장에 적힌 수치는 1678년 3명, 1717년의 1명에 불과했다. 1750년과 1786년에는 아예 1명도 없다. 물론 의생과 관련된 의생보(醫生保)가 1717년에 9명(1명은 사노의 생보임), 1750년에 2명, 1786년에 1명이 있는 것으로 보아 의생 관련 사항이 전무하지는 않았다.[2497] 하지만 이 시기 의생과 의생보의 관계가 어떠했는지 정확한 실상을 알지 못한다. 1914년도 통계를 보면, 평양은 등록 의생수가 114명이었고 단성은 0명이었다. 이런 수치는 대체로 대도시에 의원이 집중하고 벽촌의 경우 의원이 없게 된 이전의 상황을 반영하는 것이라 본다.

유의(儒醫)

유의의 존재는 기술 잡직의 전문직 의원과 구별되었다. 유의가 별도로 취급되는 것은 이들이 양반 사대부 출신이기 때문이다. 사대부는 "군자불기(君子不器)"이기 때문에 어느 한 직종에 종사하는 것이 아니라 두루 정사를 펼치는 일에 종사했다. 두루 잘하는 것 가운데 의술도 특별히 잘하는 사람이 있었는데, 의학적 식견과 임상 능력이 전문직 의원

2497 | 이준구, "시기별 호주의 신분·직역 일람", 『조선후기 신분직역변동연구』, 일조각, 1997, 261–274쪽.

보다 뛰어난 경우가 왕왕 있었다. 이런 사람은 계급적으로 전문직 의원보다 높고, 전반적으로 학식이 뛰어나 보통 의원과 구별하여 유의라고 불렸다.

1434년(세종 16년)의 다음 기록은 유의 양성의 필요성을 말해주는 것이다.

> 옛적 좋은 약방문이 유의(儒醫)의 손에서 많이 나왔사온즉, 이치에 통달한 문인(文人)이 겸하여 의술을 다스림은 옛날에도 그 예가 있사오니, 더 설치하는 전의 겸정(典醫兼正)·겸부정(兼副正)·겸판관(兼判官)·겸주부(兼主簿) 각 한 사람씩을 더 설치하옵되, 모두 박학문사(博學文士)로서 제수하고, 혜민국(惠民局)과 제생원(濟生院)에는 제거(提擧)·별좌(別坐) 중 한 사람과 겸승(兼丞) 한 사람을, 학식이 넓고 굳세며, 바르고 부지런하며 삼가는 문사로서 차정하게 하옵소서.[2498]

즉 이는 중국에서 의학의 큰 발전이 유의에 의해 이룩되었으므로, 우리나라의 경우에도 각 의료기관의 핵심 직책의 수를 늘려서 유의(儒醫)를 진작하자는 것이다. 유자가 개인 차원에서 의술을 공부하는 데서 더 나아가 나라의 의료제도에서 책임을 맡고, 또 의술을 발전시키는 데 기여토록 하자는 것이었다.

조선 초에는 이런 관점에 입각해서 사대부가 의료기관에 들어가는 것을 꺼리지 않았기 때문에 문관이면서도 의술에 밝은 사람이 적지 않았다. 또한 세종은 사대부의 의학을 진작시키려는 요량으로 의서습독관(醫書習讀官) 제도를 만들었다. 의서습독관은 사족 가운데 나이가 어

2498 | 『世宗實錄』 65, 16년 7월 25일자.

리고 총명한 자를 뽑아 의학을 학습케 하여 그것에 능통하게 되면 현관(縣官) 또는 의사(醫司)의 주요 직책을 맡기는 제도였다.[2499] 즉 일종의 유의 양성 제도인 셈이다.

이 제도는 18~19세기까지 계속 유지되었다. 『육전조례』에는 [의서] 습독관 30명이 전의감에 소속된 것으로 나와 있다.[2500] 습독관 정원은 세종 때 9인, 단종 때(1454년) 15인이었다가 세조 때(1462년) 30인으로 늘어났으며[2501] 그것이 19세기까지 계속되었다. 이들만을 위한 관직으로는 『속대전』 이후 산관(散官)으로서 종9품 1인, 종7품 1인과 같았다.[2502]

유의 제도화의 또 한 측면은 내의원의 의약동참(醫藥同參)이다. 이는 의서습독관보다 한 등급 위이다. 또한 의서습독관의 연장선에 있다. 전의감에 딸린 의서습독관 가운데 의술의 기량이 뛰어난 자를 상급 기관인 내의원의 산원 의관인 의약동참으로 연결시킬 수 있는 것이다. 내의원 의약동참의 정원은 12명이었다.

국가의 의업(醫業)이 서얼과 중인출신으로 고착되지 않은 중종 이전까지만 해도 의약동참이라는 말의 의미가 없었다. 사족 출신으로서 의관 노릇을 하는 것이 하나의 관행이었기 때문이다. 하지만 의학이 특정 신분의 직업이 되면서 사족 출신의 의관을 부별할 필요성이 강하게 대두되었으며, 이들을 신분적으로 구분하여 전문성보다는 전문직에 동참(同參)한다는 뜻을 내세웠다. 『의약동참선생안(醫藥同參先生案)』을 보면, 의약동참의 첫 인물로 중종~선조 때 인물인 정작(鄭碏, 1533~1603년)이 표

2499 | 『端宗實錄』 13, 1년 25일자.
2500 | 『六典條例』, 「禮典」, 典醫監.
2501 | 손홍렬, "한국의료제도사 연구(고대-조선초기)" 경희대 사학과 박사논문, 1986, 195-198쪽.
2502 | 『경국대전』에서는 종7품 1인, 종8품 3인, 종9품 4인 등으로 참하직만 8직 있었으나, 『속대전』에서는 참상직 1인, 참하직 1인으로 바뀌었다.(『大典會通』, 「兵典」, 雜次郡士). 의서습독관에게 참상직 종6품 1인을 처음 주기 시작한 것은 1489년(성종 20년 때부터이다.(손홍렬, "한국의료제도사 연구", 200쪽).

기되어 있다. 이어서 고종 때까지 196명의 명단이 실려 있다.[2503] 이들 중 대부분이 조선시대의 대표적인 유의였다고 할 수 있다. 이 가운데에는 『마진편』으로 유명한 유이태, 『증보산림경제』의 저자인 유중림이 포함되어 있다. 물론 의약동참이 되는 것은 "사대부로부터 미천한 사람까지 재능이 있으면 다 보임될 수 있는 것"[2504]이기 때문에 이 가운데에는 신분이 미천한 사람도 섞여 있다고 볼 수 있다. 그렇지만 『내의원선생안』을 보면 의약동참의 대다수는 사대부 출신의 유의였다. 심지어 김석주 (金錫胄)는 정승에 있으면서도 의약동참직을 유지하고 있었다.[2505]

삼의사(三醫司)의 우두머리인 도제조, 제조는 고위 대신 중에서 임명되었으며, 직책이 직책이니만큼 의학에 능통한 자인 경우가 많았다. 서얼, 중인 출신의 의관이 당상 실직에 오를 수 없었으므로, 이들 고위 관료들 가운데 의술이 밝은 사람은 원칙적으로는 유의라 할 수 있다. 『육전조례』에서는 내의원에는 도제조 1원(시·원임 대신 중에서 임명), 제조 1원(정2품), 부제조 1원(승지가 겸함)이 있었으며, 전의감에는 제조 2원 (모두 종2품), 혜민서에는 제조 2원(종2품)을 규정했다. 도제조 또는 제조는 자기가 관장하는 기관의 "의약관계의 업무를 총괄하고, 관리의 능력을 심하여 출척(黜陟)하는 행정은 물론 생도의 고강(考講)과 취재까지 담당하던 중요한 직책"[2506]이었기 때문에 의학과 의술에 밝은 인물이 임명되는 것이 관례였다. 또한 내의원의 도제조와 제조는 왕과 그의 가족이 병들었을 때 몸소 반드시 의약 논의에 동참해야만 하는 관직이었으므로 의학 실력이 더욱 중요한 기준이었다. 왕을 수반으로 하는 국가에서

2503 | 「醫藥同參先生案」(이우성 편, 『창진집 외 1종』, 아세아문화사, 1997, 515–534쪽).
2504 | 이규상 지음/민족문학사연구소 한문분과 옮김, 『18세기 조선인물지--幷世才彦錄』, 창작과 비평사, 1997, 194쪽.
2505 | 위의 곳.
2506 | 손홍렬, "한국의료제도사 연구(고대-조선초기)", 256–257쪽.

왕의 유고는 정치적으로, 사회적으로 매우 막중한 일이었기 때문이다.

같은 맥락에서 조선 후기에는 민간의 유의가 궁중에 뽑혀 의약에 동참하는 사례가 많았다. 왕과 그 가족의 병을 고치기 위해서 사회에서 쓸 수 있는 자원을 극대화하려고 했다. 그래서 민간의 의원 가운데 뛰어나다고 평가 받은 사람을 초빙해서 궐 내의 의약에 참여토록 했다. 그들은 자기 실력을 발휘해 인정을 받기도 했지만, 그렇지 못한 경우도 있었다. 숙종 때 대행왕비의 병이 악화하여 죽게 되자 어의를 비롯하여 민간에서 불러온 유의까지도 추궁을 받게 되었다. 이 때 숙종은 분노하여 "유의 및 외방 사람들로서 의약에 같이 참여한 자들이 진맥법도 잘 알지 못하고, 혹은 의학의 이치를 전혀 알지 못하므로 이름도 헛되고 실적도 없어 정말 한바탕 비웃음을 당하였으니, 지금부터 이후로는 이러한 무리들이 의약하는 법규는 영원히 혁파하라"[2507]는 조치를 내렸다. 경종의 병환 때 불러 들여 온 유의 이공윤(李公胤)도 경종의 죽음으로 탄핵을 당했는데, "내국에서 의약할 즈음에 이르러 그를 유의라 하여 동참을 허락하였으니, 매양 차례가 되는 날마다 병을 핑계로 나오지 않다가 누차 부른 뒤에야 느릿느릿 들어와서 다만 다른 여러 의관들의 입만 쳐다 보다가 묻는 말에만 마지못해 대답할 뿐, 정성들여 깊이 연구해보려는 뜻이 전혀 없고 괴로워하고 소홀한 태도가 현저히 보였다"[2508]는 비난을 받았다.

민간에서 얼마만큼 많은 유의가 퍼져 있었는지 알 수 있는 길은 없다. 하지만 의술을 펼칠 수 있는 사대부의 수효는 결코 적지 않았으리라 여겨진다. 우리가 앞에서 살핀 묵재 이문건이나 다산 정약용 같은 사람은 분명히 유의의 범주에 포함시킬 수 있을 것이다. 또 유희춘이나

2507 | 『肅宗實錄』 35, 27년 8월 23일자.
2508 | 『景宗實錄』 14, 4년 28일자.

이황도 그에 근접해 있었다. 조선사회에서는 의사 면허제가 없었기 때문에 누구나 의학지식을 갖추게 되면 의술을 펼칠 수 있었다. 또한 유교사회에서는 효를 중시했으며, 부모의 건강을 잘 돌보는 것은 효 가운데서도 으뜸이었다. 게다가 자기 건강을 돌보기 위해서 스스로 의학에 관심을 가지는 사대부도 많았다. 이럴 경우 의학은 유학경전을 이해하는 데서 한 걸음만 더 나가면 터득할 수 있는 학문이었기 때문에 조금만 관심만 쏟는다면 의술을 펼칠 수 있는 경지까지 도달할 수 있었다.

조선의 유의는 중국이나 일본의 유의와 달랐다. 중국과 일본에서는 유의가 의술을 업으로 삼았지만 조선의 경우에는 '업'으로 삼는 사람을 유의라고 부르지는 않았다.[2509] 하지만 조선 후기 양반이 몰락하고 신흥 양반이 크게 증가하면서 의술이 그들의 업으로 되는 경향이 있었다. 벼슬은 한정되어 있었기 때문에 과거를 포기하고 할 수 없이 지식을 써서 생계를 유지하는 방편으로 '훈장질'이나 '의원질'을 택했기 때문이다. 비록 이들은 유의는 아니더라도 중인 출신의 의원과 구별되는 양반 출신의 의원이었다. 이들은 군현에 속한 의생과 함께 지방의 의료를 담당하는 또 하나의 주축이었을 것이다. 특정 지역에 의원이 없을 때, 이들은 처방을 내린다는 측면에서 의원을 대신했다. 그렇기 때문에 그 지역에 약을 파는 약방만 있다면, 이들의 처방에 근거하여 의술을 베풀 수 있었던 것이다.

1914년 의생면허제는 유의의 존재에 종지부를 찍었다고 할 수 있다. 이 제도에 따르면 면허가 없는 자가 의술을 펼칠 수 없게 되어 있었다. 따라서 업으로 의술을 펼칠 필요가 없는 유학자의 경우 의생 면허를 신청할 리 만무했다. 이제 성리학의 연장으로서 의학을 공부했던 시대를

2509 | 三木榮, 『朝鮮醫學史及疾病史』, 大阪: 自家出版, 1963, 348쪽.

벗어나 의술만을 전업으로 하는 전문인의 시대에 접어들게 되었다.

의원의 종류와 전문화

18~19세기 의원의 종류는 여럿이 확인된다. 관직을 기준으로 본다면, 관에 소속된 의원과 그렇지 않은 민간의 의원으로 구분된다. 관아에 속해 있다고 해도 중앙의 의료기관에 속한 의관과 지방 관아에 딸린 의원이 구별된다. 대상 환자가 사족 여성인 경우, 특별히 여성 의료인이라 할 수 있는 의녀가 존재했다. 출신 신분을 놓고 본다면, 양반 사대부 출신의 유의와 양반이 아닌 신분의 의원으로 나뉜다. 치료 수단을 놓고 본다면, 복약을 위주로 하는 약의(藥醫), 침을 쓰는 침의(鍼醫), 외과용 침과 고약 등 외용약을 위주로 하는 종의(腫醫) 등이 있었다. 또한 부인과, 소아과, 두의(痘醫) 등 전문 영역을 위주로 하는 의원이 있었다.

| 의관(醫官) |

이 시기 관료 사회에서 의관의 위치는 조선 초에 확립된 큰 원칙을 벗어나지 못했다. 의관은 잡관의 하나로서 사족(士族)과 구별되었다. 『성종실록』(성종 15년)에서는 "의원은 처음부터 잡과(雜科)를 거쳐서 진출한 자이므로, 조종(祖宗) 때부터 사림(士林)의 반열에 끼이지 못한 지 오래 되었습니다."라고 말하고 있다. 사림의 반열에 끼이지 못했다는 것은 곧 의과 출신인 의관이 동반(東班)과 서반(西班)의 양반 현직(顯職)에 나갈 수 없음을 뜻하는 것이다.[2510] 이는 의과 출신 의관이 원칙적으로 현

2510 | 『성종실록』 173, 15년 12월 21일자.

직인 의정부나 육조의 요직이나 지방 수령의 외관직으로 나갈 수 없는 것만을 뜻하지 않는다. 잡관에만 그대로 머물러 있을 경우, 의관의 경우 실직(實職)으로서 최고로 올라갈 수 있는 직책이 내의원(內醫院) 정(正)인 당하관(堂下官) 정3품에 그침을 뜻한다.

물론, 같은 의관이라고 해도 문과나 무과를 거쳤으나 의술이 뛰어나 의관이 된 자의 경우에는 이런 제한이 없었다. 이를테면 세조 때의 의관인 권찬은 관직이 판서에까지 이르렀으며, 성종 때의 유원로도 현관(顯官)에 제수되었다. 왜 이런 차이가 생기느냐 하면, 그것은 단지 의학이 유학보다 낮은 등급의 학문이기 때문만은 아니었다. 문과나 무과의 경우보다 의과가 상대적으로 경쟁이 낮고 붙기가 쉬웠기 때문이다. 따라서 의과 출신을 현직에 내보낸다고 했을 때 형평성이 문제가 된다. 그렇게 된다면 "선비들의 마음만 게으르게 만들 것"[2511]이라는 주장은 일리가 있다.

하지만 의학이 잡과의 영역이 된 이상 그것의 관직 내 위치는 문과나 무과를 통한 현직과 차이가 있을 수밖에 없었다. 그렇기 때문에 사족들은 현직이 아니며, 관직의 승진에 제한이 있고, 유학보다 한 등급 아래의 학문인 의학에 종사하는 것을 꺼리게 되는 현상이 벌어졌다.[2512]

게다가 서얼에 대한 조치가 엄격해져 『경국대전』에서 서얼의 문·무과 응시 금지를 명시하면서 서얼은 단지 잡과에만 응시할 수 있게 되었다. 그렇게 되자 잡과의 영역에서 문제가 생겼다. 잡과의 경우 사족 출신뿐만 아니라 서얼 출신도 등과(登科)할 수 있는 것이다. 그러자 "(사족 출신의) 의관이 서얼과 더불어 동과(同科)하는 것을 수치로 여기게 된 것"

2511 | 『성종실록』 173, 15년 12월 21일자.
2512 | 『성종실록』 282, 24년 9월 16일자.

이다.[2513] 서얼 출신의 경우 의과에 들어 의관이 되었다고 해도 사족 출신과 다른 한품서용(限品敍用)의 제약을 받았다. 문·무 2품 이상 양첩의 자손인 경우 정3품까지 오를 수 있고, 천첩의 자손은 정5품까지만 오를 수 있었다. 또 6품 이상 양첩의 자손은 정4품까지만, 천첩의 자손은 정6품까지만 오를 수 있었다. 7품 이상에서 관직이 없는 자의 양첩 자손은 정5품까지만, 천첩의 자손 및 천인에서 양인이 된 자는 정7품까지만 오를 수 있었다. 양첩 자손의 천첩 자손은 정8품까지만 오를 수 있었다.[2514] 이런 상황에서 의관 직은 일반 양반이 꺼리는 관직이 되었고, 잡관 관직을 얻으려 하는 특정 계층의 전유물이 되어나갔다. 양반과 양인 사이에 위치한 중인 신분이 그것이다. 따라서 이 시기에는 서얼 가문이 의관의 핵심이 되었다.

17세기 이후 의관은 서얼들을 위한 관직이 아니었다. 1625년(인조 3년) 서얼들이 문과와 무과에 대한 허통이 실시되면서 사실상 잡직에만 서얼을 서용한다는 법이 폐지되자 서얼들도 오히려 그것을 기피하는 현상을 보였다. 따라서 중인은 둘로 나뉘었는데, 일부 서얼이 계속해서 세습하는 경우와 문지(門地)가 낮은 가문에서 전문직에 들어와서 그 직을 세습하여 새로이 중인 계급을 형성한 경우다. 중인 집안은 16세기부터 형성되기 시작했으며, 17세기 전반기까지 약 50% 정도가 형성되었다.[2515]

의관은 문관과 무관보다 낮은 위치인 잡관에 속했지만, 잡과 내에서는 역과(譯科)와 함께 음양과(陰陽科)와 율과(律科)보다 높은 위치에 있었다. "국가에서 사대교린 하는 일은 오로지 통역하는 말에 힘입고 있으니 그 책무가 가볍지 아니하고, 의술(醫術)은 사람의 생명을 구제하는

2513 | 『성종실록』 139, 13년 3월 11일자.
2514 | 『경국대전』 권1, 「吏典」, 限品敍用.
2515 | 이상의 내용은 김양수, "조선후기 사회변동과 전문직 중인의 활동", 『한국 근대이행기 중인연구』, 서신원, 1999, 178-179쪽에서 인용한 것임.

것이니 관계되는 바가 또한 중대하여 다른 잡과에 비할 바가 아닌 것"이었다.[2516] 의관이 잡과의 다른 전문직보다 우대받게 된 이유는 생명을 구하기 때문인데, 임금이나 왕실, 대신의 생명을 구하게 되면 엄청나게 고마운 상황이 된다. 즉 "평시에는 사람들이 모두 의원을 천하게 여기다가도 병이 들면 모두 급급하게 의원에게 의지하여 살기를 구하니, 그 임무가 가볍지 않은 것"이었다.[2517] 이렇게 목숨을 건지는 일과 관련되었기 때문에 의관은 특별한 상을 받아 높은 품계를 받는 것이 다른 잡과의 전문직보다 높게 나타난다.

조선 후대로 갈수록 내의원 의관의 품계는 다른 잡관보다도 훨씬 자주 당상관직 또는 당상품계를 받게 되는데,[2518] 이는 병을 고친 공로를 인정받았기 때문이다. 또한 조선후기에는 내의원 의관의 현관(縣官) 실직이 많이 제수되어 지위가 상승되었다. 조선전기에 비해 상당히 많은 수가 지방의 수령으로 진출했으며, 중인 수령 가운데 의관 수령이 75.5%인 74명이 201자리를 차지한 것으로 밝혀졌다.[2519]

의관은 비록 잡과의 영역에 속하지만, 일반 양인에 비해서는 비교가 안 될 정도로 높은 지위였다. 말단으로서 지배층의 일원을 형성했다고 볼 수 있다. 의관도 정식 품계가 있는 관직으로 관의 녹봉을 받았으며, 관인이 누릴 수 있는 특전을 누렸다. 이와 함께 전의감과 혜민서에 소속된 의학생도는 재주를 연마시켜 입사(入仕)할 목적으로 군역이 면제되었다.[2520] 의과에 합격된 경우에도 설사 관직을 얻지 못한다 해도 역(役)을

2516 | 『成宗實錄』 140, 13년 4월 11일자.

2517 | 『成宗實錄』 173, 15년 12월 21일자.

2518 | 이규근, "조선 후기 내의원 의관 연구-「內醫先生案」의 분석을 중심으로-", 『조선시대사논집』 3, 1998, 23~24쪽.

2519 | 김양수, "조선후기 사회변동과 전문직 중인의 활동", 『한국 근대이행기 중인연구』, 서신원, 1999, 222쪽.

2520 | 『광해군일기』 125, 10년 3월 1일자.

면제받는 특권을 누렸다.[2521]

| 의녀(醫女)와 여성시술자 |

조선 사회는 남녀 내외의 엄격한 유교적 기풍 때문에 사족 여인을 전
문적으로 진료하기 위한 여성 의료인인 의녀제도가 창안되었다. 의녀제
도는 유교 국가를 표방한 조선의 기틀이 닦이던 시절인 태종 때 처음
만들어졌다. 조선시대 내내 존재했으며, 심지어는 서양의술 병원인 제
중원에서도 부인의 병을 돌보기 위해 의녀를 두었다.

18~19세기에 의녀는 혜민서와 내의원에 속해 있었다. 또한 지방의
관아에도 의녀가 존재했다. 내의원의 의녀는 궁궐과 고위 사족의 부녀

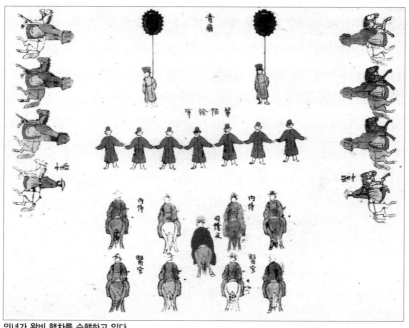

의녀가 왕비 행차를 수행하고 있다.

2521 | 김양수, 앞의 책, 219쪽.

의 병을 돌보았다. 경우에 따라서는 왕의 병을 돌보는 데 같이 참여하기도 했다. 내의원 의녀 22명은 내의원 의원의 경우와 비슷하게 전문성과 등급에 따라 구분되었다. 1741년(영조 17년) 현재, 의녀 22명 가운데 침의녀(鍼醫女) 11명, 맥의녀(脈醫女) 1인, 차비대령(差備待令) 10인과 같았다.[2522] 이름으로부터 침의녀는 침을 전문으로 했고, 맥의녀는 진맥을 전문으로 했음을 알 수 있다. 차비대령은 등급이 높은 의녀이다. 차비대령이라는 말에서 알 수 있듯이 이 의녀는 즉각 현장에 투입할 수 있는 의녀를 뜻한다. 침의녀와 맥의녀가 당하관 남자 의관이라면, 차비대령은 당상관인 어의에 해당한다고 볼 수 있다.[2523] 내의와 침의가 모두 당상관이 될 수 있듯이 침의녀와 맥의녀는 모두 차비대령이 될 수 있었다. 침과 맥이 분화되어 있는 것은 모두 부인의 몸에 손을 대야하는 것과 관계가 있기 때문이었다. 특별히 약을 전문으로 하는 의녀를 일부러 양성하지 않은 것도 이와 관련된다. 맥보다 침이 더 많은 것은 치료 수단으로 침의 수요를 확보하는 것이 더 중요했기 때문이다.

혜민서의 의녀는 일반 사족 여성의 병을 돌보는 한편, 내의원과 다른 상급 기관의 약 짓는 것을 도왔다. 또한 혜민서에서 납약을 왕에게 진상할 때 의녀가 약을 바치는 것을 맡았으며, 나랏 잔치인 풍정(豊呈)이나 가례(嘉禮) 때 차비(差備)되었다. 혜민서의 의녀는 장래의녀(將來醫女)와 그렇지 않은 의녀로 구분되었다. 이들은 집중적으로 침구학 교재인 『동인경』과 진맥학 교재인 『찬도맥』을 학습했다. 장래의녀는 31명의 의녀 가운데 똑똑한 자 11명으로 그들 가운데에서 시험성적이 좋은 4명은 쌀 또는 베를 상으로 받고, 내의원 의녀 대기자 명단에 올랐다.[2524]

2522 | 문성희, "조선후기 의녀의 활동과 사회적 지위", 숙명여자대학교 석사논문, 1997, 11-15쪽.
2523 | 문성희, 위의 글, 1997, 17쪽.
2524 | 『惠局誌』 (个 7361), 18장.

장래의녀는 의학공부에 집중하기 위해서 상사(上司)에서 약 짓는 것을 돕거나 연회나 혼례 때 차출되지 않았으며, 장래의녀 가운데 다섯은 상사(上司)에서 차출하는 것 자체를 일절 금했다.[2525]

누가 의녀가 되었을까? 조선 초와 마찬가지로 지방 각 도에서 총명한 관비를 뽑아 보내는 방식을 택하고 있다. 『혜국지』에서는 "삼남, 강원, 4도(都) 열읍(列邑)의 관비 가운데 어리면서 합당한 자를 골라 정하도록"했다. 뽑혀진 후보는 번호가 매겨져 있었으며, 결원이 생길때 충원되었다.원래는 예조에서 의녀대상자를 뽑아 혜민서로 보냈으나, 1750년부터는 혜민서에서 직접 뽑아 올릴 수 있도록 했다.[2526] 천한 신분의 노비에서 의녀를 뽑는 것은 이 신분이 남녀의 내외에 저촉되지 않고 양쪽을 매개할 수 있었기 때문이다. 또 관비 중에서 뽑은 것은 관에서 쉽게 통제할 수 있었기 때문이다.

조선 후기 의녀의 활동은 크게 의료활동과 비의료활동으로 구분된다. 그들은 의녀인 동시에 여전히 관비였다. 따라서 진찰, 침구, 조산, 간병, 명약(命藥) 등의 의료활동을 주로 하면서도, 여성을 조사하는 간심(看審)과 수색의 일을 맡았으며, 때로는 불려가 기녀 활동을 했다.[2527]

하지만 의녀는 전문직, 특히 사람의 목숨을 다루는 직업이었기 때문에 다른 관비보다 유리한 점이 있었다. 치료 성적이 좋았을 때, 다른 관비들이 세운 공로보다도 더 나은 대우를 받을 수 있었다. 때에 따라서는 쌀과 옷감을 받았고, 더 크게는 면천의 기회가 주어졌다.[2528]

의녀 이외 여성의 의료 시술은 잘 알려져 있지 않다. 조선시대 여성 의술자로 이름을 떨친 사람에 관한 정보는 매우 적다. 그 이유는 세 가

2525 | 『惠局誌』(个 7361), 12장.
2526 | 『惠局誌』(个 7361), 12장.
2527 | 이에 대해서는 문성희, 앞 논문 ", 21-36쪽을 볼 것.
2528 | 박선미, "조선시대 의녀교육 연구", 중앙대대학원 박사학위논문, 1994, 193-195쪽.

지 측면에서 살필 수 있다. 첫째, 의학과 의술을 남성이 독점했기 때문이다. 둘째, 여성 의료에 대해 기록자가 큰 관심을 두지 않았기 때문이다. 셋째, 요즘의 학자들 또한 여성 의료에 특별한 주의를 기울이지 않았기 때문이다.

여성 의료시술자는 주로 의원 집안의 부인으로 약 짓는 것을 도와주면서 의술을 익힌 것으로 나타나 있다. 18세기 말~19세기 초 종기 치료로 유명한 피재길의 모친은 그에게 의술을 전해주었다. 그의 모친은 역시 종기 치료 의사였던 그의 아버지에게서 배웠다.[2529] 전문적으로 시술하는 여성 시술자가 어느 정도 있었는지 알기는 힘들다. 하지만 실제로 드러내놓고 의원 행세를 하는 사람은 그다지 많지 않았으리라 추측된다. 그 근거는 1913년 「의생규칙」이 제정된 후 등록된 5,800여 인의 의원 가운데 여성이 한 사람도 없었다는 점이다.

| 침의(鍼醫)와 종의(腫醫) |

치료 수단에 따른 구분은 비교적 뚜렷했다. 이는 국가 의료 기구 안에서 확인할 수 있다. 1866년에 간행된 『육전조례』에 따르면 "내의원에는 3개의 청(廳)이 있는데 그 가운데 하나가 내의(內醫)이고, 다른 하나가 침의(鍼醫), 마지막이 의약동참"이었다. 여기서 의약동참은 치료수단을 기준으로 하는 것이 아니므로 논외로 하고, 어의가 내의와 침의로 구분된 점만을 논의토록 한다.

침의를 따로 구분한 것을 보면, 내의는 복약을 중심으로 했음을 알수 있다. 『조선왕조실록』을 보면, 왕이 병 들었을 때 수침(受鍼)은 오직 침의만이 하고 있으며 내의는 탕제와 환약 등 약제 처방만 다루고 있

2529 | 유재건 지음/실사학사 고전문학연구회 역주, 『里鄕見聞錄』, 민음사, 1997, 443쪽.

음을 알 수 있다. 침의는 또 침을 써서 종기를 치료하는 일과 뜸 치료를 같이 맡았다. 침의의 정원을 당하관 내의와 똑같은 12명으로 정한 것을 보면, 왕실에서 침술 치료를 소홀히 평가하지 않았음을 알 수 있다. 그렇지만 전의감에는 별도의 침의가 따로 정해져 있지 않았고, 혜민서에서도 침의 정원은 오직 1명에 불과한 것을 볼 때 침의의 수는 약의(藥醫)보다 훨씬 적고, 그것의 의학 내 위치도 약의보다 크게 미약했음을 짐작할 수 있다.

종의(腫醫)는 종기만을 전문으로 치료하는 의원인데, 침의 가운데서 더욱 전문화한 경우도 있었고, 특별한 고약 따위를 쓰는 경우도 있었다. 이 모두 일반적인 의학과 경락을 중시한 침구학과 다른 별종의 의학이었다. 따라서 종기만을 전문으로 하는 종의가 생겨났으며, 그것은 국가의 의학교육 내에서 학습되었다. 내의원에는 정원이 없고 전의감과 혜민서에만 각 1인씩 존재했다. 전의감과 혜민서에 소속한 종기전문의원은 모두 치종교수(治腫敎授)의 직책을 가지고 있었다. 국가조직 내에서 수와 위치를 고려할 때, 종의는 침의가 겸하거나 따로 두었다 해도 그것의 전문적인 위치는 침의보다 낮았다고 할 수 있다.

사실, 약의와 침의, 종의의 전통은 18~19세기에 확립된 것이 아니라 매우 오랜 전통을 가지고 있는 것이다. 동아시아에서 이 세 의학의 분과화는 이미 당대에 확립되어 있었다. 우리나라의 경우 통일신라 때 만들어진 의학교육기관인 의학에서도 이러한 구분이 적용되었을 것으로 추정되며, 고려시대의 의학교육시스템이나 조선 초기의 의학교육시스템에서도 약의, 침의, 종의의 구별이 존재했다.

민간에서 침의와 종의가 얼마만큼 있었는지 알기 힘들다. 다만 이 분야에 대해 몇몇 뛰어난 의원의 족적이 확인될 뿐이다.

조광일은 1843년 이전의 인물로, 충청도 홍주 지역에서 의술을 펼쳤던 침의이다.[2530] 그는 "오직 의술을 좋이 여기더니 그 술법이 옛 방문을 다스려 탕약을 쓰지 아니하고 상해 한 조그만 혁낭(革囊) 가운데 동철 침(銅鐵針) 수십이 있으니 길고 자르고 둥글고 모짐이 제양(制樣)이 각각 달라 이로써 백병을 다스리매 즉시 효험보지 않은 이가 없으니 스스로 이름을 침의라" 했다.[2531] 이를 보면, 침의는 전혀 약을 쓰지 않고 오직 침만을 썼음을 짐작할 수 있다. 침의 종류도 다양해서 재료별로는 동침, 철침을 썼고, 그 모양은 장침과 단침, 원리침 등 침구서에 실린 9침을 두루 썼음을 짐작할 수 있다. 그는 "침으로 시험한지 십여 년에" 수천 명을 고쳤다.[2532]

19세기 중반의 인물인 유재건은 침의로 신노인(申老人)을 소개하고 있는데, 그는 "황제·기백의 술(術)에 능통하였으며 침구의 법을 더 잘하여서 당시의 양의로 일컬어"졌으며, 유재건이 "어렸을 때 의학에 뜻이 있어서 『동인경』을 가지고 신노인에게 가서 가르침을 구하였더니, 십이경락(十二經絡)과 점혈(點穴)하는 법을 정세(精細)하게 설명"받은 적이 있는 인물이다. 그가 사용하는 침의 모습을 보면, "원리침(圓利鍼)은 순금으로 가늘기가 까끄라기 같고, 삼릉침(三稜鍼)은 날은 쇠이고 자루는 금으로 만들어져, 여느 침과 다른 데가 있었다" 이를 보면 그가 침구학의 기초인 황제내경의 『소문』과 『영추』에 밝았음을 알 수 있고 『동인경』에 입각한 경락과 점혈에 능했음을 알 수 있다. 그의 침이 보통의 침과 다르게 생긴 것은 그가 쓰는 침이 그의 스승이 일본에 갔을 때 선물로 얻어온 침이었기 때문이다. 신노인이 죽은 후에는 그의 아들이 그 침으로 의술을 펼쳤다.[2533]

2530 | 조광일에 관한 일화는 洪良浩의 『耳溪集』에 실려 있는데, 이 책의 출간 연도가 1843년이다.

2531 | 『靑邱野談』, 「活人病趙醫行鍼」, 135쪽.

2532 | 『靑邱野談』, 「活人病趙醫行鍼」, 135쪽.

2533 | 유재건 지음/실사학사 고전문학연구회 역주, 『里鄕見聞錄』, 445쪽.

18세기 후반에 활약한 백광현(白光炫)은 조선 후기를 대표하는 종의
이다. 그는 가난한 집에서 태어났으며, 마의(馬醫)로서 침으로 말의 병을
잘 치료하다가 사람의 종창을 잘 치료하는 것으로까지 침술을 발전시
켰다. 특히 난치병이던 종기의 뿌리가 깊은 증상을 잘 고쳤다. 그가 쓴
방법은 대침을 써서 환부를 찢고 독기를 제거하는 방식이었다.[2534] 즉,
외과수술 방식이었다고 할 수 있다. 이규상은 이런 외과적 방법이 백광
현으로부터 시작한 것이라 말했다. 이 방법과 함께 "쌀밥을 붙여 고름을
빼내는 방법"도 백광현이 고안한 것이라 했다. 이 언급은 재고의 여지가
있다. 조선 초 명종 때 인물인 임언국(任彦國)이 이미 『치종지남』의 책을
써서 종기를 터뜨려 병을 고치는 방법을 남긴 바 있기 때문이다.[2535] 하지
만 임언국의 방법이 백광현이 활동하던 시기까지 이어지지 못한 듯하며,
백광현은 자신만의 독자적인 방법으로 종기를 치료하는 법을 터득했다.
백광현은 종기를 잘 치료하여 많은 기효(奇效)가 있으니, 세상에서 신의
(神醫)라 일컬었다.[2536] 그는 궁중에 초빙되어 어의로도 활약했으며, 병을
고친 공로로 여러 지방관을 역임했다. 비록 미천한 출신이면서 심지어
글도 읽지 못하는 사람이었지만,[2537] 의술로서 출세한 것이다. 그의 의술
을 아들과 제자가 이었는데, 그 솜씨가 백광현보다 못했다.[2538]

18세기 말~19세기 초반에 이름을 떨친 피재길(皮在吉)은 민간에서
추천되어 정조의 종기를 고쳐 벼슬을 받았다. 『정조실록』에는 1793년

2534 | 이규상 지음/민족문학사연구소 한문분과 옮김, 『18세기 조선인물지—幷世才彦錄』, 193쪽. 그의 일화
는 유재건의 『이향견문록』에도 수록되어 있다.
2535 | 임언국의 치종학에 대해서는 다음 논문을 참고할 것. 신좌섭·기창덕·황상익, "조선시대 치종학에 관
하여--그 발전배경과 치종전문서의 내용분석 1·2--, 『의사학』 제6권 제2호, 1997, 205-215쪽; 『의사
학』 제7권 제1호, 1998, 77-98쪽.
2536 | 『肅補實錄』 권29, 21년 12월 9일자.
2537 | 『숙종실록』 권15, 10년 5월 2일자.
2538 | 이규상 지음/민족문학사연구소 한문분과 옮김, 『18세기 조선인물지—幷世才彦錄』, 194쪽.

여름 정조의 머리에 부스럼이 생기자 불려 들어가 다른 의원이 고치지 못한 병을 고쳐서 그 공으로 피재길은 내침의(內鍼醫) 관직을 받은 것으로 기록되어 있다.[2539] 『청구야담』에서 피재길의 내력에 대해 다음과 같이 말하고 있다. "피재길은 종의 집안 출신으로 가업을 이어 종의가 되었다. 아버지가 죽자 재길의 나이가 아직 어려 그의 의술을 전해 받지 못했고, 그의 어머니가 듣고 본 것으로 여러 가지 처방을 가르쳐 주었다. 재길은 의서를 읽은 일이 없었고, 다만 약재를 모아 고약을 고는 것만 알고 있었다. 모든 종기에 관한 약을 팔아 생계를 꾸리며 골목골목을 다니니 감히 의원의 축에 끼지 못했다. 사대부들이 그 소문을 듣고 불러다가 그의 약을 시험해보니 자못 효험이 있었다" 이런 상황에서 정조의 난치병을 고치게 된 것이다. 피재길은 이후에도 정조의 병을 돌봤으나, 정조가 병으로 죽자 다른 어의와 함께 책임을 물어 귀향에 처해졌다.[2540]

이동(李同) 또한 글자는 한 자도 모르는 천한 종의로 정조가 앓는 병의 치료에 참여한 바 있는 인물이다. 이동의 종기 치료 방법은 침놓고 뜸뜨는 것 이외에 다양한 방법을 사용했다. 손톱·머리털·오줌·똥·침·때 따위가 그것으로 모두 사람 몸에서 나는 것들이다. "사람 몸속에 스스로 좋은 약을 갖추고 있는데 어찌 외물을 빌리겠는가?"라고 말할 정도이다. 이동은 의술을 임국서라는 의원에게서 배웠는데, 그 대강의 말을 듣고 의술을 터득했다고 한다. 이를 보면, 이동은 임국서에게 의술을 대강 배운 후 자신이 과감하게 여러 약재, 특히 사람 몸에 있는 것을 써서 병을 고치는 시도를 했으며, 그것이 효과를 보았음을 알 수 있다.[2541]

2539 | 『정조실록』 권38, 17년 7월 16일자.
2540 | 『정조실록』 권54, 24년 6월 24일자; 『순조실록』 권1, 원년 7월 14일자.
2541 | 유재건 지음/실사학사 고전문학연구회 역주, 『里鄕見聞錄』, 446~447쪽.

| 약종상 |

의원을 논하면서 약종상을 빼놓아서는 안 될 것이다. 약종상은 주로 약을 파는 존재였지만, 의원과 약업의 구별이 모호한 편이었기 때문에 약간의 의학지식을 가지고 진료를 하는 경우가 태반이었다. 약종상은 서울 같은 대도시에서는 제법 큰 약국을 경영하면서 치부를 하기도 했지만, 지방에서는 의원조차 없는 곳에서 간신히 약을 팔면서 생계를 부지하는 것이 일반적이었다. 앞에서 말한 바와 같이 19세기 말의 고이케(小池正直)가 지적하고 있는 지방의 약방이 그것이다.[2542] 이런 약방은 읍·면 규모의 지역에 위치해 있으면서 싼 약을 팔았다. 이런 데서 약을 지어주는 부류는 의원이 아니라 약종상이었다.

이런 약종상은 18세기가 되도록 분명하게 성장해 있지 않았다. 하멜은 서민이 약을 이용하지 않고 판수를 흔히 찾는다고 했다.[2543] 앞서 봤듯이 18세기 말의 저작인 이익의 『성호사설』에서도 비슷한 상황을 지적하고 있다.

> 무릇 서울에는 의원과 처방이 수없이 모인 곳이다. 병이 들면 곧 의원을 찾고 의원을 찾으면 곧 약을 쓰게 되는데, 차도가 없으면 병으로 돌리고 차도가 있으면 의술로 돌리므로, 그 차도가 있을 때에는 이 약이 아니었다면 벌써 죽었으리라고 생각하는 것이다. 시골의 실정을 체험해보면 병의 경중을 막론하고 거의 약을 쓰지 않고 방치해둘 뿐이다. 응당 살아날 사람도 약을 쓰지 않았기 때문에 죽었다고 생각하는 자가 많다.[2544]

2542 | 小池正直, 『鷄林醫事』, 1888, 53-4쪽.
2543 | 헨드리 하멜 저/이병도 역, 『난선제주도난파기─부 조선국기』, 일조각, 1981, 91쪽.
2544 | 李瀷, 『星湖僿説』 14, 人事文, 醫.

이를 보면, 조선후기 사회에서는 도시와 농촌, 신분의 차이, 경제력의 차이에 따라 의료 이용의 차이가 있었음을 알 수 있다. 이 셋이 모두 좋지 않은 쪽으로 겹친 지방의 서민은 의약을 잘 이용할 수 없는 처지에 있었다. 하지만 지방의 약방은 18세기~19세기를 거치면서 크게 성장한 것으로 보인다. 17세기 후반의 저작인 이익의 『성호사설』을 보면, "시골에는 의원과 약이 없어 요절하는 사람이 많다."[2545]고 했는데, 19세기 말의 기록에서는 지방에 이런 약방이 곳곳에 있다고 말하고 있기 때문이다. 1914년 통계에서 이들의 숫자는 7,500여 명 수준이었으며 전국에 골고루 분포하고 있었다. 또 이들은 주로 의료시설이 낙후된 벽지에서 "초근목피의 약재를 팔면서 생계를 유지했다."[2546]

의원이 되는 길

18~19세기에 의원이 되는 길에는 세 가지가 있었다. 하나는 전의감과 혜민서처럼 의학을 전문적으로 가르치는 기관에서 의학을 학습하는 것이고, 둘째는 민간에서 가업을 잇거나 스승에게 배워 의원이 되는 것이며, 셋째는 독학하는 것이다.

| 관의 의원 양성 |

18~19세기 관의 의학교육은 이전 시기와 마찬가지로 전의감과 혜민서에서 담당했는데, 두 기관의 교육 내용은 동일했다. 조선후기 관에 소속되어 의학을 학습하는 사람은 생도 148인, 의녀 31인이었다. 이 중 혜

2545 | 李瀷, 『星湖僿說』 14, 「人事門」 醫.
2546 | 朝鮮總督府 警務總監部, 『朝鮮衛生法規類集』, 1917년, 274쪽.

민서의 의학생도가 62인(『경국대전』에서는 30인이었는데 『속대전』에서는 32인이 추가됨), 전의감의 의학생도가 56인(『경국대전』에서 50인이었는데 『속대전』에서 6인 추가됨)이었다.[2547] 또 전의감에는 문과 초시에 붙은 자에서 가려 뽑은 의서습독관 30인이 딸려 있었다.[2548] 의녀의 양성은 혜민서에서 맡았는데, 1778년 당시 31명이었다.[2549]

의학생도와 의녀의 선발에는 따로 시험 절차가 있지 않았다. 이는 성균관과 같은 고등교육기관이 초시에 합격한 자를 대상으로 한 것과 차이가 있는 것이다. 혜민서의 경우 "생도 중 결원이 생겼을 때 한량(閑良) 또는 동몽(童蒙)"이 생도의 대상이 되었다.[2550] 생도가 되는 조건은 녹록하지 않았다. "생도가 되려는 자는 부모·처·사조(四祖)를 적은 육행 단자 서식을 제출하고, 참상관 셋의 보증이 필요하며, 제출된 서류는 전함청(前銜廳)에서〔이미 들어와 있는 자〕20인이 모여 완의(完議)한 후 반대가 두 명이 안 될 때만 입속이 허락"되었다.[2551] 전의감의 경우에도 생도를 들이는 방식이 이와 동일했을 것이다. 조선 초에는 지방의 똑똑한 의생을 뽑아 전의감과 혜민서에 들여 교육시킨 후 되돌려보내는 조치가 있었지만,[2552] 조선후기에는 그와 같은 일은 없었던 듯하다. 혜민서 생도가 되면 집안이 군역을 면제받을 수 있었기 때문에[2553] 서얼과 중인 집안에서 많은 관심을 나타냈고, 그들의 관직 과점은 곧 이 계층이 생도를 과점했음을 뜻한다. 의녀의 경우에는 전국의 관비 중에서 뽑았다.

2547 | 『大典會通』, 「禮典」, 生徒.
2548 | 『六典條例』, 「禮典」, 典醫監.
2549 | 『惠局誌』 (个 7361), 12장.
2550 | 『惠局誌』 (个 7361), 25장.
2551 | 『惠局誌』 (个 7361), 13장.
2552 | 성종 22년 때까지의 법령을 모은 『대전속록』에서는 중앙으로 올려 보내는 의생 수로 경기도 3명, 충청도 5명, 전라도 6명, 경상도 10명, 강원도 2명, 황해도 3명, 영변도 1명, 평안도 3명으로 규정했다.(손홍렬, "한국의료제도사 연구(고대-조선초기)", 207쪽.)
2553 | 『광해군일기』 125, 10년 3월 1일자.

전의감과 혜민서의 의학교육은 공히 종6품 교수 1인, 정9품 훈도 1인 이 맡았다.[2554] 혜민서의 경우, 교수는 어리면서 성적이 뛰어나 따로 뽑힌 총민(聰敏)의 교육과 각종 시험의 관리를 맡았으며, 훈도는 생도와 의녀의 교육을 담당했다.[2555] 전의감의 경우에도 이와 비슷했을 것이다. 초급교육은 훈도가 맡고 고급교육은 교수가 맡았을 것이다. 『육전조례』를 보면 산원 치종교수라는 직함이 보이는데, 이는 실제 업무가 "민서(民庶)의 창종(瘡腫)을 진료하는 일"로 규정되었으며,[2556] 직함이 말해주듯 외과 부문의 교육을 보조했을 것으로 짐작된다.

19세기 후반 전의감과 혜민서에서 주로 공부하는 내용은 동일했다. 그것은 시험 과목을 통해 알 수 있는데, 『찬도맥(纂圖脈)』·『동인경(銅人經)』·『직지방(直指方)』·『본초(本草)』·『소문(素問)』·『의학정전(醫學正傳)』·『동원십서(東垣十書)』·『의학입문(醫學入門)』 등 9종의 의서와 『대전회통(大典會通)』 등이 그것이었다. 의서 중 8종은 영조 시기의 『속대전』 때부터 시행된 것이며, 『의학입문』은 『대전회통』 때 처음으로 들어왔다.[2557]

생도와 의녀가 처음 공부할 때 주안점을 둔 부분은 진맥법과 침구법이었다.[2558] 진맥법은 『찬도(纂圖)』를 통해 배웠고, 침구법은 『동인경』을 통해 배웠다. 여기서 『찬도』는 중국의 육조(六朝) 때 고양생(高陽生)이 편찬한 『찬도방론맥결집성(纂圖方論脈訣集成)』이라는 책이며, 『동인경』은 송의 왕유일(王惟一)이 지은 『신간보주동인수혈침구도경(新刊補注銅人腧穴鍼灸圖經)』을 가리킨다. 『찬도』는 한 권 분량이며, 진맥의 내용을 가결(歌訣)로 만들어 이해하기 쉽게 만들고 거기에 그림을 덧붙여 시각적인 학습을

2554 | 『六典條例』, 「禮典」, 典醫監.
2555 | 『惠局誌』 (仝 7361), 8장.
2556 | 『惠局誌』 (仝 7361), 8장.
2557 | 『大典會通』, 「禮典」 醫科初試.
2558 | 생도가 가장 낮은 등급에서 시험 보는 과목이 『찬도』와 『동인경』이었다.(『大典會通』, 「禮典」, 獎勸)

고려한 것이다. 따라서 진맥을 처음 공부하는 사람에게 크게 도움이 되는 책이었다. 조선에서는 초기부터 내내 이 책을 학습서와 시험서로 간주해왔는데, 오류가 적지 않아서 1581년 허준이 그 내용을 바로잡은 후로는 교정본이 이용되었다.[2559] 『동인경』은 3권 분량이며, 왕유일이 최초로 제작한 인체 모형의 동인(銅人)에 새겨진 경락도를 중심으로 한 침구서다. 24경락과 독·임맥의 그림이 실려 있고 각 경맥에 대한 제가(諸家)의 설이 일목요연하게 정리되어 있다. 책의 내용이 매우 간요하기 때문에 후세의 의가가 중시했다.[2560] 이 두 책을 통해서 신체의 전반적인 구조와 경혈의 위치, 진맥법과 간단한 침구법을 배울 수 있었다. 이 두 책은 기본서였기 때문에 각종 고과(考課) 때 암송하도록 되어 있었다.

암송토록 되어 있는 또 다른 책은 『의학입문(醫學入門)』이었다. 이 책은 『대전회통』(1865년) 때 처음 삽입된 것으로 보아 이전의 『대전통편』(1785년) 때까지는 시행되지 않았음을 알 수 있다.[2561] 『의학입문』은 9권으로 된 종합의서로, 명대의 이천(李梴)이 편찬했으며 1575년에 간행되었다. 1권부터 3권까지는 경락, 장부, 진단, 침구 및 본초를 다뤘고, 4권에서 8권까지는 내과, 외과, 부인과, 소아과 질병의 증상과 치료법, 구급법을 실었으며, 마지막 권에서는 양생을 다뤘다. 다루는 내용의 범위가 넓고, 의학이론이 정연하며, 풍부한 경험을 담고 있고, 다루는 방법이 엄격한 특징을 보였다. 무엇보다도, 전 내용이 가결로 이루어져 있기 때문에 외우기 쉬워서 의학 입문자의 필독서로 자리 잡았다.[2562]

의학 경전인 『소문』은 학과 과목 중 가장 중시되었다. 1533년(명종 8년)부터 『소문』을 핵심 강서로 삼고 별도로 점수를 2배로 주도록 했

2559 | 신동원, 『조선사람 허준』, 한겨레신문사, 2001, 239쪽.
2560 | 한의학대사전편찬위원회, 『한의학대사전』 의사문헌편, 동양의학연구원출판부, 1985, 43쪽.
2561 | 『大典會通』, 「禮典」 醫科初試.
2562 | 吳楓·高振鐸 編, 『中華古文獻大辭典 醫藥卷』, 吉林: 吉林文史出版社, 1990, 132쪽.

다.[2563] 『소문』의 정식 명칭은 『황제내경소문(黃帝內經素問)』으로 원래 9권이었으나, 이후 당대의 왕빙(王冰)이 24권 81편으로 중정(重訂)했다. 이책은 음양오행, 장부경락, 병인(病因)과 병기(病機), 진단법의 원칙, 침구와 방약(方藥), 섭생 예방 등의 원칙을 밝혔으며, 인간과 자연과의 관계, 인체 생장과 질병 규율 등에 관한 강령을 논술했으며, 아울러 천문·지리·기상 등의 학과를 망라했다. 즉, 이 책은 중국의학의 생리학, 병리학, 진단학, 치료학 및 임상 각 분야에 걸친 변증(辨證) 치료의 체계를 확립한 책이라 할 수 있다.[2564] 그러한 성격의 책이었기 때문에 『소문』은 학습에서 가장 중시되었다.

의학의 전반적인 내용의 학습과 처방에 관한 내용은 『의학정전(醫學正傳)』과 『직지방(直指方)』을 통해 학습했다. 『의학정전』은 1515년 명대의우단(虞摶)이 편찬한 8권의 종합의서다. 이 책은 선학이 밝히지 않은 51개의 문제를 논의한 다음 임상 각과에서 늘 보이는 병증을 나누어 서술했다. 증상별로 문을 나누었고, 각 문은 먼저 증상을 논한 다음 맥법과처방을 일목요연하게 제시했다. 증상을 서술할 때 총론은 『황제내경』의요지를 제강으로 하고, 증치(證治)는 주진형의 학술 경험을 본으로 했다. 맥법은 『맥경』에서 취택하였으며, 상한, 내상, 소아병의 분별은 장중경(張仲景), 이고(李杲), 전을(錢乙)을 따라서 치료의 원리와 방법에 대한 이해의 신뢰성을 부여했다. 여기에 가전 및 개인의 학술 경험을 덧붙였다.[2565] 『직지방』은 『인재직지방(仁齋直指方)』을 줄인 이름이다. 모두 26권이며, 송대 양사영(楊士瀛)이 1264년에 찬한 것이다. 이는 내과 잡병의증치 소개를 중점으로 한 임상종합의서이며, 작자는 증에 따라 방을 설

2563 | 『各司受敎』, 「禮曹受敎」(한국역사연구회 중세2분과 법전연구반 원문·역주, 『각사수교』, 청년사, 2002, 58쪽).
2564 | 吳楓·高振鐸 編, 『中華古文獻大辭典 醫藥卷』, 234쪽.
2565 | 吳楓·高振鐸 編, 『中華古文獻大辭典 醫藥卷』, 133쪽.

명하는데, 제가(諸家)의 효과 있는 처방을 골라 취하고, 가전 경험을 참작하여 각기 다른 병증을 구별해서 대증(對證) 처방함으로써 독자에게 치료상의 규범을 제시한 뛰어난 방서였다.[2566]

약물학은 『본초』를 통해 학습했다. 『본초』는 『대관본초(大觀本草)』를 가리키며,[2567] 이 책의 정식 명칭은 『대관경사증류비급본초(大觀經史證類備急本草)』이다. 달리 『증류본초(證類本草)』라고도 한다. 이 본초서는 송의 당신미(唐愼微, 약 1056~1093년)가 편찬한 것으로 32권의 거질이다. 대략 1,558종의 약과 3,000여 개의 방문, 1천여 조의 방론을 증상별로 나눠 실었다. 약물의 주치(主治), 귀경(歸經), 산지, 채수(採收), 포자법(炮炙法)들이 실려 있으며, 약마다 그림이 실려 있다.[2568] 중국에서 이 『증류본초』는 이후 계속 수정되었는데, 조선후기에는 명(明) 후반에 『본초연의(本草衍義)』를 한데 합친 판본의 『정화증류본초(政和證類本草)』를 이용했을 가능성이 크다.[2569] 이 책은 방대한 약재에 관한 정보를 담고 있고, 체계적으로 약물이론을 설명하고 있으며, 경전과 사서에 나타난 약재까지도 증상별로 참고할 수 있게 한 데다가, 무엇보다도 그림이 실려 있어 학습에 크게 도움이 되는 책이었다.

의학의 심화는 『동원십서(東垣十書)』의 독서를 통해 꾀했다. 『동원십서』는 금대의 이고(李杲) 등 송·금·원대의 주요 저작 10종을 가려 모은 총서로 1529년에 간행되었다. 10종 가운데 『비위론(脾胃論)』, 『내외상변혹론(內外傷辨惑論)』, 『난실비록(蘭室秘錄)』 등 3책은 이고의 저작이며, 『국방발휘(局方發揮)』, 『격치여론(格致餘論)』 등 2책은 원대 주진형(朱震亨)의 저작이다. 『차사난지(此事難知)』와 『탕액본초(湯液本草)』 등 2책은 이고

2566 | 吳楓·高振鐸 編, 『中華古文獻大辭典 醫藥卷』, 30쪽.
2567 | 여기의 『본초』가 『대관본초』다.(『患№誌』, 15장)
2568 | 吳楓·高振鐸 編, 『中華古文獻大辭典 醫藥卷』, 196쪽.
2569 | 三木榮, 『朝鮮醫學史及疾病史』, 362쪽.

의 제자인 원대 왕호고(王好古)의 저작이다. 『맥결(脈訣)』은 송대 최가언이 찬한 것이고, 『의경소회집(醫經溯洄集)』은 원대 왕리(王履)의 저작이며, 『외과정의(外科精義)』는 원대 제덕지(齊德之)의 저작이다.

이 10종은 진법, 약물, 방론에서부터 내과, 외과를 망라하고 있고 내용이 풍부하여 후대에 크게 영향을 끼쳤다.[2570] 또한 이 총서에는 금원사대가(金元四大家) 중 두 사람인 이고와 주진형의 대표적인 의학이론과 그에 입각한 처방이 담겨 있었다. 이고는 비위(脾胃)의 보양을 중시했고, 주진형은 몸의 음기를 자양하고 화기를 내리는 것을 골자로 하는 자음론(滋陰論)을 강조했다. 이 『동원십서』를 통해 중국 금원시대에 이루어진 병의 내인(內因)을 중시하는 의학론의 대변화를 수용하는 한편, 병의 외인(外因)인 상한과 온병에 대한 논의를 학습할 수 있었다. 또한 진단법과 본초의 심화를 꾀할 수 있었으며, 이 총서에 포함된 『외과정의』로부터 창종(瘡腫)에 대한 전문적인 의학 내용을 학습할 수 있었다.

이상의 내용은 『속대전』 이전의 시대와 크게 다른 것이다.[2571] 『경국대전』에서는 『찬도맥』과 『동인경』, 『직지방』, 『득효방』, 『부인대전』, 『창진집』, 『태산집요』, 『구급방』, 『화제방(지남)』이 시험서였는데, 이 가운데 『찬도맥』, 『동인경』, 『직지방』을 빼고는 모두 제외되었다. 이는 학술 경향의 대변화를 함축한 것이다. 전기의 의학체계는 『태평성혜방』, 『성제총록』, 『화제국방』 등 송대 의학 전통의 연장선에 있는 것이라 할 수 있다. 여러 책이 있지만 그것의 이론적 근거는 대체로 『태평성대방』과 『성제총록』에 기대고 있으며 단순하다. 또한 처방은 이론을 추구하기보다

2570 | 吳楓·高振鐸 編, 『中華古文獻大辭典 醫藥卷』, 196쪽.

2571 | 조선전기의 의학교육에 대해서는 손홍렬, "한국의료제도사 연구(고대-조선초기)", 1986)의 4장(조선전기의 의료제도) 2절(의학교육과 의학교과서)에 잘 정리되어 있다. 조선전기를 보면, 시험서 외에 많은 의서를 읽었음을 알 수 있다(214-232쪽). 그러나 조선후기에는 이와 달리 학습의서와 시험의서가 동일했던 것으로 추측된다. 그것은 혜민서에서 관리하고 있던 의서의 종류와 시험 과목이 동일했다는 점을 통해 짐작할 수 있다.(『惠局誌』, 27장.)

는 실용적이며, 처방에 들어가는 약재도 소수인 편이다.[2572] 이에 비해 후기의 의학은 의학이론에 적극적인 관심을 가져『소문』의 내용을 중시하고, 금원시대에 활발히 전개된 의학이론을 수용했다. 또한 그들과 그들의 계승자인 명대의 의학자가 제시한 복합처방을 선호했다.

생도의 학습은 정기적으로 체크되었다. 또 그들은 시험 성적의 우열에 따라 상을 받거나 징계를 받았다. 의학생도의 고과 내용은『혜국지』의「생도고과」를 통해서 상세히 알 수 있다.[2573] 시험 과목은『동인경』,『찬도맥』을 비롯한 취재 의서였는데, 이 두 과목은 책을 안 보고 외우는 배송(背誦)이었고, 다른 의서는 책을 펼쳐놓고 뜻을 푸는 임강(臨講)이었다. 생도는 1년을 두 학기로 나누어 다달이 시험을 치렀는데, 맹삭(음1월, 음4월, 음7월, 음10월)과 중삭(음2월, 음5월, 음7월, 음9월)에는 3명의 임관(任官, 곧 교수, 훈도, 치종교수)이 입회하여 시취하였고, 계삭(음3월, 음6월, 음9월, 음12월)에는 제조가 고강(考講)했다. 학기마다 전체 점수를 따져서 8명의 우수자를 선정해 시상했다. 점수가 똑같을 때는 맞힌 문제 수를 따졌고, 그것마저도 똑같았을 때는 생도로 들어온 기한을 따져 결정했다.

전의감과 혜민서의 전체 생도 가운데 "나이가 어리고 총명한 자"로 인정받은 총민(聰敏) 15인은 의관의 길로 들어설 수 있는 시험 치를 자격을 얻게 되었다.[2574] 이들은 이미 자격을 획득한 자인 전함(前銜), 이미 벼슬길에 들어선 7품 이하의 참외(參外) 등과 함께 관직을 얻기 위한 각종 시험을 치를 수 있었다.

의녀의 경우에도 전체 의녀 중 일부(『경국대전』70인 중 15인,『혜국지』31

2572 | 김남일, "『향약집성방』의 인용문헌에 대한 연구",『진단학보』87호, 1999, 212쪽. 김남일은『향약집성방』에 대해서 말하고 있으나, 소수 처방의 원칙은 『향약집성방』이 주로 인용하고 있는 『태평성혜방』,『성제총록』에서도 나타나는 것이다.

2573 |『惠局誌』(수 7361), 17~18장.

2574 |『大典會通』,「禮典」獎勸.

명 중 11인)의 장래의녀를 뽑아 장권(獎勸) 시험을 치렀으며, 그 가운데 성적이 출중한 자는 내의원의 의녀가 될 수 있었다. 이들은『동인경』과『찬도맥』을 배워서 매달 10일, 20일, 30일 등 세 차례의 시험을 치렀다. 처음 두 번은 삼임관(三任官)이, 마지막에는 혜민서 제조가 합류하여 시험을 주관했다. 합계 점수를 따져 15인 가운데 우등 4인을 뽑아 3인에게는 쌀을 주고, 1인에게는 베를 주도록 했다. 또한 내의원 의녀 자리가 비게 되면 우등자를 그곳으로 승보(陞補)토록 했다.[2575] 그렇지만 고과해서 성적이 좋지 않을 때는 다모(茶母)를 맡는 벌을 주고, 통하게 된 후 환속토록 했다.[2576]

┃ 의서습독관의 교육 ┃

전의감에 소속된 양반인 의서습독관의 교육은 중인 출신의 그것과 동일했을 것이다. 하지만 이들의 고과 방법은 취재와 달랐다. "이 습독(習讀)한 사람을 삼의사 의원(三醫司醫員)의 예에 의하여 사맹월(四孟月)로 예조(禮曹)에서 취재하면 혼잡하여 구별할 수 없을 것이니, 싫어하고 꺼리는 경향이 없지 않을 것"이라 하여 "성균관(成均館) 월강례(月講例)에 의하여 본감(本監)에 모여 사진하여 매월에 한번 고강(考講)"하는 방식을 채택했다.[2577] 즉, 의학생도가 아닌 사족 생도의 조건과 동등하게 고과한 것이다. 이 방식은『경국대전』에서 법제화한 후 계속 이어졌다. 고과 점수에 따라 그것이 우수하면 현관(顯官)이 되어 의관의 직책을 겸직토록 했다. 반면에 태만해서 점수가 나쁘면 징계 받았다.[2578] 또한 이들은 의서를 읽어 의학을 익히는 동시에 실제 임상진료를 했다. 병을 고치고,

---

2575 | 『大典會通』, 「禮典」獎勸.
2576 | 『經國大典』, 「禮典」, 獎勸.
2577 | 『端宗實錄』 13, 3년 1월 25일자.
2578 | 『大典會通』, 「禮典」, 獎勸.

약을 올바르게 쓴 성적에 따라 직이 높아지거나 징계를 받았다.[2579]

의서습독관은 국가의 차원에서 볼 때, 사족 가운데 어리면서 총명한 자들이 의학과 같은 잡학에도 관심을 기울이게끔 유도하려는 의도에 따라 실시된 것이었지만, 의서를 습독하는 개인의 차원에서는 벼슬길로 나가려는 하나의 수단에 지나지 않는 경우가 많았다. 그렇기 때문에 이들은 막상 다른 관직에 나가면 의학을 그만두는 경우가 적지 않았다. 또한 의학이 유학보다 천한 학문이면서도 어려운 학문이었기 때문에 학업을 게을리 하는 자도 많았다. 그래서 나라에서는 이들에게 다른 관직으로 나갈 수 있는 길을 확대하면서도 의업을 겸직토록 했고, 다른 한편으로는 징계 조치를 통해 이들의 학습을 강화시키려고 했다.[2580]

| **의관의 가업화**(家業化) |

특정 가문이 의관을 과점하는 것은 조선후기 의료계의 일반적인 현상이었다. 고대부터 대대로 의원의 전통을 잇는 것을 귀하게 여겼으며, 『동의보감』에서 이 부분을 특기하여 다음과 같이 말했다.

> 『논어』에 "사람이 꾸준한 마음이 없으면 무당이나 의사가 될 수 없다."고 했다. 이는 무당이나 의사의 기술이 가식이나 임시변통으로 꾸며질 수 없음을 밝힌 것이다. 그래서 "3대를 내려오지 않은 의사의 약은 먹지 않는다."는 말이 있다. 자기가 아홉 번 팔이 부러져봐야 거기에 대한 치료법을 아는 의사가 된다는 말은 의학 공부를 깊이 해야 함을 뜻하는 것이다.[2581]

2579 | 『端宗實錄』 12, 2년 8월 신축 조.
2580 | 손홍렬, "한국의료제도사 연구(고대--조선초기)", 195~198쪽.
2581 | 허준, 『동의보감』, 잡병 편, 변증 문, 「醫貴三世」 조.

17세기 이후 의학이 잡과의 한 영역이 되면서, 잡과를 노리는 유력한 가문이 형성되었으며, 이들 가문은 율학, 의학, 음양학, 산학 등 잡학의 관직을 과점해나갔다. 이들이 특정한 한 분야만을 세전(世傳)하지 않고 잡과 각 분야를 넘나들면서 의관의 길로 나갔지만, 때로는 2대에 걸쳐서 때로는 3대에 걸쳐서 의관을 배출하는 집안도 있었다. 의학을 가업으로 잇는 경우 의관이 되려고 하는 자는 혜민서나 전의감에 부속되어 관의 의학교육을 받는 한편, 집안의 도움을 받을 수 있기 때문에 한결 유리한 처지에 있었을 것이다.

역대 의과 합격자 중 통계에 잡힌 980명 가운데 부자가 똑같이 의과에 합격한 경우는 466명이었다. 또 조손이 함께 합격한 경우가 307건이었고, 4대가 함께 합격한 경우도 207건이었다.[2582] 이러한 사실은 의학이 대대로 세업으로 이어졌음을 보여주는 것이다. 국가에서도 의업의 세습을 장려했으며, 의업이 비전(秘傳)의 성격이 강했기 때문에 세습성이 강할 수밖에 없었고, 이런 사실을 감안하여 『의과방목』에서도 의과합격자의 가계에 대한 정보를 다른 잡과보다 더 상세히 기록했다.[2583]

유력한 의원 가문은 의과 합격자의 성관(姓貫)을 통해 어느 정도 짐작할 수 있다. 의과 전체 합격자는 230개 성관의 1,498명이지만, 이 가운데 10대 성관이 450명으로 30.0%를, 20대 성관이 700명으로 46.7%, 30대 성관이 885명으로 59.1%, 50대 성관이 1,122명으로 74.9%를 차지한다.[2584] 이러한 사실은 의원 유력 가문에서 의관직을 과점했음을 뜻하는 것이다.

2582 | 이남희, 『조선후기 잡과중인 연구—잡과입격자와 그들의 가계분석』, 이회, 1999, 230쪽.
2583 | 위의 책, 232쪽.
2584 | 위의 책, 169쪽.

| 민간에서 의원이 되는 길 |

민간에서 어떻게 의원이 됐는가를 종합적으로 알려주는 자료는 없다. 나는 18세기에 이규상(李奎象, 1727~1799년)이 지은 『병세재언록(幷世才彦錄)』과 19세기 중반인 1862년 유재건(劉在建, 1793~1880년)이 펴낸 『이향견문록(里鄕見聞錄)』에 실린 의원에 관한 내용을 분석하여 민간에서 의원이 되는 길에 대한 유형을 파악하려고 한다. 『병세재언록』은 이규상이 주로 동시대를 살았던 다양한 인물의 행적과 일화를 자신의 견문에 근거하여 저술한 책으로 18개 항목에 걸쳐 180여 명의 인물이 실려 있고, 이 가운데 의술에 밝은 자 7명이 포함되어 있으며, 그 기사 안에는 10여 명의 의원에 관한 정보가 담겨 있다. 『이향견문록』은 유재건이 조선시대의 중인·서리·서민 출신으로 행적이 돋보이는 자 308명의 전기를 수집 정리한 책이며, 이 안에는 15명의 의원이 수록되어 있고, 기사 안에는 20여 명의 의원의 행적이 보인다. 이 두 책이 같이 다루는 인물도 있는데, 허준과 백광현이 그들이나 기사 내용이 동일하지는 않다.

이 두 책의 실린 인물 중 의원이 되는 첫째 유형은 스승에게서 배우는 것이다. 이는 관의 의학교육과 대응되며, 기록 중 가장 많은 유형이다. 명종~선조 때의 명의인 양예수는 산인(山人) 장한웅이라는 인물에게서 의학을 배웠다고 했다. 박순이라는 의원은 인조 때 외과의로 유명한 백광현의 제자이다. 백광현은 이 사람 말고도 여러 후학을 두었다. 정조 때 인물인 이익성은 한 때 의원 허조를 시중들면서 의학을 공부했다. 허조가 그에게 담배 피우는 일을 수발들게 하자 이익성은 그를 떠났다. 『이향견문록』의 저자 유재건과 동시대 인물인 신침의(申鍼醫)는 일본에까지 가서 침술을 펼쳤던 그의 스승에게 의술을 배웠으며, 유재건은 의학에 뜻이 있어 이 신침의에게 침술을 공부했다. 아명이 이동(李同)이라는 의원은 가난해서 의원인 임국서의 마부가 되었으며, 그에게서 대

충 의술을 배워 명의가 되었다.[2585]

집안의 의술을 이어받는 것이 두 번째 유형이며, 이 또한 의과를 노리는 전문적인 의학가문에 대응되며, 가장 손쉽게 의술을 배울 수 있는 형태이다. 백흥령은 아버지 백광현에게 종기 의술을 배웠으며, 정조 때 인물인 피재길 또한 아버지의 의술을 그의 사후 어머니를 통해 배웠다. 유재건의 동시대 인물인 최륜은 "선대의 규범에 따라" 그의 할아버지인 의원 최운에게서 의술을 배웠으며, 최륜의 아들인 종진 또한 그의 집안에서 의술을 배웠다.[2586] 전문적인 의원은 아닌 유의라 할 수 있는 상촌 신흠 형의 손자인 신만은 의술에 밝았으며,[2587] 신만의 손자 또한 의술에 밝았는데, 신만의 손자는 집안의 전통을 이었던 것 같다.

세 번째 유형은 독학이다. 독학의 경우에는 두 가지가 있는데, 홀로 의서를 읽어 의학의 이치를 깨우치는 것이 그 하나이다. 유재건과 동시대 인물인 동추(同樞) 이희복은 어머니가 다병했기 때문에 그것을 고치기 위해 의술에 관심을 가졌으며, 장경악의 『경악전서』를 통해 의학의 이치를 깨달아 의술에 밝아졌다.[2588] 이런 경우는 독학으로 유의(儒醫)의 경지에 오른 것이라 할 수 있다.

다른 하나는 임상 경험을 통해 의술이 밝아진 경우이다. 백광현은 말의 병을 보는 마의(馬醫)였는데, "오래될수록 손에 익어 사람의 종창에 시도하여서도 이따금 신기한 효과가 있었다" 드디어 전적으로 사람을 치료하는 것에 힘쓰게 되어 외과의사로 이름을 떨쳤다.[2589] 그는 전혀 의서에 의존하지 않았다.[2590] 이를 보면 백광현은 말의 병을 돌보다가 이

2585 | 유재건/실시학사 고전문학연구회 역주, 『이향견문록』, 429~452쪽.
2586 | 위의 책, 429~452쪽.
2587 | 이규상 지음/민족문학사연구소 한문분과 옮김, 『18세기 조선인물지 幷世才彦錄』, 199쪽.
2588 | 유재건/실시학사 고전문학연구회 역주, 『이향견문록』, 449쪽.
2589 | 위의 책, 449쪽.
2590 | 이규상 지음/민족문학사연구소 한문분과 옮김, 『18세기 조선인물지―幷世才彦錄』, 193쪽.

전에 없었던 외과술을 독자적으로 창안하여 일가를 이루었다고 볼 수 있다. 19세기 인물로 추정되는 의원 김응립은 상민 출신으로 전혀 글을 몰랐으나, 망진을 잘했으며, 일반 의서에 적혀 있지 않은 약재로 병을 고쳐 신의(神醫)라는 말을 들었다.[2591] 백광현이나 김응립의 공통점은 이들이 자기의 경험으로 새로운 의술을 창안하여 일정한 경지에 올라섰다는 점이다.

의원 내외의 경쟁과 의원 윤리

| 판수와 무당 |

환자의 처지에서 보면, 병이 났을 때 그것을 고치기 위해 여러 가지 형태의 활동을 펼치게 된다. 병을 고치는 전문가를 찾게 되는 것은 그 가운데 하나다. 조선후기에 병을 고치는 활동을 하는 전문 집단으로는 세 종류가 확인된다. 첫째는 의학지식과 경험을 기반으로 하는 의원 집단이고, 둘째는 점을 쳐서 병을 알아내고 독경으로 병을 치료하는 판수 집단이고, 셋째는 굿을 위주로 하는 무당 집단이다.

하멜이 기행문에서 밝혔듯, 17세기 후반 소수의 양반과 재력 있는 사람이 아닌 가난한 사람들은 병이 들었을 때 맹인 판수를 찾았으며, 그들을 신뢰했다.[2592] 하멜의 언급을 자세히 뜯어보면, 의원과 판수는 고객이 달랐음을 알 수 있다. 즉, 의원은 지식 있고 돈 있는 계층이, 판수는 돈 없는 계층이 주로 이용한 것이다. 18세기 서울에 거주한 인물인 유만주(1755~1788년)의 일기인 『흠영』을 보면, 유만주는 모든 병에 대해서

2591 | 유재건/실시학사 고전문학연구회 역주, 『이향견문록』, 438쪽.
2592 | 헨드리 하멜 저/이병도 역, 『난선제주도난파기—부 조선국기』, 91쪽.

판수를 부르지 않고, 오로지 의약만을 썼다.[2593] 마찬가지로 전라도 구례에 거주한 인물인 유제양(1846~1922년)의 경우도 모든 치병에 대해 의약만을 쓰고 있다.[2594] 성급한 일반화는 안 되겠지만, 적어도 이 두 사례는 18세기 말~19세기의 사대부 집안에서는 의약을 기반으로 한 의료생활이 정착되어 있음을 시사한다. 또 하멜이 적은 것과도 일치한다. 그런데 이런 태도는 조선전기 사대부의 의료생활과 차이가 있는 것이다. 조선전기 성주 지방의 인물인 이문건(1494~1567년)의 경우, 그는 치병에 자주 판수를 불러 병을 점치고 있다.[2595]

19세기 중·후반기의 저작으로 추정되는 판소리 변강쇠가에서는 환자가 중병에 걸렸을 때 어떻게 전문가 집단을 찾아가는가 하는 것이 잘 그려져 있다.[2596] 변강쇠가 중병에 걸려 죽게 되자 옹녀가 처음 찾는 곳은 판수 집이다. 판수는 어떤 병에 걸렸는가 문복을 하고 나서, 병을 고치기 위해 독경을 한다. 판수의 독경이 소용없게 되자 옹녀는 의원을 불러와 병을 진단하고 의원이 내린 처방대로 약을 짓는다. 판수를 찾는 옹녀의 행동은 하멜이 말한 것처럼 그것이 당연하다는 듯이 그려져 있다. 또 "경채(經債) 1냥"이라는 표현에는 그 값이 부담이 없다는 느낌이 담겨 있다. 즉, 낮은 계층의 사람이 판수를 주로 이용한다는 하멜의 언급과 맥락이 완전히 같은 것이다. 이는 하층민의 의료생활이 17세기 후반처럼 이루어지고 있음을 뜻한다. 하지만 판수 집을 찾은 이후에 의원을 찾아 나선 점은 이전의 기록과 다르다. 돈이 많이 들더라도 의약을 이용해야 한다는 생각이 표출된 것이다. 변강쇠가에서 이 대목은 모든

2593 | 유만주, 『欽英』, 서울대규장각; 김호, "18세기 후반 居京 士族의 위생과 의료―『欽英』을 중심으로", 『서울학연구』 XI, 1998, 113-144쪽.
2594 | 한국농촌경제연구원, 『구례 유씨가의 생활일기』(1851-1915), 1991.
2595 | 이복규, 『묵재일기에 나타난 조선 전기의 민속』, 민속원, 80-84쪽.
2596 | 이에 대해서는 신동원, "변강쇠가로 읽는 성·병·주검의 문화사", 『역사비평』 67, 2004, 319-323쪽을 볼 것.

의료 수단을 다 강구했다는 의미를 강조하는 것이기 때문에 고가 약을 맘껏 쓰는 것으로 기술되어 있지만, 실제로 하층민의 경제력으로는 그 것을 실현할 수 없었다.

1921년도 맹인 통계를 보면, 조선에는 8,792명의 맹인이 있었으며 그 가운데 점복을 업으로 삼는 인구가 1,737명이었다.[2597] 이 맹인 판수의 수치는 1914년도 의생 수의 1/3 정도의 규모였다. 만일 이 정도의 규모 만이라 해도, 결코 적지 않은 수의 맹인이 문복과 독경을 업으로 치병 행위를 펼치며 의원과 경쟁했다고 할 수 있다. 조선시대에는 내내 맹인 의 생계 수단으로서 점복을 장려했기 때문에 맹인 가운데 판수의 비율 은 1921년 통계치보다 한결 높았을 것이다.

무당의 점복과 치병행위는 판수의 그것과 구별하기 힘든 측면이 있 다. 그들도 무슨 병인가를 점치고 독경이나 푸닥거리를 통해 치병행위 를 했기 때문이다. 그렇지만 세 가지 측면에서 차이가 뚜렷하게 존재했

맹인 점쟁이(좌), 산통(상)

2597 | 朝鮮總督府 濟生院, 『朝鮮盲啞者統計要覽』, 1921.

다. 하나는 무당이 두창(痘瘡)이나 역병 등 불치·난치병을 위한 굿을 주요 대상으로 했다는 점이고, 둘째는 그런 굿에는 왕실이나 고관대작도 별 예외가 아니었다는 점이고, 셋째는 그런 굿은 비용이 많이 들었다는 점이다. 맹인 판수의 점이 값싼 경채를 들여 단지 무슨 병인가를 파악하여 대처법을 찾는 차원의 것이었다면, 무당의 굿은 이미 알고 있는 두신(痘神) 같은 역귀를 쫓는 강력한 치병행위였다. 당연히 판수와 무당은 상 차리는 규모에도 차이가 있었으며, 무당에게 지불하는 돈의 규모에도 엄청난 차이가 있었다.

두창의 치병은 거의 무당의 독점 영역이었다. 선조 때도 궁 안에 두창이 있자 무당의 굿이 있었고, 숙종 때도 궁 안에 두창이 있어 궁 안에서 굿이 펼쳐졌고, 고종 때도 두창을 고치기 위해서 궁 안에서 굿을 벌였다. 그것은 고관대작과 사대부가에서도 마찬가지였다. 두창을 앓을 때 굿을 벌인 것은 의약이 이 부분에서 뚜렷한 효과를 내지 못한다고 믿고 있었기 때문이다. 심지어 "의약을 쓰게 되면 두신이 노해서 병이

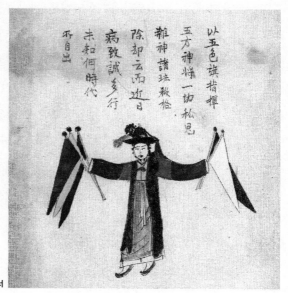

무당굿거리-무당내력 중에서

더 악화한다."는 믿음까지 형성되어 있었다.

조선의 유학자들은 무당의 치병행위를 두 가지 측면에서 인정할 수 없었다. 하나는 "두신이 병을 일으키고 그를 달래야 병이 낫는다."는 이 치의 허무맹랑함이었고, 다른 하나는 돈이 많이 든다는 것이었다. 이 둘은 모두 성리학적 합리성과 근검절약의 정신에 반하는 것이었다. 이익은 『성호사설』에서 사람들이 무당의 굿에 두어 달 먹을 양식을 허비하는 것을 비난했다.[2598] 영조는 1765년 "각 마을에서 병자를 위해 무격을 불러 굿을 하나 유익함이 없고 의약이 실제로 효과가 있는 것"이라는 교시를 내렸다.[2599] 이런 맥락에서 숙종 때(1745년)와 정조 때(1780년) 한성에서 무당을 쫓아내는 조치를 실시했다. 하지만 관에서는 무당에게 세를 매겼으며, 그 세로 역병을 관리하는 활인서를 운영하는 조치를 조선 초부터 내내 시행해오고 있었다.[2600] 그 세가 없어지면 당장 활인서가 문 닫을 판이었다.

유학자와 사대부들은 무당의 치병에 대해 비판적인 태도를 견지했지만, 집안의 부인은 그렇지 않았다. 궁 안과 사대부 집안에서 벌인 치병 굿은 거개가 집안의 부인이 주도한 듯하다. 박진희의 『두창경험방』(1649~1674년간)에는 아이의 두창 치병을 위한 무당이 말한 금기의 실천을 놓고 남편과 부인의 의견 충돌 부분이 실려 있는데, 결국 극렬한 입장을 지닌 부인의 의견이 관철되었음을 보여주고 있다.[2601]

의학자나 의원 가운데 의약으로 두창을 고칠 수 있으며 무당의 행위를 금지해야 한다는 사람이 있었으나, 그것이 일반적인 대세는 아니었다. 허준은 선조의 자식을 비롯한 수많은 두창 환자를 고쳤으며, 그 경

[2598] 李瀷, 『星湖僿說』, 人事門, 巫.
[2599] 『영조실록』, 41년 12월 계해조.
[2600] 이능화 지음/이재곤 옮김, 『조선무속고』, 동문선, 1995, 90–100쪽.
[2601] 박진희, 『두창경험방』, 여강출판사영인본, 1994, 311쪽.

험을 왕명으로 펴낸 『언해두창집요』에 담았다. 그것을 편찬하게 된 직접적인 동기는 물론 두창에 걸렸을 때 약을 써야 하며, 약을 써서 고칠 수 있다는 믿음을 주고, 병을 고치는 실질적인 처방을 주기 위해서였다. 박진희 또한 『두창경험방』을 써서 두창의 금기를 격파하려고 했다. 그는 두창신을 섬기지 않아도 죽지 않고, 또 섬겼는데도 죽는 경우가 허다하다는 점을 지적했다.[2602] 또 무당의 말을 좇아서 겨울에 찬물로 목욕하고 밤에 기도를 하다가 조섭을 잃어서 큰 병에 걸리거나 죽는 경우가 있다는 점, 두창을 앓는 집안의 식구가 모두 음식을 먹지 않다가 죽게 되는 경우, 두창 병이 심할 때 어육을 금하는 것 때문에 노부모가 입맛을 잃어 병이 심해지는 것, 상에 차린 음식을 먹지 않고 그대로 두어 부패하게 되어 악취가 심해진다는 점, 유모가 음식을 먹지 않게 되면 아이에게 큰 문제점이 생긴다는 점을 지적했다. 아울러 두창을 고칠 수 있는 처방, 특히 자신의 경험방을 그 대안으로 제시했다. 그렇다고 해도 일반 의원들은 고치기 힘든 병을 회피하는 경향이 있었다. 정약용은 이를 다음과 같이 비난했다.

> 천연두 같은 것은 험한 역증(逆症)이 되기 쉬워 열 명이 죽고 한 명이 사는 병이다. 이에 의원은 요행만을 믿거나 또는 구제하지 못하니, 모든 집이 의원을 비방하며 의원 보기를 원수같이 여긴다. 그러므로 의원들은 이런 병을 만나면 도망가버리는데, 마음속으로 후회하지 않는 것은 아니나 책망 받을 것이 두렵기 때문이다. 입장을 바꾸어 생각하면 의원이 하는 일이 이와 같으니 어찌 의원을 믿고 명을 맡기려 하겠는가?[2603]

2602 | 박진희, 『두창경험방』, 여강출판사영인본, 1994, 306–311쪽.
2603 | 丁若鏞, 『麻科會通』, 「五見篇」, 俗醫(서울대학교 천연물과학연구소 편, 「마과회통」, 『마진기방·마진편·마

이런 가운데 아마도 19세기를 전후하여 수입된 종두법은 무당의 치병을 줄이는 구실을 톡톡히 했을 것이다. 종두법 중 두창 앓은 아이의 딱지를 이용한 인두법은 19세기 말에 수입되어 접종이 이루어지다가 1817년 이종인의 『시종통편』의 출간 이후 민간에 널리 확산되기 시작했으며, 20~30년 이내에 전국에 확산되어 "근세에 종두하지 않는 자가 없다."[2604]고 할 정도로 널리 퍼졌다.[2605] 1886년, 알렌은 〔서울거주자〕 100명 중 무려 60~70명이 이 인두법을 시술받았다고 기술하였다.[2606] 이 정도의 규모라면 전국적인 발병률을 엄청나게 낮출 정도의 규모라 할 수 있다. 인두법의 민간 정착은 발병률이 떨어져서 곧 무당의 치병굿이 줄어드는 것을 의미했다.

설상가상으로 개항 이후 우두법 시행은 국가의 중요 시책의 하나가 되었다. 두창을 앓은 소의 딱지나 백신을 이용한 우두법은 19세기 초반에 수입되었지만 서학의 반대 분위기에서 뿌리를 내리지 못하다가 개항 이후 각광을 받았다. 1882년 임오군란 때 우두법 실시에 불만을 품은 무당은 "제사의 감소 조짐을 보이자 외국에 마술을 수입하여 두신(痘神)을 구축(驅逐)했다."고 선동하면서 지석영의 집을 방화하는 데 앞장섰다. 또 무당은 1885년 이후 국가의 강제 접종이 실시될 때도 우두법을 반대하는 민중의 선동에 앞장섰다.[2607] 국가의 우두법 강제 실시는 이들의 존재 기반을 흔드는 것이었다.

개항 이후 우두법의 일방 채택은 그동안 인두법을 시행하던 종두의(種痘醫)의 기반도 위협하는 것이어서, 서양의술을 펼치는 우두의사와

과회통」, 1995. 389–390쪽).
2604 | 李圭景, 『五洲衍文長箋散稿』 권11, 「種痘辨證說」.
2605 | 신동원, 『한국근대보건의료사』, 30–31쪽.
2606 | 알렌/崔棟 역, "조선왕실병원 제1년도 보고서(1986년도)", 『朝鮮醫報』 3, 1946, 107쪽.
2607 | 신동원, 『한국근대보건의료사』, 31–33쪽, 112–114쪽.

한의학에 포섭된 인두법을 펼치는 종두 사이에 충돌이 불가피했다. 국가에서는 관에서 양성한 우두의사에게만 우두법을 시행할 수 있는 배타적 권한을 부여했고, 이에 따라 민간에서 자연스럽게 형성되어온 종두의의 접종이 일절 금지되었기 때문이다.[2608]

| 의원 사이의 경쟁 |

제생의원 근무 의사인 고이케는 두 종류의 의원을 언급했는데, 주로 서울에 거주하고 있는 관품 있는 집안에서 생긴 의원과 그렇지 않은 의원이 그것이다. 관품 있는 집안의 의원은 존중받았으나, 그렇지 않은 의원은 사람들이 높이 치지 않았다. 이러한 언급은 의술의 유능성 여부를 결정짓는 일차적인 요인이 가문임을 말해준다. 앞에서도 말했듯, 관품 있는 집안에서 배출한 의원은 관의 의학교육을 받거나 가업으로 비술을 전수받음으로써 한결 성공할 수 있는 유리한 위치를 점할 수 있었다. 또한 의관이 되어 품계를 받게 되면 관리로서 사회적 인정을 받을 수 있었다. 비록 잡관인 의관이 문·무관만 한 사회적 대우를 받지는 못했지만 의원 사회 안에서는 그렇지 못한 의원과 천양지차가 있었다.

그렇기 때문에 조선후기 의원의 경쟁을 살필 때, 가장 중요한 사항은 의원이 어떻게 의관이 되며, 또 의관이 되어서 어떻게 관직이 높아져 나가는가 하는 점이다. 『육전조례』(1866년)를 기준으로 본다면, 관직 수는 내의원 의원 40명 남짓,[2609] 전의감 의원 18명,[2610] 혜민서 의원 17명,[2611] 활인서 의관 2명,[2612] 전의감과 혜민서에서 번갈아 각 도와 정부 기관에

2608 | 위의 책, 31-33쪽, 110-111쪽.
2609 | 『六典條例』, 「禮典」, 內醫院.
2610 | 『六典條例』, 「禮典」, 典醫監.
2611 | 『六典條例』, 「禮典」, 惠民署.
2612 | 『六典條例』, 「禮典」, 活人署.

파견되는 심약 15명 등,[2613] 합해서 최대 90여 개였다. 만일 전국적으로 3,000여 명의 의원이 있었다고 가정한다면, 겨우 3%만이 의관이 될 수 있는 것이었다. 1914년 면허 때처럼 6,800여 명을 가정한다면 고작 1.3%만이 의관이 될 수 있었다. 또한 의관 중에서도 외관직인 심약이 15명, 심약보다 아래로 치는 혜민서의 구료관[2614] 8명, 민간에서 바로 끌어들이는 의약동참 12인 등이 포함되어 있으므로, 이들 35명을 제외하면 좀 더 나은 의관 직을 얻는 의원 수는 60명 이하로 줄어들게 된다. 따라서 의관이 되기도 힘들었지만, 의관이 되어서도 승진해 올라가기가 쉽지 않았음을 알 수 있다.

민간의 의원이 곧바로 내의원 의관이 될 수 있는 길은 정원이 12명으로 규정되어 있는 의약동참(醫藥同參)으로 추천받는 것이다. 의약동참의 대부분은 사대부인 유의(儒醫)에서 비롯되었지만, "미천한 신분에서 바로 뛰어오른 사람"[2615]들도 있었다. 이런 사람의 기용은 획기적인 것이라 할 수 있었기 때문에 그들의 임용과 활약이 민간에 널리 회자되었고, 『청구야담』이나 『이향견문록』에도 수록되었다. 불을 달군 침을 사용하는 번침법(燔鍼法)을 고안한 인조 때의 이형익, 독특한 외과종 기술을 창안한 인조 때의 백광현, 가전 고약을 써서 유명해진 정조 때의 피재길 등이 그러한 부류다.

의관이 관에서 받는 보수는 높은 편이 아니었고, 또한 불안정했다. 의관은 정직(正職)이 아닌 체아직(遞兒職)이었기 때문에 직전(直田)을 받지 못했고, 또 재직 기간에 한해서만 녹봉을 받을 뿐이었다. 그들은 자신의 품계보다 낮은 직품의 녹봉을 받았다. 또한 체아직이었기 때문에

2613 | 『大典會通』, 「吏典」, 外官職.
2614 | 『六典條例』, 「禮典」, 惠民署.
2615 | 이규상 지음/민족문학사연구소 한문분과 옮김, 『18세기 조선인물지—幷世才彦錄』, 194쪽.

포폄 때 성적이 계속 상(上)을 받지 못하게 되면 관직에서 물러나 3~6개월 이상을 건너뛰어야 다시 취재에 응할 수 있었으며, 쉬는 기간에는 녹봉을 받지 못했다.[2616] 이런 형편이었기 때문에 대다수 의관은 관에서 주는 녹봉으로 생계를 유지하기란 불가능했다.

사실 의관은 의술의 유능함을 보일 수 있는 일종의 국가 자격 같은 것이었고, 모든 의관은 자기가 맡은 공적인 일 외에 사적 진료를 할 수 있었다. 또한 임금의 명으로 대신의 병을 보러 가는 경우일지라도 환가(患家)에서는 그에 상응하는 대접을 했을 것이다. 그들은 전국의 몇천명 의원 가운데 최고 위치에 있는 소수의 의원으로서 특권을 누릴 수 있었을 것이다. 이 밖에도 의관은 지방의 약재를 중앙에 올리는 일, 중국에서 약재를 사 가지고 오는 일 등에 개입하여 이권을 챙길 수 있는 여지가 많았다.[2617]

한성은 의관을 비롯한 수백 명의 의원이 거주하고 있었기 때문에 의원 사이의 경쟁이 가장 치열한 곳이었다. 16세기 말 유희춘의 『미암일기』을 보면 이때에도 한성에는 의원이 풍부했던 듯하다. 거기에서 양예수, 허준을 비롯한 의원 10여 명의 이름이 보인다. 17세기 후반의 『성호사설』에서도 "서울에는 의원과 처방이 수없이 모인 곳이다. 병이 들면 곧 의원을 찾고 의원을 찾으면 곧 약을 쓰게" 된다고 말하고 있다.[2618] 18세기 후반에는 약방들이 모두 갈대로 발을 만들어 문 앞에 늘어뜨리고 신농유업, 만병회춘 등의 옥호(屋號)를 내걸고 장사하였으며, 구리개에는 약국들이 운집해 있었으며, 의원의 수가 많았다.[2619] 18세기 후반의 유만주(1755~1788년)는 10여 명의 의원을 찾고 있으며, 병이 낫지 않으면

2616 | 허재혜, "18세기 의관의 경제적 활동양상", 『한국사연구』 71, 1990, 103–104쪽.
2617 | 위의 논문, 108–123쪽.
2618 | 李瀷, 『星湖僿說』 14, 人事文, 醫.
2619 | 김호, "18세기 후반 거경 사족의 위생과 의료—『흠영』을 중심으로—", 119–123쪽.

다른 의원을 찾아 처방을 받았다.[2620] 이를 의원의 처지에서 본다면, 환자를 놓고 여러 의원이 경쟁을 벌이고 있는 것이다.

경쟁이 심했다 해도, 서울은 경제력 있는 인구가 많았기 때문에 다른 지역보다 영업에 유리한 처지에 있었다고 말할 수 있다.[2621] 지방의 경우에도 의원이 성장하고 있었지만, 대체로 "향의(鄕醫)"라고 하여 서울의 의원보다 기예가 떨어지는 존재로 인식되었다.[2622] 국토의 상당 부분을 차지하는 벽지의 경우에는 이런 의원조차 없었으며, 그런 곳에는 간단한 약을 파는 약종상들이 있었다.

| 의원의 윤리 |

17~19세기의 기록을 보면 바람직하지 못한 의원의 행태를 고발하는 기사가 여럿 눈에 띈다. 의원의 실력 부족, 지나친 영리의 추구를 꼬집는 내용이다. 성호 이익은 17세기 말 의원의 행태를 "용의가 사람을 잡는다[庸醫殺人]."고 비난했다.

> 성인(聖人)이 의학을 창안하고 약재의 성질을 알아내어 일찍 죽는 것을 구제했으니 의학이 백성을 살리는 데 공이 큰 것이다. 그러므로 옛사람은 [일부러] 의사가 되기를 원하는 일도 있었으나 지금은 의술에 종사하는 자가 일찍 죽는 것을 구제하는 것에 마음을 쓰지 않고 오로지 돈벌이할 기회만 엿본다. 반드시 먼저 인삼(人蔘)·부자(附子) 따위의 대단히 더운약으로써 시험을 하며, 효험이 나지 아니하면 다시 망초(芒硝)·대황(大黃) 같은 극히 찬약을 투약한다. 행여 환자가 살아

2620 | 위의 논문, 129쪽.
2621 | 허재혜, "18세기 의관의 경제적 활동양상", 106-107쪽.
2622 | 김호, "18세기 후반 거경 사족의 위생과 의료―『흠영』을 중심으로―", 123-125쪽.

날 경우에는 자기의 능력을 과시하고, 죽었을 때는 그것을 죄로 여기지 않고 운명이어서 어찌할 도리가 없다고 말한다. 이로써 무단히 사람 목숨만을 해치고 마니, 약이(藥餌)가 사람을 살리는 일은 적고 사람을 죽이는 일이 오히려 많다.[2623]

여기에는 의원이 병을 제대로 알아내지 못하고 더운약, 찬약을 마구 쓰다가, 요행히 병이 나으면 자기 덕이라 하고 문제가 생기면 운명 때문이라고 말하는 의원의 모습이 생생하게 그려져 있다. 이익은 이러한 의원의 의술에 비관하면서, "신묘한 진맥과 병세의 헤아림을 어찌 용의(庸醫)나 속의(俗醫)에게 바랄 수 있겠는가. 그들이 효험을 본다면 그것은 우연히 맞은 것일 뿐이다. 아! 우연히 맞는 것에 희망을 걸진대 차라리 쓰지 않고 낫는 것을 기대하련다."[2624]며 탄식했다. 이익은 의학 자체를 부정한 것은 아니었으며, 의원의 지식이 깊지 못함과 경솔한 치료를 꼬집은 것이다.

이익보다 100여 년 후에 정약용 또한 당시의 의료 현실을 맹렬하게 비판했는데, 그것 역시 의원의 경솔함을 지적하는 한편, 의원의 거만함과 지나친 영리를 비난하는 내용이었다.

의서란 매우 어려워 외우기 어렵다. 가결(歌訣)이나 첩결(貼訣)은 몇 가지씩 외우면서도 두진의 한 가지 증세를 논함에 있어서는 그 조목을 분석하고 변형하여 방서가 매우 많아졌다. 그러므로 지금의 의원들이 다 외울 수 있겠는가? 그런데도 어째서 병을 앓는 집에 가면 목을 뻣뻣하게 세우고 잘난 체하며 종이를 펴서 붓을 들고 손 가는 대

2623 | 李瀷, 『星湖僿說』 권9, 人事門, 庸醫殺人.
2624 | 위의 곳.

로 금방 써 내려가는가? 또한 전호, 시호, 강활, 독활 등을 한 번 보고
는 휘갈겨 써서 한 글자도 고치지 않으며, 큼직한 글씨로 필력도 힘차
게 방문을 땅에 던지면서 곁눈질로 살핀다. 그러면 주인은 공손하게
주워 조심스레 보다가 한 가지를 지적하며 가부를 논하면 의원은 번
번이 성을 내며 말하기를, "그것이 염려스러우면 쓰지 말라. 나는 고
치든 말든 모르겠다."고 한다. 아! 자기가 성인이 아닌데 어찌 이처럼
자존할 수 있는가? 그러나 그중에서 갑자기 명성을 얻는 사람이 있다.
그러면 일세를 주름잡고, 찾아오는 사람의 말과 노새가 문 앞을 가득
메우고 그 먼지는 해를 가린다. 그리하여 세력 있는 집만 가려 동분서
주하며 의기양양해진다. 그러나 세력 없고 가난한 사람들은 온 성안
을 두루 찾아다니다가 해질녘이나 아침이 되어서야 겨우 그를 만나게
된다. 그러면 그는 술을 먹어 붉은 얼굴과 흐릿한 눈으로 뒤따르는데,
아이의 병은 이미 위험해져 있다.[2625]

민간의 실정을 담은 『청구야담』에서도 의원의 거만과 영리 추구를
고발하고 있다.

세상 의원이 그 술업을 자세(藉勢)하여 사람에게 교만하니 문밖에 거
마(車馬)가 연속하고 집에 주육을 베풀어 기다리니 대강 3, 4차 청한
후에 비로소 가고 또 가는 바 집이 귀세(貴勢)한 집이 아니면 곧 부자
의 집이라. 만일 가난하고 세(勢)가 없으면 혹 신병을 칭탁하고 혹 집
에 있어도 없다 하여 백번 간청하매 한 번 강잉(强仍)하여 가니 〔이것

2625 | 丁若鏞, 『麻科會通』, 「五見篇」, 俗醫. (서울대학교 천연물과학연구소 편, 「마과회통」, 『마진기방·마진편·마
과회통』, 1995, 389–390쪽.)

이] 어찌 인인(仁人)이 할 바리요?[2626]

반면에 『이향견문록』에서는 선행을 베푼 의원에게는 존경을 보내고 있다. 조광일이라는 침의(鍼醫)는 환자를 차별하지 않고 수많은 사람을 고쳤다고 칭송한다.

> 조생(趙生)은 의술이 높건만 이름을 구하지 않았으며, 남에게 베푼 것
> 이 넓었건만 보답을 바라지 않았으니, 그의 어짊은 남보다 멀리 뛰어
> 나다. 내 들으니, 천 명을 살리면 반드시 음보(陰報)를 받는다고 하는
> 데, 조생은 이 나라에서 훌륭한 후손이 있을 것이다.[2627]

아마도 이런 상황은 17~19세기의 의원 행태를 제대로 짚은 것이리라. 의원은 병을 고쳐준다는 점에서 그 누구보다도 강자의 입장에 있다. 신분적으로 양반보다 아래이기는 하지만, 환자를 접하는 순간만은 자신이 권세를 휘두를 수 있는 위치에 있었다. 만일 이익이나 정약용 같은 양반이 거만한 의원의 행태에 한 번이라도 당해봤다면, 당연히 위와 같은 입장을 취했을 것이다. 또 돈 없는 서민의 처지에서도 이름 있는 의원의 진료를 받는 것은 넘기 힘든 장벽이었을 것이다.

뜻있는 의학자들은 이런 비난을 잘 알고 있었고, 그것을 바람직한 의원 윤리의 제시로 해결하고자 했다. 조선후기의 의학자 황도연 (1808~1884년)이 대표적인 인물이다. 의원인 그의 눈으로 볼 때도 의원들의 행태에 큰 문제가 있었다. 그들이 재물욕에 사로잡혀 타락해 있는 것이었다.

2626 | 『靑邱野談』, 「活人病曺醫行針」, 137쪽.
2627 | 유재건 지음/실사학사 고전문학연구회 역주, 『里鄕見聞錄』, 452쪽.

그런데 어떤 의사들은 남의 급한 때를 이용하여 기만 술책으로 재물을 취하는 자가 있는데 이것은 애를 써서 자기 이익만 위하는 도적의 무리와 같은 것이다. 어찌 인술로 그렇게 할 수 있겠는가? 이런 것은 보통 나쁜 일을 하는 것보다도 더 악한 것이다.[2628]

이에 대해서 황도연은 『의종손익』(1868년)에서 "의술은 인술"이라는 원칙을 분명히 했다. 이는 환자에 대한 무차별적인 진료 원칙을 말한 것이다. 즉, 황도연은 "병이 있어서 치료를 청한다는 것은 단순히 물에 빠졌거나 불에 타는 것을 구해달라는 것과 같다. 의술은 인자한 기술이므로 다른 일을 다 제쳐놓고 달려가 구원해주는 것이 옳다."는 입장을 제시한 것이다. 이처럼 그는 맹자가 말한 성선설의 근본, 곧 측은지심(惻隱之心)의 발로를 인술 논의의 시발점으로 삼으면서, "의사는 사람을 살리려는 방향으로 마음을 쓰기 때문에 의술은 곧 어진 기술[仁術]"이라 파악했다.[2629]

황도연은 또한 중국 고대의 『천금방』을 인용하여 의사가 굳게 지켜야 할 태도로 "말 적게 할 것, 농담을 적게 할 것, 허튼 말을 하지 말 것, 다른 의사의 권위를 훼손시키지 말고 자신을 내세우지 말 것, 우연히 한 번 병을 고쳤다고 자기가 제일인 양 뽐내지 말 것" 등의 실천 사항을 제시하는 한편, 의사 사이의 질투가 불러일으키는 위험에 대해 강하게 경고했다.[2630]

이 같은 황도연의 인술 윤리가 19세기 후반 의원의 윤리로 잘 정착되어 나갔다고는 보기 힘들다. 의원은 생계를 위해 자신의 의술을 방임적

2628 | 黃度淵, 『醫宗損益』, 「總論」.
2629 | 黃度淵, 『醫宗損益』, 「總論」.
2630 | 黃度淵, 『醫宗損益』, 「總論」.

으로 파는 위치에 있었으며, 그것을 제어할 국가적, 사회적 장치가 하나도 없었기 때문이다. 다만 인술이라는 이념은 사람들에게 당연한 것으로 각인되어 의원의 지나친 일탈을 방지해주는 장치로 작동했을 것이다. 대다수 평범한 의원은 인술의 이념과 지나친 교만 또는 영리 추구의 중간에 위치해 있었을 것이다.

맺음말

총괄하면, 17세기 말~19세기를 거치면서 근대적 의약 관리의 대상이 되는 물적 토대가 형성되었다는 것이 이 논문의 핵심 논제다. 이 시기에 이루어진 민간의 의원 수와 약국의 증가, 그에 수반한 각종 의원과 약국의 난립은 사회의 역동성을 반영하는 것인 동시에 그 수와 양에 걸맞은 새로운 질적 통제 수단을 필요로 했으며, 그것이 서양의 문물을 받아들이는 형태로 갈무리되었다.

17세기 말~19세기 조선 사회 의료 부문의 가장 큰 특징은 민간의 의약 이용이 크게 증가했으리라는 점이다. 내가 앞에서 보였듯, 민간의 의약 이용이 적고 시골에 의약이 별로 없다는 17세기 후반 하멜 표류기와 성호 이익의 기록과 한성에 의약이 넘쳐나고 지방에도 약방이 산재해 있다는 19세기 후반 우즈(Woods)와 고이케(小池正直)의 언급은 이를 강하게 시사한다. 또한16세기 중·후반의 상황을 분석한 김호의 『미암일기』 연구에서는 이 시기 "의료 현실은 사적인 의료인의 활동보다는 공적인 의료제도에 의존하는 경향이 매우 강했으며", "상대적으로 낙후된 향촌사회의 의료시설 및 인적 자원은 양적으로나 질적으로 향촌의 사족들 이하 일반민의 욕구를 모두 충족시키지 못했다."고 결론을 내렸다.[2631] 하지만 18세기 후반 서울에 거주한 유만주의 일기를 분석한 김호의 또 다른 논문에서는 "남대문, 서대문, 용산 등 수많은 사람들이 운집하는 상업 지역에 다수의 약국들이 개설되어 약재시장을 형성하고 있었으며 또한 의원들도 이제 사적인 의료행위를 통하여 재부(財富)를 획득할 수 있었다."는 것을 보여주면서, "도성 내 인구 증가로 인해 증가한 의료 수 요는 사적인 의료 기구들—사설 의원과 약국—이 담당"하는 것으로 파 악했다.[2632] 고동환도 18세기 서울에는 약국이 점포 상업으로 발달하고 있음을 들었다.[2633]

민간 부문의 변화를 이끈 가장 결정적인 요인은 대동법의 실시와 약 령시의 설치라는 경제적인 측면에서 찾아야 할 것이다. 1608년 최초로 대동법이 경기도에서 실시된 이후 1623년 강원도와 충청도로 확대되었 고, 이후 100년 동안에 걸쳐 전국적으로 확대되었다. 대동법에 따라 공 물 수납제가 철폐되었으며, 산군(山郡)에서는 정포(正布)를, 야지(野地)에 서는 쌀을 수납하게 되었다. 이 과정에서 시장경제가 발달하였고 약재 의 수급 또한 이에 포함되었다. 그중 약령시는 약재의 유통을 책임지는 중요한 시장으로 대두되었다.[2634] 대동법 실시 이전에는 각 지방에서 올 린 공물을 전의감과 혜민서에서 취합했다가 그것을 민간에 파는 형태 를 띠었는데, 대동법 이후에는 이 중간 과정이 생략되어 공인이 사서

2631 | 김호, "16세기 후반 경·향의 의료 환경: 『미암일기』를 중심으로", 『대구사학』 64권 1호, 2001, 30쪽.
2632 | 김호, "18세기 후반 居京 士族의 위생과 의료—『欽英』을 중심으로", 『서울학연구』 XI, 1998, 143 쪽.
2633 | 고동환, "18세기 서울의 상업구조 변동", 『서울상업사』 (이태진 외), 2000, 239쪽.
2634 | 약령시 설치 시기에 대해서는 효종 년간(1650~1659년)에 대구에 최초로 설치되었다는 주장이 있으며, 이후 전주·원주·공주·의주 등의 약령시가 개시되었다. 공주의 경우 1741년에 개시된 것이 분명하게 확인된 다.(약령시부활추진위원회, 『대구약령시』, 1984, 81~87쪽.)

약재를 올리는 것 이외의 약재가 바로 민간에 흘러들어가 민간의 의료를 활성화시킨 것이다.

의약의 확산에 큰 영향을 끼친 또 하나의 요인은 병들었을 때 약을 쓰게 되는 관행의 확립 과정이다. 즉 판수나 무당을 찾는 것 대신에 의원을 찾고 약을 이용하는 것이 늘게 된 것이다. 약재시장의 발달로 약을 좀 더 쉽게 구입하고 약값이 싸졌다는 것이 그것의 한 이유일 것이다. 김대원은 "성리학적 질서의 확대로 인해 사회의 합리성이 민에게까지 확대되어 의료에 대한 합리적인 인식이 어느 정도 싹텄기 때문일 것"이라는 가설을 내놓았다. 그는 "성리학적 질서가 확대되는 것에 맞추어 정부에서는 무속을 비롯한 미신적인 모든 것을 금하려고 하였고, 무당을 도성 밖으로 쫓아내는 조처를 여러 번 단행했다."고 했다.[2635] 아마도 조선중기부터 뿌리를 내리기 시작해 조선후기 향촌사회를 지배했던 향약, 향규나 각종 계의 실시가 이러한 실질적인 변화를 이끌었을 것이다. 사족을 비롯한 집권층은 이러한 제도를 통해 백성을 교화시키려고 노력했으며, 그 가운데 의약의 이용도 포함되었다. "환난 때 서로 돕는 것" 가운데 질병 구제가 포함되어 있었다.

약계의 조직과 운영은 의약 이용의 구체적인 사례다. 이규대는 "조선후기 약국계의 일고찰"(1988년)에서 17세기 이후에 태동하여 19세기 후반까지 지속된 강릉 지역의 약국계(藥局契) 분석을 통해 이 계의 등장, 확장, 쇠퇴, 운영방식 등을 밝혔다.[2636] 강릉의 약국계는 벽지에서 의료 문제를 해결하기 위해 우선 사족 중심으로 계를 만들어 약국을 운영한 것이다. 그 지방 관아에 딸린 의원을 초빙하였으며, 당약(唐藥)은 서

2635 | 김대원, "민간의료의 성장", 서울대 국사학과 석사논문, 1998, 49쪽.
2636 | 이규대(李揆大), "조선후기 약국계의 일고찰", 『우인 김용덕박사 정년기념 사학논총』, 태광문화사, 1988

울에 의원을 파견하여 구매하였으며, 향약은 자체의 인력으로 채취, 확보하였다. 이렇듯 계를 통해 의약 문제를 해결하는 방식은 당재와 향재 등 약재의 확보, 의원의 확보와 함께 값나가는 의료비를 계원이 분담하는 형태를 띠었다. 〈뎨국신문〉에서 약종상을 "약계하는 제약사"[2637]로 지칭한 것을 볼 때, 20세기가 시작될 무렵의 많은 약국이 약계의 형태에서 진화한 것임을 짐작할 수 있다. 그렇다면 전국에 산재한 많은 약국도 이러한 방식을 통해 형성된 것임을 알 수 있다.[2638]

나는 조선후기 의학의 특징이라 일컫는 여러 사항들이 이러한 의약 시장의 확대와 의약 이용이라는 합리적 사고방식의 확산과 관련되어 있다고 본다. 즉, 의원 수의 증가, 지방 의료의 확대, 의약지식의 간편화와 대중화, 단방 위주의 처방 확산, 경험방의 수집과 정리, 약재의 진안(眞贋) 여부에 대한 관심의 증대, 상품화를 위한 약재 재배 등이 그 결과인 것이다. 이런 사실들은 18~19세기 조선후기 사회의 역동성과 궤를 같이하는 것으로서, 의료 부분에서도 이전과 전혀 다른 새로운 징후, 곧 근대성의 징후가 나타났음을 뜻한다.

또한 이렇듯 한의학이 민간에 뿌리를 내림으로써 개항 이후 본격적으로 들어오는 서양의학과 서양 문물에 대해서 상당한 경쟁력을 확보하게 되었다. 대다수 조선인은 많은 부분에서 한의학이 효과가 있음을 체험해나갔으며, 그것이 서양의 과학과 의학이 한의학을 함부로 매몰시키지 못하는 힘의 원천으로 작용했다.

하지만 이런 민간의 의약 확산이 큰 한계를 지니고 있었음도 사실이다. 우선 의약 분야가 크게 성장한 것에 걸맞은 의약인의 자질 관리, 약재의 호·불호 검사, 효과적인 의학교육을 위한 체계적인 노력이 없었다.

2637 | 〈뎨국신문〉, 1900년 2월 9일자.
2638 | 신동원, "한국 근대 보건의료체제의 형성, 1876-1910", 서울대대학원 박사논문, 1996, 21-27쪽.

의약인의 경쟁·이익 추구·모리와 수준 낮은 의약인의 대거 등장, 이에 대한 지식인의 맹렬한 비판도 이러한 변화된 현실을 반영하는 것이다. 관 의료를 담당할 의원의 양성이 이전과 마찬가지로 행해지곤 있었지만, 그것이 국가적 차원에서 행해진 노력의 전부였다. 의원의 자질과 약재 문제를 일부 지식인이 비판하였지만, 그들의 비판은 의약인 개인의 도덕과 윤리를 비난하는 데 그쳤다. 의학 분야는 누구나 쉽게 진입할 수 있었고, 그것의 질을 관리할 체계가 없었다. 거의 모든 것이 방임되어 있었다. 하지만 그 필요성은 역사상 어느 때보다도 절실하게 요청되었다.

1876년 개항 이후에야 조선후기 의료에 산적해 있던 이런 문제에 대한 공론이 있었으며, 그것을 해결하기 위한 제도적 장치가 마련되기 시작했다. 1899년의 의학교 설립은 교육과정을 국가에서 관리하겠다는 의지의 표현이며, 1900년의 「의사규칙」과 「약종상규칙」, 「약품순시규칙」은 의원과 약종상, 약품의 질을 관리하겠다는 표현이었다. 일제 강점 직후인 1912~1914년 사이에 의원은 일제의 식민지 의약 정책에 의한 지배를 받게 되었다. 시기별로 보면 「약품급약품영업취체령(藥品及藥品營業取締令)」(1912년), 「의생규칙(醫生規則)」(1913년), 「안마술·침술·구술영업 취체규칙(按摩術·鍼術·灸術營業取締規則)」(1914년) 등의 공포가 있었다. 그것은 의원에게는 의생이란 면허를 부여하여 이것 없이는 의생이 될 수 없음을 규정했다. 이후 이들 이외에는 면허를 억제하고 의생을 양성하는 공식 기관을 허용하지 않음으로써, 차후 그 외의 자들이 자연히 도태되도록 했다. 또한 약종상의 관행적인 진료를 인정했다. 침구술과 안마술은 유사 의료인으로 취급되어 침구술 영업자, 안마술 영업자로 규정되었다.

이렇듯 다양한 형태로 존재했던 조선시대의 의원은 이제 동일한 질을 갖춘 의생(醫生), 의료인이 아닌 약 조제 직업인 약종상, 의생이나 약종상보다 한 등급 아래인 유사 의료시술사로 규정된 침구술 영업자, 안마술 영업자로 구분되면서 이전과 완전히 다른 길을 걷게 되었다. 우리는 이를 '근대'라고 부를 수 있을 것이다. 그렇지만 그들의 법적 존재는 영속성을 보장받지 못한 임시적 존재였고, 그들의 영업은 거주지의 제한이 따르는 것이 되었다. 이는 한의학을 공식 의학으로 인정하지 않겠다는 일제의 정책에 기인한 것으로, 우리는 그것을 '식민지성'이라고 부를 수 있을 것이다.

보론_청강 선생의 환자 진료 통계

한의 청강(青崗) 김영훈(金永勳. 1882~1974년)은 자신이 일생 동안 진료한 대부분의 환자에 대한 진료기록부를 남겼다. 60년분에 해당하며, 단일 의사가 남긴 기록으로는 의사나 한의를 제외하고 이만한 기록은 남아 있지 않다. 그는 조선 말인 1882년에 태어났으며, 일찍이 20대 초반부터 의학으로 명성을 날려서 1904년에 설립된 한의 전문학교인 동

청강선생

제의학교(同濟醫學校)의 교수로 임명된 신예였다. 그는 1909년 서울 낙원동에서 보춘의원(普春醫院)을 개업했으며, 1914년 조선총독부에서 「의생규칙」을 실시하자 이 규칙에 따라 진료기록부를 남기기 시작했다. 그가 남긴 방대한 진료기록은 경희대 한의대 의사학교실에 기증되었으며, 한국한의학연구원에서도

온라인으로 제공
되고 있다.[2639] 여
기서는 청강 선
생이 해마다 직
접 자신이 진료한
환자를 질병별로
분류한 통계의 일
부 내용만 들여다
보도록 한다. 나

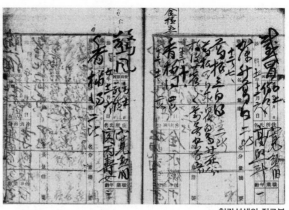

청강선생의 진료부

는 이 모든 통계를 엑셀로 작업하여 내용을 파악했다. 그의 통계는 다
이쇼(大正) 3년(1914년)부터 쇼와(昭和) 10년(1935년)까지 22년분에 해당한
다. 그는 자신이 진료한 병과 찾아온 환자의 성별 통계와 합계를 냈다.
1914년의 경우에는 감모(感冒), 두현(頭眩), 두풍(頭風)을 시작으로 하여
혈해손휴(血海虧損), 전광(癲狂)과 전질(癲疾), 식궐(食厥)을 끝으로 한 149
개 범주로 질병을 통계했다. 여기서는 진료한 병이 있을 경우에만 범주
를 두었기 때문에 이렇게 적게 나타나지만, 21년 전체를 보면 무려 687
개의 병증이 된다. 청강 김영훈은 명대의 의사 이천(李梴)이 지은『의학
입문』과 허준의『동의보감』을 주로 참고한 것으로 알려져 있으며,[2640] 여
기의 이 범주 또한 이 책들을 주로 따른 것으로서, 당대 최고의 의원(醫
員)이 감별해내 처방에 응용한 최대 병증 수에 가까울 것이다.

  1914년~1935년 사이에 청강 선생을 찾아온 환자는 총 59,334명(남
32,840, 여 26,494)이었다. 평균을 내면 매해 2,697명(남 1,493명, 여 1,204명)

──
2639 | 청강 김영훈의 관한 연구로는 이종형,『청강의감』「청강 김영훈 선생의 생애와 업적」(成輔社 1984)과
차웅석, "晴崗診療簿 자료현황 보고」(『대한한의학회지』 25권 2호, 2004) 등이 있다.
2640 | 차웅석, "청강 김영훈과 수세현서",『한국의사학회지』 14권 2호, 2001, 251~255쪽,

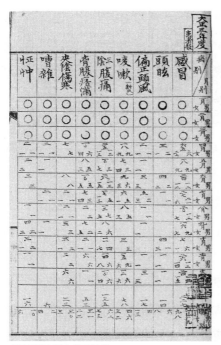

청강선생의 진료 환자 통계

이다. 청강 선생을 찾아온 환자들은 주로 어떤 병으로 찾아왔을까? 감기 환자가 10,606명으로 압도적으로 많았으며, 전체 환자의 1/5에 육박한다. 2위는 제반 설사로 5,213명이었고, 3위는 삼음 경맥의 이상으로 생긴 삼음(三陰) 복통으로 4,789명이었고, 4위는 제반 해수 3,615명, 5위는 대변에 피가 섞여 나오는 장벽(腸癖) 2,133명 등이었다. 5대 질환이 전체 환자 중 차지하는 비율은 44퍼센트였다. 5대 질환의 뒤를 이어서 소화불량인 식적이 1,785명, 속에 가스가 찬 증상인 비만(痞滿)이 1,350명, 옆구리의 통증인 협륵통(脅肋痛)이 1,342명, 머릿속이 아픈 뇌통(腦痛)이 1,317명, 내음상한(來陰傷寒) 병이 1,267명, 허로(虛勞)가 1,204명으로 뒤를 잇는다. 이상 10대 질환에 이어서 뱃속에 뭉친 병인 비적, 학질, 인후의 종통, 천식과 효후(哮吼), 홍역인 마진(麻疹), 임질, 일종의 정신질환인 탈영(脫營)과 실지(失志), 요통, 부종, 편두풍과 정두풍, 배 아래가 쌀쌀한 증상인 조잡(嘈雜), 가슴이 울렁거리며 불안한 증상인 정충, 아이들의 경기인 경풍(驚風), 임산부의 요복통, 음식으로 체해 토하는 증상인 곽란, 폐결핵으로 비정되는 노채(癆瘵), 배가 더부룩하면서 불러 오르는 증상인 복창(腹脹), 아이들의 감질, 회충 등의 질환이 30대 질환을 이뤘다. 이 30대 질환이 전체 환자의 75퍼센트를 차지한다. 30대 질환에는 대체로

오늘날 말하는 호흡기 질환(감모, 해수, 천식, 후풍과 인종 등)과 소화기질환
(설사, 복통, 장벽, 식적, 비만, 비적, 곽란, 복창), 정신성질환(탈영증과 실지, 조잡,
정충, 경풍)와 전염병인 학질, 홍역, 결핵, 성병인 임질, 기생충병인 회충
등이 포함되어 있다. 30대 질환별 환자 통계는 다음 표와 같다.

〈표 3-6〉 보춘의원 환자 30대 질환 통계(1914~1935)

한글 병명	질환별 통계		
	남	여	합계
감모(感冒)	5,812	4,794	**10,606**
(제반) 설사	3,071	2,142	**5,213**
(삼음) 복통	2,453	2,336	**4,789**
(제반/신구)해수	2,191	1,424	**3,615**
장벽(腸癖)	1,304	829	**2,133**
식적(食積)	1,208	577	**1,785**
비만(痞滿)	726	624	1,350
협륵통(脅肋痛)	765	577	1,342
(제반)뇌통(腦痛)	355	962	1,317
내음상한(來陰傷寒)	1,134	133	1,267
허로(虛勞)	828	376	1,204
비적(痞積)	629	436	1,065
학질	556	296	852
후풍(候風), 인종(咽腫)	353	321	674
효후(哮吼), 천식(喘息)	300	364	664
마진(麻疹)	427	222	649
임질(淋疾)	513	39	552
탈영증(脫營症), 실지(失志)	113	395	508
(제반) 요통	222	269	491
부종(浮腫)	305	169	474
편정(偏正)두풍(頭風)	172	294	466
조잡(嘈雜)	209	250	459

	질환별 통계		
한글 병명	남	여	합계
정충(怔忡)	145	302	447
경풍(驚風)	252	184	436
임경요복통(臨經腰腹痛) 월경시 요복통	2	415	417
곽란(霍亂)	226	173	399
노채(癆瘵), 폐로(肺癆)	285	113	398
복창(腹脹)	222	168	390
(제반) 감병(疳病)	276	94	370
회충	226	139	365
총합계	25,280	19,417	44,697

30대 질환에는 들어있지 않지만, 외과 질환자도 보춘의원을 찾았다. 이를테면 옹저의 경우 발배가 8명, 유옹이 36명, 폐옹이 30명 등과 같았고, 피부병인 단독 환자는 145명이었다. 이 밖에 음낭종 환자 66명, 매독 환자 25명(남 19, 여 6)도 청강 선생을 찾았다. 또 청강 선생은 내과, 외과 외에도 안과, 이비인후과, 피부과, 비뇨기과, 부인과, 소아과 등 모든 의학 분야의 병을 돌봤다. 침은 놓지 않았던 것 같아서, 침을 이용한 외과 처치는 그의 영역이 아니었음을 알 수 있다.

아마도 청강 선생을 찾은 환자들의 양상은 조선시대, 특히 후기 의원(醫員)을 찾은 것과 거의 흡사한 것으로 추정해도 무방할 것이다. 비록 일제강점기에 서양의술이 들어와 외과수술, 학질특효약 키니네, 매독특효약 606호가 있었지만 이용이 한정되었으며, 많은 사람들은 여전히 경제적으로 저렴하고 관행상으로도 친숙한 한의학을 이용했다. 조선의 의학이 오랫동안 조선의 기후와 풍토, 습성에 따라 발생한 환자에 맞춰 세팅되고 진화했기 때문이다. 한중일이 동일한 의학적 기반을 가진다 해도, 이런 특성 때문에 실제 활용되는 의학에는 삼국 사이에 커다란 차이가 보인다.

단, 청강 선생을 찾은 환자 중에 두창 환자는 전무하다. 그것은 19세기 이후 인두법과 개항 이후 우두법의 본격적인 정착의 결과다. 조선시대를 통틀어 가장 끔찍했던 병이 종두법의 실시로 거의 사라지게 된 사실이 청강 선생의 진료부에서도 확인된다.

30대 질환의 경우에는 오늘날 한의원을 찾는 환자 패턴과도 비슷할 것으로 여겨진다. 그렇지만 서양의학은 설파제(1930년대 후반 개발), 페니실린(1945년 이후 상용화) 같은 강력한 무기를 얻게 되면서 세계 의학을 주도하게 되었다. 이런 약들이 국내에 본격 도입되어 의료보험의 혜택을 받아 쉽게 이용하게 되면서 한의의 진료 범위는 크게 달라진다. 특히 외과질환의 진료는 크게 위축되었다. 반대로 유리한 점도 보인다. 급속한 산업화의 진행과 경제소득의 증대로 인한 만성 퇴행성질환, 노인병 등 질병 패턴의 변화는 그쪽 방면에 오랜 학식과 경험을 축적해온 한의학에게 유리한 환경을 조성하게 된다.

조선후기의 의학사 연구

17세기 이후의 의료는 이전 시기와 다른 모습을 띤다. 또 사료가 훨씬 풍부해지기 때문에 중앙과 지방의 의료제도, 의원의 지위, 의약생활사 등에 대해 훨씬 세밀하게 살필 수 있다. 의약생활사 연구 동향은 이미 3부의 Ⅱ에서 다뤘으므로 여기서는 그것을 제외한 나머지를 소개한다.

미키 사카에나 김두종은 『경국대전』이나 『대전회통』 같은 법전류, 연대기 자료로서는 『조선왕조실록』에 의존해서 조선시대의 의료제도를 파악했다. 하지만 최근의 연구자들은 이전 연구자들이 활용하지 않았던 『육전조례』 같은 법전류, 『승정원일기』, 『비변사등록』 같은 연대기를 이용함으로써 이전보다 관 의료제도를 훨씬 더 확실하게 이해하게 되었다. 1996년 이후 이규근은 내의원의 실제 운영과 의관, 비의관이면서 왕실 진료에 참가한 의약동참의 활동에 대해 연구했고,[2641] 이상협은 동서활인서의 직제와 운영을 연구했다.[2642] 1998년 김대원은『경국대전』에서 규정한 내의원·전의감·혜민서의 관직체계는 단지 행정직 의관을 규정한 것이기 때문에 이를 모든 의관으로 본 이전 연구의 잘못을 지적했다.[2643] 이전 시기 연구에는 보이지 않던 의료 정책에 대한 연구도 두 편 나왔다. 1996년 김호는 정조대의 의료 정책을, 2007년 김성수는 조선후기의 전반적인 의료 정책의 성격에 대해 연구했다.[2644] 이 밖에 김남주는 인조 때 야사 기록인『응천일록』의 분석을 통해 당시 왕실 시약청의 설치와 운영에 대해 살폈고,[2645] 서지연·김남일·안상우는 종기 치료를 위한 왕실 내 특별기구인 치종청의 구성과 운영 실태를 밝혔다.[2646]

의원들에 대한 연구도 계속되었다. 1990년 허재혜는 18세기 의관의 경제활동 양상을 탐구했는데, 관 의료의 유명무실함과 의관의 치부를 밝혔다.[2647] 2003년 이선아는 중국과 조선에서 의원의 사회적 지위를 비교하여 둘 사이의 차이를 논했다.[2648]

이 시기 개별 의원에 대한 전기 또는 그들의 의학을 정리하는 여러

2641 | 이규근, "조선후기 내의원 의관 연구—『내의원선생안』의 분석을 중심으로—", 『조선시대사학보』 3, 1997; 이규근, "조선후기 의약동참 연구— '의약동참선생안'을 중심으로—", 『조선시대사학보』 19, 2001; 이규근, "조선시대 의료기구와 의관—중앙의료기구를 중심으로", 『동방학지』 104, 1999; 이규근, "조선 후기 내의원 연구", 중앙대 박사논문, 2007.
2642 | 이상협, "조선시대 동·서활인서에 대한 고찰", 『향토서울』 56, 1996.
2643 | 김대원, "18세기 민간의료의 성장", 『한국사론』 39, 1998.
2644 | 김호, "정조대의 의료정책", 『한국학보』 82, 1996); 김성수, "16·17세기 중앙의료기구의 운영실태", 『서울학연구』 20, 2003.
2645 | 김남주, "朝鮮後期 宮안의 醫療狀況", 『한국보건사학회지』 2-1, 1992.
2646 | 서지연·김남일·안상우, "治腫廳에 대한 의사학적 고찰", 『한국의사학회지』 20-1, 2007.
2647 | 허재혜, "18세기 의관의 경제적 활동양상", 『한국사연구』 17, 1990.
2648 | 이선아, "한·중 양국의 전통사회에 있어서의 의원의 사회적 지위", 『한국의사학회지』 16-1, 2003.

연구들이 나왔는데, 이런 연구는 이전 시기에 보이지 않던 것으로, 의학의 한 주체인 인간으로서 다양한 의원의 삶의 조건과 그들이 펼친 의술을 알게 해주었다. 2002년 진재교는 홍양호의 "의원전(醫員傳)"에 나타난 인물의 유형을 분석했고,[2649] 2005년 이선아는 고창 지역의 의원인 은수룡의 경험 의안을, 2006년 김훈은 인조 때 활약한 침의 이형익의 번침술에 대해 살폈다.[2650] 최진우·안상우는 18세기 홍역을 연구한 의원 이헌길의 생애와 학술 계통을,[2651] 2007년 김도훈은 『주촌신방』의 저자인 신만의 삶과 그의 의학을, 신동원은 유의인 정약용의 삶과 의술을,[2652] 2008년 허경진은 현재까지 알려진 의원이 남긴 유일한 문집인 『곡청사고』를 통해 의원 이현양의 글쓰기를,[2653] 권오빈·오준호·차웅석·김남일은 의원 박태원의 삶과 의학을,[2654] 2007년 김양수·안상우는 의관 안산 이씨 집안의 활동을 살폈다.[2655] 좀 더 포괄적으로 2004년 신동원은 조선후기 의원의 존재 형태 전반에 대해 연구했고,[2656] 2007년 김남일은 한국의 유의 전통 전반에 대해 탐구했다.[2657] 2006년 무렵부터 한국한의학연구원에서는 의학 인물 데이터 확보 프로젝트가 시작되었는데, 이선아는 문집에 포착된 의학 인물 연구에서 족보의 필요성에 대해 논하는 한편,[2658] 안상우 등은 3권의 『역대의학인물열전1·2·3』을 펴

2649 | 진재교, "이계 홍양호의 의원전(醫員傳)에 나타난 인물 형상", 『민족문학사연구』 21, 2002.

2650 | 김훈, "朝鮮中期 鍼醫의 활동과 李馨益의 燔鍼術", 『한국의사학회지』 18-2, 2005.

2651 | 최진우·안상우, "夢叟 李獻吉의 생애와 학술 계통", 『한국의사학회지』 19-1, 2006.

2652 | 신동원, "유의의 길—정약용의 의학과 의술", 『다산학』 10, 2007.

2653 | 허경진, "『곡청사고』를 통해 본 의원 이현양의 글쓰기", 『의사학』 17-2, 2008.

2654 | 권오빈·오준호·차웅석·김남일, "醫員 朴泰元 인물연구", 『한국의사학회지』 22-1, 2009.

2655 | 김양수·안상우, "조선후기 의관집안의 활동", 『동방학지』 136, 2006.

2656 | 신동원, "조선 후기 의원의 존재 양태", 『한국과학사학회지』 26-2, 2004.

2657 | 김남일, "韓國에서의 儒醫들의 活動—醫書의 編纂, 治療活動을 中心으로—", 『한국의사학회지』 20-2, 2007.

2658 | 이선아·안상우, "개인 文集을 통해서 본 醫學人物의 行蹟", 『한국의사학회지』 19-1, 2006; 이선아, "의학인물 연구에 있어서 족보의 필요성", 『한국의사학회지』 20-2, 2007.

냈다. 『역대의학인물열전1』에는 허준·정작·양예수·윤지미·이정구 등
『동의보감』 편찬에 관련된 인물 5인이, 『역대의학인물열전2』에는 『향약
집성방』 편찬에 관련된 인물인 조준·유효통·박윤덕·권채·변계량 등에
대한 내용이, 『역대의학인물열전3』에서는 향약 관련 서적 집필에 관계
된 권근, 노중례, 방사량, 서찬, 윤상, 황자후 등의 전기가 담겨 있다. 한
편, 2007년 김호는 조선 전후기의 의학 인물에 대한 짧은 전기를 모아
『조선의 명의들』이라는 책을 펴냈다.[2659] 여기에는 전순의·임언국·허준·
허임·유이태·정약용·강명길 등 7인의 의학 인물이 소개되었다.

이 시기 의학 교류에 관한 연구도 적지 않게 수행되었다. 중·한 관계
에 대해서는 2000년 박문현이 중국 침구서 『침구집성』이 조선의 침구
문헌인 『동의보감』의 침구편과 허임의 『침구경험방』을 집록해 만든 책
임을 밝혔다.[2660] 중국학자 량용쉬안(梁永宣)은 17세기 중국 사절단 수행
의원으로 참여한 윤지미의 질문과 명 의학자의 대답을 분석한 연구를
내놓았고, 김남일은 이를 더 깊이 파고들어 당시 조선과 명대 의학 교류
의 일 단면을 드러내주었다.[2661] 한·일 교류에 대한 2000년대의 전반적
인 학계의 분위기 속에서 의학 분야에서도 그것을 다룬 여러 연구가 나
왔다. 2004년 차웅석 등은 일본인 유의가 남긴 필담 기록인 『상한의담』
을 통해 조선통신사 수행 의관과 일본 의원 사이의 학술적 교류의 내용
을 밝혔고, 2007년에는 함정식·차웅석 등이 더욱 포괄적으로 조선통
신사 사행원의 한·일 학술 교류를 정리했다.[2662] 2008년 김호는 18세기

2659 | 이선아·김남일·김홍균·신동원·유호석·정재서, 『역대의학인물열전1』, 한국한의학연구원, 2007; 안
상우, 『역대의학인물열전2』, 한국한의학연구원, 2008; 『역대의학인물열전3』, 한국한의학연구원, 2010.

2660 | 박문현, "조선의 두 침구문헌을 집록한 『침구집성』의 실상", 『한국의사학회지』 13-2, 2000.

2661 | 梁永宣, "十七世紀中國與朝鮮醫學交流史實見證", 『한국의사학회지』 16-2, 2003; 김남일의 윤지미
에 대한 연구, 『역대의학인물열전1』(한국한의학연구원, 2007).

2662 | 차웅석·김남일·안상우, "『桑韓醫談』과 韓日醫學文化交流", 『한국의사학회지』 17-2, 2004; 함정
식·차웅석·유원준·김남일, "조선통신사 사행원과 기록 연구—18세기 사행록과 의학문답 기록을 중심으

858

조선 의사와 일본 의사의 대담을 분석하여 "옳은 의학"을 둘러싸고 벌어진 양국 의원 사이의 갈등과 반목을 잘 드러냈다.[2663]

이제마의 『동의수세보원』과 사상의학에 대해서는 꽤 많은 논저가 나왔다.[2664] 김용옥의 『동의수세보원』 강의는 여전히 어렵기는 하지만, 블랙박스 수준에 있던 사상의학의 실체를 언어로 풀어냈다.[2665] 1991년대 초반 정우열은 이제마의 철학과 의학사상에 대해 탐구했다.[2666] 1998년 여인석은 이제마의 의학을 일종의 '몸의 윤리학'으로 파악하면서, 그것을 스피노자의 윤리학과 비교했다.[2667] 2002년 김종덕·안상우·이경성은 이제마의 삶과 의학에 대한 평전을 냈고, 이창일은 사상의학의 철학적 핵심을 파악해냈다.[2668] 2005년 방정균은 이제마의 인성론을 청대 의학자의 인성론과 비교했고, 2009년 박주홍은 그것을 고대 서양의 체질론과 비교 검토했다.[2669] 2005년 이경록은 이제마 의학론의 시대적 성격을 밝히고자 했으며, 2006년 신동원은 사상의학이 일제강점기 한국을 대표하는 의학으로 자리 잡는 과정을 밝혔다.[2670]

침구의학에 관한 여러 논문이 나왔다. 1993년 김알호·김중한은 사암

———
로—", 『한국의사학회지』 20-1, 2007.
2663 | 김호, "조선후기 통신사와 한일 의학교류", 『조선통신사연구』 6, 2008.
2664 | 사상의학에 관한 논문은 사상의학계에서 매우 많이 나와 있지만 전부 분석의 대상으로 삼지 못했다. 이 글에서는 의사학자의 입장에서 쓴 글과 단행본만을 대상으로 정리했음을 밝힌다.
2665 | 김용옥, 『동의수세보원 강론』, 1993, 이 책은 정식 출간된 것은 아니지만 강의록 형태로 묶여 나왔고, 지금도 웹상에서 쉽게 구할 수 있다.
2666 | 정우열, "동무 이제마의 의학사상", 『원광한의학』 1-1, 1991; 정우열, "동무 이제마의 철학과 의학사상2", 『의사학』 3-2, 1994; 정우열, "동무 이제마의 철학과 의학사상", 『동의병리학회지』 9, 1994.
2667 | 여인석, "몸의 윤리학: 스피노자와 이제마에 있어 몸의 윤리적 의미에 관한 고찰", 『의사학』 7-2, 1998.
2668 | 김종덕·안상우·이경성, 『이제마평전』, KBS, 2002; 이창일, 『사상의학 몸의 철학 마음의 건강』, 책세상, 2003.
2669 | 방정균, "동무와 청대의 인성론 비교", 『한국의사학회지』 16-1, 2003; 박주홍, "고대 서양의학 체질론과 사상체질론의 형성과정 및 내용 비교 연구", 『의사학』 18-1, 2009.
2670 | 이경록, "이제마의 의학론과 그 시대적 성격", 『의사학』 14-2, 2005; Dongwon Shin, "Nationalistic Acceptance of Sasang Medicine", The Review of Korean Studies vol.9. no.2., 2006.

침법의 저작 시기와 형성 배경에 대해 연구했고,[2671] 2000년 초반 박문현은 허임의 『침구경험방』을 집중 연구했고,[2672] 2002년 백두현 등은 『침구경험방언해』의 해제와 주해 작업을 했으며,[2673] 김호는 허임의 생애에 대해 고찰했다.[2674] 2004년 김인숙은 인조의 질병을 치료한 이형익의 번침법을 분석했다.[2675] 2008년 한봉재 등은 조선의 경락도에 대해 연구했으며,[2676] 2009년 오준호 등은 조선 의서에 나타난 침구할 날을 선택하는 법을 분석했다.[2677]

김호는 조선전기의 연구에 이어 조선후기 법의학 연구를 계속했다. 1998년 규장각 소장 '검안'을 살인 유형별로 분류, 검토했으며, 그것을 통해 100년 전 향촌사회의 모습을 그려내는 한편, 2006년 법의학 전반의 내용을 검토하는 단행본을 냈다.[2678] 한편 정일영은 정조대 『심리록』의 자살 사건을 남녀별로 분석하여 이 시기 젠더의 문제를 다뤘다.[2679]

이 시기 치과의학사에 대한 것으로 1995년 기창덕의 『한국치과의학사』가 나왔고, 수의학에 대해서는 2004년 신동원의 『한국마의학사』가

2671 | 金達鎬, 金重漢, "舍巖鍼法의 著作時期 및 形成背景에 關한 硏究", 『대한한의학원전학회지』7, 1993.

2672 | 박문현, "허임의 『침구경험방』에 대한 의사학적 고찰", 『한국의사학회지』13-1, 2000; 박문현, "許任 鍼灸經驗方 연구", 『한국의사학회지』15-1, 2002.

2673 | 백두현·이미향·송지혜·홍미주, "자료소개: 『침구경험방언해』의 해제와 주해", 『영남학』 2002-2.

2674 | 김호, "침구경험방: 조선 침구전문서의 효시", 허임기념사업회, 2006.

2675 | 김인숙, "인조의 질병과 번침술", 『의사학』13-2, 2004.

2676 | 한봉재·안상우·김남일, "조선시대 經絡圖에 관한 고찰", 『한국의사학회지』21-2, 2008.

2677 | 오준호·차웅석·김남일, "『承政院日記』를 통해 본 鍼灸擇日 활용 방법", 『한국의사학회지』22-1, 2009; 오준호·차웅석·김남일, "醫書에 나타난 朝鮮 鍼灸擇日法의 발전과정", 『한국의사학회지』22-2, 2009.

2678 | 김호, "규장각 소장 '검안'의 기초적 검토", 『조선시대사학보』4, 1998; 김호, "검안을 통해 본 100년전의 향촌사회(1-3)", 『문헌과 해석』3~5, 1998; 김호, 『원통함이 없게 하라—조선의 법의학과 『무원록』의 세계』, 웅진씽크빅, 2006.

2679 | 정일영, "조선 후기 성별에 따른 자살의 해석—정조대 『심리록』의 자살 관련 사건을 중심으로", 『의사학』17-2, 2008.

나왔다.[2680]

이 밖에 조선후기 의학에 대한 연구는 아직 많이 미흡하다. 황도연의 『방약합편』에 대해서는 2001년 이선아·이시형이 연구했고,[2681] 18세기 중엽 영조 때의 의서인 『급유방』에 대해서는 2002년 조미숙 등이 연구했으며, 2007년 김정선 등은 조선후기 내의원의 새로운 의학 경향을 연구했고,[2682] 이가은 등은 『승정원일기』의 진료기록을 분석했다.[2683] 2005년 김남일은 한국의학사에서 의원의 전문 처방인 의안 연구의 필요성을 제기하면서[2684] 현재까지 『민족의학』지에 한국의 독자적인 의안 분석을 연재하고 있다.

본초 또는 약학에 관한 연구는 1980년 홍문화가 『약사산고』에서 일단을 보인 적이 있으며,[2685] 1988년 이덕봉은 한국생물학사의 관점에서 본초를 다뤘다.[2686] 2010년 오재근은 조선 의서에 실린 '약성가'를 전면 분석했다.[2687]

해부학의 역사에 대해서는 1957년 이영택이 최초로 우리나라에서 실용된 해부도의 내용을 검토했으며,[2688] 1992년 여인석 등이 한국 해부의 전반을 고찰했고,[2689] 2009년 신동원은 조선후기 신체·장부에 관한 담론의 성격 전반을 밝혔다.[2690]

2680 | 기창덕, 『한국치과의학사』, 아카데미아, 1995; 신동원, 『한국마의학사』, 한국마사박물관, 2004.

2681 | 이선아·이시형, "黃道淵의 『方藥合編』에 관한 연구", 『한국전통의학지』 11-1, 2001.

2682 | 조미숙·차웅석·김남일, "『급유방』에 대한 연구", 『한국의사학회지』 15-2, 20022; 김정선·황상익, "조선 후기 내의원에서 나타나는 새로운 의학 경향", 『의사학』 16-2, 2007.

2683 | 홍세영·차웅석·김남일, "『承政院日記』의 진료기록 연구", 『한국의사학회지』 21-1, 2008.

2684 | 김남일, "韓國醫學史에서의 醫案硏究의 必要性과 意義", 『한국의사학회지』 18-2, 2005.

2685 | 홍문화, 『藥史散攷』, 동명사, 1975.

2686 | 이덕봉, "한국생물학사", 『한국과학기술사』, 고대 민족문화연구소 편, 1985.

2687 | 오재근, "조선 의서 수재 약성가에 대한 연구", 대전대학교 박사논문, 2010.

2688 | 이영택, "우리나라에서 實用되어 온 身體解剖圖", 『서울大學校論文集』(자연과학) 5, 1957.

2689 | 여인석·박형우·정인혁, "우리나라 해부의 역사", 『대한해부학회지』 25-2, 1992.

2690 | 김성준, "18·19세기 조선에 전해진 서구 뇌주설과 혜강 최한기의 대응", 고려대 석사논문, 1999; 김

출산에 관한 연구도 여러 편 나왔다. 1999년 신동원은 임신 중 여아를 남아로 바꾸는 비술인 전녀위남법의 시대별 변화를 통해 조선시대의 가부장제화의 일면을 보였고,[2691] 2003년 김호는 조선 왕실에서 잘라낸 태를 관리하는 의식을 밝히는 한편,[2692] 2004년 조선후기 왕실의 출산지침서인 『림산예지법』의 내용을 분석했다.[2693]

성수, "조선후기 서양의학의 수용과 인체관의 변화—성호학파를 중심으로—", 『민족문화』 31, 2008; 신동원. "조선후기 신체·장부에 관한 담론의 성격", 『물질문화와 농민의 삶』, 태학사, 2009; Dongwon Shin, "The Characteristics of Joseon Medicine: Discourses on the Body, Illustration and Dissection", The Review of Korean Studies vol.13, no.1, 2010.

2691 | 신동원, "轉女爲男法의 고고학", 『역사민속학』 9, 1999.
2692 | 김호, "조선 왕실의 藏胎의식과 관련 의궤", 『한국학보』 111, 2003.
2693 | 김호, "조선 후기 왕실의 출산지침서: 림산예지법", 『의사학』 13-2, 2004.

결(結)

나는 서(序)에서 이 책의 주안점으로서 조선의약생활사를 파악하기 위해 10가지 질문을 던진 바 있다. 이 중 7가지는 좀 더 구체적인 것으로 다음과 같았다.

1) 조선 사람들은 어떤 병을 앓았나? 어떤 병으로 많이 죽었나?
2) 병의 원인이 무엇이라고 생각했는가? 그것은 질병별로 어떻게 다른가?
3) 환자가 병을 앓는 과정의 고통은 어떻게 표현되었나? 죽음에 대해서는 어떻게 생각했나?
4) 환자는 어떤 치료 방법을 선택했는가? 또 선택의 기준은 무엇이었는가?
5) 환자에 대해 중앙과 지방의 의료제도는 어떻게 작동했는가?
6) 환자에 대해 의학적 지식이 어떻게 활용되었는가?
7) 의학지식은 어떻게 획득되었으며, 선진 지식을 획득하기 위한 노력은 어떠했는가?

이를 토대로 해서 더욱 거시적으로 다음 세 가지 질문에 대한 답을 모색한다고 했다.

8) 시대·지역·신분·성별 등에 따라 앓는 병에 차이가 있었나? 또 질병관에 차이가 있었나?

9) 시대·지역·신분·성별 등에 따라 의료제도와 치료방법의 차이가 어떻게 달랐는가?

10) 시대·지역·신분·성별 등에 따라 의학지식의 적용은 어떻게 달랐는가?

이 장은 결산의 장이다. 질문에 대한 답을 제대로 찾아냈는지, 미진한 부분이 무엇인지를 논하는 자리다. 지금까지 살핀 글은 각 편마다 완성된 글을 취하고 있기 때문에 각각 독립된 논의의 성격을 띠었다. 지금은 위의 10가지 질문을 염두에 두고 각각의 글을 가로지르며 비교 검토하여 종합할 때다. 그리하여 궁극적으로 조선의약생활사의 특징을 도출할 것이다.

조선 사람들은 어떤 병을 앓았나? 어떤 병으로 많이 죽었나?

이 책에서는 환자의 병 앓는 모습을 적지 않게 보이려고 노력했다. 병을 앓는 단편적인 모습이 아니라 인생 전반에 걸쳐 병을 앓는 모습을 포착하기 위해 애썼다. 고려 때의 이규보, 조선전기 이문건 일가, 조선후기 정약용 등의 병앓이를 비교적 상세하게 살폈다. 통일신라 때 향덕이란 사람의 어머니는 종기를 앓았으며, 고려 때의 이규보는 태어나자마자 종기를 앓았고, 젊었을 때는 소갈병과 손의 병, 장년 때는 쇠약한 병, 늘그막에는 피부병인 단독(丹毒)과 안질 등을 앓았다. 이문건의 어린 손자 숙길은 태어나자마가 이질, 유년기의 학질과 두창(痘瘡), 홍역(紅疫) 등 오늘날로 치면 감염병을 앓았으며, 그의 아버지 이온은 평생 간질을 앓다 죽었다. 이문건은 장년기 상한(傷寒) 열병, 복통, 하혈 등을 앓았고, 노년기에도 냉증, 하혈에다 요통, 치질, 뱃속에 덩어리가 생긴 병으로 고생했으며, 죽기 얼마 전에는 오른쪽 눈을 실명시키는 백내장을 앓았다. 이문건의 처도 50세 이전에는 상한병, 백색대하(白色帶下) 등을 앓았으며, 50대 중반에는 손가락 종기를 심하게 앓아 죽을 지경까지 간 적이 있으며, 죽기 직전에는 상한(傷寒) 열병 또는 귀신 씌운 병 등을 앓다가 죽었다. 19세기 전후 인물인 정약용은 어려서 천연두를 잘 겪어냈으며, 홍역을 앓다가 죽을 뻔했고, 40세 유배 이후에는 사지가 성치 않은 중풍을 내내 앓았으며, 옴도 심하게 앓았고, 노인이 되어 대머리, 이빨 빠짐, 시력 악화, 청력 상실 등을 겪었다. 이처럼 양반 가문만 병을 앓은 게 아니라 이문건의 노(奴) 만수는 변독(便毒), 두통, 학질 등을 앓았으며, 여종인 춘비는 유종(乳腫)부터 시작한 종기가 온몸으로 퍼져 죽었다. 이렇듯 옛 사람들이 병을 앓는 모습은 인간으로서 누구나 겪었던 것으로서 새로운 것은 아니다. 오늘날 아무개 집안의 누구라도 일생 동안 이 비슷한 병앓이가 기록될 것이다. 그것은 동서고금이 마찬가지일 것이다.

이런 병앓이들이 어떤 역사적 가치가 있을까? 왕의 돌연한 죽음 같은 것은 역사의 물줄기를 바꾸기도 하기 때문에, 이 부분은 의학사학자들이 관심을 가져온 주제다. 이를테면 정조의 독살설 같은 것이 그것이다. 어떤 연구자는 그가 독살되었다고 주장하며, 만약에 정적들에게 독살되지 않았다면 역사의 흐름이 바뀌었을 것이라 가정한다. 본 연구에서는 이런 관점에 따른 왕의 생로병사에 대해서는 관심을 기울이지 않았다. 독살과 같은 극단적인 경우가 아니라 해도 다른 예를 찾을 수도 있다. 선조는 『동의보감』 편찬을 지시한 인물이었는데, 만년의 병이 기존 의학에 대한 불신으로 이끌고 그런 불신을 불식하기 위해서 『동의보감』 편찬이 시작된 성격이 짙다. 이런 경우도 본 연구에서는 다루지 않았다. 오히려 보편적인 인간의 조건으로서 병앓이와 그와 관련된 의약 생활에만 관심을 뒀다. 그렇다 해도 오로지 병앓이의 서술만 신경을 쓴 것은 아니다. 정약용의 사례처럼 그의 막대한 저작이 병을 앓는 과정 중에 이룩한 '인간 승리'라는 측면을 읽어내기도 했다.

옛 사람들이 어떤 병을 많이 앓았는가에 대해서는 매우 큰 관심을 쏟았다. 역사학에서도 개개의 서술을 넘어서는 일반적인 해석을 요구하기 때문이다. 이 질문에 대해서는 제대로 된 통계 데이터가 없기 때문에 출발점부터 큰 한계를 내포한다. 이런 상황에서 어렴풋한 정도라도 일반화한 결과를 제시하는 것이 아예 없는 것과는 전혀 다른 논의의 차원을 제공할 것이다. 그래서 엄밀함이 떨어지더라도 『묵재일기』에 등장하는 환자의 진료를 정량화한 질병 통계를 만들어 제시했다. 그 내용을 보면, 16세기 후반 성주 지방의 환자들 병은 종기(63건)가 1위, 통증(55건)이 2위, 열병(34건)이 3위, 학질(24건)이 4위, 이질과 부기(浮氣)(각 22건)가 5위, 심질, 풍병, 한병(각 17건)이 7위를 차지했다. 그다음으로 산증(疝), 부스럼[瘡], 출산 관련 병(각 12건)이 10위, 대소변 관련 병(11건)이 13위, 기증(氣証)과 두창, 식상(食傷)(각 10건)이 14위, 황달과 습증(각 9건)이 17위, 괴증(塊證), 역병, 천증(喘証)(각 7건)이 19위였다. 이보다 적은 병증으로는 복병(腹病)(6건), 갈증과 곽란, 눈병, 치질 등(각 5건), 서증(4건), 담병(痰病), 어지럼증(각 3건), 감기와 치아 관련 병(각 2건) 등이 있었다. 여기에는 오늘날의 내과, 외과, 안과, 치과, 비뇨기과 등의 전반적인 질병이 다 포괄되어 있다. 내과 질환이 273건(59.9퍼센트)으로 외과적 질병인 종기, 산증, 부스럼, 치질 등의 합 147건(32퍼센트)보다 많았다. 두창(10건)과 역병(7건) 등은 3.7퍼센트를 차지했다.

『묵재일기』에서 병으로 인한 사인은 앓는 병과는 크게 차이가 있었다. 압도적으로 다수를 차지하는 것이 역병(33건)이며, 두창(16건)이 그 뒤를 이었다. 이를 보면, 돌림병이 가장 큰 사인이었음이 분명하다. 전통시대에 인구 증가를 압박하는 가장 큰 요인은 이 같은 전염병의 유행이었다. 특히 하나의 병이 아니라 여러 돌림병이 섞인 역병의 경우보다 단일 질병이면서도 독특한 병증 때문에 오진이 거의 없었던 두창 사망의 경우, 이 병이 단일 병으로는 가장 높은 사인을 차지했을 것으로 추정된다. 두창은 모든 아이들이 한 번은 겪어야 하는 운명의 병이었으며, 조선전기나 후기나 할 것 없이 최대의 시련이었다. 세 번째로 많은 사망 건수를 보이는 것이 종기다. 종기는 병 발생도 많았고, 이로 인한 사망도 높았던 병이었다. 종기는 20세기에서도 한동안 큰 병이었고, 그래서 많은 사람들이 이명래고약이나 조고약을 기억하고 있다. 이질도 역시 중요한 사인의 하나였다. 위생환경의 열악함, 비위생적인 생활풍습, 좋지 않은 식습관 등으로 인해 이질의 발생과 사망이 많았던 것이다. 출산 시 사망도 7건으로 적지 않다. 이는 당시 출산 때 산모와 아이가 죽는 비율이 꽤 높았음을 일러준다. 이 역시 감염이 주원인이었을 것이다. 학질은 많은 사람이 앓아 끔찍한 고통을 안겨주었지만, 사망은 2건에 불과해 상대적으로 죽는 경우는 적었다. 이 밖에도 열병이 8건, 추위로 상한병인 한병(寒病)이 7건이었고, 산증(疝症) 7건, 부기 6건 등이 뒤를 이었다. 특히 천민의 경우 상식 부족으로 버섯이나 육류를 잘못 먹고 죽은 경우도 3건이나 있었다.

조선 사람들은 병의 원인이 무엇이라고 생각했는가? 그것은 질병별로 어떻게 다른가? 또 환자는 어떤 치료방법을 선택했는가? 또 선택의 기준은 무엇이었는가?

『묵재일기』를 보면, 성주의 지역민이 이문건에게 와서 약을 얻어 가는 대목이 매우 자주 보인다. 평민, 천민들도 배가 더부룩할 때는 그에게 와서 영보단을 달라고 했으며, 가슴이 울렁거릴 때는 그로부터 청심환을 구했다. 이런 건수가 이문건이 약을 쓴 건수의 절반에 해당한다. 이것이 무엇을 의미하는가? 16세기 후반의 조선인들은 천민들까지도 몸에 생긴 각종 이상을 특별한 약효가 있는 약재로 다스릴 수 있다고 생각했다는 점이다. 여기서 약효란 그 약들에 지니는 약재의 배합원리에 따르는 것으로, 이른바 의학지식에 기반을 둔 것이다. 약재 배합에 응용된 지식이 블랙박스와 같은 것이어서 그들이 얼마만큼 블랙박스 안의 내용을 이해했을지는 의문스럽지만, 그들은 자신들이 구한 약으로 몸의 이상이 회복됨을 경험으로 반복해서 확인했다. 이로부터 민간 레벨까지 통상적인 약과 그 밑에 깔려 있는 의학에 대한 믿음 체계가 잘 작동하고 있었음이 짐작 가능하다. 이런 믿음 체계의 기원이 언제까지 거슬러 올라가는지는 확인이 불가하나, 삼국시대의 의약제도와 발굴된 목간에 적힌 처방의 존재는 적어도 상류층에서는 4세기 이후에 이런 인식이 널리 퍼져 있었음을 말해준다. 그렇지만 이런 생각이 얼마나 많은 사람들이 공유한 것이었는지를 일러주는 자료는 거의 보이지 않으며, 16세기 후반의 『묵재일기』의 내용을 통해서 비로소 확인되는 것이다.

『묵재일기』를 보면, 병이 난치나 불치의 영역에 들게 되면 그 병에 대한 인식이 확 바뀐다. 병의 원인이 어떤 나쁜 존재의 탓이라는 것이다. 나쁜 존재는 학질의 경우처럼 복숭아나무 가지로 쫓아내는 포괄적인 악령일 수도 있고, 악화한 종기나 간질의 경우처럼 무당이 굿을 해서 쫓아내거나 달래야 하는 특정 사망인의 빌미일 수도 있었다.

오랫동안 난치, 불치로 간주된 두창과 역병의 경우에는, 환자가 이

병을 앓고 있는 게 확실하다는 판단이 들면 병의 원인은 의학의 영역이나 특정 존재의 빌미보다 훨씬 포괄적인 데서 찾게 된다. 두창은 두신(痘神)이 일으키는 것이다. 이 두신은 까다로운 존재여서 자신에게 잘 대해주는 집안의 환자는 살려주며, 부정 탄 짓을 하는 집안의 환자에게는 죽음을 준다. 집안 아이에 두창이 돌면 다른 귀신에게 제사를 지내는 행위조차도 삼가야 하며, 두신이 가엽게 여겨서 죽음으로 아이를 끌고 들어가지 않음이 확인되면 그때서야 비로소 두신을 잘 떠나보내는 배송굿을 펼쳐 마지막까지 두신 섬기기에 최선을 다해야 한다. 이문건의 『묵재일기』에는 이런 전 과정이 다 확인된다. 이런 질병관이 언제부터 확립되었는지는 분명치 않지만, 이문건과 동시대 인물인 어숙권의 『패관잡기』에는 근래 들어 이런 두신 섬기는 풍속이 더욱 심해졌다고 말하고 있어서, 이전부터 있어왔던 두신 섬기기가 그의 생존기에 한층 더 심해졌음을 보고하고 있다. 인구 집단에서 돌림 현상으로 나타나는 역병(疫病)의 경우, 일찍부터 정치적으로 해석되었다. 삼국시대에 이미, 역병이라는 범주가 일식, 월식 등 여러 재이(災異) 중의 하나로 규정되어 있었다. 화기(和氣)가 그릇되어 병이 생긴다는 관념에 따른 것이었다. 이규보는 화기가 깨지는 원인이 아군과 적군을 가리지 않고 병란으로 죽은 군사의 원혼, 계절상의 나쁜 기운 때문이라 생각했고, 조선시대에 들어와서도 온갖 억울한 죽음의 혼령이 흩어지지 않고 뭉쳐 있다가 그것에 접촉한 사람들에게 역병을 옮기는 것으로 이해되었다. 이런 정치적인 해석에 따라 나라에서는 제사를 지내 원혼을 달래주는 조치를 취했다. 그 절차는 법식화되어 있었으며, 18세기말 정조 때 홍역 유행에 대한 대책은 그 의례 절차의 철저함을 고증하여 그에 따라 엄격하게 제사를 거행하는 것이었다.

간질이나 눈이 멀게 되는 것 같은 고질의 경우에는 또 다른 방식의

'탓'이 있었다. 그것은 사주팔자에 따른 운수소관일 수도 있었고, 젊었을 때 색을 밝혀 정(精)을 함부로 낭비한 허물의 결과이기도 했다. 『심청전』의 한 판본에서는 맹인이 된 것이 전생의 업 때문으로 자책하고 있으며, 각종 병으로 인해 환자가 죽음의 문턱을 도달했을 때는, 이문건의 경우에는 생명을 관장하는 옥황상제에게 기도했고, 18세기의 황윤석은 북두칠성에게 빌었다.

옛 전통사회에서 병의 원인에 대한 파악은 중층적이었다. 지금도 마찬가지겠지만, 그것은 미신이냐 합리적 의학이냐의 양자택일이 아니었다. 병이 쉽게 컨트롤되는 경우에는 의학지식에 따랐고, 난치나 불치의 영역, 또 환자 일인인가 집단인가에 따라 각각의 대응방식이 공존했다. 이런 중층적인 구조는 역사 기록이 존재하는 삼국시대부터 형성되어 있었으며, 이후 세균설이라는 막강한 병인론이 자리를 잡게 되면서 일대 변화를 겪게 된다.[2694]

환자가 병을 앓는 과정의 고통은 어떻게 표현되었나? 죽음에 대해서는 어떻게 생각했나?

생명체로서 환자가 앓는 고통이나 노화, 죽음은 누구나 겪는 것이기에 그 자체가 특별한 역사적 대상이 되지는 않을 것이다. 그렇지만 고통을 어떤 방식으로 감내하는 것인가의 여부는 사회에 따라, 그 사회의 문화에 따라 달리 나타난다. 또한 환자의 고통을 바라보는 시선에도 사회성이 개입된다. 전혀 낯선 이의 병고와 집안 노비의 병고에 대한 관심 정도가 다르다. 대를 이어야 할 손자의 병앓이와 같은 자손이지만 남의 집에 시집을 보내는 손녀의 병앓이에 대한 집안의 관심이 동일하지는 않았다.

2694 | 이에 대해서는 졸고, 『호환 마마 천연두─병의 일상개념사』, 돌베개, 2013을 참조할 것.

이 책에서는 시대별로 환자를 선택해 그들의 고통을 살펴보려고 애썼다. 고려 때의 인물로는 이규보의 시문을 통해서, 조선 초에는 이문건의 일기를 통해서, 조선후기에는 정약용의 시문과 간찰을 통해서 그들이 겪은 병고를 읽고자 했다. 이 셋은 당대에 고위 관직을 역임했다는 것, 시문에 능했다는 공통점이 보인다. 또 병고와 관련해서는 자신의 노화와 그에 따른 병고에 대한 심경을 읊었다는 점에서도 비슷한 점이 있다. 그러고 보니 셋 다 고희를 넘길 정도로 당시 사회에서는 장수했다. 이규보와 이문건은 74세, 정약용은 75세까지 누렸다. 이규보는 도연명의 시구에 맞추어 사생과 수명이 하늘에 달려 있다고 보면서 노화와 병고를 초탈한 심정을 노래했고, 이문건은 유배지에서 늙어가는 신체의 쇠락과 세상살이의 덧없음을 토로했고, 유배지에서 돌아왔으나 조정의 부름을 받지 못한 정약용은 일생 동안 학문을 연마했음을 자부하면서 신체의 쇠락을 달관했다. 이 셋의 태도는 그들에게 국한되는 게 아니라 오래 산 사대부들이 지닌 일반적인 모습이었을 것이다.

단명한 사람의 경우에는 이와 달라서 달관의 모습 대신에 애통함이 더욱더 묻어나지만, 이 또한 사주추명(四柱推命)에 의해 운명이려니 받아들이는 경향이 짙었다. 특히 영유아 사망이 매우 높았기 때문에 집안에서 죽음은 늘 친숙한 광경이었다. 정약용의 경우에는 자식이 11명이었는데 이 중 7명이 세 살 이전에 병사했고, 이문건은 3남 1녀 중 2명이 태어난 지 얼마 안 되어 죽고, 딸 하나는 20세 때 시집 갈 무렵에 병사했다. 아이들 죽음에 부모는 비통해했지만, 영유아 사망 자체를 극복의 대상으로 생각하지는 못했으며, 누구는 죽고 누구는 살고 하는 것에 대해 하늘이나 부처님의 뜻 이외로는 설명될 수 없는 것이었다.

노비의 경우에는 대부분 태어났을 때부터 미천한 신분이었듯, 그들의 이른 죽음에 대해서도 비슷한 태도를 보였을 것이다. 그래도 노비의 주인은 대체로 관을 짤 비용을 내서 그들을 자연에 묻도록 했는데, 이유 없는 초라한 죽음인 경우에는 초장(草葬)을 한 기록이 보인다.

병고와 죽음에 대해 특별한 관심을 쏟은 경우는 이문건 집안의 손자 숙길의 사례다. 간질을 앓아 집안을 이끌 구실을 전혀 하지 못하는 아들이 남긴 유일한 맥(脈)을 이문건 가는 정성을 다해서 병고를 다루며, 사의 문턱을 넘지 않도록 간절히 기도하고 기도한다. 그 애틋한 모습은 이문건의 손자 육아 기록인 『양아록』에 자세히 실려 있다. 숙길은 누나와 여동생들이 감히 비교의 대상이 되지 못하는 특별한 존재로, 유배 때문에 일시 '몰락한' 집안을 다시 일으켜야 할 집안의 희망이다. 따라서 그의 병고에는 강한 유교적 가부장제 사회의 문화적 배경이 같이 움직인다. 이런 모습은 두창을 앓고 살아난 두 아들을 둔, 조선후기 정약용의 집안도 다를 바가 없었다.

환자에 대해 중앙과 지방의 의료제도는 어떻게 작동했는가?

왕실의 의료제도는 삼국시대부터 확인이 되며, 백제의 채약사(採藥師)라는 명칭으로 보면 지방의 의료제도도 이 무렵부터 있었을 것으로 추정된다. 고려 때는 도성 내에 일반 백성들의 매약 기관인 혜민국을 두었고 지방에 약점(藥店)을 두었으니, 의약이 계층적으로나 지역적으로 확대되었음에 틀림없다. 그렇지만 실제 운영의 모습이 분명하게 드러나는 것은 조선시대에 들어와서다.

『경국대전』에는 왕실 진료의 내의원, 의약행정과 의학교육을 담당하는 전의감, 의학교육과 서민 의약 제공을 맡은 혜민서 등 삼의사(三醫司)와, 기민과 역병환자의 구활을 맡은 활인서 체제를 규정했고, 지방에는 의생(醫生)을 두도록 했다. 실제 조선전기의 『미암일기』나 『묵재일기』를 보면, 16세기 중앙과 지방의 의약생활 모습이 잘 드러나 있다. 대체로 의약은 중앙이든 지방이든 관 주도의 성격을 띠었다. 중앙에서는 위에 언급된 의료기구 외에도 각 관아에 설치된 약방과 그곳에 파견된 의원이 매우 중요한 구실을 했다. 의관이 아닌 다른 의원의 존재는, 유의(儒醫)를 제외하고는 그다지 보이지 않는다. 지방에서는 관아에 소속된 2명 내외의 의생(醫生)이 수령과 그 지방의 사족과 평민 등의 의료를 담당했다. 이와 함께 이문건과 같은 유의(儒醫)가 자체로 확보한 약재로 조그만 약방을 꾸리고, 지역 의생과 긴밀한 관계 속에서 자신의 집안과 노비, 지역 사족과 평민 등에 대해 진료했다.

이 시기 중요한 특징 중 하나는 약이 서울로부터 내려온다는 점이다. 서울에는 각 지방에서 공물로 올라온 약재와 중국으로부터 무역해 온 약재가 모인 곳이었으며, 삼의사와 각 관아에 딸린 약방에서는 약재 자체와 그 약재로 우황청심환 등 각종 환약을 제조하여 관원에게 분급하거나 여유분을 민간에 판매했다. 다시 그것이 지방으로 내려가 지방에 없는 약재를 보충하는 한편, 구급 환약의 보급을 확산했다. 약재의 경우는 관에서 매입하는 형태를 띠었지만, 환약의 제공은 대체로 왕에게서 대신에게로, 대신에게서 친지에게로 등 혈연·지연의 네트워크를 통한 선물의 형태로 이루어졌다. 이런 구조 속에서 의약의 배급이 이전 시기보다 한결 많이 이루어졌을 것으로 추정되지만, 확산은 한정적일 수밖에 없었다.

조선후기의 일기인 『흠영』이나 『이재난고』를 보면, 의원의 존재 형태나 약재의 유통방식이 확연히 달라져 있음이 눈에 띈다. 이런 특징은 서울과 지방에서 공통적으로 나타난다. 『미암일기』에 등장하는 의원의 대다수가 관의(官醫)였던 데 비해, 『흠영』에 등장하는 의원은 대부분이 민간의(民間醫)들이다. 또한 이들 민간의 사이의 경쟁은 치열했던 듯하며, 16세기 말에 비해 안과·부인과가 생겼을 정도로 상당 정도 전문화가 진행되어 있었다. 또 약재 구입의 양상은 완전히 바뀌어서 사여나 선물의 형태가 아니라 매매의 형태를 띠고 있으며, 그것도 쌀이 아니라 화폐를 썼다. 이는 16세기 말 전의감이나 혜민서, 각 중앙 관아에 딸린 약방이 했던 일을 상업적인 약방이 대체했음을 뜻한다. 이렇듯 관아 중심의 의약에서 상업적인 의약으로 탈바꿈하는 과정을 이끈 것은 약계(藥契)의 등장과 확산에 따른 것이었다. 17세기 초반, 처방에 필요한 약재들을 갖추기 위한 경제적인 문턱을 넘기 위해서 계(契)가 조직되기 시작했으며, 그것이 차츰 전화하여 상설 약방으로 바뀐 것이다. 또한 양반층의 증가, 몰락 등 조선후기 신분체계의 변동 과정에서 교육 분야와 함께 의약 분야가 지식분자를 흡수하는 영역이 되어, 약방을 운영하는 민간 의원(醫員)의 공급처 구실을 했다.

의학적 지식의 획득과 유통은 어땠는가?

의원 노릇을 한 『묵재일기』의 저자 이문건을 보면, 그는 적지 않은 의학 서적을 갖추고 있었으며, 그 서적에 기반을 두고 의술을 펼쳤다. 그 서적은 대부분이 조선 초 중앙의 교서관이나 지방 관아에서 찍은 것이었다. 또 인쇄본이 아닌 경우에는 정성스럽게 필사하여 갖췄다. 조정이나 지방에서 이런 의서를 발간한 것은 특별한 재정을 쏟는 일로서, 이 책들이 참고할 가치가 높다고 판단했기 때문이다. 대체로 책들은 의관(醫官)을 뽑거나 그들의 승진에 필요한 의학을 학습하고, 평가하기 위한 책이었다. 조선의 경우, 중앙의 의료기구인 전의감과 혜민서에서 의서 교육을 시켰지만, 사대부 가운데는 유학을 공부하는 중에 스스로 의학을 익혔다. 부모 등 집안의 환자가 있을 경우, 사대부가의 경우 초빙되어 온 의원과 함께 의약(議藥)을 하는 모습이 일반적이었는데, 이 의약(議藥)의 현장이 생생한 의학의 학습장 구실을 했다.

의학지식이 책자의 형태로 전수되는 일은 고구려, 백제, 신라 등 삼국시대부터 비롯되며, 국가 차원의 학습기관도 존재했다. 이 책에서 본격적으로 따지지는 않았지만, 고려 때의 재상 이규보와 조선의 문관 이문건, 유학자 이황과 유희춘을 비교해보면 조선의 사대부 층이 훨씬 더 의학 학습에 적극적이었던 것 같다. 아마도 그들이 효의 적극적인 실천을 중시하고, 유학과 관련된 여러 학문의 관심 영역 중 하나로 의학을 포함시킨 게 이런 현상으로 발현된 것이리라. 조선 초 활발한 인쇄사업은 그들의 관심을 현실화하는 구실을 했다. 의학지식의 수용과 확산은 국내에만 국한되지 않았으며, 이웃인 중국으로부터 선진적인 의학을 때때로 받아들이는 데 인색하지 않았다. 그렇지만 퇴계 이황의 고방, 신방의 갈등 사례에서 보이듯, 오랜 시간을 주기로 하여 이미 확립된 처방의 전통이 지배적인 가운데 새로운 경향의 의학이 등장해 대체해나가는 모습을 띠었다. 반대로 『묵재일기』에 등장하는 침승(鍼僧) 삼공(三空)의 경우처럼, 자신만의 경험을 시술한 것을 책자로 엮기도 하는 아래로부터의 전통도 도도히 존재했다. 민간에서도 사대부 층만이 의약지식을 독점한 게 아니라, 무당이나 노비까지도 비록 전문적인 지식은 아닐지라도 특정 병에 대한 특정 처방을 잘 알고 있었다. 이들은 자신의 삶의 경험으로부터 이런 지식을 습득한 것이리라.

의학지식이 아니라, 점쟁이의 독경 지식이나 무당의 굿 등에 대한 지식도 변화하며 전수되었을 텐데, 그것은 의학지식의 경우보다 알아내기 힘든 것이다.

마지막으로, 거시적인 측면에서 세 질문을 하도록 한다.

첫째, 시대·지역·신분·성별 등에 따라 의학지식의 적용은 어떻게 달랐는가?

지금까지 살폈듯, 의학지식 적용 대상의 범위는 고대부터 조선 말까지 확장된 모습을 보인다. 고대에는 의학을 수단으로 삼는 계층은 왕실과 귀족층에 한정되었던 것 같으며, 여말~선초 이후 사대부 계층의 등장과 함께 그들에게까지 확장되었으며, 17세기 말 이후 민간 의료의 성장과 함께 의학이 더욱 많은 사람에게 다가갔다. 인쇄술의 발달은 이런 일을 촉진시킨 촉매제 구실을 했으며, 조선후기 대규모의 양반화는 합리적 의약의 소비와 지식분자 의원(醫員)의 공급 원천이었으며, 국내외 상업의 발달은 약재의 전국적인 유통구조의 마련을 가능케 했다. 성별로 의학지식의 차이는 어느 시대에나 분명히 존재했으나, 훈민정음의 창제 이후 여성도 의학지식을 직접 읽어 쉽게 실천할 수 있는 주체로 올라서게 되었다.

둘째, 시대·지역·신분·성별 등에 따라 의료제도와 치료방법의 차이가 어떻게 달랐는가?

삼국시대 때부터 확인되는 의학, 무당, 점복으로 구성된 치병의 사회 시스템은 조선 말까지 전 지역에 걸쳐 장기지속적인 특징을 보인다. 내과질환이나 일부 외과질환에 대해서 의학이 효과적인 대책을 보여주었지만, 수많은 사람들이 앓다 죽어간 역병, 두창, 학질, 악성 종기 등의 난치병에 대해서 의학이 뚜렷한 대책을 내주지 못했기 때문이다. 이런 난치의 영역을 맡아 돌본 시술자들은 무당과 점쟁이들이었다.

셋째, 시대·지역·신분·성별 등에 따라 앓는 병에 차이가 있었으며, 질병관에 차이가 있었나?

질병관을 시대적으로 고찰한다면, 한 사회를 지배하는 종교가 무엇이었는지가 가장 중요한 함수였다. 삼국시대부터 샤머니즘, 불교, 도교,

유교적인 관념이 얽혀 있었으며, 불교 국가를 표방한 통일신라나 고려 때는 질병관과 해결방식에도 불교식의 관념이 짙게 깔려 있었다. 여말 선초 사대부 층의 등장과 함께 사대부들은 불교식, 샤머니즘식의 질병 관을 단호하게 거부했다. 그렇지만 집안의 여성이 그런 생각을 품는 것까지 막아내지는 못했다. 조선의 사대부들이 겉으로는 무당과 중을 비난하며 멀리했지만 이들을 찾는 것을 집안의 여성에게 맡기는 식으로 방임했다. 도교적 관념은 기층문화적 성격을 띠어서 오랜 기간 전근대 조선인의 풍속에 강하게 자리 잡았다.

청강 김영훈의 환자 통계를 보면 주목할 만한 특징이 보인다. 어의 출신인 김영훈의 보춘의원은 장안에 대단한 인기를 끌어서 한 해에 3천 건 정도로 환자가 넘쳐났지만 찾아온 환자 중에 두창 환자가 한 케이스도 없었다. 앞서 말했듯, 조선시대까지 끔찍이도 괴롭히던 두창 환자가 없게 된 것은 종두법의 실시 덕택이다. 19세기부터 시작된 대대적인 인두법의 보급, 개항시기 이후 국가 주도의 강력한 의무접종법 시행 등의 성과가 이렇게 반영된 것이다. 두창의 경우와 마찬가지로, 개항 이후 본격 도입된 검역(檢疫), 근대 위생지식의 확산 등으로 2천년 대역병의 오랜 시대가 저물었다. 당연히 역병, 두창 등 난치병에 기반하여 생겨난 한의학, 무당, 점복으로 구성된 장기지속적인 질병관의 대변화가 시작되었다. 세균설과 과학이 주요 영역을 차지하게 되고, 무당과 점복은 부정되며, 한의학과 그 세계관은 주변화의 길을 걷게 된다. 이른바 근대의 시작이다. 기존의 의약생활이 완전히 없어지지는 않겠지만, 그것까지 아우른 근본적으로 다른 서양과학의 담론과 제도가 주도하는 한국인의 의약생활이 펼쳐지게 된다. 환자와 의원이 도란도란 의견을 나눠 치료를 결정하는 체제도 더 이상 보기 힘들게 된다. "약은 약사에게, 병은 의사에게" 맡기는 환자의 주체성이 사라진 시대를 맞이하게 된 것이다.

지금까지 조선의약생활사를 정리해보았다. 병의 측면에서 조선시대까지는 역병의 시대였다. 이 책에서 다룬 거의 모든 조선 사람의 경우, 어느 누구도 두창이나 홍역을 비롯한 역병으로부터 자유롭지 않았다. 수많은 조선인들이 채 돌이 되기 전에 죽었으며, 돌을 넘겼다 해도 곳곳에 도사리고 있는 역마(疫魔)와 종기, 각종 사고를 헤쳐나가야만 했다. 병에 걸려 살아남느냐 그렇지 않느냐를 인간이 통제하지 못하는 상황이었기에 운수(運數) 소관이라는 생각이 자신과 주변의 병고와 죽음을 설명하고 이해하는 가장 강력한 세계관이었다. 죽음이 참으로 익숙한 시대였다. 죽음에 이르도록 하는 각종 함정을 헤치고 오래까지 장수한 사람들은 진짜 재수가 좋은 사람이며, 슬기로운 사람이었으며, 온갖 경하를 받을 만한 자격을 갖춘 사람이었다. 오늘날의 시대는 역병을 극복한 시대다. 이런 시대에 태어났다는 것 자체만으로도 현대 한국인은 축복받은 인생이다. 평균적으로 팔십까지 사는 기적의 시대다. 그렇다고 해서 개개의 한국인이 겪는 고통의 총량이 결코 적지는 않은 것 같다. 한국현대 의약생활사는 의학과 의료의 눈부신 발전에 따른 희망의 역사이기도 하지만, 총칼을 앞세운 위생경찰의 감시와 탄압, 타이밍을 먹으며 잠을 쫓아야만 했던 여공의 노동 조건 등을 비롯하여, 인간 실존으로서 암이나 우울증 등을 앓아야만 하는 절망의 역사를 품은 식으로 그려질 것이다.

고통, 죽음, 치유의
감로탱화(甘露幀畵)를 보면서

"내일이 오늘이로다

매일이 오늘 같으면 좋으리라.

날은 저물어

새도록 오늘이라

오늘이 오늘 같으면

무슨 세상 같을까

이리도 노새 노새

저리도 저리도 노새 노새"

이 노래는 임진왜란(1592~1599) 때 강제로 납치된 도공의 후예들이
부른 '조선가(朝鮮歌)'라는 노래다. 일본의 거친 섬 사쓰마 번(薩摩藩)에
정착하여 낯선 이국에서 힘든 삶을 유지하면서 도공의 후예들은 이 노
래를 불렀다. 고통의 나날을 보내면서도 그들은 아직 살아 있기에 좋은
경치와 음식, 좋은 술을 앞에 둔 바로 이 순간을 최대한 누리자며 이렇
게 노래했다. 이런 삶의 태도는 조선인들이 삶을 영위해나가는 힘의 원
천이었다. "노세, 노세, 젊어서 노세, 늙으면 못 노나니……"와 같은 가
사는 한국의 옛 노래 중 가장 자주 등장하는 내용으로, 삶의 고달픔을
이겨내는 원동력을 표현한 것이었다.

이 책에서 도판으로 활용되는 불화 감로탱화(甘露幀畵)에도 이 대목
이 실감나게 그려져 있다. 광대패의 음악과 춤, 공연이 한바탕 펼쳐지

고, 적어도 그 순간만큼은 온갖 걱정을 잊고 흥분의 순간을 만끽했다. 술판을 벌여보기도 하고, 장기·바둑을 즐기기도 하고, 기생에게 한눈을 팔기도 하고, 외간 남녀 끼리 눈이 맞기도 한다.

그러나 즐거움의 시간은 짧고, 고통의 시간은 길었다. 대다수의 사람들에게 생업 영위는 그 자체가 고통이었다. 농인(農人)이든, 상인이든, 공인(工人)이든, 사냥꾼이든 다 그랬다. 한곳에서 비참한 삶을 꾸리다가 기근이 들면 이곳저곳 떠돌며 초근목피로 허기를 달래야 했다. 단지 부유한 사(士) 계층과 고위관리나 왕실 사람들만이 이런 생활의 고통에서 자유로웠을 뿐이다.

그렇다고 해도 인간인 이상 누구도 부처님이 말한 생로병사라는 근원적인 고통을 벗어날 순 없었다. 그중에서도 부모를 일찍 여읜 고아나 늙어 부양할 이 없는 늙은이나 선천성 또는 후천성 맹인 같은 장애자의 고통은 특히 비참했다. 조선 사회에서 남아를 낳지 못해 소박맞을 위기에 처한 산모 또한 슬픈 존재였다. 한 그림을 보면, 갓난아이를 껴안은 여인이 반쯤 누운 자세로 묘사되어 있다. 시어머니는 기대하던 아들을 낳지 못한 며느리가 보기 싫어 등을 돌리고 있고, 지아비는 문밖에서 안쓰러운 표정으로 안을 들여다보고 있다. 서러운 산모는 울음을 삼킨 채 애써 아이를 외면하고 있다.

일상의 괴로움보다 더 비극적인 일은 죽음이며, 그 가운데에도 뜻하지 않은 죽음이 더욱 끔찍했다. 냉혹한 자연에 인간은 나약한 존재였다. 벼락에 맞아 죽기도 하고, 까닭 모를 장기(瘴氣)에 전염되어 죽기도 한다. 갑자기 불어난 물에 휩쓸려 죽기도 하고, 느닷없이 굴러 떨어진 돌에 깔려 죽기도 한다. 호랑이같이 사나운 짐승이나 독사에 물려 죽기도 한다. 객지에서 급사하기도 하고 오래토록 시름시름 앓다 죽기도 한다. 산모는 출산 중에 아이와 함께 죽기도 한다.

인간사의 희생도 만만치 않다. 수많은 전란에 화살이 날아들고 총알이 날아들고, 창과 칼의 부림으로 무수한 생명이 죽는다. 아, 스스로 목을 친 충의(忠義)의 패장(敗將)은 손으로 자기 목을 들고 있다. 1592년 임진왜란의 참상은 너무나 끔찍해서 그 기억은 오래오래 지속되었다. 주인-노예의 신분 관계의 차별은 언제 폭발할지 모르는 위험 그 자체였다. 노비가 말을 듣지 않거나 속일 때 화난 주인은 그들을 때려죽인다. 때로는 악에 받친 노비가 거꾸로 주인을 박살낸다. 못된 계모는 아이를 우물에 빠뜨려 죽이거나 독약을 써서 죽이기도 하고, 못된 남편은 아내를 구타하여 죽이기도 한다. 실력 없는 의원은 침을 잘못 찔러 환자를 죽인다. 술기운에 싸움이 붙어 죽기도 하고, 바둑을 두다 사달이 벌어지기도 하고, 간음하여 처벌을 받기도 한다. 헛된 죽음도 많다. 낙마하여 죽기도 하고, 마차에 깔려 죽기도 하고, 스스로 목을 매기도 한다.

아, 죽음은 여기저기에 널려 있다. 이런 재앙을 어떻게 피하고 억울함을 어떻게 풀 것인가? 지방 수령은 독살의 원인을 찾으려 검시를 한다. 죽을 환자 고치려고 의원이 붙어 앉아 있고, 그 곁에서는 약을 달이고 있다. 의원 뒤에는 맹인이 독경을 한다. 독경 맹인 위쪽에는 무당이 한바탕 굿을 펼친다. 스님의 행색도 보인다. ……다시 한 번, 의원을 부르고, 맹인을 부르고, 무당굿도 펼쳐본다. 부인의 품에는 아이가 안겨 있다. 아이는 두창이나 홍역 따위를 앓고 있었을 것이다. 아예 훗날의 재앙을 피하려고 지관을 불러 풍수지리 좋은 곳에 조상 묘를 써본다.

무수히 떠도는 죽음들은 아귀이자 역귀다. 역병이 왜 생기는가? 원귀 탓이다. 전쟁에서 죽은 자, 범에게 물려 죽은 자, 물에 빠져 죽은 자, 주인에게 맞아 죽은 자, 시집 못 가고 죽은 처녀, 출산 때 죽은 산모와 아이, 이런 불운한 죽음의 혼백은 땅으로 귀속되지 않고 사나운 기운으로 대기를 떠돌다 불특정 다수를 감염시키며 복수극을 벌인다. 어떻게 이들의 넋을 진정시킬 수 있을까? 불교에서는 부처님의 감로를 기대하고, 유교에서는 여제를 지낸다. 조선은 나라에서 여제(厲祭)를 지냈다. 피어오르는 향의 냄새 속에 국왕이 직접 쓴 축문, 아니면 지방 수령이 쓴 축문을 읽는다. 그 내용은 한결같다. "내 그대들의 억울함을 잘 안다. 이렇게 재물과 향을 준비하여 그대들의 넋을 달래고자 하니, 제발 그 억울한 기운을 흩어 땅에 머물며 역병 일으키는 짓을 멈추어다오." 조선 내내 서울에는 다섯 곳, 지방에는 관아마다 여단을 두어 역병의 해소를 기원했다. 조선 사회에서 그것은 유행지에 의원과 약물을 보내는 방식보다 더 일반적이었다.

이 모든 것, 다 소용없다네. 세상사 불행과 그로 인한 아귀들, 인생 그 자체가 생로병사의 고통 속에 있는 것이 아닌가. 불교에서는 그 근본을 치유하려 한다. "오직 부처님의 감로밖에 없다네!" 부처님의 단 이슬만이 아귀와 그 근원인 불운과 생로병사의 고통을 '햇볕 눈 녹이듯' 소멸시킬 수 있다. 따라서 망자의 효자효녀 정성을 모아 풍성한 공양 차려놓고 여러 고승을 불러 모아 야단법석을 베푼다. "부처님 부디부디 우리 부모 극락왕생 도와주소서." 아울러 모든 중생의 고통을 씻겨주라 기도한다. 이런 간절한 염원이 사찰 안에 모신 그림에 담겨 지장전(地藏殿) 뒤편 감로탱 그림으로 부착된다.

어디 이것이 조선만의 일이랴. 중국 송나라에서도 명나라에서도 비슷한 그림이 그려졌다. 잘 알려져 있듯이 티베트에서도 7세기 이후부터 그 존재가 보이며, 현존하는 65점의 조선 감로탱화 중에서 4점이 일본의 사찰에 걸려 있다. 그중에는 현재까지 알려진 조선 최초의 감로탱이 포함되어 있다. 이런 것을 봤을 때, 생로병사와 부처님의 구원을 뜻하는 그림이 동아시아 지역의 보편적 형태였다고 말할 수 있다. 그중 조선의 감로탱은 이런 보편성에 조선 특유의 정서와 풍속을 덧붙인 특별한 형식을 띠었다.

어디 그것이 옛날만의 일이랴. 20세기 초반의 그림에서는 수레 대신에 전차가 등장하고, 호랑이 대신에 코끼리가 보인다. 호환 대신에 감전사(感電死)가 새로 들어왔다. 이처럼 시대와 지역에 따라 그림 소재에 차이가 있다 하더라도, 생로병사에 따른 고통을 바라보는 불교적 시선에는 시공을 초월하는 공통점이 있다. 21세기에도 21세기의 감로탱이 그려지고 있다.

우리는 지금까지 이 책에서 무엇을 보았는가. 생로병사 문화의 보편성? 샤머니즘, 불교, 도교, 유학과 같은 종교적 편린들? 질병, 의약생활, 의학과 관련된 중층적 문화 구조의 혼재? 중국의학의 한국화 또는 한국의학의 특수성? 이 모든 것들이 한데 엮여 있다. 그렇기에 한국의학사는 동아시아의학의 역사이며, 또 세계의학의 역사이기도 하다. 더 나아가 인간의 고통과 희망을 다루는 의학사는 일반 역사 그 자체이기도 하다. 이렇듯 다채로우니 한국의학사 연구는 정말로 재미있는 분야가 아니겠는가.

중국의학사 연구의 권위자인 샤일롯 퍼쓰 교수는 감로탱과 관련된 조선의 생로병사에 대한 내 발표를 듣고서 이런 말을 했다. "우리가 의학의 역사에 대해서 연구하고 알고 있는 것이 얼마나 얕은가?" 인간 생로병사의 역사와 관련해서 우리가 밝힌 것이 아직도 아주 조그맣고 제한된 영역에 국한되어 있음을 지적한 것이다. 더 광범위하게 관심 영역과 지역을 넓히고, 더 대담하고 치밀하게 치학(治學)하는 방식을 가다듬어야 하리라.

| 표 및 도판 일람 |

| 참고문헌 |

A. 일차자료

1. 역사서

『삼국사기』

『삼국유사』

『고려사』

『고려사절요』

『조선왕조실록』

『승정원일기』

『국역일성록』

『사기』

『삼국지(三國志)』

『주서(周書)』

2. 법전, 고문서, 신문

『경국대전』

『대전회통』

『육전조례』

『혜국지(惠局誌)』(규장각 도서번호 7361)

『우두절목(牛痘節目)』(규장각 도서번호 21389)

『통서일기(統緖日記)』

「의약동참선생안(醫藥同參先生案)」(이우성 편, 『창진집 외 1종』, 아세아문화사, 1997)

방동인·이규대, 『(영동지방)향토사연구자료총서』1(관동대학교, 1989).

국회도서관, 『한말근대법령집(韓末近代法令集)』

『의안(議案)』(서울대도서관영인본, 1991)

『관보』(대한제국)

『뎨국신문』

『한성순보』

3. 문집과 개인 저작

「일동기유」(김기수)

「치도약론(治道略論)」(김옥균)

『금계선생문집(錦溪先生文集)』(황준량)

『남파선생문집(南坡先生文集)』(홍우원)

『다산연보』(정약용)

『동국이상국집』(이규보)

『묵재선생문집』(이문건)

『박정양전집(朴定陽全集)』(박정양)

『반계수록』(유형원)

『벽위편』(신후담)

『사암선생연보』(정규영)

『순암집』(안정복)

『식우집(拭疣集)』(김수온)

『여유당전서미수록 다산간찰집』(정약용, 다산학술문화재단 편)

『여유당전서』(정약용, 신조선사판)

『이계집(耳溪集)』(홍양호)

『익재난고』(이제현)

『정본 여유당전서』(정약용, 다산학술문화재단 편)

『정유집』(박제가)

『퇴계전서』(이황)

『패관잡기』(어숙권)

『홍재전서』(정조)

4. 총서와 유서

『국조인물고(國朝人物考)』

『신증동국여지승람』

『동문선』(서거정)

『선화봉사고려도경』(서긍)

『성호사설』(이익)

『이향견문록』(유재건)

『청구야담』

『고사촬요』(어숙권)

『성호사설유선(星湖僿說類選)』(안정복)

『오주연문장전산고』(이규경)

『송남잡지』(조재삼)

『주영편』(정동유)

5. 일기

『묵재일기』(이문건)

『송간일기』(이정회)

『미암일기』(유희춘)

『쇄미록』(오희문)

『계암일록』(김령)

『매원일기』(김광계)

『과헌일기』(김순의)

『동춘당일기』(송준길)

『흠영』(유만주)

『이재난고』(황윤석)

『도재일기』(이준)

『계일헌일기』(이명룡)

『청대일기』(권상일)

『노상추일기』(노상추)

『구례유씨생활일기』

『심원권일기』(심원권)

6. 의학서

보춘의원 진료기록(김영훈)

보춘의원 진료부(김영훈).

『동의보감』(허준)

『두창경험방』(박진희)

『마과회통』(정약용)

『신기천험』(최한기)

『의령』(정약용)

『의방유취』(세종 명 찬)

『의종손익』(황도연)

『의학정전(醫學正傳)』(우단, 虞搏)

『잠곡유고(潛谷遺稿)』(이성민)

『향약구급방』

7. 디지털 아카이브

한국고전번역원(http://www.itkc.or.kr), 구 민족문화추진회(www.minchu.or.kr)

한국역사정보통합시스템(http://koreanhistory.or.kr)

규장각한국학연구원(http://e-kyujanggak.snu.ac.kr/search/e-kyu.jsp)

왕실도서관 장서각 디지털 아카이브(http://yoksa.aks.ac.kr)

학술연구정보서비스(http://www.riss.kr/index.do)

한국한의학연구원 한의고전명저총서(https://www.kiom.re.kr)

고려대장경지식베이스(http://www.sutra.re.kr)

국립도서관(http://www.nl.go.kr/nl/index.jsp)

한국민족문화대백과사전(http://encykorea.aks.ac.kr/Contents/Index)

한국 브리태니커(http://www.britannica.co.kr)

한국어 위키백과(http://ko.wikipedia.org)

한국과학사학회 홈페이지 자료실(www.khss.or.kr)

B. 사전과 연표

동양의학대사전 편찬위원회, 『동양의학대사전』 6권, 경희대학교 출판국, 1999

한의학대학사전편찬위원회, 『한의학대사전』(의사문헌편), 동양의학연구원 출판
　　부, 1985

吳楓·高振鐸 編, 『中華古文獻大辭典 醫藥卷』, 吉林: 吉林文史出版社, 1990

김두종, 『한국의학문화대연표』, 탐구당, 1966

김신근, 『한국약서고(韓醫藥書攷)』, 서울대출판부, 1987

조선총독부, 『조선총독부통계연보』

三木榮, 『朝鮮醫書誌』, 大阪: 學術院圖書刊行會刊, 1956

三木榮, 『朝鮮醫事年表』, 大阪: 思文閣出版, 1985

丹波元胤, 『中國醫籍考』, 人民衛生出版社, 1983

崔秀漢, 『朝鮮醫籍通考』, 中國中醫藥出版社, 1996

C. 단행본

강영민, 『조선왕들의 생로병사』, 태학사, 2002

강우방, 김승희, 『감로탱』, 예경, 2010

과학원 철학연구소, 『탄생 200주년 기념 론문집 다산 정약용』, 푸른숲, 1989

국립경주박물관, 『원효대사』, 2010

권병탁, 『약령시연구』, 한국연구원, 1986

김두종, 『한국의학사(상·중세편)』, 정음사, 1955

김두종, 『한국의학사』(전), 탐구당, 1966

김두종, 『한국의학발전에 대한 구미 및 서방의학의 영향』, 한국학연구소, 1967

금장태, 『다산평전: 백성을 사랑한 지성』, 지식과교양, 2011

기창덕, 『한국치과의학사』, 아카데미아, 1995

김낙필, 『조선시대의 내단사상―권극중의 도교 철학적 사유와 그 전개』, 대원출
　　판, 2005

김남일, 『한의학에 미친 조선의 지식인들―유의열전』, 들녘, 2011

김남일, 『근현대 한의학 인물실록』, 들녘, 2011

김상홍, 『다산 정약용 문학연구』, 단국대출판부, 1985

김상홍, 『아버지 다산』, 글항아리, 2010

김영식, 『주희의 자연철학』, 예문서원, 2005

김용선, 『역주 고려묘지명집성(상)』, 한림대학교출판부, 2012

김용옥, 『동의수세보원 강론』, 1993

김일권, 『고구려별자리와 신화』, 2008

김일권, 『우리 역사의 하늘과 별자리』, 고즈윈, 2008

김종덕·안상우·이경성, 『이제마평전』, KBS, 2002

김호, 『원통함이 없게 하라―조선의 법의학과 『무원록』의 세계』, 웅진씽크빅, 2006

김호, 『조선의 명의들』, 살림, 2007

대한감염병학회, 『한국감염병사』, 아카데미아, 2009

도날드 베이커 저/김세윤 역, 『조선후기 유교와 천주교의 대립』, 일조각, 1997

馬伯英·高晞·洪中立 著/정우열 역, 『中外醫學文化交流史』, 電波科學社, 1997

문국진, 『고금무원록』, 고려의학, 1996

문숙자, 『무관 노상추의 일기와 조선후기의 삶, 68년의 나날들, 조선의 일상사』, 너
　　머북스, 2009

박병채 역, 『고려속요집성』, 다운샘, 2008

박석무, 『다산 정약용 유배지에서 만나다』, 한길사, 2003

서병협, 『공진회실록(共進會實錄)』, 박문사, 1916

손홍렬, 『한국 중세의 의료제도 연구』, 수서원, 1988

송재소, 『다산시연구』, 창작사, 1986

송재소·유홍준·정해렴 외 옮김, 『한국의 차 문화 천년2』, 돌베개, 2009

송춘영, 『고려시대잡학교육연구』, 형설출판사, 1998

신동원, 『조선사람 허준』, 한겨레신문사, 2001

신동원, 『조선사람의 생로병사』, 한겨레신문사, 1999

신동원, 『한국근대보건의료사』, 한울, 1997

신동원, 『한국마의학사』, 한국마사박물관, 2004

신동원, 『호열자 조선을 습격하다―몸과 의학의 한국사』, 역사비평사, 2004

신동원, 『호환 마마 천연두―병의 일상개념사』, 돌베개, 2013

신순식 편, 『역대 한의학 문헌의 고증1·2』, 한국한의학연구원, 1996~1997

신순식 편, 『한국의학사의 재정립상·하』, 한국한의학연구원, 1995

안상우, 『한국의학자료집성1·2』, 한국한의학연구원, 2000

안상우·최환수, 『어의촬요연구―실전의서 복원총서I』, 한국한의학연구원; 2000

알렌/김원모 완역, 『알렌의 일기』, 단국대출판부, 1991

야마다 게이지 지음/전상운·이성규 옮김, 『중국 의학은 어떻게 시작되었는가―중
　　국 의학의 기원과 발달』, 사이언스북스, 1999

연세대 국학연구원, 『한국 근대이행기 중인연구』, 서신원, 1999

이광린, 『한국개화사연구』, 일조각, 1993

이규상 지음/민족문학사연구소 한문분과 옮김, 『18세기 조선인물지 幷世才彦錄』,
　　창작과비평사, 1997

이남희, 『조선후기 잡과중인 연구―잡과입격자와 그들의 가계분석』, 이회, 1999

이능화, 『조선무속고』, 백록출판사, 1983

이덕일, 『누가 왕을 죽였는가』, 푸른역사, 1998

이덕일, 『정약용과 그의 형제들』, 김영사, 2003

이문건 저/이상주 역, 『양아록』, 태학사, 1997

이복규, 『묵재일기에 나타난 조선전기의 민속』, 민속원, 1999

이선아·김남일·김홍균·신동원·유호석·정재서, 『역대의학인물열전』1, 한국한의학

연구원, 2007

이수건, 『조선시대 지방행정사』, 민음사, 1989

이완재, 『초기개화사상연구』, 민족문화사, 1989

이용현, 『한국목간연구』, 신서원, 2006

이욱, 『조선시대 재난과 국가의례』, 창비, 2009

이종형, 『청강의감』「청강 김영훈 선생의 생애와 업적」, 成輔社 1984

이진수, 『한국 양생사상 연구』, 한양대출판부, 1999

이창일, 『사상의학 몸의 철학 마음의 건강』, 책세상, 2003

이태진, 『의술과 인구 그리고 농업기술』, 태학사, 2002

장동익, 『송대려사자료집록』, 서울대출판부, 2000.

장동익, 『원대려사자료집록』, 서울대출판부, 1997

장동익, 『일본고중세 고려자료연구』, 서울대출판부, 2004

장인성, 『백제의 종교와 사회』, 서경, 2002

전호태, 『고구려 고분벽화의 세계』, 서울대출판부, 2004

전호태, 『고구려고분벽화읽기』, 서울대출판부, 2008

전호태, 『고분벽화로 본 고구려 이야기』, 풀빛, 1999

전호태, 『고구려벽화연구』, 사계절, 2000

정민, 『다산의 재발견』, 휴머니스트, 2011

정민, 『삶을 바꾼 만남―스승 정약용과 제자 황상』, 문학동네, 2011

정민성, 『우리 의약의 역사』, 학민사, 1990

정성일, 『조선후기 대일무역』, 신서원, 2000

차벽, 『다산의 후반생』, 돌베개, 2010

한국역사연구회 편, 『개경생활사연구』, 휴머니스트, 2007

헨드리 하멜, 이병도 역, 『난선제주도난파기―부 조선국기』, 일조각, 1981

홍문화, 『약사산고(藥史散攷)』, 동명사, 1975

홍순두, 『대구약령시』, 약령시부활추진위원회, 1984

홍순원, 『조선보건사』, 평양: 과학백과사전출판사, 1981

小池正直, 『鷄林醫事』, 1888.

朝鮮總督府 警務總監部, 『朝鮮衛生法規類集』, 1917

朝鮮總督府 濟生院, 『朝鮮盲啞者統計要覽』, 1921

三木榮, 『朝鮮醫學史及疾病史』(大阪: 自家出版, 1955)

三木榮, 『朝鮮醫學史及疾病史』(再版)(大阪:富士精版印刷, 1963)

陳元明, 『兩宋的尚醫士人與儒醫——兼論其在金元的流變』, 國立臺灣大學文學院, 1997

王振國, 『中國古代醫學教育與考試制度研究』, 齊魯書社, 2006

Bohm, Fred C. and Swartout, Robert R. ed., *Naval surgeon in Yi Korea*, university of California
    Press, 1984.

Kim, Yung Sik, *The Natural Philosophy of Chu Shi 1130-1200*, American Philosophical Society,
    2000.

Digby, Anne, *Making a Medical Living—Doctors and Patients in the English Market for Medicine,
    1720-1911*, Cambridge University Press, 1994.

Starr, Paul, *The Social Transformation of American Medicine*, Basic Books: New York, 1982.

D. 논문

가와하라 히데키, "정약용의 과학저작", 『다산학』13, 2008

강도현, "고려 후기 성리학 수용과 질병 대처 양상의 변화", 서울시립대 석사논문,
    2004

강연석·안상우, "『향약집성방』「諸咳門」에 나타난 조선전기 향약의학의 특징", 『한국
    의사학회지』16-1, 2003

강연석·안상우, "『향약집성방』을 통해 본 조선전기 향약의학", 『한국의사학회지』
    15-2, 2002

강연석·안상우, "『중수정화경사증류비용본초(重修政和經史證類備用本草)』에 나타난
    향약본초에 대한 고찰", 『한국의사학회지』17-2, 2004

고동환, "19세기 후반 지식세계의 변화와 다산 호출의 성격", 『다산과 현대』제4·5
    합본호, 2012

구만옥, "기삼백과 선기옥형론", 『한국유학사상대계 XII: 과학기술사상편』, 한국국
학진흥원, 2010

구만옥, "조선전기의 산학(算學) 정책과 교육", 『인문학연구』 11, 경희대학교 인문학
연구원, 2007

권복규·황상익, "조선 전기 역병에 관한 민간의 대응", 『의사학』8-1, 1999

권오빈·오준호·차웅석·김남일, "의원 박태원(朴泰元) 인물연구", 『한국의사학회지』
22-1, 2009

김두종, "한국의약의 비조", 『조선의보(朝鮮醫報)』1, 1946

김두종, "일본으로 건너갔던 삼국시대 의학", 『조선의보(朝鮮醫報)』1-3, 1946

김두종, "우리나라 두창의 유행과 종두법의 실시", 『서울대학교논문집』4, 1956

김두종, "세종대왕의 제생위업(濟生偉業)과 의학의 자주적 발전", 『서울대학교논문
집』5, 1957

김두종, "근세조선의 의녀제도에 관한 고찰", 『아세아여성문제연구』1, 1962

김두종, "향약구급방", 『도서(圖書)』5, 1963

김두종, "우리나라의 질병고(疾病考)", 『대한의학협회지』4, 1964

김낙필, "조선시대 도교 정·기·신론의 전개 양상", 『도교의 한국적 변용, 아세아문
화사, 1996

김낙필, "북창 정렴의 내단사상", 『도교문화연구』19, 2003

김남일, "『향약집성방』의 인용문헌에 대한 연구", 『진단학보』 87호, 1999

김남일, "우리나라 전통의약기술의 중국의학 수입후 토착화에 대한 연구", 『한국의
사학회지』16-1, 2003

김남일, "한국한의학의 학술유파에 관한 시론", 『한국의사학회지』17-2, 2004

김남일, "한국의학사에서의 의안(醫案) 연구의 필요성과 의의", 『한국의사학회지』
18-2, 2005

김남일, "한국에서의 유의(儒醫)들의 활동—의서의 편찬, 치료활동을 중심으로—",
『한국의사학회지』20-2, 2007

김남주, "고려시대에 유행된 전염병의 사적 연구", 서울대 박사논문, 1988

김남주, "조선후기 궁(宮) 안의 의료상황", 『한국보건사학회지』2-1, 1992

금달호, 금중한, "사암침법(舍巖鍼法)의 저작시기 및 형성배경에 관한 연구",『대한한
    의학원전학회지』7, 1993

김대원, "「의령」에 나타난 다산 정약용의 '의'에 대한 태도",『한국과학사학회지』
    13-1, 1991

김대원, "정약용의 의령", 서울대학교 석사논문, 1991

김대원, "정약용의 의령1·2",『한국과학사학회지』15-2∼16-1, 1993∼1994

김대원, "민간의료의 성장", 서울대 국사학과 석사학위논문, 1998

김대원, "18세기 민간의료의 성장",『한국사론』39, 1998

김대원, "정약용의 의학론",『과학사상』33, 2000

김대형·안상우, "『의방유취』에 인용된 '오장육부도'의 저자와 편제에 대한 고찰",
    『한국의사학회지』16-1, 2003

김상현, "집일금광명경소(輯逸金光明經疏)",『동양학』24집, 1994

김상홍, "다산의 자녀 '광명' 연구",『한문학논집』16, 1998

김선형·김달래, "정조의 의학관",『의사학』18-2, 2009

김성수, "16세기 향촌의료 실태와 사족의 대응",『한국사연구』113, 2001

김성수, "16세기 향촌의료실태와 사족의 대응─『묵재일기』에 나타난 이문건의 사례를
중심으로", 경희대 사학과 석사논문, 2001

김성수, "16·17세기 중앙의료기구의 운영실태",『서울학연구』20, 2003

김성수, "16·17세기 중앙의료기구의 운영실태",『서울학연구』20, 2003

김성수, "16∼17세기 양생서 편찬과 그 배경",『한국사상사학』24, 2005

김성수, "정유인의『이생록』연구",『경희사학』24, 2006

김성수, "조선시대 의료체계와『동의보감』", 경희대 박사논문, 2006

김성수, "조선후기 서양의학의 수용과 인체관(人體觀)의 변화: 성호학파(星湖學派)를
    중심으로",『민족문화』31, 2008

김성준, "18·19세기 조선에 전해진 서구 뇌주설(腦主說)과 혜강(惠岡) 최한기(崔漢
    綺)의 대응", 고려대 과학학협동과정 석사논문, 1999

김소은, "16세기 양반가의 혼인과 가족관계─이문건의『묵재일기』를 중심으로─",
    『국사관논총』97, 2001

김소은, "16세기 양반사족의 生活相 研究: "默齋日記"를 中心으로", 숭실대 사학과 박사논문, 2002

김소은, "16세기 양반사족의 수입과 경제생활—『묵재일기』를 중심으로—",『숭실사학』15, 2002

김소은, "이문건가의 경제 운영과 지출—괴산 입향과 관련하여—",『고문서연구』21, 2002

김순자, "고려시대의 전쟁, 전염병과 인구",『이화사학연구』34, 2007

김양수, "조선후기 사회변동과 전문직 중인의 활동",『한국 근대이행기 중인연구』, 서신원, 1999

김양수·안상우, "조선후기 의관집안의 활동",『동방학지』136, 2006

김언종, "다산의 세계(世系)와 지친들",『다산학』 21, 2012

김영곤·안상우·김남일, "『의방류취』에 인용된 『이상속단방(理傷續斷方)』의 서지연구",『한국의사학회지』20-1, 2007

김영미, "고려시대 불교와 전염병 치유문화",『이화사학연구』34, 2007

김영진, "유산 정학연의 생애와 저작에 대한 산고",『다산학』12, 2008

김옥주, "조선 말기 두창의 유행과 민간의 대응",『의사학』2-1, 1993

김용철, "『묵재일기』 속의 여비",『한국고전여성문학연구』20, 2010

김인숙, "인조의 질병과 번침술",『의사학』13-2, 2004

김정선·황상익, "조선 후기 내의원에서 나타나는 새로운 의학 경향",『의사학』16-2, 2007

김헌·김남일, "'비(否)' 괘(卦)의 활용을 중심으로 본 『의림촬요』 속의 역학(易學) 사상—『의학정전(醫學正傳)』과의 비교를 중심으로",『한국의사학회지』21-1, 2008

김현영, "醫·占·巫: 16세기 질병 치유의 여러 양상", 역사학 전국대회 발표요지, 1998

김현영, "묵재일기 해제",『묵재일기』, 국사편찬위원회, 1999

김호, "『향약집성방』에서 『동의보감』으로",『한국사시민강좌』, 일조각, 1995

김호, "정조대의 의료정책",『한국학보』82, 1996

김호, "조선전기 대민 의료와 의서 편찬",『국사관논총』68, 1996

김호, "조선후기 '두진(痘疹)' 연구:『마과회통』을 중심으로",『한국문화』17, 1996

김호, "검안을 통해 본 100년전의 향촌사회(1~3)",『문헌과 해석』3~5, 1998

김호, "규장각 소장 '검안'의 기초적 검토",『조선시대사학보』4, 1998

김호, "18세기 후반 거경 사족의 위생과 의료―『흠영』을 중심으로",『서울학연구』
　　 XI, 1998

김호, "정조대의 의료 정책과『제중신편』의 간행",『한국의사학회지』12-2, 1999

김호, "여말 선초 '향약론'의 형성과『향약집성방』",『진단학보』87, 1999

김호, "소재(蘇齋) 노수신(盧守愼)의 병상(病床) 기록『정청일기(政廳日記)』",『문헌과
　　 해석』13, 2000

김호, "16세기 후반 경·향의 의료환경:『미암일기』를 중심으로",『대구사학』64,
　　 2001

김호, "허준―향약의 전통 위에 조선의학 집대성―",『한국사시민강좌』, 일조각, 2002

김호, "『신주무원록』과 조선전기의 검시",『법사학연구』27, 2003

김호, "조선 왕실의 藏胎의식과 관련 의궤",『한국학보』111, 2003

김호, "조선 후기 왕실의 출산지침서: 림산예지법",『의사학』13-2, 2004

김호, "침구경험방: 조선 침구전문서의 효시", 허임기념사업회, 2006

김호, "조선후기 통신사와 한일 의학교류",『조선통신사연구』6, 2008

김호, "조선의 食治 전통과 王室의 食治 음식",『조선시대사학보』45, 2008

김호종, "서애 유성룡의 의약 분야에 대한 인식",『역사교육론집』33, 2004

김홍균, "의림촬요의 의사학적 연구: 저자·판본·구성. 인용문헌을 중심으로", 경희
　　 대 박사논문, 2000

김홍균, "『의림촬요』와『동의보감』의 비교연구",『한국의사학회지』13-1, 2000

김홍균, "『의림촬요』의「협통문(脇痛門)」에 관한 소고",『한국의사학회지』13-2, 2000

김홍균, "『의림촬요』의「역대의학성씨(歷代醫學姓氏)」에 대하여",『한국의사학회지』
　　 13-2, 2000

김홍균, "『향약집성방』과『의림촬요』의 비교고찰",『한국의사학회지』14-2, 2001

김훈, "조선시대 임금들의 온천욕과 질병",『한국의사학회지』14-1, 2001

김훈, "조선시대 효종의 질병 및 사인에 관한 고찰",『한국의사학회지』17-2, 2004

김훈, "조선시대 인조의 질병에 관한 고찰", 『한국의사학회지』18-2, 2005

김훈, "조선중기 침의(鍼醫)의 활동과 이형익(李馨益)의 번침술(燔鍼術)", 『한국의사학회지』18-2, 2005

류건집, "정다산의 차에 대한 정신", 계명대 차문화연구소 학술심포지엄, 2010

문성희, "조선후기 의녀의 활동과 사회적 지위", 숙명여자대학교 석사논문, 1997

박경련, "조선시대의 의원 및 의업의 사회적 지위에 관한 소고: 허준의 경우를 예로 하여", 『의사학』11-1, 2002

박경안, "고려인들의 다양한 금기와 질병을 대하는 태도", 『역사와 현실』59, 2006

박말다, "차인(茶人) 정약용 연구", 목포대 석사논문, 2009

박문현, "조선의 두 침구문헌을 집록한 『침구집성』의 실상", 『한국의사학회지』13-2, 2000

박문현, "허임(許任) 침구경험방(鍼灸經驗方) 연구", 『한국의사학회지』15-1, 2002

박문현, "허임의 『침구경험방』에 대한 의사학적 고찰", 『한국의사학회지』13-1, 2000

박상영·안상우, "『치종지남(治腫指南)』의 여러 판본을 통해 살펴본 전존(傳存) 경위 연구", 『한국의사학회지』21-1, 2008

박선미, "조선시대 의녀교육 연구", 중앙대대학원 박사학위논문, 1994

박선미, "조선시대 의녀교육연구", 중앙대 박사논문, 1994

박성래, "한성순보와 한성주보의 근대과학 수용노력", 『신문연구』36, 1983

박성래, "『성호사설』 속의 서양과학", 『진단학보』59, 1985

박윤재, "의학사, 한국사를 습격하다—『호열자, 조선을 습격하다—몸과 의학의 한국사』", 『역사비평』70, 2005

박주홍, "고대 서양의학 체질론과 사상체질론의 형성과정 및 내용 비교 연구", 『의사학』18-1, 2009

박철상, "간찰로 본 다산의 일상—『여유당전서』 미수록 간찰을 중심으로", 『〈여유당전서〉 미수록 다산간찰집』, 2013

방정균, "동무와 청대의 인성론 비교", 『한국의사학회지』16-1, 2003

백두현·이미향·송지혜·홍미주, "자료소개: 『침구경험방언해』의 해제와 주해", 『영남학』 2002-2

변정환, "우리나라 조선시대의 역병에 관련된 질병관과 구료시책에 관한 연구", 서울
　　대 박사논문, 1984

서봉덕·김남일, "醫零으로 본 정약용의 의학사상", 『한국의사학회지』16-2, 2003

서봉덕, 『마과회통』의 의사학적 연구", 경희대 한의대 박사논문, 2009

서지연·김남일, "임언국(任彦國)의 의론이 후대에 미친 영향—『치종비방(治腫秘方)』
　　과『의림촬요』, 『동의보감』, 『전원필고(田園必考)』, 『침구경험방(鍼灸經驗方)』, 『의휘
　　(宜彙)』, 『치종방(治瘇方)』, 『침구집성(鍼灸集成)』을 중심으로", 『한국의사학회지』
　　20-2, 2007

서지연·김남일·안상우, "치종청(治腫廳)에 대한 의사학적 고찰", 『한국의사학회지』
　　20-1, 2007

손병태, "향약 약재명의 국어학적 연구", 영남대학교 박사학위 논문, 1996

손찬식, "북창 정염 연구—생애와 사상을 중심으로—", 『어문논집』29, 1990

손홍렬, "조선시대의 의료제도 1·2", 『역사교육』30-31, 1982-1983

손홍렬, "조선시대의 의료제도 3". 『남사(藍史) 정재각(鄭在覺) 박사 희수 동양학논
　　총』, 동양학논총편찬위원회, 1984

손홍렬, "한국 고대사회의 의료제도", 『청대사림(淸大史林)』4·5합집, 1985

손홍렬, "조선전기 의관의 임용과 그 사회적 지위", 『史叢』30, 1986

손홍렬, "조선전기의 의관과 시취", 『한국사학논총』, 최영희교수화갑기념논총간행
　　위원회, 1986

손홍렬, "한국의료제도사연구(고대~조선중기)", 경희대 박사논문, 1986

손홍렬, "고려말 선초의 의서의 편찬과 간행", 『한국과학사학회지』11, 1989

손홍렬, "조선 중기의 의료제도—의료제도의 변천과 의서의 편찬·간행 및 대외 외
　　교를 중심으로—", 『한국과학사학회지』15-1, 1993

손홍렬, "조선후기의 의서편찬", 『충북사학』11~12, 2000

손홍렬, "조선시대 선비의 양생관과 퇴계『활인심방』", 『백산학보』70, 2004

송영춘, "원 간섭기의 자연과학—의학을 중심으로—", 『국사관논총』71, 1996

송효정, "고려시대 역병에 대한 연구—12·13세기를 중심으로—", 『명지사론』11·12
　　합집, 2000

신동원, "조선말 콜레라의 유행, 1821-1910", 『한국과학사학회지』9-1, 1989

신동원, "한국 보건의료사 연구 동향", 『한국보건사학회지』2-1, 1992

신동원, "한국근대 보건의료체계의 형성, 1876~1910", 서울대 박사논문, 1996

신동원, "최한기의 기학과 의학", 『제3의학』2-1, 1997

신동원, "전녀위남법(轉女爲男法)의 고고학", 『역사민속학』9, 1999

신동원, "한국 의료윤리의 역사적 고찰", 『의사학』9-2, 2000

신동원, "한국 우두법의 정치학—계몽된 근대인가, '근대'의 '계몽'인가—", 『한국과학사학회지』 제22권 제2호, 2000

신동원, "조선시대의 역병과 방역", 『전통과현대』17, 2001

신동원, "향약의술이 인구를 증가시켰을까", 『역사비평』61, 2002

신동원, "한국 종두법의 역사", 『한국문화사상사대계 3』, 영남대출판부, 2003

신동원, "변강쇠가로 읽는 성·병·주검의 문화사", 『역사비평』67, 2004

신동원, "조선후기 의원의 존재 양태", 『한국과학사학회지』 제26권 제2호, 2004

신동원, "한국 전통의학의 의학윤리와 생명윤리—조선시대 의서를 중심으로—", 『종교문화비평』5, 2004

신동원, "조선후기의 의학과 실학", 『한국실학사상연구』, 연세대국학연구원 편, 2005

신동원, "조선시대 지방의료의 성장: 관 주도에서 사족 주도로, 사족 주도에서 시장 주도로—강릉 약계(1603~1842)의 조직과 해소를 중심으로—", 『한국사연구』135, 2006

신동원, "조선후기 의약생활의 변화: 선물경제에서 시장경제로—『미암일기』·『쇄미록』·『이재난고』·『흠영』의 비교 분석", 『역사비평』75, 2006

신동원, "의학과 의술로 본 이규보(1168-1241)의 시대—고려시대 의료 생활사의 모색—", 2007년 전국역사학대회 과학사분과 발표자료집, 한국과학사학회 홈페이지 자료실 www.khss.or.kr.

신동원, "유의의 길: 정약용의 의학과 의술", 『다산학』10, 2007

신동원, "조선후기 신체·장부에 관한 담론의 성격", 『물질물화와 농민의 삶』, 태학사, 2009

신동원, "이황의 의술과 퇴계 시대의 의학", 『퇴계학연구』20, 2010

신동원, "한국 전근대 의학사 연구 동향", 『의사학』19-1, 2010

신동원, "병과 의약생활로 본 정약용의 일생", 『다산학』22, 2013

신순식, "고려시대 이전의 한의학 문헌에 관한 연구", 『의사학』4-1, 1995

신순식, "『의방유취』의 편찬인물", 『의사학』8-2, 1999

신영일, "『향약구급방』의 대한 연구". 경희대 박사논문: 1994

신좌섭·기창덕·황상익, "조선시대 치종학에 관하여: 그 발전배경과 치종전문서의
내용 분석(1)", 『의사학』6-2, 1996

신좌섭·기창덕·황상익, "조선시대 치종학에 관하여: 그 발전배경과 치종전문서의
내용 분석(2)", 『의사학』7-1, 1998

안상우, "고려의서 『비예백요방』의 고증", 『한국의사학회지』 13권 2호. 2000

안상우, "『의방유취』에 대한 의사학적 연구", 경희대대학원 박사논문, 2000

안상우, "『의방유취』의 편찬과 조선전기 의서", 『한국의사학회지』14-2, 2001

안상우·최한수. "『의방유취』치법편의 구성과 특징", 『한국의사학회지』14-1, 2001

안상우, "『의림촬요』의 주요판본과 고대의학교류", 『한국의사학회지』17-2, 2004

안상우, "동춘당 일기의 의약기록과 의료인식", 『동춘당 송준길 연구』, 경인문화사,
2007

안승준, "16세기 이문건가의 노비사환과 신공수취", 『고문서연구』 16·17, 1999

알렌 / 최동 역, "조선왕실병원 제1년도 보고서(1986년도)", 『조선의보(朝鮮醫報)』 3,
1946

양영준·안상우, "조선의서 『증보만병회춘(增補萬病回春)』에 대한 연구", 『한국의사학
회지』19-2, 2006

양정필·여인석, "'중국인삼'의 실체에 대한 비판적 고찰", 『의사학』12-2, 2003

양정필·여인석, "'조선인삼'의 기원에 대하여", 『의사학』13-1, 2004

여인석·박형우·정인혁, "우리나라 해부의 역사", 『대한해부학회지』25-2, 1992

여인석·이규창, "삼국사기에 나타난 의학 관련 기사의 분석", 『의사학』1-1, 1992

여인석·노재훈, "최한기의 의학사상", 『의사학(醫史學)』 제2권 제1호, 1993

여인석·박형우, "우리나라 고대불교의학의 한 단면: 원효의 경우", 『의사학』, 4권 2
호, 1995

여인석, "삼국시대의 불교교학과 치병활동의 관계", 『의사학』5-2, 1996

여인석, "몸의 윤리학: 스피노자와 이제마에 있어 몸의 윤리적 의미에 관한 고찰", 『의사학』7-2, 1998

오성, "19세기 한일양국의 전통사회와 외래문화", 『조선후기 인삼무역의 전개와 삼상(蔘商)의 활동』, 한일합동학술회의, 1991

오재근, "조선 의서 수재 약성가에 대한 연구", 대전대학교 박사논문, 2010

오준호·차웅석·김남일, "의서에 나타난 조선 침구택일법(鍼灸擇日法)의 발전과정", 『한국의사학회지』22-2, 2009

오준호·차웅석·김남일, "『승정원일기』를 통해 본 침구택일(鍼灸擇日) 활용 방법", 『한국의사학회지』22-1, 2009

왈라번, B, "조선시대 여제의 기능과 의식", 『동양학』31, 2001

윤룡환·윤창렬, "『조선왕조실록』에 나타난 조선중기 제왕들의 질병과 사인연구", 『한국의사학회지』14-1, 2001

윤창렬, "도교의학에 관한 연구―한의학과 연관된 부분을 중심으로―", 『대한원전의사학회지』6, 1992

이가은·안상우, "『의방유취』에 인용된 『보동필요(保童秘要)』의 본초 고찰을 통해 본 조선 전기 소아의학", 『한국의사학회지』20-1, 2007

이경록, "이제마의 의학론과 그 시대적 성격", 『의사학』14-2, 2005

이경록, "고려 전기의 대민의료체계", 『한국사연구』139, 2007

이경록, "조선전기의 지방의료제도", 『의사학』16-2, 2007

이경록, "고려초기 구료제도의 형성―광종대와 성종대를 중심으로―", 『대동문화연구』61, 2008

이경록, "고려시대 의료사 연구", 성균관대학교 박사논문, 2009

이경록, 신동환, "고려시대의 의료제도와 그 성격", 『의사학』제10권 제2호, 2001

이규근, "조선시대 내의원에 관한 연구―직제변천과 기능을 중심으로―", 『박물관보』9, 1996

이규근, "조선후기 내의원 의관 연구―『내의원선생안』의 분석을 중심으로―", 『조선시대사학보』3, 1997

이규근, "조선시대 의료기구와 의관—중앙의료기구를 중심으로", 『동방학지』104, 1999

이규근, "조선후기 의약동참 연구—'의약동참선생안'을 중심으로—", 『조선시대사학보』19, 2001

이규근, "조선시대 후기 질병사 연구: 『조선왕조실록』의 전염병 발생 기록을 중심으로", 『국사관논총』96, 2001

이규근, "조선중기 치종술(治腫術)의 발달", 『장서각』6, 2001

이규근, "조선 후기 내의원 연구", 중앙대 박사논문, 2007

이규대, "조선후기 약국계의 일고찰", 『又仁金龍德博士停年紀念史學論叢』 (又仁金龍德博士停年紀念史學論叢刊行委員會), 1988

이꽃메, "한국의 우두법 도입과 실시에 관한 연구", 『한국과학사학회지』15-2, 1993

이능화, "조선의약발달사", 『조선』35, 1930

이덕봉, "한국생물학사", 『한국과학기술사』, 고대 민족문화연구소 편, 1985

이덕호·김홍균·안상우, "『제중입효방(濟衆立效方)』에 관한 의사학적 고찰—교효산(交效散)을 중심으로—", 『한국의사학』2008:21-2

이미숙, "고려시대 의관(醫官)의 임무와 사회적 지위", 『호서사학』31, 2001

이미숙, "고려 중앙 의관(醫官)의 직제", 『백산학보』63, 2002

이미숙, "고려시대 기술관(技術官) 연구—의관(醫官)과 역관(曆官)을 중심으로", 상명대학교 박사학위논문, 2002

이민호·안상우, "조선전기의 '전문의녀(專門醫女)'에 관한 연구—성종대의 의녀 장덕(長德)과 귀금(貴今)을 중심으로—", 『한국의사학회지』21-1, 2008

이복규, "『묵재일기』 부대기록에 대하여", 『동방학』3, 1997

이부영, "한국 민간의 정신병관과 그 치료: 무속사회의 정신병관", 『신경정신의학』9, 1970

이상원·차웅석·김남일, "허준의 『언해구급방(諺解救急方)』에 관한 연구", 『한국의사학회지』16-2, 2003

이상협, "조선시대 동·서활인서에 대한 고찰", 『향토서울』56, 1996

이선아, "한·중 양국의 전통사회에 있어서의 의원의 사회적 지위", 『한국의사학회

지』16-1, 2003

이선아·안상우, "개인 문집을 통해서 본 의학인물의 행적", 『한국의사학회지』19-1, 2006

이선아, "의학인물 연구에 있어서 족보의 필요성", 『한국의사학회지』20-2, 2007

이선아·이시형, "황도연(黃道淵)의 『방약합편(方藥合編)』에 관한 연구", 『한국전통의학지』11-1, 2001

이영택, "우리나라에 최초로 소개된 서의설", 『서울대학교논문집』, 1954

이영택, "근세 조선의 법의학적 재판과 무원록(無寃錄)에 관한 연구", 『서울대학교논문집』(자연과학)4, 1956

이영택, "우리나라에서 실용되어 온 신체해부도", 『서울대학교논문집』』(자연과학)5, 1957

이영택, "당뇨병에 관한 의사학적 연구", 『서울의대잡지』3-3, 1962

이영택, "우리나라 종두사", 『대한의학협회지』8-3, 1965

이영택, "우리나라의 구급치료에 관한 연구: 특히 신찬 구급간이방을 중심으로", 『서울의대잡지』8-4, 1967

이영택, "우리나라 매독전래에 대한 역사학적 연구", 『최신의학』18-12, 1975

이영택, "우리나라 나병에 대한 의사학적 연구", 『중앙의학』31-6, 1976

이영택, "우리나라 마진에 대한 의사학적 연구", 『중앙의학』33-6, 1977

이영택, "우리나라 각기에 대한 의사학적 연구", 『중앙의학』35-6, 1978

이영택, "우리나라 두창에 대한 의사학적 연구", 『중앙의학』38-5, 1980

이영택, "우리나라 말라리아(학질)에 대한 의사학적 연구—우리나라 고전의서를 중심으로—", 『중앙의학』41-5, 1981

이영택, "우리나라 천식에 대한 의사학적 연구", 『중앙의학』43-5, 1982

이영택, "우리나라 적리에 대한 의사학적 연구", 『중앙의학』45-5, 1983

이영택, "우리나라 연성하감에 대한 의사학적 연구", 『중앙의학』47-5, 1984

이욱, "17세기 여제의 대상에 관한 연구", 『역사민속학』9-1, 2000

이욱, "조선시대 국가 사전과 여제(厲祭)", 『종교연구』19, 2000

이은규, "『향약구급방』의 국어학적 연구", 효성여대 박사학회논문, 1993

이정록·김홍균·유원준, "발해 의학에 대한 연구", 『한국의사학회지』19-1, 2006

이정숙, "고려시대 전염병과 치병의례", 『이화사학연구』34, 2007

이정화, "『제중신편(濟衆新編)』의 "양로"와 "약성가(藥性歌)"에 관한 연구", 『한국의사학회지』22-2, 2009

이준구, "시기별 호주의 신분·직역 일람", 『조선후기 신분직역변동연구』, 일조각, 1997

이지양, "한양생활과 수종하인", 자료집 "제7회 학술발표회 『이재만록』 완간 기념 이재학의 제양상", 2014년 6월 13일 전북대학교

이현구, "최한기 기학(氣學)의 성립과 체계에 관한 연구: 서양 근대과학의 유입과 조선후기 유학의 변용", 성균관대학교 박사논문, 1993

이현숙, "신라 애장왕대 당(唐) 의학서 『광리방(廣利方)』의 도입으로 본 신라 하대의 의학(1)—유우석(劉禹錫)의 「대회남두상공론신라청광리방(對淮南杜相公論新羅請廣利方)」을 중심으로—", 『동양고전연구』13~14, 2000

이현숙, "신라의학사연구", 이대 사학과 박사학위논문, 2001

이현숙, "5세기 초 신라의사 김무와 의학의 발전", 『사상과문화』14, 2001

이현숙, "신라중대 의료관료의 역할과 지위변화", 『사학연구』68, 2002

이현숙, "신라통일기 전염병의 유행과 대응책", 『역사와 현실』48, 2003

이현숙, "7세기 신라 통일전쟁과 전염병", 『역사와 현실』47, 2003

이현숙, "신라의 민간 의료인", 『신라사학보』4, 2005

이현숙, "고려시대 관료제하의 의료와 민간의료", 『동방학지』139, 2007

이현숙, "전염병, 치료, 권력: 고려 전염병의 유행과 치료", 『이화사학연구』34, 2007

이현숙, "김유신의 풍병과 신라 통일전쟁기의 질병", 『신라사학보』12, 2008

이현숙·권복규, "고려시대 전염병과 질병관—『향약구급방』을 중심으로—", 『사학연구』88, 2007

이혜정, "16세기 가내사환노비의 동류의식과 저항", 『조선시대사학보』54, 2010

이희대, "퇴계선생의 수적 '활인심방'", 『퇴계학보』 제4권, 퇴계학연구원, 1974

임진강·김남일, "한국 전통추나의학에 대한 의사학적 고찰", 『한국의사학회지』20-2, 2007

임형택, "신발굴자료 "남당사"에 대하여: 다산초당으로 돌아온 여자를 위한 노래", 『민족문학사연구』20, 2002

장인성, "고대 한국인의 질병관과 의료", 『한국고대사연구』20, 2000

전종휘, "전날의 마마와 그 예방", 『의사학』2-2, 1993

정순덕·김남일·차웅석, "의사학적으로 살펴본 『救急方』", 『한국의사학회지』21-2, 2008

정우열, "동무 이제마의 의학사상", 『원광한의학』1-1, 1991

정우열, "동무 이제마의 철학과 의학사상", 『동의병리학회지』9, 1994

정우열, "동무 이제마의 철학과 의학사상2", 『의사학』3-2, 1994

정유옹·김홍균, "『향약구급방』의 구설순치(口舌脣齒) 질환에 관한 고찰", 『한국『의사학』, 2008

정일영, "조선 후기 성별에 따른 자살의 해석—정조대 『심리록』의 자살 관련 사건을 중심으로", 『의사학』17-2, 2008

조미숙·차웅석·김남일, "『급유방』에 대한 연구", 『한국의사학회지』15-2, 2002

조선영·차웅석·김남일, "조선 전·중기의 소갈(消渴) 인식에 관한 연구—『의방류취』 및 『동의보감』을 중심으로—", 『한국의사학회지』18-2, 2005

조선영·차웅석·김남일·유원준, "『의림촬요』「三消門」의 의학적 성취", 『한국의사학회지』19-1, 2006

지창영, "『제중신편』의 의사학적 고찰", 경희대 박사논문, 2003

지창영, "『제중신편』의 인용방식에 대한 연구", 『한국의사학회지』21-1, 2008

지창영, "『제중신편』과 『동의보감』의 비교 연구", 『한국의사학회지』21-2, 2008

지창영·김남일, "『제중신편』을 통해 살펴본 강명길의 의학사상", 『한국의사학회지』 12-2, 1999

진재교, "이계 홍양호의 의원전에 나타난 인물 형상", 『민족문학사연구』21, 2002

차웅석, "청강 김영훈과 수세현서", 『한국의사학회지』14권 2호, 2001

차웅석, "청강진료부(晴崗診療簿) 자료현황 보고", 『대한한의학회지』25권 2호, 2004

차웅석·김남일·안상우, "『상한의담(桑韓醫談)』과 한일의학문화교류", 『한국의사학회지』17-2, 2004

최봉근, "『활인심방』과 퇴계철학, 그 의학과 철학의 만남", 『한국양명학회 논문집』, 제5호, 2006

최익한, "종두술과 정다산 선생", 〈동아일보〉, 1940.2.29.~3.5.

최진우, "몽수(夢叟) 이헌길(李獻吉)의 마진방에 관한 연구", 경희대 석사논문, 2007

최진우·안상우, "몽수 리헌길의 생애와 학술 계통", 『한국의사학회지』19-1, 2006

최진우·안상우, "몽수 이헌길의 마진서(麻疹書) 판본 비교 고찰", 『한국의사학회지』 19-2, 2006

최진한·이영택, "우리나라 최고(最古) 의서인 『향약구급방』의 인용문헌에 관한 고찰", 『종합의학』9-4, 1964

하정용 외, "최종준의 연표 작성을 위한 역사적 고찰─『어의촬요방』의 복원을 위한 선행과제─", 한국한의학연구원논문집 2008

한봉재·안상우·김남일, "조선시대 경락도(經絡圖)에 관한 고찰", 『한국의사학회지』 21-2, 2008

함정식·차웅석·유원준·김남일, "조선통신사 사행원과 기록 연구─18세기 사행록과 의학문답 기록을 중심으로─", 『한국의사학회지』20-1, 2007

허경진, "『곡청사고』를 통해 본 의원 이현양의 글쓰기", 『의사학』17-2, 2008

허재혜, "18세기 의관의 경제적 활동양상", 『한국사연구』71, 1990

홍문화, "의·약학자로서 다산의 사상 및 업적", 『다산학보』제1집, 1978

홍세영, "『미암일기』의 의학 기록 연구", 『민족문화』36, 2011

홍세영·차웅석·김남일, "『承政院日記』의 진료기록 연구", 『한국의사학회지』21-1, 2008

홍영의, "고려후기 대장도감간 『향약구급방』의 간행경위와 자료성격", 『한국사학사연구』, 나남출판, 1997

황임경·황상익, "세조의 "의약론"에 관한 연구", 『의사학』12-2, 2003

三木榮, "無寃錄に ついて", 『中外醫事新報』10-12, 1929

三木榮, "新註無寃錄考", 『中外醫事新報』9, 1931

三木榮, "朝鮮版神應經を通して見日鮮醫學の交涉", 『中外醫事新報』10, 1932

三木榮, "朝鮮醫籍考", 『中外醫事新報』, 1932.11~1935.9

三木榮, "朝鮮醫籍考補遺記"1~6, 『中外醫事新報』1935.11-1944.2

三木榮, "朝鮮種痘史", 『東京醫事新誌』5-6, 1935

三木榮, "山林經濟考", 『朝鮮』, 1937.3

三木榮, "醫方類聚", 『朝鮮』, 1937.9

三木榮, "朝鮮傳染病史", 『中外醫事新報』, 1937.1-11

三木榮, "朝鮮の裁判醫學", 『書物同好會會報』5

三木榮, "故事撮要に載せられた八道冊版中の醫書", 『書物同好會會報』19

三木榮, "朝鮮醫書誌略解", 『臨床文化』11-12, 1942

三木榮, "鄕藥集成方考", 『日本醫史學雜誌』11-12, 1942

三木榮, "鄕藥集成方解說", 『朝鮮學報』, 1942.1

三木榮, "朝鮮梅毒傳來史考", 『東京醫事新誌』, 1949.5-6

三木榮, "安養院藏書中朝鮮醫書", 『朝鮮學報』, 1951.1

三木榮, "李朝におけるコレラ流行", 『朝鮮學報』1953.5

三木榮, "朝鮮醫學敎育史", 『朝鮮學報』, 1959.11

三木榮, "朝鮮の道敎醫學", 『朝鮮學報』, 1960.11

三木榮, "日鮮中醫學交流史鳥瞰", 『朝鮮學報』21, 1963

三木榮, "朝鮮種痘史". 『東京醫事新報』5·6, 1935.

三木榮, "許浚の傳染病學", 『朝鮮學報』, 1974

眞柳誠, "『靈樞』와 高麗에 있던 『鍼經』의 비교연구", 『한국의사학회지』16-2, 2003

梁永宣, "十七世紀中國與朝鮮醫學交流史實見證", 『한국의사학회지』16-2, 2003

梁永宣, "朝鮮『医林撮要』及其所載中朝医学交流史料的研究", 『한국의사학회지』20-2, 2007

李志庸·曹云, "略述『乡药集成方』价值与特色", 『한국의사학회지』20-2, 2007

盛增秀, "试论『医方类聚』的编纂特点", 『한국의사학회지』20-2, 2007

盛增秀, "中韩日朝传统医学交流中的丰硕成果—写在『医方类聚』及中韩传统医学文献研究研讨会即将召开之际", 『한국의사학회지』20-2, 2007

施仁潮, "精诚习业乃为大医—从『医方类聚』看一脉相承的中医医德观—", 『한국의사학회지』20-2, 2007

王英·江凌圳, "『医方类聚』对中医方剂学的贡献", 『한국의사학회지』20-2, 2007

竹剑平, "试论『医方类聚』采辑养生文献的特色和价值", 『한국의사학회지』20-2, 2007

Chun, Myung Sun, "新編集成馬醫方", Doctoral Dissertaion, (Ludwig-Maximilians-Universität München, 2003)

Suh, So Young, "Korean Medicine between the Local and the Universal: 1600-1945", Doctoral Dissertation, UCLA, 2006

Baker, Donald, "Sirhak Medicine: Measles, Smallpox, and Chong Tasan", *Korean Studies*, 1990

Shin, Dongwon, "Nationalistic Acceptance of Sasang Medicine", *The Review of Korean Studies*, vol.9, no.2., 2006

Shin, Dongwon, "Korean Medical Discourses on Western Medicine, 1720-1876", 『다산학』15, 2009

Shin, Dongwon, "The Characteristics of Joseon Medicine: Discourses on the Body, Illustration and Dissection", *The Review of Korean Studies*, vol.13, no.1, 2010

| 찾아보기 |

* 한자 및 외국어 병기는 본문에 준함.

■ 인명 · 기관과 직명 · 직업 · 개념어 등

917

■ 저술 · 불경 · 법전과 법령 · 기록과 기사 등

■ 질병과 증상·약재와 약제·치료행위와 치료법 등

942

945

947

949

950